公 法 選 擇 型

공법선택형강의

정형근 저

박영사

[이 책의 저술경위]

저자는 해마다 3학년 1학기에 개설된 '공법변호사실무' 과목을 맡아 왔다. 그 시간에 헌법소원심판청구, 위헌법률심판제청신청 등의 헌법재판 관련 실무분야와 행정심판청구 및 행정소송에 관한 소장 작성 등의 실무를 강의하여 왔다. 이를 통하여 학생들이 헌법재판·행정심판·행정소송실무를 충분히 습득하여 예비법조인으로서의 자질을 갖추게 하였다. 아울러 공법기록형에 대한 변호사시험도 준비할 수 있도록 했다. 이때 강의안으로 사용하였던 자료가 저자의 「공법기록형 공법소송실무」(박영사)이다. 그리고 3학년 2학기에는 헌법과 행정법의 이론과 실무를 종합 정리하는 내용의 '공법종합실무' 과목을 맡게 되었다. 그때 다양한 사례문제를 출제하여 관련 법리를 적용시켜 사안의 해결능력을 갖도록 했다. 이때 강의안으로 사용하였던 자료가 저자의 「실전답안 행정법연습」(동방문화사)이다. 뿐만 아니라 선택형 문제도 출제하여 수업시간에 풀어보도록 했다. 선택형 문제를 만드는 것은 힘든 일이지만, 학생들의 장래를 열어주는데 최선을 다하고자 그 일을 감당했다. 그 수업자료를 모아서 이번에 「공법선택형강의」라는 이름의 책을 내게 되었다.

[실무의 기초로서의 기본이론]

저자는 변호사 출신의 교수로 주로 실무과목을 맡아 왔다. 그러나 모든 실무의 기초는 학문으로서의 기본이론이다. 그 때문에 학문적인 연구에 소홀할 수가 없다. 그런데 변호사시험 중 공법선택형 문제의 정답기준은 판례라 할 수 있다. 거의 모든 문제 끝에 "다툼이 있는 경우 판례에 의함"이라는 표기가 이를 말해준다. 문제의 출제와 해답이 전적으로 판례를 중심으로 하고 있음을 알 수 있다. 따라서 이 책에 수록된 여러 문제들도 중요 판례의 사례와 법리를 중심으로 하고 있다. 변호사시험에서 판례지식을 검증하는 것은 바람직하지만, 이로 인하여 법학에 관한 학문영역이 소홀해지는 것은 우려스럽다. 학문으로서의 법학은 판례의 기초이다. 그 때문에 실무를 강조하면서도 기본이론의 연구에 큰 관심을 갖고 있다. 저자는 금년 3월에는 「행정법」(피앤씨미디어) 교과서를 출간한 바 있다. 로스쿨의 짧은 교육기간과 과도한 학습량을 감안하여 분량을 최소화했다. 정말 힘든 작업이었지만, 눈물을 흘리며 씨를 뿌린 자가 기쁨으로 수확하는 이치를 되새기는 시간이었다. 이로써 공법실무에 관한 이론적 기초를 다질 수 있었다.

[헌법 참고문헌]

새로운 저서를 내는 것은 많은 수고가 필요하다. 특별히 혼자의 노력만으로는 어렵다는 것을 매번 느끼게 된다. 이 책을 저술하면서 헌법분야에서는 성낙인 「헌법학」, 「판례헌법」, 「헌법소송론」, 양건 「헌법강의」, 정종섭 「헌법학원론」, 「헌법소송법」, 허영 「한국헌법론」, 「헌법소송법론」의 저서들을 참조하는 가운데 많은 가르침을 받았다. 헌법선택형 문제의 해설 부분에 교수님들의 헌법교과서 이론을 반영한 경우에는 그 저자명을 명기하여 출처를 밝혀 두었다.

[감사의 인사]

늘 새로운 영역을 개척하고자 하는 마음의 소원을 주시고, 그를 감당할 지혜를 주신 하나님께 감사를 드린다. 법학전문대학원에 재학 중인 모든 학생들이 갈수록 치열해지는 변호사시험을 잘 통과하고, 희망하는 실무분야에 취업하여 그 뜻을 펴게 되기를 기도한다. 어려운 여건 속에서도 새로운 책의 출간을 허락하신 박영사의 안종만 회장님께 감사의 인사를 드린다. 이 책이 나오기까지 여러 수고를 아끼지 않으신 김중용 부장님께 고마운 마음을 전하며, 방대한 분량의 문제를 꼼꼼하게 살피는 교정작업을 잘 감당해 주신 편집부의 배우리 선생님과 박영사의 관계자 여러분들께 감사드린다.

2013. 7. 1.
저자 정 형 근 씀

차 례

CHAPTER 01

헌 법

[01] 헌법의 의의 3
[02] 헌법의 제정과 개정 6
[03] 헌법의 해석 9
[04] 헌법의 보호 10
[05] 한국헌법의 역사 12
[06] 헌법전문과 기본원리 15
[07] 기본권 일반이론 52
[08] 인간의 존엄과 가치·행복추구권 71
[09] 평 등 권 74
[10] 생 명 권 78
[11] 신체의 자유 82
[12] 양심의 자유 94
[13] 종교의 자유 96
[14] 학문의 자유 97
[15] 예술의 자유 101
[16] 언론·출판의 자유 103
[17] 집회·결사의 자유 119

[18] 사생활의 비밀과 자유 123
[19] 통신의 자유 127
[20] 거주·이전의 자유 129
[21] 직업의 자유 132
[22] 재 산 권 139
[23] 참 정 권 147
[24] 인간다운 생활을 할 권리 151
[25] 교육을 받을 권리 156
[26] 근로의 권리 158
[27] 환 경 권 167
[28] 혼인과 가족에 관한 권리 168
[29] 보건에 관한 권리 170
[30] 재판청구권 171
[31] 국가배상청구권 182
[32] 대의제도 183
[33] 권력분립제도 184
[34] 정부형태 186
[35] 국 회 187
[36] 대 통 령 215
[37] 행 정 부 225
[38] 공무원제도 228
[39] 지방자치제도 232
[40] 법 원 235
[41] 헌법재판소 245

CHAPTER 02

행정법

[01] 법치행정의 원칙 291

[02] 통치행위 297

[03] 행정법의 법원 299

[04] 행정법의 일반원리 300

[05] 행정법의 효력 308

[06] 행정법관계와 사법관계(공법과 사법) 311

[07] 행정법관계의 당사자 313

[08] 행정행위의 효력 315

[09] 행정법관계의 내용 318

[10] 특별권력관계 324

[11] 공법상 시효 328

[12] 사인의 공법행위 329

[13] 법규명령 334

[14] 행정규칙 338

[15] 행정계획 345

[16] 행정행위의 종류 350

[17] 불확정개념, 기속행위와 재량행위 353

[18] 행정행위의 내용 359

[19] 행정행위의 부관 366

[20] 행정법상의 확약 371

[21] 행정행위의 성립요건·효력발생요건 373
[22] 행정행위의 부존재 374
[23] 무효인 행정행위와 취소할 수 있는 행정행위의 구별 376
[24] 행정행위의 무효 377
[25] 행정행위의 흠(하자)의 승계 382
[26] 흠 있는 행정행위의 치유와 전환 384
[27] 행정행위의 취소 387
[28] 행정행위의 철회 391
[29] 행정행위의 실효 396
[30] 행정절차 397
[31] 행정정보공개제도 407
[32] 개인정보보호제도 410
[33] 공법상계약 412
[34] 행정지도 413
[35] 행정상 사실행위 415
[36] 행정상 강제집행 417
[37] 행정상 즉시강제 422
[38] 행정조사 423
[39] 행 정 벌 425
[40] 새로운 행정의 실효성확보수단 430
[41] 공무원의 위법한 직무집행행위로 인한 국가배상책임 432
[42] 영조물의 설치·관리하자로 인한 국가배상책임 445
[43] 행정상 손실보상 447
[44] 행정심판법 456

[45] 행정소송법 일반론 468
[46] 취소소송 469
[47] 무효등확인소송 496
[48] 부작위위법확인소송 498
[49] 당사자소송 500
[50] 객관적 소송 502
[51] 행정조직법 503
[52] 지방자치법 506
[53] 공무원법 518
[54] 경 찰 법 533
[55] 공 물 법 538
[56] 특허기업 544
[57] 공용부담법 545

CHAPTER 01 헌 법

Public Law
Multiple-choice
Questions

01 헌법의 의의

1. 헌법의 개념에 관한 설명 중 옳지 않은 것은?

① 모든 국가는 그 조직과 구성에 관한 기본법을 가진다.

② 모든 성문헌법국가는 형식적 의미의 헌법을 가진다.

③ 실질적 의미의 헌법에서는 법의 존재형식이 문제되지 않는다.

④ 실질적 의미의 헌법에는 국가의 조직과 국가기관의 권한 구성 및 개인의 국가권력에 대한 지위에 관한 내용을 담고 있다.

⑤ 실질적 의미의 헌법에 해당되는 사항은 국가법질서에 있어서 최고법으로서의 지위를 가지고 있다.

해설 ① (o) 국가의 조직과 구성에 관한 기본법을 고유한 의미의 헌법이라고 한다. 국가는 어떤 형태로든 고유한 의미의 헌법을 갖는다고 할 수 있다. 오늘날의 헌법은 고유한 의미의 헌법에 그치는 것이 아니라 입헌적 의미의 헌법으로 변화되어 그 내용에서, ㉠ 국민주권주의, ㉡ 기본권 보장, ㉢ 대의민주주의와 같은 권리보장과 권력분립을 핵심으로 하면서, 헌법의 형식으로는 ㉠ 성문헌법, ㉡ 경성헌법 유형을 취하고 있다.

② (o) 형식적 의미의 헌법은 헌법의 명칭이나 내용과 효력을 정하는 성문의 실정 헌법전을 의미한다. 우리나라의 '대한민국 헌법'과 같이 헌법이라는 이름의 성문법전을 의미할 수 있지만, '독일연방공화국 기본법'과 같이 헌법이라는 명칭이 없어도 그 내용과 효력이 헌법에 해당하는 헌법전이므로 형식적 의미의 헌법에 해당된다. 형식적 의미의 헌법은 성문헌법전에 포괄되어 있는 규범으로 헌법제정기관과 개정기관이 특정되어 있다. 형식적 의미의 헌법은 국가의 최고법으로서의 지위를 가진다.

③ (o) 실질적 의미의 헌법은 그 존재형식이 성문이든, 불문헌법이든 묻지 않고 어떤 종류의 규범이든지 그 실질적 내용이 헌법적 가치를 가지는 경우에는 헌법개념으로 포함시킨다. 국회법, 법원조직법, 헌법재판소법, 정부조직법, 공직선거법, 지방자치법 등이 이에 해당된다. 실질적 의미의 헌법은 고대·중세국가나 불문헌법 국가에서도 국가의 구성과 작용에 관한 규범이 존재하였고, 불문헌법 국가에서도 존재한다. 고유한 의미의 헌법은 실질적 의미의 헌법에 속한다. 고유한 의미의 헌법은 근대 입헌주의 정립 이전부터 형성되어 온 헌법개념인데 반하여, 실질적 의미의 헌법은 근대 입헌주의 정립 이후의 헌법개념으로 파악하는 견해도 있다.

④ (o) 일반적으로 실질적인 헌법사항이라고 함은 널리 국가의 조직에 관한 사항이나 국가기관의 권한 구성에 관한 사항 혹은 개인의 국가권력에 대한 지위를 포함하여 말하는 것이다

(헌재 2004.10.21. 2004헌마554).

⑤ (x) 실질적 의미의 헌법은 형식적 의미의 헌법을 제외하면 나머지 각종 법령의 규정은 최고법으로서의 지위를 갖는 것은 아니다. 그러므로 헌법재판소에서 위헌법률심판기준이 되지 못하는 경우가 있다.

[해 답] ⑤

2. 헌법의 특성 중 최고규범성에 관련된 설명 중 옳지 않은 것을 모두 고른 것은? (다툼이 있는 경우 판례에 의함)

> ㉠ 헌법은 주권자인 국민의 주권적 결정으로 제정되고, 모든 법규범은 헌법에서 파생되어 창설된다.
> ㉡ 헌법은 모든 법령해석의 기준이 되고, 입법형성권 행사의 한계와 정책결정의 방향을 제시하며, 모든 국가기관과 국민이 존중하고 지켜가야 하는 최고의 가치규범이다.
> ㉢ 일반적으로 어떤 법률에 대한 여러 갈래의 해석이 가능할 때에는 헌법의 최고규범성을 유지하기 위해서는 원칙적으로 헌법에 위반되는 위헌해석을 하여야 한다.
> ㉣ 헌법은 국민적 합의에 의해 제정된 국민생활의 최고 도덕규범이며 정치생활의 가치규범이다.
> ㉤ 헌법의 최고규범성을 보장하기 위하여 헌법의 개정을 일반 법률보다 어렵게 하거나 헌법에 위반되는 법률과 명령을 무효화시킬 수 있는 헌법소송제도를 마련하고 있다.
> ㉥ 우리 헌법은 성문헌법으로서 헌법이 최고의 규범이라는 명시적인 규정을 두고 있다.

① ㉠, ㉡　　② ㉡, ㉢　　③ ㉢, ㉥
④ ㉣, ㉤　　⑤ ㉤, ㉥

해설

㉠ (o) 헌법은 이해관계를 달리하는 사회세력들이 공존하기 위하여 주권자인 국민의 합의에 기초하여 국가의 조직과 구성 및 국민의 자유와 권리보장을 위한 최고의 규범체계이다.

㉡ (o) 헌재 1989.9.8. 88헌가6.

㉢ (x) 일반적으로 어떤 법률에 대한 여러 갈래의 해석이 가능할 때에는 원칙적으로 헌법에 합치되는 해석 즉 합헌해석을 하여야 한다. 왜냐하면 국가의 법질서는 헌법을 최고법규로 하여 그 가치질서에 의하여 지배되는 통일체를 형성하는 것이며 그러한 통일체 내에서 상위규범은 하위규범의 효력근거가 되는 동시에 해석근거가 되는 것이므로, 헌법은 법률에 대하여 형식적인 효력의 근거가 될 뿐만 아니라 내용적인 합치를 요구하고 있기 때문이다(헌재 1989.7.21. 89헌마38).

㉣ (o) 헌법은 국민적 합의에 의해 제정된 국민생활의 최고 도덕규범이며 정치생활의 가치규범으로서 정치와 사회질서의 지침을 제공하고 있기 때문에 민주사회에서는 헌법의 규범을 준

수하고 그 권위를 보존하는 것을 기본으로 한다(헌재 1989.9.8. 88헌가6).
ⓜ (o) 헌법을 지키고 실천하려는 국민의 의지가 소멸되면 헌법의 최고규범성도 그 의미를 상실하게 된다. 그래서 헌법은 주권이 국민에게 있으며, 주권자인 국민이 헌법을 제정하였고, 대통령은 헌법존중의무와 헌법준수선서를 하도록 하여 최고규범성을 보장하고 있다. 특히 위헌법률심사제도, 위헌명령심사제도 등과 같은 헌법재판제도는 최고규범성을 보장하는 실효적인 헌법보장제도가 되고 있다. 헌법의 개정을 어렵게 하기 위한 경성헌법을 채택하고 있다.
ⓑ (x) 헌법의 최고규범성은 성문헌법에서 명시적으로 규정하지 않더라도 인정되기 때문에, 우리 헌법에는 헌법의 최고규범성을 선언하는 규정은 존재하지 않는다. 다만, 헌법을 보장하기 위한 여러 제도들이 헌법의 국법질서에서 최고의 규범임을 선언하고 있다. 외국의 헌법 중에는 헌법이 최고법이라는 명시적인 규정을 두는 예도 있다(미국헌법, 일본헌법 등). [해 답] ③

3. 관습헌법에 관한 설명 중 옳지 않은 것은? (다툼이 있는 경우 판례에 의함)

① 형식적 헌법전에는 기재되지 아니한 사항이라도 이를 불문헌법 내지 관습헌법으로 인정할 수 있다.

② 관습헌법이 성립하기 위하여서는 관습법의 성립에서 요구되는 일반적 성립 요건이 충족되어야 한다.

③ 헌법사항에 관하여 형성되는 관행이나 관례는 전부 관습헌법이 된다.

④ 국민에 의하여 정립된 관습헌법은 입법권자를 구속하며 헌법으로서의 효력을 가진다.

⑤ 우리나라에서 관습헌법은 성문의 헌법을 개폐할 수는 없고 보충적인 효력을 갖는다.

해설

① (o) 우리나라는 성문헌법을 가진 나라로서 기본적으로 우리 헌법전이 헌법의 법원(法源)이 된다. 그러나 성문헌법이라고 하여도 그 속에 모든 헌법사항을 빠짐없이 완전히 규율하는 것은 불가능하고 또한 헌법은 국가의 기본법으로서 간결성과 함축성을 추구하기 때문에 형식적 헌법전에는 기재되지 아니한 사항이라도 이를 불문헌법 내지 관습헌법으로 인정할 소지가 있다(헌재 2004.10.21. 2004헌마554).
② (o) ㉠ 기본적 헌법사항에 관하여 어떠한 **관행 내지 관례가 존재**하고, ㉡ 그 관행은 국민이 그 존재를 인식하고 사라지지 않을 관행이라고 인정할 만큼 충분한 기간 동안 반복 내지 계속되어야 하며(**반복·계속성**), ㉢ 관행은 지속성을 가져야 하는 것으로서 그 중간에 반대되는 관행이 이루어져서는 아니 되고(**항상성**), ㉣ 관행은 여러 가지 해석이 가능할 정도로 모호한 것이 아닌 명확한 내용을 가진 것이어야 한다(**명료성**). 또한 ㉤ 이러한 관행이 헌법관습으로서 국민들의 승인 내지 확신 또는 폭넓은 컨센서스를 얻어 국민이 강제력을 가진다고 믿고 있어야 한다(**국민적 합의**)(헌재 2004.10.21. 2004헌마554). 관습헌법은 주권자인 국민에 의하여 유효한 헌법규범으로 인정되는 동안에만 존속하는 것이며, 관습법의 존속요건의 하나인 국민적 합의성이 소멸되면 관습헌법으로서의 법적 효력도 상실하게 된다. 관습헌법의 요건들은 그 성립의 요건일 뿐만 아니라 효력 유지의 요건이다.
③ (x) 헌법사항에 관하여 형성되는 관행 내지 관례가 전부 관습헌법이 되는 것은 아니고 강

제력이 있는 헌법규범으로서 인정되려면 엄격한 요건들이 충족되어야만 하며, 이러한 요건이 충족된 관습만이 관습헌법으로서 성문의 헌법과 동일한 법적 효력을 가진다(헌재 2004.10. 21. 2004헌마554).

④ (o) 관습헌법도 성문헌법과 마찬가지로 주권자인 국민의 헌법적 결단의 의사의 표현이며 성문헌법과 동등한 효력을 가진다고 보아야 한다. 국민주권주의는 성문이든 관습이든 실정법 전체의 정립에의 국민의 참여를 요구한다고 할 것이며, 국민에 의하여 정립된 관습헌법은 입법권자를 구속하며 헌법으로서의 효력을 가진다(헌재 2004.10.21. 2004헌마554). 그러므로 관습헌법에 반하는 법률은 위헌이 되고, 관습헌법에 반하는 공권력 행사도 위헌이 된다.

⑤ (o) 헌법사항에 관한 관행이나 관례가 성문의 헌법과 동일한 법적 효력을 가질지라도 성문헌법과 경성헌법을 가지는 우리나라에서는 형식적 의미의 헌법을 개폐할 수는 없고, 보충하는 효력을 갖는다고 할 수 있다(통설). 신행정수도의건설을위한특별조치법 위헌헌법소원 사건의 반대의견 중에는 '관습헌법으로서 성문헌법을 변경하는 효력을 인정할 수 없다'고 밝히고 있기도 하다.

[해 답] ③

02 헌법의 제정과 개정

1. 헌법제정권력에 관한 설명 중 옳지 않은 것을 모두 고른 것은? (다툼이 있는 경우 판례에 의함)

㉠ 헌법제정권력은 헌법을 만들어 내는 작용으로 기존 헌법에 의하여 만들어진 국가권력이다.
㉡ C. Schmitt는 헌법제정권력을 자신의 정치적 형식에 대하여 근본결단을 내릴 수 있는 정치적 의지로 파악하였다.
㉢ 국민이 헌법제정권력을 행사하여 헌법을 제정한 후에는 헌법제정권력은 국민의 대표기관인 의회로 귀속하게 된다.
㉣ 헌법제정의 방법으로는 통상 국민투표에 의하여 이루어진다.
㉤ 헌법제정권력은 창조적 권력이기 때문에 시원성(始原性)을 가진다는 입장에서는 헌법제정권력의 한계를 부인하게 된다.
㉥ 우리나라 헌법은 국민이 제헌권자임을 밝히고 있다.
㉦ 주권자인 국민은 헌법제정권력자로서 헌법전에 포함되지 아니한 헌법사항을 관습의 형태로 직접 형성할 수는 없다.

① ㉠, ㉢, ㉦ ② ㉡, ㉢ ③ ㉢, ㉣, ㉦
④ ㉣, ㉤, ㉥ ⑤ ㉢, ㉤

해설 ㉠ (x) 헌법제정권력은 국가의 최고법인 헌법을 제정하는 능력으로 헌법 이전에 존재한다. 국가의 법질서를 창출하는 헌법규범을 정립하는 권력이라고 할 수 있다. 헌법제정권력에 의하여 헌법이 만들어지고, 그 헌법에 의하여 만들어진 권력이 존재하게 된다(헌법제정권력 ⇒ 헌법 ⇒ 헌법에 의하여 만들어진 권력). 국가권력은 헌법제정권력에 의하여 비로소 형성된 권력이다.

㉡ (o) C.Schmitt의 결단주의적 관점에서는 헌법을 정치적인 결단이라고 이해하면서 헌법제정권력과 헌법개정권력을 구별하면서 헌법과 헌법률과의 차이를 강조하고 있다. 헌법은 근본결단이며, 헌법률은 이보다 하위의 결단이라고 한다. 국가의 기본형태를 결정하거나 변경하는 정치적 의지(결단)가 곧 헌법제정권력이라고 한다.

㉢ (x) 헌법제정권력의 주체는 국민이고, 국민 이외의 존재에게 헌법제정권력을 양도할 수 없다(불가양도성). 국민이 헌법제정권력을 행사하여 헌법을 제정한 후라고 하더라도 계속적으로 국민이 헌법제정권력을 보유하고 있다(항구성). 헌법제정권력자인 국민은 헌법을 제정하여야 할 상황이 다시 발생하면 새로운 헌법을 제정할 수 있다. 국민이 헌법제정권력의 **행사**를 헌법제정회의와 같은 기관에 **위임**할 수 있지만, 헌법제정권력 자체는 여전히 국민이 보유하고 있다.

㉣ (o) 헌법제정권력과 헌법개정권력을 행사하는 방법으로 국민투표를 이용할 수 있지만, 그 국민투표의 법적 성질은 차이가 있다. 헌법제정이 국민투표에 의하여 이루어지면 민주적 정당성을 확보할 수 있다. 그러나 그러한 국민투표가 독재자에 대한 신임투표로서의 성격을 갖는 경우도 있다.

㉤ (o) 헌법제정권력을 시원적으로 보는 쉬에스(Sieyés)의 관점에서는 헌법제정권력을 구속할 수 있는 어떤 법원리도 존재할 수 없게 된다. 헌법제정권력의 주체가 가지는 결단적 의지에서 헌법제정권력의 정당성을 찾으려는 C.Schmitt의 결단주의 역시 헌법제정권력의 한계를 부인할 수 있다.

㉥ (o) 1948년 제헌헌법 전문에는 '우리들 대한국민은 …우리들의 정당 또는 자유로히 선거된 대표로서 구성된 국회에서 …이 헌법을 제정한다'라고 명시하였다. 이는 대한민국의 국민이 헌법의 제헌권자이며, 국민에 의하여 선출된 국민의 대표기관인 국회에서 헌법을 제정하였음을 밝히고 있다. 현행 헌법 전문에도 '우리 대한국민은 …1948년 7월 12일 제정되고 8차에 걸쳐 개정된 헌법을 이제 국회의 의결을 거쳐 국민투표에 의하여 개정한다'라고 규정하고 있다.

㉦ (x) 헌법 제1조 제2항은 '대한민국의 주권은 국민에게 있고, 모든 권력은 국민으로부터 나온다'고 규정한다. 이와 같이 국민이 대한민국의 주권자이며, 국민은 최고의 헌법제정권력이기 때문에 성문헌법의 제·개정에 참여할 뿐만 아니라 **헌법전에 포함되지 아니한 헌법사항을 필요에 따라 관습의 형태로 직접 형성**할 수 있는 것이다. 그렇다면 관습헌법도 성문헌법과 마찬가지로 주권자인 국민의 헌법적 결단의 의사의 표현이며 성문헌법과 동등한 효력을 가진다고 보아야 한다. 그렇다면 관습헌법도 성문헌법과 마찬가지로 주권자인 국민의 헌법적 결단의 의사의 표현이며 성문헌법과 동등한 효력을 가진다고 보아야 한다(헌재 2004.10.21. 2004헌마554).

[해 답] ①

2. 헌법의 개정에 관한 설명 중 옳지 않은 것을 모두 고른 것은? (다툼이 있는 경우 판례에 의함)

㉠ 헌법의 개정은 형식적 의미의 헌법·성문헌법을 전제로 성립되는 개념이다.
㉡ 헌법개정권력은 헌법에 의하여 만들어진 제도화된 권력으로서 헌법제정권력에 구속된다.
㉢ 국민은 대통령과 국회의 헌법개정 발의가 없으면 헌법개정을 할 수 없다.
㉣ 국민투표를 거친 헌법개정안은 대통령이 공포할 때에 확정된다.
㉤ 헌법제정규범에 위반한 헌법개정 규정이 헌법소원의 대상이라고 할 수 없다.
㉥ 대통령은 헌법상 국민투표부의권의 행사로 외교·국방·통일 기타 국가안위에 관한 중요정책에 관한 헌법개정안을 국민투표에 부치는 방법으로 개정할 수 있다.

① ㉠, ㉢ ② ㉡, ㉣, ㉤ ③ ㉢, ㉥
④ ㉣, ㉥ ⑤ ㉡, ㉤, ㉥

해설 ㉠ (o) 헌법개정은 헌법이 스스로 정한 개정절차에 의하여 기존 헌법의 동일성과 연속성을 유지하면서 헌법의 조문이나 문구를 수정·삭제·증보하여 헌법의 내용을 바꾸는 것을 말한다. 헌법개정은 성문헌법에서 제도화되어 있는 제헌권의 발동을 통하여 개정된다. 헌법전에 들어있지 않은 실질적 의미의 헌법과 불문헌법의 개정은 헌법개정에 속하지 않고 개별법률의 개정문제로 다루어진다.
㉡ (o) 헌법개정은 헌법제정권자가 정해 놓은 헌법개정 절차에 따라 이루어진다. 그런 점에서 헌법개정권력은 헌법제정권력에 종속되어 있다고 볼 수 있다.
㉢ (o) 헌법개정은 국회재적의원 과반수 또는 대통령의 발의로 제안된다(헌법 128①).
㉣ (x) 국회는 헌법개정안이 공고된 날로부터 60일 이내에 의결하여야 하며, 국회의 의결은 재적의원 3분의 2 이상의 찬성을 얻어야 한다(헌법 130①). 헌법개정안은 국회가 의결한 후 30일 이내에 국민투표에 붙여 국회의원선거권자 과반수의 투표와 투표자 과반수의 찬성을 얻어야 한다(헌법 130②). **헌법개정안이 제2항의 찬성을 얻은 때에는 헌법개정은 확정되며,** 대통령은 즉시 이를 공포하여야 한다(헌법 130③). 대통령의 공포권은 권한임과 동시에 의무이며, 대통령 이외의 다른 기관은 헌법개정안을 공포할 수 없다. 이 점에서 법률안의 공포와 다르다. 법률이 확정된 후 또는 확정법률이 정부에 이송된 후 5일 이내에 대통령이 공포하지 아니할 때에는 국회의장이 이를 공포한다(헌법 53⑥).
㉤ (o) 헌법개정에도 내재적 한계에 의한 제한을 받는다. 그 한계를 넘는 경우에는 법적으로 무효라고 할 수 있다. 대통령의 임기연장 또는 중임변경을 위한 헌법개정은 그 헌법개정 당시의 대통령에 대하여는 효력이 없도록 하는 규정(헌법 128②)은 개헌의 한계를 정한 것이 아니라 **개헌의 효력만을 일부 제한하는 한계규정**이라고 보아야 한다. 따라서 대통령의 임기연장 또는 중임변경을 위한 헌법개정이 현행 헌법에 따라 이루어지더라도 그러한 헌법개정이 제안된 당시의 대통령은 새로운 헌법에 따라 대통령의 선거에 입후보할 수 없다.
헌법개정의 한계를 일탈한 헌법개정안에 대한 헌법재판이 필요하지만, 헌법재판소는 헌법의

개별규정 자체는 헌법소원에 의한 위헌심사의 대상이 아니라고 한다. 헌법은 그 전체로서 주권자인 국민의 결단 내지 국민적 합의의 결과라고 보아야 할 것으로, 헌법의 규정을 헌법재판소법 제68조 제1항 소정의 공권력 행사의 결과라고 볼 수도 없다(헌재 1995.12.28. 95헌바3).

ⓑ (x) 대통령은 필요하다고 인정할 때에는 외교·국방·통일 기타 국가안위에 관한 중요정책을 국민투표에 붙일 수 있다(헌법 72). 헌법개정은 헌법 제10장에서 규정하고 있는 개정 절차를 따라야 하고, 대통령이 국민투표부의권을 행사하는 방법으로 헌법개정을 할 수 없다. [해 답] ④

03 헌법의 해석

1. 헌법해석에 관한 설명 중 옳지 않은 것은? (다툼이 있는 경우 판례에 의함)

① 헌법의 해석은 헌법이 추구하는 이상과 이념에 따른 역사적, 사회적 요구를 올바르게 수용하여 헌법적 방향을 제시하는 헌법의 창조적 기능을 수행하여 국민적 욕구와 의식에 알맞는 실질적 국민주권의 실현을 보장하는 것이어야 한다.

② 헌법재판소의 위헌법률심사는 헌법의 최고규범성이 보장되는 헌법하에서 당연히 인정되는 것이므로 그에 대한 별도의 명문의 규정을 요하는 것은 아니다.

③ 법률의 합헌적 해석은 헌법의 최고규범성에서 나오는 법질서의 통일성에 바탕을 두고, 법률이 헌법에 조화하여 해석될 수 있는 경우에는 위헌으로 판단하여서는 아니된다는 것을 말한다.

④ 헌법해석은 현재 존재하는 헌법규정을 대상으로 하여 해석하는 것이므로 헌법전이 정하고 있지 아니한 사항은 처음부터 헌법해석의 대상이 될 수 없다.

⑤ 합헌적 법률해석에 근거한 헌법재판소의 변형결정의 경우 대법원은 일부 변경결정의 기속력을 부인하였다.

해설

① (o) 헌법의 해석과 헌법의 적용이 우리 헌법이 지향하고 추구하는 방향에 부합하는 것이 아닐 때에는, 헌법적용의 방향제시와 헌법적 지도로써 정치적 불안과 사회적 혼란을 막는 가치관을 설정하여야 한다(헌재 1989.9.8. 88헌가6).

② (x) 합헌적 법률해석은 헌법의 최고규범성이 보장되는 헌법에서 당연히 인정될 수 있다. 그러나 규범통제(위헌법률심사)는 그에 대한 명시적인 명문의 근거규정이 있어야 가능하다(성낙인). 해석규칙으로서의 헌법은 합헌적 법률해석의 경우에 법률의 해석기준이 되지만,

저촉규칙으로서의 헌법은 규범으로서 법률의 심사기준이 된다(허영).

③ (o) 일반적으로 어떤 법률에 대한 여러 갈래의 해석이 가능할 때에는 원칙적으로 헌법에 합치되는 해석 즉 합헌해석을 하여야 한다. 왜냐하면 국가의 법질서는 헌법을 최고법규로 하여 그 가치질서에 의하여 지배되는 통일체를 형성하는 것이며, 그러한 통일체 내에서 상위규범은 하위규범의 효력근거가 되는 동시에 해석근거가 되는 것이므로, **헌법은 법률에 대하여 형식적인 효력의 근거가 될 뿐만 아니라 내용적인 합치를 요구하고 있기 때문이다**(헌재 1989. 7.21. 89헌마38). 법률의 합헌적 해석의 원칙은 미국 판례상 형성된 법률이 위헌으로 입증되기까지는 합헌으로 추정하여야 한다는 법률의 합헌추정의 원칙에서 비롯된 것이다. 이 원칙은 독일 연방헌법재판소 판례를 통하여 합헌적 법률해석의 원칙으로 발전하였다.

④ (o) 헌법해석은 현재 존재하는 실정헌법을 실현하는 작용이다. 따라서 헌법의 해석이 헌법제정이나 헌법개정의 역할에 이르는 것은 헌법해석의 한계를 넘어서 헌법제정권자 또는 헌법개정권자의 지위를 차지하는 것이 되어 국민주권원리상 허용될 수 없다(정종섭).

⑤ (o) 대법원은 헌법재판소의 변형결정에 대한 기속력을 부인하였다. 한정위헌 결정에 표현되어 있는 헌법재판소의 법률해석에 관한 견해는 법률의 의미·내용과 그 적용범위에 관한 헌법재판소의 **견해를 일응 표명한 데 불과하여** 이와 같이 법원에 전속되어 있는 법령의 해석·적용 권한에 대하여 어떠한 영향을 미치거나 기속력도 가질 수 없다(대법원 1996.4.9. 95누11405).
반면, 헌법재판소는 그 기속력을 인정하고 있다. 즉, 헌법재판소의 법률에 대한 위헌결정에는 단순위헌결정은 물론, 한정합헌, 한정위헌결정과 헌법불합치결정도 포함되고 **이들은 모두 당연히 기속력을 가진다**. 합헌적인 한정축소해석은 위헌적인 해석 가능성과 그에 따른 법적용을 소극적으로 배제한 것이고, 적용범위의 축소에 의한 한정적 위헌선언은 위헌적인 법적용 영역과 그에 상응하는 해석 가능성을 적극적으로 배제한다는 뜻에서 차이가 있을 뿐, 본질적으로는 다 같은 부분위헌결정이다(헌재 1992.2.25. 89헌가104). [해 답] ②

04 헌법의 보호

1. 헌법의 보호에 관한 설명 중 옳지 않은 것을 모두 고른 것은? (다툼이 있는 경우 판례에 의함)

> ㉠ 헌법보호는 국가의 특정한 존립형식을 보호하려는 것이기 때문에 형식적 의미의 헌법에 명문으로 규정된 국가의 특정한 존립형식이 그 보호대상이 된다.
> ㉡ 헌법재판소는 사법권의 판결로 인한 헌법침해적인 상태를 교정하기 위하여 재판에 대한 헌법소원심판제도를 인정하기도 한다.
> ㉢ 자유민주적 기본질서를 부정하고 이를 적극적으로 제거하려는 조직은 국민의 정치적

의사형성에 참여하더라도 정당의 자유의 보호를 받는 정당에 해당되지 않는다.
㉣ 국가긴급권은 국가의 존립이나 헌법질서를 위태롭게 하는 비상사태가 발생한 경우에 국가를 보전하고 헌법질서를 유지하기 위한 헌법보장의 한 수단이다.
㉤ 국가권력에 의하여 헌법의 기본원리에 대한 중대한 침해가 행하여지는 경우에 행사되는 저항권은 국민개개인이 그 주체가 될 수 있다.
㉥ 헌법에 명문으로 저항권이 규정된 것은 아니지만, 헌법 전문에 '불의에 항거한 4·19민주이념을 계승하고'라는 문구가 저항권을 인정하고 있으며, 대법원 역시 저항권의 개념을 인정하면서 재판규범으로 원용할 수 있다고 한다.

① ㉠, ㉢, ㉥　② ㉡, ㉣, ㉤　③ ㉢, ㉣, ㉥
④ ㉠, ㉡, ㉢　⑤ ㉡, ㉤, ㉥

해설

㉠ (x) 국가의 특정한 존립형식은 형식적 의미의 헌법인 헌법전에 의해서만 정해지는 것이 아니고 실질적 의미의 헌법도 국가의 특정한 존립형식과 관련된 규정을 내포할 수 있기 때문에 헌법보호의 범위는 형식적 의미의 헌법에 국한되지 않고 실질적 의미의 헌법에까지 미치게 된다(허영).

㉡ (o) 공권력의 행사 또는 불행사로 인하여 헌법상 보장된 기본권을 침해받은 자는 법원의 재판을 제외하고는 헌법재판소에 헌법소원심판을 청구할 수 있다. 다만, 다른 법률에 구제절차가 있는 경우에는 그 절차를 모두 거친 후에 청구할 수 있다(헌법재판소법 68①). 헌법재판소는 법원이 헌법재판소가 위헌으로 결정한 법령을 적용함으로써 국민의 기본권을 침해한 경우 그 판결은 헌법소원의 대상이 된다고 한다.
이 사건 대법원판결은 헌법재판소가 이 사건 법률조항에 대하여 한정위헌결정을 선고함으로써 이미 부분적으로 그 효력이 상실된 법률조항을 적용한 것으로서 **위헌결정의 기속력에 반하는 재판임이 분명하므로** 앞에서 밝힌 이유대로 이에 대한 헌법소원은 허용된다 할 것이고, 또한 이 사건 대법원판결로 말미암아 청구인의 헌법상 보장된 기본권인 재산권 역시 침해되었다 할 것이다. 따라서 이 사건 대법원판결은 헌법재판소법 제75조 제3항에 따라 취소되어야 마땅하다(헌재 1997.12.24. 96헌마172).

㉢ (x) 헌법은 정당의 금지를 민주적 정치과정의 개방성에 대한 중대한 침해로서 이해하여 오로지 헌법 제8조 제4항의 엄격한 요건하에서만 정당설립의 자유에 대한 예외를 허용하고 있다. 이에 따라 **자유민주적 기본질서를 부정하고 이를 적극적으로 제거하려는 조직도**, 국민의 정치적 의사형성에 참여하는 한, **'정당의 자유'의 보호를 받는 정당에 해당**하며, 오로지 헌법재판소가 그의 위헌성을 확인한 경우에만 정당은 정치생활의 영역으로부터 축출될 수 있다(헌재 1999.12.23. 99헌마135).

㉣ (o) 국가보위에 관한 특별조치법(제정 1971.12.27. 법률 제2312호)은 초헌법적인 국가긴급권을 대통령에게 부여하고 있다는 점에서 이는 헌법을 부정하고 파괴하는 반입헌주의, 반법치주의의 위헌법률이다(헌재 1994.6.30. 92헌가18).

㉤ (o) 저항권은 국가권력에 의하여 헌법의 기본원리에 대한 중대한 침해가 행하여지고 그 침

해가 헌법의 존재 자체를 부인하는 것으로서 다른 합법적인 구제수단으로는 목적을 달성할 수 없을 때에 **국민이 자기의 권리·자유를 지키기 위하여 실력으로 저항하는 권리이므로,** 국회법 소정의 협의 없는 개의시간의 변경과 회의일시를 통지하지 아니한 입법과정의 하자는 저항권 행사의 대상이 되지 아니한다(헌재 1997.9.25. 97헌가4). 저항권의 주체로는 모든 국민개개인이지만, 단체와 정당 등도 될 수 있다. 그러나 외국인이나 무국적자 또는 국가기관이나 지방자치단체와 같은 공법인은 그 주체가 될 수 없다.

ⓑ (x) 헌법 전문에 저항권의 표현이라고 할 수 있는 3·1운동과 '불의에 항거한 4·19민주이념을 계승하고'라고 규정하고 있어 현행 헌법은 간접적으로 저항권을 인정하고 있다는 긍정설도 있다. 대법원의 소수의견과 헌법재판소는 간접적으로 저항권의 규범성을 인정하고 있다고 평가되기도 한다. 그러나 저항권은 이데올로기적 개념일 뿐이므로 실정법상의 권리로 인정될 수 없다는 부정설도 있다. 대법원은 저항권을 재판규범으로 적용할 수 없다고 한다.

현대 입헌 자유민주주의 국가의 헌법이론상 자연법에서 우러나온 자연권으로서의 소위 저항권이 헌법 기타 실정법에 규정되어 있든 없든 간에 엄존하는 권리로 인정되어야 한다는 논지가 시인된다 하더라도 그 저항권이 실정법에 근거를 두지 못하고 **오직 자연법에만 근거하고 있는 한 법관은 이를 재판규범으로 원용할 수 없다고 할 것**인바, 헌법 및 법률에 저항권에 관하여 아무런 규정 없는 우리나라의 현 단계에서는 저항권이론을 재판의 근거규범으로 채용, 적용할 수 없다(다수의견)(대법원 1980.5.20. 80도306). [해 답] ①

05 한국헌법의 역사

1. 1948년 제정된 대한민국 헌법에 관한 설명 중 옳지 않은 것을 모두 고른 것은?

> ㉠ 국회는 임기 4년인 직선제로 선출된 의원으로 구성된 단원제였다.
> ㉡ 대통령과 부통령은 국회에서 간접선거방식으로 선출되며, 1회에 한하여 중임을 허용하였다.
> ㉢ 국회승인을 얻어 임명되는 국무총리를 두고 대통령·국무총리·국무위원 등으로 조직되는 국무원을 두었다.
> ㉣ 사기업에 있어서 근로자는 이익의 분배에 균점할 권리가 있다는 이익분배균점권 조항을 두었다.
> ㉤ 고위공직자에 대한 탄핵결정권과 위헌법률심사권은 헌법위원회의 권한으로 하였다.
> ㉥ 지방자치와 정당의 설립에 관한 규정 및 통일에 관한 규정도 두었다.

① ㉠, ㉡ ② ㉡, ㉢ ③ ㉢, ㉣
④ ㉣, ㉤ ⑤ ㉤, ㉥

해설 ㉠ (o) 국회의 구성은 임기 4년의 직선제로 선출된 단원제 국회였다.
㉡ (o) 대통령과 부통령은 국회에서 선출(무기명투표)하며, 1회에 한하여 대통령의 중임을 허용하였다. 대통령 유고시를 대비하여 부통령제를 두었다.
㉢ (o) 의원내각제적인 요소로서 의장인 대통령과 부의장인 국무총리 및 국무위원으로 구성되는 합의체의결기관인 국무원을 두었다. 국무총리는 국회의 승인을 얻어 대통령이 임명하였다.
㉣ (o) 근로자의 노동3권 외에 '영리를 목적으로 하는 사기업에 있어서는 근로자는 법률이 정하는 바에 의하여 이익의 분배에 균점할 권리가 있다'(헌법 18②)는 이익분배균점권 조항을 두었다.
㉤ (x) 위헌법률의 심사·결정권은 헌법위원회의 권한으로 하고, 대통령 등 고위공직자의 탄핵심판은 탄핵재판소를 따로 설치했다.
㉥ (x) 지방자치에 관한 규정을 두었지만, 정당에 관한 규정과 통일에 관한 명문의 규정은 두지 않았다. [해 답] ⑤

2. 우리 헌법사에 관한 설명 중 옳지 않은 것을 모두 고른 것은?

㉠ 1952년 헌법은 이승만 대통령의 장기집권을 위하여 대통령의 직선제를 채택하였으나, 헌법개정에 필요한 공고절차를 생략한 위헌적인 헌법개정이라고 할 수 있다.
㉡ 1954년 헌법은 초대 대통령인 이승만 대통령에 한하여 중임제한을 철폐함으로써 평등원칙에 위반되는 위헌적인 내용을 포함하고 있으며, 헌법상의 의결정족수를 채우지 못한 위헌적인 개정으로 평가된다.
㉢ 1960년 헌법은 의원내각제 정부형태를 채택하였으며, 1972년 헌법은 대통령에 대한 중임제한을 철폐하고, 1980년 헌법과 1987년 헌법은 대통령의 직선·단임제를 규정한 것이 공통적이다.
㉣ 1962년 헌법은 5·16으로 정권을 장악한 군부세력이 사실상 헌법제정과 같은 내용으로 대통령중심제로 변경하고, 대통령은 4년 중임제로, 국회는 단원제로, 위헌법률심사권을 대법원에 부여하였다. 대통령이나 국회의원 선거에서 정당추천을 필수적으로 요구하고, 국회의원이 소속정당을 이탈하거나 변경한 때에는 의원자격이 상실되도록 하였다.
㉤ 1987년 헌법은 대통령의 국회해산권을 폐지하고, 국무총리·국무위원에 대한 국회의 해임건의권으로 변경하였으며, 헌법재판제도를 강화하여 헌법재판소를 신설하였다.

ⓑ 1987년 헌법은 대통령의 임기연장이나 중임변경을 위한 헌법개정은 그 헌법개정제안 당시의 대통령에 대해서는 적용되지 않도록 하는 규정을 신설하여 장기집권을 예방하고 있다.

① ㉠, ㉡, ㉤　　② ㉡, ㉣　　③ ㉢, ㉥
④ ㉣, ㉥　　⑤ ㉡, ㉢, ㉥

해설

㉠ (o) 이승만 대통령은 반대세력이 국회다수석을 차지하게 되어 국회에서의 재선을 기대할 수 없게 되자 장기집권을 위한 목적으로 1952.7.4. 대통령직선제 개헌안을 통과시켰다. 아울러 국회 양원제(민의원과 참의원)를 채택하였지만 실제로 시행되지 않았다. 이 개헌안은 헌법이 정하는 공고절차도 거치지 아니한 채 통과시켜 절차적인 위헌으로 평가받고 있다.

㉡ (o) 1954년 헌법은 이승만 대통령의 3선 허용을 핵심적인 내용으로 하는 것으로 4사5입이론으로 의결정족수를 위반한 위헌적인 개정이다. 이때 우리 헌법역사상 처음으로 국무총리제도를 폐지하여 순수한 대통령제에 접근하였으며, 군법회의에 헌법상 근거를 명시하고, 헌법개정의 국민발안제와 한계조항을 신설하였다.

㉢ (x) 1960년 헌법은 최초의 여야합의에 의한 개헌으로 의원내각제 정부형태를 채택하고, 헌법재판소를 설치하고, 대법원장과 대법관 선거제를 도입하였다. 1972년 헌법은 대통령 임기를 6년으로 하고 중임이나 연임에 관한 규정을 두지 않아 장기집권을 가능하도록 하였다. 지방의회의 구성도 통일 이후로 연기하였다. **1980년 헌법은 대통령 선출에 관한 간선제**와 7년 단임제를 규정하였으며, 1987년 현행 헌법은 대통령 직선제와 5년 단임제를 채택하였다.

㉣ (o) 5·16으로 집권한 박정희 군사정권은 대통령중심제를 중심으로 하는 4년 중임제를 채택하고, 정당추천권을 규정하여 정당에 대한 특권을 부여하였다. 그러나 1969년 헌법에서 대통령의 재임은 3기에 한한다고 변경하여 장기집권을 도모하였다.

㉤ (o) 1972년 헌법에 대통령의 국회해산권을 신설하였고, 1980년 헌법에서도 국회해산권을 유지하였으며, 1987년 헌법에서는 국회해산권을 인정하지 않았다.

㉥ (x) 1980년 헌법은 대통령 선출에 관한 간선제와 7년 단임제를 규정하면서, 임기연장이나 중임변경을 위한 헌법개정은 그 헌법개정제안 당시의 대통령에 대해서는 적용되지 않도록 하는 규정(제129조 제2항)을 신설하였으며, 1987년 **현행 헌법도 이를 계승하고 있다.**

[해 답] ③

06 헌법전문과 기본원리

1. 헌법전문에 관련된 설명 중 옳지 않은 것은? (다툼이 있는 경우 판례에 의함)

① 헌법의 전문과 본문 전체에 담겨있는 최고 이념은 국민주권주의와 자유민주주에 입각한 입헌민주헌법의 본질적 기본원리에 기초하고 있다.

② 헌법은 전문에서 "3·1운동으로 건립된 대한민국임시정부의 법통을 계승"한다고 선언하고 있으므로, 국가는 일제로부터 조국의 자주독립을 위하여 공헌한 독립유공자와 그 유족에 대하여는 응분의 예우를 하여야 할 헌법적 의무를 지닌다. 따라서 국가보훈처장이 서훈추천 신청자에 대한 서훈추천을 거부한 것은 행정권력의 부작위에 해당하여 헌법소원의 대상이 된다.

③ "헌법전문에 기재된 3·1정신"은 우리나라 헌법의 연혁적·이념적 기초로서 헌법이나 법률해석에서의 해석기준으로 작용한다고 할 수 있지만, 그에 기하여 곧바로 국민의 개별적 기본권성을 도출해낼 수는 없다고 할 것이므로, 헌법소원의 대상인 "헌법상 보장된 기본권"에 해당하지 아니한다.

④ 헌법은 전문에서 "3·1운동으로 건립된 대한민국임시정부의 법통"의 계승을 천명하고 있는데, 일제강점기에 일본군위안부로 강제 동원되어 인간의 존엄과 가치가 말살된 상태에서 장기간 비극적인 삶을 영위하였던 피해자들의 훼손된 인간의 존엄과 가치를 회복시켜야 할 의무는 대한민국임시정부의 법통을 계승한 지금의 정부가 국민에 대하여 부담하는 가장 근본적인 보호의무에 속한다고 할 것이다.

⑤ 헌법전문에는 주체적이고 사회적인 민주시민으로서의 인간상, 평화통일주의, 민족주의, 복지국가주의, 국제평화주의 등이 규정되어 있다.

해설

① (o) 헌재 1989.9.8. 88헌가6; 헌법전문은 헌법의 이념 내지 가치지표를 제시하고 있는 헌법규범의 일부로서 헌법으로서의 규범적 효력을 나타내기 때문에 구체적으로는 헌법소송에서의 재판규범인 동시에 헌법이나 법률해석에서의 해석기준이 된다.

② (x) 헌법은 국가유공자 인정에 관하여 명문 규정을 두고 있지 않으나 전문(前文)에서 "3.1운동으로 건립된 대한민국임시정부의 법통을 계승"한다고 선언하고 있다. 국가는 일제로부터 조국의 자주독립을 위하여 공헌한 독립유공자와 그 유족에 대하여는 응분의 예우를 하여야 할 헌법적 의무를 지닌다. 독립유공자의 구체적 인정절차는 입법자가 헌법의 취지에 반하

지 않는 한 입법재량으로 정할 수 있다. 따라서 국가보훈처장이 서훈추천 신청자에 대한 서훈추천을 하여 주어야 할 헌법적 작위의무가 있다고 할 수는 없으므로, 서훈추천을 거부한 것에 대하여 행정권력의 부작위에 대한 헌법소원으로서 다툴 수 없다(헌재 2005.6.30. 2004헌마859).

③ (o) 헌재 2001.3.21. 99헌마139.

④ (o) 우리 정부가 직접 **일본군위안부 피해자들의 기본권**을 침해하는 행위를 한 것은 아니지만, 위 피해자들의 일본에 대한 배상청구권의 실현 및 인간으로서의 존엄과 가치의 회복을 하는 데 있어서 현재의 장애상태가 초래된 것은 우리 정부가 청구권의 내용을 명확히 하지 않고 '모든 청구권'이라는 포괄적 개념을 사용하여 이 사건 협정을 체결한 것에도 책임이 있다는 점에 주목한다면, 피청구인에게 그 장애상태를 제거하는 행위로 나아가야 할 구체적 작위의무가 있음을 부인하기 어렵다(헌재 2011.8.30. 2006헌마788).

원폭피해자들의 일본에 대한 배상청구권의 실현 및 인간으로서의 존엄과 가치의 회복에 대한 장애상태가 초래된 것은 우리 정부가 청구권의 내용을 명확히 하지 않고 '모든 청구권'이라는 포괄적인 개념을 사용하여 이 사건 협정을 체결한 것에도 책임이 있다는 점에 주목한다면, 그 장애상태를 제거하는 행위로 나아가야 할 구체적 의무가 있음을 부인하기 어렵다(헌재 2011.8.30. 2008헌마648).

⑤ (o) 헌법전문은 헌법제정의 주체와 유래, 대한민국임시정부 법통의 계승, 4·19이념의 계승, 자유민주적 기본질서의 확립 등에 관한 규정도 두고 있다. 또한 헌법상의 인간상으로 자기결정권을 지닌 창의적이고 성숙한 개체로서의 국민을 상정하고 있다(헌재 1998.5.28. 96헌가5).

[해 답] ②

2. 포괄적 위임입법금지에 관한 설명 중 옳지 않은 것을 모두 고른 것은? (다툼이 있는 경우 판례에 의함)

㉠ 정부의 위임입법의 영역은 국회에서 법령으로 구체적으로 범위를 정하여 위임받은 사항에 국한된다.

㉡ 합리적인 법률해석을 통하여 수권법률에 표현된 입법자의 객관화된 의사가 밝혀질 수 있더라도 법률규정 그 자체가 불명확한 개념을 사용하고 있다면 이는 위임입법의 한계를 일탈한 것이라고 할 수 있다.

㉢ 어떤 법률조항이 명확성원칙 위배 여부와 포괄위임금지의 원칙의 위반 여부가 동시에 제기된 경우에는 명확성원칙의 위반여부를 심사하는 것으로 충분하다.

㉣ 입법권을 백지위임하는 것과 같은 일반적이고 포괄적인 위임은 의회입법과 법치주의를 부인하는 것이 되어 행정권의 부당한 자의와 기본권행사에 대한 무제한적 침해를 초래하게 된다.

㉤ 법률이 어떤 사항에 관하여 대통령령에 위임할 경우에는 국민이 장래 대통령령으로 규정될 내용을 일일이 예견할 수는 없다고 할지라도 적어도 그 기본적 윤곽만은 예측할 수 있도록 기본적인 사항들에 관하여 법률에서 구체적으로 규정하여야 한다.

ⓑ 급부행정 영역에서는 기본권침해 영역보다는 위임입법에 관한 구체성의 요구가 다소 약화되어도 무방하다고 해석되며 다양한 사실관계를 규율하거나 사실관계가 수시로 변화될 것이 예상될 때에는 위임의 명확성의 요건이 완화된다.

① ㉠, ㉡, ㉢　　② ㉡, ㉢, ㉣　　③ ㉢, ㉤, ㉥
④ ㉣, ㉤, ㉥　　⑤ ㉠, ㉡, ㉣

해설

㉠ (x) 대통령령(시행령)은 국회에서 정한 **법률**에서 구체적으로 범위를 정하여 위임받은 사항(위임명령)과 그 법률을 집행하기 위하여 필요한 사항(집행명령)을 정할 수 있다(헌법 75). 국무총리 또는 행정각부의 장은 소관사무에 관하여 **법률이나 대통령령**의 위임 또는 직권으로 총리령 또는 부령을 발할 수 있다(헌법 95).

㉡ (x) 헌법 제75조는 "대통령은 법률에서 구체적으로 범위를 정하여 위임받은 사항과 법률을 집행하기 위하여 필요한 사항에 관하여 대통령령을 발할 수 있다."라고 규정함으로써 위임입법의 근거를 마련함과 동시에, 위임은 구체적으로 범위를 정하여 하도록 하여 그 한계를 제시하고 있다. 이는 행정부에 입법을 위임하는 수권법률의 명확성 원칙에 관한 것으로서, 법률의 **명확성 원칙이 행정입법에 관하여 구체화된 특별규정**이라고 할 수 있다. 따라서 합리적인 법률해석을 통하여 수권법률에 표현된 입법자의 객관화된 의사, 즉 위임의 내용, 목적과 정도가 밝혀질 수 있다면 위임입법의 한계를 일탈한 것이 아니다(헌재 1999.4.29. 94헌바37).

㉢ (x) 법률조항의 명확성원칙 위배 여부는 헌법 제75조의 포괄위임금지의 원칙의 위반 여부에 대한 심사로써 충족된다 할 것이다(헌재 2007.4.26. 2004헌가29).

㉣ (o) 사실상 입법권을 백지위임하는 것과 같은 일반적이고 포괄적인 위임은 의회입법과 법치주의를 부인하는 것이 되어 행정권의 부당한 자의와 기본권행사에 대한 무제한적 침해를 초래할 것이기 때문에, 위임입법의 한계에 관한 헌법의 취지는 위와 같은 결과를 사전에 방지하고자 함에 있다고 할 것이다. 따라서 법률의 위임은 반드시 구체적 개별적으로 한정된 사항에 대하여 행하여져야 할 것이다(헌재 1995.7.21. 94헌마125).

㉤ (o) 헌재 2002.9.19. 2002헌바2.

ⓑ (o) 뿐만 아니라 위임조항에서 위임의 구체적 범위를 명확히 규정하고 있지 않다고 하더라도 당해 법률의 전반적 체계와 관련규정에 비추어 위임조항의 내재적인 위임의 범위나 한계를 객관적으로 분명히 확정할 수 있다면 이를 일반적으로 포괄적인 백지위임에 해당하는 것으로 볼 수 없다(헌재 1997.12.24. 95헌마390).　　[해 답] ①

3. 헌법상 국민주권주의에 관한 설명 중 옳지 않은 것은? (다툼이 있는 경우 판례에 의함)

① 주권자로서의 국민은 대한민국의 국적을 가지고 있는 자연인인 국민을 말한다.

② 고전적인 주권이론은 군주의 절대권력을 정당화시키기 위하여 탄생되어 오늘날 국민주권론으로 발전한 것이기 때문에 고전적인 주권론과 현대적인 국민주권론 사이에는 이념적인 동질성을 찾기 어렵다는 것이 현대적인 입장이다.

③ 헌법상의 국민주권론을 추상적으로 보면 전체국민이 이념적으로 주권의 근원이라는 전제 아래 형식적인 이론으로 만족할 수 있으나, 현실적으로 보면 구체적인 주권의 행사는 투표권 행사인 선거를 통하여 이루어지는 것이다.

④ 민주정치는 주권자인 국민이 되도록 정치과정에 참여하는 기회가 폭넓게 보장될 것을 요구한다. 자유선거의 원칙은 비록 우리 헌법에 명시되지는 않았지만 민주국가의 선거제도에 내재하는 법원리에 해당된다.

⑤ 헌법전문은 헌법제정의 주체로서 '국민'을 내세우고, 우리나라가 '민주공화국'임을 선언하면서 헌법 제1조 제2항에서 '대한민국의 주권은 국민에게 있고, 모든 권력은 국민으로부터 나온다'고 규정하여 주권의 소재와 통치권의 담당자가 같아야 될 것을 선언하고 있다.

해설

① (o) 국민의 범위는 국적법에 의하여 구체적으로 확정된다. 주권자로서의 국민은 대한민국의 국적을 가진 자연인이고, 외국인이나 무국적자는 해당되지 않는다.

② (o) 국민주권에서 국민의 개념에 관하여 '전체로서의 국민'을 뜻하는 nation(국민)과 '유권자의 전체'를 뜻하는 peuple(인민)으로 분류하는 입장은 프랑스혁명 과정에서 나타난 주권투쟁을 이데올로기투쟁으로 변질시키면서 등장한 이론이다. nation(국민)주권은 하나의 통일체로서의 전체 국민이 주권의 주체라고 한다. 그러므로 전체국민이 선출한 대표자가 국정을 책임지는 대의제원리가 도출된다. 대표자를 선출하는 선거인은 교양과 재산을 가진 자에게만 부여하는 제한선거제를 채택한다. peuple(인민)주권은 구체적인 개개인의 총합인 유권자가 주권의 주체라고 한다. 그러므로 현실적·구체적인 주권자인 peuple 자신이 직접 통치하는 직접 민주제를 이상으로 하며, 보통선거를 채택한다(성낙인).

③ (o) 실질적 국민주권을 보장하기 위하여 유권자들이 자기들의 권익과 전체국민의 이익을 위해 적절하게 주권을 행할 수 있도록 민주적인 선거제도가 마련되어야 하고, 국민 각자의 참정권을 합리적이고 합헌적으로 보장하는 선거법을 제정하지 않으면 안된다. 따라서 이러한 국민주권이 현실적으로 행사될 때에는 국민 개인이 가지는 불가침의 기본권으로 보장된다. 그 기본권은 대리 행사를 시킬 수 없는 국민 각자의 고유한 주관적인 권리이고, 참정권의 행사와 보장도 개인주의 사상에 기초를 두고 그 개인의 인격을 기본으로 하고 있다(헌재 1989.9.8. 88헌가6).

④ (o) 국민의 주권행사 내지 참정권 행사의 의미를 지니는 선거과정에의 참여행위는 원칙적으로 자유롭게 행하여질 수 있도록 최대한 보장하여야 한다. 한편 **자유선거의 원칙은 비록 우리 헌법에 명시되지는 않았지만** 민주국가의 선거제도에 내재하는 법원리인 것으로서 국민주권의 원리, 의회민주주의의 원리 및 참정권에 관한 규정에서 그 근거를 찾을 수 있다(헌재 1994.7.29. 93헌가4).

⑤ (x) 헌법전문과 헌법 제1조 제2항은 국가권력의 정당성이 국민에게 있고, 모든 통치권력의 행사를 최후적으로 국민의 의사에 귀착시킬 수 있다는 뜻이지, **국민이 직접 통치권을 행사한다는 의미는 아니다.** 국민이 국민투표에 의해서 직접 주권을 행사하는 경우 외에는 통치권의

담당자가 국민의 주권행사에 의해서 결정되기 때문에 통치권의 행사도 궁극적으로 국민의 의사에 의해 정당화된다는 점을 명백히 하고 있다(허영). [해 답] ⑤

4. 자유민주적 기본질서에 관한 설명 중 옳지 않은 것은? (다툼이 있는 경우 판례에 의함)

① 헌법은 자유민주주의를 실현하기 위하여 국민투표제도·대의제도·선거제도·복수정당제도·지방자치제도 등을 두고 있다.

② 헌법이 지향하는 자유민주적 기본질서 내지 민주주의는 모든 이데올로기를 그 체제 속으로 수용할 수 있는 다원적 민주주의여야 하므로 인민민주주의까지도 수용하고 있다.

③ 자유민주주의는 국가권력의 간섭을 배제하고, 개인의 자유와 창의를 존중하며 다양성을 포용하는 자유주의와 국가권력이 국민에게 귀속되고, 국민에 의한 지배가 이루어지는 것을 내용적 특징으로 한다.

④ 독일 기본법에서는 민주주의의 적이 민주주의를 공격하는 것을 방어하기 위한 방어적 민주주의를 제도화하기 위하여 위헌정당해산제도와 기본권실효제도를 두고 있다.

⑤ 1972년 유신헌법 전문에서 자유민주적 기본질서를 처음으로 명문으로 규정하였으며, 이는 헌법개정의 한계에 해당된다.

해설

① (o) 헌법은 전문에 "자율과 조화를 바탕으로 자유민주적 기본질서를 더욱 확고히 하여"라고 선언하고, 제4조에 "자유민주적 기본질서에 입각한 평화적 통일정책을 수립하고 이를 추진한다"라고 규정함으로써 자유민주주의 실현을 헌법의 지향이념으로 삼고 있다. 구체적으로는 **기본적 인권의 존중, 권력분립, 의회제도, 복수정당제도, 선거제도, 사유재산과 시장경제를 골간으로 한 경제질서 및 사법권의 독립** 등을 의미한다(헌재 1990.4.2. 89헌가113).

② (x) 우리 헌법은 폭력적, 자의적인 지배 즉 일인 내지 일당독재를 지지하거나, 국민들의 기본적 인권을 말살하는 어떠한 지배원리도 용인하지 않는다(헌재 2001.9.27. 2000헌마238). 헌법이 수용하는 정치체제는 다원성을 부정하는 전체주의와 일당지배체제의 이데올로기에 얽매인 인민민주주의를 배척하는 범위 내에서의 자유민주주의이다(성낙인).

③ (o) 우리 헌법은 자유민주적 기본질서의 보호를 그 최고의 가치로 인정하고 있고, 그 내용은 모든 폭력적 지배와 자의적 지배 즉 **반국가단체의 일인독재 내지 일당독재를 배제하고 다수의 의사에 의한 국민의 자치, 자유·평등의 기본원칙에 의한 법치주의적 통치질서를 말한다**(헌재 1990.4.2. 89헌가113).

④ (o) 민주주의의 적으로부터 보호하려는 민주주의의 핵심적 가치를 표현한 것이 자유민주적 기본질서이다. 방어적 민주주의를 지나치게 강조할 때는 표현의 자유를 제한하는 등 민주주의

의 가치를 오히려 훼손하고 파괴할 위험이 있다. 그러므로 방어적 민주주의는, ㉠ 민주주의의 본질을 침해하여서는 아니 된다. ㉡ 헌법의 기본원리인 법치국가, 사회복지국가, 문화국가 및 국제평화주의를 침해해서는 아니 된다. ㉢ 방어적 민주주의를 위한 국가의 개입과 제한은 비례의 원칙(과잉금지의 원칙)을 준수하여야 한다. ㉣ 방어적 민주주의는 소극적·방어적이어야 하고, 적극적·공격적이어서는 아니 된다(성낙인).

⑤ (o) 1972년 헌법 제정 당시 북한의 위협에 대비하기 위한 것으로 보인다. 자유민주적 기본질서는 ㉠ 헌법제정권자의 근본 결단에 해당하며 헌법핵에 속한다. ㉡ 헌법 및 법령 해석의 기준이 되고 입법의 지침이 된다. ㉢ 헌법개정절차에 의해서도 변경할 수 없는 헌법개정의 한계에 해당된다. ㉣ 국가권력을 구속할 뿐 아니라 기본권 행사의 한계를 설정한다(양건). [해 답] ②

5. 법치주의에 관련된 설명 중 옳지 않은 것을 모두 고른 것은? (다툼이 있는 경우 판례에 의함)

㉠ 헌법재판소는 헌법상 법치국가의 내용으로 기본권보장과 권력분립주의 외에도 법적 안정성의 요청, 일반적 명확성의 원칙, 소급입법의 제한, 신뢰보호의 원칙, 법적 안정성과 실질적 정의의 조화도 들고 있다.

㉡ 오늘날의 법치주의는 국민의 권리·의무에 관한 사항은 법률로써 정해야 한다는 형식적 법치주의에 그치는 것이 아니라 그 법률의 목적과 내용 또한 기본권 보장의 헌법이념에 부합되어야 한다는 실질적 법치주의를 의미한다.

㉢ 법치주의는 자의적이고 전단적인 국가권력의 행사를 부정하고 권력의 남용을 방지하기 위한 것이므로, 현대의 정당국가에서는 효과적인 견제와 균형의 원리를 실현하기 위하여 국가권력의 통합이 요청되고 있다.

㉣ 법치주의적 통치질서는 모든 폭력적 지배와 자의적 지배 즉 반국가단체의 일인독재 내지 일당독재를 배제하고 다수의 의사에 의한 국민의 자치, 자유·평등의 기본원칙을 그 내용으로 한다.

㉤ 행정부가 법률에 근거하여 국민의 자유와 재산을 침해하는 경우 법률이 수권의 범위를 명확하게 확정해야 하고, 법원이 공권력행사의 적법성을 심사할 때에는 법률이 그 심사의 기준으로서 충분히 명확해야 한다.

㉥ 명확성의 원칙은 입법자가 법률을 제정함에 있어서 행정청과 법원의 자의적인 적용을 배제하기 위하여 개괄조항이나 불확정 법개념의 사용을 금지하게 된다.

① ㉠, ㉣ ② ㉡, ㉤ ③ ㉢, ㉥
④ ㉣, ㉥ ⑤ ㉢, ㉤

해설 ㉠ (o) 헌법은 법치주의의 원리를 실현하기 위하여 기본권을 보장하면서 권력분립제도를 두어 법치주의를 제도적으로 구체화하고 있다. 헌법재판소는 법치주의의 절차적·형식적 내용의 구현도 함께 추구하고 있다.

㉡ (o) 비록 과세요건이 법률로 명확히 정해진 것일지라도 그것만으로는 충분한 것이 아니고 조세법의 목적이나 내용이 기본권 보장의 헌법이념과 이를 뒷받침하는 헌법상의 제원칙에 합치되지 아니하면 아니 된다(헌재 1992.2.25. 90헌가69).

㉢ (x) 헌법은 견제와 균형의 원리를 통해서 권력남용을 막고 법치주의의 실질적 내용을 실현하기 위하여 권력분립제도를 채택하고 있다. 국가권력의 집중은 권력을 장악한 자에 의한 자의적 지배와 독재를 가능하게 하고, 이로 인하여 국민의 자유와 권리가 침해되기 때문에 국가권력을 분할하고 있다. 고전적인 권력분립제도가 현대의 정당국가에서 그 기능이 약화된 점을 고려하여 지방자치제도를 통한 중앙정부와 지방자치단체간의 수직적인 권력통제, 직업공무원제도를 통한 관료조직과 정치세력간의 권력통제, 복수정당제도를 통한 여당과 야당간의 권력통제, 헌법재판제도를 통한 권력통제 등을 채택하고 있다(허영).

㉣ (o) 헌재 1990.4.2. 89헌가113.

㉤ (o) 헌재 2003.11.27. 2001헌바35.

㉥ (x) 법률의 명확성원칙은 입법자가 법률을 제정함에 있어서 개괄조항이나 불확정 법개념의 사용을 금지하는 것이 아니다. 행정부가 다양한 과제를 이행하고 각 개별적 경우의 특수한 상황을 고려하며 현실의 변화에 적절하게 대처할 수 있도록 하기 위하여 입법자는 불확정 법개념을 사용할 수 있으나 이로 인한 법률의 불명확성은 법률해석의 방법을 통하여 해소될 수 있어야 한다. 따라서 **법률이 불확정 개념을 사용하는 경우라도** 법률해석을 통하여 행정청과 법원의 자의적인 적용을 배제하는 객관적인 기준을 얻는 것이 가능하다면 법률의 명확성원칙에 부합하는 것이다(헌재 2004.7.15. 2003헌바35). [해 답] ③

6. 법률의 명확성의 원칙에 관한 설명 중 옳지 않은 것은? (다툼이 있는 경우 판례에 의함)

① 법률의 명확성원칙은 행정부가 법률에 근거하여 국민의 자유와 재산을 침해하는 경우 법률이 수권의 범위를 명확하게 확정해야 하고, 법원이 공권력행사의 적법성을 심사할 때에는 법률이 그 심사의 기준으로서 충분히 명확해야 한다는 것을 말한다.

② 국가공무원법 제66조 제1항은 사실상 노무에 종사하는 공무원을 제외한 나머지 공무원에 대하여 노동운동을 금지하고 있고, 이를 위반할 때는 형사처벌과 징계처분을 할 수 있도록 규정하고 있다. 위 법 제66조 제1항 본문의 "노동운동"의 규정은 적법절차나 죄형법정주의의 원칙에서 요구되는 보다 엄격한 의미의 명확성의 원칙에 의한 판단기준에도 위배된다고 할 수 없다.

③ 법률의 명확성에 대한 요구는 적법절차나 죄형법정주의가 적용되는 영역에서는 그 밖의 일반적인 경우보다도 더욱 엄격하게 요구된다.

④ 명확성의 원칙의 근거는 법규범의 의미내용이 불확실하면 법적안정성과 예측가

능성을 확보할 수 없고, 법집행 당국의 자의적인 법해석과 집행을 가능하게 할 것이기 때문이다.

⑤ 명확성의 원칙은 법치국가원리의 한 표현으로서 기본권을 제한하는 법규범의 내용은 명확하여야 한다는 것으로 행정처분이나 형사처벌 규정을 정할 때 적용되는 법률상의 원칙이다.

해설

① (o) 헌재 2003.11.27. 2001헌바35; 법치국가원리의 한 표현인 명확성의 원칙은 기본적으로 모든 기본권제한입법에 대하여 요구된다. 규범의 의미내용으로부터 무엇이 금지되는 행위이고 무엇이 허용되는 행위인지를 수범자가 알 수 없다면 법적 안정성과 예측가능성은 확보될 수 없게 될 것이고, 또한 법집행 당국에 의한 자의적 집행을 가능하게 할 것이기 때문이다(헌재 1998.4.30. 95헌가16).

② (o) 헌재 1992.4.28. 90헌바27; 처벌법규의 구성요건이 다소 광범위하여 어떤 범위에서는 법관의 보충적인 해석을 필요로 하는 개념을 사용하였다고 하더라도, 그것만으로는 헌법이 요구하는 처벌법규의 명확성에 반드시 배치되는 것이라고는 볼 수 없다.

③ (o) 헌재 2000.2.24. 98헌바37.

④ (o) 헌재 1999.7.22. 97헌바9; 명확성의 원칙이란 기본적으로 최대한이 아닌 **최소한의 명확성을 요구하는 것**으로서, 법문언이 법관의 보충적인 가치판단을 통해서 그 의미내용을 확인할 수 있고, 그러한 보충적 해석이 해석자의 개인적인 취향에 따라 좌우될 가능성이 없다면 명확성의 원칙에 반한다고 할 수 없다(헌재 1998.4.30. 95헌가16).

⑤ (x) 명확성의 원칙은 법치국가원리의 한 표현으로서 **기본권을 제한하는 법규범의 내용은 명확하여야 한다는 헌법상의 원칙**이다(헌재 1999.7.22. 97헌바9). [해 답] ⑤

7. 법치국가의 원리와 관련된 설명 중 옳은 것을 모두 고른 것은? (다툼이 있는 경우 판례에 의함)

㉠ 법률이 개정되는 경우에는 기존 법질서와의 사이에 어느 정도의 이해관계의 상충이 불가피하며, 이 경우 구법질서에 대하여 가지고 있던 당사자의 신뢰는 보호되어야 한다.

㉡ 신뢰보호원칙의 위반 여부를 판단함에 있어서는, 첫째, 보호가치 있는 신뢰이익이 존재하는가, 둘째, 과거에 발생한 생활관계를 현재의 법으로 규율함으로써 달성되는 공익이 무엇인가, 셋째, 개인의 신뢰이익과 공익상의 이익을 비교 형량하여 어떠한 법익이 우위를 차지하는가를 살펴보아야 할 것이다.

㉢ 진정소급입법은 기존의 법에 의하여 형성되어 이미 굳어진 개인의 법적 지위를 사후입법을 통하여 박탈하는 것 등을 내용으로 하는 것이므로, 개인의 신뢰보호와 법적

안정성을 내용으로 하는 법치국가의 원리에 의하여 헌법상 절대적으로 허용될 수는 없다.

㉣ 소급입법에 의한 처벌은 원칙적으로 금지 내지 제한되므로, 신법이 피적용자에게 유리한 경우에는 입법자는 시혜적인 소급입법을 하여야 하는 의무가 발생한다.

㉤ 외국 치과, 의과대학을 졸업한 우리 국민이 국내 의사면허시험을 치기 위해서는 기존의 응시요건에 추가하여 새로이 예비시험을 치도록 한 의료법 제5조 "예비시험 조항" 및 새로운 예비시험의 실시를 일률적으로 3년 후로 한 부칙의 "경과규정"은 이미 존재하는 여러 가지 면허제도상의 법적 규제에 추가하여 새로운 규제를 하나 더 부가하는 것에 그치므로 합헌이다.

㉥ 국가공권력에 대한 통제와 이를 통한 국민의 자유와 권리의 보장을 이념으로 하는 법치주의원리로부터 도출되는 체계정당성의 원리는 규범 상호간의 구조와 내용 등이 모순됨이 없이 체계와 균형을 유지하도록 입법자를 기속하는 헌법적 원리로서, 일반적으로 일정한 공권력작용이 체계정당성에 위반하면 위헌이 된다.

① ㉠, ㉡, ㉤　　② ㉡, ㉣, ㉥　　③ ㉢, ㉤, ㉥

④ ㉠, ㉡, ㉢　　⑤ ㉡, ㉢, ㉣

해설

㉠ (o) 헌재 1997.11.27. 97헌바10; 신뢰보호의 원칙은 헌법상 법치국가 원리로부터 파생되는 것으로, 법률이 개정되는 경우 기존의 법질서에 대한 당사자의 신뢰가 합리적이고 정당한 반면, 법률의 제정이나 개정으로 야기되는 당사자의 손해가 극심하여 새로운 입법으로 달성하고자 하는 공익적 목적이 그러한 당사자의 신뢰가 파괴되는 것을 정당화할 수 없는 경우, 그러한 새 입법은 허용될 수 없다는 것이다(헌재 2009.5.28. 2005헌바20).

㉡ (o) 헌재 2009.5.28. 2005헌바20.

㉢ (x) 소급입법은 신법이 **이미 종료된** 사실관계나 법률관계에 적용되는지, 아니면 **현재 진행 중인** 사실관계나 법률관계에 적용되는지에 따라 '진정소급입법'과 '부진정소급입법'으로 구분되는데, 전자는 헌법상 원칙적으로 허용되지 않고 특단의 사정이 있는 경우에만 예외적으로 허용되는 반면, 후자는 원칙적으로 허용되지만 소급효를 요구하는 공익상의 사유와 신뢰보호 요청 사이의 교량과정에서 신뢰보호의 관점이 입법자의 입법형성권에 일정한 제한을 가하게 된다는 데 차이가 있다(헌재 2001.4.26. 99헌바55).

㉣ (x) 소급입법에 의한 처벌은 원칙적으로 금지 내지 제한되지만, 신법이 피적용자에게 유리한 경우에 이른바 시혜적인 소급입법을 하여야 한다는 입법자의 의무가 이 원칙들로부터 도출되지는 아니한다. 따라서 이러한 **시혜적 소급입법을 할 것인지의 여부는 입법재량의 문제**로서 그 판단은 일차적으로 입법기관에 맡겨져 있는 것이므로 이와 같은 시혜적 조치를 할 것인가를 결정함에 있어서는 국민의 권리를 제한하거나 새로운 의무를 부과하는 경우와는 달리 입법자에게 보다 광범위한 입법형성의 자유가 인정된다(헌재 1995.12.28. 95헌마196).

ⓜ (o) 헌재 2003.4.24. 2002헌마611.

ⓗ (x) **체계정당성위반 자체가 바로 위헌이 되는 것은 아니고** 이는 비례의 원칙이나 평등원칙 위반 내지 입법의 자의금지위반 등의 위헌성을 시사하는 하나의 징후일 뿐이다. 그러므로 체계정당성위반은 비례의 원칙이나 평등원칙위반 내지 입법자의 자의금지위반 등 일정한 위헌성을 시사하기는 하지만 아직 위헌은 아니고, 그것이 위헌이 되기 위해서는 **결과적으로 비례의 원칙이나 평등의 원칙 등 일정한 헌법의 규정이나 원칙을 위반**하여야 한다(헌재 2004. 11.25. 2002헌바66). [해 답] ①

8. 선거제도와 관련된 설명 중 옳지 않은 것은? (다툼이 있는 경우 판례에 의함)

① 선거제도는 국민의 의사를 제대로 반영하고, 국민의 자유로운 선택을 보장하여야 하고, 정당의 공직선거 후보자의 결정과정이 민주적이어야 하며, 그렇지 않으면 민주주의 원리와 국민주권의 원리에 부합한다고 볼 수 없다.

② 직접선거의 원칙은 선거결과가 선거권자의 투표에 의하여 직접 결정될 것을 요구하는 원칙이다. 그러나 비례대표제하에서 선거결과의 결정에는 정당의 의석배분이 필수적인 요소를 이루는 것은 아니다.

③ 원칙적으로 모든 국민이 균등하게 선거에 참여할 것을 요청하는 보통·평등선거원칙은 국민의 자기지배를 의미하는 국민주권의 원리에 입각한 민주국가를 실현하기 위한 필수적 요건이다.

④ 선거권자는 성실하게 선거에 참여하여 선거권을 행사하여야 한다. 그리고 공무원·학생 또는 다른 사람에게 고용된 자가 선거인명부를 열람하거나 투표하기 위하여 필요한 시간은 보장되어야 하며, 이를 휴무 또는 휴업으로 보지 아니한다.

⑤ 자유선거의 원칙은 선거의 전 과정에 요구되는 선거권자의 의사형성의 자유와 의사실현의 자유를 말하고, 구체적으로는 투표의 자유, 입후보의 자유, 나아가 선거운동의 자유를 뜻한다.

해설

① (o) 헌재 2001.7.19. 2000헌마91.

② (x) 역사적으로 직접선거의 원칙은 중간선거인의 부정을 의미하였고, 다수대표제하에서는 이러한 의미만으로도 충분하다고 할 수 있다. 그러나 비례대표제하에서 선거결과의 결정에는 정당의 의석배분이 필수적인 요소를 이룬다. 그러므로 비례대표제를 채택하는 한 직접선거의 원칙은 의원의 선출뿐만 아니라 **정당의 비례적인 의석확보도 선거권자의 투표에 의하여 직접 결정될 것을 요구**하는 것이다(헌재 2001.7.19. 2000헌마91).

③ (o) 모든 국민이 선거권과 피선거권을 가진다는 것은 바로 국민의 자기지배를 의미하는 민주국가에의 최대한의 접근을 의미하기 때문이다(헌재 1999.5.27. 98헌마214).

④ (o) 공직선거법 제6조 제3항, 제4항; 공직선거법에서 선거권자의 법적인 의무를 명시하였지만, 이를 강제하는 규정은 없다.
⑤ (o) 자유선거의 원칙은 비록 우리 헌법에 명시되지는 않았지만 민주국가의 선거제도에 내재하는 법원리인 것으로서 국민주권의 원리, 의회민주주의의 원리 및 참정권에 관한 규정에서 그 근거를 찾을 수 있다. 선거운동의 자유는 널리 선거과정에서 자유로이 의사를 표현할 자유의 일환이므로 표현의 자유의 한 태양이기도 하다(헌재 1994.7.29. 93헌가4). [해 답] ②

9. 현행 선거제도에 관련된 설명 중 옳지 않은 것은? (다툼이 있는 경우 판례에 의함)
① 대통령·국회의원은 5년 이상 국내거주하여야 하며, 지방자치선거에서는 60일 이상 해당 지방자치단체의 관할구역 안에 주민등록이 되어 있어야 한다.
② 헌법이 명문으로 규정하고 있는 선거권은 대통령선거권, 국회의원선거권, 지방의회의원선거권에 한한다.
③ 지방자치단체장의 계속 재임을 3기로 제한한 것은 장기집권으로 인한 지역발전 저해 방지와 유능한 인사의 자치단체장 진출확대를 기할 수 있으므로 헌법에 위반되지 아니한다.
④ 기초의원 선거에서 다른 선거에서는 소선거구제를 채택하면서 이와 달리 중선거구제를 채택하거나, 정당이 기초의원 후보자를 추천할 수 있도록 한 것이 지방자치제도나 지방의회제도의 본질을 훼손하여 헌법에 위반된다고 할 수는 없다.
⑤ 선거구획정위원회의 선거구획정은 공직선거법 제25조 제2항에 의한 [별표 1]「국회의원지역선거구구역표」의 내용이 되어 위 법률에 편입되므로 그 법적 성격은 입법행위이다.

해설

① (x) 선거일 현재 5년 이상 국내에 거주하고 있는 40세 이상의 국민은 대통령의 피선거권이 있다. 이 경우 공무로 외국에 파견된 기간과 국내에 주소를 두고 일정기간 외국에 체류한 기간은 국내거주기간으로 본다(공직선거법 16①). **선거일 현재 계속하여 60일 이상**(공무로 외국에 파견되어 선거일전 60일 후에 귀국한 자는 선거인명부작성기준일부터 계속하여 선거일까지) **당해 지방자치단체의 관할 구역안에 주민등록**(국내거소신고인명부에 올라 있는 경우를 포함한다)**이 되어 있는 주민**으로서 25세 이상의 국민은 그 지방의회의원 및 지방자치단체의 장의 피선거권이 있다(공직선거법 16③). **25세 이상의 국민은 국회의원의 피선거권이 있다**(공직선거법 16②).
② (o) 헌법이 명문으로 규정하고 있는 선거권은 대통령선거권(헌법 제67조 제1항), 국회의원선거권(헌법 제41조 제1항), 지방의회의원선거권(헌법 제118조 제2항)에 한하지만, 지방자치단체의 장 선거권도 공직선거및선거부정방지법에 의하여 인정되고 있다(제15조 제2항). 지방교육자치에관한법률은 제51조 이하에서 교육위원 및 교육감 선거에 관하여 규정하면서, 선거인

단의 구성에 관하여 규정하고 있는바, 이로써 교육위원 및 교육감 선거권도 **법률에 의하여 인정되고 있다**고 할 수 있다(헌재 2002.3.28. 2000헌마283). 그러므로 지방교육자치에관한법률 제62조 제1항에서 교육위원 및 교육감의 선거인단을 학교운영위원회 위원 전원으로 구성하도록 규정하고 있는 법률조항은 선거권을 침해하는 것은 아니다.

③ (o) 헌재 2006.2.23. 2005헌마403.

④ (o) 다른 선거에서는 소선거구제를 채택하면서 기초의원 선거에서만 중선거구제를 채택하였다고 하여도, 공무담임권은 소선거구제를 요구할 수 있는 권능을 포함하지 아니하므로, 청구인들의 공무담임권을 침해할 수 있는 것이라 할 수 없다. 따라서 법 제47조 제1항 중 정당이 기초의원 후보자를 추천할 수 있도록 규정한 부분은 청구인들의 공무담임권을 부당하게 침해하는 것이라고 볼 수 없고, 지방자치제도나 지방의회제도의 본질을 훼손하여 헌법에 위반된다고 단정하기는 어렵다(헌재 2007.11.29. 2005헌마977).

⑤ (o) 헌재 2004.2.26. 2003헌마285; 선거구획정위원회는 국회내부기관이므로 위 위원회의 위원 선임행위는 국회가 그 자율권에 근거하여 내부적으로 회의체기관을 구성·조직하는 '기관내부의 행위'이다. 국회의 기관내부의 행위에 불과하여 국민의 권리 의무에 대하여 직접적인 법률효과를 발생시키는 행위가 아닌 **선거구획정위원회 위원 선임** 및 선거구획정위원회의 **선거구획정안 제출행위**를 하지 아니하였다는 이 사건 부작위는 헌법소원의 대상이 되는 헌법재판소법 제68조 소정의 공권력의 불행사에 해당되지 않는다(헌재 2003.2.26. 2003헌마285).

[해 답] ①

10. 현행 선거제도에 관련된 설명 중 옳지 않은 것을 모두 고른 것은? (다툼이 있는 경우 판례에 의함)

㉠ 선거에 있어서 정치적 중립성 의무는 행정부와 입법부·사법부의 모든 공직자에게 해당하는 공무원의 기본적 의무이다.
㉡ 공직선거법상 "선거인"이란 선거권이 있는 사람으로서 선거인명부 또는 재외선거인명부에 올라 있는 사람을 말한다.
㉢ 인터넷언론사의 공개된 게시판·대화방에서 스스로의 의사에 의하여 정당·후보자에 대한 지지·반대의 글을 게시하는 행위를 할 때, 실명확인을 받도록 하는 부담을 지도록 하는 것은 양심의 자유나 사생활 비밀의 자유를 제한받는 것이라고 볼 수 없다.
㉣ 헌법 제24조는 모든 국민은 '법률이 정하는 바에 의하여' 선거권을 가진다고 규정함으로써 법률유보의 형식을 취하고 있는데, 이는 국민의 선거권은 '법률이 정하는 바에 따라서만 인정될 수 있다'는 포괄적인 입법권의 유보하에 있음을 의미한다.
㉤ 선거인명부에 오를 자격이 있는 국내거주자에 대해서만 부재자신고를 허용함으로써 재외국민과 단기해외체류자 등 국외거주자 전부에 대해 국정선거권의 행사 가능성을 부인하는 것은 정당한 입법목적을 갖추지 못하여 헌법 제37조 제2항에 위반하여 국외거주자의 선거권과 평등권을 침해하고 보통선거원칙에도 위반된다.

ⓗ 출입국관리 관계 법령에 따라 대한민국에 계속 거주할 수 있는 자격을 갖춘 외국인으로서 지방자치단체의 조례로 정한 사람은 주민투표권이 있다.

① ㉠, ㉣ ② ㉡, ㉢ ③ ㉤, ㉥
④ ㉠, ㉣, ㉤ ⑤ ㉣, ㉤, ㉥

해설 ㉠ (x) 공선법 제9조의 '공무원'이란, 위 헌법적 요청을 실현하기 위하여 선거에서의 중립의무가 부과되어야 하는 모든 공무원 즉, 구체적으로 '자유선거원칙'과 '선거에서의 정당의 기회균등'을 위협할 수 있는 모든 공무원을 의미한다. 다만, **국회의원과 지방의회의원은 정당의 대표자이자 선거운동의 주체**로서의 지위로 말미암아 선거에서의 정치적 중립성이 요구될 수 없으므로, **공선법 제9조의 '공무원'에 해당하지 않는다.** 따라서 선거에 있어서의 정치적 중립성은 행정부와 사법부의 모든 공직자에게 해당하는 공무원의 기본적 의무이다. 더욱이, 대통령은 행정부의 수반으로서 공정한 선거가 실시될 수 있도록 총괄·감독해야 할 의무가 있으므로, 당연히 선거에서의 중립의무를 지는 공직자에 해당하는 것이고, 이로써 공선법 제9조의 '공무원'에 포함된다.

㉡ (o) 공직선거법 제3조.

㉢ (o) 인터넷언론사의 공개된 게시판·대화방에서 스스로의 의사에 의하여 정당·후보자에 대한 지지·반대의 글을 게시하는 행위는 정당·후보자에 대한 단순한 의견 등의 표현행위에 불과하여 양심의 자유나 사생활 비밀의 자유에 의하여 보호되는 영역이라고 할 수 없으므로, 그 과정에서 실명확인 절차의 부담을 진다고 하더라도 이를 두고 양심의 자유나 사생활 비밀의 자유를 제한받는 것이라고 볼 수 없다(헌재 2010.2.25. 2008헌마324).

㉣ (x) 헌법 제24조는 모든 국민은 '법률이 정하는 바에 의하여' 선거권을 가진다고 규정함으로써 법률유보의 형식을 취하고 있지만, 이것은 국민의 선거권이 '법률이 정하는 바에 따라서만 인정될 수 있다'는 **포괄적인 입법권의 유보하에 있음을 의미하는 것이 아니다.** 국민의 기본권을 법률에 의하여 구체화하라는 뜻이며 선거권을 법률을 통해 구체적으로 실현하라는 의미이다(헌재 2007.6.28. 2004헌마644). 헌법은 제24조에서 모든 국민은 '법률이 정하는 바'에 의하여 선거권을 가진다고만 규정함으로써 선거권연령의 구분을 입법자에게 위임하고 있다(헌재 1997.6.26. 96헌마89). 19세 이상의 국민은 대통령, 국회의원, 지방자치단체의 의회의원 및 장의 선거권을 가진다(공직선거법 15).

㉤ (o) 헌재 2007.6.28. 2004헌마644; ⓐ 공직선거법(2005.8.4. 법률 제7681호로 개정된 것) 제37조 제1항의 주민등록을 요건으로 **재외국민의 국정선거권을 제한**하는 것은 재외국민의 선거권, 평등권을 침해하고 보통선거원칙을 위반한다. ⓑ 제38조 제1항의 **국내거주자에게만 부재자신고를 허용**하는 것은 국외거주자의 선거권·평등권을 침해하고 보통선거원칙을 위반한다. ⓒ 제15조 제2항 제1호, 제37조 제1항의 주민등록을 요건으로 **국내거주 재외국민의 지방선거 선거권을 제한**하는 것은 국내거주 재외국민의 평등권과 지방의회의원선거권을 침해한다. ⓓ 제16조 제3항의 주민등록을 요건으로 **국내거주 재외국민의 지방선거 피선거권을 제한**하는 것은 국내거주 재외국민의 공무담임권을 침해한다.

㉥ (o) 주민투표법 제5조 제1항 제2호; 19세 이상의 외국인으로서 「출입국관리법」 제10조의

규정에 따른 영주의 체류자격 취득일 후 3년이 경과한 자 중 같은 법 제34조의 규정에 따라 당해 지방자치단체 관할구역의 외국인등록대장에 등재된 자는 주민소환투표권이 있다(주민소환에 관한 법률 3①). [해 답] ①

11. 청구인 甲은 강도상해등죄로 재판을 받고 2002.2.26. 징역 3년 6월의 형이 확정되어 현재 교도소에서 형집행 중인 자이다. 甲은 2002.6.13. 실시된 지방선거에 투표하려고 하였으나 금고 이상의 형을 선고받고 형집행 중에 있는 자의 선거권을 부인하고 있는 공직선거및선거부정방지법(이하 "공직선거법"이라 한다) 제18조 제1항 제2호 전단 때문에 투표하지 못했다. 이에 甲은 2002.6.20. 위 법률조항은 헌법 제10조, 제11조, 제37조 제2항에 위반하여 甲과 같은 형집행자의 참정권(헌법 제24조)을 침해하는 위헌의 법률이라며 위헌확인을 구하는 헌법소원심판을 청구하였다. 甲의 수감 중에 2004년의 국회의원 총선거가 실시될 예정이다. 이 사례에 관한 설명 중 옳지 않은 것을 모두 고른 것은? (다툼이 있는 경우 판례에 의함)

> [참고]
> **공직선거법(1994.3.16. 법률 제4739호로 제정된 것)**
> **제18조(선거권이 없는 자)** ① 선거일 현재 다음 각 호의 1에 해당하는 자는 선거권이 없다.
> 2. 금고 이상의 형의 선고를 받고 그 집행이 종료되지 아니하거나 그 집행을 받지 아니하기로 확정되지 아니한 자

㉠ 甲이 투표하려 하였던 지방선거(2002.6.13.)는 헌법소원심판청구(2002.6.20.) 이전에 이미 종료하여 甲이 투표하려고 하였던 6·13 지방선거는 헌법소원심판청구 이전에 이미 종료하였기 때문에 그 심판청구는 권리보호이익이 없는 것은 사실이다.
㉡ 甲이 수감 중에 실시될 예정인 2004년의 국회의원 총선거에 청구인의 투표참여 문제가 다시 제기될 가능성은 있지만 甲의 선거권이 박탈될 것인지 여부는 확실하지 않기 때문에 위 법률조항의 위헌 여부에 대하여는 헌법적 해명의 필요성이 존재한다고 볼 수는 없다.
㉢ 참정권의 제한은 국민주권에 바탕을 두고 자유·평등·정의를 실현시키려는 우리 헌법의 민주적 가치질서를 직접적으로 침해하게 될 위험성이 크기 때문에 언제나 필요한 최소한의 정도에 그쳐야 한다.
㉣ 원칙적으로 간접민주정치를 채택하고 있는 우리나라에서 공무원을 선거하는 권리는 국민의 참정권 중 가장 중요한 기본적 권리라고 할 수 있다.
㉤ 입법자가 선거법을 제정하는 경우에 헌법에 명시된 선거제도의 원칙을 존중하는 가운데 구체적으로 어떠한 입법목적의 달성을 위하여 어떠한 방법을 선택할 것인가는

그것이 현저하게 불합리하고 불공정한 것이 아닌 한 입법자의 재량영역에 속한다.
ⓗ 국민의 주권행사의 발현으로서 선거과정에 참여하는 행위는 원칙적으로 자유롭게 행하여질 수 있도록 최대한 보장되어야 한다는 점에서 위 법률조항은 과잉금지원칙에 위배하여 수형자인 청구인의 선거권 등 기본권을 침해하고 있다.

① ㉠, ㉡　　② ㉡, ㉥　　③ ㉢, ㉣
④ ㉣, ㉤　　⑤ ㉤, ㉥

해설 ㉠ (o) 청구인이 투표하려 하였던 지방선거(2002.6.13.)는 이 사건 헌법소원심판청구(2002.6.20.) 이전에 이미 종료하였기 때문에 이 심판청구가 권리보호이익이 없는 것은 사실이다. 그러나 2004년의 국회의원 총선거에 청구인의 투표참여 문제가 다시 제기될 때 이 사건 법률조항이 여전히 청구인의 기본권인 선거권을 박탈하게 될 것이므로, 이 사건 법률조항의 위헌 여부에 대하여는 헌법적 해명의 필요성이 존재한다(헌재 2004.3.25. 2002헌마411).

㉡ (x) 2004년의 국회의원 총선거에 청구인의 투표참여 문제가 다시 제기될 때 이 사건 법률조항이 여전히 청구인의 기본권인 선거권을 박탈하게 될 것이므로, 이 사건 법률조항의 위헌 여부에 대하여는 헌법적 해명의 필요성이 존재한다(헌재 2004.3.25. 2002헌마411).
법률에 대한 헌법소원심판에 있어서 **침해행위가 이미 종료되어서 이를 취소할 여지가 없기 때문에 헌법소원이 주관적 권리구제에 별 도움이 안되는 경우라도** 그러한 침해행위가 앞으로도 반복될 위험이 있거나 당해 분쟁의 해결이 헌법질서의 수호·유지를 위하여 긴요한 사항이어서 그 해명이 헌법적으로 중대한 의미를 지니고 있는 경우에는 헌법소원의 이익을 인정하여야 할 것이다(헌재 1992.4.14. 90헌마82).

㉢ (o) 헌재 1995.5.25. 91헌마67.

㉣ (o) 헌재 2002.3.28. 2000헌마283.

㉤ (o) 헌재 1997.6.26. 96헌마89.

㉥ (x) 공동체 구성원으로서의 책무를 이행하지 아니하고 오히려 그 의무에 반하여 공동체의 안전을 파괴하고 다른 구성원들의 생명·신체·재산을 위협한 사람들에게 일정한 기간 구금을 명하고 구금시설인 교도소 등의 질서와 수형자의 교화를 위하여 필요한 제한을 가하는 한편, 선거권의 행사를 위하여 필요한 정보의 제공이 현실적으로 어려운 수형자에게 그 기간 동안 공민권의 행사를 정지시키는 것은 형벌집행의 실효성 확보와 선거의 공정성을 위하여 입법자가 일응 추구할 수 있는 것으로서 입법목적의 정당성이나 방법의 적정성을 충족시킨다고 할 것이다. 그리고 수형자가 선거권을 행사하지 못하는 것은 수형자 자신의 범죄행위로 인한 것으로서 자신의 책임으로 인하여 일정한 기본권제한을 받는 것이므로, 수형자의 선거권제한을 통하여 달성하려는 선거의 공정성 및 형벌집행의 실효성 확보라는 공익이 선거권을 행사하지 못함으로써 입게 되는 수형자 개인의 기본권침해의 불이익보다 크다고 할 것이어서 그 법익간의 균형성도 갖추었다고 할 것이다(헌재 2004.3.25. 2002헌마411). [해 답] ②

12. 현행 선거제도에 관련된 설명 중 옳지 않은 것을 모두 고른 것은? (다툼이 있는 경우 판례에 의함)

㉠ 평등선거의 원칙은 투표의 수적 평등, 즉 1인 1표의 원칙과 투표의 성과가치의 평등, 즉 1표의 투표가치가 대표자선정이라는 선거의 결과에 대하여 기여한 정도에 있어서도 평등하여야 한다는 원칙을 그 내용으로 한다.
㉡ 국회가 선거구획정에 관하여 광범한 재량이 인정된다고 하여도, 그 재량에는 평등선거의 실현이라는 헌법적 요청에 의하여 일정한 한계가 있게 된다.
㉢ 국회가 지역선거구의 획정을 함에 있어 원칙적으로 지역선거구획정에 따른 선거구간의 인구의 편차는 적어도 최대선거구의 인구가 최소선거구의 인구 2배를 넘지 않도록 조정해야 함이 마땅하고, 앞으로 상당한 기간이 지난 후에는 인구편차가 상하 $33\frac{1}{3}$%, 또는 그 미만의 기준에 따라 위헌 여부를 판단하여야 할 것이다.
㉣ 국회는 지방의회의원 선거구를 획정함에 있어서 투표가치 평등의 원칙을 고려한 선거구 간의 인구의 균형뿐만 아니라, 우리나라의 행정구역, 지세, 교통사정, 생활권 내지 역사적, 전통적 일체감 등 여러 가지 정책적·기술적 요소를 고려할 수 있는 폭넓은 입법형성의 자유를 가진다.
㉤ 시·도의원 지역선거구의 획정에는 인구 외에 행정구역·지세·교통 등 여러 가지 조건을 고려하여야 하므로, 그 기준은 현시점에서는 상한 인구수와 하한 인구수의 비율은 3 : 1 기준을 시·도의원 지역선거구 획정에서 헌법상 허용되는 인구편차 기준으로 삼는 것이 가장 적절하다고 할 것이다.
㉥ 저조한 투표율에 의해 실시된 재·보궐선거에서 유효투표의 다수를 얻은 후보자를 당선인으로 결정하는 것은 선거의 대표성을 훼손한다. 따라서 공직선거법에서 최소투표율제를 택하고 있지 않는 것은 헌법상 요구된 선거의 대표성을 침해하고 국민주권 원리를 침해하고 있다고 할 수 있다.

① ㉠, ㉡　　② ㉡, ㉢, ㉥　　③ ㉠, ㉢, ㉤
④ ㉣, ㉤　　⑤ ㉤, ㉥

해설 ㉠ (o) 평등선거의 원칙은 평등의 원칙이 선거제도에 적용된 것으로서 투표의 수적 평등, 즉 1인 1표의 원칙(one person, one vote)과 투표의 성과가치의 평등, 즉 1표의 투표가치가 대표자선정이라는 선거의 결과에 대하여 기여한 정도에 있어서도 평등하여야 한다는 원칙(one vote, one value)을 그 내용으로 할 뿐만 아니라, 일정한 집단의 의사가 정치과정에서 반영될 수 없도록 차별적으로 선거구를 획정하는 이른바 '게리맨더링'에 대한 부정을 의미하기도 한다(헌재 1998.11.26. 96헌마54). 특단의 불가피한 사정이 없음에도 다른 지역을 사이에 두고 접경지역 없이 완전히 분리되어 있는 지역을 1개의 선거구로 획정한 경우를 재량의 범위를 일탈한 자의적인 선거구획정으로서 헌법에 위반된다(헌재 1995.12.27. 95헌마224).

㉡ (o) 헌재 2001.10.25. 2000헌마92.

㉢ (o) 헌재 2001.10.25. 2000헌마92.

㉣ (o) 헌재 2001.10.25. 2000헌마92.

㉤ (x) 시·도의원 지역선거구의 획정에는 인구 외에 행정구역·지세·교통 등 여러 가지 조건을 고려하여야 하므로, 그 기준은 선거구 획정에 있어서 투표가치의 평등으로서 가장 중요한 요소인 인구비례의 원칙과 우리나라의 특수사정으로서 시·도의원의 지역대표성 및 인구의 도시집중으로 인한 도시와 농어촌 간의 극심한 인구편차 등 3개의 요소를 합리적으로 참작하여 결정되어야 할 것이며, 현시점에서는 상하 60%의 인구편차(상한 인구수와 하한 인구수의 비율은 4 : 1) 기준을 시·도의원 지역선거구 획정에서 헌법상 허용되는 인구편차 기준으로 삼는 것이 가장 적절하다고 할 것이다(헌재 2007.3.29. 2005헌마985).

㉥ (x) 지역구국회의원선거에 있어서는 선거구선거관리위원회가 당해 국회의원지역구에서 유효투표의 다수를 얻은 자를 당선인으로 결정한다. 다만, 최고득표자가 2인 이상인 때에는 연장자를 당선인으로 결정한다(공직선거법 188①). 차등 없이 투표참여의 기회를 부여했음에도 불구하고 **자발적으로 투표에 참가하지 않은 선거권자들의 의사도 존중해야** 할 필요가 있다. 따라서 유효투표의 다수를 얻은 후보자를 당선인으로 결정하게 한 공선법 규정도 선거의 대표성의 본질이나 국민주권 원리를 침해하는 것이 아니다(헌재 2003.11.27. 2003헌마259). [해 답] ⑤

13. 현행 선거제도에 관련된 설명 중 옳지 않은 것은? (다툼이 있는 경우 판례에 의함)

① 정당은 선거에 있어 선거구별로 선거할 정수범위안에서 그 소속당원을 후보자(정당추천후보자)로 추천할 수 있다. 다만, 비례대표자치구·시·군의원의 경우에는 그 정수 범위를 초과하여 추천할 수 있다.

② 정당이 임기만료에 따른 지역구국회의원선거 및 지역구지방의회의원선거에 후보자를 추천하는 때에는 각각 전국지역구총수의 100분의 30 이상을 여성으로 추천하여야 한다.

③ 비례대표지방의회의원선거에서 여성할당제를 위반한 때에는 등록신청을 할 수 없고, 등록후에라도 그 등록을 무효로 한다.

④ 기초의회의원선거 후보자로 하여금 특정 정당으로부터의 지지 또는 추천 받음을 표방할 수 없도록 한 것은 정치적 표현의 자유를 침해하고 평등원칙을 위반한 것이다.

⑤ 무소속후보자의 입후보에 선거권자의 추천을 받도록 하거나, 정당의 당원교육을 받도록 하고, 정당이 당사에 선전물을 설치하는 것, 국회의원입후보예정자에게 후보등록 이전에는 후원회를 둘 수 없도록 한 것은 합헌이다.

해설 ① (o) 공직선거법 제47조 제1항.

② (x) 공직선거법 제47조 제4항은 임기만료에 따른 **지역구국회의원선거 및 지역구지방의회의원선거에서 여성할당제는 단순한 권장사항**에 불과하여 "전국지역구총수의 100분의 30 이상을 여성으로 추천하도록 노력하여야 한다"라고 규정하고 있다. 정당이 **비례대표국회의원선거 및 비례대표지방의회의원선거에 후보자를 추천하는 때**에는 그 후보자 중 100분의 50 이상을 여성으로 추천하되, 그 후보자명부의 순위의 매 홀수에는 여성을 추천하여야 한다(공직선거법 47③).

③ (o) 공직선거법 제52조 제1항 제2호; 그러나 비례대표국회의원선거에서 여성할당제를 위반한 경우 이를 무효로 하는 규정은 없다.

④ (o) 헌재 2003.1.30. 2001헌가4.

⑤ (o) 헌재 1996.8.29. 96헌마99; 무소속후보자의 입후보에 선거권자의 추천을 받도록 하고 있는 것은 국민인 선거권자의 추천에 의한 일정한 자격을 갖추게 하여 후보자가 난립하는 현상을 방지하는 한편, 후보자등록 단계에서부터 국민의 의사가 반영되도록 함으로써 국민의 정치적 의사가 효과적으로 국정에 반영되도록 하기 위한 것이고, 무소속후보자에게만 선거권자의 추천을 받도록 한 것이 정당후보자와 불합리한 차별을 하는 것이라고 할 수 없다. [해 답] ②

14. 현행 선거제도에 관련된 설명 중 옳지 않은 것을 모두 고른 것은? (다툼이 있는 경우 판례에 의함)

㉠ 예비후보자의 배우자가 공무원인 경우 배우자인 공무원의 선거운동을 금지하는 것이 공무원인 배우자를 불합리하게 차별하여 평등권을 침해한다고 할 수 없다.
㉡ 지방의회의원선거와 지방자치단체의 장의 선거에 있어서 당해 지방자치단체의 의회의원이나 장이 그 직을 가지고 입후보하는 경우에는 선거일 전 90일까지 그 직을 그만두어야 한다.
㉢ 예비후보자에게 일정액의 기탁금을 납부하게 하고 후보자등록을 하지 않으면 예비후보자가 납부한 기탁금을 반환받지 못하도록 하는 것이 공무담임권, 재산권을 침해하는 것은 아니다.
㉣ 대통령선거와 국회의원선거에 있어서 국회의원이 그 직을 가지고 입후보하는 경우에는 공직을 사퇴할 필요가 없다.
㉤ 공무원이 공직선거 후보자가 되고자 하는 경우 선거일 전 60일까지 그 직을 그만두도록 한 것은 공무담임권을 침해한 것은 아니다.
㉥ 정당은 후보자등록 후에는 등록된 후보자에 대한 추천을 취소 또는 변경할 수 없지만, 비례대표국회의원 후보자명부(비례대표지방의회의원 후보자명부를 포함한다)에 후보자를 추가하거나 그 순위를 변경할 수 있다.

① ㉠, ㉣　② ㉡, ㉤　③ ㉢, ㉥
④ ㉡, ㉥　⑤ ㉤, ㉥

해설 ㉠ (o) 헌재 2009.3.26. 2006헌마526; 공직선거법 개정(2010.1.25)으로 예비후보자의 배우자가 공무원인 경우에도 선거운동이 가능하게 되었다.

㉡ (x) 다음 각 호의 어느 하나에 해당하는 사람으로서 후보자가 되려는 사람은 선거일 전 90일까지 그 직을 그만두어야 한다. 다만, 대통령선거와 국회의원선거에 있어서 **국회의원이 그 직을 가지고 입후보하는 경우**와 지방의회의원선거와 지방자치단체의 장의 선거에 있어서 당해 **지방자치단체의 의회의원이나 장이 그 직을 가지고 입후보하는 경우**에는 그러하지 아니하다(공직선거법 53①). 그러나 ⓐ 비례대표국회의원선거나 비례대표지방의회의원선거에 입후보하는 경우, ⓑ 보궐선거 등에 입후보하는 경우, ⓒ 국회의원이 지방자치단체의 장의 선거에 입후보하는 경우, ⓓ 지방의회의원이 다른 지방자치단체의 의회의원이나 장의 선거에 입후보하는 경우에는 후보자등록신청 전까지 그 직을 그만두어야 한다(공직선거법 53②).

㉢ (o) 헌재 2010.12.28. 2010헌마79.

㉣ (o) 공직선거법 제53조 제1항.

㉤ (o) 헌재 2008.10.30. 2006헌마547.

㉥ (x) 정당은 후보자등록 후에는 등록된 후보자에 대한 추천을 취소 또는 변경할 수 없으며, 비례대표국회의원 후보자명부(비례대표지방의회의원 후보자명부를 포함한다)에 후보자를 추가하거나 그 순위를 변경할 수 없다. 다만, 후보자등록기간중 정당추천후보자가 사퇴·사망하거나, 소속정당의 제명이나 중앙당의 시·도당창당승인취소외의 사유로 인하여 등록이 무효로 된 때에는 예외로 하되, 비례대표국회의원 후보자명부에 후보자를 추가할 경우에는 그 순위는 이미 등록된 자의 다음으로 한다(공직선거법 50①). 선거권자는 후보자에 대한 추천을 취소 또는 변경할 수 없다(공직선거법 50②). [해 답] ④

15. 청구인은 1994.3.16. 공포·시행된 공직선거및선거부정방지법(이하 "공직선거법"이라 한다)에 의하여 1995.6.27. 실시될 예정이던 지방선거에서 제주도지사선거에 입후보하고자 하였다. 공직선거법 제56조 제1항 제4호가 시·도지사선거에 입후보하려는 자는 후보자등록신청시에 기탁금 5천만원을 관할선거구선거관리위원회에 납부하여야 한다고 규정하고 있다. 청구인은 기탁금을 마련할 수 있는 경제적 능력이 있는 자만이 입후보할 수 있도록 하여 청구인의 평등권, 공무담임권 등을 침해하고 있다는 이유로 1995.4.14. 위 법률조항의 위헌확인을 구하는 헌법소원심판청구를 하였다. 이 사례에 관한 설명 중 옳지 않은 것은? (다툼이 있는 경우 판례에 의함)

> **[참고]**
> **공직선거법(1994.3.16. 법률 제4739호로 제정)**
> **제56조(기탁금)** ① 후보자등록을 신청하는 자는 등록신청시에 후보자 1인마다 다음 각 호의 기탁금을 중앙선거관리위원회규칙이 정하는 바에 따라 관할선거구선거관리위원회에 납부하여야 한다.
> 4. 시·도지사선거는 5천만원

① 법령에 대한 헌법소원의 청구기간은 법령이 시행된 뒤에 비로소 기본권을 침해받은 경우에는 기본권을 침해받은 때로부터 기산하여야 한다.

② 시·도지사선거에서 기탁금을 납부하도록 하는 법률조항의 위헌 여부에 관하여는 아직 그 해명이 이루어진 바가 없어 만약 이 사건 법률조항이 청구인의 기본권을 침해하는 것이라면 헌법적으로 그 해명이 중대한 의미를 지닌다고 할 수 있으므로 이 심판청구는 적법하다고 할 것이다.

③ 시·도지사선거에 입후보한 청구인이 기탁금제도로 기본권의 침해를 받게 되는 후보자등록신청개시일보다 약 두달 전에 청구한 헌법소원에 관하여 현재성이 없다고 한다면, 기본권구제의 실효성을 기대하기 어려우므로 현재성의 요건을 갖춘 것으로 보아야 한다.

④ 기탁금제도는 후보자의 무분별한 난립을 방지하고 아울러 당선자에게 되도록 다수표를 몰아주어 민주적 정당성을 부여하는 한편 후보자의 성실성을 담보하려는 취지에서 생겨난 것이다.

⑤ 대통령 선거는 3억원, 국회의원 선거는 1천 500만원, 시도지사선거는 5천만으로 규정하고 있는 공직선거법은 각 선거마다 기탁금액을 달리 규정하고 있어 차등의 정도가 현저히 불합리한 것이므로 위헌이라고 할 수 있다.

해설

① (o) 헌재 1996.3.28. 93헌마198.

② (o) 시·도지사선거에서 후보자등록신청시에 기탁금 5천만원을 납부하도록 하는 이 사건 법률조항의 위헌 여부에 관하여는 아직 그 해명이 이루어진 바가 없어 만약 이 사건 법률조항이 청구인의 기본권을 침해하는 것이라면 앞으로 시·도지사선거에 입후보하고자 하는 사람들도 이 사건 법률조항에 의하여 반복하여 기본권을 침해당할 것이 확실히 예상된다. 따라서 이 사건 법률조항의 위헌 여부에 관한 판단은 위헌적인 법률조항에 의한 기본권침해의 위험을 사전에 제거하는 등 헌법질서의 수호·유지를 위하여 긴요한 사항으로서 헌법적으로 그 해명이 중대한 의미를 지닌다고 할 수 있으므로 이 사건 심판청구는 적법하다고 할 것이다(헌재 1996.8.29. 95헌마108).

③ (o) 시·도지사선거에 입후보한 청구인이 기탁금제도에 의하여 구체적으로 기본권의 침해를 받게 되는 후보자등록신청개시일보다 약 두 달 전에 청구한 이 사건 헌법소원의 경우를 가리켜 현재성이 없다고 한다면 현행 헌법소원절차에 미루어 기본권구제의 실효성을 기대하기 어려우므로 이 사건 심판청구는 현재성의 요건을 갖춘 것으로 보아야 한다(헌재 1996.8.29. 95헌마108).

④ (o) 시·도지사선거에서 후보 난립을 방지하고, 아울러 위 과태료 및 대집행비용과 선전벽보 및 선거공보의 작성비용 등을 예납하도록 하기 위한 기탁금제도는 그 기탁금액이 지나치게 많지 않는 한 이를 위헌이라고 할 수는 없다(헌재 1991.3.11. 91헌마21).

⑤ (x) 공직선거법 제56조 제1항; 모든 선거는 각 선거마다 고유의 의미와 목적을 가지고 있

고, 선거구의 규모의 차이를 비롯한 여러가지 특별한 사정이 있다. 이에 따라서 기탁금이 담보해야 할 과태료 및 대집행비용 그리고 선전벽보 및 선고공보의 작성비용이 달라짐은 물론이고 각 선거에 있어 후보자의 난립을 방지하기 위하여 요구되는 제재금의 의미에서의 기탁금의 액수도 당연히 달라질 수밖에 없는 것이다. 그러므로 각 선거마다 기탁금액을 달리 규정하고 있다 하더라도 그 이유만으로 차등의 정도가 현저히 불합리한 것이 아닌 한 위헌이라고 할 수 없다(헌재 1996.8.29. 95헌마108). [해 답] ⑤

16. 선거운동에 관련된 설명 중 옳지 않은 것은? (다툼이 있는 경우 판례에 의함)

① 입후보와 선거운동을 위한 준비행위는 선거운동이 아니다.

② 정당의 후보자가 특정되지 않은 상태에서 특정 정당에 대한 지지발언을 한 것은 선거운동에 해당한다고 볼 수 없다.

③ 정당 아닌 각종 시민단체나 사회단체에게 정당과 같은 정도의 정치활동이나 선거운동을 허용할 합리적인 이유는 될 수 없는 점 등을 고려하면 시민단체나 사회단체의 선거운동금지는 합헌이다.

④ 선거운동 기간 전에 선거운동의 주체로서 예비후보자 본인 외에 예비후보자의 배우자를 포함시켜야 한다거나 선거운동에 있어서 이들을 똑같이 취급해야 하는 것은 아니다.

⑤ 단체나 언론기관 및 선거방송토론위원회는 후보자 등을 초청하여 대담을 하거나 토론회를 개최할 수 있고, 후보자 등은 위 기관이 주최하는 대담·토론회 및 정책토론회에 참석여부는 임의적인 사항에 해당된다.

해설 ① (o) 이 법에서 “선거운동”이라 함은 당선되거나 되게 하거나 되지 못하게 하기 위한 행위를 말한다. 다만, **다음 각호의 1에 해당하는 행위는 선거운동으로 보지 아니한다**(공직선거법 58①). ㉠ 선거에 관한 단순한 의견개진 및 의사표시, ㉡ 입후보와 선거운동을 위한 준비행위, ㉢ 정당의 후보자 추천에 관한 단순한 지지·반대의 의견개진 및 의사표시, ㉣ 통상적인 정당활동, ㉤ 특정 정당 또는 후보자(후보자가 되려는 사람을 포함한다)를 지지·추천하거나 반대하는 내용 없이 투표참여를 권유하는 행위(호별로 방문하는 경우 또는 선거일에 확성장치·녹음기·녹화기를 사용하거나 투표소로부터 100미터 안에서 하는 경우는 제외한다). 누구든지 자유롭게 선거운동을 할 수 있다. 그러나 이 법 또는 다른 법률의 규정에 의하여 금지 또는 제한되는 경우에는 그러하지 아니하다(공직선거법 58②).

② (o) 공직선거법 제58조 제1항은 ‘당선’의 기준을 사용하여 ‘선거운동’의 개념을 정의함으로써, ‘후보자를 특정할 수 있는지의 여부’를 선거운동의 요건으로 삼고 있다. 그러나 이 사건의 발언이 이루어진 시기인 2004.2.18.과 2004.2.24.에는 아직 정당의 후보자가 결정되지 아니하였으므로, 후보자의 특정이 이루어지지 않은 상태에서 특정 정당에 대한 지지발언을 한 것은

선거운동에 해당한다고 볼 수 없다(헌재 2004.5.14. 2004헌나1).

③ (o) 헌재 1995.5.25. 95헌마105.

④ (o) 예비후보자 본인 외에 반드시 예비후보자의 배우자를 포함시켜야 한다거나 선거운동에 있어서 이들을 똑같이 취급해야 한다는 헌법적 요청이 존재한다고 보기 어렵다(헌재 2005.9. 29. 2004헌바52).

⑤ (x) 공직선거법 제81조는 '단체의 후보자 등 초청 대담·토론회', 제82조는 '언론기관의 후보자 등 초청 대담·토론회'는 임의적인 사항에 해당된다. 그러나 ㉠ 중앙선거방송토론위원회는 대통령선거 및 비례대표국회의원선거에 있어서 선거운동기간중 다음 각호에서 정하는 바에 따라 대담·토론회를 개최하여야 한다(공직선거법 82조의2①). ㉡ **공직선거법 제82조의3은 선거방송토론위원회 주관 정책토론회를 반드시 월 1회 이상 개최하도록 하고 있다.** [해 답] ⑤

17. 선거에 관한 쟁송에 관련된 설명 중 옳지 않은 것을 모두 고른 것은? (다툼이 있는 경우 판례에 의함)

㉠ 대통령선거 및 국회의원선거에 있어서 선거의 효력에 관하여 이의가 있는 선거인 등은 중앙선거관리위원회에 소청할 수 있다.

㉡ 대통령선거 및 국회의원선거에 있어서 당선소송은 후보자나 후보자를 추천한 정당만이 제기할 수 있다.

㉢ 중앙선거관리위원회 또는 시·도선거관리위원회의 소청결정에 불복하는 비례대표 시·도의원선거 및 시·도지사선거에 있어서는 그 선거구를 관할하는 고등법원에 선거소송을 제기할 수 있다.

㉣ 대법원이나 고등법원은 선거쟁송에 있어 선거에 관한 규정에 위반된 사실이 있는 때라도 선거의 결과에 영향을 미쳤다고 인정하는 때에 한하여 선거의 전부나 일부의 무효 또는 당선의 무효를 판결한다.

㉤ 선거소송에서 선거무효의 사유가 되는 '선거에 관한 규정에 위반된 사실'에는 후보자 등 제3자에 의한 선거과정상의 위법행위에 대하여 적절한 시정조치를 취함이 없이 묵인·방치하는 등 그 책임에 돌릴 만한 선거사무의 관리집행상의 하자가 따로 있는 경우도 포함된다.

㉥ 후보자 등 제3자에 의한 선거과정상의 위법행위는 특별한 사정이 없는 한 후보자 등 제3자의 고의에 의한 선거과정상의 위법행위만을 의미한다.

① ㉠, ㉢　② ㉡, ㉢, ㉣　③ ㉣, ㉤, ㉥

④ ㉡, ㉢　⑤ ㉤, ㉥

해설 ㉠ (x) 대통령선거 및 국회의원선거에 있어서 선거의 효력에 관하여 이의가 있는 선거인·정당(후보자를 추천한 정당에 한한다) 또는 후보자는 선거일부터 30일 이내에 당해 선거구선거관리위원회위원장을 피고로 하여 **대법원에 소를 제기**할 수 있다(공직선거법 222①).

선거소청은 지방자치선거의 효력 또는 당선의 효력에 관하여 이의가 있는 경우에 제기할 수 있다. 지방의회의원 및 지방자치단체의 장의 선거에 있어서 **선거의 효력**에 관하여 이의가 있거나, **당선의 효력**에 관하여 이의가 있는 때에는 소청을 제기할 수 있다(공직선거법 219①,②).

㉡ (o) 공직선거법 제223조 제1항.

㉢ (x) 중앙선거관리위원회 또는 시·도선거관리위원회의 소청결정에 불복하는 비례대표시·도의원선거 및 시·도지사선거에 있어서는 **대법원**에, 지역구시·도의원선거, 자치구·시·군의원선거 및 자치구·시·군의 장 선거에 있어서는 그 선거구를 관할하는 **고등법원**에 소를 제기할 수 있다(공직선거법 222②).

㉣ (o) 소청이나 소장을 접수한 선거관리위원회 또는 대법원이나 고등법원은 선거쟁송에 있어 선거에 관한 규정에 위반된 사실이 있는 때라도 선거의 결과에 영향을 미쳤다고 인정하는 때에 한하여 선거의 전부나 일부의 무효 또는 당선의 무효를 결정하거나 판결한다(공직선거법 224).

㉤ (o) 대법원 2005.6.9. 2004수54; 선거구선거관리위원회 직원들이 후보자정보공개자료등제출서의 기재사항과 증명서류와의 일치 여부를 제대로 심사하지 아니하여 당선인의 체납사실의 누락을 밝혀내지 못하였더라도 선거구선거관리위원회가 선거에 관한 규정에 위반한 때에 해당한다고 할 수 없다.

㉥ (o) 대법원 2005.6.9. 2004수54. [해 답] ①

18. 헌법재판소가 헌법 및 정당법상 정당의 개념징표로 들고 있지 않은 것은?

① 국가와 자유민주주의 또는 헌법질서를 긍정할 것

② 공익의 실현에 노력할 것

③ 선거에 참여할 것

④ 정강이나 정책을 가질 것

⑤ 복수정당제를 보장할 것

해설 헌법재판소는 우리 헌법 및 정당법상 정당의 개념적 징표로서는 ㉠ 국가와 자유민주주의 또는 헌법질서를 긍정할 것, ㉡ 공익의 실현에 노력할 것, ㉢ 선거에 참여할 것, ㉣ 정강이나 정책을 가질 것, ㉤ 국민의 정치적 의사형성에 참여할 것, ㉥ 계속적이고 공고한 조직을 구비할 것, ㉦ 구성원들이 당원이 될 수 있는 자격을 구비할 것 등을 들 수 있다(헌재 2006.3.30. 2004헌마246). [해 답] ⑤

19. 정당설립의 자유의 의의와 그 내용에 관한 설명 중 옳지 않은 것을 모두 고른 것은? (다툼이 있는 경우 판례에 의함)

> ㉠ 정당은 국민의 정치의사형성의 담당자이며 매개자이자 민주주의에 있어서 필수불가결한 요소이기 때문에, 정당의 자유로운 설립과 활동은 민주주의 실현의 전제조건이라고 할 수 있다.
> ㉡ 정당법 제2조는, 정당은 상당한 기간 또는 계속해서, 상당한 지역에서, 국민의 정치적 의사형성에 참여해야 한다는 것을 명시하고 있다.
> ㉢ 헌법 제8조 제1항 전단의 정당설립의 자유는 정당설립의 자유만이 아니라 정당활동의 자유도 포함한다.
> ㉣ 정당은 법인격 없는 사단에 해당되므로, 정당의 법률관계에 대하여는 정당법 관계조문 외에 일반 사법규정이 적용된다.
> ㉤ 정당의 자유는 개개인의 자유로운 정당설립 및 정당가입의 자유, 조직형식 내지 법형식 선택의 자유를 포함한다.
> ㉥ 정당의 헌법상 지위는 헌법기관으로 볼 수 있고, 기본권주체로서의 헌법소원의 청구인적격도 있어 정당이 대통령선거 후보경선과정에서 여론조사 결과를 반영한 것은 헌법소원심판의 대상이 되는 공권력의 행사에 해당한다.

① ㉠, ㉢　　② ㉡, ㉣　　③ ㉢, ㉤
④ ㉡, ㉥　　⑤ ㉤, ㉥

해설

㉠ (o) 헌재 2004.3.25. 2001헌마710.

㉡ (x) 헌법은 제8조 제2항에서 "정당은 … 국민의 정치적 의사형성에 참여하는데 필요한 조직을 가져야 한다"고 규정하고 있고, 정당법 제2조는 "이 법에서 정당이라 함은 국민의 이익을 위하여 책임 있는 정치적 주장이나 정책을 추진하고 공직선거의 후보자를 추천 또는 지지함으로써 국민의 정치적 의사형성에 참여함을 목적으로 하는 국민의 자발적 조직을 말한다"고 규정하고 있다. "상당한 기간 또는 계속해서" "상당한 지역에서" "국민의 정치적 의사형성에 참여해야 한다"는 개념표지는 독일 정당법의 내용이다.

㉢ (o) 헌법 제8조 제1항은 정당설립의 자유만을 명시적으로 규정하고 있지만, 정당설립의 자유만이 아니라 누구나 국가의 간섭을 받지 아니하고 **자유롭게 정당에 가입**하고 **정당으로부터 탈퇴할 수 있는 자유**를 함께 보장한다(헌재 2006.3.30. 2004헌마246).

㉣ (o) 정당의 법적 성격은 일반적으로 사적·정치적 결사 내지는 법인격 없는 사단으로 파악되고 있고, 이러한 정당의 법률관계에 대하여는 정당법의 관계 조문 이외에 일반 사법 규정이 적용되므로, **정당은 공권력 행사의 주체가 될 수 없다**(헌재 2007.10.30. 2007헌마1128).

㉤ (o) 정당의 자유의 주체는 정당을 설립하려는 개개인과 이를 통해 조직된 정당 모두에게 인정되는 것이다. 구체적으로 정당의 자유는 개개인의 자유로운 정당설립 및 정당가입의 자

유, 조직형식 내지 법형식 선택의 자유를 포함한다. 또한 정당설립의 자유는 설립에 대응하는 **정당해산의 자유, 합당의 자유, 분당의 자유도 포함한다**. 뿐만 아니라 정당설립의 자유는 개인이 정당 일반 또는 특정 정당에 가입하지 아니할 자유, 가입했던 정당으로부터 탈퇴할 자유 등 소극적 자유도 포함한다(헌재 2006.3.30. 2004헌마246).

ⓗ (x) 정당의 헌법상 지위에 관하여 헌법기관설, 사법적 결사설이 있지만, **제도적 보장설 또는 매개체설이 헌법재판소의 입장이며**, 타당하다. 정당설립의 자유는 비록 헌법 제8조 제1항 전단에 규정되어 있지만 국민 개인과 정당의 '기본권'이라 할 수 있고, 당연히 이를 근거로 하여 헌법소원심판을 청구할 수 있다(헌재 2006.3.30. 2004헌마246). 정당이 공권력 행사의 주체가 아니고, 정당의 대통령선거 후보선출은 자발적 조직 내부의 의사결정에 지나지 아니하므로, 청구인들 주장과 같이 한나라당이 대통령선거 후보경선과정에서 여론조사 결과를 반영한 것을 일컬어 헌법소원심판의 대상이 되는 공권력의 행사에 해당한다 할 수 없다(헌재 2007.10.30. 2007헌마1128).

[해 답] ④

20. 정당에 관한 설명 중 옳지 않은 것은? (다툼이 있는 경우 판례에 의함)

① 헌법 제8조 제1항은 단지 정당설립의 자유만을 명시적으로 규정하고 있지만, 누구나 국가의 간섭을 받지 아니하고 자유롭게 정당에 가입하고 정당으로부터 탈퇴할 수 있는 자유를 함께 보장한다.

② 헌법상 정당설립의 자유가 보장되므로 정당설립에 관한 일정한 요건(조직이나 형태 등)을 요구하는 등록제는 위헌이라고 할 수 있다.

③ 정당은 헌법과 법률에 의하여 활동의 자유를 갖지만, 누구든지 시·도당 하부조직의 운영을 위하여 당원협의회 등의 사무소를 둘 수는 없다.

④ 정당활동의 자유를 제한하기 위하여는 국가안전보장, 질서유지 또는 공공복리를 위하여 필요한 경우에 법률의 규정에 의하여야 한다.

⑤ 정당이 임기만료에 의한 국회의원선거에 참여하여 의석을 얻지 못하고 유효투표 총수의 100분의 2 이상을 득표하지 못한 때에는 당해 선거관리위원회는 그 등록을 취소한다.

해설

① (o) 정당의 설립만이 보장될 뿐 설립된 정당이 언제든지 다시 금지될 수 있거나 정당의 활동이 임의로 제한될 수 있다면, 정당설립의 자유는 사실상 아무런 의미가 없기 때문이다. 따라서 정당설립의 자유는 당연히 정당의 존속과 정당활동의 자유도 보장한다(헌재 1999.12.23. 99헌마135).

② (x) 정당의 등록요건으로 "5 이상의 시·도당과 각 시·도당 1,000명 이상의 당원"을 요구하는 구 정당법은 지역정당 및 군소정당을 배제하려는 취지이며, 이와 같은 규정내용은 특정 지역에만 조직이 형성되는 것을 막고, 5개 이상의 시·도에 각 조직이 구성되고 그 조직 내에

일정 수 이상의 당원이 활동할 것을 요구함으로써 선거단체 및 소규모 지역정치단체들이 무분별하게 정당에 편입되는 것을 억제하기에 적합한 수단이라고 할 것이다(헌재 2006.3.30. 2004헌마246).

③ (o) 정당법 제37조 제1항, 제3항 단서.

④ (o) 정당활동의 자유를 제한하기 위하여는 헌법 제37조 제2항에 따라 국가안전보장, 질서유지 또는 공공복리를 위하여 필요한 경우에 법률의 규정에 의하여야만 가능하고, 이를 제한하는 경우에도 정당활동의 자유와 권리의 본질적인 내용을 침해할 수 없는 것이라고 할 것이다(대법원 1994.4.12. 93도2712).

⑤ (o) 정당이 다음 각 호의 어느 하나에 해당하는 때에는 당해 선거관리위원회는 그 등록을 취소한다(정당법 44①). ㉠ 제17조(법정 시·도당 수) 및 제18조(시·도당의 법정 당원 수)의 요건을 구비하지 못하게 된 때. 다만, 요건의 흠결이 공직선거의 선거일 전 3월 이내에 생긴 때에는 선거일 후 3월까지, 그 외의 경우에는 요건흠결시부터 3월까지 그 취소를 유예한다. ㉡ 최근 4년간 임기만료에 의한 국회의원선거 또는 임기만료에 의한 지방자치단체의 장선거나 시·도의회의원선거에 참여하지 아니한 때, ㉢ 임기만료에 의한 국회의원선거에 참여하여 의석을 얻지 못하고 유효투표총수의 100분의 2 이상을 득표하지 못한 때. [해 답] ②

21. 정당의 보호와 정당의 의무에 관련된 설명 중 옳지 않은 것을 모두 고른 것은? (다툼이 있는 경우 판례에 의함)

㉠ 정당은 법률이 정하는 바에 따라 국가의 보호를 받기 때문에 국가는 정당에 대하여 의무적으로 국고로 보조금을 지급하여야 한다.
㉡ 국가는 정당에 대한 보조금으로 최근 실시한 임기만료에 의한 국회의원선거의 선거권자 총수에 보조금 계상단가를 곱한 금액을 매년 예산에 계상하여야 한다.
㉢ 정당에 대한 보조금제도는 정당의 역할을 수행하는데 소요되는 정치자금을 마련함에 있어 정치자금의 기부자인 각종 이익집단으로부터의 부당한 영향력을 배제함으로써 정치부패를 방지하고자 하는 입법목적도 있다.
㉣ 교섭단체를 구성할 정도로 다수 의석을 가진 정당들에 보조금의 50/100을 우선 배분하여 줌으로써 다수 의석을 가진 원내정당 중심주의를 채택하는 것은 각 정당에 보조금을 균등하게 배분할 것을 요구하는 정당의 기회균등원칙에 위반된다.
㉤ 정치자금법에 따라 정당이 보조금을 지급받을 권리는 양도 또는 압류하거나 담보로 제공할 수 없다.
㉥ 정당은 5 이상의 시·도당을 가져야 하며, 시·도당은 1천인 이상의 당원을 가져야 한다.
㉦ 누구든지 단체와 관련된 자금으로 정치자금을 기부하는 것을 금지하는 구 정치자금에 관한 법률 제12조 제2항은 개인이 단체와 관련되지 않은 자금으로 정치자금을 기부하는 것까지 금지하는 것은 아니다.

① ㉠, ㉣　　② ㉡, ㉢, ㉣　　③ ㉤, ㉥
④ ㉠, ㉡, ㉤　　⑤ ㉣, ㉤

해설 ㉠ (x) 정당은 법률이 정하는 바에 의하여 국가의 보호를 받으며, 국가는 법률이 정하는 바에 의하여 정당운영에 필요한 자금을 보조할 수 있다(헌법 8③). 정당에 대한 보조금을 지급하게 할 것인지, 어느 정도의 금액을 지급할 것인지 여부는 입법재량에 해당된다.

㉡ (o) 정치자금법 제25조 제1항; 공직후보자 여성추천보조금제도도 마련하고 있다(정치자금법 26①).

㉢ (o) 1980.12.31. 제3차 정치자금법 개정 시 처음 신설된 보조금제도는 정당이 그 역할을 수행하는데 소요되는 정치자금을 마련함에 있어 정치자금의 기부자인 각종 이익집단으로부터의 부당한 영향력을 배제함으로써 정치부패를 방지하고, 정당 간의 자금조달의 격차를 줄여 공평한 경쟁을 유도하며, 선거비용과 정당의 경비지출의 증가추세에 따른 재정압박을 완화하여 정당의 원만한 기능을 보장하고 유능한 후보자의 당선가능성을 높이는 데에 그 입법목적이 있다(헌재 2006.7.27. 2004헌마655).

㉣ (x) 정당의 기회균등원칙은 각 정당에 **보조금을 균등하게 배분할 것을 요구하는 것이 아니라** 보조금제도의 취지에 비추어 각 정당의 규모나 정치적 영향력, 정당이 선거에서 거둔 실적 등에 따라 어느 정도 차별을 할 수 있고, 그 내용이 현재의 각 정당들 사이의 경쟁상태를 현저하게 변경시킬 정도가 아니면 합리성을 인정할 수 있을 것이다. (정치자금법의) 법률조항은 교섭단체를 구성할 정도로 다수 의석을 가진 정당들에 보조금의 50/100을 우선 배분하여 줌으로써 '다수 의석을 가진 원내정당 중심주의'를 채택하고 있다. 교섭단체의 구성 여부에 따라 보조금의 배분규모에 차이가 있더라도 그러한 차등정도는 각 정당 간의 경쟁상태를 현저하게 변경시킬 정도로 합리성을 결여한 차별이라고 보기 어렵다(헌재 2006.7.27. 2004헌마655).

㉤ (o) 정치자금법 제27조의2(보조금을 지급받을 권리의 보호).

㉥ (o) 정당법 제17조(법정 시·도당 수), 제18조(시·도당의 법정 당원 수).

㉦ (o) 단체와 관련된 자금으로 정치자금을 기부할 수 없도록 한 구 정치자금에 관한 법률에서도 개인이 단체와 관련되지 않은 자금으로 정치자금을 기부하는 것은 원칙적으로 자유이다. 또한 단체의 정치자금의 기부 이외의 정치적 의사표현은 단체의 성격·목적상 제한되거나, 공직선거법 등에 의한 별도의 제한규정이 없는 한 마찬가지로 자유롭다(헌재 2010.12.28. 2008헌바89).
누구든지 이 법에 의하지 아니하고는 정치자금을 기부하거나 받을 수 없다(정치자금법 2①). 기탁금을 기탁하고자 하는 개인(당원이 될 수 없는 공무원과 사립학교 교원을 포함한다)은 각급 선거관리위원회(읍·면·동선거관리위원회를 제외한다)에 기탁하여야 한다(정치자금법 22①). 외국인, 국내·외의 법인 또는 단체는 정치자금을 기부할 수 없다(정치자금법 31①). [해 답] ①

22. 위헌정당의 해산과 관련된 설명 중 옳지 않은 것은? (다툼이 있는 경우 판례에 의함)

① 정당의 목적이나 활동이 민주적 기본질서에 위배되어 해산대상이 되는 정당은 원칙적으로 정당등록을 마친 정당에 한한다.

② 정당은 법원의 판결에 의하여 해산할 수 없고, 오직 헌법재판소의 정당해산심판에 의해서만 해산된다.

③ 정당의 해산에 관한 헌법규정은 민주주의를 파괴하려는 세력으로부터 민주주의를 보호하려는 방어적 민주주의의 한 요소이고, 헌법 스스로가 정당의 정치적 성격을 이유로 하는 정당금지의 요건을 엄격하게 정함으로써 되도록 민주적 정치과정의 개방성을 최대한으로 보장하려는 것이다.

④ 자유민주적 기본질서를 부정하고 이를 적극적으로 제거하려는 조직도 국민의 정치적 의사형성에 참여하는 한 정당의 자유의 보호를 받는 정당에 해당된다.

⑤ 헌법재판소의 해산결정이 난 정당은 당해 선거관리위원회가 그 정당의 등록을 말소하고 그 뜻을 공고할 때 효력이 발생한다.

해설 ① (o) 정당은 중앙당이 중앙선거관리위원회에 등록함으로써 성립한다(정당법 4①). 정당해산과 마찬가지로 창당준비위원회(결성단계의 정당)의 강제해산도 헌법재판소의 심판을 통해서만 가능한 것인지 문제된다. 헌법상 정당은 중앙선거관리위원회에 등록을 마친 후에 비로소 정당의 특권을 누릴 수 있기 때문에 정당의 방계조직이나 위장조직은 물론 창당준비위원회와 같이 결성단계에 있는 정당은 헌법상 보호를 받는 정당은 아니다. 그러나 선거관리위원회에 신고된 창당준비위원회의 해산요건과 절차도 등록된 정당에 준하여 보호해야 한다는 견해도 있다.

② (o) 정당의 소멸사유로는 등록취소, 자진해산, 강제해산(헌법재판소의 해산결정)이 있다. 정당의 강제해산은 일반결사와 달리 헌법 제8조에 의하여 보호받기 때문에 법원의 판결로는 해산할 수 없다.

③ (o) 헌재 1999.12.23. 99헌마135.

④ (o) 자유민주적 기본질서를 부정하고 이를 적극적으로 제거하려는 조직도, 국민의 정치적 의사형성에 참여하는 한, '정당의 자유'의 보호를 받는 정당에 해당하며, 오로지 헌법재판소가 그의 위헌성을 확인한 경우에만 정당은 정치생활의 영역으로부터 축출될 수 있다(헌재 1999. 12.23. 99헌마135).

⑤ (x) 헌법재판소의 위헌정당 결정은 정당의 위헌성을 인정하는 창설적 효력을 갖는다. 정당의 해산을 명하는 결정이 **선고된 때에는 그 정당은 해산된다**(헌법재판소법 59). 정당의 해산을 명하는 헌법재판소의 결정은 중앙선거관리위원회가 「정당법」에 따라 집행한다(헌법재판소법 60). 정당의 자진해산의 신고가 있거나 헌법재판소의 해산결정의 통지나 중앙당 또는 그 창당준비위원회의 시·도당 창당승인의 취소통지가 있는 때에는 당해 선거관리위원회는 그 정당의 등록을 말소하고 지체 없이 그 뜻을 공고하여야 한다(정당법 47). 정당법에 따른 선거관리위원회의 해산공고는 선언적·확인적 의미를 갖는다.

[해 답] ⑤

23. 국회의원과 정당과의 관계에 관한 설명 중 옳지 않은 것은? (다툼이 있는 경우 판례에 의함)

① 국회의원의 국민대표성보다는 오늘날 복수정당제하에서 실제적으로 정당에 의하여 국회가 운영되고 있는 점을 강조하려는 견해와, 대의제 민주주의 원리를 중시하고 정당국가적 현실은 기본적으로 국회의원의 전체 국민대표성을 침해하지 않는 범위 내에서 인정하려는 입장이 있다.

② 국회의원의 원내활동을 기본적으로 각자에 맡기는 자유위임은 자유로운 토론과 의사형성을 가능하게 함으로써 당내 민주주의를 구현하고 정당의 독재화 또는 과두화를 막아주는 순기능을 갖는다.

③ 자유위임은 의회 내에서의 정치의사형성에 정당의 협력을 배척하는 것이 아니며, 의원이 정당과 교섭단체의 지시에 기속되는 것을 배제하는 근거가 되는 것도 아니다.

④ 국회의원의 국민대표성을 중시하는 입장에서도 특정 정당에 소속된 국회의원이 정당기속 내지는 교섭단체의 결정(소위 '당론')에 위반하는 정치활동을 한 이유로 제재를 받는 경우, 국회의원은 국민의 대표자로서 소속정당의 의사에 기속되지 아니하고 양심에 따라 투표한다는 국회법에 위반된다.

⑤ 국회의장이 국회의 의사(議事)를 원활히 운영하기 위하여 상임위원회의 구성원인 위원의 선임 및 개선에 있어 교섭단체대표의원과 협의하고 그의 "요청"에 응하는 것은 국회운영에 있어 본질적인 요소로서 헌법이나 법률에 위반되는 행위를 한 것이 아니다.

해설

① (o) 현대의 민주주의가 종래의 순수한 대의제 민주주의에서 정당국가적 민주주의의 경향으로 변화하고 있어 정당에 의하여 국회가 운영되고 있는 점을 강조하려는 견해와 대의제 민주주의 원리를 중시하고 정당국가적 현실은 제한적인 범위에서 인정하려는 견해가 있다.

② (o) 헌재 2003.10.30. 2002헌라1.

③ (o) 헌재 2003.10.30. 2002헌라1.

④ (x) 국회의원의 국민대표성을 중시하는 입장에서도 특정 정당에 소속된 국회의원이 정당기속 내지는 교섭단체의 결정(소위 '당론')에 위반하는 정치활동을 한 이유로 제재를 받는 경우, **국회의원 신분을 상실하게 할 수는 없으나** "정당 내부의 사실상의 강제" 또는 소속 "정당으로부터의 제명"은 가능하다고 보고 있다. 그렇다면, 당론과 다른 견해를 가진 소속 국회의원을 당해 교섭단체의 필요에 따라 다른 상임위원회로 전임(사·보임)하는 조치는 특별한 사정이 없는 한 헌법상 용인될 수 있는 "정당 내부의 사실상 강제"의 범위 내에 해당한다고 할 것이다(헌재 2003.10.30. 2002헌라1).

⑤ (o) 국회의장이 국회의 의사(議事)를 원활히 운영하기 위하여 상임위원회의 구성원인 위원

의 선임 및 개선에 있어 교섭단체대표의원과 협의하고 그의 "요청"에 응하는 것은 국회운영에 있어 본질적인 요소라고 아니할 수 없다. 피청구인은 국회법 제48조 제1항에 규정된 바에 따라 청구인이 소속된 한나라당 "교섭단체대표의원의 요청"을 서면으로 받고 이 사건 사·보임행위를 한 것으로서 하등 헌법이나 법률에 위반되는 행위를 한 바가 없다(헌재 2003.10.30. 2002헌라1).

[해 답] ④

24. 헌법상 경제질서의 기본원리에 관한 설명 중 옳지 않은 것은? (다툼이 있는 경우 판례에 의함)

① 헌법 제9장에 경제에 관한 독립된 장을 두고 있는 것은 국민의 경제적 자유와 평등의 실현을 도모하고자 하는 국가적 의지의 표현이라고 할 수 있다.

② 국민의 경제활동을 보호하고 시장기능이 정상적으로 기능하도록 필요한 범위 내에서 국가는 경제에 개입할 수 있는데, 그 경우에도 보충성의 원리나 재산권의 소급적 박탈금지 등의 일반 법치주의 원리가 적용된다.

③ 헌법상의 경제질서는 사유재산제를 바탕으로 하고 자유경쟁을 존중하는 자유시장경제질서를 기본으로 하면서도 이에 수반되는 갖가지 모순을 제거하고 사회복지·사회정의를 실현하기 위하여 국가적 규제와 조정을 용인하는 사회적 시장경제질서로서의 성격을 띠고 있다.

④ 대한민국의 경제질서는 시장경제의 원리에 입각한 경제체제임을 천명하고 있으므로, 이는 기업의 생성·발전·소멸은 어디까지나 기업의 자율에 맡긴다는 기업자유의 표현이며, 국가의 공권력은 특단의 사정이 없는 한 이에 대한 불개입을 원칙으로 한다는 뜻이다.

⑤ 헌법재판소는 재산권, 직업선택의 자유 등 경제적 자유권의 침해여부에 관하여 헌법 제119조 소정의 경제질서에 관한 규정을 독자적인 위헌심사의 기준으로 삼고 있다.

해설 ① (o) 헌법은 제헌헌법부터 경제에 관한 장을 독립적으로 두고 있다. 이는 재산권 보장이나 직업의 자유 등을 기본권으로 보장하고 있음에도 이에 만족하지 않고 경제에 관한 장에서 헌법상 경제질서의 기본원리를 규정하여 경제헌법으로서의 성격을 분명히 하고 있다.

② (o) 국가의 시장경제질서 개입에도 신뢰보호의 원리나 과잉금지의 원칙과 같은 법치주의의 원리가 적용된다.

③ (o) 헌재 1996.4.25. 92헌바47.

④ (o) 헌재 1993.7.29. 89헌마31.

⑤ (x) 헌법 제119조의 규범력과 관련하여, 헌법재판소는 제119조를 규범통제의 기준으로 인정하기도 하고, 독자적인 위헌심판기준으로 삼는데 대하여 유보적인 입장을 보이기도 한다.
헌법 제119조 소정의 경제질서는 **독자적인 위헌심사의 기준이 된다기보다는** 결사의 자유에 대한 법치국가적 위헌심사기준, 즉 과잉금지원칙 내지는 비례의 원칙에 흡수되는 것이라고 할 것이다(헌재 2002.10.31. 99헌바76). 헌법은 제119조에서 개인의 경제적 자유를 보장하면서 사회정의를 실현하기 위한 경제질서를 선언하고 있다. **이 규정은 헌법상 경제질서에 관한 일반조항으로서 국가의 경제정책에 대한 하나의 헌법적 지침**이고, 동 조항이 언급하는 '경제적 자유와 창의'는 직업의 자유, 재산권의 보장, 근로3권과 같은 경제에 관한 기본권 및 비례의 원칙과 같은 법치국가 원리에 의하여 비로소 헌법적으로 구체화된다. 따라서 이 사건에서 **청구인들이 헌법 제119조 제1항과 관련하여 주장하는 내용은 구체화된 헌법적 표현인 경제적 기본권을 기준으로 심사되어야 한다**(헌재 2002.10.31. 99헌바76). 신문고시 조항의 위헌여부를 심사하면서 재산권 제한에 관한 헌법 제37조 제2항 위반 여부와 함께 헌법 제119조 제1항 위반여부도 함께 판단하기도 한다(헌재 2002.7.18. 2001헌마605). [해 답] ⑤

25. 헌법상 경제질서에 관한 설명 중 옳지 않은 것은? (다툼이 있는 경우 판례에 의함)

① 헌법 제119조 제2항은 국가가 경제민주화를 위하여 경제에 관한 규제와 조정을 할 수 있도록 하는 근거를 두고 있는데, 여기서 경제민주화의 성격에 관하여 법적인 의미를 갖지 않는다는 견해와 경제영역에서의 사회정의의 실현이라는 의미를 갖는다는 견해가 있다.

② 주세법의 구입명령제도는 전국적으로 자유경쟁을 배제한 채 지역할거주의로 자리잡게 되고 그로써 지역 독과점현상의 고착화를 초래하므로, 독과점규제라는 공익을 달성하기에 적정한 조치로 보기 어렵다.

③ 헌법상 경제민주화 규정은 개인의 경제적 자유에 대한 제한을 정당화하는 근거규범이라는 점에서 국민의 기본권을 보호하는 헌법규범으로서의 성격을 갖는다.

④ 헌법 제119조 제2항에 규정된 '경제주체 간의 조화를 통한 경제민주화'의 이념도 경제영역에서 정의로운 사회질서를 형성하기 위하여 추구할 수 있는 국가목표로서 개인의 기본권을 제한하는 국가행위를 정당화하는 헌법규범이다.

⑤ 토지거래허가제는 허가를 받지 아니한 토지거래행위에 대하여 처벌하는 처벌규정을 따로 두고 있고, 허가를 받지 아니하고 체결한 토지거래계약의 사법적 효력을 부인하는 것은 토지거래허가제의 입법목적을 달성하기 위하여 필요하고도 적절한 것으로 인정된다.

해설

① (o) 헌법재판소 결정 중에는 경제영역에서의 사회정의의 실현이라는 의미로 파악한 사례도 있다. 헌법 제119조는 개인의 경제적 자유를 보장하면서 사회정의를 실현하는 경제질서를 경제헌법의 지도원칙으로 표명함으로써 국가가 개인의 경제적 자유를 존중하여야 할 의무와 더불어 국민경제의 전반적인 현상에 대하여 포괄적인 책임을 지고 있다는 것을 규정하고 있다(헌재 2004.10.28. 99헌바91).

② (o) 헌재 1996.12.26. 96헌가18; 헌법 제119조 제2항은 독과점규제라는 경제정책적 목표를 개인의 경제적 자유를 제한할 수 있는 정당한 공익의 하나로 명문화하고 있다. 독과점규제의 목적이 경쟁의 회복에 있다면 이 목적을 실현하는 수단 또한 자유롭고 공정한 경쟁을 가능하게 하는 방법이어야 한다.

③ (x) 경제민주화의 이념이 경제영역에서의 국가행위의 한계를 설정하고 청구인의 **기본권을 보호하는 헌법규범이 아니라** 개인의 경제적 자유에 대한 제한을 정당화하는 근거규범이라는 점에서도 헌법 제119조 제2항의 '경제민주화'는 이 사건 법률 조항의 위헌성을 판단하는 근거로서 고려될 수 없다(헌재 2004.10.28. 99헌바91).

④ (o) 헌재 2004.10.28. 99헌바91.

⑤ (o) 헌재 1997.6.26. 92헌바5. [해 답] ③

26. 헌법상 문화국가원리에 관한 설명 중 옳지 않은 것은? (다툼이 있는 경우 판례에 의함)

① 과거 국가절대주의사상의 국가관이 지배하던 시대에는 국가가 어떤 문화현상에 대하여도 불편부당의 원칙을 지켰지만, 오늘날에 와서는 문화풍토를 조성해야 하는 헌법적 요청으로 국가의 적극적인 문화간섭 정책이 당연한 것으로 여겨지고 있다.

② 국가의 문화육성의 대상에는 원칙적으로 모든 사람에게 문화창조의 기회를 부여한다는 의미에서 모든 문화가 포함된다. 따라서 엘리트문화뿐만 아니라 서민문화, 대중문화도 그 가치를 인정하고 정책적인 배려의 대상으로 하여야 한다.

③ 공연관람자 등이 예술감상에 의한 정신적 풍요를 느낀다면 그것은 헌법상의 문화국가원리에 따라 국가가 적극 장려할 일이고, 이것을 일정한 집단에 의한 수익으로 인정하여 그들에게 문예진흥기금의 납입금이라는 경제적 부담을 지우는 것은 헌법의 문화국가이념에 역행하는 것이다.

④ 헌법은 문화국가를 실현하기 위하여 보장되어야 할 정신적 기본권으로 양심과 사상의 자유, 종교의 자유, 언론·출판의 자유, 학문과 예술의 자유 등을 규정하고 있는데, 이들 기본권은 견해와 사상의 다양성을 그 본질로 하는 문화국가원리의 불가결의 조건이라고 할 것이다.

⑤ 헌법 전문과 헌법 제9조에서 말하는 전통, 전통문화란 역사성과 시대성을 띤 개념으로 이해하여야 하므로, 과거의 어느 일정 시점에서 역사적으로 존재하였다는 사실만으로 모두 헌법의 보호를 받는 전통이 되는 것은 아니다.

해설 ① (x) 과거 국가절대주의사상의 국가관이 지배하던 시대에는 국가의 적극적인 문화간섭 정책이 당연한 것으로 여겨졌다. 그러나 오늘날에 와서는 국가가 어떤 문화현상에 대하여도 이를 선호하거나, 우대하는 경향을 보이지 않는 **불편부당의 원칙이 가장 바람직한 정책으로 평가**받고 있다. 오늘날 문화국가에서의 문화정책은 그 초점이 문화 그 자체에 있는 것이 아니라 문화가 생겨날 수 있는 문화풍토를 조성하는 데 두어야 한다(헌재 2004.5.27. 2003헌가1).

② (o) 헌재 2004.5.27. 2003헌가1.

③ (o) 공연 등을 관람하는 일부의 국민들만이 문화예술의 진흥에 집단적으로 특별한 책임을 부담하여야 할 아무런 합리적인 이유도 발견되지 아니한다. 오히려 이들은 일반납세자로서 공연 등의 관람료에 포함된 부가가치세를 부담함에도 불구하고, 세금의 부담에서 한 걸음 더 나아가, 문예진흥기금의 납입이라는 추가적인 책임과 부담까지 안고 있는 것이다. 그러므로 문예진흥기금의 납입금 자체가 특별부담금의 헌법적 허용한계를 벗어나서 국민의 재산권을 침해하므로 위헌이라 할 것이다(헌재 2003.12.18. 2002헌가2).

④ (o) 헌재 2000.4.27. 98헌가16.

⑤ (o) 헌재 2005.2.3. 2001헌가9; 호주제가 설사 부계혈통주의에 입각한 전래의 가족제도와 일정한 연관성을 지닌다고 가정하더라도, 이와 같이 그 존립의 기반이 붕괴되어 더 이상 변화된 사회환경 및 가족관계와 조화되기 어렵고 오히려 현실적 가족공동체를 질곡하기도 하는 호주제를 존치할 이유를 찾아보기 어렵다. [해 답] ①

27. 헌법상 국제평화주의를 구현하기 위한 것이 아닌 것은? (다툼이 있는 경우 판례에 의함)

① 항구적인 세계평화와 인류공영에 이바지한다는 헌법 전문

② 기본권의 하나로 평화적 생존권 인정

③ 평화적 통일을 지향하고 침략적 전쟁을 부인

④ 헌법에 의하여 체결·공포된 조약과 일반적으로 승인된 국제법규의 존중

⑤ 국군은 국가의 안전보장과 국토방위의 신성한 의무를 수행함을 사명으로 함

해설 ① (o) 헌법전문에 '밖으로는 항구적인 세계평화와 인류공영에 이바지함으로써 우리들과 우리들의 자손의 안전과 자유와 행복을 영원히 확보할 것을 다짐'하는 규정이 국제평화주의를 구현하려는 의지의 표현이다.

② (x) 평화적 생존권이란 이름으로 주장하고 있는 평화란 헌법의 이념 내지 목적으로서 추상적인 개념에 지나지 아니하고, 평화적 생존권은 이를 헌법에 열거되지 아니한 기본권으로서 특별히 새롭게 인정할 필요성이 있다거나 그 권리내용이 비교적 명확하여 구체적 권리로서의 실질에 부합한다고 보기 어려워 헌법상 보장된 기본권이라고 할 수 없다(헌재 2009.5.28. 2007헌마369). 평화적 생존권의 권리내용으로서 상정할 수 있는 것은 "침략전쟁에 강제로 동원되지 아니할 권리", "침략전쟁을 위한 군사연습, 군사기지 건설, 살상무기의 제조·수입 등 전쟁준비 행위가 국민에게 중대한 공포를 초래할 경우 관련 공권력 행사의 정지를

구할 권리" 등일 것이다. 그러나 침략전쟁과 방어전쟁의 구별이 불분명할 뿐만 아니라 전시나 전시에 준한 국가비상 상황에서의 전쟁준비나 선전포고 등 행위가 침략전쟁에 해당하는지 여부에 관한 판단은 고도의 정치적 결단에 해당하여 사법심사를 자제할 대상으로 보아야 할 경우가 대부분일 것이다(헌재 2004.4.29. 2003헌마814). 종전에 헌법재판소가 이 결정과 견해를 달리하여 '평화적 생존권을 헌법 제10조와 제37조 제1항에 의하여 인정된 기본권으로서 침략전쟁에 강제되지 않고 평화적 생존을 할 수 있도록 국가에 요청할 수 있는 권리'라고 판시한 2003.2.23. 2005헌마268 결정은 이 결정과 저촉되는 범위 내에서 이를 변경한다(헌재 2009.5.28. 2007헌마369).

③ (o) 헌법전문에 '조국의 …평화적 통일의 사명'을 명시하고 있다. 대한민국은 통일을 지향하며, 자유민주적 기본질서에 입각한 평화적 통일 정책을 수립하고 이를 추진한다(헌법 4). 대한민국은 국제평화의 유지에 노력하고 침략적 전쟁을 부인한다(헌법 5①). 그 외 대통령의 취임선서(헌법 69), 평화통일 정책수립에 관한 대통령 자문기구 설치(헌법 92①) 등이 있다.

④ (o) 헌법에 의하여 체결·공포된 조약과 일반적으로 승인된 국제법규는 국내법과 같은 효력을 가진다(헌법 6①). 외국인은 국제법과 조약이 정하는 바에 의하여 그 지위가 보장된다(헌법 6②).

⑤ (o) 국군은 국가의 안전보장과 국토방위의 신성한 의무를 수행함을 사명으로 하며, 그 정치적 중립성은 준수된다(헌법 5②). 이 규정은 국군이 침략전쟁이 아닌 자위전쟁을 위하여 존재한다는 의미에서 침략전쟁을 부인하는 근거가 된다. [해 답] ②

28. 헌법상 평화통일주의에 관한 설명 중 옳지 않은 것을 모두 고른 것은? (다툼이 있는 경우 판례에 의함)

㉠ 1948년 헌법은 통일과 관련된 조항으로 영토조항만을 두었으며, 1972년 헌법에서 평화통일의 원칙을 처음으로 명시하였다.

㉡ 헌법 제4조의 평화적 통일은 대한민국의 존립과 안전을 부정하는 것은 아니고 또 자유민주적 기본질서에 위해를 주는 것도 아니며 오히려 그에 바탕을 둔 통일이라고 할 수 있다.

㉢ 국가의 존립·안전과 국민의 생존 및 자유를 수호하기 위하여 신·구 국가보안법의 해석·적용상 북한을 반국가단체로 보고 이에 동조하는 반국가활동을 규제하는 것 자체가 헌법이 규정하는 국제평화주의나 평화통일의 원칙에 위반된다고 할 수 없다.

㉣ 헌법은 여러 통일관련 조항들을 규정하여 국가의 통일의무를 선언하고 있으므로, 그로부터 국민 개개인의 통일에 대한 기본권, 특히 국가기관에 대하여 통일과 관련된 구체적인 행위를 요구하거나 일정한 행동을 할 수 있는 권리가 도출된다고 볼 수 있다.

㉤ 남북 사이에 정상회담이 개최되고 남·북한 사이의 교류와 협력이 이루어지고 있다고 하여 바로 북한의 반국가단체성이 소멸하였다거나 대한민국의 안전을 위태롭게 하는

반국가활동을 규제함으로써 국가의 안전과 국민의 생존 및 자유를 확보함을 목적으로 하는 국가보안법의 규범력이 상실되었다고 볼 수는 없다.

ⓑ 남북교류협력에 관한 법률은 기본적으로 북한을 평화적 통일을 위한 대화와 협력의 동반자로 인정하면서 남북대결을 지양하고, 자유왕래를 위한 문호개방의 단계로 나아가기 위하여 종전에 원칙적으로 금지되었던 대북한 접촉을 허용하려고 제정된 것이지만, 남북한간의 교류, 협력행위를 금지하는 국가보안법과는 상호충돌하고 있다.

① ㉠, ㉢　　② ㉡, ㉣　　③ ㉢, ㉤
④ ㉤, ㉥　　⑤ ㉣, ㉥

해설

㉠ (o) 1948년 헌법에는 영토조항만을 두어 분단국가에 대한 현실은 헌법에 반영되지 않았다. 서독 기본법은 통일시까지의 잠정헌법임을 명시하고, 통일헌법의 제정과 함께 기본법은 효력을 상실한다고 규정하였다. 1972년 제4공화국 헌법에서 평화통일의 원칙을 처음으로 명시하였으며, **1987년 현행 헌법에서 영토조항 외에 통일조항을 신설**하였다.

㉡ (o) 통일은 대한민국의 존립과 안전을 부정하는 것은 아니고 또 자유민주적 기본질서에 위해를 주는 것도 아니며 오히려 그에 바탕을 둔 통일인 것이다. 그러나 제6공화국 헌법이 지향하는 통일은 평화적 통일이기 때문에 마치 냉전시대처럼 빙탄불상용의 적대관계에서 접촉·대화를 무조건 피하는 것으로 일관할 수는 없는 것이고 자유민주적 기본질서에 입각한 통일을 위하여 때로는 북한을 정치적 실체로 인정함도 불가피하게 된다(헌재 1990.4.2. 89헌가113). 헌법상 통일관련 규정들은 통일의 달성이 우리의 국민적·국가적 과제요 사명임을 밝힘과 동시에 자유민주적 기본질서에 입각한 평화적 통일 원칙을 천명하고 있는 것이다(헌재 2000.7.20. 98헌바63).

㉢ (o) 헌재 1997.1.16. 92헌바6; 국가보안법 제7조 제1항 및 제5항의 규정은 각 그 소정의 행위가 국가의 존립·안전을 위태롭게 하거나 자유민주적 기본질서에 위해를 줄 명백한 위험이 있을 경우에만 축소적용되는 것으로 해석한다면 헌법에 위반되지 아니한다(헌재 1990.4.2. 89헌가113).

㉣ (x) 통일부장관이 북한주민 등과의 접촉을 원하는 자로부터 승인신청을 받아 구체적인 내용을 검토하여 승인 여부를 결정하는 절차는 현 단계에서는 불가피하므로 남북교류협력에관한법률 제9조 제3항은 평화통일을 선언한 헌법전문, 헌법 제4조, 헌법 제66조 제3항 및 기타 헌법상의 통일조항에 위배된다고 볼 수 없다. 헌법상의 여러 통일관련 조항들은 국가의 통일의무를 선언한 것이기는 하지만, 그로부터 국민 개개인의 통일에 대한 기본권, 특히 국가기관에 대하여 통일과 관련된 구체적인 행위를 요구하거나 일정한 행동을 할 수 있는 권리가 도출된다고 볼 수는 없다(헌재 2000.7.20. 98헌바63).

㉤ (o) 대법원 2004.8.30. 2004도3212.

ⓑ (x) 남북교류협력에 관한 법률은 기본적으로 북한을 평화적 통일을 위한 대화와 협력의 동반자로 인정하면서 남북대결을 지양하고, 자유왕래를 위한 문호개방의 단계로 나아가기 위하여 종전에 원칙적으로 금지되었던 대북한 접촉을 허용하며, 이를 법률적으로 지원하기 위하여

제정된 것으로서, 그 입법목적은 평화적 통일을 지향하는 헌법의 제반규정에 부합하는 것이다. **이 법이 없다면 남북한 간의 교류, 협력행위는 국가보안법에 의하여 처벌될 수 있으나,** 이 법에서 남북관계에 관한 기본적 용어정리, 통신·왕래·교역·협력사업 등에 관한 포괄적 규정(제9조 내지 제23조)과 타법률에 대한 우선적용(제3조) 등을 규정하고 있는 관계로 그 적용범위 내에서 국가보안법의 적용이 배제된다는 점에서, 이 법은 평화적 통일을 지향하기 위한 기본법으로서의 성격을 갖고 있다고 할 수 있다. [해 답] ⑤

29. 남북한의 법적 관계에 관한 설명 중 옳지 않은 것은? (다툼이 있는 경우 판례에 의함)

① 남북 사이의 화해와 불가침 및 교류·협력에 관한 합의서(1992.2.19. 발효)는 한민족공동체 내부의 특수관계를 바탕으로 한 당국 간의 합의로서 남북당국의 성의 있는 이행을 상호 약속하는 일종의 공동성명 또는 신사협정에 준하는 성격을 가짐에 불과하다.

② 남북교류협력에관한법률(1990.8.1. 법률 제4239호)은 남·북한 간의 왕래·교역·협력사업 및 통신역무의 제공 등 남북교류와 협력을 목적으로 하는 행위에 관하여는 정당하다고 인정되는 범위 안에서 다른 법률에 우선하여 이 법을 적용하도록 되어 있어(제3조) 이 요건을 충족하지 아니하는 경우에는 이 법률의 적용은 배제된다고 할 것이므로 국가보안법이 이 법률과 상충되는 것이라고는 볼 수 없다.

③ 남북 사이의 화해와 불가침 및 교류·협력에 관한 합의서(1992.2.19. 발효)는 남북한 당국이 각기 정치적인 책임을 지고 상호 간에 성의 있는 이행을 약속한 것이기는 하나 법적 구속력이 있는 것은 아니어서 이를 국가 간의 조약 또는 이에 준하는 것으로 볼 수 없고, 따라서 국내법과 동일한 효력이 인정되는 것도 아니다.

④ 남북교류협력에관한법률 제9조 제3항이 북한주민의 접촉에 정부의 승인을 얻도록 한 것은 북한주민과의 접촉이 위와 같이 남북교류와 협력을 위하여 정당하다고 인정되는 범위 내에서 행하여지도록 조정함으로써 자유민주적 기본질서에 입각한 평화적 통일을 이룩하고자 함에 그 목적이 있는 것이므로, 위 조항은 헌법상의 통일원칙에 위배되는 위헌조항이라고 할 수 없다.

⑤ 대통령은 국회의 체결·비준 동의를 얻은 남북합의서에 대하여 남북관계에 중대한 변화가 발생하거나 국가안전보장, 질서유지 또는 공공복리를 위하여 필요하다고 판단될 경우, 그 효력을 정지시키고자 하는 때에는 국회의 동의를 얻어야 할 필요는 없다.

해설 ① (o) 헌재 1997.1.16. 92헌바6.
② (o) 헌재 1997.1.16. 92헌바6.
③ (o) 대법원 1999.7.23. 98두14525.
④ (o) 대법원 1999.7.23. 98두14525.
⑤ (x) 남한과 북한의 관계는 국가 간의 관계가 아닌 통일을 지향하는 과정에서 잠정적으로 형성되는 특수관계이다(남북관계 발전에 관한 법률 3①). 남한과 북한 간의 거래는 국가 간의 거래가 아닌 민족내부의 거래로 본다(남북관계 발전에 관한 법률 3②). 국회는 국가나 국민에게 중대한 재정적 부담을 지우는 남북합의서 또는 입법사항에 관한 남북합의서의 체결·비준에 대한 동의권을 가진다(남북관계 발전에 관한 법률 21②). 남북합의서는 남한과 북한 사이에 한하여 적용한다(남북관계 발전에 관한 법률 23①). 대통령은 남북관계에 중대한 변화가 발생하거나 국가안전보장, 질서유지 또는 공공복리를 위하여 필요하다고 판단될 경우에는 기간을 정하여 남북합의서의 효력의 전부 또는 일부를 정지시킬 수 있다(남북관계 발전에 관한 법률 23②). 대통령은 국회의 체결·비준 동의를 얻은 남북합의서에 대하여 제2항의 규정에 따라 **그 효력을 정지시키고자 하는 때에는 국회의 동의를 얻어야** 한다(남북관계 발전에 관한 법률 23③). [해 답] ⑤

30. 헌법상 국제법존중주의에 관한 설명 중 옳지 않은 것은? (다툼이 있는 경우 판례에 의함)

① 일반적으로 승인된 국제법규는 성문의 국제법규와 불문의 국제관습법 및 일반적으로 승인된 조약이 포함된다.

② 전 세계적으로 양심적 병역거부권의 보장에 관한 국제관습법이 형성되었다고 할 수 없어 양심적 병역거부가 일반적으로 승인된 국제법규로서 우리나라에 수용될 수는 없다.

③ 어떠한 국제법규가 일반적으로 승인된 국제법규인지 여부는 대한민국에서 이를 확인하고 승인하는 절차가 필요하다.

④ 헌법 제6조 제1항의 국제법 존중주의는 우리나라가 가입한 조약과 일반적으로 승인된 국제법규가 국내법과 같은 효력을 가진다는 것으로서 조약이나 국제법규가 국내법에 우선한다는 것은 아니다.

⑤ 헌법재판소법 제68조 제2항은 심판대상을 법률로 규정하고 있는데, 여기서의 법률에는 조약도 포함된다고 볼 것이다. 헌법재판소는 국내법과 같은 효력을 가지는 조약이 헌법재판소의 위헌법률심판 대상이 된다고 전제하여 그에 관한 본안판단을 하고 있다.

해설 ① (o) 일반적으로 승인된 국제법규는 다수국가에 의하여 일반적으로 승인된 보편적이며 일반적인 규범으로 성립된 것을 말한다. 여기에는 성문의 국제법규와 국제관습법을 포함하며, 일반적으로 승인된 국제조약도 포함된다. 헌법재판소는 '국제연합의 인권에 관한 세계선언', 이를 뒷받침하기 위한 '시민적 및 정치적 권리에 관한 국제규약' 중 가입 당시에 유보한 부분, 국제연합교육과학문화기구와 국제노동기구가 채택한 '교원지위에 관한 권고' 우리나라가 회원이 아닌 '국제노동기구의 조약', 우리나라가 비준하지 아니한 강제노동의 폐지에 대한 국제노동기구의 조약은 국내적으로 효력을 갖지 못하는 것으로 본다.

② (o) 병역법에 의하여 양심적 병역거부자를 형사처벌한다고 하더라도 국제법 존중의 원칙을 선언하고 있는 헌법 제6조 제1항에 위반된다고 할 수 없다(헌재 2011.8.30. 2008헌가22).

③ (x) 세계다수의 국가에 의하여 승인된 규범이면 되고, 우리나라에서 공식적으로 이를 승인하는 절차가 필요한 것은 아니다. 일반적으로 승인된 국제법규가 재판의 전제가 된 경우에는 원칙적으로 법원이 이를 심사하고, 법률적 효력을 갖는 국제법규의 위헌여부가 문제된 경우에는 최종적으로 헌법재판소가 심판한다.

④ (o) 헌재 2001.4.26. 99헌가13.

⑤ (o) 헌재 1999.4.29. 97헌가14. [해 답] ③

07 기본권 일반이론

1. 헌법상 제도의 보장에 관한 설명 중 옳지 않은 것은? (다툼이 있는 경우 판례에 의함)

① 제도적 보장은 객관적 제도를 헌법에 규정하여 당해 제도의 본질을 유지하려는 것으로서, 헌법제정권자가 특히 중요하고도 가치가 있다고 인정되고 헌법적으로 보장할 필요가 있다고 생각하는 국가제도를 헌법에 규정함으로써 장래의 법 발전, 법 형성의 방침과 범주를 미리 규율하려는 데 있다.

② 제도적 보장은 기본권 보장을 보완하고 있다는 측면에서 주관적 권리에 해당된다.

③ 헌법에 의하여 일정한 제도가 보장되면 입법자는 그 제도를 설정하고 유지할 입법의무를 지게 될 뿐만 아니라 헌법에 규정되어 있기 때문에 법률로써 이를 폐지할 수 없고, 비록 내용을 제한한다고 하더라도 그 본질적 내용은 침해할 수 없다.

④ 제도적 보장은 기본권 보장의 경우와는 달리 그 본질적 내용을 침해하지 아니하는 범위 안에서 입법자에게 제도의 구체적인 내용과 형태의 형성권을 폭넓게 인정한다는 의미에서 최소한 보장의 원칙이 적용된다.

⑤ 기본권의 침해를 주장하지 않고서 특정 제도가 침해되었음을 이유로 헌법소원을 제기할 수는 없다.

해설 ① (o) 헌재 1997.4.24. 95헌바48.
② (x) 제도적 보장은 주관적 권리가 아닌 **객관적 법규범**이라는 점에서 기본권과 구별된다(헌재 1997.4.24. 95헌바48). 제도적 보장은 기본권을 약화하는 방향으로 운용되어서는 아니 되고, 일정한 기본권의 보장을 보다 보완하는 기능을 하는 것으로 이해할 수 있다.
③ (o) 헌재 1997.4.24. 95헌바48.
④ (o) 기본권의 보장은 헌법이 "국가는 개인이 가지는 불가침의 기본적 인권을 확인하고 이를 보장할 의무를 진다"(제10조), "국민의 자유와 권리는 헌법에 열거되지 아니한 이유로 경시되지 아니한다. 국민의 모든 자유와 권리는 국가안전보장·질서유지 또는 공공복리를 위하여 필요한 경우에 법률로써 제한할 수 있으며, 제한하는 경우에도 자유와 권리의 본질적인 내용을 침해할 수 없다"(제37조)고 규정하여 '**최대한 보장의 원칙**'이 적용되는 것임에 반하여, 제도적 보장은 기본권 보장의 경우와는 달리 그 본질적 내용을 침해하지 아니하는 범위 안에서 입법자에게 제도의 구체적인 내용과 형태의 형성권을 폭넓게 인정한다는 의미에서 '**최소한 보장의 원칙**'이 적용될 뿐인 것이다. 그러므로 문제된 직업공무원제도는 바로 헌법이 보장하는 제도적 보장중의 하나임이 분명하므로 입법자는 직업공무원제도에 관하여 '최소한 보장'의 원칙의 한계 안에서 폭넓은 입법형성의 자유를 가진다(헌재 1997.4.24. 95헌바48).
⑤ (o) 제도보장은 입법·행정·사법을 구속하는 객관적 법규범으로 최소한의 보장원칙이 적용된다. 제도보장은 권리보장규범이 아니므로 제도보장 그 자체만을 근거로 소를 제기할 수 없다. 따라서 구체적인 기본권의 침해를 주장하지 않고서 제도보장의 침해만을 이유로 헌법소원을 제기할 수는 없다(성낙인).
직업공무원제도는 헌법이 보장하는 제도적 보장중의 하나임이 분명하므로 입법자가 동장의 임용의 방법이나 직무의 특성 등을 고려하여 이 사건 법률조항에서 동장의 공직상의 신분을 지방공무원법상 신분보장의 적용을 받지 아니하는 별정직공무원의 범주에 넣었다 하여 바로 그 법률조항 부분을 위헌이라고 할 수는 없다(헌재 1997.4.24. 95헌바48). [해 답] ②

2. 기본권의 일반이론에 관한 설명 중 옳지 않은 것은?

① 우리 헌법에는 기본권이라는 용어가 직접적으로 언급되지 않고 있지만, 독일기본법은 기본권을 명시적으로 규정하고 있다.

② 헌법재판소법 제68조 제1항에서 사용하는 '헌법상 보장된 기본권'이라는 용어는 헌법상 보장된 '국민의 자유와 권리'와 동의어로 이해할 수 있다.

③ 헌법 제10조 제2항에서 '국가는 개인이 가지는 기본적 인권을 확인하고 이를 보장할 의무를 진다'는 규정에서 '기본적 인권'은 기본권과는 전혀 다른 차원의 개

념이다.

④ 지방자치법상 주민에게 주민투표권과 조례의 제정 및 개폐청구권 및 감사청구권을 부여함으로써 주민이 지방자치사무에 직접 참여할 수 있는 길을 열어 놓고 있을지라도 헌법이 주민의 기본권으로 이러한 제도의 도입을 보장하고 있는 것은 아니다.

⑤ '국가는 개인이 가지는 불가침의 기본적 인권을 확인하고 이를 보장할 의무를 진다'는 헌법 제10조와 '국민의 자유와 권리는 헌법에 열거되지 아니한 이유로 경시되지 아니한다'는 헌법 제37조 제1항을 기초로 헌법에 열거되지 아니한 국민의 자유와 권리라 하더라도 판례를 통하여 헌법적 가치를 가지는 기본권의 창설도 가능하다.

해설

① (o) 헌법에는 기본권이라는 용어를 명시적으로 규정하고 있지는 않다. 독일기본법 제1조에서는 기본권은 직접적 효력을 갖는 법으로서 입법, 집행 및 사법을 구속한다고 규정하고 있다.

② (o) 공권력의 행사 또는 불행사(不行使)로 인하여 헌법상 보장된 기본권을 침해받은 자는 법원의 재판을 제외하고는 헌법재판소에 헌법소원심판을 청구할 수 있다(헌법재판소법 68①).

③ (x) 기본권은 헌법에 의하여 보장되는 권리를 총칭한다고 볼 때, 기본권은 인권 또는 기본적 인권이라는 용어와 전혀 다른 차원의 개념이라고 볼 수 없다. 헌법은 기본권이라는 용어를 사용하지 않으면서도 제10조 제2항에서 기본권 인권이라는 용어를 사용하여 기본권과 기본적 인권을 혼용하고 있음을 알 수 있다.

④ (o) 지방자치법은 주민에게 주민투표권(제13조의2)과 조례의 제정 및 개폐청구권(제13조의3) 및 감사청구권(제13조의4)을 부여함으로써 주민이 지방자치사무에 직접 참여할 수 있는 길을 열어 놓고 있다. 그렇지만 **이러한 제도는 어디까지나 입법에 의하여 채택된 것일 뿐**, 헌법이 이러한 제도의 도입을 보장하고 있는 것은 아니다. 이점에서 우리 헌법이 제72조에서 대표제 민주주의를 보완하기 위하여 '국민투표제'를 직접 도입한 것과 다르다고 하겠다(헌재 2001.6.28. 2000헌마735). 이는 기본권 실현을 위하여 법률에 의해 창설된 권리이고, 헌법이 정하는 권리를 확인하여 입법화한 권리는 아니다. 따라서 **헌법소원심판청구는 헌법상 보장된 기본권을 침해받은 경우로 한정하고 있으므로**(헌법재판소법 68①), 법률에서 창설된 권리의 침해에 대해서는 헌법소원심판을 청구할 수 없다(헌재 2001.6.28. 2000헌마735 등).

⑤ (o) 헌법 제10조와 제37조 제1항의 관계에 관하여, 헌법 제37조 제1항은 헌법 제10조에 대한 확인규정으로 보는 견해도 있고, 상호보완적이거나 목적과 수단관계에 있다는 견해가 있다. 아무튼 학설과 판례를 통하여 헌법적 가치를 가지는 기본권의 창설은 가능하다. 예컨대 새로운 독자적 기본권으로서의 개인정보자기결정권을 헌법적으로 승인할 필요성이 대두되고 있어 개인정보자기결정권은 독자적 기본권으로서 헌법에 명시되지 아니한 기본권으로 보고 있다(헌재 2005.5.26. 99헌마513).

[해 답] ③

3. 기본권의 주체에 관한 설명 중 옳지 않은 것을 모두 고른 것은? (다툼이 있는 경우 판례에 의함)

㉠ 대한민국의 국적을 가진 자는 헌법이 규정하는 기본권의 주체가 된다.
㉡ 헌법상 보장된 기본권을 향유할 수 있는 능력인 기본권의 보유능력은 민법상의 권리능력과 일치하는 것은 아니다.
㉢ 기본권능력을 가진 사람은 기본권의 주체가 되고, 기본권의 주체는 모든 기본권의 행사능력을 갖게 된다.
㉣ 학교보건법에서 유치원 및 초·중·고등학교의 정화구역 내의 절대금지구역에서 극장시설을 일률적으로 금지하고 있는 것은 아동·청소년의 자유로운 문화향유에 관한 권리 등 행복추구권을 침해하고 있다.
㉤ 재외동포의 출입국과 법적 지위에 관한 법률 제2조 제2호는 대한민국 정부수립 이전에 국외로 이주한 동포와 그 이후 국외로 이주한 동포를 구분하여, 정부수립 이전 이주동포를 위 법률의 적용대상에서 제외한 것은 합리적 이유없이 정부수립 이전 이주동포를 차별하는 자의적인 입법이어서 평등원칙에 위배된다.
㉥ 국가기관인 국회의 일부조직인 국회의 노동위원회 역시 기본권의 주체가 될 수 있어 헌법소원을 제기할 수 있는 적격이 있다.

① ㉠, ㉢ ② ㉡, ㉣ ③ ㉢, ㉥
④ ㉣, ㉥ ⑤ ㉤, ㉥

해설

㉠ (o) 헌법 제10조는 '모든 국민'의 기본권을 보장하고 있고, 대한민국의 국민이 되는 요건을 법률로 정한다(헌법 2①). 조선인을 부친으로 하여 출생한 자는 남조선과도정부 법률 제11호 국적에관한임시조례의 규정에 따라 조선국적을 취득하였다가 제헌헌법의 공포와 동시에 대한민국 국적을 취득하였다 할 것이고, 설사 그가 북한법의 규정에 따라 북한국적을 취득하여 중국 주재 북한대사관으로부터 북한의 해외공민증을 발급받은 자라 하더라도 대한민국 국민이다(대법원 1996.11.12. 96누1221).

㉡ (o) 기본권 보유능력은 기본권의 주체가 될 수 있는 능력을 말하며, 기본권의 향유능력이라고도 한다. 민법상으로 예외적으로 권리능력이 인정되는 태아가 헌법에서는 생명권의 주체가 될 수 있다는 점에서 양자는 차이가 있다.

㉢ (x) 기본권의 주체가 특정한 기본권을 현실적으로 행사할 수 있는 능력을 기본권의 행사능력이라고 한다. 대한민국의 국민이라도 법률에서 **일정한 연령에 이르러서만 기본권을 보유**할 수 있도록 정하기도 하는데, 선거권과 피선거권이 이에 해당된다. 헌법 제25조의 공무담임권이라는 기본권을 일정한 연령(대통령으로 선거될 수 있는 자는 선거일 현재 40세에 달하여야 한다)과 결부시켜 헌법이 직접 정하기도 한다(헌법 67④).

㉣ (o) 헌재 2004.5.27. 2003헌가1; 아동과 청소년은 되도록 국가의 방해를 받지 아니하고 자신의 인격, 특히 성향이나 능력을 자유롭게 발현할 수 있는 권리가 있다. 아동과 청소년은 인격의 발전을 위하여 어느 정도 부모와 학교의 교사 등 타인에 의한 결정을 필요로 하는 아직 성숙하지 못한 인격체이지만, 부모와 국가에 의한 단순한 보호의 대상이 아닌 독자적인 인격체이며, 그의 인격권은 성인과 마찬가지로 인간의 존엄성 및 행복추구권을 보장하는 헌법 제10조에 의하여 보호된다(헌재 2000.4.27. 98헌가16). 따라서 헌법이 보장하는 인간의 존엄성 및 행복추구권은 국가의 교육권한과 부모의 교육권의 범주 내에서 아동에게도 자신의 교육환경에 관하여 스스로 결정할 권리, 그리고 자유롭게 문화를 향유할 권리를 부여한다고 할 것이다(헌재 2004.5.27. 2003헌가1).

㉤ (o) 헌재 2001.11.29. 99헌마494; '외국인'은 '국민'과 유사한 지위에 있으므로 원칙적으로 기본권 주체성이 인정된다. 재외동포법은 외국국적 동포 등에게 광범한 혜택을 부여하고 있는바, 이 사건 심판대상규정은 **대한민국 정부수립 이전에 국외로 이주한 동포**와 그 이후 국외로 이주한 동포를 구분하여 후자에게는 위와 같은 혜택을 부여하고 있고, 전자는 그 적용대상에서 제외하고 있다. 이는 자의적인 입법이어서 헌법 제11조의 평등원칙에 위배된다(헌재 2001.11.29. 99헌마494).

㉥ (x) 기본권의 보장에 관한 각 헌법규정의 해석상 국민(또는 국민과 유사한 지위에 있는 외국인과 사법인)만이 기본권의 주체라 할 것이고, **국가나 국가기관 또는 국가조직의 일부나 공법인은 기본권의 '수범자(Adressat)'**이지 기본권의 주체로서 그 '소지자(Trager)'가 아니고 오히려 **국민의 기본권을 보호 내지 실현해야 할 '책임'과 '의무'를 지니고 있는 지위에 있을 뿐**이므로, 국가기관인 국회의 일부조직인 국회의 노동위원회는 기본권의 주체가 될 수 없고 따라서 헌법소원을 제기할 수 있는 적격이 없다(헌재 1994.12.29. 93헌마120). 헌법재판소는 그 외에도 직장의료보험조합, 농지개량조합, 지방자치단체나 지방자치단체장, 지방의회와 같은 공법인은 기본권의 주체가 될 수 없다고 판시하고 있다. 다만, 예외적으로 국립서울대학교는 공권력행사의 주체인 동시에 학문의 자유와 대학의 자율권이라는 기본권의 주체라고 판시하여 고사과목에 일본어를 제외한 것은 합헌이라고 판시한 바 있다(헌재 1992.10.1. 92헌마68).

헌법재판소는 사법인은 기본권의 주체가 될 수 있다고 한다. 우리 헌법은 법인의 기본권향유능력을 인정하는 명문의 규정을 두고 있지 않지만, 본래 자연인에게 적용되는 기본권규정이라도 언론·출판의 자유, 재산권의 보장 등과 같이 성질상 법인이 누릴 수 있는 기본권을 당연히 법인에게도 적용하여야 한 것으로 본다. 따라서 **법인도 사단법인·재단법인 또는 영리법인·비영리법인을 가리지 아니하고** 위 한계 내에서는 헌법상 보장된 기본권이 침해되었음을 이유로 헌법소원심판을 청구할 수 있다(헌재 1991.6.3. 90헌마56). 정당이나 그 지구당은 적어도 그 소유재산의 귀속관계에 있어서는 법인격 없는 사단으로 보아야 한다(헌재 1993.7.29. 92헌마262).

[해 답] ③

4. 기본권의 효력에 관한 설명 중 옳지 않은 것을 모두 고른 것은? (다툼이 있는 경우 판례에 의함)

㉠ 독일기본법은 헌법이 정하는 모든 기본권은 직접적인 효력을 가지는 권리로서 입법, 집행 및 사법을 구속한다고 규정하여 기본권의 대국가적 효력을 명시하고 있다.
㉡ 기본권을 국민 개개인이 누리는 주관적 공권으로 파악하는 주관적 공권이론 중 G.Jellinek는 지위이론을 통하여 기본권을 반사적 이익으로 보는데 반하여, C.Schmitt는 자유의 영역에 대한 국가의 간섭을 배제할 수 있는 법상의 힘으로서 국가권력을 기속하는 주관적 권리로 파악하였다.
㉢ 국가가 국민의 생명·신체의 안전에 대한 보호의무를 다하지 않았는지 여부를 헌법재판소가 심사할 때에는 국가가 이를 보호하기 위하여 적어도 적절하고 효율적인 최소한의 보호조치를 취하였는가 하는 이른바 '과소보호금지원칙'의 위반 여부를 기준으로 삼는다.
㉣ 헌법 제21조 제4항에서 언론·출판의 자유에 관한 한계와 책임을 명시하는 규정은 기본권의 대사인적 효력을 긍정하는 것으로 이해할 수 있다.
㉤ 헌법상의 기본권은 제1차적으로 개인의 자유로운 영역을 공권력의 침해로부터 보호하기 위한 방어적 권리이면서 헌법의 기본적인 결단인 객관적인 가치질서를 구체화한 것이므로, 사법상의 일반원칙이 그 해석기준이 되어 직접적으로 사법관계에 효력을 미치게 된다.
㉥ 국가의 사경제적 작용에 의하여 기본권을 침해받은 사인은 헌법소원을 제기하여 기본권침해를 구제받을 수 있다는 것이 통설·판례이다.

① ㉠, ㉥ ② ㉡, ㉤ ③ ㉢, ㉣
④ ㉣, ㉥ ⑤ ㉤, ㉥

해설 ㉠ (o) 우리 헌법에는 독일과 같은 명시적 규정은 없지만, 헌법 제10조 제2문에서 '국가는 개인이 가지는 불가침의 기본적 인권을 확인하고 이를 보장할 의무를 진다'고 규정한 것은 이러한 의미로 이해할 수 있다. 기본권의 대국가적 직접효력성에 관하여 기본권 규정은 입법권·행정권·사법권·헌법개정권력을 구속하는 직접적인 효력규정으로 보고 있다(통설).

㉡ (o) G.Jellinek의 주관적 공권이론은 국민은 국가에 대하여 일정한 부작위 또는 작위를 요구하거나 직접 국정에 참여할 것으로 요구할 수 있는 법상의 힘으로서의 주관적 공권을 가진다고 한다. G.Jellinek가 주장하는 주관적 공권은 국가권력을 기속할 수 있는 적극적인 힘을 갖는 것은 아니고, 국가가 언제나 거두어들일 수 있는 지위로 파악하였다. 반면, C.Schmitt는 국민이 국가권력에 대해서 가지는 일정한 법상의 힘을 그 실체로 하는 주관적 공권과 그와

같은 법상의 힘을 내포하지 않는 제도적 보장을 구별하고 있다(허영).

㉢ (o) 국가가 국민의 생명·신체의 안전에 대한 보호의무를 다하지 않았는지 여부를 헌법재판소가 심사할 때에는 국가가 이를 보호하기 위하여 적어도 적절하고 효율적인 최소한의 보호조치를 취하였는가 하는 이른바 **'과소보호금지원칙'의 위반 여부를 기준으로 삼아,** 국민의 생명·신체의 안전을 보호하기 위한 조치가 필요한 상황인데도 국가가 아무런 보호조치를 취하지 않았든지 아니면 취한 조치가 법익을 보호하기에 전적으로 부적합하거나 매우 불충분한 것임이 명백한 경우에 한하여 국가의 보호의무의 위반을 확인하여야 하는 것이다(헌재 1997. 1.16. 90헌마110).

㉣ (o) 언론·출판의 자유의 한계와 책임에 관한 헌법규정은 대사인과의 관계에서 직접 적용되는 기본권으로 인정되고, 나머지 기본권들은 사법상의 일반원칙을 통해서 간접적으로만 사인 간에 적용될 수 있다고 본다.

㉤ (x) 기본권 규정은 그 성질상 사법관계에 직접 적용될 수 있는 예외적인 것을 제외하고는 **사법상의 일반원칙을 규정한 민법 제2조, 제103조, 제750조, 제751조 등의 내용을 형성하고 그 해석 기준이 되어 간접적으로 사법관계에 효력**을 미치게 된다.
종교의 자유라는 기본권의 침해와 관련한 불법행위의 성립 여부도 위와 같은 일반규정을 통하여 사법상으로 보호되는 종교에 관한 인격적 법익침해 등의 형태로 구체화되어 논하여져야 한다. 종립학교가 특정 종교의 교리를 전파하는 종파적인 종교행사와 종교과목 수업을 실시하면서 참가 거부가 사실상 불가능한 분위기를 조성하는 등 신앙을 갖지 않거나 학교와 다른 신앙을 가진 학생들의 기본권을 고려하지 않은 것은, 학생의 종교에 관한 인격적 법익을 침해하는 위법한 행위이고, 그로 인하여 인격적 법익을 침해받는 학생이 있을 것임이 충분히 예견가능하고 그 침해가 회피가능하므로 과실 역시 인정된다(대법원 2010.4.22. 2008다38288 손해배상(기)).

㉥ (x) 공공용지의 취득 및 손실보상에 관한 특례법에 의거하여 사업시행자가 공공사업에 필요한 토지 등을 협의취득하고 그 협의취득에 따른 보상금을 지급하는 행위는 공법상의 행정처분이 아니라 **사경제의 주체로서 행하는 사법상의 법률행위에 불과하므로 헌법소원의 대상이 되는 공권력의 행사로 볼 수 없다는 것이 헌법재판소의 판례**인데, 그 판례의 법리는 사업시행자가 협의절차를 통하여 토지를 공급하고 그 대금을 교부받는 경우에도 똑같이 적용된다(헌재 1994.2.24. 93헌마213). [해 답] ⑤

5. 기본권의 경합과 충돌에 관한 설명 중 옳지 않은 것을 모두 고른 것은? (다툼이 있는 경우 판례에 의함)

> ㉠ 기본권의 경합은 동일한 기본권 주체가 기본권의 대국가적 효력의 측면에서 중요한 의미를 가지며, 기본권의 충돌은 한 기본권 주체의 기본권행사가 다른 기본권 주체의 기본권행사를 제한 또는 희생시킨다는 데 그 특징이 있다.
> ㉡ 하나의 규제로 인해 여러 기본권이 동시에 제약을 받는다고 주장하는 경우에는 기본권침해를 주장하는 청구인의 의도 및 기본권을 제한하는 입법자의 객관적 동기 등을

참작하여 먼저 사안과 가장 밀접한 관계에 있고 또 침해의 정도가 큰 주된 기본권을 중심으로 해서 그 제한의 한계를 따져 보아야 한다.

㉢ 어떠한 법령이 수범자의 직업의 자유와 행복추구권 양자를 제한하는 외관을 띠는 경우 두 기본권의 경합 문제가 발생하는데, 보호영역으로서 '직업'이 문제되는 경우 직업의 자유와 행복추구권은 서로 특별관계에 있어 기본권의 내용상 특별성을 갖는 직업의 자유의 침해 여부가 우선하므로, 행복추구권 관련 위헌 여부의 심사는 배제된다고 보아야 한다.

㉣ 공무담임권이라는 우선적으로 적용되는 기본권이 존재하여 그 침해여부를 판단할 때는 행복추구권 침해 여부도 독자적으로 판단할 필요가 있다.

㉤ 기본권의 충돌은 사인 상호 간에 기본권을 주장하는 경우 누구의 기본권을 우선적으로 보장할 것인가의 문제로서 기본적으로 기본권의 제한과 관련된 것이므로, 헌법 제37조 제2항에 따라 이익형량과 과잉금지의 원칙으로 처리할 수 있기 때문에 논의의 실익이 없다.

㉥ 근로자의 개인적 단결권(단결선택권)과 노동조합의 집단적 단결권(조직강제권)이 충돌하는 경우 기본권의 서열이론이나 법익형량의 원리에 입각하여 어느 기본권이 더 상위기본권이라고 단정할 수는 없다.

① ㉡, ㉣ ② ㉣, ㉤ ③ ㉢, ㉤
④ ㉤, ㉥ ⑤ ㉣, ㉥

해설 ㉠ (o) 기본권의 경합은 단일한 기본권의 주체가 국가에 대하여 동시에 여러 기본권의 적용을 주장할 수 있는 경우이며, 기본권의 충돌은 다수의 기본권의 주체가 서로 충돌하는 기본권을 행사하기 위하여 국가에 대하여 각자 자기의 기본권을 주장하는 경우를 말한다. 기본권의 충돌이란 상이한 복수의 기본권주체가 서로의 권익을 실현하기 위해 하나의 동일한 사건에서 국가에 대하여 서로 대립되는 기본권의 적용을 주장하는 경우를 말하는데, 한 기본권주체의 기본권행사가 다른 기본권주체의 기본권행사를 제한 또는 희생시킨다는 데 그 특징이 있다(헌재 2005.11.24. 2002헌바95).

㉡ (o) 헌재 2002.4.25. 2001헌마614.

㉢ (o) 헌재 2003.9.25. 2002헌마519.

㉣ (x) 행복추구권은 다른 기본권에 대한 보충적 기본권으로서의 성격을 지니므로, 공무담임권이라는 우선적으로 적용되는 기본권이 존재하여(청구인들이 주장하는 불행이란 결국 교원직 상실에서 연유하는 것에 불과하다) 그 침해여부를 판단하는 이상, 행복추구권 침해 여부를 독자적으로 판단할 필요가 없다(헌재 2000.12.14. 99헌마112).

㉤ (x) 기본권의 대사인적 효력은 '사인 상호 간에' 기본권을 주장하는데 문제이지만, 기본권의 충돌은 두 기본권의 주체가 '국가에 대하여' 기본권을 주장하는 것이므로 차이가 있다. 기본권의 충돌은 처음부터 복수의 주체가 각자의 기본권을 주장하고 나서는 경우를 문제삼는

것이므로 일방의 기본권보장에 있어 타방의 기본권을 그 제한사유로서 고려하는 일반적 기본권제한의 법리와 구별되는 특징을 갖고 있어 논의의 실익이 있다(성낙인).

ⓑ (o) 두 기본권이 충돌하는 경우 그 해법으로는 기본권의 서열이론, 법익형량의 원리, 실제적 조화의 원리(=규범조화적 해석) 등을 들 수 있다. 헌법재판소는 기본권 충돌의 문제에 관하여 충돌하는 기본권의 성격과 태양에 따라 그때그때마다 적절한 해결방법을 선택, 종합하여 이를 해결하여 왔다. 예컨대, 국민건강증진법시행규칙 제7조 위헌확인 사건에서 흡연권과 혐연권의 관계처럼 상하의 위계질서가 있는 기본권끼리 충돌하는 경우에는 상위기본권 우선의 원칙에 따라 하위기본권이 제한될 수 있다고 보아서 흡연권은 혐연권을 침해하지 않는 한에서 인정된다고 판단한 바 있다(헌재 2004.8.26. 2003헌마457). [해 답] ②

6. 기본권의 내재적 한계에 관한 설명 중 옳지 않은 것은? (다툼이 있는 경우 판례에 의함)

① 기본권의 내재적 한계는 처음부터 기본권의 제한가능성을 전제로 하여 그 제한의 기준과 방법 및 한계를 정하고자 하는 이론이다.

② 개성신장의 자유는 타인의 권리를 침해하지 않고, 헌법질서와 도덕률에 반하지 않는 범위 내에서 인정된다는 입법례도 있다.

③ 문제되는 개별적인 기본권의 개념을 되도록 좁게 해석하여 결과적으로 그 기본권의 내재적 한계를 인정하기도 한다.

④ 모든 기본권은 국가공동체의 존립을 전제로 할 뿐만 아니라 국가공동체에 의해서 비로소 보장되는 것이기 때문에 국가의 존립을 위해서 꼭 필요한 법익을 침해하는 기본권의 행사는 있을 수 없다.

⑤ 법률유보가 없는 기본권이라 하더라도 그 기본권 행사에 의해서 타인의 기본권 또는 헌법이 보호하고 있는 다른 가치와 충돌이 생기는 경우에는 헌법의 통일성과 헌법이 추구하는 전체적인 가치질서의 관점에서 그 기본권에 대한 개별적인 관계에서의 제한이 불가피하다.

해설 ① (x) 기본권의 내재적 한계는 법률에 의해서도 제한할 수 없는 절대적 기본권을 규정하고 있는 독일기본법 질서 내에서 그 **절대적 기본권의 제한필요성이 현실적으로 생긴 경우에 이를 합리적으로 해결하기 위한 논리형식**을 말한다. 우리 헌법 제37조 제2항은 일반적 법률유보조항을 두어 기본권의 본질적 내용의 침해금지를 두고 있기 때문에 굳이 기본권의 헌법내재적 한계를 논의할 실익이 없다는 것이 통설이다(성낙인). 지문의 설명은 헌법해석적인 기본권 제한의 문제에 관한 것으로 기본권의 내재적 한계에 관한 정의가 아니다.

헌법재판소는 1990년 간통죄 규정의 합헌결정에서 "개인의 성적자기결정권도 국가적·사회적·공공복리 등의 존중에 의한 **내재적 한계가 있는 것이며, 따라서 절대적으로 보장되는 것은 아**

닐 뿐만 아니라 헌법 제37조 제2항이 명시하고 있듯이 질서유지(사회적 안녕질서), 공공복리(국민공동의 행복과 이익) 등 공동체 목적을 위하여 그 제한이 불가피한 경우에는 성적자기결정권의 본질적 내용을 침해하지 않는 한도에서 법률로써 제한할 수 있는 것이다(헌재 1990.9.10. 89헌마82)라고 판시한 점에 착안하여 기본권의 내재적 한계를 인정(또는 연상시키는)하는 듯한 표현이 있지만, 이를 긍정하는 것이라고는 볼 수 없다.

② (o) 독일기본법 제2조 제1항은 '누구든지 타인의 권리를 침해하지 아니하고 또한 헌법적 질서 또는 도덕률에 위반하지 아니하는 한 인격의 자유로운 발현권을 가진다'고 규정하고 있다. 여기서 **타인의 권리, 헌법질서, 도덕률**의 세 가지는 다른 모든 기본권의 내재적 한계로도 적용되어야 한다고 한다(3한계이론).

③ (o) 기본권의 내재적 한계를 개별적인 기본권의 개념정의를 통해서 논증하려는 **개념내재적 한계이론**에 관한 설명이다(허영).

④ (o) **국가공동체유보이론**에 관한 설명으로, 독일연방행정재판소가 그 초기의 판례에서 정립하였다가 악용위험성이 많다는 비판에 따라 포기한 이론이다.

⑤ (o) **규범조화를 위한 한계**에 관한 설명으로, 독일연방헌법재판소가 1970년에 정립한 이래 오늘날 독일의 학설·판례를 통하여 지배적인 이론으로 평가되고 있다. [해 답] ①

7. 기본권 제한의 원칙에 관한 설명 중 옳지 않은 것을 모두 고른 것은? (다툼이 있는 경우 판례에 의함)

㉠ 기본권의 제한은 국회가 적법절차에 따라 제정하는 법률로 하여야 하고, 국회는 기본권 제한의 구체적인 내용을 명령이나 조례로 위임할 수 있다.

㉡ 법치국가원리의 한 표현인 명확성의 원칙은 기본적으로 모든 기본권의 제한입법시가 아니라 형벌의 구성요건규정을 정립할 때 요구된다.

㉢ 헌법 제37조 제2항의 규정은 기본권 제한입법의 수권 규정이지만, 그것은 동시에 기본권 제한입법의 한계 규정이기도 하기 때문에, 입법부도 수권의 범위를 넘어 자의적인 입법을 할 수 있는 것은 아니다.

㉣ 명확성의 원칙은 기본적으로 최대한이 아닌 최소한의 명확성을 요구한다. 그러므로 법문언이 법관의 보충적인 가치판단을 통해서 그 의미내용을 확인해 낼 수 있고, 그러한 보충적 해석이 해석자의 개인적인 취향에 따라 좌우될 가능성이 없다면 명확성의 원칙에 반한다고 할 수 없다 할 것이다.

㉤ 위임의 구체성·명확성의 정도는 처벌법규의 위임에 있어서는 범죄의 구성요건의 예견가능성과 형벌의 범위가 모법인 위임법률에 명백히 제시되어야 하는 등 더욱 강화된다고 할 것이다.

㉥ 대상법률이 형성법률인 경우 위헌성 판단은 기본권 제한의 한계 규정인 헌법 제37조 제2항에 따른 과잉금지 내지 비례의 원칙의 적용을 받게 된다.

① ㉠, ㉡ ② ㉡, ㉥ ③ ㉢, ㉣
④ ㉣, ㉥ ⑤ ㉤, ㉥

해설 ㉠ (o) 국회가 기본권을 제한하려는 경우에는 법률로 하여야 한다는 법률유보는 포괄적 위임입법의 금지를 포함하고 있다. 헌법 제75조의 대통령령, 제95조의 총리령·부령에 위임할 수 있지만, 그 위임에도 한계가 있다.

위임입법에 있어서 일반적, 포괄적 위임은 사실상 입법권의 백지위임과 다를 바 없다. 따라서 이를 허용하면 의회입법의 원칙이나 법치주의를 부인하는 셈이 되고, 또 행정권의 자의로 말미암아 기본권이 침해될 위험이 있다. 그러므로 헌법 제75조는 위임입법에 있어서는 반드시 "구체적으로 범위를 정하여" 위임하도록 규정함으로써 개별적, 구체적 위임만이 허용되고, 일반적, 포괄적 위임은 허용될 수 없음을 밝히고 있다(헌재 1995.11.30. 91헌바1).

㉡ (x) 법치국가원리의 한 표현인 명확성의 원칙은 기본적으로 **모든 기본권제한 입법**에 대하여 요구된다. 규범의 의미내용으로부터 무엇이 금지되는 행위이고 무엇이 허용되는 행위인지를 수범자가 알 수 없다면 법적 안정성과 예측가능성은 확보될 수 없게 될 것이고, 또한 법집행 당국에 의한 자의적 집행을 가능하게 할 것이기 때문이다(헌재 1990.4.2. 89헌가113).

㉢ (o) 헌재 1990.9.3. 89헌가95.

㉣ (o) 헌재 1998.4.30. 95헌가16.

㉤ (o) 헌재 1991.2.11. 90헌가27; **처벌법규나 조세법규 등 국민의 기본권을 직접적으로 제한하거나 침해할 소지가 있는 법규**에서는 구체성·명확성의 요구가 강화되어 그 위임의 요건과 범위가 일반적인 급부행정법규의 경우보다 더 엄격하게 제한적으로 규정되어야 하는 반면에, **규율대상이 다양하거나 수시로 변화하는 성질의 것일 때**에는 위임의 구체성·명확성의 요건이 완화되어야 할 것이다(헌재 1994.6.30. 93헌가15).

㉥ (x) 대상법률이 형성법률인 경우 위헌성 판단은 기본권 제한의 한계 규정인 헌법 제37조 제2항에 따른 **과잉금지 내지 비례의 원칙의 적용을 받는 것이 아니라**, 그러한 형성법률이 그 재량의 한계인 자유민주주의 등 **헌법상의 기본원리를 지키면서 관련 기본권이나 객관적 가치질서의 보장에 기여하는지 여부**에 따라 판단된다(헌재 2003.12.18. 2002헌바49). [해 답] ②

8. 헌법 제37조 제2항에 의한 기본권 제한에 관한 설명 중 옳지 않은 것은? (다툼이 있는 경우 판례에 의함)

① 국민의 기본권을 제한하는 법률은 국가안전보장·질서유지 또는 공공복리를 위하여(목적상의 한계), 필요한 경우에 한하여(방법상의 한계), 법률로써 제한할 수 있으며(형식상의 한계), 제한하는 경우에도 자유와 권리의 본질적인 내용을 침해할 수 없다(내용상의 한계).

② 국가의 안전보장은 국가의 존립·헌법의 기본질서의 유지 등을 포함하는 개념으로서 결국 국가의 독립, 영토의 보전, 헌법과 법률의 기능, 헌법에 의하여 설치된

국가기관의 유지 등의 의미로 이해될 수 있다.

③ 1972년 헌법에서 비로소 국가안전보장이 기본권의 제한사유로 신설되었다.

④ 기본권 제한에 관한 헌법 제37조 제2항의 '공공복리'는 재산권의 수용·사용·제한에 관한 헌법 제23조 제3항의 '공공필요'의 개념보다는 넓은 것으로 이해되고 있다.

⑤ 기본권을 제한하는 법률에는 질서유지와 공공복리의 개념이 명확히 구별되는 것이 아니고 상호 중첩적으로 규정되기도 한다.

해설 ① (o) 헌법 제37조 제2항은 법률로써 기본권을 제한하는 헌법적 근거이면서, 그 요건을 충족시키지 않으면 안 된다는 한계에 관한 규정이다.

② (o) 헌재 1992.2.25. 89헌가104.

③ (o) 그 이전의 헌법에서는 질서유지와 공공복리만을 규정하고 있었다.

④ (x) 헌법 제23조 제3항의 '공공필요'는 헌법 제37조 제2항의 공공복리는 물론 국가안전보장이나 질서유지도 포함하는 넓은 개념이다.

⑤ (o) **질서유지 또는 공공복리를 위하여** 구속제도가 헌법 및 법률상 이미 용인되어 있는 이상, 미결수용자는 구속제도 자체가 가지고 있는 일면의 작용인 사회적 격리의 점에 있어 외부와의 자유로운 교통과는 상반되는 성질을 가지고 있으므로, 증거인멸이나 도망을 예방하고 교도소 내의 질서를 유지하여 미결구금제도를 실효성 있게 운영하고 일반사회의 불안을 방지하기 위하여 미결수용자의 서신에 대한 검열은 그 필요성이 인정된다고 할 것이고, 이로 인하여 미결수용자의 통신의 비밀이 일부 제한되는 것은 **질서유지 또는 공공복리라는 정당한 목적을 위하여** 불가피할 뿐만 아니라 유효적절한 방법에 의한 최소한의 제한으로서 헌법에 위반된다고 할 수 없다(헌재 1995.7.21. 92헌마144). [해 답] ④

9. 헌법 제37조 제2항은 기본권을 법률로 제한하는 경우에도 자유와 권리의 본질적인 내용을 침해할 수 없다고 규정하고 있다. 여기서 기본권의 본질적 내용의 침해금지에 관한 설명 중 옳지 않은 것은? (다툼이 있는 경우 판례에 의함)

① 대법원은 과잉금지의 원칙과 본질적 내용의 침해금지 규정을 엄격히 구별하여 과잉금지의 원칙을 준수하는 것 외에 본질적 내용의 침해금지까지를 요청하지는 않고 있다.

② 기본권의 본질적 내용의 침해금지는 1960년 헌법에서 처음으로 규정되었다가 1972년 헌법에서는 삭제된 후 1980년 헌법에서 다시 규정되었다.

③ 기본권의 본질적 내용은 만약 이를 제한하는 경우에는 기본권 그 자체가 무의미하여지는 경우에 그 본질적인 요소를 말하는 것으로서, 이는 개별 기본권마다 다

를 수 있을 것이다.

④ 토지재산권의 본질적인 내용이라는 것은 토지재산권의 핵이 되는 실질적 요소 내지 근본요소를 뜻하며, 따라서 재산권의 본질적인 내용을 침해하는 경우라고 하는 것은 그 침해로 사유재산권이 유명무실해지고 사유재산제도가 형해화 되어 헌법이 재산권을 보장하는 궁극적인 목적을 달성할 수 없게 되는 지경에 이르는 경우라고 할 것이다.

⑤ 생명권에 대한 제한은 곧 생명권의 완전한 박탈을 의미한다 할 것이므로, 사형이 비례의 원칙에 따라서 최소한 동등한 가치가 있는 다른 생명 또는 그에 못지 아니한 공공의 이익을 보호하기 위한 불가피성이 충족되는 예외적인 경우에만 적용되는 한, 그것이 비록 생명을 빼앗는 형벌이라 하더라도 헌법 제37조 제2항 단서에 위반되는 것으로 볼 수는 없다 할 것이다.

해설

① (x) 구 공직선거및선거부정방지법(2004.3.12. 법률 제7189호로 개정되기 전의 것)에서 탈법방법에 의한 문서·도화의 배부·게시 등의 행위를 처벌의 대상으로 삼고 있는 법률조항은 **과잉금지의 원칙에 반하지 아니할 뿐만 아니라** 이로써 선거운동의 자유 내지 언론의 자유가 전혀 무의미해지거나 형해화된다고 단정할 수 없어 그 **기본권의 본질적 내용을 침해**한다고는 볼 수 없다(대법원 2005.1.27. 2004도7511).

② (o) 본질적 내용의 침해금지는 독일기본법 제19조 제2항 '기본권의 본질적 내용은 어떠한 경우에도 침해되어서는 아니 된다'는 규정에서 비롯되었다.

③ (o) 헌재 1995.4.20. 92헌바29.

④ (o) 헌재 1989.12.22. 88헌가13.

⑤ (o) 헌재 1996.11.28. 95헌바1. [해 답] ①

10. 과잉금지의 원칙에 관한 설명 중 옳지 않은 것을 모두 고른 것은? (다툼이 있는 경우 판례에 의함)

㉠ 과잉금지의 원칙은 헌법상의 법치국가의 원리와 헌법 제37조 제2항에서 찾을 수 있다.

㉡ 기본권 제한의 수단이나 방법이 기본권 제한의 목적에 적합하여야 한다는 적합성의 원칙은 그 수단이나 방법이 기본권의 제한을 통하여 달성하고자 하는 목적을 유일하고도 완전히 실현시킬 수 있는 것이어야 한다.

㉢ 공직선거법에서 공직선거기간 중에 제공받은 금액 또는 음식물·물품 가액의 50배에 상당하는 금액의 과태료에 처하도록 한 것은 그 의무위반행위에 대하여 부과되는

과태료의 기준 및 액수가 책임원칙에 부합되지 않게 획일적일 뿐만 아니라 지나치게 과중하여 입법목적을 달성함에 필요한 정도를 일탈함으로써 과잉금지원칙에 위반된다고 할 것이다.
㉣ 과잉금지의 원칙은 국가작용의 한계를 명시하는 것인데 목적의 정당성, 방법의 적정성, 피해의 최소성, 법익의 균형성을 의미하는 것으로서 그 모든 요건에 저촉되어야 위헌이 된다는 헌법상의 원칙이다.
㉤ 기본권을 제한하는 규정은 기본권행사의 '방법'에 관한 규정과 기본권행사의 '여부'에 관한 규정으로 구분할 수 있다. 침해의 최소성의 관점에서, 입법자는 그가 의도하는 공익을 달성하기 위하여 우선 기본권을 보다 적게 제한하는 단계인 기본권행사의 '방법'에 관한 규제로써 공익을 실현할 수 있는가를 시도하고 이러한 방법으로는 공익달성이 어렵다고 판단되는 경우에 비로소 그 다음 단계인 기본권행사의 '여부'에 관한 규제를 선택해야 한다.
㉥ 사립학교 교원의 신분이나 직무상 의무와 관련이 없는 범죄의 경우에도 퇴직급여 및 퇴직수당을 제한하는 것은, 교원범죄를 예방하고 교원이 재직중 성실히 근무하도록 유도하는 입법목적을 달성하는 데 적합한 수단이라고 볼 수 없다.

① ㉠, ㉢ ② ㉡, ㉣ ③ ㉣, ㉤
④ ㉤, ㉥ ⑤ ㉠, ㉡

해설

㉠ (o) 과잉금지의 원칙이라는 것은 국가가 국민의 기본권을 제한하는 내용의 입법활동을 함에 있어서, 준수하여야 할 기본원칙 내지 입법활동의 한계를 의미하는 것으로서 국민의 기본권을 제한하려는 입법의 목적이 헌법 및 법률의 체제상 그 정당성이 인정되어야 하고(**목적의 정당성**), 그 목적의 달성을 위하여 그 방법(조세의 소급우선)이 효과적이고 적절하여야 하며(**방법의 적절성**), 입법권자가 선택한 기본권 제한(담보물권의 기능상실과 그것에서 비롯되는 사유재산권 침해)의 조치가 입법목적달성을 위하여 설사 적절하다 할지라도 보다 완화된 형태나 방법을 모색함으로써 기본권의 제한은 필요한 최소한도에 그치도록 하여야 하며(**피해의 최소성**), 그 입법에 의하여 보호하려는 공익과 침해되는 사익을 비교형량할 때 보호되는 공익이 더 커야 한다(**법익의 균형성**)는 헌법상의 원칙이다. 위와 같은 요건이 충족될 때 국가의 입법작용에 비로소 정당성이 인정되고 그에 따라 국민의 수인(受忍)의무가 생겨나는 것으로서, 이러한 요구는 오늘날 **법치국가의 원리에서 당연히 추출되는 확고한 원칙**으로서 부동의 위치를 점하고 있으며, **헌법 제37조 제2항에서도 이러한 취지의 규정**을 두고 있는 것이다(헌재 1990.9.3. 89헌가95).
㉡ (x) 국가가 어떠한 목적을 달성함에 있어서는 어떠한 조치나 수단 하나만으로서 가능하다고 판단할 경우도 있고 다른 여러 가지의 조치나 수단을 병과하여야 가능하다고 판단하는 경우도 있을 수 있으므로 과잉금지의 원칙이라는 것이 **목적달성에 필요한 유일의 수단선택을 요건으로 하는 것이라고 할 수는 없는 것**이다(헌재 1989.12.22. 88헌가13).

ⓒ (o) 헌재 2009.3.26. 2007헌가22.
ⓔ (x) 과잉금지의 원칙은 국가작용의 한계를 명시하는 것인데 목적의 정당성, 방법의 적정성, 피해의 최소성, 법익의 균형성(보호하려는 공익이 침해되는 사익보다 더 커야 한다는 것으로서 그래야만 수인(受忍)의 기대가능성이 있다는 것)을 의미하는 것으로서 **그 어느 하나에라도 저촉되면 위헌이 된다**는 헌법상의 원칙이다(헌재 1989.12.22. 88헌가13).
ⓜ (o) 헌재 1998.5.28. 96헌가5.
ⓑ (o) 헌재 2010.7.29. 2008헌가15. [해 답] ②

11. 다음 사례에 관한 설명 중 옳지 않은 것은? (다툼이 있는 경우 판례에 의함)

【사건의 개요】
청구인은 살인죄로 징역 10년을 선고받고 ○○교도소로 이송되어 수용 중에 있다.
피청구인 ○○교도소장은 2009.9.7.경 청구인이 없는 상태에서 청구인의 거실에 대한 검사를 실시하고, 같은 해 11.6. 야간에 청구인이 없는 상태에서 청구인의 작업장에 대한 검사를 실시하였다.
이에 청구인은 거실 및 작업장 검사행위의 근거가 되는 계호업무지침 제60조 내지 제67조 중 수용자의 부재중에도 검사하도록 하는 부분은 청구인의 기본권을 침해하여 위헌이고, 피청구인이 2009.9.7. 및 같은 해 11.6. 청구인의 부재중에 실시한 청구인의 거실 및 작업장에 대한 검사행위는 청구인의 사생활의 비밀과 자유 등을 침해한다고 주장하면서 2009.12.2. 이 사건 헌법소원심판을 청구하였다.

【심판대상조문】
구 계호업무지침(2008.12.19. 법무부훈령 제662호로 개정되고, 2010.8.1. 법무부훈령 제793호로 개정되기 전의 것)
제61조(거실검사) ①~② 생략
③ 거실검사는 가급적 수용자가 운동·목욕 등으로 거실 안에 없을 때에 실시하고, 수용자가 거실 안에 있을 경우에는 검사직원 한 명은 수용자를 복도에 정렬시켜 신체 및 의류검사를 하고 나머지 직원은 거실검사를 하여야 한다.
제65조(작업장 등 검사)
① 거실을 제외한 작업장 등의 검사는 실정에 맞게 자체계획을 수립하여 정기적으로 실시하되 월 1회 이상이 되도록 하여야 한다. 이 경우 작업장 검사는 가급적 공휴일이나 운동시간 등 작업을 하지 않는 시간을 이용하여 실시하여야 한다.
② 작업 중에 검사를 실시할 경우에는 작업을 잠시 멈추게 하고 수용자를 적당한 장소에 대기시켜 신체 및 의류를 검사한 후 실시한다.

① 교도소장이나 교도관의 구체적인 검사행위 없이 이 사건 훈령조항(계호업무지침) 자체가 바로 청구인의 어떠한 기본권을 직접 제한하고 있다고 보기 어렵기 때문에, 이 사건 훈령조항에 대한 심판청구는 기본권침해의 직접성 요건을 결여하여 부적법하다.

② 수용시설 내의 질서 및 안전 유지를 위하여 행해지는 기본권의 제한은 수형자에게 구금과는 별도로 부가적으로 가해지는 고통으로서 다른 방법으로는 그 목적을 달성할 수 없는 경우에만 예외적으로 허용되어야 한다.

③ 수형자라 하여 모든 기본권의 제한이 정당화될 수는 없지만, 수용자는 국가와의 특별한 신분관계 속에 있어 상당한 범위에서 기본권이 제한되는 것은 인정되므로, 형의 집행과 도망의 방지라는 구금의 목적과 관련된 기본권에 한정되지 않고 비교적 넓게 제한이 허용된다.

④ 이 사건 검사행위는 2009.9.7. 및 2009.11.6. 각기 종료되었으므로 이에 대하여 심판을 구할 청구인의 주관적 권리보호이익은 이미 소멸되었지만, 이 사건 검사행위는 앞으로도 계속 반복될 것으로 보이며, 헌법질서의 수호·유지를 위하여 그에 대한 헌법적 해명의 필요성이 인정되므로 이 사건 검사행위에 대한 심판청구의 이익을 인정할 수 있다.

⑤ 행형법상 징벌의 일종인 금치처분을 받은 자에 대하여 금치기간 중 집필을 전면 금지한 행형법 시행령 제145조 제2항 본문 부분은 금치처분을 받은 자에 대하여 집필의 목적과 내용 등을 묻지 않고, 일체의 집필행위를 금지하고 있음은 입법목적 달성을 위한 필요최소한의 제한이라는 한계를 벗어난 것으로서 과잉금지의 원칙에 위반된다.

해설

① (o) 이 사건 훈령조항은 거실 및 작업장 검사를 할 수 있는 시기와 방법 등을 정해 놓은 것으로서 교도관에게 '가급적' 수용자가 없는 상태에서 거실 또는 작업장 검사를 할 수 있도록 하고 있을 뿐 상황에 따라 수용자가 거실이나 작업장에 있을 때에도 검사할 수 있게 하는 재량의 여지를 주고 있으므로 교도소장이나 교도관의 구체적인 검사행위 없이 이 사건 훈령조항 자체가 바로 청구인의 어떠한 기본권을 직접 제한하고 있다고 보기 어렵다. 따라서 이 사건 훈령조항에 대한 심판청구는 기본권침해의 직접성 요건을 결여하여 부적법하다(헌재 2011.10.25. 2009헌마691).

② (o) 헌재 2008.5.29. 2005헌마137.

③ (x) 수형자라 하여 모든 기본권의 제한이 정당화될 수는 없으며, **제한되는 기본권은 형의 집행과 도망의 방지라는 구금의 목적과 관련된 기본권에 한정되어야 하고**, 그 역시 형벌의 집행을 위하여 필요한 한도를 벗어날 수 없다.

이 사건 검사행위는 교도소의 안전과 질서를 유지하고, 수형자의 교화·개선에 지장을 초래할 수 있는 물품을 차단하기 위한 것이므로 그 목적의 정당성이 인정된다. 그리고 수용자가 없는 상태에서 수용자의 거실이나 작업장을 검사하는 것이 그 목적을 효과적으로 달성하는 수단이 된다고 할 것이므로 수단의 적절성도 인정된다(헌재 2011.10.25. 2009헌마691).

④ (o) 헌재 2011.10.25. 2009헌마691.

⑤ (o) 헌재 2005.2.24. 2003헌마289.

[해 답] ③

12. 국가의 기본권보호의무와 관련된 설명 중 옳지 않은 것은? (다툼이 있는 경우 판례에 의함)

① 헌법 제10조는 '국가는 개인이 가지는 불가침의 기본적 인권을 확인하고 이를 보장할 의무를 진다'고 규정하여 소극적으로 국가권력이 국민의 기본권을 침해하는 것을 금지하는데 그치지 아니하고, 적극적으로 국민의 기본권을 타인의 침해로부터 보호할 의무를 부과하고 있다.

② 기본권에 대한 보호의무자로서의 국가는 국민의 기본권에 대한 침해자로서의 지위에 서는 것이 아니라 국민과 동반자로서의 지위에 서게 된다.

③ 국가의 보호의무를 입법자가 어떻게 실현하여야 할 것인가 하는 문제는 원칙적으로 권력분립원칙과 민주주의원칙에 따라 국민에 의해 직접 민주적 정당성을 부여받고 자신의 결정에 대해 정치적 책임을 지는 입법자의 책임범위에 속한다.

④ 국가가 국민의 생명·신체의 안전에 대한 보호의무를 다하지 않았는지 여부를 헌법재판소가 심사할 때에는 국가가 이를 보호하기 위하여 적어도 적절하고 효율적인 최소한의 보호조치를 취하였는가 하는 과소보호 금지원칙의 위반 여부를 기준으로 삼는다.

⑤ 대한민국이 1919.4.13. 건립된 대한민국임시정부의 법통을 계승하고 있으므로(헌법 전문) 국가는 1938.4.1.부터 1945.8.15. 사이에 발생한 일제의 태평양전쟁 관련 강제동원 사태에 대하여 책임이 있으므로, 국가가 관련 입법(태평양전쟁 전후 국외 강제동원희생자 등 지원에 관한 법률 제2조)을 하면서 '국내' 강제동원자를 지원대상에서 제외한 것은 국가의 기본권보호의무를 위반한 것이다.

해설

① (o) 헌재 1997.1.16. 90헌마110; 헌법재판소는 국가영역뿐만 아니라 사적인 영역에서도 국가의 기본권보호의무를 인정하고 있다.

② (o) 헌재 1997.1.16. 90헌마110; 국민의 기본권에 대한 국가의 적극적 보호의무는 궁극적으로 입법자의 입법행위를 통하여 비로소 실현될 수 있는 것이기 때문에, 입법자의 입법행위를 매개로 하지 아니하고 단순히 기본권이 존재한다는 것만으로 헌법상 광범위

한 방어적 기능을 갖게 되는 기본권의 소극적 방어권으로서의 측면과 근본적인 차이가 있다(헌재 1997.1.16. 90헌마110).

③ (o) 헌법재판소는 권력분립의 관점에서 소위 **"과소보호금지원칙"**을, 즉 국가가 국민의 법익보호를 위하여 적어도 **적절하고 효율적인 최소한의 보호조치를 취했는가를 기준**으로 심사하게 된다. 따라서 입법부작위나 불완전한 입법에 의한 기본권의 침해는 입법자의 보호의무에 대한 명백한 위반이 있는 경우에만 인정될 수 있다. 그러므로 헌법재판소는 단지 제한적으로만 입법자 또는 그로부터 위임받은 집행자에 의한 보호의무의 이행을 심사할 수 있는 것이다(헌재 1997.1.16. 90헌마110).

④ (o) 국민의 기본권을 보호하기 위한 조치가 필요한 상황인데도 국가가 아무런 보호조치를 취하지 않았든지, 아니면 취한 조치가 법익을 보호하기에 전적으로 부적합하거나 매우 불충분한 것임이 명백한 경우에 한하여 국가의 보호의무 위반을 확인하여야 하는 것이다(헌재 2008.7.31. 2006헌마711).

⑤ (x) 비록 태평양전쟁 관련 강제동원자들에 대한 국가의 지원이 충분하지 못한 점이 있다하더라도, 이 사건은 국가가 **국내 강제동원자들을 위하여 아무런 보호조치를 취하지 아니하였다거나** 아니면 국가가 취한 조치가 전적으로 **부적합하거나 매우 불충분한 것임이 명백한 경우라고 단정하기 어려우므로,** 이 사건 법률조항이 국민에 대한 국가의 기본권보호의무에 위배된다고 볼 수 없다(헌재 2011.2.24. 2009헌마94 태평양전쟁 전후 국외 강제동원희생자 등 지원에 관한 법률 제2조 등 위헌확인).

[해 답] ⑤

13. 입법부작위에 의한 기본권의 침해와 구제에 관한 설명 중 옳지 않은 것은? (다툼이 있는 경우 판례에 의함)

① 입법자가 어떤 사항에 관하여 입법은 하였으나 그 입법의 내용·범위·절차 등이 당해 사항을 불완전, 불충분 또는 불공정하게 규율함으로써 입법행위에 결함이 있는 경우를 부진정입법부작위라고 한다.

② 부진정입법부작위를 대상으로 헌법소원을 제기하려면 결함이 있는 당해 입법규정 그 자체를 대상으로 하여, 그것이 평등의 원칙에 위배된다는 등 헌법위반을 내세워 적극적인 헌법소원을 제기하여야 한다.

③ 입법부작위가 계속되는 동안에는 입법행위에 대한 소구청구권을 행사한 다음에 구제를 받을 수 없을 때 비로소 헌법소원을 청구할 수 있다.

④ 진정입법부작위가 헌법소원의 대상이 되려면 헌법에서 기본권보장을 위하여 명시적인 입법위임을 하였음에도 입법자가 이를 이행하지 않을 때, 그리고 헌법해석상 특정인에게 구체적인 기본권이 생겨 이를 보장하기 위한 국가의 행위의무 내지 보호의무가 발생하였음이 명백함에도 불구하고 입법자가 아무런 입법조치를 취하고 있지 않은 경우라야 한다.

⑤ 헌법에서 수용에 대한 손실보상절차를 규정하는 법령을 제정하도록 명시적인 입법위임을 한 것이 아니라고 가정하더라도 특정인의 구체적 재산권을 보장하기 위하여 국가의 행위의무가 발생하였음이 명백한데, 국가가 그 행위의무를 불이행하고 있는 것은 위헌이라 할 것이다.

해설

① (o) 헌재 1996.10.31. 94헌마108.

② (o) 부진정입법부작위를 대상으로 헌법소원을 제기하려면 그것이 평등의 원칙에 위배된다는 등 헌법위반을 내세워 적극적인 헌법소원을 제기하여야 하며, 이 경우에는 헌법재판소법 소정의 제소기간을 준수하여야 한다(헌재 1996.10.31. 94헌마108).

③ (x) 입법행위의 소구청구권은 원칙적으로 인정될 수 없고, 다만 헌법에서 기본권보장을 위하여 법령에 명시적인 입법위임을 하였을 때, 그리고 헌법해석상 특정인에게 구체적인 기본권이 생겨 이를 보장하기 위한 국가의 행위의무 내지 보호의무가 발생하였을 때에는 입법부작위가 헌법소원의 대상이 되지만, 이른바 부진정역급효입법(不眞正逆及效立法)의 경우에는 특단의 사정이 없는 한 구법관계 내지 구법상의 기대이익을 존중하여야 할 입법의무가 없으므로 헌법소원심판청구는 부적법하다(헌재 1989.3.17. 88헌마).

법령자체에 의한 기본권침해가 문제되어 **법령자체에 대한 헌법소원심판청구**를 하였을 때에는 헌법재판소법 제68조 제1항 단서 소정의 **보충성의 예외적인 경우에 해당**한다(헌재 1989.3.17. 88헌마1).

④ (o) 헌재 1993.3.11. 89헌마79.

⑤ (o) 입법자가 입법의무를 지고 있다고 하여서 그 불이행의 모든 경우가 바로 헌법을 위반한 경우라고는 단정할 수 없다. 즉 입법자에게는 형성의 자유 또는 입법재량이 인정되므로 입법의 시기 역시 입법자가 자유로이 결정할 수 있음이 원칙이라 할 것이다. 그러나 입법자는 헌법에서 구체적으로 위임받은 입법을 거부하거나 자의적으로 입법을 지연시킬 수는 없는 것이므로, 가령 입법자가 입법을 하지 않기로 결의하거나 상당한 기간 내에 입법을 하지 않는 경우에는 입법재량의 한계를 넘는 것이 된다. 따라서 입법부작위는 이와 같이 **입법재량의 한계를 넘는 경우에 한하여 위헌**으로 인정되는 것이다(헌재 1994.12.29. 89헌마2). [해 답] ③

08 인간의 존엄과 가치·행복추구권

1. 헌법 제10조의 인간의 존엄과 가치에 관한 설명 중 옳지 않은 것은? (다툼이 있는 경우 판례에 의함)

① 1962년 헌법에 최초로 인간의 존엄과 가치에 관한 규정이 신설되었고, 1980년 헌법에서는 행복추구권이 추가되었다.

② 우리 헌법질서가 예정하는 인간상은 '자신이 스스로 선택한 인생관·사회관을 바탕으로 사회공동체 안에서 각자의 생활을 자신의 책임 아래 스스로 결정하고 형성하는 성숙한 민주시민'이라고 할 수 있다.

③ 헌법 제10조에서 인간의 존엄과 가치를 명시하여 보장하는 의미는 국가의 근본질서로서 모든 국가권력을 구속하며, 최고규범으로서 법령의 내용과 효력을 해석하는 최고의 기준이 된다.

④ 헌법 제10조의 인간의 존엄과 가치는 헌법상의 이념 또는 원리이고 구체적인 기본권이라고는 할 수 없기 때문에 헌법소원심판에서 그 침해여부를 다툴 수 없다.

⑤ 헌법 제10조가 보장하는 개인의 인격권·행복추구권에는 개인의 자기운명결정권이 전제되는 것이고, 이 자기운명결정권에는 성행위 여부 및 그 상대방을 결정할 수 있는 성적자기결정권이 포함되어 있다.

해설 ① (o) 헌법 제10조 제1문 '모든 국민은 인간으로서의 존엄과 가치를 가지며, 행복을 추구할 권리를 가진다'는 규정은 독일과 미국헌법에서 유래하며, 1962년 제3공화국 헌법에서 처음 규정되었다. 행복추구권에 관한 규정은 1776년 미국 버지니아 권리장전과 독립선언문에서 유래하며, 1980년 제5공화국 헌법에서 처음 규정되었다.

② (o) 헌재 1998.5.28. 96헌가5; 이는 사회와 고립된 주관적 개인이나 공동체의 단순한 구성분자가 아니라, 공동체에 관련되고 공동체에 구속되어 있기는 하지만 그로 인하여 자신의 고유가치를 훼손당하지 아니하고 개인과 공동체의 상호연관 속에서 균형을 잡고 있는 인격체라 할 것이다. 헌법질서가 예정하고 있는 이러한 인간상에 비추어 볼 때, 인간으로서의 고유가치가 침해되지 않는 한 입법자는 사회적 공동생활의 보존과 육성을 위하여 주어진 상황에서 일반적으로 기대할 수 있는 범위 내에서 개인의 일반적 행동자유권을 제한할 수 있는바, 운전자가 좌석안전띠를 착용하여야 하는 의무는 이러한 범위 내에 있다 할 것이다(헌재 2003.10.30. 2002헌마518).

③ (o) 헌법 제10조에서 인간의 존엄과 가치를 보장하는 것의 규범적 의미는, ㉠ 헌법질서 내에서 인간의 가치는 인간 이외의 어떠한 타 존재의 가치보다 우선한다는 것을 표명한 것이며(인간우위), ㉡ 개인과 국가간의 관계에서 개인은 어떤 경우에도 공동체나 국가를 위하여 존재하는 수단일 수 없다는 반전체주의를 천명한 것이고(반전체주의), ㉢ 국가와 국민에게 공히 존중해야 할 최고가치를 선언한 것으로서 국가와 개인을 구속하는 헌법원리로 존재함을 명시한 것이다(국가와 개인의 기속)(정종섭). ㉣ 헌법의 통제원리로서 헌법개정과 기본권 제한의 한계가 되고 있다.

④ (x) 인간의 존엄과 가치가 주관적 공권으로서의 기본권성을 인정할 수 있느냐 여부에 관하여 기본권성 인정설과 부정설이 있다. 헌법재판소는 인간의 존엄과 가치의 기본원리적 성격과 함께 구체적 권리성을 긍정하고 있다.

헌법 제10조에서 규정한 인간의 존엄과 가치는 헌법이념의 핵심으로, 국가는 헌법에 규정된 개별적 기본권을 비롯하여 헌법에 열거되지 아니한 자유와 권리까지도 이를 보장하여야 하며, 이를 통하여 개별 국민이 가지는 인간으로서의 존엄과 가치를 존중하고 확보하여야 한다는 헌법의 기본원리를 선언한 조항이다. 따라서 자유와 권리의 보장은 1차적으로 헌법상 개별적 기본권규정을 매개로 이루어지지만, 기본권제한에 있어서 인간의 존엄과 가치를 침해한다거나 기본권형성에 있어서 최소한의 필요한 보장조차 규정하지 않음으로써 **결과적으로 인간으로서의 존엄과 가치를 훼손한다면, 헌법 제10조에서 규정한 인간의 존엄과 가치에 위반된다**고 할 것이다(헌재 2000.6.1. 98헌마216). 그러나 이와 같은 판례의 태도가 독자적인 기본권으로서 '인간의 존엄과 가치권'을 인정하고 있는 것인지 분명하지 않다는 견해도 있다(정종섭).

⑤ (o) 이 사건 법률조항(형법 제304조)이 혼인빙자간음행위를 형사처벌함으로써 남성의 성적 자기결정권을 제한하는 것임은 틀림없고, 나아가 이 사건 법률조항은 남성의 성생활이라는 내밀한 사적 생활영역에서의 행위를 제한하므로, 우리 헌법 제17조가 보장하는 사생활의 비밀과 자유 역시 제한하는 것으로 보인다(헌재 2009.11.26. 2008헌바58). [해 답] ④

2. 헌법 제10조의 행복추권에 관한 설명 중 옳지 않은 것은? (다툼이 있는 경우 판례에 의함)

① 행복추구권에는 일반적인 행동자유권과 개성의 자유로운 발현권·성적 자기결정권·계약의 자유 및 평화적 생존권이 포함되어 있다.

② 행복추구권은 국민이 행복을 추구하기 위한 활동을 국가권력의 간섭 없이 자유롭게 할 수 있다는 포괄적인 의미의 자유권으로서의 성격을 가진다.

③ 서울광장을 경찰버스로 차벽을 만들어 통행을 저지하거나, 18세 미만의 자에 대한 당구장출입을 금지하거나, 결혼식 하객에게 주류와 음식물을 접대하는 행위를 금지하는 것은 일반적 행동자유권의 위반에 해당된다.

④ 청구인들이 사법시험 제1차시험에 응시하기 위해서는 영어대체시험에서 기준점수 이상을 획득해야 한다는 제한을 두는 것은 행복추구권을 침해한다고 주장하지만, 직업선택의 자유, 공무담임권의 침해 여부를 판단하는 경우에는 행복추구권 침해 여부를 독자적으로 판단할 필요는 없다.

⑤ 환자가 장차 죽음에 임박한 상태에 이를 경우에 대비하여 미리 의료인 등에게 연명치료 거부 또는 중단에 관한 의사를 밝히는 등의 방법으로 죽음에 임박한 상태에서 인간으로서의 존엄과 가치를 지키기 위하여 연명치료의 거부 또는 중단을 결정할 수 있다 할 것이고, 위 결정은 헌법상 기본권인 자기결정권의 한 내용으로서 보장된다 할 것이다.

해설 ① (x) 헌법 제10조에 의거한 행복추구권은 헌법에 열거된 기본권으로서 행복추구의 수단이 될 수 있는 개별적 기본권들을 제외한 헌법에 열거되지 아니한 권리들에 대한 포괄적인 기본권의 성격을 가지며, **'일반적 행동자유권'**, **'개성의 자유로운 발현권'**, **'자기결정권'**, **'계약의 자유'** 등이 그 보호영역 내에 포함된다(헌재 1997.3.27. 96헌가11). 소비자의 자기결정권도 행복추권에서 파생된다(헌재 1996.12.26. 96헌가18).
그러나 평화적 생존권은 이를 헌법에 열거되지 아니한 기본권으로서 특별히 새롭게 인정할 필요성이 있다거나 그 권리내용이 비교적 명확하여 구체적 권리로서의 실질에 부합한다고 보기 어려워 헌법상 보장된 기본권이라고 할 수 없다. 종전에 헌법재판소가 이 결정과 견해를 달리하여 '평화적 생존권을 헌법 제10조와 제37조 제1항에 의하여 인정된 기본권으로서 침략전쟁에 강제되지 않고 평화적 생존을 할 수 있도록 국가에 요청할 수 있는 권리'라고 판시한 2003.2.23. 2005헌마268 결정은 이 결정과 저촉되는 범위 내에서 이를 변경한다(헌재 2009.5.28. 2007헌마369).
② (o) 헌재 2011.3.31. 2009헌마617; 기초생활보장제도의 보장단위인 개별가구에서 교도소·구치소에 수용 중인 자를 제외토록 규정한 '국민기초생활 보장법 시행령'(2008.10.29. 대통령령 제21095호로 개정된 것) 제2조 제2항 제3호 중 "'형의 집행 및 수용자의 처우에 관한 법률'에 의한 교도소·구치소에 수용 중인 자" 부분이 교도소·구치소에 수용 중인 자를 기초생활보장급여의 지급 대상에서 제외시킨 것은 헌법상 인간다운 생활을 할 권리를 침해하는 것은 아니다(헌재 2011.3.31. 2009헌마617).
③ (o) 일반적 행동자유권은 행복추구권의 핵심적인 내용으로 지문에서 열거한 행위들은 일반적 행동자유권을 침해하여 위헌에 해당된다. 일반적 행동자유권에는 적극적으로 자유롭게 행동을 하는 것은 물론 소극적으로 행동을 하지 않을 자유 즉, 부작위의 자유도 포함되며, 포괄적인 의미의 자유권으로서 일반조항적인 성격을 가진다(헌재 1991.6.3. 89헌마204).
④ (o) 헌법 제10조 전문의 행복추구권은 다른 개별적 기본권이 적용되지 않는 경우에 한하여 **보충적으로 적용되는 기본권**이어서(헌재 1998.10.29. 97헌마345), 직업선택의 자유, 공무담임권의 침해 여부를 판단하는 이 사건에 있어서는 행복추구권 침해 여부를 독자적으로 판단할 필요는 없다(헌재 2002.8.29. 200헌가5). 헌법재판소는 행복추구권에서 개별적인 기본권을 도출하는 형식을 취하지 아니하고 곧바로 행복추구권을 독자적인 권리로 파악하여 그 침해여부를 판단하기도 한다. 범죄혐의가 없음이 명백한 사안인데도 이에 대하여 검찰관이 자의적이고 타협적으로 기소유예처분을 했다면 이는 **헌법 제11조 제1항의 평등권, 헌법 제10조의 행복추구권을 침해**한 것이다(헌재 1989.10.27. 89헌마56).
⑤ (o) 죽음에 임박한 환자에게 '연명치료 중단에 관한 자기결정권'은 헌법상 보장된 기본권

이지만 헌법해석상 '연명치료 중단 등에 관한 법률'에 관한 입법의무는 인정되지 않는다. '연명치료 중단에 관한 자기결정권'을 보장하는 방법으로서 '법원의 재판을 통한 규범의 제시'와 '입법' 중 어느 것이 바람직한가는 입법정책의 문제로서 국회의 재량에 속한다 할 것이다. 그렇다면 헌법해석상 '연명치료 중단 등에 관한 법률'을 제정할 국가의 입법의무가 명백하다고 볼 수 없다. 결국 환자 본인이 제기한 '연명치료 중단 등에 관한 법률'의 입법부작위의 위헌확인에 관한 헌법소원 심판청구는 국가의 입법의무가 없는 사항을 대상으로 한 것으로서 헌법재판소법 제68조 제1항 소정의 '공권력의 불행사'에 대한 것이 아니므로 부적법하다(헌재 2009.11.26. 2008헌마385).

[해 답] ①

09 평 등 권

1. 평등권 및 평등원칙에 관한 설명 중 옳지 않은 것은? (다툼이 있는 경우 판례에 의함)

① 헌법이 선언하고 있는 인간의 존엄성과 법 앞에 평등(헌법 제10조, 제11조 제1항)이란 행정부나 사법부에 의한 법적용상의 평등을 뜻하는 것 외에도 입법권자에게 정의와 형평의 원칙에 합당하게 합헌적으로 법률을 제정하도록 하는 것을 명령하는 이른바 법 내용상의 평등을 의미한다.

② 평등의 원칙은 국민의 기본권 보장에 관한 우리 헌법의 최고원리로서 국가가 입법을 하거나 법을 해석 및 집행함에 있어 따라야 할 기준인 동시에, 국가에 대하여 합리적 이유없이 불평등한 대우를 하지 말 것과, 평등한 대우를 요구할 수 있는 모든 국민의 권리로서, 국민의 기본권 중의 기본권이다.

③ 평등원칙은 원칙적으로 입법자에게 헌법적으로 아무런 구체적인 입법의무를 부과하지 않고 다만, 입법자가 평등원칙에 반하는 일정 내용의 입법을 하게 되면, 이로써 피해를 입게 된 자는 직접 당해 법률조항을 대상으로 하여 평등원칙의 위반여부를 다툴 수 있을 뿐이다.

④ 사인에 의한 평등권이라는 기본권의 침해도 민법 제750조의 일반규정을 통하여 사법상 보호되는 인격적 법익침해의 형태로 구체화되어 논하여질 수 있고, 그 위법성 인정을 위하여서는 사인 간의 평등권 보호에 관한 별개의 입법이 있어야 한다.

⑤ 헌법 제11조 제1항의 '모든 국민은 법 앞에 평등하다'는 규정에서 평등권이라는 헌법상 권리를 도출할 수 있다.

해설 ① (o) 헌재 1992.4.28. 90헌바24.
② (o) 헌재 1989.1.25. 88헌가7.
③ (o) 헌재 2003.1.30. 2002헌마358.
④ (x) 헌법 제11조는 평등의 원칙을 선언함과 동시에 모든 국민에게 평등권을 보장하고 있다. 따라서 사적 단체를 포함하여 사회공동체 내에서 개인이 성별에 따른 불합리한 차별을 받지 아니하고 자신의 희망과 소양에 따라 다양한 사회적·경제적 활동을 영위하는 것은 그 인격권 실현의 본질적 부분에 해당하므로 **평등권이라는 기본권의 침해도 민법 제750조의 일반규정을 통하여 사법상 보호되는 인격적 법익침해의 형태로 구체화되어 논하여질 수 있고,** 그 위법성 인정을 위하여 반드시 사인 간의 평등권 보호에 관한 별개의 입법이 있어야만 하는 것은 아니다(대법원 2011.1.27. 2009다19864).
⑤ (o) 헌법 제11조 제1항에서 평등보호를 정하고 있으므로 이 조항에서 평등권이 헌법상의 권리로 도출되며, 헌법재판소 역시 위 조항이 평등원칙과 평등권을 보장하고 있으므로 그 침해에 대하여 헌법소원심판청구를 인정하고 있다. 대법원도, 헌법 제11조는 평등의 원칙을 선언함과 동시에 모든 국민에게 평등권을 보장하고 있다고 판시하고 있다(대법원 2011.1.27. 2009다19864).

[해 답] ④

2. 국가의 단계적 조치에 따른 평등원칙에 관련된 설명 중 옳지 않은 것은? (다툼이 있는 경우 판례에 의함)

① 헌법상 평등의 원칙은 국가가 언제 어디에서 어떤 계층을 대상으로 하여 기본권에 관한 사항이나 제도의 개선을 시작할 것인지를 선택하는 것을 방해하지는 않는다.

② 국가가 종전의 상황을 개선함에 있어서 그 개선의 효과가 일부의 사람에게만 미치고 동일한 상황하에 있는 다른 사람에게는 미치지 않아 그들 사이에 일견 차별이 생기게 된다면 그것은 평등의 원칙에 위반된다.

③ 국가는 합리적인 기준에 따라 능력이 허용하는 범위 내에서 법적 가치의 상향적 구현을 위한 제도의 단계적 개선을 추진할 수 있는 길을 선택할 수 있어야 한다.

④ 헌법이 보장하는 평등의 원칙은 개인의 기본권신장이나 제도의 개혁에 있어 법적 가치의 상향적 실현을 보편화하기 위한 것이지, 불균등의 제거만을 목적으로 한 나머지 하향적 균등까지 수용하고자 하는 것은 결코 아니다.

⑤ 단계적 개선과 추진과정에서 일부 차별적인 상황이 초래되었다고 하여 헌법상 평등원칙에 반한다고 볼 수 없다.

해설 ① (o) 헌재 1990.6.25. 89헌마107.
② (x) 국가가 종전의 상황을 개선함에 있어서 그 개선의 효과가 일부의 사람에게만 미치고 동일한 상황하에 있는 다른 사람에게는 미치지 않아 그들 사이에 일견 차별이 생기게 된다고 하더라도 그것만으로는 평등의 원칙을 위반한 것이라고는 할 수 없다. **중학교 의무교육을 일시에 전면실시하는 대신 단계적으로 확대실시하도록 한 것은** 주로 전면실시에 따르는 국가의 재정적 부담을 고려한 것으로 실질적 평등의 원칙에 부합된다(헌재 1991.2.11. 90헌가27).
③ (o) 헌재 1990.6.25. 89헌마107.
④ (o) 헌재 1990.6.25. 89헌마107.
⑤ (o) 헌재 2009.3.26. 2008헌마225.

[해 답] ②

3. 평등권 및 평등원칙에 관한 설명 중 옳지 않은 것을 모두 고른 것은? (다툼이 있는 경우 판례에 의함)

㉠ 법원조직법 제45조 제4항에서 법관의 정년을 직위에 따라 순차적으로 낮게 차등하게 설정한 것은 법관 업무의 성격과 특수성, 평균수명, 조직체 내의 질서 등을 고려하여 정한 것으로 그 차별에 합리적인 이유가 있다고 할 것이므로, 청구인의 평등권을 침해하였다고 볼 수 없다.
㉡ 지방자치단체장의 계속 재임을 3기로 제한한 지방자치법 제87조 제1항은 지방자치단체의 장의 공무담임권을 제한하고 있으므로, 헌법이 차별을 금지하고 있는 영역이거나 차별적 취급으로 인하여 관련 기본권에 대한 중대한 제한을 초래하고 있다고 볼 수 있다.
㉢ 헌법재판소는 평등심사에 있어 원칙적으로 자의금지원칙을 기준으로 심사하여 왔고, 비례의 원칙에 대한 본격적인 심사를 하는 경우는 찾아보기 힘들다.
㉣ 자기 또는 배우자의 직계존속에 대한 고소를 금지하는 형사소송법 제224조는 그 차별에 있어서 합리적인 이유가 있는 것이므로, 헌법 제11조 제1항의 평등원칙에 위반된다고 할 수 없다.
㉤ 부계혈통주의 원칙을 채택한 구 국적법(1948.12.20. 법률 제16호로 제정되고, 1997.12.13. 법률 제5431호로 전문개정되기 전의 것) 제2조 제1항 제1호는 한국인 부와 외국인 모 사이의 자녀와 한국인 모와 외국인 부 사이의 자녀를 차별취급하는 것이므로, 모가 한국인인 자녀와 그 모에게 불리한 영향을 끼치므로 헌법 제11조 제1항의 남녀평등원칙에 어긋난다.
㉥ 사업주가 근로자에게 성별, 혼인, 가족 안에서의 지위, 임신 또는 출산 등의 사유로 합리적인 이유 없이 채용 또는 근로의 조건을 다르게 하거나 그 밖의 불리한 조치를 하는 경우는 차별에 해당된다.

① ㉠, ㉡ ② ㉡, ㉢ ③ ㉢, ㉣
④ ㉡, ㉣ ⑤ ㉢, ㉥

해설 ㉠ (o) 법관의 정년을 직위에 따라 대법원장 70세, 대법관 65세, 그 이외의 법관 63세로 하여 법관 사이에 약간의 차이를 두고 있는 것으로, 헌법 제11조 제1항에서 금지하고 있는 차별의 요소인 '성별', '종교' 또는 '사회적 신분' 그 어디에도 해당되지 아니할 뿐만 아니라, 그로 인하여 어떠한 사회적 특수계급제도를 설정하는 것도 아니고, 그와 같이 법관의 정년을 직위에 따라 순차적으로 낮게 차등하게 설정한 것은 법관 업무의 성격과 특수성, 평균수명, 조직체 내의 질서 등을 고려하여 정한 것으로 그 차별에 합리적인 이유가 있다고 할 것이므로, 청구인의 평등권을 침해하였다고 볼 수 없다(헌재 2002.10.31. 2001헌마557).

㉡ (x) 평등위반 여부를 심사함에 있어 **엄격한 심사척도**에 의할 것인지, **완화된 심사척도**에 의할 것인지는 입법자에게 인정되는 입법형성권의 정도에 따라 달라지게 된다. 먼저 헌법에서 **특별히 평등을 요구하고 있는 경우 엄격한 심사척도가 적용**될 수 있다. 헌법이 스스로 차별의 근거로 삼아서는 아니되는 기준을 제시하거나 차별을 특히 금지하고 있는 영역을 제시하고 있다면 그러한 기준을 근거로 한 차별이나 그러한 영역에서의 차별에 대하여 엄격하게 심사하는 것이 정당화된다. 다음으로 차별적 취급으로 인하여 관련 기본권에 대한 중대한 제한을 초래하게 된다면 입법형성권은 축소되어 보다 엄격한 심사척도가 적용되어야 한다(헌재 1999.12.23. 98헌마363). 이 사건 법률조항(지방자치법 제87조 제1항)은 공무담임권을 제한하고 있는바, 이는 헌법이 차별을 특히 금지하고 있는 영역이거나 차별적 취급으로 인하여 관련 기본권에 대한 중대한 제한을 초래하고 있다고 볼 수 없다. 그리고 공무담임권의 제한의 경우는 법익형량에 있어서도 상대적으로 **다소 완화된 심사**를 하게 된다(헌재 2002.10.31. 2001헌마557). 따라서 이 사건 법률조항에 대한 평등권 심사는 합리성 심사로 족하다(헌재 2006.2.23. 2005헌마403). 근로상의 남녀차별은 엄격한 심사기준을 적용하지만, 공무담임권의 제한이나 금전 이외의 재산으로 조세를 납부하는 물납제도에서는 완화된 심사기준이 적용된다.

㉢ (x) 평등권의 침해 여부에 대한 심사는 그 심사기준에 따라 **자의금지원칙**에 의한 심사와 **비례의 원칙**에 의한 심사로 크게 나누어 볼 수 있다. 자의심사의 경우에는 차별을 정당화하는 합리적인 이유가 있는지 만을 심사하기 때문에 그에 해당하는 비교대상 간의 사실상의 차이나 입법목적(차별목적)의 발견·확인에 그치는 반면에, 비례심사의 경우에는 단순히 합리적인 이유의 존부문제가 아니라 차별을 정당화하는 이유와 차별 간의 상관관계에 대한 심사, 즉 비교대상 간의 사실상의 차이의 성질과 비중 또는 입법목적(차별목적)의 비중과 차별의 정도에 적정한 균형관계가 이루어져 있는가를 심사한다.

헌법재판소는 비례의 원칙에 따른 심사를 하여야 할 경우로서 **첫째**, 헌법에서 특별히 평등을 요구하고 있는 경우 즉, 헌법이 차별의 근거로 삼아서는 아니되는 기준 또는 차별을 금지하고 있는 영역을 제시하고 있음에도 그러한 기준을 근거로 한 차별이나 그러한 영역에서의 차별의 경우 **둘째**, 차별적 취급으로 인하여 관련 기본권에 대한 중대한 제한을 초래하게 되는 경우를 들면서, 제대군인가산점제도는 위 두 경우에 모두 해당한다고 하여 비례심사를 하고 있다(헌재 2001.2.22. 2000헌마25).

㉣ (o) 헌재 2011.2.24. 2008헌바56.

ⓜ (o) 부계혈통주의 원칙을 채택한 구법조항은 출생한 당시의 자녀의 국적을 부의 국적에만 맞추고 모의 국적은 단지 보충적인 의미만을 부여하는 차별을 하고 있다. 이렇게 한국인 부와 외국인 모 사이의 자녀와 한국인 모와 외국인 부 사이의 자녀를 차별취급하는 것은, 모가 한국인인 자녀와 그 모에게 불리한 영향을 끼치므로 헌법 제11조 제1항의 남녀평등원칙에 어긋난다(헌재 2000.8.31. 97헌가12).

ⓗ (o) 남녀고용평등과 일·가정 양립 지원에 관한 법률 제2조 제1호. [해 답] ②

10 생 명 권

1. 생명권에 관한 설명 중 옳지 않은 것을 모두 고른 것은? (다툼이 있는 경우 판례에 의함)

㉠ 생명은 이념적으로 절대적 가치를 지닌 것이므로 생명에 대한 법적 평가가 예외적으로 허용될 수 없기 때문에 생명권은 헌법 제37조 제2항에 의한 일반적 법률유보의 대상이 될 수 없다.

㉡ 태아는 그 자체로 모(母)와 별개의 생명체이고 특별한 사정이 없는 한 인간으로 성장할 가능성이 크므로 태아에게도 생명권이 인정되어야 하지만, 태아가 독자적 생존능력을 갖추지 못한 상태에 있다면 낙태를 허용하는 판단 기준으로 삼을 수 있다.

㉢ 환자가 장차 죽음에 임박한 상태에 이를 경우에 대비하여 미리 의료인 등에게 연명치료 거부 또는 중단에 관한 의사를 밝히는 등의 방법으로 죽음에 임박한 상태에서 인간으로서의 존엄과 가치를 지키기 위하여 연명치료의 거부 또는 중단을 결정할 수 있다 할 것이다.

㉣ 생명에 대한 권리는 비록 헌법에 명문의 규정이 없다 하더라도 인간의 생존본능과 존재목적에 바탕을 둔 선험적이고 자연법적인 권리로서 헌법에 규정된 모든 기본권의 전제로서 기능하는 기본권 중의 기본권이라 할 것이다.

㉤ 초기배아는 수정이 된 배아라는 점에서 형성 중인 생명의 첫걸음을 떼었다고 볼 여지가 있기는 하나 아직 모체에 착상되거나 원시선이 나타나지 않은 이상 현재의 자연과학적 인식 수준에서 독립된 인간과 배아 간의 개체적 연속성을 확정하기 어렵다고 봄이 일반적이라는 점을 고려할 때 기본권 주체성을 인정하기 어렵다.

㉥ 생명권의 제한이 정당화될 수 있는 예외적인 경우에는 생명권의 박탈이 초래된다 하더라도 곧바로 기본권의 본질적인 내용을 침해하는 것이라 볼 수는 없다.

① ㉠, ㉡　　② ㉡, ㉢　　③ ㉢, ㉤
④ ㉠, ㉥　　⑤ ㉡, ㉤

해설 ㉠ (x) 비록 생명이 이념적으로 절대적 가치를 지닌 것이라 하더라도 **생명에 대한 법적 평가가 예외적으로 허용될 수 있다고 할 것**이므로, 생명권 역시 헌법 제37조 제2항에 의한 일반적 법률유보의 대상이 될 수밖에 없다 할 것이다(헌재 1996.11.28. 95헌바1).

㉡ (x) 인간의 생명은 고귀하고, 이 세상에서 무엇과도 바꿀 수 없는 존엄한 인간 존재의 근원이며, 이러한 생명에 대한 권리는 기본권 중의 기본권이다. 태아가 비록 그 생명의 유지를 위하여 모(母)에게 의존해야 하지만, 그 자체로 모(母)와 별개의 생명체이고 특별한 사정이 없는 한 인간으로 성장할 가능성이 크므로 태아에게도 생명권이 인정되어야 하며, 태아가 **독자적 생존능력을 갖추었는지 여부를 그에 대한 낙태 허용의 판단 기준으로 삼을 수는 없다**(헌재 2012.8.23. 2010헌바402).

㉢ (o) 헌재 2009.11.26. 2008헌마385; 비록 연명치료 중단에 관한 결정 및 그 실행이 환자의 생명단축을 초래한다 하더라도 이를 생명에 대한 임의적 처분으로서 자살이라고 평가할 수 없고, 오히려 인위적인 신체침해 행위에서 벗어나서 자신의 생명을 자연적인 상태에 맡기고자 하는 것으로서 인간의 존엄과 가치에 부합한다 할 것이다(헌재 2009.11.26. 2008헌마385).

㉣ (o) 헌재 1996.11.28. 95헌바1.

㉤ (o) 초기배아는 수정이 된 배아라는 점에서 형성 중인 생명의 첫걸음을 떼었다고 볼 여지가 있기는 하나 아직 모체에 착상되거나 원시선이 나타나지 않은 이상 현재의 자연과학적 인식 수준에서 독립된 인간과 배아 간의 개체적 연속성을 확정하기 어렵다고 봄이 일반적이라는 점, 배아의 경우 현재의 과학기술 수준에서 모태 속에서 수용될 때 비로소 독립적인 인간으로의 성장가능성을 기대할 수 있다는 점, 수정 후 착상 전의 배아가 인간으로 인식된다거나 그와 같이 취급하여야 할 필요성이 있다는 사회적 승인이 존재한다고 보기 어려운 점 등을 종합적으로 고려할 때, 기본권 주체성을 인정하기 어렵다.

다만, **배아의 경우 형성 중에 있는 생명이라는 독특한 지위로 인해 국가에 의한 적극적인 보호가 요구된다**는 점, 배아의 관리·처분에는 공공복리 및 사회 윤리적 차원의 평가가 필연적으로 수반되지 않을 수 없다는 점에서도 그 제한의 필요성은 크다고 할 것이다. 그러므로 배아생성자의 배아에 대한 자기결정권은 자기결정이라는 인격권적 측면에도 불구하고 **배아의 법적 보호라는 헌법적 가치에 명백히 배치될 경우에는 그 제한의 필요성**이 상대적으로 큰 기본권이라 할 수 있다(헌재 2010.5.27. 2005헌마346).

㉥ (o) 헌재 2010.2.25. 2008헌가23; 사형은 일반국민에 대한 심리적 위하를 통하여 범죄의 발생을 예방하며 극악한 범죄에 대한 정당한 응보를 통하여 정의를 실현하고, 당해 범죄인의 재범 가능성을 영구히 차단함으로써 사회를 방어하려는 것으로 그 입법목적은 정당하고, 가장 무거운 형벌인 사형은 입법목적의 달성을 위한 적합한 수단이다(헌재 2010.2.25. 2008헌가23).

[해 답] ①

2. 다음 사안에 관련된 설명 중 옳지 않은 것은? (다툼이 있는 경우 판례에 의함)

> 청구인 김○○은 1930년생으로 지속적 식물인간상태에 있으면서 병원의 중환자실에서 인공호흡기를 부착한 채, 항생제 투여·인공영양 공급·수액 공급 등의 치료(이하 '이 사건 연명치료'라 한다)를 받았다. 청구인의 자녀들인 나머지 청구인들은 병원 주치의 등에게 '이 사건 연명치료는 건강을 증진시키는 것이 아니라 생명의 징후만을 단순히 연장시키는 것에 불과하므로 의학적으로 의미가 없고, 청구인 김○○이 평소 무의미한 생명연장을 거부하고 자연스럽게 죽고 싶다고 밝혀왔다'는 취지로 주장하면서 이 사건 연명치료의 중단을 요청하였으나, 병원 주치의 등은 '청구인 김○○의 의사를 확인할 수 없고, 청구인 김○○이 사망에 임박한 상태가 아닌데도 이 사건 연명치료를 중단하는 것은 의사의 생명보호 의무에 반하고 형법상 살인죄 또는 살인방조죄로 처벌받을 수 있다'는 취지로 반박하면서 위 요청을 거부하였다. 이에 청구인들은 '죽음에 임박한 환자로서 연명치료의 거부에 관한 본인의 의사가 확인된 경우 이러한 환자를 위한 연명치료의 중단에 관한 기준, 절차 및 방법 등에 관한 법률(연명치료 중단 등에 관한 법률)의 입법부작위의 위헌확인을 구하는 헌법소원심판을 청구하였다.

① 청구인 김○○이 주장하는 '연명치료 중단 등에 관한 법률'은 아직까지 전혀 입법이 없는 상태이므로, 이 사건 심판대상인 입법부작위는 진정입법부작위에 해당한다.

② '연명치료 중단, 즉 생명단축에 관한 자기결정'은 '생명권 보호'의 헌법적 가치와 충돌하므로 '연명치료 중단에 관한 자기결정권'의 인정 여부가 문제되는 '죽음에 임박한 환자'란 '의학적으로 환자가 의식의 회복가능성이 없고 생명과 관련된 중요한 생체기능의 상실을 회복할 수 없으며 환자의 신체상태에 비추어 짧은 시간 내에 사망에 이를 수 있음이 명백한 경우', 즉 '회복 불가능한 사망의 단계'에 이른 경우를 의미한다 할 것이다.

③ 자연사에 관한 권리를 인정하여 이를 정당화하면 자연사를 빙자하여 경제적 이익이나 편의를 위한 생명단축으로 남용될 가능성이 있는 점, 엄격히 보면 연명치료를 중단할 때 이에 관한 환자본인의 진정한 의사가 있다고 보기 어려운 점, 기타 절대적 생명보호의 원칙, 생명존중에 관한 종교윤리적인 문제 등에 비추어 생명에 관련된 치료중단에 관한 자기결정권은 인정될 수 없다 할 것이므로, 위 권리보호에 관한 입법의무는 없다고 할 것이다.

④ 생명권이 가장 중요한 기본권이라고 하더라도 인간의 생명 역시 인간으로서의 존엄성이라는 인간 존재의 근원적인 가치에 부합하는 방식으로 보호되어야 할 것

이다.

⑤ 죽음에 임박한 환자에 대한 연명치료 중단에 관한 다툼은 법원의 재판을 통하여 해결될 수 있고, 법원의 재판에서 나타난 연명치료 중단의 허용요건이나 절차 등에 관한 기준에 의하여 연명치료 중단에 관한 자기결정권은 충분하지 않을지는 모르나 효율적으로 보호될 수 있다.

해설 ① (o) 넓은 의미의 입법부작위에는, 입법자가 헌법상 입법의무가 있는 어떤 사항에 관하여 전혀 입법을 하지 아니함으로써 입법행위의 흠결이 있는 경우와 입법자가 어떤 사항에 관하여 입법은 하였으나 그 입법의 내용·범위·절차 등이 당해 사항을 불완전, 불충분 또는 불공정하게 규율함으로써 입법행위에 결함이 있는 경우가 있는데, 일반적으로 전자를 '**진정입법부작위**', 후자를 '**부진정입법부작위**'라고 부르고 있다(헌재 1996.10.31. 94헌마108).

② (o) 대법원 2009.5.21. 2009다17417.

③ (x) 지문은 이 사건 심판청구에 대한 법무부장관의 의견요지이다. 그러나 헌법재판소는, 환자가 장차 죽음에 임박한 상태에 이를 경우에 대비하여 미리 의료인 등에게 연명치료 거부 또는 중단에 관한 의사를 밝히는 등의 방법으로 죽음에 임박한 상태에서 인간으로서의 존엄과 가치를 지키기 위하여 **연명치료의 거부 또는 중단을 결정할 수 있다 할 것이고, 위 결정은 헌법상 기본권인 자기결정권의 한 내용으로서 보장된다**(헌재 2009.11.26. 2008헌마385)고 판시하고 있다.

④ (o) 이미 의식의 회복가능성을 상실하여 더 이상 인격체로서의 활동을 기대할 수 없고 자연적으로는 이미 죽음의 과정이 시작되었다고 볼 수 있는 회복불가능한 사망의 단계에 이른 후에는, 의학적으로 무의미한 신체 침해 행위에 해당하는 연명치료를 환자에게 강요하는 것이 오히려 인간의 존엄과 가치를 해하게 되므로, 이와 같은 예외적인 상황에서 죽음을 맞이하려는 환자의 의사결정을 존중하여 환자의 인간으로서의 존엄과 가치 및 행복추구권을 보호하는 것이 사회상규에 부합되고 헌법정신에도 어긋나지 아니한다고 할 것이다. 그러므로 회복불가능한 사망의 단계에 이른 후에 환자가 인간으로서의 존엄과 가치 및 행복추구권에 기초하여 자기결정권을 행사하는 것으로 인정되는 경우에는 특별한 사정이 없는 한 연명치료의 중단이 허용될 수 있다(대법원 2009.5.21. 2009다17417).

⑤ (o) 헌재 2009.11.26. 2008헌마385. [해 답] ③

11 신체의 자유

1. 죄형법정주의에 관한 설명 중 옳지 않은 것은? (다툼이 있는 경우 판례에 의함)

① 죄형법정주의에서 파생되는 명확성의 원칙은 누구나 법률이 처벌하고자 하는 행위가 무엇이며, 그에 대한 형벌이 어떠한 것인지를 예견할 수 있고, 그에 따라 자신의 행위를 결정할 수 있도록 구성요건을 명확히 정하여야 함을 의미한다.

② 재개발·재건축·도시환경정비사업을 시행하는 조합 등으로 하여금 중요한 회의가 있는 때에는 속기록·녹음 또는 영상자료를 만들도록 하고, 이를 위반한 경우 조합 임직원 등을 처벌하는 내용의 구 '도시 및 주거환경정비법' 제86조 제7호의 "제81조 제2항의 규정" 중 '중요한 회의' 부분은 범죄의 구성요건을 지나치게 추상적이고 모호하게 규정함으로써 통상의 판단능력을 가진 국민이 무엇이 금지되는지를 예견하기 어렵게 하여 죄형법정주의의 명확성원칙을 위반하였다고 할 것이다.

③ 죄형법정주의는 무엇이 범죄이며 그에 대한 형벌이 어떠한 것인가는 반드시 국민의 대표로 구성된 입법부가 제정한 법률로써 정하여야 한다는 원칙이고, 죄형법정주의를 천명한 헌법 제12조 제1항 후단이나 제13조 제1항 전단에서 말하는 "법률"도 입법부에서 제정한 형식적 의미의 법률을 의미한다.

④ 죄형에 관한 법률조항이 그 내용을 해당 시행령에 포괄적으로 위임하고 있는지 여부는 죄형법정주의의 명확성원칙의 위반 여부의 문제인 동시에 포괄위임입법 금지 여부의 문제도 된다.

⑤ 구 농산물품질관리법 제37조 중 "법인의 대표자가 그 법인의 업무에 관하여 제34조의2의 위반행위를 한 때에는 그 법인에 대하여도 해당 조의 벌금형을 과한다."라는 법인의 '대표자'가 위법행위를 한 경우에 그 법인을 처벌하는 것은 책임주의원칙에 반하게 된다.

해설 ① (o) 헌재 2000.6.29. 98헌가10; 구성요건이 다소 광범위하여 법관의 보충적인 해석이 필요하더라도 건전한 상식과 통상적인 법감정을 가진 사람으로 하여금 적용대상자와 금지되는 행위를 충분히 알 수 있도록 규정하고 있거나(헌재 2002.4.25. 2001헌가27), 어느 정도의 보편적이거나 일반적인 뜻을 지닌 용어를 사용하더라도 당해 법률의 입법

경과와 입법목적, 같은 법률의 다른 규정들과의 체계 조화적 해석 등을 통해 법률적용 단계에서 다의적인 해석의 우려 없이 그 의미가 구체화될 수 있다면 명확성원칙에 위반된다고 할 수 없다(헌재 2004.11.25. 2003헌바104).

② (o) 헌재 2011.10.25. 2010헌가29.

③ (o) 헌재 1991.7.8. 91헌가4.

④ (o) 헌재 2008.7.31. 2005헌마667.

⑤ (x) 법인은 기관을 통하여 행위하므로 법인이 대표자를 선임한 이상 그의 행위로 인한 법률효과는 법인에게 귀속되어야 하고, **법인 대표자의 범죄행위에 대하여는 법인 자신이 행위에 대한 책임을 부담**하여야 하는바, 법인 대표자의 법규위반행위에 대한 법인의 책임은 법인 자신의 법규위반행위로 평가될 수 있는 행위에 대한 법인의 직접책임으로서, 대표자의 고의에 의한 위반행위에 대하여는 법인 자신의 고의에 의한 책임을, 대표자의 과실에 의한 위반행위에 대하여는 법인 자신의 과실에 의한 책임을 부담하는 것이다. 따라서, 법인의 '대표자' 관련 부분은 대표자의 책임을 요건으로 하여 법인을 처벌하므로 책임주의원칙에 반하지 아니한다(헌재 2010.7.29. 2009헌가25). [해 답] ⑤

2. 일사부재리의 원칙 또는 이중처벌금지의 원칙에 관한 설명 중 옳지 않은 것은? (다툼이 있는 경우 판례에 의함)

① 헌법 제13조 제1항 후단에 규정된 일사부재리 또는 이중처벌금지의 원칙에 있어서 처벌이라고 함은 원칙적으로 범죄에 대한 국가의 형벌권 실행으로서의 과벌을 의미할 뿐만 아니라 국가가 행하는 일체의 제재나 불이익처분이 모두 그에 포함된다고 할 수 있다.

② 공무원 또는 공무원이었던 자의 범죄행위에 대하여 형벌을 과하는 외에 다시 공무원연금을 제한하는 것은 헌법이 금지하고 있는 이중처벌은 아니다.

③ 이중처벌금지의 원칙은 처벌 또는 제재가 '동일한 행위'를 대상으로 행해질 때에 적용될 수 있는 것이고, 그 대상이 동일한 행위인지의 여부는 기본적 사실관계가 동일한지 여부에 의하여 가려야 한다.

④ 직위해제처분이 공무원에 대한 불이익한 처분이긴 하나 징계처분과 같은 성질의 처분이라 할 수 없으므로, 동일한 사유로 직위해제 처분을 하고 다시 감봉처분을 하였다 하여 일사부재리원칙에 위배된다 할 수 없다.

⑤ 주취 중 운전 금지규정을 2회 이상 위반한 사람이 다시 이를 위반한 때에는 운전면허를 필요적으로 취소하도록 규정하고 있는 도로교통법 제93조 제1항 단서 제2호 중 "제44조 제1항을 2회 이상 위반한 사람이 다시 동조 제1항의 규정을 위반하여 운전면허 정지사유에 해당한 때" 부분은 이중처벌금지원칙에 위배되지 않는다.

해설 ① (x) 헌법 제13조 제1항 후단에 규정된 일사부재리 또는 이중처벌금지의 원칙에 있어서 처벌이라고 함은 원칙적으로 **범죄에 대한 국가의 형벌권 실행으로서의 과벌**을 의미하는 것이고 국가가 행하는 일체의 제재나 불이익처분이 모두 그에 포함된다고는 할 수 없으므로 이 사건 법률조항에 의하여 급여를 제한한다고 하더라도 그것이 헌법이 금하고 있는 이중적인 처벌에 해당하는 것은 아니라고 할 것이다(헌재 2002.7.18. 2000헌바57).

② (o) 헌재 2002.7.18. 2000헌바57.

③ (o) 헌재 2011.10.25. 2009헌바140; 건축법을 위반한 건축주 등이 건축 허가권자로부터 위반건축물의 철거 등 시정명령을 받고도 그 이행을 하지 않는 경우 건축법 위반자에 대하여 시정명령 이행시까지 반복적으로 이행강제금을 부과할 수 있도록 규정한 건축법(2008.3.21. 법률 제8974호로 개정된 것) 제80조 제1항 및 제4항은 과잉금지의 원칙 또는 이중처벌금지의 원칙에 위배되지 않는다(헌재 2011.10.25. 2009헌바140).

④ (o) 대법원 1983.10.25. 83누184.

⑤ (o) 헌재 2010.3.25. 2009헌바83; **이중처벌금지의 원칙은** 한번 판결이 확정되면 동일한 사건에 대해서는 다시 심판할 수 없다는 **'일사부재리의 원칙'이 국가형벌권의 기속원리로 헌법상 선언된 것으로서**, 동일한 범죄행위에 대하여 국가가 형벌권을 거듭 행사할 수 없도록 함으로써 국민의 기본권 특히 신체의 자유를 보장하기 위한 것이다(헌재 2010.3.25. 2009헌바83).

[해 답] ①

3. 헌법 제13조 제3항에 규정된 친족의 행위로 인한 불이익처분의 금지(연좌제의 금지)에 관한 설명 중 옳지 않은 것은? (다툼이 있는 경우 판례에 의함)

① 헌법 제13조 제3항은 '친족의 행위와 본인 간에 실질적으로 의미 있는 아무런 관련성을 인정할 수 없음에도 불구하고 오로지 친족이라는 사유 그 자체만으로' 불이익한 처우를 가하는 경우에만 적용된다.

② 공직선거 후보자의 회계책임자가 300만 원 이상의 벌금형을 선고 받은 경우 후보자의 당선을 무효로 하는 법적 효과를 채택하고 있는 공직선거법상의 법률조항은 헌법 제13조 제3항의 규범적 구성요건에 해당하지 아니한다.

③ 1980년 헌법개정시에 처음으로 규정된 헌법 제13조 제3항은 남북분단이라는 특수한 시대적 상황으로 말미암아 그 무렵까지 여전히 잔존하던 전근대적인 연좌(緣坐)의 사회적 병폐를 해소하겠다는 데에 있었다.

④ 배우자가 죄를 저질렀다는 이유만으로 공직선거 후보자에게 불이익을 주는 것이 아니라, 후보자와 불가분의 선거운명공동체를 형성하여 활동하게 마련인 배우자의 실질적 지위와 역할을 근거로 후보자에게 연대책임을 부여한 것이므로, 배우자의 중대 선거범죄를 이유로 후보자의 당선을 무효로 하는 공직선거및선거부정방지법 제265조 본문은 헌법 제13조 제3항에서 금지하고 있는 연좌제에 해당하

지 아니한다.

⑤ '일제강점하 반민족행위 진상규명에 관한 특별법' 제2조 제6호 내지 제9호의 행위를 한 자를, 재산이 국가에 귀속되는 대상인 친일반민족행위자로 보는 귀속조항은 친일반민족행위자 후손의 재산 중 그 후손 자신의 경제적 활동으로 취득하게 된 재산이라든가 친일재산 이외의 상속재산 등을 단지 그 선조가 친일행위를 했다는 이유만으로 국가로 귀속시키는 것이므로 연좌제금지원칙에 반한다.

해설

① (o) 헌재 2010.3.25. 2009헌마170.

② (o) 헌재 2010.3.25. 2009헌마170; 헌법 제13조 제3항은 '친족의 행위와 본인 간에 실질적으로 의미 있는 아무런 관련성을 인정할 수 없음에도 불구하고 오로지 친족이라는 사유 그 자체만으로' 불이익한 처우를 가하는 경우에만 적용되기 때문이다. 따라서 친족이 회계책임자의 신분을 갖고 있는 경우는 별론으로 하고, 원칙적으로 회계책임자가 친족이 아닌 이상, 이 사건 법률조항은 적어도 헌법 제13조 제3항의 규범적 실질내용에 위배될 수는 없는 것이다(헌재 2010.3.25. 2009헌마170).

③ (o) 헌재 2005.12.22. 2005헌마19.

④ (o) 헌재 2005.12.22. 2005헌마19.

⑤ (x) 이 사건 귀속조항이 친일반민족행위자 후손의 재산 중 그 후손 자신의 경제적 활동으로 취득하게 된 재산이라든가 친일재산 이외의 상속재산 등을 단지 그 선조가 친일행위를 했다는 이유만으로 국가로 귀속시키는 것은 아니므로, 연좌제금지원칙에 반한다고 할 수 없다(헌재 2011.3.31. 2008헌바141). [해 답] ⑤

4. 영장주의에 관한 설명 중 옳지 않은 것은? (다툼이 있는 경우 판례에 의함)

① 헌법 제12조 제3항은 "… 구속 … 을 할 때에는 … 검사의 신청에 의하여 법관이 발부한 영장을 제시하여야 한다"라고 규정하고 있는데, 위 조항은 공판 전 수사단계이든 공판단계이든 불문하고 구속영장의 발부에는 반드시 검사의 신청행위가 있어야 한다는 것이다.

② 영장주의란 형사절차와 관련하여 체포·구속·압수 등의 강제처분을 함에 있어서는 사법권 독립에 의하여 그 신분이 보장되는 법관이 발부한 영장에 의하지 않으면 아니된다는 원칙이다.

③ 특별검사가 참고인에게 지정된 장소까지 동행할 것을 명령할 수 있게 하고, 참고인이 정당한 이유 없이 위 동행명령을 거부한 경우 천만 원 이하의 벌금형에 처하도록 하는 동행명령조항에 관한 규정을 둔 (특별검사의 임명 등에 관한)법률은 영장주의에 위배되어 위헌이다.

④ 검사가 공소제기 후 형사소송법 제215조에 따라 수소법원 이외의 지방법원 판사에게 청구하여 발부받은 영장에 의하여 압수·수색을 하였다면, 그와 같이 수집된 증거는 기본적 인권 보장을 위해 마련된 적법한 절차에 따르지 않은 것으로서 원칙적으로 유죄의 증거로 삼을 수 없다.

⑤ 행정상 즉시강제는 상대방의 임의이행을 기다릴 시간적 여유가 없을 때 하명 없이 바로 실력을 행사하는 것이므로 원칙적으로 영장주의가 적용되지 않는다.

해설

① (x) 현행 헌법 제12조 제3항 중 "검사의 신청"이라는 부분의 취지도 모든 영장의 발부에 검사의 신청이 필요하다는 것이 아니라 **수사단계에서 영장의 발부를 신청할 수 있는 자를 검사로 한정**한 것으로 해석함이 타당하다. 즉, 수사단계에서 영장신청을 함에 있어서는 반드시 법률전문가인 검사를 거치도록 함으로써 다른 수사기관의 무분별한 영장 신청을 막아 국민의 기본권을 침해할 가능성을 줄이고자 함에 그 취지가 있는 것이다(헌재 1997.3.27. 96헌바28).

② (o) 헌재 1997.3.27. 96헌바28.

③ (o) 헌재 2008.1.10. 2007헌마1468; 참고인에 대한 동행명령제도는 참고인의 신체의 자유를 사실상 억압하여 일정 장소로 인치하는 것과 실질적으로 같으므로 헌법 제12조 제3항이 정한 영장주의원칙이 적용되어야 한다. 그럼에도 불구하고 **법관이 아닌 특별검사가 동행명령장을 발부하도록 하고 정당한 사유 없이 이를 거부한 경우 벌금형에 처하도록 함으로써**, 실질적으로는 참고인의 신체의 자유를 침해하여 지정된 장소에 인치하는 것과 마찬가지의 결과가 나타나도록 규정한 이 사건 동행명령조항은 영장주의원칙을 규정한 헌법 제12조 제3항에 위반되거나 적어도 위 헌법상 원칙을 잠탈하는 것이다(헌재 2008.1.10. 2007헌마1468).

④ (o) 일단 공소가 제기된 후에는 피고사건에 관하여 검사로서는 형사소송법 제215조에 의하여 압수·수색을 할 수 없다고 보아야 하며, 그럼에도 검사가 공소제기 후 형사소송법 제215조에 따라 수소법원 이외의 지방법원 판사에게 청구하여 발부받은 영장에 의하여 압수·수색을 하였다면, 그와 같이 수집된 증거는 **기본적 인권 보장을 위해 마련된 적법한 절차에 따르지 않은 것**으로서 원칙적으로 유죄의 증거로 삼을 수 없다(대법원 2011.4.28. 2009도10412).

⑤ (o) 행정상 즉시강제는 상대방의 임의이행을 기다릴 시간적 여유가 없을 때 하명 없이 바로 실력을 행사하는 것으로서, 그 본질상 급박성을 요건으로 하고 있어 법관의 영장을 기다려서는 그 목적을 달성할 수 없다고 할 것이므로, 원칙적으로 영장주의가 적용되지 않는다고 보아야 할 것이다. 만일 어떤 법률조항이 영장주의를 배제할 만한 합리적인 이유가 없을 정도로 급박성이 인정되지 아니함에도 행정상 즉시강제를 인정하고 있다면, 이러한 법률조항은 이미 그 자체로 과잉금지의 원칙에 위반되는 것으로서 위헌이라고 할 것이다(헌재 2002.10 31. 2000헌가12).

[해 답] ①

5. 적법절차원리에 관한 설명 중 옳지 않은 것을 모두 고른 것은? (다툼이 있는 경우 판례에 의함)

> ㉠ 헌법 제12조 제1항 및 제3항에 규정된 적법절차의 원칙은 절차의 적법성뿐만 아니라 절차의 적정성까지 보장되어야 한다는 뜻으로 이해된다.
> ㉡ 헌법재판소는 적법절차의 원칙의 적용범위를 형사소송절차에 국한하지 않고 모든 국가작용에 대하여 문제된 법률의 실체적 내용이 합리성과 정당성을 갖추고 있는지 여부를 판단하는 기준으로 적용된다고 판시함으로써, 행정절차에도 적법절차의 원칙이 적용됨을 명백히 하고 있다.
> ㉢ 현행 헌법에서 제12조 제1항의 처벌, 보안처분, 강제노역 등 및 제12조 제3항의 영장주의와 관련하여 각각 적법절차의 원칙을 규정하고 있는데, 이는 그 대상을 한정적으로 열거하고 있는 것이며, 그 적용대상을 예시한 것이라고 해석하지 않는 것이 통설이다.
> ㉣ 헌법상 적법절차원리는 신체의 자유에 한정되는 원리가 아니라 입법, 행정, 사법, 헌법재판 등 모든 공권력행사에 적용되는 헌법원리이다.
> ㉤ 과징금 부과절차에서 통지, 의견진술의 기회 부여 등을 통하여 당사자의 절차적 참여권을 인정하고 있으며, 행정소송을 통한 사법적 사후심사가 보장되어 있는 점을 고려할 때, 과징금 부과 절차에 있어 적법절차원칙에 위반되거나 사법권을 법원에 둔 권력분립의 원칙에 위반된다고 볼 수 없다.
> ㉥ 헌법상 적법절차의 원칙은 모든 국가작용을 지배하는 독자적인 헌법의 기본원리로서 해석되어야 할 원칙이라는 점에서 입법권의 유보적 한계를 선언하는 헌법 제37조 제2항의 과잉입법금지의 원칙과 동일한 것이라 할 수 있다.

① ㉠, ㉣　② ㉡, ㉤　③ ㉢, ㉥
④ ㉣, ㉥　⑤ ㉢, ㉤

해설

㉠ (o) 헌재 1993.7.29. 90헌바35; 형식적인 절차뿐만 아니라 실체적 법률내용이 합리성과 정당성을 갖춘 것이어야 한다는 실질적인 의미로 확대 해석되고 있다(헌재 1992.12.24. 92헌가8).

㉡ (o) 헌재 2007.4.26. 2006헌바10; 적법절차의 원칙은 헌법조항에 규정된 형사절차상의 제한된 범위 내에서만 적용되는 것이 아니라 국가작용으로서 **기본권제한과 관련되든 관련되지 않든** 모든 입법작용 및 행정작용에도 광범위하게 적용된다고 해석하여야 할 것이고, 나아가 형사소송절차와 관련시켜 적용함에 있어서는 형벌권의 실행절차인 형사소송의 전반을 규율하는 기본원리로 이해하여야 하는 것이다. 더구나 형사소송절차에 있어서 신체의 자유를 제한하는 법률과 관련시켜 적용함에 있어서는 법률에 따른 형벌권의 행사라고 할지라도 신체

의 자유의 본질적인 내용을 침해하지 않아야 할 뿐 아니라 **비례의 원칙이나 과잉입법금지의 원칙에 반하지 아니하는 한도 내에서만 그 적정성과 합헌성이 인정**될 수 있음을 특히 강조하고 있는 것으로 해석하여야 할 것이다(헌재 1992.12.24. 92헌가8).

㉢ (x) 현행 헌법에서는 제12조 제1항의 처벌, 보안처분, 강제노역 등 및 제12조 제3항의 영장주의와 관련하여 각각 적법절차의 원칙을 규정하고 있지만 이는 그 대상을 한정적으로 열거하고 있는 것이 아니라 그 적용대상을 **예시한 것에 불과하다**고 해석하는 것이 우리의 통설적 견해이다. 다만 현행 헌법상 규정된 적법절차의 원칙을 어떻게 해석할 것인가에 대하여 표현의 차이는 있지만 대체적으로 **적법절차의 원칙이 독자적인 헌법원리의 하나로 수용**되고 있으며 이는 형식적인 절차뿐만 아니라 실체적 법률내용이 합리성과 정당성을 갖춘 것이어야 한다는 실질적 의미로 확대 해석하고 있다(헌재1992.12.24. 92헌가8).

㉣ (o) 적법절차원리는 공권력에 의한 국민의 생명·자유·재산의 침해는 반드시 합리적이고 정당한 법률에 의하여 정당한 절차를 밟은 경우에만 유효하다는 원리를 말한다. 1987년 제9차 개정한 현행 헌법에서 처음으로 영미법계의 국가에서 국민의 인권을 보장하기 위한 기본원리의 하나로 발달되어 온 적법절차의 원칙을 도입하여 헌법에 명문화 한 것이다.

㉤ (o) 헌재 2003.7.24. 2001헌가25.

㉥ (x) 현행 헌법상 적법절차의 원칙을 위와 같이 법률이 정한 절차와 그 실체적인 내용이 합리성과 정당성을 갖춘 적정한 것이어야 한다는 것으로 이해한다면, 그 법률이 기본권의 제한입법에 해당하는 한 **헌법 제37조 제2항의 일반적 법률유보조항의 해석상 요구되는 기본권 제한 법률의 정당성 요건과 개념상 중복되는 것으로 볼 수도 있을 것**이나, 현행 헌법이 명문화하고 있는 적법절차의 원칙은 단순히 입법권의 유보제한이라는 한정적인 의미에 그치는 것이 아니라 모든 국가작용을 지배하는 **독자적인 헌법의 기본원리로서 해석되어야 할 원칙**이라는 점에서 **입법권의 유보적 한계를 선언하는 과잉입법금지의 원칙과는 구별**된다고 할 것이다(헌재 1992.12.24. 92헌가8).

[해 답] ③

6. 변호인의 조력을 받을 권리에 관한 설명 중 옳지 않은 것을 모두 고른 것은? (다툼이 있는 경우 판례에 의함)

㉠ 형사피의자에 대해서 국선변호인제도를 규정하지 않고 있는 입법부작위는 헌법소원심판의 대상이 될 수 없다.

㉡ 변호인과의 자유로운 접견은 신체구속을 당한 사람에게 보장된 변호인의 조력을 받을 권리의 가장 중요한 내용이어서 국가안전보장·질서유지 또는 공공복리 등 어떠한 명분으로도 제한될 수 있는 성질의 것이 아니므로, 미결수용자와 변호인과의 접견에 대해서는 어떠한 제한도 할 수 없다.

㉢ 사법경찰관은 피의자신문을 받는 단계에 있는 피의자가 제출하는 국선변호인 선정신청서를 법원에 제출하여야 할 의무를 인정할 관계 법령의 근거는 없다.

㉣ 미결수용자 또는 변호인이 원하는 특정한 시점에 접견이 이루어지지 못하였다 하더라도 그것만으로 곧바로 변호인의 조력을 받을 권리가 침해되었다고 단정할 수는

없다.
ⓜ 법원의 열람·등사 허용 결정에도 불구하고 검사가 이를 신속하게 이행하지 아니하는 경우에는 해당 증인 및 서류 등을 증거로 신청할 수 없는 불이익을 받는 것에 그치는 것이 아니라, 그러한 검사의 거부행위는 피고인의 열람·등사권을 침해하고, 나아가 피고인의 신속·공정한 재판을 받을 권리 및 변호인의 조력을 받을 권리까지 침해하게 되는 것이다.
ⓑ 형사소송법 제243조에서 피의자신문시 의무적으로 참여하여야 하는 자를 규정하고 있는데, 이 조항에는 변호인을 포함시키지 않았고, 그 밖에 변호인의 참여를 적극적으로 보장하거나 허용하는 규정을 두고 있지 않으므로, 피의자의 구속 여부를 불문하고 수사기관이 피의자신문시 변호인을 참여하게 해야 할 의무를 부담하는 것은 아니다.
ⓢ 형사절차가 종료되어 교정시설에 수용중인 수형자도 원칙적으로 변호인의 조력을 받을 권리의 주체가 될 수 있다.

① ㉠, ㉤, ㉥ ② ㉡, ㉥, ㉦ ③ ㉢, ㉣, ㉥
④ ㉡, ㉢, ㉦ ⑤ ㉤, ㉥, ㉦

해설

㉠ (o) 헌법 제12조 제4항은 "누구든지 체포 또는 구속을 당한 때에는 즉시 변호인의 조력을 받을 권리를 가진다. 다만, **형사피고인**이 스스로 변호인을 구할 수 없을 때에는 법률이 정하는 바에 의하여 국가가 변호인을 붙인다"고 규정하고 있어 **형사피의자의 국선변호인에 관하여는 아무런 입법위임을 하지 않았고**, 헌법의 다른 조항들을 살펴보아도 형사피의자를 위한 국선변호인에 관하여 헌법이 명시적인 입법위임을 하지 않았음은 명백하다. 나아가 다른 헌법조항 전부를 해석해 보아도 **국가가 형사피의자를 위한 국선변호인제도를 입법하여야 할 헌법적 의무가 있다고 볼 수는 없다**(헌재 2008.7.1. 2008헌마428). 2007. 6.1. 개정 형사소송법 제201조의2 제8항은 '구속영장심문을 받는 피의자에게 변호인이 없는 때에는 지방법원판사는 직권으로 변호인을 선정하여야 한다'고 하여 **피의자에게 국선변호인을 선정하도록 하였다**.

㉡ (x) 어떠한 명분으로도 제한할 수 없다고 한 것은 구속된 자와 변호인 간의 접견이 실제로 이루어지는 경우에 있어서의 **'자유로운 접견'**, 즉 **'대화내용에 대하여 비밀이 완전히 보장되고 어떠한 제한, 영향, 압력 또는 부당한 간섭 없이 자유롭게 대화할 수 있는 접견'을 제한할 수 없다**는 것이지(헌재 1992.1.28. 91헌마111), 변호인과의 접견 자체에 대해 아무런 제한도 가할 수 없다는 것을 의미하는 것이 아니다.
변호인의 조력을 받을 권리의 내용 중 하나인 미결수용자의 변호인 접견권 역시 국가안전보장·질서유지 또는 공공복리를 위해 필요한 경우에는 법률로써 제한될 수 있음은 당연하다(헌재 2011.5.26. 2009헌마341).

㉢ (o) 일반적으로 형사사건에 있어 **변호인의 조력을 받을 권리는 피의자나 피고인을 불문하고 보장**되나, 그 중 특히 **국선변호인의 조력을 받을 권리는 피고인에게만 인정**되는 것으로 해석

함이 상당하다 할 것이고(헌재 2004.9.23. 2000헌마138), 사법경찰관이 피의자가 제출하는 국선변호인 선임신청서를 법원에 제출할 의무가 있다고 볼 헌법상의 근거도 없다. 뿐만 아니라 형사소송법 제33조, 제201조의2 제9항, 제214조의2 제9항은 일정한 피고인 또는 피의자심문을 받거나 **체포·구속적부심사를 청구한 피의자에 대하여 국선변호인을 선정할 것을 규정하고 있을 뿐**이고, 관계 법령을 살펴보아도 사법경찰관이 그로부터 피의자신문을 받는 단계에 있는 피의자가 제출하는 국선변호인 선정신청서를 법원에 제출하여야 할 의무를 인정할 근거도 없다(헌재 2008.9.25. 2007헌마1126).

㉣ (o) **변호인의 조력을 받을 권리가 침해되었다고 하기 위해서는** 접견이 불허된 특정한 시점을 전후한 수사 또는 재판의 진행 경과에 비추어 보아, **그 시점에 접견이 불허됨으로써 피의자 또는 피고인의 방어권 행사에 어느 정도는 불이익이 초래되었다고 인정할 수 있어야만 하며,** 그 시점을 전후한 변호인 접견의 상황이나 수사 또는 재판의 진행 과정에 비추어 미결수용자가 방어권을 행사하기 위해 변호인의 조력을 받을 기회가 충분히 보장되었다고 인정될 수 있는 경우에는, 비록 미결수용자 또는 그 상대방인 변호인이 원하는 특정 시점에는 접견이 이루어지지 못하였다 하더라도 변호인의 조력을 받을 권리가 침해되었다고 할 수 없다(헌재 2011.5.26. 2009헌마341).

㉤ (o) 헌재 2010.6.24. 2009헌마257; 변호인의 수사서류 열람·등사권은 피고인의 신속·공정한 재판을 받을 권리 및 변호인의 조력을 받을 권리라는 헌법상 기본권의 중요한 내용이자 구성요소이며 이를 실현하는 구체적인 수단이 된다. 따라서 변호인의 수사서류 열람·등사를 제한함으로 인하여 결과적으로 피고인의 신속·공정한 재판을 받을 권리 또는 변호인의 충분한 조력을 받을 권리가 침해된다면 이는 헌법에 위반되는 것이다(헌재 2010.6.24. 2009헌마257).

㉥ (x) 불구속 피의자나 피고인의 경우 형사소송법상 특별한 명문의 규정이 없더라도 스스로 선임한 변호인의 조력을 받기 위하여 **변호인을 옆에 두고 조언과 상담을 구하는 것은 수사절차의 개시에서부터 재판절차의 종료에 이르기까지 언제나 가능하다.** 따라서 불구속 피의자가 피의자신문시 변호인을 대동하여 신문과정에서 조언과 상담을 구하는 것은 신문과정에서 필요할 때마다 퇴거하여 변호인으로부터 조언과 상담을 구하는 번거로움을 피하기 위한 것으로서 불구속 피의자가 피의자신문장소를 이탈하여(예컨대, 변호인 사무실에 찾아가) 변호인의 조언과 상담을 구하는 것과 본질적으로 아무런 차이가 없다. 그렇다면, **불구속 피의자가 피의자신문시 조언과 상담을 구하기 위하여 자신의 변호인을 대동하기를 원한다면, 수사기관은 특별한 사정이 없는 한 이를 거부할 수 없다**고 할 것이다(헌재 2004.9.23. 2000헌마138). 2007.6.1. 형사소송법 제243조의2를 신설하여 '검사 또는 사법경찰관은 피의자 또는 그 변호인·법정대리인·배우자·직계친족·형제자매의 신청에 따라 변호인을 피의자와 접견하게 하거나 정당한 사유가 없는 한 피의자에 대한 신문에 참여하게 하여야 한다'고 규정하여 **수사기관의 피의자신문절차에서의 변호인참여요구권을 인정하게 되었다.**

㉦ (x) 형사절차가 종료되어 교정시설에 수용중인 수형자는 원칙적으로 변호인의 조력을 받을 권리의 주체가 될 수 없다. 다만, 수형자의 경우에도 재심절차 등에는 변호인 선임을 위한 일반적인 교통·통신이 보장될 수도 있겠으나, 기록에 의하면 청구인은 교도소 내에서의 처우를 왜곡하여 외부인과 연계, 교도소내의 질서를 해칠 목적으로 변호사에게 이 사건 서신을 발송하려는 것이므로 이와 같은 경우에는 변호인의 조력을 받을 권리가 보장되는 경우에 해당한다고 할 수 없다(헌재 1998.8.27. 96헌마398). [해 답] ②

7. 무죄추정의 원칙에 관한 설명 중 옳지 않은 것은? (다툼이 있는 경우 판례에 의함)

① 무죄추정의 원칙은 증거법에 국한된 원칙이 아니라 수사절차에서 공판절차에 이르기까지 형사절차의 전과정을 지배하는 지도원리로서 인신의 구속 자체를 제한하는 원리로 작용한다.

② 헌법상 무죄추정의 원칙은 형사재판에 있어서 유죄의 판결이 확정될 때까지 피의자나 피고인은 원칙적으로 죄가 없는 자로 다루어져야 하고, 그 불이익은 필요최소한에 그쳐야 한다는 것을 의미한다.

③ 헌법재판소는 불구속수사, 불구속재판은 무죄추정원칙의 내용에 해당된다고 판시하고 있다.

④ 헌법재판소는 무죄추정의 원칙이 제도적으로 표현된 것으로는, 공판절차의 입증단계에서 거증책임을 검사에게 부담시키는 제도, 보석 및 구속적부심 등 인신구속의 제한을 위한 제도, 그리고 피의자 및 피고인에 대한 부당한 대우 금지 등을 들고 있다.

⑤ 지방자치단체의 장이 불구속상태에서 금고 이상의 형을 선고받고 그 형이 확정되지 아니한 경우 부단체장이 그 권한을 대행하도록 규정하였더라도 무죄추정의 원칙에 위배되는 것은 아니다.

해설

① (o) 헌재 2003.11.27. 2002헌마193.

② (o) 헌재 2009.6.25. 2007헌바25; 공소가 제기된 형사피고인에게 무죄추정의 원칙이 적용되는 이상, 아직 공소제기조차 되지 아니한 형사피의자에게 무죄추정의 원칙이 적용되는 것은 너무도 당연한 일이다(헌재 1992.1.28. 91헌마111).

③ (o) 신체의 자유를 최대한으로 보장하려는 헌법정신 특히 **무죄추정의 원칙으로 인하여 수사와 재판은 원칙적으로 불구속상태에서 이루어져야** 한다. 그러므로 구속은 구속 이외의 방법에 의하여서는 범죄에 대한 효과적인 투쟁이 불가능하여 형사소송의 목적을 달성할 수 없다고 인정되는 예외적인 경우에 한하여 최후의 수단으로만 사용되어야 하며 구속수사 또는 구속재판이 허용될 경우라도 그 구속기간은 가능한 한 최소한에 그쳐야 한다(헌재 2003.11.27. 2002헌마193). 이처럼 신체의 자유를 규정한 헌법 제12조와 무죄추정의 원칙을 규정한 헌법 제27조 제4항의 정신에 비추어 당연하게 해석되어 온 일반원칙은, 2007.6.1. 법률 제8435호로 개정된 형사소송법 제198조 제1항이 "피의자에 대한 수사는 불구속 상태에서 함을 원칙으로 한다."라고 불구속수사의 원칙을 천명함으로써 입법화되었다(헌재 2009.6.25. 2007헌바25).

④ (o) 헌재 2001.11.29. 2001헌바41.

⑤ (x) 이 사건 법률조항은 '금고 이상의 형이 선고되었다'는 사실 자체에 주민의 신뢰가 훼손되고 자치단체장으로서 직무의 전념성이 해쳐질 것이라는 부정적 의미를 부여한 후, 그러한 **판결이 선고되었다는 사실만을 유일한 요건으로 하여**, 형이 확정될 때까지의 불확정한 기간동안 자치단체장으로서의 직무를 정지시키는 불이익을 가하고 있으며, 그와 같이 불이익을 가함

에 있어 필요최소한에 그치도록 엄격한 요건을 설정하지도 않았으므로, 무죄추정의 원칙에 위배된다(헌재 2010.9.2. 2010헌마418).

반면, 지방자치단체의 장이 **'공소 제기된 후 구금상태에 있는 경우' 부단체장이 그 권한을 대행**하도록 규정한 지방자치법 제111조 제1항 제2호에서 규정하는 직무정지는 '범죄사실의 인정 또는 유죄의 인정에서 비롯되는 불이익'이라거나 '유죄를 근거로 하는 사회윤리적 비난'이라고 볼 수 없으므로, 무죄추정의 원칙에 위배되지 않는다 할 것이다(헌재 2011.4.28. 2010헌마474).

[해 답] ⑤

8. 다음 사안과 관련된 설명 중 옳지 않은 것을 모두 고른 것은? (다툼이 있는 경우 판례에 의함)

청구인은 2009.6.1. A구치소에 미결수용되었다가 법원에서 징역 2년을 선고받고 위 판결은 2009.10.9. 확정되었다. 청구인은 2009.11.30. ○○교도소로 이감되었으며, 2011.5.25. 형의 집행을 종료하여 출소하였다. 청구인은, 피청구인 A구치소장이 2009.6.1.부터 2009.10.8.까지 A구치소 내에서 실시하는 종교의식 또는 행사에 미결수용자인 청구인의 참석을 금지한 행위가 청구인의 종교의 자유 등 기본권을 침해하였다고 주장하면서, 2009.9.14. 헌법소원심판을 청구하였다. 한편 A구치소에서는 미결수용자로서 사건에 서로 관련이 있는 사람은 분리수용하고 서로 간의 접촉을 금지하여 공모를 통한 범죄의 증거인멸을 방지할 필요가 있고, A구치소의 종교행사 장소가 매우 협소하다는 등의 이유로 수형자 및 노역장 유치자에 대하여만 종교행사 등에의 참석을 허용하고 미결수용자에 대하여는 일괄적으로 종교행사 등에의 참석을 금지하여 왔다.

㉠ 수용 시설 내의 안전과 질서를 유지하기 위하여 이들 기본권의 일부 제한이 불가피하다 하더라도 그 본질적인 내용을 침해하거나, 목적의 정당성, 방법의 적정성, 피해의 최소성 및 법익의 균형성 등을 의미하는 과잉금지의 원칙에 위배되어서는 안 되는 것이다.

㉡ 이 사건 종교행사 등 참석불허 처우는 행정소송의 대상이 된다고 단정하기 어렵기 때문에 청구인으로서는 헌법소원청구를 하는 외에 달리 효과적인 구제방법이 있다고 할 수 없다.

㉢ 피청구인은 청구인이 수형자의 신분이 된 2009.10.9. 이후에는 종교행사 등에의 참석을 허용한 바 있고, 청구인은 2011.5.25. 형의 집행을 종료하여 출소하였다. 따라서 청구인의 이 사건 종교행사 등 참석불허 처우에 관하여 심판을 구할 청구인의 주관적인 권리보호이익은 더 이상 존재하지 않기 때문에 헌법소원심판청구는 부적법하다.

㉣ 무죄추정의 원칙이 적용되는 미결수용자들에 대한 기본권 제한은 징역형 등의 선고를 받아 그 형이 확정된 수형자의 경우와는 달리 더 완화되어야 할 것이며, 이들의

권리는 가능한 한 더욱 보호됨이 바람직하다.
ⓜ 미결수용자에게 종교행사 참석을 제한하는 것은 교정시설의 여건 및 수용관리의 적정성을 기하기 위한 것으로서 목적이 정당하고, 그 목적을 달성하기 위한 적정한 수단이며, 현실적인 여건상 일부 수용자에 대하여만 제한하는 것이므로 최소한의 제한에 해당되므로, 이 사건 종교행사 등 참석불허 처우는 종교의 자유를 침해하지 아니한다.
ⓑ 구치소장이 수용자의 거실에 폐쇄회로 텔레비전(CCTV)을 설치하여 계호한 행위는 과잉금지원칙을 위배하여 청구인의 사생활의 비밀 및 자유를 침해하였다고는 볼 수 없다.

① ㉠, ㉢　　② ㉤, ㉥　　③ ㉢, ㉤
④ ㉡, ㉤　　⑤ ㉢, ㉣

해설
㉠ (o) 헌재 1997.3.27. 95헌가17.
㉡ (o) 헌법소원은 다른 법률에 구제절차가 있는 경우에는 그 절차를 모두 거친 후에 심판청구를 하여야 하는바(헌법재판소법 68① 단서; 보충성), 이 사건 종교행사 등 참석불허 처우는 이른바 **권력적 사실행위에 해당하므로 행정소송의 대상이 된다고 단정하기 어렵고**, 가사 행정소송의 대상이 된다고 하더라도 이미 종료된 행위로서 소의 이익이 부정되어 각하될 가능성이 많은바, 청구인에게 그에 의한 권리구제절차를 밟을 것을 기대하기는 곤란하므로 보충성 원칙의 예외로서 헌법소원의 제기가 가능하다. '형의 집행 및 수용자의 처우에 관한 법률' 제116조의 소장면담이나 같은 법률 제117조의 청원 제도는 처리기관이나 절차 및 효력 면에서 권리구제절차로서는 불충분하고 우회적인 제도여서 헌법소원에 앞서 반드시 거쳐야 하는 사전구제절차라고 보기 어려우므로, 청구인으로서는 헌법소원청구를 하는 외에 달리 효과적인 구제방법이 있다고 할 수 없다(헌재 2006.7.27. 2005헌마277).
㉢ (x) 비록 이 사건 종교행사 등 참석불허 처우 자체는 종료되었고 청구인은 형의 집행을 종료하여 출소하였지만, 현재에도 피청구인은 과실범을 제외한 대다수 **미결수용자에 대하여 종교행사 등에의 참석을 금지**하고 있어 이 사건 종교행사 등 참석불허 처우와 동종 또는 유사한 처우로 인한 기본권 침해행위가 상당기간 반복적으로 행하여질 것이 예상되고, 이에 대한 헌법적 해명이 이루어진 바도 없어 그 헌법적 해명이 헌법질서의 수호·유지를 위해 중대한 의미를 가지므로 심판의 이익을 인정할 수 있다(헌재 2011.12.29. 2009헌마527). 다만, 이 사안에 관하여 이미 헌법적 해명이 있었다면 권리보호이익이 부정될 수 있다.
㉣ (o) 헌재 2001.7.19. 2000헌마546.
㉤ (x) 피청구인이 수용자 중 **미결수용자에 대하여만 일률적으로 종교행사 등에의 참석을 불허한 것**은 미결수용자의 종교의 자유를 나머지 수용자의 종교의 자유보다 더욱 엄격하게 제한한 것이다. 나아가 공범 등이 없는 경우 내지 공범 등이 있는 경우라도 공범이나 동일사건 관련자를 분리하여 종교행사 등에의 참석을 허용하는 등의 방법으로 미결수용자의 기본권을 덜 침해하는 수단이 존재함에도 불구하고 이를 전혀 고려하지 아니하였으므로 이 사건 종교

행사 등 참석불허 처우는 침해의 최소성 요건을 충족하였다고 보기 어렵다. 그리고, 이 사건 종교행사 등 참석불허 처우로 얻어질 공익의 정도가 무죄추정의 원칙이 적용되는 미결수용자들이 종교행사 등에 참석을 하지 못함으로써 입게 되는 종교의 자유의 제한이라는 불이익에 비하여 결코 크다고 단정하기 어려우므로 법익의 균형성 요건 또한 충족하였다고 할 수 없다. 따라서, **이 사건 종교행사 등 참석불허 처우는 과잉금지원칙을 위반**하여 청구인의 종교의 자유를 침해하였다(헌재 2011.12.29. 2009헌마527).

ⓗ (o) 헌재 2011.9.29. 2010헌마413; CCTV 계호행위는, 자살·자해 등 교정사고의 위험성이 높은 수형자를 효율적으로 감시하여 **교정사고를 방지하고 수용질서를 유지하기 위하여 필요한 것이라고 하더라도**, 수형자의 일거수·일투족을 24시간 지속적으로 감시하고 녹화함으로써 수형자 개인의 사생활 비밀 및 자유를 제한하는 것이므로, 헌법 제37조 제2항에 따라 **필요한 경우에 한하여 최소한도로 실시**되어야 한다(헌재 2008.5.29. 2005헌마137). [해 답] ③

12 양심의 자유

1. 양심의 자유에 관한 설명 중 옳지 않은 것은? (다툼이 있는 경우 판례에 의함)

① 구 국가보안법 제10조에서 불고지죄를 규정하고 있는 것은 헌법 제37조 제2항이 정한 과잉금지의 원칙과 기본권의 본질적 내용에 대한 침해금지의 원칙에 위반된 것이라고 볼 수 있다.

② 국가의 법질서나 사회의 도덕률과 갈등을 일으키는 양심은 현실적으로 이러한 법질서나 도덕률에서 벗어나려는 소수의 양심이기 때문에 양심상 결정이 어떠한 종교관·세계관 또는 그 밖의 가치체계에 기초하고 있는지와 관계없이, 모든 내용의 양심상 결정이 양심의 자유에 의하여 보장되어야 한다.

③ 인신보호를 위한 사법절차적 기본권에 속하는 불리한 '진술거부권'과 보도의 자유의 내용에 속하는 '취재원묵비권'은 양심을 지키는 자유의 내용에 속하는 침묵의 자유와는 그 권리의 성격을 달리한다.

④ 사죄광고의 강제는 침묵의 자유의 파생인 양심에 반하는 행위의 강제금지에 저촉되는 것이며, 따라서 우리 헌법이 보호하고자 하는 정신적 기본권의 하나인 양심의 자유의 제약이라고 할 수 있다.

⑤ 입법자는 헌법 제19조의 양심의 자유에 의하여 공익이나 법질서를 저해하지 않는

범위 내에서 법적 의무를 대체하는 다른 가능성이나 법적 의무의 개별적인 면제와 같은 대안을 제시함으로써 양심상의 갈등을 완화해야 할 의무가 있다.

해설 ① (x) 헌법 제19조가 보호하고 있는 양심의 자유는 양심형성의 자유와 양심적 결정의 자유를 포함하는 내심적 자유뿐만 아니라, 양심적 결정을 외부로 표현하고 실현할 수 있는 양심실현의 자유를 포함한다고 할 수 있다. 내심적 자유, 즉 **양심형성의 자유와 양심적 결정의 자유는 내심에 머무르는 한 절대적 자유**라고 할 수 있지만, **양심실현의 자유**는 타인의 기본권이나 다른 헌법적 질서와 저촉되는 경우 헌법 제37조 제2항에 따라 국가안전보장·질서유지 또는 공공복리를 위하여 법률에 의하여 제한될 수 있는 **상대적 자유**라고 할 수 있다. 구 국가보안법 제10조가 규정한 불고지죄가 보호하고자 하는 국가의 존립·안전이라는 법익의 중요성, 범인의 친족에 대한 형사처벌에 있어서의 특례설정 등 제반사정에 비추어 볼 때 구 국가보안법 제10조가 양심의 자유를 제한하고 있다 하더라도 그것이 헌법 제37조 제2항이 정한 과잉금지의 원칙이나 기본권의 본질적 내용에 대한 침해금지의 원칙에 위반된 것이라고 볼 수 없다(헌재 1998.7.16. 96헌바35).

② (o) 헌재 2011.8.30. 2008헌가22.

③ (o) 양심의 자유는 자기양심에 반하는 신념이나 행동을 강요당하지 않고, 자기양심에 따라 행동할 수 있는 양심강제로부터의 자유를 그 내용으로 한다. 구체적으로는 '양심형성 및 결정의 자유', '양심을 지키는 자유', '양심실현의 자유'로 나눌 수 있다. 양심을 언어에 의하여 표명하도록 강요당하지 않는 자유를 침묵의 자유라고 말하고, 양심을 일정한 행동에 의해 간접적으로 표명하도록 강요되지 않는 자유를 '양심추지의 금지'라고 한다(허영).

헌법상 보장되는 양심의 자유는 우리 헌법이 실현하고자 하는 가치의 핵이라고 할 '인간의 존엄과 가치'와 직결되는 기본권이다(헌재 2011.8.30. 2008헌가22). 양심의 자유의 본질적 내용인 내심의 자유는 자연권이며, 절대적 기본권에 해당된다. 따라서 양심의 자유에서의 양심은 국회의원(헌법 46②), 법관(헌법 103)이나 헌법재판관(헌법재판소법 4)에게 보장하는 직업적 양심과는 구별된다(성낙인).

④ (o) 헌재 1991.4.1. 89헌마160; 법인의 경우라면 그 대표자에게 양심표명의 강제를 요구하는 결과가 된다(헌재 1991.4.1. 89헌마160).

⑤ (o) 입법자는 양심의 자유와 국가안보라는 법익의 갈등관계를 해소하고 양 법익을 공존시킬 수 있는 방안이 있는지, 국가안보라는 공익의 실현을 확보하면서도 병역거부자의 양심을 보호할 수 있는 대안이 있는지, 우리 사회가 이제는 양심적 병역거부자에 대하여 이해와 관용을 보일 정도로 성숙한 사회가 되었는지에 관하여 진지하게 검토하여야 할 것이며, 설사 대체복무제를 도입하지 않기로 하더라도, 법 적용기관이 양심우호적 법 적용을 통하여 양심을 보호하는 조치를 취할 수 있도록 하는 방향으로 입법을 보완할 것인지에 관하여 숙고하여야 한다(헌재 2004.8.26. 2002헌가1).

[해 답] ①

13 종교의 자유

1. 종교의 자유에 관한 설명 중 옳지 않은 것을 모두 고른 것은? (다툼이 있는 경우 판례에 의함)

> ㉠ 종교법인·종교시설·성직자 등 종교의 자유의 행사와 관련된 행위에 대한 조세나 부담금의 면제 등 각종 우대조치는 정책목표달성이 필요한 경우에 요건을 엄격히 하여 극히 한정된 범위에서 예외적으로만 허용되어야 한다.
> ㉡ 추첨에 의하여 신입생을 배정함으로써 특정 종교학교에 진학하도록 하는 것은 특정 종교학교를 회피할 수 있는 학부모의 종교학교 선택권을 제한하는 것이므로 위헌이라 할 수 있다.
> ㉢ 공무원은 소속 상관이 종교중립에 위배되는 직무상 명령을 한 경우에는 이에 따르지 아니할 수 있다.
> ㉣ 종교의 자유에는 자기가 신봉하는 종교를 선전하고 새로운 신자를 규합하기 위한 선교의 자유가 포함되고, 선교의 자유에는 다른 종교를 비판하거나 다른 종교의 신자에 대하여 개종을 권고하는 자유도 포함된다.
> ㉤ 종립학교가 특정 종교의 교리를 전파하는 종파적인 종교행사와 종교과목 수업을 실시하면서 참가 거부가 사실상 불가능한 분위기를 조성하는 등 신앙을 갖지 않거나 학교와 다른 신앙을 가진 학생들의 기본권을 고려하지 않은 것은 학생의 종교에 관한 인격적 법익을 침해하는 위법한 행위이다.
> ㉥ 국가가 오로지 종교만을 이유로 일반적이고 중립적인 법률에 따른 의무를 평등하게 면제하거나 부과하는 입법을 하는 것은 "국교는 인정되지 아니하며, 종교와 정치는 분리된다"는 헌법 제20조 제2항에 위배되는 것은 아니다.

① ㉠, ㉢　　② ㉡, ㉣　　③ ㉢, ㉤
④ ㉣, ㉥　　⑤ ㉡, ㉥

해설 ㉠ (o) 종교법인·종교시설·성직자 등 종교의 자유의 행사와 관련된 행위에 대한 조세나 부담금의 면제 등 각종 우대조치는 특정한 집단의 부담을 다른 일반 국민의 부담으로 떠넘기는 결과를 가져와 평등원칙과 배치되는 점이 있으므로, 특히 정책목표달성이 필요한 경우에 요건을 엄격히 하여 극히 한정된 범위에서 예외적으로만 허용되어야 한다(헌재 2000.1.27. 98헌바6). 헌법 제20조 제1항이 보장하고 있는 종교의 자유는 국민을 종교와 관련된 공권력의 강제와 개입으로부터 보호하지만, 이로부터 종교를 이유로 국민이 일반적으로 적용되는 조세나 부담금을 부과하는 법률적용의 면제 등 적극적인 우대조치를 요구할 권리가 직접 도출된다거나 적극적인 우대조치를 할 국가의 의무가 발생하는 것은 아니다(헌재 2010.2.25. 2007헌바131).

㉡ (x) 교육감 추첨에 의한 입학전형에서는 학교분포와 통학거리 등을 고려하여 학생들을 인근 학교에 갈 수 있도록 하는 것이 가장 합리적이고 보편적인 방법이며, 초·중등교육법시행령에서는 학생과 학부모의 학교 선택권에 대한 제한을 완화하기 위하여 선복수지원·후추첨방식과 같은 여러 보완책을 두고 있으므로, 이 사건 조항으로 인하여 학부모의 '사립학교 선택권'이나 종교교육을 위한 학교 선택권이 과도하게 제한된다고 보기도 어렵다(헌재 2009.4.30. 2005헌마514).

㉢ (o) 공무원은 종교에 따른 차별 없이 직무를 수행하여야 한다(국가공무원법 59의2①). 공무원은 소속 상관이 제1항에 위배되는 직무상 명령을 한 경우에는 이에 따르지 아니할 수 있다(국가공무원법 59의2②).

㉣ (o) 대법원 1996.9.6. 96다19246; 특정 교회와 소속 목사의 교리에 이단성이 있다는 내용의 광고를 게재하고 같은 내용의 보고서 등을 작성·배포한 행위가 종교적 비판의 표현행위로서 위법성이 없다고 한 사례(대법원 2010.9.9. 2008다84236).

㉤ (o) 대법원 2010.4.22. 2008다38288.

㉥ (x) 헌법 제20조 제2항은 "국교는 인정되지 아니하며, 종교와 정치는 분리된다"라고 규정하고 있다. 국가가 오로지 종교만을 이유로 일반적이고 중립적인 법률에 따른 의무를 면제하거나 부과하는 입법을 한다면, 그러한 법률의 주요한 효과는 종교를 장려하거나 금지하는 것이 될 것이어서, 헌법 제20조 제2항과 배치된다. **모든 종교를 동등하게 보호하거나 우대하는 조치**도 무종교의 자유를 고려하면 헌법이 규정하고 있는 종교와 정치의 분리원칙에 어긋난다(헌재 2010.2.25. 2007헌바131).

[해 답] ⑤

14 학문의 자유

1. 학문의 자유에 관한 설명 중 옳지 않은 것은? (다툼이 있는 경우 판례에 의함)

① 학문연구의 자유는 절대적 기본권으로 어떤 법률의 규제를 받음이 없이 연구주제와 그 방법을 선정하여 연구할 수 있다.

② 학문의 자유의 주체는 자연인이 기본적이라 하겠지만, 성질상 허용되는 범위 내에서는 한국연구재단과 같은 법인이나 단체도 그 주체가 될 수 있다.

③ 연구논문이 비록 학문적인 연구물의 외형을 지니고 있고 피고인이 북한문제와 통일문제를 연구하는 학자이자 교수라는 점을 감안하더라도, 그 수록 내용이 현재 우리 사회에서 보편적으로 받아들여지는 객관적, 역사적 진실에 반하는 극단적 경향성과 편파성을 띠고 있고 이를 전파하려는 데 그 주된 목적이 있는 것으로 볼 수 있는 경우에는 학문의 자유의 범위 내에 있지 않다고 할 수 있다.

④ 진리탐구의 자유는 신앙의 자유·양심의 자유처럼 절대적인 자유라고 할 수 있으나, 탐구한 결과에 대한 발표의 자유 내지 가르치는 자유는 표현의 자유와도 밀접한 관련이 있는 것으로서 경우에 따라 헌법 제21조 제4항은 물론 제37조 제2항에 따른 제약이 있을 수 있다.

⑤ 진리탐구의 과정과는 무관하게 단순히 기존의 지식을 전달하거나 인격을 형성하는 것을 목적으로 하는 교육은 학문의 자유의 보호영역이 아니라 교육에 관한 기본권(헌법 제31조)의 보호영역에 속한다고 할 수 있다.

해설

① (x) 연구의 자유는 기본적으로 절대적 기본권에 해당되지만, 인간배아복제를 위한 연구는 실정법상 금지되고 있다. 생명윤리 및 안전에 관한 법률 제11조는 '누구든지 체세포복제배아를 자궁에 착상시켜서는 아니되며, 착상된 상태를 유지하거나 출산하여서는 아니된다'고 규정하고 있다.

② (o) 헌법재판소는 **서울대학교가 학문의 자유와 대학의 자율권이라고 하는 기본권의 주체**라고 판시한 바 있다(헌재 1992.10.1. 92헌마68). 반면, **학교법인은 사립학교만을 설치·경영함을 목적으로 하는 법인**인 만큼 사립학교의 교원이나 교수들과 달리 법인자체가 학문활동이나 예술활동을 하는 것으로 볼 수는 없다(헌재 2001.1.18. 99헌바63)고 하여 사립학교법인은 학문의 자유의 주체가 아니라는 취지의 판례도 있다.

③ (o) 대학교수인 피고인이 북한문제와 통일문제를 연구하는 학자로서 순수한 학문적인 동기와 목적 아래 위 논문 등을 제작·반포하거나 발표하였다고 볼 수 없을 뿐만 아니라, 피고인이 반국가단체로서의 북한의 활동을 찬양·고무·선전 또는 이에 동조할 목적 아래 위 논문 등을 제작·반포하거나 발표한 것이어서 그것이 헌법이 보장하는 학문의 자유의 범위 내에 있지 않다고 본 원심판단을 수긍한 사례(대법원 2010.12.9. 2007도10121).

④ (o) 헌재 1992.11.12. 89헌마88; 헌법 제22조는 "모든 국민은 학문과 예술의 자유를 가진다. 저작자·발명가·과학기술자와 예술가의 권리는 법률로서 보호한다"고 규정하고 있는데, 위 헌법의 규정에 의하여 (중학교 교사인)청구인은 중학교 국어과목에 대한 연구의 자유를 당연히 가지며(이미 청구인이 해 온 바와 같이) 중학교 국어교과에 관하여 연구의 과제·대상·방법을 자유로이 선정할 수 있음은 물론, 연구한 결과를 책자로서 자유로이 발간할 수도 있는 것이다. 현행의 중학교 국어교과서 국정제도는 청구인이 헌법상 가지는 이러한 학문의 자유를 향유하는 데 있어서 아무런 장애가 되지 않는다(헌재 1992.11.12. 89헌마88).

⑤ (o) 헌재 2003.9.25. 2001헌마814; 따라서 초등교사로서 갖추어야 할 기본적인 지식 및 자

질을 함양하는 데에 주된 초점이 있는 교육대학교의 교육과정은 학문의 자유와는 직접적 관련이 있다고 보기 어렵고, 설사 교육대학교 학생에게 학문의 자유의 주체성을 인정한다고 하더라도, 이 사건(중등교사자격자들 중 교육대학교 3학년에 특별편입학시킬 대상자를 선발하기 위한 시험) 공고들에 따른 편입학은 비록 재학생들에게 다소 수강환경의 불편을 초래할 수는 있을지언정 진리의 탐구와 관련된 활동 그 자체를 방해하는 것은 아니라고 할 것이므로, 이 사건 공고들이 청구인들의 학문의 자유를 침해한다고 볼 것은 아니다(헌재 2003.9.25. 2001헌마814).

[해 답] ①

2. 대학의 자유에 관한 설명 중 옳지 않은 것을 모두 고른 것은? (다툼이 있는 경우 판례에 의함)

㉠ 헌법이 대학의 자율성을 보장하고 있는 것은 대학에 대한 공권력 등 외부세력의 간섭을 배제하고 대학구성원 자신이 대학을 자주적으로 운영할 수 있도록 함으로써 대학인으로 하여금 연구와 교육을 자유롭게 하여 진리탐구와 지도적 인격의 도야라는 대학의 기능을 충분히 발휘할 수 있도록 하기 위한 것이다.

㉡ 교수에 대한 재임용 거부사유 및 그 사전절차, 부당한 재임용 거부에 대하여 다툴 수 있는 사후의 구제절차에 관하여 아무런 규정을 두지 않는 법률조항은 헌법상의 교원지위법정주의에 위반된다.

㉢ 교육의 자주성이나 대학의 자율성은 헌법 제22조 제1항이 보장하고 있는 학문의 자유의 확실한 보장수단으로 꼭 필요한 것으로서 이는 대학에게 부여된 헌법상의 기본권이다.

㉣ 국립대학에서 대학의 장 후보자 추천을 위한 직접 선거를 할 경우에 그 선거관리를 공정하게 하기 위하여 해당 대학은 '그 소재지를 관할하는 선거관리위원회법에 의한 구·시·군선거관리위원회에 위탁하여야 한다'는 교육공무원법(2005.5.31. 법률 제7537호로 개정된 것) 제24조의3은 대학의 자율성에 반하는 위헌규정이다.

㉤ 대학의 자율은 대학시설의 관리·운영만이 아니라 학사관리 등 전반적인 것이라야 하므로 입학시험 제도도 자주적으로 마련될 수 있어야 한다.

㉥ 대학의 자율성은 그 보호영역이 원칙적으로 당해 대학 자체의 계속적 존립에까지 미치기 때문에 국가가 법률에 의하여 국립대학의 폐교를 결정하는 것은 대학의 자율성을 침해하는 것에 해당된다.

① ㉢, ㉣　② ㉡, ㉤　③ ㉠, ㉥
④ ㉣, ㉥　⑤ ㉤, ㉥

해설

㉠ (o) 헌재 1992.10.1. 92헌마68.

㉡ (o) 객관적인 기준의 재임용 거부사유와 재임용에서 탈락하게 되는 교원이 자신의 입장을 진술할 수 있는 기회 그리고 재임용거부를 사전에 통지하는 규정 등이 없으며, 나아가 재임용이 거부되었을 경우 사후에 그에 대해 다툴 수 있는 제도적 장치를 전혀 마련하지 않고 있는 이 사건 법률조항(구 사립학교법 제53조의2 제3항)은, 현대사회에서 대학교육이 갖는 중요한 기능과 그 교육을 담당하고 있는 대학교원의 신분의 부당한 박탈에 대한 최소한의 보호요청에 비추어 볼 때 헌법 제31조 제6항에서 정하고 있는 교원지위법정주의에 위반된다고 볼 수밖에 없다(헌재 2003.2.27. 2000헌바26).

㉢ (o) 헌재 1992.10.1. 92헌마68; 대학의 자치의 주체를 기본적으로 대학으로 본다고 하더라도 교수나 교수회의 주체성이 부정된다고 볼 수는 없고, 가령 학문의 자유를 침해하는 대학의 장에 대한 관계에서는 교수나 교수회가 주체가 될 수 있고, 또한 국가에 의한 침해에 있어서는 대학 자체 외에도 대학 전 구성원이 자율성을 갖는 경우도 있을 것이므로 문제되는 경우에 따라서 대학, 교수, 교수회 모두가 단독, 혹은 중첩적으로 주체가 될 수 있다고 보아야 할 것이다(헌재 2006.4.27. 2005헌마1047).

㉣ (x) 국가의 예산과 공무원이라는 인적조직에 의하여 운용되는 국립대학에서 선거관리를 공정하게 하기 위하여 중립적 기구인 선거관리위원회에 선거관리를 위탁하는 것은 선거의 공정성을 확보하기 위한 적절한 방법인 점(등)을 고려하면, 교육공무원법 제24조의3 제1항이 매우 자의적인 것으로서 합리적인 입법한계를 일탈하였거나 대학의 자율의 본질적인 부분을 침해하였다고 볼 수 없다(헌재 2006.4.27. 2005헌마1047).

㉤ (o) 대학의 자율은 대학시설의 관리·운영만이 아니라 학사관리 등 전반적인 것이라야 하므로 연구와 교육의 내용, 그 방법과 그 대상, 교과과정의 편성, 학생의 선발, 학생의 전형도 자율의 범위에 속해야 하고 따라서 입학시험 제도도 자주적으로 마련될 수 있어야 한다(헌재 1992.10.1. 92헌마68).

㉥ (x) **대학의 자율성은 그 보호영역이 원칙적으로 당해 대학 자체의 계속적 존립에까지 미치는 것은 아니다.** 즉, 이러한 자율성은 법률의 목적에 의해서 세무대학이 수행해야 할 과제의 범위 내에서만 인정되는 것으로서, 세무대학의 설립과 폐교가 국가의 합리적인 고도의 정책적 결단 그 자체에 의존하고 있는 이상 세무대학의 계속적 존립과 과제수행을 자율성의 한 내용으로 요구할 수는 없다고 할 것이다. 따라서 이 사건 폐지법에 의해서 세무대학을 폐교한다고 해서 세무대학의 자율성이 침해되는 것은 아니다(헌재 2001.2.22. 99헌마613).

[해 답] ④

15 예술의 자유

1. 다음 사례에 관한 설명 중 옳지 않은 것은? (다툼이 있는 경우 판례에 의함)

> 청구인은 (주)○○○ 운영의 이동전화망 내 이동통신서비스에 음란한 화상 또는 영상을 배포·공연히 전시하였다는 이유로 '구 정보통신망 이용촉진 및 정보보호 등에 관한 법률' 제65조 제1항 제2호 위반으로 기소되어 ○○지방법원 2005고정○○○호로 형사재판 계속중 위 조항에 대하여 위헌법률심판제청 신청을 하였으나 기각되자 헌법소원심판을 청구하였다.

① 청구인이 헌법소원 제기 후 위 사건에서 음란성을 인정할 증거가 없다는 이유로 무죄판결을 선고받아 확정되었다면, 재판의 전제성이 인정되지 아니하여 헌법소원심판 청구는 부적법하다.

② "음란"이란 사회의 건전한 성도덕을 크게 해칠 뿐만 아니라 사상의 경쟁메커니즘에 의해서도 그 해악이 해소되기 어려워 언론·출판의 자유에 의한 보장을 받지 않는 반면, "저속"은 이러한 정도에 이르지 않는 성표현 등을 의미하는 것으로서 헌법적인 보호영역 안에 있다.

③ "음란"이란 사회통념상 일반 보통인의 성욕을 자극하여 성적 흥분을 유발하고 정상적인 성적 수치심을 해하여 성적 도의관념에 반하는 것으로서, 표현물을 전체적으로 관찰·평가해 볼 때 사회통념에 비추어 전적으로 또는 지배적으로 성적 흥미에만 호소하고 하등의 문학적·예술적·사상적·과학적·의학적·교육적 가치를 지니지 아니하는 것을 뜻한다.

④ 음란성의 유무는 그 행위 자체로서 객관적으로 판단해야 할 것이고, 그 행위자의 주관적인 의사에 따라 좌우되는 것은 아니다.

⑤ 입법목적, 입법연혁, 법규범의 체계적 구조 등을 고려한 합리적인 해석기준을 통하여 어떠한 행위가 '음란'한 것인지를 판단할 수 있는 이상 보다 구체적인 입법이 가능하다는 이유만으로 곧바로 명확성의 원칙에 위반된다고 할 수는 없다.

해설 ① (o) 헌법소원심판 청구가 적법하기 위해서는 당해 사건에 적용될 법률이 헌법에 위반되는지 여부가 재판의 전제가 되어야 하는바, 재판의 전제가 된다는 것은 그 법률이 당해 사건에 적용될 법률이어야 하고 그 위헌 여부에 따라 재판의 주문이 달라지거나 재판의 내용과 효력에 관한 법률적 의미가 달라지는 것을 말한다(헌재 1995.7.21. 93헌바46). 그런데 헌법재판소법 제68조 제2항에 의한 헌법소원심판 청구인이 당해사건인 형사사건에서 **무죄의 확정판결을 받은 때에는 처벌조항의 위헌확인을 구하는 헌법소원이 인용되더라도 재심을 청구할 수 없고,** 청구인에 대한 무죄판결은 종국적으로 다툴 수 없게 되므로 법률의 위헌 여부에 따라 당해 사건 재판의 주문이 달라지거나 재판의 내용과 효력에 관한 법률적 의미가 달라지는 경우에 해당한다고 볼 수 없으므로 더 이상 재판의 전제성이 인정되지 아니하는 것으로 보아야 한다(헌재 2009.5.28. 2006헌바109).

② (x) 헌재 1998.4.30. 95헌가16; 헌법재판소는 그 후 음란표현 역시 언론·출판의 자유의 보호영역에 포함된다고 판시하여 이를 부정하였던 종전의 입장을 변경하였다. 음란표현이 언론·출판의 자유의 보호영역에 해당하지 아니한다고 해석할 경우 음란표현에 대하여는 언론·출판의 자유의 제한에 대한 헌법상의 기본원칙, 예컨대 명확성의 원칙, 검열 금지의 원칙 등에 입각한 합헌성 심사를 하지 못하게 될 뿐만 아니라, 기본권 제한에 대한 헌법상의 기본원칙, 예컨대 법률에 의한 제한, 본질적 내용의 침해 금지 원칙 등도 적용하기 어렵게 되는 결과, 모든 음란표현에 대하여 사전 검열을 받도록 하고 이를 받지 않은 경우 형사처벌을 하거나, 유통목적이 없는 음란물의 단순소지를 금지하거나, 법률에 의하지 아니하고 음란물 출판에 대한 불이익을 부과하는 행위 등에 대한 합헌성 심사도 하지 못하게 됨으로써, 결국 음란표현에 대한 최소한의 헌법상 보호마저도 부인하게 될 위험성이 농후하게 된다는 점을 간과할 수 없다. 이 사건 법률조항의 **음란표현은 헌법 제21조가 규정하는 언론·출판의 자유의 보호영역 내에 있다**고 볼 것인바, 종전에 이와 견해를 달리하여 음란표현은 헌법 제21조가 규정하는 언론·출판의 자유의 보호영역에 해당하지 아니한다는 취지로 판시한 우리 재판소의 의견(헌재 1998.4.30. 95헌가16)을 변경한다(헌재 2009.5.28. 2006헌바109).

③ (o) 대법원은 '음란' 개념에 대하여 "사회통념상 일반 보통인의 성욕을 자극하여 성적 흥분을 유발하고 정상적인 성적 수치심을 해하여 성적 도의관념에 반하는 것으로서, 표현물을 전체적으로 관찰·평가해 볼 때 단순히 저속하다거나 문란한 느낌을 준다는 정도를 넘어서서 존중·보호되어야 할 인격을 갖춘 존재인 사람의 존엄성과 가치를 심각하게 훼손·왜곡하였다고 평가할 수 있을 정도로 노골적인 방법에 의하여 성적 부위나 행위를 적나라하게 표현 또는 묘사한 것으로서, 사회통념에 비추어 전적으로 또는 지배적으로 성적 흥미에만 호소하고 하등의 문학적·예술적·사상적·과학적·의학적·교육적 가치를 지니지 아니하는 것을 뜻한다고 볼 것"이라고 판시하고 있다(대법원 2008.3.13. 2006도3558).

④ (o) 연극 공연행위의 음란성의 유무는 그 **공연행위 자체로서 객관적으로 판단해야 할 것**이고, 그 행위자의 주관적인 의사에 따라 좌우되는 것은 아니라고 할 것인바, 비록 피고인이 위 행위들의 음란성을 인식하지 못하였다고 하더라도 객관적으로 음란하다고 인정되는 위 행위들을 공연히 하고 있다는 것을 인식하고 있으면 되고 그 이상 더 나아가서 위 행위들이 음란한 것인가 아닌가를 인식할 필요는 없다고 할 것이다(대법원 1996.6.11. 96도980).

⑤ (o) 헌재 2000.2.24. 99헌가4.

[해 답] ②

16 언론·출판의 자유

1. 언론·출판의 자유에 관한 설명 중 옳지 않은 것을 모두 고른 것은? (다툼이 있는 경우 판례에 의함)

> ㉠ 언론·출판의 자유에 대하여 검열을 수단으로 한 제한은 헌법 제37조 제2항에 따라 제정된 법률로써만 허용된다.
> ㉡ 인격권으로서의 개인의 명예의 보호(헌법 제9조 후단)와 표현의 자유의 보장(헌법 제20조 제1항)이라는 두 법익이 충돌하였을 때 그 조정을 어떻게 할 것인지는 구체적인 경우에 사회적인 여러 가지 이익을 비교하여 표현의 자유로 얻어지는 이익, 가치와 인격권의 보호에 의하여 달성되는 가치를 형량하여 그 규제의 폭과 방법을 정해야 할 것이다.
> ㉢ 언론·출판의 자유도 국가안전보장·질서유지 또는 공공복리를 위하여 필요한 경우에는 법률에 의하여 제한할 수 있다. 그러니 이 경우에도 헌법 제37조 제2항에서 정한 기본권제한 입법의 한계인 과잉금지의 원칙은 지켜져야 할 것이다.
> ㉣ 언론의 자유는 바로 민주국가의 존립과 발전을 위한 기초가 되기 때문에 특히 우월적인 지위를 지니고 있는 것이 현대 헌법의 한 특징이다.
> ㉤ 언론·출판의 자유는 그 성질상 개인뿐만 아니라 언론기관과 같은 법인이나 권리능력 없는 사단도 누릴 수 있는 권리에 해당된다.
> ㉥ 교도소에 복역 중인 수용자가 문학작품의 창작을 위한 집필행위는 문자를 통한 모든 의사표현의 기본 전제가 된다는 점에서 표현의 자유의 보호영역이 아니라 예술의 자유에 속해 있다고 보아야 한다.

① ㉠, ㉥　　② ㉡, ㉤　　③ ㉢, ㉥
④ ㉣, ㉥　　⑤ ㉠, ㉡

해설 ㉠ (x) 헌법 제21조 제2항은 언론·출판에 대한 허가나 검열은 인정되지 아니한다고 규정하여 언론 출판에 대한 검열을 절대적으로 금지하고 있다. 비록 헌법 제37조 제2항이 국민의 자유와 권리를 국가안전보장·질서유지 또는 공공복리를 위하여 필요한 경우에 한하여 법률로써 제한할 수 있도록 규정하고 있다고 하여도 **언론·출판의 자유에**

대하여는 검열을 수단으로 한 제한만은 법률로써도 절대 허용되지 아니 한다고 할 것이다(헌재 1996.10.31. 94헌가6). 검열은 일반적으로 **허가를 받기 위한 표현물의 제출의무, 행정권이 주체가 된 사전심사절차, 허가를 받지 아니한 의사표현의 금지 및 심사절차를 관철할 수 있는 강제수단** 등의 요건을 갖춘 경우에만 이에 해당하는 것이다(헌재 1996.10.4. 93헌가13).

㉡ (o) 대법원 1988.10.11. 85다카29; 표현의 자유와 다른 자유가 충돌할 때 **이익형량의 원칙과 이중기준의 원칙**으로 그 해결을 모색하게 된다. 이중기준의 원칙은 정신적 자유와 경제적 자유가 충돌할 때 정신적 자유의 우월성을 인정하고 있다.

㉢ (o) 따라서 이 사건 법률규정이 언론·출판의 자유를 침해한 것인지의 여부는 이러한 원칙을 준수하고 있는지에 따라 결정될 것이지만, 이 사건의 경우 특히 과잉금지의 원칙의 한 내용을 이루는 **법익의 균형성 내지 법익형량의 기준**이 위헌 여부를 가리는 데 중요한 판단기준이 된다고 할 것이다(헌재 1995.7.21. 92헌마177).

㉣ (o) 헌재 1991.9.16. 89헌마165.

㉤ (o) 언론·출판의 자유는 그 성질상 법인이나 권리능력 없는 사단도 누릴 수 있는 권리이다(헌재 1995.7.21. 92헌마177). 언론·출판의 자유는 국민으로서의 권리일 뿐만 아니라 인간으로서의 권리에 해당되므로 외국인도 그 주체가 될 수 있다.

㉥ (x) 표현의 자유의 보호영역은 일반적으로 의견의 자유 또는 의견형성의 자유와 표현의 자유 그리고 전파의 자유를 포함한다. 일반적으로 표현의 자유는 정보의 전달 또는 전파와 관련지어 생각되므로 구체적인 전달이나 전파의 상대방이 없는 집필의 단계를 표현의 자유의 보호영역에 포함시킬 것인지 의문이 있을 수 있으나, **집필은 문자를 통한 모든 의사표현의 기본 전제가 된다는 점에서 당연히 표현의 자유의 보호영역**에 속해 있다고 보아야 한다(헌재 2005.2.24. 2003헌마289).

[해 답] ①

2. 다음 사례에 관한 설명 중 옳지 않은 것을 고른 것은? (다툼이 있는 경우 판례에 의함)

> 청구인은 2008.4.9. 실시된 제18대 국회의원선거의 선거운동기간 중 인터넷 언론 'ㅇㅇ' 등에 정당·후보자에 대한 지지·반대 의견을 게시하고자 하였으나, 인터넷 언론사들이 선거기간 중이라는 이유 또는 먼저 실명확인 절차를 거치지 아니하였다는 이유로 글의 게시조차 막는 바람에 의견을 게시하지 못하였다.
> 이에 청구인은 구 공직선거법 제82조의6 제1항, 제6항, 제7항이 선거운동기간 중 실명을 확인하지 아니하면 인터넷 언론사의 게시판 등에 의견을 게시할 수 없도록 하여 청구인에게 보장된 헌법 제21조의 표현의 자유 등을 침해하였다며 2008.4.8. 이 사건 헌법소원 심판을 청구하였다.

① 이용자로서는 스스로의 판단에 따라 자신이 게시하려는 글이 지지·반대의 글에 해당하면 실명확인 절차를 거쳐 '실명확인'의 표시가 나타나게 게시하고 그렇지 아니하다고 판단되면 실명확인 절차를 거치지 아니하고 게시하는 것이 가능하다면, 이러한 실명확인을 거치도록 한 제한이 사전검열금지의 원칙에 위배된다고

할 수 없다.

② 전통적으로는 사상 또는 의견의 자유로운 표명(발표의 자유)과 그것을 전파할 자유(전달의 자유)에는 자신의 신원을 누구에게도 밝히지 아니한 채 익명 또는 가명으로 자신의 사상이나 견해를 표명하고 전파할 익명표현의 자유도 그 보호영역에 포함된다.

③ 인터넷 언론사의 공개된 게시판·대화방에서 스스로의 의사에 의하여 정당·후보자에 대한 지지·반대의 글을 게시하는 행위는 정당·후보자에 대한 단순한 의견 등의 표현행위에 불과하지만, 그 과정에서 실명확인 절차의 부담을 지게 하는 것은 양심의 자유나 사생활 비밀의 자유를 제한받는 것이라고 볼 수 있다.

④ 정보통신망의 발달로 선거기간 중 인터넷 언론사의 선거와 관련한 게시판·대화방 등도 정치적 의사를 형성·전파하는 매체로서 역할을 담당하고 있으므로, 의사의 표현·전파의 형식의 하나로 인정되고 따라서 언론·출판의 자유에 의하여 보호된다고 할 것이다.

⑤ 중앙선거관리위원회가 설치·운영하는 인터넷선거 보도심의위원회가 이를 결정·게시하는 이상, 해당 인터넷 언론사가 자신이 실명확인 확인 조치의무를 지는지 여부에 관하여 확신이 없는 상태에 빠지는 경우를 상정할 수 없고, '지지·반대의 글'은 건전한 상식과 통상적인 법감정을 가진 사람이면 자신의 글이 이에 해당하는지를 충분히 알 수 있다고 할 것이므로 명확성의 원칙에 위배된다고 할 수 없다.

해설

① (o) 인터넷 이용자로서는 스스로의 판단에 따라 실명확인 절차를 거치거나 거치지 아니하고 자신의 글을 게시할 수 있으므로 이 사건 법률조항이 사전검열금지의 원칙에 위배된다고도 할 수 없다(헌재 2010.2.25. 2008헌마324).

② (o) 헌재 2010.2.25. 2008헌마324.

③ (x) 인터넷 언론사의 공개된 게시판·대화방에서 스스로의 의사에 의하여 정당·후보자에 대한 지지·반대의 글을 게시하는 행위는 정당·후보자에 대한 단순한 의견 등의 표현행위에 불과하여 **양심의 자유나 사생활 비밀의 자유에 의하여 보호되는 영역이라고 할 수 없으므로,** 그 과정에서 실명확인 절차의 부담을 진다고 하더라도 이를 두고 양심의 자유나 사생활 비밀의 자유를 제한받는 것이라고 볼 수 없어 그 침해 여부에 관하여 더 나아가 판단하지 아니한다(헌재 2010.2.25. 2008헌마324).

④ (o) 헌재 2010.2.25. 2008헌마324.

⑤ (o) 헌재 2010.2.25. 2008헌마324.

[해 답] ③

3. 다음 사례에 관한 설명 중 옳지 않은 것은? (다툼이 있는 경우 판례에 의함)

> (가) 청구인 甲은 2010.1.17. 인터넷 사이트의 게시판에 익명으로 댓글 등을 게시하려고 하였으나, 위 게시판의 운영자가 게시자 본인임을 확인하는 절차를 거쳐야만 게시판에 댓글 등을 게시할 수 있도록 조치를 함으로써 댓글 등을 게시할 수 없었다. 이에 청구인은 인터넷 게시판을 운영하는 정보통신서비스 제공자에게 게시판 이용자가 본인임을 확인할 조치를 취할 의무(본인확인조치의무)를 부과하고 있는 '정보통신망 이용촉진 및 정보보호 등에 관한 법률' 제44조의5 제1항 제2호, 같은 법 시행령 제30조 제1항이 자신들의 표현의 자유 등을 침해한다고 주장하면서 2010.1.25. 이 사건 헌법소원심판을 청구하였다.
>
> (나) 청구인 주식회사 ㅇㅇ(청구인 회사)은 인터넷 언론사를 운영하여 왔는데, 방송통신위원회가 2010.2.2. 위 인터넷 언론사를 2010년도 본인확인조치 의무 대상자로 공시함으로써 2010.4.1.부터 본인확인조치 의무를 부담하게 되었다. 이에 청구인 회사는 정보통신서비스 제공자에 대한 본인확인조치 의무 부과 및 그 위반 시 제재를 규정한 '정보통신망 이용촉진 및 정보보호 등에 관한 법률' 제44조의5 제1항 제2호, 제2항, 제76조 제1항 제6호 및 같은 법 시행령 제29조, 제30조 제1항이 자신의 기본권을 침해한다고 주장하면서 2010.4.20. 이 사건 헌법소원심판을 청구하였다.
>
> **[참고법률]**
>
> **정보통신망 이용촉진 및 정보보호 등에 관한 법률**(2008.6.13. 법률 제9119호로 개정된 것)
>
> **제44조의5(게시판 이용자의 본인 확인)**
>
> ① 다음 각 호의 어느 하나에 해당하는 자가 게시판을 설치·운영하려면 그 게시판 이용자의 본인 확인을 위한 방법 및 절차의 마련 등 대통령령으로 정하는 필요한 조치(이하 "본인확인조치"라 한다)를 하여야 한다.
>
> 2.정보통신서비스 제공자로서 제공하는 정보통신서비스의 유형별 일일 평균 이용자 수가 10만 명이상이면서 대통령령으로 정하는 기준에 해당되는 자

① 이 사건 본인확인제는 게시판 이용자가 게시판에 정보를 게시함에 있어 본인 확인을 위하여 자신의 정보를 게시판 운영자에게 밝히지 않을 수 없도록 함으로써 표현의 자유 중 게시판 이용자가 자신의 신원을 누구에게도 밝히지 아니한 채 익명으로 자신의 사상이나 견해를 표명하고 전파할 익명표현의 자유를 제한한다.

② 본인확인제를 규율하는 이 사건 법령조항들은 정신적 자유의 우월성을 인정하는 이중기준의 원칙 및 명확성의 원칙에 위배되기 때문에 청구인 甲의 표현의 자유, 개인정보자기결정권, 청구인 회사의 언론의 자유 등 기본권을 침해한다.

③ 본인확인제는 정보통신서비스 제공자에게 게시판 이용자의 본인확인 정보를 수

집하여 보관할 의무를 지우고 있기 때문에 본인확인제는 게시판 이용자가 자신의 개인정보에 대한 이용 및 보관에 관하여 스스로 결정할 권리인 개인정보자기결정권을 제한한다.

④ 본인확인제는 게시 글의 내용에 따라 규제를 하는 것이 아니고, 정보통신서비스 제공자의 삭제의무를 규정하고 있지도 않은바, 의견발표 전에 국가기관에 의하여 그 내용을 심사, 선별하여 일정한 사상표현을 저지하는 사전적 내용심사로는 볼 수 없으므로 사전검열금지원칙에 위배된다고 할 수 없다.

⑤ 표현의 자유에 있어 의사표현 또는 전파의 매개체는 어떠한 형태이건 가능하며 그 제한이 없는바, 인터넷 게시판은 인터넷에서 의사를 형성·전파하는 매체로서의 역할을 담당하고 있으므로 의사의 표현·전파 형식의 하나로서 인정된다.

해설

① (o) 헌재 2010.2.25. 2008헌마324; 그러한 게시판 이용자의 표현의 자유에 대한 제한으로 말미암아 게시판 이용자의 자유로운 의사표현을 바탕으로 여론을 형성·전파하려는 정보통신서비스 제공자의 언론의 자유 역시 제한되는 결과가 발생한다(헌재 2010. 2.25. 2008헌마324).

② (x) 본인확인제를 규율하는 이 사건 법령조항들은 본인확인이라는 방법으로 게시판 이용자의 표현의 자유를 사전에 제한하여 의사표현 자체를 위축시키고 그 결과 헌법으로 보호되는 표현까지도 억제함으로써 민주주의의 근간을 이루는 자유로운 여론 형성을 방해하는 것으로서 **과잉금지원칙에 위배하여** 청구인 甲의 표현의 자유, 개인정보자기결정권, 청구인 회사의 언론의 자유 등 기본권을 침해한다(헌재 2012.8.23. 2010헌마47).

③ (o) 헌재 2012.8.23. 2010헌마47.

④ (o) 헌재 2012.8.23. 2010헌마47.

⑤ (o) 헌재 2010.2.25. 2008헌마324.

[해 답] ②

4. 상업광고의 규제에 관한 다음 설명 중 옳지 않은 것은? (다툼이 있는 경우 판례에 의함)

① 광고물도 사상·지식·정보 등을 불특정다수인에게 전파하는 것으로서 언론·출판의 자유에 의한 보호를 받는 대상이 된다.

② 상업광고 규제에 관한 비례의 원칙 심사에 있어서 '입법목적을 달성하기 위하여 필요한 범위 내의 것인지'를 심사하기 보다는 '피해의 최소성' 원칙처럼 같은 목적을 달성하기 위하여 달리 덜 제약적인 수단이 없을 것인지 혹은 입법목적을 달성하기 위하여 필요한 최소한의 제한인지 여부를 엄격하게 심사하는 것이 타당하다.

③ 자유시장 경제에서 소비자에게 상업적 정보가 충분히 보장되어 소비자가 합리적인 결정을 할 수 있도록 하는 것은 표현의 자유의 중요한 과제에 속한다.

④ 입법자가 국민의 표현의 자유와 보건·건강권 모두를 최대한 보장하고, 기본권들 간의 균형을 기하는 차원에서 건강기능식품의 표시·광고에 관한 사전심의절차를 법률로 규정하였다 하여 이를 우리 헌법이 절대적으로 금지하는 사전검열에 해당한다고 보기는 어렵다.

⑤ 행정법상 공무수탁사인인 한국광고자율심의기구가 행하는 방송광고 사전심의는 방송위원회가 위탁이라는 방법에 의해 그 업무의 범위를 확장한 것에 지나지 않는다고 할 것이므로, 한국광고자율심의기구가 행하는 텔레비전 방송광고 사전심의는 행정기관에 의한 사전검열로서 헌법이 금지하는 사전검열에 해당한다.

해설

① (o) 헌재 1998.2.27. 96헌바2.

② (x) 상업광고는 표현의 자유의 보호영역에 속하지만 사상이나 지식에 관한 정치적, 시민적 표현행위와는 차이가 있고, 한편 직업수행의 자유의 보호영역에 속하지만 인격발현과 개성신장에 미치는 효과가 중대한 것은 아니다. 그러므로 상업광고 규제에 관한 비례의 원칙 심사에 있어서 '피해의 최소성' 원칙은 같은 목적을 달성하기 위하여 달리 덜 제약적인 수단이 없을 것인지 혹은 입법목적을 달성하기 위하여 필요한 최소한의 제한인지를 심사하기 보다는 **'입법목적을 달성하기 위하여 필요한 범위 내의 것인지'를 심사하는 정도로 완화되는 것이 상당하다**(헌재 2005.10.27. 2003헌가3).

③ (o) 헌재 2005.10.27. 2003헌가3.

④ (o) 헌재 2010.7.29. 2006헌바75; 광고물도 사상·지식·정보 등을 불특정다수인에게 전파하는 것으로서 언론·출판의 자유에 의한 보호를 받는 대상이 됨은 물론이고(헌재 1998.2.27. 96헌바2), 상업적 광고표현 또한 보호 대상이 되며(헌재 2000.3.30. 99헌마143), 텔레비전 방송광고 역시 그 보호의 대상이 되므로(헌재 2008.6.26. 2005헌마506) 이 사건 건강기능식품 표시·광고 역시 언론·출판의 자유의 보호 대상이 됨은 물론이다(헌재 2010.7.29. 2006헌바75).

⑤ (o) 헌재 2008.6.26. 2005헌마506.

[해 답] ②

5. 언론보도로 인한 피해구제 제도에 관한 설명 중 옳지 않은 것은? (다툼이 있는 경우 판례에 의함)

① 언론, 인터넷 뉴스서비스 및 인터넷 멀티미디어 방송은 타인의 생명, 자유, 신체, 건강, 명예, 사생활의 비밀과 자유, 초상, 성명, 음성, 대화, 저작물 및 사적 문서, 그 밖의 인격적 가치 등에 관한 권리(인격권)를 침해하여서는 아니 된다.

② 언론기관에 의하여 일반적인 인격권이나 사생활의 비밀과 자유를 침해받은 피해자에게 인간의 존엄과 가치 및 사생활의 비밀과 자유권을 보호하기 위하여 신속하고도 적절한 방어의 수단이 주어져야 함이 형평의 원리에 부합한다고 할 것이다.

③ 사실적 주장에 관한 언론보도 등이 진실하지 아니함으로 인하여 피해를 입은 자는 해당 언론보도 등이 있음을 안 날부터 3개월 이내에 언론사, 인터넷 뉴스서비스사업자 및 인터넷 멀티미디어 방송사업자에게 그 언론보도 등의 내용에 관한 정정보도를 청구할 수 있다. 다만, 해당 언론보도 등이 있은 후 6개월이 지났을 때에는 그러하지 아니하다.

④ 허위의 신문보도로 피해를 입었을 때 피해자는 기존의 민·형사상 구제제도로 보호를 받을 수도 있지만, 신문사 측에 고의·과실이 없거나 위법성조각사유가 인정되는 등의 이유로 민사상의 불법행위책임이나 형사책임을 추궁할 수 없는 경우도 있다. 이러한 경우 피해자에 대한 적합한 구제책은 신문사나 신문기자 개인에 대한 책임추궁이 아니라, 문제의 보도가 허위임을 동일한 매체를 통하여 동일한 비중으로 보도·전파하도록 하는 것이다.

⑤ 반론보도청구에는 언론사 등의 고의·과실이나 위법성이 있어야 하며, 보도 내용의 진실 여부와 상관없이 그 청구를 할 수 있다.

해설

① (o) 언론중재 및 피해구제 등에 관한 법률 제5조 제1항; 인격권을 명시적으로 규정하고 있다.

② (o) 헌재 1991.9.16. 89헌마165.

③ (o) 언론중재 및 피해구제 등에 관한 법률 제14조 제1항(정정보도청구권의 요건); 그 외에 사실적 주장에 관한 언론보도 등으로 인하여 피해를 입은 자는 그 보도 내용에 관한 반론보도를 언론사 등에 청구할 수 있는 **반론보도청구권**(동법 16), 언론 등에 의하여 범죄혐의가 있거나 형사상의 조치를 받았다고 보도 또는 공표된 자는 그에 대한 형사절차가 무죄판결 또는 이와 동등한 형태로 종결되었을 때에는 그 사실을 안 날부터 3개월 이내에 언론사 등에 이 사실에 관한 추후보도의 게재를 청구할 수 있는 **추후보도청구권**(동법 17)이 협의의 액세스권으로 인정되고 있다. 1980년 말의 언론기본법은 '정정보도청구권'이란 이름의 규정을 처음으로 두었으며, 이는 1987년의 정간법에도 그대로 계승되었다. 이 정정보도청구권은 문제된 언론보도의 진위 여부를 불문하며, 언론이 스스로 정정하는 것이 아니라 피해자가 작성한 보도문을 무료로 보도할 의무만을 진다는 점에서 서구의 반론권제도를 입법화한 것임에도, '정정보도'라는 용어로 인하여 이 청구권의 성격에 관한 혼선이 있었다. 그러나 대법원과 헌법재판소에 의하여 그 법적 성격은 반론보도청구권으로 정리되었으며(대법원 1986.1.28. 85다카1973; 헌재 1991.9.16. 89헌마165), 이에 따라 1995.12.30. 개정된 정간법에서 그 용어를 종전의 '정정보도청구권'에서 '반론보도청구권'으로 개칭하여 혼란을 해소하였다. 현행 언론중재 및 피해구제 등에 관한 법률은 반론보도청구권을 유지하면서 이와 별도로 새로운 성격의 '정정보도청구권'을 신설하고 있다.

④ (o) 헌재 2006.6.29. 2005헌마165.

⑤ (x) 반론보도청구에는 언론사 등의 **고의·과실이나 위법성을 필요로 하지 아니하며**, 보도 내

용의 진실 여부와 상관없이 그 청구를 할 수 있다(언론중재 및 피해구제 등에 관한 법률 16 ②). 이 점에서 민법상 불법행위로 인한 손해배상청구권과 차이가 있다. [해 답] ⑤

6. 신문의 자유에 관한 설명 중 옳지 않은 것은? (다툼이 있는 경우 판례에 의함)

① 신문의 자유는 개인의 주관적 기본권으로서 보호될 뿐만 아니라, 자유 신문이라는 객관적 제도로서도 보장되고 있다.

② 인터넷 등과 같은 뉴미디어의 출현으로 신문의 영향력이 점차 감소되고 있는 상황에서 신문시장에 대한 독점규제 및 공정거래에 관한 법률의 적용을 받도록 하는 것은 허용될 수 없다.

③ 신문은 본질적으로 자유로워야 하지만, 공정하고 객관적인 보도를 통하여 민주적 여론형성에 기여하고 국민의 알 권리를 충족시켜야 한다는 점에서 자유에 상응하는 공적 기능을 아울러 수행하게 된다.

④ 통신·방송의 시설기준과 신문의 기능을 보장하기 위하여 필요한 사항은 법률로 정한다는 헌법 제21조 제3항은 언론·출판으로 인한 타인의 명예나 권리의 보호를 규정하고 있는 헌법 제21조 제4항과 함께 다원화된 현대 정보산업사회에서 언론·출판이 가지는 사회적 의무와 책임에 관하여 규정한 것이다.

⑤ 언론·출판에 대한 검열금지라 함은 헌법이 보장하고 있는 언론·출판의 자유에 따라 모든 국민은 자유로이 자신의 의사를 표현할 수 있는데, 이러한 의사표현이 외부에 공개되기 이전에 국가기관이 그 내용을 심사하여 특정한 의사표현의 공개를 허가하거나 금지시키는 이른바 사전검열의 금지를 말하고, 헌법상 보호되지 않는 의사표현에 대하여 그 공개 후에 국가기관이 간섭하는 것을 금지하고 있는 것은 아니다.

해설 ① (o) 객관적 제도로서의 '자유 신문'은 신문의 사경제적·사법적(私法的) 조직과 존립의 보장 및 그 논조와 경향, 정치적 색채 또는 세계관에 있어 국가권력의 간섭과 검열을 받지 않는 자유롭고 독립적인 신문의 보장을 내용으로 하는 한편, 자유롭고 다양한 의사형성을 위한 상호 경쟁적인 다수 신문의 존재는 다원주의를 본질로 하는 민주주의 사회에서 필수불가결한 요소가 된다(헌재 2006.6.29. 2005헌마165).

② (x) 신문시장의 건전한 경쟁기능을 보호하기 위하여 국가가 신문기업의 외적 활동에 개입하는 것은 세계 각국에서 보편적으로 인정되고 있다. 우리나라의 법체계에 의하더라도 신문기업은 '사업자'로서 독점규제및공정거래에관한법률의 적용을 받으며(동법 제2조 제1호 참조), 따라서 신문법상 규제규정이 있는지의 여부를 떠나 신문시장에 독과점 또는 기업결합이라는 폐해가 나타날 경우에는 신문시장의 기능을 유지하거나 회복시키기 위한 정부의 관여가 인정되고 있다(헌재 2006.6.29. 2005헌마165).

③ (o) 헌재 2002.7.18. 2001헌마605.
④ (o) 헌재 1998.2.27. 96헌바2.
⑤ (o) 헌재 1992.6.26. 90헌바26; 발행된 정간물을 공보처에 납본하는 것은 그 정간물의 내용을 심사하여 이를 공개 내지 배포하는 데 대한 허가나 금지와는 전혀 관계없는 것으로서 사전검열이라고 볼 수 없다(헌재 1992.6.26. 90헌바26). [해 답] ②

7. 표현의 자유의 제한 중 검열에 관한 설명 중 옳지 않은 것을 모두 고른 것은? (다툼이 있는 경우 판례에 의함)

㉠ 헌법 제21조 제2항에서 언론·출판에 대한 허가나 검열은 인정되지 아니한다고 할 때 검열은 행정권이 주체가 되어 사상이나 의견 등이 발표되기 이전에 예방적 조치로서 그 내용을 심사, 선별하여 발표를 사전에 억제하는, 즉 허가받지 아니한 것의 발표를 금지하는 제도를 뜻한다.
㉡ 법원이 민사소송법 제714조 제2항(1990.1.13. 법률 제4201호로 개정된 것)에 의하여 방송프로그램이 제작, 방영되기 전에 그 방영을 금지하는 방영금지가처분을 하는 것은 헌법상 검열금지의 원칙에 위반된다.
㉢ 검열금지의 원칙은 모든 형태의 사전적인 규제를 금지하는 것이 아니고, 단지 의사표현의 발표 여부가 오로지 행정권의 허가에 달려있는 사전심사만을 금지하는 것을 뜻한다.
㉣ 영화의 상영으로 인한 실정법위반의 가능성을 사전에 막고, 청소년 등에 대한 상영이 부적절할 경우 이를 유통단계에서 효과적으로 관리할 수 있도록 미리 등급을 심사하는 것은 사전검열이 아니다.
㉤ 출판물에 대한 발행·판매 등의 금지는 표현행위에 대한 사전억제에 해당하고, 그 대상이 종교단체에 관한 평가나 비판 등의 표현행위에 관한 것이라고 하더라도 그 표현행위에 대한 사전금지는 절대적으로 허용되어서는 아니 된다.
㉥ 헌법 제21조 제2항의 사전검열은 법률로써도 불가능한 것으로서 절대적으로 금지된다.

① ㉠, ㉡　② ㉡, ㉤　③ ㉢, ㉤
④ ㉤, ㉥　⑤ ㉡, ㉢

해설 ㉠ (o) 헌재 2005.2.3. 2004헌가8; 검열제가 허용될 경우에는 국민의 예술활동의 독창성과 창의성을 침해하여 정신생활에 미치는 위험이 클 뿐만 아니라 행정기관이 집권자에게 불리한 내용의 표현을 사전에 억제함으로써 이른바 관제의견이나 지배자에게 무해한 여론만이 허용되는 결과를 초래할 염려가 있기 때문에 헌법이 직접 그 금지를 규정하고 있는 것이다(헌재 2005.2.3. 2004헌가8).

㉡ (x) 헌법 제21조 제2항에서 규정한 검열 금지의 원칙은 모든 형태의 사전적인 규제를 금지하는 것이 아니고 단지 의사표현의 발표 여부가 오로지 **행정권의 허가에 달려있는 사전심사만을 금지**하는 것을 뜻하므로, 이 사건 법률조항에 의한 방영금지가처분은 행정권에 의한 사전심사나 금지처분이 아니라 개별 당사자 간의 분쟁에 관하여 **사법부가 사법절차에 의하여 심리, 결정하는 것이어서** 헌법에서 금지하는 사전검열에 해당하지 아니한다(헌재 2001.8.30. 2000헌바36).

㉢ (o) 헌재 2005.2.3. 2004헌가8; 검열을 행정기관이 아닌 독립적인 위원회에서 행한다고 하더라도 행정권이 주체가 되어 검열절차를 형성하고 검열기관의 구성에 지속적인 영향을 미칠 수 있는 경우라면 실질적으로 보아 검열기관은 행정기관이라고 보아야 한다. 왜냐하면 그렇게 해석하지 아니한다면 검열기관의 구성은 입법기술의 문제이므로 정부에게 행정관청이 아닌 독립된 위원회의 구성을 통하여 사실상 검열을 하면서도 헌법상 검열금지원칙을 위반하였다는 비난을 면할 수 있는 길을 열어주기 때문이다(헌재 1996.10.4. 93헌가13).

㉣ (o) 헌재 1996.10.4. 93헌가13.

㉤ (x) 표현행위에 대한 사전억제는 표현의 자유를 보장하고 검열을 금지하는 헌법 제21조 제2항의 취지에 비추어 엄격하고 명확한 요건을 갖춘 경우에만 허용된다고 할 것인바, 출판물에 대한 발행·판매 등의 금지는 위와 같은 표현행위에 대한 사전억제에 해당하고, 그 대상이 종교단체에 관한 평가나 비판 등의 표현행위에 관한 것이라고 하더라도 그 표현행위에 대한 사전금지는 원칙적으로 허용되어서는 안 될 것이지만, 다만 그와 같은 경우에도 **그 표현내용이 진실이 아니거나** 그것이 공공의 이해에 관한 사항으로서 **그 목적이 오로지 공공의 이익을 위한 것이 아니며**, 또한 피해자에게 중대하고 현저하게 **회복하기 어려운 손해를 입힐 우려가 있는 경우**에는 그와 같은 표현행위는 그 가치가 피해자의 명예에 우월하지 아니하는 것이 명백하고, 또 그에 대한 유효적절한 구제수단으로서 금지의 필요성도 인정되므로 이러한 실체적인 요건을 갖춘 때에 한하여 **예외적으로 사전금지가 허용된다**(대법원 2005.1.17. 2003마1477).

㉥ (o) 헌재 2001.8.30. 2000헌가9; 언론·출판에 대하여 사전검열이 허용될 경우에는 국민의 예술활동의 독창성과 창의성을 침해하여 정신생활에 미치는 위험이 크고 행정기관이 집권자에게 불리한 내용의 표현을 사전에 억제함으로써 이른바 관제의견이나 지배자에게 무해한 여론만이 허용되는 결과를 초래할 염려가 있기 때문에 헌법이 절대적으로 금지하는 것이다(헌재 2001.8.30. 2000헌가9).

[해 답] ②

8. 언론·출판의 자유의 한계로서의 명예훼손에 관한 설명 중 옳지 않은 것은? (다툼이 있는 경우 판례에 의함)

① 신속한 보도를 생명으로 하는 신문의 속성상 허위를 진실한 것으로 믿고서 한 명예훼손적 표현에 정당성을 인정할 수 있거나, 중요한 내용이 아닌 사소한 부분에 대한 허위보도는 모두 형사제재의 위협으로부터 자유로워야 한다.

② 언론보도로 인한 명예훼손이 문제되는 경우에 당해 표현이 사적인 영역에 속하는

사안에 관한 것인 경우에는 언론의 자유보다 명예의 보호라는 인격권이 우선할 수 있으나, 공공적·사회적인 의미를 가진 사안에 관한 것인 경우에는 언론의 자유에 대한 제한이 완화되어야 한다.

③ 미국 판례는 언론매체의 명예훼손으로 인한 피해자가 공직자 또는 공적 인물인 경우에는 행위자가 현실적 악의를 가지고 명예를 훼손하였음을 피해자가 입증할 때 명예훼손의 책임이 성립된다고 한다(현실적 악의의 이론). 우리 대법원 역시 이 이론을 수용하여 방송 등 언론매체의 명예훼손 행위가 현실적인 악의에 기한 것임을 그 피해자 측에서 입증하여야 한다고 판시하고 있다.

④ 공적 인물의 공적 활동에 관한 명예훼손적 표현이 문제된 경우 형법상 명예훼손죄 규정의 해석기준으로는 형법 제310조 소정의 "오로지 공공의 이익에 관한 때에"라는 요건은 언론의 자유를 보장한다는 관점에서 그 적용범위를 넓혀야 하며, 형법 제309조 소정의 "비방할 목적"은 그 폭을 좁히는 제한된 해석이 필요하다.

⑤ 방송국 프로듀서 등이 방송보도를 통하여 한미 쇠고기 수입 협상의 협상단 대표와 주무부처 장관이 협상을 졸속으로 체결하여 국민을 인간광우병(vCJD) 위험에 빠뜨리게 하였다는 취지로 표현하는 등 공직자의 자질 및 공직수행 자세를 비하하였더라도, 허위사실의 적시로 인정되는 방송보도 내용이 피해자들에 대한 악의적이거나 현저히 상당성을 잃은 공격으로 볼 수 없는 점 등의 사정에 비추어 볼 때 명예훼손의 고의를 인정하기 어렵다.

해설

① (o) 대법원 1996.8.23. 94도3191; 시간과 싸우는 신문보도에 오류를 수반하는 표현은, 사상과 의견에 대한 아무런 제한없는 자유로운 표현을 보장하는 데 따르는 불가피한 결과이고 이러한 표현도 자유토론과 진실확인에 필요한 것이므로 함께 보호되어야 하기 때문이다. 그러나 허위라는 것을 알거나 진실이라고 믿을 수 있는 정당한 이유가 없는데도 진위(眞僞)를 알아보지 않고 게재한 허위보도에 대하여는 면책을 주장할 수 없다(헌재 1999.6.24. 97헌마265).

② (o) 정부 또는 국가기관은 형법상 명예훼손죄의 피해자가 될 수 없으므로, 정부 또는 국가기관의 정책결정 또는 업무수행과 관련된 사항을 주된 내용으로 하는 언론보도로 인하여 그 정책결정이나 업무수행에 관여한 공직자에 대한 사회적 평가가 다소 저하될 수 있더라도, 그 보도의 내용이 **공직자 개인에 대한 악의적이거나 심히 경솔한 공격으로서 현저히 상당성을 잃은 것으로 평가되지 않는 한**, 그 보도로 인하여 곧바로 공직자 개인에 대한 명예훼손이 된다고 할 수 없다(대법원 2011.9.2. 2010도17237).

③ (x) 대법원이 현실적 악의의 이론을 수용하고 있는지 여부는 명확하지 않다. 방송 등 언론매체가 사실을 적시하여 개인의 명예를 훼손하는 행위를 한 경우에도 그것이 공공의 이해에 관한 사항으로서 그 목적이 오로지 공공의 이익을 위한 것일 때에는 적시된 사실이 진실이라는 증명이 있거나 그 증명이 없다 하더라도 행위자가 그것을 진실이라고 믿었고 또 그렇게

믿을 상당한 이유가 있으면 위법성이 없다고 보아야 할 것이나, 그에 대한 **입증책임은 어디까지나 명예훼손 행위를 한 방송 등 언론매체에 있고** 피해자가 공적인 인물이라 하여 방송 등 언론매체의 명예훼손 행위가 현실적인 악의에 기한 것임을 그 피해자 측에서 입증하여야 하는 것은 아니다(대법원 2004.2.27. 2001다53387).

④ (o) 공적 인물의 공적 활동에 관한 명예훼손적 표현이 문제된 경우 형법상 명예훼손죄 규정의 해석기준으로는 **첫째,** 명예훼손적 표현이 진실한 사실이라는 입증이 없어도 행위자가 진실한 것으로 오인하고 행위를 한 경우, 그 오인에 정당한 이유가 있는 때에는 명예훼손죄는 성립되지 않는 것으로 해석하여야 한다. **둘째,** 형법 제310조 소정의 "오로지 공공의 이익에 관한 때에"라는 요건은 언론의 자유를 보장한다는 관점에서 그 적용범위를 넓혀야 한다. **셋째,** 형법 제309조 소정의 "비방할 목적"은 그 폭을 좁히는 제한된 해석이 필요하다. 법관은 엄격한 증거로써 입증이 되는 경우에 한하여 행위자의 비방 목적을 인정하여야 한다(헌재 1999.6.24. 97헌마265).

⑤ (o) 대법원 2011.9.2. 2010도17237. [해 답] ③

9. 언론보도로 인하여 기본권이 침해된 자의 구제에 관한 설명 중 옳지 않은 것을 모두 고른 것은? (다툼이 있는 경우 판례에 의함)

㉠ 사실적 주장에 관한 언론보도 등이 진실하지 아니함으로 인하여 피해를 입은 자(피해자)는 해당 언론보도 등이 있음을 안 날부터 3개월 이내에 언론사, 인터넷 뉴스서비스 사업자 및 인터넷 멀티미디어 방송사업자(언론사 등)에게 그 언론보도 등의 내용에 관한 정정보도를 청구할 수 있다.

㉡ 언론사 등은 사실적 주장에 관한 언론보도 등의 내용에 관한 정정보도를 청구하는 사건에서 고의·과실이나 위법성이 없었음과 함께 그 언론보도 등이 진실하다는 데 대한 증명책임을 부담한다.

㉢ 정정보도청구권은 반론보도청구권이나 민법상 불법행위에 기한 청구권과는 전혀 다른 새로운 성격의 청구권이다.

㉣ 헌법의 수범자이자 기본권의 보호자의 지위에 있는 국가·지방자치단체, 기관 또는 단체의 장은 해당 업무에 대하여 그 기관 또는 단체를 대표하여 반론보도를 청구할 수는 없다.

㉤ 정정보도청구는 사실적 주장에 관한 언론보도가 진실하지 아니한 경우에 허용되므로 그 청구의 당부를 판단하려면 원고가 정정보도청구의 대상으로 삼은 원보도가 사실적 주장에 관한 것인지 단순한 의견표명인지를 먼저 가려보아야 한다.

㉥ 언론기관에 의하여 일반적인 인격권이나 사생활의 비밀과 자유를 침해받은 피해자에게 인간의 존엄과 가치 및 사생활의 비밀과 자유권을 보호하기 위하여 신속하고도 적절한 방어의 수단이 주어져야 함이 형평의 원리에 부합한다고 할 것이다.

① ㉡, ㉣ ② ㉢, ㉤ ③ ㉣, ㉥
④ ㉠, ㉡ ⑤ ㉡, ㉤

해설 ㉠ (o) 언론중재 및 피해구제 등에 관한 법률 제14조 제1항; 다만, 해당 언론보도 등이 있은 후 6개월이 지났을 때에는 그러하지 아니하다.

㉡ (x) 제1항의 청구에는 언론사 등의 고의·과실이나 위법성을 필요로 하지 아니한다(언론중재 및 피해구제 등에 관한 법률 14②). 사실적 주장에 관한 언론보도 등의 내용에 관한 정정보도를 청구하는 **피해자는 그 언론보도 등이 진실하지 아니하다는 데 대한 증명책임을 부담**한다(대법원 2011.9.2. 2009다52649).

㉢ (o) 허위의 신문보도로 피해를 입었을 때 피해자는 기존의 민·형사상 구제제도로 보호를 받을 수도 있지만, 신문사 측에 고의·과실이 없거나 위법성조각사유가 인정되는 등의 이유로 민사상의 불법행위책임이나 형사책임을 추궁할 수 없는 경우도 있다. 이러한 경우 피해자에 대한 적합한 구제책은 신문사나 신문기자 개인에 대한 책임추궁이 아니라, 문제의 보도가 허위임을 동일한 매체를 통하여 동일한 비중으로 보도·전파하도록 하는 것이다. 더욱이 **정정보도청구권은** 그 내용이나 행사방법에 있어 **필요 이상으로 신문의 자유를 제한하고 있지 않다.** 일정한 경우 **정정보도를 거부할 수 있는 사유도 인정**하고 있고, **제소기간도 단기간으로 제한**하고 있으며, **정정보도의 방법도 동일 지면에 동일 크기**로 보도문을 내도록 하여 원래의 보도 이상의 부담을 지우고 있지도 않다(헌재 2006.6.29. 2005헌마165).

㉣ (x) 국가·지방자치단체, 기관 또는 단체의 장은 해당 업무에 대하여 그 기관 또는 단체를 대표하여 정정보도(반론보도청구권·추후보도청구권)를 청구할 수 있다(언론중재 및 피해구제 등에 관한 법률 14③, 16③, 17③).

반론보도청구권은 언론기관이 특정인의 일반적 인격권을 침해한 경우 피해를 받은 개인에게도 신속·적정하게 대등한 방어수단을 마련해 준다고 하는 인격권 보장의 요청과 함께 진실발견과 올바른 여론 형성을 위한 제도로서의 언론보장이라는 헌법적 근거를 가지는 것이다. 반론의 대상을 **사실적 주장에 국한**함으로써 **의견의 진술 등 가치 판단의 표현에 관한 언론의 자유를 보장**하고 있고, 일정한 경우 반론보도의 게재를 거부할 수 있도록 하는 등 반론의 범위에 합리적인 한계가 설정되어 있으므로, 반론보도청구권의 인정에 따른 언론의 자유에 대한 제한 정도가 국가 등의 반론보도청구권을 배제하여야 할 만큼 높아진다고 단정할 수 없다(대법원 2006.2.10. 2002다49040).

㉤ (o) 대법원 2011.9.2. 2009다52649; 여기에서 사실적 주장이란 가치판단이나 평가를 내용으로 하는 의견표명에 대치되는 개념으로서 증거에 의하여 그 존재 여부를 판단할 수 있는 사실관계에 관한 주장을 말한다. 문화방송이 "PD수첩" 프로그램에서 "미국산 쇠고기, 광우병에서 안전한가"라는 제목으로 '우리 정부가 미국산 쇠고기 수입위생조건 협상 당시 미국의 도축시스템에 대한 실태를 파악하고 있는지 의문이다'는 취지의 보도를 한 사안에서, 위 보도는 우리 정부가 미국산 쇠고기 수입위생조건 협상에 필요한 만큼 미국 도축시스템의 실태를 제대로 알지 못하였다는 주관적 평가로서 **정정보도청구의 대상이 되지 아니하는 의견표명으로 보아야 함에도,** 이를 사실적 주장에 관한 보도라고 본 원심판결을 파기한 사례(대법원 2011.9.2. 2009다52649).

㉥ (o) 헌재 1991.9.16. 89헌마165.

[해 답] ①

10. 공익을 해할 목적으로 전기통신설비에 의하여 공연히 허위의 통신을 한 자를 형사 처벌하는 전기통신기본법 제47조 제1항(이 사건 법률조항)에 관한 아래 사안에 관한 설명 중 옳지 않은 것은? (다툼이 있는 경우 판례에 의함)

> **전기통신기본법**(1996.12.30. 법률 제5219호로 개정된 것) **제47조 (벌칙)**
> ① 공익을 해할 목적으로 전기통신설비에 의하여 공연히 허위의 통신을 한 자는 5년 이하의 징역 또는 5천만 원 이하의 벌금에 처한다.

> 청구인은 2008.7.30.경 인터넷 포털사이트 다음(Daum)의 '아고라' 경제토론방에 '드디어 외환보유고가 터지는구나'라는 제목으로 외환보유고가 고갈되어 외화예산 환전 업무가 중단된 것처럼 허위 내용의 글을 작성, 게시하여 수만 명이 열람하도록 함으로써 정부의 외환정책 및 대외지급능력에 대한 신뢰도, 우리나라 경제의 대외신인도를 저하시키는 등 공익을 해할 목적으로 전기통신설비에 의하여 공연히 허위의 통신을 하고, 2008.12.29. 위 토론방에 '대정부 긴급 공문 발송 -1보'라는 제목으로 주요 7대 금융기관 및 수출입 관련 주요기업에게 달러 매수를 금지할 것을 긴급 공문으로 전송했다는 취지의 허위 내용의 글을 작성, 게시하여 약 10만 명 이상이 열람하도록 함으로써 정부의 환율정책 수행을 방해하고 우리나라 대외신인도를 저하시키는 등 공익을 해할 목적으로 전기통신설비에 의하여 공연히 허위의 통신을 하였다는 이유로 전기통신기본법 제47조 제1항 위반 혐의로 기소되었고, 1심 재판 계속중 위 법률조항에 대하여 위헌법률심판제청 신청을 하였다.

① 이 사건 법률조항은 표현의 자유에 대한 제한입법이며, 동시에 형벌조항에 해당하므로, 엄격한 의미의 명확성 원칙이 적용된다.

② '공익'이라는 개념은 매우 추상적인 것이어서 어떠한 표현행위가 과연 공익을 해하는 것인지, 아닌지에 관한 판단은 사람마다의 가치관, 윤리관에 따라 크게 달라질 수밖에 없다.

③ 이 사건 법률조항은 수범자인 국민에 대하여 일반적으로 허용되는 '허위의 통신' 가운데 어떤 목적의 통신이 금지되는 것인지 고지하여 주지 못한다.

④ 이 사건 법률조항은 왜곡된 정보의 파급력으로 인한 사회적 혼란을 방지하고, 정보통신망에서의 의사소통에 정확한 정보를 제공하려는 것으로서 정당한 목적 달성을 위한 적합한 수단에 해당한다.

⑤ 이 사건 법률조항은 기존의 확립된 사실 또는 관점에 반하는 사실을 밝혀내고자 하는 이들과 같이, 자신이 행하고자 하는 표현이 규제의 대상이 아니라는 확신이

없는 기본권 주체로 하여금 규제를 받을 것을 우려하여 스스로 표현행위를 억제하도록 할 가능성이 높다.

해설 ① (o) 헌재 2010.12.28. 2008헌바157.
② (o) 헌재 2010.12.28. 2008헌바157.
③ (o) 헌재 2010.12.28. 2008헌바157.
④ (x) 이 사건에 관한 법무부장관의 의견이다(헌재 2010.12.28. 2008헌바157).
⑤ (o) 헌재 2010.12.28. 2008헌바157; 결국 이 사건 법률조항의 경우 그 문언의 모호성에 더한 체계적 해석의 부재로 인하여, 무엇이 금지된 행위인지를 국민이 알 수 없게 하여 법을 지키기 어렵게 할 뿐만 아니라, 범죄의 성립 여부를 법관의 자의적인 해석에 맡기는 결과를 초래하고 있으므로, 죄형법정주의의 명확성 원칙에 부합되지 않는다고 할 것이다(헌재 2010. 12.28. 2008헌바157).

[해 답] ④

11. 알 권리에 관한 설명 중 옳지 않은 것은? (다툼이 있는 경우 판례에 의함)

① 정보를 수집하고 처리할 수 있는 권리를 말하는 알 권리는 언론·출판의 자유의 한 내용으로 마땅히 보장되어야 한다.

② 자유로운 의사의 형성은 정보에의 접근이 충분히 보장됨으로써 비로소 가능한 것이며, 그러한 의미에서 정보에의 접근·수집·처리의 자유, 즉 '알 권리'는 표현의 자유와 표리일체의 관계에 있으며 자유권적 성질과 청구권적 성질을 공유하는 것이다.

③ 피고인이었던 자가 자신의 형사피고 사건이 확정된 후 그 소송기록에 대하여 열람·복사를 요구하는 것은 특별한 사정이 없는 한, 원칙적으로 허용되어야 한다고 할 수 있을 것이며, 특히 자신의 진술에 기초하여 작성된 문서나 자신이 작성·제출하였던 자료 등의 열람이나 복사는 제한되어야 할 아무런 이유를 찾을 수 없다.

④ 학부모는 교육정보에 대한 알 권리를 가지는데, 이러한 정보 속에는 자신의 자녀를 가르치는 교원이 어떠한 자격과 경력을 가진 사람인지는 물론 어떠한 정치성향과 가치관을 가지고 있는 사람인지에 대한 정보도 포함되는 것이므로, 이 같은 교원의 개인정보 공개를 금지하고 있는 '교육관련기관의 정보공개에 관한 특례법' 제3조 제2항은 학부모들의 알 권리를 침해하여 위헌이다.

⑤ 국민의 알권리(정보공개청구권)와 개인정보 주체의 사생활의 비밀과 자유 중 어느 하나를 상위 기본권이라고 하거나 어느 쪽이 우월하다고 할 수는 없다.

해설 ① (o) 헌재 1995.7.21. 92헌마177; 알 권리란 정보원으로부터 자유롭게 정보를 수령·수집하거나 국가기관 등에 대하여 정보의 공개를 청구할 수 있는 권리이다(헌재 1991.3.15. 90헌마133). 대통령선거의 중요성에 비추어 선거의 공정을 위하여 선거일을 앞두고 어느 정도의 기간동안 선거에 관한 여론조사 결과의 공표를 금지하는 것 자체는 그 금지기간이 지나치게 길지 않는 한 위헌이라고 할 수 없다(헌재 1995.7.21. 92헌마177). 헌법에는 알 권리에 관한 명문의 규정이 없다. 헌법재판소는, 알 권리는 헌법 제21조에 의하여 직접 보장되고 그 밖에도 국민주권주의(헌법 제1조), 인간의 존엄과 가치(헌법 제10조), 인간다운 생활을 할 권리(헌법 제34조 제1항)와도 관련이 있다(헌재 2010.12.28. 2009헌바258)고 한다.

② (o) 헌재 1991.5.13. 90헌마133; 자유권적 성질은 일반적으로 정보에 접근하고 수집·처리함에 있어서 국가권력의 방해를 받지 아니한다는 것을 말하며, 청구권적 성질을 의사형성이나 여론형성에 필요한 정보를 적극적으로 수집하고 수집을 방해하는 방해제거를 청구할 수 있다는 것을 의미하는 바 이는 정보수집권 또는 정보공개청구권으로 나타난다. 나아가 현대 사회가 고도의 정보화사회로 이행해감에 따라 "알 권리"는 한편으로 생활권적 성질까지도 획득해 나가고 있다(헌재 1991.5.13. 90헌마133).

③ (o) 헌재 1991.5.13. 90헌마133.

④ (x) 부모는 자녀의 교육에 관하여 전반적인 계획을 세우고 자신의 인생관·사회관·교육관에 따라 자녀의 교육을 자유롭게 형성할 권리, 즉 자녀교육권을 가진다(헌재 2000.4.27. 98헌가16). 그리고 자녀교육권을 실질적으로 보장하기 위해서는 자녀의 교육에 필요한 정보가 제공되어야 하는바 학부모는 교육정보에 대한 알 권리를 가진다. 이러한 정보 속에는 자신의 자녀를 가르치는 **교원이 어떠한 자격과 경력을 가진 사람인지는 물론 어떠한 정치성향과 가치관을 가지고 있는 사람인지에 대한 정보도 포함되는 것**이므로, 교원의 교원단체 및 노동조합 가입에 관한 정보도 알 권리의 한 내용이 될 수 있다. 그러나 교원의 개인정보 공개를 금지하고 있는 '교육관련기관의 정보공개에 관한 특례법' 제3조 제2항은 교원의 개인정보 공개를 일률적으로 금지하는 듯이 보이지만, 위 법에 의해 준용되는 '공공기관의 정보공개에 관한 법률'은 개인정보라고 하더라도 그 공개의 여지를 두고 **비공개결정에 대해서는 불복의 수단을 마련하고 있으므로**, 이 사건 법률조항은 학부모들의 알 권리를 침해하지 않는다(헌재 2011.12.29. 2010헌마293).

⑤ (o) 정보공개청구권은 알 권리의 당연한 내용이며, 알 권리는 헌법 제21조의 표현의 자유에 당연히 포함되는 기본권으로서(헌재 1989.9.4. 88헌마22), 개인의 자유권적 기본권에 해당하고, 헌법 제17조의 사생활의 비밀과 자유 또한 개인의 자유권적 기본권에 해당하므로 국민의 알 권리(정보공개청구권)와 개인정보 주체의 사생활의 비밀과 자유 중 어느 하나를 상위 기본권이라고 하거나 어느 쪽이 우월하다고 할 수는 없다(헌재 2010.12.28. 2009헌바258). [해 답] ④

17 집회·결사의 자유

1. 집회·결사의 자유에 관한 설명 중 옳지 않은 것은? (다툼이 있는 경우 판례에 의함)

① 집회의 자유는 민주국가에서 정신적 대립과 논의의 수단으로서, 평화적 수단을 이용한 의견의 표명은 헌법적으로 보호되지만, 폭력을 사용한 의견의 강요는 헌법적으로 보호되지 않는다.

② 집회의 자유에 의하여 구체적으로 보호되는 주요행위는 집회의 준비 및 조직, 지휘, 참가, 집회장소·시간의 선택이다.

③ 집회·시위의 규제에는 집회에 있어서의 의사표현 자체의 제한의 경우와 그러한 의사표현에 수반하는 행동 자체의 제한 두 가지가 있을 수 있는데, 전자의 경우에 제한되는 기본권의 핵심은 언론의 자유로서의 표현의 자유라고 볼 것이다.

④ 해가 뜨기 전이나 해가 진 후의 옥외집회(야간옥외집회)를 금지하고, 일정한 경우 관할경찰관서장이 허용할 수 있도록 한 '집회 및 시위에 관한 법률'(2007.5.11. 법률 제8424호로 전부 개정된 것) 제10조 중 "옥외집회" 부분과 이에 위반한 경우의 처벌규정인 집시법 제23조 제1호 중 "제10조 본문의 옥외집회" 부분은 헌법에 위반하여 집회의 자유를 침해하고 있다.

⑤ 집회·결사의 자유는 언론·출판의 자유의 집단적 성격의 표현으로 특히 언론의 자유를 보완해 주는 기능을 하고 있다.

해설

① (o) 헌재 2003.10.30. 2000헌바67; 집회의 자유에 의하여 보호되는 것은 단지 '평화적' 또는 '비폭력적' 집회이다. 헌법은 집회의 자유를 국민의 기본권으로 보장함으로써, 평화적 집회 그 자체는 공공의 안녕질서에 대한 위험이나 침해로서 평가되어서는 아니 되며, 개인이 집회의 자유를 집단적으로 행사함으로써 불가피하게 발생하는 일반 대중에 대한 불편함이나 법익에 대한 위험은 보호법익과 조화를 이루는 범위 내에서 국가와 제3자에 의하여 수인되어야 한다는 것을 헌법 스스로 규정하고 있는 것이다(헌재 2003.10.30. 2000헌바67).

② (o) 헌재 2003.10.30. 2000헌바67; 집회의 자유는 개인이 집회에 참가하는 것을 방해하거나 또는 집회에 참가할 것을 강요하는 국가행위를 금지할 뿐만 아니라, 예컨대 집회장소로의 여행을 방해하거나, 집회장소로부터 귀가하는 것을 방해하거나, 집회참가자에 대한 검문의 방법으로 시간을 지연시킴으로써 집회장소에 접근하는 것을 방해하는 등 집회의 자유행사에 영향

을 미치는 모든 조치를 금지한다(헌재 2003.10.30. 2000헌바67).

③ (×) 집회·시위의 규제에는 집회에 있어서의 의사표현 자체의 제한의 경우와 그러한 의사표현에 수반하는 행동 자체의 제한 두 가지가 있을 수 있다. 전자의 경우에는 제한되는 기본권의 핵심은 **집회에 있어서의 표현의 자유**라고 볼 것이다(헌재 1992.1.28. 89헌가8).

집회에서 의견교환이나 의사표현이 행해지는 것은 집회의 본질적인 내용에 해당된다. 집회에서의 연설이나 토론을 할 수 있는 자유를 언론·출판의 자유로 보는 견해도 있지만, 집회의 자유로 보는 것이 타당하며, 헌법재판소 역시 집회에 있어서의 표현의 자유로 파악하고 있다.

④ (o) [다수의견] 헌법 제21조 제2항은, 집회에 대한 허가제는 집회에 대한 검열제와 마찬가지이므로 이를 절대적으로 금지하겠다는 헌법개정권력자인 국민들의 헌법가치적 합의이며 헌법적 결단이다. 야간옥외집회에 관한 일반적 금지를 규정한 집시법 제10조 본문과 관할 경찰서장에 의한 예외적 허용을 규정한 단서는 그 전체로서 **야간옥외집회에 대한 허가를 규정한 것**이라고 보지 않을 수 없고, 이는 헌법 제21조 제2항에 정면으로 위반된다. 따라서 집시법 제10조 중 "**옥외집회" 부분은 헌법 제21조 제2항에 의하여 금지되는 허가제를 규정한 것으로서 헌법에 위반**되고, 이에 위반한 경우에 적용되는 처벌조항인 집시법 제23조 제1호 중 "제10조 본문의 옥외집회" 부분도 헌법에 합치되지 아니한다(헌재 2009.9.24. 2008헌가25).

⑤ (o) 의사표현의 통로인 보도매체가 언론기업의 독과점 현상 또는 국가권력의 간섭에 의하여 제 구실을 못하게 되는 경우에 집회·결사의 자유가 갖는 보완적 기능은 민주주의 실현에 있어 매우 중요하고, 그 때문에 집회·결사의 자유를 언론·출판의 자유와 함께 규정하고 있다.

[해 답] ③

2. 결사의 자유에 관한 설명 중 옳지 않은 것은? (다툼이 있는 경우 판례에 의함)

① 결사란 자연인 또는 법인의 다수가 상당한 기간 동안 공동목적을 위하여 자유의사에 기하여 결합하고 조직화된 의사형성이 가능한 단체를 말하는 것이므로, 공법상의 결사도 이에 포함된다.

② 결사라 함은 공동의 목적을 가진 특정다수인의 임의적인 계속적 결합체라 할 것이며, 결사의 요건을 구비한 결합은 결사인 것으로 구성원이 회합을 한 사실이 없거나, 사칙이 정하여 있지 않거나, 간부가 없어도 결사의 성립에는 영향이 없고, 결사의 명칭이나 대표자가 정하여 있지 아니하여도 무방하다.

③ "약사 또는 한약사가 아니면 약국을 개설할 수 없다"고 규정한 약사법 제16조 제1항은 법인을 구성하여 약국을 개설·운영하려고 하는 약사들 및 이들 약사들로 구성된 법인의 직업선택의 자유와 결사의 자유를 침해하고 있다.

④ 변리사법 제11조에서 변리사로 하여금 변리사회에 의무적으로 가입하도록 규정한 것은 청구인의 결사의 자유와 직업수행의 자유를 제한한 것은 비례의 원칙에 위배되지 않으므로 청구인의 결사의 자유와 직업수행의 자유를 침해하지 않으며, 청구인의 평등권도 침해하지 않는다.

⑤ 농지개량조합이 해산됨으로써 청구인이 조합원의 지위를 상실하였다고 하더라도 이로써 그의 결사의 자유가 침해되었다고 할 것은 아니다.

해설 ① (x) 헌법 제21조가 규정하는 결사의 자유라 함은 다수의 자연인 또는 법인이 공동의 목적을 위하여 단체를 결성할 수 있는 자유를 말하는 것으로 **적극적으로는** ㉠ 단체결성의 자유, ㉡ 단체존속의 자유, ㉢ 단체활동의 자유, ㉣ 결사에의 가입·잔류의 자유를, **소극적으로는** 기존의 단체로부터 탈퇴할 자유와 결사에 가입하지 아니할 자유를 내용으로 하는바, 위에서 말하는 결사란 자연인 또는 법인의 다수가 상당한 기간 동안 공동목적을 위하여 자유의사에 기하여 결합하고 조직화된 의사형성이 가능한 단체를 말하는 것으로 공법상의 결사는 이에 포함되지 아니한다(헌재 1996.4.25. 92헌바47).

② (o) 결사라 함은 공동의 목적을 가진 특정다수인의 임의적인 계속적 결합체라 할 것이며, ㉠ 결사에는 구성원인 2인 이상임을 필요로 하고, ㉡ 결사에는 공동목적이 있어야 하고 그 공동목적이 있는 이상 그것이 결사조직의 유일한 목적임을 요하지 않고 다른 목적이 있어도 결사임에도 무방하고, ㉢ 결사는 다수인의 임의적 결합이어야 하고, ㉣ 결사는 계속성이 있어야 한다. 그러나 이 계속은 사실상 계속하여 존재함을 요하지 않고 계속시킬 의도하에서 결합된 이상 결사임에는 틀림없다. 이상의 4요건을 구비한 결합은 결사인 것으로 구성원이 회합을 한 사실이 없거나, 사칙이 정하여 있지 않거나, 간부가 없어도 결사의 성립에는 영향이 없고, 결단식 또는 결당식, 창립의 모임 같은 형식을 거치지 아니하였어도 결사의 성립에는 지장이 없으며, 또 결사의 명칭이나 대표자가 정하여 있지 아니하여도 무방한 것이라고 풀이된다(대법원 1982.9.28. 82도2016).

③ (o) "약사 또는 한약사가 아니면 약국을 개설할 수 없다"고 규정한 약사법 제16조 제1항은 자연인 약사만이 약국을 개설할 수 있도록 함으로써, **약사가 아닌 자연인 및 일반법인은 물론, 약사들로만 구성된 법인의 약국 설립 및 운영도 금지하고 있는바**, 국민의 보건을 위해서는 약국에서 실제로 약을 취급하고 판매하는 사람은 반드시 약사이어야 한다는 제한을 둘 필요가 있을 뿐, 약국의 개설 및 운영 자체를 자연인 약사에게만 허용할 합리적 이유는 없다. 변호사, 공인회계사 등 여타 전문직과 의약품제조업자 등 약사법의 규율을 받는 다른 직종들에 대하여는 법인을 구성하여 업무를 수행할 수 있도록 하면서, **약사에게만 합리적 이유 없이 이를 금지하는 것은 헌법상의 평등권을 침해**하는 것이다(헌재 2002.9.19. 2000헌바84).

④ (o) 헌재 2008.7.31. 2006헌마666.

⑤ (o) 결사의 자유에서의 결사란 자연인 또는 법인이 공동목적을 위하여 자유의사에 기하여 결합한 단체를 말하는 것으로 공적책무의 수행을 목적으로 하는 공법상의 결사는 이에 포함되지 아니한다. 따라서 농지개량조합을 공법인으로 보는 이상, 이는 결사의 자유가 뜻하는 헌법상 보호법익의 대상이 되는 단체로 볼 수 없어 조합이 해산됨으로써 조합원이 그 지위를 상실하였다고 하더라도 조합원의 '결사의 자유'가 침해되었다고 할 수 없다(헌재 2000.11.30. 99헌마190).

[해 답] ①

3. 집회의 자유에 관한 설명 중 옳지 않은 것은? (다툼이 있는 경우 판례에 의함)

① 미신고 옥외집회의 주최는 직접적으로 행정목적을 침해하고 나아가 공익을 침해할 고도의 개연성을 띤 행위라고 볼 수 있으므로, 이에 대하여 행정형벌을 과하도록 한 구 집시법 제19조 제2항이 집회의 자유를 침해한다고 할 수 없고, 그 법정형이 입법재량의 한계를 벗어난 과중한 처벌이라고 볼 수 없으며, 이로 인하여 신고제가 사실상 허가제화한다고도 볼 수 없다.

② 외교기관 인근의 옥외집회나 시위를 원칙적으로 금지하면서도 외교기관의 기능이나 안녕을 침해할 우려가 없다고 인정되는 구체적인 경우에는 예외적으로 옥외집회나 시위를 허용하고 있는 '집회 및 시위에 관한 법률'(2007.5.11. 법률 제8424호로 개정된 것) 제11조 제4호 중 '국내 주재 외국의 외교기관' 부분은 청구인의 집회의 자유를 침해하지 않는다.

③ 누구든지 국회의사당의 경계지점으로부터 1백 미터 이내의 장소에서는 옥외집회 또는 시위를 하여서는 아니된다고 규정한 구 '집회 및 시위에 관한 법률'(2004.1.29. 법률 제7123호로 개정되고 2007.5.11. 법률 제8424호로 전부 개정되기 전의 것) 제11조 제1호 중 "국회의사당" 부분은 과잉금지원칙에 위반하여 집회의 자유를 침해하지 않는다.

④ 옥외집회의 관리 책임을 맡고 있는 행정기관인 서울남대문 경찰서장은 ㅇㅇ합섬HK지회와 ㅇㅇ생명인사지원실이 제출한 옥외집회 신고서를 폭력사태 발생이 우려된다는 이유로 동시에 접수하였고, 이후 상호 충돌을 피한다는 이유로 두 개의 집회신고를 모두 반려하였다. 이 반려행위에 대하여 처분무효취소소송과 집행정지신청을 제기하는 방법으로 권리구제를 받을 수 있기 때문에 기본권침해 가능성이 있는 공권력의 행사라고 할 수 없다.

⑤ 각급법원 경계 지점으로부터 1백 미터 이내 장소에서의 옥외집회를 금지하는 '집회 및 시위에 관한 법률'(2007.5.11. 법률 제8424호로 개정되기 전의 것) 제11조 제1호 중 "각급법원" 부분이 과잉금지원칙에 위반하여 집회의 자유를 침해하는 것은 아니다.

해설

① (o) 헌재 2009.5.28. 2007헌바22.

② (o) 헌재 2010.10.28. 2010헌마111.

③ (o) 헌재 2009.12.29. 2006헌바20.

④ (x) 피청구인 서울남대문경찰서장은 옥외집회의 관리 책임을 맡고 있는 행정기관으로서 이미 접수된 청구인들의 옥외집회신고서에 대하여 법률상 근거 없이 이를 반려하였는바,

청구인들의 입장에서는 이 반려행위를 옥외집회신고에 대한 접수거부 또는 집회의 금지통고로 보지 않을 수 없었고, 그 결과 형사적 처벌이나 집회의 해산을 받지 않기 위하여 집회의 개최를 포기할 수밖에 없었다고 할 것이므로 피청구인의 이 사건 반려행위는 주무 행정기관에 의한 행위로서 기본권침해 가능성이 있는 공권력의 행사에 해당한다. 청구인들 중 일부는 이 사건 반려행위의 일부에 대해 서울행정법원에 그 처분무효취소소송을 제기하면서 집행정지신청도 함께 제기하였으나, 위 법원은 집시법상 이미 접수된 옥외집회신고서를 반려할 수 있는 근거가 없을 뿐만 아니라, 반려행위를 집시법 제8조 제2항 소정의 금지통고로도 볼 수 없어 행정처분이 아니라는 이유로 위 집행정지신청을 각하하였다. 이에 처분무효취소소송을 제기하였던 청구인들은 이와 같은 방법으로는 권리구제를 받을 수 없다고 보아 위 취소소송을 취하하고, 이 사건 헌법소원심판청구에 이른 것인바, 이 사건 반려행위에 대하여는 **법원에서의 권리구제절차 허용 여부가 객관적으로 불확실하다 할 것이므로** 이 사건 심판청구는 **보충성의 예외에 해당하는 심판청구로서 적법하다**(헌재 2008.5.29. 2007헌마712).

⑤ (o) 헌재 2009.12.29. 2006헌바13. [해 답] ④

18 사생활의 비밀과 자유

1. 사생활의 비밀과 자유에 관한 설명 중 옳지 않은 것은? (다툼이 있는 경우 판례에 의함)

① 사생활의 보호와 표현의 자유 사이의 우열관계는 기본권 상호 간의 충돌에 관한 이론을 동원하여 판단하되, 과잉금지의 원칙 등에 입각하여 규범조화적 해석을 하면 사생활의 비밀과 자유를 우선시켜야 하는 결론을 쉽게 도출할 수 있다.

② 4급 이상 공무원들의 병역 면제사유인 질병명을 관보와 인터넷을 통해 공개하도록 하는 '공직자 등의 병역사항 신고 및 공개에 관한 법률' 제8조 제1항 본문은 그 공개 시 인격이나 사생활의 심각한 침해를 초래할 수 있는 질병이나 심신장애 내용까지도 예외 없이 공개함으로써 신고의무자인 공무원의 사생활의 비밀을 심각하게 침해하고 있다.

③ 피고인의 동의하에 촬영된 나체사진의 존재만으로 피고인의 인격권과 초상권을 침해하는 것으로 볼 수 없고, 그 사진은 범죄현장의 사진으로서 피고인에 대한 형사소추를 위하여 반드시 필요한 증거로 보이므로, 공익의 실현을 위하여는 그 사진을 범죄의 증거로 제출하는 것이 허용되어야 하고, 이로 말미암아 피고인의

사생활의 비밀을 침해하는 결과를 초래한다 하더라도 이는 피고인이 수인하여야 할 기본권의 제한에 해당된다.

④ 채무불이행자 명부나 그 부본은 누구든지 보거나 복사할 것을 신청할 수 있도록 규정한 민사집행법 제72조 제4항(2002.1.26. 법률 제6627호로 제정된 것)은 과잉금지의 원칙에 반하여 채무불이행자 명부에 등재된 청구인들의 개인정보자기결정권을 침해하는 것은 아니다.

⑤ 구치소장이 검사의 요청에 따라 청구인과 배우자의 접견 녹음파일을 제공한 행위는 마약류사범으로서 미결수용자인 청구인의 접견내용을 수사기관 등에 제공하여 형사사법의 실체적 진실을 발견함으로써 형사적 정의를 구현하려는 공익은 청구인의 사익의 제한보다 훨씬 크고 중요한 것이라고 할 것이므로, 과잉금지원칙에 위반하여 청구인의 개인정보자기결정권을 침해하였다고 볼 수 없다.

해설 ① (x) 두 기본권이 서로 충돌하는 경우에는 헌법의 통일성을 유지하기 위하여 상충하는 기본권 모두가 최대한으로 그 기능과 효력을 나타낼 수 있도록 하는 조화로운 방법이 모색되어야 할 것이고, 결국은 이 법에 규정한 정정보도청구 제도가 과잉금지의 원칙에 따라 그 목적이 정당한 것인가 그러한 목적을 달성하기 위하여 마련된 수단 또한 **언론의 자유를 제한하는 정도가 인격권과의 사이에 적정한 비례를 유지하는 것인가의 여부가 문제된다** 할 것이다(헌재 1991.9.16. 89헌마165). 인격권으로서의 개인의 명예의 보호와 표현의 자유의 보장이라는 두 법익이 충돌하였을 때 그 조정을 어떻게 할 것인지는 구체적인 경우에 사회적인 여러 가지 이익을 비교하여 **표현의 자유로 얻어지는 이익, 가치와 인격권의 보호에 의하여 달성되는 가치를 형량**하여 그 규제의 폭과 방법을 정하여야 한다(대법원 1988. 10.11. 85다카29).

② (o) 헌재 2007.5.31. 2005헌마1139; 이 사건 법률조항이 공적 관심의 정도가 약한 4급 이상의 공무원들까지 대상으로 삼아 모든 질병명을 아무런 예외 없이 공개토록 한 것은 입법목적 실현에 치중한 나머지 사생활 보호의 헌법적 요청을 현저히 무시한 것이고, 이로 인하여 청구인들을 비롯한 해당 공무원들의 헌법 제17조가 보장하는 기본권인 사생활의 비밀과 자유를 침해하는 것이다(헌재 2007.5.31. 2005헌마1139).

③ (o) 대법원 1997.9.30. 97도1230; 피고인 갑, 을의 간통 범행을 고소한 갑의 남편 병이 갑의 주거에 침입하여 수집한 후 수사기관에 제출한 혈흔이 묻은 휴지들 및 침대시트를 목적물로 하여 이루어진 감정의뢰회보에 대하여, 병이 갑의 주거에 침입한 시점은 갑이 그 주거에서의 실제상 거주를 종료한 이후이고, 위 회보는 피고인들에 대한 형사소추를 위하여 반드시 필요한 증거이므로 공익의 실현을 위해서 증거로 제출하는 것이 허용되어야 하고, 이로 말미암아 갑의 주거의 자유나 사생활의 비밀이 일정 정도 침해되는 결과를 초래하더라도 이는 갑이 수인하여야 할 기본권의 제한에 해당된다(대법원 2010.9.9. 2008도3990).

④ (o) 헌재 2010.5.27. 2008헌마663; 이 사건 법률조항은 채무불이행자 명부를 적극적으로 일반에 공개하는 것이 아니라 채무불이행자 명부의 열람·복사를 원하는 자에게 열람·복사를

가능하게 한 것뿐이고, 실제로 이 명부를 열람·복사하기 위해서는 채무자의 성명, 주민등록번호 등 열람·복사 대상인 채무불이행자 명부를 특정하기 위한 정보를 알아야 하며, 실무상 열람·복사 신청시 신청인의 자격을 기재하게 하고 있으므로, 채무자와 무관한 자에 의해 채무불이행자 명부가 열람·복사됨으로 인해 채무자의 개인정보자기결정권이 침해될 위험은 크지 않다고 하겠다(헌재 2010.5.27. 2008헌마663).

⑤ (o) 헌재 2012.12.27. 2010헌마153. [해 답] ①

2. 사생활의 비밀과 자유에 관한 설명 중 옳지 않은 것을 모두 고른 것은? (다툼이 있는 경우 판례에 의함)

㉠ 탈법방법에 의한 문서·도화의 배부·게시 등을 금지하고 있는 공직선거 및 선거부정방지법 제93조 제1항(1997.11.14. 법률 제5412호로 개정된 것 및 1998.4.30. 법률 제5537호로 개정된 것)은 개인의 인격적 가치와 명예를 유지하기 위한 해명행위를 금지함으로써 헌법 제17조의 사생활의 자유를 침해하고 있다.

㉡ 헌법 제17조의 사생활의 비밀은 국가가 사생활 영역을 들여다보는 것에 대한 보호를 제공하는 기본권이며, 사생활의 자유는 국가가 사생활의 자유로운 형성을 방해하거나 금지하는 것에 대한 보호를 의미한다.

㉢ 사생활과 관련된 사항의 공개가 사생활의 비밀을 침해하는 것으로서 위법하다고 하기 위하여는 적어도 공표된 사항이 일반인의 감수성을 기준으로 하여 그 개인의 입장에 섰을 때 공개되기를 바라지 않을 것에 해당하고 아울러 일반인에게 아직 알려지지 않은 것으로서 그것이 공개됨으로써 그 개인이 불쾌감이나 불안감을 가질 사항 등에 해당하여야 한다.

㉣ 경찰청장이 본래 시장·군수 또는 구청장이 관장하는 주민등록에 관한 사무와 관련하여 수집된 지문정보를 송부받아 이를 보관하는 것은 개인정보자기결정권을 제한하는 것에 해당한다.

㉤ 흡연권은 사생활의 자유를 실질적 핵으로 하는 것이고 혐연권은 사생활의 자유뿐만 아니라 생명권에까지 연결되는 것이므로, 혐연권이 흡연권보다 상위의 기본권이라 할 수 있다.

㉥ 개인정보보호법상 자기정보의 통제권의 주체에는 생존하는 개인의 정보뿐만 아니라 사자나 법인의 명예도 포함된다.

① ㉠, ㉢　② ㉡, ㉤　③ ㉣, ㉥
④ ㉢, ㉣　⑤ ㉠, ㉥

해설

㉠ (x) '**사생활의 자유**'란, 사회공동체의 일반적인 생활규범의 범위 내에서 사생활을 자유롭게 형성해 나가고 그 설계 및 내용에 대해서 외부로부터의 간섭을 받지 아니할 권리로서, 사생활과 관련된 사사로운 자신만의 영역이 본인의 의사에 반해서 타인에게 알려지지 않도록 할 수 있는 권리인 '**사생활의 비밀**'과 함께 헌법상 보장되고 있는 바, 이 사건에 있어서와 같이 자신의 인격권이나 명예권을 보호하기 위하여 **대외적으로 해명을 하는 행위는 표현의 자유에 속하는 영역이라고 할 수 있을 뿐** 이미 사생활의 자유에 의하여 보호되는 범주를 벗어난 행위라고 볼 것이므로, 위 법 조항이 선거의 자유와 공정이라는 이념을 실현하기 위한 입법목적 하에 선거에 영향을 미치게 하기 위한 일정한 선거운동행위를 제한한다고 하여 위 청구인의 사생활의 자유가 침해된다고는 볼 수 없고, 달리 위 법 조항이 사생활의 자유를 침해한다고 볼 만한 사정도 없다(헌재 2001.8.30. 99헌바92).

㉡ (o) 헌재 2011.10.25. 2009헌마691; 헌법 제17조는 사생활의 '비밀'과 '자유'를 구분하여 규정하고 있으며, 헌법재판소 역시 양자의 개념을 구분하고 있다.

㉢ (o) 대법원 2006.12.22. 2006다15922.

㉣ (o) 헌재 2005.5.26. 99헌마513; 개인의 고유성, 동일성을 나타내는 지문은 그 정보주체를 타인으로부터 식별가능하게 하는 개인정보이므로, **시장·군수 또는 구청장이 개인의 지문정보를 수집하고, 경찰청장이 이를 보관·전산화하여 범죄수사 목적에 이용하는 것은 모두 개인정보자기결정권을 제한하는 것**이다. 개인정보자기결정권으로 보호하려는 내용을 위 각 기본권들 및 헌법원리들 중 일부에 완전히 포섭시키는 것은 불가능하다고 할 것이므로, 그 헌법적 근거를 굳이 어느 한 두 개에 국한시키는 것은 바람직하지 않은 것으로 보이고, 오히려 개인정보자기결정권은 이들을 이념적 기초로 하는 독자적 기본권으로서 **헌법에 명시되지 아니한 기본권**이라고 보아야 할 것이다(헌재 2005.5.26. 99헌마513).

㉤ (o) 이처럼 상하의 위계질서가 있는 기본권끼리 충돌하는 경우에는 상위기본권 우선의 원칙에 따라 하위기본권이 제한될 수 있으므로, 결국 흡연권은 혐연권을 침해하지 않는 한에서 인정되어야 한다(헌재 2004.8.26. 2003헌마457).

㉥ (x) "개인정보"란 **살아 있는 개인에 관한 정보**로서 성명, 주민등록번호 및 영상 등을 통하여 개인을 알아볼 수 있는 정보(해당 정보만으로는 특정 개인을 알아볼 수 없더라도 다른 정보와 쉽게 결합하여 알아볼 수 있는 것을 포함한다)를 말한다(개인정보보호법 2(1)). 그러므로 법인이나 사자는 포함되지 않는다. [해 답] ⑤

19 통신의 자유

1. 불법 감청·녹음 등에 관여하지 아니한 언론기관이 그 통신 또는 대화의 내용이 불법 감청·녹음 등에 의하여 수집된 것이라는 사정을 알면서도 그것이 공적인 관심사항에 해당한다고 판단하여 이를 보도하여 공개하는 행위가 형법 제20조의 정당행위로서 위법성이 조각되기 위한 요건이 아닌 것은? (다툼이 있는 경우 판례에 의함)

① 그 보도의 목적이 불법 감청·녹음 등의 범죄가 저질러졌다는 사실 자체를 고발하기 위한 것으로 그 과정에서 불가피하게 통신 또는 대화의 내용을 공개할 수밖에 없는 경우이거나, 불법 감청·녹음 등에 의하여 수집된 통신 또는 대화의 내용이 이를 공개하지 아니하면 공중의 생명·신체·재산 기타 공익에 대한 중대한 침해가 발생할 가능성이 현저한 경우 등과 같이 비상한 공적 관심의 대상이 되는 경우에 해당하여야 한다.

② 언론기관이 불법 감청·녹음 등의 결과물을 취득함에 있어 위법한 방법을 사용하거나 적극적·주도적으로 관여하여서는 아니 된다.

③ 그 보도가 불법 감청·녹음 등의 사실을 고발하거나 비상한 공적 관심사항을 알리기 위한 목적을 달성하는 데 필요한 부분에 한정되는 등 통신비밀의 침해를 최소화하는 방법으로 이루어져야 한다.

④ 언론이 그 내용을 보도함으로써 얻어지는 이익 및 가치가 통신비밀의 보호에 의하여 달성되는 이익 및 가치를 초과하여야 한다.

⑤ 방송사 기자인 피고인이, 구 국가안전기획부 정보수집팀이 타인 간의 사적 대화를 불법 녹음하여 생성한 도청자료인 녹음테이프와 녹취보고서를 입수한 후 이를 자사의 방송프로그램을 통하여 공개한 행위는 형법 제20조의 정당행위에 해당된다.

해설 ① (o) 대법원 2011.3.17. 2006도8839; 국가기관 등이 불법 감청·녹음 등과 같은 범죄를 저질렀다면 그러한 사실을 취재하고 보도하는 것은 언론기관 본연의 사명이라 할 것이고, 통신비밀보호법 자체에 의하더라도 '국가안보를 위협하는 음모행위, 직접적인 사망이나 심각한 상해의 위험을 야기할 수 있는 범죄 또는 조직범죄 등 중대한 범죄의 계획이나 실행 등 긴박한 상황'에 있는 때에는 예외적으로 법원의 허가 없이 긴급통신제한조치를 할 수 있도록 허용하고 있으므로(제8조), 이러한 예외적인 상황 아래에서는 개인 간의 통신 또는 대화의 내용을 공개하는 것이 허용된다.

② (o) 대법원 2011.3.17. 2006도8839.

③ (o) 대법원 2011.3.17. 2006도8839.

④ (o) 대법원 2011.3.17. 2006도8839; 여기서 그 이익의 비교·형량은, 불법 감청·녹음된 타인 간의 통신 또는 대화가 이루어진 경위와 목적, 통신 또는 대화의 내용, 통신 또는 대화 당사자의 지위 내지 공적 인물로서의 성격, 불법 감청·녹음 등의 주체와 그러한 행위의 동기 및 경위, 언론기관이 그 불법 감청·녹음 등의 결과물을 취득하게 된 경위와 보도의 목적, 보도의 내용 및 그 보도로 인하여 침해되는 이익 등 제반 사정을 종합적으로 고려하여 정하여야 한다(대법원 2011.3.17. 2006도8839).

⑤ (x) 방송사 기자인 피고인이, 구 국가안전기획부 정보수집팀이 타인 간의 사적 대화를 불법 녹음하여 생성한 도청자료인 녹음테이프와 녹취보고서를 입수한 후 이를 자사의 방송프로그램을 통하여 공개한 사안에서, 위 행위가 형법 제20조의 정당행위에 해당하지 않는다고 본 원심판단을 수긍한 사례(대법원 2011.3.17. 2006도8839). [해 답] ⑤

2. 통신의 자유에 관한 설명 중 옳지 않은 것은? (다툼이 있는 경우 판례에 의함)

① 국가기관의 감청설비 보유·사용에 대한 관리와 통제를 위한 법적, 제도적 장치가 마련되어 있으므로, 국가기관이 인가 없이 감청설비를 보유, 사용할 수 있다는 사실만 가지고 바로 국가기관에 의한 통신비밀침해행위를 용이하게 하는 결과를 초래함으로써 통신의 자유를 침해한다고 볼 수는 없다.

② 통신제한조치 기간의 연장을 허가함에 있어 총 연장기간 또는 총 연장횟수의 제한을 두지 아니한 통신비밀보호법(2001.12.29. 법률 제6546호로 개정된 것) 제6조 제7항 단서 중 전기통신에 관한 '통신제한조치 기간의 연장'에 관한 부분은 기간연장에 관한 사법적 통제절차가 있기 때문에 위 법률조항은 침해의 최소성 원칙에 위반되는 것은 아니다.

③ 불법검열에 의하여 취득한 우편물이나 그 내용 및 불법감청에 의하여 지득 또는 채록된 전기통신의 내용은 재판 또는 징계절차에서 증거로 사용할 수 없다.

④ 미결수용자의 통신의 비밀이 일부 제한되는 것은 질서유지 또는 공공복리라는 정당한 목적을 위하여 불가피할 뿐만 아니라 유효적절한 방법에 의한 최소한의 제한으로서 헌법에 위반된다고 할 수 없다.

⑤ 통신의 영역은 다른 사생활 영역에 비하여 국가에 의한 침해 가능성이 매우 큰 영역이라 할 수 있고, 이것이 사생활의 비밀과 자유에 포섭될 수 있는 사적 영역에 속하는 통신의 자유를 헌법이 별개의 조항을 통해서 기본권으로 보호하고 있는 이유라 할 것이다.

해설 ① (o) 헌재 2001.3.21. 2000헌바25.

② (x) 법원이 실제 통신제한조치의 기간연장절차의 남용을 통제하는 데 한계가 있는 이상 통신제한조치 기간연장에 사법적 통제절차가 있다는 사정만으로는 그 남용으로 인하여 개인의 통신의 비밀이 과도하게 제한되는 것을 막을 수 없다. 그럼에도 통신제한조치 기간을 연장함에 있어 법운용자의 남용을 막을 수 있는 최소한의 한계를 설정하지 않은 이 사건 법률조항은 침해의 최소성 원칙에 위반한다(헌재 2010.12.28. 2009헌가30).

③ (o) 통신비밀보호법 제4조.

④ (o) 헌재 1995.7.21. 92헌마144; 다만 미결수용자와 변호인 사이의 서신으로서 그 비밀을 보장받기 위하여는, 첫째, 교도소측에서 상대방이 변호인이라는 사실을 확인할 수 있어야 하고, 둘째, 서신을 통하여 마약 등 소지금지품의 반입을 도모한다든가 그 내용에 도주·증거인멸·수용시설의 규율과 질서의 파괴·기타 형벌법령에 저촉되는 내용이 기재되어 있다고 의심할 만한 합리적인 이유가 있는 경우가 아니어야 한다(헌재 1995.7.21. 92헌마144).

⑤ (o) 헌재 2001.3.21. 2000헌바25. [해 답] ②

20 거주·이전의 자유

1. 거주·이전의 자유에 관한 설명 중 옳지 않은 것은? (다툼이 있는 경우 판례에 의함)

① 거주·이전의 자유는 국가의 간섭 없이 자유롭게 거주와 체류지를 정할 수 있는 자유로서 정치·경제·사회·문화 등 모든 생활영역에서 개성신장을 촉진함으로써 헌법상 보장되고 있는 다른 기본권들의 실효성을 증대시켜주는 기능을 한다.

② 경찰청장이 2009.6.3. 경찰버스들로 서울특별시 서울광장을 둘러싸고 통행을 제지한 행위는 청구인들이 서울광장을 출입하고 통행할 수 있는 헌법상의 거주·이전의 자유의 보호영역에 속한다고 할 수 있어 청구인들의 거주·이전의 자유를 제한하는 것에 해당된다.

③ 법무부령이 정하는 금액 이상의 추징금을 납부하지 아니한 자에게 출국을 금지할 수 있도록 한 출입국관리법 제4조 제1항 제4호는 과잉금지원칙, 포괄위임입법금지원칙, 이중처벌금지원칙 등에 위배되는 것은 아니다.

④ 대한민국 국민이던 사람이 대한민국 국적을 상실하기 전 4회에 걸쳐 북한의 초청에 응하여 거주하고 있던 독일에서 출발하여 북한을 방문하였고, 그 후 독일 국적을 취득함에 따라 대한민국 국적을 상실한 후에도 거주지인 독일에서 출발하여 북한을 방문한 사안에서, 대한민국 국적을 상실하기 전의 방문행위는 국가보

안법 제6조 제2항의 탈출에 해당하지만 대한민국 국적을 상실한 후의 방문행위는 국가보안법 제6조 제2항의 탈출 개념에 해당하지 않는다.

⑤ 거주·이전의 자유는 국내에서 체류지와 거주지를 자유롭게 정할 수 있는 자유영역뿐 아니라 나아가 국외에서 체류지와 거주지를 자유롭게 정할 수 있는 '해외여행 및 해외이주의 자유'를 포함하고 덧붙여 대한민국의 국적을 이탈할 수 있는 '국적변경의 자유' 등도 그 내용에 포섭된다고 보아야 한다.

해설

① (o) 헌재 2004.10.28. 2003헌가18.

② (x) 거주·이전의 자유는 거주지나 체류지라고 볼 만한 정도로 **생활과 밀접한 연관을 갖는 장소를 선택하고 변경하는 행위를 보호하는 기본권**인바, 이 사건에서 서울광장이 청구인들의 생활 형성의 중심지인 거주지나 체류지에 해당한다고 할 수 없고, 서울광장에 출입하고 통행하는 행위가 그 장소를 중심으로 생활을 형성해 나가는 행위에 속한다고 볼 수도 없으므로 청구인들의 거주·이전의 자유가 제한되었다고 할 수 없다(헌재 2011.6.30. 2009헌마406).

③ (o) 헌재 2004.10.28. 2003헌가18; 일정액수의 추징금을 납부하지 않은 자에게 내리는 출국금지의 행정처분은 형법 제41조 상의 형벌이 아니라 형벌의 이행확보를 위하여 출국의 자유를 제한하는 행정조치의 성격을 지니고 있다. 그렇다면 심판대상 법조항에 의한 출국금지처분은 헌법 제13조 제1항 상의 이중처벌금지원칙에 위배된다고 할 수 없다(헌재 2004.10.28. 2003헌가18).

④ (o) 대법원 2008.4.17. 2004도4899.

⑤ (o) 헌재 2004.10.28. 2003헌가18; 따라서 해외여행 및 해외이주의 자유는 필연적으로 외국에서 체류 또는 거주하기 위해서 대한민국을 떠날 수 있는 "출국의 자유"와 외국체류 또는 거주를 중단하고 다시 대한민국으로 돌아올 수 있는 "입국의 자유"를 포함한다(헌재 2004.10.28. 2003헌가18).

[해 답] ②

2. 거주·이전의 자유에 관한 설명 중 옳지 않은 것을 모두 고른 것은? (다툼이 있는 경우 판례에 의함)

㉠ 여권발급 신청인이 북한 고위직 출신의 탈북 인사로서 신변에 대한 위해 우려가 있다는 이유로 신청인의 미국 방문을 위한 여권발급을 거부한 것은 여권법 제8조 제1항 제5호에 정한 사유에 해당한다고 볼 수 없고 거주·이전의 자유를 과도하게 제한하는 것으로서 위법하다.

㉡ 헌법재판소는 거주·이전의 자유의 내용으로 대한민국을 떠날 수 있는 출국의 자유와 외국체류 또는 거주를 중단하고 다시 대한민국으로 돌아올 수 있는 입국의 자유를 포함한다고 보기 때문에 무국적의 자유도 인정되고 있다.

㉢ 누구든지 주민등록 여부와 무관하게 거주지를 자유롭게 이전할 수 있으므로 주민등록 여부가 거주·이전의 자유와 직접적인 관계가 있다고 보기 어렵다.
㉣ 지방자치단체장의 피선거권 자격요건으로서 90일 이상 관할구역 내에 주민등록이 되어 있을 것을 요구하는 공직선거 및 선거부정방지법 제16조 제3항으로 인하여 청구인이 거주·이전의 자유가 침해되었다고 할 수는 없다.
㉤ 출입국관리법 소정의 외국인으로서 대한민국 밖으로 강제퇴거를 시키기 위하여는 상대방이 대한민국의 국적을 가지지 아니한 외국인이라고 단정할 수 있어야 할 것이다.
㉥ 거주지를 기준으로 중·고등학교의 입학을 제한하는 교육법시행령 제71조 및 제112조의6 등의 규정은 부모의 자녀를 교육시킬 학교선택권의 본질적 내용을 침해하였거나 과도하게 제한한 경우에 해당된다.

① ㉠, ㉤ ② ㉡, ㉥ ③ ㉢, ㉥
④ ㉡, ㉣ ⑤ ㉠, ㉢

해설

㉠ (o) 대법원 2008.1.24. 2007두10846; 여권의 발급은 헌법이 보장하는 **거주·이전의 자유의 내용인 해외여행의 자유를 보장하기 위한 수단적 성격**을 갖고 있으며, 해외여행의 자유는 행복을 추구하기 위한 권리이자 이동의 자유로운 보장의 확보를 통하여 의사를 표현할 수 있는 측면에서 인신의 자유 또는 표현의 자유와 밀접한 관련을 가진 기본권이므로 최대한 그 권리가 보장되어야 하고, 따라서 그 권리를 제한하는 것은 최소한에 그쳐야 한다(대법원 2008.1.24. 2007두10846).
㉡ (x) 국내에서 체류지와 거주지를 자유롭게 정할 수 있는 자유영역뿐 아니라 나아가 국외에서 체류지와 거주지를 자유롭게 정할 수 있는 **'해외여행 및 해외 이주의 자유'**를 포함하고 덧붙여 **대한민국의 국적을 이탈할 수 있는 '국적변경의 자유'** 등도 그 내용에 포섭된다고 보아야 한다(헌재 2004.10.28. 2003헌가18). 국적이탈의 자유 내지 국적변경의 자유가 인정된다고 하더라도 무국적의 자유를 인정하는 것은 아니다(통설).
㉢ (o) 헌재 2011.6.30. 2009헌마59; 영내 기거하는 현역병은 병역법으로 인해 거주·이전의 자유를 제한받게 되므로 영내에 기거하는 군인은 그가 속한 세대의 거주지에서 등록하여야 한다고 규정하고 있는 주민등록법(2007.5.11. 법률 제8422호로 전부 개정된 것) 제6조 제2항은 영내 기거 현역병의 거주·이전의 자유를 제한하지 않는다(헌재 2011.6.30. 2009헌마59).
㉣ (o) 헌재 1996.6.26. 96헌마200; 선거일 현재 계속하여 90일 이상 당해 지방자치단체의 관할구역 안에 주민등록이 되어 있을 것을 입후보의 요건으로 하는 이 사건 법률조항으로 인하여 청구인이 그 체류지와 거주지의 자유로운 결정과 선택에 사실상 제약을 받는다고 하더라도 청구인의 **공무담임권에 대한 위와 같은 제한이 있는 것은 별론으로 하고** 거주·이전의 자유가 침해되었다고 할 수는 없다. **국회의원의 경우 거주요건을 요구하지 아니하는 이유**는 국회의원이 비록 지역구에서 선출되기는 하지만 국가의 입법기관의 구성원으로서 국민대표적 성격을 가지고 있는 데에 기인하는 것이므로, 당해 관할구역 내에 거주하지 아니하는 입후보자

를 국회의원선거의 입후보자나 관할구역 안에 거주하는 다른 입후보자들에 비하여 합리적인 이유없이 차별하는 것이라고 볼 수 없다(헌재 1996.6.26. 96헌마200).

ⓜ (o) 대법원 1996.11.12. 96누1221; 조선인을 부친으로 하여 출생한 자는 남조선과도정부법률 제11호 국적에관한임시조례의 규정에 따라 조선국적을 취득하였다가 제헌헌법의 공포와 동시에 대한민국 국적을 취득하였다 할 것이고, 설사 그가 북한법의 규정에 따라 북한국적을 취득하여 중국 주재 북한대사관으로부터 북한의 해외공민증을 발급받은 자라 하더라도 **북한지역 역시 대한민국의 영토에 속하는 한반도의 일부를 이루는 것이어서 대한민국의 주권이 미칠 뿐이고,** 대한민국의 주권과 부딪치는 어떠한 국가단체나 주권을 법리상 인정할 수 없는 점에 비추어 볼 때, 그러한 사정은 그가 대한민국 국적을 취득하고 이를 유지함에 있어 아무런 영향을 끼칠 수 없다(대법원 1996.11.12. 96누1221).

ⓗ (x) 거주지를 기준으로 중·고등학교의 입학을 제한하는 교육법시행령 제71조 및 제112조의6 등의 규정은 **과열된 입시경쟁으로 말미암아 발생하는 부작용을 방지한다고 하는 입법목적을 달성**하기 위한 방안의 하나이고, 도시와 농어촌에 있는 중·고등학교의 교육여건의 차이가 심하지 않으며, **획일적인 제도의 운용에 따른 문제점을 해소하기 위한 여러 가지 보완책**이 위 시행령에 상당히 마련되어 있어서 **그 입법수단은 정당**하므로, 위 규정은 학부모의 자녀를 교육시킬 학교선택권의 본질적 내용을 침해하였거나 과도하게 제한한 경우에 해당하지 아니한다(헌재 1995.2.23. 91헌마204).

[해 답] ②

21 직업의 자유

1. 직업의 자유에 관한 설명 중 옳지 않은 것은? (다툼이 있는 경우 판례에 의함)

① 모든 국민은 누구나 자유롭게 자신이 종사할 직업을 선택하고, 그 직업에 종사하며, 이를 변경할 수 있다. 이에는 개인의 직업적 활동을 하는 장소 즉 직장을 선택할 자유도 포함된다.

② 직장 선택의 자유는 인간의 존엄과 가치 및 행복추구권과도 밀접한 관련을 가지는 만큼 단순히 국민의 권리가 아닌 인간의 권리로 보아야 할 것이므로, 외국인 근로자의 사업장 이동을 3회로 제한한 구 '외국인근로자의 고용 등에 관한 법률' 제25조 제4항은 외국인의 직장 선택의 자유를 침해하는 것으로 위헌이다.

③ 변호사시험 응시요건으로 법학전문대학원의 석사학위 취득을 요구하는 것은 기본권주체의 능력과 자질에 대한 제한으로서 변호사를 직업으로 선택하고자 하는 청구인들의 직업선택의 자유를 제한하는 것은 아니다.

④ 직업의 자유의 개념요소인 '계속성'은 휴가기간 중에 하는 일, 수습직으로서의 활동 따위도 포함된다고 볼 것이고, '생활수단성'은 겸업이나 부업도 삶의 수요를 충족하기에 적합하므로 직업에 해당한다고 말할 수 있다.

⑤ 직업선택의 자유에는 소극적 직업의 자유도 인정되기 때문에 개인은 아무런 직업을 가지지 아니할 자유를 가지며, 국가 역시 국민에게 직업을 가질 것을 강제할 수 없다.

해설 ① (o) 헌재 1989.11.20. 89헌가102; 직업선택의 자유는 삶의 보람이요 생활의 터전인 직업을 개인의 창의와 자유로운 의사에 따라 선택케 함으로써 자유로운 인격의 발전에 이바지 하는 한편 자유주의적 경제·사회질서의 요소가 되는 기본적 인권이라 아니할 수 없다. 따라서 그 제한은 반드시 법률로써 하여야 할 뿐 아니라 국가안전보장, 질서유지 또는 공공복리 등 정당하고 중요한 공공의 목적을 달성하기 위하여 필요하고 적정한 수단·방법에 의하여서만 가능한 것이다(헌재 1989.11.20. 89헌가102).

② (x) 외국인근로자의 사업장 이동을 3회로 제한한 구 '외국인근로자의 고용 등에 관한 법률' 제25조 제4항(이 사건 법률조항)은 외국인근로자의 무분별한 사업장 이동을 제한함으로써 내국인근로자의 고용기회를 보호하고 외국인근로자에 대한 효율적인 고용관리로 중소기업의 인력수급을 원활히 하여 국민경제의 균형 있는 발전이 이루어지도록 하기 위하여 도입된 것이다. 따라서 이 사건 법률조항은 청구인들의 직장 선택의 자유를 침해하지 아니한다(헌재 2011.9.29. 2007헌마1083).

③ (o) 헌재 2012.4.24. 2009헌마608; 변호사시험에 응시하려는 사람은 법학전문대학원의 석사학위를 취득하여야 한다는 자격요건을 규정하고 있는 변호사시험법(2009.5.28. 법률 제9747호로 제정된 것) 제5조 제1항 본문이 과잉금지원칙을 위반하여 청구인들의 직업선택의 자유를 침해하는 것은 아니다. **입법부가 일정한 전문분야에 관한 자격제도를 마련함에 있어서는** 그 제도를 마련한 목적을 고려하여 정책적인 판단에 따라 자격제도의 내용을 정함에 있어서 그 내용이 명백히 불합리하고 불공정하지 아니하는 한 **원칙적으로 입법부에 광범위한 형성의 자유가 인정된다.** 따라서 변호사라는 전문분야의 자격에 관한 이 사건 법률조항의 위헌성을 판단함에 있어서는 이와 같은 입법재량을 감안하여 헌법 제37조 제2항의 요구가 다소 완화된다고 할 것이다(헌재 2009.2.26. 2008헌마370).

④ (o) 헌재 2003.9.25. 2002헌마519; 직업의 자유에 의한 보호의 대상이 되는 **'직업'은 '생활의 기본적 수요를 충족시키기 위한 계속적 소득활동'**을 의미하며 그러한 내용의 활동인 한 그 종류나 성질을 묻지 아니한다. 이러한 직업의 개념표지들은 개방적 성질을 지녀 엄격하게 해석할 필요는 없는바, **'계속성'**과 관련하여서는 주관적으로 활동의 주체가 어느 정도 계속적으로 해당 소득활동을 영위할 의사가 있고, 객관적으로도 그러한 활동이 계속성을 띨 수 있으면 족하다고 해석되므로 휴가기간 중에 하는 일, 수습직으로서의 활동 따위도 이에 포함된다고 볼 것이고, 또 **'생활수단성'**과 관련하여서는 단순한 여가활동이나 취미활동은 직업의 개념에 포함되지 않으나 겸업이나 부업은 삶의 수요를 충족하기에 적합하므로 직업에 해당한다고 말할 수 있다(헌재 2003.9.25. 2002헌마519).

⑤ (o) 헌법 제15조가 규정하는 직업선택의 자유라 함은 자신이 원하는 직업을 자유로이 선택하고 이에 종사하는 등 직업에 관한 종합적이고 포괄적인 자유를 말하고, **직업결정의 자유, 직업종사(직업수행)의 자유, 전직의 자유 등을 포함**하는바, 법인의 설립은 그 자체가 간접적인 직업선택의 한 방법이다(헌재 1996.4.25. 92헌바47). 헌법상 근로의 의무를 법적 의무로 볼 경우에는 무직업의 자유는 부인된다고 할 수 있지만, 근로의 의무를 윤리적 의무로 볼 경우에는 무직업의 자유도 인정된다(다수설). [해 답] ②

2. 직업의 자유의 제한에 관한 다음 사례 중 옳지 않은 것은? (다툼이 있는 경우 판례에 의함)

① 공기업·준정부기관이 공개입찰의 공정성 확보와 계약에 따른 충실한 이행을 담보할 목적으로 부정당업자에 대하여 입찰참가자격을 제한하는 것은 그 입법목적의 정당성이 인정되고, 방법의 적정성도 인정된다.

② 기존에 자유업종이었던 인터넷 컴퓨터게임 시설제공업에 대하여 등록제를 도입하고 등록하지 아니하면 영업을 할 수 없도록 하는 것은 인터넷 컴퓨터게임 시설제공업자들의 '직업결정의 자유'를 제한하는 규정이라 할 것이지만, 과잉금지의 원칙에 위배하여 인터넷 컴퓨터게임 시설제공업자의 직업결정의 자유를 침해하는 것이 아니다.

③ 개인택시운송사업 면허를 일단 취득한 사람이라 하더라도 이후 사업자가 도로교통 관련법규를 위반하여 운전면허가 취소된 경우에는 개인택시운송사업 면허의 취소 또는 사업정지를 명할 수 있도록 하는 것은 여객운송사업이라는 공공성이 강한 서비스를 국민에게 제공함에 있어 안전운행의 확보와 운송서비스 향상을 도모하여 궁극적으로 국민의 생명·신체와 재산을 보호하기 위한 것으로 위헌은 아니다.

④ 비의료인에 의한 무면허 의료행위를 금지, 처벌하는 의료법 등의 규정은 매우 중대한 헌법적 법익인 국민의 생명권과 건강권을 보호하고 국민의 보건에 관한 국가의 보호의무를 이행하기 위하여 적합한 조치로서, 비의료인의 직업선택의 자유 등 기본권을 침해하지 아니한다.

⑤ 의료인은 태아 또는 임부에 대한 진찰이나 검사를 통하여 알게된 태아의 성별을 임부 본인, 그 가족 기타 다른 사람이 알 수 있도록 하여서는 아니된다는 의료법 규정은 과잉금지원칙을 위반하거나 의사의 직업수행의 자유 및 임부나 그 가족이 태아 성별 정보에 대한 접근을 방해받지 않을 권리 등을 침해하는 것은 아니다.

해설 ① (o) 헌재 2012.10.25. 2011헌바99.
② (o) 헌재 2009.9.24. 2009헌바28.
③ (o) 헌재 2008.5.29. 2006헌바85; 개인택시운송사업자의 운전면허가 취소된 경우 개인택시운송사업 면허를 취소할 수 있도록 규정한 구 '여객자동차 운송사업법' 제76조 제1항 제15호(2000.1.28. 법률 제6240호로 개정되고 2006.12.26. 법률 제8095호로 개정되기 전의 것 및 2006.12.26. 법률 제8095호로 개정되고, 2007.7.13. 법률 제8511호로 개정되기 전의 것)은 개인택시운송사업자의 직업의 자유 및 재산권을 침해하는 것은 아니다(헌재 2008.5.29. 2006헌바85).
④ (o) 헌재 2010.7.29. 2008헌가19.
⑤ (x) 헌재 2008.7.31. 2004헌마1010; 구 의료법 제19조의2 제2항이 태아의 성별에 대하여 이를 고지하는 것을 금지하는 것은 의료인의 직업수행의 자유와 태아 부모의 태아성별 정보에 대한 접근을 방해받지 않을 권리를 침해하므로 헌법에 위반된다(헌재 2008.7.31. 2004헌마1010).
[해 답] ⑤

3. 다음 사례 중 헌법재판소에서 합헌결정을 내린 것이 아닌 것은?

① 특허, 실용신안, 디자인 또는 상표의 침해로 인한 손해배상, 침해금지 등의 민사소송('특허침해소송')에서 변리사에게 소송대리를 허용하지 않고 있는 구 변리사법(2004.12.31. 법률 제7289호로 개정되고, 2011.5.24. 법률 제10706호로 개정되기 전의 것) 제8조.

② 학교 정화구역 내에서의 극장시설 및 영업을 금지하고 있는 학교보건법 제6조 제1항 본문 제2호 '극장' 부분 중 대학의 정화구역에서도 극장영업을 일반적으로 금지하고 있는 부분.

③ 공인회계사 시험의 응시자격을 일정과목에 대하여 일정학점을 이수한 사람으로 제한하고 있는 공인회계사법(2005.7.29. 법률 제7619호로 개정된 것) 제5조 제3항.

④ 전자장치 부착을 통한 위치추적 감시제도가 처음 시행될 때 부착명령 대상에서 제외되었던 2008.9.1. 이전에 제1심판결을 선고받은 사람들 중 구 '특정 범죄자에 대한 위치추적 전자장치 부착 등에 관한 법률'(2010.4.15. 법률 제10257호로 개정되고, 2012.12.18. 법률 제11558호로 개정되기 전의 것) 시행 당시 징역형 등의 집행 중이거나 집행이 종료, 가종료·가출소·가석방 또는 면제된 후 3년이 경과하지 아니한 자에 대하여도 위치추적 전자장치를 부착할 수 있도록 규정하고 있는 '특정 범죄자에 대한 위치추적 전자장치 부착 등에 관한 법률'(2008.6.13. 법률 제9112호) 부칙 제2조 제1항.

⑤ 법학전문대학원 입학자 중 법학 외의 분야 및 당해 법학전문대학원이 설치된 대

학 외의 대학에서 학사학위를 취득한 자가 차지하는 비율이 입학자의 3분의 1 이상이 되도록 규정한 '법학전문대학원 설치·운영에 관한 법률'(2007.7.27. 법률 제8544호로 제정된 후 2008.2.29. 법률 제8852호로 개정된 것) 제26조 제2항 및 제3항.

해설 ① (o) **심결취소소송에서는 특허권 등 자체에 관한 전문적 내용의 쟁점이 소송의 핵심**이 되므로, 이에 대한 전문가인 변리사가 소송당사자의 권익을 도모할 수 있다. 그러나 **특허침해소송은 고도의 법률지식 및 공정성과 신뢰성이 요구되는 소송**으로, 변호사 소송대리원칙(민사소송법 제87조)이 적용되어야 하는 일반 민사소송의 영역이므로, 소송당사자의 권익을 보호하기 위해 변호사에게만 특허침해소송의 소송대리를 허용하는 것은 그 합리성이 인정되며 입법재량의 범위 내라고 할 수 있다. 그러므로 이 사건 법률조항이 특허침해소송을 변리사가 예외적으로 소송대리를 할 수 있도록 허용된 범위에 포함시키지 아니한 것은 청구인들의 직업의 자유를 침해하지 아니한다(헌재 2012.8.23. 2010헌마740).

② (x) 대학의 정화구역에 관하여는 학교보건법 제6조 제1항 단서에서 규율하는 바와 같은 예외조항의 유무와 상관없이 극장에 대한 일반적 금지를 둘 필요성을 인정하기 어렵다. 결국, 대학의 정화구역 안에서 극장시설을 금지하는 이 사건 법률조항은 극장운영자의 직업수행의 자유를 필요·최소한 정도의 범위에서 제한한 것이라고 볼 수 없어 최소침해성의 원칙에 반한다(헌재 2004.5.27. 2003헌가1).

③ (o) 이 사건 법률조항이 규정하고 있는 학점이수제도는 폭넓은 전문지식과 소양을 갖춘 공인회계사를 양성하기 위하여 공인회계사 업무와 관련이 있는 일정과목에 대하여 일정학점을 이수하도록 하는 것으로서 그 입법목적의 정당성 및 수단의 적절성이 인정된다. 학점이수제도는 공인회계사로 하여금 합당한 전문지식과 학문적 소양을 습득하도록 하며, 경영학 등 대학의 관련 학과 교육과 공인회계사 시험을 연계시킴으로써 대학교육의 정상화 및 국가인력자원 배분의 효율성 증진에도 기여한다는 점에서 최소침해성의 원칙 및 법익균형성의 원칙에도 반하지 아니하므로, 청구인의 직업선택의 자유를 침해하지 아니한다(헌재 2012.11.29. 2011헌마801).

④ (o) 전자장치 부착명령은 전통적 의미의 형벌이 아닐 뿐 아니라, 성폭력범죄자의 성행교정과 재범방지를 도모하고 국민을 성폭력범죄로부터 보호한다고 하는 공익을 목적으로 하며, 의무적 노동의 부과나 여가시간의 박탈을 내용으로 하지 않고 전자장치의 부착을 통해서 피부착자의 행동 자체를 통제하는 것도 아니라는 점에서 처벌적인 효과를 나타낸다고 보기 어렵다. 그러므로 이 사건 부착명령은 형벌과 구별되는 비형벌적 보안처분으로서 소급효금지원칙이 적용되지 아니한다(헌재 2012.12.27. 2010헌가82).

⑤ (o) 다양한 전공자를 대상으로 전문적인 법학교육을 실시하고 다양한 학문풍토를 조성하고자 하는 이 사건 법률 제26조 제2항 및 제3항이 추구하는 **입법목적의 정당성**이 인정되고, 전공과 출신대학에 따라 로스쿨 입학정원 비율을 제한하는 것은 이 사건 법률 제26조 제2항 및 제3항이 추구하는 입법목적을 달성하기 위한 **적절한 방법**이 될 수 있고, 입법목적을 달성하는 수단을 선택함에 있어서 입법자의 선택재량의 범위를 일탈하였다고 볼 수 없어서 **최소침해성원칙**에도 위배되지 아니하며, 로스쿨을 지원함에 있어서 청구인들이 받게 되는 불이익보다 위와 같은 입법목적을 달성하여 얻게 되는 공익이 훨씬 더 크다고 할 것이어서

법익균형성원칙에도 위배되지 아니하므로, 이 사건 법률 제26조 제2항 및 제3항은 비례의 원칙에 위배되지 않기 때문에 청구인들의 직업선택의 자유를 침해하지 아니한다(헌재 2009. 2.26. 2007헌마1262). [해 답] ②

4. 직업의 자유의 제한에 관한 설명 중 옳지 않은 것을 모두 고른 것은? (다툼이 있는 경우 판례에 의함)

㉠ 직업선택의 자유에는 직업결정의 자유, 직업종사(직업수행)의 자유, 전직의 자유 등이 포함된다.
㉡ 직업결정의 자유나 전직의 자유에 비하여 직업종사(직업수행)의 자유에 대하여서는 상대적으로 더욱 넓은 법률상의 규제가 가능하다고 할 것이다.
㉢ 직업의 자유 제한에 관한 단계이론은 헌법상 과잉금지의 원칙과 구별되는 독자적인 직업의 자유라는 기본권 제한의 한계법리에 해당된다.
㉣ 사용자가 외국인근로자를 고용함에 있어 직업안정기관의 허가를 받도록 하는 고용허가제가 사용자인 청구인들의 직업수행의 자유를 침해하는 것은 아니다.
㉤ 사법시험의 합격자를 정원제로 선발하도록 규정하고 있는 사법시험법(2001.3.28. 법률 제6436호로 제정된 것) 제4조는 상대평가라는 방식을 통하여 응시자의 자질과 능력을 검정하려는 것이므로 이는 객관적 사유에 의한 직업선택의 자유의 제한이다.
㉥ 경비업을 경영하고 있는 자들이나 다른 업종을 경영하면서 새로이 경비업에 진출하고자 하는 자들로 하여금, 경비업을 전문으로 하는 별개의 법인을 설립하지 않는 한 경비업과 그밖의 업종을 겸영하지 못하도록 금지하고 있는 경비업법 제7조 제8항, 제19조 제1항 제3호, 부칙 제4조는 위헌이다.

① ㉠, ㉢ ② ㉡, ㉤ ③ ㉢, ㉤
④ ㉣, ㉥ ⑤ ㉤, ㉥

해설

㉠ (o) 헌재 1993.5.13. 92헌마80.
㉡ (o) 헌재 1993.5.13. 92헌마80; 헌법재판소의 이 결정에 대하여 독일 연방헌법재판소가 제시한 직업의 자유의 제한에 대한 3단계이론을 수용한 것으로 보고 있다. 국가안정보장·질서유지·공공복리의 필요상 직업의 자유에 대한 제한이 불가피하다고 판단하는 입법권자는 '**과잉금지의 원칙**'에 따라 우선 '직업의 자유'에 대한 침해가 제일 적은 방법으로 목적달성을 추구해 보고, 그 제한방법만으로는 도저히 그 목적달성이 불가능한 경우에만 그 다음 단계의 제한방법을 사용하고, 그 두 번째 제한방법도 실효성이 없다고 판단되는 최후의 불가피한 경우에만 마지막 단계의 제한방법을 선택해야 한다는 이론이 '직업의 자유'의

제한에 관한 '단계이론'이다.
ⓒ (x) 직업의 자유도 다른 기본권과 같이 헌법 제37조 제2항에 근거하고 있는 과잉금지의 원칙에 따라 제한될 수 있으며, 단계이론 역시 과잉금지의 원칙이 적용되는 한 유형이라고 할 수 있다.
ⓔ (o) 외국인고용법 제8조 제1항, 제3항, 제6항 및 제12조 제3항 본문 규정이 사용자에게 일정요건을 갖추어 허가절차를 밟게 하고 직업안정기관이 아닌 자는 그 과정에 개입하지 못하도록 한 것은 위 입법목적을 달성하기 위한 효과적이고 적절한 수단이고 내국인 구인 노력기간을 단기간으로 규정하는 등 보완조치를 마련하여 침해의 최소성이 인정되며 법익의 균형성 또한 구비하고 있다. 따라서 이 사건 조항들은 헌법상 보장된 청구인들의 기본권인 직업수행의 자유를 헌법 제37조 제2항에 위반하여 과도하게 제한하고 있다고 볼 수 없다(헌재 2009.9.24. 2006헌마1264). 직업의 자유의 제한 중 **제1단계의 직업종사(수행)의 자유 제한**에 관련된 사안이다.
ⓜ (x) 사법시험의 합격자를 정원제로 선발하도록 규정하고 있는 사법시험법 제4조가 사법시험의 합격자를 결정하는 방법으로 정원제를 취한 이유는 상대평가라는 방식을 통하여 응시자의 자질과 능력을 검정하려는 것이므로 이는 **객관적 사유가 아닌 주관적 사유에 의한 직업선택의 자유의 제한이다**(헌재 2010.5.27. 2008헌바110). 이는 그 직업이 요구하는 일정한 자격(사법시험의 합격)과 결부시켜서 **직업선택의 자유를 제한하는 제2단계의 제한**이다. 주관적 사유에 의한 직업선택의 자유의 제한에서 특징은 그 전제조건 자체를 기본권 주체 스스로가 충족시킬 수 있고, 기본권 주체 스스로의 노력에 의해서 그 전제조건을 충족시키면 그 제한에서 벗어날 수 있다.
ⓑ (o) 헌재 2002.4.25. 2001헌마614; 이 사건 법률조항은 청구인들과 같이 경비업을 경영하고 있는 자들이나 다른 업종을 경영하면서 새로이 경비업에 진출하고자 하는 자들로 하여금 경비업을 전문으로 하는 별개의 법인을 설립하지 않는 한 경비업과 그밖의 업종 간에 택일하도록 법으로 강제하고 있다. 이와 같이 당사자의 능력이나 자격과 상관없는 **객관적 사유에 의한 제한은 월등하게 중요한 공익을 위하여 명백하고 확실한 위험을 방지하기 위한 경우**에만 정당화될 수 있고, 따라서 헌법재판소가 이 사건을 심사함에 있어서는 헌법 제37조 제2항이 요구하는바 과잉금지의 원칙, 즉 엄격한 비례의 원칙이 그 심사척도가 된다(헌재 2002.4.25. 2001헌마614). 이는 기본권 주체와 무관한 객관적 사유를 내세워 **직업선택의 자유를 제한하는 제3단계의 제한**이다.
[해 답] ③

22 재산권

1. 재산권에 관한 설명 중 옳지 않은 것을 모두 고른 것은? (다툼이 있는 경우 판례에 의함)

㉠ 입법자는 헌법 제23조가 정한 재산권보장의 취지와 공익목적을 위한 재산권제한의 필요성을 서로 형량하여 재산권의 내용과 한계를 구체적으로 정할 입법형성권을 갖는다.
㉡ 소득심사제에 의하여 퇴직연금 중 일부의 지급을 정지하는 것은 연금수급자의 신뢰보호의 원칙에 위배되는 것으로 위헌이라고 할 수 있다.
㉢ 헌법이 보장하고 있는 재산권은 경제적 가치가 있는 모든 공법상·사법상의 권리를 뜻하고, 그 재산가액의 다과를 불문한다. 또 이 재산권의 보장은 재산권의 자유로운 처분의 보장까지 포함한다.
㉣ 공무원의 보수청구권은, 법률 및 법률의 위임을 받은 하위법령에 의해 그 구체적 내용이 형성되면 재산적 가치가 있는 공법상의 권리가 되어 재산권의 내용에 포함되므로, 공무원이 국가 또는 지방자치단체에 대하여 어느 수준의 보수를 청구할 수 있는 권리는 기대이익에 해당될지라도 재산권의 내용에 포함된다.
㉤ 시혜적 입법의 시혜대상이 될 경우 얻을 수 있는 재산상 이익의 기대가 성취되지 않았다고 하여도 그러한 단순한 재산상 이익의 기대는 헌법이 보호하는 재산권의 영역에 포함되지 않는다고 할 것이다.

① ㉠, ㉡ ② ㉡, ㉤ ③ ㉢, ㉣
④ ㉢, ㉤ ⑤ ㉡, ㉣

해설

㉠ (o) 이러한 입법형성권은 매립지 등과 같이 재산권의 객체가 사회적 관련성과 기능성을 강하게 가질수록 그 범위가 넓다고 할 것이다. 그러나 그러한 경우에도 재산권에 대한 제한입법 역시 다른 기본권을 제한하는 입법과 마찬가지로 비례의 원칙을 준수해야 하고, 재산권의 본질적 내용을 침해해서는 아니된다(헌재 2005.4.28. 2003헌바73).

㉡ (x) 퇴직연금수급권은 사회보장적 급여인 동시에 경제적인 가치가 있는 권리로서 헌법 제23조에 의하여 보장되는 재산권으로서의 성격을 지닌다. 따라서 퇴직연금수급자가 퇴직 후에 사업소득이나 근로소득을 얻게 된 경우, 입법자는 사회정책적인 측면과 국가의 재정 및 기금의 상황 등 여러 가지 사정을 참작하여 폭넓은 재량으로 **퇴직연금 지급 정도를 위와 같은 소**

득과 연계하여 일부 축소할 수 있다고 할 것인바, 이 사건 심판대상조항과 같이 소득심사제에 의하여 퇴직연금 중 일부의 지급을 정지하는 것은 포괄위임금지의 원칙에 위배되는 등 특별한 사정이 없는 한 위헌이라고 볼 수 없다(헌재 2009.7.30. 2007헌바113).

㉢ (o) 헌재 1992.6.26. 90헌바26; 헌법 제23조의 재산권은 민법상의 소유권뿐만 아니라, 재산적 가치있는 사법상의 물권, 채권 등 모든 권리를 포함하며, 또한 국가로부터의 일방적인 급부가 아닌 자기 노력의 대가나 자본의 투자 등 특별한 희생을 통하여 얻은 공법상의 권리도 포함한다. 헌법재판소는 종래의 결정에서 군인연금법상의 연금수급권(헌재 1994.6.30. 92헌가9), 공무원연금법상의 연금수급권(헌재 1995.7.21. 94헌바27), 국가유공자의 보상수급권(헌재 1995.7.21. 93헌가14)을 헌법상의 재산권에 포함시켰다. 특히 구 공무원연금법 제64조 제1항에 대한 위헌소원사건에서 헌법재판소는 공법상의 권리가 재산권보장의 보호를 받기 위해서는 '개인의 노력과 금전적 기여를 통하여 취득되고 자신과 그의 가족의 생활비를 충당하기 위한 경제적 가치가 있는 권리'여야 한다고 판시하였다(헌재 1995.7.21. 94헌바27).

㉣ (x) 공무원의 보수청구권은, 법률 및 법률의 위임을 받은 하위법령에 의해 그 구체적 내용이 형성되면 재산적 가치가 있는 공법상의 권리가 되어 재산권의 내용에 포함되지만, **법령에 의하여 구체적 내용이 형성되기 전의 권리**, 즉 공무원이 국가 또는 지방자치단체에 대하여 어느 수준의 보수를 청구할 수 있는 권리는 **단순한 기대이익에 불과**하여 재산권의 내용에 포함된다고 볼 수 없다(헌재 2012.10.25. 2011헌마307).

㉤ (o) 헌재 2011.7.28. 2008헌바13; 도시정비사업의 시행으로 인하여 사업시행자에게 무상으로 양도되는 용도가 폐지되는 국가 또는 지방자치단체 소유의 정비기반시설을 국토계획법령에 의하여 설치된 기반시설만을 그 대상으로 하고 **위 법령에 의하여 설치되지 아니한 사실상의 기반시설(도로, 공공공지)을 제외**하고 있는 '도시 및 주거환경정비법'(이하, '도시정비법'이라 한다) 제65조 제2항 후단 규정이 재산권을 침해하는 것은 아니다(헌재 2011.7.28. 2008헌바13).

[해 답] ⑤

2. 재산권의 내용에 관한 설명 중 옳지 않은 것은? (다툼이 있는 경우 판례에 의함)

① 헌법이 보장하는 재산권의 내용과 한계는 국회에서 제정되는 형식적 의미의 법률에 의하여 정해지므로, 재산권의 구체적 모습은 재산권의 내용과 한계를 정하는 법률에 의하여 형성된다.

② 일반적으로 국민에게 특정 재산을 수용해 달라는 청구권은 헌법상 인정되지 않는다.

③ 입법자에 의한 재산권의 내용과 한계의 설정은 기존에 성립된 재산권을 제한할 수도 있고, 기존에 없던 것을 새롭게 형성하는 것일 수도 있다.

④ 공익사업을 위한 토지 등의 취득 및 보상에 관한 법률이 '사업인정고시가 있은 후에 3년 이상 토지가 공익용도로 사용된 경우'에는 토지소유자에게 수용청구권을 인정하고 있기 때문에 '행정청이 불법으로 점유하여 3년 이상 사용하고 있는 토지'에 대한 수용청구권이 입법자에 의하여 인정된바 없더라도 이 역시 재산권

에 포함된다.

⑤ 사회부조와 같이 국가의 일방적인 급부에 대한 권리는 재산권의 보호대상에서 제외되고, 단지 사회법상의 지위가 자신의 급부에 대한 등가물에 해당하는 경우에 한하여 사법상의 재산권과 유사한 정도로 보호받아야 할 공법상의 권리가 인정된다. 따라서 의료급여수급권은 개인의 노력과 금전적 기여를 통하여 취득되는 재산권의 보호대상에 포함된다고 보기 어렵다.

해설 ① (o) 헌재 1993.7.29. 92헌바20; 재산권의 내용과 한계는 법률로 정한다(헌법 23①). 여기서 '법률'은 국회가 입법절차에 따라 제정한 형식적 의미의 법률에 의해서만 가능하고, 법률의 위임없이 행정명령이나 조례만을 근거로 재산권의 제한은 허용되지 않는다고 보아야 한다. 따라서 법률의 위임으로 명령, 규칙, 조례에 의한 재산권을 제한할 수 있는 권한을 위임하는 것은 원칙적으로 허용될 수 없고, 부득이한 경우에 한해서만 최소한도로 허용된다(정종섭). 그리고 '법률로 정한다'는 의미에 관하여 사유재산제도의 한계로 보는 견해와 사유재산제도의 재산권 모두에 관련되는 형성적 법률유보로 보는 견해가 있는데, 헌법재판소는 후자의 견해를 취하고 있다. 형성적 법률유보에 해당하기 때문에 헌법 제37조 제2항(과잉금지의 원칙)이 적용되지 않는다고 본 판례도 있고, 이와 달리 형성적 법률유보로 보면서도 과잉금지의 원칙을 적용한 판례도 있다.

헌법상의 재산권에 관한 규정은 다른 기본권 규정과는 달리 그 내용과 한계가 법률에 의해 구체적으로 형성되는 **기본권형성적 법률유보의 형태**를 띠고 있다. 그리하여 헌법이 보장하는 재산권의 내용과 한계는 국회에서 제정되는 형식적 의미의 법률에 의하여 정해지므로 이 헌법상의 **재산권 보장은 재산권형성적 법률유보에 의하여 실현되고 구체화**하게 된다. 따라서 재산권의 구체적 모습은 재산권의 내용과 한계를 정하는 법률에 의하여 형성된다. 물론 헌법이 보장하는 재산권의 내용과 한계를 정하는 법률은 재산권을 제한한다는 의미가 아니라 재산권을 형성한다는 의미를 갖는다(헌재 1993.7.29. 92헌바20).

② (o) 헌재 2005.7.21. 2004헌바57.

③ (o) 헌재 2005.7.21. 2004헌바57.

④ (x) 청구인들이 주장하는 '불법적인 사용의 경우에 인정되는 수용청구권'이란 재산권은 존재하지 않는 것이며, 이 사건 조항이 그러한 재산권을 제한할 수도 없다. 청구인들의 재산권에 대한 여하한 침해는 이 사건 조항과 무관하며 행정주체의 불법점유 및 사용으로부터 나오는 것이다. 또한 이 사건 조항은 법률상 요건이 구비된 경우 토지소유자에게 혜택을 주는 규정이며, 이러한 혜택에 제외되어 수용청구를 하여 완전보상을 받을 기회를 가질 수 없다고 해서 이를 재산권의 제한이라고 할 수는 없다(헌재 2002.12.18. 2001헌바55).

⑤ (o) 공법상의 권리가 헌법상의 재산권보장의 보호를 받기 위해서는 다음과 같은 요건을 갖추어야 한다. 첫째, 공법상의 권리가 권리주체에게 귀속되어 개인의 이익을 위하여 이용가능해야 하며(**사적 유용성**), 둘째, 국가의 일방적인 급부에 의한 것이 아니라 권리주체의 노동이나 투자, 특별한 희생에 의하여 획득되어 자신이 행한 급부의 등가물에 해당하는 것이어야 하며(**수급자의 상당한 자기기여**), 셋째, 수급자의 **생존의 확보에 기여**해야 한다. 공법상의 법적

지위가 사법상의 재산권과 비교될 정도로 강력하여 그에 대한 박탈이 법치국가원리에 반하는 경우에 한하여, 그러한 성격의 공법상의 권리가 재산권의 보호대상에 포함된다(헌재 2000.6. 29. 99헌마289).

의료급여 수급권은 공공부조의 일종으로 순수하게 사회정책적 목적에서 주어지는 권리이다. 이는 개인의 노력과 금전적 기여를 통하여 취득되는 재산권의 보호대상에 포함된다고 보기 어렵고, 따라서 본인부담금제 및 선택병의원제를 규정한 이 사건 시행령 및 시행규칙 규정들로 인해 청구인들의 재산권이 침해된다고 할 수 없다(헌재 2009.9.24. 2007헌마1092). [해 답] ④

3. 재산권 행사의 공공복리 적합의무에 관한 설명 중 옳지 않은 것은? (다툼이 있는 경우 판례에 의함)

① 재산권의 행사는 공공복리에 적합하여야 한다는 헌법적 한계를 재산권의 사회기속성이라고 하는데, 이는 우리 헌법만의 고유한 특색이라고 할 수 있다.

② 재산권 행사의 사회적 의무성을 헌법에 명문화한 것은 사유재산제도의 보장이 타인과 더불어 살아가야 하는 공동체 생활과의 조화와 균형을 흐트러뜨리지 않는 범위 내에서의 보장임을 천명한 것이다.

③ 재산권 행사의 공공복리 적합의무는 재산권의 악용 또는 남용으로 인한 사회공동체의 균열과 파괴를 방지하고 실질적인 사회정의를 구현하겠다는 국민적 합의의 표현이라고 할 수 있으며, 사법(私法)영역에서도 신의성실의 원칙이라든가 권리남용금지의 원칙, 소유권의 상린관계 등의 형태로 그 정신이 투영되어 있다.

④ 재산권의 사회적제약 내지 사회기속성을 강조하는 것은 재산권의 절대적 보장에서 배태되는 사회적 폐단을 최소화함과 아울러 사유재산제도의 기본이념을 보호하려는 것으로서 사유재산제도의 유지존속을 위한 사유재산제도의 최소한의 자기희생 내지 양보인 것이다.

⑤ 헌법상의 재산권은 토지소유자가 이용가능한 모든 용도로 토지를 자유로이 최대한 사용할 권리나 가장 경제적 또는 효율적으로 사용할 수 있는 권리를 보장하는 것을 의미하지는 않는다.

해설

① (x) 재산권의 행사는 공공복리에 적합하여야 한다(헌법 23②). 헌법은 재산권을 보장하면서도 재산권의 행사는 일정한 제약을 받는다는 점을 명시하고 있다. 이를 재산권의 사회적 구속성 또는 사회적 기속성이라고 한다. 1919년에 제정된 독일의 바이마르(Weimar)헌법 제153조가 '소유권은 헌법에 의해서 보장된다. 그 내용과 한계는 법률로 정한다', '소유권은 의무를 진다. 소유권의 행사는 동시에 공공의 복리에 대한 봉사이어야 한다'라고 명시한 바 있다.

② (o) 헌재 1989.12.12. 88헌가13; 재산권행사의 공공복리 적합의무는 헌법상의 의무로써 입법형성권의 행사에 의해 현실적인 의무로 구체화되고 있는데, 이 사건 국토이용관리법외에도 국토건설종합계획법, 도시계획법, 건축법, 주택건설촉진법, 토지수용법, 지방공업개발법, 낙농진흥법, 농촌근대화촉진법, 농업기본법, 농지개혁법, 산림법, 환경보전법(구 공해방지법) 기타 여러 법률에서 토지소유자에게 여러가지 의무와 부담을 과하고 있는 것이다(헌재 1989.12.22. 88헌가13).

③ (o) 헌재 1989.12.22. 88헌가13.

④ (o) 헌재 1989.12.22. 88헌가13.

⑤ (o) 헌재 1998.12.24. 89헌마214; 입법자는 중요한 공익상의 이유와 토지가 가진 특성에 따라 토지를 일정용도로 사용하는 권리를 제한할 수 있기 때문이다. 따라서 토지의 개발이나 건축은 합헌적 법률로 정한 재산권의 내용과 한계 내에서만 가능한 것일 뿐만 아니라 토지재산권의 강한 사회성 내지는 공공성으로 말미암아 이에 대하여는 다른 재산권에 비하여 보다 강한 제한과 의무가 부과될 수 있다. 그러나, 그렇다고 하더라도 토지재산권에 대한 제한입법 역시 다른 기본권을 제한하는 입법과 마찬가지로 **과잉금지의 원칙(비례의 원칙)을 준수**해야 하고, 재산권의 **본질적 내용인 사용·수익권과 처분권**을 부인해서는 아니된다(헌재 1998.12.24. 89헌마214).

[해 답] ①

4. 소급입법에 의한 재산권의 박탈금지에 관한 설명 중 옳지 않은 것은? (다툼이 있는 경우 판례에 의함)

① 기존의 법에 의하여 형성되어 이미 굳어진 개인의 법적 지위를 사후입법을 통하여 박탈하는 것 등을 내용으로 하는 소급입법은 개인의 신뢰보호와 법적 안정성을 내용으로 하는 법치국가원리에 의하여 특단의 사정이 없는 한 헌법적으로 허용되지 아니하는 것이 원칙이다.

② 현재 진행중인 사실관계 또는 법률관계에 작용케 하는 소급입법은 원칙적으로 허용되지만 소급효를 요구하는 공익상의 사유와 신뢰보호의 요청 사이의 교량과정에서 신뢰보호의 관점이 입법자의 형성권에 제한을 가하게 된다.

③ 일반적으로 국민이 소급입법을 예상할 수 있었거나 법적 상태가 불확실하고 혼란스러워 보호할 만한 신뢰이익이 적은 경우와 소급입법에 의한 당사자의 손실이 없거나 아주 경미한 경우 그리고 신뢰보호의 요청에 우선하는 심히 중대한 공익상의 사유가 소급입법을 정당화하는 경우 등에는 예외적으로 소급입법이 허용된다.

④ 러·일전쟁 개전시부터 1945년 8월 15일까지 친일반민족행위자가 취득한 재산을 친일행위의 대가로 취득한 재산(친일재산)을 그 취득·증여 등 원인행위시에 국가의 소유로 하도록 규정한 친일재산귀속법 제3조 제1항 본문(이 사건 귀속조항)은 국민이 소급입법을 예상할 수 있었던 경우에 속하는 부진정소급입법에 해당

되므로 위헌은 아니다.

⑤ 새로운 입법으로 과거에 소급하여 과세하거나 또는 이미 납세의무가 존재하는 경우에도 소급하여 중과세하도록 하는 것은 소급입법 제한에 관한 헌법 제13조 제2항에 위반된다.

해설

① (o) 헌재 1999.7.22. 97헌바76; 진정소급입법에 관한 내용이다.

② (o) 헌재 1999.7.22. 97헌바76; 부진정소급입법에 관한 내용이다.

③ (o) 헌재 1999.7.22. 97헌바76; 진정소급입법이 허용되는 예외적인 경우이다.

④ (x) 이 사건 귀속조항은 진정소급입법에 해당하지만, **진정소급입법이라 할지라도 예외적으로 국민이 소급입법을 예상할 수 있었던 경우와 같이 소급입법이 정당화되는 경우에는 허용**될 수 있다. 친일재산의 취득 경위에 내포된 민족배반적 성격, 대한민국임시정부의 법통 계승을 선언한 헌법 전문 등에 비추어 친일반민족행위자측으로서는 친일재산의 소급적 박탈을 충분히 예상할 수 있었고, 친일재산 환수 문제는 그 시대적 배경에 비추어 역사적으로 매우 이례적인 공동체적 과업이므로 이러한 소급입법의 합헌성을 인정한다고 하더라도 이를 계기로 진정소급입법이 빈번하게 발생할 것이라는 우려는 충분히 불식될 수 있다. 따라서 이 사건 귀속조항은 진정소급입법에 해당하나 헌법 제13조 제2항에 반하지 않는다(헌재 2011.3.31. 2008헌바141).

⑤ (o) 헌재 1995.3.23. 93헌바18.

[해 답] ④

5. 재산권의 제한에 관한 설명 중 옳지 않은 것은? (다툼이 있는 경우 판례에 의함)

① 헌법은 재산권수용의 주체를 한정하고 있지 않으므로 수용의 주체를 국가뿐만 아니라 민간기업에게도 허용하는 내용의 법률이 헌법 제23조 제3항에 위반된다고 할 수 없다.

② 집합건물의 소유 및 관리에 관한 법률 제48조 제4항에 따른 매도청구권의 행사로 재건축불참자는 그 의사에 반하여 재산권이 박탈당하는 결과에 이른다는 점에서 실질적으로 헌법 제23조 제3항의 공용수용과 같은 것으로 볼 수 있다.

③ 헌법재판소는 재산권에 대한 제약이 재산권에 내재된 사회적 제약의 영역이라는 경계를 넘어서는 순간 공용수용이 된다는 경계이론에 입각하여, 택지소유상한에 관한 법률에서 택지의 소유에 상한을 두거나 그 소유를 금지하고, 허용된 소유상한을 넘은 택지에 대하여는 처분 또는 이용·개발의무를 부과하는 등의 제한 및 의무부과 규정은 헌법 제23조 제1항 및 제2항에 의하여 토지재산권에 관한 권리와 의무를 일반·추상적으로 확정함으로써 재산권의 내용과 한계를 정하는 규정으로 보고 있다.

④ 경계이론은 재산권에 내재하는 사회적 제약과 사회적 제약을 넘어 보상을 요하는 공용수용의 차이는 별개의 법제도가 아니라 재산권 제한의 정도 차이에 불과하다고 한다.

⑤ 분리이론은 재산권에 내재하는 사회적 제약을 정하고 있는 재산권의 내용과 수용은 전혀 별개의 법제도로 보고, 양자는 재산권 제약의 질적인 정도에 의하여 구분되는 것이 아니라, 입법의 형식과 그 목적에 따라 구분된다고 본다.

해설

① (o) 헌법 제23조 제3항은 정당한 보상을 전제로 하여 재산권의 수용 등에 관한 가능성을 규정하고 있지만, 재산권 수용의 주체를 한정하지 않고 있다. 위 헌법조항의 핵심은 당해 수용이 공공필요에 부합하는가, 정당한 보상이 지급되고 있는가 여부 등에 있는 것이지, 그 수용의 주체가 국가인지 민간기업인지 여부에 달려 있다고 볼 수 없다. 따라서 위 수용 등의 주체를 국가 등의 공적 기관에 한정하여 해석할 이유가 없다(헌재 2009.9.24. 2007헌바114).

② (o) 헌재 2006.7.27. 2003헌바18; 이 사건 법률조항은 시장재건축사업지역 내의 재건축불참자의 재산권을 본질적인 내용까지 침해한다거나 과잉금지의 원칙에 위배된다고 볼 수 없다(헌재 2006.7.27. 2003헌바18).

③ (x) 헌법재판소는 구 도시계획법 제21조나 제4조의 위헌여부를 헌법 제23조 제3항의 관점에서 검토한 것이 아니라, 헌법 제23조 제1항 제2문(재산권의 내용규정)의 관점에서 검토하여 분리이론을 채택한 것으로 볼 수 있다.

헌법 제23조에 의하여 재산권을 제한하는 형태에는, 제1항 및 제2항에 근거하여 **재산권의 내용과 한계를 정하는 것**과, 제3항에 따른 **수용·사용 또는 제한을 하는 것**의 두 가지 형태가 있다. 전자는 "입법자가 장래에 있어서 추상적이고 일반적인 형식으로 재산권의 내용을 형성하고 확정하는 것"을 의미하고, 후자는 "국가가 구체적인 공적 과제를 수행하기 위하여 이미 형성된 구체적인 재산적 권리를 전면적 또는 부분적으로 박탈하거나 제한하는 것"을 의미한다(헌재 1999.4.29. 94헌바37).

재산권에 대한 제약이 비례원칙에 합치하는 것이라면 그 제약은 재산권자가 수인하여야 하는 **사회적 제약의 범위 내에 있는 것**이고, 반대로 재산권에 대한 제약이 비례원칙에 반하여 과잉된 것이라면 그 제약은 재산권자가 수인하여야 하는 사회적 제약의 한계를 넘는 것이다. 요컨대, 토지를 종래의 목적으로도 사용할 수 없거나 더 이상 법적으로 허용된 토지이용방법이 없어서 실질적으로 사용·수익을 할 수 없는 경우에 해당하지 않는 제약은 토지소유자가 수인하여야 하는 사회적 제약의 범주 내에 있는 것이고, 그러하지 아니한 제약은 손실을 완화하는 보상적 조치가 있어야 비로소 허용되는 범주 내에 있다는 것이다(헌재 2005.9.29. 2002헌바84).

④ (o) 경계이론은 독일기본법 제14조 제3항{공용침해(공용수용)는 공공복리를 위해서만 허용된다. 공용침해는 법률 또는 법률에 근거해서만 행해질 수 있고, 그 법률은 손실보상의 종류와 범위를 규정하여야 한다. 손실보상은 공익과 관계인의 이익을 정당하게 형량하여 정하여야 한다. 손실보상의 금액에 관하여 다툼이 있으면 민사소송을 제기하여야 한다}에 따른 손실보상의무가 있는 공용침해와 독일기본법 제14조 제1항 제2문(재산권은 의무를 부담한다. 그 사

용은 동시에 공공복리에 기여하여야 한다)에 따른 손실보상의무가 없는 재산권 구속 간의 구별(경계)에 관한 것이다. 재산권에 대한 제약이 '재산권에 내재된 사회적 제약의 영역'이라는 일정한 경계를 넘어서는 순간 공용수용이 되어 입법자의 의사와 무관하게 손실보상이 주어지고, 그 경계를 넘지 않으면 보상이 필요 없는 재산권 제약이 된다는 이론이다. 그러므로 사회적 제약을 벗어나는 침해에 의한 희생은 특별한 희생에 해당하므로 보상이 주어져야 한다.

⑤ (o) 분리이론은 1981년 독일의 자갈채취사건 판결에 의하여 '재산권의 내용과 수용은 별개의 독립된 법제도'라는 이론적 기반이 세워지게 되었다. 분리이론은 독일기본법 제14조 제3항의 '공용침해(공용수용)'과 독일기본법 제14조 제1항 제2문의 '재산권의 내용·제한' 규정은 엄격히 분리되어야 한다는 것이다. [해 답] ③

6. 재산권의 위헌·위법한 침해유형에 해당되지 않는 것은? (다툼이 있는 경우 판례에 의함)

① 공공필요가 없는 토지수용

② 법률의 근거가 없거나 법률의 형식에 의하지 아니한 재산권 침해

③ 보상규정이 없는 법률에 의한 재산권 침해

④ 과잉금지의 원칙을 위반한 재산권 침해

⑤ 국민이 예상할 수 있었던 소급입법에 의한 재산권 침해

해설

① (o) 헌법 제23조 제3항은 '공공필요에 의한 재산권의 수용·사용 또는 제한'을 규정하고 있다.

② (o) 재산권의 제한은 반드시 형식적 의미의 법률에 의해서만 가능하다. 법률의 위임 없이 명령, 규칙, 조례만을 근거로 하여 재산권을 제한하는 것은 허용되지 않는다.

공무원의 보수청구권은, **법률 및 법률의 위임을 받은 하위법령에 의해 그 구체적 내용이 형성**되면 재산적 가치가 있는 공법상의 권리가 되어 재산권의 내용에 포함되지만, 법령에 의하여 구체적 내용이 형성되기 전의 권리, 즉 공무원이 국가 또는 지방자치단체에 대하여 어느 수준의 보수를 청구할 수 있는 권리는 단순한 기대이익에 불과하여 재산권의 내용에 포함된다고 볼 수 없다(헌재 2008.12.26. 2007헌마444).

③ (o) 재산권의 사회적 구속성의 범위를 벗어났음에도 보상규정이 없을 때는 위헌이 된다.

④ (o) 입법부라고 할지라도 수권의 범위를 넘어 자의적인 입법을 할 수 있는 것은 아니며 사유재산권의 본질적인 내용을 침해하는 입법을 할 수 없음은 물론이다(헌법 제37조 제2항 후단). 헌법의 기본정신(헌법 제37조 제2항)에 비추어 볼 때 **기본권의 본질적인 내용의 침해가 설사 없다고 하더라도 과잉금지의 원칙에 위반되면 역시 위헌**임을 면하지 못한다고 할 것이다. 과잉금지의 원칙은 국가작용의 한계를 명시하는 것인데 목적의 정당성, 방법의 적정성, 피해의 최소성, 법익의 균형성(보호하려는 공익이 침해되는 사익보다 더 커야 한다는 것으로서 그래야만 수인의 기대가능성이 있다는 것)을 의미하는 것으로서 **그 어느 하나에라도 저촉되면 위헌이 된다**는 헌법상의 원칙이다(헌재 1989.12.22. 88헌가13).

⑤ (x) 친일재산을 그 취득·증여 등 원인행위시에 국가의 소유로 하도록 규정한 친일재산귀

속법 제3조 제1항 본문(2005.12.29. 법률 제7769호로 제정된 것, 이하 '**이 사건 귀속조항**'이라 한다)은 진정소급입법에 해당하지만, 진정소급입법이라 할지라도 예외적으로 국민이 소급입법을 예상할 수 있었던 경우와 같이 소급입법이 정당화되는 경우에는 허용될 수 있다. 친일재산의 취득 경위에 내포된 민족배반적 성격, 대한민국임시정부의 법통 계승을 선언한 헌법 전문 등에 비추어 **친일반민족행위자 측으로서는 친일재산의 소급적 박탈을 충분히 예상할 수 있었고,** 친일재산 환수 문제는 그 시대적 배경에 비추어 역사적으로 매우 이례적인 공동체적 과업이므로 이러한 소급입법의 합헌성을 인정한다고 하더라도 이를 계기로 진정소급입법이 빈번하게 발생할 것이라는 우려는 충분히 불식될 수 있다. 따라서 이 사건 귀속조항은 진정소급입법에 해당하나 헌법 제13조 제2항에 반하지 않는다(헌재 2011.3.31. 2008헌바141). [해 답] ⑤

23 참 정 권

1. 참정권에 관한 설명 중 옳지 않은 것은? (다툼이 있는 경우 판례에 의함)

① 국민이 국정에 참여하는 참정권은 국민주권의 상징적 표현으로서 국민의 가장 중요한 기본적 권리의 하나이며 다른 기본권에 대하여 우월적 지위를 가진다.

② 참정권은 대리 행사를 시킬 수 없는 국민 각자의 고유한 주관적인 권리에 해당된다.

③ 참정권의 주체는 국민 각자의 개인의 인격과 그 의사결정을 단위로 하고 있으며, 그것은 개인의 주권성과 인간의 존엄성을 최대한 보장하여 자유계약과 자유경쟁으로 국가조직과 사회 번영을 유지한다는 사회철학에서 비롯된 것이다.

④ 주권자인 국민, 재외국민, 국내에 거주하는 외국인은 원칙적으로 선거를 통하여 직접적으로는 국가기관의 구성원을 선출하고 간접적으로는 여하한 정부를 원하느냐에 관한 국민의 의사를 표시하는 참정권을 갖는다.

⑤ 참정권은 국민이 국가의 구성원으로서 국정에 참여한다는 전체주의적 의미보다 인간의 본능적인 정치적 욕구를 충족할 수 있도록 국민 각자를 단위로 개개인의 기본권으로서 국정을 창조하고 형성하는 개인의 정치적 권리이다.

해설

① (o) 헌재 1989.9.8. 88헌가6.
② (o) 헌재 1989.9.8. 88헌가6.
③ (o) 헌재 1989.9.8. 88헌가6.
④ (x) 주권자인 국민은 선거를 통하여 직접적으로는 국가기관의 구성원을 선출하고

간접적으로는 여하한 정부를 원하느냐에 관한 국민의 의사를 표시한다. 이러한 정치행위를 참정권이라고 한다(헌재 1989.9.8. 88헌가6). 외국인은 원칙적으로 참정권이 없다. 다만, 외국인에게도 법률에 의하여 한정적인 참정권을 인정하기도 한다. 공직선거법와 주민투표법은 일정한 자격을 갖춘 외국인에게 투표권을 부여하고 있다.

⑤ (o) 헌재 1989.9.8. 88헌가6. [해 답] ④

2. 공무담임권에 관한 설명 중 옳지 않은 것은? (다툼이 있는 경우 판례에 의함)

① 공무원의 당연퇴직사유와 공무원 채용시의 임용결격사유를 동일하게 규정하는 것은 공무원의 신분보장을 위한 입법목적에 부합하여 위헌이 아니다.

② 공무담임권이란 입법부, 집행부, 사법부는 물론 지방자치단체 등 국가, 공공단체의 구성원으로서 그 직무를 담당할 수 있는 권리를 말한다.

③ 공무담임권의 보호영역에는 공직취임 기회의 자의적인 배제뿐 아니라, 공무원 신분의 부당한 박탈까지 포함되는 것이라고 할 것이다.

④ 임용당시의 공무원법상의 정년까지 근무할 수 있다는 기대와 신뢰는 절대적인 권리로서 보호되어야만 하는 것은 아니고 행정조직, 직제의 변경 또는 예산의 감소 등 강한 공익상의 정당한 근거에 의하여 좌우될 수 있는 상대적이고 가변적인 것이다.

⑤ 현대 민주주의 국가에서는 특히 사회국가 원리에 입각한 공직제도의 중요성이 강조되면서 개개 공무원의 공무담임권 보장의 중요성이 큰 의미를 가지고 있다.

해설

① (x) 금고 이상의 형의 선고유예를 받은 경우에는 공무원직에서 당연히 퇴직하는 것으로 규정한 국가공무원법 제69조 중 제33조 제1항 제5호 부분은 공무원의 당연퇴직사유를 공무원의 임용결격사유와 동일한 것으로 규정하고 있는바, 이는 규정체계상 공익과 사익간에 적절한 균형이 이루어진 입법이라고 할 수 없다. 왜냐하면, 공무원을 새로 채용하는 경우에는 채용될 자격이 인정되지 않는다고 하여도 해당자가 잃는 이익은 크다고 할 수 없지만, 일단 채용된 공무원을 퇴직시키는 것은 공무원이 장기간 쌓은 지위를 박탈해 버리는 것이므로 당해 공무원이 잃는 이익은 대단히 크기 때문이다(헌재 2003.10.30. 2002헌마684).

② (o) 헌재 2003.10.30. 2002헌마684.

③ (o) 헌재 2003.10.30. 2002헌마684.

④ (o) 공무원이 정년까지 근무할 수 있는 권리는 헌법의 공무원신분보장 규정에 의하여 보호되는 기득권으로서 그 침해 내지 제한은 신뢰보호의 원칙에 위배되지 않는 범위 내에서만 가능하다고 할 것인즉 기존의 정년규정을 변경하여 임용 당시의 공무원법상의 정년까지 근무할 수 있다는 기대 내지 신뢰를 합리적 이유없이 박탈하는 것은 위 공무원신분보장 규정에 위배된다 할 것이다(헌재 2000.12.14. 99헌마112).

⑤ (o) 헌재 2003.10.30. 2002헌마684. [해 답] ①

3. 공무담임권에 관한 설명 중 옳지 않은 것은? (다툼이 있는 경우 판례에 의함)

① 지방자치단체의 장이 금고 이상의 형을 선고받고 그 형이 확정되지 아니한 경우 부단체장이 그 권한을 대행하도록 규정한 지방자치법은 자치단체장인 청구인의 공무담임권 등 기본권을 침해하여 위헌이다.

② 징계에 의하여 해임처분을 받은 공무원에 대해 경찰공무원으로의 임용을 금지하고 있는 경찰공무원법은 과잉금지원칙에 위배되어 공무담임권에 대한 과도한 제한이라고 할 수는 없다.

③ 공무담임권의 보호영역에는 일반적으로 공직취임의 기회보장, 신분박탈, 직무의 정지가 포함될 뿐만 아니라 공무원이 특정의 장소에서 근무하는 것 또는 특정의 보직을 받아 근무하는 것을 포함하는 공무수행의 자유까지 그 보호영역에 포함된다.

④ 주민소환투표의 청구시 주민소환의 청구사유를 명시하지 아니하고 주민소환 청구사유의 진위 여부에 대한 확인을 규정하지 아니하고 있는 '주민소환에 관한 법률'이 청구인의 공무담임권을 침해하는 것은 아니다.

⑤ 승진시험의 응시제한이나 이를 통한 승진기회의 보장 문제는 공직신분의 유지나 업무수행에는 영향을 주지 않는 단순한 내부 승진인사에 관한 문제에 불과하여 공무담임권의 보호영역에 포함된다고 보기는 어렵다.

해설

① (o) 헌재 2010.9.2. 2010헌마418; 이 사건 법률조항은 '금고 이상의 형이 선고되었다'는 사실 자체에 주민의 신뢰가 훼손되고 자치단체장으로서 직무의 전념성이 해쳐질 것이라는 부정적 의미를 부여한 후, 그러한 판결이 선고되었다는 사실만을 유일한 요건으로 하여, 형이 확정될 때까지의 불확정한 기간동안 자치단체장으로서의 직무를 정지시키는 불이익을 가하고 있으며, 그와 같이 불이익을 가함에 있어 필요최소한에 그치도록 엄격한 요건을 설정하지도 않았으므로, 무죄추정의 원칙에 위배된다(헌재 2010.9.2. 2010헌마418).

② (o) 징계에 의하여 해임처분을 받은 공무원에 대해 경찰공무원으로의 임용을 금지하고 있는 경찰공무원법 제7조 제2항 제6호 규정이 징계에 의하여 해임처분을 받은 공무원에 대해 경찰공무원으로의 임용을 영구히 금지하고 있다고 하여 과잉금지원칙에 위배되어 공무담임권에 대한 과도한 제한이라고 할 수는 없다(헌재 2010.9.30. 2009헌바122).

③ (x) 공무담임권의 보호영역에는 일반적으로 **공직취임의 기회보장, 신분박탈, 직무의 정지가 포함**되는 것일 뿐, 여기서 더 나아가 공무원이 특정의 장소에서 근무하는 것 또는 특정의 보직을 받아 근무하는 것을 포함하는 일종의 '공무수행의 자유'까지 그 보호영역에 포함된다고 보기는 어렵다(헌재 2008.6.26. 2005헌마1275).

④ (o) 헌재 2011.3.31. 2008헌마355; 주민소환제는 역사적으로도 위법·탈법행위에 대한 규제보다 비민주적·독선적행위에 대한 광범위한 통제의 필요성이 강조되어 왔으므로 주민소환의 청구사유에 제한을 둘 필요가 없고, 또 업무의 광범위성이나 입법기술적 측면에서 소환사유를 구체적으로 적시하는 것도 쉽지 않다(헌재 2011.3.31. 2008헌마355).

⑤ (o) 헌재 2007.6.28. 2005헌마1179. [해 답] ③

4. 선거권의 제한에 관한 설명 중 옳지 않은 것은? (다툼이 있는 경우 판례에 의함)

① 수형자가 선거권을 행사하지 못하는 것은 수형자 자신의 범죄행위로 인한 것으로서 자신의 책임으로 인하여 일정한 기본권 제한을 받는 것에 해당된다.

② 선거권을 제한하는 입법은 헌법 제24조(선거권)에 의해서 곧바로 정당화될 수는 없고, 헌법 제37조 제2항의 규정에 따라 국가안전보장·질서유지 또는 공공복리를 위하여 필요하고 불가피한 예외적인 경우에만 그 제한이 정당화될 수 있으며, 그 경우에도 선거권의 본질적인 내용을 침해할 수 없다.

③ 공직선거법(2005.8.4. 법률 제7681호로 개정된 것)이 단지 주민등록이 되어 있는지 여부에 따라 선거인명부에 오를 자격을 결정하여 그에 따라 선거권 행사 여부가 결정되도록 하는 것은 헌법 제37조 제2항에 위반하여 재외국민의 선거권과 평등권을 침해하고 보통선거원칙에도 위반된다.

④ 보통선거의 원칙은 선거권자의 능력, 재산, 사회적 지위 등의 실질적인 요소를 배제하고 성년자이면 누구라도 당연히 선거권을 갖는 것을 요구하므로 보통선거의 원칙에 반하는 선거권 제한의 입법을 하기 위해서는 헌법 제37조 제2항의 규정에 따른 한계가 한층 엄격히 지켜져야 한다.

⑤ 헌법 제24조는 모든 국민은 '법률이 정하는 바에 의하여' 선거권을 가진다고 규정함으로써 법률유보의 형식을 취하고 있는 것은 국민의 선거권이 법률이 정하는 바에 따라서만 인정될 수 있다는 포괄적인 입법권의 유보하에 있음을 의미한다.

해설 ① (o) 헌재 2004.3.25. 2002헌마411; 수형자의 선거권 제한을 통하여 달성하려는 선거의 공정성 및 형벌집행의 실효성 확보라는 공익이 선거권을 행사하지 못함으로써 입게 되는 수형자 개인의 기본권침해의 불이익보다 크다고 할 것이어서 그 법익간의 균형성도 갖추었다고 할 것이다(헌재 2004.3.25. 2002헌마411).

② (o) 헌재 2007.6.28. 2004헌마644.

③ (o) 헌재 2007.6.28. 2004헌마644; 이 판결 후에 재외동포의 출입국과 법적 지위에 관한 법률 제6조 제1항에 따라 해당 국회의원 지역선거구의 선거구역 안에 거소를 두고 그 국내거소신고인명부에 3개월 이상 계속하여 올라 있는 사람은 **지역구 국회의원의 선거권과 지방자치단체의 의회의원 및 장의 선거권**이 있다(공직선거법 15① 단서, ②)고 개정하였다.

재외동포의 출입국과 법적 지위에 관한 법률 제6조 제1항은 재외국민과 재외동포 체류자격으로 입국한 외국국적 동포는 출입국관리소장에게 국내거소신고를 할 수 있다고 하였다.

④ (o) 헌재 2007.6.28. 2004헌마644.

⑤ (x) 헌법 제24조는 모든 국민은 '법률이 정하는 바에 의하여' 선거권을 가진다고 규정함으로써 법률유보의 형식을 취하고 있지만, 이것은 국민의 선거권이 '법률이 정하는 바에 따라서만 인정될 수 있다'는 포괄적인 입법권의 유보하에 있음을 의미하는 것이 아니다. **국민의 기본권을 법률에 의하여 구체화하라는 뜻이며** 선거권을 법률을 통해 구체적으로 실현하라는 의미이다(헌재 2007.6.28. 2004헌마644). [해 답] ⑤

24 인간다운 생활을 할 권리

1. 다음 사례와 관련된 설명 중 옳지 않은 것을 모두 고른 것은? (다툼이 있는 경우 판례에 의함)

> **[참고법령]**
> **생활보호법**
> **제5조 (보호의 기준 등)** ① 이 법에 의한 보호의 수준은 건강하고 문화적인 최저생활을 유지할 수 있는 것이어야 한다. ② 이 법에 의한 보호의 기준은 보건사회부장관이 보호대상자의 연령·세대구성·거주지역 기타 생활여건 등을 고려하여 보호의 종류별로 정한다.
> **제6조 (보호대상자의 구분 등)** ① 보호기관은 보호대상자의 사정을 고려하여 대통령령으로 정하는 보호대상자의 구분에 따라 보호의 종류·내용 및 방법을 달리할 수 있다.
>
> **생활보호법 시행령**
> **제6조 (보호대상자의 구분)** 법 제6조 제1항의 규정에 의하여 보호대상자를 다음과 같이 거택보호대상자·시설보호대상자 및 자활보호대상자로 구분한다.
> 1. 거택보호대상자는 법 제3조 제1항 제1호 내지 제4호에 해당하는 자 또는 이들과 50세 이상의 부녀자만으로 구성된 세대에 속하는 자로서 그 주거에서 법 제7조 제1항 각 호의 보호를 행할 자를 말한다.

> 청구인들은 부부이고 생활보호법 제6조 제1항 및 동법 시행령 제6조 제1호 소정의 "거택보호대상자"로서, 1994.1.경 보건복지부장관이 고시한 1994년 생활보호사업지침상의 "94년 생계보호기준"에 의하여 생계보호급여를 받고 있는바, 이 보호급여 수준은 최저생계비에도 훨씬 미치지 못하여 헌법상 보장된 청구인들의 행복추구권과 인간다운 생활을 할 권리를 침해하고 있다는 이유로 1994.2.25. 위 "94년 생계보호기준"에 대한 헌법소원심판을 청구하였다.

㉠ "생계보호기준"은 행정조직의 업무처리에 관한 내부적인 지침에 불과하여 국민에게 직접적인 효력을 가지지 아니하므로, 위 생계보호기준을 고시한 행위는 헌법소원의 대상이 되는 공권력의 행사에 해당하지 아니한다.
㉡ 현대 국가는 빈곤문제를 국가의 과제로 인식하여 모든 국민에게 생활의 기본적 수요를 충족시켜 줌으로써 건강하고 문화적인 생활을 보장하는 것이 국가의 책무라고 하는 사회국가원리를 헌법에 규정하게 되었다. 따라서 청구인들과 같은 생활능력 없는 국민에 대한 국가의 보호의무가 발생하게 되었다.
㉢ 국가가 행하는 생계보호가 헌법이 요구하는 객관적인 최소한도의 내용을 실현하고 있는지의 여부는 결국 국가가 국민의 인간다운 생활을 보장함에 필요한 최소한도의 조치는 취하였는가의 여부에 달려있다고 할 것이다.
㉣ 국가가 청구인들에게 인간다운 생활을 보장하기 위한 헌법적 의무를 다하였는지의 여부가 사법적 심사의 대상이 된 경우에는, 국가의 생계보호에 관한 입법의 내용이 최저생계비에 미치지 못하여 불합리하다면 곧바로 헌법에 위반된다고 할 수 있다.
㉤ 모든 국민은 인간다운 생활을 할 권리를 가지며 국가는 생활능력 없는 국민을 보호할 의무가 있다는 헌법의 규정은 모든 국가기관을 기속하지만, 그 기속의 의미는 적극적·형성적 활동을 하는 입법부 또는 행정부의 경우와 헌법재판에 의한 사법적 통제기능을 하는 헌법재판소에 있어서 동일하지 아니하다.
㉥ 인간다운 생활을 보장하기 위한 객관적 내용의 최소한을 보장하고 있는지의 여부는 생활보호법에 의한 생계보호급여만을 가지고 판단하여서는 아니 되고, 그 외의 법령에 의거하여 국가가 생계보호를 위하여 지급하는 각종 급여나 각종 부담의 감면 등을 총괄한 수준을 가지고 판단하여야 한다.

① ㉠, ㉣　② ㉡, ㉢　③ ㉣, ㉤
④ ㉠, ㉥　⑤ ㉢, ㉣

해설 ㉠ (x) (적법요건에 관한 판단) ⓐ **직접성 요건에 관하여**: 이 사건 생계보호기준은 생활보호법 제5조 제2항의 위임에 따라 보건복지부장관이 보호의 종류별로 정한 보호의 기준으로서 일단 보호대상자로 지정이 되면 그 구분(거택보호대상자, 시설보호대상자 및 자활보호대상자)에 따른 각 그 보호기준에 따라 일정한 생계보호를 받게 된다는 점에서 **직접 대외적 효력**을 가지며, 공무원의 생계보호급여 지급이라는 집행행위는 위 생계보호기준에 따른 단순한 사실적 집행행위에 불과하므로, **위 생계보호기준은 그 지급대상자인 청구인들에 대하여 직접적인 효력**을 갖는 규정이다.
ⓑ **보충성 요건에 관하여**: 이 사건 심판의 대상은 보건복지부장관 또는 그 산하 행정기관의 어떤 구체적인 보호급여처분(생계보호급여처분) 그 자체가 아니고 보건복지부장관이 법령의

위임에 따라 정한 그 보호급여(생계보호급여)의 기준으로서, 현행 행정소송법상 이를 다툴 방법이 있다고 볼 수 없으므로 이 사건은 **다른 법적 구제수단이 없는 경우에 해당**하여 보충성 요건을 갖춘 것이라 볼 수 있다(헌재 1997.5.29. 94헌마33).

ⓛ (o) 자본주의 경제의 발달과정에서 빈곤문제는 국가의 과제로 인식되었다. 이러한 인식으로부터 현대의 여러 국가는 모든 국민에게 생활의 기본적 수요를 충족시켜 줌으로써 건강하고 문화적인 생활을 보장하는 것이 국가의 책무라고 하는 사회국가원리를 헌법에 규정하게 되었고, 우리 헌법도 제34조 제1항·제2항에서 모든 국민은 인간다운 생활을 할 권리를 가지며 국가는 사회보장·사회복지의 증진에 노력할 의무를 진다고 규정하고 여러 가지 "사회적 기본권"을 폭넓게 규정함으로써 사회국가원리를 헌법적으로 수용하면서 특히 제34조 제5항에서는 "신체장애자 및 질병·노령 기타의 사유로 생활능력이 없는 국민은 법률이 정하는 바에 의하여 국가의 보호를 받는다"고 규정함으로써 생활능력이 없는 국민에 대한 국가의 보호의무를 명시하고 있다(헌재 1997.5.29. 94헌마33).

ⓒ (o) 헌재 1997.5.29. 94헌마33.

ⓔ (x) 국가가 인간다운 생활을 보장하기 위한 헌법적 의무를 다하였는지의 여부가 사법적 심사의 대상이 된 경우에는, 국가가 생계보호에 관한 **입법을 전혀 하지 아니하였다든가 그 내용이 현저히 불합리하여 헌법상 용인될 수 있는 재량의 범위를 명백히 일탈**한 경우에 한하여 헌법에 위반된다고 할 수 있다(헌재 1997.5.29. 94헌마33). 사안에서 국가가 청구인들에게 최저생계비에 미치지 못하는 보호를 하고 있다는 점만으로는 그 입법의 내용이 현저히 불합리하여 헌법상 용인될 수 있는 재량의 범위를 일탈하였다고는 볼 수 없다.

ⓜ (o) 헌재 1997.5.29. 94헌마33; 위와 같은 헌법의 규정이, **입법부나 행정부에 대하여는** 국민소득, 국가의 재정능력과 정책 등을 고려하여 가능한 범위안에서 최대한으로 모든 국민이 물질적인 최저생활을 넘어서 인간의 존엄성에 맞는 건강하고 문화적인 생활을 누릴 수 있도록 하여야 한다는 **행위의 지침 즉 행위규범으로서 작용**하지만, **헌법재판에 있어서는** 다른 국가기관 즉 입법부나 행정부가 국민으로 하여금 인간다운 생활을 영위하도록 하기 위하여 객관적으로 필요한 최소한의 조치를 취할 의무를 다하였는지를 기준으로 **국가기관의 행위의 합헌성을 심사하여야 한다는 통제규범으로 작용**하는 것이다(헌재 1997.5.29. 94헌마33).

ⓑ (o) 헌재 1997.5.29. 94헌마33. [해 답] ①

2. 인간다운 생활을 할 권리에 관한 설명 중 옳지 않은 것을 모두 고른 것은? (다툼이 있는 경우 판례에 의함)

> ㉠ 인간다운 생활을 할 권리는 여타 사회적 기본권에 관한 헌법규범들의 이념적인 목표를 제시하고 있는 동시에 국민이 인간적 생존의 최소한을 확보하는 데 있어서 필요한 최소한의 재화를 국가에게 요구할 수 있는 권리를 내용으로 하고 있다.
> ㉡ 사회보장에 따른 국민의 수급권은 국가에게 단순히 국민의 자유를 침해하지 말 것을 내용으로 하는 것이 아니라 적극적으로 급부를 요구할 수 있는 권리를 주된 내용으로 하기 때문에, 그 권리의 구체적인 부여 여부, 그 내용 등은 무엇보다도 국가의 경제적

인 수준, 재정능력 등에 따르는 재원확보의 가능성이라는 요인에 의하여 크게 좌우된다.

㉢ 국가의 사회복지·사회보장 증진의 의무도 국가에게 물질적 궁핍이나 각종 재난으로부터 국민을 보호할 대책을 세울 의무를 부과함으로써, 결국 '인간다운 생활을 할 권리'의 실현을 위한 수단적인 성격을 갖는다고 할 것이다.

㉣ 헌법상의 사회보장권은 그에 관한 수급요건, 수급자의 범위, 수급액 등 구체적인 사항이 법률에 규정됨으로써 비로소 구체적인 법적 권리로 형성된다고 보아야 할 것이다.

㉤ 인간다운 생활을 할 권리로부터 인간의 존엄에 상응하는 생활에 필요한 최소한의 물질적인 생활의 유지에 필요한 급부를 요구할 수 있는 구체적인 권리를 도출할 수 있으므로, 개별법률로 사회보장수급권을 제한하는 것은 인간다운 생활을 할 권리를 침해한 것에 해당된다.

㉥ 사회적 기본권은 국가의 모든 의사결정과정에서 사회적 기본권이 담고 있는 국가목표를 고려하여야 할 국가의 의무를 의미한다. 따라서 사회적 기본권은 입법과정이나 정책결정과정에서 사회적 기본권에 규정된 국가목표의 적절한 고려를 요청하는 것이 아니라 무조건적인 최우선적 배려를 하라는 것이다.

① ㉣, ㉤　② ㉠, ㉥　③ ㉡, ㉣
④ ㉢, ㉤　⑤ ㉤, ㉥

해설

㉠ (o) 헌재 1995.7.21. 93헌가14.
㉡ (o) 헌재 1995.7.21. 93헌가14.
㉢ (o) 헌재 1995.7.21. 93헌가14.
㉣ (o) 헌재 1995.7.21. 93헌가14.

㉤ (x) '인간다운 생활을 할 권리'로부터는, 그것이 사회복지·사회보장이 지향하여야 할 이념적 목표가 된다는 점을 별론으로 하면, 인간의 존엄에 상응하는 생활에 필요한 **"최소한의 물질적인 생활"의 유지에 필요한 급부를 요구할 수 있는 구체적인 권리**가 상황에 따라서는 직접 도출될 수 있다고 할 수는 있어도, 동 기본권이 직접 그 이상의 급부를 내용으로 하는 구체적인 권리를 발생케 한다고는 볼 수 없다고 할 것이다. 이러한 구체적 권리는 국가가 재정형편 등 여러 가지 상황들을 종합적으로 감안하여 **법률을 통하여 구체화할 때에 비로소 인정되는 법률적 차원의 권리**라고 할 것이다(헌재 1995.7.21. 93헌가14).

㉥ (x) 국가는 사회적 기본권에 의하여 제시된 국가의 의무와 과제를 언제나 국가의 현실적인 재정·경제능력의 범위 내에서 다른 국가과제와의 조화와 우선순위결정을 통하여 이행할 수밖에 없다. 그러므로 **사회적 기본권은 입법과정이나 정책결정과정에서** 사회적 기본권에 규정된 국가목표의 무조건적인 최우선적 배려가 아니라 **단지 적절한 고려를 요청하는 것이다**. 이러한 의미에서 사회적 기본권은, 국가의 모든 의사결정과정에서 사회적 기본권이 담고 있는 국가목표를 고려하여야 할 국가의 의무를 의미한다(헌재 2002.12.18. 2002헌마52). [해 답] ⑤

3. 사회보장수급권에 관한 설명 중 옳지 않은 것은? (다툼이 있는 경우 판례에 의함)

① 사회적 기본권의 성격을 가지는 사회보장수급권은 국가에 대하여 적극적으로 급부를 요구하는 것이므로 헌법규정만으로 이를 실현할 수 있으므로 법률에 의한 형성을 필요로 하지 않는다.

② 임용결격·당연퇴직공무원은 사실상 공무원으로 근무하였다 하더라도 적법한 공무원신분으로 인정받을 수 없기 때문에, 결격사유가 없는 일반공무원과는 달리 공무원연금법이 적용되지 않는 것은 당연한 것이다.

③ '국가의 사회보장 및 사회복지증진 의무'는 국가가 물질적 궁핍은 물론 정치제도의 정비로 인한 정신적 만족감이나 각종 재난으로부터 국민을 보호할 의무로서 '인간다운 생활을 할 권리' 실현을 위한 수단적인 성격을 갖는다.

④ 사회보장수급권과 같은 사회적 기본권을 법률로 형성하는 경우 입법자는 광범위한 형성의 자유를 누린다.

⑤ 국가가 국가유공자와 그 유족에 대한 예우에 있어서 최소한의 합리적인 내용도 이행하지 않거나 현저히 자의적으로 의무를 이행한다면, 그러한 국가의 작위 또는 부작위는 헌법이 보장한 사회보장수급권을 침해한다고 할 것이다.

해설

① (×) 헌법 제34조 제1항은 "모든 국민은 인간다운 생활을 할 권리를 가진다"고 규정하고, 제2항은 "국가는 사회보장·사회복지의 증진에 노력할 의무를 진다"고 규정하고 있는바, 사회보장수급권은 이 규정들로부터 도출되는 사회적 기본권의 하나이다. 이와 같이 사회적 기본권의 성격을 가지는 사회보장수급권은 국가에 대하여 적극적으로 급부를 요구하는 것이므로 **헌법규정만으로는 이를 실현할 수 없고, 법률에 의한 형성을 필요로 한다.** 사회보장수급권의 구체적 내용, 즉 수급요건, 수급권자의 범위, 급여금액 등은 법률에 의하여 비로소 확정된다(헌재 2001.9.27. 2000헌마342).

② (○) 헌재 2001.9.27. 2000헌마342; 임용결격·당연퇴직공무원에 대하여 공무원연금법상의 공무상요양비 또는 공무상요양일시금에 관한 규정만을 준용하고 있는 것은 입법형성권의 범위 내에서 임용결격·당연퇴직공무원에 대하여 그 신분의 특수성을 고려한 나름대로의 합리적인 급부수준을 규정하고 있는 것으로 보이고, 그 입법형성의 한계를 일탈하여 최소한의 보장마저 외면함으로써 청구인들과 같은 임용결격·당연퇴직공무원의 사회보장수급권을 침해하는 것이라고 볼 수 없다 할 것이다(헌재 2001.9.27. 2000헌마342).

③ (○) '인간다운 생활을 할 권리'는 인간의 존엄에 상응하는 **최소한의 물질적인 생활의 유지에 필요한 급부를 요구할 수 있는 권리**를 의미하는 것이고, '국가의 사회보장 및 사회복지증진 의무'는 국가가 물질적 궁핍이나 각종 재난으로부터 국민을 보호할 의무로서 '인간다운 생활을 할 권리' 실현을 위한 수단적인 성격을 갖는 것이다(헌재 2000.6.1. 98헌마216).

④ (○) 사회보장수급권과 같은 사회적 기본권을 법률로 형성함에 있어 입법자는 광범위한 형성의 자유를 누린다. 국가의 재정능력, 국민 전체의 소득 및 생활수준, 기타 여러 가지 사회

적·경제적 여건 등을 종합하여 합리적인 수준에서 결정할 수 있고, 그 결정이 **현저히 자의적이거나, 사회적 기본권의 최소한도의 내용마저 보장하지 않은 경우**에 한하여 헌법에 위반된다고 할 것이다(헌재 1997.5.29. 94헌마33).

⑤ (o) 헌재 2001.9.27. 2000헌마342. [해 답] ①

25 교육을 받을 권리

1. 교육을 받을 권리에 관한 설명 중 옳지 않은 것은? (다툼이 있는 경우 판례에 의함)

① 국민의 수학권(修學權)(헌법 제31조 제1항의 교육을 받을 권리)과 교사의 수업의 자유는 다 같이 보호되어야 하겠지만 그 중에서도 교육의 주체인 교사의 수업의 자유가 더 우선적으로 보호되어야 한다.

② 부모는 초·중·고등학교에 다니는 미성년자인 자녀를 교육시킬 권한이 있고 이 교육권에는 학교선택권이 포함된다.

③ 학교교육에 관하여 국가는 헌법 제31조에 의하여 부모의 교육권으로부터 원칙적으로 독립된 독자적인 교육권한을 부여받음으로써 부모의 교육권과 함께 자녀의 교육을 담당하지만, 학교 밖의 교육영역에서는 원칙적으로 부모의 교육권이 우위를 차지한다.

④ 과외교습과 같은 사적으로 이루어지는 교육을 제한하는 경우에는 특히 자녀인격의 자유로운 발현권과 부모의 교육권을 존중해야 한다는 것에 국가에 의한 규율의 한계가 있으므로, 법치국가적 요청인 비례의 원칙을 준수하여야 한다.

⑤ 교원이 고의로 수업을 거부할 자유는 어떠한 경우에도 인정되지 아니하며, 교원은 계획된 수업을 지속적으로 성실히 이행할 의무가 있다.

해설 ① (x) 국민의 수학권(修學權)(헌법 제31조 제1항의 교육을 받을 권리)과 교사의 수업의 자유는 다 같이 보호되어야 하겠지만 그 중에서도 **국민의 수학권이 더 우선적으로 보호되어야** 한다. 교사의 수업권은 전술과 같이 교사의 지위에서 생겨나는 직권인데, 그것이 헌법상 보장되는 기본권이라고 할 수 있느냐에 대하여서는 이를 부정적으로 보는 견해가 많으며, 설사 헌법상 보장되고 있는 학문의 자유 또는 교육을 받을 권리의 규정에서 교사의 수업권이 파생되는 것으로 해석하여 기본권에 준하는 것으로 간주하더라도 **수업권**

을 내세워 수학권을 침해할 수는 없으며 국민의 수학권의 보장을 위하여 교사의 수업권은 일정범위 내에서 제약을 받을 수밖에 없는 것이다(헌재 1992.11.12. 89헌마88).

② (o) 헌재 1999.3.25. 97헌마130; 부모의 학교선택권은 미성년인 자녀의 교육을 받을 권리를 실효성 있게 보장하기 위한 것이므로, 미성년인 자녀의 교육을 받을 권리의 근거규정인 헌법 제31조 제1항에서 헌법적 근거를 찾을 수 있을 것이다(헌재 1995.2.23. 91헌마204).

③ (o) 헌재 2000.4.27. 98헌가16.

④ (o) 헌재 2000.4.27. 98헌가16.

⑤ (o) 대법원 2007.9.20. 2005다25298; 학교교육에 있어서 교원이 가르치는 권리를 수업권이라고 한다면, 이것은 교원의 지위에서 생기는 학생에 대한 일차적인 교육상의 직무권한이지만 어디까지나 학생의 학습권 실현을 위하여 인정되는 것이므로, **학생의 학습권은 교원의 수업권에 대하여 우월한 지위**에 있다. 따라서 학생의 학습권이 왜곡되지 않고 올바로 행사될 수 있도록 하기 위해서라면 교원의 수업권은 일정한 범위 내에서 제약을 받을 수밖에 없고, 학생의 학습권은 개개 교원들의 정상을 벗어난 행동으로부터 보호되어야 한다.

학생자치단체의 결의에 따라 일부 학생들이 수업에 참석하지 않았다는 이유만으로 나머지 학생들에 대한 교원의 수업거부행위가 정당화된다고 할 수는 없다. 학교교육에 있어서 **학생의 학습권은 어디까지나 학생 개개인의 개인적 기본권**이지 특정 학교에 재학중인 학생 전체의 집단적인 기본권이 아니어서 다수결에 의한 학생자치단체의 의사결정에 따라 함부로 제한될 수 있는 것이 아니기 때문이다.

학원비리 척결을 이유로 한 전국교직원노동조합 소속 교사의 수업거부 및 수업방해 행위로 인하여 학생들의 학습권과 학부모의 교육권이 침해되었다고 보아 위 교사들의 손해배상책임을 인정한 사례(대법원 2007.9.20. 2005다25298). [해 답] ①

2. 헌법상 교육을 받을 권리 등에 관한 설명 중 옳지 않은 것은? (다툼이 있는 경우 판례에 의함)

① 헌법 제31조 제6항은 교원의 지위에 관한 기본적인 사항을 법률로서 정하도록 한 것이므로, 교원의 지위에 관련된 사항에 관한 한 위 헌법조항이 헌법 제33조 제1항(근로자의 단결권)에 우선하여 적용된다고 보아야 한다.

② 사립학교 교원은 그 신분과 정년이 법률로 보장되어 있지만, 사립학교 사무직원의 신분과 정년은 법률로 보장되어 있지 않고 학교의 정관 내지 규칙으로 정하도록 하고 있어, 이는 사립학교의 종사자인 교·직원 가운데 교원만을 우대하고 사무직원을 차별하려는 자의적인 입법으로 평등원칙에 위배된다고 볼 수 있다.

③ 학교법인의 대학교원 재임용 거부 조치를 행정청의 처분으로 볼 수는 없으므로, 특별위원회의 재심결정을 행정처분에 대한 행정심판으로서의 재결에 해당한다고 하기는 어렵다.

④ 교육감의 학교법인 임원취임의 승인취소권을 교육장에게 위임함을 규정한 대전직할시 교육감 소관 행정권한의 위임에 관한 규칙 제6조 제4호는 조례로 정하여

야 할 사항을 규칙으로 정한 것이어서 무효이다.

⑤ 사립학교 학교운영위원회 제도가 현저히 자의적이거나 비합리적으로 사립학교의 공공성만을 강조하고 사립학교의 자율성을 제한한 것이라 보기 어렵다.

해설 ① (o) 헌재 1991.7.22. 89헌가106; 헌법 제31조 제6항은 국민의 교육을 받을 기본적 권리를 보다 효과적으로 보장하기 위하여 교원의 보수 및 근무조건 등을 포함하는 개념인 "교원의 지위"에 관한 기본적인 사항을 법률로써 정하도록 한 것이므로 **교원의 지위에 관련된 사항에 관한 한 위 헌법조항이 근로기본권에 관한 헌법 제33조 제1항에 우선하여 적용**된다(헌재 1991.7.22. 89헌가106).

② (x) 교원의 신분과 정년뿐만 아니라 명예퇴직수당의 지급 여부도 교육의 목표, 교원의 수급균형, 사회경제적 여건을 종합적으로 고려하여 입법자가 결정할 입법정책에 속한다.

사립학교 교원은 그 신분과 정년이 법률로 보장되어 있다. 입법자가 사립학교 교·직원 가운데 교원에 대하여만 명예퇴직수당의 지급 근거를 두고 사무직원에 대하여는 이에 대한 법적 근거를 두지 않고 학교의 정관 또는 규칙으로 정하도록 구별한 것은 합리적인 이유가 있다고 할 것이므로, 사립학교의 종사자인 교·직원 가운데 교원만을 우대하고 사무직원을 차별하려는 자의적인 입법으로 헌법 제11조 제1항의 평등원칙에 위배된다고 볼 수 없다(헌재 2007.4.26. 2003헌마533).

③ (o) 헌재 2006.4.27. 2005헌마1119; 따라서 특별위원회의 **재심절차는 학교법인과 그 교원 사이의 사법적 분쟁을 해결하기 위한 간이분쟁해결절차로서의 성격**을 갖는다고 할 것이고, **재심결정**은 과거의 재임용 거부라고 하는 특정한 법률관계에 대하여 의문이 있거나 다툼이 있는 경우에 행정청이 공적 권위를 가지고 판단·확정하는 **행정처분에 해당**한다고 봄이 상당하다(헌재 2006.2.23. 2005헌가7).

④ (o) 대법원 1997.6.19. 95누8669.

⑤ (o) 헌재 2001.11.29. 2000헌마278. [해 답] ②

26 근로의 권리

1. 근로의 권리에 관한 설명 중 옳지 않은 것은? (다툼이 있는 경우 판례에 의함)

① 헌법 제32조 제1항 후단은 "국가는 … 법률이 정하는 바에 의하여 최저임금제를 시행하여야 한다."라고 규정하고 있지만, 근로자가 최저임금을 청구할 수 있는 권리가 헌법상 바로 도출되는 것이 아니다.

② 근로의 권리가 자유권적 기본권의 성격을 갖는 경우에는 외국인도 기본권 주체성을 인정하는 것이 타당하다.

③ 구 근로기준법은 "근로시간은 휴게시간을 제하고 1일에 8시간, 1주일에 44시간을 초과할 수 없다. 다만, 당사자간의 합의에 의하여 1주일에 12시간 한도로 연장근로할 수 있다"라고 규정하고 있는데, 당사자간의 합의가 있다고 하더라도 특별한 사정이 없는 한 이를 초과하는 근로시간을 정한 것은 위법하다.

④ 근로의 권리는 사회적 기본권으로서 국가에 대하여 직접 일자리를 청구하거나 일자리에 갈음하는 생계비의 지급을 청구할 수 있는 권리와 고용증진을 위한 사회적·경제적 정책을 요구할 수 있는 권리를 포함하고 있다.

⑤ 헌법 제32조 제6항의 "국가유공자·상이군경 및 전몰군경의 유가족은 법률이 정하는 바에 의하여 우선적으로 근로의 기회를 부여받는다"는 규정은 국가유공자 가족들에게까지 취업보호제도(가산점)의 근거가 된다고 해석할 수는 없고 '국가유공자', '상이군경', '전몰군경의 유가족'으로 한정하는 것이 타당하다.

해설 ① (o) 근로자가 최저임금을 청구할 수 있는 권리도 헌법상 바로 도출되는 것이 아니라 최저임금법 등 관련 법률이 구체적으로 정하는 바에 따라 비로소 인정될 수 있다(헌재 2011.7.28. 2009헌마408).

② (o) 근로의 권리가 "일할 자리에 관한 권리"만이 아니라 "일할 환경에 관한 권리"도 함께 내포하고 있는바, 후자는 인간의 존엄성에 대한 침해를 방어하기 위한 **자유권적 기본권의 성격**도 갖고 있어 건강한 작업환경, 일에 대한 정당한 보수, 합리적인 근로조건의 보장 등을 요구할 수 있는 권리 등을 포함한다고 할 것이므로 **외국인 근로자라고 하여 이 부분에까지 기본권 주체성을 부인할 수는 없다.** 즉 근로의 권리의 구체적인 내용에 따라, 국가에 대하여 고용증진을 위한 사회적·경제적 정책을 요구할 수 있는 권리는 **사회권적 기본권으로서 국민에 대하여만 인정**해야 하지만, 자본주의 경제질서하에서 근로자가 기본적 생활수단을 확보하고 인간의 존엄성을 보장받기 위하여 **최소한의 근로조건을 요구할 수 있는 권리는 자유권적 기본권**의 성격도 아울러 가지므로 이러한 경우 외국인 근로자에게도 그 기본권 주체성을 인정함이 타당하다(헌재 2007.8.30. 2004헌마670).

③ (o) 구 근로기준법(1997.3.13. 법률 제5309호로 제정되기 전의 것) 제42조 제1항은 "근로시간은 휴게시간을 제하고 1일에 8시간, 1주일에 44시간을 초과할 수 없다. 다만, 당사자간의 합의에 의하여 1주일에 12시간 한도로 연장근로할 수 있다."라고 규정하고 있을 뿐이고 이른바 탄력적 근로시간제를 채택하고 있지 아니하므로, **당사자간의 합의가 있다고 하더라도 특별한 사정이 없는 한 특정 주의 근로시간이 56시간을 초과할 수는 없다**할 것인데, 당해 중재재정의 내용은 1일 16시간 격일제 근로를 규정하고 있어서 특정 주의 근로시간은 64시간이 되므로 이 부분 중재재정은 구 근로기준법 제42조 제1항에 위반되어 위법하다(대법원 1997.10.10. 97누4951). 현행 근로기준법 제51조는 탄력적 근로시간제를 도입하고 있다.

④ (x) 근로의 권리는 사회적 기본권으로서 국가에 대하여 **직접 일자리를 청구하거나 일자리**

에 갈음하는 생계비의 지급을 청구할 수 있는 권리를 의미하는 것이 아니라 고용증진을 위한 사회적·경제적 정책을 요구할 수 있는 권리에 그치며, 근로의 권리로부터 국가에 대한 직접적인 **직장존속청구권이 도출되는 것도 아니다**(헌재 2012.10.25. 2011헌마307).

⑤ (o) 헌재 2006.2.23. 2004헌마675; 오늘날 가산점의 대상이 되는 국가유공자와 그 가족의 수가 과거에 비하여 비약적으로 증가하고 있는 현실과, 취업보호대상자에서 가족이 차지하는 비율, 공무원시험의 경쟁이 갈수록 치열해지는 상황을 고려할 때, 위 조항의 폭넓은 해석은 필연적으로 일반 응시자의 공무담임의 기회를 제약하게 되는 결과가 될 수 있으므로 위 조항은 엄격하게 해석할 필요가 있다. 이러한 관점에서 위 조항의 대상자는 조문의 문리해석대로 "국가유공자", "상이군경", 그리고 "전몰군경의 유가족"이라고 봄이 상당하다(헌재 2006.2.23. 2004헌마675).

[해 답] ④

2. 근로자의 노동3권에 관한 설명 중 옳지 않은 것은? (다툼이 있는 경우 판례에 의함)

① 헌법이 근로3권을 보장하는 취지는 원칙적으로 시장경제의 원리를 경제의 기본질서로 채택하면서, 노동관계 당사자가 상반된 이해관계로 말미암아 계급적 대립·적대의 관계로 나아가지 않고, 근로자의 이익과 지위의 향상을 도모하는 사회복지국가 건설의 과제를 달성하고자 함에 있다.

② 헌법 제33조 제1항이 근로자에게 "단결권, 단체교섭권, 단체행동권"을 기본권으로 보장하는 뜻은 근로자가 사용자와 대등한 지위에서 단체교섭을 통하여 자율적으로 임금 등 근로조건에 관한 단체협약을 체결할 수 있도록 하기 위한 것이다. 따라서 '단체교섭권'에 헌법이 위 조항에서 명시적으로 규정하고 있지 않은 '단체협약체결권'까지 포함되어 있다고 볼 수는 없다.

③ 근로기본권은 근로자의 근로조건을 개선함으로써 그들의 경제적·사회적 지위의 향상을 기하기 위한 것으로서 자유권적 기본권으로서의 성격보다는 생존권 내지 사회권적 기본권으로서의 측면이 보다 강한 것으로서 그 권리의 실질적 보장을 위해서는 국가의 적극적인 개입과 뒷받침이 요구되는 기본권이다.

④ 헌법이 근로자에게 단결권·단체교섭권·단체행동권을 인정한 취지는 경제적 약자인 근로자가 사용자와 대등한 입장에서 단체협약을 체결할 수 있게 하자는 데 있다.

⑤ 하나의 사업 또는 사업장에 두개 이상의 노동조합이 있는 경우 단체교섭에 있어 그 창구를 단일화 하도록 하고, 교섭대표가 된 노동조합에게만 단체교섭권을 부여하고 있는 '노동조합 및 노동관계조정법'(2010.1.1. 법률 제9930호로 개정된 것) 제29조 제2항, 제29조의2 제1항이 청구인들의 단체교섭권을 침해하는 것은 아니다.

해설 ① (o) 헌법이 이와 같이 근로3권을 보장하는 취지는 원칙적으로 개인과 기업의 경제상의 자유와 창의를 존중함을 기본으로 하는 시장경제의 원리를 경제의 기본질서로 채택하면서, 노동관계 당사자가 상반된 이해관계로 말미암아 계급적 대립·적대의 관계로 나아가지 않고 활동과정에서 서로 기능을 나누어 가진 대등한 교섭주체의 관계로 발전하게 하여 그들로 하여금 때로는 대립·항쟁하고, 때로는 교섭·타협의 조정과정을 거쳐 분쟁을 평화적으로 해결하게 함으로써, 결국에 있어서 근로자의 이익과 지위의 향상을 도모하는 사회복지국가 건설의 과제를 달성하고자 함에 있다(헌재 1993.3.11. 92헌바33).

② (x) 비록 헌법이 위 조항에서 '단체협약체결권'을 명시하여 규정하고 있지 않다고 하더라도 근로조건의 향상을 위한 근로자 및 그 단체의 본질적인 활동의 자유인 **'단체교섭권'에는 단체협약체결권이 포함**되어 있다고 보아야 한다(헌재 1998.2.27. 94헌바13).

③ (o) 헌재 1991.7.22. 89헌가106; 사용자에 비하여 경제적으로 약한 지위에 있는 근로자로 하여금 사용자와 대등한 지위를 갖추도록 하기 위하여 단결권·단체교섭권 및 단체행동권 등 이른바 근로3권을 부여하고, 근로자가 이를 무기로 하여 사용자에 맞서서 그들의 생존권을 보장하고 근로조건을 개선하도록 하는 제도를 보장함으로써 사적자치의 원칙을 보완하고자 하는 것이다(헌재 1991.7.22. 89헌가106). 그 후 헌법재판소는 자유권적 성격을 더 강조하는 내용의 결정을 내리고 있다.

근로자는 노동조합과 같은 근로자단체의 결성을 통하여 집단으로 사용자에 대항함으로써 사용자와 대등한 세력을 이루어 근로조건의 형성에 영향을 미칠 수 있는 기회를 가지게 되므로 이러한 의미에서 근로3권은 **'사회적 보호기능을 담당하는 자유권'** 또는 **'사회권적 성격을 띤 자유권'**이라고 말할 수 있다(헌재 1998.2.27. 94헌바13).

④ (o) 헌재 1993.3.11. 92헌바33.

⑤ (o) 헌재 2012.4.24. 2011헌마338; 노동3권도 절대적인 권리가 아니라 제한 가능한 권리이므로 단체교섭권도 헌법 제37조 제2항에 의하여 국가안전보장·질서유지 또는 공공복리 등의 공익상의 이유로 제한이 가능하며, 그 제한은 노동기본권의 보장과 공익상의 필요를 구체적인 경우마다 비교형량하여 양자가 서로 적절한 균형을 유지하는 선에서 결정된다(헌재 1998.2. 27. 94헌바13).

[해 답] ②

3. 근로자의 노동3권에 관한 설명 중 옳지 않은 것은? (다툼이 있는 경우 판례에 의함)

① 청원경찰로서 국가공무원법 제66조 제1항의 규정에 위반하여 노동운동 기타 공무이외의 일을 위한 집단적 행위를 한 자를 형사처벌하도록 규정한 청원경찰법(2001.4.7. 법률 제6466호로 개정된 것) 제11조는 과잉금지의 원칙을 위배하여 청구인들의 근로3권을 침해하는 것은 아니다.

② 노동조합의 적극적 단결권은 근로자 개인의 단결하지 않을 자유보다 중시된다고 할 것이고, 또 노동조합에게 조직강제권[이른바 유니언 숍(Union Shop) 협정의 체결]을 부여한다고 하여 이를 근로자의 단결하지 아니할 자유의 본질적인 내용을 침해하는 것으로 단정할 수는 없다.

③ 사용자의 이익을 대변하는 기업이나 사용자단체의 정치헌금을 허용하면서 유독 노동단체에게만 정치자금의 기부를 금지한 것은 노동단체로 하여금 정당에 영향력을 행사할 수 있는 정치활동의 영역을 다른 사회단체와 달리 차별대우하고 있다고 볼 수밖에 없다.

④ 근로자가 노동조합을 결성하지 아니할 자유나 노동조합에 가입을 강제당하지 아니할 자유, 그리고 가입한 노동조합을 탈퇴할 자유는 근로자에게 보장된 단결권의 내용에 포섭되는 권리로서가 아니라 헌법 제10조의 행복추구권에서 파생되는 일반적 행동의 자유 또는 제21조 제1항의 결사의 자유에서 그 근거를 찾을 수 있다.

⑤ 근로3권의 주체인 '근로자'에는 특정한 사용자에게 고용되어 현실적으로 취업하고 있는 자를 말하고, 일시적으로 실업 상태에 있는 자나 구직중인 자는 근로자성을 상실하였으므로 이에 해당되지 않는다.

해설

① (o) 헌재 2008.7.31. 2004헌바9; 국가공무원법 제66조 제1항에서 공무원에게 금지되는 노동운동에는 근로3권이 모두 포함된다고 해석되고(대법원 2005.4.15. 2003도2960), 따라서 이 사건 청원경찰법 조항으로 제한되는 기본권은 근로3권이다(헌재 2008.7.31. 2004헌바9).

② (o) 헌재 2005.11.24. 2002헌바95; 대법원 역시 유니온 숍에 관하여 합헌이라고 한다.
유니언 숍 협정이 근로자 개인의 조합에 가입하지 않을 자유나 조합 선택의 자유와 충돌하는 측면이 있기는 하지만 조직강제의 일환으로서 노조의 조직 유지와 강화에 기여하는 측면을 고려하여 일정한 요건하에서 체결된 유니언 숍 협정의 효력을 인정한 것이라 할 것이어서 헌법상의 근로자의 단결권을 침해하는 조항으로 볼 수는 없다(대법원 2002.10.25. 2000카기183).

③ (o) 헌재 1999.11.25. 95헌마154; 헌법재판소는 이처럼 노동조합의 정치자금기부금지를 규정한 정치자금에관한법률 제12조 제5호 등의 법령에 대하여 위헌결정을 한 것이다. 그러나 현행 정치자금법 제31조(기부의 제한)는, 외국인, 국내·외의 법인 또는 단체는 정치자금을 기부할 수 없다(제1항). 누구든지 국내·외의 **법인 또는 단체와 관련된 자금으로 정치자금을 기부할 수 없다**(제2항)고 규정하여 노동조합 역시 정치자금을 기부할 수 없도록 하고 있다.

④ (o) 헌법 제33조 제1항의 단결권에 소극적 단결권도 보장되는지 문제된다. 학설은 긍정하는 것이 다수설이다. 헌법재판소는 소극적 단결권을 인정하면서도 그 근거를 헌법 제33조 제1항의 단결권에서 찾지 않고, 일반적 행동의 자유 또는 결사의 자유에서 찾는다.
헌법상 보장된 근로자의 단결권은 단결할 자유만을 가리킬 뿐이고, **단결하지 아니할 자유 이른바 소극적 단결권은 이에 포함되지 않는다**고 보는 것이 우리 재판소의 선례라고 할 것이다(헌재 1999.11.25. 98헌마141). 그렇다면 근로자가 노동조합을 결성하지 아니할 자유나 노동조합에 가입을 강제당하지 아니할 자유, 그리고 가입한 노동조합을 탈퇴할 자유는 근로자에게 보장된 단결권의 내용에 포섭되는 권리로서가 아니라 **헌법 제10조의 행복추구권에서 파생되는 일반적 행동의 자유 또는 제21조 제1항의 결사의 자유**에서 그 근거를 찾을 수 있다(헌재 2005.11.24. 2002헌바95).

⑤ (x) '근로자'에는 특정한 사용자에게 고용되어 현실적으로 취업하고 있는 자뿐만 아니라, 일시적으로 실업 상태에 있는 자나 구직중인 자도 노동3권을 보장할 필요성이 있는 한 그 범위에 포함되고, 따라서 지역별 노동조합의 성격을 가진 원고가 그 구성원으로 '구직중인 여성 노동자'를 포함시키고 있다 하더라도, **'구직중인 여성 노동자' 역시 노조법상의 근로자에 해당**하므로, 구직중인 여성 노동자는 근로자가 아니라는 이유로 원고의 이 사건 노동조합설립신고를 반려한 이 사건 처분을 위법하다고 판단하였는바, 이러한 원심의 판단은 정당하다(대법원 2004.2.27. 2001두8568).

근로자가 회사로부터 해고를 당하였다고 하더라도 상당한 기간 내에 노동위원회에 부당노동행위 구제신청을 하여 그 해고의 효력을 다투고 있었다면, 위 법규정의 취지에 비추어 노동조합원으로서의 지위를 상실하는 것이라고 볼 수 없다(대법원 1992.3.31. 91다14413). 따라서 **해고된 자가 해고의 효력을 다투고 있을 때는 근로자의 지위에 있다**. 실업자는 근로3권의 주체가 될 수 없다고 할 것이나, 반대하는 견해도 있다. 자영업자나 자유직업에 종사하는 자 등은 임금 등의 수입으로 생활하는 것이 아니므로 근로자에 해당되지 않는다. [해 답] ⑤

4. 근로자의 노동3권 중 단체교섭권에 관한 설명 중 옳지 않은 것은? (다툼이 있는 경우 판례에 의함)

① 국가의 행정관청이 사법상 근로계약을 체결한 경우 그 근로계약 관계의 권리·의무는 행정주체인 국가에 귀속되므로, 국가는 그러한 근로계약 관계에 있어서 노동조합 및 노동관계조정법 제2조 제2호에 정한 사업주로서 단체교섭의 당사자의 지위에 있는 사용자에 해당한다.

② 노동조합이 2 이상인 경우 노동조합이 정부교섭대표의 교섭창구 단일화요구에 응하지 않는 경우에는 정부교섭대표로 하여금 교섭창구가 단일화될 때까지 교섭을 거부할 수 있도록 한 '공무원의 노동조합 설립 및 운영 등에 관한 법률' 제9조 제4항은 청구인들의 단체교섭권을 침해하는 것은 아니다.

③ 노동조합은 근로조건의 유지·개선 기타 근로자의 경제적·사회적 지위의 향상을 도모하여야 하는 노동조합의 목적에 비추어 근로조건을 불리하게 변경하는 내용의 단체협약을 체결하려는 노동조합으로서는 그러한 합의를 위하여 사전에 근로자들로부터 개별적인 동의나 수권을 받아야 한다.

④ 노동조합과 사용자 사이에 근로조건 기타 노사관계에 관한 합의가 노사협의회의 협의를 거쳐서 성립되었더라도, 당사자 쌍방이 이를 단체협약으로 할 의사로 문서로 작성하여 당사자 쌍방의 대표자가 각 노동조합과 사용자를 대표하여 서명날인하는 등으로 단체협약의 실질적·형식적 요건을 갖추었다면 이는 단체협약이라고 보아야 할 것이다.

⑤ 근로자에게 이미 지급한 임금을 단체협약으로 반환하도록 하는 것은 그에 관하여 근로자들의 개별적인 동의나 수권이 없는 한 효력이 없다.

해설

① (o) 대법원 2008.9.11. 2006다40935.

② (o) '공무원의 노동조합 설립 및 운영 등에 관한 법률' 제9조 제4항은, 복수노조 허용에 따라 예상되는 단체교섭의 혼란 및 단체협약 적용상의 어려움, 과다한 교섭비용을 줄이기 위하여, 단체교섭에 있어 관련된 노동조합에게 원칙적으로 단체교섭권의 행사를 보장하면서 노동조합 간의 자율적인 교섭창구 단일화를 규정한 것으로 합리적인 근거가 있으므로, 위 조항이 입법재량권의 범위를 일탈하여 청구인들의 단체교섭권을 침해하는 것으로는 보이지 아니한다(헌재 2008.12.26. 2005헌마971).

③ (x) 단체협약은 노동조합이 사용자 또는 사용자 단체와 근로조건 기타 노사관계에서 발생하는 사항에 관하여 체결하는 협정으로서, 협약자치의 원칙상 노동조합은 사용자와 사이에 근로조건을 유리하게 변경하는 내용의 단체협약뿐만 아니라 **근로조건을 불리하게 변경하는 내용의 단체협약을 체결할 수 있으므로,** 근로조건을 불리하게 변경하는 내용의 단체협약이 현저히 합리성을 결하여 노동조합의 목적을 벗어난 것으로 볼 수 있는 경우와 같은 특별한 사정이 없는 한 그러한 노사 간의 합의를 무효라고 볼 수는 없고, 노동조합으로서는 그러한 합의를 위하여 **사전에 근로자들로부터 개별적인 동의나 수권을 받을 필요가 없는 것**이다(대법원 2002.11.26. 2001다36504).

④ (o) 대법원 2005.3.11. 2003다27429.

⑤ (o) 대법원 2011.9.8. 2011다22061. [해 답] ③

5. 근로자의 노동3권 중 단체행동권에 관한 설명 중 옳지 않은 것은? (다툼이 있는 경우 판례에 의함)

① 단체행동권이라 함은 노동쟁의가 발생한 경우 쟁의행위를 할 수 있는 쟁의권을 의미하며, 이는 근로자가 그의 주장을 관철하기 위하여 업무의 정상적인 운영을 저해하는 행위를 할 수 있는 권리라고 할 수 있다.

② 구조조정이나 합병 등 기업의 경쟁력을 강화하기 위한 경영주체의 경영상 조치라도 원칙적으로 노동쟁의의 대상이 될 수 있다.

③ 쟁의행위는 주로 단체협약의 대상이 될 수 있는 사항을 목적으로 하는 경우에만 허용되는 것이고, 단체협약의 당사자가 될 수 있는 자에 의하여서만 이루어져야 하는 것이다.

④ 노동조합 및 노동관계조정법 제42조는 안전보호시설의 유지·운영은 쟁의행위중에도 계속되어야 함을 요구함으로써 결과적으로 적어도 안전보호시설의 유지·운영에 필요한 인원만큼은 쟁의행위에 참여할 수 없게 되고, 또 안전보호시설의 가

동중단을 쟁의행위의 방법으로 택할 수 없도록 할지라도 위 조항은 근로자의 단체행동권을 제한하는 규정이라고 볼 수 없다.

⑤ 사용자는 노동조합 및 노동관계조정법에 의한 단체교섭 또는 쟁의행위로 인하여 손해를 입은 경우에 노동조합 또는 근로자에 대하여 그 배상을 청구할 수 없다.

해설

① (o) 헌재 2010.4.29. 2009헌바168; 따라서 쟁의행위는 업무의 저해라는 속성상 그 자체가 형법상의 여러 가지 범죄의 구성요건에 해당될 수 있음에도 불구하고 그것이 정당성을 가지는 경우에는 형사책임이 면제되며, 민사상 손해배상 책임도 발생하지 않는다. **이는 헌법 제33조에 당연히 포함된 내용**이라 할 것이며, 정당한 쟁의행위의 효과로서 민사 및 형사면책을 규정하고 있는 노동조합 및 노동관계조정법 제3조와 제4조는 이를 명문으로 확인한 것이라 하겠다(헌재 1998.7.16. 97헌바23).

② (x) 구조조정이나 합병 등 기업의 경쟁력을 강화하기 위한 경영주체의 **경영상 조치는 원칙적으로 노동쟁의의 대상이 될 수 없고**, 그것이 긴박한 경영상의 필요나 합리적인 이유 없이 불순한 의도로 추진되는 등의 특별한 사정이 없는 한 노동조합이 그 실시를 반대하기 위하여 벌이는 쟁의행위에는 목적의 정당성을 인정할 수 없다(대법원 2003.11.13. 2003도687).

③ (o) 헌재 1990.1.15. 89헌가103.

④ (o) 노동조합 및 노동관계조정법 제42조(사업장의 안전보호시설에 대하여 정상적인 유지·운영을 정지·폐지 또는 방해하는 행위는 쟁의행위로서 이를 행할 수 없다)는 근로자의 헌법상 기본권인 단체행동권을 제한하는 규정이기는 하지만, 사람의 생명·신체의 안전보호라는 입법목적의 정당성을 인정할 수 있고, 안전보호시설의 유지·운영을 정지·폐지 또는 방해하는 내용의 쟁의행위를 제한하는 것은 위 목적을 달성하기 위한 효과적이고 적절한 수단이어서 방법의 적정성도 인정되며, 그 제한은 안전보호시설의 중요성에 비추어 볼 때 최소한의 제한으로 평가되므로 피해의 최소성도 갖추었고, 추구하는 공익인 '사람의 생명·신체의 안전'과 제한되는 사익인 청구인들의 '단체행동권'을 비교하여 볼 때 법익균형성도 갖추었으므로 청구인들의 단체행동권을 과도하게 침해한다고 할 수 없다(헌재 2005.6.30. 2002헌바83).

⑤ (o) 노동조합 및 노동관계조정법 제3조; 여기서 민사상 배상책임이 면제되는 손해는 **정당한 쟁의행위로 인한 손해에 국한된다**고 풀이하여야 할 것이고, 정당성이 없는 쟁의행위는 불법행위를 구성하고 이로 말미암아 손해를 입은 사용자는 노동조합이나 근로자에 대하여 손해배상을 청구할 수 있다(대법원 2011.3.24. 2009다29366). [해 답] ②

6. 근로자의 노동3권의 제한에 관한 설명 중 옳지 않은 것은? (다툼이 있는 경우 판례에 의함)

① 국가공무원법 제66조 제1항은 근로3권이 보장되는 공무원의 범위를 사실상 노무에 종사하는 공무원에 한정하고 있으나, 전체국민의 공공복리와 사실상 노무에 공무원의 직무의 내용, 노동조건 등을 고려해 보았을 때 입법자에게 허용된 입법재량권의 범위를 벗어난 것이라 할 수 없다.

② 노동조합 및 노동관계 조정법 제42조의2 제2항 "필수유지업무의 정당한 유지·운영을 정지·폐지 또는 방해하는 행위는 쟁의행위로서 이를 행할 수 없다"는 규정은 필수공익사업에 종사하는 근로자의 단체행동권을 부정하는 것이 아니라 필수공익사업 중 필수유지업무에 종사하는 근로자의 단체행동권 행사를 사전에 제한하는 것일 뿐이다.

③ 입법자가 근로감독관이나 조사관 자신이 공무원노동조합의 구성원이 되는 것은 적절하지 않다는 판단 아래 그 가입을 금지하는 것이 입법자의 재량권을 현저히 일탈한 것이라고 볼 수는 없다.

④ 헌법 제33조 제2항이 직접 '법률이 정하는 자'만이 노동3권을 향유할 수 있다고 규정하고 있어서 '법률이 정하는 자' 이외의 공무원은 노동3권의 주체가 되지 못하므로, 노동3권이 인정됨을 전제로 하는 헌법 제37조 제2항의 과잉금지원칙은 적용이 없는 것으로 보아야 할 것이다.

⑤ 지방공무원법 제58조 제2항에 따라 '사실상 노무에 종사하는 공무원의 범위'를 정하는 조례를 제정하도록 위임받았음에도 불구하고, 이를 제정하지 아니한 부작위로 청구인들의 노동3권을 부여받을 기회 자체를 사전에 차단하거나 박탈하였다고 할 수는 없다.

해설

① (o) 헌재 2007.8.30. 2003헌바51.

② (o) 필수유지업무제도는 쟁의행위에 대한 사전적 제한이라는 성격을 가지지만, 필수유지업무제도를 통해 보호하려는 공중의 생명이나 건강은 그 침해가 현실화된 이후에는 회복이 어렵다는 점에서 사전제한이라는 이유로 과잉금지원칙을 위반한다고 볼 수 없다(헌재 2011.12.29. 2010헌바385).

③ (o) 헌재 2008.12.26. 2006헌마518.

④ (o) 헌재 2007.8.30. 2003헌바51; 입법자가 헌법 제33조 제2항의 규정에 따라 노동3권의 주체가 될 수 있는 공무원의 범위를 정함에 있어서는 노동3권을 보장하고 있는 헌법의 정신이 존중되어야 함은 물론 국제사회에 있어서의 노동관계 법규 등도 고려되어야 한다(헌재 2007.8.30. 2003헌바51).

⑤ (x) 헌법 제33조 제2항과 지방공무원법 제58조 제1항 단서 및 제2항에 의하면 조례에 의하여 '사실상 노무에 종사하는 공무원'으로 규정되는 지방공무원만이 **단체행동권을 보장**받게 되므로 조례가 아예 제정되지 아니하면 지방공무원 중 누구도 단체행동권을 보장받을 수 없게 된다. 따라서 **이 사건 부작위는 청구인들이 단체행동권을 향유할 가능성조차 봉쇄**하여 버리는 것으로 청구인들의 기본권을 침해한다(헌재 2009.7.30. 2006헌마358). [해 답] ⑤

27 환 경 권

1. 환경권에 관한 설명 중 옳지 않은 것은? (다툼이 있는 경우 판례에 의함)

① 환경권은 건강하고 쾌적한 생활을 유지하는 조건으로서 양호한 환경을 향유할 권리이고, 생명·신체의 자유를 보호하는 토대를 이루며, 궁극적으로 '삶의 질' 확보를 목표로 하는 권리이다.

② 일정한 경우 국가는 사인인 제3자에 의한 국민의 환경권 침해에 대해서도 적극적으로 기본권 보호조치를 취할 의무를 지나, 헌법재판소가 이를 심사할 때에는 국가가 국민의 기본권적 법익 보호를 위하여 적어도 적절하고 효율적인 최소한의 보호조치를 취했는가 하는 이른바 "과소보호금지원칙"의 위반 여부를 기준으로 삼아야 한다.

③ '건강하고 쾌적한 환경에서 생활할 권리'를 보장하는 환경권의 보호대상이 되는 환경에는 자연 환경뿐만 아니라 인공적 환경과 같은 생활환경도 포함된다.

④ 환경권은 헌법상 권리이므로 명문의 법률규정이나 관계 법령의 규정 취지 및 조리에 비추어 권리의 주체, 대상, 내용, 행사 방법 등이 구체적으로 정립될 수 있어야만 인정되는 것은 아니다.

⑤ 공해소송에 있어서 피해자에게 사실적인 인과관계의 존재에 관하여 과학적으로 엄밀한 증명을 요구한다는 것은 공해로 인한 사법적 구제를 사실상 거부하는 결과가 될 우려가 있다.

해설

① (o) 헌재 2008.7.31. 2006헌마711; 환경권을 행사함에 있어 국민은 국가로부터 건강하고 쾌적한 환경을 향유할 수 있는 자유를 침해당하지 않을 권리를 행사할 수 있고, 일정한 경우 국가에 대하여 건강하고 쾌적한 환경에서 생활할 수 있도록 요구할 수 있는 권리가 인정되기도 하는바, 환경권은 그 자체 종합적 기본권으로서의 성격을 지닌다(헌재 2008.7.31. 2006헌마711).

② (o) 헌재 2008.7.31. 2006헌마711; 이 사건(공직선거에서 발생하는 소음으로 인한 환경권 침해 여부)에 관한 경우 청구인의 기본권적 법익이 침해되고 있음이 명백히 드러나지 않고, 공직선거법의 규정을 보더라도 확성장치로 인한 소음을 예방하는 규정이 불충분하다고 단정할 수도 없으며, 기본권보호의무의 인정 여부를 선거운동의 자유와의 비교형량하에서 판단할 때, 확성장치 소음규제기준을 정하지 않았다는 것만으로 청구인의 정온한 환경에서 생활할 권

리를 보호하기 위한 입법자의 의무를 과소하게 이행하였다고 평가할 수는 없다(헌재 2008.7.31. 2006헌마711).

③ (o) 헌재 2008.7.31. 2006헌마711; 환경권을 구체화한 입법이라 할 환경정책기본법 제3조에서도 환경을 자연환경과 생활환경으로 분류하면서, 생활환경에 소음·진동 등 사람의 일상생활과 관계되는 환경을 포함시키고 있다. 그러므로 일상생활에서 소음을 제거·방지하여 정온한 환경에서 생활할 권리는 환경권의 한 내용을 구성한다(헌재 2008.7.31. 2006헌마711).

④ (x) 환경권은 명문의 **법률규정이나 관계 법령의 규정 취지 및 조리에 비추어** 권리의 주체, 대상, 내용, 행사 방법 등이 **구체적으로 정립될 수 있어야만 인정**되는 것이므로, 사법상의 권리로서의 환경권을 인정하는 명문의 규정이 없는데도 환경권에 기하여 직접 방해배제청구권을 인정할 수는 없다(대법원 1999.7.27. 98다47528).

⑤ (o) 대법원 2012.1.12. 2009다84608 등. [해 답] ④

28 혼인과 가족에 관한 권리

1. 혼인과 가족에 관한 권리에 관한 설명 중 옳지 않은 것은? (다툼이 있는 경우 판례에 의함)

① 헌법 제36조 제1항은 적극적으로는 적절한 조치를 통해서 혼인과 가족을 지원하고 제3자에 의한 침해 앞에서 혼인과 가족을 보호해야 할 국가의 과제를 포함하며, 소극적으로는 불이익을 야기하는 제한조치를 통해서 혼인과 가족을 차별하는 것을 금지해야 할 국가의 의무를 포함한다.

② 가족제도는 민족의 역사와 더불어 생성되고 발전된 역사적·사회적 산물이라는 특성을 지니고 있기는 하나, 그렇다고 하여 가족제도나 가족법이 헌법의 우위로부터 벗어날 수 있는 특권을 누릴 수 없다.

③ 전래의 어떤 가족제도가 헌법 제36조 제1항이 요구하는 개인의 존엄과 양성평등에 반한다면 헌법 제9조를 근거로 그 헌법적 정당성을 주장할 수는 없다.

④ 배우자 있는 자가 배우자 아닌 제3자와 성관계를 맺는 것은 선량한 성도덕이나, 일부일처주의의 혼인제도에 반할 뿐더러, 혼인으로 인하여 배우자에게 지고 있는 성적성실의무를 위반하는 것이 되어 혼인의 순결을 해치게 되는 것이다.

⑤ 육아휴직신청권은 헌법 제36조 제1항 등으로부터 개인에게 직접 주어지는 헌법적 차원의 권리라고 할 수 있으므로, 입법자가 입법의 목적, 수혜자의 상황, 국가예산, 전체적인 사회보장수준, 국민정서 등 여러 요소를 고려하여 제정하는 입법

에 적용요건, 적용대상, 기간 등 구체적인 사항을 규정하는 것은 헌법상의 권리를 확인하는 것에 해당된다.

해설 ① (o) 헌법 제36조 제1항은 혼인과 가족에 관련되는 공법 및 사법의 모든 영역에 영향을 미치는 헌법원리 내지 원칙규범으로서의 성격도 가진다. 소득세법 제61조 제1항이 **자산소득합산과세의 대상이 되는 혼인한 부부를 혼인하지 않은 부부나 독신자에 비하여 차별취급하는 것은 헌법상 정당화되지 아니하기 때문에** 헌법 제36조 제1항에 위반된다(헌재 2002.8.29. 2001헌바82).

② (o) 헌재 2005.2.3. 2001헌가9; 만약 이것이 허용된다면 민법의 친족상속편에 관한 한 입법권은 헌법에 기속되지 않으며, 가족관계의 가치질서는 헌법의 가치체계로부터 분리될 수 있다는 결론에 이르게 되는데 이것이 입헌민주주의에서 용납될 수는 없다(헌재 2005.2.3. 2001헌가9).

③ (o) 헌재 2005.2.3. 2001헌가9; 계모자관계를 법정혈족관계로 인정하지 아니하게 된 입법의 취지가 가부장적이고 양성평등에 반하여 오늘날의 가족생활관계에서 타당성이 미약해진 가족질서를 개선하고 가족관계에서 계자가 당할 수 있는 불이익을 방지하기 위한 것이라면, 이는 개인의 존엄과 양성평등에 반하는 전래의 가족제도를 개선하기 위한 입법이므로, 가족제도를 보장하는 헌법 제36조 제1항에 위반된다고 볼 수 없다(헌재 2011.2.24. 2009헌바89).

④ (o) 헌재 1990.9.10. 89헌마82; 선량한 성도덕과 일부일처주의 혼인제도의 유지 및 가족생활의 보장을 위하여서나 부부간의 성적성실의무의 수호를 위하여, 그리고 간통으로 인하여 야기되는 사회적 해악의 사전예방을 위하여서는 배우자 있는 자의 간통행위를 규제하는 것은 불가피한 것이며, 그러한 행위를 한 자를 2년 이하의 징역에 처할 수 있도록 규정한 형법 제241조의 규정은 성적자기결정권에 대한 필요 및 최소한의 제한으로서 자유와 권리의 본질적 내용을 침해하는 것은 아니라고 인정된다(헌재 1990.9.10. 89헌마82).

⑤ (x) 양육권은 공권력으로부터 자녀의 양육을 방해받지 않을 권리라는 점에서는 자유권적 기본권으로서의 성격을, 자녀의 양육에 관하여 국가의 지원을 요구할 수 있는 권리라는 점에서는 사회권적 기본권으로서의 성격을 아울러 가진다. **육아휴직신청권은 헌법 제36조 제1항 등으로부터 개인에게 직접 주어지는 헌법적 차원의 권리라고 볼 수는 없고**, 입법자가 입법의 목적, 수혜자의 상황, 국가예산, 전체적인 사회보상수준, 국민정서 등 여러 요소를 고려하여 제정하는 입법에 적용요건, 적용대상, 기간 등 **구체적인 사항이 규정될 때 비로소 형성되는 법률상의 권리**이다(헌재 2008.10.30. 2005헌마1156). [해 답] ⑤

29 보건에 관한 권리

1. 보건에 관한 권리에 관한 설명 중 옳지 않은 것은? (다툼이 있는 경우 판례에 의함)

① 의료인이 아니면서도 어떤 특정분야에 관하여는 우수한 의료능력을 가진 한 부류의 의료인들이 있기 때문에 무면허 의료행위를 일률적, 전면적으로 금지하고 이를 위반한 경우에는 그 치료결과에 관계없이 형사처벌을 받게 하는 것은 비례의 원칙에 위반된다.

② 국가가 국민을 강제로 건강보험에 가입시키고 경제적 능력에 따라 보험료를 납부하도록 하는 것은 정당한 국가목적을 달성하기 위하여 부득이한 것이고, 가입강제와 보험료의 차등부과로 인하여 달성되는 공익은 그로 인하여 침해되는 사익에 비하여 월등히 크다고 할 수 있다.

③ 흡연권은 사생활의 자유를 실질적 핵으로 하는 것이고 혐연권은 사생활의 자유뿐만 아니라 생명권에까지 연결되는 것이므로 혐연권이 흡연권보다 상위의 기본권이다.

④ 교도소에 수용된 때에는 국민건강보험급여를 정지하도록 한 국민건강보험법 제49조 제4호는 수용자에게 불이익을 주기 위한 것이 아니라, 국가의 보호, 감독을 받는 수용자의 질병치료를 국가가 부담하는 것을 전제로 수용자에 대한 의료보장제도를 합리적으로 운영하기 위한 것이므로 입법목적의 정당성을 갖고 있다.

⑤ 국가로서는 미국산 쇠고기의 수입과 관련하여 소해면상뇌증의 원인물질인 변형프리온 단백질이 축적된 것이 유입되는 것을 방지하기 위하여 적절하고 효율적인 조치를 취함으로써 소비자인 국민의 생명·신체의 안전을 보호할 구체적인 의무가 있다.

해설 ① (×) 무면허 의료행위자 중에서 부작용이 없이 의료행위를 할 수 있는 특별한 능력을 갖춘 사람이 있다고 하더라도 이를 구분할 수 있는 것은 실제로는 거의 불가능하며, 또 부분적으로 그 구분이 가능하다고 하더라도 일반인들이 이러한 능력이 있는 무면허 의료행위자를 식별할 수 있는 것은 결국 국가에서 일정한 형태의 자격인증을 하는 방법 이외에는 달리 대안이 없고, 외국의 입법례를 보아도 의료인 면허제도를 채택하고 무면허 의료행위를 사전에 전면금지하는 것 이외의 다른 규제방법을 찾아볼 수 없다. 이와 같은 사정들을 종합해 보면, 무면허 의료행위를 일률적, 전면적으로 금지하고 이를 위반한 경우에는 그 치료결과에 관계없이 형사처벌을 받게 하는 이 법의 규제방법은, **"대안이 없는 유**

일한 선택"으로서 실질적으로도 비례의 원칙에 합치되는 것이다. 그렇다면 무면허 의료행위를 일률적·전면적으로 금지하고 이에 위반할 경우 처벌하는 의료법 조항은 헌법 제10조가 규정하는 인간으로서의 존엄과 가치를 보장하고 헌법 제36조 제3항이 규정하는 국민보건에 관한 국가의 보호의무를 다하고자 하는 것으로서, 국민의 생명권, 건강권, 보건권 및 그 신체활동의 자유 등을 보장하는 규정이지, 이를 제한하거나 침해하는 규정이라고 할 수 없다(헌재 1996.10.31. 94헌가7). **의료인이 아닌 자의 의료행위를 전면적으로 금지한 것**은 매우 중대한 헌법적 법익인 국민의 생명권과 건강권을 보호하고 국민의 보건에 관한 국가의 보호의무를 이행하기 위하여 적합한 조치로서, 위와 같은 중대한 공익이 국민의 기본권을 보다 적게 침해하는 다른 방법으로는 효율적으로 실현될 수 없으므로, 이 사건 조항들은 비의료인의 직업선택의 자유 등 기본권을 침해하지 아니한다(헌재 2010.7.29. 2008헌가19).

② (o) 헌재 2003.10.30. 2000헌마801.

③ (o) 헌재 2004.8.26. 2003헌마457.

④ (o) 헌재 2005.2.24. 2003헌마31.

⑤ (o) 헌재 2008.12.26. 2008헌마419; 국가가 국민의 생명·신체의 안전에 대한 보호의무를 다하지 않았는지 여부를 헌법재판소가 심사할 때에는 국가가 이를 보호하기 위하여 적어도 적절하고 효율적인 최소한의 보호조치를 취하였는가 하는 이른바 **'과소보호 금지원칙'**의 위반 여부를 기준으로 삼아, 국민의 생명·신체의 안전을 보호하기 위한 조치가 필요한 상황인데도 **국가가 아무런 보호조치를 취하지 않았든지** 아니면 **취한 조치가 법익을 보호하기에 전적으로 부적합하거나 매우 불충분한 것임이 명백한 경우에** 한하여 국가의 보호의무의 위반을 확인하여야 한다(헌재 2008.12.26. 2008헌마419). [해 답] ①

30 재판청구권

1. 재판청구권에 관한 설명 중 옳지 않은 것을 모두 고른 것은? (다툼이 있는 경우 판례에 의함)

㉠ 재판청구권의 실현은 재판권을 행사하는 법원의 조직과 소송절차에 관한 입법에 의존하고 있기 때문에 입법자에 의한 재판청구권의 구체적 형성은 불가피하게 완전히 입법자의 형성권에 맡기고 있다.

㉡ 재판청구권은 재판절차를 규율하는 법률과 재판에서 적용될 실체적 법률이 모두 합헌적이어야 한다는 의미에서의 법률에 의한 재판을 받을 권리뿐만 아니라, 비밀재판을 배제하고 일반 국민의 감시하에서 심리와 판결을 받음으로써 공정한 재판을 받을

수 있는 권리를 포함하고 있다.
㉢ 재판청구권은 법적 분쟁의 해결을 가능하게 하는 적어도 한 번의 권리구제절차가 개설될 것을 요청할 뿐 아니라, 그를 넘어서 소송절차의 형성에 있어서 실효성 있는 권리보호를 제공하기 위하여 그에 필요한 절차적 요건을 갖출 것을 요청한다.
㉣ 재판청구권과 같은 절차적 기본권은 원칙적으로 제도적 보장의 성격이 강하기 때문에, 자유권적 기본권 등 다른 기본권의 경우와 비교하여 볼 때 상대적으로 광범위한 입법형성권이 인정되므로, 관련 법률에 대한 위헌심사기준은 합리성원칙 내지 자의금지원칙이 적용된다.
㉤ 수형자가 민사소송수행을 목적으로 출정하는 경우 교도소에서 법원까지의 차량운행비 등 비용이 소요되는데, 이는 재판청구권을 행사하는 데 불가피한 비용이므로 수익자부담의 원칙에 따라 당사자 본인이 부담하여야 한다.
㉥ 헌법 제27조 제3항 제1문은 "모든 국민은 신속한 재판을 받을 권리를 가진다"라고 규정하고 있기 때문에 이 헌법규정으로부터 신속하게 판결을 선고해야 할 헌법·법률상의 작위의무를 도출할 수 있다.

① ㉠, ㉥ ② ㉡, ㉢ ③ ㉣, ㉥
④ ㉠, ㉤ ⑤ ㉤, ㉥

해설

㉠ (x) 재판청구권의 실현은 재판권을 행사하는 법원의 조직과 소송절차에 관한 입법에 의존하고 있기 때문에 입법자에 의한 재판청구권의 구체적 형성은 불가피하며, 따라서 입법자는 소송요건과 관련하여 소송의 주체·방식·절차·시기·비용 등에 관하여 규율할 수 있다. 그러나 **헌법 제27조 제1항은 권리구제절차에 관한 구체적 형성을 완전히 입법자의 형성권에 맡기지는 않는다.** 입법자가 단지 법원에 제소할 수 있는 형식적인 권리나 이론적인 가능성만을 제공할 뿐, 권리구제의 실효성이 보장되지 않는다면 권리구제절차의 개설은 사실상 무의미할 수 있기 때문이다(헌재 2006.2.23. 2005헌가7).
㉡ (o) 헌재 1996.12.26. 94헌바1.
㉢ (o) 헌재 2006.2.23. 2005헌가7; 비록 재판절차가 국민에게 개설되어 있다 하더라도, 절차적 규정들에 의하여 법원에의 접근이 합리적인 이유로 정당화될 수 없는 방법으로 어렵게 된다면, 재판청구권은 사실상 형해화 될 수 있으므로, 바로 여기에 입법형성권의 한계가 있다(헌재 1992.6.26. 90헌바25).
㉣ (o) 헌재 1998.9.30. 97헌바51.
㉤ (o) 헌재 1994.2.24. 93헌바10; 청구인이 출정하기 이전에 여비를 납부하지 않았거나 출정비용과 영치금과의 상계에 미리 동의하지 않았다는 이유로 이 사건 출정제한행위를 한 것은, 피청구인에 대한 업무처리지침 내지 사무처리준칙인 '민사재판 등 소송 수용자 출정비용 징수에 관한 지침'을 위반하여 청구인이 직접 재판에 출석하여 변론할 권리를 침해함으로써, 형벌의 집행을 위하여 필요한 한도를 벗어나서 청구인의 재판청구권을 과도하게 침해하였다고

할 것이다(헌재 2012.3.29. 2010헌마475).

ⓑ (x) 헌법 제27조 제3항 제1문은 "모든 국민은 신속한 재판을 받을 권리를 가진다"라고 규정하고 있다. 그러나 신속한 재판을 받을 권리의 실현을 위해서는 구체적인 입법형성이 필요하며, 다른 사법절차적 기본권에 비하여 폭넓은 입법재량이 허용된다. 특히 신속한 재판을 위해서 적정한 판결선고기일을 정하는 것은 법률상 쟁점의 난이도, 개별사건의 특수상황, 접수된 사건량 등 여러 가지 요소를 복합적으로 고려하여 결정되어야 할 사항인데, 이때 관할 법원에게는 광범위한 재량권이 부여된다. 따라서 **법률에 의한 구체적 형성없이는 신속한 재판을 위한 어떤 직접적이고 구체적인 청구권이 발생하지 아니한다**(헌재 1999.9.16. 98헌마75). [해 답] ①

2. 재판청구권에 관한 설명 중 옳은 것을 모두 고른 것은? (다툼이 있는 경우 판례에 의함)

> ㉠ 헌법과 법률이 정한 법관에 의하여 재판을 받을 권리는 모든 사건에 대하여 대법원 또는 상급법원을 구성하는 법관에 의한 균등한 재판을 받을 권리라고 할 수 있다.
>
> ㉡ "법률에 의한" 재판을 받을 권리라 함은 법관에 의한 재판은 받되 법대로의 재판 즉 절차법이 정한 절차에 따라 실체법이 정한 내용대로 재판을 받을 권리를 보장하자는 취지라고 할 것이다.
>
> ㉢ 법관이 위원으로 있는 법무부변호사 징계위원회를 사실확정에 관한 한 사실상 최종심으로 기능하게 하면서 일체의 법률적 쟁송에 대한 재판기능을 대법원을 최고법원으로 하는 법원에 속하도록 규정하고 있는 것은 합헌이다.
>
> ㉣ 대법원이 법관에 대한 징계처분 취소청구소송을 단심으로 재판하는 경우에는 사실확정도 대법원의 권한에 속하여 법관에 의한 사실확정의 기회가 박탈되었다고 볼 수 없으므로, 헌법 제27조 제1항의 재판청구권을 침해하지 아니한다.
>
> ㉤ 국민참여재판으로 진행된 제1심에서 배심원이 만장일치로 한 평결 결과를 받아들여 강도상해의 공소사실을 무죄로 판단하였으나, 항소심에서는 피해자에 대하여만 증인신문을 추가로 실시한 다음 제1심의 판단을 뒤집어 이를 유죄로 인정한 사안에서, 항소심 판단에 공판중심주의와 실질적 직접심리주의 원칙 및 증거재판주의에 관한 법리오해의 위법이 있다고 할 수 없다.
>
> ㉥ 통고처분은 상대방의 임의의 승복을 그 발효요건으로 하기 때문에 행정심판이나 행정소송의 대상으로서의 처분성을 부여할 수 없고, 통고처분이 법관에 의한 재판받을 권리를 침해한다든가 적법절차의 원칙에 저촉된다고 볼 수 없다.

① ㉠, ㉡, ㉤　② ㉡, ㉣, ㉥　③ ㉢, ㉣, ㉥
④ ㉣, ㉤, ㉥　⑤ ㉠, ㉢, ㉤

해설 ㉠ (x) "헌법과 법률이 정한 법관에 의하여" 재판을 받을 권리라 함은 생각건대 헌법과 법률이 정한 자격과 절차에 의하여 임명되고(헌법 제104조, 법원조직법 제41조 내지 제43조), 물적 독립(헌법 제103조)과 인적 독립(헌법 제106조, 법원조직법 제46조)이 보장된 법관에 의한 재판을 받을 권리를 의미한 것이라 봄이 상당하고, 반드시 사건의 경중을 가리지 않고 모든 사건에 대하여 대법원 또는 상급법원을 구성하는 법관에 의한 균등한 재판을 받을 권리라고는 보여지지 않는다(헌재 1993.11.25. 91헌바8).

㉡ (o) 헌재 1993.11.25. 91헌바8; 모든 사건에 대해 획일적으로 상소할 수 있게 하느냐 여부는 특단의 사정이 없는 한 입법정책의 문제로서 입법부에 광범위한 입법재량 내지 형성의 자유가 인정되어야 할 사항이라고 할 것이다(헌재 1996.3.28. 93헌바27).

㉢ (x) 대한변호사협회 변호사징계위원회나 법무부변호사 징계위원회의 징계에 관한 결정은 비록 그 징계위원 중 일부로 법관이 참여한다고 하더라도 이를 헌법과 법률이 정한 법관에 의한 재판이라고 볼 수 없으므로, 법무부변호사 징계위원회의 결정이 법률에 위반된 것을 이유로 하는 경우에 한하여 법률심인 대법원에 즉시항고할 수 있도록 한 변호사법 제81조 제4항 내지 제6항은, 법관에 의한 사실확정 및 법률적용의 기회를 박탈한 것으로서 헌법상 국민에게 보장된 "법관에 의한" 재판을 받을 권리를 침해하는 위헌규정이다(헌재 2000.6.29. 99헌가9).

㉣ (o) 헌재 2012.2.23. 2009헌바34; 대법원이 법관에 대한 징계처분 취소청구소송을 단심으로 재판하는 경우에는 법률심인 상고심으로서 사실확정에는 관여하지 않는 다른 재판과 달리 심리의 범위에 관하여 아무런 제한이 없어 사실확정도 대법원의 권한에 속하므로, 법관에 의한 사실확정의 기회가 박탈되었다고 볼 수도 없다(헌재 2012.2.23. 2009헌바34).

㉤ (x) 국민참여재판에서 피해자를 비롯한 다수의 증인과 피고인에 대한 제1심 사실심리의 전 과정을 직접 지켜 본 배심원이 만장일치로 내린 평결 결과를 받아들여 공소사실을 뒷받침하는 피해자 등의 진술의 신빙성을 배척하고 이를 토대로 무죄를 선고한 제1심의 판단을 뒤집기 위해서는 **원심에서의 새로운 증거조사를 통해 그에 명백히 반대되는 충분하고도 납득할 만한 현저한 사정이 나타나는 경우라야 한다**. 그럼에도 불구하고 그 판시와 같은 이유로 피해자 등 진술의 신빙성 및 그에 기초한 위 강도상해의 공소사실에 대한 제1심의 판단을 뒤집어 이를 유죄라고 인정한 원심의 판단에는, 실질적 직접심리주의와 공판중심주의의 원칙 아래 국민참여재판의 형식으로 이루어진 형사공판 절차를 통해 제1심이 한 증거의 취사와 사실의 인정을 합리적 근거 없이 뒤집음으로써 공판중심주의와 실질적 직접심리주의의 원칙을 위반하고 그 결과 범죄사실의 인정은 합리적인 의심이 없는 정도의 증명에 이르러야 한다고 하는 증거재판주의에 관한 법리를 오해한 위법이 있으며, 이는 판결에 영향을 미쳤음이 명백하므로 그대로 유지될 수 없다(대법원 2010.3.25. 2009도14065).

㉥ (o) 통고처분은 상대방의 임의의 승복을 그 발효요건으로 하기 때문에 그 자체만으로는 통고이행을 강제하거나 상대방에게 아무런 권리의무를 형성하지 않으므로 행정심판이나 행정소송의 대상으로서의 처분성을 부여할 수 없고, **통고처분에 대하여 이의가 있으면 통고내용을 이행하지 않음으로써 고발되어** 형사재판절차에서 통고처분의 위법·부당함을 얼마든지 다툴 수 있기 때문에 관세법 제38조 제3항 제2호가 법관에 의한 재판받을 권리를 침해한다든가 적법절차의 원칙에 저촉된다고 볼 수 없다(헌재 1998.5.28. 96헌바4). [해 답] ②

3. 청구인은 사기, 부정수표단속법위반으로 공소제기 되어 서울남부지방법원에서 징역 10년의 형을 선고받고 그 항소심에서 징역 8년으로 감경된 후 대법원에 상고하였으나 상고가 기각되어 청구인에 대한 유죄판결이 확정되었다. 청구인은 위 각 판결들의 취소를 구하면서, 동시에 누범을 규정하고 있는 형법 제35조 제2항, 헌법재판소법 제68조 제1항 중 "법원의 재판을 제외하고는" 부분 등이 재판청구권 등 기본권을 침해한다며 헌법소원심판을 청구하였다. 이 사례에 관한 설명 중 옳지 않은 것은? (다툼이 있는 경우 판례에 의함)

> [심판대상법률]
> **형법 제35조 제2항** 누범의 형은 그 죄에 정한 형의 2배까지 가중한다.
> **헌법재판소법 제68조 (청구사유)** 공권력의 행사 또는 불행사로 인하여 헌법상 보장된 기본권을 침해받은 자는 법원의 재판을 제외하고는 헌법재판소에 헌법소원심판을 청구할 수 있다.

① 법원의 재판은 헌법소원심판의 대상이 되지 아니함이 원칙이지만, 다만 헌법재판소가 위헌으로 결정한 법령을 적용함으로써 국민의 기본권을 침해한 재판에 대하여만 예외적으로 헌법소원심판을 청구할 수 있다.

② 법률조항에 의한 기본권 침해의 경우 원칙적으로는 법률의 시행과 동시에 기본권 침해를 받게 된다고 할 것이므로, 그 법률이 시행된 사실을 안 날로부터 90일 이내에, 그 법률이 시행된 날로부터 1년 이내에 헌법소원을 청구하여야 할 것이다.

③ 헌법재판소법 제68조 제1항 중 '법원의 재판을 제외하고는' 부분에서 '법원의 재판'에 헌법재판소가 위헌으로 결정한 법령을 적용함으로써 국민의 기본권을 침해한 재판이더라도 헌법에 위반되는 것은 아니다.

④ 형사소송에서 배심원제도를 채택하지 않은 것은 국가의 중립의무에 반하여 헌법에 위반된다고 청구인이 주장할지라도, 형사소송에서 배심원제도를 채택할 것을 우리 헌법이 명시적으로 입법 위임한 바 없을 뿐 아니라 헌법의 해석을 통해서도 입법자에게 그와 같은 입법의무가 인정되는 것으로 볼 수 없다.

⑤ 청구인이 심판의 대상으로 삼고 있는 판결들은 헌법재판소가 위헌으로 결정한 법령을 적용하여 국민의 기본권을 침해한 재판에 해당하지 않음이 명백하므로, 이 부분에 대한 심판청구는 헌법소원의 대상이 되지 않는 법원의 재판을 그 대상으로 한 것이어서 부적법하다.

해설 ① (o) 헌재 1997.12.24. 96헌마172.
② (o) 헌재 2006.4.27. 2006헌마187; 그러나 법률이 시행된 후에 그 법률에 해당되는 사유가 발생하여 비로소 기본권의 침해를 받게 된 경우에는 그 사유가 발생하였음을 안 날로부터 90일 이내, 그 사유가 발생한 날로부터 1년 이내에 헌법소원심판을 청구하여야 한다.
③ (x) 헌법재판소법 제68조 제1항이 원칙적으로 헌법에 위반되지 아니한다고 하더라도, 법원이 헌법재판소가 위헌으로 결정하여 그 효력을 전부 또는 일부 상실하거나 위헌으로 확인된 법률을 적용함으로써 국민의 기본권을 침해한 경우에도 법원의 재판에 대한 헌법소원이 허용되지 않는 것으로 해석한다면, 위 법률조항은 그러한 한도 내에서 헌법에 위반된다(헌재 1997.12.24. 96헌마172).
④ (o) 헌재 2006.4.27. 2006헌마187.
⑤ (o) 헌재 2006.4.27. 2006헌마187. [해 답] ③

4. 다음 사례에 관한 설명 중 옳지 않은 것은? (다툼이 있는 경우 판례에 의함)

> 중앙선거관리위원회 위원장은 6급 공무원을 5급 공무원으로 특별승진임용하기 위하여 국가공무원법 및 선거관리위원회 공무원규칙에 따라 '2004년도 5급 공무원 특별승진심사계획'을 수립한 후 위 심사계획의 선발기준에 따라 김○범 등 15명에 대한 5급 공무원 특별승진임용을 실시하였는바, 경상북도 ○○군 선거관리위원회의 6급 공무원인 청구인은 위 특별승진임용 대상자에 포함되지 아니하였다.
> 그러자 청구인은 위 심사계획의 선발기준은 위법하여 당연무효라고 주장하면서 중앙선거관리위원회 사무총장 등을 상대로 특별승진 심사계획 선발기준 무효확인의 소를 제기하였으나, 위 심사계획이 행정소송의 대상이 되는 행정처분이라고 볼 수 없다는 이유로 소각하 판결을 받았다.
> 청구인은 항소하면서, 행정소송법 제2조 제1항 제1호(이 사건 법률조항)가 행정소송의 대상이 되는 처분 개념을 한정함으로써 재판을 받을 권리, 평등권 등을 침해하여 위헌이라는 취지의 위헌제청신청을 하였으나, 법원이 청구인의 항소를 기각하는 판결을 선고함과 아울러 위헌제청신청을 기각하자 이 사건 헌법소원심판을 청구하였다.

① 처분개념에 해당되지 않아 대상적격이 흠결되어 항고소송이 불가능한 행정작용은 헌법소원의 보충성 원칙에 따라 헌법소원의 대상이 될 수 없다.
② 재판청구권에는 행정재판을 받을 권리도 포함되므로 처분 개념을 규정한 이 사건 법률조항을 통하여 항고소송의 대상을 어느 범위로 규정할 것인가는 입법자의 형성의 자유가 폭넓게 인정되는 영역에 해당된다.
③ 행정소송법이 정하는 처분개념에 해당되지 않으면 항고소송의 대상에 해당되지

않게 되고 대상적격이 결여되어 행정재판을 받지 못하게 되는 불이익을 받게 되는데, 이는 불필요한 소송을 억제하여 법원과 당사자의 부담을 경감시킴으로써 효율적인 재판제도를 구현하기 위한 취지라 할 수 있다.

④ 헌법재판소법은 헌법소원의 대상에서 재판이 제외되기 때문에 대상적격을 충족하여 항고소송이 가능한 행정작용에 대하여는 대법원이 최종적으로 심사권한을 갖게 되고 헌법소원이 배제된다.

⑤ '구체적 사실에 대한 법집행으로서의 공권력의 행사'로 처분 개념을 한정함으로써 '구체적 사실에 대한 법집행으로서의 공권력의 행사'에 의하여 권리 또는 이익을 침해당한 자와 '그 밖의 공권력의 행사'에 의하여 권리 또는 이익이 침해당한 자 사이에 차별 취급 자체는 인정된다고 할 것이다.

해설

① (x) 우리나라에서는 헌법소원의 대상에서 재판이 제외되기 때문에 대상적격을 충족하여 항고소송이 가능한 행정작용에 대하여는 대법원이 최종적으로 심사권한을 갖게 되고 헌법소원이 배제되는 반면, **대상적격이 흠결되어 항고소송이 불가능한 행정작용은 헌법소원의 보충성원칙의 예외 내지 비적용에 해당되어, 헌법소원의 대상**이 될 수 있다(헌재 2009.4.30. 2006헌바66).

② (o) 헌재 2009.4.30. 2006헌바66.

③ (o) 이 사건 법률조항에 따라 항고소송의 대상에 해당되지 않음에 따라 대상적격이 결여되어 행정재판을 받지 못하게 되는 제약 내지 불이익을 받게 되는데, 이는 불필요한 소송을 억제하여 법원과 당사자의 부담을 경감시킴으로써 효율적인 재판제도를 구현하기 위한 취지이고, 구법과 달리 이와 같이 이 사건 법률조항에서 처분 개념을 규정한 것은 현대행정의 다양화 등에 따른 권리구제 확대의 필요성을 반영한 것으로서 그 목적의 정당성이 인정된다고 할 것이다(헌재 2009.4.30. 2006헌바66).

④ (o) 이 사건 법률조항에 의하여 항고소송의 대상이 제한됨에 따라 항고소송이 불가능한 행정작용은 헌법소원의 대상이 될 여지가 많은데, 우리나라에서는 헌법소원의 대상에서 재판이 제외되기 때문에 대상적격을 충족하여 항고소송이 가능한 행정작용에 대하여는 대법원이 최종적으로 심사권한을 갖게 되고 헌법소원이 배제된다(헌재 2009.4.30. 2006헌바66).

⑤ (o) 항고소송의 대상이 되는 처분 개념을 제한한 이 사건 법률조항에 의하여 처분성이 인정되지 아니할 경우 항고소송 절차를 통한 권리구제를 받을 수 없는 차별이 발생하므로, 양자 사이에 차별 취급 자체는 인정된다고 할 것이다. 그러나 **항고소송의 대상적격을 결정짓는 이 사건 법률조항은 기본적으로 입법자의 광범위한 입법형성권이 인정되는 영역**에 속하는 것으로 사법본질상의 한계를 반영하여 '구체적 사실에 관한 법집행으로서의 공권력의 행사'로 처분 개념을 규정한 데에는 앞서 본 바와 같이 합리적인 이유가 인정된다고 할 것이다(헌재 2009.4.30. 2006헌바66).

[해 답] ①

5. 심리불속행제도를 규정하고 있는 '상고심절차에 관한 특례법'(2009.11.2. 법률 제9816호로 개정된 것) 제4조 제1항이 헌법에 위반되는지 여부에 관한 설명 중 옳지 않은 것은? (다툼이 있는 경우 판례에 의함)

① 헌법이 대법원을 최고법원으로 규정하였다고 하여 대법원이 곧바로 모든 사건을 상고심으로서 관할하여야 한다는 것은 아니다.

② 심급제도는 사법에 의한 권리보호에 관하여 한정된 법 발견자원의 합리적인 분배의 문제인 동시에 재판의 적정과 신속이라는 서로 상반되는 두 가지의 요청을 어떻게 조화시키느냐의 문제로 돌아가므로, 원칙적으로 입법자의 형성의 자유에 속하는 사항이다.

③ 심리불속행 조항은 헌법이 요구하는 대법원의 최고법원성을 존중하면서 민사, 가사, 행정 등 소송사건에서 상고심재판을 받을 수 있는 객관적 기준을 정함에 있어 법령해석의 통일보다는 개별적 사건에서의 권리구제를 더 우위에 둔 규정으로서 위헌적인 제도는 아니다.

④ 심리불속행제도는 남상고 사건에 대한 신속한 처리를 통하여 정당한 당사자의 재판을 받을 권리를 충실히 하기 위한 제도로서 그 입법취지 및 규정내용 등에 비추어 충분히 합리성이 인정된다.

⑤ 심리불속행 재판의 판결 이유를 생략할 수 있도록 규정한 부분은 이유기재를 하게 하면 상고심에게 불필요한 부담만 가중시키는 것으로서 심리불속행제도의 입법취지에 반하는 결과를 초래할 수 있기 때문에 합헌이다.

해설

① (o) "헌법이 대법원을 최고법원으로 규정하였다고 하여 대법원이 곧바로 모든 사건을 상고심으로서 관할하여야 한다는 결론이 당연히 도출되는 것은 아니며, '헌법과 법률이 정하는 법관에 의하여 법률에 의한 재판을 받을 권리'가 사건의 경중을 가리지 않고 모든 사건에 대하여 대법원을 구성하는 법관에 의한 균등한 재판을 받을 권리를 의미한다거나 또는 상고심재판을 받을 권리를 의미하는 것이라고 할 수는 없다(헌재 2012.5.31. 2010헌마625).

② (o) 헌재 2007.7.26. 2006헌마551.

③ (x) 심리불속행 조항은 비록 국민의 재판청구권을 제약하고 있기는 하지만 위 심급제도와 대법원의 기능에 비추어 볼 때 헌법이 요구하는 대법원의 최고법원성을 존중하면서 민사, 가사, 행정 등 소송사건에서 상고심재판을 받을 수 있는 객관적 기준을 정함에 있어 개별적 사건에서의 권리구제보다 **법령해석의 통일을 더 우위에 둔 규정**으로서 그 합리성이 있다(헌재 2012.5.31. 2010헌마625).

④ (o) 헌재 2007.7.26. 2006헌마551.

⑤ (o) 헌재 2007.7.26. 2006헌마551.

[해 답] ③

6. 공정한 재판을 받을 권리에 관한 설명 중 옳지 않은 것은? (다툼이 있는 경우 판례에 의함)

① 헌법에 공정한 재판에 관한 명문의 규정이 없지만 재판청구권이 국민에게 효율적인 권리보호를 제공하기 위해서는 법원에 의한 재판이 공정하여야만 할 것임은 당연하므로, 공정한 재판을 받을 권리는 헌법 제27조의 재판청구권에 의하여 함께 보장된다고 보아야 한다.

② 재판청구권은 재판절차를 규율하는 법률과 재판에서 적용될 실체적 법률이 모두 합헌적이어야 한다는 의미에서의 법률에 의한 재판을 받을 권리뿐만 아니라, 비밀재판을 배제하고 일반 국민의 감시하에서 심리와 판결을 받음으로써 공정한 재판을 받을 수 있는 권리를 포함하고 있다.

③ 공정한 재판을 받을 권리 속에는 신속하고 공개된 법정의 법관의 면전에서 모든 증거자료가 조사·진술되고 이에 대하여 피고인이 공격·방어할 수 있는 기회가 보장되는 재판, 즉 원칙적으로 당사자주의와 구두변론주의가 보장되어 당사자가 공소사실에 대한 답변과 입증 및 반증하는 등 공격·방어권이 충분히 보장되는 재판을 받을 권리가 포함되어 있다.

④ 공정한 재판을 받을 권리 속에는 신속하고 공개된 법정의 법관의 면전에서 모든 증거자료가 조사·진술되고 이에 대하여 피고인이 공격·방어할 수 있는 기회가 보장되는 재판이 포함된다. 따라서 형사소송법에서 "재판장은 증인이 피고인의 면전에서 충분한 진술을 할 수 없다고 인정한 때에는 피고인을 퇴정하게 하고 진술하게 할 수 있다"는 부분은 피고인의 공정한 재판을 받을 권리를 침해하고 있다.

⑤ 구체적인 재판을 담당하는 법관에 대하여 기피신청이 있는 경우에 그러한 신청에 대한 재판을 담당하기 위하여 당해 법관을 배제시키고 새로운 재판부를 구성하여 기피신청에 대한 재판을 하게 하면서 그 재판이 확정될 때까지 소송절차의 진행을 정지시키는 것은 공정한 재판을 받을 권리를 보장하기 위하여 필요하고 적절한 조치라고 할 수 있다.

해설 ① (o) 헌법에 '공정한 재판'에 관한 명문의 규정이 없지만 재판청구권이 국민에게 효율적인 권리보호를 제공하기 위해서는 법원에 의한 재판이 공정하여야만 할 것임은 당연하므로, '공정한 재판을 받을 권리'는 헌법 제27조의 재판청구권에 의하여 함께 보장된다고 보아야 하고 헌법재판소도 헌법 제27조 제1항의 내용을 '공정한 재판을 받을 권리'로 해석하고 있다(헌재 1996.12.26. 94헌바1).

② (o) 헌재 1996.12.26. 94헌바1.

③ (o) 헌재 1996.1.25. 95헌가5.

④ (x) 공정한 재판을 받을 권리 속에는 신속하고 공개된 법정의 법관의 면전에서 모든 증거자료가 조사·진술되고 이에 대하여 피고인이 공격·방어할 수 있는 기회가 보장되는 재판, 원칙적으로 당사자주의와 구두변론주의가 보장되어 당사자가 공소사실에 대한 답변과 입증 및 반증을 하는 등 공격, 방어권이 충분히 보장되는 재판을 받을 권리가 포함되어 있다(헌재 1994.4.28. 93헌바26). 이 사건 법률조항은 형사소송 절차에 있어서 증인이나 그 친족 등이 보복을 당할 우려가 있거나, 피고인과의 친소관계 등으로 인하여 피고인의 면전에서는 충분한 진술을 할 수 없는 경우에 피고인을 퇴정시키고 증인신문을 할 수 있도록 규정하고 있는바, 이는 형사절차에서 소환된 증인이 안심하고 자발적으로 진술할 수 있도록 증인을 실질적으로 보호함으로써, 증인의 진술을 제약하는 요소를 제거하고 이를 통해 실체적 진실의 발견을 용이하게 하기 위한 목적을 가지고 있으므로, 헌법에 위반되는 것은 아니다(헌재 2012.7.26. 2010헌바62).

⑤ (o) 헌재 2009.12.29. 2008헌바124. [해 답] ④

7. 재판청구권의 제한 등에 관한 설명 중 옳은 것은? (다툼이 있는 경우 판례에 의함)

① 군인 또는 군무원 아닌 국민은 대한민국의 영역 안에서 비상계엄이 선포된 경우를 제외하고는 군사법원의 재판을 받지 아니한다.

② 재심청구권도 헌법 제27조에서 규정한 재판을 받을 권리에 포함된다고 할 수 있다.

③ 교원징계재심위원회의 재심결정에 대하여 교원은 행정소송을 제기할 수 있게 한 반면, 학교법인 또는 사립학교 경영자는 이를 제기할 수 없도록 한 것은 헌법에 위반되는 것은 아니다.

④ 소송기록접수통지를 받은 후 20일의 기간 내에 상고이유서를 제출하지 아니한 경우 판결로 상고를 기각하도록 한 민사소송법 제429조 본문은 재판청구권을 침해하는 것은 아니다.

⑤ 법원이 헌법재판소가 위헌으로 결정하여 그 효력을 전부 또는 일부 상실하거나 위헌으로 확인된 명령·규칙을 적용함으로써 국민의 기본권을 침해한 경우에도 법원의 재판에 대한 헌법소원이 허용되지 않는다.

해설

① (x) 군인 또는 군무원이 아닌 국민은 대한민국의 영역 안에서는 **중대한 군사상 기밀·초병·초소·유독음식물공급·포로·군용물에 관한 죄중 법률이 정한 경우와 비상계엄이 선포된 경우**를 제외하고는 군사법원의 재판을 받지 아니한다(헌법 27②).

② (x) 헌법 제27조 제1항이 보장하고 있는 재판청구권은 헌법이 특별히 달리 규정하고 있지 않는 한 법관에 의하여 사실적 측면과 법률적 측면의 한 차례의 심리검토의 기회는 적어도 보장되어야 함을 그 핵심적 내용으로 한다. 상소심에서 심판을 받을 권리를 헌법상

명문화한 규정이 없고 상소문제가 일반 법률에 맡겨진 우리 법제하에서 재판청구권에 모든 사건에 대해 상소심 절차에 의한 재판을 받을 권리까지도 당연히 포함된다고 할 수는 없고, 마찬가지로 **재심청구권 역시 헌법 제27조에서 규정한 재판을 받을 권리에 당연히 포함된다고 할 수 없으며**, 어떤 사유를 재심사유로 정하여 재심을 허용할 것인가는 입법자가 확정판결에 대한 법적 안정성, 재판의 신속·적정성, 법원의 업무부담 등을 고려하여 결정하여야 할 입법정책의 문제이다(헌재 2004.12.16. 2003헌바105).

③ (x) 헌재 1998.7.16. 95헌바19 결정 내용이지만, 이 결정은 후에 위헌으로 변경된 바 있다. 학교법인은 그 소속 교원과 사법상의 고용계약관계에 있고 재심절차에서 그 결정의 효력을 받는 일방 당사자의 지위에 있음에도 불구하고 이 사건 법률조항은 합리적인 이유 없이 **학교법인의 제소권한을 부인함으로써 헌법 제11조의 평등원칙에 위배**되고, 사립학교 교원에 대한 징계 등 불리한 처분의 적법여부에 관하여 재심위원회의 재심결정이 최종적인 것이 되는 결과 일체의 법률적 쟁송에 대한 재판권능을 법원에 부여한 헌법 제101조 제1항에도 위배되며, 행정처분인 재심결정의 적법여부에 관하여 대법원을 최종심으로 하는 법원의 심사를 박탈함으로써 헌법 제107조 제2항에도 아울러 위배된다(헌재 2006.2.23. 2005헌가7).

④ (o) 헌재 2008.10.30. 2007헌마532; 이 사건 법률조항이 상고이유서를 제출하도록 한 것은, 상고심 재판의 심판 대상을 원칙적으로 상고이유서에 포함된 사유로 한정하고 상고이유서를 제출하지 아니하는 때에는 변론 없이 이유를 생략하여 판결로 상고를 기각할 수 있도록 함으로써 상고심 재판의 신속하고 원활한 운영을 도모하기 위한 것이다. 이는 기본적으로 입법자의 형성의 자유에 속하는 사항인 심급 제도의 내용을 입법자가 구체적으로 형성한 것으로, 상고심에서의 소송 경제와 신속을 모색하기 위한 것이라는 점에서 목적이 정당할 뿐만 아니라 수단의 적절성도 인정된다(헌재 2008.10.30. 2007헌마532).

⑤ (x) 헌법재판소법 제68조 제1항이 원칙적으로 헌법에 위반되지 아니한다고 하더라도, 법원이 헌법재판소가 위헌으로 결정하여 그 효력을 전부 또는 일부 상실하거나 위헌으로 확인된 법률을 적용함으로써 국민의 기본권을 침해한 경우에도 법원의 재판에 대한 헌법소원이 허용되지 않는 것으로 해석한다면, 위 법률조항은 그러한 한도 내에서 헌법에 위반된다.

명령·규칙에 근거한 집행행위가 존재하지 아니한 경우에는 그에 대한 헌법위반여부를 구체적인 재판절차에서 심사할 수 없기 때문에 직접 국민의 기본권을 침해하는 명령·규칙에 대하여는 주관적 권리구제 절차로서 헌법소원의 가능성이 열려 있으므로, **헌법재판소에 의하여 명령·규칙이 위헌으로 결정되어 그 효력을 상실한 경우에도 법률의 경우와 그 법리가 다를 바 없다**(헌재 1997.12.24. 96헌마172). [해 답] ④

31 국가배상청구권

1. 국가배상청구권에 관한 설명 중 옳지 않은 것을 고른 것은? (다툼이 있는 경우 판례에 의함)

① 국가배상법 제2조 제1항의 '법령에 위반하여'라고 함은 엄격하게 형식적 의미의 법령에 명시적으로 공무원의 작위의무가 정하여져 있음에도 이를 위반하는 경우만을 의미하는 것은 아니고, 인권존중·권력남용금지·신의성실과 같이 공무원으로서 마땅히 지켜야 할 준칙이나 규범을 지키지 아니하고 위반한 경우를 포함하여 널리 그 행위가 객관적인 정당성을 결여하고 있는 경우도 포함한다.

② 입법부가 법률로써 행정부에게 특정한 사항을 위임했음에도 불구하고 행정부가 정당한 이유 없이 이를 이행하지 않는다면 권력분립의 원칙과 법치국가 내지 법치행정의 원칙에 위배되는 것으로서 위법함과 동시에 위헌이 된다.

③ 한국토지공사는 법령의 위탁에 의하여 대집행을 수권받은 자로서 공무인 대집행을 실시함에 있어 국가배상법 제2조 소정의 공무원에 포함되므로 대집행 중에 야기한 불법행위로 인한 손해배상책임을 진다고 할 것이다.

④ 경찰관은 그 직무를 수행함에 있어 헌법과 법률에 따라 국민의 자유와 권리를 존중하고 범죄피해자의 명예와 사생활의 평온을 보호할 법규상 또는 조리상의 의무가 있다.

⑤ 군인 등의 보상특례에 관한 국가배상법 제2조 제1항 단서는 헌법 제29조 제1항에 의하여 보장되는 국가배상청구권을 헌법 내재적으로 제한하는 헌법 제29조 제2항에 직접 근거하고, 실질적으로 그 내용을 같이하는 것이므로 헌법에 위반되지 아니한다.

해설

① (o) 대법원 2012.7.26. 2010다95666.

② (o) 구 군법무관임용법(1967.3.3. 법률 제1904호로 개정되어 2000.12.26. 법률 제6291호로 전문 개정되기 전의 것) 제5조 제3항과 군법무관임용 등에 관한 법률(2000.12.26. 법률 제6291호로 개정된 것) 제6조가 군법무관의 보수를 법관 및 검사의 예에 준하도록 규정하면서 그 구체적 내용을 시행령에 위임하고 있는 이상, 위 법률의 규정들은 군법무관의 보수의 내용을 법률로써 일차적으로 형성한 것이고, 위 법률들에 의해 상당한 수준의 보수청구권이 인정되는 것이므로, 위 보수청구권은 단순한 기대이익을 넘어서는 것으로서 법

률의 규정에 의해 인정된 재산권의 한 내용이 되는 것으로 봄이 상당하고, 따라서 행정부가 정당한 이유 없이 시행령을 제정하지 않은 것은 위 보수청구권을 침해하는 불법행위에 해당한다(대법원 2007.11.29. 2006다3561).

③ (x) 한국토지공사는 구 한국토지공사법에 의하여 정부가 자본금의 전액을 출자하여 설립한 법인이고, 본래 시·도지사나 시장·군수 또는 구청장의 업무에 속하는 대집행권한을 한국토지공사에게 위탁하도록 되어 있는바, 한국토지공사는 이러한 법령의 위탁에 의하여 대집행을 수권받은 자로서 공무인 **대집행을 실시함에 따르는 권리·의무 및 책임이 귀속되는 행정주체의 지위에 있다**고 볼 것이지 지방자치단체 등의 기관으로서 **국가배상법 제2조 소정의 공무원에 해당한다고 볼 것은 아니다.** 따라서 한국토지공사에 대해서도 국가배상법 제2조 소정의 공무원에 포함됨을 전제로 이 사건 대집행에 따른 손해배상책임이 고의 또는 중과실로 인한 경우로 제한된다고 한 원심의 판단에는 손해배상책임의 요건에 관한 법리를 오해한 잘못이 있다(대법원 2010.1.28. 2007다82950,82967).

④ (o) 대법원 2008.6.12. 선고 2007다64365; 특히 이 사건과 같이 성폭력범죄의 피해자가 나이 어린 학생인 경우에는 수사과정에서 또 다른 심리적·신체적 고통으로 인한 가중된 피해를 입지 않도록 더욱 세심하게 배려할 직무상 의무가 있다(대법원 2008.6.12. 선고 2007다64365).

⑤ (o) 헌재 2001.2.22. 2000헌바38. [해 답] ③

32 대의제도

1. 대의제도에 관한 설명 중 옳지 않은 것은? (다툼이 있는 경우 판례에 의함)

① 대의제 민주주의하에서 국민의 국회의원 선거권이란 국회의원을 보통·평등·직접·비밀선거에 의하여 국민의 대표자로 선출하는 권리에 그친다.

② 헌법의 기본원리인 대의제 민주주의하에서 국회의원 선거권에는 개별 유권자 혹은 집단으로서의 국민의 의사를 선출된 국회의원이 그대로 대리하여 줄 것을 요구할 수 있는 권리까지 포함하고 있다.

③ 유권자가 설정한 국회의석 분포에 국회의원들을 기속시키고자 하는 내용의 국회구성권이라는 기본권은 오늘날 이해되고 있는 대의제도의 본질에 반하는 것이어서 헌법상 인정될 여지가 없다.

④ 헌법상의 국민주권론을 추상적으로 보면 전체국민이 이념적으로 주권의 근원이라는 전제 아래 형식적인 이론으로 만족할 수 있으나, 현실적으로 보면 구체적인 주권의 행사는 투표권 행사인 선거를 통하여 이루어지는 것이다.

⑤ 국민이 국정에 참여하는 참정권은 국민주권의 상징적 표현으로서 국민의 가장 중요한 기본적 권리의 하나이며 다른 기본권에 대하여 우월적 지위를 가진다.

해설

① (o) 헌재 1998.10.29. 96헌마186.

② (x) 헌법의 기본원리인 대의제 민주주의하에서 국회의원 선거권이란 것은 국회의원을 보통·평등·직접·비밀선거에 의하여 국민의 대표자인 국회의원을 선출하는 권리에 그치고, 개별 유권자 혹은 집단으로서의 국민의 의사를 선출된 국회의원이 그대로 대리하여 줄 것을 요구할 수 있는 권리까지 포함하는 것은 아니다(헌재 1998.10.29. 96헌마186). 국민(Nation)주권이론에서는 선거를 통해서 당선된 대표자는 선거구민의 대표가 아니라 전체 국민을 대표하는 기속위임금지(자유위임)의 법리에 따르게 된다. 반면 인민(Peuple)주권이론에서는 인민을 대신하여 선출된 대표자는 인민이 지시와 통제를 받는 기속위임의 법리에 따르게 되는 차이가 있다. 오늘날 국민주권이론은 기속위임금지의 법리를 채택하고 있다.

③ (o) 헌재 1998.10.29. 96헌마186.

④ (o) 헌재 1989.9.8. 88헌가6; 주권자인 국민은 선거를 통하여 직접적으로는 국가기관의 구성원을 선출하고 간접적으로는 여하한 정부를 원하느냐에 관한 국민의 의사를 표시한다. 이러한 정치행위를 참정권이라고 하고, 이를 모아 집합적인 총의로 최종결정을 하는 것을 헌법상 주권의 행사라고 하나 그 본질은 국민 개인이 갖는 기본권이라는 데에서 비롯되기 때문에 본건을 다룸에 있어서도 실질적인 주권행사인 개개인의 참정권을 존중하고 보호한다는 원칙을 망각해서는 안 된다(헌재 1989.9.8. 88헌가6).

⑤ (o) 헌재 1989.9.8. 88헌가6; 대의제도에 있어서 국민과 국회의원은 명령적 위임관계에 있는 것이 아니라 **자유위임관계에 있기 때문에 일단 선출된 후에는 국회의원은 국민의 의사와 관계없이 독자적인 양식과 판단에 따라** 정책결정에 임할 수 있다(헌재 1998.10.29. 96헌마186).

[해 답] ②

33 권력분립제도

1. 권력분립제도에 관한 설명 중 옳지 않은 것은? (다툼이 있는 경우 판례에 의함)

① 입헌주의적 헌법은 국민의 기본권 보장을 그 이념으로 하고 그것을 위한 권력분립과 법치주의를 그 수단으로 하기 때문에 국가권력은 언제나 헌법의 테두리 안에서 헌법에 규정된 절차에 따라 발동되지 않으면 안 된다.

② 초중등학교 교원에 대해서는 교육위원직 겸직을 금지하면서 대학교수에게는 겸

직을 허용하는 것은 합리적인 차별이라고 할 수 없어 평등권을 침해하는 것이라고 할 수 있다.

③ 헌법이 명하는 과잉입법금지의 원칙과 평등의 원칙에 반하는 가혹한 형벌규정을 설정하는 특정범죄가중처벌법이나 그 법조항들이 만약 헌법상 입법부에 부여된 입법권의 범위를 넘어서 자의적으로 제정된 것이라고 한다면 그 효력이 부인될 수밖에 없는 것이다.

④ 입헌주의국가에서도 전쟁이나 내란, 경제공황 등과 같은 비상사태가 발발하여 국가의 존립이나 헌법질서의 유지가 위태롭게 된 때에는 정상적인 헌법체제의 유지와 헌법에 규정된 정상적인 권력행사방식을 고집할 수 없게 된다.

⑤ 우리 헌법은 근대 자유민주주의 헌법의 원리에 따라 국가의 기능을 입법·사법·행정으로 분립하여 상호간의 견제와 균형을 이루게 하는 권력분립제도를 채택하고 있다.

해설

① (o) 헌재 1994.6.30. 92헌가18.

② (x) 헌재 1993.7.29. 91헌마69; 일반적으로 입법상의 공직 겸직금지제도가 마련되는 이유로는 첫째, 직무전념 내지 직무수행의 이념상 일반직의 국가공무원 또는 지방공무원이 다른 직종을 겸직하는 것을 원칙적으로 금지하고 있는 경우와 둘째, 제도상 직무상호간에 권력분립의 필요성이 있는 경우로서 국회의원과 일반직 공무원간의 겸직금지, 지방자치단체의 장과 지방의회 의원간의 겸직금지 등이 그 예이며 셋째, 직무의 공정성과 전념성 및 정치적 중립성의 확보를 위한 목적으로 겸직금지의 규정을 두고 있는 경우가 있다. 지방교육자치법 제9조 제1항 제2호가 초중등학교 교원과 교육위원의 겸직을 금지하였다고 하여도 그것만으로 헌법 제31조 제4항에 위반된다고 할 수 없고, 초중등학교 교원에 대해서는 교육위원직 겸직을 금지하면서 대학교수에게는 겸직을 허용한다 하더라도 이는 **양자간에 직무상의 본질 및 내용이나 근무태양의 차이를 고려한 합리적인 차별**이라고 할 것이어서 평등권을 침해하는 것이라고 할 수 없으며, 또 겸직금지를 규정한 것은 교육위원이나 교원이 그 직무에 전념할 수 있도록 하기 위한 필요최소한의 합리적인 규정이므로 과잉입법금지의 원칙을 규정한 헌법 제37조 제2항에 위반된다고도 할 수 없다(헌재 1993.7.29. 91헌마69).

③ (o) 헌재 1992.4.28. 90헌바24.

④ (o) 헌재 1994.6.30. 92헌가18; 그와 같은 비상사태하에서는 국가적·헌법적 위기를 극복하기 위하여 비상적 조치가 강구되지 않을 수 없다. 그와 같은 비상적 수단을 발동할 수 있는 권한이 국가긴급권이다. 즉 국가긴급권은 국가의 존립이나 헌법질서를 위태롭게 하는 비상사태가 발생한 경우에 국가를 보전하고 헌법질서를 유지하기 위한 헌법보장의 한 수단이다(헌재 1994.6.30. 92헌가18).

⑤ (o) 헌재 1992.4.28. 90헌바24.

[해 답] ②

34 정부형태

1. 정부형태에 관한 설명 중 옳지 않은 것은? (다툼이 있는 경우 판례에 의함)

① 우리 헌법은 자유민주적 기본질서의 보호를 그 최고의 가치로 하여, 이를 구현할 통치기구로서 입법권은 국회에, 행정권은 대통령을 수반으로 하는 정부에, 사법권은 법관으로 구성된 법원에 각각 속하게 하는 권력분립의 원칙을 취하고 있다.

② 헌법상의 대통령과 국무총리의 지위에 비추어 보면 국무총리의 통할을 받는 행정각부에 모든 행정기관이 포함된다고 볼 수 있다.

③ 대통령은 국가의 원수로서 외국에 대하여 국가를 대표하며, 그에게 국가의 독립·영토의 보전, 국가의 계속성과 헌법을 수호할 책무를 부여하고, 조국의 평화적 통일을 위한 성실한 의무를 지우고 있는 등 이른바 대통령중심제의 통치기구를 채택하고 있다.

④ 우리 헌법상 미국식 대통령제와 같은 점은 대통령은 법률안거부권을 가진다는 점을 들 수 있고, 미국식 대통령제와의 차이점은 대통령에게 법률안제출권을 부여하고 있다는 점이다.

⑤ 우리 헌법상 의원내각제의 요소로서는 국회의원과 각료의 겸직이 허용된다는 점과 국무총리 해임건의권제도를 들 수 있다.

해설

① (o) 헌재 1994.4.28. 89헌마221.

② (x) 우리 나라의 행정권은 헌법상 대통령에게 귀속되고, 국무총리는 단지 대통령의 첫째 가는 보좌기관으로서 행정에 관하여 독자적인 권한을 가지지 못하고 대통령의 명을 받아 행정각부를 통할하는 기관으로서의 지위만을 가지며, 행정권 행사에 대한 최후의 결정권자는 대통령이라고 해석하는 것이 타당하다고 할 것이다. 이와 같은 헌법상의 대통령과 국무총리의 지위에 비추어 보면 국무총리의 통할을 받는 행정각부에 모든 행정기관이 포함된다고 볼 수 없다 할 것이다(헌재 1994.4.28. 89헌마221).

③ (o) 헌법 제66조 제1항, 제2항, 제3항.

④ (o) 우리 헌법상 권력구조 중 미국식 대통령제와 **공통점은 대통령의 직선제와 법률안거부권을 가진다는 점**과 차이점은 우리나라는 미국과 달리 부통령제를 두고 있지 않으며, 대통령에게 법률안제출권을 부여하고 있다는 것이다.

⑤ (o) 우리 헌법상 의원내각제의 요소로서는 국가원수는 대통령이며, 국회의원과 각료의 겸직이 허용되며, 국무총리 해임건의권제도는 불신임제도와 유사하다. [해 답] ②

35 국 회

1. 다음 사례에 관한 설명 중 옳지 않은 것은? (다툼이 있는 경우 판례에 의함)

> 국회부의장은 1996.12.26. 06 : 00경 피청구인(국회의장)을 대리하여 여당 소속 국회의원 155인이 출석한 가운데 제182회 임시회 제1차 본회의를 개의하고 국가안전기획부법중개정법률안, 노동조합및노동관계조정법안, 근로기준법중개정법률안, 노동위원회법중개정법률안, 노사협의회법중개정법률안을 상정, 표결을 하여 가결되었음을 선포하였다. 이에 야당 소속 국회의원인 청구인들은 1996.12.30. 피청구인이 야당 국회의원인 청구인들에게 변경된 개의시간을 통지하지도 않은 채 비공개로 본회의를 개의하는 등 헌법 및 국회법이 정한 절차를 위반하여 위 법률안을 가결시킴으로써 독립된 헌법기관인 청구인들의 법률안 심의·표결권을 침해하였다고 주장하면서 그 권한침해의 확인과 아울러 위 가결선포행위에 대한 위헌확인을 구하는 이 사건 권한쟁의심판을 청구하였다.

① 현행 권한쟁의심판제도에서는 국가기관으로서의 국회가 정부, 법원 또는 중앙선거관리위원회와 그 사이에 권한의 존부 또는 범위에 관하여 다툼이 있을 때 국회만이 당사자로 되어 권한쟁의심판을 수행할 수 있을 뿐이고, 국회의 구성원이거나 국회 내의 일부기관인 국회의원 및 교섭단체 등이 국회 내의 다른 기관인 국회의장을 상대로 권한쟁의심판을 청구할 수는 없다고 할 것이다.

② 국가기관 상호간에는 그 권한의 존부와 행사를 둘러싸고 항시 다툼과 대립이 생길 수 있어 그 해결을 위한 제도로서 헌법 제111조 제1항 제4호에 의하여 헌법재판소가 관장하는 권한쟁의심판제도와 행정소송법 제3조 제4호에 의하여 법원이 관할하는 기관소송제도를 마련하고 있다.

③ 국회의 자율권은 헌법이나 법률을 위반하지 않는 범위 내에서 허용되어야 하고, 따라서 국회의 의사절차나 입법절차에 헌법이나 법률의 규정을 명백히 위반한 흠이 있는 경우에도 국회가 자율권을 가진다고는 할 수 없다.

④ 국회의원의 법률안 심의·표결권은 비록 헌법에는 이에 관한 명문의 규정이 없지만 의회민주주의의 원리, 입법권을 국회에 귀속시키고 있는 헌법 제40조, 국민에 의하여 선출되는 국회의원으로 국회를 구성한다고 규정하고 있는 헌법 제41조 제1항으로부터 당연히 도출되는 헌법상의 권한이다.

⑤ 피청구인이 국회법을 위반하여 청구인들에게 본회의 개의일시를 통지하지 않음으로써 청구인들은 이 사건 본회의에 출석할 기회를 잃게 되었고 그 결과 이 사건 법률안의 심의·표결과정에도 참여하지 못하게 되었다. 따라서 피청구인의 그러한 행위로 인하여 청구인들은 헌법에 의하여 부여받은 권한인 법률안 심의·표결권한을 침해받은 것이다.

해설

① (x) 헌재 1995.2.23. 90헌라1; 지문과 같은 내용으로 헌법재판소는 국회의 날치기 입법에 대하여 국회의원의 권한쟁의심판의 당사자적격을 부인하였지만, 그 후 이 판례를 변경하여 국회의원의 당사자적격을 인정하였다. 국회의원과 국회의장 사이에 위와 같은 각자 권한의 존부 및 범위와 행사를 둘러싸고 언제나 다툼이 생길 수 있고, 이와 같은 분쟁은 단순히 국회의 구성원인 국회의원과 국회의장간의 국가기관 내부의 분쟁이 아니라 각각 별개의 헌법상의 국가기관으로서의 권한을 둘러싸고 발생하는 분쟁이라고 할 것인데, 이와 같은 분쟁을 행정소송법상의 기관소송으로 해결할 수 없고 권한쟁의심판 이외에 달리 해결할 적당한 기관이나 방법이 없으므로(행정소송법 제3조 제4호 단서는 헌법재판소의 관장사항으로 되는 소송을 기관소송의 대상에서 제외하고 있으며, 같은 법 제45조는 기관소송을 법률이 정한 경우에 법률이 정한 자에 한하여 제기할 수 있도록 규정하고 있다) **국회의원과 국회의장은 헌법 제111조 제1항 제4호 소정의 권한쟁의심판의 당사자가 될 수 있다**고 보아야 할 것이다.

위와 같이 국회의원과 국회의장을 헌법 제111조 제1항 제4호의 '국가기관'에 해당하는 것으로 해석하는 이상 국회의원과 국회의장을 권한쟁의심판을 할 수 있는 국가기관으로 열거하지 아니한 **헌법재판소법 제62조 제1항 제1호의 규정**도 한정적, 열거적인 조항이 아니라 **예시적인 조항으로 해석**하는 것이 헌법에 합치된다고 할 것이다(헌재 1997.7.16. 96헌라2).

② (o) 헌재 1997.7.16. 96헌라2.

③ (o) 국회는 국민의 대표기관, 입법기관으로서 폭넓은 자율권을 가지고 있고, 그 자율권은 권력분립의 원칙이나 국회의 지위, 기능에 비추어 존중되어야 하는 것이지만, 한편 법치주의의 원리상 모든 국가기관은 헌법과 법률에 의하여 기속을 받는 것이므로 **국회의 자율권도 헌법이나 법률을 위반하지 않는 범위 내에서 허용되어야 하고** 따라서 국회의 의사절차나 입법절차에 헌법이나 법률의 규정을 명백히 위반한 흠이 있는 경우에도 국회가 자율권을 가진다고는 할 수 없다(헌재 1997.7.16. 96헌라2).

④ (o) 헌재 1997.7.16. 96헌라2; 국회의원의 법률안 심의·표결권은 국회의 다수파의원에게만 보장되는 것이 아니라 **소수파의원과 특별한 사정이 없는 한 국회의원 개개인에게 모두 보장**되는 것임도 당연하다(헌재 1997.7.16. 96헌라2).

⑤ (o) 헌재 1997.7.16. 96헌라2; 이 사건 **법률안 가결선포행위의 위헌확인청구에 대한 판단**에 관하여는 ㉠ 피청구인의 이 사건 법률안의 가결선포행위에는 국회법위반의 하자는 있을지언정 입법절차에 관한 헌법의 규정을 명백히 위반한 흠이 있다고 볼 수 없으므로, 이를 무효라고 할 수는 없다는 기각의견과 ㉡ 피청구인의 이 사건 법률안의 가결선포행위는 국회의원인 청구인들의 권한을 침해한 것임과 아울러 다수결원리를 규정한 헌법 제49조에 명백히 위반되

는 것이라고 아니할 수 없다는 인용의견으로 갈리어 결국 기각결정되었다(헌재 1997.7.16. 96헌라2).

[해 답] ①

2. 국회의 입법권에 관한 설명 중 옳지 않은 것을 모두 고른 것은? (다툼이 있는 경우 판례에 의함)

㉠ 헌법 제40조는 "입법권은 국회에 속한다"라고 규정하는데, 그 의미는 적어도 국민의 권리와 의무의 형성에 관한 사항을 비롯하여 국가의 통치조직과 작용에 관한 기본적이고 본질적인 사항은 반드시 국회가 정하여야 한다는 것이다.
㉡ 대체적으로 입법부는 기본적이고 본질적인 정책을 결정하여 그에 관한 중요한 기준이 되는 것은 직접 규정하고, 기술적·세부적인 사항이나 긴급한 대처를 필요로 하는 사항 등은 그에 대응함에 적합한 행정부로의 위임입법을 허용하고 있다.
㉢ 위임입법에 대한 국회의 사전적 통제수단이 마련되어 있지 아니한 점을 고려하여 법률이 입법위임을 할 때에는 대통령령, 총리령, 부령 등 법규명령에 위임함이 바람직하다.
㉣ 법률의 위임은 법규명령 등에 규정될 내용의 대강을 예측할 수 없더라도 반드시 구체적·개별적으로 한정된 사항에 대하여 행하여져야 한다.
㉤ 처벌법규의 위임은 특히 긴급한 필요가 있거나 미리 법률로써 자세히 정할 수 없는 부득이한 사정이 있는 경우로 한정되어야 한다.
㉥ 국민의 헌법상 기본권 및 기본의무와 관련된 중요한 사항 내지 본질적인 내용에 대한 정책형성 기능만큼은 주권자인 국민에 의하여 선출된 대표자들로 구성되는 입법부가 담당하여 법률의 형식으로써 수행해야 하지만, 위임입법의 한계 내에서는 행정부나 사법부에 그 기능을 넘길 수 있다.

① ㉠, ㉣　② ㉡, ㉥　③ ㉢, ㉣
④ ㉣, ㉥　⑤ ㉤, ㉥

해설

㉠ (o) 헌재 1998.5.28. 96헌가1.
㉡ (o) 헌재 1998.5.28. 96헌가1.
㉢ (o) 헌재 1998.5.28. 96헌가1.
㉣ (x) 법률의 위임은 반드시 구체적이고 개별적으로 한정된 사항에 대하여 행해져야 한다. 그렇지 아니하고 **일반적이고 포괄적인 위임을 한다면 이는 사실상 입법권을 백지위임**하는 것이나 다름없어 **의회입법의 원칙이나 법치주의를 부인하는 것이 되고** 행정권의 부당한 자의와 기본권 행사에 대한 무제한적 침해를 초래할 위험이 있기 때문이다. 우리 헌법 제75조

도 "대통령은 법률에서 구체적으로 범위를 정하여 위임받은 사항…에 관하여 대통령령을 발할 수 있다."라고 규정하여 위임입법의 근거와 아울러 그 범위와 한계를 제시하고 있는데 "법률에서 구체적으로 범위를 정하여 위임받은 사항"이라 함은 법률에 이미 대통령령으로 규정될 내용 및 범위의 기본사항이 구체적으로 규정되어 있어서 누구라도 **당해 법률로부터 대통령령에 규정될 내용의 대강을 예측할 수 있어야 함을 의미한다**(헌재 1991.7.8. 91헌가4).

ⓜ (o) 위임입법에 관한 헌법 제75조는 처벌법규에도 적용되는 것이지만 법률에 의한 처벌법규의 위임은, 헌법이 특히 인권을 최대한으로 보장하기 위하여 죄형법정주의와 적법절차를 규정하고, 법률(형식적 의미의)에 의한 처벌을 특별히 강조하고 있는 기본권보장 우위사상에 비추어 바람직스럽지 못한 일이므로, 그 요건과 범위가 보다 엄격하게 제한적으로 적용되어야 한다. 따라서 **처벌법규의 위임은 특히 긴급한 필요가 있거나 미리 법률로써 자세히 정할 수 없는 부득이한 사정이 있는 경우에 한정되어야** 하고 이러한 경우일지라도 법률에서 범죄의 구성요건은 처벌대상인 행위가 어떠한 것일 것이라고 이를 **예측할 수 있을 정도로 구체적으로 정하고** 형벌의 종류 및 그 상한과 폭을 명백히 규정하여야 한다(헌재 1991.7.8. 91헌가4).

ⓑ (x) 국민의 헌법상 기본권 및 기본의무와 관련된 중요한 사항 내지 본질적인 내용에 대한 정책형성 기능만큼은 주권자인 국민에 의하여 선출된 대표자들로 구성되는 입법부가 담당하여 법률의 형식으로써 수행해야 하지, 행정부나 사법부에 그 기능을 넘겨서는 안 된다(헌재 1996.10.31. 93헌바14).

[해 답] ④

3. 국회의 입법권에 관한 설명 중 옳지 않은 것은? (다툼이 있는 경우 판례에 의함)

① 국회의원이 국회의장의 직무를 대리하여 법률안 가결선포행위를 한 국회부의장을 상대로 위 가결선포행위가 자신의 법률안 심의·표결권을 침해하였음을 주장하여 권한쟁의심판을 청구할 수 있다.

② 국회의원의 법률안 심의·표결권은 국민에 의하여 선출된 국가기관으로서 국회의원이 그 본질적 임무인 입법에 관한 직무를 수행하기 위하여 보유하는 권한으로서의 성격을 갖고 있으므로, 국회의원의 개별적인 의사에 따라 포기할 수 있는 것은 아니다.

③ 국회의 심의 절차는 의회주의 이념을 기초로 하는 국회 입법 절차의 본질적인 부분이다. 특히 위원회의 심사를 거치지 아니한 안건에 대하여는 본회의의 의결에 의하여도 질의·토론 절차를 생략할 수 없도록 함으로써 안건에 관한 심의가 보장되도록 하고 있다.

④ 우리 헌법은 국회의 의사 절차에 관한 기본원칙으로 제49조에서 '다수결의 원칙'을, 제50조에서 '회의공개의 원칙'을 각 선언하고 있으므로, 결국 법률안의 가결선포행위의 효력은 입법 절차상 위 헌법규정을 명백히 위반한 하자가 있었는지에 따라 결정되어야 할 것이다.

⑤ 국회의원의 법률안 심의·표결권은 헌법기관으로서의 국회의원 각자에게 모두 보장되고 있다.

해설

① (×) 권한쟁의심판에서는 처분 또는 부작위를 야기한 기관으로서 **법적 책임을 지는 기관만이 피청구인적격**을 가지므로, 이 사건 심판은 **의안의 상정·가결선포 등의 권한을 갖는 국회의장을 상대로 제기되어야 한다**. 국회부의장은 국회의장의 직무를 대리하여 법률안을 가결선포할 수 있을 뿐(국회법 제12조 제1항), 법률안 가결선포행위에 따른 법적 책임을 지는 주체가 될 수 없으므로, **국회부의장에 대한 이 사건 심판청구**는 피청구인적격이 인정되지 아니한 자를 상대로 제기되어 부적법하다(헌재 2009.10.29. 2009헌라8).

② (o) 헌재 2009.10.29. 2009헌라8.

③ (o) 헌재 2009.10.29. 2009헌라8.

④ (o) 헌재 2009.10.29. 2009헌라8; 피청구인의 방송법안 가결선포행위는 비록 국회법을 위반하여 청구인들의 심의·표결권을 침해한 것이지만, 그 하자가 입법 절차에 관한 헌법규정을 위반하는 등 가결선포행위를 취소 또는 무효로 할 정도에 해당한다고 보기 어렵다(헌재 2009.10.29. 2009헌라8).

⑤ (o) 헌재 1997.7.16. 96헌라2. [해 답] ①

4. 다음 사례와 관련된 설명 중 옳지 않은 것은? (다툼이 있는 경우 판례에 의함)

> 청구인들은 1980.8.23. 그들 소유의 부동산 및 주식 등을 대한민국에게 증여한 바 있다. 그런데, 청구인들은, 자신들의 위 증여가 당시 계엄사령부 소속 합동수사본부에 소속된 수사관들의 불법구금과 폭행 등으로 인하여 자유로운 의사결정권이 전적으로 박탈된 상태에서 이루어진 것이라고 주장하면서, 증여한 재산의 반환을 구하는 민사소송 및 증여의 원인이 된 제소전화해의 취소를 구하는 준재심 소송을 각 제기하였으나 모두 패소하였다. 그러자 청구인들은, 국가가 부당한 공권력을 통하여 청구인들의 재산을 강제로 몰취한 것과 관련하여 지금까지 아무런 보상입법을 하지 않음으로써 자신들의 헌법상 기본권을 침해하였다고 주장하면서 2002.5.25. 그러한 입법부작위에 대한 위헌확인을 구하는 이 사건 헌법소원심판을 청구하였다.

① 입법부작위에 대한 헌법소원은 헌법에서 기본권보장을 위해 명시적으로 입법위임을 하였음에도 불구하고 입법자가 아무런 입법조치를 하고 있지 않거나, 헌법해석상 특정인에게 구체적인 기본권이 생겨 이를 보장하기 위한 국가의 입법의무가 발생하였음이 명백함에도 불구하고 입법자가 전혀 아무런 입법조치를 취하지 않고 있는 경우가 아니면 원칙적으로 인정될 수 없다.

② 국가의 기본권 보호 의무로부터 국가 자체가 불법적으로 국민의 생명권, 신체의 자유 등의 기본권을 침해하는 경우 그에 대한 손해배상을 해주어야 할 국가의 행위의무가 도출된다고 볼 수 있다.

③ 이 사안의 쟁점은, 헌법 위임 또는 헌법 해석에 의하여 입법자에게, 청구인들이 주장하는 바와 같은 기본권 침해에 대하여 그 피해 회복을 위한 입법 의무가 발생하였음이 명백한지 여부와 입법자가 이와 관련하여 아무런 입법 조치를 취하지 않고 있는지 여부라고 할 수 있다.

④ 헌법불합치결정이 내려진 경우 입법자에게는 법률의 위헌적 상태를 조속한 시일 내에 제거해야 할 입법개선의무가 발생하게 된다.

⑤ 국가가 1980년의 특수한 정치상황 하에서 정식재판의 길조차 봉쇄하는 제소전화해절차를 이용하여 보상금도 지급함이 없이 청구인들의 재산권을 박탈하였고, 한편 기존의 법 체제로는 이러한 기본권의 침해에 대한 피해 회복이 불가능하다고 보여지는 이상 국가로서는 응당 입법으로 이를 보호하여야 할 의무가 있다.

해설

① (o) 헌재 2003.1.30. 2002헌마358; 또한 입법자가 헌법상 입법의무가 있는 어떤 사항에 관하여 입법은 하였으나 그 입법의 내용·범위·절차 등을 불완전·불충분 또는 불공정하게 규율함으로써 입법행위에 결함이 있는 이른바 **부진정입법부작위의 경우에는 그 불완전한 규정을 대상으로 하여** 그것이 헌법위반이라는 적극적인 헌법소원을 청구할 수 있을 뿐 입법부작위로서 헌법소원의 대상으로 삼을 수 없다(헌재 1989.3.17. 88헌마1).

② (o) 헌재 2003.1.30. 2002헌마358; 헌법 제29조 제1항 제1문은 "공무원의 불법행위로 손해를 받은 국민은 법률이 정하는 바에 의하여 국가 또는 공공단체에 정당한 배상을 청구할 수 있다"고 규정함으로써 국가의 불법행위로 인한 기본권 침해에 대한 손해배상을 위해서 필요한 입법을 하도록 규정하고 있으므로, **이 헌법 규정에 의해서도 국가는 관련 법률을 제정해야 할 의무를 직접 가진다**고 볼 수 있다(헌재 2003.1.30. 2002헌마358).

③ (o) 헌재 2003.1.30. 2002헌마358.

④ (o) 헌법불합치결정의 경우 입법자에게는 법률의 위헌적 상태를 조속한 시일 내에 제거해야 할 입법개선의무가 발생하게 되므로, **입법자는 되도록 빠른 시일 내에** 이 사건 법률조항 소정의 기간임용제에 의하여 임용되었다가 그 임용기간이 만료되는 대학교원이 재임용거부되는 경우에 그 사전절차 및 그에 대해 다툴 수 있는 구제절차 규정을 마련하여 이 사건 법률조항의 위헌적 상태를 제거하여야 할 것이다(헌재 2003.2.27. 2000헌바26).

⑤ (x) 입법부는 국가배상법 및 민법의 규정을 통하여 이미 청구인들이 주장하는 바와 같은 국가 스스로의 불법행위로 인한 기본권 침해시 국가가 손해를 배상함으로써 그 피해를 회복하여 주는 제도를 마련해 놓음으로써 자신의 입법의무를 이행하였다. 입법부가 위와 같이 입법 의무를 이행한 이상, 청구인들이 입은 기본권 침해의 특수한 성격에 비추어 **기존 법 체계가 그 침해에 따른 피해 구제에 적절하지 않다는 주장만을 근거로,** 기존의 입법 외에 청구인들이 주장

하는 피해에 대하여 이를 배상 또는 보상을 실시하는 내용의 입법 의무가 헌법 위임이나 헌법해석상 새로이 발생하였다고 할 수는 없다(헌재 2003.1.30. 2002헌마358). [해 답] ⑤

5. 국회의 위원회에 관한 설명 중 옳지 않은 것은? (다툼이 있는 경우 판례에 의함)

① 국회의원의 국민대표성을 중시하는 입장에서도 특정 정당에 소속된 국회의원이 정당기속 내지는 교섭단체의 결정(소위 '당론')에 위반하는 정치활동을 한 이유로 제재를 받는 경우라도, 국회의원 신분을 상실하게 할 수 없는 것은 물론 정당내부의 사실상의 강제 또는 소속 정당으로부터의 제명은 불가능하다고 보고 있다.

② 교섭단체는 정당국가에서 의원의 정당기속을 강화하는 하나의 수단으로 기능할 뿐만 아니라 정당소속 의원들의 원내 행동통일을 기함으로써 정당의 정책을 의안심의에서 최대한으로 반영하기 위한 기능도 갖는다.

③ 상임위원회(Standing Committee)를 포함한 위원회는 의원 가운데서 소수의 위원을 선임하여 구성되는 국회의 내부기관인 동시에 본회의의 심의 전에 회부된 안건을 심사하거나 그 소관에 속하는 의안을 입안하는 국회의 합의제기관이다.

④ 국회의원의 원내활동을 기본적으로 각자에 맡기는 자유위임은 자유로운 토론과 의사형성을 가능하게 함으로써 당내 민주주의를 구현하고 정당의 독재화 또는 과두화를 막아주는 순기능을 갖는다.

⑤ 국회의 자율권도 헌법이나 법률을 위반하지 않는 범위 내에서 허용되어야 하고 따라서 국회의 의사절차나 입법절차에 헌법이나 법률의 규정을 명백히 위반한 흠이 있는 경우에도 국회가 자율권을 가진다고는 할 수 없다.

해설 ① (x) 국회의원의 국민대표성을 중시하는 입장에서도 특정 정당에 소속된 국회의원이 정당기속 내지는 교섭단체의 결정(소위 '당론')에 위반하는 정치활동을 한 이유로 제재를 받는 경우, 국회의원 신분을 상실하게 할 수는 없으나 **"정당내부의 사실상의 강제" 또는 소속 "정당으로부터의 제명"**은 가능하다고 보고 있다(헌재 2003.10.30. 2002헌라1).

② (o) 헌재 2003.10.30. 2002헌라1.

③ (o) 헌재 2003.10.30. 2002헌라1; 오늘날 의회의 기능에는 국민대표기능, 입법기능, 정부감독기능, 재정에 관한 기능 등이 포함된다. 의회가 이러한 본연의 기능을 수행함에 있어서는 국민대표로 구성된 의원 전원에 의하여 운영되는 것이 이상적일 것이나, 의원 전원이 장기간의 회기동안 고도의 기술적이고 복잡다양한 내용의 방대한 안건을 다루기에는 능력과 시간상의 제약이 따른다. 이러한 한계를 극복하기 위한 방안으로 위원회제도가 창설된 것이다(헌재 2003.10.30. 2002헌라1).

④ (o) 헌재 2003.10.30. 2002헌라1; 그러나 자유위임은 의회 내에서의 정치의사 형성에 정당의 협력을 배척하는 것이 아니며, 의원이 정당과 교섭단체의 지시에 기속되는 것을 배제하는

근거가 되는 것도 아니다(헌재 2003.10.30. 2002헌라1).

⑤ (o) 헌재 1997.7.16. 96헌라2; 헌법 제64조도 국회의 자율권에 관하여 국회는 법률에 저촉되지 아니하는 범위 안에서 의사와 내부규율에 관한 규칙을 제정할 수 있고, 의원의 자격심사·징계·제명에 관하여 자율적 결정을 할 수 있다고 규정하고 있다. [해 답] ①

6. 국회와 국회의원의 헌법상 지위에 관한 설명 중 옳지 않은 것은? (다툼이 있는 경우 판례에 의함)

① 헌법의 기본원리인 대의제 민주주의하에서 국회의원 선거권이란 것은 국회의원을 보통·평등·직접·비밀선거에 의하여 국민의 대표자인 국회의원을 선출하는 권리에 그치고, 개별 유권자 혹은 집단으로서의 국민의 의사를 선출된 국회의원이 그대로 대리하여 줄 것을 요구할 수 있는 권리까지 포함하는 것은 아니다.

② 대통령에 의한 여야 의석분포의 인위적 조작행위는 유권자가 설정한 국회의석분포에 국회의원들을 기속시키고자 하는 내용의 국회구성권이라는 기본권을 침해한 것에 해당된다.

③ 국회법에 규정된 시한 내에 의장과 부의장을 선출하지 않는 등 국회의 원구성을 하지 않은 것만으로는 행복추구권 등 헌법상 보장된 기본권이 침해받을 여지가 없다고 할 것이다.

④ 대의제도에 있어서 국민과 국회의원은 명령적 위임관계에 있는 것이 아니라 자유위임관계에 있기 때문에 일단 선출된 후에는 국회의원은 국민의 의사와 관계없이 독자적인 양식과 판단에 따라 정책결정에 임할 수 있다.

⑤ 국회는 국민의 선거에 의하여 선출된 국회의원을 그 본질적 요소로 하는 합의체 기관이고, 이러한 국회를 기본요소로 하는 의회주의는 민주적으로 선거된 국회에서 다수결로 국가의 중요 정책을 결정하고 입법을 행하는 제도를 의미한다.

해설

① (o) 헌재 1998.10.29. 96헌마186.

② (x) 유권자가 설정한 국회의석분포에 국회의원들을 기속시키고자 하는 내용의 "국회구성권"이라는 기본권은 오늘날 이해되고 있는 대의제도의 본질에 반하는 것이어서 헌법상 인정될 여지가 없고, 청구인들 주장과 같은 대통령에 의한 여야 의석분포의 인위적 조작행위로 **국민주권주의라든지 복수정당제도가 훼손될 수 있는지의 여부는 별론**으로 하고 그로 인하여 바로 헌법상 보장된 청구인들의 구체적 기본권이 침해당하는 것은 아니다(헌재 1998.10.29. 96헌마186).

③ (o) 헌재 1996.11.28. 96헌마207.

④ (o) 헌재 1998.10.29. 96헌마186; 국회법도 국회의원의 자유위임성을 명시하고 있다. **의원은**

국민의 대표자로서 소속정당의 의사에 기속되지 아니하고 양심에 따라 투표한다(국회법 114의2).
⑤ (o) 헌재 1996.11.28. 96헌마207. [해 답] ②

7. 국회의원 자격의 소멸사유에 해당되지 않는 것은? (다툼이 있는 경우 판례에 의함)
① 비례대표국회의원이 소속정당의 합당·해산 또는 제명외의 사유로 당적을 이탈·변경한 때
② 지역구에서 선출된 국회의원이 소속 정당으로부터 제명된 경우
③ 공고된 선거비용 제한액의 200분의 1이상을 초과지출한 이유로 선거사무장, 선거사무소의 회계책임자가 징역형 또는 300만원 이상의 벌금형의 선고를 받은 때
④ 당선인이 공직선거법에 정한 죄로 징역 또는 100만원 이상의 벌금형의 선고를 받은 때
⑤ 선거사무장·선거사무소의 회계책임자가 정치자금법 제45조 제1항의 정치자금 부정수수죄를 범함으로 인하여 징역형 또는 300만원 이상의 벌금형의 선고를 받은 때

해설

① (o) 비례대표국회의원 또는 비례대표지방의회의원이 소속정당의 합당·해산 또는 제명외의 사유로 당적을 이탈·변경하거나 2 이상의 당적을 가지고 있는 때에는 「국회법」 제136조(退職) 또는 「지방자치법」 제78조(의원의 퇴직)의 **규정에 불구하고 퇴직된다**. 다만, 비례대표국회의원이 국회의장으로 당선되어 「국회법」 규정에 의하여 당적을 이탈한 경우에는 그러하지 아니하다(공직선거법 192④).
② (x) 헌법상 규정은 없지만 자유위임의 법리에 따라 국회의원은 원칙적으로 당적변경에 따라 의원직을 상실하지 아니한다. 제명된 국회의원은 무소속 의원이 된다.
③ (o) 공직선거법 제263조 ① 제122조(선거비용제한액의 공고)의 규정에 의하여 공고된 선거비용제한액의 200분의 1이상을 초과지출한 이유로 선거사무장, 선거사무소의 회계책임자가 징역형 또는 300만원 이상의 벌금형의 선고를 받은 때에는 **그 후보자의 당선은 무효로 한다**. 다만, 다른 사람의 유도 또는 도발에 의하여 당해 후보자의 당선을 무효로 되게 하기 위하여 지출한 때에는 그러하지 아니하다.
④ (o) 공직선거법 제264조(**당선인의 선거범죄로 인한 당선무효**) 당선인이 당해 선거에 있어 이 법에 규정된 죄 또는 「정치자금법」 제49조의 죄를 범함으로 인하여 징역 또는 100만원 이상의 벌금형의 선고를 받은 때에는 그 당선은 무효로 한다.
⑤ (o) 공직선거법 제265조(**선거사무장등의 선거범죄로 인한 당선무효**) 선거사무장·선거사무소의 회계책임자 또는 후보자(후보자가 되려는 사람을 포함한다)의 직계존비속 및 배우자가 해당 선거에 있어서 제230조부터 제234조까지, 제257조 제1항 중 기부행위를 한 죄 또는 「정치자금법」 제45조 제1항의 정치자금 부정수수죄를 범함으로 인하여 징역형 또는 300만원 이상의 벌금형의 선고를 받은 때(선거사무장, 선거사무소의 회계책임자에 대하여는 선임·신고되기 전의 행위로 인한 경우를 포함한다)에는 그 선거구 후보자(대통령후보자, 비례대표국회의원후보자 및 비례대표지방의회의원후보자를 제외한다)의 당선은 무효로 한다. [해 답] ②

8. 국회의원의 면책특권에 관한 설명 중 옳지 않은 것을 모두 고른 것은? (다툼이 있는 경우 판례에 의함)

> ㉠ 헌법 제45조에서 규정하는 국회의원의 면책특권은 국회의원이 국민의 대표자로서 국회 내에서 자유롭게 발언하고 표결할 수 있도록 보장함으로써 국회가 입법 및 국정통제 등 헌법에 의하여 부여된 권한을 적정하게 행사하고 그 기능을 원활하게 수행할 수 있도록 보장하는 데 그 취지가 있다.
> ㉡ 발언 내용이 허위라는 점을 인식하지 못하였다면 비록 발언 내용에 다소 근거가 부족하거나 진위 여부를 확인하기 위한 조사를 제대로 하지 않았다고 하더라도, 그것이 직무 수행의 일환으로 이루어진 것인 이상 이는 면책특권의 대상이 된다.
> ㉢ 면책특권의 대상이 되는 행위는 국회의 직무수행에 필수적인 국회의원의 국회 내에서의 직무상 발언과 표결이라는 의사표현행위 자체에만 국한되지 아니하고 이에 통상적으로 부수하여 행하여지는 행위까지 포함한다.
> ㉣ 소추기관은 면책특권이 인정되는 직무행위가 어떤 범죄나 그 일부를 구성하는 행위가 된다는 이유로 공소를 제기할 수 없지만, 만약 기소된 때에는 법원으로서는 그 직무행위가 범죄나 그 일부를 구성하는 행위가 되는지 여부를 심리할 수 있고 어떤 범죄의 일부를 구성하는 행위로 인정할 수 있다.
> ㉤ 발언 내용 자체에 의하더라도 직무와는 아무런 관련이 없음이 분명하거나, 명백히 허위임을 알면서도 허위의 사실을 적시하여 타인의 명예를 훼손하는 경우 등까지 면책특권의 대상이 될 수는 없다.
> ㉥ 국회의원이 국회 법제사법위원회에서 발언할 내용이 담긴 보도자료를 사전에 배포한 행위는 국회의원 면책특권의 대상이 되는 직무부수행위에 해당되는 것은 아니다.

① ㉠, ㉢　② ㉡, ㉣　③ ㉣, ㉥
④ ㉢, ㉥　⑤ ㉤, ㉥

해설 ㉠ (o) 대법원 2007.1.12. 2005다57752.

㉡ (o) 대법원 2007.1.12. 2005다57752; 국회의원이 국회 예산결산위원회 회의장에서 법무부장관을 상대로 대정부질의를 하던 중 대통령 측근에 대한 대선자금 제공 의혹과 관련하여 이에 대한 수사를 촉구하는 과정에서 한 발언이 국회의원의 면책특권의 대상이 된다고 본 사례(대법원 2007.1.12. 2005다57752).

㉢ (o) 대법원 2011.5.13. 2009도14442.

㉣ (x) 면책특권이 인정되는 국회의원의 직무행위에 대하여 수사기관이 그 직무행위가 범죄행위에 해당하는지 여부를 조사하여 소추하거나 법원이 이를 심리한다면, 국회의원이 국회에서 자유롭게 발언하거나 표결하는 데 지장을 주게 됨은 물론 면책특권을 인정한 헌법규정의 취지와 정신에도 어긋나는 일이 되기 때문에, 소추기관은 면책특권이 인정되는 직무행위가 어떤

범죄나 그 일부를 구성하는 행위가 된다는 이유로 공소를 제기할 수 없고, 또 법원으로서도 그 직무행위가 범죄나 그 일부를 구성하는 행위가 되는지 여부를 **심리하거나 이를 어떤 범죄의 일부를 구성하는 행위로 인정할 수 없다**(대법원 1996.11.8. 96도1742).

ⓜ (o) 대법원 2007.1.12. 2005다57752.

ⓑ (x) 국회의원인 피고인이, 구 국가안전기획부 내 정보수집팀이 대기업 고위관계자와 중앙일간지 사주 간의 사적 대화를 불법 녹음한 자료를 입수한 후 그 대화 내용과, 전직 검찰간부인 피해자가 위 대기업으로부터 이른바 떡값 명목의 금품을 수수하였다는 내용이 게재된 보도자료를 작성하여 국회 법제사법위원회 개의 당일 국회 의원회관에서 기자들에게 배포한 사안에서, 피고인이 국회 법제사법위원회에서 발언할 내용이 담긴 위 보도자료를 사전에 배포한 행위는 **국회의원 면책특권의 대상이 되는 직무부수행위에 해당하므로**, 피고인에 대한 허위사실적시 명예훼손 및 통신비밀보호법 위반의 점에 대한 **공소를 기각(판결)하여야 한다**고 한 사례(대법원 2011.5.13. 2009도14442).

국회의원이 국회본회의에서 질문할 원고를 사전에 배포한 행위가 면책특권의 대상이 되는 직무부수행위에 해당하는 경우로는, 원고의 내용이 공개회의에서 행할 발언내용이고(**회의의 공개성**), 원고의 배포시기가 당초 발언하기로 예정된 회의 시작 30분 전으로 근접되어 있으며(**시간적 근접성**), 원고 배포의 장소 및 대상이 국회의사당 내에 위치한 기자실에서 국회출입 기자들만을 상대로 한정적으로 이루어지고(**장소 및 대상의 한정성**), 원고 배포의 목적이 보도의 편의를 위한 것(**목적의 정당성**)이라면, 국회의원이 국회본회의에서 질문할 원고를 사전에 배포한 행위는 면책특권의 대상이 되는 직무부수행위에 해당한다(대법원 1992.9.22. 91도3317). [해 답] ③

9. 국회의 입법과 관련된 설명 중 옳지 않은 것은? (다툼이 있는 경우 판례에 의함)

① 개별사건법률금지의 원칙은 "법률은 일반적으로 적용되어야지 어떤 개별사건에만 적용되어서는 아니된다"는 법원칙으로서 헌법상의 평등원칙에 근거하고 있는 것으로 풀이된다.

② 입법부의 공권력행사 가운데 가장 주된 형태인 입법권 행사, 즉 법률에 대한 헌법소원심판도 가능함은 헌법재판소법 제68조 제1항의 해석상 당연하다.

③ 특정법률 또는 법률조항이 단지 하나의 사건만을 규율하려고 한다 하더라도 이러한 차별적 규율이 합리적인 이유로 정당화될 수 있는 경우에는 합헌적일 수 있다.

④ 법률이 일정한 행위를 금지하는 금지규정의 수범자를 그 입법취지에 따라 일정한 신분이 있는 사람으로 제한하지 않고 국민 일반에 대하여 해당 행위를 금지하는 경우에 그 수범자를 "누구든지"라고 일반적으로 규정하는 것은 통상적인 입법례라고 할 것이다.

⑤ 법률은 원칙적으로 발효시부터 실효시까지 효력이 있고, 그 시행중에 발생한 사건에 적용되기 마련이므로 법률이 폐지된 경우에는 위헌여부심판의 대상이 될 수 없다.

해설 ① (o) (개별적·구체적인 상황 또는 사건을 대상으로 하는 법률인 개별사건법률금지의 원칙의) 기본정신은 입법자에 대하여 기본권을 침해하는 법률은 일반적 성격을 가져야 한다는 형식을 요구함으로써 평등원칙위반의 위험성을 입법과정에서 미리 제거하려는 데 있다 할 것이다(헌재 1996.2.16. 96헌가2).

② (o) 헌재 1991.3.11. 91헌마21; 다만, 모든 법률이 다 헌법소원심판의 대상이 되는 것은 아니고 청구인 스스로가 당해 법률규정과 법적인 관련성이 있어야 할 뿐 아니라 당해 법률의 규정에 의하여 **별도의 구체적 집행행위의 매개없이 직접적으로** 헌법상 보장된 기본권을 현재 침해당하고 있는 경우, 즉 **자기성·직접성·현재성이 구비된 경우에 한정됨을 원칙**으로 한다(헌재 1991.3.11. 91헌마21).

③ (o) 헌재 1996.2.16. 96헌가2; 개별사건법률금지의 원칙이 법률제정에 있어서 입법자가 평등원칙을 준수할 것을 요구하는 것이기 때문에, 특정규범이 개별사건법률에 해당한다 하여 곧바로 위헌을 뜻하는 것은 아니다(헌재 1996.2.16. 96헌가2).

④ (o) 헌재 2009.10.29. 2008헌바146.

⑤ (x) **이미 폐지된 법률이라 할지라도** 헌법소원심판 청구인들의 침해된 법익을 보호하기 위하여 그 위헌 여부가 가려져야 할 필요가 있는 경우 즉 **법률상 이익이 현존하는 경우**에는 심판을 하여야 한다고 할 것이다(헌재 1989.7.14. 선고 88헌가5). 만일 헌법재판소가 폐지된 법률이라는 이유로 위헌심사를 거부하거나 회피하면 구체적 사건에 대한 법적분쟁을 해결하여야 하는 법원으로서는 **법률에 대한 위헌여부결정권이 없다는 것을 이유로 하여 위헌문제가 제기된 법률을 그대로 적용할 수밖에 없는 불합리한 결과**가 생겨나게 되기 때문이다(헌재 1989.12.18. 89헌마32).

[해 답] ⑤

10. 국회의 입법과 관련된 설명 중 옳지 않은 것은? (다툼이 있는 경우 판례에 의함)

① 국회의원의 법률안 심의·표결권은 의회민주주의의 원리, 입법권을 국회에 귀속시키고 있는 헌법 제40조, 국민에 의하여 선출되는 국회의원으로 국회를 구성한다고 규정한 헌법 제41조 제1항 및 국회의결에 관하여 규정한 헌법 제49조로부터 당연히 도출되는 헌법상의 권한이다.

② 국회의장이 법률안 심의절차상 국회의원의 적법한 반대토론 신청이 있었음에도 이를 허가하지 않은 채 심의절차를 진행한 사실이 인정된다면, 이러한 경우에는 특별한 사정이 없는 한 국회의원의 법률안 심의·표결권이 침해된다고 보아야 한다.

③ 의회주의의 핵심은 국민을 대표하는 의원들이 제안·질의·토론 등 심의과정을 통해 국정에 관하여 자유로이 의견을 개진한 후 표결에 따라 의사결정을 한다는 데 있다.

④ 위원회의 심사를 거친 안건이라 하더라도 '질의 또는 토론 신청이 있는 경우'에는 질의 및 토론 또는 그 중 하나를 생략하기 위해서는 반드시 본회의 의결을 거쳐야 하는 것이다.

⑤ 법률안들에 대해 국회의원의 반대토론 신청이 적법하게 이루어졌음에도 국회의

장이 이를 허가하지 않은 채 표결을 강행하여 가결을 선포한 행위는 국회법 제93조에 위반된다 할 것이고, 국회의 입법과 관련하여 일부 국회의원들의 권한이 침해되었으므로, 그 법률안의 가결 선포행위는 무효에 해당된다.

해설 ① (o) 헌재 2011.8.30. 2009헌라7; 국회의원의 법률안 심의·표결권은 헌법기관으로서의 국회의원 각자에게 모두 보장된다(헌재 2009.10.29. 2009헌라8).

② (o) 헌재 2011.8.30. 2009헌라7.

③ (o) 헌재 2011.8.30. 2009헌라7.

④ (o) 헌재 2009.10.29. 2009헌라8; 국회법 제93조 본문은 본회의는 안건을 심의함에 있어 그 안건을 심사한 위원장의 심사보고를 듣고 질의·토론을 거쳐 표결하도록 하고, 같은 조 단서는 위원회의 심사를 거치지 아니한 안건에 대하여는 제안자가 그 취지를 설명하고 질의·토론을 거쳐 표결하여야 하며, 위원회의 심사를 거친 안건에 대하여는 의결로 질의와 토론 또는 그 중의 하나를 생략할 수 있다고 함으로써 **질의 및 토론이 입법절차에서 반드시 거쳐야 하는 사전절차**임을 명확히 하고 있다(헌재 2011.8.30. 2009헌라7).

⑤ (x) 헌법은 국회의 의사절차에 관한 기본원칙으로 제49조에서 '다수결의 원칙'을, 제50조에서 '회의공개의 원칙'을 선언하고 있으므로, 결국 법률안의 가결 선포행위의 효력은 입법절차상위 **헌법규정을 명백히 위반한 하자가 있었는지에 따라 결정된다** 할 것이다(헌재 2009.10.29. 2009헌라8). 국회의 입법과 관련하여 일부 국회의원들의 권한이 침해되었다 하더라도 그것이 **입법절차에 관한 헌법의 규정을 명백히 위반한 흠에 해당하는 것이 아니라면** 그 법률안의 가결 선포행위를 곧바로 무효로 볼 것은 아니라 할 것이다. 피청구인(국회의장)의 이 사건 법률안들에 대한 가결 선포행위는 비록 국회법 제93조를 위반하여 청구인의 심의·표결권을 침해한 것이지만, 그것이 입법절차에 관한 헌법규정을 위반하였다는 등 가결 선포행위를 취소 또는 무효로 할 정도의 하자에 해당한다고 보기는 어렵다(헌재 2011.8.30. 2009헌라7). [해 답] ⑤

11. 법률의 위헌 여부를 판단할 때 고려하여야 하는 요소가 아닌 것은? (다툼이 있는 경우 판례에 의함)

① 국회가 법률을 제정함에 있어서 중요한 의미를 갖는 사항을 적절하고 완벽하게 조사하고 그것을 입법의 기초로 삼고 있는지 여부

② 국회가 법률의 모든 공익적 근거 및 긍정적·부정적 효과를 포괄적이고도 합리적으로 형량하였는지 여부

③ 국회에 의한 제한이 필요하고 적절한가, 비례의 원칙을 준수하였는가 그리고 사항적합성·체계정당성을 참작하고 있는가를 고려하였는지 여부

④ 국회의 판단과 결정이 명백히 잘못되었거나 분명히 반박될 수 있는가, 헌법상 가치질서에 위배되는지 여부

⑤ 법률 그 자체에 의하여 자유의 제한, 의무의 부과, 권리 또는 법적 지위의 박탈이 생긴 경우인지 여부

해설 ① (o), ② (o), ③ (o), ④ (o) 법률의 위헌여부를 판단함에 있어서는 ㉠ 국회가 이 사건 법률을 제정함에 있어서 중요한 의미를 갖는 사항을 적절하고 완벽하게 조사하고 그것을 입법의 기초로 삼고 있는지, ㉡ 국회가 법률의 모든 공익적 근거 및 긍정적·부정적 효과를 포괄적이고도 합리적으로 형량하였는가, ㉢ 국회에 의한 제한이 필요하고 적절한가, 비례의 원칙을 준수하였는가 그리고 사항적합성·체계정당성을 참작하고 있는가를 고려하여야 하고, 이에 관하여 판단함에 있어서는 위와 같은 사항을 종합 고려하여 ㉠ 국회의 판단과 결정이 명백히 잘못되었거나 분명히 반박될 수 있는가 ㉡ 헌법상 가치질서에 위배되는가 여부를 심사하여야 한다(헌재 1994.12.29. 94헌마201).

⑤ (x) 법률 또는 법률조항 자체가 헌법소원의 대상이 될 수 있으려면 그 법률 또는 법률조항에 의하여 구체적인 집행행위를 기다리지 아니하고 직접·현재 자기의 기본권을 침해받아야 하는 것을 요건으로 하고, 여기서 말하는 기본권 침해의 직접성이란 집행행위에 의하지 아니하고 법률 그 자체에 의하여 자유의 제한, 의무의 부과, 권리 또는 법적 지위의 박탈이 생긴 경우를 뜻한다(헌재 1992.11.12. 91헌마192). 지문은 법규범이 일반적 효력을 발생하기 전이라도 공포되어 있는 경우에 그 법규범에 대하여 헌법소원을 제기할 수 있는 요건에 관련된 내용이다. [해 답] ⑤

12. 헌법상 조세에 관한 설명 중 옳지 않은 것은? (다툼이 있는 경우 판례에 의함)

① 원칙적으로 조세의 부과·징수는 국민의 납세의무에 기초하는 것으로 국회에서 정한 법률에 따라서 행하여지므로, 과세근거 법률조항이 자의적인 과세처분권 행사에 의하여 납세의무자의 사유재산에 관한 이용·수익·처분권이 중대한 제한을 받게 되는 경우라도 재산권의 침해라고는 할 수 없다.

② 헌법은 국민주권주의와 국민의 기본권보장 차원에서 조세의 부과징수에 있어서는 반드시 법률적 근거를 필요로 하는 조세의 합법률성의 원칙을 채택하고 있다.

③ 조세관계법률의 내용은 형평의 원칙 내지 평등의 원칙에 합당하여 조세의 부과징수 대상자로서의 국민이 합리적 기준에 의하여 평등하게 처우하여야 한다(조세의 합평형성의 원칙).

④ 조세의 기능은 국가재정 수요의 충당이라는 고전적이고도 소극적인 목표에서 한 걸음 더 나아가, 국민이 공동의 목표로 삼고 있는 일정한 방향으로 국가사회를 유도하고 그러한 상태를 형성한다는 보다 적극적인 목적을 가지고 부과되는 것이 오히려 일반적인 경향이 되고 있다.

⑤ 조세법률주의는 과세요건을 법률로 명확히 정하는 것만으로는 충분하지 않고 실질적 측면에서 조세법의 목적이나 내용이 기본권 보장의 헌법이념과 이를 뒷받침하는 헌법상의 제 원칙에 합치될 것을 요구한다.

해설 ① (×) 원칙적으로 조세의 부과·징수는 국민의 납세의무에 기초하는 것으로서 재산권의 침해가 되지 않으나, 그에 관한 법률조항이 조세법률주의에 위반되고 이로 인한 자의적인 과세처분권 행사에 의하여 **납세의무자의 사유재산에 관한 이용·수익·처분권이 중대한 제한을 받게 되는 경우에는 예외적으로 재산권의 침해가 될 수 있다**고 본다(헌재 1997.12.24. 96헌가19).

② (o) 헌재 1991.11.25. 91헌가6; 조세의 합법률성의 원칙은 형식적으로는 국민의 대표기관인 국회가 제정한 법률에 의하여서만 조세를 부과·징수할 수 있다는 뜻이지만, 실질적으로는 과세요건과 절차 및 그 법률효과를 미리 법률로써 명확하게 규정하여 이를 국민에게 공포함으로써 국민으로 하여금 세제상 자신에게 불이익을 초래한 행위를 스스로 삼가거나 자제할 수 있도록 하는 등 장래에의 예측과 행동방향의 선택을 보장하고 그 결과로 국민의 재산권이 국가의 과세권의 부당한 행사로부터 침해되는 것을 예방하고 국민생활의 법적 안정성을 보호하려는 데 그 참뜻이 있는 것이다(헌재 1991.11.25. 91헌가6).

③ (o) 헌재 1991.11.25. 91헌가6; 조세의 합형평성의 원칙은 조세권자의 자의가 배제되고 객관적인 사실을 기초로 한 합리적인 근가에 의하여 조세가 부과·징수되도록 내용이 규정되어야 함을 의미하는 것이라고 할 수 있으며, 따라서 그런 법률이라고 할 수 있기 위하여서는 과세대상의 선정규정과 과세금액의 산정규정에 합리성이 배려되어 결국 과세적격 사유가 있는 대상에 대하여 그 능력에 합당한 고세액이 부과·징수 되도록 규정되어 있는 것을 의미하는 것이라 할 것이다(헌재 1991.11.25. 91헌가6).

④ (o) 헌재 1994.7.29. 92헌바49.

⑤ (o) 헌재 1992.2.25. 90헌가69. [해 답] ①

13. 조세법률주의에 관한 설명 중 옳지 않은 것은? (다툼이 있는 경우 판례에 의함)

① 조세법률주의는 조세평등주의와 함께 조세법의 기본원칙으로서, 법률의 근거없이 국가는 조세를 부과·징수할 수 없고, 국민은 조세의 납부를 요구받지 않는다는 원칙이다.

② 조세는 국민의 재산권 보장을 침해하는 것이 되기 때문에 납세의무를 성립시키는 납세의무자·과세물건·과세표준·과세기간·세율 등의 과세요건과 조세의 부과·징수절차를 모두 국민의 대표기관인 국회가 제정한 법률로 규정하여야 한다.

③ 과세요건을 법률로 규정하였다고 하더라도 그 규정내용이 지나치게 추상적이고 불명확하면 과세관청의 자의적인 해석과 집행을 초래할 염려가 있으므로, 그 규

정 내용이 명확하고, 일의적(一義的)이어야 한다는 것이 과세요건 명확주의라고 할 수 있다.

④ 구체적인 조세관계에서 납세자들을 동일하게 대우할 것인지 혹은 달리 대우할 것인지를 일차적으로 결정하는 것은 국세행정을 담당하는 행정부의 직무에 해당되고, 입법자로서는 조세법의 분야에서 광범위한 입법형성의 자유를 가지면서 이를 통제하는 역할을 하고 있다.

⑤ 특정 납세자에 대하여만 조세감면조치를 하는 것이 현저하게 비합리적이고 불공정한 조치라고 인정될 때에는 조세평등주의에 반하여 위헌이 된다고 할 것이다.

해설

① (o) 헌재 1989.7.21. 89헌마38.

② (o) 헌재 1989.7.21. 89헌마38; 조세법률주의는 이른바 과세요건 법정주의와 과세요건 명확주의를 그 핵심적 내용으로 삼고 있는데, 지문은 **과세요건 법정주의에** 관한 설명이다.

③ (o) 헌재 1989.7.21. 89헌마38.

④ (x) **입법자는 조세법의 분야에서도 광범위한 입법형성의 자유를 가지므로** 구체적인 조세관계에서 납세자들을 동일하게 대우할 것인지 혹은 달리 대우할 것인지를 일차적으로 결정할 수 있는 것이기는 하지만, 이러한 결정을 함에 있어서는 재정정책적, 국민경제적, 사회정책적, 조세기술적 제반 요소들에 대한 교량을 통하여 그 조세관계에 맞는 합리적인 조치를 하여야만 평등의 원칙에 부합할 수 있다(헌재 1996.8.29. 95헌바41).

⑤ (o) 헌재 1995.6.29. 94헌바39; **조세감면의 우대조치의 경우에도** 비록 조세감면이 조세평등의 원칙에 반하고 국가나 지방자치단체의 재원의 포기이기도 하여 가급적 억제되어야 하며 특히 정책목표 달성이 필요한 경우에 그 **감면혜택을 받는 자의 요건을 엄격히 하여 한정된 범위 내에서 예외적으로 허용**되어야 하는 것이기는 하나, 특정 납세자에 대하여만 감면조치를 하는 것이 현저하게 비합리적이고 불공정한 조치라고 인정될 때에는 조세평등주의에 반하여 위헌이 된다고 할 것이다(헌재 1995.6.29. 94헌바39). [해 답] ④

14. 조세에 관련된 설명 중 옳지 않은 것은? (다툼이 있는 경우 판례에 의함)

① 새로운 입법으로 과거에 소급하여 과세하거나 또는 이미 납세의무가 존재하는 경우에도 소급하여 중과세하는 것은 소급입법 과세금지원칙에 위반된다.

② 지방자치단체는 법률이 정하는 바에 따라 지방세를 부과·징수할 수 있으므로, 지방자치단체가 제정한 조례로 지방세의 부과와 징수에 관한 사항을 정할 수 있다.

③ 조세법규는 해석상 애매함이 없도록 명확히 규정될 것이 요청되기 때문에 명확성을 다소 결여하였다면, 당해 조세법규의 체계 및 입법취지 등에 비추어 그 의미

가 분명하여질 수 있더라도 과세요건 명확주의에 위반된다고 할 수 있다.

④ 헌법재판소는 국가과세권의 헌법적 한계 즉 조세법률에 대한 위헌심사기준으로 평등권, 재산권, 조세법률주의와 위임입법의 한계, 소급과세의 금지 등을 들고 있다.

⑤ 조세에 대한 법규·제도는 신축적으로 변할 수밖에 없다는 점에서 납세의무자로서는 구법질서에 의거한 신뢰를 바탕으로 적극적으로 새로운 법률관계를 형성하였다든지 하는 특별한 사정이 없는 한 원칙적으로 세율 등 현재의 세법이 변함없이 유지되리라고 기대하거나 신뢰할 수는 없다.

해설

① (o) 헌재 1998.11.26. 97헌바58; 조세법률주의는 납세의무가 존재하지 않았던 과거에 소급하여 과세하는 입법을 금지하는 원칙을 포함한다. 이러한 소급입법 과세금지원칙은 조세법률관계에 있어서 법적 안정성을 보장하고 납세자의 신뢰이익의 보호에 기여한다(헌재 2004.7.15. 2002헌바63).

② (o) 지방자치단체는 지방세의 세목(稅目), 과세대상, 과세표준, 세율, 그 밖에 부과·징수에 필요한 사항을 정할 때에는 이 법 또는 지방세관계법에서 정하는 범위에서 조례로 정하여야 한다(지방세기본법 5①).

③ (x) 조세법규는 해석상 애매함이 없도록 명확히 규정될 것이 요청되지만, **명확성을 다소 결여하였다고 하더라도** 당해 조세법규의 체계 및 입법취지 등에 비추어 그 의미가 분명하여질 수 있다면 과세요건 명확주의에 위반된다고 할 수 없다(헌재 1995.11.30. 94헌바40).

④ (o) 헌재 2002.8.29. 2001헌가24; 국가과세권의 헌법적 근거로는 소극적인 측면과 적극적인 측면이 있다. **과세권의 소극적인 근거로는** 조세법률주의(헌법 제59조)와 납세의 의무(헌법 제38조)를 들 수 있고, **적극적인 근거로는** 사회국가원리(헌법 제34조 제2항)·조세국가원리·평등권(헌법 제11조 제1항)·헌법상 경제질서(헌법 제119조 내지 제127조)를 들 수 있다(헌재 2002. 8.29. 2001헌가24).

⑤ (o) 헌재 1998.11.26. 97헌바58.

[해 답] ③

15. (특별)부담금에 관한 설명 중 옳지 않은 것은? (다툼이 있는 경우 판례에 의함)

① 수질개선부담금은 지하수자원 보호 및 먹는물의 수질개선이라는 특정한 행정과제의 수행을 위하여 그 과제에 대하여 특별한 관계가 없는 자라 할지라도 각자의 경제적 능력에 따라 반대급부 없이 부과되는 조세외적 부담금이다.

② 현대행정은 조세와 같은 전통적 공과금만으로는 점증하는 행정수요에 제대로 대처하거나 복잡다기한 행정과제를 효율적으로 수행할 수 없게 되어 특히 건설·교통·도시계획·환경 등의 부문에서 부담금이라는 금전적 부담의 부과를 통하여 간접적으로 국민의 행위를 유도하고 조정함으로써 사회적·경제적 정책목적을 달

성하는 것이 보다 효과적인 경우가 많다.

③ 부담금을 부과함에 있어서는 평등원칙이나 비례성원칙과 같은 기본권제한 입법의 한계를 준수하여야 하며, 부담금은 그 특정과제의 수행을 위하여 별도로 관리·지출되어야 한다.

④ 입법자는 공익목적과 국민의 사익을 적절히 형량하여 합리적이라고 판단되는 비율의 부담금을 책정할 수 있다 할 것이고, 그것이 현저히 자의적이거나 불합리하지 않는 한 존중되어야 한다.

⑤ 특별부담금을 부과함으로써 국민의 재산권을 제한하는 법률규정이 헌법에 위배되지 않기 위해서는 헌법 제37조 제2항에서 정하고 있는 과잉금지의 원칙이 지켜져야 하고, 평등의 원칙에 위배되어서는 아니된다.

해설

① (x) 수질개선부담금은 반대급부 없는 금전납부의무를 부담하게 한다는 점에서는 조세와 유사한 점도 있으나 그 법적 성격, 목적과 기능의 면에서 조세와는 근본적으로 다르다. 조세는 국민이 국가공동체의 일원으로서 국가의 일반적 과제 수행에 필요한 재정수요를 **각자의 경제적 능력에 따라 반대급부 없이 염출**하는 것임에 반하여, 수질개선부담금은 지하수자원 보호 및 먹는물의 수질개선이라는 특정한 행정과제의 수행을 위하여 그 과제에 대하여 **특별하고 긴밀한 관계에 있는 특정집단에 대하여만 부과**되는 조세외적 부담금이다(헌재 1998.12.24. 98헌가1).

② (o) 헌재 1998.12.24. 98헌가1; 특히 건설·교통·도시계획·환경 등의 부문에서는 명령·금지와 같은 직접적인 규제수단을 사용하는 대신에 부담금이라는 금전적 부담의 부과를 통하여 간접적으로 국민의 행위를 유도하고 조정함으로써 사회적·경제적 정책목적을 달성하는 것이 보다 효과적인 경우가 많다(헌재 1998.12.24. 98헌가1).

③ (o) 헌재 1998.12.24. 98헌가1; 부담금을 부과함에 있어서는 평등원칙이나 비례성원칙과 같은 기본권제한 입법의 한계를 준수하여야 함은 물론 이러한 부담금의 부과를 통하여 수행하고자 하는 특정한 사회적·경제적 과제에 대하여 조세외적 부담을 지울 만큼 특별하고 긴밀한 관계가 있는 특정집단에 국한하여 부과되어야 하고, 이와 같이 부과·징수된 부담금은 그 특정과제의 수행을 위하여 별도로 관리·지출되어야 하며 **국가의 일반적 재정수입에 포함시켜 일반적 국가과제를 수행하는 데 사용되어서는 아니 된다.** 그렇지 않으면 국가가 조세저항을 회피하기 위한 수단으로 부담금이라는 형식을 남용할 수 있기 때문이다(헌재 1998.12.24. 98헌가1).

④ (o) 헌재 1998.12.24. 98헌가1.

⑤ (o) 헌재 1999.10.21. 97헌바84. [해 답] ①

16. 부담금의 헌법적 정당화의 요청 등과 관련된 설명 중 옳지 않은 것은? (다툼이 있는 경우 판례에 의함)

① 부담금은 조세에 대한 관계에서 어디까지나 예외적으로만 인정되어야 하며, 어떤 공적 과제에 관한 재정조달을 조세로 할 것인지 아니면 부담금으로 할 것인지에 관하여 입법자의 자유로운 선택권을 허용하여서는 안 된다.

② 부담금 납부의무자는 재정조달 대상인 공적 과제에 대하여 일반국민에 비해 특별히 밀접한 관련성을 가져야 한다.

③ 부담금이 재정에 대한 국회의 민주적 통제체계로부터 일탈하는 수단으로 남용될 위험성을 감안할 때, 부담금이 장기적으로 유지되는 경우에 있어서는 그 징수의 타당성이나 적정성이 입법자에 의해 지속적으로 심사될 것이 요구된다고 하여야 한다.

④ 헌법이 예정하고 있는 기본적 재정질서에 터 잡아 부담금에 대한 조세의 우선적 지위가 인정되는 것은 어디까지나 그 부과목적이 재정조달에 있는 경우라 할 것이며, 특정한 정책 실현에 목적을 둔 모든 경우에도 같다고 볼 것은 아니다.

⑤ 부담금은 그 납부의무자에게 추가적인 공과금을 부담시킬 만한 합리적 이유가 있더라도 특정인에게 추가로 부담케 하는 것은 공과금 부담의 형평성에 반하게 된다.

해설

① (o) 헌재 2004.7.15. 2002헌바42; **국가 등의 일반적 재정수입에 포함시켜 일반적 과제를 수행하는 데 사용할 목적이라면 반드시 조세의 형식**으로 해야 하지, 거기에 부담금의 형식을 남용해서는 안 되는 것이다(헌재 1998.12.24. 98헌가1).

② (o) 헌재 1998.12.24. 98헌가1.

③ (o) 헌재 2004.7.15. 2002헌바42.

④ (o) 헌재 2004.7.15. 2002헌바42; 공과금은 그 개념상 원래 국가 또는 지방자치단체의 재정수입을 목적으로 하는 것인데, 재정수입의 목적보다는 주로 특정한 경제적·사회적 정책을 실현할 목적에서 공과금을 부담시킬 수가 있는가 하는 것은 기본적 재정질서가 어떠한가와는 별개로 헌법적 쟁점이 되고 있으며, 그러한 한에서 공과금으로서의 조세와 부담금은 똑같은 문제 상황에 처해 있기 때문이다(헌재 2004.7.15. 2002헌바42).

⑤ (x) 조세평등주의는 담세능력에 따른 과세의 원칙을 예외 없이 절대적으로 관철시킬 것을 의미하지는 않으며, 합리적 이유가 있는 경우라면 납세자간의 차별취급도 예외적으로 허용될 수 있다(헌재 1999.11.25. 98헌마55). 마찬가지로, **부담금도 그 납부의무자에게 추가적인 공과금을 부담시킬 만한 합리적 이유가 있으면 공과금 부담의 형평성에 반하지 않는다.** 그리고 바로 그러한 합리적 이유로서, 재정조달목적 부담금의 경우에는 납부의무자가 재정조달의 대상인 공적 과제에 대하여 일반국민에 비해 특별히 밀접한 관련성을 가질 것이 요구되는 것이다(헌재 2004.7.15. 2002헌바42).

[해 답] ⑤

17. 국회가 의결한 예산에 관한 설명 중 옳지 않은 것은? (다툼이 있는 경우 판례에 의함)

① 예산도 일종의 법규범이고 법률과 마찬가지로 국회의 의결을 거쳐 제정되지만, 예산은 법률과 달리 국가기관만을 구속할 뿐 일반국민을 구속하지 않는다.

② 헌법소원심판은 공권력의 행사 또는 불행사로 인하여 헌법상 보장된 기본권을 침해받은 경우에 제기할 수 있고, 여기의 '공권력'에는 입법작용도 당연히 포함되므로 국회가 의결한 예산 또는 국회의 예산안 의결도 헌법소원의 대상이 된다.

③ 예산이 정부의 재정행위를 통하여 국민의 기본권에 영향을 미친다고 하더라도 그것은 관련 법령에 근거한 정부의 구체적인 집행행위로 나타나는 것이지 예산 그 자체나 예산안의 의결행위와는 직접 관련성이 없다.

④ 헌법상 예산과 법률은 서로 독립된 국가법의 형식으로 존재하므로, 예산으로 법률을 변경할 수 없다.

⑤ 예산은 관보에 공고하도록 되어 있지만, 공고 자체가 예산의 효력발생요건은 아니다. 그러나 법률안은 공포하는 것이 효력발생요건에 해당된다.

해설

① (o) 헌재 2006.4.25. 2006헌마409; 예산의 법적 성질에 관하여 행정행위설, 국법형식설(법규범설), 예산법률설이 있는데, 국법형식설(법규범설)이 통설이라 할 수 있으며, 헌법재판소의 입장이기도 하다.

② (x) 헌법소원심판은 "공권력의 행사 또는 불행사"로 인하여 헌법상 보장된 기본권을 침해받은 경우에 제기할 수 있다(헌법재판소법 제68조 제1항). 여기의 '공권력'에는 입법작용도 당연히 포함되므로 국회가 제정한 법률이 헌법소원의 대상이 된다는 점은 의문이 없다. 그러나 **국회가 의결한 예산 또는 국회의 예산안 의결은 헌법소원의 대상이 된다고 볼 수 없다** (헌재 2006.4.25. 2006헌마409).

③ (o) 헌재 2006.4.25. 2006헌마409.

④ (o) 법률과 예산의 어느 하나로 다른 하나를 변경할 수 없다. 법률이 없으면 세출예산은 지출을 명하거나 승인할 수 없고, 법률이 경비지출을 규정하고 있어도 예산이 없으면 지출할 수 없다.

⑤ (o) 법률과 예산의 효력발생요건에 관한 차이점이다. 또한 국회는 예산심의를 전면거부할 수 없으며, 대통령도 국회를 통과한 예산을 법률안거부권을 행사하는 것과 같이 국회에 환송하여 재심의를 요구할 수는 없다. [해 답] ②

18. 헌법 제65조 제1항은 '대통령 … 기타 법률이 정한 공무원이 그 직무집행에 있어서 헌법이나 법률을 위배한 때에는 국회는 탄핵의 소추를 의결할 수 있다'라고 규정하고 있다. 이와 관련된 설명 중 옳지 않은 것을 모두 고른 것은? (다툼이 있는 경우 판례에 의함)

㉠ 헌법재판소는 사법기관으로서 원칙적으로 탄핵소추기관인 국회의 탄핵소추의결서에 기재된 소추사유에 의하여 구속을 받는다. 따라서 헌법재판소는 탄핵소추의결서에 기재되지 아니한 소추사유를 판단의 대상으로 삼을 수 없다.

㉡ 헌법은 탄핵사유를 "헌법이나 법률에 위배한 때"로 규정하고 있는데, '헌법'에는 명문의 헌법규정을 말하고 헌법재판소의 결정에 의하여 형성되어 확립된 불문헌법은 포함되지 아니한다.

㉢ 헌법 제65조는 행정부와 사법부의 고위공직자에 의한 헌법위반이나 법률위반에 대하여 탄핵소추의 가능성을 규정함으로써, 그들에 의한 헌법위반을 경고하고 사전에 방지하는 기능을 하며, 국민에 의하여 국가권력을 위임받은 국가기관이 그 권한을 남용하여 헌법이나 법률에 위반하는 경우에는 다시 그 권한을 박탈하는 기능을 한다.

㉣ 우리나라의 탄핵제도는 1948년 제헌헌법에서부터 채택되어 오늘에 이르고 있다.

㉤ 헌법 제65조에 규정된 탄핵사유 중 '직무집행에 있어서'의 '직무'란 법제상 소관 직무에 속하는 고유 업무 및 통념상 이와 관련된 업무를 말한다.

㉥ 탄핵의 소추를 의결하는 국회의원과 탄핵심판을 담당하는 헌법재판소 재판관은 탄핵대상자에 해당되지 않는다.

㉦ 헌법 제65조 제1항은 '대통령…이 그 직무집행에 있어서'라고 하고 있으므로, 대통령에 대한 탄핵사유의 요건을 대통령의 직위를 보유하고 있는 상태에서 범한 법위반행위는 물론 대통령 당선 후 취임 시까지의 기간에 이루어진 대통령의 행위도 소추사유가 될 수 있다.

① ㉠, ㉢, ㉤ ② ㉡, ㉥, ㉦ ③ ㉣, ㉤, ㉥
④ ㉤, ㉥, ㉦ ⑤ ㉡, ㉣, ㉥

해설

㉠ (o) 헌재 2004.5.14. 2004헌나1; 그러나 탄핵소추의결서에서 그 위반을 주장하는 '법규정의 판단'에 관하여 헌법재판소는 원칙적으로 구속을 받지 않으므로, 청구인이 그 위반을 주장한 법규정 외에 다른 관련 법규정에 근거하여 탄핵의 원인이 된 사실관계를 판단할 수 있다. 또한, 헌법재판소는 소추사유의 판단에 있어서 **국회의 탄핵소추의결서에서 분류된 소추사유의 체계에 의하여 구속을 받지 않으므로**, 소추사유를 어떠한 연관관계에서 법적으로 고려할 것인가의 문제는 전적으로 헌법재판소의 판단에 달려있다(헌재 2004. 5.14. 2004헌나1).

㉡ (x) 헌법은 탄핵사유를 "헌법이나 법률에 위배한 때"로 규정하고 있는데, '헌법'에는 명문

의 헌법규정뿐만 아니라 헌법재판소의 결정에 의하여 형성되어 확립된 불문헌법도 포함된다. '법률'이란 단지 형식적 의미의 법률 및 그와 등등한 효력을 가지는 국제조약, 일반적으로 승인된 국제법규 등을 의미한다(헌재 2004.5.14. 2004헌나1).

ⓒ (o) 헌재 2004.5.14. 2004헌나1.

ⓔ (o) **1948년 헌법에서는 탄핵재판소**를 설치하여 국회의 탄핵 소추를 받아 탄핵을 결정할 수 있도록 하였다. **1960년 헌법은 헌법재판소**에서, 1962년 헌법에서는 탄핵심판위원회에서, 1972년 헌법은 헌법위원회에서, 1987년 현행 헌법은 헌법재판소에서 탄핵심판을 맡고 있다.

ⓜ (o) 헌재 2004.5.14. 2004헌나1; 따라서 직무상의 행위란, 법령·조례 또는 행정관행·관례에 의하여 그 지위의 성질상 필요로 하거나 수반되는 모든 행위나 활동을 의미한다. 이에 따라 **대통령의 직무상 행위는 법령에 근거한 행위뿐만 아니라, '대통령의 지위에서 국정수행과 관련하여 행하는 모든 행위'를 포괄하는 개념**으로서, 예컨대 각종 단체·산업현장 등 방문행위, 준공식·공식만찬 등 각종 행사에 참석하는 행위, 대통령이 국민의 이해를 구하고 국가정책을 효율적으로 수행하기 위하여 방송에 출연하여 정부의 정책을 설명하는 행위, 기자회견에 응하는 행위 등을 모두 포함한다(헌재 2004.5.14. 2004헌나1).

ⓑ (x) **대통령·국무총리·국무위원·행정각부의 장·헌법재판소 재판관·법관·중앙선거관리위원회 위원·감사원장·감사위원 기타 법률이 정한 공무원**이 그 직무집행에 있어서 헌법이나 법률을 위배한 때에는 국회는 탄핵의 소추를 의결할 수 있다(헌법 65①). 국회의원은 탄핵을 의결하는 권한을 갖고 있으므로 탄핵 대상에서 제외되어 있다. 반면, 탄핵심판을 담당하는 헌법재판소 재판관은 그 대상에 해당된다.

ⓢ (x) 헌법 제65조 제1항은 '대통령…이 그 직무집행에 있어서'라고 하여, **탄핵사유의 요건을 '직무'집행으로 한정**하고 있으므로, 위 규정의 해석상 **대통령의 직위를 보유하고 있는 상태에서 범한 법위반행위만이 소추사유**가 될 수 있다고 보아야 한다. 따라서 당선 후 취임 시까지의 기간에 이루어진 대통령의 행위도 소추사유가 될 수 없다. 비록 이 시기 동안 대통령직인수에 관한 법률에 따라 법적 신분이 '대통령 당선자'로 인정되어 대통령직의 인수에 필요한 준비작업을 할 수 있는 권한을 가지게 되나, 이러한 대통령 당선자의 지위와 권한은 대통령의 직무와는 근본적인 차이가 있고, **이 시기 동안의 불법정치자금 수수 등의 위법행위는 형사소추의 대상**이 되므로, 헌법상 탄핵사유에 대한 해석을 달리할 근거가 없다(헌재 2004.5.14. 2004헌나1). [해 답] ②

19. 헌법상 탄핵제도에 관한 설명 중 옳지 않은 것은? (다툼이 있는 경우 판례에 의함)

① 고위공직자에 대한 탄핵심판절차는 법적인 관점에서 단지 탄핵사유의 존부만을 판단하는 것은 아니므로, 탄핵소추 대상자의 정치적 무능력이나 정책결정상의 잘못 등 직책수행의 성실성 여부도 탄핵심판절차의 판단대상이다.

② 헌법은 헌법재판소로 하여금 탄핵심판을 관장하게 함으로써 탄핵절차를 정치적 심판절차가 아니라 규범적 심판절차로 규정하고 있다.

③ 탄핵소추의 의결을 받은 자는 탄핵심판이 있을 때까지 그 권한행사가 정지된다.

④ 국회에게 대통령의 헌법 등 위배행위가 있을 경우에 탄핵소추의결을 하여야 할 헌법상의 작위의무가 있다거나 청구인(개인)에게 탄핵소추의결을 청구할 헌법상

기본권이 있다고 할 수 없다.

⑤ 탄핵심판 청구가 이유 있는 경우에는 헌법재판소는 피청구인을 해당 공직에서 파면하는 결정을 선고한다.

해설 ① (x) 헌법 제65조 제1항은 탄핵사유를 '헌법이나 법률에 위배한 때'로 제한하고 있고, 헌법재판소의 **탄핵심판절차는 법적인 관점에서 단지 탄핵사유의 존부만을 판단**하는 것이므로, 이 사건에서 청구인이 주장하는 바와 같은 정치적 무능력이나 정책결정상의 잘못 등 직책수행의 성실성 여부는 그 자체로서 소추사유가 될 수 없어, 탄핵심판절차의 판단대상이 되지 아니한다(헌재 2004.5.14. 2004헌나1). 대통령이 아닌 국무총리나 국무위원의 정치적 무능력이나 정책결정상의 잘못을 범한 때에는 탄핵사유는 되지 않고 해임건의사유가 될 수 있다.

② (o) 헌재 2004.5.14. 2004헌나1.

③ (o) 헌법 제65조 제3항.

④ (o) 헌재 1996.2.29. 93헌마186; 왜냐하면 헌법은 "대통령…이 그 직무집행에 있어서 헌법이나 법률을 위배한 때에는 국회는 탄핵의 소추를 의결할 수 있다."(제65조 제1항)라고 규정함으로써 명문규정상 **국회의 탄핵소추의결이 국회의 재량행위임을 밝히고 있고** 헌법해석상으로도 국정통제를 위하여 헌법상 국회에게 인정된 다양한 권한 중 어떠한 것을 행사하는 것이 적절한 것인가에 대한 판단권은 오로지 국회에 있다고 보아야 할 것이며, 나아가 청구인에게 국회의 탄핵소추의결을 청구할 권리에 관하여도 아무런 명문규정이 없고, 헌법해석상으로도 그와 같은 권리를 인정할 수 없기 때문이다(다만 청원법에 의하여 청구인은 국회에 탄핵소추의결을 청원할 수는 있으나 이에 대하여 국회는 성실히 심사처리할 의무만 있을 뿐 반드시 탄핵소추의결을 하여야 할 의무는 없다)(헌재 1996.2.29. 93헌마186).

⑤ (o) 헌법재판소법 제53조 제1항; 피청구인이 결정 선고 전에 해당 공직에서 파면되었을 때에는 헌법재판소는 심판청구를 기각하여야 한다(헌법재판소법 53②). **탄핵결정은 공직으로부터 파면함에 그치고, 이에 의하여 민사상이나 형사상의 책임이 면제되지는 아니한다**(헌법 65④).

[해 답] ①

20. 다음 사례에 관련된 설명 중 옳지 않은 것은? (다툼이 있는 경우 판례에 의함)

> '한나라당 대통령후보 이명박의 주가조작 등 범죄혐의의 진상규명을 위한 특별검사의 임명 등에 관한 법률'(이하 '이 사건 법률'이라 한다)은 제17대 대통령선거를 이틀 앞둔 2007.12.17. 국회 본회의에서 가결되어 같은 달 28. 법률 제8824호로 공포·시행되었다. 청구인들은, 이 사건 법률에 따른 특별검사의 수사대상 사건의 참고인 또는 피고발인들로서 이 사건 법률의 적용대상이 될 것으로 예상되는바, 이 사건 법률로 인하여 평등권, 신체의 자유, 공정한 재판을 받을 권리 등을 침해받았다고 주장하면서 2007.12.28. 헌법소원심판을 청구하였다.

[심판의 대상]
청구인들은 특별검사의 수사대상을 규정한 제2조, 특별검사의 임명에 관한 규정인 제3조, 참고인에 대한 동행명령제를 규정한 제6조 제6항 및 그 거부행위에 대한 벌칙규정인 제18조 제2항, 특별검사가 공소제기한 사건의 재판기간을 규정한 제10조가 위헌이라고 주장하고 있으므로, 심판대상을 위 조항들로 한정한다.

① 특별검사의 참고인 또는 피의자 지정과 동행명령에 대하여는 구제절차가 없거나 권리구제의 기대가능성이 없다면, 구체적 집행행위의 존재에도 불구하고 예외적으로 당해 법률을 직접 헌법소원의 대상으로 삼을 수 있는 경우에 해당하므로 위 법률조항들에 의한 기본권침해의 직접성을 인정할 수 있다.

② 우리 헌법은 처분적 법률로서의 개인대상법률 또는 개별사건법률의 정의를 따로 두고 있지 않음은 물론, 이러한 처분적 법률의 제정을 금하는 명문의 규정도 두고 있지 않으므로 특정한 규범이 개인대상 또는 개별사건법률에 해당한다고 하여 그것만으로 바로 헌법에 위반되는 것은 아니다.

③ 특별검사제도는 현행 우리 검찰의 기소독점주의 및 기소편의주의에 대한 제도적 견제장치로서 검찰의 미흡한 수사 및 불기소처분 등을 보정하기 위하여 필요하다는 견해도 있다.

④ 특별검사제도에 관한 국회의 결정이 명백히 자의적이거나 현저히 부당한 것으로 인정되지 않는 한 존중되어야 할 것이다.

⑤ 참고인에 대한 동행명령 조항인 제6조 제6항에 의하면, 특별검사가 참고인에 대하여 동행명령을 하는 이유, 동행할 장소, 동행명령을 거부하면 처벌된다는 취지를 기재한 동행명령장을 발부하고, 특별수사관이 이를 참고인에게 제시하면서 동행할 것을 요구하며, 만일 참고인이 정당한 사유 없이 동행명령을 거부하면 천만 원 이하의 벌금형이라는 형사처벌이 가해질지라도, 이 조항은 참고인에 한하여 제한적인 요건하에 행하여지므로 영장주의 원칙을 규정한 헌법 제12조 제3항에 위반되는 것은 아니다.

해설

① (o) 헌재 2008.1.10. 2007헌마1468; 법령의 적용에 따른 구체적인 집행행위가 존재하는 경우라도 그 집행행위를 대상으로 하는 구제절차가 없거나, 구제절차가 있다고 하더라도 권리구제의 기대가능성이 없고 다만 기본권침해를 당한 청구인에게 불필요한 우회절차를 강요하는 것밖에 되지 않는 경우에는 예외적으로 당해 법률을 직접 헌법소원의 대상으로 삼을 수 있는바, 이 사건 법률은 특별검사의 피의자나 참고인 지정행위 및 동행명령 자체에 대한 불복수단을 규정하고 있지 않을 뿐 아니라, 그것들이 항고소송의 대상이 되는 처분인지 여부도 불분명하다(헌재 2008.1.10. 2007헌마1468).

② (o) 헌재 2008.1.10. 2007헌마1468; 다만 이러한 법률이 일반국민을 그 규율대상으로 하지 아니하고 특정 개인이나 사건만을 대상으로 함으로써 차별이 발생하는바, **그 차별적 규율이 합리적인 이유로 정당화되는 경우에는 허용된다**고 할 것이다(헌재 1996.2.16. 96헌가2).

③ (o) 우리나라에 미국식 특별검사제도를 도입하는 것이 타당한지에 관하여 다음과 같은 찬반론이 꾸준히 이어져 왔다. 이를 찬성하는 논거는, ㉠ 현행 우리 검찰의 기소독점주의 및 기소편의주의에 대한 제도적 견제장치로서 검찰의 미흡한 수사 및 불기소처분 등을 보정하기 위하여 필요하고, ㉡ 권력형 부정사건 및 정치적 성격이 강한 사건에서 대통령이나 정치권력으로부터 독립된 특별검사에 의하여 수사 및 공소유지가 되게 함으로써 법의 공정성 및 사법적 정의를 확보할 수 있으며, ㉢ 국민의 기본권 보장 및 권력남용 방지라는 차원에서 볼 때 권력분립원칙을 실질적으로 확보하는 것이라고 한다.

이에 반해 반대하는 논거는, ㉠ 특별검사제도는 검사의 신분과 정치적 중립성이 헌법과 법률에 의하여 보장되는 우리나라에 적합하지 않고, ㉡ 정략적 차원에서 특별검사제를 실시하여 정치적 여론재판이 지속될 경우 정치적 혼란이 가중되고 국정수행에 방해가 될 우려가 있으며, ㉢ 권력분립원칙이 훼손되고 특별검사의 무리한 수사로 국가기밀누설 및 인권침해의 우려가 있다는 것이다(헌재 2008.1.10. 2007헌마1468).

④ (o) 헌재 2008.1.10. 2007헌마1468; 국회가 여러 사정을 고려하여 이 사건 법률 제2조가 규정하고 있는 사안들에 대하여 특별검사에 의한 수사를 실시하도록 한 것이 명백히 자의적이거나 현저히 부당한 것이라고 단정하기 어렵다(헌재 2008.1.10. 2007헌마1468).

⑤ (x) 이 사건 동행명령 조항이 규정하는 참고인에 대한 동행명령 제도는, **참고인의 신체의 자유를 사실상 억압하여 일정 장소로 인치하는 것과 실질적으로 같으므로 헌법 제12조 제3항이 정한 영장주의 원칙이 적용되어야 할 것이다**. 그럼에도 불구하고 법관이 아닌 특별검사가 동행명령장을 발부하도록 하고 정당한 사유 없이 이를 거부한 경우 벌금형에 처하도록 함으로써, 실질적으로는 참고인의 신체의 자유를 침해하여 지정된 장소에 인치하는 것과 마찬가지의 결과가 나타나도록 규정한 이 사건 동행명령 조항은 영장주의 원칙을 규정한 헌법 제12조 제3항에 위반되거나 적어도 위 헌법상 원칙을 잠탈하는 것으로서 위헌이라 할 것이다. 그렇다면 이 사건 동행명령 조항은 헌법상 영장주의를 위반하거나 적어도 위 헌법상 원칙을 잠탈하는 것일 뿐만 아니라, 헌법 제37조 제2항을 위반하여 청구인들의 신체의 자유 및 평등권을 침해한다고 할 것이다(헌재 2008.1.10. 2007헌마1468). [해 답] ⑤

21. 국회 내부의 자율권에 관한 설명 중 옳지 않은 것은? (다툼이 있는 경우 판례에 의함)

① 국회의장이 국회의원의 헌법상 권한을 침해하였다는 이유로 국회의원인 청구인들이 국회의장을 상대로 권한쟁의심판을 청구한 사건은 그 심판대상이 국회의 자율권이 허용되는 사항이라고 볼 수 있고, 따라서 헌법재판소가 심사할 수 없는 국회내부의 자율에 관한 문제라고 할 수 있다.

② 국회는 국민의 대표기관, 입법기관으로서 폭넓은 자율권을 가지고 있고, 그 자율권은 권력분립의 원칙이나 국회의 지위, 기능에 비추어 존중되어야 한다.

③ 법치주의의 원리상 모든 국가기관은 헌법과 법률에 의하여 기속을 받는 것이므로

국회의 자율권도 헌법이나 법률을 위반하지 않는 범위 내에서 허용되어야 한다.

④ 국회는 법률에 저촉되지 아니하는 범위 안에서 의사와 내부규율에 관한 규칙을 제정할 수 있고, 의원의 자격심사·징계·제명에 관하여 자율적 결정을 할 수 있다.

⑤ 국회에서 국회의원을 제명하려면 국회재적의원 3분의 2 이상의 찬성이 있어야 하고, 이 처분으로 제적된 국회의원은 법원에 그 처분의 무효나 취소를 구할 수 없다.

해설 ① (x) 국회의장이 **국회의원의 헌법상 권한을 침해하였다는 이유로** 국회의원인 청구인들이 국회의장을 상대로 권한쟁의심판을 청구한 사건이므로 이 사건 심판대상은 국회의 자율권이 허용되는 사항이라고 볼 수 없고, 따라서 헌법재판소가 심사할 수 없는 국회내부의 자율에 관한 문제라고 할 수는 없다. 그렇다면 이 사건 심판청구는 권한쟁의심판을 청구할 수 있는 국회의원인 청구인들이 국회의장을 상대로 **국회의장의 본회의 개의, 법률안 상정, 가결선포행위가 그들의 권한을 침해하였다고 주장하여 권한침해의 확인과 아울러 그 행위의 위헌확인을 구하는 것으로서 적법하다**(헌재 1997.7.16. 96헌라2).

② (o) 헌재 1997.7.16. 96헌라2.

③ (o) 헌재 1997.7.16. 96헌라2.

④ (o) 헌법 제64조.

⑤ (o) 국회는 의원의 자격을 심사하며, 의원을 징계할 수 있다(헌법 64②). 의원을 제명하려면 국회재적의원 3분의 2 이상의 찬성이 있어야 한다(헌법 64③). 제2항과 제3항의 처분에 대하여는 법원에 제소할 수 없다(헌법 64④). 국회의 의원에 대한 자격심사나 제명 역시 헌법이 허용하는 범위 내에서 인정되는 것이므로, 자격심사나 제명처분이 그 절차상의 하자 등으로 국회의원의 기본권을 침해하는 경우에는 헌법소원심판 청구는 할 수 있다고 할 것이다. [해 답] ①

22. 국회의 의사진행과 관련된 설명 중 옳지 않은 것을 모두 고른 것은? (다툼이 있는 경우 판례에 의함)

㉠ 의사공개의 원칙은 의사진행의 내용과 의원의 활동을 국민에게 공개함으로써 민의에 따른 국회운영을 실천한다는 민주주의적 요청에서 유래하고 있다.

㉡ 국회에서의 토론 및 정책결정의 과정이 공개되어야 주권자인 국민의 정치적 의사형성과 참여, 의정활동에 대한 감시와 비판이 가능하게 될 뿐더러, 의사의 공개는 의사결정의 공정성을 담보하고 정치적 야합과 부패에 대한 방부제 역할을 하기도 한다.

㉢ 의사공개의 원칙은 방청 및 보도의 자유와 회의록의 공표를 그 내용으로 하며, 의사공개의 원칙은 절대적인 것이므로, 국가의 안전보장 등의 사유로 비공개로 할 수는 없다.

㉣ 위원장이 방청을 불허하는 결정을 할 수 있는 사유란 회의장의 장소적 제약으로 불가피한 경우, 회의의 원활한 진행을 위하여 필요한 경우 등 결국 회의의 질서유지를

위하여 필요한 경우로 제한된다고 할 것이다.
ⓜ 헌법 제50조 제1항이 천명하고 있는 의사공개의 원칙은 국회 본회의에 적용되며, 위원회의 회의에는 당연히 적용되는 것은 아니다. 그러므로 원하는 모든 국민은 원칙적으로 그 본회의를 방청할 수 있다.
ⓑ 위원회의 의결이 없는 한 국정감사는 비공개로 하는 것이고, 이에 따라 국민의 방청이 제한된다.

① ㉠, ㉢ ② ㉡, ㉤ ③ ㉢, ㉤
④ ㉣, ㉥ ⑤ ㉡, ㉣

해설 ㉠ (o) 헌재 2000.6.29. 98헌마443.
㉡ (o) 헌재 2000.6.29. 98헌마443.
㉢ (x) 의사공개의 원칙은 방청 및 보도의 자유와 회의록의 공표를 그 내용으로 하는데, 다만, **의사공개의 원칙은 절대적인 것이 아니므로**, 출석의원 과반수의 찬성이 있거나 의장이 국가의 안전보장을 위하여 필요하다고 인정할 때에는 공개하지 아니할 수 있다(헌법 제50조 제1항 단서).
㉣ (o) 헌재 2000.6.29. 98헌마443; 국회법 제55조 제1항은 "위원회에서는 의원이 아닌 자는 위원장의 허가를 받아 방청할 수 있다"고 규정하고 있는바, 이는 위원회의 공개원칙을 전제로 한 것이다. **위원장이 방청을 불허하는 결정을 할 수 있는 사유란** 회의장의 장소적 제약으로 불가피한 경우, 회의의 원활한 진행을 위하여 필요한 경우 등 결국 회의의 질서유지를 위하여 필요한 경우로 제한된다고 할 것이다. 이와 같이 방청불허를 할 수 있는 사유 자체는 제한적이지만 그러한 사유가 구비되었는지에 관한 판단, 즉 회의의 질서유지를 위하여 방청을 금지할 필요성이 있는지에 관한 판단은 국회의 자율권 존중의 차원에서 위원장에게 폭넓은 판단재량을 인정하여야 할 것이다(헌재 2000.6.29. 98헌마443).
㉤ (x) 헌법 제50조 제1항이 천명하고 있는 의사공개의 원칙은 위원회의 회의에도 당연히 적용되는 것으로 보아야 한다. 의사공개에 관한 국회법의 규정 또한 이러한 헌법원칙을 반영하고 있다. 국회법 제75조 제1항은 "본회의는 공개한다"고 하여 본회의의 공개원칙을, 동법 세65조 제4항은 "청문회는 공개한다"고 하여 위원회에서 개최하는 청문회 공개원칙을 분명히 밝히고 있으며, 국회법 제71조는 본회의에 관한 규정을 위원회에 대하여 준용하도록 규정하고 있다. 결국 **본회의든 위원회의 회의든 국회의 회의는 원칙적으로 공개하여야** 하고, 원하는 모든 국민은 원칙적으로 그 회의를 방청할 수 있는 것이다(헌재 2000.6.29. 98헌마443).
㉥ (o) 헌재 2000.6.29. 98헌마443; 국정감사 및 조사에 관한 법률 제12조는 "감사는 비공개로, 조사는 공개로 한다. 다만, 위원회의 의결로 달리 정할 수 있다"고 하여 국정감사비공개주의를 규정하고 있다. 따라서 위원회의 의결이 없는 한 국정감사는 비공개로 하는 것이고, 이에 따라 국민의 방청이 제한된다. 한편 국정감사를 공개로 하는 경우에도 위원장은 국회법 제55조에 따라, 즉 국정감사의 원활한 운영 등 질서유지를 위하여 필요한 때에는 국민의 방청을 불허할 수 있다(헌재 2000.6.29. 98헌마443). [해 답] ③

23. 공직선거법(2005.8.4. 법률 제7681호로 개정된 것) 제200조(보궐선거) 제2항 "비례대표국회의원에 궐원이 생긴 때에는 선거구선거관리위원회는 궐원통지를 받은 후 10일 이내에 그 궐원된 의원이 그 선거 당시에 소속한 정당의 비례대표국회의원후보자명부에 기재된 순위에 따라 궐원된 국회의원의 의석을 승계할 자를 결정하여야 한다. 다만, 제264조(당선인의 선거범죄로 인한 당선무효)의 규정에 의하여 당선이 무효로 되거나 그 정당이 해산된 때 또는 임기만료일 전 180일 이내에 궐원이 생긴 때에는 그러하지 아니하다. 밑줄친 부분에 관한 설명 중 옳지 않은 것은? (다툼이 있는 경우 판례에 의함)

① 현행 비례대표국회의원 선거에서 선거권자들의 정치적 의사표명에 의하여 직접 결정되는 것은, 특정의 비례대표국회의원후보자를 비례대표국회의원으로 선출하는 것이 아니라, 비례대표국회의원 후보자명부를 제시한 정당별로 할당될 비례대표국회의원의 수를 배정하는 것이라고 할 수 있다.

② 위 조항은 선거범죄를 범한 비례대표국회의원 당선인 본인의 의원직 박탈로 그치지 아니하고 그로 인하여 궐원된 의석의 승계를 인정하지 아니함으로써 결과적으로 그 정당에 비례대표국회의원의석을 할당받도록 한 선거권자들의 정치적 의사표명을 무시하고 왜곡하는 결과가 된다.

③ 비례대표국회의원 당선자의 선거범죄를 이유로 정당 또는 비례대표국회의원 후보자명부상의 차순위 후보자에게 불이익을 주는 위 조항은 자기책임의 범위를 벗어나는 제재라고 하지 않을 수 없다.

④ 위 조항은 비례대표국회의원 후보자의 선거범죄에 대한 엄정한 제재를 통하여 선거의 공정성을 확보하기 위한 것이다.

⑤ 비례대표국회의원 당선인의 선거범죄는 비례대표지방의회의원의 선거범죄와는 달리 정당의 실질적인 감독·통제가 가능하고, 비례대표국회의원의 의석승계를 인정하지 않는다고 하여 비례대표선거제의 취지가 퇴색될 가능성도 없다.

해설

① (o) 헌재 2009.10.29. 2009헌마350.

② (o) 헌재 2009.10.29. 2009헌마350.

③ (o) 헌재 2009.10.29. 2009헌마350.

④ (o) 심판대상조항이 비례대표국회의원 후보자의 선거범죄에 대한 엄정한 제재를 통하여 선거의 공정성을 확보하기 위한 것이라고 하더라도, 선거범죄를 저지른 국회의원 당선자를 처벌하고 당선을 무효로 하는 것만으로도 충분한 제재 효과를 거둘 수 있다고 할 것이므로, 더 나아가 **비례대표국회의원 후보자명부상의 차순위 후보자의 승계까지 부인함으로써 선거를 통하여 표출된 선거권자들의 정치적 의사표명을 무시·왜곡하는 결과를 초래**하고 선거범죄에 관하여 귀책사유도 없는 정당이나 차순위 후보자에게 불이익을 주는 것은 필요 이상의 지

나친 제재를 규정한 것이라고 보지 않을 수 없다. 따라서 심판대상 조항은 **과잉금지원칙에 위배하여 청구인들의 공무담임권을 침해**한 것이라고 보지 않을 수 없다(헌재 2009.10.29. 2009헌마350).

⑤ (x) 이 사건 법무부장관의 의견요지에 해당된다. 그러나 헌법재판소는 ㉠ 선거범죄로 인하여 당선이 무효로 된 때를 비례대표지방의회의원의 의석 승계 제한사유로 규정한 공직선거법 제200조 제2항 단서 중 **'비례대표지방의회의원 당선인**이 제264조(당선인의 선거범죄로 인한 당선무효)의 규정에 의하여 당선이 무효로 된 때' 부분이 대의제 민주주의 원리에 위배되어 위헌이라고 판시하였으며(헌재 2009.6.25. 2007헌마40), ㉡ 공직선거법 제200조 제2항 단서 중 **'비례대표국회의원 당선인**이 제264조(당선인의 선거범죄로 인한 당선무효)의 규정에 의하여 당선이 무효로 된 때' 부분이 대의제 민주주의 원리 및 자기책임의 원리에 위배되어 위헌이라고 판시하였다(헌재 2009.10.29. 2009헌마350).

[해 답] ⑤

36 대통령

1. 다음 사례에 관한 설명 중 옳지 않은 것을 모두 고른 것은? (다툼이 있는 경우 판례에 의함)

> 청구인은 2003.2.25.부터 대한민국의 대통령으로 재직 중이며, 피청구인은 중앙선거관리위원회의 위원장이다. 피청구인은 청구인에게 2007.6.7.자 '대통령의 선거중립의무 준수요청' 조치 및 2007.6.18.자 '대통령의 선거중립의무 준수 재촉구' 조치를 한 바 있다. 청구인은 2007.6.21. 피청구인의 위 1차 및 2차 조치(이 사건 조치)가 청구인이 개인으로서 가지는 정치적 표현의 자유를 침해하였다고 주장하면서 헌법재판소법 제68조 제1항에 따라 헌법소원심판을 제기하였다.

㉠ 대통령은 소속 정당원으로서 정치적 의견을 표시할 수 있지만, 국가의 원수 및 행정부 수반으로서의 지위에서 직무를 수행하는 때에는 원칙적으로 정당정치적 의견표명을 삼가야 하며, 나아가 대통령이 국가기관의 신분에서 선거관련 발언을 하는 경우에는 선거에서의 정치적 중립의무의 구속을 받는다.

㉡ 중앙선거관리위원회 위원장이 중앙선거관리위원회 전체회의의 심의를 거쳐 대통령의 위법사실을 확인한 후 그 재발방지를 촉구하는 내용의 이 사건 조치를 청구인인 대통령에 대하여 직접 발령한 것이 단순한 권고적·비권력적 행위라든가 대통령인 청구인의 법적 지위에 불리한 효과를 주지 않았다고 보기는 어렵다.

㉢ 원칙적으로 국가나 국가기관 또는 국가조직의 일부나 공법인은 공권력 행사의 주체

이자 기본권의 '수범자'로서 기본권의 '소지자'인 국민의 기본권을 보호 내지 실현해야 할 책임과 의무를 지니고 있을 뿐이므로, 헌법소원을 제기할 수 있는 청구인적격이 없다. 따라서 국가기관의 직무를 담당하는 자연인(대통령)이 제기한 위 헌법소원은 부적법하다고 볼 수 있다.

㉣ 고도의 정치적 결단에 의하여 행해지는 국가작용에 대하여 헌법소원이 제기되었을 경우 대통령과 국회의 판단이 극히 존중되어야 한다면 그 심판청구는 부적법하게 된다. 따라서 이 사건 조치는 정치적 문제로서 헌법재판소가 사법적 판단을 자제해야 하는 경우에 해당한다.

㉤ 대통령, 지방자치단체의 장 등에게는 다른 공무원보다도 선거에서의 정치적 중립성이 특히 요구된다. 다만, 공무원 중에서 국회의원과 지방의회의원은 정치활동의 자유가 보장되고 선거에서의 중립의무 없이 선거운동이 가능하므로 국회의원과 지방의회의원은 위 공무원의 범위에 포함되지 않는다.

㉥ 대통령은 자신을 지지하는 국민의 범위를 초월하여 국민 전체에 대하여 봉사함으로써 사회공동체를 통합시켜야 할 책무를 지고 있기 때문에 공명선거의 책무는 우선적으로 국정의 책임자인 대통령에게 있다.

① ㉠, ㉡ ② ㉢, ㉣ ③ ㉣, ㉤
④ ㉢, ㉥ ⑤ ㉠, ㉣

해설

㉠ (o) 헌재 2004.5.14. 2004헌나1.

㉡ (o) 헌재 2008.1.17. 2007헌마700; 따라서 청구인이 이 사건 조치를 따르지 않음으로써 형사적으로 처벌될 가능성은 없다고 하더라도, 이 사건 조치가 그 자체로 청구인에게 (표현의 자유를 위축시켜 상대방으로 하여금 스스로 표현행위를 자제하게 만드는 결과인) 위축효과를 줄 수 있음은 명백하다고 볼 것이다. 나아가 이 사건 조치에 대하여 법원에서 소송으로 구제받기는 어렵다는 점에서 헌법기관인 피청구인이 청구인의 위 발언내용이 위법이라고 판단한 이 사건 조치는 최종적·유권적인 판단으로서 기본권제한의 효과를 발생시킬 가능성이 높다고 할 것이다(헌재 2008.1.17. 2007헌마700).

㉢ (x) 원칙적으로 국가나 국가기관 또는 국가조직의 일부나 공법인은 공권력 행사의 주체이자 기본권의 '수범자'로서 기본권의 '소지자'인 국민의 기본권을 보호 내지 실현해야 할 책임과 의무를 지니고 있을 뿐이므로, 헌법소원을 제기할 수 있는 청구인적격이 없다(헌재 1994.12.29. 93헌마120). 그러나 **국가기관의 직무를 담당하는 자연인이 제기한 헌법소원이 언제나 부적법하다고 볼 수는 없다.** 만일 심판대상 조항이나 공권력 작용이 넓은 의미의 국가 조직영역 내에서 공적 과제를 수행하는 주체의 권한 내지 직무영역을 제약하는 성격이 강한 경우에는 그 기본권 주체성이 부정될 것이지만, 그것이 **일반 국민으로서 국가에 대하여 가지는 헌법상의 기본권을 제약하는 성격이 강한 경우에는 기본권 주체성을 인정**할 수 있다(헌재 1995.3.23. 95헌마53). 그러므로 대통령도 국민의 한사람으로서 제한적으로나마 기본권의 주체가 될

수 있는바, 대통령은 소속 정당을 위하여 정당활동을 할 수 있는 사인으로서의 지위와 국민 모두에 대한 봉사자로서 공익실현의 의무가 있는 헌법기관으로서의 지위를 동시에 갖는데 최소한 전자의 지위와 관련하여는 기본권 주체성을 갖는다고 할 수 있다(헌재 2004.5.14. 2004헌나1).

㉣ (x) 고도의 정치적 결단에 의하여 행해지는 국가작용에 대하여 헌법소원이 제기되었을 경우 대통령과 국회의 판단이 극히 존중되어야 한다면 그 심판청구가 부적법한 경우도 있으나, **그것이 국민의 기본권침해와 관련되는 경우에는 심판대상이 된다.** 그런데 이 사건 조치는 피청구인이 청구인의 행위가 이 사건 법률조항에 위반되는지 여부를 판단한 것이어서 이를 통치행위와 유사한 고도의 정치적 행위라거나 권력분립의 원칙상 그 판단을 극히 존중해야 할 사안으로 보기 어렵다. 따라서 이 사건 조치가 정치적 문제로서 헌법재판소가 사법적 판단을 자제해야 하는 경우에 해당한다고 할 수 없다(헌재 2008.1.17. 2007헌마700).

㉤ (o) 헌재 2004.5.14. 2004헌나1.

㉥ (o) 헌재 2004.5.14. 2004헌나1. [해 답] ②

2. 헌법상 대통령의 헌법수호의무에 관한 설명 중 옳지 않은 것은? (다툼이 있는 경우 판례에 의함)

① 헌법은 대통령에게 국가의 독립·영토의 보전·국가의 계속성과 헌법을 수호할 책무를 부과하고, 조국의 평화적 통일을 위한 성실한 의무를 지우면서, 이에 상응하는 내용의 취임선서를 하도록 하고 있다.

② 대통령의 헌법을 준수하고 수호해야 할 의무는 헌법상 법치국가원리가 대통령의 직무집행과 관련하여 구체화된 헌법적 표현이다.

③ 헌법을 준수하고 수호해야 할 의무는 헌법준수의무를 규정하는 제66조 제2항 및 제69조의 명시적인 조항을 통해서 비로소 도출되는 것은 아니다.

④ 행정부의 법존중 의무와 법집행 의무는 행정부가 위헌적인 것으로 간주하는 법률에 대해서는 적용되지 않는다.

⑤ 대통령이 국민 앞에서 현행법의 정당성과 규범력을 문제 삼는 행위는 법치국가의 정신에 반하는 것이자, 헌법을 수호해야 할 의무를 위반한 것이다.

해설

① (o) 헌법은 제66조 제2항, 제3항, 제69조; 헌법 제69조는 단순히 대통령의 취임선서 의무만을 규정한 것이 아니라, 헌법 제66조 제2항 및 제3항에 규정된 대통령의 헌법적 책무를 구체화하고 강조하는 실체적 내용을 지닌 규정이다(헌재 2004.5.14. 2004헌나1).

② (o) 헌재 2004.5.14. 2004헌나1; 헌법의 기본원칙인 법치국가원리의 본질적 요소는 한 마디로 표현하자면, 국가의 모든 작용은 '헌법'과 국민의 대표로써 구성된 의회의 '법률'에 의해야 한다는 것과 국가의 모든 권력행사는 행정에 대해서는 행정재판, 입법에 대해서는 헌

법재판의 형태로써 사법적 통제의 대상이 된다는 것이다(헌재 2004.5.14. 2004헌나1).

③ (o) '헌법을 준수하고 수호해야 할 의무'가 **이미 법치국가원리에서 파생되는 지극히 당연한 것**임에도, 헌법은 국가의 원수이자 행정부의 수반이라는 대통령의 막중한 지위를 감안하여 제66조 제2항 및 제69조에서 이를 다시 한 번 강조하고 있다. 이러한 헌법의 정신에 의한다면, 대통령은 국민 모두에 대한 '법치와 준법의 상징적 존재'인 것이다(헌재 2004.5.14. 2004헌나1).

④ (x) 행정부의 법존중 의무와 법집행 의무는 행정부가 위헌적인 것으로 간주하는 법률에 대해서도 마찬가지로 적용된다. 위헌적인 법률을 법질서로부터 제거하는 권한은 헌법상 단지 헌법재판소에 부여되어 있으므로, 설사 행정부가 **특정 법률에 대하여 위헌의 의심이 있다 하더라도, 헌법재판소에 의하여 법률의 위헌성이 확인될 때까지는 법을 존중하고 집행**하기 위한 모든 노력을 기울여야 한다(헌재 2004.5.14. 2004헌나1).

⑤ (o) 헌재 2004.5.14. 2004헌나1. [해 답] ④

3. 헌법상 국민투표에 관한 설명 중 옳지 않은 것을 모두 고른 것은? (다툼이 있는 경우 판례에 의함)

㉠ 헌법개정사항인 수도의 이전을 헌법개정의 절차를 밟지 아니하고 단지 단순법률의 형태로 실현시킨 것은 헌법 제130조에 따라 헌법개정에 있어서 국민이 가지는 참정권적 기본권인 국민투표권의 행사를 배제한 것이므로 동 권리를 침해하여 헌법에 위반된다.

㉡ 헌법 제72조는 "대통령은 필요하다고 인정할 때에는 외교·국방·통일 기타 국가안위에 관한 중요정책을 국민투표에 붙일 수 있다"고 규정하여 국민투표에 부쳐질 중요정책인지 여부를 대통령이 재량에 의하여 결정하도록 명문으로 규정하고 있다.

㉢ 우리 헌법은 국민에 의하여 직접 선출된 국민의 대표자가 국민을 대신하여 국가의사를 결정하는 대의민주주의를 기본으로 하고 있어, 중요 정책에 관한 사항이라 하더라도 반드시 국민의 직접적인 의사를 확인하여 결정해야 한다고 보는 것은 전체적인 헌법체계와 조화를 이룰 수 없다.

㉣ 특정의 국가정책에 대하여 다수의 국민들이 국민투표를 원하고 있음에도 불구하고 대통령이 이러한 희망과는 달리 국민투표에 회부하지 아니하는 것은 헌법에 위반된다.

㉤ 국회가 헌법개정안을 의결하면 30일 이내에 반드시 국민투표에 부쳐야 하고, 국회의원선거권자 과반수의 투표와 투표자 과반수의 찬성을 얻은 때에는 헌법개정은 확정된다.

㉥ 대통령이 자신에 대한 재신임을 국민투표의 형태로 묻고자 하는 것은 헌법 제72조에 의하여 부여받은 국민투표부의권을 합헌적으로 행사하는 경우에 해당한다.

① ㉠, ㉤ ② ㉡, ㉣ ③ ㉢, ㉥
④ ㉣, ㉥ ⑤ ㉢, ㉣

해설 ㉠ (o) 헌재 2004.10.21. 2004헌마554; 서울이 우리나라의 수도인 점은 불문의 관습헌법이므로 헌법개정절차에 의하여 새로운 수도 설정의 헌법조항을 신설함으로써 실효되지 아니하는 한 헌법으로서의 효력을 가진다. 따라서 헌법개정의 절차를 거치지 아니한 채 수도를 충청권의 일부지역으로 이전하는 것을 내용으로 한 이 사건 법률을 제정하는 것은 헌법개정사항을 헌법보다 하위의 일반 법률에 의하여 개정하는 것이 된다. 한편 헌법 제130조에 의하면 헌법의 개정은 반드시 국민투표를 거쳐야만 하므로 국민은 헌법개정에 관하여 찬반투표를 통하여 그 의견을 표명할 권리를 가진다(헌재 2004.10.21. 2004헌마554).
㉡ (o) 헌재 2005.11.24. 2005헌마579.
㉢ (o) 헌재 2005.11.24. 2005헌마579.
㉣ (x) 헌법 제72조는 대통령에게 국민투표의 실시 여부, 시기, 구체적 부의사항, 설문내용 등을 결정할 수 있는 임의적인 국민투표발의권을 독점적으로 부여하고 있다(헌재 2004.5.14. 2004헌나1). 따라서 특정의 국가정책에 대하여 다수의 국민들이 국민투표를 원하고 있음에도 불구하고 대통령이 이러한 희망과는 달리 국민투표에 회부하지 아니한다고 하여도 이를 헌법에 위반된다고 할 수 없고, **국민에게 특정의 국가정책에 관하여 국민투표에 회부할 것을 요구할 권리가 인정된다고 할 수도 없다.** 결국 헌법 제72조의 국민투표권은 대통령이 어떠한 정책을 국민투표에 부의한 경우에 비로소 행사가 가능한 기본권이라 할 수 있다(헌재 2005.11.24. 2005헌마579).
㉤ (o) 헌법 제130조 제2항, 제3항; 헌법개정안을 국민투표로 확정하는 것은 경성헌법의 특징을 보여주고 있다.
㉥ (x) 대통령이 자신에 대한 재신임을 국민투표의 형태로 묻고자 하는 것은 헌법 제72조에 의하여 부여받은 국민투표부의권을 위헌적으로 행사하는 경우에 해당하는 것으로, 국민투표제도를 자신의 정치적 입지를 강화하기 위한 정치적 도구로 남용해서는 안 된다는 헌법적 의무를 위반한 것이다. 물론, 대통령이 위헌적인 재신임 국민투표를 단지 제안만 하였을 뿐 강행하지는 않았으나, **헌법상 허용되지 않는 재신임 국민투표를 국민들에게 제안한 것은 그 자체로서 헌법 제72조에 반하는 것**으로 헌법을 실현하고 수호해야 할 대통령의 의무를 위반한 것이다(헌재 2004.5.14. 2004헌나1).
비록 피청구인이 대통령으로서 국회 본회의의 시정연설에서 자신에 대한 신임국민투표를 실시하고자 한다고 밝혔다 하더라도, 그것이 공고와 같이 법적인 효력이 있는 행위가 아니라 **단순한 정치적 제안의 피력에 불과하다고 인정되는 이상 이를 두고 헌법소원의 대상이 되는 "공권력의 행사"라고 할 수는 없으므로,** 이에 대한 취소 또는 위헌확인을 구하는 청구인들의 심판청구는 모두 부적법하다(헌재 2003.11.27. 2003헌마694). [해 답] ④

4. 대통령과 행정부의 입법에 관련된 설명 중 옳지 않은 것을 모두 고른 것은? (다툼이 있는 경우 판례에 의함)

> ㉠ 대통령의 법률안 제출행위는 국가기관간의 내부적 행위에 불과하고 국민에 대하여 직접적인 법률효과를 발생시키는 행위가 아니므로 헌법재판소법 제68조에서 말하는 공권력의 행사에 해당되지 않는다.
> ㉡ 국회입법에 의한 수권이 입법기관이 아닌 행정기관에게 법률 등으로 구체적인 범위를 정하여 위임한 사항에 관하여는 당해 행정기관이 법정립의 권한을 갖게 되고, 입법자가 규율의 형식도 선택할 수 있다 할 것이다.
> ㉢ 헌법이 인정하고 있는 위임입법의 형식은 제한적·열거적인 것으로 보아야 할 것이고, 법률로 규율하는 것이 바람직한 사항을 행정규칙에 위임하는 것은 국회입법의 원칙과 상치된다.
> ㉣ 입법자는 법률에서 구체적으로 범위를 정하기만 한다면 대통령령뿐만 아니라 부령에 입법사항을 위임할 수도 있음은 당연하다고 할 것이다.
> ㉤ 범죄와 형벌에 관한 사항에 대한 위임입법의 한계와 관련된 요구는 죄형법정주의에서 파생되는 명확성의 원칙의 요구와 경합된다고 할 것이다.
> ㉥ 행정부에서 제정한 시행령이나 시행규칙 및 사법부에서 제정한 규칙 등과 같은 명령·규칙의 위헌여부는 대법원에 최종적으로 심사권이 있으므로 헌법소원심판의 대상이 될 수는 없다.

① ㉠, ㉢　　② ㉡, ㉣　　③ ㉢, ㉥
④ ㉣, ㉥　　⑤ ㉢, ㉤

해설

㉠ (o) 헌재 1994.8.31. 92헌마174; 이 사건에서 심판의 대상이 되는 공권력의 행사는 피청구인(대통령)이 국무회의 의장의 자격으로 지방자치법중개정법률안을 국무회의에 상정하여 심의 의결하고, 대통령의 자격으로 이를 재가한 다음, 정부의 이름으로 이를 국회에 제출하였다고 하는 법률안 제출행위이다. 헌법 제89조 제3호의 규정에 의하면 법률안의 심의는 국무회의의 권한이고, 헌법 제52조의 규정에 의하면 정부는 법률안을 제출할 수 있다. 그러므로 이 사건 작위 부분은 헌법이 인정한 정부의 법률안 제출권을 행사한 것으로서 그 성격 자체는 공권력성을 갖추었다고 볼 수 있다. 그러나 그와 같이 제출된 법률안이 법률로써 확정되기 위하여서는 국회의 의결과 대통령의 공포절차를 거쳐야 하므로, 그러한 **법률안의 제출은 국가기관간의 내부적 행위에 불과하고 국민에 대하여 직접적인 법률효과를 발생시키는 행위가 아니다**. 그렇다면 피청구인의 이 사건 작위 부분에 관한 행위는 헌법재판소법 제68조에서 말하는 "공권력의 행사"에 해당하지 아니하므로, 청구인들의 이 사건 작위 부분에 대한 심판청구는 부적법하다고 할 것이다(헌재 1994.8.31. 92헌마174).

㉡ (o) 헌재 2009.2.26. 2005헌바94.

㉢ (x) 헌법이 인정하고 있는 위임입법의 형식은 **예시적인 것**으로 보아야 할 것이고, 그것은 법률이 행정규칙에 위임하더라도 **그 행정규칙은 위임된 사항만을 규율할 수 있으므로 국회입법의 원칙과 상치되지도 않는다**(헌재 2004.10.28. 99헌바91).

㉣ (o) 헌재 2009.2.26. 2005헌바94; 헌법 제75조는 "대통령은 법률에서 구체적으로 범위를 정하여 위임받은 사항과 법률을 집행하기 위하여 필요한 사항에 관하여 대통령령을 발할 수 있다"고 규정하여 위임입법의 근거를 마련함과 아울러 위임입법의 범위와 한계를 명시하고 있다. 그리고 **헌법 제75조는 대통령에 대한 입법권한의 위임에 관한 규정**이지만, 국무총리나 행정 각부의 장으로 하여금 법률의 위임에 따라 총리령 또는 부령을 발할 수 있도록 하고 있는 헌법 제95조의 취지에 비추어 볼 때, 입법자는 법률에서 구체적으로 범위를 정하기만 한다면 **대통령령뿐만 아니라 부령에 입법사항을 위임할 수도 있음은 당연**하다고 할 것이다. 위 헌법 규정에서 "법률에서 구체적으로 범위를 정하여 위임받은 사항"이라 함은 법률에 이미 대통령령으로 규정될 내용 및 범위의 기본사항이 구체적으로 규정되어 있어서 누구라도 **당해 법률로부터 대통령령에 규정될 내용의 대강을 예측할 수 있어야 한다**는 것을 의미한다(헌재 1998. 2.27. 97헌마64).

㉤ (o) 헌재 2002.5.30. 2001헌바5; **범죄와 형벌에 관한 사항에 있어서도 위임입법의 근거와 한계에 관한 헌법 제75조는 적용**되는 것이고, 다만 법률에 의한 처벌법규의 위임은 헌법이 특히 인권을 최대한 보장하기 위하여 죄형법정주의와 적법절차를 규정하고 법률에 의한 처벌을 강조하고 있는 기본권보장 우위사상에 비추어 바람직하지 못한 일이므로 그 요건과 범위가 보다 엄격하게 제한적으로 적용되어야 한다. 따라서 형벌법규의 위임을 하기 위하여는 **특히 긴급한 필요가 있거나 미리 법률로써 자세히 정할 수 없는 부득이한 사정이 있는 경우에 한정**되어야 하며, 이러한 경우에도 법률에서 범죄의 구성요건은 **처벌대상행위가 어떠한 것일 것이라고 예측할 수 있을 정도로 구체적으로 규정**하여야 하되, 위임입법의 위와 같은 예측가능성의 유무를 판단함에 있어서는 당해 특정 조항 하나만을 가지고 판단할 것이 아니고 관련 법조항 전체를 유기적·체계적으로 종합하여 판단하여야 한다(헌재 1998.3.26. 96헌가20).

㉥ (x) 헌법 제107조 제2항이 규정한 명령·규칙에 대한 대법원의 최종심사권이란 구체적인 소송사건에서 **명령·규칙의 위헌여부가 재판의 전제가 되었을 경우 법률의 경우와는 달리 헌법재판소에 제청할 것 없이 대법원이 최종적으로 심사할 수 있다는 의미**이며, 헌법 제111조 제1항 제1호에서 법률의 위헌여부심사권을 헌법재판소에 부여한 이상 통일적인 헌법해석과 규범통제를 위하여 공권력에 의한 기본권침해를 이유로 하는 헌법소원심판청구사건에 있어서 **법률의 하위법규인 명령·규칙의 위헌여부심사권이 헌법재판소의 관할에 속함은 당연**한 것으로서 헌법 제107조 제2항의 규정이 이를 배제한 것이라고는 볼 수 없다. 그리고 헌법재판소법 제68조 제1항이 규정하고 있는 헌법소원심판의 대상으로서의 "공권력"이란 입법·사법·행정 등 모든 공권력을 말하는 것이므로 입법부에서 제정한 법률, 행정부에서 제정한 시행령이나 시행규칙 및 사법부에서 제정한 규칙 등은 그것들이 **별도의 집행행위를 기다리지 않고 직접 기본권을 침해하는 것일 때에는 모두 헌법소원심판의 대상**이 될 수 있는 것이다(헌재 1990.10.15. 89헌마178).

[해 답] ③

5. 국가긴급권에 관한 설명 중 옳지 않은 것은? (다툼이 있는 경우 판례에 의함)

① 대통령의 긴급재정경제명령은 평상시의 헌법 질서에 따른 권력행사방법으로서는 대처할 수 없는 재정·경제상의 국가위기 상황에 처하여 이를 극복하기 위하여 발동되는 비상입법조치라는 속성을 지니지만, 권력분립의 원칙과 개인의 기본권에 대한 침해를 가져오는 결과를 초래하는 것은 허용될 수 없다.

② 헌법상의 국가긴급권 발동요건은 긴급재정처분 및 명령권의 경우, 내우·외환·천재·지변 또는 중대한 재정·경제상의 위기에 있어서 국가안전보장 또는 공공의 안녕질서를 유지하기 위하여 긴급한 조치가 필요한 경우라야 하고, 이러한 경우라도 국회의 집회를 기다릴 여유가 없는 경우에 한하여 발할 수 있다.

③ 국가긴급권을 발동하였을 경우에 있어서도 긴급재정처분 및 명령이나 긴급명령의 경우에는 대통령은 지체 없이 국회에 보고하여 그 승인을 얻어야 하고, 만약 승인을 얻지 못하면 그 처분이나 명령은 그 때부터 효력을 상실한다.

④ 국가긴급권은 국가의 존립이나 헌법질서를 위태롭게 하는 비상사태가 발생한 경우에 국가를 보전하고 헌법질서를 유지하기 위한 헌법보장의 한 수단이다.

⑤ 입헌주의국가에서도 전쟁이나 내란, 경제공황 등과 같은 비상사태가 발발하여 국가의 존립이나 헌법질서의 유지가 위태롭게 된 때에는 정상적인 헌법체제의 유지와 헌법에 규정된 정상적인 권력행사방식을 고집할 수 없게 된다.

해설

① (x) 대통령의 긴급재정경제명령은 평상시의 헌법 질서에 따른 권력행사방법으로서는 대처할 수 없는 재정·경제상의 국가위기 상황에 처하여 이를 극복하기 위하여 발동되는 비상입법조치라는 속성으로부터 일시적이긴 하나 **다소간 권력분립의 원칙과 개인의 기본권에 대한 침해를 가져오는 것**은 어쩔 수 없는 것이다. 따라서 긴급재정경제명령은 정상적인 재정운용·경제운용이 불가능한 중대한 재정·경제상의 위기가 현실적으로 발생하여(그러므로 **위기가 발생할 우려가 있다는 이유로 사전적·예방적으로 발할 수는 없다**) 긴급한 조치가 필요함에도 국회의 폐회 등으로 국회가 현실적으로 집회될 수 없고 국회의 집회를 기다려서는 그 목적을 달할 수 없는 경우에 이를 사후적으로 수습함으로써 기존질서를 유지·회복하기 위하여(그러므로 **공공복리의 증진과 같은 적극적 목적을 위하여는 발할 수 없다**) 위기의 직접적 원인의 제거에 필수불가결한 최소의 한도 내에서 헌법이 정한 절차에 따라 행사되어야 한다(헌재 1996.2.29. 93헌마186).

② (o) 헌법 제76조 제1항; **긴급명령권의 경우**, 국가의 안위에 관계되는 중대한 교전상태에 있어서 국가를 방위하기 위하여 긴급한 조치가 필요함에도 불구하고 국회의 집회가 불가능한 경우에 한하여 발할 수 있으며(헌법 76②), **계엄선포권의 경우** 전시·사변 또는 이에 준하는 국가비상사태에 있어서 병력으로써 군사상의 필요에 응하거나 공공의 안녕질서를 유지할 필요가 있을 경우에 한하여 발할 수 있게 되어 있다(헌법 77).

③ (o) 헌법 제76조 제3항, 제4항.

④ (o) 헌재 1994.6.30. 92헌가18; 그러나 국가긴급권의 인정은 국가권력에 대한 헌법상의 제약을 해제하여 주는 것이 되므로 국가긴급권의 인정은 일면 국가의 위기를 극복하여야 한다는 필요성 때문이기는 하지만 그것은 동시에 권력의 집중과 입헌주의의 일시적 정지로 말미암아 입헌주의 그 자체를 파괴할 위험을 초래하게 된다. 따라서 헌법에서 국가긴급권의 발동기준과 내용 그리고 그 한계에 관해서 상세히 규정함으로써 **그 남용 또는 악용의 소지를 줄이고** 심지어는 국가긴급권의 **과잉행사 때는 저항권을 인정하는 등 필요한 제동장치**도 함께 마련해 두는 것이 현대의 민주적인 헌법국가의 일반적인 태도이다(헌재 1994.6.30. 92헌가18).

⑤ (o) 헌재 1994.6.30. 92헌가18. [해 답] ①

6. 계엄선포와 영장주의에 관한 설명 중 옳지 않은 것은? (다툼이 있는 경우 판례에 의함)

① 영장을 필요로 하지 않는 수사기관의 피의자에 대한 구속, 압수, 수색의 근거규정인 법률조항의 위헌성 여부는 이러한 구체적인 적용영역에서 수사기관의 권한남용 등을 방지하기 위한 헌법적 특별규정인 헌법 제12조 제3항 소정의 영장주의에 합치되는지 여부에 달려 있다.

② 계엄선포와 그 해제 전후에 수사기관이 법관에 의한 구체적 판단을 전혀 거치지 않고서도 임의로 불특정한 기간 동안 피의자에 대한 구속 등 강제처분을 할 수 있도록 하고 있는 등으로 형식적으로 영장주의의 본질을 침해하였을지라도 그러한 특별법 조항의 입법목적과 그에 따른 입법자의 정책적 선택이 자의적이었는지 여부를 따져본 후에 위헌여부를 결정하여야 한다.

③ 영장주의를 완전히 배제하는 특별한 조치는 비상계엄에 준하는 국가비상사태에 있어서도 가급적 회피하여야 하고, 설사 그러한 조치가 허용된다고 하더라도 지극히 한시적으로 이루어져야 할 것이다.

④ 영장 없이 이루어진 수사기관의 강제처분에 대하여는 사후적으로 조속한 시간 내에 법관에 의한 심사가 이루어질 수 있는 장치가 마련되어야 할 것이다.

⑤ 수사기관의 피의자에 대한 강제처분에 관한 법률을 제정함에 있어서 입법자는 헌법적 특별규정인 헌법 제12조 제3항을 준수하는 범위 내에서 우리 사회의 법현실, 수사관행, 수사기관과 국민의 법의식수준 등을 종합적으로 검토한 다음 구체적 사정에 따라서 다양한 정책적인 선택을 할 수 있다.

해설

① (o) 헌재 2003.12.18. 2002헌마593.

② (x) 국가보안법위반죄 등 일부 범죄혐의자를 법관의 영장 없이 구속, 압수, 수색할 수 있도록 규정하고 있던 구 '인신구속 등에 관한 임시 특례법' 조항은 수사기관이 법관에 의하여 발부된 영장 없이 일부 범죄 혐의자에 대하여 구속 등 강제처분을 할 수

있도록 규정하고 있을 뿐만 아니라, 그와 같이 영장 없이 이루어진 강제처분에 대하여 일정 한 기간 내에 법관에 의한 사후영장을 발부받도록 하는 규정도 마련하지 아니함으로써, 수사 기관이 법관에 의한 구체적 판단을 전혀 거치지 않고서도 임의로 불특정한 기간 동안 피의자 에 대한 구속 등 강제처분을 할 수 있도록 하고 있는바, 이는 이 사건 법률조항의 **입법목적과 그에 따른 입법자의 정책적 선택이 자의적이었는지 여부를 따질 필요도 없이 형식적으로 영장 주의의 본질을 침해한다**고 하지 않을 수 없다(헌재 2012.12.27. 2011헌가5).

③ (o) 헌재 2012.12.27. 2011헌가5.

④ (o) 헌재 2012.12.27. 2011헌가5.

⑤ (o) 헌재 2003.12.18. 2002헌마593; 다만 이러한 입법형성권을 남용하거나 그 범위를 현저 하게 일탈하여 당사자들의 기본권을 침해하게 된 경우에는 관련 법률들이 '자의금지원칙'에 위배되어 헌법에 위반된다고 보아야 한다(헌재 2003.12.18. 2002헌마593). [해 답] ②

7. 대통령의 계엄선포와 사법심사에 관한 설명 중 옳지 않은 것은? (다툼이 있는 경우 판례에 의함)

① 대통령이 재량으로 비상계엄을 선포함이 상당하다는 판단 밑에 이를 선포하였을 경우, 그 행위는 고도의 정치적·군사적 성격을 띠는 행위라고 할 것이어서, 그 선포의 당, 부당을 판단할 권한과 같은 것은 헌법상 계엄의 해제 요구권이 있는 국회만이 가지고 있다고 할 것이다.

② 대통령의 비상계엄의 선포나 확대 행위는 고도의 정치적·군사적 성격을 지니고 있는 행위로서 통치행위에 해당된다.

③ 비상계엄지역 내에서 재판하는 경우에는 그 범행자가 군인, 군속이건 아니건 간에 또 그 범행일시가 비상계엄선포의 전이건 후이건 간에 모두 군법회의가 그 재판권을 행사함을 원칙으로 한다는 것을 규정한 것은 소급입법금지의 원칙에 위배된다고 할 수 없다.

④ 사법기관인 법원은 비상계엄의 선포가 국헌문란을 달성하기 위하여 행하여진 경우에도 그 계엄선포 행위에 대하여 사법심사를 할 수 없다.

⑤ 계엄선포 행위가 위법하다는 이유로 이에 불복하기 위하여 저항하는 행위는 저항권에 기초한 정당한 행위라고 할 수 없다.

해설

① (o) 대법원 1979.12.7. 79초70.

② (o) 대법원 1997.4.17. 96도3376.

③ (o) 대법원 1979.12.7. 79초70.

④ (x) 대통령의 비상계엄의 선포나 확대 행위는 고도의 정치적·군사적 성격을 지니고 있는 행위라 할 것이므로, 그것이 누구에게도 일견하여 **헌법이나 법률에 위반되는 것으**

로서 명백하게 인정될 수 있는 등 특별한 사정이 있는 경우라면 몰라도, 그러하지 아니한 이상 그 계엄선포의 요건 구비 여부나 선포의 당·부당을 판단할 권한이 사법부에는 없다고 할 것이나, 비상계엄의 선포나 확대가 국헌문란의 목적을 달성하기 위하여 행하여진 경우에는 법원은 그 자체가 범죄행위에 해당하는지의 여부에 관하여 심사할 수 있다(대법원 1997.4.17. 96도3376). 여기서 대법원은 사법심사가 가능한 특별한 사정으로 **계엄선포가 당연 무효의 경우**(대법원 1979.12.7. 79초70), **국헌문란의 목적을 달성하기 위하여 행하여진 경우**를 들고 있다.

헌법재판소의 입장도 같다. 비록 고도의 정치적 결단에 의하여 행해지는 국가작용이라고 할지라도 그것이 **국민의 기본권 침해와 직접 관련되는 경우**에는 당연히 헌법재판소의 심판대상이 될 수 있는 것일 뿐만 아니라, 긴급재정경제명령은 법률의 효력을 갖는 것이므로 마땅히 헌법에 기속되어야 할 것이다. 따라서 이 사건 긴급명령이 통치행위이므로 헌법재판의 대상이 될 수 없다는 법무부장관의 주장은 받아들일 수 없다(헌재 1996.2.29. 93헌마186).

⑤ (o) 저항권은 초실정법적인 자연법질서 내의 권리주장으로서 그 개념자체가 막연할 뿐만 아니라 실정법을 근거로 국가사회의 법질서 위반여부를 판단하는 재판권 행사에 있어서는 적용될 수 없다(대법원 1980.8.26. 80도1278).

[해 답] ④

37 행정부

1. 행정부 조직에 관한 설명 중 옳지 않은 것을 모두 고른 것은? (다툼이 있는 경우 판례에 의함)

> ㉠ 헌법 제86조 제2항 "국무총리는 대통령을 보좌하며, 행정에 관하여 대통령의 명을 받아 행정각부를 통할한다"는 조항은 국무총리의 헌법상 주된 지위가 대통령의 보좌기관이라는 것과 그 보좌기관인 지위에서 행정에 관하여 "대통령의 명을 받아" 행정각부를 통할할 수 있다는 그 행정각부 통할권을 규정한 것이다.
> ㉡ 행정부의 조직은 감사원, 국가안전보장회의 등과 같이 헌법상 예외적으로 열거되어 있거나 대통령비서실, 대통령경호실과 같이 그 성질상 대통령직속기관으로 설치할 수 있는 것을 제외하고는 모두 국무총리의 통할을 받아야 하며, 그 통할을 받지 않는 행정기관은 법률에 의하더라도 이를 설치할 수 없다.
> ㉢ 정부의 구성단위로서 그 권한에 속하는 사항을 집행하는 모든 중앙행정기관은 곧 헌법 제86조 제2항 소정의 행정각부라고 할 수 있다.

ⓡ 헌법 제86조 제2항에서 "국무총리는 행정에 관하여 대통령의 명을 받아 행정각부를 통할한다"라고 규정하고 있을 뿐 그 "행정각부"가 무엇을 가리키는 것인지에 관하여는 헌법상 아무런 직접적 규정이 있음을 볼 수 없다.
ⓜ 기관이 관장하는 사무의 성질에 따라 국무총리가 대통령의 명을 받아 통할할 수 있는 기관으로 설치할 수도 있고 또는 대통령이 직접 통할하는 기관으로 설치할 수도 있다 할 것이다.
ⓑ 대통령 직속기관을 설치하는 경우에는 자유민주적 통치구조의 기본이념과 원리에 부합되어야 할 것이다.

① ㉠, ㉡　② ㉡, ㉢　③ ㉢, ㉤
④ ㉣, ㉥　⑤ ㉡, ㉤

해설

㉠ (o) 헌재 1994.4.28. 89헌마86.
㉡ (x) 행정부의 조직은 감사원, 국가안전보장회의 등과 같이 헌법상 예외적으로 열거되어 있거나 대통령비서실, 대통령경호실과 같이 그 성질상 대통령직속기관으로 설치할 수 있는 것을 제외하고는 모두 국무총리의 통할을 받아야 하며 **그 통할을 받지 않는 행정기관은 법률에 의하더라도 이를 설치할 수 없음을 의미한다고는 볼 수 없고** 이 점은 우리 헌법이 국무총리제도를 둔 이유에서 보아도 마찬가지이다(헌재 1994.4.28. 89헌마86).
㉢ (x) 입법권자는 헌법 제96조에 의하여 법률로써 행정을 담당하는 행정기관을 설치함에 있어 그 기관이 관장하는 사무의 성질에 따라 국무총리가 대통령의 명을 받아 통할할 수 있는 기관으로 설치할 수도 있고 또는 대통령이 직접 통할하는 기관으로 설치할 수도 있다 할 것이므로 헌법 제86조 제2항 및 제94조에서 말하는 **국무총리의 통할을 받는 행정각부는** 입법권자가 헌법 제96조의 위임을 받은 **정부조직법 제29조에 의하여 설치하는 행정각부만을 의미**한다고 할 것이다(헌재 1994.4.28. 89헌마221).
㉣ (o) 헌재 1994.4.28. 89헌마221; 헌법 제4장 제2절 제3관(행정각부)의 "행정각부"의 의의(意義)에 관하여 학설상으로는 정부의 구성단위로서 대통령 또는 국무총리의 통할하에 법률이 정하는 소관사무를 담당하는 중앙행정기관이라든가, 또는 대통령을 수반으로 하는 집행부의 구성단위로서 국무회의의 심의를 거쳐 대통령이 결정한 정책과 그 밖의 집행부의 권한에 속하는 사항을 집행하는 중앙행정기관이라는 등으로 일반적으로 설명되고 있다(헌재 1994.4.28. 89헌마221).
㉤ (o) 비록 국무총리가 헌법상의 정부의 제2인자인 지위에 있다고 하더라도 그 사실만으로 곧 국무총리의 통할을 받지 않는 행정기관은 법률에 의하더라도 이를 설치할 수 없다든가 또는 모든 행정기관은 헌법상 예외적으로 열거된 경우 등 이외에는 반드시 국무총리의 통할을 받아야 한다고는 볼 수 없고, 이는 그 기관이 관장하는 사무의 성질에 따라 국무총리가 대통령의 명을 받아 통할할 수 있는 기관으로 설치할 수도 있고 또는 대통령이 직접 통할하는 기관으로 설치할 수도 있다 할 것이다(헌재 1994.4.28. 89헌마86).
㉥ (o) 대통령이 이러한 직속기관을 설치하는 경우에도 자유민주적 통치구조의 기본이념과 원

리에 부합되어야 할 것인데 그 최소한의 기준으로서 ⓐ 우선 그 설치·조직·직무범위 등에 관하여 법률의 형식에 의하여야 하고, ⓑ 그 내용에 있어서도 목적·기능 등이 헌법에 적합하여야 하며, ⓒ 모든 권한이 기본권적 가치실현을 위하여 행사되도록 제도화하는 한편, ⓓ 권한의 남용 내지 악용이 최대 억제되도록 합리적이고 효율적인 통제장치가 있어야 할 것이다(헌재 1994.4.28. 89헌마221). 대통령의 직속기관으로서 헌법상 기관이나 국가정보원과 같은 특수한 기관이 아닌 일반적 행정업무를 취급하는 기관을 설치하는 것은 헌법상 국무총리제도나 국무위원제도의 본질에 어긋난다는 지적도 있다. [해 답] ②

2. 행정부 조직에 관한 설명 중 옳지 않은 것은? (다툼이 있는 경우 판례에 의함)

① 국무회의의 의결은 국가기관의 내부적 의사결정행위에 불과하여 그 자체로 국민에 대하여 직접적인 법률효과를 발생시키는 행위가 아니므로 헌법재판소법 제68조 제1항에서 말하는 공권력의 행사에 해당하지 아니한다.

② 국무회의에서 대통령이나 국무총리는 국무위원이 행정각부의 장을 겸하고 있는 경우에는 해당 안건과 관련하여 지시를 하거나 명령할 수 있다.

③ 국무회의는 심의기관이기 때문에 대통령은 그 심의 결과에 구속되는 것은 아니다.

④ 대통령이 헌법상 필수적 국무회의 심의사항에 대하여 심의를 거치지 않은 국법상 행위의 효력에 관하여 무효라는 견해와 유효하지만 탄핵소추의 대상이 된다는 견해가 있다.

⑤ 국무회의는 서로 동등한 권한을 가진 국무총리와 국무위원들이 안건을 심의한다는 점에서 회의제기관이다.

해설

① (o) 헌재 2003.12.18. 2003헌마225.

② (x) 국무회의는 정부의 권한에 속하는 중요한 정책을 심의한다(헌법 88①). 그러므로 국무회의는 그 구성원이 동등한 지위에서 동등한 권한을 가지고 안건을 심의하기 때문에 대통령이나 국무총리는 행정각부의 장을 겸하고 있는 국무위원에게 지시하거나 명령할 수 없고 오로지 안건의 심의만을 하여야 한다.

③ (o) 국무회의는 의결기관이 아니고 심의기관에 불과하므로 대통령은 국무회의의 심의 결과에 구속되지 않는다.

④ (o) 국무회의 심의사항인 헌법 제89조에 열거된 사항은 필수적으로 국무회의의 심의를 거쳐야 하는데, 대통령이 이를 거치지 않고 국법상 행위를 한 경우에는 무효라는 견해, 유효하지만 적법한 행위가 아니므로 탄핵소추의 대상이라는 견해 등이 있다.

⑤ (o) 국무회의는 독립된 합의제회의기관이며, 독임제기관은 아니다. [해 답] ②

38 공무원제도

1. 공무원제도에 관한 설명 중 옳지 않은 것은? (다툼이 있는 경우 판례에 의함)

① 사실상 노무에 종사하는 공무원에 대하여서만 근로3권을 보장하고 그 이외의 공무원들에 대하여는 근로3권의 행사를 제한함으로써 일반 근로자 또는 사실상 노무에 종사하는 공무원의 경우와 달리 취급하는 것은 헌법 제33조 제2항에 그 근거를 두고 있을 뿐만 아니라 헌법 제11조 제1항에서 정한 평등의 원칙에 위반되는 것이 아니다.

② 1980년 해직공무원의 보상등에 관한 특별조치법 제4조에서 1980년도 해직공무원 중 5급 이상의 공무원을 특별채용의 대상에서 제외한 것은 합리적 근거가 없이 그 대상 공무원을 차별하여 평등권을 침해한 것이다.

③ 공무원 관계법률은 정무직 등의 특별한 공무원이 아닌 한 공무원의 신분을 정권교체 등 외부의 영향을 받지 아니하게끔, 어떤 경우에도 정당한 이유와 적법한 절차에 따르지 아니하고는 그 의사에 반하여 해임 등의 불이익처분을 당하지 아니하도록 하는 등 두텁게 보장하고 있다.

④ 공무원은 국민전체에 대한 봉사자이며, 그 담당직무의 성질이 공공성·공정성·성실성 및 중립성이 보장되어야 한다는 특수한 사정이 있으므로 이러한 사정을 고려하여, 전체국민의 합의를 바탕으로 입법권자의 구체적인 입법에 의하여 공적이고 객관적인 질서에 이바지하는 공무원제도를 보장·보호하여야 한다.

⑤ 공무원이란 직접 또는 간접적으로 국민에 의하여 선출 또는 임용되어 국가나 공공단체와 공법상의 근무관계를 맺고 공공적 업무를 담당하고 있는 사람들을 가리킨다고 할 수 있다.

해설 ① (o) 헌재 1992.4.28. 90헌바27; 국가공무원법 제66조 제1항이 근로3권이 보장되는 공무원의 범위를 사실상 노무에 종사하는 공무원에 한정하고 있는 것은 근로3권의 향유주체가 될 수 있는 공무원의 범위를 정하도록 하기 위하여 헌법 제33조 제2항이 입법권자에게 부여하고 있는 형성적 재량권의 범위를 벗어난 것이라고는 볼 수 없다(헌재 1992.4.28. 90헌바27).

② (x) 1980년 해직공무원(解職公務員)의 보상등에 관한 특별조치법 제4조에서 동법 소정의

해직공무원 중 특별채용대상을 6급 이하의 공무원에 한정시킴으로써 5급 이상의 해직공무원을 특별채용대상에서 제외한 것은 공무원 사회의 위계질서와 지휘명령체계를 확립하고 아울러 공직사회의 인적자원의 신진대사와 활성화를 위하여 공익상 부득이한 것이라고 할 것이고, 그들에 대한 보상방법은 원직급(原職級)에의 복귀 이외의 방법이 될 수밖에 없다고 할 것이므로, 이는 나름대로 합리적인 이유가 있는 것으로서 입법자의 형성재량 범위 내의 문제일 뿐 헌법위반이라고까지 단정하기는 어렵다(헌재 1993.9.27. 92헌바21).

③ (o) 헌재 1992.4.28. 90헌바27.

④ (o) 헌재 1992.4.28. 90헌바27.

⑤ (o) 헌재 1992.4.28. 90헌바27; 공무원의 개념은 국가 또는 공공단체와 공법상 이른바 특별권력관계 즉 협의의 공법상 근무관계를 담당하고 있는 기관 구성원을 의미하는 것이라고 할 수 있으며 직업공무원이 여기에 속한다고 할 수 있다(헌재 1993.9.27. 92헌바21). [해 답] ②

2. 공무원제도에 관한 설명 중 옳지 않은 것은? (다툼이 있는 경우 판례에 의함)

① 헌법 제7조 제2항에서 공무원의 신분과 정치적 중립성을 법률로써 보장할 것을 규정하고 있는 것은 공무원이 정치과정에서 승리한 정당원에 의하여 충원되는 엽관제를 지양하고, 정권교체에 따른 국가작용의 중단과 혼란을 예방하며 일관성 있는 공무수행의 독자성과 영속성을 유지하기 위하여 공직구조에 관한 제도적 보장으로서의 직업공무원제도를 마련해야 한다는 것이다.

② 헌법 제7조는 “공무원은 국민전체에 대한 봉사자이며, 국민에 대하여 책임을 진다. 공무원의 신분과 정치적 중립성은 법률이 정하는 바에 의하여 보장된다”라고 규정하는데, 국가공무원법 제68조는 “공무원은 형의 선고, 징계처분 또는 이 법에 정하는 사유에 의하지 아니하고는 그 의사에 반하여 휴직, 강임 또는 면직을 당하지 아니한다. 다만 1급 공무원은 그러하지 아니하다”고 규정하여 헌법의 위 조항을 법률로써 구체화하고 있다.

③ 헌법 제7조는 공무원의 공무수행의 독자성과 영속성을 유지하기 위하여 공직구조에 대하여 제도적 보장으로서의 직업공무원제도를 마련하도록 규정하고 있다.

④ 지방자치단체장의 계속 재임을 3기로 제한한 지방자치법 제87조 제1항은 그 시행과 동시에 지방자치단체장들의 기본권을 침해하는 것이다.

⑤ 금고 이상의 형의 선고유예를 받은 경우에는 공무원직에서 당연히 퇴직하는 것으로 규정한 국가공무원법 제69조 중 제33조 제1항 제5호 부분은 과잉금지원칙에 위배하여 헌법 제25조의 공무담임권을 침해하는 위헌조항이다.

해설 ① (o) 헌재 1997.4.24. 95헌바48.
② (o) 헌재 1997.4.24. 95헌바48.
③ (o) 직업공무원제도는 바로 헌법이 보장하는 제도적 보장 중의 하나임이 분명하므로 입법자는 직업공무원제도에 관하여 **'최소한 보장'의 원칙의 한계 안에서** 폭넓은 입법형성의 자유를 가진다(헌재 1997.4.24. 95헌바48).
④ (x) 지방자치단체장의 계속 재임을 3기로 제한한 지방자치법 제87조 제1항은 그 시행과 동시에 지방자치단체장들의 기본권을 침해하는 것이 아니다. 법률 시행 후 지방자치단체장들이 **3기 초과 연임을 하고자 하는 경우**에 비로소 기본권 침해가 구체적으로 현실화된다. 지방자치단체장의 계속 재임을 3기로 제한한 규정의 입법취지는 장기집권으로 인한 지역발전저해 방지와 유능한 인사의 자치단체장 진출확대로 대별할 수 있는바, 그 목적의 정당성, 방법의 적절성, 피해의 최소성, 법익의 균형성이 충족되므로 헌법에 위반되지 아니한다(헌재 2006.2.23. 2005헌마403).
⑤ (o) 헌법 제25조는 "모든 국민은 법률이 정하는 바에 의하여 공무담임권을 가진다"고 하여 공무담임권을 보장하고 있다. 공무담임권의 보호영역에는 **공직취임의 기회의 자의적인 배제뿐 아니라, 공무원 신분의 부당한 박탈도 포함**되는 것이다. 국가공무원법 제69조 중 제33조 제1항 제5호는 금고 이상의 선고유예의 판결을 받은 모든 범죄를 포괄하여 규정하고 있을 뿐 아니라, 심지어 오늘날 누구에게나 위험이 상존하는 교통사고 관련 범죄 등 과실범의 경우마저 당연퇴직의 사유에서 제외하지 않고 있으므로 최소침해성의 원칙에 반한다. 따라서 이 사건 법률조항은 과잉금지원칙에 위배하여 공무담임권을 침해하는 조항이라고 할 것이다(헌재 2003.10.30. 2002헌마684).
[해 답] ④

3. 공무원의 정치활동의 제한에 관한 설명 중 옳지 않은 것은? (다툼이 있는 경우 판례에 의함)

① 공직선거법 제86조 제1항 제2호의 '공무원이 선거운동의 기획에 참여하거나 그 기획의 실시에 관여하는 행위' 부분을 '공무원의 지위를 이용하지 아니한 행위'에까지 적용하는 한 헌법에 위반된다.

② 국회의원과 지방의회의원 및 지방자치단체의 장은 선거에서의 정치적 중립의무가 요구되지 않으므로 선거운동이 금지되는 주체에서도 제외된다.

③ 공무원의 투표권유운동 및 기부금모집을 금지하고 있는 국가공무원법(2008. 3. 28. 법률 제8996호로 개정된 것) 제65조 제2항 제1호 및 제4호가 과잉금지원칙을 위배하여 선거운동의 자유 및 정치적 의사 표현의 자유를 침해하는 것은 아니다.

④ 민주주의 국가에서 공무원 특히 대통령의 선거중립으로 인하여 얻게 될 '선거의 공정성'은 매우 크고 중요한 반면, 대통령이 감수하여야 할 '표현의 자유 제한'은 상당히 한정적이므로, 공무원의 중립의무를 규정한 공직선거법 제9조 제1항은 법익의 균형성도 갖추었다 할 것이고, 결국 이 사건 법률조항이 과잉금지원칙에 위배되어 청구인의 정치적 표현의 자유를 침해하는 것으로 볼 수 없다.

⑤ '국가공무원 복무규정' 및 '지방공무원 복무규정'은 국가 또는 지방자치단체의 정책에 대한 공무원의 집단적인 반대·방해 행위를 금지하고 있는데, 이는 국가공무원법 제65조상 공무원에게 금지되는 정치적 행위를 보다 구체화한 것이라 할 수 있으므로, 법률유보원칙에 위배되지 아니한다.

해설

① (o) 헌재 2008.5.29. 2006헌마1096; 이 사건 법률조항은 공무원의 정치적 표현의 자유를 침해하나, 다만 위와 같은 위헌성은 공무원이 '그 지위를 이용하여' 하는 선거운동의 기획행위 외에 사적인 지위에서 하는 선거운동의 기획행위까지 포괄적으로 금지하는 것에서 비롯된 것이므로, 이 사건 법률조항은 공무원의 지위를 이용하지 아니한 행위에까지 적용하는 한 헌법에 위반된다(헌재 2008.5.29. 2006헌마1096).

② (x) 국회의원과 지방의회의원은 선거에서의 정치적 중립의무가 요구되지 않으므로 선거운동이 금지되는 주체에서도 제외되나, **지방자치단체장은 선거에서의 정치적 중립성이 엄격히 요구됨에 따라 선거운동이 금지된다**. 이 사건 법률조항에서 국회의원과 지방의회의원을 선거에 영향을 미치는 행위가 금지되는 주체에서 제외하면서 지방자치단체장을 제외하지 않은 것은 선거에서 정치적 중립의무가 요구되는 정도에 따른 것이므로 합리적인 근거 없는 차별로서 평등원칙에 위배된다고 볼 수 없다(헌재 2005.6.30. 2004헌바33).

③ (o) 헌재 2012.7.26. 2009헌바298; 이 사건 국가공무원법 조항들은 **공무원의 정치적 중립성에 정면으로 반하는 행위를 금지함으로써 선거의 공정성과 형평성을 확보하고 공무원의 정치적 중립성을 보장하기 위한 것**인바, 그 입법목적이 정당할 뿐 아니라 방법이 적절하고, 공무원이 국가사무를 담당하며 국민의 이익을 위하여 존재하는 이상 그 직급이나 직렬 등에 상관없이 공무원의 정치운동을 금지하는 것이 부득이하고 불가피하며, 법익 균형성도 갖추었다고 할 것이므로, 과잉금지원칙을 위배하여 선거운동의 자유 및 정치적 의사표현의 자유를 침해한다고 볼 수 없다(헌재 2012.7.26. 2009헌바298).

④ (o) 헌재 2008.1.17. 2007헌마700; 대통령은 국정의 책임자이자 행정부의 수반이므로 공명선거에 대한 궁극적 책무를 지고 있고, 공무원들은 최종적인 인사권과 지휘감독권을 갖고 있는 대통령의 정치적 성향을 의식하지 않을 수 없으므로 대통령의 선거개입은 선거의 공정을 해칠 우려가 높다. 이에 반하여 **국회의원이나 지방의회의원은 공무원의 선거관리에 영향을 미칠 가능성이 높지 않고,** 국회의원은 국회의 구성원임과 동시에 정당소속원으로서 선거에 직접 참여하는 당사자가 될 수도 있고, 복수정당제나 자유선거의 원칙을 실현하기 위하여 정책홍보 등 광범위한 선거운동의 주체가 될 필요도 있으므로 선거에서의 중립성을 요구하는 것이 적절하지 않다(헌재 2008.1.17. 2007헌마700).

⑤ (o) 헌재 2012.5.31. 2009헌마705; 위 규정들은 **공무원이 개인적·개별적으로 비공무원이 주도하는 집단적 행위에 참가하는 것은 허용**한다고 해석되며, 국가 또는 지방자치단체의 정책에 대한 반대·방해 행위가 일회적이고 우연한 것인지 혹은 계속적이고 계획적인 것인지 등을 묻지 아니하고 금지하는 것으로 해석되므로, 명확성원칙에 위배되지 아니한다(헌재 2012.5.31. 2009헌마705). '국가공무원 복무규정' 제8조의2 제2항 및 '지방공무원 복무규정' 제1조의3 제2항은 **공무원의 직무 수행 중 정치적 주장을 표시·상징하는 복장 등 착용행위를 금지**하고 있는바, 이는 국가공무원법 제65조 및 제67조의 위임을 받은 것이고 그 **위임의 범위를 넘지 않**

았으므로 법률유보원칙에 위배되지 아니한다(헌재 2012.5.31. 2009헌마705). [해 답] ②

39 지방자치제도

1. 지방자치제도에 관한 설명 중 옳지 않은 것은? (다툼이 있는 경우 판례에 의함)

① 국가가 영토고권을 가지는 것과 마찬가지로, 지방자치단체에게 자신의 관할구역 내에 속하는 영토, 영해, 영공을 자유로이 관리하고 관할구역 내의 사람과 물건을 독점적, 배타적으로 지배할 수 있는 권리가 부여되어 있다.

② 지방자치단체의 구역은 주민·자치권과 함께 지방자치단체의 구성요소이며, 자치권을 행사할 수 있는 장소적 범위를 말하며, 다른 지방자치단체와의 관할범위를 명확하게 구분해준다.

③ 헌법 제117조, 제118조가 제도적으로 보장하고 있는 지방자치의 본질적 내용은 '자치단체의 보장, 자치기능의 보장 및 자치사무의 보장'이라고 할 것이다.

④ 어느 지방자치단체가 조례로 그 관할구역 내의 행정동 명칭 변경에 관한 권한을 행사한 것이 그 자체로서 다른 지방자치단체의 관할구역 내의 행정동 명칭에 관한 권한을 침해한다고 보기는 어렵다.

⑤ 헌법은 제117조 제1항에서 지방자치단체의 권한으로 '주민의 복리사무처리', '재산관리' 및 '자치입법권'에 관하여 명시하고 있고, 일반적으로 지방자치단체의 자치권한에는 자치조직권, 자치인사권, 자치행정권, 자치재정권, 자치입법권 등이 포함되는 것으로 이해되고 있다.

해설

① (x) 헌법 제117조, 제118조가 제도적으로 보장하고 있는 지방자치의 본질적 내용은 '자치단체의 보장, 자치기능의 보장 및 자치사무의 보장'이라고 할 것이나, 지방자치제도의 보장은 **지방자치단체에 의한 자치행정을 일반적으로 보장한다는 것뿐이고 특정자치단체의 존속을 보장한다는 것은 아니므로,** 마치 국가가 영토고권을 가지는 것과 마찬가지로, 지방자치단체에게 자신의 관할구역 내에 속하는 영토, 영해, 영공을 자유로이 관리하고 관할구역 내의 사람과 물건을 독점적, 배타적으로 지배할 수 있는 권리가 부여되어 있다고 할 수는 없다(헌재 2006.3.30. 2003헌라2).

② (o) 헌재 2004.9.23. 2000헌라2; 헌법 제117조 제1항에서 보장하고 있는 지방자치단체의 지방자치권에는 자신의 구역 내에서 자신의 자치권을 행사할 수 있는 권한이 포함된다.

③ (o) 헌재 1994.12.29. 94헌마201.
④ (o) 헌재 2009.11.26. 2008헌라3.
⑤ (o) 헌재 2008.3.27. 2006헌라1. [해 답] ①

2. 지방자치와 관련된 설명 중 옳지 않은 것은? (다툼이 있는 경우 판례에 의함)
① 지방자치가 진실로 민주정치의 발전에 기여할 수 있기 위하여서는 우선 무엇보다도 지방의회의 구성이 당해 지역주민 각계각층의 의견이 민주적이고도 합리적으로 수렴된 유루(遺漏)없는 합의에 의하여 이루어질 수 있도록 제도화되어야 한다.
② 지방자치는 1948년 헌법에 도입된 후 1991년에 최초로 지방의회가 구성되기에 이르렀다.
③ 다른 행정기관의 장이나 일반 공무원과 달리 지방자치단체의 장에 대하여만 권한대행사유를 두더라도 거기에는 합리적 이유가 있다 할 것이므로 평등원칙에 위반된다고 할 수 없다.
④ 지방자치법은 지방의회와 지방자치단체의 장에게 독자적 권한을 부여하고 상호견제와 균형을 이루도록 하고 있으므로, 지방의회는 법률에 특별한 규정이 없는 한 견제의 범위를 넘어서 상대방의 고유권한을 침해하는 내용의 조례를 제정할 수 없다.
⑤ 주민의 권리제한 또는 의무부과에 관한 사항이나 벌칙에 해당하는 조례를 제정할 경우에는 그 조례의 성질을 묻지 아니하고 법률의 위임이 있어야 하고, 그러한 위임 없이 제정된 조례는 효력이 없다.

해설

① (o) 헌재 1991.3.11. 91헌마21.
② (x) 1948년 헌법에 지방자치가 최초로 규정되었으며, **1952년에 처음으로 지방의회가 구성되었다**. 그 후 1961년 군사정부 하에서 지방의회가 해산되었으며, 1972년 헌법에서는 '지방의회의 구성을 조국의 통일시까지 유예한다'는 규정을 두었다. 1987년 헌법하에서 1991년 다시 지방의회가 구성되었고, 1995.6.29. 지방자치단체장의 선거가 실시된 후 오늘에 이르고 있다.
③ (o) 헌재 2005.5.26. 2002헌마699; 국회의원 또는 다른 행정기관의 장에 대하여는 "금고 이상의 형의 선고를 받은 경우 부단체장으로 하여금 그 권한을 대행하도록 한 지방자치법 제101조의2 제1항 제3호"와 같은 제도를 두고 있지 않으면서 지방자치단체의 장에 대하여만 위 법률조항과 같은 규정을 두는 것은 합리적 이유없이 지방자치단체의 장을 차별하는 것은 아니다(헌재 2005.5.26. 2002헌마699).
④ (o) 대법원 2007.2.9. 2006추45.

⑤ (o) 대법원 2007.12.13. 2006추52; 지방자치단체는 그 고유사무인 **자치사무**와 개별법령에 의하여 지방자치단체에 위임된 **단체위임사무에 관하여 자치조례를 제정**할 수 있지만 그 경우라도 주민의 권리제한 또는 의무부과에 관한 사항이나 벌칙은 법률의 위임이 있어야 하며, **기관위임사무에 관하여 제정되는 이른바 위임조례는 개별법령에서 일정한 사항을 조례로 정하도록 위임하고 있는 경우에 한하여 제정**할 수 있으므로, 주민의 권리제한 또는 의무부과에 관한 사항이나 벌칙에 해당하는 조례를 제정할 경우에는 그 조례의 성질을 묻지 아니하고 법률의 위임이 있어야 하고 그러한 위임 없이 제정된 조례는 효력이 없다(대법원 2007.12.13. 2006추52).

[해 답] ②

3. 지방자치단체의 조례와 관련된 설명 중 옳지 않은 것은? (다툼이 있는 경우 판례에 의함)

① 조례는 지방자치단체가 그 자치입법권에 근거하여 자주적으로 지방의회의 의결을 거쳐 제정한 법규이기 때문에 조례 자체로 인하여 기본권을 침해받은 자는 그 권리구제의 수단으로서 조례에 대한 헌법소원을 제기할 수 있다고 할 것이다.

② 조례안재의결 무효확인소송에서의 심리대상은 지방의회에 재의를 요구할 당시 이의사항으로 지적되어 재의결에서 심의의 대상이 된 것에 국한된다.

③ 조례에 대한 법률의 위임은 법규명령에 대한 법률의 위임과 같이 반드시 구체적으로 범위를 정하여 할 필요가 있으며 포괄적인 위임은 금지되고 있다.

④ 지방자치단체가 조례를 제정함에 있어 그 내용이 주민의 권리제한 또는 의무부과에 관한 사항이나 벌칙인 경우에는 법률의 위임이 있어야 하므로, 법률의 위임 없이 주민의 권리제한 또는 의무부과에 관한 사항을 정한 조례는 효력이 없다.

⑤ 영유아보육법이 보육시설 종사자의 정년에 관한 규정을 두거나 이를 지방자치단체의 조례에 위임한다는 규정을 두고 있지 않음에도 보육시설 종사자의 정년을 규정한 '서울특별시 중구 영유아 보육조례 일부개정조례안' 제17조 제3항은, 법률의 위임 없이 헌법이 보장하는 직업을 선택하여 수행할 권리의 제한에 관한 사항을 정한 것이어서 그 효력을 인정할 수 없으므로, 위 조례안에 대한 재의결은 무효이다.

해설

① (o) 헌재 1994.12.29. 92헌마216.

② (o) 대법원 2007.12.13. 2006추52.

③ (x) 조례의 제정권자인 지방의회는 선거를 통해서 그 지역적인 민주적 정당성을 지니고 있는 주민의 대표기관이고, 헌법이 지방자치단체에 대해 포괄적인 자치권을 보장하고 있는 취지로 볼 때 조례제정권에 대한 지나친 제약은 바람직하지 않으므로 **조례에 대한 법률의 위임은 법규명령에 대한 법률의 위임과 같이 반드시 구체적으로 범위를 정하여 할 필요**

가 없으며 포괄적인 것으로 족하다고 할 것이다(헌재 1995.4.20. 92헌마264).

법률이 주민의 권리의무에 관한 사항에 관하여 **구체적으로 아무런 범위도 정하지 아니한 채 조례로 정하도록 포괄적으로 위임하였다고 하더라도**, 행정관청의 명령과는 달라, 조례도 주민의 대표기관인 지방의회의 의결로 제정되는 지방자치단체의 자주법인 만큼, 지방자치단체가 **법령에 위반되지 않는 범위 내에서** 주민의 권리의무에 관한 사항을 조례로 제정할 수 있는 것이다(대법원 1991.8.27. 90누6613).

④ (o) 대법원 2012.11.22. 2010두19270.

⑤ (o) 대법원 2009.5.28. 2007추134. [해 답] ③

40 법 원

1. 법원의 재판과 관련된 설명 중 옳지 않은 것은? (다툼이 있는 경우 판례에 의함)

① 법관은 헌법과 법률에 의하여 독립하여 심판한다는 뜻은 법관은 법률, 명령 기타 적법하게 제정공포된 법령 기타 규칙, 조례 등에 의하여 독립하여 재판하는 것이고 개개의 사건에 관하여 여하한 훈령에 의하여 재판하지 않는다는 뜻으로 해석한다.

② 헌법 제27조 제1항 소정의 재판청구권이 곧바로 모든 사건에서 상고심 또는 대법원의 재판을 받을 권리를 인정하는 것이라고 보기는 어렵다.

③ 검사가 어느 고소사건의 수사를 현저히 소홀히 하는 등 잘못 다룬 끝에 불기소처분하였다면 이는 검사가 검찰권의 행사에 있어 그 고소인을 차별대우하여 평등권을 침해하고 또한 재판절차 진술권을 침해한 것이라고 할 수 있으므로, 검사의 불기소처분에 대하여는 고소인은 당연히 헌법소원을 청구할 수 있다고 보아야 할 것이다.

④ 재심대상판결에서 판시한 법률 등의 해석적용에 관한 의견이 그 전에 선고된 대법원판결에서 판시한 의견을 변경하는 것임에도 대법관 전원의 3분의 2에 미달하는 대법관만으로 구성된 부에서 재심대상판결을 심판하였다면, 이는 민사소송법 제451조 제1항 제1호의 '법률에 의하여 판결법원을 구성하지 아니한 때'의 재심사유에 해당한다.

⑤ 법원은 헌법과 법률에 의하여 심판하지만, 추계결정에 따른 인정상여 소득의 귀속대표자에 관한 재무부장관의 질의응답 내용에 어긋나는 판결을 하는 것은 위법하다고 할 수 있다.

해설 ① (o) 대법원 1963.5.15. 63도103.

② (o) 헌재 1992.6.26. 90헌바25; 그렇다고 하여 형사재판에서 피고인이 중죄를 범한 중죄인이라거나 외국에 도피 중이라는 이유만으로 상소의 제기 또는 상소권회복청구를 전면 봉쇄하는 것은 재판청구권의 침해임에 틀림이 없다고 보아야 할 것이다(헌재 1993.7.29. 90헌바35).

③ (o) 범죄의 피해자인 고소인은 헌법 제11조 제1항에서 보장된 모든 국민의 평등권에 의하여 국가기관인 검사에 대하여 차별없는 성실한 직무수행을 요구할 권리와 헌법 제27조 제5항에서 보장된 재판절차 진술권이 있으므로 검사가 어느 고소사건을, 수사를 현저히 소홀히 하는 등 잘못 다룬 끝에 불기소처분하였다면 이는 검사가 검찰권의 행사에 있어 그 고소인을 차별대우하여 평등권을 침해하고 또한 재판절차 진술권을 침해한 것이라고 아니할 수 없을 것이므로 이러한 검사의 불기소처분에 대하여는 고소인은 당연히 헌법소원을 청구할 수 있다고 보아야 할 것이다(헌재 1989.4.17. 선고 88헌마3).

④ (o) 대법원 2011.7.21. 2011재다199.

⑤ (x) 법원은 헌법과 법률에 의하여 심판할 뿐 **행정관서 간의 질의응답 등에 기속받는 것이 아니므로** 원심판시 내용이 설사 추계결정에 따른 인정상여 소득의 귀속대표자에 관한 재무부장관의 질의응답 내용에 어긋나는 것이라고 하더라도 이를 들어 위법이라 할 수 없다(대법원 1983.2.22. 82누252).

[해 답] ⑤

2. 법원의 재판과 관련된 설명 중 옳지 않은 것은? (다툼이 있는 경우 판례에 의함)

① 공정한 재판이란 헌법과 법률이 정한 자격이 있고, 헌법 제104조 내지 제106조에 정한 절차에 의하여 임명되고 신분이 보장되어 독립하여 심판하는 법관으로부터 헌법과 법률에 의하여 그 양심에 따라 위에서 본 적법절차에 의하여 이루어지는 재판을 의미한다.

② 사법의 본질은 법 또는 권리에 관한 다툼이 있거나 법이 침해된 경우에 독립적인 법원이 원칙적으로 직접 조사한 증거를 통한 객관적 사실인정을 바탕으로 법을 해석·적용하여 유권적인 판단을 내리는 작용이라 할 것이다.

③ 중형에 해당되는 사건에서 피고인이 자신을 방어하기 위해 변호인도 출석시킬 수 없고, 증거조사도 없이 실형을 선고받는 것은 공격·방어의 기회를 원천적으로 봉쇄당하는 것이므로 적법절차의 원칙에 반하고, 특조법의 입법목적 달성에 필요한 최소한도의 범위 이상으로 재판청구권을 침해하는 것이다.

④ 입법자가 법원으로 하여금 증거조사도 하지 말고 형을 선고하도록 하는 법률을 제정한 것이 헌법이 정한 입법권의 한계를 유월하여 사법작용의 영역을 침범한 것이라고 할 수는 없다.

⑤ 법관은 법관 하나 하나가 법을 선언·판단하는 독립된 기관이며, 그에 따라 사법

권의 독립을 위하여 헌법에 의하여 그 신분을 고도로 보장받고 있다. 따라서 법관의 정년을 직위에 따라 순차적으로 규정한 것은 평등권을 침해한 것이 아니다.

해설

① (o) 헌재 1996.1.25. 95헌가5.
② (o) 헌재 1996.1.25. 95헌가5.
③ (o) 헌재 1996.1.25. 95헌가5.
④ (x) 우리 헌법은 권력 상호간의 견제와 균형을 위하여 명시적으로 규정한 예외를 제외하고는 입법부에게 사법작용을 수행할 권한을 부여하지 않고 있다. 그런데도 **입법자가 법원으로 하여금 증거조사도 하지 말고 형을 선고하도록 하는 법률을 제정한 것은 헌법이 정한 입법권의 한계를 유월하여 사법작용의 영역을 침범한 것**이라고 할 것이다. 따라서 특조법 제7조 제7항 본문이 궐석한 피고인은 변호인 또는 보조인도 공판절차에 출석시킬 수 없고, 법원은 최초의 공판기일에 공소사실의 요지와 검사의 의견만을 듣고 증거조사도 없이 결심하여 피고인에 대한 형을 선고하도록 규정한 것은 사법권의 법원에의 귀속을 명시한 헌법 제101조 제1항에도 위반된다(헌재 1996.1.25. 95헌가5).
⑤ (o) 헌재 2002.10.31. 2001헌마557; **법관의 정년을 규정하고 있는 법원조직법 제45조 제4항은** 법관의 정년을 직위에 따라 대법원장 70세, 대법관 65세, 그 이외의 법관 63세로 하여 법관 사이에 약간의 차이를 두고 있는 것으로, **헌법 제11조 제1항에서 금지하고 있는 차별의 요소인 '성별', '종교' 또는 '사회적 신분' 그 어디에도 해당되지 아니할 뿐만 아니라,** 그로 인하여 어떠한 사회적 특수계급제도를 설정하는 것도 아니고, 그와 같이 법관의 정년을 직위에 따라 순차적으로 낮게 차등하게 설정한 것은 법관 업무의 성격과 특수성, 평균수명, 조직체 내의 질서 등을 고려하여 정한 것으로 그 차별에 합리적인 이유가 있다고 할 것이므로, 청구인의 평등권을 침해하였다고 볼 수 없다(헌재 2002.10.31. 2001헌마557). [해 답] ④

3. 사법절차의 운영에 관한 설명 중 옳지 않은 것은? (다툼이 있는 경우 판례에 의함)

① 공소가 제기되기 전까지 피고인이 그 내용이나 공소제기 여부를 알 수 없었다거나 피고인의 소송기록 열람·등사권이 제한되어 있었다고 하더라도 그 공소제기 절차가 헌법 규정을 위반하였다고는 할 수 없다.

② 헌법 제101조는 "법원은 최고법원인 대법원과 각급법원으로 구성한다"라고 규정하고 있는데, 이는 각급법원의 심리를 거치고 난 뒤에는 모든 사건은 차별없이 대법원에 상고할 수 있다는 취지의 규정이다.

③ 필요적 변호사건에서 변호인이 없거나 출석하지 아니한 채 공판절차가 진행되었기 때문에 그 공판절차가 위법한 것이라고 하여 이미 그 전에 적법하게 이루어진 소송행위까지 모두 무효로 된다고는 볼 수 없다.

④ 변호인의 재정의무위반이 피고인 자신의 귀책사유에 기인할 뿐만 아니라 피고인

측의 방어권의 남용 내지 변호권의 포기로 보여지는 경우에는, 신속한 재판 및 사법권의 옹호라는 측면을 중시하여 형사소송법 제330조의 규정을 유추적용하여 예외적으로 변호인 없이 개정·심리할 수 있다.

⑤ 법원이 법정의 규모·질서의 유지·심리의 원활한 진행 등을 고려하여 방청을 희망하는 피고인들의 가족·친지 기타 일반 국민에게 미리 방청권을 발행하게 하고 그 소지자에 한하여 방청을 허용하는 등의 방법으로 방청인의 수를 제한하는 조치를 취하는 것이 공개재판주의의 취지에 반하는 것은 아니다.

해설

① (o) 대법원 2008.12.24. 2006도1427; 헌법 제109조는 재판공개의 원칙을 규정하고 있는 것으로서 검사의 공소제기절차에는 적용될 여지가 없다. 헌법 제109조에 규정된 재판공개의 원칙이 법원이 판결하기 전에 당사자에게 미리 그 내용을 알려줄 것을 의미하는 것은 아니다(대법원 2008.12.24. 2006도1427).

② (x) 상소심에서 재판을 받을 권리를 헌법상 명문화한 규정이 없고 상고문제가 일반법률에 맡겨진 우리의 법제에서는 헌법 제27조에서 규정한 재판을 받을 권리에 모든 사건에 대해 상고법원의 구성법관에 의한, 상고심절차에 의한 재판을 받을 권리까지도 포함된다고 단정할 수 없을 것이고, **모든 사건에 대해 획일적으로 상고할 수 있게 하느냐 않느냐는 특단의 사정이 없는 한 입법정책의 문제**라고 할 것이다(헌재 1992.6.26. 90헌바25).

③ (o) 대법원 1990.6.8. 90도646.

④ (o) 대법원 1990.6.8. 90도646.

⑤ (o) 대법원 1990.6.8. 90도646.

[해 답] ②

4. 군사법원의 지위와 헌법적 한계에 관한 설명 중 옳지 않은 것을 모두 고른 것은? (다툼이 있는 경우 판례에 의함)

㉠ 군은 그 임무의 특성상 전시에는 말할 것도 없고 평시에도 적의 동태나 작전계획에 따라 자주 이동하고, 급박하게 상황이 변화하므로 이에 대응하여 언제, 어디서나 신속히 군사재판을 할 수 있도록 하기 위하여 군사법원을 군부대 등에 설치할 필요가 있다.

㉡ 헌법은 직접 군사법원을 일반법원과 조직 권한 및 재판관의 자격을 달리하는 특별법원으로 설치할 수 있도록 허용하고 있다.

㉢ 군사법원법이 군사법원의 재판관을 일반법원의 법관과 동등한 자격을 가진 군판사뿐만 아니라 일반장교도 심판관으로 참여하는 군사법원을 일반법원과 따로 군부대 등에 설치하도록 한 것은 헌법이 허용한 특별법원으로서 군사법원의 한계를 일탈하여 사법권의 독립을 침해한 것이다.

㉣ 현역병의 군대 입대 전 범죄에 대한 군사법원의 재판권을 규정하고 있는 군사법원법 조항이 군사법원의 재판권과 군인의 재판청구권을 형성함에 있어 그 재량의 헌법적 한계를 벗어났다고 볼 수 없다.

㉤ 일반법원의 조직이나 재판부구성 및 법관의 자격과 달리 군사법원에 관할관을 두고 군검찰관에 대한 임명, 지휘, 감독권을 가지고 있는 관할관이 군판사 및 심판관의 임명권 및 재판관의 지정권을 가지며, 심판관은 일반장교 중에서 임명할 수 있도록 규정하고 있는 것은 군사법원의 헌법적 한계를 일탈하여 사법권의 독립과 재판의 독립을 침해하고 있다.

㉥ 재판청구권과 같은 절차적 기본권은 원칙적으로 제도적 보장의 성격이 강하기 때문에, 자유권적 기본권 등 다른 기본권의 경우와 비교하여 볼 때 상대적으로 광범위한 입법형성권이 인정되므로, 관련 법률에 대한 위헌심사기준은 합리성원칙 내지 자의금지원칙이 적용된다.

① ㉠, ㉢　② ㉡, ㉥　③ ㉢, ㉤
④ ㉣, ㉤　⑤ ㉠, ㉥

해설 ㉠ (o) 헌재 1996.10.31. 93헌바25; 군 지휘권을 확립하고 군사범죄를 정확히 심리, 판단할 수 있도록 하기 위하여 **군사법원에 군 지휘관을 관할관**으로 두고 관할관이 군판사 및 재판관의 인사권을 갖게 하고, **군의 사정을 잘 알고 군사문제에 관하여 경험과 학식이 풍부한 일반장교를 재판에 참여시킬 필요**가 있다(헌재 1996.10.31. 93헌바25).

㉡ (o) 헌법 제110조.

㉢ (x) 군사법원의 재판관은 **반드시 일반법원의 법관과 동등한 자격을 가진 군판사를 포함시켜 구성**하도록 하고 있는바, 이와 같은 사정을 감안하여 보면 군사법원법 제6조가 일반법원과 따로 군사법원을 군부대 등에 설치하도록 하였다는 사유만으로 청구인이 주장하는 바와 같이 헌법이 허용한 특별법원으로서 군사법원의 한계를 일탈하여 사법권의 독립을 침해하고 위임입법의 한계를 일탈한 것이거나 헌법 제27조 제1항의 재판청구권, 헌법 제11조의 평등권을 본질적으로 침해한 것이라고 할 수 없다(헌재 1996.10.31. 93헌바25).

㉣ (o) 헌재 2009.7.30. 2008헌바162; 헌법 제110조 제1항에서 “특별법원으로서 군사법원을 둘 수 있다”는 의미는 **군사법원을 일반법원과 조직·권한 및 재판관의 자격을 달리하여 특별법원으로 설치할 수 있다는 뜻**으로 해석되므로, 법률로 군사법원을 설치함에 있어서 군사재판의 특수성을 고려하여 그 조직·권한 및 재판관의 자격을 일반법원과 달리 정하는 것이 헌법상 허용된다. 재판권 유무는 원칙적으로 재판 시점을 기준으로 해야 하며, 형사재판은 유죄인정과 양형이 복합되어 있는데 양형은 일반적으로 재판받을 당시, 즉 **선고시점의 피고인의 군인 신분을 주요 고려 요소로 해 군의 특수성을 반영할 수 있어야 하므로**, 이러한 양형은 군사법원에서 담당하도록 하는 것이 타당하다. 나아가 군사법원의 상고심은 대법원에서 관할하고 군사법원에 관한 내부규율을 정함에 있어서도 대법원이 종국적인 관여를 하고 있으므로 이 사

건 법률조항이 군사법원의 재판권과 군인의 재판청구권을 형성함에 있어 그 재량의 헌법적 한계를 벗어났다고 볼 수 없다(헌재 2009.7.30. 2008헌바162).

ⓜ (x) 일반법원의 조직이나 재판부구성 및 법관의 자격과 달리 **군사법원에 관할관을 두고** 군검찰관에 대한 임명, 지휘, 감독권을 가지고 있는 관할관이 군판사 및 심판관의 임명권 및 재판관의 지정권을 가지며 심판관은 일반장교 중에서 임명할 수 있도록 규정하였다고 하여 바로 위 조항들 자체가 청구인이 주장하는 바와 같이 군사법원의 헌법적 한계를 일탈하여 사법권의 독립과 재판의 독립을 침해하고 죄형법정주의에 반하거나 인간의 존엄과 가치, 행복추구권, 평등권, 신체의 자유, 정당한 재판을 받을 권리 및 정신적 자유를 본질적으로 침해하는 것이라고 할 수 없다(헌재 1996.10.31. 93헌바25).

ⓑ (o) 헌재 2005.5.26. 2003헌가7. [해 답] ③

5. 법원의 위헌법률심판제청권 등과 관련된 설명 중 옳지 않은 것은? (다툼이 있는 경우 판례에 의함)

① 유신헌법 제53조 제4항이 "긴급조치는 사법적 심사의 대상이 되지 아니한다"고 규정하고 있어 긴급조치에 관한 재심소송에서 적용될 절차에 관한 법령은 재심판결 당시의 법령이 아니라 긴급조치 당시의 법령에 따라야 하기 때문에 사법심사를 배제하는 유신헌법하에서 시행된 긴급조치의 위헌여부를 심사할 수 없다.

② 헌법 제107조 제1항은 "법률이 헌법에 위반되는 여부가 재판의 전제가 된 경우에는 법원은 헌법재판소에 제청하여 그 심판에 의하여 재판한다"고 규정하고, 헌법 제111조 제1항 제1호는 헌법재판소의 관장사무로 법원의 제청에 의한 법률의 위헌여부 심판을 규정하고 있다. 위 헌법규정에서 말하는 위헌심사의 대상이 되는 '법률'은 국회의 의결을 거친 이른바 형식적 의미의 법률을 의미한다.

③ 헌법은 그 전체로서 주권자인 국민의 결단 내지 국민적 합의의 결과라고 보아야 할 것이므로, 헌법의 개별규정을 헌법재판소법 제68조 제1항 소정의 공권력 행사의 결과라고 볼 수도 없다.

④ 위헌심사의 대상이 되는 규범이 형식적 의미의 법률이 아닌 때에는 그와 동일한 효력을 갖는 데에 국회의 승인이나 동의를 요하는 등 국회의 입법권 행사라고 평가할 수 있는 실질을 갖춘 것이어야 한다.

⑤ 대법원은 유신헌법에 근거한 긴급조치는 국회의 입법권 행사라는 실질을 전혀 가지지 못한 것으로서, 헌법재판소의 위헌심판대상이 되는 '법률'에 해당한다고 할 수 없고, 긴급조치의 위헌 여부에 대한 심사권은 최종적으로 대법원에 속한다고 한다.

해설 ① (x) 재심소송에서 적용될 절차에 관한 법령은 재심판결 당시의 법령이므로, **사법적 심사의 대상이 되는지 여부는 현재 시행 중인 대한민국헌법에 기하여 판단**하여야 한다. 현행 헌법 제76조는 대통령의 긴급명령·긴급재정경제명령 등 국가긴급권의 행사에 대하여 사법심사배제 규정을 두고 있지 아니하다. 더욱이 유신헌법 자체에 의하더라도 그 제8조가 "모든 국민은 인간으로서의 존엄과 가치를 가지며, 이를 위하여 국가는 국민의 기본적 인권을 최대한으로 보장할 의무를 진다"고 규정하고 제9조 내지 제32조에서 개별 기본권 보장 규정을 두고 있었으므로, **유신헌법 제53조 제4항이 사법심사를 배제할 것을 규정하고 있다고 하더라도 이는 사법심사권을 절차적으로 제한하는 것일 뿐** 이러한 기본권 보장 규정과 충돌되는 긴급조치의 합헌성 내지 정당성까지 담보한다고 할 수 없다. 따라서 이 사건 재심절차를 진행함에 있어, 모든 국민은 유신헌법에 따른 절차적 제한을 받음이 없이 법이 정한 절차에 의해서 긴급조치의 위헌성 유무를 따지는 것이 가능하다(대법원 2010.12.16. 2010도5986).

② (o) 대법원 2010.12.16. 2010도5986.

③ (o) 헌재 1995.12.28. 95헌바3; 위와 같은 형식적 의미의 법률과 동일한 효력을 갖는 조약 등이 위헌심사의 대상에 포함되는 것은 별론으로 하고 **헌법의 개별규정 자체가 위헌심사의 대상이 될 수 없음**은 위 각 규정의 문언에 의하여 명백하다(헌재 1996.6.13. 94헌바20).

④ (o) 대법원 2010.12.16. 2010도5986.

⑤ (o) 대법원 2010.12.16. 2010도5986; 반면 최근 헌법재판소는 긴급조치 제1호, 제2호 및 제9호에 대한 헌법소원심판사건에서 형식적 의미의 법률에 대한 위헌심사권은 헌법재판소에 속한다고 판시한 바 있다. 일정한 규범이 위헌법률심판 또는 헌법재판소법 제68조 제2항에 의한 **헌법소원심판의 대상이 되는 '법률'인지 여부는 그 제정 형식이나 명칭이 아니라 그 규범의 효력을 기준으로 판단**하여야 한다. 따라서 헌법이 법률과 동일한 효력을 가진다고 규정한 긴급재정경제명령(제76조 제1항) 및 긴급명령(제76조 제2항)은 물론, 헌법상 형식적 의미의 법률은 아니지만 국내법과 동일한 효력이 인정되는 '헌법에 의하여 체결·공포된 조약과 일반적으로 승인된 국제법규'(제6조)의 위헌 여부의 심사권한은 헌법재판소에 전속한다. 이 사건 긴급조치들은 유신헌법 제53조에 근거한 것으로서 그에 정해진 요건과 한계를 준수해야 한다는 점에서 헌법과 동일한 효력을 갖는 것으로 보기는 어렵지만, 표현의 자유 등 기본권을 제한하고, 형벌로 처벌하는 규정을 두고 있으며, 영장주의나 법원의 권한에 대한 특별한 규정 등을 두고 있는 점에 비추어 보면, **이 사건 긴급조치들은 최소한 법률과 동일한 효력을 가지는 것으로 보아야 하므로,** 그 위헌 여부 심사권한은 헌법재판소에 전속한다(헌재 2013.3.21. 2010헌바132). [해 답] ①

6. 법원의 명령·규칙심사권과 관련된 설명 중 옳지 않은 것은? (다툼이 있는 경우 판례에 의함)

① 법원이 명령·규칙을 심사하여 위헌 또는 위법이라고 결정하는 경우 그 명령·규칙을 해당 사건에 적용하는 것을 거부하는 개별적인 효력을 갖는다.

② 법령이 별도의 구체적 집행행위를 기다리지 아니하고 직접적으로 그리고 현재적으로 심판청구인의 기본권을 침해하고 있는 경우에는 헌법소원심판의 대상이 될 수 있다.

③ 구체적인 권리의무에 관한 분쟁을 떠나서 고시 자체의 무효확인을 구하는 청구도 허용되고 있다.

④ 법원은 명령·규칙이 위법한 경우 적용을 거부함에 그치는 것이 아니라 무효선언도 할 수 있다.

⑤ 명령·규칙에 대한 대법원의 최종심사권이란 구체적인 소송사건에서 명령·규칙의 위헌여부가 재판의 전제가 되었을 경우 법률의 경우와는 달리 헌법재판소에 제청할 것 없이 대법원이 최종적으로 심사할 수 있다는 의미이다.

해설

① (o) 명령·규칙이 특정사건의 재판의 전제로 된 경우 헌법이나 법률에 위반된다고 인정되는 때는 그 적용을 거부할 수 있다. 반면 헌법재판소는 그 명령·규칙이 위헌이라고 판단되면 무효화시킬 수 있다.

② (o) 입법작용이 공권력의 행사인 이상 **의회입법이든 행정입법이든 형식에 관계없이 공권력의 행사에 해당되어 법령에 대한 헌법소원심판청구도 가능**한 것이지만, 모든 법령이 다 헌법소원심판의 대상이 되는 것은 아니고 그 **법령이 별도의 구체적 집행행위를 기다리지 아니하고 직접적으로 그리고 현재적으로** 심판청구인의 기본권을 침해하고 있는 경우에 한정됨을 원칙으로 한다(헌재 1989.7.21. 89헌가12).

③ (x) 행정소송의 대상이 될 수 있는 것은 구체적인 권리의무에 관한 분쟁이어야 하고 일반적, 추상적인 법령이나 고시 자체로서 국민의 **구체적인 권리의무에 직접적인 변동을 초래하는 것이 아닌 것은 그 대상이 될 수 없는 것**이므로 구체적인 권리의무에 관한 분쟁을 떠나서 고시 자체의 무효확인을 구하는 청구는 행정소송의 대상이 아닌 사항에 대한 것으로서 부적법하다(대법원 1991.8.27. 91누1738).

④ (o) 구 소득세법(1977.12.19. 법률 제3015호) 제23조 제2항, 제5항, 제45조 제1항, 제60조 등에 의하면 양도차익의 계산은 실지거래가액에 의함을 원칙으로 하고 실지 거래가액이 불분명한 경우에는 시가표준액에 의하도록 하고 있으므로 실지 거래가액이나 시가표준액이 아닌 국세청장이 조사한 가격에 의하여 양도차익을 계산하도록 규정한 동법 **시행령 제170조 제10항은 위 모법의 각 규정에 저촉되고 법률상의 근거규정도 없는 것이므로 무효이다**(대법원 1980.10.14. 80누166).

⑤ (o) 헌재 1990.10.15. 89헌마178; 헌법 제111조 제1항 제1호에서 법률의 위헌여부심사권을 헌법재판소에 부여한 이상 통일적인 헌법해석과 규범통제를 위하여 공권력에 의한 기본권침해를 이유로 하는 헌법소원심판청구사건에 있어서 **법률의 하위법규인 명령·규칙의 위헌여부심사권이 헌법재판소의 관할에 속함은 당연**한 것으로서 **헌법 제107조 제2항의 규정이 이를 배제한 것이라고는 볼 수 없다**. 그러므로 법률의 경우와 마찬가지로 명령·규칙 그 자체에 의하여 직접 기본권이 침해되었음을 이유로 하여 헌법소원심판을 청구하는 것은 위 헌법 규정과는 아무런 상관이 없는 문제이다. 그리고 헌법재판소법 제68조 제1항이 규정하고 있는 헌법소원심판의 대상으로서의 **"공권력"이란 입법·사법·행정 등 모든 공권력을 말하는 것이므로 입법부에서 제정한 법률, 행정부에서 제정한 시행령이나 시행규칙 및 사법부에서 제정한 규칙 등은 그것들이 별도의 집행행위를 기다리지 않고 직접 기본권을 침해하는 것일 때**에는 모두 헌법소원심판의 대상이 될 수 있는 것이다(헌재 1990.10.15. 89헌마178).

[해 답] ③

7. 사법권의 한계에 관한 설명 중 옳지 않은 것은? (다툼이 있는 경우 판례에 의함)

① 법원이 정치문제에 개입되어 그 중립성과 독립성을 침해당할 위험성도 부인할 수 없으므로, 고도의 정치성을 띤 국가행위에 대하여는 법원 스스로 사법심사권의 행사를 억제하여 그 심사대상에서 제외하는 영역이 있다.

② 남북정상회담의 개최과정에서 재정경제부장관에게 신고하지 아니하거나 통일부장관의 협력사업 승인을 얻지 아니한 채 북한측에 사업권의 대가 명목으로 송금한 행위 자체는 헌법상 법치국가의 원리와 법 앞에 평등원칙 등에 비추어 볼 때 사법심사의 대상이 된다.

③ 통치행위를 포함하여 모든 국가작용은 국민의 기본권적 가치를 실현하기 위한 수단이라는 한계를 반드시 지켜야 한다.

④ 한미연합 군사훈련을 2007.3.경에 하기로 하는 대통령의 결정은 국방에 관련되는 고도의 정치적 결단에 해당하여 사법심사를 자제하여야 하는 통치행위에 해당된다.

⑤ 현행 행정소송법상 행정청으로 하여금 일정한 행정처분을 하도록 명하는 이행판결을 구하는 소송이나 법원으로 하여금 행정청이 일정한 행정처분을 행한 것과 같은 효과가 있는 행정처분을 직접 행하도록 하는 형성판결을 구하는 소송은 허용되지 아니한다.

해설 ① (o) 대법원 2004.3.26. 2003도7878; 이와 같이 통치행위의 개념을 인정한다고 하더라도 과도한 사법심사의 자제가 기본권을 보장하고 법치주의 이념을 구현하여야 할 법원의 책무를 태만히 하거나 포기하는 것이 되지 않도록 그 인정을 지극히 신중하게 하여야 하며, 그 판단은 오로지 사법부만에 의하여 이루어져야 한다(대법원 2004.3.26. 2003도7878).

② (o) 대법원 2004.3.26. 2003도7878.

③ (o) 헌재 1996.2.29. 93헌마186; 비록 고도의 정치적 결단에 의하여 행해지는 국가작용이라고 할지라도 그것이 국민의 기본권 침해와 직접 관련되는 경우에는 당연히 헌법재판소의 심판대상이 될 수 있는 것일 뿐만 아니라, 긴급재정경제명령은 법률의 효력을 갖는 것이므로 마땅히 헌법에 기속되어야 할 것이다(헌재 1996.2.29. 93헌마186).

④ (x) 한미연합 군사훈련은 1978. 한미연합사령부의 창설 및 1979.2.15. 한미연합연습 양해각서의 체결 이후 연례적으로 실시되어 왔고, 특히 이 사건 연습은 대표적인 한미연합 군사훈련으로서, 피청구인이 2007.3.경에 한 이 사건 연습결정이 새삼 국방에 관련되는 고도의 정치적 결단에 해당하여 사법심사를 자제하여야 하는 통치행위에 해당된다고 보기 어렵다(헌재 2009.5.28. 2007헌마369).

⑤ (o) 대법원 1997.9.30. 97누3200.

[해 답] ④

8. 사법권의 독립에 관련된 설명 중 옳지 않은 것을 모두 고른 것은? (다툼이 있는 경우 판례에 의함)

㉠ 입법자가 법관들에게 구체적 양형을 선고함에 있어서 그 책임에 알맞는 형벌을 선고할 수 있도록 형벌개별화의 원칙이 적용될 수 있는 폭넓은 범위의 법정형을 설정하여 실질적 법치국가의 원리를 구현하여야 하는 헌법적 제약이 불가피하다고 할 것이다.
㉡ 대법원장의 인사처분에 대하여 불복할 경우 거치게 되는 소청심사위원이나 행정소송의 재판을 담당할 법관에 대한 인사권자와 청구인에 대한 인사처분권자가 동일인이라면 소청이나 행정소송절차에 의하여서는 권리구제의 실효성을 기대하기 어렵다고 할 수 있어 위 인사처분은 헌법소원심판대상이 된다.
㉢ 집행유예의 요건한정부분인 형법 제62조 제1항 본문 중 "3년 이하의 징역 또는 금고의 형을 선고할 경우"는 법관의 양형판단권을 근본적으로 제한하거나 사법권의 본질을 침해한 위헌법률조항이라 할 수 없다.
㉣ 법관의 정년을 설정한 것은 법관의 노령으로 인한 정신적·육체적 능력 쇠퇴로부터 사법이라는 업무를 제대로 수행함으로써 사법제도를 유지하게 하고, 한편으로는 사법인력의 신진대사를 촉진하여 사법조직에 활력을 불어넣고 업무의 효율성을 제고하고자 하는 것으로 그 입법목적이 정당하다.
㉤ 헌법에 의하여 그 신분이 직접 보장되고 있는 법관이 적법절차에 의하지 않고 그 의사에 반하여 해직이 강제된다면 사적으로는 법관 개인의 인간적인 존엄과 가치 및 행복추구권에 심각한 상처를 입게 되겠지만, 공적으로도 사법권독립과 법치주의에 중대한 위협이 될 것이다.
㉥ 법관으로 하여금 대법원 양형위원회에서 설정한 양형기준을 벗어난 판결을 할 때는 판결서에 당해 양형을 하게 된 사유를 기재하도록 하는 것은 재판의 독립성을 침해하는 것이다.

① ㉠, ㉣ ② ㉡, ㉥ ③ ㉢, ㉤
④ ㉣, ㉥ ⑤ ㉠, ㉡

해설

㉠ (o) 헌재 1992.4.28. 90헌바24; 헌법이 명하는 과잉입법금지의 원칙과 평등의 원칙에 반하는 가혹한 형벌규정을 설정하는 특정범죄가중처벌법이나 그 법조항들이 만약 헌법상 입법부에 부여된 입법권의 범위를 넘어서 자의적으로 제정된 것이라고 한다면 그 효력이 부인될 수밖에 없는 것이다(헌재 1992.4.28. 90헌바24).

㉡ (x) 공무원은 임용권자가 누구인가를 가리지 아니하고 국민에 대한 봉사자이며, 국민에 대하여 책임을 지는 지위에 있고, 특히 법관은 헌법 제103조가 "법관은 헌법과 법률에 의하여 그 양심에 따라 독립하여 심판한다"고 규정하여 법관의 독립을 보장하고 있을 뿐만 아니라

헌법과 법률에 의하여 그 신분을 두텁게 보장함으로써 이를 뒷받침하고 있는 터이므로 소청심사위원이나 행정소송의 재판을 담당할 법관에 대한 인사권자와 청구인에 대한 이 사건 인사처분권자가 동일인이라는 이유만으로 소청이나 행정소송절차에 의하여서는 권리구제의 실효성을 기대하기 어렵다고 할 수 없다. 따라서 이 사건 심판의 대상이 대법원장의 인사처분이라는 이유만으로 헌법소원의 보충성의 원칙에 대한 예외로 보아야 한다는 청구인의 주장은 이를 받아들일 수 없다(헌재 1993.12.23. 92헌마247).

㉢ (o) 헌재 1997.8.21. 93헌바60.

㉣ (o) 헌재 2002.10.31. 2001헌마557.

㉤ (o) 헌재 1992.11.12. 91헌가2; 1980년 해직공무원의 보상등에 관한 특별조치법 제2조 제2항 제1호의 (보상대상 제외자에 해당하는) **"차관급(次官級) 상당 이상의 보수를 받은 자"에 법관을 포함시키는 것**은, 법관의 신분을 직접 가중적으로 보장하고 있는 헌법 제106조 제1항의 법관의 신분보장규정에 위반되고, 직업공무원으로서 그 신분이 보장되고 있는 일반직 공무원과 비교하더라도 그 처우가 차별되고 있는 것이어서 헌법 제11조의 평등권의 보장규정에 위반된다. 장래에 법관의 신분이 함부로 박탈됨과 같은 사태의 재발을 영구히 봉쇄하기 위하여서도 특조법 제2조 제2항의 비적용대상에서 적어도 법관은 제외되어야 헌법의 법관 신분 보장규정 취지에 합당할 것이다(헌재 1992.11.12. 91헌가2).

㉥ (x) 법원조직법 제81조의2 이하의 규정에 의하여 마련된 대법원 양형위원회의 양형기준은 법관이 합리적인 양형을 정하는 데 참고할 수 있는 구체적이고 객관적인 기준으로 마련된 것이다. **위 양형기준은 법적 구속력을 가지지 아니하고,** 단지 위와 같은 취지로 마련되어 그 내용의 타당성에 의하여 일반적인 설득력을 가지는 것으로 예정되어 있으므로 법관의 양형에 있어서 그 존중이 요구되는 것일 뿐이다(대법원 2009.12.10. 2009도11448). 법관은 양형을 할 때에 위와 같은 양형기준을 존중하여야 하고, 법원은 약식절차 또는 즉결심판절차에 의하여 심판하는 경우가 아닌 한, 양형기준을 벗어난 판결을 함에 따라 판결서에 양형의 이유를 기재하여야 하는 경우에는 위와 같은 양형기준의 의의, 효력 등을 감안하여 당해 양형을 하게 된 사유를 합리적이고 설득력 있게 표현하는 방식으로 그 이유를 기재하여야 한다(대법원 2010.12.9. 2010도7410). [해 답] ②

41 헌법재판소

1. 헌법소원에 관한 설명 중 옳지 않은 것은? (다툼이 있는 경우 판례에 의함)

① 헌법 제107조는 구체적 규범통제절차에서의 법률에 대한 위헌심사권과 명령·규칙·처분에 대한 위헌심사권을 분리하여 각각 헌법재판소와 대법원에 귀속시킴으로써 헌법의 수호 및 기본권의 보호가 오로지 헌법재판소만의 과제가 아니라 헌법재판소와 법원의 공동과제라는 것을 밝히고 있다.

② 법률 또는 법률조항 자체가 헌법소원의 대상이 될 수 있으려면 그 법률 또는 법률조항에 의하여 구체적인 집행행위를 기다리지 아니하고 직접, 현재, 자기의 기본권을 침해받아야 하는 것을 요건으로 한다.

③ 원행정처분에 대하여 법원에 행정소송을 제기하여 패소판결을 받고 그 판결이 확정된 경우에는 당사자는 그 판결의 기판력에 의한 기속을 받게 되므로, 별도의 절차에 의하여 위 판결의 기판력이 제거되지 아니하는 한, 행정처분의 위법성을 주장하는 것은 확정판결의 기판력에 어긋나지만, 그 확정판결이 헌법에 위반된 경우에는 원행정처분은 헌법소원심판의 대상이 될 수 있다.

④ 법원의 재판이 헌법소원심판의 대상이 되는 예외적인 경우에 해당하여 그 역시 동시에 취소되는 것을 전제로 하지 아니하는 한, 원행정처분의 취소 등을 구하는 헌법소원심판청구는 허용되지 아니한다.

⑤ 헌법재판소법 제68조 제1항에 의하면 공권력의 행사 또는 불행사로 인하여 헌법상 보장된 기본권을 침해받은 자는 헌법소원심판을 청구할 수 있도록 규정하고 있고, 이 규정에 정한 공권력에는 입법권도 포함된다 할 것이므로 법률 또는 법률조항에 대한 헌법소원심판청구도 가능하다.

해설

① (o) 헌재 1997.12.24. 96헌마172.

② (o) 헌재 1995.7.21. 94헌마191; 여기서 말하는 기본권침해의 직접성이란 집행행위에 의하지 아니하고 법률 그 자체에 의하여 자유의 제한, 의무의 부과, 권리 또는 법적 지위의 박탈이 생긴 경우를 뜻한다(헌재 1992.11.22. 91헌마192).

③ (x) 원행정처분에 대하여 법원에 행정소송을 제기하여 패소판결을 받고 그 판결이 확정된 경우에는 당사자는 그 판결의 기판력에 의한 기속을 받게 되므로, 별도의 절차에 의하여 위 판결의 기판력이 제거되지 아니하는 한, 행정처분의 위법성을 주장하는 것은 확정판결의 기판력에 어긋나므로 원행정처분은 헌법소원심판의 대상이 되지 아니한다고 할 것이다(헌재 1998. 5.28. 91헌마98).

④ (o) 헌재 1999.9.16. 97헌마160.

⑤ (o) 헌재 1995.7.21. 94헌마191. [해 답] ③

2. 다음 사례에 관한 설명 중 옳지 않은 것은? (다툼이 있는 경우 판례에 의함)

> (1) A는 2003.8.12. 그레이스승합차에 김○○을 강제로 태우고 약 20킬로미터를 운행하여 동인을 감금하였다는 이유로 2003.10.2. 도로교통법 제78조 제1항 제5호('이 사건 규정')에 의하여 서울특별시지방경찰청장으로부터 제1종보통, 제1종특수(레커), 제2종보통, 제2종원동기장치자전거 자동차 운전면허를 2003.9.6.자로 취소당하였다.

(2) A는 위 자동차 운전면허 취소처분이 위 행위에 이르게 된 경위나 행위태양 및 A의 구체적 불이익 등을 고려하지 않은 채 행하여진 것이라 하여 2004.3.5. 서울행정법원에 취소소송을 제기하는 한편, 위 도로교통법 규정이 명확성원칙 등을 위반하는 규정이라 하여 위헌법률심판제청신청을 하였고, 동 법원은 위 신청을 받아들여 2004.9.24. 헌법재판소에 위 규정에 대한 위헌여부심판을 제청하였다.

[심판의 대상]

도로교통법(2001.12.31. 법률 제6565호로 일부 개정되고 2005.5.31. 법률 7545호로 전문 개정되기 전의 것) 제78조(면허의 취소·정지) ① 지방경찰청장은 운전면허(연습운전면허를 제외한다. 이하 이 조에서 같다)를 받은 사람이 다음 각 호의 1에 해당하는 때에는 행정자치부령이 정하는 기준에 의하여 운전면허를 취소하거나 1년의 범위 안에서 그 운전면허의 효력을 정지시킬 수 있다. 다만, 제1호·제2호·제3호(정기적성검사기간이 경과된 때를 제외한다), 제5호 내지 제8호, 제10호·제11호·제13호 및 제14호에 해당하는 때에는 그 운전면허를 취소하여야 한다.

1.~ 4. 생략

5.운전면허를 받은 사람이 자동차 등을 이용하여 범죄행위를 한 때

① 이 사건 규정이 범죄의 중함 정도나 고의성 여부 측면을 전혀 고려하지 않고 자동차 등을 범죄행위에 이용하기만 하면 운전면허를 취소하도록 하고 있는 것은 그 포섭범위가 지나치게 광범위한 것으로서 명확성원칙에 위반된다.

② 이 사건 규정은 자동차 등을 이용하여 범죄행위를 한 경우에 그 운전면허를 취소하여 운전을 할 수 없도록 하고 있어 운전을 생업으로 하는 자에 대해서는 직업의 자유를 제한하게 되고, 운전을 업으로 하지 않는 자에 대해서는 일반적 행동자유권을 제한하게 된다.

③ 이 사건 규정은 자동차 등을 이용하여 범죄행위를 하기만 하면 그 범죄행위가 얼마나 중한 것인지, 그러한 범죄행위를 행함에 있어 자동차 등이 당해 범죄행위에 어느 정도로 기여했는지 등에 대한 아무런 고려 없이 무조건 운전면허를 취소하도록 하고 있으므로, 이는 구체적 사안의 개별성과 특수성을 고려할 수 있는 여지를 일체 배제하고 그 위법의 정도나 비난의 정도가 극히 미약한 경우까지도 운전면허를 취소할 수밖에 없도록 하는 것으로 최소침해성의 원칙에 위반된다고 할 것이다.

④ 이 사건 규정은 자동차 등이 범죄행위에 이용되기만 하면 모두 필요적으로 면허를 취소하도록 하여 2년 동안은 운전면허를 다시 발급받을 수 없게 하고 있는데, 이는 이 사건 규정을 통해 보호하고자 하는 공익에 비해 지나치게 기본권을 제한하는 것으로 법익균형성원칙을 위반하고 있다고 할 것이다.

⑤ 이 사건 규정은 운전면허를 받은 사람이 자동차 등을 이용해 범죄행위를 한 때에는 필요적으로 운전면허를 취소하도록 되어 있지만, 이 법조의 요건에 해당하였음을 이유로 한 운전면허취소처분은 재량권의 일탈 또는 남용에 해당된다는 것이 대법원의 입장이다.

해설

① (o) 헌재 2005.11.24. 2004헌가28.

② (o) 헌재 2005.11.24. 2004헌가28; 이러한 기본권제한을 정당화하기 위해서는 헌법 제37조 제2항의 비례의 원칙을 지켜야 한다. 기본권제한 입법은 입법목적의 정당성과 그 목적달성을 위한 방법의 적정성, 입법으로 인한 피해의 최소성, 그리고 그 입법에 의해 보호하려는 공익과 침해되는 사익의 균형성을 모두 갖추어야 하며, 이를 준수하지 않으면 기본권제한의 입법적 한계를 벗어난 것으로서 헌법에 위반될 것이다(헌재 2004.5.27. 2003헌가1).

③ (o) 헌재 2005.11.24. 2004헌가28.

④ (o) 헌재 2005.11.24. 2004헌가28.

⑤ (x) 도로교통법 제78조 제1항 단서 5호의 규정에 의하면 운전면허를 받은 사람이 자동차 등을 이용해 범죄행위를 한 때에는 필요적으로 운전면허를 취소하도록 되어 있어 처분청이 그 취소 여부를 선택할 수 있는 **재량의 여지가 없음이 법문상 명백**하고, 이 법조의 요건에 해당하였음을 이유로 한 **운전면허취소처분에 있어서 재량권의 일탈 또는 남용의 문제는 생길 수 없다**(대법원 2005.11.24. 2005두8061).

헌법재판소와 대법원이 **같은 선고일**(2005.11.24.)에 위 사건에 관하여 **헌법재판소는 위헌결정**을 내리고, 대법원은 그 조항을 구체적인 사건에 그대로 적용하여 운전면허취소 처분이 적법하다는 판결을 확정하는 **합헌판결**을 내린 것이다. [해 답] ⑤

3. 법원의 재판에 대한 헌법소원과 관련된 설명 중 옳지 않은 것을 모두 고른 것은? (다툼이 있는 경우 판례에 의함)

㉠ 입법작용과 행정작용의 잠재적인 기본권침해자로서의 기능과 사법작용의 기본권의 보호자로서의 기능이 법원의 재판을 헌법소원심판의 대상에서 제외한 것을 정당화하는 본질적인 요소이므로, 헌법재판소법 제68조 제1항은 평등의 원칙에 위반된 것이라 할 수 없다.

㉡ 헌법소원은 언제나 법원의 재판에 대한 소원을 그 심판의 대상에 포함하여야만 비로소 헌법소원제도의 본질에 부합한다고 단정할 수 없다.

㉢ 기본권의 침해에 대한 구제절차가 반드시 헌법소원의 형태로 독립된 헌법재판기관에 의하여 이루어질 것만을 요구하지는 않는다.

㉣ 법원이 헌법재판소가 위헌으로 결정하여 그 효력을 전부 또는 일부 상실하거나 위헌으로 확인된 법률을 적용함으로써 국민의 기본권을 침해한 경우에도 그 재판은 법원

의 상소절차를 통하여 시정하여야 하고, 법원의 재판에 대한 헌법소원은 허용되지 않는다.

ⓜ 헌법재판소는 본안판단에 있어서 모든 헌법규범을 심사기준으로 삼음으로써 청구인이 주장한 기본권의 침해여부에 관한 심사에 한정하지 아니하고 모든 헌법적 관점에서 심판대상의 위헌성을 심사한다.

ⓑ 헌법재판소는 법원의 판결이 헌법재판소가 해당 법률조항에 대하여 한정위헌결정을 선고함으로써 이미 부분적으로 그 효력이 상실된 법률조항을 적용한 것으로서 위헌결정의 기속력에 반하는 재판이 분명하더라도 법원의 판결을 취소하는 의미의 취소결정을 할 수는 없다.

① ㉠, ㉢ ② ㉡, ㉣ ③ ㉤, ㉥
④ ㉣, ㉥ ⑤ ㉢, ㉣

해설

㉠ (o) 헌재 1997.12.24. 96헌마172.
㉡ (o) 헌재 1997.12.24. 96헌마172.
㉢ (o) 헌법재판소법 제68조 제1항은 청구인의 재판청구권을 침해하였다거나 되도록이면 흠결없는 효율적인 권리구제절차의 형성을 요청하는 법치국가원칙에 위반된다고 할 수 없다. 재판청구권은 사실관계와 법률관계에 관하여 최소한 한번의 재판을 받을 기회가 제공될 것을 국가에게 요구할 수 있는 절차적 기본권을 뜻하므로 기본권의 침해에 대한 구제절차가 반드시 헌법소원의 형태로 독립된 헌법재판기관에 의하여 이루어질 것만을 요구하지는 않는다. 법원의 재판은 법률상 권리의 구제절차이자 동시에 기본권의 구제절차를 의미하므로, 법원의 재판에 의한 기본권의 보호는 이미 기본권의 영역에서의 재판청구권을 충족시키고 있기 때문이다(헌재 1997.12.24. 96헌마172).
㉣ (x) 헌법재판소법 제68조 제1항이 원칙적으로 헌법에 위반되지 아니한다고 하더라도, **법원이 헌법재판소가 위헌으로 결정하여 그 효력을 전부 또는 일부 상실하거나 위헌으로 확인된 법률을 적용함으로써 국민의 기본권을 침해한 경우**에도 법원의 재판에 대한 헌법소원이 허용되지 않는 것으로 해석한다면, 위 법률조항은 그러한 한도 내에서 헌법에 위반된다.
모든 국가기관은 헌법의 구속을 받고 헌법에의 기속은 헌법재판을 통하여 사법절차적으로 관철되므로, 헌법재판소가 헌법에서 부여받은 위헌심사권을 행사한 결과인 법률에 대한 **위헌결정은 법원을 포함한 모든 국가기관과 지방자치단체를 기속한다.** 따라서 헌법재판소가 위헌으로 결정하여 그 **효력을 상실한 법률을 적용하여 한 법원의 재판은** 헌법재판소 결정의 기속력에 반하는 것일 뿐 아니라, 법률에 대한 위헌심사권을 헌법재판소에 부여한 헌법의 결단(헌법 제107조 및 제111조)에 정면으로 위배된다(헌재 1997.12.24. 96헌마172).
㉤ (o) 헌재 1997.12.24. 96헌마172.
㉥ (x) 이 사건 대법원판결은 헌법재판소가 이 사건 법률조항에 대하여 한정위헌결정을 선고함으로써 이미 부분적으로 그 효력이 상실된 법률조항을 적용한 것으로서 위헌결정의 기속력에 반하는 재판임이 분명하므로 이에 대한 헌법소원은 허용된다 할 것이고, 또한 이 사건 대

법원판결로 말미암아 청구인의 헌법상 보장된 기본권인 재산권 역시 침해되었다 할 것이다. 따라서 이 사건 대법원판결은 헌법재판소법 제75조 제3항에 따라 취소되어야 마땅하다(헌재 1997.12.24. 96헌마172).

[주 문] 2. **대법원 1996.4.9. 선고, 95누11405 판결은 청구인의 재산권을 침해한 것이므로 이를 취소한다.**

그리고 원행정처분(과세처분) 역시 취소하였다. 청구인은 피청구인의 위법한 공권력의 행사인 이 사건 과세처분으로 말미암아 헌법상 보장된 기본권인 재산권을 침해받았다고 할 것이므로, 헌법재판소법 제75조 제3항에 따라 피청구인이 1992.6.16. 청구인에게 한 이 사건 과세처분을 취소하기로 한다(헌재 1997.12.24. 96헌마172).

[주 문] 3. **피청구인 ○○세무서장이 1992.6.16. 청구인에게 양도소득세 금 736,254,590원 및 방위세 금 147,250,910원을 부과한 처분은 청구인의 재산권을 침해한 것이므로 이를 취소한다.** [해 답] ④

4. 헌법재판소에 관한 설명 중 옳지 않은 것은?

① 헌법은 헌법재판소장의 임기를 대법원장의 임기와 같이 6년으로 명시하고 있다.

② 헌법재판소의 재판관은 법관의 자격을 가진 자가 아니면 임명될 수 없다.

③ 헌법재판소의 재판관은 헌법재판소장과 달리 국회의 임명동의절차를 거칠 필요는 없다.

④ 헌법재판소는 국회, 대통령, 대법원장의 관여로 구성된다.

⑤ 헌법재판소는 헌법기관으로 헌법재판관 상호간에는 동등한 권한과 지위를 갖는다.

해설

① (x) 헌법재판소의 장은 국회의 동의를 얻어 재판관 중에서 대통령이 임명한다(헌법 111④). 헌법재판소 재판관의 임기는 6년으로 하며, 법률이 정하는 바에 의하여 연임할 수 있다(헌법 112①). 헌법재판관의 임기는 6년으로 명시하고 있지만, **헌법재판소장의 임기는 규정이 없다.**

② (o) 헌법재판소는 법관의 자격을 가진 9인의 재판관으로 구성하며, 재판관은 대통령이 임명한다(헌법 111②).

③ (o) 헌법재판소장은 국회의 동의를 얻어 대통령이 임명하지만(헌법 111④), 재판관은 국회의 임명동의가 필요하지 않다.

④ (o) 헌법재판소는 법관의 자격을 가진 9인의 재판관으로 구성하며, 재판관은 대통령이 임명한다. 재판관 중 3인은 국회에서 선출하는 자를, 3인은 대법원장이 지명하는 자를 임명한다(헌법 111③).

⑤ (o) 헌법재판소 재판관은 동등한 권한과 지위를 가지며, 헌법재판소장 역시 심판을 하면서 다른 재판관에 대하여 지시를 할 수 없다. [해 답] ①

5. 헌법재판에서의 변호사강제주의에 관한 설명 중 옳지 않은 것은? (다툼이 있는 경우 판례에 의함)

① 헌법재판에 있어서 변호사강제주의가 변호사라는 사회적 신분에 의한 헌법재판권 행사의 차별이라 하더라도 차별에 합리성이 결여된 것이라고는 할 수 없을 것이다.

② 변호사강제주의를 채택한 이유 중에는, 승소가능성이 없는 사건을 사전에 변호사를 통해 소거시키는 한편, 재판자료를 법률적으로 다듬어 정리하여 재판소에 제출하게 함으로써 효율적으로 국가의 헌법재판제도의 운영을 기하고, 당사자의 감정에 치우친 선별 없는 무리한 자료의 제출로 인한 심리부담을 줄이고자 하는 취지가 포함되어 있다고 볼 것이다.

③ 변호사의 자격이 없는 사인인 청구인이 한 헌법소원심판청구나 주장 등 심판수행은 추후에 선임된 변호사인 대리인의 추인여부와 상관없이 적법한 헌법소원심판청구와 심판수행으로서의 효력이 있고 헌법소원심판대상이 된다.

④ 변호사강제주의는 업무에 분업화원리의 도입이라는 긍정적 측면을 제외하고도 재판을 통한 기본권의 실질적 보장, 사법의 원활한 운영과 헌법재판의 질적 개선, 재판심리의 부담경감 및 효율화, 그리고 사법운영의 민주화 등 공공복리에 그 기여도가 크다고 하겠다.

⑤ 청구인이 주장하는 위헌사유와 국선대리인이 주장하는 위헌사유가 다른 경우 헌법재판소가 판단하여야 할 위헌사유는 국선대리인이 주장한 사유에 대해서만 심판한다.

해설

① (o) 헌재 1990.9.3. 89헌마120.

② (o) 헌재 1995.2.23. 94헌마105.

③ (x) 변호사의 자격이 없는 사인인 청구인이 한 **헌법소원심판청구나 주장 등 심판수행은 변호사인 대리인이 추인한 경우만이** 적법한 헌법소원심판청구와 심판수행으로서의 효력이 있고 헌법소원심판대상이 된다(헌재 1992.6.26. 89헌마132).

④ (o) 헌재 1990.9.3. 89헌마120.

⑤ (o) 헌재 2009.12.29. 2008헌바64; 변호사의 자격이 없는 청구인의 헌법소원심판청구나 청구이유의 주장은 변호사인 대리인이 추인한 경우에만 헌법소원심판의 대상으로 되며, 이러한 취지는 청구인의 대리인이 헌법재판소에 의하여 선임된 국선대리인인 경우에도 마찬가지이므로, 이 사건 헌법소원심판에서는 국선대리인이 주장한 사유에 대해서만 심판한다(헌재 2009.12.29. 2008헌바64).

국선변호인이 제출한 심판청구서에는 청구인이 한 심판청구와 주장을 묵시적으로라도 추인하고 있다고 볼 내용이 없다면, 국선변호인의 심판청구서에 기재되어 있지 아니한 **청구인의 그 전의 심판청구내용과 국선변호인의 심판청구 이후에 청구인이 제출한 추가된 별개의 심판청구와 주장은**

이 사건 헌법소원심판대상이 되지 않는다고 할 것이다(헌재 1995.2.23. 94헌마105). [해 답] ③

6. 헌법재판에서의 가처분에 관한 설명 중 옳지 않은 것은? (다툼이 있는 경우 판례에 의함)

① 헌법재판소가 권한쟁의심판의 청구를 받은 때에는 직권 또는 청구인의 신청에 의하여 종국결정의 선고시까지 심판대상이 된 피청구기관의 처분의 효력을 정지하는 결정을 할 수 있다.

② 헌법재판소법은 헌법소원심판절차에서는 가처분에 관한 명문의 규정이 없으므로, 이를 허용할 수 없다.

③ 법률의 효력을 정지시키는 가처분의 허용기준으로는, 다투어지는 '공권력 행사 또는 불행사'의 현상을 그대로 유지시킴으로 인하여 생길 회복하기 어려운 손해를 예방할 필요가 있어야 하고, 그 효력을 정지시켜야 할 긴급한 필요가 있어야 한다는 것 등이 그 요건이 된다 할 것이다.

④ 법령의 효력을 정지시키는 가처분은 비록 일반적인 보전의 필요성이 인정된다고 하더라도 공공복리에 중대한 영향을 미칠 우려가 있을 때에는 인용되어서는 안 될 것이다.

⑤ 헌법재판소법 제68조 제2항에 의한 헌법소원에서 당해 소원의 심판이 있을 때까지 그 소원(訴願)의 전제가 된 민사소송절차의 일시정지를 구하는 가처분신청은 허용되지 않는다.

해설

① (o) 헌법재판소법 제65조; 이 가처분결정을 함에 있어서는 행정소송법과 민사소송법 소정의 가처분에 관계되는 규정이 준용되므로(헌법재판소법 40), 권한쟁의심판에서의 가처분결정은 피청구기관의 처분 등이나 그 집행 또는 절차의 속행으로 인하여 생길 회복하기 어려운 손해를 예방할 필요가 있거나 기타 공공복리상의 중대한 사유가 있어야 하고 그 처분의 효력을 정지시켜야 할 긴급한 필요가 있는 경우 등이 그 요건이 된다(행정소송법 23②,③).

② (x) 헌법재판소법은 정당해산심판과 권한쟁의심판에 관해서만 가처분에 관한 규정을 두고 있지만(제57조, 제65조) 헌법재판소법 제68조 제1항에 의한 헌법소원심판절차에 있어서도 가처분의 필요성은 있을 수 있고, 달리 가처분을 허용하지 아니할 상당한 이유를 찾아볼 수 없으므로 **헌법소원심판청구사건에서도 가처분은 허용된다**(헌재 2006.2.23. 2005헌사754).

헌법소원심판절차에서 가처분의 요건은 헌법소원심판에서 다투어지는 '공권력 행사 또는 불행사'의 현상을 그대로 유지시킴으로 인하여 생길 **회복하기 어려운 손해를 예방할 필요**가 있어야 한다는 것과 그 효력을 정지시켜야 할 **긴급한 필요가 있어야 한다는 것** 등이 된다(헌재 2000.12.8. 2000헌사471).

③ (o) 헌재 2006.2.23. 2005헌사754.

④ (o) 법령의 위헌확인을 청구하는 헌법소원심판에서의 가처분은 위헌이라고 다투어지는 법령의 효력을 그대로 유지시킬 경우 회복하기 어려운 손해가 발생할 우려가 있어 가처분에 의하여 임시로 그 법령의 효력을 정지시키지 아니하면 안 될 필요가 있을 때 허용되고, 다만 현재 시행되고 있는 법령의 효력을 정지시키는 것일 때에는 그 효력의 정지로 인하여 파급적으로 발생되는 효과가 클 수 있으므로 비록 일반적인 보전의 필요성이 인정된다고 하더라도 공공복리에 중대한 영향을 미칠 우려가 있을 때에는 인용되어서는 안 될 것이다(헌재 2002.4.25. 2002헌사129).

⑤ (o) 헌재 1993.12.20. 93헌사81. [해 답] ②

7. 헌법재판과 재심에 관한 설명 중 옳지 않은 것은? (다툼이 있는 경우 판례에 의함)

① 헌법재판소법은 헌법재판소 결정에 대한 재심이 허용될 것인지에 관한 명문의 규정을 두고 있지 않기 때문에 민사소송법을 준용하여 심판의 종류에 따라 재심이 허용될 것인지를 개별적으로 판단하여야 한다.

② 권리구제형 헌법소원에 있어서는 사안의 성질상 헌법재판소의 결정에 대한 재심은 재판부의 구성이 위법한 경우 등 절차상 중대하고도 명백한 위법이 있어서 재심을 허용하지 아니하면 현저히 정의에 반하는 경우에 한하여 제한적으로 허용될 수 있다.

③ 원래 재심은 재판을 받은 당사자에게 이를 인정하는 특별한 불복절차이므로 위헌법률심판이라는 재판의 당사자가 아닌 사람은 그 재판에 대하여 재심을 청구할 수 있는 지위 내지 적격을 갖지 못한다.

④ 헌법재판소법 제68조 제2항에 의한 헌법소원심판청구사건에 있어서 선고된 헌법재판소의 결정에 대하여 재심에 의한 불복방법이 허용된다면, 종전에 헌법재판소의 위헌결정으로 효력이 상실된 법률 또는 법률조항이 재심절차에 의하여 그 결정이 취소되고 새로이 합헌결정이 선고되어 그 효력이 되살아나는 문제 등이 있어 허용되지 않는다.

⑤ 헌법소원심판절차는 변론주의가 적용되기 때문에 선고된 헌법재판소의 결정에 대하여는 민사소송법 제422조 제1항 제9호 소정의 판단유탈은 재심사유가 될 수 있다.

해설

① (o) 헌법재판은 그 심판의 종류에 따라 그 절차의 내용과 결정의 효과가 한결 같지 아니하기 때문에 재심(再審)의 허용 여부 내지 허용 정도는 심판절차의 종류에 따라 개별적으로 판단되어야 한다(헌재 1995.1.20. 93헌아1).

② (o) 헌법재판소법 제68조 제1항에 의한 헌법소원 중 행정작용에 속하는 공권력작용

을 대상으로 하는 **권리구제형 헌법소원에 있어서는**, 사안의 성질상 헌법재판소의 결정에 대한 재심은 재판부의 구성이 위법한 경우 등 절차상 중대하고도 명백한 위법이 있어서 재심을 허용하지 아니하면 현저히 정의에 반하는 경우에 한하여 **제한적으로 허용될 수 있을 뿐이다**(헌재 1995.1.20. 93헌아1).

③ (o) 헌재 2004.9.23. 2003헌아61; 위헌법률심판의 제청은 법원이 헌법재판소에 대하여 하는 것이기 때문에 당해사건에서 법원으로 하여금 위헌법률심판을 제청하도록 신청을 한 사람은 위헌법률심판사건의 당사자라고 할 수 없다(헌재 2004.9.23. 2003헌아61).

④ (o) 만약 헌법재판소법 제68조 제2항에 의한 헌법소원심판청구사건에 있어서 선고된 헌법재판소의 결정에 대하여 재심에 의한 불복방법이 허용된다면, 종전에 헌법재판소의 위헌결정으로 효력이 상실된 법률 또는 법률조항이 재심절차에 의하여 그 결정이 취소되고 새로이 합헌결정이 선고되어 그 효력이 되살아날 수 있다거나 종래의 합헌결정이 후일 재심절차에 의하여 취소되고 새로이 위헌결정이 선고될 수 있다 할 것이다. 그러나 이러한 결과는 그 문제된 법률 또는 법률조항과 관련되는 모든 국민의 법률관계에 이루 말할 수 없는 커다란 혼란을 초래하거나 그 법적 생활에 대한 불안을 가져오게 할 수도 있다. 결국 위헌법률심판을 구하는 헌법소원에 대한 헌법재판소의 결정에 대하여는 **재심을 허용하지 아니함으로써 얻을 수 있는 법적 안정성의 이익이 재심을 허용함으로써 얻을 수 있는 구체적 타당성의 이익보다 훨씬 높을 것**으로 쉽사리 예상할 수 있고, 따라서 헌법재판소의 이러한 결정에는 재심에 의한 불복방법이 그 성질상 허용될 수 없다고 보는 것이 상당하다고 할 것이다(헌재 1992.6.26. 90헌아1).

⑤ (x) 헌법소원심판절차에서는 변론주의가 적용되는 것이 아니어서 **직권으로 청구인이 주장하는 청구이유 이외의 헌법소원의 적법요건 및 기본권침해 여부에 관련되는 이유에 관하여 판단하는 점과**, 헌법재판이 헌법의 해석을 주된 임무로 하고 있는 특성, 행정작용에 속하는 공권력작용을 대상으로 하는 권리구제형 헌법소원심판절차에서는 사전구제절차를 모두 거친 뒤에야 비로소 적법하게 헌법소원심판을 청구할 수 있다고 하는 사정 등을 고려할 때, 이러한 헌법소원심판절차에서 선고된 헌법재판소의 결정에 대하여는 민사소송법 제422조 제1항 제9호 소정의 **판단유탈은 재심사유가 되지 아니한다**(헌재 1995.1.20. 93헌아1). [해 답] ⑤

8. 헌법재판소의 위헌법률심판에 관한 설명 중 옳지 않은 것은? (다툼이 있는 경우 판례에 의함)

① 위헌여부심판의 제청대상 법률은 제청 당시에 공포는 되었으나 시행되지 않았거나 헌법재판소 결정 당시에는 이미 폐지되어 효력이 상실된 법률도 원칙적으로 위헌여부심판의 대상법률에 포함된다.

② 법원의 위헌법률심판제청에 있어 위헌 여부가 문제되는 법률 또는 법률조항이 재판의 전제성 요건을 갖추고 있는지 여부는 되도록 제청법원의 이에 관한 법률적 견해를 존중해야 하는 것이 원칙이다.

③ 위헌제청되지 아니한 법률조항이라고 하더라도 위헌제청된 법률조항과 일체를 형성하고 있는 경우에는 그에 대한 판단을 할 수 있다.

④ 헌법재판소법 제68조 제2항의 헌법소원은 법률이 헌법에 위반되는지 여부가 재판의 전제가 된 경우 위헌심판 제청신청을 하여 그 신청이 기각된 때에만 청구할 수 있으므로, 심판의 대상은 재판의 전제가 되는 법률이지 대법원규칙은 될 수 없다.

⑤ 법률조항 자체의 위헌판단을 구하는 것이 아니라 법률조항을 "…하는 것으로 해석·적용하는 한 위헌"이라는 판단을 구하는 청구는 헌법재판소법 제68조 제2항이 심판대상을 법률에 한정하고 있으므로 위 조문상의 청구로서 적절하지 않다.

해설 ① (x) 법률의 위헌여부심판의 제청대상 법률은 특별한 사정이 없는 한 현재 시행중이거나 과거에 시행되었던 것이어야 하기 때문에, **제청 당시에 공포는 되었으나 시행되지 않았고** 이 (헌법재판소) 결정 당시에는 **이미 폐지되어 효력이 상실된 법률은 위헌여부심판의 대상법률에서 제외**되는 것으로 해석함이 상당하다(헌재 1997.9.25. 97헌가4). 그러나 **이미 폐지된 법률**이라 할지라도 헌법소원심판청구인들의 침해된 법익을 보호하기 위하여 그 위헌 여부가 가려져야 할 필요가 있는 경우 즉 **법률상 이익이 현존하는 경우에는** 심판을 하여야 한다고 할 것이다. 만일 헌법재판소가 폐지된 법률이라는 이유로 위헌심사를 거부하거나 회피하면 구체적 사건에 대한 법적분쟁을 해결하여야 하는 법원으로서는 법률에 대한 위헌여부결정권이 없다는 것을 이유로 하여 위헌문제가 제기된 법률을 그대로 적용할 수 밖에 없는 불합리한 결과가 생겨나게 되기 때문이다(헌재 1989.12.18. 89헌마32).

② (o) 헌재 2007.6.28. 2006헌가14; 법률이 재판의 전제가 되는 요건을 갖추고 있는지의 여부는 제청법원의 견해를 존중하는 것이 원칙이나, **재판의 전제와 관련된 법률적 견해가 유지될 수 없는 것으로 보이면 헌법재판소가 직권으로 조사할 수도 있는 것이다**(헌재 1999.9.16. 99헌가1). 다만 그 전제성에 관한 법률적 견해가 명백히 유지될 수 없을 경우에 헌법재판소가 이를 부정할 수 있다(헌재 2007.6.28. 2006헌가14).

③ (o) 헌재 1999.9.16. 99헌가1.

④ (o) 헌재 2001.2.22. 99헌바87; 헌법재판소에서 **위헌이라고 결정하여 그 효력을 상실한 법률**(구 사회보호법 제5조 제1항), **시행되고 있지 아니한 법률**(재판의 전제가 된), **형식적 의미의 법률이 아닌 법규명령이나 행정규칙은 심판의 대상이 될 수 없다**. ㉠ 명령·규칙의 위헌여부는 일반 법원이 스스로 심사하므로 위헌법률심판의 대상이 되지 않는다(헌재 1996.10.4. 96헌가6). ㉡ 지방자치단체의 조례 역시 그 대상이 될 수 없다(헌재 1998.10.15. 96헌바77). ㉢ 헌법재판소가 구 사회보호법 제5조 제1항은 헌법에 위반된다고 이미 판시하였으므로 이에 대한 위헌법률심판제청은 부적법하다(헌재 1989.9.29. 89헌가86).

⑤ (o) 헌재 1995.7.21. 92헌바40.

[해 답] ①

9. 법원의 위헌법률심판제청에 관한 설명 중 옳지 않은 것은? (다툼이 있는 경우 판례에 의함)

① 헌법재판소는 구체적 사건에서 법률의 위헌여부가 재판의 전제가 되어 법원의 제청이 있는 때에 한하여 위헌법률심판을 할 수 있고, 개인의 제소 또는 심판청구만으로는 위헌법률심판을 할 수 없다.

② 형사재판의 경우 피고인이 아닌 고소인은 형사재판의 당사자라고 볼 수 없으므로, 위헌제청신청을 할 수 있는 자에 해당하지 않는다.

③ 위헌법률심판제청은 당해 사건을 담당하는 법원이 직권으로 할 수 있으며, 당사자는 위헌법률심판제청신청은 할 수 없고 헌법소원심판청구를 할 수 있을 뿐이다.

④ 대법원 외의 법원이 위헌법률심판제청을 할 때에는 대법원을 거쳐야 하는데, 이때 대법원이 하급법원의 제청에 대한 심사권을 갖는 것은 아니다.

⑤ 헌법재판소법 제41조 제4항은 위헌여부심판의 제청에 관한 결정에 대하여는 항고할 수 없다는 것으로서, 합헌판단권의 인정 여부와는 직접 관계가 없는 조항이므로, 그 조항이 바로 법원의 합헌판단권을 인정하는 근거가 된다고 할 수 없다.

해설

① (o) 헌재 1994.6.30. 94헌아5; 헌법재판소가 관장하는 재판사항은 위헌법률심판, 탄핵심판, 정당해산심판, 권한쟁의심판 및 헌법소원심판의 5가지로 한정되어 있고, 그 중 **위헌법률심판은** 위 헌법 제107조 제1항 및 헌법재판소법 제41조 제1항의 규정에 따라 **법원의 제청이 있는 때에 한하여** 할 수 있게 되어 있다. 다만, 법률의 규정으로 말미암아 직접 기본권이 침해되었거나, 법원으로부터 위헌법률심판 제청신청이 기각되었음을 이유로 헌법재판소법 제68조에 의거하여 법률의 규정에 대한 위헌선언을 구하는 헌법소원심판을 청구할 수 있으나, 그것은 위에서 말하는 위헌법률심판의 청구는 아니다(헌재 1994.6.30. 94헌아5).

② (o) 헌법재판소법 제41조 제1항 및 법 제68조 제2항 전문을 해석하면 **위헌심판 제청신청은 당해사건의 당사자만 할 수 있다고 봄이 상당하고**, 형사재판의 경우 피고인이 아닌 고소인은 형사재판의 당사자라고 볼 수 없으므로, 위헌제청신청을 할 수 있는 자에 해당하지 않는다. 따라서 타인의 위증사건에서 단순히 고소인의 지위에 있는 자가 청구한 헌법소원심판청구는 헌법재판소법 제68조 제2항의 요건을 갖추지 못하여 부적법하다(헌재 2010.3.30. 2010헌바102).

③ (x) 법률이 헌법에 위반되는지 여부가 재판의 전제가 된 경우에는 당해 사건을 담당하는 법원(군사법원을 포함한다)은 **직권 또는 당사자의 신청에** 의한 결정으로 헌법재판소에 위헌여부 심판을 제청한다(헌법재판소법 41①).

④ (o) 대법원 외의 법원이 제1항의 제청을 할 때에는 대법원을 거쳐야 한다(헌법재판소법 41⑤). 대법원을 형식적으로 경유하라는 것이고, 대법원에서 제청을 심사하는 것은 아니다.

⑤ (o) 또한 헌재법 제68조 제2항은 위헌제청신청이 기각된 때에는 그 신청인이 바로 헌법재

판소에 법률의 위헌 여부에 관한 심사를 구하는 헌법소원을 제기할 수 있다는 것으로서, 그 경우에 "위헌제청신청이 기각된 때"라는 것은 반드시 합헌판단에 의한 기각결정만을 의미하는 것이 아니라 재판의 전제성을 인정할 수 없어 내리는 기각결정도 포함하는 것으로 해석되므로, 그 조항 역시 법원의 합헌판단권을 인정하는 근거가 된다고 볼 수 없다(헌재 1993.7.29. 90헌바35). 법원의 위헌법률심판제청권에 법률의 합헌결정권 내지 합헌판단권도 포함되는지 여부에 대하여 긍정설과 부정설이 대립된다. **헌법재판소는 합헌결정권을 인정할 근거조문이 없다**고 판시하고 있다.

[해 답] ③

10. 위헌법률심판제청의 요건으로서의 '재판의 전제성'에 관한 설명 중 옳지 않은 것은? (다툼이 있는 경우 판례에 의함)

① "재판"이라 함은 원칙적으로 그 형식 여하와, 본안에 관한 재판이거나 소송절차에 관한 것이거나를 불문하며, 판결과 결정 그리고 명령이 여기에 포함된다.

② 일정한 법률조항이 재판의 전제가 된다고 하려면 그 법률조항의 위헌여부에 따라 재판의 결론이 달라지거나 재판의 내용과 효력에 관한 법률적 의미가 달라지는 경우를 말한다.

③ 재판의 전제성이라 함은 원칙적으로 (ㄱ) 구체적인 소송사건이 법원에 계속 중이어야 하고, (ㄴ) 위헌여부심판에 제청된 법률이 당해 소송사건의 재판에 적용되는 것이어야 하며, (ㄷ) 그 제청된 법률이 헌법에 위반되는 여부에 따라 당해 소송사건을 담당하는 법원이 다른 내용의 재판을 하게 되는 경우를 말한다.

④ 형사소송법 제295조에 의하여 법원이 행하는 증거채부결정은 당해 소송사건을 종국적으로 종결시키는 재판은 아니라고 하더라도, 그 자체가 법원의 의사결정으로서 헌법 제107조 제1항과 헌법재판소법 제41조 제1항 및 제68조 제2항에 규정된 재판에 해당된다.

⑤ 만약 당해사건이 부적법한 것이어서 종국적으로 각하를 면할 수 없는 것일 때에도 일단 소송사건이 법원에 계속 중에 있기 때문에 이때 제기된 헌법소원심판청구는 재판의 전제성을 충족하고 있다.

해설 ① (o) 헌재 1994.2.24. 91헌가3; 그러므로 민사소송법 제368조의2에 의하여 제청법원 또는 그 재판장이 하고자 하는 **인지첩부를 명하는 보정명령**은 당해 소송사건의 본안에 관한 판결주문에 직접 관련된 것이 아니라고 하여도, 헌법 제107조 제1항과 헌법재판소법 제41조 제1항에 규정된 재판에 해당한다고 할 것이다(헌재 1994.2.24. 91헌가3).

② (o) 헌재 1994.12.29. 92헌바22.

③ (o) 헌재 1994.2.24. 91헌가3; 다른 내용의 재판을 하게 되는 경우라 함은 원칙적으로 법원

이 심리중인 당해 사건의 재판의 결론이나 주문에 어떤 영향을 주는 경우뿐만 아니라 제청된 법률의 위헌 여부가 비록 **주문 자체에는 아무런 영향을 주지 않는다고 하더라도** 재판의 결론을 이끌어 내는 이유를 달리하는 데 관계되어 있거나 또는 재판의 내용과 효력에 관한 법률적 의미가 달라지는 경우도 포함된다고 할 것이다(헌재 1992.12.24. 92헌가8).

④ (o) 헌재 1996.12.26. 94헌바1.

⑤ (x) 헌법재판소법 제68조 제2항에 의한 헌법소원심판의 청구는 같은 법 제41조 제1항의 규정에 의한 적법한 위헌여부심판의 제청신청을 법원이 각하 또는 기각하였을 경우에만 제기할 수 있는 것이고, **위헌여부심판의 제청신청이 적법한 것이 되려면 제청신청된 법률의 위헌여부가 법원에 제기된 당해사건의 재판의 전제가 된 때라야 하므로** 만약 당해사건이 부적법한 것이어서 법률의 위헌여부를 따져 볼 필요조차 없이 **각하를 면할 수 없는 것일 때에는** 위헌여부심판의 제청신청은 적법요건인 재판의 전제성을 흠결한 것으로서 각하될 수밖에 없고 이러한 경우에는 헌법재판소법 제68조 제2항에 의한 **헌법소원심판을 청구할 수 없는 것이다**(헌재 1992.8.19. 92헌바36). [해 답] ⑤

11. 아래 내용의 재판에 대하여 위헌법률심판제청을 한 경우에 재판의 전제성이 인정되는 것은? (다툼이 있는 경우 판례에 의함)

① 헌법재판소법 제68조 제2항에 의한 헌법소원심판 청구인이 당해 사건인 형사사건에서 무죄의 확정판결을 받은 때

② 당해사건 원고가 제1심에서 승소판결을 받은 후 피고가 항소하였으나, 피고가 그 항소를 취하한 경우

③ 문제된 법률의 위헌여부가 비록 재판의 주문 자체에는 아무런 영향을 주지 않는다고 하더라도 재판의 결론을 이끌어내는 이유를 달리 하는데 관련되어 있거나 또는 재판의 내용과 효력에 관한 법률적 의미가 전혀 달라지는 경우

④ 승소판결을 선고받아 그 판결이 확정되었음에도 시효중단을 위하여 다시 동일한 소송을 제기한 경우

⑤ 당해소송에서 승소한 당사자가 제기한 위헌법률심판청구

해설

① (x) 헌법재판소법 제68조 제2항에 의한 헌법소원심판 청구인이 당해 사건인 형사사건에서 **무죄의 확정판결을 받은 때에는 처벌조항의 위헌확인을 구하는 헌법소원이 인용되더라도 재심을 청구할 수 없어**, 청구인에 대한 무죄판결을 종국적으로 다툴 수 없게 된다. 결국 이러한 경우 법률의 위헌 여부에 따라 당해 사건 재판의 주문이 달라지거나 재판의 내용과 효력에 관한 법률적 의미가 달라지는 경우에 해당한다고 볼 수 없으므로 더 이상 재판의 전제성이 인정되지 아니하는 것으로 보아야 한다(헌재 2011.7.28. 2009헌바149).

② (x) 당해사건 원고가 제1심에서 승소판결을 받은 후 피고가 항소하였으나, 그 항소를 취하함으로써 당해사건이 더 이상 법원에 계속 중이지 아니하며, **원고의 승소로 종결된 이상**, 심판대상 조항에 대한 위헌결정은 당해사건 재판의 결론이나 주문에 영향을 미치지 아니하므로 구 고용보험법(2011.7.21. 법률 제10895호로 개정되기 전의 것) 제50조 제5항은 재판의 전제성이 인정되지 않는다(헌재 2012.7.26. 2011헌가40).

③ (o) 법률의 위헌여부에 따라 법원이 "다른 내용의" 재판을 하게 되는 경우라 함은 원칙적으로 제청법원이 심리 중인 당해 사건의 재판의 결론이나 주문에 어떠한 영향을 주는 것뿐만이 아니라, 문제된 법률의 위헌여부가 비록 재판의 주문 자체에는 아무런 영향을 주지 않는다고 하더라도 재판의 결론을 이끌어내는 **이유를 달리 하는데 관련되어 있거나 또는 재판의 내용과 효력에 관한 법률적 의미가 전혀 달라지는 경우**에는 재판의 전제성이 있는 것으로 보아야 한다(헌재 1992.12.24. 92헌가8).

④ (x) 승소판결을 선고받아 그 판결이 확정되었음에도 시효중단을 위하여 다시 동일한 소송을 제기한 경우 **후소는 전소의 기판력을 받게 되어** 법원은 확정된 전소판결의 내용에 어긋나는 판단을 할 수 없다. 따라서 이 사건 심판대상조문의 위헌 여부에 따라 당해 사건의 주문이 달라지거나 재판의 내용과 효력에 관한 법률적 의미가 달라지는 경우에 해당한다고 할 수 없으므로 이 사건 심판청구는 재판의 전제성 요건을 갖추지 못하였다(헌재 2012.11.29. 2011헌바231).

⑤ (x) 당해소송에서 승소한 당사자인 청구인은 재심을 청구할 수 없고, 당해사건에서 청구인에게 유리한 판결이 확정된 마당에 이 법률조항에 대하여 위헌결정을 한다 하더라도 당해사건 재판의 결론이나 주문에 영향을 미치는 것도 아니므로, 결국 이 사건은 재판의 전제성이 부정되는 부적법한 심판청구이다(헌재 2000.7.20. 99헌바61). [해 답] ③

12. 위헌법률심판제청을 한 경우의 재판의 전제성에 관한 설명 중 옳지 않은 것은? (다툼이 있는 경우 판례에 의함)

① 재판의 전제성은 법률의 위헌여부심판제청시에만 갖추어져 있어야 하는 것이 원칙이다.

② 당해 사건의 재판에 적용되지 아니하고 위헌선언으로 다른 내용의 재판을 하게 되는 경우에 해당하지 않는 법률조항에 대한 심판청구는 재판의 전제성을 갖추지 못하였다.

③ 청구인이 재판을 받고 있는 당해사건 재판의 전제가 될 수 없는 경우에는 그 부분에 대한 위헌법률심판의 헌법소원은 심판청구의 이익이 없어 부적법 각하하게 된다.

④ 공소가 제기되지 아니한 법률조항의 위헌여부는 당해 형사사건의 재판의 전제가 될 수 없다.

⑤ 청구인은 사기죄로 기소되어 법원에 재판계속중이고, 심판대상법조항이 당해사건

의 재판에 간접적으로 적용되고 있으며, 심판대상법조항의 위헌여부에 따라 당해 사건을 담당하는 법원이 다른 내용의 재판을 하게 되는 사실이 인정되므로, 이 사건 심판청구는 재판의 전제성 요건을 갖춘 것이다.

해설

① (x) 재판의 전제성은 법률의 위헌여부심판제청시만 아니라 **심판시에도 갖추어져야 함**이 원칙이다(헌재 1993.12.23. 93헌가2).

헌법소원의 본질은 주관적 권리구제뿐 아니라 객관적인 헌법질서의 보장도 겸하고 있으므로 **침해행위가 이미 종료하여서 이를 취소할 여지가 없기 때문에 헌법소원이 주관적 권리구제에는 별 도움이 안되는 경우라도** 그러한 침해행위가 앞으로도 반복될 위험이 있거나 당해 분쟁의 해결이 헌법질서의 수호·유지를 위하여 긴요한 사항이어서 그 해명이 헌법적으로 중대한 의미를 지니고 있는 경우에는 헌법소원의 이익을 인정하여야 할 것이다(헌재 1992.1.28. 91헌마111).

② (o) 선거운동기간 동안 일정한 선거운동만을 허용하고 있는 지방교육자치에 관한 법률 제78조가 지나치게 선거운동의 자유를 침해하는 것이라고 보아 이를 위헌으로 선언한다 할지라도, "선거운동기간" 중에만 선거운동을 허용하는 위 법률 제79조가 합헌인 한, 각종 인쇄물을 사용한 "사전선거운동"을 금지하고 있는 이 사건 심판대상 조항까지 당연히 위헌이 되는 것으로 볼 수 없다. 즉 법 제78조에 대한 위헌선언이 있다고 하여 법원이 법 제158조 제2항 제1호를 적용법조로 하는 당해 사건에서 다른 내용의 재판을 하게 되는 경우에 해당하는 것으로 볼 수 없다. 그러므로 법 제78조 및 그 처벌규정인 제140조가 재판의 전제성을 갖추었다고 할 수 없다(헌재 2006.2.23. 2003헌바84).

③ (o) 헌재 1989.9.29. 89헌마53.

④ (o) 공소가 제기되지 아니한 법률조항의 위헌여부는 당해 형사사건의 재판의 전제가 될 수 없으므로 헌법소원심판청구는 청구의 이익이 없어 부적법하다(헌재 1989.9.29. 89헌마53).

⑤ (o) 헌재 2000.1.27. 99헌바23. [해 답] ①

13. 헌법재판소의 위헌법률심판에 관련된 설명 중 옳지 않은 것은? (다툼이 있는 경우 판례에 의함)

① 법률안이 거부권 행사에 의하여 최종적으로 폐기되었다면 모르되, 그렇지 아니하고 공포되었다면 법률안은 그 동일성을 유지하여 법률로 확정되는 것이라고 보아야 하므로 이에 대한 헌법소원은 적법하다.

② 위헌법률심판에 있어서 재판의 전제성은 헌법재판소가 별도로 독자적인 심사를 하기보다는 되도록 법원의 이에 관한 법률적 견해를 존중해야 할 것이며, 다만 그 전제성에 관한 법률적 견해가 명백히 유지될 수 없을 때에만 헌법재판소는 예외적으로 이를 직권으로 조사하여 위헌제청을 각하할 수 있다고 할 것이다.

③ 법률이 폐지되어 그 법률의 시행당시에 발생한 구체적 사건에 대하여서 법률의 성질상 더 이상 적용될 수 없을 때라도 폐지된 법률의 위헌여부가 문제로 제기되는 경우에는 그 위헌여부심판을 헌법재판소가 할 수밖에 없다.

④ 행정청의 사실상의 준비행위나 사전안내라도 그 내용이 국민의 기본권에 직접 영향을 끼치는 내용이고 앞으로 법령의 뒷받침에 의하여 그대로 실시될 것이 틀림없을 것으로 예상될 수 있는 것일 때에는 헌법소원의 대상은 될 수 있다고 보아야 한다.

⑤ 법률에 근거하여 행정청이 행정처분을 한 후에 헌법재판소가 그 법률을 위헌으로 결정하였다면 결과적으로 그 행정처분은 법률의 근거가 없이 행해여진 것과 마찬가지가 되어 하자 있는 것이 된다고 할 것이다.

해설

① (o) 헌재 2001.11.29. 99헌마494.

② (o) 헌재 2003.11.27. 2002헌바102; 왜냐하면 문제되는 법률의 위헌여부가 재판의 전제가 되느냐 되지 않느냐는 사건기록 없이 위헌여부의 쟁점만 판단하게 되어 있는 헌법재판소보다는 기록을 갖고 당해사건의 종국적 해결을 하는 일반법원이 더 잘 알 것이며, 또 헌법재판소가 위헌여부의 실체판단보다도 위헌심판청구의 형식적 요건인 재판의 전제성에 치중하여 나름대로 철저히 규명하려 든다면 결과적으로 본안사건의 종국적 해결에 커다란 지연요인이 될 것이기 때문이다(헌재 1993.5.13. 92헌가10).

③ (x) 법률은 원칙적으로 발효시부터 실효시까지 효력이 있고, 그 시행중에 발생한 사건에 적용되기 마련이므로 법률이 폐지된 경우라 할지라도 그 법률의 시행당시에 발생한 구체적 사건에 대하여서는 **법률의 성질상 더 이상 적용될 수 없거나 특별한 규정이 없는 한**, 폐지된 법률이 적용되어 재판이 행하여질 수밖에 없는 것이고, 이때 폐지된 법률의 위헌여부가 문제로 제기되는 경우에는 그 위헌여부심판은 헌법재판소가 할 수밖에 없는 것이다(헌재 1989.12.18. 89헌마32). 그러므로 폐지된 법률에 대하여서도 위헌법률심판 대상이 되려면 시행당시에 발생한 구체적 사건에 대하여 **법률의 성질상 더 이상 적용될 수 없거나 특별한 규정이 있을 때**에는 심판대상이 될 수 없다.

④ (o) 사실상의 준비행위나 사전안내라도 그 내용이 국민의 기본권에 직접 영향을 끼치는 내용이고 앞으로 법령의 뒷받침에 의하여 그대로 실시될 것이 틀림없을 것으로 예상될 수 있는 것일 때에는 그로 인하여 직접적으로 기본권침해를 받게 되는 사람에게는 사실상의 규범작용으로 인한 위험성이 이미 발생하였다고 보아야 할 것이므로 이러한 것도 헌법소원의 대상은 될 수 있다고 보아야 하고 **서울대학교의 " '94학년도 대학입학고사 주요요강"**은 교육법시행령 제71조의2의 규정이 개정되어 그대로 시행될 수 있을 것이, 그것을 제정하여 발표하게 된 경위에 비추어 틀림없을 것으로 예상되므로 **이를 제정·발표한 행위는 헌법소원의 대상**이 되는 헌법재판소법 제68조 제1항 소정의 공권력의 행사에 해당된다고 할 것이다(헌재 1992.10.1. 92헌마68).

⑤ (o) 헌재 2003.11.27. 2002헌바102; 하자있는 행정처분이 당연 무효가 되기 위해서는 그 하

자가 중대할 뿐만 아니라 명백한 것이어야 하는바, **일반적으로 법률이 헌법에 위반된다는 사정이 헌법재판소의 위헌결정이 있기 전에는 객관적으로 명백한 것이라고 할 수는 없으므로** 특별한 사정이 없는 한 이러한 하자는 위 **행정처분의 취소사유에 해당할 뿐** 당연 무효사유는 아니며(헌재 2001.2.22. 99헌마605), 이미 취소소송의 제기기간을 경과하여 확정력이 발생한 행정처분에는 위헌결정의 소급효가 미치지 않는다고 보아야 할 것이다(헌재 2002.5.30. 2001헌바65).

[해 답] ③

14. 헌법재판소의 위헌법률심판에 관한 설명 중 옳지 않은 것은? (다툼이 있는 경우 판례에 의함)

① 기본권 보장을 위한 법규정이 불완전하여 그 보충을 요하는 경우 그 입법부작위를 헌법소원심판청구의 대상으로 삼을 수는 없다.

② 법률과 같은 효력을 가지는 관습법은 형식적 의미의 법률에 해당되지 않기 때문에 당연히 헌법소원심판의 대상이 되는 것은 아니다.

③ 일반국민이 직무집행 중인 군인과의 공동불법행위로 직무집행 중인 다른 군인에게 공상을 입혀 그 피해자에게 공동의 불법행위로 인한 손해를 배상한 다음 공동불법행위자인 군인의 부담부분에 관하여 국가에 대하여 구상권을 행사하는 것을 허용하지 아니한다고 해석하는 한, 헌법에 위반되어 위헌이다.

④ 위헌심사의 대상이 되는 법률이 국회의 의결을 거친 이른바 형식적 의미의 법률을 의미하는 것에 아무런 의문이 있을 수 없으므로, 헌법의 개별규정 자체는 헌법소원에 의한 위헌심사의 대상이 아니다.

⑤ 헌법재판소는 법률의 위헌 여부에 대한 법적 문제를 판단하기 위하여 입법의 기초가 된 사실관계 즉 입법사실을 확인하여 밝힐 수 있다.

해설

① (o) 헌재 1989.7.28. 89헌마1.

② (x) 법률과 같은 효력을 가지는 이 사건 **관습법도 당연히 헌법소원심판의 대상이 되고, 단지 형식적인 의미의 법률이 아니라는 이유로 그 예외가 될 수는 없다.** 이 사건 관습법은 민법 시행 이전에 상속을 규율하는 법률이 없는 상황에서 재산상속에 관하여 적용된 규범으로서 비록 형식적 의미의 법률은 아니지만 실질적으로는 법률과 같은 효력을 갖는다(헌재 2013.2.28. 2009헌바129).

③ (o) 헌재 1994.12.29. 93헌바21; 헌법상의 제규정을 가치통일적으로 조화롭게 해석·적용하기 위하여 **개별 헌법규정의 의미를 제한적으로 해석하였던 대표적인 예**라고 할 수 있는데, 이를 넘어서서 명시적으로 헌법의 개별규정 그 자체의 위헌 여부를 판단하는 것은 헌법재판소의 관장사항에 속하는 것이 아니다(헌재 1995.12.28. 95헌바3).

④ (o) 헌재 1995.12.28. 95헌바3.

⑤ (o) 헌재 1994.4.28. 92헌가3; 헌법재판소는 법률의 위헌 여부에 대한 법적 문제만 판단하고 법원에 계속 중인 당해 사건에 있어서의 사실확정과 법적용 등 고유의 사법작용(司法作用)에는 관여할 수 없으나, 법률의 위헌 여부에 대한 법적 문제를 판단하기 위하여 입법의 기초가 된 사실관계 즉 **입법사실을 확인하여 밝힐 수 있고**, 헌법재판소가 확인하여 밝힐 수 있는 입법사실과 당해 사건이 계속 중인 법원에서 확정하여야 할 사실문제가 중복되어 있는 경우에는 법률의 위헌 여부를 판단하기 위하여 필요한 범위 내에서만 입법사실을 확인하고 밝히는 것이 바람직하다(헌재 1994.4.28. 92헌가3). [해 답] ②

15. 헌법재판소의 위헌법률심판에 관한 설명 중 옳지 않은 것은? (다툼이 있는 경우 판례에 의함)

① 헌법재판소는 위헌법률심판기준으로 형식적 의미의 헌법전뿐만 아니라 관습헌법의 존재도 인정하고 있다.

② 헌법재판소법 제45조 본문의 "헌법재판소는 제청된 법률 또는 법률조항의 위헌여부만을 결정한다"라는 뜻은 헌법재판소는 법률의 위헌여부만을 심사하는 것이지 결코 위헌제청된 전제사건에 관하여 사실적, 법률적 판단을 내려 그 당부를 심판하는 것은 아니라는 것으로 해석하여야 한다.

③ 심판대상 법률조항과 불가분한 특별한 관계가 있는 경우에는 다른 법률조항에 대해서도 위헌결정을 할 수 있다.

④ 헌법재판소는 제청된 법률 또는 법률 조항의 위헌 여부만을 결정하는데, 법률 조항의 위헌결정으로 인하여 해당 법률 전부를 시행할 수 없다고 인정될 때에도 해당조항에 대하여 위헌결정을 하여야 한다.

⑤ 법원의 위헌제청을 통하여 제한되는 것은 오로지 심판의 대상인 법률조항이지 위헌심사의 기준이 아니다.

해설

① (o) 관습헌법도 성문헌법과 마찬가지로 주권자인 국민의 헌법적 결단의 의사의 표현이며 성문헌법과 동등한 효력을 가진다고 보아야 한다. 국민주권주의는 성문이든 관습이든 실정법 전체의 정립에의 국민의 참여를 요구한다고 할 것이며, 국민에 의하여 정립된 **관습헌법은 입법권자를 구속하며 헌법으로서의 효력을 가진다**. 신행정수도의건설을위한특별조치법은 헌법개정사항인 수도의 이전을 헌법개정의 절차를 밟지 아니하고 단지 단순법률의 형태로 실현시킨 것으로서 결국 헌법 제130조에 따라 헌법개정에 있어서 국민이 가지는 참정권적 기본권인 국민투표권의 행사를 배제한 것이므로 동 권리를 침해하여 헌법에 위반된다(헌재 2004.10.21. 2004헌마554).

② (o) 헌재 1989.9.8. 88헌가6; 전제사건에 관한 재판은 법원의 고유권한에 속하기 때문이다. 그리고 현대의 복잡다양한 사회현상, 헌법상황에 비추어 볼 때 헌법재판은 심사대상 법률의 위헌 또는 합헌이라는 양자택일 판단만을 능사로 할 수 없다. 재판 주문을 어떻게 내느냐의 주문의 방식문제는 민사소송에서 그러하듯 헌법재판에 대하여서도 아무런 명문의 규정이 없으며, 따라서 재판의 본질상 **주문을 어떻게 표시할 것인지는 재판관의 재량에 일임된 사항**이라 할 것이다(헌재 1989.9.8. 88헌가6).

③ (o) 지방세법 제31조 제2항 제3호 중 "으로부터 1년"이라는 부분은 헌법 제23조 제1항이 보장하고 있는 재산권의 본질적인 내용을 침해하는 것으로서 헌법전문, 제1조, 제10조, 제11조 제1항, 제23조 제1항, 제37조 제2항 단서에 의하여 **아울러 심판의 대상에 포함시켜** 위헌결정을 하는 것이다(헌재 1991.11.25. 91헌가6).

④ (x) 헌법재판소는 제청된 법률 또는 법률 조항의 위헌 여부만을 결정한다. 다만, 법률 조항의 위헌결정으로 인하여 해당 법률 전부를 시행할 수 없다고 인정될 때에는 그 전부에 대하여 위헌결정을 할 수 있다(헌법재판소법 45).

궐석재판을 규정한 반국가행위자의 처벌에 관한 특별조치법 제7조 제5항·제6항·제7항 본문, 제8조가 위헌으로 실효될 경우 **위 법 전체가 존재의미를 상실하여 시행될 수 없게 되므로 헌법재판소법 제45조 단서규정에 의해 위 법 전체에 대하여 위헌결정**을 한다(헌재 1996.1.25. 95헌가5).

⑤ (o) 헌재 1996.12.26. 96헌가18; 헌법재판소는 위헌법률심판절차에 있어서 규범의 위헌성을 제청법원이나 제청신청인이 주장하는 법적 관점에서만 아니라 **심판대상규범의 법적 효과를 고려하여 모든 헌법적 관점에서 심사한다**(헌재 1996.12.26. 96헌가18). [해 답] ④

16. 헌법재판소의 위헌결정의 효력과 관련된 설명 중 옳지 않은 것은? (다툼이 있는 경우 판례에 의함)

① 위헌으로 결정된 법률 또는 법률의 조항에 근거한 확정판결에 대하여는 재심을 청구할 수 있기 때문에, 위헌결정이 난 형벌법규에 의하여 과거에 처벌을 받은 경우는 물론 위헌결정된 법률에 근거한 민사사건과 행정사건에 대하여 재심에 의한 구제를 허용하고 있다.

② 헌법은 헌법재판소의 법조항에 대한 위헌결정의 효력에 관하여 직접적으로 규정하고 있지 않으며, 헌법재판소가 한 법률의 위헌결정은 법원 기타 국가기관 및 지방자치단체를 기속한다.

③ 헌법재판소의 위헌결정은 원칙적으로 장래효만을 인정하면서도 위헌결정이 난 형벌법규에 한하여서는 소급효를 인정하고 있다.

④ 헌법재판소에 의하여 위헌으로 선고된 법률 또는 법률의 조항이 제정 당시로 소급하여 효력을 상실하는가 아니면 장래에 향하여 효력을 상실하는가의 문제는 특단의 사정이 없는 한 헌법적합성의 문제라기보다는 입법자가 법적 안정성과

개인의 권리구제 등 제반이익을 비교형량하여 가면서 결정할 입법정책의 문제인 것으로 보인다.

⑤ 헌법재판소에 의하여 이미 위헌 선언되어 효력이 상실된 법률조항 부분이 입법의 결함에 해당한다고 주장하는 이 사건 헌법소원 심판청구는 종전의 위헌결정에 대한 불복이거나, 위헌으로 선언된 규범의 유효를 주장하는 것이어서 법률조항에 대한 위헌결정의 법규적 효력에 반하여 허용될 수 없으므로 부적법하다.

해설

① (x) 헌법재판소법 제47조 제2항은 "위헌으로 결정된 법률 또는 법률의 조항은 그 결정이 있는 날부터 효력을 상실한다. 다만, **형벌에 관한 법률 또는 법률의 조항은 소급하여 그 효력을 상실한다**"고 규정하고 있으며, 제3항은 "**제2항 단서의 경우에 위헌으로 결정된 법률 또는 법률의 조항에 근거한 유죄의 확정판결에 대하여는 재심을 청구**할 수 있다"고 규정하여 위헌으로 결정된 형벌에 관한 법률 또는 법률조항에 근거하여 유죄 확정판결에 대하여서만 재심을 청구할 수 있도록 하고 있다.

② (o) 우리나라 헌법은 헌법재판소의 법조항에 대한 위헌결정의 효력에 관하여 직접적으로 규정하고 있지 않으며, (헌법재판소)법 제47조가 이에 관하여 규정하고 있다. 즉 법 제47조는 헌법재판소의 위헌법률심판에 있어서의 위헌결정의 효력에 관하여 규정하고 있는바, 동조 제1항은 "법률의 위헌결정은 **법원 기타 국가기관 및 지방자치단체**를 기속한다"라고 규정하고 있다(헌재 1993.5.13. 92헌가10). 반면, 헌법소원의 인용결정은 **모든 국가기관과 지방자치단체**를 기속한다(헌법재판소법 75①)라고 규정하고 있다.

③ (o) 헌법재판소법 제47조 제2항은 원칙적으로 헌법재판소의 위헌결정에 장래효만을 인정하면서도 위헌결정이 난 형벌법규에 한하여서는 소급효를 인정하고 있다. 그러나 형벌에 관한 조항이라도 **불처벌의 특례를 규정한 법률조항에 대한 위헌결정**에 대해서는 소급효를 인정하지 않는다.

교통사고처리특례법 제4조 제1항은 비록 형벌에 관한 것이기는 하지만 불처벌의 특례를 규정한 것이어서 위 법률조항에 대한 위헌결정의 소급효를 인정할 경우 오히려 형사처벌을 받지 않았던 자들에게 형사상의 불이익이 미치게 되므로, 이와 같은 경우까지 헌법재판소법 제47조 제2항 단서의 적용범위에 포함시키는 것은 그 규정취지에 반하고, 따라서 위 법률조항이 헌법에 위반된다고 선고되더라도 형사처벌을 받지 않았던 자들을 소급하여 처벌할 수 없다(헌재 1997.1.16. 90헌마110).

④ (o) 헌재 1993.5.13. 92헌가10; 위헌결정에 소급효를 인정할 것인가를 정함에 있어 "**법적 안정성 내지 신뢰보호의 원칙**"과 "**개별적 사건에 있어서의 정의 내지 평등의 원칙**"이라는 서로 상충되는 두 가지 원칙이 대립하게 되는데, 이 중 어느 원칙을 더 중요시 할 것인가에 관하여는 법의 연혁·성질·보호법익 등을 고려하여 **입법자가 자유롭게 선택할 수 있도록 일임된 사항**으로 보여진다. 결국 우리의 입법자는 헌법재판소법 제47조 제2항 본문의 규정을 통하여 형벌법규를 제외하고는 법적 안정성을 더 높이 평가하는 방안을 선택하였는바, 이에 의하여 구체적 타당성이나 평등의 원칙이 완벽하게 실현되지 않는다고 하더라도 헌법상 법치주의의 원칙의 파생인 법적 안정성 내지는 신뢰보호의 원칙에 의하여 정당화된다할 것이고, 특단의

사정이 없는 한 이로써 헌법이 침해되는 것은 아니라 할 것이다(헌재 1993.5.13. 92헌가10).

⑤ (o) 헌재 2012.12.27. 2012헌바60; 헌법재판소법 제47조 제2항과 제75조 제6항은 위헌으로 결정된 법률 또는 법률조항은 원칙적으로 그 결정이 있는 날로부터 효력을 상실하도록 규정하고 있는바, 법규범에 대한 헌법재판소의 위헌결정은 소송 당사자나 국가기관 이외의 일반 사인에게도 그 효력이 미치고, 일반 국민은 헌법재판소가 위헌으로 선언한 법규범이 적용되지 않는 것을 수인해야 한다(헌재 2012.12.27. 2012헌바60). [해 답] ①

17. 헌법재판소가 위헌결정의 효력으로 인하여 부분적인 소급효가 인정된다고 판시한 사항이 아닌 것은?

① 구체적 규범통제의 실효성의 보장의 견지에서 법원의 제청·헌법소원의 청구 등을 통하여 헌법재판소에 법률의 위헌결정을 위한 계기를 부여한 당해 사건

② 위헌결정이 있기 전에 이와 동종의 위헌 여부에 관하여 헌법재판소에 위헌제청을 하였거나 법원에 위헌제청신청을 한 경우의 당해 사건

③ 따로 위헌제청신청을 아니하였지만 당해 법률 또는 법률의 조항이 재판의 전제가 되어 법원에 계속중인 사건

④ 당사자의 권리구제를 위한 구체적 타당성의 요청이 현저한 반면에 소급효를 인정하여도 법적 안정성을 침해할 우려가 없고 나아가 구법에 의하여 형성된 기득권자의 이익이 해쳐질 사안이 아닌 경우

⑤ 위헌결정 이후에 같은 이유로 제소된 일반 사건

해설 ① (o), ② (o), ③ (o) 효력이 다양할 수밖에 없는 위헌결정의 특수성 때문에 예외적으로 그 적용을 배제시켜 **부분적인 소급효의 인정을 부인해서는 안 될 것이다**. 우선 생각할 수 있는 것은, ㉠ 구체적 규범통제의 실효성의 보장의 견지에서 법원의 제청·헌법소원의 청구 등을 통하여 헌법재판소에 법률의 위헌결정을 위한 계기를 부여한 당해 사건, ㉡ 위헌결정이 있기 전에 이와 동종의 위헌 여부에 관하여 헌법재판소에 위헌제청을 하였거나 법원에 위헌제청신청을 한 경우의 당해 사건, ㉢ 그리고 따로 위헌제청신청을 아니하였지만 당해 법률 또는 법률의 조항이 재판의 전제가 되어 법원에 계속중인 사건에 대하여는 소급효를 인정하여야 할 것이다. 또 다른 한 가지의 불소급의 원칙의 예외로 볼 것은, ㉣ 당사자의 권리구제를 위한 구체적 타당성의 요청이 현저한 반면에 소급효를 인정하여도 법적 안정성을 침해할 우려가 없고 나아가 구법에 의하여 형성된 기득권자의 이익이 해쳐질 사안이 아닌 경우로서 소급효의 부인이 오히려 정의와 형평 등 헌법적 이념에 심히 배치되는 때라고 할 것으로, 이때에 소급효의 인정은 법 제47조 제2항 본문의 근본취지에 반하지 않을 것으로 생각한다(헌재 1993.5.13. 92헌가10).

④ (o) 헌재 1993.5.13. 92헌가10; 헌법재판소는 불가쟁력이 발생한 사건에 위헌결정의 효력을 미치게 하여 행정처분의 취소를 구할 수 있게 하려는 의도로 이 사항을 제시한 것인지만, **대**

법원은 이미 취소소송의 제기기간을 경과하여 확정력이 발생한 행정처분에는 위헌결정의 소급효가 미치지 않는다고 보아야 한다면서, **어느 행정처분에 대하여 그 행정처분의 근거가 된 법률이 위헌이라는 이유로 무효확인청구의 소가 제기된 경우에는 다른 특별한 사정이 없는 한 법원으로서는 그 법률이 위헌인지 여부에 대하여는 판단할 필요 없이 그 무효확인청구를 기각하여야 한다**(대법원 1994.10.28. 92누9463)고 판시하였다.

⑤ (x) **헌법재판소의 위헌결정의 효력은** 위헌제청을 한 당해 사건, 위헌결정이 있기 전에 이와 동종의 위헌 여부에 관하여 헌법재판소에 위헌여부심판제청을 하였거나 법원에 위헌여부심판제청 신청을 한 경우의 당해 사건과, 따로 위헌제청신청은 아니하였지만 당해 법률 또는 법률의 조항이 재판의 전제가 되어 법원에 계속중인 사건뿐만 아니라, **위헌결정 이후에 같은 이유로 제소된 일반 사건**에도 미친다(대법원 1995.7.28. 94다20402). 대법원은 위헌결정의 효력이 미치는 범위를 **헌법재판소가 판시하고 있는 것보다 확대**하여 '위헌결정 이후에 같은 이유로 제소된 일반 사건'에까지 미친다고 판시하고 있다. [해 답] ⑤

18. 헌법재판소의 결정의 종류에 관한 설명 중 옳지 않은 것은? (다툼이 있는 경우 판례에 의함)

① 헌법재판소는 법률 조항의 위헌결정으로 인하여 해당 법률 전부를 시행할 수 없다고 인정될 때에는 그 전부에 대하여 위헌결정을 할 수 있다.

② 헌법재판소법 제45조 본문의 "헌법재판소는 제청된 법률 또는 법률조항의 위헌 여부만을 결정한다"라는 뜻은 위헌제청된 전제사건에 관하여 사실적, 법률적 판단을 내려 그 당부를 심판하라는 것으로 해석하여야 한다.

③ 헌법재판소가 행하는 위헌여부 판단이란 위헌 아니면 합헌이라는 양자택일에만 그치는 것이 아니라 그 성질상 사안에 따라 위 양자의 사이에 개재하는 중간영역으로서의 여러 가지 변형재판이 필수적으로 요청된다.

④ 헌법재판소는 변형재판에 대응하여 위헌법률의 실효여부 또는 그 시기도 재량으로 정할 수 있는 것으로 보아야 하며, 이렇게 함으로써 비로소 헌법재판의 본질에 적합한 통일적, 조화적인 해석을 얻을 수 있다.

⑤ 재판 주문을 어떻게 내느냐의 주문의 방식문제는 민사소송에서 그러하듯 헌법재판에 대하여서도 아무런 명문의 규정이 없으며, 따라서 재판의 본질상 주문을 어떻게 표시할 것인지는 재판관의 재량에 일임된 사항이라 할 것이다.

해설

① (o) 헌법재판소는 제청된 법률 또는 법률 조항의 위헌 여부만을 결정한다. 다만, 법률 조항의 위헌결정으로 인하여 해당 법률 전부를 시행할 수 없다고 인정될 때에는 그 전부에 대하여 위헌결정을 할 수 있다(헌법재판소법 45).

② (x) 헌법재판소법 제45조 본문의 "헌법재판소는 제청된 법률 또는 법률조항의 위헌 여부만을 결정한다"라는 뜻은 헌법재판소는 **법률의 위헌여부만을 심사하는 것이지** 결코 위헌

제청된 전제사건에 관하여 사실적, 법률적 판단을 내려 그 당부를 심판하는 것은 아니라는 것으로 해석하여야 한다. **전제사건에 관한 재판은 법원의 고유권한에 속하기 때문**이다(헌재 1989.9.8. 88헌가6).

③ (o) 헌재 1989.9.8. 88헌가6; 그 예로는 법률의 한정적 적용을 뜻하는 **한정무효**, 위헌법률의 효력을 당분간 지속시킬 수 있는 **헌법 불합치**, **조건부 위헌**, 위헌성의 소지있는 법률에 대한 경고 혹은 **개정촉구** 등을 들 수 있고, 이러한 변형재판은 일찍이 헌법재판제도를 도입하여 정비한 서독 등 국가에서 헌법재판소가 그 지혜로운 운영에서 얻어 낸 판례의 축적에 의한 것이다(헌재 1989.9.8. 88헌가6).

④ (o) 헌재 1989.9.8. 88헌가6.

⑤ (o) 헌재 1989.9.8. 88헌가6; **단순위헌의 결정**을 하여 그 결정이 있은 날로부터 법률의 효력을 즉시 상실하게 하는 하나의 극에서부터 **단순합헌의 결정**을 하여 법률의 효력을 그대로 유지시키는 또 하나의 극 사이에서, 문제된 법률의 효력 상실의 시기를 결정한 날로부터 곧바로가 아니라 새 법률이 개정될 때까지 일정기간 뒤로 미루는 방안을 택하는 형태의 결정주문을 우리는 "**헌법에 합치되지 아니한다**"로 표현하기로 한 것이다(헌재 1989.9.8. 88헌가6). [해 답] ②

19. 헌법재판소의 결정 중 헌법불합치결정에 관한 설명 중 옳지 않은 것은? (다툼이 있는 경우 판례에 의함)

① 법률조항이 헌법에 위반될 경우 원칙으로 위헌결정을 하여야 할 것이나, 위헌결정을 하여 당장 그 효력을 상실시킬 경우에는 법적 근거가 상실되는 등의 법적 공백상태가 발생하고, 이로 말미암아 법적 혼란을 초래할 우려가 있을 때 헌법불합치결정을 하게 된다.

② 위헌적인 규정을 합헌적으로 조정하는 임무는 원칙적으로 입법자의 형성재량에 속하는 사항이라고 할 것인데, 문제되는 법률조항의 위헌성을 어떤 방법으로 제거하여 새로운 입법을 할 것인가에 관하여는 여러 가지 방안이 있을 수 있다.

③ 헌법재판소는 법적 안정성의 관점에서 법치국가적으로 용인하기 어려운 법적 공백과 그로 인한 혼란을 방지하기 위하여 입법자가 합헌적인 방향으로 법률을 개선할 때까지 일정 기간 동안 위헌적인 법규정을 존속케 하고 또한 잠정적으로 적용하게 할 필요가 있다.

④ 어떠한 법률조항에 대하여 헌법재판소가 헌법불합치결정을 하여 그 법률조항을 합헌적으로 개정 또는 폐지하는 임무를 입법자의 형성 재량에 맡긴 이상, 그 개선입법의 소급적용 여부와 소급적용의 범위는 원칙적으로 입법자의 재량에 달린 것이다.

⑤ 잠정적용을 명하는 헌법불합치결정의 경우, 입법자는 원칙적으로 법률조항의 위헌성을 장래효로써 제거하여야 함과 아울러 해당 위헌법률로 야기된 과거에 발생한 모든 재산적 손실을 소급하여 보상하는 입법도 아울러 하여야 할 의무를 진다.

해설 ① (o) 국가정보원직원법 제17조 제2항 중 "직원(퇴직한 자를 포함한다)이 사건당사자로서 직무상의 비밀에 속한 사항을 진술하고자 할 때에는 미리 원장의 허가를 받아야 한다"는 부분은 헌법에 위반되므로 원칙으로 위헌결정을 하여야 할 것이나, 이에 대하여 위헌결정을 하여 당장 그 효력을 상실시킬 경우에는 국가정보원 직원이 사건당사자로서 직무상의 비밀을 진술할 때에 사전에 이를 통제할 법적 근거가 상실되는 법적 공백상태가 발생하고, 이로 말미암아 특히 소송당사자로 진술하는 내용 중에서 중대한 국가비밀사항이 공개되어 국가이익을 침해하는 경우가 발생하는 등 법적 혼란을 초래할 우려가 있다(헌재 2002.11.28. 2001헌가28).

② (o) 헌재 2002.11.28. 2001헌가28.

③ (o) 헌재 2000.8.31. 97헌가12; 법률이 헌법에 위반되는 경우 헌법의 규범성을 보장하기 위하여 원칙적으로 그 법률에 대하여 위헌결정을 하여야 하는 것이지만, 위헌결정을 통하여 법률조항을 법질서에서 제거하는 것이 법적 공백이나 혼란을 초래할 우려가 있는 경우에는 위헌조항의 잠정적 적용을 명하는 헌법불합치결정을 할 수 있다. 즉 위헌적인 법률조항을 잠정적으로 적용하는 위헌적인 상태가 위헌결정으로 말미암아 발생하는 법이 없어 규율없는 합헌적인 상태보다 오히려 헌법적으로 더욱 바람직하다고 판단되는 경우에는, 헌법재판소는 법적 안정성의 관점에서 법치국가적으로 용인하기 어려운 법적 공백과 그로 인한 혼란을 방지하기 위하여 입법자가 합헌적인 방향으로 법률을 개선할 때까지 일정 기간 동안 위헌적인 법규정을 존속케 하고 또한 잠정적으로 적용하게 할 필요가 있다(헌재 1999.10.21. 97헌바26).

④ (o) 대법원 2008.1.17. 2007두21563; 헌법불합치결정은 위헌적 상태를 조속한 시일 내에 제거해야 할 입법자의 입법개선의무를 수반하게 된다(헌재 1999.10.21. 97헌바26).

⑤ (x) 잠정적용을 명하는 헌법불합치결정의 경우, 입법자는 **원칙적으로 법률조항의 위헌성을 장래효로써 제거하면 되지만,** 이 사건의 경우 입법자가 **과거에 발생한 모든 재산적 손실을 소급하여 보상할 필요는 없다고 하더라도,** 입법개선 이후의 도시계획시설결정으로 인한 재산권 침해에 대하여 보상규정을 두는 것만으로는 불충분하고, 과거의 도시계획시설결정으로 말미암아 재산권의 침해를 입은 토지소유자도 (장래를 향한) 금전보상, 도시계획시설결정의 해제, 토지매수청구권 또는 수용신청권 등 개정법률의 혜택을 받을 수 있도록 입법적 배려를 하여야 할 것이다(헌재 1999.10.21. 97헌바26). [해 답] ⑤

20. 헌법재판소의 법률의 합헌적 해석의 허용한계에 관한 설명 중 옳지 않은 것은? (다툼이 있는 경우 판례에 의함)

① 법률의 합헌적 해석은 헌법의 최고규범성에서 나오는 법질서의 통일성에 바탕을 두고, 법률이 헌법에 조화하여 해석될 수 있는 경우에는 위헌으로 판단하여서는 아니된다는 것을 뜻하는 것으로서 권력분립과 입법권을 존중하는 정신에 그 뿌리를 두고 있다.

② 법률 또는 법률조항은 원칙적으로 가능한 범위 안에서 합헌적으로 해석함이 마땅하나 그 해석은 법의 문구와 목적에 따른 한계가 있다.

③ 헌법재판소가 한정위헌 또는 한정합헌선언을 한 경우에 위헌적인 것으로 배제된 해석가능성 또는 축소된 적용범위의 판단은 단지 법률해석의 지침을 제시하는 데 그치고, 본질적으로 부분적 위헌선언의 효과까지 가지는 것은 아니다.

④ 법률의 조항의 문구가 간직하고 있는 말의 뜻을 넘어서 말의 뜻이 완전히 다른 의미로 변질되지 아니하는 범위 내이어야 한다는 문의적 한계와 입법권자가 그 법률의 제정으로써 추구하고자 하는 입법자의 명백한 의지와 입법의 목적을 헛되게 하는 내용으로 해석할 수 없다는 법목적에 따른 한계가 있다.

⑤ "…그러한 해석하에 헌법에 위반되지 아니한다"라는 주문의 문귀 취지는 해당 법률조항의 한정축소해석을 통하여 얻어진 일정한 합헌적 의미를 천명한 것이며 그 의미를 넘어선 확대해석은 바로 헌법에 합치하지 아니하는 것으로서 채택될 수 없다는 뜻이다.

해설

① (o) 헌재 1989.7.14. 88헌가5.

② (o) 헌재 1989.7.14. 88헌가5.

③ (x) 한정적 합헌 또는 위헌의 선언은 다 같이 **질적인 부분위헌선언**이며, 실제적인 면에서 그 효과를 달리하는 것은 아니다. 다만 양자는 법문의미가 미치는 사정거리를 파악하는 관점, 합헌적인 의미 또는 범위를 확정하는 방법 그리고 개개 헌법재판사건에서의 실무적인 적의성 등에 따라 그중 한 가지 방법을 선호할 수 있을 따름이다. 헌법재판소가 한정위헌 또는 한정합헌선언을 한 경우에 위헌적인 것으로 배제된 해석가능성 또는 축소된 적용범위의 판단은 **단지 법률해석의 지침을 제시하는 데 그치는 것이 아니라 본질적으로 부분적 위헌선언의 효과**를 가지는 것이며, 헌법재판소법 제47조에서 정한 기속력을 명백히 하기 위하여는 어떠한 부분이 위헌인지 여부가 그 결정의 주문에 포함되어야 하므로, 이러한 내용을 결정의 **이유에 설시하는 것만으로는 부족하고 결정의 주문에까지 등장시켜야** 한다(헌재 1992.2.25. 89헌가104).

④ (o) 헌재 1989.7.14. 88헌가5; 왜냐하면, 그러한 범위를 벗어난 합헌적 해석은 그것이 바로 실질적 의미에서의 입법작용을 뜻하게 되어 결과적으로 입법권자의 입법권을 침해하는 것이 되기 때문이다(헌재 1989.7.14. 88헌가5).

⑤ (o) 헌재 1992.2.25. 89헌가104.

[해 답] ③

21. 헌법재판소의 한정위헌결정에 관한 설명 중 옳지 않은 것은? (다툼이 있는 경우 판례에 의함)

① 심판대상 법률조항의 해석가능성이나 적용가능성 중 부분적·한정적으로 위헌부분이 있는 경우에는 당해 법률조항 전체의 합헌을 선언할 수도 있고, 부분적·한정적인 위헌선언을 할 수도 있다.

② 종래 헌법재판소는 헌법재판소법 제41조 제1항의 위헌법률심판제청신청과 제68조 제2항의 헌법소원의 대상은 '법률'이지 '법률의 해석'이 아니므로 법률조항 자체의 위헌판단을 구하는 것이 아니라 '법률조항을 …으로(이라고) 해석하는 한 위헌'이라고 청구하는 소위 한정위헌청구는 원칙적으로 부적법하다고 한 바 있다.
③ 헌법재판소가 구체적 규범통제권을 행사하기 위하여 법률조항을 해석함에 있어 당해 법률조항의 의미가 다의적이거나 넓은 적용영역을 가지는 경우에는 가능한 한 헌법에 합치하는 해석을 선택함으로써 법률조항의 효력을 유지하도록 하는 것(헌법합치적 법률해석의 원칙)은 규범통제절차에 있어서의 규범유지의 원칙이나 헌법재판의 본질에서 당연한 것이다.
④ 한정위헌결정도 위헌결정의 한 형태이고, 일부 위헌결정의 한 방식인 이상, 법원 기타 국가기관을 기속하는 것이다.
⑤ 구체적 규범통제절차에서 제청법원이나 헌법소원청구인이 심판대상 법률조항의 특정한 해석이나 적용부분의 위헌성을 주장하는 한정위헌청구 역시 원칙적으로 적법한 것으로 보아야 할 것이다.

해설 ① (x) 구체적 규범통제절차에서 당해 사건에 적용되는 법률조항이 다의적 해석가능성이나 다의적 적용가능성을 가지고 있고 그 가운데 특정한 해석이나 적용부분만이 위헌이라고 판단되는 경우, 즉 **부분적·한정적으로 위헌인 경우에는 그 부분에 한정하여 위헌을 선언**하여야 하는 것 역시 당연한 것이다. 즉, 심판대상 법률조항의 해석가능성이나 적용가능성 중 **부분적·한정적으로 위헌부분이 있는 경우에는 당해 법률조항 전체의 합헌을 선언할 수 없음**은 앞서 본 법리에 비추어 자명한 것이고, 반면에 부분적·한정적인 위헌 부분을 넘어 법률조항 전체의 위헌을 선언하게 된다면, 그것은 위헌으로 판단되지 않은 수많은 해석·적용부분까지 위헌으로 선언하는 결과가 되어 규범통제에 있어서 규범유지의 원칙과 헌법합치적 법률해석의 원칙에도 부합하지 않게 될 것이다(헌재 2012.12.27. 2011헌바117).
② (o) 헌재 2000.6.1. 97헌바74; 다만 ㉠ 법률조항 자체의 불명확성을 다투는 것으로 볼 수 있는 경우(헌재 2000.6.1. 97헌바74), ㉡ 심판대상규정에 대한 일정한 해석이 상당기간에 걸쳐 형성·집적되어 법원의 해석에 의하여 구체화된 심판대상규정이 위헌성을 지닌 경우(헌재 1995.5.25. 91헌바20), ㉢ 위 두 가지 경우에 해당되지는 않지만 법률조항 자체에 대한 위헌의 다툼으로 볼 수 있는 경우(헌재 2000.6.29. 99헌바66) 등, 3가지의 경우에는 예외적으로 적법한 청구로 보았다. 그러나 이 입장은 헌재 2012.12.27. 2011헌바117 결정으로 변경되었다(⑤ 참조).
③ (o) 헌재 2012.12.27. 2011헌바117.
④ (o) 헌재 2012.12.27. 2011헌바117; 따라서 한정위헌결정이 선고된 경우에는 심판대상인 법률조항 그 자체의 법문에는 영향이 없지만 **법원 기타 국가기관은 장래에는 한정적으로 위헌으로 선언된 내용으로 해석하거나 집행하지 못하게 되는 법적 효력이 발생**하는 것이다(헌재 2012.12.27. 2011헌바117).

⑤ (o) 헌재 2012.12.27. 2011헌바117; **그 이유는 다음과 같다. 첫째,** 규범통제절차에 있어서 한정위헌결정은 법리상 당연하면서도 불가피한 것이고, 따라서 그러한 취지에서 **헌법재판소는 한정위헌결정을 계속해 오면서도 제청법원이나 헌법소원청구인은 원칙적으로 한정위헌청구를 할 수 없고, 위에서 본 바와 같은 예외적인 경우에만 한정위헌청구를 할 수 있다고 하는 종래의 선례들은 사리상으로도 합당하지 않은 것**이다. **둘째,** 제청법원이나 헌법소원청구인이 당해 사건 재판의 근거가 되는 법률조항 그 자체나 그 전체의 위헌성을 주장하지 않고 당해 법률조항의 특정한 해석가능성이나 적용가능성에 대하여만 제한적·한정적으로 위헌을 주장한다면 헌법재판소로서는 제청법원 등이 주장하는 범위 내에서 위헌여부를 심판하는 것이 원칙이며, 그 이외의 부분까지 위헌여부를 심판하게 된다면 그것은 헌법재판에서 요구되는 직권주의를 감안하더라도, 헌법재판소법상의 신청주의나 적법요건으로서의 재판의 전제성에 위반될 수 있는 것이다. 그러므로 제청법원 등이 하는 한정위헌청구는 자칫 헌법재판소가 소홀히 할 수 있는 당해 법률조항에 대한 한정위헌결정 여부를 헌법재판소로 하여금 주의 깊게 심사하도록 촉구하여 위헌의 범위와 그에 따른 기속력의 범위를 제한적으로 정확하게 한정할 수 있게 할 것이고, 그 결과 규범통제절차에 있어서 위헌여부심판권의 심사지평을 넓힐 수 있게 될 것이어서, 금지되어서는 안 될 뿐만 아니라 오히려 장려되어야 할 것이다. **셋째,** 한정위헌청구는 입법권에 대한 자제와 존중의 표현이다. 즉, 헌법재판소를 포함한 모든 국가기관과 국민은 헌법상의 권력분립원리에서 파생된 입법권에 의한 입법을 존중하여야 하는 것인바, 한정위헌청구에 따른 한정위헌결정은 당해 법률조항 중 위헌적인 해석이나 적용부분만을 제거하고 그 이외의 (합헌인) 부분은 최대한 존속시킬 수 있는 것이어서 입법권에 대한 자제와 존중의 결과가 되는 것이고 따라서 헌법질서에도 더욱 부합하게 되는 것이다. **결국,** 한정위헌청구는 원칙적으로 적법한 것으로 보아야 할 것이다. 따라서 앞서 본 바와 같이 **종래 헌법재판소 선례들이 한정위헌청구는 원칙적으로 부적법하지만 예외적으로는 적법하다고 보는 입장은 합당하지 못한 것**이다.

다만, 구체적 규범통제절차에서 법률조항에 대한 특정적 해석이나 적용부분의 위헌성을 다투는 한정위헌청구가 원칙적으로 적법하다고 하더라도, **재판소원을 금지하고 있는 '법' 제68조 제1항의 취지에 비추어** 한정위헌청구의 형식을 취하고 있으면서도 실제로는 당해 사건 재판의 기초가 되는 사실관계의 인정이나 평가 또는 개별적·구체적 사건에서의 법률조항의 단순한 포섭·적용에 관한 문제를 다투거나 의미있는 헌법문제를 주장하지 않으면서 **법원의 법률해석이나 재판결과를 다투는 경우 등은 모두 현행의 규범통제제도에 어긋나는 것으로서 허용될 수 없는 것**이다(헌재 2012.12.27. 2011헌바117). [해 답] ①

22. 헌법재판소의 한정위헌 결정의 의미 및 그 기속력에 대한 대법원의 입장과 다른 것은?

① 한정위헌 결정의 경우에는 헌법재판소의 결정에도 불구하고 법률이나 법률조항은 그 문언이 전혀 달라지지 않은 채 그냥 존속하고 있는 것이므로, 법률이나 법률조항의 문언이 변경되지 아니한 이상 이러한 한정위헌 결정은 법률 또는 법률조항의 의미, 내용과 그 적용범위를 정하는 법률해석이라고 이해하지 않을 수 없다.

② 구체적 사건에 있어서 당해 법률 또는 법률조항의 의미·내용과 적용범위가 어떠한 것인지를 정하는 권한 곧 법령의 해석·적용 권한은 바로 사법권의 본질적 내용을 이루는 것으로서, 전적으로 대법원을 최고법원으로 하는 법원에 전속한다.

③ 한정위헌 결정에 표현되어 있는 헌법재판소의 법률해석에 관한 견해는 법률의 의미·내용과 그 적용범위에 관한 헌법재판소의 견해를 일응 표명한 데 불과하지만, 헌법재판소의 헌법상 지위와 기능을 고려할 때 법원에 전속되어 있는 법령의 해석·적용 권한에 대하여 기속력을 갖게 된다.

④ 법률보다 하위법규인 대통령령의 제정근거가 되는 법률조항(이른바 위임규정)에 대하여 한정위헌 결정이 있는 경우에 있어서도, 그 법률조항의 문언이 전혀 변경되지 않은 채 원래의 표현 그대로 존속하고 있는 이상 그 법률조항의 의미·내용과 적용범위는, 역시 법령을 최종적으로 해석·적용할 권한을 가진 최고법원인 대법원에 의하여 최종적으로 정하여질 수밖에 없다.

⑤ 대통령령의 제정근거가 되는 법률조항에 대하여 한정위헌 결정이 있는 경우라도 그 법률조항의 해석은 어디까지나 의연히 존속하고 있는 그 문언을 기준으로 할 수밖에 없다 할 것이므로, 그 문언이 표현하고 있는 명백한 위임취지에 따라 제정된 대통령령 조항 역시 의연히 존속한다고 보아야 한다.

해설

① (o) 대법원 1996.4.9. 95누11405; 대법원은, 헌법재판소의 결정 주문에서 당해 법률이나 법률조항의 전부 또는 일부에 대하여 위헌 결정을 선고함으로써 그 효력을 상실시켜 법률이나 법률조항이 폐지되는 것과 같은 결과를 가져온 것이 아니라, 그에 대하여 **특정의 해석기준을 제시하면서 그러한 해석에 한하여 위헌임을 선언하는 한정위헌 결정을** 법률 또는 법률조항의 의미, 내용과 그 적용범위를 정하는 **법률해석**이라고 이해하고 있다.

② (o) 대법원 1996.4.9. 95누11405; 이러한 법리는 우리 헌법에 규정된 국가권력분립구조의 기본원리와 대법원을 최고법원으로 규정한 헌법의 정신으로부터 당연히 도출되는 이치로서, 만일 법원의 이러한 권한이 훼손된다면 이는 헌법 제101조는 물론이요, 어떤 국가기관으로부터도 간섭받지 않고 오직 헌법과 법률에 의하여 그 양심에 따라 독립하여 심판하도록 사법권 독립을 보장한 헌법 제103조에도 위반되는 결과를 초래한다(대법원 1996.4.9. 95누11405).
헌법재판소법 제75조 제7항에서 재심을 청구할 수 있는 사유로서 규정하고 있는 '헌법소원이 인용된 경우'라 함은 **법원에 대하여 기속력이 있는 위헌결정이 선고된 경우**를 말하는 것인바, 그 주문에서 **법률조항의 해석기준을 제시함에 그치는 한정위헌결정은 법원에 전속되어 있는 법령의 해석·적용 권한에 대하여 기속력을 가질 수 없고,** 따라서 소송사건이 확정된 후 그와 관련된 헌법소원에서 한정위헌결정이 선고되었다고 하여 위 재심사유가 존재한다고 할 수 없다(대법원 2001.4.27. 95재다14).

③ (x) 한정위헌 결정에 표현되어 있는 헌법재판소의 법률해석에 관한 견해는 법률의 의미·

내용과 그 적용범위에 관한 헌법재판소의 견해를 일응 표명한 데 불과하여 이와 같이 법원에 전속되어 있는 법령의 해석·적용 권한에 대하여 어떠한 영향을 미치거나 기속력도 가질 수 없다(대법원 1996.4.9. 95누11405).

④ (o) 대법원 1996.4.9. 95누11405; 따라서 이 사건 양도소득세부과처분에 적용된 구 소득세법시행령(1989.8.1. 대통령령 제12767호로 개정되기 전의 것) 제170조 제4항 제2호는 그 위임근거 규정인 구 소득세법(1990.12.31. 법률 제4281호로 개정되기 전의 것) 제23조 제4항 단서 및 제45조 제1항 제1호 단서의 각 규정이 헌법재판소의 결정에도 불구하고 그 문언의 표현이 전혀 변경되지 않은 채 존속하고 있는 이상 위 시행령 조항의 헌법위반 여부와 상위법의 위반 여부에 관하여는 대법원이 최종적으로 판단하여 이 사건에 적용할지 여부를 결정하여야 한다(대법원 1996.4.9. 95누11405).

⑤ (o) 대법원 1996.4.9. 95누11405.

[해 답] ③

23. 헌법재판소의 (한정)위헌결정의 의미 및 그 기속력에 대한 헌법재판소의 입장과 다른 것을 모두 고른 것은?

㉠ 법원이 헌법재판소가 위헌으로 결정하여 그 효력을 전부 또는 일부 상실하거나 위헌으로 확인된 법률('그 효력을 상실한 법률')을 적용함으로써 국민의 기본권을 침해한 경우에도 법원의 재판에 대한 헌법소원이 허용되지 않는 것으로 해석한다면, 위 법률조항은 그러한 한도 내에서 헌법에 위반된다고 보지 아니할 수 없다.

㉡ 합헌적인 한정축소해석은 위헌적인 해석가능성과 그에 따른 법적용을 소극적으로 배제한 것이고, 적용범위의 축소에 의한 한정적 위헌선언은 위헌적인 법적용 영역과 그에 상응하는 해석가능성을 적극적으로 배제한다는 뜻에서 차이가 있을 뿐, 본질적으로는 다 같은 부분위헌결정이다.

㉢ 헌법재판소법 제68조 제1항은 법원이 헌법재판소의 기속력 있는 위헌결정에 반하여 그 효력을 상실한 법률을 적용함으로써 국민의 기본권을 침해하는 경우에는 예외적으로 그 재판도 헌법소원심판의 대상이 된다고 해석하여야 한다.

㉣ 헌법재판소가 헌법에서 부여받은 위헌심사권을 행사한 결과인 법률에 대한 위헌결정은 법원을 포함한 모든 국가기관과 지방자치단체를 기속한다.

㉤ 헌법은 헌법재판소의 기속력있는 위헌결정에 반하여 국민의 기본권을 침해하는 법원의 재판에 대하여는 헌법재판소와 법원과의 권한쟁의심판을 통하여 헌법의 최고규범성을 관철할 것을 요구하고 있다.

㉥ 헌법재판소가 해당 법률조항에 대하여 한정위헌결정을 선고함으로써 이미 부분적으로 그 효력이 상실된 법률조항을 적용한 대법원판결이라도 헌법재판소법이 법원의 판결에 대하여는 헌법소원을 허용하지 않고 있기 때문에 법원 판결에 대한 헌법소원은 부적법하다.

① ㉠, ㉢ ② ㉡, ㉤ ③ ㉣, ㉥
④ ㉢, ㉣ ⑤ ㉤, ㉥

해설 ㉠ (o) 헌재 1997.12.24. 96헌마172.
㉡ (o) 헌재 1992.2.25. 89헌가104.
㉢ (o) 헌재 1997.12.24. 96헌마172; 따라서 헌법재판소법 제68조 제1항의 '법원의 재판'에 헌법재판소가 **위헌으로 결정하여 그 효력을 상실한 법률을 적용함으로써 국민의 기본권을 침해하는 재판도 포함되는 것으로 해석하는 한도 내에서**, 헌법재판소법 제68조 제1항은 헌법에 위반된다고 하겠다(헌재 1997.12.24. 96헌마172).
㉣ (o) 헌재 1997.12.24. 96헌마172; 헌법재판소의 법률에 대한 위헌결정에는 단순위헌결정은 물론, 한정합헌, 한정위헌결정과 헌법불합치결정도 포함되고 이들은 모두 당연히 기속력을 가진다(헌재 1997.12.24. 96헌마172).
㉤ (x) 헌법이 법률에 대한 위헌심사권을 헌법재판소에 부여하고 있음에도 법원이 헌법재판소의 위헌결정에 따르지 아니하는 것은 실질적으로 법원 스스로가 '입법작용에 대한 규범통제권'을 행사하는 것을 의미하므로, 헌법은 어떠한 경우이든 헌법재판소의 기속력 있는 위헌결정에 반하여 국민의 **기본권을 침해하는 법원의 재판에 대하여는 헌법재판소가 다시 최종적으로 심사함으로써** 자신의 손상된 헌법재판권을 회복하고 헌법의 최고규범성을 관철할 것을 요청하고 있다. 또한, 청구인과 같이 권리의 구제를 구하는 국민의 입장에서 보더라도, 이러한 결과는 국민이 행정처분의 근거가 된 법률의 위헌성을 헌법재판을 통하여 확인받았으나 헌법재판소의 결정에 위배되는 법원의 재판으로 말미암아 권리의 구제를 받을 수 없는, 법치국가적으로 도저히 받아들일 수 없는 법적 상태가 발생한다(헌재 1997.12.24. 96헌마172).
㉥ (x) 이 사건 대법원판결은 헌법재판소가 이 사건 법률조항에 대하여 한정위헌결정을 선고함으로써 이미 부분적으로 그 효력이 상실된 법률조항을 적용한 것으로서 **위헌결정의 기속력에 반하는 재판임이 분명하므로 이에 대한 헌법소원은 허용된다** 할 것이고, 또한 이 사건 대법원판결로 말미암아 청구인의 헌법상 보장된 기본권인 재산권 역시 침해되었다 할 것이다. 따라서 이 사건 **대법원판결은 헌법재판소법 제75조 제3항에 따라 취소되어야 마땅**하다(헌재 1997.12.24. 96헌마172)(250면 문제 3. ㉥해설 참고). [해 답] ⑤

24. 헌법소원에 관한 설명 중 옳지 않은 것은? (다툼이 있는 경우 판례에 의함)
① 헌법재판소법 제68조 제2항에 의한 헌법소원은 법률의 위헌성을 적극적으로 다투는 제도이므로 법률의 부존재, 즉 입법부작위를 다투는 것도 허용되고 있다.
② 헌법소원의 본질은 개인의 주관적 권리구제뿐 아니라 객관적인 헌법질서의 보장도 하고 있으므로 헌법소원에 있어서의 권리보호이익은 일반법원의 소송사건에서처럼 주관적 기준으로 엄격하게 해석하여서는 아니 된다.

③ 침해행위가 이미 종료하여서 이를 취소할 여지가 없기 때문에 헌법소원이 주관적 권리구제에는 별 도움이 안되는 경우라도 헌법소원을 인정할 수 있다.

④ 헌법소원은 청구인의 침해된 기본권의 구제를 목적으로 하는 제도이므로 이 제도의 목적상 침해된 권리의 보호이익이 없는 경우에는 그 헌법소원은 원칙적으로 부적법하다.

⑤ 행정처분의 주체인 행정청도 헌법의 최고규범력에 따른 구체적 규범통제를 위하여 근거법률의 위헌 여부에 대한 심판의 제청을 신청할 수 있고, 헌법재판소법 제68조 제2항의 헌법소원을 제기할 수 있다.

해설

① (x) **헌법재판소법 제68조 제2항에 의한 헌법소원은 법률의 위헌성을 적극적으로 다투는 제도이므로 '법률의 부존재' 즉, 입법부작위를 다투는 것은 그 자체로 허용되지 아니한다**고 할 것인데, 청구인은 반의사불벌죄가 아닌 범죄에 대하여도 피해자의 처벌불원 의사표시가 있으면 공소기각판결을 할 수 있도록 형사소송법 제327조 제6호와 같은 규정을 두지 않은 것과, 이미 실효된 형의 경우에는 '형의 실효 등에 관한 법률' 제7조에서 이를 양형에 반영하는 것을 금지하는 규정을 두지 않은 '법률조항의 부존재', 즉 입법부작위의 위헌 여부를 다투고 있으므로, 이와 같이 입법부작위를 다투는 심판청구는 부적법하다(헌재 2011.2.15. 2011헌바20).

② (o) 헌재 1992.1.28. 91헌마111.

③ (o) 헌재 1992.1.28. 91헌마111; 침해행위가 이미 종료하여서 이를 취소할 여지가 없기 때문에 헌법소원이 주관적 권리구제에는 별 도움이 안 되는 경우라도 그러한 **침해행위가 앞으로도 반복될 위험이 있거나** 당해 분쟁의 해결이 헌법질서의 수호·유지를 위하여 긴요한 사항이어서 **헌법적으로 그 해명이 중대한 의미를 지니고 있는 경우**에는 심판청구의 이익을 인정하여 이미 종료한 침해행위가 위헌이었음을 선언적 의미에서 확인할 필요가 있는 것이다(헌재 1992.1.28. 91헌마111).

④ (o) 헌재 2006.1.26. 2003헌마743.

⑤ (o) 헌재 2008.4.24. 2004헌바44; 헌법재판소법 제68조 제2항에 의한 헌법소원심판은 구체적 규범통제의 헌법소원으로서 기본권의 침해가 있을 것을 그 요건으로 하고 있지 않을 뿐만 아니라 행정처분에 대한 소송절차에서는 그 **근거법률의 헌법적합성까지도 심판대상으로 되는 것이므로, 행정처분의 주체인 행정청도** 헌법의 최고규범력에 따른 구체적 규범통제를 위하여 근거법률의 위헌 여부에 대한 심판의 제청을 신청할 수 있고, **헌법재판소법 제68조 제2항의 헌법소원을 제기할 수 있다**(헌재 2008.4.24. 2004헌바44). [해 답] ①

25. 헌법소원심판의 청구와 관련된 설명 중 옳지 않은 것을 모두 고른 것은? (다툼이 있는 경우 판례에 의함)

㉠ 헌법소원제도는 국민의 기본권침해를 구제하기 위한 제도이므로 그 제도의 목적에 비추어 권리보호의 이익이 있는 경우에만 이를 제기할 수 있다고 보아야 한다.
㉡ 헌법소원에서 권리보호의 이익은 헌법소원심판청구 당시에 있어야 하므로 심판계속 중에 사실관계 또는 법률관계의 변동으로 말미암아 청구인이 주장하는 기본권의 침해가 종료된 경우라도 원칙적으로 헌법소원심판청구는 적법한 것으로 보아야 한다.
㉢ 민법상 권리능력이나 민사소송법상 당사자능력이 없는 남문중·상업고등학교가 제기한 헌법소원은 위 학교에 대하여 별도로 헌법소원의 당사자능력을 인정하여야 할 필요가 있기 때문에 위 학교가 제기한 헌법소원심판청구는 적법하다.
㉣ 기본권의 보장에 관한 각 헌법규정의 해석상 국민만이 기본권의 주체라 할 것이고, 공권력의 행사자인 국가, 지방자치단체나 그 기관 또는 국가조직의 일부나 공법인은 기본권의 수범자이지 기본권의 주체가 아니고 오히려 국민의 기본권을 보호 내지 실현해야 할 책임과 의무를 지니고 있을 뿐이다.
㉤ 헌법재판소법 제68조 제1항에 규정된 "공권력의 행사 또는 불행사로 인하여 기본권의 침해를 받은 자"라는 것은 공권력의 행사 또는 불행사로 인하여 자기의 기본권이 현재 그리고 직접적으로 침해받은 경우를 의미한다.
㉥ 헌법재판소법 제68조 제2항에 의한 헌법소원은 위헌여부심판의 제청신청을 법원이 각하 또는 기각한 경우에만 당사자가 직접 헌법재판소에 헌법소원의 형태로 심판청구를 할 수 있는 것이므로, 법원의 위헌제청신청기각결정의 대상이 되지 아니한 규정들에 대한 심판청구는 헌법소원심판의 대상이 될 수 없는 사항에 대한 것으로서 부적법하다.

① ㉠, ㉤　　② ㉡, ㉢　　③ ㉢, ㉥
④ ㉣, ㉤　　⑤ ㉡, ㉣

해설

㉠ (o) 헌재 1999.11.25. 95헌마154.
㉡ (x) 헌법소원이 비록 적법하게 제기되었더라도 권리보호의 이익은 헌법소원심판청구 당시에 있어야 할 뿐만 아니라 결정 당시에도 있어야 한다. 따라서 심판계속중에 사실관계 또는 법률관계의 변동으로 말미암아 청구인이 주장하는 **기본권의 침해가 종료된 경우에는 원칙적으로 권리보호이익이 없으므로 헌법소원심판청구는 부적법**한 것으로 되어 각하를 면할 수 없다(헌재 1999.11.25. 95헌마154).
㉢ (x) **청구인 남문중·상업고등학교는 교육을 위한 시설에 불과**하여 우리 민법상 권리능력이나 민사소송법상 당사자능력이 없다고 할 것인바, 위 시설에 관한 권리의무의 주체로서 **당사**

자능력이 있는 청구인 남문학원이 헌법소원을 제기하여 권리구제를 받는 절차를 밟음으로써 족하다고 할 것이고, 위 학교에 대하여 별도로 헌법소원의 당사자능력을 인정하여야 할 필요는 없다고 할 것이므로 동 학교의 이 사건 헌법소원심판청구는 부적법하다(헌재 1993.7.29. 89헌마123).

ⓓ (o) 헌재 2006.2.23. 2004헌바50; 그렇다면 이 사건에서 지방자치단체인 청구인은 기본권의 주체가 될 수 없고 따라서 청구인의 재산권 침해 여부는 더 나아가 살펴볼 필요가 없다(헌재 2006.2.23. 2004헌바50).

헌법 제68조 제1항의 규정에 의한 헌법소원은, 헌법이 보장하는 기본권의 주체가 국가기관의 공권력의 행사 또는 불행사로 인하여 그 기본권을 침해받았을 경우 이를 구제하기 위한 수단으로 인정된 것이므로, 헌법소원을 청구할 수 있는 자는 원칙으로 기본권의 주체로서의 국민에 한정되며 **국민의 기본권을 보호 내지 실현할 책임과 의무를 지는 국가기관이나 그 일부는 헌법소원을 청구할 수 없다**(헌재 1995.2.23. 90헌마125). 따라서 국가, 지방자치단체나 그 기관 또는 조직의 일부나 공법인은 물론 지방자치단체, 자방자치단체장, 지방자치단체의 의결기관, 국회의 구성원인 국회상임위원회, 공법인인 지방자치단체의 교육위원, 국회의원 등에 대하여 청구인적격을 부인하고 있다.

반면, **헌법재판소법 제68조 제2항에 의한 헌법소원심판**은 구체적 규범통제의 헌법소원으로서 기본권의 침해가 있을 것을 그 요건으로 하고 있지 않을 뿐만 아니라 행정처분에 대한 소송절차에서는 그 근거법률의 헌법적합성까지도 심판대상으로 되는 것이므로, **행정처분의 주체인 행정청도 헌법의 최고규범력에 따른 구체적 규범통제를 위하여 근거법률의 위헌 여부에 대한 심판의 제청을 신청할 수 있고**, 헌법재판소법 제68조 제2항의 헌법소원을 제기할 수 있다(헌재 2008.4.24. 2004헌바44).

ⓔ (o) 헌재 1993.7.29. 89헌마123; 원칙적으로 공권력의 행사 또는 불행사의 직접적인 상대방만이 이에 해당한다 할 것인바, 이 사건 과세처분의 상대방은 청구인 남문학원이고, 위 과세처분으로 말미암아 위 학교에 재학 중인 학생들인 청구인들은 단지 간접적이고 사실적이며 경제적인 이해관계가 있는 자들일 뿐, 법적인 이해관계인이 아니라고 할 것이므로 그들에게는 동 처분에 관하여 자기관련성이 인정되지 않는다(헌재 1993.7.29. 89헌마123).

ⓑ (o) 헌재 1994.4.28. 89헌마221; 그러나 헌법재판소법 제68조 제2항의 헌법소원사건에서, 당초 **위헌제청신청과 그에 대한 법원의 기각결정에서 다루어지지 않은 법률조항을 심판대상조문에 포함시켜 함께 판단한 예**도 있다. 청구인이 수표법 제28조 제2항, 제29조 제1항에 대하여만 위헌제청신청을 하였고, 법원의 기각결정 역시 위 조항들에 한정되었으나, 청구인이 다투는 취지로 보건대 수표법 제29조 제1항에 같은 조 제4항을 보태어 보아야만 비로소 의미를 가지므로 묵시적으로나마 수표법 제29조 제4항에 대하여도 청구인의 위헌제청신청이 있었고 그에 대한 법원의 기각결정까지 있었다고 보아, 이 사건 심판대상에 포함시켜 함께 판단한다(헌재 2001.1.18. 2000헌바29).

[해 답] ②

26. 헌법재판소법 제68조 제1항의 헌법소원의 대상인 공권력의 행사 또는 불행사에 해당되는 것은? (다툼이 있는 경우 판례에 의함)

① 퇴직급여를 산정함에 있어 공무원으로 임용받기 전의 교육 및 실무수습기간도 재

직기간에 포함하여 계산하여 달라는 신청에 대한 공무원연금관리공단의 거부행위

② 헌법소원 사건의 결정서 정본을 국선대리인에게만 송달하고 청구인에게는 송달하지 않은 부작위의 위헌확인을 구하는 헌법소원

③ 교도소에서 형 집행 중인 청구인은, 교도소 의무관이 청구인에 대한 치료를 거부하여 손해를 입었다고 주장하며, 교도소 의무관 및 의무과장에 대하여 손해배상을 구하는 취지의 헌법소원 청구

④ 청구인은 영등포구치소에 수용 중, 교도관이 인권을 침해하고 있다며 국가인권위원회에 교도소 내 청구인에 대한 인권침해의 구제를 요구하는 내용의 진정을 제기하였지만, 국가인권위원회는 인권침해에 해당하지 아니한다는 이유로 청구인의 진정을 기각하는 결정을 한 경우

⑤ 한나라당이 대통령선거 후보경선과정에서 여론조사 결과를 반영한 행위

해설 ① (x) 공권력의 불행사에 대한 헌법소원은 공권력의 주체에게 헌법에서 유래하는 작위의무가 특별히 구체적으로 규정되어 있어 이에 의거하여 기본권의 주체가 공권력의 행사를 청구할 수 있음에도 공권력의 주체가 그 의무를 해태하는 경우에 허용되는 것이므로, 작위의무가 없는 공권력의 불행사에 대한 헌법소원은 부적법하다. 따라서, **기본권의 주체가 행정기관의 내부적 의사결정에 불과하여 직접 국민의 권리의무에 영향을 미치지 아니하는 행위를 청구한 것에 대하여 공권력의 주체가 이를 거부하였다 하더라도** 그 거부행위는 헌법소원의 대상이 되는 공권력의 불행사에 해당하지 않는 것이다. 공무원인 청구인은 공무원연금관리공단이 청구인의 퇴직급여를 산정할 때 공무원으로 임용받기 전에 이수한 교육 및 실무수습기간도 재직기간에 포함하여 계산하여 달라는 신청을 거부하는 내용의 처분을 하였다고 주장하면서 기본권 침해여부를 다투고 있는 이 사건에 있어서, 공무원연금관리공단의 거부행위는 헌법소원의 대상이 되는 공권력의 불행사라 할 수 없으므로, 그에 대한 헌법소원 심판청구는 부적법하다(헌재 2004.8.26. 2003헌마916).

② (x) 헌법소원사건에서도 민사소송과 마찬가지로 **변호사인 대리인이 선임되어 있는 경우에는 대리인에게 결정서 정본을 송달함으로써 그 송달의 효과가 당사자에게 미치게 되므로** 당사자에게 따로 송달을 하여야 할 작위의무가 있다고 할 수 없으므로, 이 사건 심판청구는 공권력 불행사가 존재하지 않는 경우에 해당하여 부적법하다(헌재 2012.11.29. 2011헌마693).

③ (x) **헌법소원심판의 대상이 되는 것은 '공권력의 행사 또는 불행사가 청구인의 기본권을 침해하는지 여부**'이지, '공권력의 행사 또는 불행사로 말미암은 손해를 전보하는 것'은 그 대상이 될 수 없는 것이므로, 이 사건 심판청구는 부적법하다(헌재 2012.9.25. 2012헌마731).

④ (o) 국가인권위원회는 국가인권위원회법에 따라서 설립된 인권보호기구이자 독립된 국가기관으로서 공권력을 행사하는 주체에 해당하므로, **피청구인의 이 사건 결정은 헌법재판소법 제68조 제1항에서 규정하는 공권력의 행사로서 헌법소원심판의 대상이 된다.** 한편 국가인권위원회법은 국가인권위원회의 진정 각하 또는 기각 결정에 대한 불복수단으로 어떠한 구제절차도 마련해 놓고 있지 않으며, 법원의 확립된 판례에 의하여 국가인권위원회의 진정 각하 또는

기각 결정의 행정처분성이 인정되고 있다고 보기는 어렵다. 그러므로 청구인에게 행정심판이나 행정소송 등의 **다른 구제절차를 모두 경료할 것을 기대할 수는 없다고 할 것이므로**, 이 사건 심판청구는 보충성 요건도 충족한 것이다(헌재 2008.11.27. 2006헌마440).

⑤ (x) 정당의 법률관계에 대하여는 정당법의 관계 조문 이외에 일반 사법 규정이 적용되므로, **정당은 공권력 행사의 주체가 될 수 없다**. 정당이 공권력 행사의 주체가 아니고, 정당의 대통령선거 후보선출은 자발적 조직 내부의 의사결정에 지나지 아니하므로, 청구인들 주장과 같이 한나라당이 대통령선거 후보경선과정에서 여론조사 결과를 반영한 것을 일컬어 헌법소원심판의 대상이 되는 공권력의 행사에 해당한다 할 수 없다(헌재 2007.10.30. 2007헌마1128). [해 답] ④

27. 헌법소원심판대상 중 명령·규칙에 관한 헌법재판소의 입장이 아닌 것은?

① 헌법 제107조 제2항이 규정한 명령·규칙에 대한 대법원의 최종심사권이란 구체적인 소송사건에서 명령·규칙의 위헌여부가 재판의 전제가 되었을 경우 법률의 경우와는 달리 헌법재판소에 제청할 것 없이 대법원이 최종적으로 심사할 수 있다는 의미이다.

② 헌법에서 법률의 위헌여부심사권을 헌법재판소에 부여한 이상 통일적인 헌법해석과 규범통제를 위하여 공권력에 의한 기본권침해를 이유로 하는 헌법소원심판청구사건에 있어서 법률의 하위법규인 명령·규칙의 위헌여부심사권이 헌법재판소의 관할에 속함은 당연한 것으로서 헌법 제107조 제2항의 규정이 이를 배제한 것이라고는 볼 수 없다.

③ 명령·규칙 그 자체로 인하여 직접 기본권이 침해되어 헌법이나 법률에 위반되었는지 여부가 재판의 전제가 되었을 경우에 헌법소원심판을 청구할 수 있다.

④ 대법원규칙도 그 자체에 의하여 직접 기본권이 침해되었음을 이유로 하는 때에는 헌법소원심판의 대상이 된다.

⑤ 헌법소원심판의 대상으로서의 공권력이란 입법·사법·행정 등 모든 공권력을 말하는 것이므로 입법부에서 제정한 법률, 행정부에서 제정한 시행령이나 시행규칙 및 사법부에서 제정한 규칙 등은 그것들이 별도의 집행행위를 기다리지 않고 직접 기본권을 침해하는 것일 때에는 모두 헌법소원심판의 대상이 될 수 있다.

해설

① (o) 헌재 1990.10.15. 89헌마178.

② (o) 헌재 1990.10.15. 89헌마178.

③ (x) 법률의 경우와 마찬가지로 명령·규칙 그 자체에 의하여 직접 기본권이 침해되었음을 이유로 하여 헌법소원심판을 청구하는 것은 위 헌법 규정(제107조 제2항)과는 아무런 상관이 없는 문제이다(헌재 1990.10.15. 89헌마178). 재판의 전제가 되었음을 요구하지

않는다.

④ (o) 헌재 1995.2.23. 90헌마214; 헌법소원심판의 대상이 되는 법령은 그 법령에 기한 다른 집행행위를 기다리지 않고 직접 기본권을 침해하는 법령이어야 하나, 예외적으로 법령이 일의적이고 명백한 것이어서 집행기관이 심사와 재량의 여지 없이 그 법령에 따라 일정한 집행행위를 하여야 하는 때에는 당해 법령(法令)을 헌법소원의 직접대상으로 삼을 수 있다(헌재 1995.2.23. 90헌마214).

⑤ (o) 헌재 1990.10.15. 89헌마178; 법령 자체에 의한 직접적인 기본권침해 여부가 문제되었을 경우 **그 법령의 효력을 직접 다투는 것을 소송물로 하여 일반 법원에 구제를 구할 수 있는 절차는 존재하지 아니하므로,** 이 경우에는 보충성의 예외로서 다른 구제절차를 거칠 것이 없이 바로 헌법소원심판을 청구할 수 있다(헌재 1990.10.15. 89헌마178). [해 답] ③

28. 헌법소원의 요건에 관한 설명 중 옳지 않은 것을 모두 고른 것은? (다툼이 있는 경우 판례에 의함)

㉠ 원칙적으로 공권력의 행사 또는 불행사의 직접적인 상대방이 청구인적격이 있다.
㉡ 공무원연금법 제51조는 "공무원이 공무상 질병 또는 부상으로 인하여 폐질상태로 되어 퇴직한 때 또는 퇴직 후에 그 질병 또는 부상으로 인하여 폐질상태로 된 때" 장해연금 또는 장해보상금을 지급한다고 규정하고 있는바, 아직 재직 중인 청구인의 경우 기본권 침해의 현재성을 인정하기 어렵다.
㉢ 법학에 관한 학술 박사학위 과정에 진학하고자 하는 청구인이 법학전문대학원을 두는 대학은 법학에 관한 학사학위과정을 둘 수 없도록 규정하는 '법학전문대학원의 설치·운영에 관한 법률'에 대하여 자기관련성을 가진다.
㉣ 헌법소원심판청구 당시 권리보호이익이 인정되더라도 심판계속중에 사실관계 또는 법률관계의 변동으로 말미암아 청구인이 주장하는 기본권의 침해가 종료된 경우에는 원칙적으로 권리보호이익이 없으므로 헌법소원이 부적법한 것으로 된다.
㉤ 헌법소원은 다른 권리구제절차를 거친 뒤 비로소 제기할 수 있는데, 여기서 말하는 권리구제절차는 공권력의 행사 또는 불행사를 직접대상으로 하여 그 효력을 다툴 수 있는 권리구제절차를 말한다.
㉥ 법률자체에 대한 헌법소원심판청구에서 구체적 집행행위가 존재한 경우에는 언제나 심판청구의 적법성이 부정된다.

① ㉡, ㉤ ② ㉣, ㉥ ③ ㉠, ㉡
④ ㉢, ㉥ ⑤ ㉢, ㉤

해설

㉠ (o) 헌재 1993.3.11. 91헌마233; 자기관련성에 관한 내용이다. 헌법재판소법 제68조 제1항에 의하면 공권력의 행사 또는 불행사로 인하여 기본권이 침해를 받은 자만이 헌법소원을 제기할 수 있다. 이 법조문에서 규정하는 "공권력의 행사 또는 불행사로 인하여 기본권의 침해를 받은 자"는 공권력의 행사 또는 불행사로 인하여 **자기의 기본권이 현재 그리고 직접적으로 침해받은 자**를 의미한다. 그러나 공권력 작용의 직접적인 상대방이 아닌 제3자라고 하더라도 공권력의 작용이 그 **제3자의 기본권을 직접적이고 법적으로 침해하고 있는 경우**에는 그 제3자에게 자기관련성이 있다고 할 것이다. 반대로 타인에 대한 공권력의 작용이 단지 간접적, 사실적 또는 경제적인 이해관계로만 관련되어 있는 제3자에게는 자기관련성은 인정되지 않는다고 보아야 할 것이다(헌재 1993.3.11. 91헌마233).

㉡ (o) 헌재 2009.11.26. 2008헌마691; 따라서 이 사건 심판청구에서 구체적인 기본권침해가 존재하는 때는 현실적으로 퇴직 후 수급절차를 종료한 때로 보아야 하기 때문에 이 사건 심판청구는 **현재성**을 결여하여 부적법하다 할 것이다(헌재 2009.11.26. 2008헌마691).
청구인이 장차 언젠가는 특정 법률의 규정으로 인하여 권리침해를 받을 우려가 있다 하더라도 그러한 권리침해의 우려는 단순히 장래 잠재적으로 나타날 수도 있는 것에 불과하여 **권리침해의 현재성**을 구비하였다고 할 수 없다(헌재 1989.7.21. 89헌마12).

㉢ (x) 법학전문대학원법 제8조 제1항은 법학전문대학원을 두는 대학은 법학에 관한 학사학위과정을 둘 수 없도록 하는 내용으로, 그 직접 수범자는 '대학'이다. 나아가 법학전문대학원을 두는지 여부와 관계없이 각 대학은 법학에 관한 학술 석·박사학위 과정을 둘 수 있고, 법학전문대학원 내에도 학술 박사학위 과정을 둘 수 있다. 따라서 법학사로서 장래 법학박사 과정에 진학하고자 하는 자연인인 청구인이 위 조항으로 인하여 **법학에 관한 학술 박사학위과정에서 심화된 법학연구를 할 수 없게 되더라도, 이는 단순한 간접적·사실적 불이익에 불과**하여 자기관련성이 없다(헌재 2012.3.29. 2009헌마754).

㉣ (o) 헌재 2006.1.26. 2005헌마474; 헌법소원제도는 국민의 기본권침해를 구제하기 위한 제도이므로 그 제도의 목적에 비추어 **권리보호이익**이 있는 경우에만 이를 제기할 수 있는바, 권리보호이익은 헌법소원 제기 당시뿐만 아니라 헌법재판소의 결정 당시에도 존재하여야 한다. 그러므로 헌법소원심판청구 당시 권리보호이익이 인정되더라도 심판계속중에 사실관계 또는 법률관계의 변동으로 말미암아 청구인이 주장하는 기본권의 **침해가 종료된 경우에는 원칙적으로 권리보호이익이 없으므로 헌법소원이 부적법**한 것으로 된다(헌재 1997.3.27. 93헌마251). 그러나, 헌법소원의 대상이 된 침해행위가 이미 종료하여서 이를 취소할 여지가 없기 때문에 헌법소원이 주관적 권리구제에는 별 도움이 안되는 경우라도 그러한 침해행위가 앞으로도 **반복될 위험이 있거나 당해분쟁의 해결이 헌법질서의 수호·유지를 위하여 긴요한 사항이어서 헌법적으로 그 해명(解明)이 중대한 의미를 지니고 있는 경우에는** 심판청구의 이익을 인정하여 이미 종료한 침해행위가 위헌이었음을 선언적 의미에서 확인할 필요가 있다(헌재 1992.1.28. 91헌마111).

㉤ (o) 헌법재판소법 제68조 제1항 단서에 의하면 헌법소원은 **다른 권리구제절차를 거친 뒤 비로소 제기할 수 있는 것**이기는 하지만(보충성), 여기서 말하는 권리구제절차는 공권력의 행사 또는 불행사를 직접대상으로 하여 그 효력을 다툴 수 있는 권리구제절차를 의미하는 것이지, 사후적·보충적 구제수단인 손해배상청구나 손실보상청구를 의미하는 것이 아님은 헌법소원제도를 규정한 헌법의 정신에 비추어 명백하다(헌재 1989.4.17. 88헌마3).

㉥ (x) 구체적 집행행위가 존재한 경우라고 하여 언제나 반드시 법률자체에 대한 헌법소원심

판청구의 적법성이 부정되는 것은 아니다. 예외적으로 집행행위가 존재하는 경우라도 그 **집행행위를 대상으로 하는 구제절차가 없거나 구제절차가 있다고 하더라도 권리구제의 기대가능성이 없고** 다만 기본권침해를 당한 청구인에게 불필요한 우회절차를 강요하는 것밖에 되지 않는 경우 등으로서 당해 법률에 대한 전제관련성이 확실하다고 인정되는 때에는 **당해 법률을 헌법소원의 직접 대상으로 삼을 수 있다** 할 것이다(헌재 1992.4.14. 90헌마82). 법률이나 명령·규칙 등의 행정입법, 조례 등의 법령 자체에 대한 헌법소원에 대하여는 보충성의 원칙을 적용하지 않고 있다. [해 답] ④

29. 헌법재판소의 권한쟁의심판에 관련된 설명 중 옳지 않은 것은? (다툼이 있는 경우 판례에 의함)

① 헌법재판소가 관장하는 국가기관 상호간의 권한쟁의심판은 국회, 정부, 법원 및 중앙선거관리위원회 상호간의 권한쟁의심판으로 한정된다.

② 국가기관 상호간의 권한쟁의심판은 헌법상의 국가기관 상호간에 권한의 존부나 범위에 관한 다툼이 있고 이를 해결할 수 있는 적당한 기관이나 방법이 없는 경우에 헌법재판소가 헌법해석을 통하여 그 분쟁을 해결함으로써 국가기능의 원활한 수행을 도모하고 국가권력간의 균형을 유지하여 헌법질서를 수호·유지하고자 하는 제도라고 할 것이다.

③ 국회의원은 국민의 선거에 의하여 선출된 헌법상의 국가기관이며, 국회의장도 국회에서 선출되는 헌법상의 국가기관으로서 국회의원과 국회의장은 헌법 제111조 제1항 제4호 소정의 권한쟁의심판의 당사자가 될 수 있다고 보아야 할 것이다.

④ 권한쟁의심판에 있어서는 처분 또는 부작위를 야기한 기관으로서 법적 책임을 지는 기관만이 피청구인적격을 가지므로, 권한쟁의심판청구는 이들 기관을 상대로 제기하여야 한다.

⑤ 국회가 제정한 국가인권위원회법에 의하여 비로소 설립된 국가인권위원회는 국회의 법률 개정행위에 의하여 존폐 및 권한범위 등이 좌우될지라도 권한쟁의심판의 당사자능력이 인정된다.

해설

① (o) 헌법재판소법 제62조 제1항 제1호.

② (o) 헌재 1997.7.16. 96헌라2.

③ (o) 헌재 1997.7.16. 96헌라2; 국회의원과 국회의장을 헌법 제111조 제1항 제4호의 '국가기관'에 해당하는 것으로 해석하는 이상 국회의원과 국회의장을 권한쟁의심판을 할 수 있는 국가기관으로 열거하지 아니한 헌법재판소법 제62조 제1항 제1호의 규정도 한정적, 열거적인 조항이 아니라 **예시적인 조항으로 해석하는 것이 헌법에 합치된다**고 할 것이다.

따라서 이와 견해를 달리하여 헌법재판소법 제62조 제1항 제1호를 한정적, 열거적인 조항으로 보아 **국회의원은 권한쟁의심판의 청구인이 될 수 없다고 판시한 의견은 이를 변경**하기로 한다(헌재 1997.7.16. 96헌라2).

④ (o) 헌재 2010.12.28. 2008헌라7; 따라서 국회 상임위원회 위원장이 위원회를 대표해서 의안을 심사하는 권한이 국회의장으로부터 위임된 것임을 전제로 한 국회의장에 대한 이 사건 심판청구는 피청구인적격이 없는 자를 상대로 한 청구로서 부적법하다(헌재 2010.12.28. 2008헌라7).

⑤ (x) 헌법상 국가에게 부여된 임무 또는 의무를 수행하고 그 독립성이 보장된 국가기관이라고 하더라도 **오로지 법률에 설치근거를 둔 국가기관이라면** 국회의 입법행위에 의하여 존폐 및 권한범위가 결정될 수 있으므로 이러한 국가기관은 '헌법에 의하여 설치되고 헌법과 법률에 의하여 독자적인 권한을 부여받은 국가기관'이라고 할 수 없다. 즉, 청구인이 수행하는 업무의 헌법적 중요성, 기관의 독립성 등을 고려한다고 하더라도, 국회가 제정한 국가인권위원회법에 의하여 비로소 설립된 청구인은 국회의 위 법률 개정행위에 의하여 존폐 및 권한범위 등이 좌우되므로 헌법 제111조 제1항 제4호 소정의 **헌법에 의하여 설치된 국가기관에 해당한다고 할 수 없다.** 결국, 권한쟁의심판의 당사자능력은 헌법에 의하여 설치된 국가기관에 한정하여 인정하는 것이 타당하므로, 법률에 의하여 설치된 청구인에게는 권한쟁의심판의 당사자능력이 인정되지 아니한다(헌재 2010.10.28. 2009헌라6). [해 답] ⑤

30. 헌법재판소의 권한쟁의심판에 관련된 설명 중 옳지 않은 것은? (다툼이 있는 경우 판례에 의함)

① 국회의 동의를 필요로 하는 조약에 대하여 국회의 동의절차를 거치지 아니한 채 체결·비준하는 경우 국회의 조약에 대한 체결·비준 동의권이 침해되는 것이므로, 이를 다투는 권한쟁의심판의 당사자는 국회가 되어야 할 것이다.

② 국회의 구성원인 국회의원이 국회의 권한침해를 주장하여 권한쟁의심판을 청구할 수 있기 위하여는 이른바 제3자 소송담당이 허용되어야 하는데, 우리 헌법재판소법은 독일 연방헌법재판소법과 같이 부분기관이 소속된 기관을 위하여 권한쟁의심판을 청구할 수 있도록 명문의 규정을 두고 있다.

③ 대통령이 국회의 체결·비준 동의 없이 조약을 체결하거나, 전시 작전통제권의 전환일정을 연기하는 합의문을 작성한 행위가 국회의원인 청구인들의 조약 비준동의안에 대한 심의·표결권을 침해할 가능성은 없다.

④ 지방자치단체의 권한에 부정적인 영향을 주어서 법적으로 문제되는 경우에는 사실행위나 내부적인 행위도 권한쟁의심판의 대상이 되는 처분에 해당한다고 할 것이므로, 건설교통부장관의 역명 결정은 권한쟁의심판의 대상이 되는 처분에 해당한다.

⑤ 권한쟁의심판청구는 피청구인의 처분 또는 부작위가 헌법 또는 법률에 의하여 부여받은 청구인의 권한을 침해하였거나 침해할 현저한 위험이 있는 때에 한하여 이를 청구할 수 있다.

해설

① (o) 헌재 2007.7.26. 2005헌라8.

② (x) 국회의 구성원인 국회의원이 국회의 권한침해를 주장하여 권한쟁의심판을 청구할 수 있기 위하여는 이른바 '제3자 소송담당'이 허용되어야 한다. 소위 '제3자 소송담당'이라고 하는 것은 권리주체가 아닌 제3자가 자신의 이름으로 권리주체를 위하여 소송을 수행할 수 있는 권능이다. 그런데 권한쟁의심판에 있어 헌법재판소법 제61조 제1항은 "국가기관 상호간에 권한의 존부 또는 범위에 관하여 다툼이 있을 때에는 당해 국가기관은 헌법재판소에 권한쟁의심판을 청구할 수 있다"고, 제2항은 "제1항의 심판청구는 피청구인의 처분 또는 부작위가 헌법 또는 법률에 의하여 부여받은 청구인의 권한을 침해하였거나 침해할 현저한 위험이 있는 때에 한하여 이를 할 수 있다"고 규정함으로써 **권한쟁의심판의 청구인은 청구인의 권한침해만을 주장**할 수 있도록 하고 있다. 즉 국가기관의 부분기관이 자신의 이름으로 소속기관의 권한을 주장할 수 있는 **'제3자 소송담당'의 가능성을 명시적으로 규정하고 있지 않다**(이에 반해 권한쟁의심판에 있어 '제3자 소송담당'을 허용하고 있는 독일은 기본법과 연방헌법재판소법에 부분기관이 소속된 기관을 위하여 권한쟁의심판을 청구할 수 있도록 명문의 규정을 두고 있다). 따라서 권한쟁의심판에 있어 '제3자 소송담당'을 허용하는 법률의 규정이 없는 현행법 체계하에서 **국회의 구성원인 청구인들은 국회의 조약에 대한 체결·비준 동의권의 침해를 주장하는 권한쟁의심판을 청구할 수 없다** 할 것이므로, 청구인들의 이 부분 심판청구는 청구인적격이 없어 부적법하다(헌재 2007.7.26. 2005헌라8).

③ (o) **국회의 동의권이 침해되었다고 하여 동시에 국회의원의 심의·표결권이 침해된다고 할 수 없고,** 국회의원의 심의·표결권은 국회의 대내적인 관계에서 행사되고 침해될 수 있을 뿐 다른 국가기관과의 대외적인 관계에서는 침해될 수 없는 것이므로, 국회의원들 상호간 또는 국회의원과 국회의장 사이와 같이 국회 내부적으로만 직접적인 법적 연관성을 발생시킬 수 있을 뿐이고, 대통령 등 국회 이외의 국가기관과의 사이에서는 권한침해의 직접적인 법적 효과를 발생시키지 아니한다. 따라서 피청구인인 **대통령이 국회의 동의 없이 조약을 체결·비준하였다 하더라도** 국회의 조약 체결·비준에 대한 동의권이 침해될 수는 있어도 국회의원인 청구인들의 심의·표결권이 침해될 가능성은 없다(헌재 2011.8.30. 2011헌라2).

④ (o) 헌재 2006.3.30. 2003헌라2; 청구인의 권한에 부정적인 영향을 주어서 **법적으로 문제되는 경우에는 사실행위나 내부적인 행위도 권한쟁의심판의 대상이 되는 처분에 해당한다**고 할 것이므로, 피청구인 건설교통부장관이 경부고속철도 제4-1공구 역의 이름을 "천안아산역(온양온천)"으로 한 결정은, 그것이 행정소송의 대상이 되는 처분인지 여부는 별론으로 하고, 권한쟁의심판의 대상이 되는 처분에 해당한다고 할 것이다(헌재 2006.3.30. 2003헌라2).

⑤ (o) 헌법재판소법 제61조 제2항; 피청구인의 처분 또는 부작위로 인하여 헌법 또는 법률에 의하여 부여받은 **청구인의 권한이 침해될 개연성이 전혀 없는 경우에는 권한쟁의심판청구가 부적법**하다고 할 것이다(헌재 2006.3.30. 2003헌라2).

[해 답] ②

31. 헌법재판소의 권한쟁의심판에 관련된 설명 중 옳지 않은 것을 모두 고른 것은? (다툼이 있는 경우 판례에 의함)

㉠ 권한쟁의 심판청구는 청구인의 권한을 침해하였거나 침해할 현저한 위험이 있는 때에 한하여 이를 청구할 수 있으므로, 피청구인의 장래처분이 확실하게 예정되어 있고, 피청구인의 장래처분에 의해서 청구인의 권한이 침해될 위험성이 있어서 청구인의 권한을 사전에 보호해 주어야 할 필요성이 매우 큰 예외적인 경우라도 권한쟁의심판을 청구할 수 없다.

㉡ 헌법질서의 수호·유지를 위하여 긴요한 사항으로서 그 해명이 헌법적으로 특히 중대한 의미를 가지고 있는 경우에 해당하는 경우라면 예외적으로 당해 권한쟁의사건에 대하여는 처분권주의를 제한하여 소의 취하에 관한 규정의 준용을 배제할 수 있다.

㉢ 위헌법률의 심판과 헌법소원에 관한 심판은 서면심리에 의하지만, 권한쟁의의 심판은 구두변론에 의한다.

㉣ 피청구기관의 처분의 효력을 정지하는 가처분신청은 본안사건이 부적법하거나 이유없음이 명백하지 않는 한, 가처분을 인용한 뒤 종국결정에서 청구가 기각되었을 때 발생하게 될 불이익과 가처분을 기각한 뒤 청구가 인용되었을 때 발생하게 될 불이익에 대한 비교형량을 하는 것이 가장 중요한 요건이 될 수밖에 없고 이 비교형량의 결과 후자의 불이익이 전자의 불이익보다 큰 때에 한하여 가처분결정을 허용할 수 있는 것이다.

㉤ 권한쟁의심판은 헌법재판소 재판관 전원으로 구성되는 재판부에서 관장하며, 종국심리에 관여한 재판관 과반수의 찬성으로 결정을 한다.

㉥ 권한쟁의심판의 결정은 모든 국가기관과 지방자치단체를 기속하며, 국가기관 또는 지방자치단체의 처분을 취소하는 결정은 그 처분의 상대방에 대하여 이미 생긴 효력에도 영향을 미치는 소급효를 갖는다.

① ㉠, ㉥　　② ㉡, ㉣　　③ ㉢, ㉥
④ ㉠, ㉤　　⑤ ㉤, ㉥

해설

㉠ (x) 피청구인의 장래처분에 의해서 청구인의 권한침해가 예상되는 경우에 청구인은 원칙적으로 이러한 장래처분이 행사되기를 기다린 이후에 이에 대한 권한쟁의심판청구를 통해서 침해된 권한의 구제를 받을 수 있으므로, 피청구인의 장래처분을 대상으로 하는 심판청구는 원칙적으로 허용되지 아니한다. 그러나 피청구인의 장래처분이 확실하게 예정되어 있고, 피청구인의 장래처분에 의해서 청구인의 권한이 침해될 위험성이 있어서 청구인의 권한을 사전에 보호해 주어야 할 필요성이 매우 큰 예외적인 경우에는 피청구인의 장래처분에 대해서도 헌법재판소법 제61조 제2항에 의거하여 권한쟁의심판을 청구할 수 있다

(헌재 2004.9.23. 2000헌라2).

ⓛ (o) 헌재 2001.5.8. 2000헌라1; 특히 당해 권한쟁의심판 사건에 대한 실체적 심리가 이미 종결되어 더 이상의 심리가 필요하지 아니한 단계에 이르고, 그 때까지 심리한 내용을 토대로 **당해 사건이 헌법질서의 수호·유지를 위하여 긴요한 사항으로서 그 해명이 헌법적으로 특히 중대한 의미를 가지고 있는 경우에 해당한다고 판단되는 경우라면**, 헌법재판소는 소의 취하에 관한 규정의 준용을 배제하여 **심판청구의 취하에도 불구하고** 심판절차가 종료되지 않은 것으로 보아야 할 것이다(헌재 2001.5.8. 2000헌라1).

ⓒ (o) 탄핵의 심판, 정당해산의 심판 및 권한쟁의의 심판은 구두변론에 의한다(헌법재판소법 30①). 위헌법률의 심판과 헌법소원에 관한 심판은 서면심리에 의한다(헌법재판소법 30②).

ⓔ (o) 헌재 1999.3.25. 98헌사98.

ⓜ (o) 이 법에 **특별한 규정이 있는 경우를 제외하고는 헌법재판소의 심판은 재판관 전원**으로 구성되는 재판부에서 관장한다(헌법재판소법 22①). 재판부는 재판관 7명 이상의 출석으로 사건을 심리한다(헌법재판소법 23①). 재판부는 **종국심리에 관여한 재판관 과반수의 찬성**으로 사건에 관한 결정을 한다. 다만, **다음 각 호의 어느 하나에 해당하는 경우에는 재판관 6명 이상의 찬성**이 있어야 한다(헌법재판소법 23②).

1. 법률의 위헌결정, 탄핵의 결정, 정당해산의 결정 또는 헌법소원에 관한 인용결정을 하는 경우
2. 종전에 헌법재판소가 판시한 헌법 또는 법률의 해석 적용에 관한 의견을 변경하는 경우

ⓑ (x) 헌법재판소의 권한쟁의심판의 결정은 모든 국가기관과 지방자치단체를 기속한다(헌법재판소법 67①). **국가기관 또는 지방자치단체의 처분을 취소하는 결정은 그 처분의 상대방에 대하여 이미 생긴 효력에 영향을 미치지 아니한다**(헌법재판소법 67②). [해 답] ①

32. 헌법재판소의 권한쟁의심판에 관련된 설명 중 옳지 않은 것은? (다툼이 있는 경우 판례에 의함)

① 헌법재판소는 관련된 헌법 또는 법률을 해석하여 관련 국가기관에 권한이 존재하는지 여부와 그 권한의 범위를 확정하는바, 기본적으로 헌법재판소법 제66조 제1항에 따른 결정은 권한의 존부 또는 범위에 관한 확인적 성격을 지닌다.

② 권한침해확인결정을 하는 경우에 나아가 권한침해의 원인이 된 피청구인의 처분을 취소하거나 그 무효를 확인할 수 있는바, 처분의 취소 또는 무효확인 결정은 권한질서를 회복하고 청구인의 권한을 회복시켜주는 형성적 기능을 갖는다.

③ 권한쟁의심판에서 청구인의 권한이 피청구인에 의하여 침해되었음을 확인하는 것에 그치고 피청구인의 행위를 취소하거나 무효임을 확인하는 결정을 하지 않는 경우, 이는 청구인과 피청구인 사이의 권한의 존부 또는 범위를 확인할 뿐이므로 피청구인의 행위는 여전히 유효하게 존속한다.

④ 권한쟁의심판의 결정의 기속력은 피청구인의 처분의 취소결정이나 무효확인결정

뿐만 아니라 권한침해의 확인결정에도 인정된다. 따라서 피청구인은 적극적인 재처분 의무나 결과제거 의무를 포함하는 것이라 해석된다.

⑤ 청구인이 법률안 심의·표결권의 주체인 국가기관으로서의 국회의원 자격으로 권한쟁의심판을 청구하였다가 심판절차 계속중 사망한 경우, 그에 관련된 권한쟁의 심판절차 또한 수계될 수 없으므로, 권한쟁의심판청구는 청구인의 사망과 동시에 당연히 그 심판절차가 종료된다.

해설

① (o) 헌재 2010.11.25. 2009헌라12.

② (o) 헌재 2010.11.25. 2009헌라12.

③ (o) 헌재 2010.11.25. 2009헌라12.

④ (x) 헌법재판소의 권한쟁의심판의 결정은 모든 국가기관과 지방자치단체를 기속(헌법재판소법 제67조 제1항)하는바, 이러한 기속력은 피청구인의 처분의 취소결정이나 무효확인결정뿐만 아니라 권한침해의 확인결정에도 인정된다. 그러나 그 내용은 장래에 어떤 처분을 행할 때 그 결정의 내용을 존중하고 **동일한 사정 하에서 동일한 내용의 행위를 하여서는 아니되는 의무를 부과하는 것에 그치고**, 적극적인 재처분 의무나 결과제거 의무를 포함하는 것이라 해석할 것은 아니다. 따라서 헌법재판소가 피청구인의 처분을 직접 취소하거나 무효확인함으로써 그 기속력의 내용으로서 피청구인에게 원상회복의무가 인정되는 것은 별론으로 하고, 헌법재판소가 권한의 존부 및 범위에 관한 판단을 하면서 **피청구인이나 제3자인 국회에게 직접 어떠한 작위의무를 부과하는 결정을 할 수는 없으며**, 권한의 존부 및 범위에 관한 판단 자체의 효력으로 권한침해행위에 내재하는 위헌·위법상태를 적극적으로 제거할 의무가 발생한다고 보기도 어렵다(헌재 2010.11.25. 2009헌라12).

⑤ (o) 청구인이 법률안 심의·표결권의 주체인 국가기관으로서의 국회의원 자격으로 권한쟁의심판을 청구하였다가 심판절차 계속중 사망한 경우, **국회의원의 법률안 심의·표결권은 성질상 일신전속적인 것으로 당사자가 사망한 경우 승계되거나 상속될 수 없어** 그에 관련된 권한쟁의 심판절차 또한 수계될 수 없으므로, 권한쟁의심판청구는 청구인의 사망과 동시에 당연히 그 심판절차가 종료된다(헌재 2010.11.25. 2009헌라12).

[해 답] ④

CHAPTER 02 행정법

Public Law
Multiple-choice
Questions

01 법치행정의 원칙

1. 한국전력공사는 1998.2.2. 甲에 대하여 한국방송공사법 제35조, 제36조 제1항을 근거로 하여 1998년 2월분 텔레비전방송수신료 2,500원의 부과처분을 하였다. 甲은 서울행정법원에 한국전력공사를 상대로 위 부과처분의 취소를 구하는 행정소송을 제기하고, 위 소송계속 중에 부과처분의 근거가 된 법률조항이 헌법에 위반된다는 위헌심판제청신청을 하였으나, 위 신청이 기각되자 헌법소원심판을 청구하였다. 이에 관한 다음 설명 중 옳지 않은 것은? (다툼이 있는 경우 판례에 의함)

> **[참고]**
> **한국방송공사법(1990.8.1. 법률 제4264호로 개정된 것)**
> **제35조(텔레비전수상기의 등록과 수신료 납부의무)**
> 텔레비전방송을 수신하기 위하여 텔레비전수상기(이하 "수상기"라 한다)를 소지한 자는 대통령령이 정하는 바에 따라 공사에 그 수상기를 등록하고 텔레비전방송수신료(이하 "수신료"라 한다)를 납부하여야 한다. 다만, 대통령령이 정하는 수상기에 대하여는 그 등록을 면제하거나 수신료의 전부 또는 일부를 감면할 수 있다.
>
> **제36조(수신료의 결정)**
> ① 수신료의 금액은 이사회가 심의·결정하고, 공사가 문화관광부장관의 승인을 얻어 이를 부과·징수한다.

① 한국방송공사법 제35조 단서는 등록면제 또는 수신료가 감면되는 수상기의 범위에 관하여 아무런 조건없이 단순히 대통령령이 정하도록 하고 있으나, 등록면제 또는 수신료 감면에 관한 규정은 국민에게 이익을 부여하는 수익적 규정에 해당하는 것이어서 이에 대하여 요구되는 위임입법의 구체성·명확성의 정도는 상대적으로 완화될 수 있다. 따라서 제35조는 헌법 제75조에 규정된 포괄위임금지의 원칙에 위반되지 아니한다.

② 수신료금액의 결정은 납부의무자의 범위 등과 함께 수신료에 관한 본질적인 중요한 사항이지만, 한국방송공사법 제36조 제1항은 한국방송공사가 수신료금액을 결정한 다음에 문화관광부장관의 사후 승인을 얻도록 하였으므로 법률유보원칙

에 위반되지 아니한다.

③ 한국방송공사법 제35조, 제36조 제1항이 위헌이라면 甲에 대한 수신료부과처분의 재판결과에 영향을 미칠 수 있어, 이 사건 법률조항의 위헌 여부는 당해 사건에서 재판의 전제가 된다.

④ 한국전력공사는 행정소송법이 규정하는 행정청에 해당되므로 적법한 피고적격이 있다.

⑤ 국회의 입법에 의하여 이미 규율된 사안에 대하여 행정청은 그에 위반되는 행정처분을 하여서는 아니 되는 것을 법률우위의 원칙이라 하고, 행정처분은 법률의 직접적인 근거 또는 법률의 위임에 근거하여 제정된 명령에 의한 근거가 있어야 하는 것을 법률유보의 원칙이라 한다.

해설

① (o) 한국방송공사법 제35조가 수신료 납부의무자의 범위에 관하여 대통령령에 포괄적으로 위임함으로써 헌법 제75조에 규정된 포괄위임금지원칙에 위반되는 것인지 문제될 수 있다. 제35조 본문은 수신료 납부의무자의 범위에 관하여 '텔레비전방송을 수신하기 위하여 텔레비전수상기를 소지한 자는 … 텔레비전방송수신료를 납부하여야 한다'라고 규정하고 있는데, 이는 누구라도 수신료 납부의무자의 범위를 잘 알 수 있는 명확한 규정이다. 또한 단서 역시 등록면제 또는 수신료가 감면되는 수상기의 범위에 관하여 대통령령이 정하도록 하고 있으나, 수익적 행위에 대한 규정에서 요구되는 위임입법의 구체성·명확성의 정도는 상대적으로 완화될 수 있으므로, 포괄위임금지의 원칙에 위반되지 아니한다고 할 것이다.

② (x) 텔레비전방송수신료는 대다수 국민의 재산권 보장의 측면이나 한국방송공사에게 보장된 방송자유의 측면에서 국민의 기본권실현에 관련된 영역에 속하고, 수신료금액의 결정은 납부의무자의 범위 등과 함께 수신료에 관한 본질적인 중요한 사항이므로 국회가 스스로 행하여야 하는 사항에 속하는 것임에도 불구하고 한국방송공사법 제36조 제1항에서 국회의 결정이나 관여를 배제한 채 한국방송공사로 하여금 수신료금액을 결정해서 문화관광부장관의 승인을 얻도록 한 것은 법률유보원칙에 위반된다(헌재 1999.5.27. 98헌바70).

③ (o) 설문에서 甲이 수신료부과처분의 취소청구소송을 제기하여 현재 위 소송계속 중이며, 한국방송공사법 제35조, 제36조 제1항은 수신료부과처분의 근거법률로서 위 소송사건의 재판에 적용되는 것이며, 만약 위 법률조항이 위헌으로 결정되면 甲에 대한 수신료부과처분은 취소될 것이므로 재판의 전제성이 인정된다.

④ (o) 취소소송은 다른 법률에 특별한 규정이 없는 한 그 처분 등을 행한 행정청을 피고로 한다(행정소송법 13①). 행정소송법을 적용함에 있어서 행정청에는 법령에 의하여 행정권한의 위임 또는 위탁을 받은 행정기관, 공공단체 및 그 기관 또는 사인이 포함된다(행정소송법 2②). 따라서 한국전력공사는 공공단체로서 피고적격이 있다.

⑤ (o) 법률우위의 원칙은 행정청이 입법화된 법률을 침해할 수 없다는 법의 단계질서의 문제라고 할 수 있고 법률유보는 행정청이 일정한 행정행위를 가능하게 하는 법적 근거에 관한 것으로 입법과 행정의 권한 소재의 문제로 파악할 수 있다. [해 답] ②

2. 甲은 행정사가 되고자 행정사 자격시험 응시를 준비하고 있던 중 2007.6.20.경 관련 정부부처에 문의한 결과 '행정사는 현재까지 경력공무원에 대한 자격부여를 통하여 배출되어 왔고, 행정사 자격시험을 실시한 적은 없으며, 앞으로도 실시계획이 없다'는 취지의 답변을 듣게 되었다. 甲은 정부부처가 행정사 자격시험 실시여부에 관한 근거규정으로 삼고 있는 행정사법 시행령 제4조 제3항이 '행정사의 수급상황을 고려하여 필요한 경우에만 행정사 자격시험을 실시할 수 있도록 규정'함으로써 자격시험을 통해 행정사가 되는 길을 막고 있는 것으로 판단하고 있다. 이 사안에 관하여 甲이 취할 수 있는 권리구제수단 등과 관련된 설명 중 옳지 않은 것은? (다툼이 있는 경우 판례에 의함)

> [참고]
> **행정사법(2008.12.26. 법률 제9212호로 일부 개정된 것)**
> **제4조(행정사의 자격)**
> 행정사는 행정안전부장관이 시행하는 행정사의 자격시험에 합격한 자로 한다.
>
> **제5조(행정사의 자격시험)**
> ① 행정사의 자격시험은 제1차 시험과 제2차 시험으로 한다.
> ② 제1항의 규정에 의한 행정사의 자격시험의 과목·방법 기타 시험에 관하여 필요한 사항은 대통령령으로 정한다.
>
> **행정사법 시행령(2008.2.29. 대통령령 제20741호로 일부 개정된 것)**
> **제4조(행정사의 자격시험)**
> ③ 시·도지사는 법 제6조 제2항의 규정에 의한 시험전부면제대상자의 수 및 법 제8조의 규정에 의하여 행정사업의 신고를 한 자의 수 등 관할구역내의 행정사의 수급상황을 조사하여 시험실시의 필요성을 검토한 후 시험의 실시가 필요하다고 인정하는 때에는 시험실시계획을 수립하고, 이를 행정안전부장관에게 보고하여야 한다.

① 甲이 정부관련 부처를 상대로 행정사 자격시험의 실시를 청구하는 내용의 행정소송은 적법하지 않다.

② 甲이 정부관련 부처를 상대로 행정사 자격시험의 실시를 청구하는 내용의 의무이행행정심판은 적법하지 않다.

③ 법률유보의 원칙은 법률에 근거한 규율을 요청하는 것이므로, 그 형식이 반드시 법률일 필요는 없다 하더라도 법률상의 근거는 있어야 한다.

④ 행정사법 제5조 제2항이 대통령령으로 정하도록 위임한 이른바 "행정사의 자격시험의 과목·방법 기타 시험에 관하여 필요한 사항"은 시험과목·합격기준·시험실시방법·시험실시시기·실시횟수 등 시험실시에 관한 구체적인 방법과

절차뿐만 아니라, 시험의 실시 여부까지도 대통령령으로 정하라는 뜻으로 볼 수 있다.

⑤ 행정사법 시행령 제4조 제3항은 행정사 자격시험의 실시 여부를 행정사의 수급상황을 고려하여 행정관청(시·도지사)이 재량으로 결정할 수 있도록 규정하여 시험을 통해 행정사가 되고자 하는 자의 직업선택의 자유를 제한하고 있으므로, 이 같은 제한에는 반드시 법률상 근거가 있어야 한다.

해설 ① (o) 甲은 행정사가 되고자 그 시험 실시여부에 관하여 관련 정부부처에 질의하였뿐이고, 행정청의 위법한 처분이 존재하지도 않기 때문에 그 처분의 취소를 구하는 내용의 행정소송은 소의 대상이 없어 부적법한 소에 해당되어 각하판결을 받게 된다. 또한 행정사 자격시험의 실시를 요청하는 내용의 소는 의무이행소송에 해당하는데, 행정심판법에서 의무이행심판을 인정하고 있는 것과 달리 행정소송법은 이를 인정하지 않고 있다.

② (o) 의무이행심판은 당사자의 신청에 대한 행정청의 위법 또는 부당한 거부처분이나 부작위에 대하여 일정한 처분을 하도록 하는 행정심판이다(행정심판법 5(3)). 설문에서 甲은 행정청에 대하여 행정사 자격시험의 실시를 신청한 바 없고, 행정청 역시 위법 또는 부당한 거부처분이나 부작위에 이른 적이 없다. 따라서 甲은 행정심판법이 정하는 의무이행심판을 제기할 수 없고, 설령 제기하였더라도 부적법하여 각하재결을 받게 된다.

③ (o) 기본권 제한에 관한 법률유보원칙은 '법률에 근거한 규율'을 요청하는 것이므로, **그 형식이 반드시 법률일 필요는 없다 하더라도 법률상의 근거는 있어야 한다** 할 것이다(헌재 2006. 5.25. 2003헌마715). 따라서 모법의 위임범위를 벗어난 하위법령은 법률의 근거가 없는 것으로 법률유보원칙에 위반된다.

④ (x) 행정사법 제4조에서 행정사 자격시험에 합격한 자에게 행정사의 자격을 인정하는 것은 행정사 자격시험이 합리적인 방법으로 반드시 실시되어야 함을 전제로 한다. 따라서 행정사법 제5조 제2항이 대통령령으로 정하도록 위임한 이른바 "행정사의 자격시험의 과목·방법 기타 시험에 관하여 필요한 사항"이란 시험과목·합격기준·시험실시방법·시험실시시기·실시횟수 등 시험실시에 관한 구체적인 방법과 절차를 말하는 것이며, 시험의 실시 여부까지도 대통령령으로 정하라는 뜻은 아니다(헌재 2010.4.29. 2007헌마910).

⑤ (o) 행정사법 시행령 제4조 제3항은 행정사 자격시험의 실시 여부를 시·도지사의 재량사항으로 정하고 있어, 시·도지사가 행정사를 보충할 필요가 없다고 인정하면 행정사 자격시험을 실시하지 아니하여도 되는 것으로 해석된다. 그러나 상위법인 행정사법 제4조에 의하여 甲을 비롯한 모든 국민에게 부여된 행정사 자격 취득의 기회를 하위법인 위 시행령 규정으로 박탈하는 결과를 초래하고 있다. 따라서 **위 시행령 규정은 모법으로부터 위임받지 아니한 사항을 하위법규에서 기본권 제한 사유로 설정하고 있는 것이므로, 위임입법의 한계를 일탈**하고, 법률상 근거 없이 직업선택의 자유라는 기본권을 제한하기 때문에 법률유보원칙에 위배된다(헌재 2010.4.29. 2007헌마910).

[해 답] ④

3. 甲은 A시장으로부터 개인택시운송사업면허를 받아 개인택시를 운행하여 오던 중에, 운전면허취소사유에 해당하는 음주운전을 하던 중에 교통사고를 야기한 결과 중상을 입고 치료를 받던 중 그날 밤 사망하였다. 甲의 상속인 乙은 A시장에게 甲의 개인택시운송사업을 계속하기 위하여 상속신고를 하였다. 그러나 A시장은 망인 甲이 술에 취한 상태에서 자동차를 운전한 것은 운전면허 취소사유에 해당한다는 이유로 개인택시운송사업면허를 취소하는 처분을 하였다. 여객자동차운수사업법은 개인택시와 같은 여객자동차운송사업에 종사하는 자의 운전면허가 취소된 때는 운송사업면허 취소사유로 규정하고 있다. 이에 관한 설명 중 옳지 않은 것은? (다툼이 있는 경우 판례에 의함)

① 개인택시운송사업면허를 취소하기 위해서는 수익적 행정행위의 취소요건을 충족하여야 한다.

② 음주운전으로 운전면허취소처분 사유가 발생하였으면 실제로 운전면허취소처분이 행하여지지 않았더라도 甲의 개인택시운송사업면허를 취소할 수 있다.

③ 개인택시운송사업면허는 법령에 특별한 규정이 없는 한 재량행위이다.

④ 甲이 음주운전을 하다가 사망하였다면 그의 운전면허는 실효되었다.

⑤ A시장이 甲이 음주운전을 하였다는 이유로 개인택시운송사업면허를 취소한 행위의 법적 성질은 철회에 해당된다.

해설

① (o) 개인택시 운송사업면허와 같은 **수익적 행정처분을 취소 또는 철회하거나 중지하는 경우**에는 이미 부여된 그 국민의 기득권을 침해하는 것이 되므로, 비록 취소 등의 사유가 있다고 하더라도 그 취소권 등의 행사는 기득권의 침해를 정당화할 만한 중대한 공익상의 필요 또는 제3자의 이익보호의 필요가 있는 때에 한하여 상대방이 받는 불이익과 비교·교량하여 결정하여야 하고, 그 처분으로 인하여 공익상의 필요보다 상대방이 받게 되는 불이익 등이 막대한 경우에는 재량권의 한계를 일탈한 것으로서 그 자체가 위법하게 된다(대법원 2010.4.8. 2009두17018).

② (x) 甲이 음주운전을 하다가 사망하였다면 甲에 대하여 음주운전을 이유로 한 운전면허 취소처분은 불가능하고, 음주운전은 운전면허 취소사유에 불과할 뿐 개인택시운송사업면허 취소사유가 될 수는 없으므로, A시장의 개인택시운송사업면허 취소처분은 취소사유 없이 행해진 처분으로서 위법하다 할 것이다(대법원 2008.5.15. 2007두26001). 따라서 A시장의 위 처분은 법률의 근거없이 행하여진 처분으로 법률유보의 원칙에 반하여 위법하다.

③ (o) 개인택시운송사업면허는 특정인에게 권리나 이익을 부여하는 이른바 수익적 행정행위로서 법령에 특별한 규정이 없는 한 재량행위이다(대법원 2007.3.15. 2006두15783).

④ (o) 행정행위의 실효는 흠 없이 성립·발효한 **행정행위의 효력이 행정청의 의사와 관계없이 일정한 사실의 발생으로 장래에 향하여 당연히 소멸**되는 것을 말한다. 甲의 사망으로 그에게 부여된 자동차운전면허는 특별한 행정청의 행위가 없더라도 그 효력이 소멸된다.

⑤ (o) A시장이 甲의 음주운전을 이유로 운전면허를 취소(철회)하고 개인택시운송사업면허까

지 취소(철회)한 것은 철회사유 중 '상대방의 유책행위에 대한 제재로서의 철회'에 해당된다.

[해 답] ②

4. 기본권 제한에 있어 법률유보의 원칙에 대한 설명 중 옳지 않은 것은?

① 국민의 기본권은 국가안전보장, 질서유지 또는 공공복리를 위하여 필요한 경우에 한하여 이를 제한할 수 있다.

② 위임입법에 의한 기본권 제한은 헌법 제75조가 요구하는 위임의 구체성과 명확성을 구비하여야 한다.

③ 법률유보의 원칙은 법률에 의한 규율만을 뜻하는 것이 아니라 법률에 근거한 규율을 요청하고 있다.

④ 시행령 조항으로 금치처분을 받은 수형자의 집필에 관한 권리를 법률의 근거나 위임 없이 제한하면 헌법 제37조 제2항 및 제75조에 위반된다고 할 수 있다.

⑤ 기본권 제한의 형식은 반드시 법률의 형식이어야 할 필요가 있다.

해설

⑤ (x) 국민의 기본권은 헌법 제37조 제2항에 의하여 국가안전보장, 질서유지 또는 공공복리를 위하여 필요한 경우에 한하여 이를 제한할 수 있으나 그 제한은 원칙적으로 법률로써만 가능하며, 제한하는 경우에도 기본권의 본질적 내용을 침해할 수 없고 필요한 최소한도에 그쳐야 한다. 이러한 **법률유보의 원칙은 '법률에 의한' 규율만을 뜻하는 것이 아니라 '법률에 근거한' 규율을 요청**하는 것이므로 기본권 제한의 형식이 반드시 법률의 형식일 필요는 없고 법률에 근거를 두면서 헌법 제75조가 요구하는 위임의 구체성과 명확성을 구비하기만 하면 위임입법에 의하여도 기본권 제한을 할 수 있다 할 것이다(헌재 2005.2.24. 2003헌마289).

[해 답] ⑤

02 통치행위

1. 통치행위에 관련된 설명 중 옳지 않은 것을 모두 고른 것은? (다툼이 있는 경우 판례에 의함)

㉠ 비록 고도의 정치적 결단에 의하여 행해지는 국가작용이라고 할지라도 그것이 국민의 기본권 침해와 직접 관련되는 경우에는 당연히 헌법재판소의 심판대상이 된다.

㉡ 남북정상회담의 개최는 고도의 정치적 성격을 지니고 있는 행위로 특별한 사정이 없는 한 그 당부를 심판하는 것은 사법권의 내재적·본질적 한계를 넘는 것이므로, 남북정상회담의 개최과정에서 재정경제부장관에게 신고하지 아니하거나 통일부장관의 협력사업 승인을 얻지 아니한 채 북한측에 사업권의 대가 명목으로 송금한 행위는 사법심사의 대상이 될 수 없다.

㉢ 통치행위의 개념을 인정한다고 하더라도 과도한 사법심사의 자제가 기본권을 보장하고 법치주의 이념을 구현하여야 할 법원의 책무를 태만히 하거나 포기하는 것이 되지 않도록 그 인정을 지극히 신중하게 하여야 하며, 그 판단은 오로지 사법부만에 의하여 이루어져야 한다.

㉣ 대통령이 징역형의 집행유예에 대해서는 형의 선고의 효력을 상실케 하는 특별사면을 하면서, 위 집행유예와 함께 병과된 벌금형을 제외하는 것은 법률의 본질인 형평의 원칙에 반한다.

㉤ 통치행위는 그 종류에 따라 관보에 게재하여 공포하거나 또는 대외적인 공고, 고시만으로 유효하게 성립하는 것이 아니라 개별적인 통지도 필요하다.

㉥ 비상계엄의 선포나 확대가 국헌문란의 목적을 달성하기 위하여 행하여진 경우에는 법원은 그 자체가 범죄행위에 해당하는지의 여부에 관하여 심사할 수 있다.

㉦ 유신헌법에 근거한 긴급조치는 국회의 입법권 행사라는 실질을 전혀 가지지 못한 것으로서, 헌법재판소의 위헌심판대상이 되는 '법률'에 해당한다고 할 수 없고, 긴급조치의 위헌 여부에 대한 심사권은 최종적으로 대법원에 속한다.

① ㉠, ㉡, ㉣ ② ㉡, ㉢, ㉣ ③ ㉠, ㉤, ㉦
④ ㉡, ㉣, ㉤ ⑤ ㉤, ㉥, ㉦

해설 ㉠ (o) 통치행위를 포함하여 모든 국가작용은 국민의 기본권적 가치를 실현하기 위한 수단이라는 한계를 반드시 지켜야 하는 것이고, 헌법재판소는 헌법의 수호와 국민의 기본권 보장을 사명으로 하는 국가기관이므로 비록 고도의 정치적 결단에 의하여 행해지는 국가작용이라고 할지라도 그것이 국민의 기본권 침해와 직접 관련되는 경우에는 당연히 헌법재판소의 심판대상이 될 수 있다(헌재 1996.2.29. 93헌마186).

㉡ (x) 남북정상회담의 개최는 고도의 정치적 성격을 지니고 있는 행위라 할 것이므로 특별한 사정이 없는 한 그 당부를 심판하는 것은 사법권의 내재적·본질적 한계를 넘어서는 것이 되어 적절하지 못하지만, 남북정상회담의 개최과정에서 재정경제부장관에게 신고하지 아니하거나 통일부장관의 협력사업 승인을 얻지 아니한 채 북한측에 사업권의 대가 명목으로 송금한 행위 자체는 **헌법상 법치국가의 원리와 법 앞에 평등원칙 등에 비추어 볼 때** 사법심사의 대상이 된다(대법원 2004.3.26. 2003도7878).

㉢ (o) 대법원 2004.3.26. 2003도7878.

㉣ (x) 특별사면은 국가원수인 대통령이 형의 집행을 면제하거나 선고의 효력을 상실케 하는 시혜적 조치로서, 형의 전부 또는 일부에 대하여 하거나, 중한 형 또는 가벼운 형에 대하여만 할 수도 있다. 그러므로 **중한 형에 대하여 사면을 하면서 그보다 가벼운 형에 대하여 사면을 하지 않는 것이 형평의 원칙에 반한다고 할 수도 없다.** 징역형의 집행유예에 대한 사면이 병과된 벌금형에도 미치는 것으로 볼 것인지 여부는 사면의 내용에 대한 해석문제에 불과하다 할 것이다(헌재 2000.6.1. 97헌바74).

㉤ (x) 통치행위는 그 종류에 따라 관보에 게재하여 공포하거나 또는 대외적인 공고, 고시 등에 의하여 유효하게 성립되고 개별적 통지를 요하지 아니한다(대법원 1983.6.14. 83누43).

㉥ (o) 대통령의 비상계엄의 선포나 확대 행위는 고도의 정치적·군사적 성격을 지니고 있는 행위라 할 것이므로, 그것이 누구에게도 일견하여 헌법이나 법률에 위반되는 것으로서 명백하게 인정될 수 있는 등 특별한 사정이 있는 경우라면 몰라도, 그러하지 아니한 이상 그 계엄 선포의 요건 구비 여부나 선포의 당·부당을 판단할 권한이 사법부에는 없다고 할 것이나, 비상계엄의 선포나 확대가 **국헌문란의 목적을 달성하기 위하여 행하여진 경우**에는 법원은 그 자체가 범죄행위에 해당하는지의 여부에 관하여 심사할 수 있다(대법원 1997.4.17. 96도3376).

㉦ (o) 대법원 2010.12.16. 2010도5986. 그러나 최근 헌법재판소는 유신헌법 제53조에 근거한 대통령긴급조치(제1호, 제2호, 제9호)들은 최소한 **법률과 동일한 효력을 가지는 것**으로 보아야 하고, 따라서 그 위헌여부 심사권한도 헌법재판소에 전속한다(헌재 2013.3.21. 2010헌바132)고 판시하였다.

[해 답] ④

03 행정법의 법원

1. 행정법의 법원에 관한 설명 중 옳지 않은 것은?

① 행정법의 법원은 헌법·법률·명령 등의 성문법 외에 불문법으로는 재판례, 행정선례, 관습법, 조리 등을 들 수 있다.

② 대법원의 판례는 하급법원이나 행정청에 대하여 사실상의 구속력을 갖지만, 헌법재판소의 위헌결정은 법적 효력을 갖는다.

③ 공무원이 적극적으로 상급기관의 유권해석이나 지휘를 받음이 없이 종전의 행정선례에 따라 업무처리를 하였다고 하여 직무상의 의무에 위반한 것이라고 할 수는 없다.

④ 사회의 거듭된 관행으로 생성한 사회생활 규범이 법적 규범으로 승인되기에 이르렀다고 하기 위하여는 헌법을 최상위 규범으로 하는 전체 법질서에 반하지 아니하여야 한다.

⑤ 관습법을 적용하여야 할 시점에서 전체 법질서에 부합하지 않게 되었더라도 명문의 성문입법이 되기까지는 법적 규범으로서의 효력을 가진다.

해설 ① (o) 행정법의 법원은 헌법, 법률, 명령 등의 성문법외에 불문법으로는 재판례, 행정선례, 관습법, 조리 등을 들 수 있는데, 그 중 행정선례라 함은 행정기관에 있어서 실제로 처리한 사건이 선례로서 존중되어 법규로서의 효력을 가지게 된 것으로 재판례의 경우와 동일하게 처리되는 것이 통설이다(대법원 1952.6.19. 4285행상20).

② (o) 법원조직법 제8조는 '상급법원의 판례에 있어서의 판단은 당해 사건에 관하여 하급심을 기속한다'고 규정하고 있다. 하급법원이 대법원의 판례와 배치되는 판결을 할 경우에는 상고 결과 파기될 가능성이 크므로 사실상 대법원의 판례를 존중하여 판결함이 보통이다. 따라서 대법원 판례는 하급법원이나 행정청에 대하여 사실상의 구속력을 가진다. 반면, 헌법재판소의 위헌결정은 법원성을 갖게 된다. **위헌으로 결정된 법률(또는 법률조항)은 효력을 상실하며, 위헌결정은 법원 기타 국가기관이나 지방자치단체를 기속**하기 때문이다(헌법재판소법 47①②).

③ (o) 종전의 행정선례가 잘못된 것이라는 상급관청의 해석이나 시정조치가 있었다면 모르되 그렇지 않는 한은 공무원이 적극적으로 상급기관의 유권해석이나 지휘를 받음이 없이 종전의 행정선례에 따라 업무처리를 하였다고 하여 이를 지방공무원법 제69조 제1항 제2호에 규정된

직무상의 의무에 위반하거나 직무를 태만히 한 경우에 해당한다고 할 수는 없다(대법원 1985.11.26. 85누676).

④ (o) 관습법이란 사회의 거듭된 관행으로 생성한 사회생활 규범이 사회의 법적 확신과 인식에 의하여 법적 규범으로 승인·강행되기에 이른 것을 말하고, 그러한 관습법은 법원으로서 법령에 저촉되지 아니하는 한 법칙으로서의 효력이 있는 것이고, 또 사회의 거듭된 관행으로 생성한 어떤 사회생활 규범이 법적 규범으로 승인되기에 이르렀다고 하기 위하여는 헌법을 최상위 규범으로 하는 전체 법질서에 반하지 아니하는 것으로서 정당성과 합리성이 있다고 인정될 수 있는 것이어야 하고, 그렇지 아니한 사회생활 규범은 비록 그것이 사회의 거듭된 관행으로 생성된 것이라고 할지라도 이를 법적 규범으로 삼아 관습법으로서의 효력을 인정할 수 없다(대법원 2005.7.21. 2002다1178).

⑤ (x) 사회의 거듭된 관행으로 생성된 사회생활 규범이 관습법으로 승인되었다고 하더라도 사회 구성원들이 그러한 **관행의 법적 구속력에 대하여 확신을 갖지 않게 되었다거나**, 사회를 지배하는 기본적 이념이나 사회질서의 변화로 인하여 그러한 관습법을 적용하여야 할 시점에 있어서의 **전체 법질서에 부합하지 않게 되었다면** 그러한 관습법은 법적 규범으로서의 효력이 부정될 수밖에 없다(대법원 2005.7.21. 2002다1178). 종중 구성원의 자격을 성년 남자만으로 제한하는 종래의 관습법은 이제 더 이상 법적 효력을 가질 수 없게 되었는데, 성문입법이 필요한 것은 아니다.

[해 답] ⑤

04 행정법의 일반원리

1. 신뢰보호의 원칙에 관한 내용 중 옳지 않는 것은? (다툼이 있는 경우 판례에 의함)

① 신뢰보호의 원칙은 행정절차법 제4조 제2항, 국세기본법 제18조 제3항과 같은 개별법률에 규정되어 있기 때문에 인정된다.

② 신뢰보호의 원칙에 위반된 행위는 위헌·위법이 되며, 신뢰보호의 원칙에 위반되는 공무원의 행위로 피해를 입은 경우에는 국가배상책임이 발생한다.

③ 행정청의 공적 견해의 표명은 특정 개인에 대한 것일 필요는 없다.

④ 실권의 법리는 신뢰보호의 원칙이 적용되는 경우에 해당되지만, 그 요건이 동일한 것은 아니다.

⑤ 행정처분이 신뢰보호의 원칙에 관한 요건을 충족하더라도 공익 또는 제3자의 정당한 이익을 현저히 해할 우려가 있는 경우가 아니어야 한다.

해설 ① (x) 행정절차법은 '신뢰보호'라는 제목으로 이 원칙을 규정하고 있다. 행정청은 법령등의 해석 또는 행정청의 관행이 일반적으로 국민들에게 받아들여진 때에는 공익 또는 제3자의 정당한 이익을 현저히 해할 우려가 있는 경우를 제외하고는 새로운 해석 또는 관행에 의하여 소급하여 불리하게 처리하여서는 아니된다(행정절차법 4②). 반면 국세기본법은 '세법 해석의 기준 및 소급과세의 금지'라는 제목으로 동일한 내용의 규정을 두고 있다(국세기본법 18③). 판례는 조세소송에서 이 규정을 '신의성실의 원칙이 적용되기 위한 요건'으로 표현하고 있다(대법원 2001.11.27. 99두10131). 국세기본법의 이 규정은 헌법상 요청되는 당연한 원칙을 확인한 것에 불과하므로, 이 규정이 없더라도 이 원칙은 인정된다. 국세기본법 제18조 제3항이 납세자에게 일반적으로 받아들여진 세법의 해석이나 국세행정의 관행을 정당한 것으로 존중하여 새로운 해석이나 관행에 의하여 소급과세하는 것을 금하고 있는 것도 위에서 본 법적 안정성과 납세자의 신뢰를 보호하여야 한다는 **헌법상 요청의 일단을 확인하고 있음에 불과하다**고 할 것이다(대법원 1983.4.12. 80누203).

행정절차법과 국세기본법은 '법령 등의 해석 또는 행정청의 관행이 일반적으로 국민들에게 받아들여진 때'에는 신뢰보호의 원칙이 적용된다고 한다. 신뢰보호의 원칙이 적용되는 사안이 대부분 세법과 같은 법령 등의 해석이나 (국세)행정의 관행이 장래에도 계속될 것이라는 신뢰를 준 경우이지만, 반드시 이 경우에만 국한되는 것은 아니다.

헌법재판소는 신뢰보호의 원칙을 헌법상 법치국가의 원칙으로부터 도출된다고 본다(헌재 1995.10.26. 94헌바12). 대법원 역시 헌법의 기본원리인 법치주의 원리에 속하는 것이라고 한다(대법원 2006.11.16. 2003두12899).

② (o) 신뢰보호의 원칙에 위반된 행위의 효과는 위헌 또는 위법하게 된다. 사안에 따라 무효 또는 취소사유에 해당된다. ㉠ 변리사 제1차 시험의 상대평가제를 규정한 개정 시행령 제4조 제1항을 2002년의 제1차 시험에 시행하는 것은 헌법상 신뢰보호의 원칙에 비추어 허용될 수 없으므로, 개정 시행령 부칙 중 제4조 제1항을 즉시 2002년의 변리사 제1차 시험에 대하여 시행하도록 그 **시행시기를 정한 부분은 헌법에 위반되어 무효이다**(대법원 2006.11.16. 2003두12899). ㉡ 폐기물처리업에 대하여 사전에 관할 관청으로부터 적정통보를 받고 막대한 비용을 들여 허가요건을 갖춘 다음 허가신청을 하였음에도 다수 청소업자의 난립으로 안정적이고 효율적인 청소업무의 수행에 지장이 있다는 이유로 한 불허가처분은 **신뢰보호의 원칙 및 비례의 원칙에 반하는 것으로서 재량권을 남용한 위법한 처분이다**(대법원 1998.5.8. 98두4061). 이 경우에는 폐기물처리업 허가신청에 대한 불허가처분의 취소사유에 해당된다.

㉢ 공무원이 원고에게 시영아파트입주권이 부여될 것이라는 허위의 확인을 하여 주어 야기한 손해는 국가배상법에 따라 배상하여야 한다. 피고 서울특별시 영등포구 산하 도림 제2동 소속 건설담당직원인 소외 1 등이 이 사건 **무허가건물이 철거되면 그 소유자인 소외 2에게 시영아파트입주권이 부여될 것이라고 원고에게 허위의 확인을 하여 주었고**, 그 때문에 원고가 위 소외 2와의 사이에 **처음부터 그 이행이 불가능한 아파트입주권 매매계약을 체결하여 동인에게 매매대금을 지급한 것이라면**, 원고가 입은 손해는 위 아파트입주권 매매계약이 유효한 것으로 믿고서 출연한 매매대금으로서 이는 원고가 시영아파트입주권을 취득하지 못함으로 인하여 발생한 것이 아니라 위 소외 1 등의 허위의 확인행위로 인하여 발생된 것으로 보아야 할 것이므로, 위 **소외 1 등의 행위와 위 손해의 발생 사이에는 상당인과관계가 있는 것**으로 보아야 할 것이다(대법원 1996.11.29. 95다21709).

③ (o) **재량권 행사의 준칙인 행정규칙이 그 정한 바에 따라 되풀이 시행되어 행정관행이 이루**

어지게 되면 평등의 원칙이나 신뢰보호의 원칙에 따라 행정기관은 그 상대방에 대한 관계에서 그 규칙에 따라야 할 자기구속을 받게 되므로, 이러한 경우에는 특별한 사정이 없는 한 그에 위반하는 처분은 평등의 원칙이나 신뢰보호의 원칙에 위배되어 재량권을 일탈·남용한 위법한 처분이 된다(대법원 2009.3.26. 2007다88828, 88835). 반면, 헌법재판소의 위헌결정은 행정청이 개인에 대하여 신뢰의 대상이 되는 공적인 견해를 표명한 것이라고 할 수 없으므로, 그 결정에 관련한 개인의 행위에 대하여는 신뢰보호의 원칙이 적용되지 아니한다(대법원 2003.6.27. 2002두6965).

④ (o) 실권 또는 실효의 법리는 법의 일반원리인 신의성실의 원칙에 바탕을 둔 파생원칙인 것이므로 공법관계 가운데 관리관계는 물론이고 권력관계에도 적용된다. ㉠ 원고가 행정서사 허가 받은 때로부터 20년이 다 되어 피고가 그 허가를 취소한 것이기는 하나 피고가 취소사유를 알고서도 그렇게 장기간 취소권을 행사하지 않은 것이 아니고 1985.9. 중순에 비로소 위에서 본 취소사유를 알고 그에 관한 법적 처리방안에 관하여 다각도로 연구검토가 행해졌고 그러한 사정은 원고도 알고 있었음이 기록상 명백하여 이로써 본다면 상대방인 원고에게 취소권을 행사하지 않을 것이란 신뢰를 심어준 것으로 여겨지지 않아 피고의 처분이 실권의 법리에 저촉된 것이라고 볼 수 있는 것도 아니다(대법원 1988.4.27. 87누915).

㉡ 원고들이 1980.7.19. 면직된 후 바로 퇴직금을 청구하여 수령하였으며 그로부터 9년이 지난 1989.12.경 "해직공무원보상에관한특별조치법" 소정의 보상금까지 수령하였다면 면직일로부터 10년이 다 되어 피고로서도 원고들에 대한 위 면직처분이 유효한 것으로 믿고 이를 전제로 그 사이에 새로운 인사체제를 구축하여 조직을 관리 경영하여 오고 있는 마당에 새삼스럽게 원고들이 이 사건 면직처분 무효확인의 소를 제기함은 신의성실의 원칙에 반하거나 실효의 원칙에 따라 그 권리의 행사가 허용되지 않는다고 보아야 할 것이다(대법원 1992.5.26. 92다3670).

실권의 법리와 신뢰보호의 원칙의 요건이 동일한 것은 아니다. 실권의 법리는 실효기간(권리를 행사하지 아니한 기간)을 요건으로 하지만, 신뢰보호의 원칙은 그렇지 않다. 실권의 법리가 성립되면 신뢰보호의 원칙보다 먼저 적용된다.

⑤ (o) 일반적으로 행정상의 법률관계에 있어서 행정청의 행위에 대하여 **신뢰보호의 원칙이 적용되기 위하여는, 첫째** 행정청이 개인에 대하여 신뢰의 대상이 되는 공적인 견해표명을 하여야 하고, **둘째** 행정청의 견해표명이 정당하다고 신뢰한 데에 대하여 그 개인에게 귀책사유가 없어야 하며, **셋째** 그 개인이 그 견해표명을 신뢰하고 이에 어떠한 행위를 하였어야 하고, **넷째** 행정청이 위 견해표명에 반하는 처분을 함으로써 그 견해표명을 신뢰한 개인의 이익이 침해되는 결과가 초래되어야 하고, 어떠한 행정처분이 이러한 요건을 충족할 때에는, 공익 또는 제3자의 정당한 이익을 해할 우려가 있는 경우가 아닌 한, 신뢰보호의 원칙에 반하는 행위로서 위법하게 된다고 할 것이다(대법원 1998.5.8. 98두4061). 그러므로 행정처분이 이러한 요건을 충족하는 경우라고 하더라도 **행정청이 앞서 표명한 공적인 견해에 반하는 행정처분을 함으로써 달성하려는 공익이 행정청의 공적 견해표명을 신뢰한 개인이 그 행정처분으로 인하여 입게 되는 이익의 침해를 정당화할 수 있을 정도로 강한 경우**에는 신뢰보호의 원칙을 들어 그 행정처분이 위법하다고는 할 수 없다고 할 것이다(대법원 1998.11.13. 98두7343). 신뢰보호의 원칙이 적용되기 위한 요건 중 존재하여서는 아니 되는 소극적 요건이다. **[해 답] ①**

2. A구청장은 2012.9.3. 甲이 청소년 유해업소인 일반음식점 영업을 하면서 청소년 乙을 고용하였다는 이유로 영업소폐쇄처분을 하였다. A구청장이 영업소폐쇄처분 근거로 삼은 식품위생법 제75조(허가취소 등)·같은법 시행규칙 제89조 [별표 23] 행정처분 기준에 의하면, 청소년 유해업소에 청소년을 고용하는 행위를 한 경우 1회 위반시에는 영업정지 3개월, 2회 위반시에는 영업허가취소 또는 영업소폐쇄처분을 할 수 있도록 규정되어 있다. 그런데 甲은 청소년을 고용하는 행위를 1회 하였을 뿐이다. 이에 관한 다음 설명 중 옳지 않은 것은? (다툼이 있는 경우 판례에 의함)

① 식품위생법 시행규칙 제89조 별표 23에서 행정처분의 기준을 정하였다 하더라도, 이는 형식은 법규명령인 부령으로 되어 있으나 성질은 행정기관 내부의 사무처리준칙을 규정한 것에 불과하다.
② A구청장은 甲의 위반행위에 대하여 행정처분 기준에 따라 행정처분을 하는 것이 원칙이지만, 행정처분이 그에 위반하였다고 하여 그러한 사정만으로 곧바로 위법하게 되는 것은 아니다.
③ 행정규칙이 그 정한 바에 따라 되풀이 시행되어 행정관행이 이루어지게 되면 평등의 원칙이나 신뢰보호의 원칙에 따라 행정기관은 그 상대방에 대한 관계에서 그 규칙에 따라야 할 자기구속을 받게 된다.
④ A구청장은 관내에서 발생하는 청소년 고용행위를 근절시키기 위하여 단 1회 위반행위에 대하여도 영업소폐쇄처분을 수차례에 걸쳐 반복적으로 행하여졌다면, 甲에 대한 처분을 할 경우에도 자기구속력을 갖게 되어 동일한 처분을 하여야 한다.
⑤ A구청장이 행정처분 기준을 따르지 아니하고 甲에 대하여만 위 처분기준을 과도하게 초과하는 영업소폐쇄처분을 한 경우에는 재량권의 한계를 일탈하였다고 볼 수 있다.

해설

① (o) 식품위생법시행규칙 제53조에서 별표 15로 같은 법 제58조에 따른 행정처분의 기준을 정하였다 하더라도, 이는 형식은 부령으로 되어 있으나 성질은 행정기관 내부의 사무처리준칙을 규정한 것에 불과한 것으로서 보건사회부장관이 관계행정기관 및 직원에 대하여 **직무권한행사의 지침을 정하여 주기 위하여 발한 행정명령의 성질**을 가지는 것이지 같은 법 제58조 제1항의 규정에 의하여 보장된 재량권을 기속하는 것이라고 할 수 없고, **대외적으로 국민이나 법원을 기속하는 힘이 있는 것은 아니다**(대법원 1993.6.29. 93누5635).
② (o) 상급행정기관이 하급행정기관에 대하여 업무처리지침이나 법령의 해석적용에 관한 기준을 정하여 발하는 이른바 '**행정규칙이나 내부지침**'은 일반적으로 행정조직 내부에서만 효력을 가질 뿐 대외적인 구속력을 갖는 것은 아니므로 **행정처분이 그에 위반하였다고 하여 그러한 사정만으로 곧바로 위법하게 되는 것은 아니다**(대법원 2009.12.24. 2009두7967).

③ (o) 재량권 행사의 준칙인 행정규칙이 그 정한 바에 따라 되풀이 시행되어 행정관행이 이루어지게 되면 평등의 원칙이나 신뢰보호의 원칙에 따라 행정기관은 그 상대방에 대한 관계에서 **그 규칙에 따라야 할 자기구속**을 받게 되므로, 이러한 경우에는 특별한 사정이 없는 한 **그를 위반하는 처분은 평등의 원칙이나 신뢰보호의 원칙에 위배**되어 재량권을 일탈·남용한 위법한 처분이 된다(대법원 2009.12.24. 2009두7967). 헌법재판소 역시 같은 입장이다. 재량권행사의 준칙인 규칙이 그 정한 바에 따라 되풀이 시행되어 행정관행이 이루어지면, 평등의 원칙이나 신뢰보호의 원칙에 따라 행정기관은 그 상대방에 대한 관계에서 그 규칙에 따라야할 자기구속을 당하게 되고, 그러한 경우에는 대외적인 구속력을 가지게 된다 할 것이다(헌재 1990.9.3. 90헌마13).

④ (x) 평등의 원칙은 본질적으로 같은 것을 자의적으로 다르게 취급함을 금지하는 것이고, **위법한 행정처분이 수차례에 걸쳐 반복적으로 행하여졌다 하더라도** 그러한 처분이 위법한 것인 때에는 행정청에 대하여 자기구속력을 갖게 된다고 할 수 없다(대법원 2009.6.25. 2008두13132). 행정의 자기구속은 적법한 행정처분에 대해서만 적용되므로, 불법에 있어서 평등대우는 인정될 수 없다. 위법한 행정처분이 수차례 반복되었다는 이유로 제3자에게도 동일한 위법한 처분의 청구권을 인정한다면, 행정의 법률적합성 원칙은 공허하게 된다.

⑤ (o) 식품위생법 시행규칙 제53조에 따른 별표 15의 행정처분기준은 행정기관 내부의 사무처리준칙을 규정한 것에 불과하기는 하지만, 행정청이 이러한 처분기준을 따르지 아니하고 **특정한 개인에 대하여만 위 처분기준을 과도하게 초과하는 처분을 한 경우**에는 재량권의 한계를 일탈하였다고 볼 만한 여지가 충분하다(대법원 1993.6.29. 93누5635). [해 답] ④

3. 비례의 원칙에 관한 내용 중 옳지 않은 것을 모두 고른 것은? (다툼이 있는 경우 판례에 의함)

㉠ 대법원과 헌법재판소는 비례의 원칙을 과잉금지의 원칙과 동일한 개념으로 파악하고 있다.

㉡ 공무원이 예비군동원훈련 도중 2시간 30분간 군무이탈하여 구멍가게에서 술을 마셨다는 사실로 해임처분을 한 것은 비례원칙에 어긋나지 아니하여 재량권을 일탈한 처분이 아니다.

㉢ 여객자동차운송사업자가 위반하여 타인으로 하여금 자신의 사업용자동차를 사용하여 여객자동차운송사업을 경영하게 하거나, 자기 또는 다른 사람의 명의로 다른 운송사업자의 사업용자동차를 사용하여 운송사업을 경영한 경우 그 운송사업자의 사업면허를 필요적으로 취소하도록 규정하는 여객자동차운수사업법 제76조 제1항 단서 중 제8호 부분은 과잉입법금지원칙에 위반한 것이다.

㉣ 지방자치단체의 장이 금고 이상의 형의 선고를 받은 경우 부단체장으로 하여금 그 권한을 대행하도록 한 지방자치법 제101조의2 제1항 제3호 규정은 헌법 제37조 제2항의 비례원칙에 위배된다.

ⓜ 대한건축사회의 구 독점규제 및 공정거래에 관한 법률 위반행위가 그 경쟁제한성이 크다는 이유로 공정거래위원회가 내부적으로 제정한 '과징금 산정방법 및 부과지침' 상의 과징금 부과기준의 2배에 상당하는 금액을 과징금으로 일률적으로 부과한 과징금 납부명령은 비례원칙에 위배되어 재량권을 일탈·남용한 것이다.
ⓑ 3회 이상의 음주운전으로 면허취소처분을 받은 후, 도로교통법 제82조 제2항 제5호에 따라 신규면허를 취득한 후에는 음주운전으로 1회만 적발되더라도 이미 처벌받은 3회의 음주운전 전력에 근거해 운전면허를 재차 취소하도록 규정하는 것은 과잉금지 원칙에 위반된다.

① ㉠, ㉡, ㉢　② ㉡, ㉣, ㉥　③ ㉢, ㉤, ㉥
④ ㉡, ㉢, ㉣　⑤ ㉠, ㉣, ㉤

해설 ㉠ (o) 대법원과 헌법재판소는 비례의 원칙과 과잉금지의 원칙을 동일한 개념으로 사용하고 있으며, 헌법 제37조 제2항에서 이 원칙을 도출하고 있다. 그러므로 이 원칙은 헌법상의 원칙이다. 이 원칙을 적용함에 있어 헌법재판소에서는 기본권 제한의 합헌성 여부에 관한 판단기준으로 사용하고 있다. 대법원은 이 원칙 위반은 재량하자 사유로서 재량권의 일탈·남용이 되어 위법한 처분으로 본다. 행정법 학자들은 강학상 이 원칙을 같은 개념으로 보면서도 비례의 원칙이라는 용어를 사용한다. 그리고 비례의 원칙의 내용으로 '목적의 정당성'은 제외하고, 행정목적 달성을 위한 수단이 적합해야 한다는 '적합성의 원칙', 국민의 권리를 최소한으로 침해하여야 한다는 '필요성의 원칙(최소침해의 원칙)', 달성하려는 행정목적보다 침해되는 불이익이 커서는 안 된다는 '상당성의 원칙(협의의 비례의 원칙·법익의 균형성)'을 들고 있다. 이와 같은 **비례의 원칙 내용 중 어느 하나의 원칙에 위반되면 위법한 처분이 된다.**
사법시험령 제15조 제2항이 사법시험의 제2차 시험에서 '매과목 4할 이상'으로 과락 결정의 기준을 정한 것을 두고 과락점수를 비합리적으로 높게 설정하여 지나치게 엄격한 기준에 해당한다고 볼 정도는 아니므로, **비례의 원칙 내지 과잉금지에 위반하였다고 볼 수 없다**(대법원 2007.1.11. 2004두10432).
국가작용 중 특히 입법작용에 있어서의 **과잉입법금지의 원칙이라 함은** 국가가 국민의 기본권을 제한하는 내용의 입법활동을 함에 있어서 준수하여야 할 기본원칙 내지 입법활동의 한계를 의미하는 것으로서, 법치국가의 원리에서 당연히 파생되는 헌법상의 기본원리의 하나인 **비례의 원칙을 말하는 것이다**(헌재 1992.12.24. 92헌가8).
㉡ (x) 공무원이 예비군동원훈련 도중 2시간 30분간 군무이탈하여 구멍가게에서 술을 마신 사실은 공무원의 신분을 보유케 할 수 없을 정도로 공무원의 품위를 손상케 한 것이라고 단정하기 어렵고 그보다 가벼운 징계처분으로서도 능히 기강확립의 행정목적을 달할 수 있다 할 것이므로 공무원의 신분을 박탈하는 해임처분은 이른바 비례원칙에 어긋난, 재량권의 범위를 벗어난 위법한 처분이다(대법원 1983.6.28. 83누94).
㉢ (o) 여객자동차운수사업법 제76조 제1항 단서 중 제8호 부분은 해당 사업체의 규모, 지입차량의 비율, 지입의 경위 등 구체적·개별적 사정을 전혀 고려하지 아니하고 모두 필요적으

로 면허를 취소하도록 규정함으로써, 지입차량의 비율이 매우 낮고 지입차량에 관한 관리도 나름대로 충실히 하는 등 공익침해의 정도가 현저히 낮은 경우에도 사업면허의 전부를 취소할 수밖에 없게 하고 있으니, 이는 **보호하고자 하는 공익에 비하여 기본권침해의 정도가 과중하다**고 하지 아니할 수 없고, 따라서 법익균형성의 원칙에 위배된다(헌재 2000.6.1. 99헌가11).

ⓔ (x) 법관이 범죄의 내용과 죄질 등 모든 사정을 종합적으로 고려하여 (지방자치단체의 장에게) 금고 이상의 형을 선고하였다면, 사회적 비난가능성이 결코 작다고 할 수 없을 뿐만 아니라 자치단체장의 직무수행에 대한 신뢰가 떨어져 자치단체행정의 정상적 운영에 지장을 초래하기에 충분하다고 할 것이다. 그 경우 해당 자치단체장을 직무에서 배제시키는 것은 입법목적 달성에 필요할 뿐만 아니라 불가피하다. 비록 이 사건 권한대행제도에 의하여 자치단체장의 공무담임권이 제한을 받는 것은 사실이나 그 제한은 잠정적이고 그 경우에도 단체장으로서의 신분과 보수도 계속 유지된다는 점에서 공무담임권에 대한 침해가 그렇게 가혹하다고 볼 수 없다. 그렇다면 이 사건 법률규정은 **금고 이상의 형의 선고를 받은 경우만을 권한대행사유로 삼음으로써 자치단체장의 공무담임권에 대한 제한을 최소화하고 있을 뿐 아니라** 이 사건 법률규정으로 인하여 침해되는 자치단체장의 공무담임권보다 그로 인하여 얻게 되는 지방행정의 원활한 운영이라는 공익이 훨씬 크다고 할 것이어서 이 사건 법률규정은 헌법 제37조 제2항의 비례원칙에 위배되지 않는다(헌재 2005.5.26. 2002헌마699).

ⓜ (o) 대한건축사회의 구 독점규제 및 공정거래에 관한 법률(1999.2.5. 법률 제5813호로 개정되기 전의 것)위반행위가 그 경쟁제한성이 크다는 이유로 공정거래위원회가 내부적으로 제정한 '과징금 산정방법 및 부과지침' 상의 **과징금 부과기준의 2배에 상당하는 금액을 과징금으로 일률적으로 부과한 경우**, 그 경쟁제한성이 위 지침상의 부과기준액의 2배에 해당하는 과징금을 일률적으로 부과하는 것을 용인할 수 있을 정도로 크다고는 할 수 없다는 이유로 위 과징금 납부명령이 비례원칙에 위배되어 재량권을 일탈·남용한 것이라고 한 사례(대법원 2002.9.24. 2000두1713).

ⓑ (x) 음주운전으로 3회 이상 단속되었을 경우에는 음주운전행위 사이의 기간에 관계없이 운전자에게 **교통법규에 대한 준법정신이나 안전의식이 현저히 결여되어 있음을 충분히 인정**할 수 있는 점 등에 비추어 보면, 이 사건 법률조항은 직업의 자유를 제한함에 있어 필요 최소한의 범위를 넘었다고 볼 수는 없고 음주운전으로 인하여 발생할 국민의 생명, 신체에 대한 위험을 예방하고 교통질서를 확립하려는 공익과 자동차 등을 운전하고자 하는 사람의 기본권이라는 사익 간의 균형성을 도외시한 것이라고 보기 어려우므로 법익균형성의 원칙에 반하지 아니한다. 따라서 이 사건 법률조항은 과잉금지원칙을 위반하여 직업의 자유 내지 일반적 행동의 자유를 침해하지 아니한다(헌재 2010.3.25. 2009헌바83). [해 답] ②

4. 甲은 골프장 운영을 목적으로 설립된 회사인데, 천안시에 골프장 건설을 추진함에 있어 충청남도로부터 골프장을 건설하는 내용의 등록체육시설업(골프장업) 사업계획에 대한 승인을 받았다. 충청남도는 甲에게 골프장사업계획승인을 하면서 지역 내의 골프장 신설과 관련하여 사업주체가 자발적으로 기부한 지역발전협력기금과 개발이익환수금을 효율적으로 관리, 사용하기 위하여 마련한 '지역발전협력기금 관리지침'에 따라 甲이 충청남

도에게 지역발전협력기금 명목의 25억 원을 기부하도록 하는 내용의 증여계약을 체결하였다. 이 사안과 관련된 내용 중 옳지 않은 것은? (다툼이 있는 경우 판례에 의함)

> **체육시설의 설치·이용에 관한 법률 [법률 제4106호 1989.3.31. 제정]**
> **제7조(사업계획의 승인 등) 제1항**
> 제4조 제1항 제1호의 체육시설업을 등록하고자 하는 자는 대통령령이 정하는 바에 의하여 당해 등록을 하기 전에 미리 당해 사업에 대한 사업계획서를 작성하여 시·도지사의 승인을 얻어야 한다. 사업계획을 변경하고자 할 때에도 또한 같다.

① 甲의 골프장업사업계획승인행위는 수익적 행정행위로서 재량행위에 해당되므로 부관을 붙일 수 있다.

② 수익적 행정행위에 붙이는 부담은 비례의 원칙, 부당결부금지의 원칙에 위반되지 않아야만 적법하다.

③ 지방자치단체장이 사업자에게 주택사업계획승인을 하면서 그 주택사업과는 아무런 관련이 없는 토지를 기부채납하도록 하는 부관을 붙인 경우, 그 부관은 부당결부금지의 원칙에 위반되어 위법하다. 따라서 기부채납만의 취소를 구하는 소송을 제기할 수 있다.

④ 甲이 충청남도에게 25억 원을 기부하도록 하는 내용의 증여계약은 부관 중에서 부담에 해당된다.

⑤ 충청남도의 甲에 대한 행정처분과 부관 사이에 실제적 관련성이 있다고 볼 수 없지만, 충청남도가 그 기부금을 공익적 사업에 사용할 목적이었으며, 甲 역시 골프장 개발에 따른 막대한 이익을 기대하고 증여계약을 체결하였기 때문에 유효한 부관에 해당된다.

해설

① (o) 체육시설의 설치·이용에 관한 법률 제7조 제1항은 시·도지사에게 골프장업 사업계획이 관련법령에 적합한지 여부를 심사하여 사업승인 여부를 결정할 수 있는 재량권을 부여하고 있다. 이 규정에는 골프장업사업계획승인행위에 대하여 부관을 붙일 수 있는지 여부에 관하여 명시적인 규정은 없다. 그러나 골프장업사업계획승인행위는 전형적인 수익적 행정행위이고 재량행위에 해당되므로 부관을 붙일 수 있다.

② (o) 수익적 행정행위에 있어서는 법령에 특별한 근거규정이 없다고 하더라도 그 부관으로서 부담을 붙일 수 있으나, 그러한 부담은 비례의 원칙, 부당결부금지의 원칙에 위반되지 않아야만 적법하다(대법원 1997.3.11. 96다49650).

③ (o) 지방자치단체장이 사업자에게 주택사업계획승인을 하면서 그 주택사업과는 아무런 관련이 없는 토지를 기부채납하도록 하는 부관을 주택사업계획승인에 붙인 경우, **그 부관은 부당결부금지의 원칙에 위반되어 위법하지만**, 지방자치단체장이 승인한 사업자의 주택사업계획은 상

당히 큰 규모의 사업임에 반하여, 사업자가 기부채납한 토지 가액은 그 100분의 1 상당의 금액에 불과한데다가, 사업자가 그 동안 그 부관에 대하여 아무런 이의를 제기하지 아니하다가 지방자치단체장이 업무착오로 기부채납한 토지에 대하여 보상협조요청서를 보내자 그때서야 비로소 부관의 하자를 들고 나온 사정에 비추어 볼 때 부관의 하자가 중대하고 명백하여 당연무효라고는 볼 수 없다(대법원 1997.3.11. 96다49650). 지방자치단체가 골프장사업계획승인과 관련하여 사업자로부터 기부금을 지급받기로 한 증여계약은 공무수행과 결부된 금전적 대가로서 그 조건이나 동기가 사회질서에 반하므로 민법 제103조에 의해 무효이다(대법원 2009.12.10. 2007다63966). 행정행위의 부관 중에서 부담인 경우에는 다른 부관과는 달리 행정행위의 불가분적인 요소가 아니고 그 존속이 본체인 행정행위의 존재를 전제로 하는 것일 뿐이므로, **부담 그 자체로서 행정쟁송의 대상이 될 수 있다**고 할 것이다(대법원 1992.1.21. 91누1264).

④ (o) 甲과 충청남도 사이의 이 사건 증여계약은 충청남도가 골프장업사업계획승인행위를 하고, 그 효력을 유지시키기 위하여 25억 원의 금전 급부의무를 명하는 것이므로 행정행위의 부관 중 부담에 해당된다.

⑤ (x) 행정처분과 부관 사이에 실제적 관련성이 있다고 볼 수 없는 경우 공무원이 공법상의 제한을 회피할 목적으로 행정처분의 상대방과 사이에 사법상 계약을 체결하는 형식을 취하였다면 이는 법치행정의 원리에 반하는 것으로서 위법하다고 보지 않을 수 없다. **이 사건 증여계약은 공무수행과 결부된 금전적 대가로서 그 조건이나 동기가 사회질서에 반하는 것이어서 민법 제103조에 의해 무효**라고 할 것이고, 이 사건 사업계획승인 자체는 위법·부당한 것이 아니었고 또 그 기부금을 원고가 수행하는 공익적 사업에 사용할 목적이었으며 사용 방법과 절차를 미리 원고의 내부 규정으로 정해 놓았다거나, 당시 피고의 대표이사가 골프장 개발에 따른 막대한 이익을 기대하고 이 사건 증여계약에 응하였다는 등의 **원심이 인정한 사정들을 감안한다 하더라도 달리 볼 수는 없다** 할 것이다(대법원 2009.12.10. 2007다63966). [해 답] ⑤

05 행정법의 효력

1. 법령의 소급적용과 관련된 내용 중 옳지 않은 것은? (다툼이 있는 경우 판례에 의함)

① 소급입법에 의한 처벌이나 참정권의 제한 또는 재산권의 박탈은 허용되지 않는다.

② 법률불소급의 원칙은 그 법률의 효력발생 전에 완성된 요건사실에 대하여 당해 법률을 적용할 수 없다는 의미이므로, 계속 중인 사실이나 그 이후에 발생한 요건사실에 대한 법률적용까지를 제한하는 것이다.

③ 진정소급입법은 기존의 법에 의하여 이미 형성된 개인의 법적 지위를 사후입법을 통하여 박탈하는 것을 내용으로 하는 것이므로, 개인의 신뢰보호와 법적 안정성

을 내용으로 하는 법치국가 원리에 의하여 허용되지 아니하는 것이 원칙이다.

④ 어떠한 법률조항에 대하여 헌법재판소가 헌법불합치결정을 하여 그 법률조항을 합헌적으로 개정 또는 폐지하는 임무를 입법자의 형성 재량에 맡긴 이상, 그 개선입법의 소급적용 여부와 소급적용의 범위는 원칙적으로 입법자의 재량에 달린 것이다.

⑤ 국민이 소급입법을 예상할 수 있었거나 법적 상태가 불확실하고 혼란스러워 보호할 만한 신뢰이익이 적은 경우와 소급입법에 의한 당사자의 손실이 없거나 아주 경미한 경우 그리고 신뢰보호의 요청에 우선하는 심히 중대한 공익상의 사유가 소급입법을 정당화하는 경우 등에는 예외적으로 진정소급입법이 허용된다.

해설 ① (o) 모든 국민은 행위시의 법률에 의하여 범죄를 구성하지 아니하는 행위로 소추되지 아니하며(헌법 13①), 소급입법에 의하여 참정권의 제한을 받거나 재산권을 박탈당하지 아니한다(헌법 13②).

② (x) 법률불소급의 원칙은 그 법률의 효력발생 전에 완성된 요건사실에 대하여 당해 법률을 적용할 수 없다는 의미일 뿐, **계속중인 사실이나 그 이후에 발생한 요건사실에 대한 법률적용까지를 제한하는 것은 아니라고 할 것이다**(대법원 2007.10.11. 2005두5390). 사업을 개시할 당시에 구 하수도법 제32조 제2항이 시행되고 있었고, 그 사업의 완공 이전에 같은 조 제5항에 의하여 같은 조 제2항의 원인자부담금에 관하여 필요한 사항의 규정을 위임받은 지방자치단체의 조례가 제정된 경우 당해 사업에 그 조례를 적용하는 것이 소급입법금지의 원칙에 위배된다고 할 수 없다(대법원 2007.7.26. 2005두2612).

③ (o) 소급입법은 새로운 입법으로 이미 종료된 사실관계 또는 법률관계에 적용케 하는 진정소급입법과 현재 진행 중인 사실관계 또는 법률관계에 적용케 하는 부진정소급입법으로 나눌 수 있는바, 이 중에서 기존의 법에 의하여 이미 형성된 개인의 법적 지위를 사후입법을 통하여 박탈하는 것을 내용으로 하는 **진정소급입법은 개인의 신뢰보호와 법적 안정성을 내용으로 하는 법치국가 원리에 의하여 허용되지 아니하는 것이 원칙**인 데 반하여, 부진정소급입법은 원칙적으로 허용되지만 소급효를 요구하는 공익상의 사유와 신뢰보호를 요구하는 개인보호의 사유 사이의 교량과정에서 그 범위에 제한이 가하여지는 것이다(대법원 2007.10.11. 2005두5390).

④ (o) 대법원 2008.1.17. 2007두21563.

⑤ (o) 헌재 1999.7.22. 97헌바76; 법령의 소급적용, 특히 행정법규의 소급적용은 일반적으로는 법치주의의 원리에 반하고, 개인의 권리·자유에 부당한 침해를 가하며, 법률생활의 안정을 위협하는 것이어서, 이를 인정하지 않는 것이 원칙이고(법률불소급의 원칙 또는 행정법규불소급의 원칙), 다만 법령을 소급적용하더라도 일반 국민의 이해에 직접 관계가 없는 경우, 오히려 그 이익을 증진하는 경우, 불이익이나 고통을 제거하는 경우 등의 특별한 사정이 있는 경우에 한하여 예외적으로 법령의 소급적용이 허용된다(대법원 2005.5.13. 2004다8630). [해 답] ②

2. 위헌법률에 근거하여 행하여진 행정처분의 효력과 관련된 설명 중 옳지 않은 것은? (다툼이 있는 경우 판례에 의함)

① 위헌결정의 소급효가 인정된다고 하여 위헌인 법률에 근거한 행정처분이 당연무효가 된다고는 할 수 없다.

② 위헌결정의 소급효는 이미 취소소송의 제기기간을 경과하여 확정력이 발생한 행정처분에도 미치게 된다.

③ 행정처분에 대하여 그 처분의 근거가 된 법률이 위헌이라는 이유로 무효확인청구의 소가 제기된 경우에는 다른 특별한 사정이 없는 한 법원으로서는 그 법률이 위헌인지 여부에 대하여는 판단할 필요 없이 그 무효확인청구를 기각하여야 한다.

④ 위헌으로 결정된 법률 또는 법률의 조항은 그 결정이 있는 날부터 효력을 상실한다.

⑤ 헌법재판소의 위헌결정의 효력은 위헌결정 이후에 같은 이유로 제소된 일반사건에 미치게 된다.

해설 ① (o) 법률에 근거하여 행정처분이 발하여진 후에 헌법재판소가 그 행정처분의 근거가 된 법률을 위헌으로 결정하였다면 결과적으로 행정처분은 법률의 근거가 없이 행하여진 것과 마찬가지가 되어 하자가 있는 것이 되나, 하자 있는 행정처분이 당연무효가 되기 위하여는 그 하자가 중대할 뿐만 아니라 명백한 것이어야 하는데, 일반적으로 법률이 헌법에 위반된다는 사정이 헌법재판소의 위헌결정이 있기 전에는 객관적으로 명백한 것이라고 할 수는 없으므로 헌법재판소의 위헌결정 전에 행정처분의 근거가 되는 **당해 법률이 헌법에 위반된다는 사유는 특별한 사정이 없는 한 그 행정처분의 취소소송의 전제**가 될 수 있을 뿐 당연무효사유는 아니라고 봄이 상당하다(대법원 1994.10.28. 92누9463). 특별한 사정이 없는 한 이러한 하자는 행정처분의 취소사유에 해당할 뿐 당연무효사유는 아니다(대법원 2009. 5.14. 2007두16202; 헌재 2004.1.29. 2002헌바73). 위헌인 법률에 근거한 행정처분이 일반적으로 당연무효라고 한다면, 이는 법적 안정성을 크게 위협하는 결과를 초래하게 되어 법치주의의 원리에 비추어 보더라도 부당하다고 하지 않을 수 없다(대법원 1994.10.28. 92누9463).

② (x) 이미 취소소송의 제기기간을 경과하여 확정력이 발생한 행정처분의 경우에는 위헌결정의 소급효가 미치지 않는다고 보아야 할 것이다(헌재 2004.1.29. 2002헌바73).

③ (o) 대법원 1994.10.28. 92누9463; 이미 취소소송의 제기기간을 경과하여 확정력이 발생한 행정처분에는 헌법재판소가 행정처분의 근거가 된 법률에 대하여 한 위헌결정의 소급효가 미치지 않기 때문이다(대법원 1994.10.28. 92누9463).

④ (o) 위헌으로 결정된 법률 또는 법률의 조항은 그 결정이 있는 날부터 효력을 상실한다. 다만, 형벌에 관한 법률 또는 법률의 조항은 소급하여 그 효력을 상실한다(헌법재판소법 47②).

⑤ (o) 헌법재판소의 위헌결정의 효력은 ㉠ 위헌제청을 한 당해 사건, ㉡ 위헌결정이 있기 전에 이와 동종의 위헌 여부에 관하여 헌법재판소에 위헌여부심판제청을 하였거나 ㉢ 법원

에 위헌여부심판제청 신청을 한 경우의 당해 사건과 ㉣ 따로 위헌제청 신청은 아니하였지만 당해 법률 또는 법률의 조항이 재판의 전제가 되어 법원에 계속중인 사건뿐만 아니라 ㉤ 위헌결정 이후에 위와 같은 이유로 제소된 일반사건에도 미친다(대법원 1993.1.15. 92다12377).

[해 답] ②

06 행정법관계와 사법관계(공법과 사법)

1. 항고소송의 대상이 되는 것을 모두 고른 것은? (다툼이 있는 경우 판례에 의함)

> ㉠ 한국자산공사가 당해 부동산을 인터넷을 통하여 재공매(입찰)하기로 한 결정
> ㉡ 조달청장의 부정당업자에 대한 6월간 입찰참가자격정지한 처분
> ㉢ 국가나 지방자치단체에 근무하는 청원경찰에 대한 징계처분
> ㉣ 수도권매립지관리공사가 원고에게 한 입찰참가자격을 제한하는 내용의 부정당업자 제재처분
> ㉤ 국립의료원 부설주차장에 관한 위탁관리용역운영계약에 의한 사용료부과행위
> ㉥ 구 예산회계법에 따라 체결되는 계약의 입찰보증금의 국고귀속조치

① ㉠, ㉢, ㉤　② ㉡, ㉣, ㉥　③ ㉠, ㉡, ㉤
④ ㉡, ㉢, ㉤　⑤ ㉢, ㉣, ㉥

해설 ㉠ (x) 한국자산공사가 당해 부동산을 인터넷을 통하여 재공매(입찰)하기로 한 결정 자체는 내부적인 의사결정에 불과하여 항고소송의 대상이 되는 행정처분이라고 볼 수 없고, 또한 한국자산공사가 하는 **공매통지는 공매의 요건이 아니라 공매사실 자체를 체납자에게 알려주는 데 불과한 것**으로서, 통지의 상대방의 법적 지위나 권리·의무에 직접 영향을 주는 것이 아니라고 할 것이므로 이것 역시 행정처분에 해당한다고 할 수 없다(대법원 2007.7.27. 2006두8464).

㉡ (o) 원고의 대리인이 입찰금액을 60,780,000원으로 기재한다는 것이 착오로 금 6,078,000원으로 잘못 기재한 것은 시설공사 입찰유의서(재무부 회계예규 1201, 04-101) 제10조 제10호 소정의 입찰서에 기재한 중요부분의 착오가 있는 경우에 해당되어 이를 이유로 즉시 입찰취소의 의사표시를 한 이상 피고(조달청장)는 본건 입찰을 무효로 선언함이 마땅하므로, 원고가

이 사건 공사계약체결에 불응하였음에는 정당한 이유가 있다고 할 것이니, 원고를 부정당업자로서 6월간 입찰참가자격을 정지한 피고의 처분은 재량권을 일탈하여 위법하다(대법원 1983.12.27. 81누366 입찰참가자격정지처분취소).

ⓒ (o) 국가나 지방자치단체에 근무하는 청원경찰은 국가공무원법이나 지방공무원법상의 공무원은 아니지만, 그 근무관계를 사법상의 고용계약관계로 보기는 어려우므로 그에 대한 징계처분의 시정을 구하는 소는 행정소송의 대상이지 민사소송의 대상이 아니다(대법원 1993.7.13. 92다47564 파면처분취소).

ⓓ (x) **수도권매립지관리공사는 행정소송법에서 정한 행정청 또는 그 소속기관이거나 그로부터 제재처분의 권한을 위임받은 공공기관에 해당하지 않으므로**, 수도권매립지관리공사가 한 위 제재처분은 행정소송의 대상이 되는 행정처분이 아니라 단지 갑을 자신이 시행하는 입찰에 참가시키지 않겠다는 뜻의 사법상의 효력을 가지는 통지에 불과하다(대법원 2010.11.26. 2010무137). **한국토지개발공사**의 입찰참가자격을 제한하는 내용의 부정당업자제재처분 역시 단지 상대방을 그 공사가 시행하는 입찰에 참가시키지 않겠다는 뜻의 사법상의 효력을 가지는 통지행위에 불과하다(대법원 1995.2.28. 94두36). **한국전력공사**가 정부투자기관회계규정에 의하여 행한 입찰참가자격을 제한하는 내용의 부정당업자제재처분의 법적 성질은 사법상 통지행위이다(대법원 1999.11.26. 99부3).

다만, 공공기관의 운영에 관한 법률 제39조 제2항은 "공기업·준정부기관은 공정한 경쟁이나 계약의 적정한 이행을 해칠 것이 명백하다고 판단되는 사람·법인 또는 단체 등에 대하여 2년의 범위 내에서 일정기간 입찰참가자격을 제한할 수 있다"고 규정하여 입찰참가자격제한의 근거규정이 마련되었기 때문에, **공기업 및 준정부기관의 입찰참가자격제한행위는 항고소송의 대상인 처분으로 보아야 한다는 견해도 있다**.

ⓔ (o) 국립의료원 부설주차장에 관한 이 사건 위탁관리용역운영계약의 실질은 행정재산인 위 부설주차장에 대한 국유재산법 제24조 제1항에 의한 사용·수익 허가로서 이루어진 것임을 알 수 있으므로, 이는 위 국립의료원이 원고의 신청에 의하여 공권력을 가진 우월적 지위에서 행한 행정처분으로서 **특정인에게 행정재산을 사용할 수 있는 권리를 설정하여 주는 강학상 특허에 해당한다** 할 것이고, 순전히 사경제주체로서 원고와 대등한 위치에서 행한 사법상의 계약으로 보기 어렵다고 할 것이다(대법원 2006.3.9. 2004다31074).

ⓕ (x) 예산회계법에 따라 체결되는 계약은 사법상의 계약이라고 할 것이고, 동법 제70조의5의 **입찰보증금의 국고귀속조치는 국가가 사법상의 재산권의 주체로서 행위하는 것**이지 공권력을 행사하는 것이거나 공권력작용과 일체성을 가진 것이 아니라 할 것이므로 이에 관한 분쟁은 행정소송이 아닌 민사소송의 대상이 될 수밖에 없다고 할 것이다(대법원 1983.12.27. 81누366).

[해 답] ④

07 행정법관계의 당사자

1. 행정주체에 관한 설명 중 옳지 않은 것은?

① 국가는 하나의 인격을 가진 법인으로서 법률관계에 있어서 권리주체가 된다.

② 법령에는 공무수탁사인이 행정처분을 하는 행정주체로 규정하고 있다.

③ 행정기관은 조사·검사·검정·관리 업무 등 국민의 권리·의무와 직접 관계되지 아니하는 사무를 지방자치단체가 아닌 법인·단체 또는 그 기관이나 개인에게 위탁할 수 있다.

④ 국가는 모든 행정을 스스로 행사하지 않고, 국가로부터 독립된 행정주체를 설치하여(지방자치단체·공공조합·영조물법인) 그로 하여금 일정범위의 행정을 자주적으로 행하게 하기도 한다(간접행정).

⑤ 사인이 위탁받은 공무를 수행하던 중에 고의나 경과실로 손해를 입힌 경우에는 국가배상법 제2조 제1항의 공무집행자가 되어 피해자에게 직접 손해를 배상할 책임을 진다.

해설 ⑤ (x) 공무원에 대한 피해자의 직접 청구권은 공무원의 고의·중과실로 인한 경우에 한한다. 그러므로 설령 공무수탁사인에 대하여 공무원과 같이 피해자에 대한 직접 배상청구권을 인정하더라도 경과실에 대하여서까지 인정되지는 않는다. [해 답] ⑤

2. 공무수탁사인에 해당되지 않은 것은? (다툼이 있는 경우 판례에 의함)

① 공익사업을 시행하는 사인

② 국가배상법상 공무를 위탁받은 자

③ 주택재개발조합

④ 한국광고자율심의기구

⑤ 원천징수의무자

해설 ① (o) (공익)사업시행자는 공익사업의 수행을 위하여 필요하면 이 법에서 정하는 바에 따라 토지 등을 수용하거나 사용할 수 있다(공익사업을 위한 토지 등의 취득 및 보상에 관한 법률 19①). 공무수탁사인은 행정청으로서의 지위를 갖는 경우와 공무원으로서의 지위로 구분할 수 있다. ㉠ 공무수탁사인이 위탁된 공무를 수행하게 되면 행정주체의 지위를 갖게 된다. 따라서 공무수탁사인의 결정은 행정주체의 결정과 동일한 것이 되고(민원사무처리에 관한 법률 3②), 주택재개발조합과 한국광고자율심의기구 역시 공무수탁사인에 해당된다. ㉡ 사인이 위탁받은 공무를 수행하는 때에는 그 신분이 공무원으로 바뀐다. 국가배상법 제2조 제1항은 공무집행자로 공무원과 공무수탁사인을 규정하였다. 예컨대 통장, 청원경찰, 교통할아버지, 임시공무원, 집행관, 시청소차운전사 등이 여기에 해당된다. 반면, 사인이 공행정을 수행하는 경우로는 공무수탁사인 외에 공의무부담사인(소득의 원천징수 내지 납부의무자)과 행정보조인(생활폐기물의 수집·운반·처리를 대행, 불법주차 자동차의 견인 대행) 및 전문인 활용제도로서의 타율적 기업기관(환경기술인 임명)과 공사감리제도가 있다.

② (o) 국가나 지방자치단체는 공무원 또는 **공무를 위탁받은 사인**이 직무를 집행하면서 고의 또는 과실로 법령을 위반하여 타인에게 손해를 입히거나, 「자동차손해배상 보장법」에 따라 손해배상의 책임이 있을 때에는 이 법에 따라 그 손해를 배상하여야 한다(국가배상법 2①).

③ (o) **도시재개발법에 의한 재개발조합**은 조합원에 대한 법률관계에서 적어도 특수한 존립목적을 부여받은 **특수한 행정주체**로서 국가의 감독하에 그 존립 목적인 특정한 공공사무를 행하고 있다고 볼 수 있는 범위 내에서는 공법상의 권리의무 관계에 서 있는 것이므로 분양신청 후에 정하여진 관리처분계획의 내용에 관하여 다툼이 있는 경우에는 그 관리처분계획은 토지 등의 소유자에게 구체적이고 결정적인 영향을 미치는 것으로서 조합이 행한 처분에 해당하므로 항고소송의 방법으로 그 무효확인이나 취소를 구할 수 있다고 할 것이다(대법원 2002.12.10. 2001두6333).

④ (o) 방송위원회로부터 위탁을 받은 한국광고자율심의기구는 행정주체인 방송위원회로부터 위탁을 받아 방송광고의 사전심의라는 공무를 수행하고 있으므로, 행정법상 공무수탁사인에 해당한다(헌재 2008.6.26. 2005헌마506).

⑤ (x) 소득의 원천징수 내지 납부의무자인 원천징수의무자는 **공의무부담사인**이라고 할 수 있다. 원천징수하는 소득세에 있어서는 납세의무자의 신고나 과세관청의 부과결정이 없이 법령이 정하는 바에 따라 그 세액이 자동적으로 확정되고, 원천징수의무자는 소득세법 제142조 및 제143조의 규정에 의하여 이와 같이 자동적으로 확정되는 세액을 수급자로부터 징수하여 과세관청에 납부하여야 할 의무를 부담하고 있으므로, **원천징수의무자가 비록 과세관청과 같은 행정청이라 하더라도 그의 원천징수행위**는 법령에서 규정된 징수 및 납부의무를 이행하기 위한 것에 불과한 것이지, **공권력의 행사로서의 행정처분을 한 경우에 해당되지 아니한다**(대법원 1990. 3.23. 89누4789). 과다 원천징수한 세액의 성격과 구 국세기본법 제51조 제1항, 제52조의 국세환급금 결정이나 환급거부결정이 항고소송의 대상이 되는 처분인지 여부(소극) 및 과다 원천징수 세액의 환급청구권자(=원천징수의무자)(대법원 2002.11.8. 2001두8780). [해 답] ⑤

08 행정행위의 효력

1. 행정행위의 공정력에 관한 내용 중 옳지 않은 것은? (다툼이 있는 경우 판례에 의함)

① 행정심판법과 행정소송법에 취소쟁송 제도를 두어 공정력의 실정법상 근거를 명시적으로 인정하고 있다.

② 행정처분이 아무리 위법하다고 하여도 그 하자가 중대하고 명백하여 당연무효라고 보아야 할 사유가 있는 경우를 제외하고는 아무도 그 하자를 이유로 무단히 그 효과를 부정하지 못하는 힘을 공정력이라고 한다.

③ 행정행위의 하자가 취소사유에 불과한 때에는 그 처분이 취소되지 않는 한 처분의 효력을 부정하여 그로 인한 이득을 법률상 원인 없는 이득이라고 말할 수 없다.

④ 공정력과 입증책임의 분배와는 관련이 없다고 보기 때문에, 당해 행정처분의 적법성에 관하여는 행정청이 주장·입증하여야 하고, 행정처분의 취소를 청구하는 자는 위법사유에 해당하는 구체적 사실을 먼저 주장하여야 한다.

⑤ 병역의무자가 소정의 절차에 따라 현역병입영대상자로 병역처분을 받고 징집되어 군부대에 들어갔다면, 그 병역처분이 위법하여 취소되지 않는 한 군무를 이탈하여서는 아니 된다.

해설

① (×) 현행법상 공정력을 명시하는 규정은 없다. 다만, 행정심판법 제5조와 행정소송법 제4조에서 행정행위의 상대방이 취소쟁송의 제기를 허용하고 있으며, 취소쟁송이 제기되어도 원칙적으로 처분의 효력이 정지되지 않도록 하고 있는 점은 행정행위가 공정력을 가지고 있음을 엿보게 하는 근거이다.

② (○) 공정력은 부당하거나 단순위법인 행정행위에 대하여 인정되며, 무효나 부존재인 경우에는 인정되지 않는다. 행정행위는 공정력과 불가쟁력의 효력이 있어 설혹 행정행위에 하자가 있는 경우에도 그 하자가 중대하고 명백하여 당연 무효로 보아야 할 사유가 있는 경우 이외에는 그 행정행위가 행정소송이나 다른 행정행위에 의하여 적법하게 취소될 때까지는 단순히 취소할 수 있는 사유가 있는 것만으로는 누구나 그 효력을 부인할 수는 없고 법령에 의한 불복기간이 경과한 경우에는 당사자는 그 행정처분의 효력을 다툴 수 없다(대법원 1991.4.23. 90누8756).

③ (○) 행정행위의 공정력은 판결의 기판력과 같은 효력은 아니지만 그 공정력의 객관적 범위에 속하는 행정행위의 하자가 취소사유에 불과한 때에는 그 처분이 취소되지 않는 한 처분의

효력을 부정하여 그로 인한 이득을 법률상 원인 없는 이득이라고 말할 수 없는 것이다(대법원 1994.11.11. 94다28000). 행정행위가 취소되지 아니하여 공정력이 인정된다고 하더라도 그 상대방이나 이해관계인은 언제든지 그 행정행위가 위법한 것임을 주장할 수 있다(대법원 1993.11.9. 93누14271).

④ (o) 행정소송에 있어서 특별한 사정이 있는 경우를 제외하면 당해 **행정처분의 적법성에 관하여는 행정청이 이를 주장·입증**하여야 할 것이나 행정소송에 있어서 직권주의가 가미되어 있다고 하더라도 여전히 변론주의를 기본구조로 하는 이상 행정처분의 위법을 들어 그 취소를 청구함에 있어서는 직권조사사항을 제외하고는 그 **취소를 구하는 자가 위법사유에 해당하는 구체적 사실을 먼저 주장**하여야 한다(대법원 2001.1.16. 99두8107).

⑤ (o) 병역의무자가 소정의 절차에 따라 현역병입영대상자로 병역처분을 받고 징집되어 군부대에 들어갔다면, 설령 그 병역처분에 흠이 있다고 하더라도 그 흠이 당연무효에 해당하는 것이 아닌 이상, 그 사람은 입영한 때부터 현역의 군인으로서 군형법의 적용대상이 되는 것으로 보아야 할 것이다(대법원 2002.4.26. 2002도740). [해 답] ①

2. 행정행위의 효력유무 또는 위법성이 선결문제로 된 경우와 관련된 내용 중 옳지 않은 것을 모두 고른 것은? (다툼이 있는 경우 판례에 의함)

㉠ 민사법원은 그 선결문제로서 행정처분의 위법성을 심사하여 취소사유에 불과한 처분을 취소하여 효력을 부인할 수 없다.
㉡ 연령미달로 운전면허를 취득할 수 없던 甲이 그의 형 이름으로 운전면허시험에 응시·합격하여 받은 운전면허증을 소지하고 운전을 한 경우, 甲의 운전면허가 취소되지 않는 한 형사법원에서 운전면허의 효력을 부인할 수 없다.
㉢ 민사법원은 국세부과·징수처분의 하자가 중대하고도 명백하여 당연무효라고 인정될 경우에는 그 처분에 의하여 납부한 세금을 부당이득으로 반환을 명하는 판결을 할 수 있다.
㉣ 행정법원은 조세부과처분이 무효인 경우 무효확인판결을 할 수 있지만, 민사법원의 관할인 무효인 처분에 의하여 이미 납부한 조세에 관하여 부당이득반환청구에 대한 판결을 할 수 없다.
㉤ 과세처분이 당연히 무효인 경우에는 그 세금을 납부하지 않은 체납범이 성립할 수 없기에 처벌할 수 없다.
㉥ 민사소송에 있어서 어느 행정처분의 당연무효 여부가 선결문제로 되는 때에는 반드시 행정소송 등의 절차에 의하여 그 취소나 무효확인을 받아야 한다.
㉦ 영업허가가 취소되었음에도 영업을 계속한 자를 무허가영업죄로 처벌하기 위하여 형사법원이 영업허가취소처분의 적법성 여부를 심사할 수 없다.

① ㉠, ㉡, ㉣　　② ㉡, ㉥, ㉦　　③ ㉠, ㉢, ㉤
④ ㉡, ㉣, ㉥　　⑤ ㉣, ㉥, ㉦

해설 ㉠ (o) 행정행위가 당연무효가 아닌 단순 취소할 수 있는 위법사유가 있으면, 그 위법성을 심사하여 효력을 부인할 수 있는 기관은 취소쟁송을 제기 받은 행정청 또는 (행정)법원뿐이다. 그러므로 원칙적으로 민사소송(공법상 당사자소송 포함)을 제기받은 민사법원은 그 선결문제로서 행정처분의 위법성을 심사하여 취소사유에 불과한 처분을 취소하여 효력을 부인할 수 없다. 판례도 같다. 행정처분의 하자가 **단순한 취소사유에 그칠 때에는 법원은 민사소송의 선결문제로서 그 효력을 부인하지 못한다**(대법원 1973.7.10. 70다1439).

㉡ (o) 연령미달의 결격자인 피고인이 소외인의 이름으로 운전면허시험에 응시, 합격하여 교부받은 운전면허는 당연무효가 아니고 도로교통법 제65조 제3호의 사유에 해당함에 불과하여 **취소되지 않는 한 유효하므로** 피고인의 운전행위는 무면허운전에 해당하지 아니한다(대법원 1982.6.8. 80도2646).

㉢ (o) 국세 등의 부과 및 징수처분과 같은 행정처분이 당연무효임을 전제로 하여 **민사소송을 제기한 때에는** 그 행정처분이 당연무효인지의 여부가 선결문제이므로 법원은 이를 심사하여 그 행정처분의 하자가 중대하고도 명백하여 **당연무효라고 인정될 경우에는 이를 전제로 하여 판단할 수 있으나** 그 하자가 단순한 취소사유에 그칠 때에는 법원은 그 효력을 부인할 수 없다(대법원 1973.7.10. 70다1439).

㉣ (x) 행정소송법은 관련청구소송의 이송 및 병합을 인정하고 있다. 취소소송과 다음 각호의 1에 해당하는 소송(이하 "관련청구소송"이라 한다)이 각각 다른 법원에 계속되고 있는 경우에 관련청구소송이 계속된 법원이 상당하다고 인정하는 때에는 당사자의 신청 또는 직권에 의하여 이를 취소소송이 계속된 법원으로 이송할 수 있다(행정소송법 10①).

1. 당해 처분등과 관련되는 손해배상·부당이득반환·원상회복등 청구소송
2. 당해 처분등과 관련되는 취소소송

취소소송에는 사실심의 변론종결시까지 관련청구소송을 병합하거나 피고외의 자를 상대로 한 관련청구소송을 취소소송이 계속된 법원에 병합하여 제기할 수 있다(행정소송법 10②).
그러므로 민사법원은 조세부과처분 무효확인의 소가 계속중인 행정법원에 이미 납부한 조세의 반환을 구하는 부당이득반환청구의 소를 병합하여 심리하도록 이송할 수 있다(행정소송법 10①(1)). 행정법원은 심리를 거쳐 조세부과처분의 무효확인판결을 할 수 있고, 원래는 민사법원의 관할에 속하는 사건이지만 행정소송법이 관련청구소송으로 허용하고 있는 부당이득반환판결도 할 수 있다.

㉤ (o) 조세 체납범은 정당한 과세에 대하여서만 성립되는 것이고, 과세가 당연히 무효한 경우에 있어서는 체납의 대상이 없어 체납범 성립의 여지가 없다(대법원 1971.5.31. 71도742).

㉥ (x) 민사소송에 있어서 어느 행정처분의 당연무효 여부가 선결문제로 되는 때에는 이를 판단하여 당연무효임을 전제로 판결할 수 있고 반드시 행정소송 등의 절차에 의하여 그 취소나 무효확인을 받아야 하는 것이 아니다(대법원 1972.10.10. 71다2279).

㉦ (x) 민사법원에서 행정행위의 효력을 상실시키는 것이 아니라 행정행위의 위법성을 확인하

는 것이 선결문제가 된 경우에는 **민사법원이 그 위법성을 확인할 수 있다**.

계고처분 또는 행정 대집행 영장에 의한 통지와 같은 행정처분이 위법인 경우에는 그 각 처분의 무효확인 또는 취소를 소구할 수 있으나, **행정대집행이 완료한 후에는 그 처분의 무효확인 또는 취소를 구할 소익이 없다 할 것이며**, 본건 계고처분 행정처분이 위법임을 이유로 배상을 청구하는 취의로 인정될 수 있는 본건에 있어, 미리 그 행정처분의 취소판결이 있어야만 그 행정처분의 위법임을 이유로 피고에게 배상을 청구할 수 있는 것은 아니라고 해석함이 상당하다(대법원 1972.4.28. 72다337).

형사법원에서도 행정행위의 위법여부가 범죄구성요건의 문제로 되어 위법성의 확인이 선결문제인 경우에는 **형사법원이 그 위법성을 확인할 수 있다**. 영업허가가 취소되었음에도 영업을 계속한 자를 무허가영업죄로 처벌하기 위해서는 영업허가취소처분이 적법하였어야 한다. 이때 형사사건을 심리하는 법원은 스스로 행정행위의 위법성을 인정하여도 그 효력 자체를 부정하는 것이 아니기 때문에 위법성을 심사할 수 있다. 그러므로 형사법원은 영업허가취소처분이 위법한 것으로 인정되면 피고인을 무허가영업죄로 처벌할 수 없게 된다.

주택법 제91조에 의하여 행정청으로부터 공사의 중지, 원상복구 그 밖의 필요한 조치명령을 받은 자가 이에 위반한 경우 이로 인하여 주택법 제98조 제11호에 정한 처벌을 하기 위하여는 그 처분이나 조치명령이 적법한 것이라야 하고, 그 조치명령이 당연무효가 아니라 하더라도 그것이 위법한 것으로 인정되는 한 법 제98조 제11호 위반죄가 성립될 수 없다고 할 것이다(대법원 2007.7.13. 2007도3918). [해 답] ⑤

09 행정법관계의 내용

1. 개인적 공권에 관련된 내용 중 옳지 않은 것은?

① 행정주체에게 일정한 행위를 할 의무를 발생시키는 강행법규가 존재하여야 한다.

② 재판으로 사익을 청구할 수 있는 법상의 힘 또는 의사력이 있어야 한다.

③ 오늘날 헌법상 재판청구권이 인정되고, 행정소송법도 개괄주의를 채택하고 있기 때문에 청구권능부여성의 중요성이 강조된다.

④ 법규가 공익의 보호와 함께 특정인의 이익의 보호를 목적으로 하여야 한다.

⑤ 오늘날은 반사적 이익으로 분류되어 법률상 이익이 없던 것으로 보던 것을 법률상 이익으로 넓게 확장해석하려는 경향이 많다.

해설 ① (o) 관계법규가 임의법규로서 행정주체에 대하여 재량(결정재량과 선택재량)을 인정하고 있어 일정한 행위를 할 수 있고, 안할 수도 있는 자유를 인정하고 있는 경우에는 공권이 발생할 수 없게 된다.

② (o) 개인적 공권의 성립요건 중 청구권능부여성에 관한 설명이다.

③ (x) 오늘날은 헌법상 재판청구권이 인정되고, 행정소송 역시 널리 제소를 허용하는 개괄주의를 채택하고 있기 때문에 청구권능부여성을 특별히 요구하지 않고 있다.

④ (o) 관계법규가 공익의 달성이라는 목적 외에 개인적인 이익의 보호도 의도하고 있어야 한다. 법규가 사익의 보호를 의도하고 있지 않는데도 개인이 이익을 얻는 경우는 그것은 공권이라기보다는 반사적 이익에 불과하다.

⑤ (o) 과거에는 공권을 좁은 의미의 권리에 한정하고, 그 이외의 이익은 모두 반사적 이익으로 보았다. 오늘날은 공권의 권리성을 완화하여 관계법률의 명문규정이나 해석에 의하여 그 법률이 공익뿐만 아니라 개인의 이익을 보호하고 있는 경우이면 널리 공권으로 보게 되었다. 주거지역 내의 도시계획법 19조 1항과 개정전 건축법 32조 1항 소정 **제한면적을 초과한 연탄공장건축허가 처분으로 불이익을 받고 있는 제3거주자는** 당해행정처분의 취소를 소구할 법률상 자격이 있는지 여부에 관하여, 하급심 판결은 인접주민이 위법한 연탄공장설치허가의 취소를 구하는 사건에서 공권이 아닌 반사적 이익을 가짐에 불과하다고 각하하였지만, 대법원은 법률상 이익으로 판시한 바 있다.

주거지역 안에서는 도시계획법 19조 1항과 개정전 건축법 32조 1항에 의하여 공익상 부득이하다고 인정될 경우를 제외하고는 거주의 안녕과 건전한 생활환경의 보호를 해치는 모든 건축이 금지되고 있을 뿐 아니라 주거지역 내에 거주하는 사람이 받는 위와 같은 보호이익은 법률에 의하여 보호되는 이익이라고 할 것이므로 주거지역 내에 위 법조 소정 제한면적을 초과한 연탄공장 건축허가처분으로 불이익을 받고 있는 제3거주자는 **비록 당해 행정처분의 상대자가 아니라 하더라도 그 행정처분으로 말미암아 위와 같은 법률에 의하여 보호되는 이익을 침해받고 있다면** 당해행정 처분의 취소를 소구하여 그 당부의 판단을 받을 법률상의 자격이 있다(대법원 1975.5.13. 73누96). [해 답] ③

2. 다음 중 처분의 취소를 구할 법률상 이익이 있다고 인정되는 것이 아닌 것을 모두 고른 것은? (다툼이 있는 경우 판례에 의함)

㉠ 노선연장인가 처분에 대하여 당해 노선에 관한 기존의 자동차 운송사업자는 그 취소를 구할 소의 이익이 있다.
㉡ 상수원에서 급수를 받고 있는 지역주민들은 상수원보호구역변경처분의 취소를 구할 수 있는 법률상 이익이 있다.
㉢ 엘.피.지(L.P.G) 자동차충전소 설치허가에 대한 설치장소에 인접하여 거주하는 주민들은 공공의 안전을 위한 설치허가 기준의 미달과 환경오염으로 인한 위해의 방지의무를 위반하였다는 이유로 그 처분의 취소를 구할 이익이 있다.
㉣ 대학생들이 전공이 다른 교수를 임용함으로써 학습권을 침해당하였다는 이유를 들어

교수임용처분의 취소를 구할 소의 이익이 있다.
ⓜ 환경영향평가 대상지역 밖에 거주하는 주민에게 헌법상의 환경권 또는 환경정책기본법에 근거하여 공유수면매립면허처분과 농지개량사업 시행인가처분의 무효확인을 구할 원고적격이 있다.
ⓑ 환경영향평가대상지역 안의 주민들이 환경상의 이익의 침해를 이유로 그 처분 등의 취소를 구할 원고적격이 있다.

① ㉠, ㉡, ㉢　② ㉡, ㉣, ㉤　③ ㉠, ㉣, ㉤
④ ㉡, ㉢, ㉤　⑤ ㉡, ㉣, ㉥

해설 ㉠ (o) 자동차 운수사업법 6조 1호에 의한 자동차 운송사업의 면허에 대하여 당해 노선에 관한 기존업자는 노선연장인가처분의 취소를 구할 법률상의 이익이 있다(대법원 1974.4.9. 73누173).

㉡ (x) 상수원보호구역 설정의 근거가 되는 수도법 제5조 제1항 및 동 시행령 제7조 제1항이 보호하고자 하는 것은 상수원의 확보와 수질보전일 뿐이고, 그 상수원에서 급수를 받고 있는 지역주민들이 가지는 상수원의 오염을 막아 양질의 급수를 받을 이익은 직접적이고 구체적으로는 보호하고 있지 않음이 명백하여 위 지역주민들이 가지는 이익은 상수원의 확보와 수질보호라는 공공의 이익이 달성됨에 따라 반사적으로 얻게 되는 이익에 불과하므로 지역주민들에 불과한 원고들에게는 위 상수원보호구역변경처분의 취소를 구할 법률상의 이익이 없다(대법원 1995.9.26. 94누14544).

㉢ (o) 행정처분의 상대방이 아닌 제3자도 그 처분으로 인하여 법률상 보호되는 이익을 침해당한 경우에는 그 처분의 취소 또는 변경을 구하는 행정소송을 제기하여 그 당부의 판단을 받을 법률상 자격이 있다(대법원 1983.7.12. 83누59).

㉣ (x) 원고들은 ○○대학교 ○○학과에 재학중인 학생들로서 조세정책과목을 수강하고 있는데 피고가 경제학적으로 접근하여야 하는 조세정책과목의 담당교수를 행정학을 전공한 소외 ○○○로 임용함으로써 원고들의 학습권을 침해하였다는 것이나, 설령 피고의 이 사건 임용처분으로 말미암아 원고들이 그 주장과 같은 **불이익을 받게 되더라도 그 불이익은 간접적이거나 사실적인 불이익에 지나지 아니하여**, 그것만으로는 원고들에게 이 사건 임용처분의 취소를 구할 소의 이익이 있다고 할 수 없다(대법원 1993.7.27. 93누8139 전임강사임용처분취소).

㉤ (x) **환경영향평가 대상지역 밖의 주민이라 할지라도** 공유수면매립면허처분 등으로 인하여 그 처분 전과 비교하여 수인한도를 넘는 환경피해를 받거나 받을 우려가 있는 경우에는, 공유수면매립면허처분 등으로 인하여 환경상 이익에 대한 침해 또는 침해우려가 있다는 것을 입증함으로써 그 처분 등의 무효확인을 구할 원고적격을 인정받을 수 있다.

(그러나) **헌법 제35조 제1항에서 정하고 있는 환경권에 관한 규정만으로는** 그 권리의 주체·대상·내용·행사방법 등이 구체적으로 정립되어 있다고 볼 수 없고, 환경정책기본법 제6조도 그 규정 내용 등에 비추어 국민에게 구체적인 권리를 부여한 것으로 볼 수 없다는 이유로, 환경영향평가 대상지역 밖에 거주하는 주민에게 헌법상의 환경권 또는 환경정책기본법에 근거하

여 공유수면매립면허처분과 농지개량사업 시행인가처분의 무효확인을 구할 원고적격이 없다(대법원 2006.3.16. 2006두330).

ⓑ (o) 국립공원 집단시설지구 개발사업으로 인하여 직접적이고 중대한 환경피해를 입으리라고 예상되는 환경영향평가 대상지역 안의 주민들이 누리고 있는 환경상의 이익이 위 변경승인처분으로 인하여 침해되거나 침해될 우려가 있는 경우에는 그 주민들에게 위 변경승인처분과 그 변경승인처분의 취소를 구하는 행정심판청구를 각하한 재결의 취소를 구할 원고적격이 있다고 보아야 한다(대법원 2001.7.27. 99두2970). [해 답] ②

3. 甲은 사법시험에 합격한 후 군복무를 하였던 관계로 같은 회의 사법시험합격자들이 입소한 해에 사법연수원에 입소하지 못하고 병역의무를 마친 후, 그 다음 해에 시행된 사법시험의 합격자들과 함께 사법연수원에 입소하여 소정의 수습과정을 수료하였다. 그리고 甲은 법무부장관에게 검사임용을 신청하였다. 그러나 법무부장관은 검사지원자 중 그 일부만을 선정하여 임용의 의사표시를 하여 공표하고, 임용대상에서 제외된 甲에 대하여는 형식상 별다른 의사표시를 하지 않았다. 甲은 법무부장관의 검사임용거부처분의 취소를 청구하는 소를 제기하였다. 아래 보기 중 옳지 않은 것을 모두 고른 것은? (다툼이 있는 경우 판례에 의함)

㉠ 법무부장관의 검사임용거부처분이 행정처분이 되기 위하여는 甲이 법무부장관에 대하여 그 신청에 따른 행정행위를 해줄 것을 요구할 수 있는 법규상 또는 조리상의 권리가 있어야 한다.
㉡ 검사의 임용여부는 임용권자인 법무부장관이 판단할 자유재량에 속하는 사항이므로, 甲은 자신의 임용을 요구할 권리가 있다고 할 수 없다.
㉢ 법무부장관이 검사임용대상자에 대하여서만 임용의 의사표시를 하고 임용대상에서 제외된 甲에 대하여 어떤 의사표시도 하지 않은 것은 임용거부처분을 한 것으로 보아야 한다.
㉣ 법무부장관이 다수의 검사지원자들의 임용신청을 받아 자체에서 정한 임용기준에 따라 일부만을 선정하여 검사로 임용하는 의사표시를 하면, 임용되지 못한 甲에 대하여는 거부처분을 한 것으로 인정되므로, 별도로 임용신청에 대한 응답의무가 발생하는 것은 아니다.
㉤ 법무부장관이 甲의 임용여부에 관하여 어떠한 내용의 응답을 할 것인지는 자유재량에 속하므로, 응답할 것인지의 여부도 임용권자의 재량사항이라고는 할 수 있다.
㉥ 甲이 법무부장관으로부터 검사임용신청에 대한 응답을 받을 권리는 무하자재량행사청구권의 내용으로 볼 수도 있다.

① ㉠, ㉢, ㉤ ② ㉡, ㉣, ㉥ ③ ㉠, ㉤, ㉥
④ ㉡, ㉢, ㉣ ⑤ ㉢, ㉣, ㉤

해설 ㉠ (o) 국민의 적극적 행위신청에 대하여 행정청이 그 신청에 따른 행위를 하지 않겠다고 거부한 행위가 항고소송의 대상이 되는 행정처분에 해당하는 것이라고 하려면, 그 **신청한 행위가 공권력의 행사 또는 이에 준하는 행정작용이어야** 하고, 그 거부행위가 신청인의 **법률관계에 어떤 변동을 일으키는 것이어야** 하며, 그 국민에게 그 행위발동을 요구할 **법규상 또는 조리상의 신청권이 있어야**만 한다(대법원 2003.4.11. 2001두9929).

㉡ (o) 검사의 임용여부는 임용권자가 합목적성과 공익적합성의 기준에 따라 판단할 자유재량에 속하는 사항으로서 원고의 임용요구에 기속을 받아 원고를 임용하여야 할 의무는 없는 것이고 원고로서도 자신의 임용을 요구할 권리가 있다고 할 수 없는 것이다(대법원 1991.2.12. 90누5825).

㉢ (x) 법령상 검사임용신청 및 그 처리의 제도에 관한 명문규정이 없다고 하여도, **조리상 임용권자는 임용신청자들에게 전형의 결과에 대한 응답, 즉 임용여부의 응답을 해줄 의무**가 있다고 보아야 한다. 그런데 검사임용대상자에 대하여서만 임용의 의사표시를 하고, 甲에 대하여는 아무런 의사표시를 한 것은 부작위에 해당된다. 판례 역시 아무런 응답이 없을 때에는 그 부작위의 위법확인을 소구할 수 있을 것이다(대법원 1991.2.12. 90누5825)라고 한다.

㉣ (x) 조리상 임용권자는 임용신청자들에게 전형의 결과에 대한 응답, 즉 임용여부의 응답을 해줄 의무가 있다고 보아야 하고, **원고(甲)로서는 그 임용신청에 대하여 임용여부의 응답을 받을 권리가 있다**고 할 것이며, 응답할 것인지의 여부조차도 임용권자의 편의재량사항이라고는 할 수 없다(대법원 1991.2.12. 90누5825).

㉤ (x) 임용권자(법무부장관)가 동일한 검사신규임용의 기회에 원고를 비롯한 다수의 검사지원자들로부터 임용신청을 받아 전형을 거쳐 자체에서 정한 임용기준에 따라 이들 중 일부만을 선정하여 검사로 임용하는 경우에 있어서, 법령상 검사임용신청 및 그 처리의 제도에 관한 명문규정이 없다고 하여도 조리상 임용권자는 임용신청자들에게 전형의 결과에 대한 응답, 즉 임용여부의 응답을 해줄 의무가 있다고 보아야 하고, 원고(甲)로서는 그 임용신청에 대하여 임용여부의 응답을 받을 권리가 있다고 할 것이며, **응답할 것인지의 여부조차도 임용권자의 편의재량사항이라고는 할 수 없다**(대법원 1991.2.12. 90누5825).

㉥ (o) 검사임용신청에 대한 응답을 받을 권리는 무하자재량행사청구권을 인정한 것으로 볼 수도 있다는 견해와 무하자재량행사청구권 자체를 인정한 것은 아니지만 그 법리를 추론할 수 있다는 견해가 있다. [해 답] ⑤

4. 甲은 알코올 중독과 음주상태에서 살인죄를 범하여 징역 10년 및 치료감호에 처한다는 판결이 확정되어 치료감호를 받은 후 위 징역형의 형기의 3분의 1을 복역하였다. 甲은 "유기(징역형)에 있어서는 형기의 3분의 1을 경과한 후 행정처분으로 가석방을 할 수 있다"는 형법 제72조 제1항의 요건이 충족되었으므로 가석방을 기대하고 있다. 아래 보기

중 옳은 것(O)과 옳지 않은 것(X)을 올바르게 조합한 것은?

> [참고]
> **형의 집행 및 수용자의 처우에 관한 법률(2007.12.21. 법률 제8728호로 개정된 것) 제121조(가석방 적격심사) 제1항**
> 소장은 「형법」 제72조 제1항의 기간이 지난 수형자에 대하여는 법무부령으로 정하는 바에 따라 가석방심사위원회에 가석방 적격심사를 신청하여야 한다.

㉠ 소장은 甲이 가석방 적격심사 대상자로 인정될 수 있는지 여부를 판단하여 가석방심사위원회에 가석방 적격심사를 신청할 의무를 지고 있다.
㉡ 甲은 형법 제72조 제1항에 규정된 요건을 갖추었으므로, 교정당국에 대하여 가석방을 요구할 주관적 권리를 취득하였다.
㉢ 甲이 소장에게 가석방 적격심사를 신청하는 청구를 하였으나 소장이 이를 거부할 때 그 거부처분의 취소를 구하는 행정소송은 적법하다.
㉣ 형법 제72조 제1항의 기간을 경과한 甲이 가석방 적격심사 대상자로 인정될 수 있는지 여부는 소장의 재량적 판단에 달려 있다.
㉤ 소장은 가석방심사위원회에 가석방 적격심사를 신청할 의무를 지고 있으므로, 甲은 행정청인 소장에게 가석방 적격심사 신청이라는 행정권의 발동을 요구할 수 있는 행정개입청구권이 있다.
㉥ 소장이 甲을 가석방 심사대상에 포함시키지 아니한 행위는 헌법소원의 대상이 되는 공권력의 행사 또는 불행사라고 할 수 없다.

① ㉠(X), ㉡(O), ㉢(O), ㉣(X), ㉤(X), ㉥(X)
② ㉠(O), ㉡(X), ㉢(X), ㉣(O), ㉤(X), ㉥(O)
③ ㉠(X), ㉡(O), ㉢(X), ㉣(X), ㉤(O), ㉥(O)
④ ㉠(O), ㉡(O), ㉢(X), ㉣(X), ㉤(O), ㉥(X)
⑤ ㉠(O), ㉡(X), ㉢(O), ㉣(O), ㉤(X), ㉥(X)

해설

㉠ (o) 소장은 교정시설의 장으로서, 이 사건 법률조항에 따라 일정한 수형자가 가석방 적격심사 대상자로 인정될 수 있는지 여부를 판단하여 가석방심사위원회에 가석방 **적격심사를 신청할 의무를 지고 있을 뿐**이므로, 수형자인 청구인(甲)과의 차별 여부가 문제되는 비교대상이 될 수 없고, 수형자에게 가석방 적격심사를 신청할 주관적 권리가 있다고 볼 수도 없다(헌재 2010.12.28. 2009헌마70).

㉡ (x) 어떤 수형자가 형법 제72조 제1항에 규정된 요건을 갖추었다고 하더라도 그것만으로 교정당국에 대하여 가석방을 요구할 주관적 권리를 취득하거나, 교정당국이 그에게 가석방을

하여야 할 법률상의 의무를 부담하게 되는 것이 아니다(헌재 2007.7.26. 2006헌마298).

ⓒ (x) 소장의 거부처분이 취소소송의 대상이 되려면 甲에게 소장에 대하여 그 신청에 따른 행정행위를 해줄 것을 요구할 수 있는 법규상 또는 조리상의 권리가 있어야 한다. 그런데 **甲은 가석방 적격심사를 청구할 수 있는 청구권이 없고**, 소장이 그에 응할 의무가 없기 때문에 그가 제소한 행정소송은 부적법하여 각하된다.

ⓔ (o) 형법 제72조 제1항의 기간을 경과한 **수형자가 가석방 적격심사 대상자로 인정될 수 있는지 여부는 소장의 재량적 판단**에 달려 있다(헌재 2007.7.26. 2006헌마298).

ⓜ (x) 행정개입청구권도 개인적 공권이므로 공권의 성립요건인 사익보호성과 강행법규성이라는 요건을 갖추어야 성립한다. 그런데 소장은 가석방 요건을 구비하였더라도 가석방 적격심사 대상자로 인정될 수 있는지 여부는 재량적 판단사항에 해당하므로, 행정권을 받드시 발동해야 할 의무가 발생하지 않는다. 재량권이 영으로 수축되는 경우에는 행정권을 발동해야 할 의무가 발생한다고 할 수 있지만, 사안은 이에 해당되지 않기 때문에 甲에게는 행정개입청구권이 있는 것은 아니다.

ⓑ (o) 소장이 청구인(甲)을 가석방 심사대상에 포함시키지 않았다고 하더라도 청구인의 법적 지위를 불리하게 변경하는 것이라고 할 수 없다. 그렇다면 교도소장이 청구인을 가석방 심사대상에 포함시키지 아니한 행위는 헌법소원의 대상이 되는 공권력의 행사 또는 불행사라고 볼 수 없다(헌재 2007.7.26. 2006헌마298). [해 답] ②

10 특별권력관계

1. 다음 사례에 관한 설명 중 옳지 않은 것은? (다툼이 있는 경우 판례에 의함)

> A고등학교 교장은 3학년 학생인 甲이 학교재학생들에 대한 불법 동맹휴학을 모의선동하였음을 징계사유로 하여 학교학생선도규정을 적용하여 甲에 대하여 퇴학처분을 하였다. 학교학생선도규정은 무기정학 이상의 학생징계시에는 선도위원회에서 위원 2/3 이상의 출석과 출석위원 2/3 이상으로 심의결정하여 학교장에게 상신하고 결재를 받아 집행하도록 되어 있다. 그런데 甲에 대한 징계심의결과 출석위원 13명 중 퇴학의견이 7명, 무기정학의견이 5명, 기권 1명으로서 퇴학처분에 필요한 2/3 이상의 찬성표에 미달하였다. 그럼에도 A교장은 甲에 대하여 퇴학처분을 하였다. 그 후 甲은 고등학교 졸업학력 검정고시에 합격하였다.

① 전통적인 공법이론에서는 군인의 복무관계, 공무원의 근무관계, 수형자의 복역관계, 학생의 재학관계는 특별권력관계로 보아 법률에 의한 기본권 제한의 원칙이 완화될 수 있다고 보았다.
② 甲이 고등학교 졸업학력 검정고시에 합격한 바 있으므로, A교장의 甲에 대한 퇴학처분이 대학진학이나 취업에 아무런 지장을 주지 아니하기 때문에 퇴학처분의 취소를 구하는 것은 소의 이익이 없다.
③ 학생에 대한 징계처분이 교육적 재량행위라는 이유만으로 사법심사의 대상에서 당연히 제외되는 것은 아니다.
④ 특별권력관계에 있어서도 위법·부당한 특별권력의 발동으로 말미암아 권력을 침해당한 자는 그 위법 또는 부당한 처분의 취소를 구할 수 있다.
⑤ 퇴학에 관하여 선도위원회의 심의결정에 필요한 출석위원 2/3이상에 미달한 심의결과를 받아 들여 행한 A교장의 甲에 대한 퇴학처분은 위 선도규정에 정한 징계절차를 위반한 하자가 있다.

해설

① (o) 기본권의 제한은 법률로 하여야 한다(헌법 37②). 특별권력관계에서의 기본권제한은 개괄조항에 의하여 이루어지고, 포괄적으로 위임입법이 행하여지는 특징이 있다. 그러나 기본권의 본질적인 내용을 침해하는 때에는 헌법에 위반될 될 수 있다.

② (x) 고등학교 졸업이 대학입학자격이나 학력인정으로서의 의미밖에 없다고 할 수 없으므로, 원고(甲)가 고등학교 졸업학력 검정고시에 합격하였다 하여 **원고의 고등학교 학생으로서의 신분과 명예가 회복될 수 없는 것이니**, 원고로서는 이 사건 퇴학처분의 위법을 주장하여 그 취소를 구할 소송상의 이익이 있다(대법원 1992.7.14. 91누4737).

③ (o) 학생에 대한 징계권의 발동이나 징계의 양정이 징계권자의 교육적 재량에 맡겨져 있다 할지라도 법원이 심리한 결과 그 **징계처분에 위법사유가 있다고 판단되는 경우에는 이를 취소할 수 있는 것이고**, 징계처분이 교육적 재량행위라는 이유만으로 사법심사의 대상에서 당연히 제외되는 것은 아니다(대법원 1991.11.22. 91누2144).

④ (o) **동장과 구청장과의 관계는 이른바 행정상의 특별권력관계에 해당되며**, 이러한 특별권력관계에 있어서도 **위법·부당한 특별권력의 발동으로 말미암아 권력을 침해당한 자**는 행정소송법 제1조의 규정에 따라 그 위법 또는 부당한 처분의 취소를 구할 수 있다(대법원 1982. 7.27. 80누86). '위법'한 처분의 취소를 구할 때는 행정소송을 제기하고, '위법하거나 부당'한 처분의 취소를 구하는 경우에는 행정심판을 제기하여야 한다.

특별권력관계로 판시한 사례로는, 농지개량조합과 그 직원과의 관계는 공법상의 특별권력관계로 보는 것은 대법원과 헌법재판소의 입장이다(헌재 2000.11.30. 99헌마190). **농지개량조합과 그 직원과의 관계는 사법상의 근로계약관계가 아닌 공법상의 특별권력관계이고**, 그 조합의 직원에 대한 징계처분의 취소를 구하는 소송은 행정소송사항에 속한다(대법원 1995.6.9. 94누10870).

중대장 또는 소대장인 원고들 2명이 사전에 면밀한 계획아래 동조자를 물색, 규합하여 원고들 외에 3명의 동료장교로 하여금 명예선언문에 서명케 하여 5명의 명의로 명예선언이라는 의식행사를 가지고 기자회견까지 한 행위가 군인복무규율 제38조에 규정된 집단행위에 해당하고, "군무 이외의 행위"에 해당한다. 군인의 "군무 외의 집단행위"를 금지한 각 규정은 헌법, 국군조직법, 군인사법의 각 규정 및 군인복무규율에 근거하여 **군인의 기본권을 제한하고 있는 규정으로 보아야 할 것이며**, 이는 **특수한 신분관계에 있는 군인**에 대하여 국방목적 수행상 필요한 군복무에 관한 군율로서 그 규제가 합리성을 결여하였다거나 기본권의 본질적인 내용을 침해하고 있다고 볼 수도 없으므로, 위 각 규정을 위헌 또는 무효의 규정이라고 볼 수 없다(대법원 1991.4.23. 90누4839).

⑤ (o) 학생징계에 관한 위 선도규정은 학칙에 그 근거를 둔 것으로서 무기정학 이상의 중징계에 관하여는 그 절차와 사유를 특히 엄격하게 정함으로써 신중과 공정을 기하고 학생의 신분을 보장할 목적으로 마련된 것이고 학생이나 교직원들은 위 절차에 의하여 징계가 이루어질 것으로 신뢰하고 있다 할 것이므로, 징계권자인 **피고도 이 절차에 기속되어 이를 어기고 한 징계처분은 위법**하다고 할 것이다(대법원 1992.7.14. 91누4737). [해 답] ②

2. 甲은 육군 현역병 입영 대상자로서 신병훈련을 위하여 의정부시에 있는 육군 ○○ 보충대에 입영하라는 통지를 받았다. 甲은 입영 후 5주 동안 신병교육훈련을 받아야 하는데, 육군 신병교육 지침서 중 '신병훈련소에서 교육훈련을 받는 동안에는 중대장급 이상 지휘관이 필요하다고 판단할 때에만 전화를 사용할 수 있도록 통제하는 부분'이 甲의 기본권을 침해한다고 주장하고 있다. 육군 신병교육 지침서는 군인사법 제47조의2의 위임과 군인복무규율 제29조 제2항의 재위임 및 국방교육훈련규정 제9조 제1호의 위임에 따라 제정된 것이다. 다음 중 옳지 않은 것은? (다툼이 있는 경우 판례에 의함)

① 甲에 대한 입영통지는 병역법에 의한 것으로 甲의 동의를 받아야 하는 것은 아니다.

② 신병교육기간에 한하여 신병의 외부 전화통화를 통제한 것이므로, 甲의 통신의 자유를 침해한 것은 아니다.

③ 甲과 국가와의 관계를 특별권력관계로 볼지라도 법률의 근거 없이 기본권을 제한할 수는 없다.

④ 경찰 공무원 등 다른 공무원의 훈련이나 연수에서는 전화통제에 관한 규율이 존재하지 않는다면, 甲은 평등권을 침해받은 것이 된다.

⑤ 甲이 신병훈련 중에 위 지침에 위반하여 전화를 한 경우에는 징계처분을 받을 수 있으며, 그 징계처분에 대하여 사법심사가 제외되는 것은 아니다.

해설 ① (o) 특별권력관계의 성립에는 법률의 규정에 의하여 상대방의 동의 없이 성립하게 되는 경우가 있다. 甲과 같이 징·소집해당자의 군입대, 감염병환자의 강제입원, 수형자의 수감, 일정한 자격이 있는 자의 공공조합에의 강제가입 등이 있다.

② (o) 육군 신병교육 지침은 신병교육훈련을 받고 있는 군인의 통신의 자유를 제한하고 있으나, 신병들을 군인으로 육성하고 교육훈련과 병영생활에 조속히 적응시키기 위하여 신병교육기간에 한하여 신병의 외부 전화통화를 통제한 것이다. 또한 신병훈련기간이 5주의 기간으로서 상대적으로 단기의 기간이라는 점, 긴급한 전화통화의 경우는 지휘관의 통제 하에 허용될 수 있다는 점, 신병들이 부모 및 가족에 대한 편지를 작성하여 우편으로 송부하도록 하고 있는 점 등을 종합하여 고려하여 보면, 이 사건 지침에서 신병교육훈련기간 동안 전화사용을 하지 못하도록 정하고 있는 규율이 청구인을 포함한 신병교육훈련생들의 통신의 자유 등 기본권을 필요한 정도를 넘어 과도하게 제한하는 것이라고 보기 어렵다(헌재 2010.10.28. 2007헌마890).

③ (o) 육군 신병교육 지침은 군인사법 제47조의2의 위임과 군인복무규율 제29조 제2항의 재위임 및 국방교육훈련규정 제9조 제1호의 위임에 따라 제정된 것으로서 법률에 근거한 규율이라고 할 것이므로, 법률유보의 원칙에 위반된다고 보기 어렵다(헌재 2010.10.28. 2007헌마890).

④ (x) 경찰 공무원 등 다른 공무원의 훈련이나 연수에서 이 사건 지침과 같은 규율은 존재하지 아니하므로 신병을 불합리하게 차별한다고 주장하나, 헌법상의 국방의무를 이행하기 위한 군대 복무와 경찰 공무원 기타 공무원의 복무관계는 비교대상으로 삼기 어렵다. 이와 같이 **본질적으로 다른 대상을 다르게 취급하는 것은 평등권침해가 되지 아니한다**(헌재 2010.10. 28. 2007헌마890).

⑤ (o) 특별권력에 의하여 행하여진 처분을 다툴 법률상 이익이 있으면, 어떤 행위가 특별권력관계에서의 행위라는 이유만으로 사법심사가 제외되는 것은 아니다. 특별권력관계에 있는 군인의 기본권을 제한하기 위해서는 법률에 의한 기본권제한과 그에 관한 사법적 통제라고 하는 법치주의의 기본원칙은 그대로 지켜져야 할 것이다. 판례도 어떤 행위가 특별권력관계에서의 행위라는 이유만으로 사법심사에서 제외될 수 없다고 보고 널리 사법심사를 인정하는 입장이다. 또한 판례는 '징계처분'이란 공법상의 특별권력관계에 기인하여 질서유지를 위하여 과하여지는 제재를 의미(대법원 2010.11.25. 2010도10202)한다고 판시하여 특별권력관계라는 개념 자체는 여전히 인정하고 있다. [해 답] ④

11 공법상 시효

1. 공법상 시효에 관련된 내용 중 옳지 않은 것은? (다툼이 있는 경우 판례에 의함)

① 공법상의 금전채권에 관한 시효기간은 다른 법률에 특별한 규정이 없는 것은 5년이다.

② 소멸시효완성 후에 조세부과처분은 납세의무 없는 자에 대하여 부과처분을 한 것으로서, 그 처분의 효력은 당연무효라고 할 것이다.

③ 국유잡종재산에 대한 시효취득을 부인하였던 국유재산법 규정은 헌법상 평등의 원칙과 사유재산권 보장의 이념 및 과잉금지의 원칙에 위반된다.

④ 소멸시효가 완성된 후에 행한 조세의 부과처분에 기한 납세는 부당이득반환청구를 할 수 있다.

⑤ 국가가 착오에 의하여 공유수면매립지를 귀속재산으로 매각하여 그 대금까지 완납받았으며, 그 불하계약 체결 후 약 40년이 경과한 후 그 토지가 공용폐지에 의하여 잡종재산으로 되었다면 시효취득의 대상이 된다.

해설

① (o) 금전의 급부를 목적으로 하는 국가의 권리로서 시효에 관하여 다른 법률에 규정이 없는 것은 5년 동안 행사하지 아니하면 시효로 인하여 소멸한다(국가재정법 96①, 지방재정법 82). 다른 법률에 특별한 규정이 없는 것이라 함은 국가재정법 이외의 모든 법률(민법·상법·어음법·수표법 등 사법도 포함)에서 5년보다 짧게 규정하고 있으면 그 규정에 의하고, 그렇지 않는 한 5년의 시효로 소멸한다는 것이다. 다른 법률에 특별한 규정이 있는 경우로는, 공무원연금법상의 단기급여는 3년(공무원연금법 81①)·관세법상의 관세과오납금 및 기타 관세의 환급청구권은 5년(관세법 22②) 등이 있다. 국회의원이 퇴직 후 재직 중의 세비청구권은 민법 제163조에 의하여 3년의 소멸시효에 걸린다(대법원 1966.2.20. 65다2506).

② (o) 조세에 관한 소멸시효가 완성되면 국가의 조세부과권과 납세의무자의 납세의무는 당연히 소멸한다 할 것이므로, 소멸시효완성 후에 부과된 부과처분은 납세의무 없는 자에 대하여 부과처분을 한 것으로서, 그와 같은 하자는 중대하고 명백하여 그 처분의 효력은 당연무효이다(대법원 1985.5.14. 83누655).

③ (o) **국유잡종재산에 대한 시효취득을 부인하는 규정**은 합리적 근거 없이 국가만을 우대하는 불평등한 규정이다. 이는 헌법상의 평등의 원칙과 사유재산권 보장의 이념 및 과잉금지의 원

칙에 위반된다. 그리고 **지방재정법이 정한 공유재산 중 잡종재산**에 대하여까지 시효취득의 대상이 되지 아니한다고 규정한 것은, 지방자치단체라 할지라도 사경제적 작용으로 인한 민사관계에 있어서는 사인과 대등하게 다루어져야 한다는 헌법의 기본원리에 위반한다. 또한 법률에 의한 기본권 제한에 있어서 비례의 원칙 또는 과잉금지의 원칙에 위배된다(헌법재판소 1991.5.13. 89헌가97). 이와 같은 헌법재판소의 결정에 따라 국유재산법과 공유재산 및 물품관리법이 개정되어 잡종재산의 시효취득은 인정하고, '행정재산은 민법 제245조에도 불구하고 시효취득의 대상이 되지 아니 한다'고 규정하였다(국유재산법 7②, 공유재산 및 물품관리법 6②).

④ (o) 조세부과처분이 당연무효임을 전제로 하여 이미 납부한 세금의 반환을 청구하는 것은 민사상의 부당이득반환청구로서 민사소송절차에 따라야 한다(대법원 1995.4.28. 94다55019).

⑤ (x) 국가 또는 공공단체의 소유재산으로써 그 행정목적을 위하여 공용되어 있는 부동산은 공용폐지처분이 없는 한 취득시효완성으로 인한 소유권취득의 대상이 될 수 없다(대법원 1974. 2.12. 73다557). **행정재산은 공용폐지가 되지 아니하는 한 사법상 거래의 대상이 될 수 없으므로 시효취득의 대상이 되지 아니하고**, 관재당국이 이를 모르고 행정재산을 매각하였다 하더라도 그 매매는 당연무효이다. 국가가 착오에 의하여 공유수면매립지를 귀속재산으로 매각하여 그 대금까지 완납받았으며 그 불하계약 체결 후 약 40년이 경과한 후 그 토지가 공용폐지에 의하여 잡종재산으로 되었다 하더라도, 국가가 그 토지가 취득시효의 대상이 되지 아니하는 **국유 행정재산이라고 주장하는 것이 신의칙에 반한다고 볼 수 없다**는 이유로, 취득시효를 인정한 원심판결을 파기한 사례(대법원 1996.5.28. 95다52383).

[해 답] ⑤

12 사인의 공법행위

1. 사인의 공법행위로서의 신고에 관한 설명 중 옳지 않은 것은? (다툼이 있는 경우 판례에 의함)

① 건축법상 착공신고 반려행위는 항고소송의 대상이 된다고 보는 것이 옳다.

② 사실상 도로로 사용되는 토지 위에 제1종 근린생활시설 건물을 신축하는 내용으로 토지소유자가 한 건축신고를 수리한 행정청이 건물 신축으로 통행을 막지 않도록 해야 할 공익상 요청이 토지소유자의 기득권, 신뢰, 법적 안정성의 보호보다 훨씬 중요하다고 보아 건축신고수리를 철회한 처분은 적법하다.

③ 건축신고를 하려는 자는 인·허가의제사항 관련 법령에서 제출하도록 의무화하고 있는 신청서와 구비서류를 제출하여야 하는데, 이는 건축신고를 수리하는 행정청

으로 하여금 인·허가의제사항 관련 법률에 규정된 요건에 관하여도 심사를 하도록 하기 위한 것으로 볼 수밖에 없다.

④ 건축법에서 인·허가의제 제도를 둔 취지는, 인·허가의제사항과 관련하여 건축허가 또는 건축신고의 관할 행정청으로 그 창구를 단일화하고 절차를 간소화하며 비용과 시간을 절감함으로써 국민의 권익을 보호하려는 것이지, 인·허가의제사항 관련 법률에 따른 각각의 인·허가 요건에 관한 일체의 심사를 배제하려는 것으로 보기는 어렵다.

⑤ 국토계획법상의 개발행위허가로 의제되는 건축신고는 물론 건축법상 인·허가의제 효과를 수반하는 모든 건축신고는 특별한 사정이 없는 한 행정청이 그 실체적 요건에 관한 심사를 한 후 수리하여야 하는 이른바 '수리를 요하는 신고'로 보는 것이 판례의 입장이다.

해설

① (o) 대법원 2011.6.10. 2010두7321.

② (o) 1975.12.31. 법률 제2852호로 개정된 건축법 시행 이전부터 사실상 도로로 사용되는 토지 위에 제1종 근린생활시설 건물을 신축하는 내용으로 토지소유자 갑이 건축신고를 하였는데 행정청이 이를 수리하였다가 위 토지가 건축법상 도로이어서 건축법에 저촉된다는 이유 등으로 건축신고수리 철회통보를 한 사안에서, 위 토지는 개정 건축법 시행 전부터 이미 주민의 통행로로 이용되던 폭 4m 이상의 **사실상 도로로서 건축법상 도로에 해당하여 건축할 수 없고**, 건물 신축으로 통행을 막지 않도록 해야 할 공익상 요청이 갑의 기득권, 신뢰, 법적 안정성의 보호보다 훨씬 중요하다고 보아 건축신고수리를 철회한 처분이 적법하다고 본 원심판단을 정당하다고 한 사례(대법원 2012.3.15. 2011두27322 건축신고철회처분취소).

③ (o) 대법원 2011.1.20. 2010두14954.

④ (o) 대법원 2011.1.20. 2010두14954; 왜냐하면, 건축법과 인·허가의제사항 관련 법률은 각기 고유한 목적이 있고, 건축신고와 인·허가의제사항도 각각 별개의 제도적 취지가 있으며 그 요건 또한 달리하기 때문이다(대법원 2011.1.20. 2010두14954 전원합의체판결 건축(신축)신고불가취소).

⑤ (x) 인·허가의제 효과를 수반하는 건축신고는 일반적인 건축신고와는 달리, 특별한 사정이 없는 한 행정청이 그 실체적 요건에 관한 심사를 한 후 수리하여야 하는 이른바 '수리를 요하는 신고'로 보는 것이 옳다. 일정한 건축물에 관한 건축신고는 건축법 제14조 제2항, 제11조 제5항 제3호에 의하여 국토계획법 제56조에 따른 **개발행위허가를 받은 것으로 의제되는데**, 국토계획법 제58조 제1항 제4호에서는 개발행위허가의 기준으로 주변 지역의 토지이용실태 또는 토지이용계획, 건축물의 높이, 토지의 경사도, 수목의 상태, 물의 배수, 하천·호소·습지의 배수 등 주변 환경이나 경관과 조화를 이룰 것을 규정하고 있으므로, 국토계획법상의 개발행위허가로 의제되는 건축신고가 위와 같은 기준을 갖추지 못한 경우 행정청으로서는 이를 이유로 그 수리를 거부할 수 있다고 보아야 한다(대법원 2011.1.20. 2010두14954). 이와 같이

개발행위가 의제되는 건축신고 외에 인·허가의제가 되는 건축법상의 건축신고 사항이 모두 수리를 요하는 신고라고 판시한 것은 아님을 주의하여야 한다. [해 답] ⑤

2. 신고에 관한 내용 중 판례의 입장을 잘못 설명한 것을 모두 고른 것은?

㉠ 인·허가의제 효과를 수반하는 건축신고는 일반적인 건축신고와는 달리, 특별한 사정이 없는 한 행정청이 그 실체적 요건에 관한 심사를 한 후 수리하여야 하는 이른바 수리를 요하는 신고로 보는 것이 옳다.
㉡ 납골당설치 신고는 수리를 요하는 신고라 할 것이므로, 수리행위에 신고필증 교부 등 행위가 꼭 필요하다.
㉢ 식품위생법에 따른 식품접객업(일반음식점영업)의 영업신고의 요건을 갖춘 자라고 하더라도, 그 영업신고를 한 당해 건축물이 건축법 소정의 허가를 받지 아니한 무허가 건물이라면 적법한 신고를 할 수 없다.
㉣ 혼인의 신고는 공무원이 그 신고서를 접수하여 가족관계등록부에 기재하여야 그 효력이 발생한다.
㉤ 자기완결적 신고가 적법한 요건을 갖춘 경우에는 신고서가 접수기관에 도달된 때에 신고의 의무가 이행된 것으로 본다.
㉥ 주민등록의 신고는 행정청에 도달하기만 하면 신고로서의 효력이 발생하고, 행정청의 수리를 요하지 아니 한다.

① ㉠, ㉢, ㉥ ② ㉠, ㉣, ㉤ ③ ㉡, ㉣, ㉥
④ ㉡, ㉢, ㉥ ⑤ ㉡, ㉣, ㉤

해설 ㉠ (o) 인·허가의제 효과를 수반하는 건축신고는 일반적인 건축신고와는 달리, 특별한 사정이 없는 한 행정청이 그 실체적 요건에 관한 심사를 한 후 수리하여야 하는 이른바 '수리를 요하는 신고'로 보는 것이 옳다(대법원 2011.1.20. 2010두14954).

(행정청은 건축신고로써 건축허가가 의제되는 건축물의 경우) 건축주 등으로서는 신고제하에서도 건축신고가 반려될 경우 당해 건축물의 건축을 개시하면 시정명령, 이행강제금, 벌금의 대상이 되거나 당해 건축물을 사용하여 행할 행위의 허가가 거부될 우려가 있어 불안정한 지위에 놓이게 된다. 따라서 **건축신고 반려행위가 이루어진 단계에서 당사자로 하여금 반려행위의 적법성을 다투어 그 법적 불안을 해소**한 다음 건축행위에 나아가도록 함으로써 장차 있을지도 모르는 위험에서 미리 벗어날 수 있도록 길을 열어 주고, 위법한 건축물의 양산과 그 철거를 둘러싼 분쟁을 조기에 근본적으로 해결할 수 있게 하는 것이 법치행정의 원리에 부합한다. 그러므로 이 사건 **건축신고 반려행위는 항고소송의 대상이 된다**고 보는 것이 옳다(대법원 2010.11.18. 2008두167).

ⓛ (x) 납골당설치 신고는 이른바 '수리를 요하는 신고'라 할 것이므로, 납골당설치 신고가 구 장사법 관련 규정의 모든 요건에 맞는 신고라 하더라도 신고인은 곧바로 납골당을 설치할 수는 없고, 이에 대한 행정청의 수리처분이 있어야만 신고한 대로 납골당을 설치할 수 있다. 한편 수리란 신고를 유효한 것으로 판단하고 법령에 의하여 처리할 의사로 이를 수령하는 수동적 행위이므로 **수리행위에 신고필증 교부 등 행위가 꼭 필요한 것은 아니다**(대법원 2011.9.8. 2009두6766). 의료법시행규칙 제22조 제3항에 의하면 의원개설 신고서를 수리한 행정관청이 소정의 신고필증을 교부하도록 되어있다 하여도 이는 **신고사실의 확인행위로서 신고필증을 교부**하도록 규정한 것에 불과하고 그와 같은 신고필증의 교부가 없다 하여 개설신고의 효력을 부정할 수 없다 할 것이다(대법원 1985.4.23. 84도2953).

ⓒ (o) 식품위생법에 따른 식품접객업(일반음식점영업)의 영업신고의 요건을 갖춘 자라고 하더라도, 그 영업신고를 한 당해 건축물이 건축법 소정의 허가를 받지 아니한 무허가 건물이라면 적법한 신고를 할 수 없다(대법원 2009.4.23. 2008도6829). 체육시설의설치·이용에 관한 법률에 따른 당구장업의 신고요건을 갖춘 자라 할지라도 학교보건법 제5조 소정의 학교환경위생정화구역 내에서는 같은 법 제6조에 의한 **별도 요건을 충족하지 아니하는 한** 적법한 신고를 할 수 없다고 보아야 한다(대법원 1991.7.12. 90누8350).

ⓔ (x) 혼인은 호적법에 따라 호적공무원이 그 신고를 수리함으로써 유효하게 성립되는 것이며, 호적부에의 기재는 그 유효요건이 아니어서 호적에 적법하게 기재되는 여부는 혼인성립의 효과에 영향을 미치는 것은 아니므로, **부부가 일단 혼인신고를 하였다면 그 혼인관계는 성립된 것이고**, 그 호적의 기재가 무효한 이중호적에 의하였다 하여 그 효력이 좌우되는 것은 아니다(대법원 1991.12.10. 91므344).

ⓜ (o) 법령 등에서 행정청에 대하여 일정한 사항을 통지함으로써 의무가 끝나는 신고는 신고서가 접수기관에 도달된 때에 신고의 의무가 이행된 것으로 본다(행정절차법 40①).

ⓑ (x) 주민등록은 단순히 주민의 거주관계를 파악하고 인구의 동태를 명확히 하는 것 외에도 주민등록에 따라 공법관계상의 여러 가지 법률상 효과가 나타나게 되는 것으로서, **주민등록의 신고는** 행정청에 도달하기만 하면 신고로서의 효력이 발생하는 것이 아니라 **행정청이 수리한 경우에 비로소 신고의 효력이 발생한다**. 따라서 주민등록 신고서를 행정청에 제출하였다가 행정청이 이를 수리하기 전에 신고서의 내용을 수정하여 위와 같이 수정된 전입신고서가 수리되었다면 수정된 사항에 따라서 주민등록 신고가 이루어진 것으로 보는 것이 타당하다(대법원 2009.1.30. 2006다17850).

주민들의 거주지 이동에 따른 주민등록전입신고에 대하여 행정청이 이를 심사하여 그 수리를 거부할 수는 있다고 하더라도, 그러한 행위는 자칫 헌법상 보장된 국민의 거주·이전의 자유를 침해하는 결과를 가져올 수도 있으므로, 시장·군수 또는 구청장의 주민등록전입신고 수리 여부에 대한 심사는 **주민등록법의 입법 목적의 범위 내에서 제한적으로 이루어져야 한다**. 한편, 주민등록법의 입법 목적에 관한 제1조 및 주민등록 대상자에 관한 제6조의 규정을 고려해 보면, 전입신고를 받은 시장·군수 또는 구청장의 심사 대상은 전입신고자가 30일 이상 생활의 근거로 거주할 목적으로 거주지를 옮기는지 여부만으로 제한된다고 보아야 한다. 무허가 건축물을 실제 생활의 근거지로 삼아 10년 이상 거주해 온 사람의 주민등록전입신고를 거부한 사안에서, **부동산투기나 이주대책 요구 등을 방지할 목적으로 주민등록전입신고를 거부하는 것은** 주민등록법의 입법 목적과 취지 등에 비추어 허용될 수 없다고 한 사례(대법원 2009.6.18. 2008두10997).

[해 답] ③

3. 사인의 공법행위로서의 신청에 관한 내용 중 옳지 않은 것은? (다툼이 있는 경우 판례에 의함)

① 행정청은 신청에 대한 접수의무가 있다.

② 행정청은 적법요건을 모두 갖추지 아니한 신청에 대하여 그 요건의 보완을 요구할 수 있으며, 이에 불응할 경우 요건흠결을 이유로 그 신청을 반려할 수 있다.

③ 행정청이 국민의 신청에 대하여 한 거부행위가 항고소송의 대상이 되는 행정처분으로 되려면, 행정청의 행위를 요구할 법규상 또는 조리상의 신청권이 국민에게 있어야 한다.

④ 신청이 보완 또는 보정의 대상이 되는 흠결이 있는 경우 실질적인 요건에 대하여까지 보완 또는 보정요구를 하여야 한다.

⑤ 행정청은 적법한 신청이 있는 경우에 상당한 기간 내에 응답을 하여야 한다.

해설

① (o) 행정청은 신청에 대한 접수의무가 있다. 행정청은 신청이 있는 때에는 다른 법령 등에 특별한 규정이 있는 경우를 제외하고는 그 접수를 보류 또는 거부하거나 부당하게 되돌려 보내서는 아니 된다(행정절차법 17④).

② (o) 대법원 2002.10.11. 2000두987; 건축불허가처분을 하면서 그 사유의 하나로 소방시설과 관련된 소방서장의 건축부동의 의견을 들고 있으나 그 보완이 가능한 경우, 보완을 요구하지 아니한 채 곧바로 건축허가신청을 거부한 것은 재량권의 범위를 벗어난 것이라고 한 사례(대법원 2004.10.15. 2003두6573).

③ (o) 신청권의 근거 없이 한 국민의 신청을 행정청이 받아들이지 아니한 경우에는 그 거부로 인하여 신청인의 권리나 법적 이익에 어떤 영향을 주는 것이 아니므로 이를 항고소송의 대상이 되는 행정처분이라 할 수 없다(대법원 2007.4.26. 2005두11104). 거부처분 취소소송 등에서 신청권의 존재를 소송요건으로 보는 견해(소송요건설)와 본안의 문제로 보는 견해(본안문제설)가 있다. **판례는 신청권을 소송요건(소송대상의 문제)으로 보아 법규상·조리상 신청권이 없는 경우 거부행위의 처분성을 인정하지 않고** 부작위도 인정하지 않는다.

④ (x) 민원사무처리규정 제11조 제1항 소정의 **보완 또는 보정의 대상이 되는 흠결**은 보완 또는 보정할 수 있는 경우이어야 함은 물론이고, 그 내용 또한 **형식적, 절차적인 요건에 한하고** 실질적인 요건에 대하여까지 보완 또는 보정요구를 하여야 한다고 볼 수 없으며, 또한 흠결된 서류의 보완 또는 보정을 하면 이미 접수된 주요서류의 대부분을 새로 작성함이 불가피하게 되어 사실상 새로운 신청으로 보아야 할 경우에는 그 흠결서류의 접수를 거부하거나 그것을 반려할 정당한 사유가 있는 경우에 해당하여 이의 접수를 거부하거나 반려하여도 위법이 되지 않는다(대법원 1991.6.11. 90누8862).

⑤ (o) 행정기관은 신청에 따른 행정행위를 하거나 거부처분을 하여야 한다. 4급 공무원이 당해 지방자치단체 인사위원회의 심의를 거쳐 3급 승진대상자로 결정되고 임용권자가 그 사실을 대내외에 공표까지 하였다면, 그 공무원은 승진임용에 관한 법률상 이익을 가진 자로서 임용권자에 대하여 **3급 승진임용을 신청할 조리상의 권리가 있고,** 이러한 공무원으로부터 소

청심사청구를 통해 승진임용신청을 받은 행정청으로서는 상당한 기간 내에 그 신청을 인용하는 적극적 처분을 하거나 각하 또는 기각하는 등의 소극적 처분을 하여야 할 **법률상의 응답의무가 있다**. 그럼에도, 행정청이 위와 같은 권리자의 신청에 대해 아무런 적극적 또는 소극적 처분을 하지 않고 있다면 그러한 행정청의 부작위는 그 자체로서 위법하다(대법원 2009.7. 23. 2008두10560). [해 답] ④

13 법규명령

1. 행정입법에 관련된 설명 중 옳지 않은 것은? (다툼이 있는 경우 판례에 의함)

① 기본권을 제한하는 작용을 하는 법률이 입법위임을 할 때에는 대통령령, 총리령, 부령 등 법규명령에 위임함이 바람직하다.

② 고시와 같은 형식으로 입법위임을 할 때에는 법령이 전문적·기술적 사항이나 경미한 사항으로서 업무의 성질상 위임이 불가피한 사항에 한정된다.

③ 헌법이 위임입법을 허용하더라도 법규명령이 아닌 행정규칙의 형식으로 위임하는 법률은 국회입법의 원칙과 상치되게 된다.

④ 법률의 위임은 반드시 구체적이고 개별적으로 한정된 사항에 대하여 행해져야 한다.

⑤ 국민의 기본권을 제한하거나 침해할 소지가 있는 사항에 관한 위임에 있어서는 구체성 내지 명확성이 보다 엄격하게 요구된다.

해설 ① (o) 재산권 등과 같은 기본권을 제한하는 작용을 하는 법률이 입법위임을 할 때에는 "대통령령", "총리령", "부령" 등 법규명령에 위임함이 바람직하다(헌재 1998.5.28. 96헌가1). 헌법이 인정한 법규명령 형식으로는, ㉠ 대통령이 발하는 긴급명령 또는 긴급재정·경제명령(헌법 76), 대통령령(헌법 75. 보통 '시행령'이라 한다), 국제조약(헌법 6), ㉡ 국무총리가 발하는 총리령(헌법 95), ㉢ 행정각부의 장이 발하는 부령(헌법 95. 보통 '시행규칙'이라 한다), ㉣ 중앙선거관리위원회가 발하는 중앙선거관리위원회규칙(헌법 114⑥)과 국회규칙(헌법 64①), 대법원규칙(헌법 108), 헌법재판소규칙(헌법 113②)이 있으며, 법률이 인정한 법형식으로는, ㉤ 감사원이 발하는 감사원규칙(감사원 52)이 있다.

② (o) 금융감독위원회의 **고시와 같은 형식으로 입법위임을 할 때에는** 적어도 행정규제기본법 제4조 제2항 단서에서 정한 바와 같이 **법령이 전문적·기술적 사항이나 경미한 사항으로서 업**

무의 성질상 위임이 불가피한 사항에 한정된다 할 것이고, 그러한 사항이라 하더라도 포괄위임금지의 원칙상 법률의 위임은 반드시 구체적·개별적으로 한정된 사항에 대하여 행하여져야 할 것이다(헌재 2004.10.28. 99헌바91).

③ (x) **헌법이 인정하고 있는 위임입법의 형식은 예시적인 것으로 보아야 할 것**이고, 그것은 법률이 행정규칙에 위임하더라도 그 행정규칙은 위임된 사항만을 규율할 수 있으므로, 국회입법의 원칙과 상치되지도 않는다. 다만, 형식의 선택에 있어서 규율의 밀도와 규율영역의 특성이 개별적으로 고찰되어야 할 것이다(헌재 2004.10.28. 99헌바91).

④ (o) 헌법 제75조는 "대통령은 법률에서 구체적으로 범위를 정하여 위임받은 사항에 관하여 대통령령을 발할 수 있다"고 규정함으로써 위임입법의 근거를 마련함과 동시에, 위임은 '구체적으로 범위를 정하여' 하도록 하여 **포괄위임입법을 금지하고 있다**. 이와 같이 법률이 어떤 사항에 관하여 대통령령에 위임할 경우에는 대통령령 등 하위법규에 규정될 내용 및 범위의 기본사항을 가능한 한 구체적이고 명확하게 법률에 규정함으로써 누구라도 **당해 법률 그 자체로부터 대통령령 등에 규정될 내용의 대강을 예측할 수 있어야** 하되, 그 예측가능성의 유무는 당해 특정조항 하나만을 가지고 판단할 것은 아니고 관련 법조항 전체를 유기적·체계적으로 종합하여 판단하여야 한다. 즉, 위임조항 자체에서는 위임의 구체적 범위를 명확히 규정하고 있지 않다고 하더라도 당해 법률의 전반적 체계와 관련 규정에 비추어 **위임조항의 내재적인 위임의 범위나 한계를 객관적으로 분명히 확정할 수 있다면** 이를 일반적이고 포괄적인 백지위임에 해당하는 것으로 볼 수 없다(헌재 1994.7.29. 93헌가12).

⑤ (o) 국민의 기본권을 제한하거나 침해할 소지가 있는 사항에 관한 위임에 있어서는 구체성 내지 명확성이 보다 엄격하게 요구된다(대법원 2000.10.19. 98두6265). 헌법재판소도 같은 입장이다.

기본권침해영역에서는 급부행정영역에서 보다는 구체성의 요구가 강화되고, 다양한 사실관계를 규율하거나 사실관계가 수시로 변화될 것이 예상될 때에는 위임의 명확성의 요건이 완화되어야 한다. 따라서 중학교는 의무교육의 구체적인 실시 시기와 절차 등을 하위법령에 위임하여 정하도록 함에 있어서는 막대한 재정지출을 수반하는 무상교육의 수익적 성격과 규율대상의 복잡다양성을 고려하여 위임의 명확성의 요구정도를 완화하여 해석할 수 있는 것이다(헌재 1991. 2.11. 90헌가27).

[해 답] ③

2. 위임입법에 관련된 내용 중 옳지 않은 것은? (다툼이 있는 경우 판례에 의함)

① 헌법 제75조는 위임입법의 근거와 그 범위·한계를 제시하고 있다.

② 주민의 권리제한 또는 의무부과에 관한 사항이나 벌칙에 해당하는 조례를 제정할 경우에는 그 조례의 성질을 묻지 아니하고 법률의 위임을 요하지 아니한다.

③ 법률에서 위임받은 사항을 전혀 규정하지 아니하고 그대로 하위의 법규명령에 재위임하는 것은 허용되지 않는다.

④ 법률이 공법적 단체 등의 정관에 자치법적 사항을 위임한 경우에는 포괄적인 위임입법의 금지는 원칙적으로 적용되지 않는다.

⑤ 헌법 제75조에서 '구체적으로 범위를 정하여'라 함은 누구라도 당해 법률 그 자체로부터 대통령령 등에 규정될 내용의 대강을 예측할 수 있어야 함을 의미한다.

해설 ① (o) 대통령은 법률에서 구체적으로 범위를 정하여 위임받은 사항과 법률을 집행하기 위하여 필요한 사항에 관하여 대통령령을 발할 수 있다(헌법 75). 국무총리 또는 행정각부의 장은 소관사무에 관하여 법률이나 대통령령의 위임 또는 직권으로 총리령 또는 부령을 발할 수 있다(헌법 95). 헌법 제75조와 제95조에 의하여 발하는 법률종속명령으로 위임명령과 집행명령이 있다. 위임명령과 집행명령은 법규명령의 한 종류로서 구속력이 있다. 집행명령은 상위법령을 집행하기 위하여 발하는 명령으로 새로이 국민의 권리의무에 관한 사항을 규정할 수는 없다.

② (x) 지방자치단체는 그 고유사무인 자치사무와 개별법령에 의하여 지방자치단체에 위임된 단체위임사무에 관하여 자치조례를 제정할 수 있지만 그 경우라도 **주민의 권리제한 또는 의무부과에 관한 사항이나 벌칙은 법률의 위임이 있어야 하며,** 기관위임사무에 관하여 제정되는 이른바 위임조례는 개별법령에서 일정한 사항을 조례로 정하도록 위임하고 있는 경우에 한하여 제정할 수 있으므로, 주민의 권리제한 또는 의무부과에 관한 사항이나 벌칙에 해당하는 조례를 제정할 경우에는 그 조례의 성질을 묻지 아니하고 법률의 위임이 있어야 하고, **그러한 위임 없이 제정된 조례는 효력이 없다**(대법원 2007.12.13. 2006추52). 법률이 주민의 권리의무에 관한 사항에 관하여 구체적으로 아무런 범위도 정하지 아니한 채 조례로 정하도록 포괄적으로 위임하였다고 하더라도, 행정관청의 명령과는 달라, 조례도 주민의 대표기관인 지방의회의 의결로 제정되는 지방자치단체의 자주법인 만큼, 지방자치단체가 **법령에 위반되지 않는 범위 내에서** 주민의 권리의무에 관한 사항을 조례로 제정할 수 있는 것이다(대법원 1991.8.27. 90누6613). 조례가 규정하고 있는 사항이 그 근거 법령 등에 비추어 볼 때 **자치사무나 단체위임사무에 관한 것이라면 이는 자치조례로서** 지방자치법 제15조가 규정하고 있는 '법령의 범위 안'이라는 사항적 한계가 적용될 뿐, 위임조례와 같이 국가법에 적용되는 **일반적인 위임입법의 한계가 적용될 여지는 없다**(대법원 2000.11.24. 2000추29). 포괄적 위임입법금지의 원칙이 적용되지 않는다는 것이다.

③ (o) 법률에서 위임받은 사항을 전혀 규정하지 않고 모두 재위임하는 것은 '위임받은 권한을 그대로 다시 위임할 수 없다'는 **복위임금지의 법리에 반할 뿐 아니라** 수권법의 내용변경을 초래하는 것이 되고, 대통령령 이외의 법규명령의 제정·개정절차가 대통령령에 비하여 보다 용이한 점을 고려할 때 하위의 법규명령에 대한 재위임의 경우에도 대통령령에의 위임에 가하여지는 헌법상의 제한이 마땅히 적용되어야 할 것이다. 따라서 위임받은 사항에 관하여 대강(大綱)을 정하고 그 중의 특정사항을 범위를 정하여 하위의 법규명령에 다시 위임하는 경우에만 재위임이 허용된다(헌재 2002.10.31. 2001헌라1).

④ (o) 법률이 공법적 단체 등의 정관에 자치법적 사항을 위임한 경우에는 헌법 제75조가 정하는 포괄적인 위임입법의 금지는 원칙적으로 적용되지 않는다고 봄이 상당하고, 그렇다 하더라도 그 사항이 국민의 권리·의무에 관련되는 것일 경우에는 적어도 국민의 권리·의무에 관한 기본적이고 본질적인 사항은 국회가 정하여야 한다(대법원 2007.10.12. 2006두14476).

⑤ (o) 헌재 1995.11.30. 91헌바1.

[해 답] ②

3. 법규명령에 대한 사법적 통제에 관련된 내용 중 옳지 않은 것을 모두 고른 것은? (다툼이 있는 경우 판례에 의함)

㉠ 구체적인 권리의무에 관한 분쟁을 떠나서 일반적, 추상적 법령인 부령의 무효확인을 구하는 청구는 행정소송의 대상이 될 수 있다.
㉡ '지방공무원 징계 및 소청규정'에 의하면, 시·군·구의 5급 이상 공무원을 직권면직시킬 경우 시·도인사위원회의 의견을 듣도록 규정되어 있는데, 위와 같은 의견을 듣는 절차를 거치지 않은 채 행한 면직처분은 위법하다.
㉢ 조례에 대한 무효확인소송을 제기함에 있어서 피고적격은 그 조례를 제정한 지방의회이다.
㉣ 항정신병 치료제의 요양급여 인정기준에 관한 보건복지부 고시는 다른 집행행위의 매개 없이 그 자체로서 제약회사, 요양기관, 환자 및 국민건강보험공단 사이의 법률관계를 직접 규율하기 때문에 행정처분에 해당한다.
㉤ 입법부가 법률로써 행정부에게 특정한 사항을 위임했음에도 불구하고 행정부가 정당한 이유 없이 이를 이행하지 않는다면 위법함과 동시에 위헌적인 것이 된다.
㉥ 추상적인 법령에 관하여 제정의 여부 등은 그 자체로서 국민의 구체적인 권리의무에 직접적 변동을 초래하는 것이 아니어서, 명령제정의 거부나 입법부작위는 헌법소원의 대상이 될 수 없다.

① ㉠, ㉢, ㉥　　② ㉡, ㉢, ㉥　　③ ㉠, ㉢, ㉤
④ ㉡, ㉣, ㉤　　⑤ ㉠, ㉣, ㉥

해설 ㉠ (x) 행정소송의 대상이 될 수 있는 것은 구체적인 권리의무에 관한 분쟁이어야 하고 일반적 추상적인 법령 그 자체로서 국민의 구체적인 권리의무에 **직접적인 변동을 초래하는 것이 아닌 것은 그 대상이 될 수 없으므로,** 구체적인 권리의무에 관한 분쟁을 떠나서 재무부령 자체의 무효확인을 구하는 청구는 행정소송의 대상이 아닌 사항에 대한 것으로서 부적법하다(대법원 1987.3.24. 86누656).

㉡ (o) 대법원 2006.10.27. 2004두12261; 시·도인사위원회의 의견이 임용권자인 기초자치단체장에 대하여 기속력이 있는 것이 아니라는 점에서 그 인사권을 침해하지도 않으므로 위 지방공무원 징계 및 소청규정을 무효라고 할 수 없다(대법원 2006.10.27. 2004두12261).

㉢ (x) 조례에 대한 무효확인소송을 제기함에 있어서 **피고적격은** 지방자치단체의 집행기관으로서 **조례로서의 효력을 발생시키는 공포권이 있는 지방자치단체의 장이다.** 교육에 관한 조례의 무효확인소송을 제기함에 있어서는 그 집행기관인 시·도 교육감을 피고로 하여야 한다(대법원 1996.9.20. 95누8003).

㉣ (o) **어떠한 고시가** 일반적·추상적 성격을 가질 때에는 법규명령 또는 행정규칙에 해당할 것이지만, **다른 집행행위의 매개 없이 그 자체로서 직접 국민의 구체적인 권리의무나 법률관계**

를 규율하는 성격을 가질 때에는 항고소송의 대상이 되는 행정처분에 해당한다. 항정신병 치료제의 요양급여 인정기준에 관한 보건복지부 고시가 다른 집행행위의 매개 없이 그 자체로서 제약회사, 요양기관, 환자 및 국민건강보험공단 사이의 법률관계를 직접 규율한다는 이유로 항고소송의 대상이 되는 행정처분에 해당한다고 한 사례(대법원 2003.10.9. 2003무23).

ⓜ (o) 구 군법무관임용법 제5조 제3항과 군법무관임용 등에 관한 법률 제6조가 군법무관의 보수의 구체적 내용을 시행령에 위임했음에도 불구하고 **행정부가 정당한 이유 없이 시행령을 제정하지 않은 것은 불법행위에 해당된다**(대법원 2007.11.29. 2006다3561).

ⓑ (x) 다목적댐 건설로 인한 손실보상 의무가 국가에게 있고, 손실보상 절차와 그 방법 등 필요한 사항은 대통령령으로 규정하도록 되어 있음에도 피고(대통령)가 이를 제정하지 아니한 것은 행정입법부작위에 해당하는 것이어서 그 부작위위법확인을 구한다는 사안에서, 행정소송은 구체적 사건에 대한 법률상 분쟁을 법에 의하여 해결함으로써 법적 안정을 기하자는 것이므로, 부작위위법확인소송의 대상이 될 수 있는 것은 구체적 권리의무에 관한 분쟁이어야 하고, **추상적인 법령에 관하여 제정의 여부 등은** 그 자체로서 국민의 구체적인 권리의무에 직접적 변동을 초래하는 것이 아니어서 **행정소송의 대상이 될 수 없으므로** 이 사건 소는 부적법하다(대법원 1992.5.8. 91누11261). 그러나 행정입법부작위에 대한 헌법소원은 제기할 수 있다. 입법부·행정부·사법부에서 제정한 **규칙이 별도의 집행행위를 기다리지 않고 직접 기본권을 침해하는 것일 때에는 모두 헌법소원심판의 대상**이 될 수 있다(헌재 1990.10.15. 89헌마178). 법률이 군법무관의 보수를 판사, 검사의 예에 의하도록 규정하면서 그 구체적 내용을 시행령에 위임하고 있다면, 이는 군법무관의 보수의 내용을 법률로써 일차적으로 형성한 것이고, 따라서 상당한 수준의 보수청구권이 인정되는 것이라 해석함이 상당하다. 그러므로 이 사건에서 대통령이 법률의 명시적 위임에도 불구하고 지금까지 해당 시행령을 제정하지 않아 그러한 보수청구권이 보장되지 않고 있다면 그러한 **입법부작위는 정당한 이유 없이 청구인들의 재산권을 침해하는 것으로써 헌법에 위반된다**(헌재 2004.2.26. 2001헌마718). [해 답] ①

14 행정규칙

1. 甲은 허가를 받지 아니하고 유흥주점업을 하던 자인데, 시기를 달리하여 청소년 2명을 고용하여 7일간 영업에 종사하게 하였다. 청소년보호위원회는 청소년보호법 제49조 제1항, 제2항에 따른 같은 법 시행령 제40조 [별표 6]의 '위반행위의 종별에 따른 과징금처분기준'에 근거하여 甲에게 청소년 2인을 유해업소에 고용한데 대하여 금 1,600만원(800만원 × 2)의 과징금을 부과하는 처분을 하였다. 한편 甲은 같은 행위로 A시장으로부터 식품위생법 제58조의 위임을 받은 같은 법 시행규칙 행정처분기준에 따라 15일간의 영

업정지처분을 받은 바 있다. 사안과 관련된 설명 중 옳지 않은 것을 모두 고른 것은? (다툼이 있는 때는 판례에 의함)

[참고]
청소년보호법 시행령 [1999.6.30. 대통령령 제16461호로 개정되기 전의 것]
제40조 (과징금의 산정기준)
법 제49조 제2항의 규정에 의한 과징금을 부과하는 위반행위의 종별에 따른 과징금의 금액은 별표 6과 같다.

[별표 6] 위반행위의 종별에 따른 과징금 처분기준(제40조 관련)

위반행위	과징금
8. 법 제24조 제1항의 규정에 의한 청소년고용금지의무를 위반한 때	800만원

㉠ 구 청소년보호법 제49조 제1항, 제2항에 따른 법 시행령 제40조 [별표 6]의 위반행위의 종별에 따른 과징금처분기준은 법규명령이다.
㉡ [별표 6]의 위반행위의 종별에 따른 과징금처분기준의 과징금 수액의 의미는 청소년고용금지의무를 위반할 때는 800만원의 과징금을 부과하여야 한다는 것이다.
㉢ 甲에 부과된 과징금은 청소년고용금지의무 위반행위로 인한 불법적 이익을 박탈하기 위한 것이라 할 수 있다.
㉣ 甲에 대한 15일간 영업정지처분기준은 식품위생법 시행규칙에 규정되어 있더라도 행정규칙에 해당된다.
㉤ 甲에 대한 15일간의 영업정지처분이 식품위생법 시행규칙이 정하는 행정처분기준을 위반하였다면, 그 처분은 위법하게 된다.
㉥ 부령인 시행규칙 형식으로 정하여져 있을지라도 그로 인한 처분이 개인에게 수익적 처분인 특허나, 침해적 처분인 운전면허정지와 같은 처분기준은 모두 행정규칙의 성질을 갖는다.

① ㉠, ㉡, ㉣ ② ㉠, ㉢, ㉤ ③ ㉡, ㉣, ㉤
④ ㉡, ㉤, ㉥ ⑤ ㉡, ㉣, ㉥

해설

㉠ (o) 甲에 대한 처분기준이 된 청소년보호법 시행령 제40조 별표6 중 8. 규정은 청소년보호법 제49조 제2항의 위임규정에 터잡은 것으로서 **규정형식상 대통령령이므로 대외적으로 국민이나 법원을 구속하는 힘이 있는 법규명령이다**(서울고법 1999.3.24. 98누13647).
판례는 법규의 형식이 대통령령인 경우에는 법규명령으로 보고, 법규의 형식이 부령인

경우에는 행정규칙으로 보는 것이 일반적이지만, 반드시 일관된 입장은 아니다.
이에 관한 학설 중 법규명령설과 수권행위기준설은 甲에 대한 행정처분기준은 외형상 법규명령 형식을 갖고 있으며, 그 처분기준은 상위법령의 수권에 의하여 제정된 것이므로 모두 법규명령에 해당된다고 할 수 있다. 반면, 처분기준의 실질적인 내용을 기준으로 판단하는 실질적 기준설에서는 행정규칙이라고 한다.
㉡ (x) 모법의 위임규정의 내용과 취지 및 헌법상의 과잉금지의 원칙과 평등의 원칙 등에 비추어 같은 유형의 위반행위라 하더라도 그 규모나 기간·사회적 비난 정도·위반행위로 인하여 다른 법률에 의하여 처벌받은 다른 사정·행위자의 개인적 사정 및 위반행위로 얻은 불법이익의 규모 등 여러 요소를 종합적으로 고려하여 **사안에 따라 적정한 과징금의 액수를 정하여야 할 것이므로 그 수액은** 정액이 아니라 **최고한도액이라고 할 것이다**(대법원 2001.3.9. 99두5207).
㉢ (o) 甲에 대한 과징금 부과는 의무위반행위로 인한 불법적 이익을 박탈하기 위한 것으로 이해된다(서울고법 1999.3.24. 98누13647).
㉣ (o) 구 식품위생법시행규칙(1993.7.3. 보건사회부령 제910호로 개정되기 전의 것) 제53조에서 [별표 15]로 식품위생법 제58조에 따른 행정처분의 기준을 정하였다고 하더라도 이는 형식만 부령으로 되어 있을 뿐, 그 성질은 행정기관 내부의 사무처리준칙을 정한 것으로서 행정명령의 성질을 가지는 것이다(대법원 1995.3.28. 94누6925).
㉤ (x) (식품위생법 시행규칙이 정하는 행정처분기준이) 대외적으로 국민이나 법원을 기속하는 힘이 있는 것은 아니므로 같은 법 제58조 제1항에 의한 처분의 적법 여부는 같은 법 시행규칙에 적합한 것인가의 여부에 따라 판단할 것이 아니라, **같은 법의 규정 및 그 취지에 적합한 것인가의 여부에 따라 판단**하여야 한다(대법원 1995.3.28. 94누6925).
㉥ (x) **부령인 시행규칙 형식으로 정하여져 있을지라도** 그로 인한 처분이 **개인에게 수익적 처분인 특허나, 침해적 처분인 운전면허정지와 같은 처분기준은 법규명령의 성질을 갖는다고** 한다. 구 여객자동차운수사업법시행규칙(2000.8.23. 건설교통부령 제259호로 개정되기 전의 것) 제31조 제2항 제1호, 제2호, 제6호는 구 여객자동차 운수사업법(2000.1.28. 법률 제6240호로 개정되기 전의 것) 제11조 제4항의 위임에 따라 시외버스운송사업의 사업계획변경에 관한 절차, 인가기준 등을 구체적으로 규정한 것으로서, 대외적인 구속력이 있는 법규명령이라고 할 것이고, 그것을 행정청 내부의 사무처리준칙을 규정한 행정규칙에 불과하다고 할 수는 없다(대법원 2006.6.27. 2003두4355). [해 답] ④

2. 행정규칙과 관련된 내용 중에서 옳지 않은 것은?

① 법령의 개별적·구체적 수권을 필요로 하지 아니하며, 행정권의 당연한 권능으로서 제정할 수 있다.

② 국민의 권리의무에 관한 사항을 새로이 정하기 위하여서는 법령의 구체적·개별적 위임이 있어야 한다.

③ 대외적으로 관보 등에 게재하여 국민에게 행정규칙을 공포하여야 한다.

④ 보통 훈령·고시·예규·통첩·지침 등으로 행하여지나, 고유한 형식이 있는 것은 아니다.

⑤ 법령 또는 상급감독기관의 행정규칙에 위반하여서는 아니 된다.

해설 ① (o) 행정규칙은 법령에서 인정한 직무권한 내에서 재량이 인정된 경우에 그 범위 안에서 발하는 것이므로, 특히 법령의 개별적·구체적 수권을 필요로 하지 아니하며, 행정권의 당연한 권능으로서 제정할 수 있다.

② (o) 재량의 범위를 넘어 법령에서 예정하지 아니한 국민의 권리의무에 관한 사항을 새로이 정할 수 없으며, 국민의 권리의무에 관한 사항을 새로이 정하기 위하여서는 법령의 구체적·개별적 위임이 있어야 하며, 이러한 위임에 따라 위임 사항을 정하는 행정규칙은 법규명령의 일종으로 보아야 한다.

③ (x) 행정규칙은 법규명령의 경우와는 달라서 그 표시는 공포라는 형식에 의함을 요하지 아니한다. 반드시 대외적으로 국민에게 표시하여야 하는 것은 아니고 관보게재·게시·사본배부·전문 등 어떠한 방법으로든지 수명기관에 도달되면 된다.

일반적으로 행정규칙은 공포절차가 그 요건이 되지 아니하므로 관보게재, 통첩, 회람, 게시, 인쇄물, 등본배부, 전문 등 어떠한 방법으로 통달하기만 하면 되는바, 이 사건 예규도 관보에 게재하는 등 공포절차를 밟지 않고 다만 내부적으로만 발령되었기 때문에 일반 국민으로서는 이 사건 예규의 내용을 쉽게 알 수 있었다고 볼 수 없으므로, 청구인이 이 사건 예규의 시행일로부터 180일 경과하여 이 사건 헌법소원을 청구한 데에 일응 정당한 사유가 있었다고 할 것이다(헌재 2001.7.19. 2001헌마335).

서울특별시가 정한 개인택시운송사업면허지침은 재량권 행사의 기준으로 설정된 행정청의 내부의 사무처리준칙에 불과하므로, **대외적으로 국민을 기속하는 법규명령의 경우와는 달리 외부에 고지되어야만 효력이 발생하는 것은 아니다**(대법원 1997.1.21. 95누12941).

④ (o) 보통 훈령·고시·예규·통첩·지침 등으로 행하여지나, 고유한 형식이 있는 것은 아니다. 또한 법조의 형식으로 제정되고 문서로 행함이 일반적이나, 반드시 문서로 행하여야 하는 것은 아니고 구술로 하여도 무방하다.

⑤ (o) 행정규칙은 법령 또는 상급감독기관의 행정규칙에 위반하여서는 안 되며, 당해 특별권력관계의 목적에 의하여 한계가 설정되며, 그 한계를 일탈하여 복종자에 대하여 필요 이상의 자유를 제한하는 규정을 둘 수 없으며, 사회통념에 비추어 내용이 실현불가능하거나 불확실한 것을 명하는 것이 아니어야 한다. [해 답] ③

3. 고시형식의 법규명령 또는 법령보충적 행정규칙에 관련된 내용 중 옳지 않은 것은? (다툼이 있는 경우 판례에 의함)

① 행정청이 다수인에게 일정한 사항을 알리는 고시 중에서 그 근거가 되는 법령의 규정과 결합하여 법규의 내용을 보충하는 성질을 갖는 것을 말한다.

② 소득세법 시행령의 위임에 따른 국세청장의 훈령형식의 재산제세사무처리규정이 이에 해당된다.

③ 헌법은 고시형식의 법규명령을 명시적으로 규정하고 있지 않다.
④ 고시와 같은 형식으로 입법위임을 할 때에는 법령이 전문적·기술적 사항이나 경미한 사항으로서 업무의 성질상 위임이 불가피한 사항에 한정된다.
⑤ 고시형식의 법규명령에서 고시 자체가 직접적으로 대외적 구속력을 갖는다.

해설

① (o) 고시형식의 법규명령은 행정규칙 특히 고시 중에는 그 근거가 되는 법령의 규정과 결합한 결과로 법규의 내용을 보충하는 성질을 갖는 것을 말한다.

② (o) 재산제세사무처리규정이 **국세청장의 훈령형식으로 되어 있다 하더라도** 이에 의한 거래지정은 소득세법시행령의 위임에 따라 **그 규정의 내용을 보충하는 기능을 가지면서 그와 결합하여 대외적 효력을 발생하게 된다** 할 것이므로, 그 보충규정의 내용이 위 법령의 위임한계를 벗어났다는 등 특별한 사정이 없는 한 양도소득세의 실지거래가액에 의한 과세의 법령상의 근거가 된다(대법원 1987.9.29. 86누484). 판례가 인정하는 법령보충적 행정규칙으로는 ① 재산제세사무처리규정, ② 산지전용허가기준의 세부검토기준에 관한 규정, ③ 공장입지기준고시, ④ 시장지배적 지위남용행위의 유형 및 기준, ⑤ 주유소등록요건에 관한 고시, ⑥ 노인복지사업지침, ⑦ 식품영업허가기준 등을 들 수 있다.

③ (o) **고시형식의 법규명령은 행정규제기본법 제4조 제2항**(규제는 법률에 직접 규정하되, 규제의 세부적인 내용은 법률 또는 상위법령에서 구체적으로 범위를 정하여 위임한 바에 따라 대통령령·총리령·부령 또는 조례·규칙으로 정할 수 있다. 다만, 법령에서 전문적·기술적 사항이나 경미한 사항으로서 업무의 성질상 위임이 불가피한 사항에 관하여 구체적으로 범위를 정하여 위임한 경우에는 고시 등으로 정할 수 있다)**과 학설·판례에 의하여 인정**되고 있다.

④ (o) 금융감독위원회의 고시와 같은 형식으로 입법위임을 할 때에는 적어도 행정규제기본법 제4조 제2항 단서에서 정한 바와 같이 법령이 전문적·기술적 사항이나 경미한 사항으로서 업무의 성질상 위임이 불가피한 사항에 한정된다 할 것이고, **그러한 사항이라 하더라도 포괄위임금지의 원칙상** 법률의 위임은 반드시 구체적·개별적으로 한정된 사항에 대하여 행하여져야 한다(헌재 2004.10.28. 99헌바91).

⑤ (x) (법령의 직접적 위임에 따라 수임행정기관이 그 법령을 시행하는데 필요한 구체적 사항을 정하였을 때, 그 제정형식은 비록 법규명령이 아닌 고시·훈령·예규 등과 같은 행정규칙이더라도 그것이 상위법령의 위임한계를 벗어나지 않는 경우)와 같은 이른바 법령보충적 행정규칙이라도 그 자체로서 직접적으로 대외적인 구속력을 갖는 것은 아니다. 즉, **상위법령과 결합하여 일체가 되는 한도 내에서 상위법령의 일부가 됨으로써 대외적 구속력이 발생되는 것일 뿐** 그 행정규칙 자체는 대외적 구속력을 갖는 것은 아니라 할 것이다(헌재 2004.10.28. 99헌바91). (고시형식의 행정규칙이나) 규정은 당해 법령의 위임한계를 벗어나지 아니하는 한 **그것들과 결합하여** 대외적인 구속력이 있는 법규명령으로서의 효력을 갖게 된다(대법원 1987.9.29. 86누484).

[해 답] ⑤

4. 행정규칙에 관련된 내용 중 옳지 않은 것은? (다툼이 있는 경우 판례에 의함)

① 규정형식상 '부령인 시행규칙' 또는 '지방자치단체의 규칙'으로 정한 행정처분의 기준은 행정처분 등에 관한 사무처리기준과 처분절차 등 행정청 내의 사무처리 준칙을 규정한 것에 불과하므로 행정조직 내부에 있어서의 행정명령의 성격을 지닐 뿐 대외적으로 국민이나 법원을 구속하는 힘이 없다.

② 판례는 대통령령의 형식(시행령)으로 제정된 제재처분의 기준은 법규명령의 성질을 갖는다고 한다.

③ 행정청은 처분기준에서 정한 과징금의 액수는 그 액수를 부과하여야 하는 정액으로서의 성질을 가지므로, 그 액수를 최고한도로 하여 이를 초과하지 않는 범위 내에서 부과할 재량이 있는 것은 아니다.

④ 헌법이 인정하고 있는 법규명령의 형식(대통령령, 총리령, 부령)은 예시적인 것이며, 입법자가 제정(규율)의 형식도 선택할 수도 있다 할 것이다.

⑤ 특정 고시가 비록 법령에 근거를 둔 것이라고 하더라도 그 규정 내용이 법령의 위임 범위를 벗어난 것일 경우에는 법규명령으로서의 대외적 구속력을 인정할 여지는 없다.

해설

① (o) 그러므로 그 처분이 **위 규칙에 위배되는 것이라 하더라도** 위법의 문제는 생기지 아니하고, 또 **위 규칙에서 정한 기준에 적합하다 하여** 바로 그 처분이 적법한 것이라고도 할 수 없으며, 그 처분의 적법 여부는 위 규칙에 적합한지의 여부에 따라 판단할 것이 아니고 관계 법령의 규정 및 그 취지에 적합한 것인지 여부에 따라 개별적·구체적으로 판단하여야 한다(대법원 1995.10.17. 94누14148).

② (o) **당해 처분의 기준이 된 주택건설촉진법 시행령 제10조의3 제1항 [별표 1]은** 주택건설촉진법 제7조 제2항의 위임규정에 터 잡은 **규정형식상 '대통령령'이므로** 그 성질이 부령인 시행규칙이나 또는 지방자치단체의 규칙과 같이 통상적으로 행정조직 내부에 있어서의 행정명령에 지나지 않는 것이 아니라, 대외적으로 국민이나 법원을 구속하는 힘이 있는 법규명령에 해당한다(대법원 1997.12.26. 97누15418).

③ (x) 대통령령의 형식으로 제정된 제재적 처분기준의 법적 성질을 법규명령으로 보면서도 과징금부과 기준과 같은 처분기준은 행정청이 행위자의 개인적 사정 및 위반행위로 얻은 불법이익의 규모 등 여러 요소를 종합적으로 고려하여 사안에 따라 적정한 과징금의 액수를 정할 수 있는 재량을 인정하기 위하여 그 수액은 '정액이 아니라 최고한도액'이라고 하였다(대법원 2001.3.9. 99두5207). 그러므로 행정청은 처분기준에서 정한 과징금의 액수를 최고한도로 하여 그 액수를 초과하지 않는 범위 내에서 부과할 수 있다.

④ (o) 헌재 2004.10.28. 99헌바91.

⑤ (o) 고시라 하더라도 법령의 규정에서 특정 행정기관에게 법령 내용의 구체적 사항을 정할 수 있는 권한을 부여함으로써 그 법령 내용을 보충하는 기능을 가질 경우에는 **근거 법령 규**

정과 결합하여 대외적으로 구속력이 있는 법규명령으로서의 효력을 가진다. 그러나 특정 고시가 비록 법령에 근거를 둔 것이라고 하더라도 그 **규정 내용이 법령의 위임 범위를 벗어난 것일 경우에는** 법규명령으로서의 대외적 구속력을 인정할 여지는 없다(대법원 1999.11.26. 97누13474).

[해 답] ③

5. 행정규칙의 사법적 통제에 관련된 내용 중 옳지 않은 것은? (다툼이 있는 경우 판례에 의함)

① 산업자원부장관이 공업배치법 제8조의 위임에 따라 공장입지의 기준을 구체적으로 정한 것이 산업자원부 고시 제5조 제2호인데, 다시 이 고시의 위임에 따라 김포시장이 정한 김포시 고시 제5조 제1항은 법규명령으로서 효력을 가진다.

② 어떠한 고시가 다른 집행행위의 매개 없이 그 자체로서 직접 국민의 구체적인 권리의무나 법률관계를 규율하는 성격을 가질 때에는 항고소송의 대상이 되는 행정처분에 해당한다.

③ 법령의 직접적인 위임에 따라 위임행정기관이 그 법령을 시행하는데 필요한 구체적 사항을 정한 법령과 예규의 관계규정으로 말미암아 직접 기본권침해를 받았더라도 헌법소원심판을 청구할 수 없다.

④ 경기도교육청의 1999.6.2.자 「학교장·교사 초빙제 실시」는 학교장·교사 초빙제의 실시에 따른 구체적 시행을 위해 제정한 사무처리지침으로서 행정조직 내부에서만 효력을 가지는 행정상의 운영지침을 정한 것이므로 헌법소원의 대상이 되지 않는다.

⑤ 도로교통법 시행규칙 제53조 제1항이 정한 [별표 16]의 운전면허행정처분기준은 행정청 내부의 사무처리준칙을 규정한 것에 지나지 아니하므로 대외적으로 국민이나 법원을 기속하는 효력이 없다.

해설

① (o) 산업자원부 고시 제5조는 산업자원부장관이 공업배치법 제8조의 위임에 따라 공장입지의 기준을 구체적으로 정한 것으로서 법규명령으로서 효력을 가진다 할 것이고, 김포시 고시 제5조 제1항은 김포시장이 산업자원부 고시 제5조 제2호의 위임에 따라 공장입지의 보다 세부적인 기준을 정한 것으로서 상위명령의 범위를 벗어나지 아니하므로, 그와 결합하여 대외적으로 구속력이 있는 법규명령으로서 효력을 가진다 할 것이다(대법원 2004.5.28. 2002두4716).

② (o) 대법원 2003.10.9. 2003무23.

행정 각부의 장이 정하는 고시가 비록 법령에 근거를 둔 것이라고 하더라도 그 규정 내용이 법령의 위임 범위를 벗어난 것일 경우에는 법규명령으로서의 대외적 구속력을 인정할 여지는 없다. 농림부고시인 농산물원산지 표시요령 제4조 제2항의 규정 내용이 근거 법령인 구 농수산물품질관리법 시행규칙에 의해 고시로써 정하도록 위임된 사항에 해당한다고 할 수 없어 법규명령으로서 대외적 구속력을 가질 수 없다는 사례(대법원 2006.4.28. 2003마715).

③ (x) 법령의 직접적인 위임에 따라 위임행정기관이 그 법령을 시행하는데 필요한 구체적 사항을 정한 것이면, 그 제정형식은 비록 법규명령이 아닌 고시, 훈령, 예규 등과 같은 행정규칙이더라도 그것이 상위법령의 위임한계를 벗어나지 아니하는 한, 상위법령과 결합하여 대외적인 구속력을 갖는 법규명령으로서 기능하게 된다고 보아야 할 것인바, 청구인이 법령과 예규의 관계규정으로 말미암아 직접 기본권침해를 받았다면 이에 대하여 바로 헌법소원심판을 청구할 수 있다(헌재 1992.6.26. 91헌마25).

④ (o) 행정규칙은 일반적으로 행정조직 내부에서만 효력을 가지는 것이나, **행정규칙이 법령의 규정에 의하여 행정관청에 법령의 구체적 내용을 보충할 권한을 부여한 경우나 재량권행사의 준칙인 규칙이 그 정한 바에 따라 되풀이 시행되어 행정관행이 이룩되게 되면, 평등의 원칙이나 신뢰보호의 원칙에 따라 행정기관은 그 상대방에 대한 관계에서 그 규칙에 따라야 할 자기구속을 당하게 되는 경우**에는 대외적인 구속력을 가지게 되는바, 이러한 경우에는 헌법소원의 대상이 될 수도 있다. 경기도교육청의 1999.6.2.자 「학교장·교사 초빙제 실시」는 학교장·교사 초빙제의 실시에 따른 구체적 시행을 위해 제정한 사무처리지침으로서 **행정조직 내부에서만 효력을 가지는 행정상의 운영지침을 정한 것이어서,** 국민이나 법원을 구속하는 효력이 없는 행정규칙에 해당하므로 헌법소원의 대상이 되지 않는다(헌재 2001.5.31. 99헌마413).

⑤ (o) 도로교통법 시행규칙 제53조 제1항이 정한 [별표 16]의 운전면허행정처분기준은 부령의 형식으로 되어 있으나, 그 규정의 성질과 내용이 운전면허의 취소처분 등에 관한 사무처리기준과 처분절차 등 행정청 내부의 사무처리준칙을 규정한 것에 지나지 아니하므로 대외적으로 국민이나 법원을 기속하는 효력이 없으므로, 자동차운전면허취소처분의 적법 여부는 그 운전면허행정처분기준만에 의하여 판단할 것이 아니라 도로교통법의 규정 내용과 취지에 따라 판단되어야 한다(대법원 1997.5.30. 96누5773). [해 답] ③

15 행정계획

1. 행정계획과 관련된 내용 중 옳지 않은 것은? (다툼이 있는 경우 판례에 의함)

① 건설부장관의 도시계획결정에 따라 서울특별시장이 도시계획사항을 명시한 지형도면을 승인하는 행위는 그 자체로 새로운 법률적 효과가 형성되는 것은 아니다.

② 도시계획법 제12조 소정의 고시된 도시계획결정은 특정 개인의 권리 내지 법률상의 이익을 개별적이고 구체적으로 규제하는 효과를 가져오게 하는 행정청의 처

분이라 할 것이고, 이는 행정소송의 대상이 된다.

③ 신도시 주변지역에 대하여 개발행위허가를 제한하는 건설교통부고시는, 특정 개인의 구체적인 권리, 의무나 법률관계를 직접적으로 규율하는 성격을 갖는 행정처분에 해당한다.

④ 공주시장이 충청남도 고시 제198호로 甲 소유의 공주시 ○○동 일대 임야 및 전 등의 토지를 도시계획시설(공원·완충녹지·도로)로 결정한 것은 행정처분에 해당된다.

⑤ 도시기본계획은 도시의 장기적 개발방향과 미래상을 제시하는 도시계획 입안의 지침이 되는 장기적·종합적인 개발계획으로서 국민에게 직접적인 구속력이 있다.

해설

① (o) 건설부장관의 도시계획결정에 따라 서울특별시장이 도시계획사항을 명시한 지형도면을 승인하는 처분은 그 자체로 새로운 법률적 효과가 형성되는 것은 아니라 할 것이므로, 도시계획결정처분에 대하여 소원이나 행정소송을 제기할 법정기간을 도과하여 그 위법성을 주장할 수 없게 된 경우에는 후행행위인 서울특별시장의 승인처분의 위법을 주장할 수 없다(대법원 1978.12.26. 78누281).

② (o) 도시계획법 제12조 소정의 도시계획결정이 고시되면 도시계획구역 안의 토지나 건물 소유자의 토지형질변경, 건축물의 신축, 개축 또는 증축 등 권리행사가 일정한 제한을 받게 되는바 이런 점에서 볼 때 **고시된 도시계획결정은** 특정 개인의 권리 내지 법률상의 이익을 개별적이고 구체적으로 규제하는 효과를 가져오게 하는 **행정청의 처분이라 할 것**이고, 이는 행정소송의 대상이 되는 것이라 할 것이다(대법원 1982.3.9. 80누105).

③ (o) 신도시 주변지역에 대하여 개발행위허가를 제한하는 건설교통부고시는, 그 고시 자체로 인하여 직접 위 고시에서 지정된 특정 지역 내의 토지나 건물소유자가 토지의 형질변경 및 토석의 채취, 건축물의 신축·증축 등의 권리행사를 제한받게 되는 점에서 볼 때, 특정 개인의 구체적인 권리, 의무나 법률관계를 직접적으로 규율하는 성격을 갖는 행정처분에 해당한다(헌재 2008.12.26. 2007헌마862).

④ (o) **도시계획시설결정**은 특정 개인의 구체적인 권리·의무나 법률관계를 직접적으로 규율하는 성격을 갖는 행정처분에 해당한다. 공주시장 도시계획시설결정은, 그 결정 자체로 인하여 직접 공주시 신관동 등 위 결정이 지정한 특정 지역 안의 토지나 건물소유자가 토지의 형질변경 및 건축물의 신축·증축 등의 권리행사를 제한받게 되는 점에서 볼 때, 특정 개인의 구체적인 권리, 의무나 법률관계를 직접적으로 규율하는 성격을 갖는 행정처분에 해당한다(헌재 2008.12.26. 2007헌마862).

⑤ (x) 도시계획법 제11조 제1항에는, 시장 또는 군수는 그 관할 도시계획구역 안에서 시행할 도시계획을 도시기본계획의 내용에 적합하도록 입안하여야 한다고 규정하고 있으나, **도시기본계획이라는 것은** 도시의 장기적 개발방향과 미래상을 제시하는 **도시계획 입안의 지침이 되는 장기적·종합적인 개발계획으로서 직접적인 구속력은 없는 것**이므로, 도시계획시설결정 대상면적이 도시기본계획에서 예정했던 것보다 증가하였다 하여 그것이 도시기본계획의 범위를 벗

어나 위법한 것은 아니다(대법원 1998.11.27. 96누13927).

환지계획은 환지예정지 지정이나 환지처분의 근거가 될 뿐 그 자체가 직접 토지소유자 등의 법률상의 지위를 변동시키거나 또는 환지예정지 지정이나 환지처분과는 다른 고유한 법률효과를 수반하는 것이 아니어서 이를 항고소송의 대상이 되는 처분에 해당한다고 할 수가 없다(대법원 1999.8.20. 97누6889).

[해 답] ⑤

2. 집중효에 관련된 설명 중 옳지 않은 것은? (다툼이 있는 경우 판례에 의함)

① 행정계획이 청문 등 일련의 절차를 거쳐서 확정되면 당해 행정계획의 수행에 필요한 다른 행정청의 인·허가 등의 행위를 받은 것으로 의제되어 그 다른 행위로서도 법적 구속력을 갖게 된다.

② 집중효가 인정되는 계획확정절차는 법률에 명문의 규정이 있는 경우에 한정되지 않는다.

③ 집중효와 인·허가의제 제도는 동일한 제도가 아니라는 견해도 있지만, 두 제도가 절차간소화와 사업의 신속한 진행을 위한 것이라는 점에서 양자간에 본질적인 차이가 있다고 보기는 어렵다.

④ 집중효에는 당해 사업과 관계되는 모든 인·허가 등을 받은 것으로 의제하는 전부집중효와 당해 법률에서 열거하는 인·허가만을 받은 것으로 의제하는 부분집중효가 있다.

⑤ 건설부장관이 구 주택건설촉진법 제33조에 따라 관계기관의 장과의 협의를 거쳐 사업계획승인을 한 이상, 그 절차와 별도로 도시계획법 제12조 등 소정의 중앙도시계획위원회의 의결이나 주민의 의견청취 등 절차를 거칠 필요는 없다.

해설

① (o) 집중효는 행정계획이 청문 등 일련의 절차를 거쳐서 확정되면 당해 행정계획의 수행에 필요한 다른 행정청의 인·허가 등의 행위를 받은 것으로 의제되어 그 다른 행위로서도 법적 구속력을 갖는 효과를 말한다. 집중효는 다수의 국민에게 영향을 미치는 원자력발전소 건설사업 등과 같은 대규모사업계획이나 위험시설 또는 혐오시설과 같이 다수의 국민의 이해관계에 직접적인 영향을 미치는 다중영향시설의 계획에서 인정된다.

② (x) 집중효가 인정되는 계획확정절차는 일반적으로 인정되는 것이 아니라, 법률에 명문의 규정이 있는 경우에 한정된다.

③ (o) **집중효와 인·허가의제 제도를 동일시할 수 없다는 견해는,** ㉠ 집중효의 전제가 되는 계획확정절차가 우리나라에서는 인정되고 있지 않다는 점, ㉡ 인·허가의제 제도의 경우에는 집중효와 달리 인·허가의제를 인정하는 경우가 제한되어 있지 아니한데, 건축허가와 같이 행정계획이 아닌 단순한 인·허가를 하는 경우에도 관련 인·허가의제를 인정하고 있는 점, ㉢ 집

중효의 경우에는 의제대상 인·허가가 따로 특정되어 있지 아니하고 당해 행정계획과 관련되는 인·허가가 모두 포괄되는데 반하여, 인·허가의제 제도의 경우에는 의제대상인 인·허가가 법률에 명시된 인·허가에 국한된다는 점 등을 그 근거로 든다. 그러나 이 같은 차이점에도 불구하고 두 제도의 본질이 절차간소화와 사업의 신속한 진행을 위한 것이며, 법령에 근거하여 행정관청의 권한이 통합된다는 점에서 볼 때 **양자간에 본질적인 차이가 있다고 보기는 어렵다**고 하겠다.

④ (o) 독일은 완벽한 계획확정절차를 도입하고 있기 때문에 전부집중효 제도를 채택하고 있으나, 우리나라는 부분집중효 제도를 채택하고 있다. 다만, 사회기반시설에 대한 민간투자법은 전부집중효 제도를 채택하였다.

⑤ (o) 의제되는 인·허가의 관계법률이 정하고 있는 이해관계인의 권익보호절차가 무시되어서는 아니 될 것이므로, 이해관계 있는 제3자의 보호를 위한 절차규정은 적용 내지는 존중되어야 할 것이지만, **판례는 다른 입장을 취하고 있다**.

건설부장관이 구 주택건설촉진법 제33조에 따라 **관계기관의 장과의 협의를 거쳐 사업계획승인을 한 이상** 같은 조 제4항의 허가·인가·결정·승인·등이 있는 것으로 볼 것이고, 그 절차와 별도로 도시계획법 제12조 등 소정의 **중앙도시계획위원회의 의결이나 주민의 의견청취 등 절차를 거칠 필요는 없다**(대법원 1992.11.10. 92누1162 주택건설사업계획승인처분취소). [해 답] ②

3. 행정계획의 하자와 관련된 설명 중 옳지 않은 것은? (다툼이 있는 경우 판례에 의함)

① 행정주체는 구체적인 행정계획을 입안·결정함에 있어서 비교적 광범위한 형성의 자유를 가진다.

② 행정주체가 그 주차장설치계획을 입안·결정함에 있어서 형량하자가 있는 경우, 그 행정계획결정은 재량권을 일탈·남용한 것으로서 위법하게 된다.

③ 관련법령에 도시계획의 입안에 있어 해당 도시계획안의 내용을 공고 및 공람하게 하였는데, 이러한 공고 및 공람 절차에 하자가 있는 도시계획결정은 위법하다.

④ 관련법령에서 도시계획결정 등 처분의 고시를 도시계획결정 등의 효력발생요건으로 규정하였더라도 이를 관보에 게재하여 고시하지 않아도 적법하다.

⑤ 행정청이 도시계획시설결정이라는 처분을 함에 있어서 당해 처분의 영향이 광범위하여 널리 의견을 수렴할 필요가 있다고 스스로 인정하여 개최한 공청회가 아닌 경우에는 공청회 개최에 있어 행정절차법에서 정한 절차를 준수하여야 하는 것은 아니다.

해설

① (o) 관계 법령에는 추상적인 행정목표와 절차만이 규정되어 있을 뿐 행정계획의 내용에 대하여는 별다른 규정을 두고 있지 아니하므로 행정주체는 구체적인 행정계획을 입안·결정함에 있어서 비교적 광범위한 형성의 자유를 가지는 한편, 행정주체가 가지는 이와 같은 형성의 자유는 무제한적인 것이 아니다(대법원 2000.3.23. 98두2768).

② (o) 행정주체가 그 주차장설치계획을 입안·결정함에 있어서 이익형량을 전혀 행하지 아니하거나 이익형량의 고려 대상에 마땅히 포함시켜야 할 사항을 누락한 경우 또는 이익형량을 하였으나 정당성·객관성이 결여된 경우에는 그 행정계획결정은 **재량권을 일탈·남용한 것으로서 위법**하게 된다(대법원 2006.4.28. 2003두11056). 이 판결은 형량하자가 있는 경우에 그 행정계획결정은 재량권의 일탈·남용 또는 비례의 원칙에 위반하여 위법하다고 하여 계획재량에 관한 사법적 통제를 일반 재량행위와 같은 재량하자 이론으로 판단하는 사례이다. 반면에 행정계획에 형량하자가 있는 때에는 그 자체로서 위법하다고 판시한 사례도 볼 수 있다.
행정주체가 행정계획을 입안·결정함에 있어서 이익형량을 전혀 행하지 아니하거나 이익형량의 고려 대상에 마땅히 포함시켜야 할 사항을 누락한 경우 또는 이익형량을 하였으나 정당성과 객관성이 결여된 경우에는 그 행정계획결정은 **형량에 하자가 있어 위법**하게 된다(대법원 2007.4.12. 2005두1893).

③ (o) 도시계획법 제16조의2 제2항과 같은 법 시행령 제14조의2 제6항 내지 제8항의 규정을 종합하여 보면, 도시계획의 입안에 있어 해당 도시계획안의 내용을 공고 및 공람하게 한 것은 다수 이해관계자의 이익을 합리적으로 조정하여 국민의 권리자유에 대한 부당한 침해를 방지하고 행정의 민주화와 신뢰를 확보하기 위하여 국민의 의사를 그 과정에 반영시키는데 있는 것이므로 이러한 **공고 및 공람 절차에 하자가 있는 도시계획결정은 위법하다고** 하여야 할 것이다(대법원 1988.5.24. 87누388). 피고가 이 사건 도시계획안의 내용을 읍·면·동사무소 게시판에 게시하고 도시계획구역 내 일부 가구에 배부 등의 조치를 취하였더라도 그로써 도시계획안의 내용이 공고와 마찬가지로 주민들에게 도달될 수 있는 것은 아니어서 위와 같은 공람공고 절차상의 하자가 치유될 수 없다(대법원 2000.3.23. 98두2768).

④ (x) 구 도시계획법(1971.1.19. 법률 제2291호로 개정되기 전의 것) 제7조가 도시계획결정 등 처분의 고시를 도시계획구역, 도시계획결정 등의 효력발생요건으로 규정하였다고 볼 것이어서 건설부장관 또는 그의 권한의 일부를 위임받은 서울특별시장, 도지사 등 지방장관이 기안, 결재 등의 과정을 거쳐 정당하게 도시계획결정 등의 처분을 하였다고 하더라도 **이를 관보에 게재하여 고시하지 아니한 이상 대외적으로는 아무런 효력도 발생하지 아니한다**(대법원 1985.12.10. 85누186).

⑤ (o) 묘지공원과 화장장의 후보지를 선정하는 과정에서 서울특별시, 비영리법인, 일반 기업 등이 공동발족한 협의체인 추모공원건립 추진협의회가 후보지 주민들의 의견을 청취하기 위하여 그 명의로 개최한 공청회는 **행정청이 도시계획시설결정을 하면서 개최한 공청회가 아니므로**, 위 공청회의 개최에 관하여 행정절차법에서 정한 절차를 준수하여야 하는 것은 아니다(대법원 2007.4.12. 2005두1893).

[해 답] ④

16 행정행위의 종류

1. 행정행위의 개념에 관련된 설명 중 옳지 않은 것은?

① 입법부로서의 국회의 행위 또는 사법부로서의 재판작용은 제외된다.

② 국유재산 중 일반재산을 판매하는 행위는 행정행위가 아니다.

③ 지방경찰청장이 횡단보도를 설치하는 행위는 국민의 권리의무에 직접 관계가 있는 행위로서 행정처분이다.

④ 행정청 내부에서 행하여지는 상급관청의 지시나 명령은 행정행위가 아니다.

⑤ 행정청의 집행행위가 개입되지 않은 행정행위는 존재하지 않는다.

해설

① (o) 행정행위는 **행정청의 행위**이다. 행정청은 국가나 지방자치단체라는 행정기관에 제한되지 않고, 공사 기타의 공법인이나 공무수탁사인도 해당된다. 행정청의 행위에 한하므로 입법부로서의 국회의 행위 또는 사법부로서의 재판작용은 제외된다. 다만, 국회나 법원의 공무원을 임명하는 것과 같은 행정임무를 수행하는 경우에는 국회나 법원도 행정청에 해당한다.

② (o) 행정행위는 **공법영역에 속하는 구체적 사실을 규율하는 행위**이다. 그러므로 일반적·추상적인 행정입법은 행정행위가 아니다. 반면, 구체적 사실을 규율하는 것인 한 불특정 다수인을 상대방으로 하는 일반처분(도로통행금지)도 행정행위이다. 행정행위는 공법의 영역에 속하는 것이므로 국유재산 중 일반(잡종)재산을 판매하는 행위는 민사상의 행위이므로 행정행위는 아니다.

③ (o) 지방경찰청장이 도로에 횡단보도를 설치하는 행위는 불특정 다수인을 상대방으로 하는 일반처분이라고도 하고, 물적 행정행위라고도 한다.

지방경찰청장이 횡단보도를 설치하여 보행자의 통행방법 등을 규제하는 것은 행정청이 특정사항에 대하여 의무의 부담을 명하는 행위이고 이는 국민의 권리의무에 직접 관계가 있는 행위로서 **행정처분이라고 보아야 할 것**이다. 일반적으로 도로는 국가나 지방자치단체가 직접 공중의 통행에 제공하는 것으로서 일반 국민은 이를 자유로이 이용할 수 있으므로, 이러한 횡단보도 설치에 관한 근거법령의 규정취지와 도로의 이용관계에 비추어 볼 때, **횡단보도가 설치된 도로 인근에서 영업활동을 하는 자에게 횡단보도의 설치에 관하여** 특정한 권리나 법령에 의하여 보호되는 이익이 부여되어 있다고 말할 수 없으므로, **이와 같은 사람은 횡단보도의 설치행위를 다툴 법률상의 이익이 있다고 할 수 없다**(대법원 2000.10.27. 98두8964).

④ (o) 행정행위는 **외부에 대하여 직접적인 법적 효과를 발생시키는 행위**이다. 행정행위는 행정기관 밖(외부)의 국민에 대한 행위이다. 그러므로 하나의 기관이 다른 기관에 대하여 행하

는 내부적 행위(상급청의 하급청에 대한 명령)는 행정행위가 아니다. 행정행위는 그 행위에 의하여 국민의 권리의무가 창설되거나 제한되는 등과 같은 권리상태에 변동이 생기는 효과가 발생하여야 한다.

상급행정기관의 하급행정기관에 대한 승인·동의·지시 등은 행정기관 상호간의 내부행위로서 국민의 권리 의무에 직접 영향을 미치는 것이 아니므로 항고소송의 대상이 되는 행정처분에 해당한다고 볼 수 없다(대법원 1997.9.26. 97누8540).

도지사가 군수의 국토이용계획변경결정 요청을 반려한 것은 행정기관 내부의 행위에 불과할 뿐 국민의 구체적인 권리·의무에 직접적인 변동을 초래하는 것이 아니므로, 항고소송의 대상이 되는 행정처분에 해당하지 않는다(대법원 2008.5.15. 2008두2583).

해양수산부장관의 항만 명칭결정은 국민의 권리의무나 법률상 지위에 직접적인 법률적 변동을 일으키는 행위가 아니므로 **항고소송의 대상이 되는 행정처분이 아니다**(대법원 2008.5.29. 2007두23873).

⑤ (x) 어떠한 고시가 일반적·추상적 성격을 가질 때에는 법규명령 또는 행정규칙에 해당할 것이지만, **다른 집행행위의 매개 없이** 그 자체로서 직접 국민의 구체적인 권리의무나 법률관계를 규율하는 성격을 가질 때에는 행정처분에 해당한다. 보건복지부 고시인 약제급여·비급여목록 및 급여상한금액표(보건복지부 고시 제2002-46호로 개정된 것)는 항고소송의 대상이 되는 행정처분에 해당한다(대법원 2006.9.22. 2005두2506).

조례가 **집행행위의 개입 없이도** 그 자체로서 직접 국민의 구체적인 권리의무나 법적 이익에 영향을 미치는 등의 법률상 효과를 발생하는 경우 그 조례는 항고소송의 대상이 되는 행정처분에 해당한다(대법원 1996.9.20. 95누8003). [해 답] ⑤

2. 종국적 행정행위와 비교되는 단계적 행정결정에 대한 내용 중 옳지 않은 것은? (다툼이 있는 경우 판례에 의함)

① 공무원의 파면 등 중징계에 해당하는 징계의결이 요구중인 공무원에 대하여 한 직위해제처분은 그 자체로서 법적인 효력을 갖는다.

② 주택건설촉진법이 정하는 주택건설사업계획의 사전결정 신청에 대하여 공익상 필요가 있으면 처분권자는 그 사전결정 신청에 대하여 불허가결정을 할 수 있다.

③ 폐기물관리법 관계 법령에 따라 폐기물처리업의 허가를 받기 위하여는 먼저 사업계획에 대한 적정통보를 받은 자만이 허가신청을 할 수 있으므로, 부적정통보는 행정처분에 해당한다.

④ 행정청이 최종적인 허가를 하기 전에 그 사업을 하려는 자에게 사전결정을 하였다면, 장차 최종적인 행정행위를 할 때 그 사전결정에 구속된다.

⑤ 원자로 및 관계 시설의 부지사전승인처분은 그 자체로서 독립한 행정처분이기는 하지만, 나중에 건설허가처분이 있게 되면 그 건설허가처분에 흡수되어 독립된 존재가치를 상실함으로써 그 건설허가처분만이 쟁송의 대상이 된다.

해설 ① (o) 가행정행위는 최종적인 행위를 하기 전에 문제되는 행정법관계의 권리와 의무를 잠정적으로 확정하는 행위를 말한다. 파면 등 중징계에 해당하는 징계의결이 요구 중인 공무원에 대하여 직위해제를 하는 것(국가공무원법 73의3①)이 이에 해당된다. **직위해제는 잠정적인 조치로서의 보직의 해제를 의미하는데,** 직위해제 사유와 동일한 사유를 이유로 그 공무원을 해임한 경우에는 그 해임처분으로써 원래의 직위해제처분은 그 효력을 상실하게 된다(대법원 1997.9.26. 97다25590). 물품수입에 있어 일단 잠정세율을 적용하여 관세부과처분을 하였다가 나중에 확정세율을 적용하여 관세부과처분을 정산하는 것도 같다. 가행정행위는 잠정적이기는 하지만 행정행위로서의 법적 효력을 발생시킨다.

② (o) 주택건설촉진법 제33조 제1항이 정하는 주택건설사업계획의 승인은 이른바 수익적 행정처분으로서 행정청의 재량행위에 속하고, 따라서 그 전 단계로서 같은 법 제32조의4 제1항이 정하는 **주택건설사업계획의 사전결정 역시 재량행위라고 할 것이므로,** 사전결정을 받으려고 하는 주택건설사업계획이 관계 법령이 정하는 제한에 배치되는 경우는 물론이고, 그러한 제한사유가 없는 경우에도 공익상 필요가 있으면 처분권자는 그 사전결정 신청에 대하여 불허가 결정을 할 수 있다(대법원 1998.4.24. 97누1501).

③ (o) 폐기물관리법 관계 법령의 규정에 의하면 폐기물처리업의 허가를 받기 위하여는 먼저 사업계획서를 제출하여 허가권자로부터 사업계획에 대한 적정통보를 받아야 하고, 그 적정통보를 받은 자만이 일정기간 내에 시설, 장비, 기술능력, 자본금을 갖추어 허가신청을 할 수 있으므로, 결국 **부적정통보는 허가신청 자체를 제한하는 등 개인의 권리 내지 법률상의 이익을 개별적이고 구체적으로 규제하고 있어 행정처분에 해당한다**(대법원 1998.4.28. 97누21086).

④ (x) 최종적인 허가를 하기 전에 그 사업을 하려는 자의 사업계획의 적합여부를 결정하는 것을 **사전결정 또는 예비결정**이라고 한다. 사전결정은 최종적인 행정행위를 하기 위한 전제(선행)요건에 대한 심사라고 할 수 있다. **사전결정이 최종적인 행정행위에 구속력을 갖는지는 개별법률에 따라 다르다.** 폐기물관리법에서는 사전결정에 대한 원칙적인 구속력을 인정하고 있다. 폐기물처리업 허가권자는 적합통보를 받은 자가 그 적합통보를 받은 사업계획에 따라 시설·장비 및 기술인력 등의 요건을 갖추어 허가신청을 한 때에는 지체 없이 허가하여야 한다(폐기물관리법 25③).

사전결정의 구속력을 인정하는 것으로 이해될 수 있는 판례(㉠)도 있지만, 이를 부정하는 판례도 있다(㉡). ㉠ 폐기물처리업의 허가에 앞서 사업계획서에 대한 적정·부적정 통보 제도를 두고 있는 것은 폐기물처리업을 하고자 하는 자가 스스로 시설 등을 설치하여 허가신청을 하였다가 허가단계에서 그 사업계획이 부적정하다고 판명되어 불허가되면 허가신청인이 막대한 경제적·시간적 손실을 입게 되므로, 이를 방지하는 동시에 허가관청으로 하여금 **미리 사업계획서를 심사하여 그 적정·부적정통보 처분을 하도록 하고, 나중에 허가단계에서는 나머지 허가요건만을 심사**하여 신속하게 허가업무를 처리하는데 그 취지가 있다(대법원 1998.4.28. 97누21086).

㉡ 주택건설촉진법 제33조 제1항의 규정에 의한 주택건설사업계획의 승인은 상대방에게 권리나 이익을 부여하는 효과를 수반하는 이른바 수익적 행정처분으로서 행정처분의 요건에 관하여 일의적으로 규정되어 있지 아니한 이상 행정청의 재량행위에 속하고, 그 전 단계인 주택건설사업계획의 사전결정이 있다하여 달리 볼 것은 아니다. 따라서 **주택건설사업에 대한 사전결정을 하였다고 하더라도 사업승인 단계에서 그 사전결정에 기속되지 않고** 다시 사익과 공익을 비교형량하여 그 승인 여부를 결정할 수 있다(대법원 1999.5.25. 99두1052).

⑤ (o) 원자력안전법의 사전부지승인은 사전결정(부지의 적합성 판단부분)과 부분승인(제한적인 공사진행 승인부분)의 성질을 아울러 갖는다. 부지사전승인은 원자로를 건설하려는 장소에 대한 승인(사전결정)이기 때문에 곧바로 원자로 건설공사를 할 수 있는 것은 아니다. 부지에 관한 사전승인을 받은 자는 원자력위원회규칙으로 정하는 범위에서 공사를 할 수 있다(원자력안전법 10④). 이처럼 부지사전승인을 받은 후에 원자력위원회규칙이 정하는 공사를 하기 위해서 받게 되는 것이 건설공사에 대한 **부분승인(부분허가)**이다.

원자로 및 관계 시설의 부지사전승인처분은 그 자체로서 건설부지를 확정하고 사전공사를 허용하는 법률효과를 지닌 **독립한 행정처분이기는 하지만,** 건설허가 전에 신청자의 편의를 위하여 미리 그 건설허가의 일부 요건을 심사하여 행하는 **사전적 부분 건설허가처분의 성격**을 갖고 있는 것이어서 나중에 건설허가처분이 있게 되면 그 건설허가처분에 흡수되어 독립된 존재가치를 상실함으로써 그 건설허가처분만이 쟁송의 대상이 되는 것이므로, 부지사전승인처분의 취소를 구하는 소는 소의 이익을 잃게 된다고 할 것이다(따라서 부지사전승인처분의 위법성은 나중에 내려진 건설허가처분의 취소를 구하는 소송에서 이를 다투면 될 것이다)(대법원 1998.9.4. 97누19588). 따라서 부지사전승인처분의 취소를 구하는 원고들의 소를 부적법하다고 하여 각하하였다.

[해 답] ④

17 불확정개념, 기속행위와 재량행위

1. 불확정개념·판단여지와 재량행위에 관한 설명 중 옳지 않은 것은?

① 행정기관이 불확정개념으로 된 행위요건을 판단할 때 재량권을 가질 수 없다.

② 불확정개념은 '주간, 야간, 위험' 등과 같이 경험적으로 인식할 수 있고 경험할 수 있는 대상과 관련된 것이라는 경험개념과 '적당한 방법, 공익상 필요' 등과 같이 주관적 평가로 파악 되는 가치개념으로 구분하기도 한다.

③ 행위요건이 불확정개념으로 규정되어 있을 때, 행정청은 올바른 하나의 결정을 내려야 하지만, 경우에 따라서는 다양하게 판단할 수 있는 가능성을 행정청에게 인정하는 것을 판단여지라고 한다.

④ 판단여지는 법원의 재판단계에서 재현하기 어렵거나 특수한 전문지식을 필요로 하는 시험성적의 평가 또는 공무원에 대한 근무평정 등이 해당된다.

⑤ 판례는 재량과 판단여지를 구별하지 아니한다. 따라서 법률요건 규정이 불확정개념으로 되어 있는 경우에 그것을 판단여지로 보고 있다.

해설 ① (o) 불확정개념은 법률이 규율하는 내용이 추상적이고, 여러 가지 의미로 해석될 수 있는 내용을 포함하고 있는 개념을 말한다. 행정법규에 행위요건으로 규정된 불확정개념은, 그 개념을 구체적 사안에 따라 여러 가지 뜻으로 해석할 수 있는 것이 아니고, **하나의 올바른 결정만이 정당하게 되는 법개념**이라고 할 수 있다. 불확정개념을 해석하여 적용하는 것은 법적인 문제이며, 행정청이 나름대로 해석하여 적용할 수 있는 것은 아니다.

② (o) 종래의 학설은 경험개념과 가치개념으로 나누어 가치개념의 경우에는 광범하게 행정청의 판단여지를 인정하려고 한 것이 일반적인 경향이었다. 그러나 오늘날은 행정재판의 개괄주의를 규정한 독일 기본법 제19조 제4항 "누구든지 공권력에 의하여 그의 권리를 침해당한 때에는 출소의 길이 열려 있다"를 근거로 하여 불확정개념의 해석·판단도 모두 법원의 심사대상이 되어야 한다는 입장이다.

③ (o) 불확정개념을 해석하여 적용하는 것에 대하여 사법심사를 인정할지라도 행정청에게 판단여지가 인정되는 부분은 사법심사의 한계가 있다는 견해를 판단여지설이라고 한다.

④ (o) **판단여지는,** ㉠ 시험성적의 평가(평가기준이 우수, 양호 등으로 구분된 경우), ㉡ 시험유사의 문제에 대한 평가(학생의 진급결정), ㉢ 공무원에 대한 근무평정, ㉣ 전문가로 구성된 위원회와 같은 합의체기관의 결정, ㉤ 행정정책에 관련된 불확정개념의 해석, ㉥ 행정기관의 장래의 예측적 사항에 대한 결정 등이다. **판단여지가 인정되는 경우에도 그 판단에 있어,** ㉠ 절차규정을 준수하지 아니하였거나, ㉡ 정확하지 아니한 사실에 근거하여 판단하였거나, ㉢ 직접 관계없는 사항에 대한 고려를 하였거나, ㉣ 일반적으로 인정된 평가기준을 무시하였거나, ㉤ 자의적으로 행동한 경우, ㉥ 그 밖에 헌법원칙인 평등원칙에 위반된 경우에는 그 판단여지의 한계를 넘어 하자를 띠게 되어 위법하게 된다. 따라서 판단여지가 인정된 경우에도 법원은 이러한 사항을 심사할 수 있다.

⑤ (x) 종전에는 판단여지와 재량을 구별하지 아니하고 다 같이 재량으로 보았다. 그러나 현재의 통설은 서로 다른 개념으로 보고 있다. **재량은 오직 행위의 '효과'의 선택에 있어서만 인정되고,** 행위의 '요건'에 대한 해석·적용에서는 재량이 인정될 수 없으며, 예외적으로 판단여지가 인정될 뿐이라고 한다. 재량은 입법자에 의하여 행정청에게 부여되고, 판단여지는 법원이 인정하는 것이라는 점에서 양자는 다른 개념으로 보는 것이 타당하다. 그러나 **판례는 재량과 판단여지를 구별하지 아니한다.** 법률요건 규정이 불확정개념으로 되어 있는 경우에 그것을 재량개념으로 보고 있다.

시험의 출제업무에 있어서 출제 담당위원은 법령규정의 허용범위 내에서 어떠한 내용의 문제를 출제할 것인가, 그 문제의 문항과 답항을 어떤 용어나 문장형식을 써서 구성할 것인가를 자유롭게 정할 수 있다는 의미에서 **재량권을 가진다**(대법원 2006.12.22. 2006두12883).

공무원 임용을 위한 면접전형에 있어서 임용신청자의 능력이나 적격성 등에 관한 판단은 면접위원의 고도의 교양과 학식, 경험에 기초한 자율적 판단에 의존하는 것으로서 오로지 면접위원의 자유재량에 속하고, 그와 같은 판단이 현저하게 재량권을 일탈 내지 남용한 것이 아니라면 이를 위법하다고 할 수 없다(대법원 1997.11.28. 97누11911).

교과서검정이 고도의 학술상, 교육상의 전문적인 판단을 요한다는 특성에 비추어 보면, 교과용 도서를 검정함에 있어서 법령과 심사기준에 따라서 심사위원회의 심사를 거치고, 또 검정상 판단이 사실적 기초가 없다거나 사회통념상 현저히 부당하다는 등 현저히 **재량권의 범위를 일탈한 것이 아닌 이상** 그 검정을 위법하다고 할 수 없다(대법원 1992.4.24. 91누6634). [해 답] ⑤

2. 기속행위와 재량행위에 관련된 내용 중 옳지 않은 것은? (다툼이 있는 경우 판례에 의함)

① 기속행위란 법령이 규정하는 행위요건에 해당되면 행정청은 그 법령이 규정하는 내용대로 행하여야 하는 것을 말한다.

② 경찰공무원 시험 응시자가 부정행위를 하여 5년간 응시자격제한기간 내에 치러진 시험에 응시하여 얻은 합격결정을 취소한 처분은 기속행위에 해당한다.

③ 음주측정거부를 이유로 운전면허취소를 함에 있어서 행정청이 그 취소 여부를 선택할 수 있는 재량의 여지가 있다.

④ 지방경찰청장은 음주운전자에게 운전면허를 취소하거나, 1년의 범위 안에서 면허정지처분을 할 수 있는 재량을 가지고 있다.

⑤ 재량행위는 법규에서 허용한 행위를 할 것인가에 대한 재량인 결정재량과 여러 가지 허용된 행위 중에서 어느 것을 선택할 것인가 하는 선택재량으로 나눌 수 있다.

해설

① (o) 기속행위는 법규가 정한 행위요건이 충족되면 행정청은 법규가 정한 바를 단순히 집행하는 데 그치는 경우의 행정행위를 말한다. **판례상 기속행위로 판시한 경우로는**, 구 식품위생법상 대중음식점영업허가(대법원 1993.5.27. 93누2216), 구 식품위생법상 광천음료수제조업허가(대법원 1993.2.12. 92누5959). 구 공중위생법상 위생접객허가(대법원 1995.7.28. 94누13497), 일반주점영업허가(대법원 2003.3.24. 97누12532), 건축법상 건축허가(대법원 2006.11.9. 2006두1227), 학교법인이사취임승인처분(대법원 2007.6.29. 2006두4097). 관광사업 양도·양수에 의한 지위승계신고수리(대법원 2007.6.29. 2006두4097) 등이 있다.

② (o) 경찰공무원의 채용시험에서 부정행위를 한 응시자에 대하여는 당해 시험을 정지 또는 무효로 하고, 그로부터 5년간 이 영에 의한 시험에 응시할 수 없게 한다(경찰공무원임용령 46①). 이 규정은 행정청 내부에서만 효력이 있는 사무처리기준을 규정한 재량준칙이 아니라 일반 국민(수험생)이나 법원을 구속하는 법규명령에 해당된다. 따라서 경찰청장은 응시자가 부정행위를 하였을 때에는 그 시험을 무효로 하고, 앞으로 5년간 경찰공무원 시험에 응시할 수 없도록 하는 처분을 반드시 하여야 한다. 그러므로 응시자가 부정행위를 하여 5년간 응시자격제한기간 내에 치러진 시험에 응시하여 얻은 합격결정을 취소한 처분은 기속행위에 해당하고 적법하다(대법원 2008.5.29. 2007두18321).

③ (x) 도로교통법 제78조 제1항 단서 제8호의 규정에 의하면, 술에 취한 상태에 있다고 인정할 만한 상당한 이유가 있음에도 불구하고 **경찰공무원의 측정에 응하지 아니한 때에는 필요적으로 운전면허를 취소하도록 되어 있어 처분청이 그 취소 여부를 선택할 수 있는 재량의 여지가 없음**이 그 법문상 명백하므로, 위 법조의 요건에 해당하였음을 이유로 한 운전면허취소처분에 있어서 재량권의 일탈 또는 남용의 문제는 생길 수 없다(대법원 2004.11.12. 2003두12042).

④ (o) 지방경찰청장은 운전면허를 받은 사람이 술에 취한 상태에서 자동차를 운전한 경우에 해당하면 행정안전부령으로 정하는 기준에 따라 운전면허를 취소하거나 1년 이내의 범위에서 운전면허의 효력을 정지시킬 수 있다(도로교통법 93①). 이 규정에 의한 **'운전면허 행정처분기**

준'은 행정청 내부의 사무처리준칙을 정한 것이므로 법원이나 국민은 기속하는 효력이 없다(대법원 1990.10.16. 90누4297). 따라서 지방경찰청장은 음주운전자에게 운전면허를 취소하거나, 1년의 범위 안에서 면허정지처분을 할 수 있는 재량을 가지고 있다.

⑤ (o) 재량행위란 법령이 정한 행위요건이 충족된 경우에, 행정청에게 행위를 할 것인지 여부 또는 여러 행위 중에서 선택의 여지를 부여하고 있는 경우의 행정행위를 말한다. **판례가 재량행위로 판시한 경우로는,** ㉠ **특허에 해당하는** 구 공유수면매립법상 공유수면매립면허(대법원 1989.9.12. 88누9206), 귀화허가(대법원 2010.10.28. 2010두6496), 구 토지수용법상 사업인정(대법원 1992.11.13. 92누596), 구 자동차운수사업법에 의한 자동차운송사업면허(대법원 1999.10.12. 99두6496), 개인택시운송사업면허(대법원 2007.3.15. 2006두15783), ㉡ **인가에 해당하는** 구 주택건설촉진법상 주택조합설립인가(대법원 1995.12.12. 94누12302), 민법상 비영리법인설립허가(대법원 1996.9.10. 95누18437), ㉢ **허가에 해당하는** 총포도검화약류단속법상 총포등 소지허가(대법원 1993.5.14. 92도2179), 산림법에 의한 형질변경허가 등 산림의 용도변경에 필요한 처분(대법원 1998.9.25. 97누19564), 주택건설사업계획의 승인(대법원 2007.5.10. 2005두13315), 구 도시계획법상의 개발제한구역 내의 건축허가(대법원 2004.3.25. 2003두12837), 건축물의 용도변경허가(대법원 2001.2.9. 98두17593), 구 관광진흥법상 관광지조성사업시행 허가처분(대법원 2001.7.27. 99두8589), 자연공원법상 공원사업시행 허가처분(대법원 2001.7.27. 99두5092), ㉣ **판단여지에 해당하는 시험과 관련된 결정으로는** 의사고시의 채점기준(대법원 1964.6.30. 63누194), 사법시험의 출제행위(대법원 2001.4.10. 99다33960), 출제방향 및 내용의 결정행위(헌재 2004.8.26. 2002헌마107), 한약조제시험의 평가방법 및 채점기준설정행위(대법원 1998.7.10. 97누13771), 감정평가사시험의 합격기준의 선택(대법원 1996.9.20. 96누6882), 공무원 면접전형의 판단(대법원 1997.11.28. 97누11911)이 있고, **전문가의 판단행위로는** 토지형질변경행위를 수반하는 건축허가(대법원 2005.7.14. 2004두6181), 문화부의 유적발굴허가(대법원 2000.10.27. 99두264), 교육부의 교과서 검정기준(대법원 1998.11.8. 86누618) 등이 있다. ㉤ **행정계획에 해당하는** 구 도시계획법상 도시계획결정(대법원 1996.11.29. 96누8567), 구 자연공원법상 자연공원사업시행허가(대법원 2001.7.27. 99두5092) 등이 있다. [해 답] ③

3. 기속행위와 재량행위에 관련된 설명 중 옳지 않은 것은? (다툼이 있는 경우 판례에 의함)

① 재량이 부여된 경우에 재량의 범위 안에서의 과오는 단순히 당·부당의 문제가 생기는 데 그치며, 그 행정행위를 위법하게 만들지는 않으므로 행정소송사항은 되지 않는다.

② 재량행위에 대한 사법심사는 법원이 사실인정과 관련 법규의 해석·적용을 통하여 일정한 결론을 도출한 후 그 결론에 비추어 행정청이 한 판단의 적법 여부를 독자의 입장에서 판정하는 방식에 의하게 된다.

③ 자유재량에 의한 행정처분이 그 재량권의 한계를 벗어난 것이어서 위법하다는 점은 그 행정처분의 효력을 다투는 자가 이를 주장·입증하여야 한다.

④ 수익적 처분은 법령에 처분의 요건에 관하여 일의적으로 규정되어 있지 아니한

이상 재량행위에 속한다.

⑤ 영업허가의 경우에는 헌법상 직업선택의 자유에 해당하는 기본권이므로, 허가요건이 구비된 때에는 행정청은 특별한 사유가 없는 한 허가를 하여야 할 기속행위로 본다.

해설 ① (o) 행정소송사항은 '위법'한 처분이고, 행정심판사항은 '위법·부당'한 처분이다. 행정이 법에 엄격하게 기속되는 경우에 법을 위반한 때에는 바로 위법의 문제가 생기고 행정소송사항이 되어 사법심사를 받게 된다. 그러나 재량행위라도 법으로부터 완전히 자유로운 행위는 아니며, 재량권의 한계를 넘거나(일탈), 남용의 경우는 흠이 있는 처분이 되어 법원의 심사를 받는다. 그러므로 재량행위는 일탈·남용이 없는 한 행정소송의 대상이 되지 않는다.

② (x) 행정행위가 그 재량성의 유무 및 범위와 관련하여 이른바 기속행위 내지 기속재량행위와 재량행위 내지 자유재량행위로 구분된다고 할 때, 그 구분은 당해 행위의 근거가 된 법규의 체재·형식과 그 문언, 당해 행위가 속하는 행정 분야의 주된 목적과 특성, 당해 행위 자체의 개별적 성질과 유형 등을 모두 고려하여 판단하여야 하고, 이렇게 구분되는 양자에 대한 사법심사는, 전자(**기속행위 내지 기속재량행위**)의 경우 그 법규에 대한 원칙적인 기속성으로 인하여 법원이 사실인정과 관련 법규의 해석·적용을 통하여 일정한 결론을 도출한 후 그 결론에 비추어 행정청이 한 판단의 적법 여부를 독자의 입장에서 판정하는 방식에 의하게 되나, 후자(**재량행위 내지 자유재량행위**)의 경우 행정청의 재량에 기한 공익판단의 여지를 감안하여 **법원은 독자의 결론을 도출함이 없이 당해 행위에 재량권의 일탈·남용이 있는지 여부만을 심사**하게 되고, 이러한 **재량권의 일탈·남용 여부에 대한 심사는 사실오인, 비례·평등의 원칙 위배, 당해 행위의 목적 위반이나 동기의 부정 유무 등을 그 판단 대상**으로 한다(대법원 2001.2.9. 98두17593).

③ (o) 자유재량에 의한 행정처분이 그 재량권의 한계를 벗어난 것이어서 위법하다는 점은 그 행정처분의 효력을 다투는 자가 이를 주장·입증하여야 하고 처분청이 그 재량권의 행사가 정당한 것이었다는 점까지 주장·입증할 필요는 없다(대법원 1987.12.8. 87누861).

④ (o) 주택건설사업계획의 승인은 상대방에게 권리나 이익을 부여하는 효과를 수반하는 수익적 행정처분으로 재량행위에 속한다(대법원 2005.4.15. 2004두10883). 마을버스 노선을 정함에 있어서도 기존 일반노선버스의 노선과의 중복 허용 정도에 대한 판단도 행정청의 재량에 속한다(대법원 2002.6.28. 2001두10028).

⑤ (o) 식품위생법상 일반음식점영업허가는 성질상 일반적 금지의 해제에 불과하므로 허가권자는 허가신청이 법에서 정한 요건을 구비한 때에는 허가하여야 한다(대법원 2000.3.24. 97누12532). 공중위생법상의 위생접객업허가는 그 성질상 일반적 금지의 해제에 불과하므로 허가권자는 법에서 정한 요건을 구비한 때에는 이를 반드시 허가하여야 한다(대법원 1995.7.28. 94누13497).

[해 답] ②

4. 재량행위에 대한 사법적 통제에 관한 내용 중 옳지 않은 것은? (다툼이 있는 경우 판례에 의함)

① 재량권의 남용이나 일탈의 경우에는 그 재량권이 기속재량이거나 자유재량이거나를 막론하고 사법심사의 대상이 된다.

② 행정청의 재량에 속하는 처분이라도 재량권의 한계를 넘거나 그 남용이 있은 때에는 법원은 이를 취소할 수 있다.

③ 재량권의 일탈·남용 여부에 대한 심사는 사실오인, 비례·평등의 원칙 위배, 당해 행위의 목적 위반이나 동기의 부정 유무 등을 그 판단 대상으로 한다.

④ 경찰권의 행사 여부는 원칙적으로 재량처분으로 인정되고 있으므로, 목전의 상황이 매우 중대하고 긴박한 것이거나, 그로 인하여 국민의 중대한 법익이 침해될 우려가 있더라도 행정권을 발동하지 않는 것 자체가 위법한 것은 아니다.

⑤ 행정행위를 함에 있어 이익형량을 전혀 하지 아니하거나 또는 이익형량을 하였으나 정당성·객관성이 결여된 경우에는 재량권을 일탈·남용한 위법한 처분이다.

해설

① (o) 재량권을 부여한 내재적 목적에 반하여 명백히 다른 목적을 위하여 행정처분을 하는 것과 같은 **재량권의 남용**이나 재량권의 행사가 그 법적 한계를 벗어나는 경우와 같은 **재량권의 일탈**은 그 재량권이 기속재량이거나 자유재량이거나를 막론하고 사법심사의 대상이 된다(대법원 1984.1.31. 83누451).

② (o) 행정청의 재량에 속하는 처분이라도 재량권의 한계를 넘거나 그 남용이 있은 때에는 법원은 이를 취소할 수 있다(행정소송법 27). 재량권 행사가 위법성을 띠게 되는 것을 재량하자라고 한다. 재량하자는 재량권의 한계를 넘거나(일탈) 그 남용이 있는 때이다. 여기서 일탈이라 함은 재량권의 외적 한계를 넘는 것을 말하고, 남용은 재량권의 내적 한계를 넘는 것을 말한다.

③ (o) 대법원 2001.2.9. 98두17593.

④ (x) 재량권이 영으로 수축되는 경우는 재량이 없어지는 것에 해당되기 때문에, 행정청에게 선택의 여지가 없어지고 특정한 내용의 처분을 하여야 할 의무가 생기게 된다. 경찰권의 행사 여부는 원칙적으로 재량처분으로 인정되고 있으나, 목전의 상황이 매우 중대하고 긴박한 것이거나, 그로 인하여 국민의 중대한 법익이 침해될 우려가 있는 경우에는, **재량권이 영으로 수축하여 경찰권을 발동할 의무가 있다**. 따라서 사람이 바다에서 조난을 당하여 인명이 경각에 달린 경우에 해양경찰관으로서는 그 직무상 즉시 출동하여 인명을 구조할 의무가 있다(헌법재판소 2007.10.25. 2006헌마869).

무장공비색출체포를 위한 대간첩작전을 수행하기 위하여 파출소 소장, 순경 및 육군장교 수명 등이 파출소에서 합동대기하고 있던 중 그로부터 불과 60-70미터 거리에서 약 15분간에 걸쳐 주민들이 무장간첩과 격투 하던 주민 중 1인이 무장간첩의 발사 권총탄에 맞아 사망하였다면 위 **군경공무원들의 직무유기 행위**와 위 **망인의 사망과의 사이에 인과관계가 있다고** 봄이 상당하다(대법원 1971.4.6. 71다124).

⑤ (o) 행정행위를 함에 있어 이익형량을 **전혀 하지 아니하거나** 이익형량의 고려대상에 마땅히 포함시켜야 할 사항을 **누락한 경우** 또는 이익형량을 하였으나 **정당성·객관성이 결여된 경우**에는 그 행정행위는 재량권을 일탈·남용한 위법한 처분이라고 할 수밖에 없다(대법원 2005.9.15. 2005두3257).

[해 답] ④

18 행정행위의 내용

1. 다음 중 명령적 행정행위에 관한 설명 중 옳은 것은? (다툼이 있으면 판례에 의함)

① 특정의 상대방에게 권리·능력이나 기타 법률상의 지위를 발생·변경·소멸시키는 행위를 말한다.

② 사인이 불법으로 무기를 양도하면 처벌을 받을 뿐만 아니라 그 양도행위도 무효가 된다.

③ 건축허가권자는 건축허가신청이 건축법 등 관계 법규에서 정하는 어떠한 제한에 배치되지 않는 이상 당연히 같은 법조에서 정하는 건축허가를 하여야 한다.

④ 행정청은 개인택시 운송사업의 양도·양수에 대한 인가를 한 후에는 그 양도·양수 이전에 있었던 양도인에 대한 운송사업면허 취소사유를 들어 양수인의 사업면허를 취소할 수 없다.

⑤ 한의사 면허는 한의사시험에 합격한 자에게 진료권을 부여하는 행위로 강학상 특허에 해당된다.

해설 ① (x) 특정의 상대방에게 권리·능력이나 기타 법률상의 지위를 발생·변경·소멸시키는 행위는 **형성적 행정행위**이다. 명령적 행정행위는 개인이 원래부터 가지고 있던 자연적 자유를 제한하거나 그 제한을 해제하는 행위를 말한다. 명령적 행정행위로는 개인에게 특정한 의무를 부과하는 하명과 그 의무를 해제하는 허가와 면제가 있다.

② (x) 하명위반의 효과에 관한 것이다. 명령·금지에 위반하여 행하여진 법률행위가 법률상으로 당연히 무효로 되는 것이 아니다. 사인이 불법으로 무기를 양도하여도 처벌은 받지만, 그 양도행위 자체는 유효하다. 외국환관리법상의 제한규정들은 단속법규라고 해석함이 타당하고, 이에 저촉되는 행위라 할지라도 그 행위의 사법상의 효력에는 영향이 없다(대법원 1995.5.9. 94다48738).

③ (o) 건축허가권자는 건축허가신청이 건축법 등 관계 법규에서 정하는 어떠한 제한에 배치되지 않는 이상 당연히 같은 법조에서 정하는 건축허가를 하여야 하고, 중대한 공익상의 필요가 없는데도 관계 법령에서 정하는 제한사유 이외의 사유를 들어 요건을 갖춘 자에 대한 허가를 거부할 수는 없다(대법원 2009.9.24. 2009두8946).

④ (x) 개인택시운송사업을 양수한 사람은 **양도인의 운송사업자로서의 지위를 승계하므로,** 관할 관청은 개인택시 운송사업의 양도·양수에 대한 인가를 한 후에도 그 양도·양수 이전에 있었던 양도인에 대한 운송사업면허 취소사유를 들어 양수인의 사업면허를 취소할 수 있다(대법원 2010.4.8. 2009두17018).

대인적 허가인 의사면허는 타인에게 양도할 수 없으며, 의사면허를 받은 자가 사망하면 그 면허는 상속되지 아니하고 실효된다. 대물적 허가인 건축허가는 타인에게 양도할 수 있으며, 양도와 함께 허가의 효과도 이전된다. 혼합적 허가는 원칙적으로 이전할 수 없으나, 법률이 허가청의 승인 등을 받아 이전할 수 있도록 규정한 경우도 있다.

만일 어떠한 공중위생영업에 대하여 그 영업을 정지할 위법사유가 있다면, 관할 행정청은 그 영업이 양도·양수되었다 하더라도 **그 업소의 양수인에 대하여 영업정지처분을 할 수 있다고** 봄이 상당하다(대법원 2001.6.29. 2001두1611). 만약 건설업면허를 가진 피합병회사에 그 면허를 취소할 위법사유가 있었다면 면허관청은 이를 이유로 존속회사 또는 신설회사에게 응분의 제재조치를 취할 수 있다(대법원 1994.10.25. 93누21231).

석유판매업자의 영업양도, 사망, 합병의 경우뿐만 아니라 경매 등의 절차에 따라 단순히 석유판매시설만의 인수가 이루어진 경우에도 석유판매업자의 지위승계를 인정하고 있는 점을 종합하여 보면, 석유판매업 등록은 원칙적으로 대물적 허가의 성격을 갖고, 또 석유판매업자가 같은 법 제26조의 유사석유제품 판매금지를 위반함으로써 받게 되는 사업정지 등의 제재처분은 사업자 개인의 자격에 대한 제재가 아니라 사업의 전부나 일부에 대한 것으로서 대물적 처분의 성격을 갖고 있으므로, 위와 같은 지위승계에는 **종전 석유판매업자가 유사석유제품을 판매함으로써 받게 되는 사업정지 등 제재처분의 승계가 포함되어** 그 지위를 승계한 자에 대하여 사업정지 등의 제재처분을 취할 수 있다고 보아야 한다(대법원 2003.10.23. 2003두8005).

⑤ (x) **한의사 면허는 경찰금지를 해제하는 명령적 행위(강학상 허가)에 해당**하고, 한약조제시험을 통하여 약사에게 한약조제권을 인정함으로써 한의사들의 영업상 이익이 감소되었다고 하더라도 이러한 이익은 사실상의 이익에 불과하고 약사법이나 의료법 등의 법률에 의하여 보호되는 이익이라고는 볼 수 없으므로, 한의사들이 한약조제시험을 통하여 한약조제권을 인정받은 약사들에 대한 합격처분의 무효확인을 구하는 당해 소는 원고적격이 없는 자들이 제기한 소로서 부적법하다(대법원 1998.3.10. 97누4289). [해 답] ③

2. 허가에 관한 설명 중 옳지 않은 것은? (다툼이 있는 경우 판례에 의함)

① 허가는 경찰금지(일반적 금지)를 해제하는 명령적 행위에 해당되므로, 특정인에게 권리를 부여하는 특허와 같은 형성적 행위로서의 성격은 없다.

② 식품위생법상 대중음식점영업허가는 성질상 일반적 금지에 대한 해제에 불과하다.

③ 건축허가권자는 중대한 공익상의 필요가 없는데도 관계 법령에서 정하는 제한사

유 이외의 사유를 들어 요건을 갖춘 자에 대한 허가를 거부할 수는 없다.

④ 산림법에 의한 형질변경허가 등 산림의 용도변경에 필요한 처분은 기속행위가 아닌 재량행위이다.

⑤ 석유판매업 등록은 원칙적으로 대물적 허가의 성격을 갖고 있기 때문에 사업정지 등의 제재처분은 그 지위를 승계한 자에 대하여 사업정지 등의 제재처분을 취할 수 있다고 보아야 한다.

해설 ① (x) 전통적으로 허가는 상대적으로 금지된 자연의 자유를 특정한 경우에 회복시켜 주는 것이므로 명령적 행위에 해당된다고 본다(**명령적 행위설**). 그러나 허가도 어떤 행위를 적법하게 할 수 있는 권리를 회복시켜 준다는 점에서, 그 범위에서 허가는 형성적 행위의 성질도 갖고 있다는 견해가 유력하다(**형성적 행위설**). 그러나 허가는 상대적 금지를 해제해 준다는 측면에서는 명령적 행위이지만, 허가받은 영업을 할 수 있는 법적 지위를 창설해 준다는 측면에서는 형성적 행위로 볼 수 있다(**병존설**).

② (o) 대법원 1993.5.27. 93누2216; ㉠ **한의사 면허**는 경찰금지를 해제하는 명령적 행위(강학상 허가)에 해당하며(대법원 1998.3.10. 97누4289), ㉡ **양곡가공업 허가**는 경찰금지를 해제하는 명령적 행위로서 피허가자에게 독점적 재산권을 취득하게 하는 것이 아니고(대법원 1981.1.27. 79누433), ㉢ **유기장영업허가**는 유기장영업권을 설정하는 설권행위가 아니고 일반적 금지를 해제하는 영업자유의 회복이라 할 것이다(대법원 1985.2.8. 84누369).

③ (o) 대법원 2009.9.24. 2009두8946; ㉠ **식품위생법상 대중음식점영업허가**는 성질상 일반적 금지에 대한 해제에 불과하므로 허가권자는 허가신청이 법에서 정한 요건을 구비한 때에는 허가하여야 하고 관계법규에서 정하는 제한사유 이외의 사유를 들어 허가신청을 거부할 수 없다(대법원 1993.5.27. 93누2216). ㉡ **기부금품모집규제법상의 기부금품모집허가**는 공익목적을 위하여 일반적·상대적으로 제한된 기본권적 자유를 다시 회복시켜주는 강학상의 허가에 해당하는 만큼 … 특별한 사정이 없는 한 그 모집행위를 허가하여야 하는 것으로 풀이하여야 한다(대법원 1999.7.23. 99두3690). ㉢ **주유소 설치허가권자**는 주유소 설치허가 신청 심사결과 그 신청이 법정요건에 합치하는 경우에는 특별한 사정이 없는 한 이를 허가하여야 하며, 공익상 필요가 없음에도 불구하고 요건을 갖춘 자에 대한 허가를 관계 법령에서 정하는 제한사유 이외의 사유를 들어 거부할 수는 없다(대법원 1996.7.12. 96누5292).

④ (o) 대법원 1998.9.25. 97누19564; ㉠ **산림훼손행위**는 국토 및 자연의 유지와 환경의 보전 등 중대한 공익상 필요가 있다고 인정될 때에는 허가를 거부할 수 있고(대법원 1997.9.12. 97누1228), ㉡ **산림 내에서의 토사채취허가** 신청 역시 환경보전 등 중대한 공익상 필요가 있다고 인정될 때에는 그 허가를 거부할 수 있다(대법원 2007.6.15. 2005두9736).

⑤ (o) 대법원 2003.10.23. 2003두8005.

[해 답] ①

3. 다음 중 형성적 행정행위에 관한 설명 중 옳은 것은? (다툼이 있는 경우 판례에 의함)

① 통신사업허가, 폐기물처리업허가, 광업허가, 귀화허가는 명령적 행정행위로서 허가에 해당된다.

② 행정청이 도시 및 주거환경정비법 등 관련 법령에 근거하여 행하는 조합설립인가처분은 단순히 사인들의 조합설립행위에 대한 보충행위로서의 성질을 갖는 것이다.

③ 귀화허가는 외국인에게 대한민국 국적을 부여함으로써 국민으로서의 법적 지위를 포괄적으로 설정하는 행위에 해당하므로, 외국인은 국적법이 정한 귀화요건을 충족하면 대한민국의 국적을 취득할 권리를 취득하게 된다.

④ 기본행위인 학교법인의 임원선임행위가 불성립 또는 무효인 경우라도 그에 대한 감독청의 취임승인이 있었다면 그 선임행위는 유효한 것으로 된다.

⑤ 공유수면매립면허는 설권행위인 특허의 성질을 갖는 것이므로 원칙적으로 행정청의 자유재량에 속한다.

해설

① (x) 형성적 행정행위로는 특허와 인가, 대리가 있다. 특허는 특정의 상대방을 위하여 새로운 **권리를 설정하는 행위**(개인택시운송사업면허 · 토지수용권설정 · 도로(하천) 통행료(통항료) 징수권설정 · 광업허가 · 어업면허), **능력을 설정하는 행위**(공법인을 설립하는 행위), **포괄적 법률관계를 설정하는 행위**(공무원임명 · 귀화허가)를 말한다. 개별법률에서는 허가(어업허가) · 면허(공유수면매립면허)라는 용어를 사용하기도 한다. 특허법에서 말하는 특허는 준법률행위적 행정행위 중 확인행위에 해당된다.

② (x) 행정청이 도시 및 주거환경정비법 등 관련 법령에 근거하여 행하는 조합설립인가처분은 단순히 사인들의 조합설립행위에 대한 **보충행위로서의 성질을 갖는 것에 그치는 것이 아니라** 법령상 요건을 갖출 경우 도시 및 주거환경정비법상 주택재건축사업을 시행할 수 있는 권한을 갖는 **행정주체(공법인)로서의 지위를 부여하는 일종의 설권적 처분의 성격**을 갖는다고 보아야 한다(대법원 2009.9.24. 2008다60568). 재건축조합설립 인가처분을 특허의 성질도 갖는 것으로 보았다.

③ (x) 국적은 국민의 자격을 결정짓는 것이고, 이를 취득한 사람은 국가의 주권자가 되는 동시에 국가의 속인적 통치권의 대상이 되므로, 귀화허가는 외국인에게 대한민국 국적을 부여함으로써 국민으로서의 법적 지위를 포괄적으로 설정하는 행위에 해당한다. 한편 **국적법 등 관계 법령 어디에도 외국인에게 대한민국의 국적을 취득할 권리를 부여하였다고 볼 만한 규정이 없다**. 이와 같은 귀화허가의 근거 규정의 형식과 문언, 귀화허가의 내용과 특성 등을 고려하여 보면, 법무부장관은 귀화신청인이 법률이 정하는 **귀화요건을 갖추었다고 하더라도 귀화를 허가할 것인지 여부에 관하여 재량권**을 가진다(대법원 2010.7.15. 2009두19069).

④ (x) 인가의 예로서는 학교법인 임원에 대한 감독청의 취임승인, 사립학교 정관변경, 재개발 · 재건축조합설립인가, 비영리법인설립인가, 특허기업의 운임 · 요금인가, 공공조합설립인가 등이 있다. **재단법인의 정관변경 '허가'**는 법률상의 표현이 허가로 되어 있기는 하지만, 그 법적 성격은 **인가**이다(대법원 1996.5.16. 95누4810).

인가에 있어 기본행위가 불성립 또는 무효로 된 경우에는, 인가를 받았더라도 기본행위는 유효하게 될 수 없다. 그 결과 인가도 무효로 된다. 인가 대상인 기본행위에 취소원인이 있는 때에는 인가 후에도 이를 취소할 수 있다. 기본행위는 유효한데, 인가만 무효인 때에는 무인가행위로 된다.

학교법인의 임원에 대한 감독청의 취임승인은 학교법인의 임원선임행위를 보충하여 그 법률상의 효력을 완성케 하는 보충적 행정행위이므로 **기본행위인 학교법인의 임원선임행위가 불성립 또는 무효인 경우**에는 비록 그에 대한 감독청의 취임승인이 있었다 하여도 이로써 **무효인 그 선임행위가 유효한 것으로 될 수는 없는 것이다**(대법원 1987.8.18. 86누152).

⑤ (o) 공유수면매립면허는 설권행위인 특허의 성질을 갖는 것이므로 원칙적으로 행정청의 자유재량에 속하며, 일단 실효된 공유수면매립면허의 효력을 회복시키는 행위도 특단의 사정이 없는 한 새로운 면허부여와 같이 면허관청의 자유재량에 속한다고 할 것이므로 공유수면매립법(1986.12.31. 개정) 부칙 제4항의 규정에 의하여 위 법시행전에 같은 법 제25조 제1항의 규정에 의하여 효력이 상실된 매립면허의 효력을 회복시키는 처분도 특단의 사정이 없는 한 면허관청의 자유재량에 속하는 행위라고 봄이 타당하다(대법원 1989.9.12. 88누9206). [해 답] ⑤

4. 준법률행위적 행정행위에 관한 설명 중 옳은 것은? (다툼이 있는 경우 판례에 의함)

① 친일재산은 친일반민족행위자재산조사위원회가 국가귀속결정을 하면 국가소유가 되는데, 여기서 국가귀속결정은 그 재산이 친일재산에 해당한다는 확인하는 행위이다.

② 자동차운전면허대장상 일정한 사항의 등재행위는 그 등재행위로 인하여 당해 운전면허 취득자에게 새로이 어떠한 권리가 부여되거나 변동 또는 상실되는 효력이 발생하는 것이므로 독립한 행정처분으로 볼 수 있다.

③ 지목변경(정정이나 등록전환 등 포함)신청에 대한 반려행위를 항고소송의 대상이 되는 행정처분에 해당한다고 할 수 없다.

④ 토지수용을 위한 사업인정은 당해 사업이 토지를 수용할 수 있는 사업에 해당된다는 확인행위에 해당된다.

⑤ 공무원에 대한 당연퇴직의 인사발령은 공무원의 신분을 상실시키는 새로운 형성적 행위이다.

해설 ① (o) 확인이란 특정한 사실이나 법률관계에 관하여 의문이 있거나 다툼이 있는 경우에 그 의문이나 다툼을 해결할 수 있는 권한을 가진 행정청이 공적 권위로써 그 사실의 존재 여부나 옳고 그름을 확인하는 행위이다. 확인의 종류로는 조직법상(당선인결정·국가시험합격자결정)·복리행정법상(도로구역결정·발명권특허·교과서의 검인정)·재정법상(소득세부과를 위한 소득금액 결정)·쟁송법상(행정심판재결)의 확인으로 나눌 수 있다.

친일반민족행위자재산조사위원회가 친일재산에 대하여 국가귀속결정을 하는 것은 그 재산이 친일재산에 해당한다는 사실을 판단하여 확인하는 행위이다(대법원 2008.11.13. 2008두13491). 위원회의 국가귀속결정이라는 의사표시로 비로소 국가의 소유가 되는 것이 아니다.

② (x) **자동차운전면허대장상 일정한 사항의 등재행위는** 운전면허행정사무집행의 편의와 사실증명의 자료로 삼기 위한 것일 뿐 그 등재행위로 인하여 당해 운전면허 취득자에게 새로이 어떠한 권리가 부여되거나 변동 또는 상실되는 효력이 발생하는 것은 아니므로 이는 행정소송의 대상이 되는 독립한 행정처분으로 볼 수 없고, **운전경력증명서상의 기재행위** 역시 당해 운전면허 취득자에 대한 자동차운전면허대장상의 기재사항을 옮겨 적는 것에 불과할 뿐이므로 운전경력증명서에 한 등재의 말소를 구하는 소는 부적법하다 할 것이다(대법원 1991.9.24. 91누1400).

③ (x) 헌법재판소는 지적공부의 등록사항에 오류가 있어 이를 정정해 달라는 신청을 거부한 것은 행정처분이라고 결정하였다(헌재 1999.6.24. 97헌마315). 대법원 역시 지적공부 소관청의 지목변경신청 반려행위는 국민의 권리관계에 영향을 미치는 것으로서 항고소송의 대상이 되는 행정처분에 해당한다(대법원 2004.4.22. 2003두9015). **항고소송의 대상이 되는 행정처분에 해당된다고 판시한 것으로는**, 행정청이 건축물대장의 용도변경신청을 거부한 행위(대법원 2009.1.30. 2007두7277), 건축물대장의 작성신청을 거부한 행위(대법원 2009.2.12. 2007두17359)를 들 수 있다. 반면, 관할관청이 무허가건물의 무허가건물관리대장 등재 요건에 관한 오류를 바로잡으면서 당해 무허가건물을 무허가건물관리대장에서 삭제하는 행위는 행정처분이 아니라고 한다(대법원 2009.3.12. 2008두11525).

④ (x) **토지수용을 위한 사업인정은 단순한 확인행위가 아니라 형성행위**이고 당해 사업이 비록 토지를 수용할 수 있는 사업에 해당된다 하더라도 행정청으로서는 그 사업이 공용수용을 할 만한 공익성이 있는지의 여부를 모든 사정을 참작하여 구체적으로 판단하여야 하는 것이므로 **사업인정의 여부는 행정청의 재량에 속한다**(대법원 1992.11.13. 92누596).

⑤ (x) **당연퇴직의 인사발령은** 법률상 당연히 발생하는 퇴직사유를 공적으로 확인하여 알려주는 이른바 **관념의 통지에 불과**하고 공무원의 신분을 상실시키는 새로운 형성적 행위가 아니므로 행정소송의 대상이 되는 독립한 행정처분이라고 할 수 없다(대법원 1995.11.14. 95누2036). 따라서 당연퇴직 무효확인을 구해서는 아니되고, 공무원 지위확인의 소를 제기해야 한다 **[해 답] ①**

5. 준법률행위적 행정행위에 관한 설명 중 옳지 않은 것은? (다툼이 있는 경우 판례에 의함)

① 확인은 객관적 사실이 존재하느냐 여부에 따라 반드시 판단하여 결정하여야 하기 때문에 기속행위에 해당된다.

② 공증의 효과인 공적 증거력은 반증이 있으면 이를 번복할 수 있다.

③ 통지는 이미 성립한 행정행위의 효력발생요건으로 교부나 송달 형식의 통지를 말한다.

④ 수리는 형식적 요건에 하자가 없는 한 수리해야 하는 기속행위에 해당한다.

⑤ 적법한 요건을 갖춘 당구장업 신고서가 행정청에 도달되면, 그 신고는 수리를 요하지 아니하는 신고이기 때문에 불수리를 다툴 수 없다.

해설 ① (o) 확인은 법선언 행위라는 점에서 넓은 의미의 사법행위의 일종으로 법원의 판결과 유사한 준사법적 행위이다. 확인은 객관적 사실이 존재하느냐 여부에 따라 반드시 판단하여 결정하여야 하기 때문에 기속행위에 해당된다. 대통령선거에 있어서 중앙선거관리위원회는 유효투표의 다수를 얻은 자를 (반드시) 당선인으로 결정하여야 한다(공직선거법 187①).

② (o) 공증의 효과는 공적 증거력이 생긴다는 점이다. 그 외에 어떤 효과가 생기는가는 개별법령이 정하는 바에 의한다. 권리성립 요건이나 권리행사의 요건인 경우도 있고, 제3자에 대한 대항요건인 경우도 있다. 공적 증거력은 일응의 증거력에 그치며, 반증이 있으면 이를 번복할 수 있다.

③ (x) 행정청이 특정인 또는 불특정 다수인에게 특정사실을 알리는 행위를 통지라고 한다. **통지행위는 독립된 행정행위**이기 때문에, 이미 성립한 행정행위의 효력발생요건으로 교부나 송달 형식의 통지는 그 자체가 독립된 행정행위가 아니다. 통지에 어떤 효과가 주어지는가는 개별법규가 정한 바에 따른다. **통지가 아무런 법률적 효과를 발생하지 아니할 때도 있는데, 이 경우는 사실행위에 그치고** 준법률행위적 행정행위로서의 통지가 아니다.

통지를 행정처분으로 본 판례로는, ㉠ 대집행의 계고, 대집행영장에 의한 통지(대법원 1996.2.9. 95누12507), ㉡ 국세징수법에 의한 가산금과 중가산금의 납부독촉(대법원 2000.9.22. 2000두2013; 납부기한 경과 후에 그 납부를 독촉한 사실이 없다면 가산금이나 중가산금의 부과처분은 존재하지 않는다), ㉢ 대학교원의 임용권자가 임용기간이 만료된 조교수에 대하여 재임용을 거부하는 취지로 한 임용기간만료의 통지(대법원 2004.4.22. 2000두7735), ㉣ 고시된 도시계획결정(대법원 1982.3.9. 80누105), ㉤ 도시계획시설결정(헌재 2011.2.24. 2009헌마164) 등이 있다. 반면, **사실행위로서의 통지에 해당된다는 판례로는,** ㉠ 공무원에 대한 정년퇴직 발령은 정년퇴직 사실을 알리는 이른바 관념의 통지에 불과하므로 행정소송의 대상이 되지 아니한다(대법원 1983.2.8. 81누263). ㉡ 당연퇴직의 인사발령 역시 관념의 통지에 불과하다(대법원 1992.1.21. 91누2687).

④ (o) 법정 요건을 갖춘 신고서가 접수기관에 도달된 때에 신고의 의무가 이행된 것으로 본다(행정절차법 40②). 따라서 형식적 요건을 갖춘 신고는 수리되어야 한다. 수리를 요하는 신고에서의 수리는 준법률행위적 행정행위의 하나로서 행정처분에 해당된다. 수리는 형식적 요건에 하자가 없는 한 수리해야 하는 기속행위에 해당한다. 유선장의 경영신고와 그 신고사항의 변경신고는 모두가 강학상 이른바 사인의 공법행위로서의 신고에 해당하고, 그 신고를 받은 행정청은 형식적(절차적) 요건에 하자가 없는 한 이를 수리해야 한다(대법원 1988.8.9. 86누889). 공장설립신고가 관련 법령소정의 형식적 요건을 모두 갖추었다면 그 신고의 수리를 거부한 처분은 위법하다(대법원 1992.6.26. 92누1674).

⑤ (o) 신고체육시설업인 당구장업의 신고가 적법한 요건을 갖춘 신고의 경우에는 당구장업신고서가 행정청에 도달되면, 그 신고는 수리를 요하지 아니하는 신고이기 때문에 불수리를 다툴 수 없다(대법원 1998.4.24. 97도3121).

의료법에 의하면 **의원, 치과의원, 한의원 또는 조산소의 개설은 단순한 신고사항**으로만 규정하고 있고, 또 그 신고의 수리여부를 심사, 결정할 수 있게 하는 별다른 규정도 두고 있지 아니하므로, 의원의 개설신고를 받은 행정관청으로서는 별다른 심사, 결정없이 그 신고를 당연히 수리하여야 한다(대법원 1985.4.23. 84도2953).

구 축산물가공처리법령에서 규정하는 시설기준을 갖추어 **축산물판매업 신고를 한 경우**와 같이, 적법한 요건을 갖춘 신고의 경우에는 행정관청의 수리처분 등 별단의 조치를 기다릴 필요 없이 **그 접수시에 신고로서의 효력이 발생**하는 것이므로 그 수리가 거부되었다고 하여 미신고 영업이 되는 것은 아니다(대법원 2010.4.29. 2009다97925). [해 답] ③

19 행정행위의 부관

1. 행정행위의 부관에 해당되지 않은 것은? (다툼이 있는 경우 판례에 의함)

① 지방자치단체의 장은 수렵동물을 포획할 수 있는 기간(수렵기간)을 설정할 수 있다.

② 행정청은 사인에게 도로확장을 조건으로 한 자동차운수사업면허를 할 수 있다.

③ 도로·하천의 점용허가를 하면서 점용료 또는 사용료의 납부를 명할 수 있다.

④ 호텔건물의 가사용기간 만료시까지 기부채납 의무를 이행하여야 하고, 위 호텔건물의 준공검사필증을 교부받지 못하면 영업허가를 취소할 수 있다.

⑤ 지방국토관리청장이 일부 공유수면매립지에 대하여 국가 또는 직할시로의 귀속처분을 할 수 있다.

해설

① (x) **행정행위의 효과의 제한이 직접 법규에 의하여 정하여지는 경우를 법정부관**이라고 한다. 식품접객업자는 청소년을 유흥접객원으로 고용하여 유흥행위를 할 수 없으며(식품위생법 44②), 지방자치단체의 장은 수렵장 안에서 야생동물의 보호·번식을 위하여 수렵을 제한하고자 하는 경우에는 수렵동물을 포획할 수 있는 기간(수렵기간)을 설정할 수 있다(야생동·식물보호법 43②). 이 같은 법정부관은 법률의 규정에 의하여 직접 부가된 것이라는 점에서, **행정청의 의사결정에 의하여 비로소 붙여지는 행정행위의 부관과 차이**가 있다.

② (o) **조건**은 행정행위의 효력을 발생이 불확실한 장래의 사실에 매이게 하는 것을 말한다. 조건에는, ㉠ 조건이 성취되면 행정 행위의 효력이 발생하는 정지조건(시설완성을 조건으로 한 학교법인 설립인가, 도로확장을 조건으로 한 자동차운수사업면허, 재해시설완비를 조건으로 한 도로점용허가 등)과, ㉡ 조건이 성취되면 효력이 소멸하는 해제조건(월내공사를 착수하지 않으면 효력을 잃는다는 조건으로 행한 특허기업특허)이 있다.

법률행위에 부관이 붙은 경우, 부관에 표시된 사실이 발생하지 아니하면 채무를 이행하지 아니하여도 된다고 보아야 하는 때에는 **정지조건**으로 정한 것으로 보아야 하고, 표시된 사실이 발생한 때는 물론이고 반대로 발생하지 아니하는 것이 확정된 때에도 그 채무를 이행하여야 한다고 보는 것이 타당한 경우에는 표시된 사실의 발생 여부가 확정되는 것을 **불확정기한**으로 정한 것으로 보아야 한다(대법원 2011.4.28. 2010다89036).

③ (o) **부담**은 주된 행정행위에 부수하여 행정행위의 상대방에게 작위·부작위·급부 또는 수인의무를 부과하는 것이다. 영업허가를 하면서 각종 준수의무를 명하는 것, 도로·하천의 점용허가를 하면서 점용료 또는 사용료의 납부를 명하는 것, 건축허가를 하면서 각종의 부담을 명하는 것, 특허기업 특허를 하면서 기업경영조건 기타에 대하여 여러 가지 의무를 명하는 것 등이 이에 해당된다.

④ (o) **철회권의 유보**는 주된 행정행위에 부가하여 특정의 경우에 행정행위를 철회할 수 있는 권한을 유보하는 것이다. 철회권의 유보는 장래의 상황변화에 대비하여 철회의 가능성을 유보하여 두는 기능을 하는 것이나, 상대방은 법적 불안감을 갖게 되는 특성이 있다.

서울특별시 강동구청장이 관광호텔 건축허가 때 **"도로로 지정된 일부 토지를 지목변경한 후 기부채납하여야 한다"고 붙인 부관은 부담**에 해당된다. 그 후 위 부관을 이행하지 아니하자 다시 구청장이 "호텔건물의 가사용기간 만료시까지 기부채납 의무를 이행하지 아니하고, 위 호텔건물의 준공검사필증을 교부받지 못하면 영업허가를 취소한다"는 내용의 부관을 붙인 것은 **철회권의 유보에 해당된다**(대법원 1992.11.13. 92누1308).

⑤ (o) **법률효과의 일부배제**는 주된 행정행위에 부가하여 법령이 그 행위에 부여한 효과의 일부를 배제하는 의사표시를 말한다. 법률이 인정한 효과를 행정청의 의사로 배제하는 것이므로 법률에 근거가 있어야 붙일 수 있다. 판례는 법률효과의 일부배제를 부관의 일종으로 파악하지만, 일부허가 또는 일부거부로 보는 견해도 있다.

지방국토관리청장이 일부 공유수면매립지에 대하여 한 국가 또는 직할시 귀속처분은 매립준공인가를 함에 있어서 매립의 면허를 받은 자의 매립지에 대한 소유권취득을 규정한 공유수면매립법 제14조의 **효과 일부를 배제하는 부관**을 붙인 것이고, 이러한 행정행위의 부관은 위 법리와 같이 **독립하여 행정소송 대상이 될 수 없다**(대법원 1993.10.8. 93누2032). [해 답] ①

2. 다음 행정행위의 부관 중 독립하여 행정소송의 대상이 될 수 있는 것은? (다툼이 있는 경우 판례에 의함)

① 하천부지 점용허가를 하면서 붙인 '점용기간 만료 또는 점용을 폐지하였을 때에는 즉시 원상복구할 것'이라는 부관

② 지방자치단체장이 사업자에게 주택사업계획승인을 하면서 토지를 기부채납하도록 한 경우 그 '기부채납'

③ 어업면허처분을 함에 있어 그 면허의 유효기간을 1년으로 정한 경우, 그 면허의 '유효기간'

④ 행정청이 종교단체에 대하여 기본재산전환인가를 함에 있어 인가조건을 부가하고 그 불이행시 인가를 취소할 수 있도록 한 경우, 그 '인가조건'

⑤ 기부채납받은 행정재산에 대한 사용·수익허가에서 공유재산의 관리청이 정한 '사용·수익허가의 기간'

해설 ① (x) 하천점용허가의 부관 제10조에서 정하고 있는 '점용기간 만료 또는 점용을 폐지하였을 때에는 즉시 원상복구할 것'의 의미는 원고들이 이 사건 각 하천부지에 대한 점용기간 만료시 그에 관한 **개간비보상청구권을 포기하는 것을 조건으로 하여** 이 사건 각 하천점용허가를 한 것으로 해석함이 상당하다(대법원 2008.7.24. 2007두25930, 25947, 25954 보상금).

② (o) 수익적 행정처분에 있어서는 법령에 특별한 근거규정이 없다고 하더라도 그 부관으로서 부담을 붙일 수 있고(대법원 1997.3.11. 96다49650), **행정행위의 부관은 부담의 경우를 제외**하고는 독립하여 행정소송의 대상이 될 수 없다(대법원 1991.12.13. 90누8503).

지방자치단체장이 사업자에게 주택사업계획승인을 하면서 그 주택사업과는 아무런 관련이 없는 **토지를 기부채납하도록 하는 부관**을 주택사업계획승인에 붙인 경우, 그 부관은 부당결부금지의 원칙에 위반되어 위법하지만, 지방자치단체장이 승인한 사업자의 주택사업계획은 상당히 큰 규모의 사업임에 반하여, 사업자가 기부채납한 토지 가액은 그 100분의 1 상당의 금액에 불과한데다가, 사업자가 그 동안 그 부관에 대하여 아무런 이의를 제기하지 아니하다가 지방자치단체장이 업무착오로 기부채납한 토지에 대하여 보상협조요청서를 보내자 그때서야 비로소 부관의 하자를 들고 나온 사정에 비추어 볼 때 부관의 하자가 중대하고 명백하여 당연무효라고는 볼 수 없다(대법원 1997.3.11. 96다49650).

고속국도 관리청이 고속도로 부지와 접도구역에 송유관 매설을 허가하면서 상대방과 체결한 협약에 따라 **송유관 시설을 이전하게 될 경우 그 비용을 상대방에게 부담하도록 하는 부관**도 부담에 해당된다(대법원 2009.2.12. 2005다65500).

③ (x) 어업면허처분을 함에 있어 그 면허의 유효기간을 1년으로 정한 경우, 위 면허의 유효기간은 행정청이 위 **어업면허처분의 효력을 제한하기 위한 행정행위의 부관**이라 할 것이고 이러한 행정행위의 부관은 독립하여 행정소송의 대상이 될 수 없는 것이므로 위 어업면허처분 중 그 **면허유효기간만의 취소를 구하는 청구는 허용될 수 없다**(대법원 1986.8.19. 86누202).

④ (x) 행정청이 종교단체에 대하여 기본재산전환인가를 함에 있어 인가조건을 부가하고 그 불이행시 인가를 취소할 수 있도록 한 경우, **인가조건의 의미는 철회권을 유보한 것**이라고 본 사례(대법원 2003.5.30. 2003다6422).

⑤ (x) 행정행위의 부관은 부담인 경우를 제외하고는 독립하여 행정소송의 대상이 될 수 없는바, 기부채납받은 행정재산에 대한 사용·수익허가에서 공유재산의 관리청이 정한 **사용·수익허가의 기간은 그 허가의 효력을 제한하기 위한 행정행위의 부관**으로서 이러한 사용·수익허가의 기간에 대해서는 독립하여 행정소송을 제기할 수 없다(대법원 2001.6.15. 99두509). [해 답] ②

3. 부관의 가능성과 한계에 관한 설명 중 옳지 않은 것은? (다툼이 있는 경우 판례에 의함)

① 개별법규에 부관에 관한 명문의 규정이 없더라도 일정한 경우에는 부관을 붙일 수 있다.

② 기속행위에는 부관을 전혀 붙일 수 없다.

③ 건축허가를 받은 토지의 일부를 허가관청에 기부채납하도록 하는 부관은 법령에 근거가 없는 것으로 무효이다.

④ 재량행위는 관계 법령에 근거가 없더라도 행정목적을 달성하기 위하여 부관을 붙일 수 있다.

⑤ 행정처분에 이미 부담이 부가되어 있는 상태에서 그 의무의 범위 또는 내용 등을 변경하는 부관의 사후변경도 허용된다.

해설 ① (o) 수익적 행정처분은 법령에 규정이 없더라도 부관인 부담을 붙일 수 있다. 종래의 통설은 부관을 주된 의사표시에 붙여진 종된 의사표시라 하여 부관은 법률행위적 행정행위에 대하여만 붙일 수 있다고 한다. 그러나 오늘날은 준법률행위적 행정행위인 확인·공증에도 기한 등의 부관을 붙일 수 있으며, 법률행위적 행정행위인 귀화허가에는 부관을 붙일 수 없다고 한다.

② (x) 부관은 기속행위에 대하여는 원칙적으로 붙일 수 없다. 그러나 **기속행위라도 법률에 명시적인 근거**가 있거나, 그 근거가 없더라도 **행정행위의 요건을 충족하도록 하는 부관**은 붙일 수 있다. 교육감은 사립학교 이사회소집 자체를 승인하는 행위를 할 수 있을 뿐인데(기속행위), 이사회 소집일시, 장소를 지정하는 것은 기속행위에 부관을 붙인 것으로 무효에 해당된다(대법원 1988.4.27. 87누1106).

③ (o) 부관은 그 내용이 적법하여야 하고, 이행가능하여야 하며, 비례의 원칙 및 평등의 원칙에 적합하고, 행정처분의 본질적 효력을 해하지 않는 한도의 것이어야 한다(대법원 1997.3.14. 96누16698). 건축허가를 하면서 일정 토지를 기부채납하도록 하는 내용의 허가조건은 **부관을 붙일 수 없는 기속행위 내지 기속적 재량행위인 건축허가에 붙인 부담**이거나 또는 **법령상 아무런 근거가 없는 부관**이어서 무효이다(대법원 1995.6.13. 94다56883).

④ (o) 재량행위는 관계 법령에 명시적인 금지규정이 없는 한 행정목적을 달성하기 위하여 부관을 붙일 수 있다. 주택재건축사업시행의 인가는 행정청의 재량행위에 속하므로, 처분청으로서는 **법령상의 제한에 근거한 것이 아니라 하더라도 공익상 필요 등에 의하여** 필요한 범위 내에서 여러 조건(부담)을 부과할 수 있다(대법원 2007.7.12. 2007두6663). 공유수면매립면허와 같은 재량적 행정행위에는 법률상의 근거가 없다고 하더라도 부관을 붙일 수 있다(대법원 1982.12.28. 80다731).

⑤ (o) 행정처분에 이미 부담이 부가되어 있는 상태에서 그 의무의 범위 또는 내용 등을 변경하는 **부관의 사후변경**은, 법률에 명문의 규정이 있거나 그 변경이 미리 유보되어 있는 경우 또는 상대방의 동의가 있는 경우에 한하여 허용되는 것이 원칙이지만, 사정변경으로 인하여 당초에 부담을 부가한 목적을 달성할 수 없게 된 경우에도 그 목적달성에 필요한 범위 내에서 예외적으로 허용된다(대법원 1997.5.30. 97누2627). 행정처분이 발하여진 후 새로운 부담을 부가하거나 이미 부가되어 있는 부담의 범위 또는 내용 등을 변경하는 **사후부담은, 법률에 명문의 규정이 있거나 그것이 미리 유보되어 있는 경우 또는 상대방의 동의가 있는 경우에 허용**되는 것이 원칙(대법원 2009.11.12. 2008다98006)이라는 제한적 긍정설이 다수설·판례이다.

[해 답] ②

4. 위법한 부관과 그 쟁송절차에 관한 설명 중 옳지 않은 것은? (다툼이 있는 경우 판례에 의함)

① 부관의 하자는 행정행위의 하자론에 의하여 처리한다.

② 위법한 기부채납의 부담이 무효로 되면 그 부관의 이행으로 행한 사법상 법률행위도 무효로 된다.

③ 부담이 아닌 위법한 부관은 부관부행정행위 전체를 대상으로 그 전체의 취소쟁송을 제기할 수 있다.

④ 기부채납 받은 행정재산에 대한 사용·수익허가 중 사용·수익허가의 기간에 대하여 독립하여 행정소송을 제기한 경우 부적법 각하된다.

⑤ 개발제한구역 내에서의 광산에 대한 개발행위 허가기간의 연장신청을 거부한 처분에 대하여 그 처분의 취소를 구할 수 있다.

해설

① (o) 그 흠(하자)이 중대하고 명백하면 무효이고, 그 흠이 중대하고 명백한 것이 아니면 취소할 수 있는 행위라고 할 수 있다.

② (x) 위법한 기부채납의 부관으로 이행된 사법상 법률행위(기부채납된 소유권이전등기)의 효력이 문제된다. 위법한 부담과 그 이행으로 인한 사법상 법률행위는 별개로 보자는 견해(**독립설**)와 부담의 이행으로 행한 사법상 법률행위는 부담과 별개의 행위가 아니라 부담의 이행행위에 불과하다는 종속설(**부당이득반환청구설**)이 있다. 판례는 부담이 당연무효이거나 취소되지 않은 상태에서는 그 부관으로 인한 사법상의 증여계약(기부채납계약)의 중요부분에 착오가 있었음을 이유로 기부채납계약을 취소할 수 없다고 한다(독립설). 부담인 부관이 취소되거나 무효라 하더라도 그 부담의 이행으로 한 사법상 법률행위는 당연히 무효가 되는 것은 아니고, 법률행위의 중요부분의 착오로서 취소사유가 된다고 한다.

㉠ 토지소유자가 토지형질변경행위허가에 붙은 기부채납의 부관에 따라 토지를 국가나 지방자치단체에 기부채납(증여)한 경우, **기부채납의 부관이 당연무효이거나 취소되지 아니한 이상** 토지소유자는 위 부관으로 인하여 **증여계약의 중요부분에 착오가 있음을 이유**로 증여계약을 취소할 수 없다(대법원 1999.5.25. 98다53134).

㉡ **부담의 이행으로서 하게 된 사법상 매매 등의 법률행위는** 그 부담을 붙인 행정처분과는 어디까지나 **별개의 법률행위이므로,** 그 부담의 불가쟁력의 문제와는 별도로 그 법률행위가 사회질서 위반이나 강행규정에 위반되는지 여부 등을 따져보아 그 법률행위의 유효 여부를 판단하여야 한다(대법원 2009.6.25. 2006다18174).

㉢ (부관으로 붙여진) 허가조건이 무효라고 하더라도 그 부관 및 본체인 건축허가 자체의 효력이 문제됨은 별론으로 하고, 허가신청대행자가 그 소유인 토지를 허가관청에게 기부채납함에 있어 위 허가조건은 증여의사표시를 하게 된 하나의 동기 내지 연유에 불과한 것이고(동기의 착오), **이를 이유로 하여 위 시 명의의 소유권이전등기의 말소를 청구할 수는 없다**(대법원 1995.6.13. 94다56883).

③ (o) 판례는 부관에 대한 쟁송의 문제를 부관의 종류에 따라 구별한다. 부담인 경우에는 주

된 행정행위와 분리하여 독립적으로 취소쟁송을 제기할 수 있다고 하고, 그 밖의 부관은 그 부관만을 대상으로 취소쟁송을 제기할 수 없으며, 부관부행정행위 전체를 대상으로 그 전체의 취소쟁송을 제기하여야 한다고 한다(대법원 1992.1.21. 91누1264).

④ (o) 이러한 법리는 이 사건 허가 중 원고가 신청한 허가기간을 받아들이지 않은 부분의 취소를 구하는 이 사건 주위적 청구의 경우에도 마찬가지로 적용되어야 할 것이므로, 결국 이 사건 주위적 청구는 부적법하여 각하를 면할 수 없다(대법원 2001.6.15. 99두509).

⑤ (o) 개발제한구역 내에서의 광산에 대한 개발행위 **허가기간의 연장신청을 거부한 처분**은 재량권을 남용하였거나 재량권의 범위를 일탈한 위법한 처분이다(대법원 1991.8.27. 90누7920).

[해 답] ②

20 행정법상의 확약

1. 행정법상 확약에 관련된 설명 중 옳은 것을 모두 고른 것은? (다툼이 있는 경우 판례에 의함)

> ㉠ 각종의 인허가에 관한 내허가·내인가, 공무원임용의 내정, 과세처분에 관한 견해표명 등은 확약의 성질을 가졌다고 볼 수 있다.
> ㉡ 확약은 본처분이 재량행위인 경우에는 긍정되지만, 기속행위인 경우에는 부정하는 것이 다수설이다.
> ㉢ 확약은 행정기관에 대하여 장래의 약속의 이행의무를 발생시킨다는 점에서 행정처분이라고 인정되고 있다.
> ㉣ 대통령이 삼청교육으로 인한 피해와 관련하여 담화를 발표하고 이에 따라 관계 행정각부의 장인 국방부장관이 삼청교육 관련 피해자들에게 그 피해를 보상하겠다고 공고하고 피해신고까지 받은 것은 대통령이 그 피해를 보상해 주겠다고 종국적으로 약속한 것에 해당된다.
> ㉤ 행정청의 확약 또는 공적인 의사표명이 그 자체에서 정한 유효기간을 경과한 이후에는 당연히 실효되는 것은 아니다.

① ㉡, ㉣ ② ㉠, ㉣ ③ ㉠, ㉢, ㉤
④ ㉡, ㉢, ㉣ ⑤ ㉢, ㉣, ㉤

해설 ㉠ (o) 확약은 행정청이 국민에 대하여 자기구속을 할 의도로써 장래에 향하여 일정한 행위를 하거나, 하지 않을 것을 약속하는 의사표시이다. 행정청의 약속의 대상이 행정행위에 국한된 것을 확약이라고 하고, 공법상계약의 체결, 행정계획의 실시·존속, 사실행위와 같은 일체의 행정작용을 대상으로 하는 약속을 확언이라고 구별하기도 한다. 각종의 인허가에 관한 내허가·내인가, 공무원임용의 내정, 과세처분에 관한 견해표명 등은 확약의 성질을 가졌다고 볼 수 있다.

㉡ (x) 본처분이 재량행위인 경우에 확약을 할 수 있는 것은 다툼이 없다. 기속행위에도 확약을 할 수 있는지 문제된다. 기속행위와 재량행위의 한계가 명백하지 아니하며, 기속행위의 경우에도 확약에 의하여 예지이익 및 대처이익이 주어질 수도 있으므로 긍정하는 것이 타당하다(다수설).

㉢ (x) 확약은 행정기관에 대하여 장래의 약속의 이행의무를 발생시킨다는 점에서 행정행위성을 긍정하는 것이 타당하지만, **판례는 확약의 개념을 인정하면서도 행정처분이 아니라고 한다**. 어업면허 우선순위결정에 관한 확약을 하였더라도 공정력이나 불가쟁력과 같은 효력은 인정되지 아니하며, 따라서 우선순위결정이 잘못되었다는 이유로 종전의 어업권면허처분이 취소되면 행정청은 종전의 우선순위결정을 무시하고 다시 우선순위를 결정한 다음 새로운 우선순위결정에 기하여 새로운 어업권면허를 할 수 있다(대법원 1995.1.20. 94누6529).

㉣ (o) 대통령이 담화를 발표하고 이에 따라 관계 행정각부의 장인 국방부장관이 삼청교육 관련 피해자들에게 그 피해를 보상하겠다고 공고하고 피해신고까지 받은 것은, 대통령이 정부의 수반인 지위에서 피해자들인 국민에 대하여 향후 입법조치 등을 통하여 그 피해를 보상해 주겠다고 **구체적 사안에 관하여 종국적으로 약속한 것으로서**, 거기에 채무의 승인이나 시효이익의 포기와 같은 사법상의 효과는 없더라도, 그 상대방은 약속이 이행될 것에 대한 강한 신뢰를 가지게 되고, 이러한 신뢰는 단순한 사실상의 기대를 넘어 법적으로 보호받아야 할 이익이라고 보아야 하므로, **국가로서는 정당한 이유 없이 이 신뢰를 깨뜨려서는 아니 되고 이를 어긴 경우에는 그 신뢰의 상실로 인한 손해를 배상하여야 한다**(대법원 2001.7.10. 98다38364). 확약은 신뢰보호의 원칙 중 '**선행조치**'에 해당되는 행정청의 행위형식의 하나이다.

㉤ (x) 확약 후에 사실상태 또는 법률상태가 변경된 경우, 확약의 구속력은 사후적으로 별다른 의사표시가 없어도 상실된다. 판례 역시 행정청의 확약 또는 공적인 의사표명이 그 자체에서 정한 유효기간을 경과한 이후에는 당연히 실효된다고 한다. 즉, 대전직할시장이 장차 주택건설사업계획승인처분을 하겠다는 내용의 **확약 또는 공적인 의사표명을 하였더라도 그 유효기간 1년 이내에 원고가 그 승인신청을 하지 아니함으로써 실효**되었다고 할 것이다(대법원 1996. 8.20. 95누10877). 사정변경에 의하여 확약의 구속력이 면제된다는 점에서 확약은 일반 행정행위에 비하여 존속력이 약하다 할 수 있다.

[해 답] ②

21 행정행위의 성립요건·효력발생요건

1. 행정행위의 성립요건·효력발생요건에 관한 설명 중 옳지 않은 것은? (다툼이 있으면 판례에 의함)

① 행정처분은 주체·내용·절차 및 형식이라는 내부적 성립요건과 외부에의 표시라는 외부적 성립요건을 모두 갖춘 경우에 행정처분이 존재한다고 할 수 있다.

② 주민대표나 주민대표 추천에 의한 전문가의 참여 없이 의결이 이루어지는 등 입지선정위원회의 구성방법이나 절차가 위법한 경우에는 그 하자 있는 입지선정위원회의 의결에 터잡아 이루어진 폐기물처리시설 입지결정처분도 위법하게 된다.

③ 행정처분의 효력발생요건으로서의 도달은 상대방이 그 내용을 현실적으로 양지할 필요까지는 없고, 다만 양지할 수 있는 상태에 놓여짐으로써 충분하다.

④ 행정행위는 다른 법령에 특별한 규정이 있는 경우를 제외하고는 송달받을 자에게 도달됨으로써 그 효력이 발생한다.

⑤ 정보통신망을 이용한 송달은 송달받을 자의 동의가 없더라도 송달받을 자의 컴퓨터에 입력된 때에 도달된 것으로 본다.

해설 ① (o) 일반적으로 행정처분이 주체·내용·절차 및 형식이라는 내부적 성립요건과 외부에의 표시라는 외부적 성립요건을 모두 갖춘 경우에는 행정처분이 존재한다고 할 수 있다(대법원 1999.8.20. 97누6889).

② (o) 행정행위의 성립요건 중 **절차에 관한 요건으로는,** 법정의 절차를 밟고 누락이 없어야 한다는 점이다. 구 폐기물처리시설 설치촉진 및 주변지역 지원 등에 관한 법률에 정한 입지선정위원회가 그 구성방법 및 절차에 관한 같은 법 시행령의 규정에 위배하여 군수와 주민대표가 선정·추천한 전문가를 포함시키지 않은 채 임의로 구성되어 의결을 한 경우, 그에 터잡아 이루어진 폐기물처리시설 입지결정처분의 하자는 중대한 것이고 객관적으로도 명백하므로 무효사유에 해당한다(대법원 2007.4.12. 2006두20150).

③ (o) 행정처분의 효력발생요건으로서의 도달이란 상대방이 그 내용을 현실적으로 양지할 필요까지는 없고 다만 양지할 수 있는 상태에 놓여짐으로써 충분하다고 할 것인데, 갑의 처가 갑의 주소지에서 갑에 대한 정부인사발령통지를 수령하였다면 비록 그때 갑이 구치소에 수감중이었고 처분청 역시 그와 같은 사실을 알고 있었다거나 갑의 처가 위 통지서를 갑에게 전달하지 아니하고 폐기해 버렸더라도 갑의 처가 위 통지서를 수령한 때에 그 내용을 양지할 수 있는 상태에 있었다고 볼 것이다(대법원 1989.9.26. 89누4963).

우편물이 등기취급의 방법으로 발송된 경우에는 반송되는 등의 특별한 사정이 없는 한 그 무렵 수취인에게 배달되었다고 보아야 한다(대법원 2007.12.27. 2007다51758).

송달받을 자의 주소 등을 통상의 방법으로 확인할 수 없는 경우, 송달이 불가능한 경우에는 송달받을 자가 알기 쉽도록 관보·공보·게시판·일간신문 중 하나 이상에 공고하고 인터넷에도 공고하여야 한다(행정절차법 14④). 이 경우에는 **다른 법령 등에 특별한 규정이 없는 한**, 공고일로부터 14일이 경과한 때에 효력이 발생한다(행정절차법 15). 행정절차법 제15조의 '다른 법령 등'에 해당하는 '행정업무의 효율적 운영에 관한 규정' 제6조 제3항은 "공고문서는 그 문서에서 효력발생시기를 구체적으로 밝히고 있지 않으면 그 고시 또는 공고 등이 있은 날부터 5일이 경과한 때에 효력이 발생한다"라고 공고문서의 효력발생을 명시하고 있다. 통상 고시 또는 공고에 의하여 행정처분을 하는 경우에는 (중략) 고시가 효력을 발생하는 날인 고시가 있은 후 5일이 경과한 날에 처분이 있음을 알았다고 보아야 한다(대법원 1995.8.22. 94누5694).

④ (o) 상대방의 수령을 요하는 행정행위는 상대방에게 통지하여 도달되는 것이 효력발생요건이다. 송달은 다른 법령에 특별한 규정이 있는 경우를 제외하고는 송달받을 자에게 도달됨으로써 그 효력이 발생한다(행정절차법 15①). 도달주의를 채택하고 있다.

⑤ (x) 행정처분의 통지인 송달은 우편·교부 또는 정보통신망이용 등의 방법에 의하되, 송달받을 자의 주소·거소·영업소·사무소 또는 전자우편주소로 하며, 송달받을 자가 동의하는 경우에는 그를 만나는 장소에서 송달할 수 있다. 정보통신망을 이용한 송달은 송달받을 자의 **동의가 있는 경우에 한하며**, 이 경우 송달받을 자는 전자우편주소 등을 지정하여야 한다(행정절차법 14①③). 정보통신망을 이용하여 전자 문서로 송달하는 경우에는 송달받을 자가 지정한 컴퓨터에 입력된 때에 도달된 것으로 본다(행정절차법 15②). [해 답] ⑤

22 행정행위의 부존재

1. 행정행위의 부존재에 관한 설명 중 옳지 않은 것은? (다툼이 있는 경우 판례에 의함)

① 구청장이 식품위생법을 위반한 자에게 1월의 영업정지를 명하는 처분을 하기로 결정한 다음에 그 처분통지서를 송달하지 않고 보관하고 있는 경우 부존재라고 할 수 있다.

② 행정처분의 부존재확인소송은 행정처분의 부존재확인을 구할 법률상 이익이 있는 자만이 제기할 수 있다.

③ 도시계획시설결정이 없음에도 그 결정이 있는 것처럼 행정청이 도시계획확인서를 발급하고 있다면, 그 결정의 부존재확인을 구할 법률상의 이익이 있다.

④ 행정행위의 부존재와 무효는 모두 외형은 있지만, 그 효력이 발생하지 않는다는 점이 공통적이다.

⑤ 행정행위가 이미 취소·철회·해제조건의 성취 등에 의하여 소멸되어 버렸기 때문에 사실상으로 행정행위가 부존재인 경우도 있다.

해설 ① (o) 영업정지처분이 내부적으로는 성립되었으나, 외부적으로는 처분사실의 통지가 없어 외부적인 성립요건을 흠결하고 있다. 행정처분은 외부(상대방)에 적법하게 알려져야 한다. 통지가 없는 처분은 효력발생요건도 흠결하게 된다. 이처럼 행정행위의 부존재는 행정행위가 성립요건의 어떤 중요한 요소를 결여함으로써 외관상으로 행정행위로서 성립하지 못한 경우를 말한다.

② (o) 행정처분의 부존재확인소송은 행정처분의 부존재확인을 구할 법률상 이익이 있는 자만이 제기할 수 있고, 여기에서의 법률상 이익은 원고의 권리 또는 법률상 지위에 현존하는 불안·위험이 있고 이를 제거함에는 확인판결을 받는 것이 가장 유효적절한 수단일 때 인정되는 것이다(대법원 1990.9.28. 89누6396).

원고가 취소를 구하는 토지초과이득세 부과처분이 부존재한다면, 행정소송에 있어 쟁송의 대상이 되는 행정처분의 존재는 소송의 적법요건이라고 할 것이므로, 원고가 취소를 구하는 부과처분이 존재하지 아니하는 이상 소는 부적법하여 각하되어야 한다(대법원 1997.8.26. 96누6707 토지초과이득세부과처분취소). 이 판례는 항고소송의 대상이 되는 처분이 없는데 그 취소를 구하는 청구에 대하여 판시한 것이다.

부과된 세액을 이미 납부한 후에는 위 부과처분이 부존재함을 이유로 그 납부세금에 대한 부당이득반환청구를 함은 별문제로 하고, 위 부과처분의 부존재확인을 독립한 소송으로 구할 확인의 이익은 없다(대법원 1982.3.23. 80누476).

③ (o) 도시계획법 소정의 도시계획시설결정을 할 권한을 가진 행정청이 위 법에 따른 시설결정을 한 일이 없음에도 마치 공원용지로 도시계획시설결정을 한 것과 같이 취급하여 "공원용지"로 표시하여 도시계획확인서를 발급하고 있다면 그 토지에 관하여 공원용지로의 도시계획시설결정이 없음에도 불구하고 행정청에 의하여 그 결정이 있는 양 법률적 불안이 조성되고 있으므로 토지소유자는 그 법률적 관계의 불안을 제거하기 위하여 그 결정의 부존재확인을 구할 법률상의 이익이 있다(대법원 1985.6.11. 85누157).

④ (x) 무효는 행정행위의 외형은 있지만, 부존재는 외형 자체도 존재하지 않는다. 행정심판법과 행정소송법은 무효확인과 함께 부존재확인을 인정하고 있으므로 두 개념의 구별실익이 있다.

⑤ (o) 행정행위의 부존재에는, ㉠ 내부적 의사결정의 단계에 있어 행정행위로서 성립되지 못한 경우(내부적 결정만 있고 아직 외부에 표시되지 않은 행위), ㉡ 이미 취소·철회·해제조건의 성취 등에 의하여 소멸되어 버렸기 때문에 사실상으로 부존재인 경우가 있다(좁은 의미의 부존재).

[해 답] ④

23 무효인 행정행위와 취소할 수 있는 행정행위의 구별

1. 무효인 행정행위와 취소할 수 있는 행정행위의 구별에 관한 설명 중 옳지 않은 것은? (다툼이 있는 경우 판례에 의함)

① 취소할 수 있는 행정행위는 흠이 있더라도 공정력이 인정되기 때문에 취소소송을 제기하여 취소를 구하여야 한다.

② 행정심판법과 행정소송법은 공익보호의 견지에서 취소할 수 있는 행정행위와 무효인 행정행위에 사정재결 및 사정판결을 인정하고 있다.

③ 무효등확인쟁송을 제기함에는 제기기간의 제한을 받지 아니 한다.

④ 흠 있는 행정행위의 치유는 원칙적으로 취소할 수 있는 행위에 대하여 인정된다.

⑤ 둘 이상의 행정행위가 단계적으로 행하여지는 경우에, 선행행위가 무효사유(부존재도 포함)에 해당되는 흠이 있는 때에는 나중에 행하여진 후행행위에 승계된다.

해설

① (o) 무효인 행정행위는 공정력이 인정되지 아니하기 때문에 민사소송에서 그 선결문제로서 무효를 확인받을 수 있다.

② (x) 행정심판법과 행정소송법은 공익보호의 견지에서 **사정재결 및 사정판결**을 인정하고 있다. **이들은 취소할 수 있는 행정행위에 대하여만 인정**되고, 무효인 행정행위에 대하여는 인정되지 아니한다.

③ (o) 취소쟁송을 제기함에는 다른 일반적인 쟁송요건 외에 제기기간의 요건을 충족하여야 한다.

④ (o) 흠 있는 행정행위의 전환은 무효인 행정행위에 대하여서 인정된다고 본다.

⑤ (o) 반면, 선행행위가 취소사유인 때에는 원칙적으로 선행행위와 후행행위가 **하나의 행정목적을 실현하기 위한 것인 경우에 한하여** 흠이 승계된다고 본다. [해 답] ②

24 행정행위의 무효

1. 행정행위의 무효에 관한 설명 중 옳지 않은 것은? (다툼이 있는 경우 판례에 의함)

① 행정처분의 당연무효를 선언하는 의미에서 취소를 구하는 행정소송을 제기한 경우에도 제소기간의 준수 등 취소소송의 제소요건을 갖추어야 한다.

② 행정처분이 무효인 경우 민사상의 구제방법으로 충분하더라도 행정처분의 무효확인을 구하는 의미에서 그 취소를 구할 소의 이익이 있다.

③ 행정처분의 무효확인을 구하는 소에는 그 처분이 만약 당연무효가 아니라면, 그 취소를 구하는 취지도 포함되어 있는 것으로 보아야 한다.

④ 환경영향평가를 거쳐야 할 대상사업인 국방·군사시설사업에 대하여 사업자가 주민의 생존에 직결되는 상수원문제 등에 대한 환경영향평가를 실시하지 않았음에도 불구하고 환경부장관과의 협의 없이 사업실시계획을 승인한 처분은 당연무효이다.

⑤ 5급 이상의 국가정보원직원에 대한 의원면직처분이 임면권자인 대통령이 아닌 국가정보원장에 의해 행해진 것으로 위법하여 당연무효에 해당된다.

해설

① (o) 행정처분의 당연무효를 선언하는 의미에서 취소를 구하는 행정소송을 제기한 경우에도 제소기간의 준수 등 취소소송의 제소요건을 갖추어야 한다(대법원 1993.3.12. 92누11039).

② (o) 행정처분이 무효인 경우 민사상의 구제방법으로 충분하다 하여 행정처분의 무효확인을 구하는 의미에서 그 취소를 구할 소의 이익이 없다고는 할 수 없다(대법원 1966.9.6. 66누81).

③ (o) 행정처분의 무효확인을 구하는 소에는 원고가 그 처분의 취소를 구하지 아니한다고 밝히지 아니한 이상 그 처분이 만약 당연무효가 아니라면, 그 취소를 구하는 취지도 포함되어 있는 것으로 보아야 한다(대법원 1994.12.23. 94누477).

④ (o) 구 환경영향평가법상 환경영향평가를 실시하여야 할 사업에 대하여 환경영향평가를 거치지 아니하였음에도 승인 등 처분을 한 경우, 그 처분의 하자가 행정처분의 당연무효사유에 해당한다(대법원 2006.6.30. 2005두14363).

⑤ (x) 행정청의 권한에는 사무의 성질 및 내용에 따르는 제약이 있고, 지역적·대인적으로 한계가 있으므로 이러한 권한의 범위를 넘어서는 권한유월의 행위는 무권한 행위로서 원칙적으

로 무효라고 할 것이나, 행정청의 공무원에 대한 **의원면직처분은 공무원의 사직의사를 수리하는 소극적 행정행위에 불과**하고, 당해 공무원의 **사직의사를 확인하는 확인적 행정행위**의 성격이 강하며 재량의 여지가 거의 없기 때문에 의원면직처분에서의 행정청의 **권한유월 행위**를 다른 일반적인 행정행위에서의 그것과 반드시 같이 보아야 할 것은 아니다.

5급 이상의 국가정보원직원에 대한 의원면직처분이 임면권자인 대통령이 아닌 국가정보원장에 의해 행해진 것으로 위법하고, 나아가 국가정보원직원의 명예퇴직원 내지 사직서 제출이 직위해제 후 1년여에 걸친 국가정보원장 측의 종용에 의한 것이었다는 사정을 감안한다 하더라도 **그러한 하자가 중대한 것이라고 볼 수는 없으므로**, 대통령의 내부결재가 있었는지에 관계없이 당연무효는 아니다(대법원 2007.7.26. 2005두15748). [해 답] ⑤

2. 행정행위의 무효에 관한 설명 중 옳은 것을 모두 고른 것은? (다툼이 있는 경우 판례에 의함)

㉠ 무효는 행정청의 특별한 의사표시를 기다릴 것 없이 처음부터(행위당시) 아무런 효력도 발생하지 못한다.
㉡ 행정기관의 권한에는 지역적·대인적으로 한계가 있으므로, 이러한 권한의 범위를 넘어서는 권한유월의 행위는 무권한 행위로서 원칙적으로 무효이다.
㉢ 당연무효라고 하기 위하여는 그 처분에 중대한 하자가 있는 것만으로는 부족하고 그 하자가 객관적으로(외형적으로) 명백한 것이어야 한다.
㉣ 과세처분 이후 조세 부과의 근거가 되었던 법률규정에 대하여 위헌결정이 내려진 경우, 그 과세처분으로 인한 조세채권의 집행을 위한 체납처분은 당연무효가 아니다.
㉤ 행정청이 일반 유흥음식점의 장소 변경허가를 착오로 해준 경우에는 그 허가처분을 취소할 수 있다.
㉥ 법률에 근거하여 행정처분이 발하여진 후에 헌법재판소가 그 행정처분의 근거가 된 법률을 위헌으로 결정하였다면 결과적으로 행정처분은 법률의 근거가 없이 행하여진 것과 마찬가지가 되어 당연무효에 해당된다.

① ㉠, ㉡, ㉢　② ㉡, ㉢, ㉥　③ ㉢, ㉤, ㉥
④ ㉣, ㉤, ㉥　⑤ ㉢, ㉣, ㉤

해설 ㉠ (o) 행정행위의 무효는 중대하고 명백한 흠이 있어 행정행위의 외형은 갖추고 있으나, 처음부터 행정행위의 효력을 발생하지 못하는 것을 말한다. **행정행위의 효력이 소멸되는 것으로는** ⓐ 무효, ⓑ 일단 유효하게 성립한 행정행위가 행위 당시로 소급하여 효력이 소멸되는 취소, ⓒ 장래에 향하여 효력이 소멸되는 철회, ⓓ 일정사실의 발생으로 행정청의 의사와 관계없이 장래에 향하여 효력이 소멸되는 실효가 있다.
㉡ (o) 행정기관의 권한에는 사무의 성질 및 내용에 따르는 제약이 있고, 지역적·대인적으로

한계가 있으므로 이러한 권한의 범위를 넘어서는 **권한유월의 행위는 무권한 행위로서 원칙적으로 무효이고**, 선행행위가 부존재하거나 무효인 경우에는 그 하자는 당연히 후행행위에 승계되어 후행행위도 무효로 된다(대법원 1996.6.28. 96누4374).
권한위임의 경우에는 수임자가 자기의 이름으로 그 권한을 행사할 수 있다 할 것이나 내부위임의 경우에는 수임자는 위임관청의 이름으로 이를 할 수 있을 뿐이지 자기의 이름으로는 할 수 없다 할 것이다. 대전시장인 피고로서는 충청남도 지사 이름으로 석유판매허가취소에 관한 사무를 사실상 대행처리할 수 있을 뿐 자기의 이름으로 그 허가를 취소할 권한은 없다 할 것이다. (그럼에도) 대전시장이 행한 이 사건 처분은 권한 없는 자에 의하여 행하여진 위법무효에 해당된다(대법원 1986.12.9. 86누569).
건축법 등 관계법령에 의하여 서울특별시장의 건축관계 신고를 받을 권한은 구청장에게 위임되었으므로, 구청장의 위 권한을 건축신고처리방침 시달 공문에 첨부된 처리요령에 따라 동장에게 위임한 것은 법적인 근거없이 행정편의를 위한 **내부위임에 해당**하는 것으로서, 동장으로서는 위임을 한 상급관청인 **구청장의 명의**와 책임하에서만 행정처분을 하여야 하고, **동장이 그 명의로 담장축조신고반려처분을 한 것은 무효의 처분이며, 이를 가리켜 구청장의 처분**이 있다 할 수 없다(대법원 1987.3.24. 86누737).
ⓒ (o) 흠의 내부적 성질이 중대하고, 외부적 성질이 명백하면 무효이고, 하자가 이에 미치지 못하는 경우에는 취소할 수 있는 행위라고 한다(중대명백설). 통설·판례이다. 흠이 중대하다는 것은 행정행위가 중요한 법률요건을 위반한 경우이다. 판례는 법규의 중요한 부분을 위반한 경우를 중대한 것으로 본다. 흠이 명백하다는 것은 행정행위 성립 당시부터 객관적으로 누가 보아도 외관상 명백하다는 것이다. 사실관계 자료를 정확히 조사하여야 비로소 그 하자 유무가 밝혀질 수 있는 하자는 외관상 명백하다고 할 수는 없다(대법원 1992.4.28. 91누6863).
당연무효라고 하기 위하여는 그 처분에 중대한 하자가 있는 것만으로는 부족하고, 그 하자가 객관적으로(외형적으로) 명백한 것이어야 한다(대법원 1995.4.28. 94다55019).
ⓡ (x) 조세 부과의 근거가 되었던 법률규정이 위헌으로 선언된 경우, 비록 그에 기한 과세처분이 위헌결정 전에 이루어졌고, 과세처분에 대한 제소기간이 이미 경과하여 조세채권이 확정되었으며, 조세채권의 집행을 위한 체납처분의 근거규정 자체에 대하여는 따로 위헌결정이 내려진 바 없다고 하더라도, 위와 같은 위헌결정 이후에 조세채권의 집행을 위한 새로운 체납처분에 착수하거나 이를 속행하는 것은 더 이상 허용되지 않고, 나아가 이러한 위헌결정의 효력에 위배하여 이루어진 체납처분은 그 사유만으로 하자가 중대하고 객관적으로 명백하여 당연무효라고 보아야 한다(대법원 2012.2.16. 2010두10907).
위헌법률에 기한 행정처분의 집행이나 집행력을 유지하기 위한 행위는 위헌결정의 기속력에 위반되어 허용되지 않는다. 위헌결정 이후에는 별도의 행정처분인 매각처분, 분배처분 등 후속 체납처분절차를 진행할 수 없는 것은 물론이고, 특별한 사정이 없는 한 기존의 압류등기나 교부청구만으로는 다른 사람에 의하여 개시된 경매절차에서 배당을 받을 수도 없다(대법원 2002.8.23. 2001두2959).
ⓜ (x) 일반 유흥음식점의 장소 변경허가를 함에 있어서 소론 위조된 해제승인서가 첨부되었는데도 유효한 해제승인서인 것으로 잘못 알고 접수 허가한 것인 점에서 착오로 허가해 주었다고 볼 것이요, 행정행위의 절차에 하자있는 것으로는 볼 수 없다 할 것이므로, 원심이 이와 같이 **착오로 허가해 주었다고 하여 그것만을 이유로 그 허가처분을 취소할 수는 없다**(대법원 1979.6.26. 79누43).

ⓑ (x) 법률에 근거하여 행정처분이 발하여진 후에 헌법재판소가 그 행정처분의 근거가 된 법률을 위헌으로 결정하였다면 결과적으로 행정처분은 법률의 근거가 없이 행하여진 것과 마찬가지가 되어 하자가 있는 것이 되나, 하자 있는 행정처분이 당연무효가 되기 위하여는 그 하자가 중대할 뿐만 아니라 명백한 것이어야 하는데, 일반적으로 법률이 헌법에 위반된다는 사정이 헌법재판소의 위헌결정이 있기 전에는 객관적으로 명백한 것이라고 할 수는 없으므로 **헌법재판소의 위헌결정 전에 행정처분의 근거되는 당해 법률이 헌법에 위반된다는 사유는 특별한 사정이 없는 한 그 행정처분의 취소소송의 전제가 될 수 있을 뿐** 당연무효사유는 아니라고 봄이 상당하다(대법원 1994.10.28. 92누9463).
법률이 헌법에 위반된다는 사정은 헌법재판소의 위헌결정이 있기 전에는 객관적으로 명백한 것이라고 할 수 없어 특별한 사정이 없는 한 이러한 하자는 행정처분의 취소사유에 해당할 뿐 당연무효사유는 아니라고 할 것이다(헌재 2010.9.30. 2009헌바101). [해 답] ①

3. 행정행위의 하자가 중대하고 명백하여 당연무효에 해당되지 않은 것은? (다툼이 있는 경우 판례에 의함)

① 조세 부과의 근거가 되었던 법률규정이 위헌으로 선언된 경우, 위헌결정의 효력에 위배하여 이루어진 체납처분은 하자가 중대하고 객관적으로 명백하여 당연무효라고 보아야 한다.

② 납세자가 아닌 제3자의 재산을 대상으로 한 압류처분은 그 처분의 내용이 법률상 실현될 수 없는 것이어서 당연무효이다.

③ 대학원 석사학위과정에 입학할 수 있는 자격을 갖추지 못한 자는 학칙이 정하는 과정을 이수하여 석사학위를 수여받았다고 하더라도 이는 당연무효이다.

④ 소멸시효완성 후에 부과된 부과처분은 납세의무 없는 자에 대하여 부과처분을 한 것으로서, 그와 같은 하자는 중대하고 명백하여 그 처분의 효력은 당연무효이다.

⑤ 대통령이 한국방송공사 사장을 해임처분하는 과정에서, 사장이 처분 내용을 사전에 통지받거나 그에 대한 의견제출 기회 등을 받지 못했고 해임처분시 법적 근거 및 구체적 해임 사유를 제시받지 못한 것은 처분절차나 형식의 하자가 중대하고 명백하여 이는 당연무효이다.

해설

① (o) 대법원 2012.2.16. 2010두10907.
② (o) 대법원 2012.4.12. 2010두4612.
③ (o) 대법원 2007.7.27. 2005다22671.
④ (o) 대법원 1985.5.14. 83누655.

⑤ (x) 대통령이 한국방송공사 사장을 해임처분하는 과정에서, 사장이 처분 내용을 사전에 통지받거나 그에 대한 의견제출 기회 등을 받지 못했고 해임처분시 법적 근거 및 구체적 해임 사유

를 제시받지 못한 것은 **행정절차법에 위배되어 위법하지만**, 절차나 처분형식의 하자가 중대하고 명백하다고 볼 수는 없어 **취소 사유에 해당한다**(대법원 2012.2.23. 2011두5001). [해 답] ⑤

4. 행정행위의 무효에 해당되지 않은 것은? (다툼이 있는 경우 판례에 의함)

① 지방경찰청장 명의로 하여야 할 운전면허행정처분을 단속 경찰관이 자신의 이름으로 한 것은 권한 없는 자에 의하여 행하여진 점에서 무효의 처분에 해당한다.

② 행정관청 내부의 사무처리규정에 불과한 전결규정에 위반하여 원래의 전결권자 아닌 보조기관 등이 처분권자인 행정관청의 이름으로 행정처분을 하였다면 그 처분은 권한 없는 자에 의하여 행하여진 무효의 처분이라고 할 수 있다.

③ 행정기관은 오직 법령에 의하여 수권된 범위 안에서만 행위를 할 수 있는데, 수권의 범위를 넘는 무권한행위는 원칙적으로 무효이며, 권한초과행위는 취소원인이 된다.

④ 담당 소방공무원이 행정처분인 소방시설불량사항에 관한 시정보완 명령을 구술로 고지한 것은 행정절차법 제24조를 위반한 것으로 하자가 중대하고 명백하여 당연 무효이다.

⑤ 행정기관의 권한에는 사무의 성질 및 내용에 따르는 제약이 있고, 지역적·대인적으로 한계가 있으므로 이러한 권한의 범위를 넘어서는 권한유월의 행위는 무권한 행위로서 원칙적으로 무효이고, 선행행위가 부존재하거나 무효인 경우에는 그 하자는 당연히 후행행위에 승계되어 후행행위도 무효로 된다.

해설

① (o) 대법원 1997.5.16. 97누2313.

② (x) 행정관청 내부의 사무처리규정에 불과한 전결규정에 위반하여 원래의 전결권자 아닌 보조기관 등이 처분권자인 행정관청의 이름으로 행정처분을 하였다고 하더라도 그 처분이 권한 없는 자에 의하여 행하여진 무효의 처분이라고는 할 수 없다(대법원 1998.2.27. 97누1105).

③ (o) 전라남도 광양시, 순천시 및 여수시 소재 율촌 제1지방산업단지 매립지 중 ○○ 주식회사가 전라남도로부터 분양받은 산업단지 446,283㎡(135,000평)와 위 산업단지 블럭 1-1 구역의 공장 연면적 231,192.92㎡, 사무실 등 연면적 10,171.85㎡ 중 제1별지 도면 표시 가, 나, 다, 라, 마, 바, 사, 아, 자의 각 점을 순차 연결한 선(1974년 발행 국가기본도상의 해상경계선)의 오른쪽(동쪽) 부분은 청구인 광양시의 관할권한에 속하고, 피청구인 순천시가 2003.7.1. ○○ 주식회사에 대하여 부과한 **도시계획세, 공동시설세 등의 부과처분 중 위와 같은 청구인 광양시의 관할권한에 속하는 목적물에 대하여 이루어진 부분**은 청구인 광양시의 지방자치권(자치재정권)을 침해하여 **권한이 없는 자에 의하여 이루어진 과세처분으로서 그 효력이 없다**

(헌재 2006.8.31. 2003헌라1 광양시 등과 순천시 등 간의 권한쟁의).
교육인적자원부장관이 공립유치원 교사의 임용권을 당해 교육감에게 위임하였고, 교육감은 공립유치원 교사의 관내전보, 직위해제, 의원면직, 신규채용권한을 교육장에게 재위임하였을 뿐 직권면직 권한까지 재위임한 바는 없으므로 피고(전남곡성교육청 교육장)가 공립유치원 교사인 원고에 대하여 이 사건 직권면직처분을 한 것은 적법한 위임 없이 **권한 없는 자가 행한 처분으로서 그 하자가 중대하다고 할 것이나, 객관적으로 명백하다고는 할 수 없어** 당연무효는 아니고, 이 사건 **처분을 하면서 사전통지절차를 거치지 아니한 것은 취소사유**에 불과하다(대법원 2007.9.21. 2005두11937 직권면직처분무효확인등).
④ (o) 대법원 2011.11.10. 2011도11109; 행정절차법 제24조는, 행정청이 처분을 하는 때에는 다른 법령 등에 특별한 규정이 있는 경우를 제외하고는 문서로 하여야 하고 전자문서로 하는 경우에는 당사자 등의 동의가 있어야 하며, 다만 신속을 요하거나 사안이 경미한 경우에는 구술 기타 방법으로 할 수 있다고 규정하고 있는데, 이는 행정의 공정성·투명성 및 신뢰성을 확보하고 국민의 권익을 보호하기 위한 것이므로 위 규정을 위반하여 행하여진 행정청의 처분은 하자가 중대하고 명백하여 원칙적으로 무효이다(대법원 2011.11.10. 2011도11109).
⑤ (o) 대법원 1996.6.28. 96누4374. [해 답] ②

25 행정행위의 흠(하자)의 승계

1. 행정행위의 흠(하자)의 승계에 관한 설명 중 옳은 것을 모두 고른 것은? (다툼이 있는 경우 판례에 의함)

㉠ 선행행위와 후행행위가 모두 항고소송의 대상이 되는 처분이어야 한다.
㉡ 위법한 선행행위가 불가쟁력이 발생하여 그 처분을 다툴 수 없어야 한다.
㉢ 두 행위가 서로 결합하여 하나의 효과를 완성하는 것인 경우에는 흠의 승계가 부정된다.
㉣ 선행처분과 후행처분이 서로 독립하여 별개의 법률효과를 목적으로 하는 때에는 선행처분의 하자가 취소사유에 해당되더라도 승계를 인정한다.
㉤ 후행처분인 대집행영장발부통보처분의 취소청구 소송에서 선행처분인 계고처분이 위법하다는 이유로 대집행영장발부통보처분도 위법한 것이라는 주장은 할 수 없다.
㉥ 선행처분과 후행처분이 서로 독립하여 별개의 법률효과를 목적으로 하는 때에 선행처분이 무효인 경우에는 선행처분의 하자는 당연히 승계한다.

① ㉠, ㉢, ㉣ ② ㉡, ㉤, ㉥ ③ ㉢, ㉣, ㉤
④ ㉠, ㉡, ㉥ ⑤ ㉠, ㉡, ㉢

해설 ㉠ (o) **흠의 승계가 인정되기 위한 전제조건으로는,** ⓐ 선행행위와 후행행위가 모두 항고소송의 대상이 되는 처분이어야 한다. ⓑ 선행행위가 불가쟁력이 발생하여 다툴 수 없어야 한다. ⓒ 그 선행행위는 무효가 아닌 취소할 수 있는 행위여야 한다. ⓓ 후행행위는 적법하여야 한다.

㉡ (o) 행정행위의 흠의 승계는 두 개 이상의 행정행위가 서로 연속하여 행하여지는 경우에, 후행행위의 취소소송에서 그 자체는 위법하지 아니함에도 불구하고, 선행행위의 위법을 이유로 후행행위의 위법을 주장할 수 있는 것을 말한다. 선행행위가 출소기간이 경과되어 불가쟁력이 발생하면 그 처분을 다툴 수 없지만, 그 선행행위의 흠을 이유로 후행행위의 효력을 다툴 수 있다는 점에서 실익이 있다.

㉢ (x) 두 행위가 서로 결합하여 하나의 효과를 완성하는 것인 경우에는 흠이 승계된다고 한다. 이 경우에는 서로 연속하는 두 개 이상의 행위에 의하여 법률이 달성하려고 하는 목적은 최종의 행정행위에 유보되어 있다고 보기 때문이다.

㉣ (x) 일정한 행정목적을 위하여 독립된 행위가 단계적으로 이루어진 경우, **선행처분에 당연무효 또는 부존재인 하자가 있는 때를 제외**하고, 선행처분의 하자가 후속처분에 당연히 승계된다고 할 수는 없다.

도시관리계획의 결정 및 고시, 사업시행자지정고시, 사업실시계획인가고시, 수용재결 등의 단계로 진행되는 도시계획시설사업의 경우 그 각각의 처분은 이전의 처분을 전제로 한 것이기는 하나, **단계적으로 별개의 법률효과가 발생되는 독립한 행정처분**이어서 이미 불가쟁력이 발생한 선행처분에 하자가 있다고 하더라도 그것이 **당연무효의 사유가 아닌 한** 후행처분에 승계되는 것은 아니다(헌재 2010.12.28. 2009헌바429).

판례에서 승계를 인정하지 아니한 사례로는, ⓐ 납세의무자의 신고와 징수처분(대법원 2006.9.8. 2005두14394), ⓑ 항공노선운수권배분실효처분과 노선면허처분(대법원 2004.11.26. 2003두3123), ⓒ 택지개발예정지구지정과 택지개발계획승인처분(대법원 1996.3.22. 95누10075), ⓓ 도시계획결정과 수용재결(대법원 1990.1.23. 87누947), ⓔ 전직처분 또는 전직거부처분과 직권면직처분(대법원 2005.4.15. 2004두14915) 등이다.

㉤ (x) 대집행의 계고, 대집행영장에 의한 통지, 대집행의 실행, 대집행에 요한 비용의 납부명령 등은 동일한 행정목적을 달성하기 위하여 단계적인 일련의 절차로 연속하여 행하여지는 것으로서, **서로 결합하여 하나의 법률효과를 발생시키는 것이므로,** 선행처분인 계고처분이 하자가 있는 위법한 처분이라면, 이미 불가쟁력이 생겼으며, **후행처분인 대집행영장발부통보처분 자체에는 아무런 하자가 없다고 하더라도,** 후행처분인 대집행영장발부통보처분의 취소를 청구하는 소송에서 청구원인으로 선행처분인 계고처분이 위법한 것이기 때문에 그 계고처분을 전제로 행하여진 대집행영장발부통보처분도 위법한 것이라는 주장을 할 수 있다(대법원 1996.2.9. 95누12507).

판례가 흠의 승계를 인정한 사례로는, ⓐ 계고처분과 대집행 영장발부통보처분 사이(대법원 1996.2.9. 95누12507), ⓑ 개별공시지가결정과 과세처분 사이(대법원 1994.1.25. 93누8542), ⓒ

독촉과 가산금·중가산금징수처분(대법원 1986.10.28. 86누147), ⓓ 한지의사시험의 자격인정과 한지의사 면허처분(대법원 1975.12.9. 75누123), ⓔ 안경사국가시험합격무효처분과 안경사면허취소 처분(대법원 1993.2.9. 92누4567), ⓕ 계고처분과 대집행비용납부명령(대법원 1993.11.9. 93누14271), ⓖ 표준공시지가결정처분과 수용보상금처분(대법원 2008.8.21. 2007두13845) 등이다.

ⓗ (o) 선행처분과 후행처분이 서로 독립하여 별개의 법률효과를 목적으로 하는 때에는 선행처분에 불가쟁력이 생겨 그 효력을 다툴 수 없게 된 경우에는 선행처분이 무효인 경우에는 선행처분의 하자는 당연히 승계된다.

적법한 건축물에 대한 철거명령은 그 하자가 중대하고 명백하여 당연무효라고 할 것이고, 그 후행행위인 **건축물철거 대집행계고처분 역시 당연무효**라고 할 것이다(대법원 1999.4.27. 97누6780).

행정청의 원고에 대한 원상복구명령은 권한 없는 자의 처분으로 무효라고 할 것이고, 위 원상복구명령이 당연무효인 이상 후행처분인 계고처분의 효력에 당연히 영향을 미쳐 그 계고처분 역시 무효로 된다(대법원 1996.6.28. 96누4374). [해 답] ④

26 흠 있는 행정행위의 치유와 전환

1. 흠 있는 행정행위의 치유에 관한 설명 중 옳은 것을 모두 고른 것은? (다툼이 있는 경우 판례에 의함)

㉠ 치유대상인 흠은 주로 형식과 절차상의 흠뿐만 아니라 내용에 관한 것도 포함된다는 것이 판례이다.
ㄴ 흠 있는 행정행위의 치유에 관한 명문의 규정은 없다.
ㄷ 흠 있는 행정행위의 치유의 시간적 한계로는 소송경제 등을 고려하여 소송절차의 종결 전까지 하자의 치유를 인정하자는 견해(쟁송종결시설)가 통설·판례이다.
ㄹ 하자 있는 행정행위에 있어서 하자의 치유는 행정행위의 무용한 반복을 피하고 당사자의 법적 안정성을 보호하기 위하여 국민의 권익을 침해하지 아니하는 범위 내에서 예외적으로만 허용된다.
ㅁ 행정청이 청문서 도달기간을 어겼을 경우 영업자가 이에 대하여 이의하지 아니한 채 스스로 청문일에 출석하여 그 의견을 진술하고 변명하는 등 방어의 기회를 충분히 가졌더라도 청문서 도달기간을 준수하지 아니한 하자는 치유되지 않는다.
ㅂ 무효인 행정행위는 본래의 행위로서는 효력을 발생할 수는 없으므로 치유될 수 없다.

① ㉠, ㉡, ㉥ ② ㉡, ㉣, ㉥ ③ ㉠, ㉢, ㉤
④ ㉡, ㉣, ㉤ ⑤ ㉡, ㉢, ㉣

해설 ㉠ (x) 치유대상인 흠은 주로 형식과 절차상의 흠이 치유대상이 된다. 그런데 행정절차법이나 관계법률에 규정이 없기 때문에 행정행위의 내용에 관한 흠도 치유대상이 될 것인지 문제된다. 치유를 인정하는 취지에 반하지 않는 범위 안에서 내용에 관한 흠도 치유대상이 될 수 있다는 견해도 있다. 그러나 치유는 원칙적으로 위법한 것을 적법한 것으로 예외적으로 인정한 것이므로 중대한 내용상의 하자까지 치유대상으로 볼 것은 아니다. 판례 역시 하자가 내용에 관한 것이라고 하여 치유를 인정하지 않고 있다. 이 사건 처분(사업계획변경인가처분)에 관한 **하자가 행정처분의 내용에 관한 것이고**, 새로운 노선면허가 이 사건 소 제기 이후에 이루어진 사정 등에 비추어 **하자의 치유를 인정치 않은 원심의 판단**은 정당하다(대법원 1991.5.28. 90누1359).

㉡ (o) 흠의 치유에 관한 명시적인 법적 근거(규정)는 없다. 다만 민법의 무효행위의 전환과 취소할 수 있는 행위의 추인(민법 138,143)과 같은 민법규정을 유추하여 학설·판례로 정하게 된다.

㉢ (x) 치유의 시간적 한계로는, 하자가 치유될 수 있는 추완행위는 원칙적으로 당해 처분에 대한 불복 여부의 결정 및 불복신청에 편의를 줄 수 있는 상당한 기간 내에 즉, 처분에 대한 소제기 이전에 행하여야 한다고 본다(**쟁송제기이전시설; 통설**). 행정처분의 적법 여부는 특별한 사정이 없는 한 그 처분 당시를 기준으로 하여 판단하여야 하고, 처분청이 처분 이후에 추가한 새로운 사유를 보태어 처분 당시의 흠을 치유시킬 수는 없다(대법원 1996.12.20. 96누9799).
과세처분시 납세고지서에 과세표준, 세율, 세액의 산출근거 등이 누락된 경우에는 늦어도 과세처분에 대한 **불복여부의 결정 및 불복신청에 편의를 줄 수 있는 상당한 기간 내에 보정행위**를 하여야 그 하자가 치유된다 할 것이므로, 과세처분이 있은지 4년이 지나서 그 취소소송이 제기된 때에 보정된 납세고지서를 송달하였다는 사실이나 오랜 기간(4년)의 경과로써 과세처분의 하자가 치유되었다고 볼 수는 없다(대법원 1983.7.26. 82누420). 소송경제 등을 고려하여 소송절차의 종결 전까지 하자의 치유를 인정하자는 견해도 있다(쟁송종결시설).

㉣ (o) 하자 있는 행정행위에 있어서 하자의 치유는 행정행위의 성질이나 법치주의의 관점에서 원칙적으로 허용될 수 없고, 행정행위의 무용한 반복을 피하고 당사자의 법적 안정성을 보호하기 위하여 국민의 권익을 침해하지 아니하는 범위 내에서 예외적으로만 허용된다(대법원 2001.6.26. 99두11592).

㉤ (x) 행정청이 청문서 도달기간을 다소 어겼다하더라도 영업자가 이에 대하여 이의하지 아니한 채 스스로 청문일에 출석하여 그 의견을 진술하고 변명하는 등 방어의 기회를 충분히 가졌다면 청문서 도달기간을 준수하지 아니한 하자는 치유되었다고 봄이 상당하다(대법원 1992.10.23. 92누2844).

㉥ (o) 무효인 행위는 다른 행위로 전환되는 것은 있을 수 있지만, 본래의 행위로서는 효력을 발생할 수는 없으므로 치유될 수 없다. 판례도 같다. **임용결격자가 공무원으로 임용되어 사실상 근무하여 왔다고 하더라도** 적법한 공무원으로서의 신분을 취득하지 못한 자로서는 공무원연금법 소정의 퇴직급여 등을 청구할 수 없으며, **임용결격사유가 소멸된 후에 계속 근무하여 왔다고 하더라도** 그 때부터 무효인 임용행위가 유효로 되어 적법한 공무원의 신분을 회복하

고 퇴직 급여 등을 청구할 수 있다고 볼 수 없다(대법원 1996.7.12. 96누3333).
징계처분이 중대하고 명백한 흠 때문에 당연 무효의 것이라면, 징계처분을 받은 원고가 이를 용인하였다 하여 그 흠이 치유되는 것은 아니라 할 것이다(대법원 1989.12.12. 88누8869).

[해 답] ②

2. 흠 있는 행정행위의 전환에 관련된 설명 중 옳지 않은 것은?

① 전환은 법적 안정성을 도모하고 행정행위의 무용한 반복을 피하려는 정책적 고려에서 인정되고 있다.

② 전통적인 학설과 판례는 취소할 수 있는 행위에 대하여서만 전환을 인정한다.

③ 전환이 인정되기 위해서는 당사자에게 원처분보다 새로운 불이익을 가하는 것이 아니어야 한다.

④ 전환으로 인하여 생긴 새로운 행정행위는 종전의 행정행위의 발령 당시로 소급하여 효력을 발생한다.

⑤ 귀속재산을 불하받은 자가 사망한 후에 한 불하처분은 사망자에 대한 행정처분이므로 무효이지만, 그 취소처분을 수불하자의 상속인에게 송달한 때에는 그 송달시에 그 상속인에 대하여 다시 그 불하처분을 취소한다는 새로운 행정처분을 한 것이다.

해설

① (o) 전환에 관한 실정법적 근거규정은 없다. 민법 제138조에는 무효행위의 전환에 관한 규정이 있으므로, 그 성질에 반하지 않으면 유추적용할 수 있다. 전환은 법적 안정성을 도모하고 행정행위의 무용한 반복을 피하려는 정책적 고려에서 인정되고 있다.
② (x) 전통적인 학설과 판례는 무효인 행위에 대하여서만 전환을 인정한다. 오늘날의 다수설은 취소할 수 있는 행정행위에도 전환을 인정하고 있다. 취소할 수 있는 행위를 취소한 후 새로운 처분을 하기보다 전환하는 것이 상대방에게 유익할 수도 있기 때문이다(위법한 징계면직을 적법의 직권면직으로 전환).
③ (o) **전환이 인정되기 위해서는** ㉠ 두 행정행위가 처분청·요건·효과에 있어서 실질적으로 공통성이 있고, ㉡ 전환되는 행위로서의 성립·발효요건을 갖추고 있어야 하며, ㉢ 흠 있는 행정행위를 한 행정청의 의도에 반하는 것이 아니어야 하고, ㉣ 당사자에게 원처분보다 새로운 불이익을 가하는 것이 아니어야 하며, ㉤ 제3자의 이익을 침해하는 것이 아니어야 한다.
④ (o) 전환이 이루어지면 새로운 행정행위를 한 것으로 본다. 전환된 행정행위에 대하여 행정쟁송을 제기할 수 있다. 행정쟁송의 제기기간은 전환행위가 있음을 안 날로부터 기산하여야 한다.
⑤ (o) 귀속재산을 불하받은 자가 사망한 후에 그 수불하자 대하여 한 그 불하처분은 사망자에 대한 행정처분이므로 무효이지만 그 취소처분을 수불하자의 상속인에게 송달한 때에는 그 송달시에 그 상속인에 대하여 다시 그 불하처분을 취소한다는 새로운 행정처분을 한 것이라고 할 것이다(대법원 1969.1.21. 68누190).

[해 답] ②

27 행정행위의 취소

1. 행정행위의 취소에 관한 설명 중 옳지 않은 것은? (다툼이 있는 경우 판례에 의함)

① 처분청과 그 감독청이 직권취소권자라고 할 수 있는데, 명문의 규정이 없는 경우에도 감독청이 취소할 수 있느냐에 관하여 견해의 대립이 있다.

② 쟁송취소는 주로 부담적 행위가 대상이 된다.

③ 행정행위의 취소사유는 행정행위의 성립 당시에 존재하였던 하자를 말한다.

④ 처분청은 그 처분에 하자가 있는 경우에는 법률유보의 원칙상 법적 근거가 있어야 직권으로 취소할 수 있다.

⑤ 행정처분을 한 처분청은 그 처분에 하자가 있는 경우에 직권으로 취소할 수 있더라도 이해관계인은 처분청에 대하여 그 취소를 요구할 신청권이 부여된 것은 아니다.

해설

① (o) 직권취소권자는 처분청과 그 감독청이다. 지방경찰청장은 자동차운전면허를 받은 자가 음주운전을 한 때는 그 면허를 취소하는 처분청이 된다(도로교통법 93①). 감독청은 국가행정의 경우에는 정부조직법(11②, 16②, 22③)에, 지방자치행정의 경우에 지방자치법에 규정이 있다(지방자치법 169①).

명문의 규정이 없어도 감독청이 직권취소할 수 있느냐에 대하여 ① 감독의 목적달성을 위해서 취소권을 가져야 한다는 긍정설, ② 처분청으로 하여금 취소명령권만 가진다는 소극설이 있다. 소극설이 타당하다.

② (o) 쟁송취소는 주로 부담적 행위가 그 대상이 되고, 직권취소는 주로 수익적 행위가 대상이 된다.

③ (o) 행정행위의 취소는 일단 유효하게 성립한 행정행위를 그 행위에 위법 또는 부당한 하자가 있음을 이유로 소급하여 그 효력을 소멸시키는 별도의 행정처분이고, 행정행위의 철회는 적법요건을 구비하여 완전히 효력을 발하고 있는 행정행위를 사후적으로 그 행위의 효력의 전부 또는 일부를 장래에 향해 소멸시키는 행정처분이므로, **행정행위의 취소사유는 행정행위의 성립 당시에 존재하였던 하자**를 말하고, **철회사유는 행정행위가 성립된 이후에 새로이 발생한 것**으로서 행정행위의 효력을 존속시킬 수 없는 사유를 말한다(대법원 2003.5.30. 2003다6422).

④ (x) 직권취소는 특별한 법률의 근거를 요하지 않는다. 취소권의 근거는 행정행위의 근거법에 포함되었다고 할 것이다. 처분청은 그 처분에 하자가 있는 경우에는 **원칙적으로 별도의 법**

적 근거가 없더라도 스스로 이를 직권으로 취소할 수 있다(대법원 2006.6.30. 2004두701).

⑤ (o) 원래 행정처분을 한 처분청은 그 처분에 하자가 있는 경우에는 원칙적으로 별도의 법적 근거가 없더라도 스스로 이를 직권으로 취소할 수 있지만, 그와 같이 직권취소를 할 수 있다는 사정만으로 이해관계인에게 처분청에 대하여 그 취소를 요구할 신청권이 부여된 것으로 볼 수는 없으므로, 처분청이 위와 같이 **법규상 또는 조리상의 신청권이 없이 한 이해관계인의 복구준공통보 등의 취소신청을 거부하더라도**, 그 거부행위는 항고소송의 대상이 되는 처분에 해당하지 않는다(대법원 2006.6.30. 2004두701). [해 답] ④

2. 행정행위의 취소사유에 관한 설명 중 옳지 않은 것을 모두 고른 것은? (다툼이 있는 경우 판례에 의함)

> ㉠ 행정처분이 위법 또는 부당한 경우에 원칙적으로 취소사유가 된다.
> ㉡ 행정처분에 관한 취소소송 계속중이라도 행정청은 당해 처분을 취소할 수 있다.
> ㉢ 착오에 의하여 법령해석·사실인정을 잘못한 결과 행정행위가 객관적으로 위법하게 된 경우에는 상대방의 신뢰보호는 문제되지 않으므로 제한없이 취소할 수 있다.
> ㉣ 행정청이 행정처분을 한 후 자의로 그 행정처분을 취소할 수 있다.
> ㉤ 하자 있는 수익적 행정행위에 있어서는 비록 취소사유가 존재한다 하더라도 법률생활의 안정, 기득의 권익보호 및 신뢰보호의 원칙에 의하여 직권취소가 제한된다.
> ㉥ 사인의 사기 등 부정수단에 의하여 행정행위가 행하여진 경우라도 당사자의 처분에 대한 신뢰이익은 보호해야 하기 때문에 취소가 제한된다.

① ㉠, ㉡, ㉣　　② ㉡, ㉤, ㉥　　③ ㉢, ㉣, ㉥
④ ㉠, ㉤, ㉥　　⑤ ㉢, ㉣, ㉤

해설 ㉠ (o) 취소사유는 법령에서 명문으로 규정되어 있는 경우 외에는 통칙적 규정이 없다. 그러므로 행정처분이 위법 또는 부당한 경우가 원칙적으로 취소사유가 된다. 행정행위에 하자가 있을지라도 그 하자가 중대·명백하지 않는 경우 및 하자가 중대하기는 하나 명백하지 않는 경우에 취소의 대상이 된다.

㉡ (o) 변상금 부과처분에 대한 취소소송이 진행중이라도 그 부과권자로서는 **위법한 처분을 스스로 취소하고 그 하자를 보완하여 다시 적법한 부과처분을 할 수도 있다**(대법원 2006.2. 10. 2003두5686).

㉢ (x) 착오에 의하여 법령해석·사실인정을 잘못한 결과 행정행위가 객관적으로 위법하게 된 경우에도, 상대방의 신뢰보호의 견지에서 취소가 제한되기도 한다. 운전면허 취소사유에 해당하는 **음주운전을 적발한 경찰관의 소속 경찰서장이 사무착오로 위반자에게 운전면허정지처분**을 한 상태에서 위반자의 주소지 관할 **지방경찰청장이 위반자에게 운전면허취소처분**을 한 것은

선행처분에 대한 당사자의 신뢰 및 법적 안정성을 저해하는 것으로서 허용될 수 없다(대법원 2000.2.25. 99두10520).

㉣ (x) 행정청이 일단 행정처분을 한 경우에는 행정처분을 한 행정청이라도 **법령에 규정이 있는 때, 행정처분에 하자가 있는 때, 행정처분의 존속이 공익에 위반되는 때**, 또는 **상대방의 동의가 있는 때** 등의 특별한 사유가 있는 경우를 제외하고는 행정처분을 자의로 취소(철회의 의미를 포함한다)할 수 없다(대법원 2000.2.25. 99두10520).

㉤ (o) 행정처분에 하자가 있음을 이유로 처분청이 이를 취소하는 경우에도 그 처분이 국민에게 권리나 이익을 부여하는 이른바 수익적 행정행위인 때에는 그 처분을 취소하여야 할 공익상 필요와 그 취소로 인하여 당사자가 입게 될 기득권과 신뢰보호 및 법률생활안정의 침해 등 불이익을 비교 교량한 후 공익상 필요가 당사자가 입을 불이익을 정당화 할 만큼 강한 경우에 한하여 취소할 수 있다(대법원 1991.4.12. 90누9520). 이를 **이익형량의 원칙**이라고도 한다.

㉥ (x) 위험을 방지하거나, 수익적 행정행위가 수익자의 사기·강박·증뢰 등 부정한 방법으로 얻어진 경우에는 취소가 제한되지 아니한다.

지방병무청장은 **군의관의 신체등위판정이 청탁이나 금품수수에 따라 위법 또는 부당하게 이루어졌다고 인정하는 경우**에는 그 위법 또는 부당한 신체등위판정을 기초로 자신이 한 병역처분을 직권으로 취소할 수 있다(대법원 2004.2.27. 2002두7791).

처분의 하자가 당사자의 사실은폐나 기타 사위의 방법에 의한 신청행위에 기인한 것이라면 당사자는 그 처분에 의한 이익이 위법하게 취득되었음을 알아 그 취소가능성도 예상하고 있었다고 할 것이므로 그 자신이 위 처분에 관한 신뢰의 이익을 원용할 수 없음은 물론 행정청이 이를 고려하지 아니하였다고 하여도 재량권의 남용이 되지 않는다. 원고에 대한 수익적 처분인 액화석유가스판매사업의 허가 당시 **원고가 인근 주민의 동의서를 모두 갖추지 못하여 그 허가기준에 맞지 않았음에도 불구하고** 마치 원고가 실제사업자이고 주민의 동의서를 모두 갖춘 양 허가신청을 하여 그 허가를 받았음이 사후에 발각되었다면, 그 처분의 하자가 원고의 사실은폐에 기인한 것이 명백하므로 위 사업허가의 취소처분은 재량권 남용에 해당하지 아니한다(대법원 1991.4.12. 90누9520).

원고가 허위의 고등학교 졸업증명서를 제출하는 사위의 방법에 의하여 하사관을 지원하여 입대한 이상, 국방부장관이 33년이 경과한 후 뒤늦게 원고에 대한 하사관 및 준사관 임용을 취소한 것은 적법하다(대법원 2002.2.5. 2001두5286). [해 답] ③

3. 취소의 절차와 효과 등에 관한 설명 중 옳지 않은 것은? (다툼이 있는 경우 판례에 의함)

① 수익적 행정처분의 취소와 같은 불이익처분의 경우에는 상대방에 대한 의견청취 절차를 거쳐야 한다.

② 행정청이 취소권이 있는 경우에도 장기간 그 권한을 행사 하지 아니하고 방치한 경우에 상대방이 그 권한을 행사하지 아니할 것이라는 신뢰를 갖게 된 때에는 취소권은 실권되게 된다.

③ 개별법률에서 구체적인 처분의 취소절차를 규정하고 있으면 그에 따라야 한다.

④ 침해적 행정행위의 취소처분의 취소에 의하여 이미 효력을 상실한 행정행위는 소생시킬 수 없다.

⑤ 취소는 행정행위의 성립시의 흠을 이유로 하기 때문에 그 효과는 행위에 따라 개별적으로 결정되는 것은 아니고 행위시로 소급하여 소멸한다.

해설 ① (o) 수익적 행정처분의 취소와 같은 불이익처분의 경우에는 상대방에 대한 의견청취(의견제출 또는 청문)절차를 거쳐야 한다(행정절차법 22). 개별법률(도로법 85(청문), 식품위생법 81(청문))에서 다른 절차를 정하고 있는 경우에는 그러한 절차도 함께 거쳐야 함은 물론이다.

② (o) 실권의 법리는 신뢰보호의 원칙의 파생원칙이다. 대법원은 실권 또는 실효의 법리는 법의 일반원리인 신의성실의 원칙에 바탕을 둔 파생원칙으로 본다(대법원 1988.4.27. 87누915). **실권의 법리의 적용요건으로는,** ㉠ 행정청이 취소사유나 철회사유 등을 앎으로써 권리행사 가능성을 알았어야 한다. ㉡ 행정권 행사가 가능함에도 불구하고 행정청이 장기간 권리행사를 하지 않았어야 한다. ㉢ 상대방인 국민이 행정청이 이제는 권리를 행사하지 않을 것으로 신뢰하였고 그에 정당한 사유가 있어야 한다.

근로자들이 면직된 후 바로 퇴직금을 청구하여 수령하였으며 그로부터 9년이 지난 후 1980년 해직공무원의보상등에관한특별조치법 소정의 보상금까지 수령하였다면 면직일로부터 10년이 다 되어 사용자로서도 위 면직처분이 유효한 것으로 믿고 이를 전제로 그 사이에 새로운 인사체제를 구축하여 조직을 관리·경영하여 오고 있는 마당에 새삼스럽게 면직처분무효확인의 소를 제기함은 신의성실의 원칙에 반하거나 실효의 원칙에 따라 그 권리의 행사가 허용되지 않는다(대법원 1992.5.26. 92다3670).

③ (o) 관계행정청이 식품위생법에 의한 영업정지처분을 하려면 반드시 사전에 청문절차를 거쳐야 함은 물론 청문서 도달기간 등을 엄격하게 지켜 영업자로 하여금 의견진술과 변명의 기회를 보장하여야 할 것이고, 가령 식품위생법 제58조 소정의 사유가 분명히 존재하는 경우라 하더라도 위와 같은 청문절차를 제대로 준수하지 아니하고 한 영업정지처분은 위법임을 면치 못할 것이다(대법원 1990.11.9. 90누4129).

④ (o) 행정행위를 취소하면 그 효력이 상실되기 때문에, 취소처분을 취소하여 행정행위를 되살릴 수 있느냐에 관한 것이 취소의 취소 문제이다. 예컨대 취소한 영업허가를 다시 취소하여 소멸된 영업허가를 다시 새로운 영업허가 처분을 하지 않고 되살릴 수 있느냐에 관한 것이다. **판례는 침해적 행정행위에 대한 직권취소의 취소의 경우에는 소극적인 견해를 취한다.**

과세관청이 부과처분을 취소하면 그 부과처분으로 인한 법률효과는 일단 소멸하는 것이므로, 그 후 다시 동일한 과세대상에 대하여 부과처분을 하여도 이미 소멸한 법률효과가 다시 회복되는 것은 아니고 새로운 부과처분에 근거한 법률효과가 생길 뿐이며, 그 새로운 부과처분의 내용이 실질에 있어서는 당초의 부과처분의 감액경정처분에 불과한 것이었다 하여 달리 해석할 것이 아니다(대법원 1996.9.24. 96다204).

반면, **수익적 행정행위에 대한 직권취소의 취소는 적극적인 견해를 취하고 있다.**

행정청이 의료법인의 이사에 대한 이사취임승인취소처분(제1처분)을 직권으로 취소(제2처분)한 경우에는 **그로 인하여 이사가 소급하여 이사로서의 지위를 회복**하게 되고, 그 결과 위 제1

처분과 제2처분 사이에 법원에 의하여 선임결정된 임시이사들의 지위는 법원의 해임결정이 없더라도 당연히 소멸된다(대법원 1997.1.21. 96누3401).

다만, **수익적 행정행위에서도 원처분이 소생됨으로 인하여 제3자의 권리가 침해된 때에는 소극적인 입장을 취한다.**

일단 (광업권 허가에 대한) 취소처분을 한 후에 새로운 이해관계인이 생기기 전에 취소처분을 취소하여 그 광업권의 회복을 시켰다면 모르되, 피고가 **본건 취소처분을 한 후에** 원고가 **본건 광구에 대하여 선출원을 적법히 함으로써 이해관계인이 생긴** 이 사건에 있어서, 피고가 취소처분을 취소하여, 소외인 명의의 광업권을 복구시키는 조처는, **원고의 선출원 권리를 침해하는 위법한 처분**이라고 하지 않을 수 없다(대법원 1967.10.23. 67누126).

⑤ (x) 취소는 행정행위의 성립시의 흠을 이유로 하므로, 그 효과는 원칙적으로 당해 행위를 한 때에 소급하여 발생한다. 취소되면 처음부터 그 행위가 없었던 것과 같은 효과를 발생한다. 그러나 다른 한편으로 소급하여서는 안 되는 경우도 있다. 그 때문에 **취소의 효과는 경우에 따라 소급적일 수도 있고 장래적일 수도 있다.** 일반적으로 침익적 행위의 취소의 효과는 소급적이나, 수익적 행위의 취소의 효과는 장래적이라 할 것이다. [해 답] ⑤

28 행정행위의 철회

1. 행정행위의 철회에 관한 설명 중 옳지 않은 것은? (다툼이 있는 경우 판례에 의함)

① 철회는 처분청만이 할 수 있고 감독청은 원칙적으로 철회할 수 없다.

② 행정행위의 기초가 된 사실관계가 변경되거나 법령이 개정되면 철회사유가 될 수 있다.

③ 판례는 법령의 근거 없이 단순히 공익상의 필요만으로 철회할 수 없다고 한다.

④ 국세를 3회 이상 체납 시에 체납자의 허가를 취소할 수 있도록 한 경우는 상대방의 유책행위에 대한 제재로서의 철회에 해당된다.

⑤ 택시운전사가 운전면허정지기간중의 운전행위를 하다가 적발되어 형사처벌을 받았으나 아무런 행정조치가 없어 안심하고 운전업무에 종사하고 있던 중 행정청이 3년여가 지난 다음 운전면허를 취소하는 것은 위법하다.

해설 ① (o) 처분청만이 할 수 있고 감독청은 철회할 수 없다. 철회는 성질상 원래의 행정행위와 동일한 새로운 행위를 소극적 의미에서 행하는 것이다. 따라서 감독청은 법률에 특별한 규정이 없으면 철회권을 갖지 못한다. 그 밖의 행정청이나 법원 역시 철회권이 없다. 다만, 법원이 위법한 처분을 취소함으로써 그 효과가 장래에 향하여 미치는 의미에서의 철회와는 구분된다.

단 한번 있은 위반행위를 이유로 가장 무거운 제재인 **석유판매업허가 자체를 취소**하는 행정처분은 원고에게 너무 가혹하여 그 재량권의 범위를 일탈한 것(대법원 1988.5.10. 87누707)이라고 할 때 취소는 철회에 해당된다.

② (o) 행정행위의 기초가 된 사실관계가 변경되거나 법령이 개정된 결과, 현재의 사실관계 또는 법령 아래서 전에 행한 행정행위가 행하여진다면 당연히 위법이 되는 경우에는 철회사유가 된다. 행정행위가 사후적으로 위법하게 되기 때문이다.

행정행위를 한 처분청은 비록 그 처분 당시에 별다른 하자가 없었고, 또 그 처분 후에 이를 취소할 별도의 법적 근거가 없다 하더라도 원래의 처분을 존속시킬 필요가 없게 된 사정변경이 생겼거나 또는 중대한 공익상의 필요가 발생한 경우에는 그 효력을 상실케 하는 별개의 행정행위로 이를 취소할 수 있다(대법원 1995.6.9. 95누1194).

③ (x) 철회원인이 있는 경우에 행정청이 법률에 근거가 없는 경우에도 자유로이 철회할 수 있는가에 대하여 판례는 철회자유설을 취한다. 행정행위를 한 처분청은 비록 그 처분 당시에 별다른 하자가 없었고, 또 그 처분 후에 이를 **철회할 별도의 법적 근거가 없다 하더라도**, 원래의 처분을 존속시킬 필요가 없게 된 **사정변경**이 생겼거나 또는 **중대한 공익상의 필요가 발생**한 경우에는 그 효력을 상실케 하는 별개의 행정행위로 이를 철회할 수 있다(대법원 2004. 7.22. 2003두7606).

④ (o) 일정한 비행, 법령·처분 위반, 부담의 불이행 등에 대한 제재로서 인가 또는 허가 등의 철회가 인정된다. 상대방의 유책행위에 대한 제재 내지 행정법상의 의무확보를 위한 철회이다. 음주운전으로 인한 운전면허취소(철회)처분이나, 국세를 3회 이상 체납 시에 체납자의 허가를 취소(철회)할 수 있도록 한 경우가 이에 해당된다(국세징수법 7②). 판례도 부담부 행정처분의 상대방이 그 부담을 이행하지 않음을 이유로 한 처분의 취소(철회)를 인정한다. 원고가 소정 기간 내에 공사를 완료하지 못했다 하더라도 이로 말미암아 긴급한 위난이 예상되거나 긴급한 사정이 없는 한 허가받은 자의 이익을 번복하는 처분은 할 수 없다는 소론은 받아들일 수 없다(대법원 1989.10.24. 89누2431).

⑤ (o) 택시운전사가 1983.4.5. 운전면허정지기간중의 운전행위를 하다가 적발되어 형사처벌을 받았으나 행정청으로부터 아무런 행정조치가 없어 안심하고 계속 운전업무에 종사하고 있던 중 행정청이 위 위반행위가 있은 이후에 장기간에 걸쳐 아무런 행정조치를 취하지 않은채 방치하고 있다가 3년여가 지난 1986.7.7.에 와서 이를 이유로 행정제재를 하면서 가장 무거운 운전면허를 취소하는 행정처분을 하였다면 이는 행정청이 그간 별다른 행정조치가 없을 것이라고 믿은 신뢰의 이익과 그 법적안정성을 빼앗는 것이 되어 매우 가혹할 뿐만 아니라 비록 그 위반행위가 운전면허취소사유에 해당한다 할지라도 그와 같은 공익상의 목적만으로는 위 운전사가 입게 될 불이익에 견줄 바 못된다 할 것이다(대법원 1987.9.8. 87누373). [해 답] ③

2. 다음 사례에 관한 설명 중 옳은 것을 모두 고른 것은? (다툼이 있는 경우 판례에 의함)

> 乙은 전 양도인 丙으로부터 개인택시운송사업을 양수하면서 관할 관청에 위조한 허위의 운전경력증명서 등을 제출하여 관할 관청으로부터 운송사업의 양도·양수인가를 받았다. 그 후 甲은 양도인 乙로부터 위 운송사업을 양수하고 관할 관청으로부터 위 운송사업의 양도·양수인가를 받았다.
> 구 여객자동차 운수사업법 제14조 제4항은 위 인가를 받은 경우 양수인은 양도인의 운송사업자로서의 지위를 승계한다고 규정하고 있으며, 같은 법 시행규칙 제17조 제9항은 개인택시운송사업 양수인은 일정 기간 무사고 운전경력 등 동조 제1항 소정의 개인택시운송사업 면허의 자격요건을 갖추어야 한다고 규정하고 있다.

㉠ 관할 관청이 甲, 乙 사이의 개인택시운송사업의 양도·양수에 대한 인가는 양도인 乙이 가지고 있던 면허와 동일한 내용의 면허를 부여하는 처분이 포함되어 있다.
㉡ 관할 관청은 개인택시 운송사업의 양도·양수에 대한 인가를 한 후에는 그 양도·양수 이전에 있었던 양도인에 대한 운송사업면허 취소사유를 들어 양수인의 사업면허를 취소할 수 없다.
㉢ 양도·양수 당시에 양도인 乙에 대한 운송사업면허 취소사유가 현실적으로 발생하지 않은 경우라면, 관할관청으로서는 그 후 발생한 운송사업면허 취소사유에 기하여 양수인 甲의 사업면허를 취소할 수 없다.
㉣ 행정행위를 한 처분청은 비록 그 처분 당시에 별다른 하자가 없었고, 또 그 처분 후에 이를 철회할 별도의 법적 근거가 없다 하더라도 일정한 경우에는 철회할 수 있다.
㉤ 관할관청이 甲에 대한 수익적 행정처분을 취소할 때에는 이를 취소하여야 할 공익상의 필요와 그 취소로 인하여 甲이 입게 될 기득권과 신뢰보호 및 법률생활 안정의 침해 등 불이익을 비교·교량한 후 공익상의 필요가 甲이 입을 불이익을 정당화할 만큼 강한 경우여야 한다.
㉥ 비록 양도인 乙이 위조한 허위의 운전경력증명서 등을 제출하여 관할 관청으로부터 운송사업의 양도·양수인가를 받았더라도, 양수인 甲은 乙이 행하였던 사실은폐나 기타 사위의 방법에 의한 신청행위를 알 수 없었기 때문에 관할관청이 甲에 대한 개인택시운송사업 면허를 취소하는 것은 위법하다.

① ㉠, ㉣, ㉤　　② ㉠, ㉡, ㉣　　③ ㉡, ㉤, ㉥
④ ㉡, ㉢, ㉥　　⑤ ㉠, ㉢, ㉣

해설 ㉠ (o) 관할 관청이 개인택시운송사업의 양도·양수에 대한 인가를 하였을 경우 거기에는 양도인과 양수인 간의 **양도행위를 보충하여 그 법률효과를 완성시키는 의미에서의 인가처분뿐만 아니라**, 양수인에 대해 양도인이 가지고 있던 면허와 **동일한 내용의 면허를 부여하는 처분이 포함**되어 있다(대법원 1994.8.23. 94누4882).

㉡ (x) 구 여객자동차 운수사업법(2007.7.13. 법률 제8511호로 개정되기 전의 것, 이하 '법'이라고 한다) 제15조 제4항에 의하면 개인택시 운송사업을 양수한 사람은 양도인의 운송사업자로서의 지위를 승계하는 것이므로, 관할관청은 개인택시 운송사업의 양도·양수에 대한 인가를 한 후에도 그 **양도·양수 이전에 있었던 양도인에 대한 운송사업면허 취소사유를 들어 양수인의 사업면허를 취소할 수 있다**(대법원 1998.6.26. 96누18960).

㉢ (x) 가사 양도·양수 당시에는 양도인에 대한 운송사업면허 취소사유가 현실적으로 발생하지 않은 경우라도 그 원인되는 사실이 이미 존재하였다면, 관할관청으로서는 그 후 발생한 운송사업면허 취소사유에 기하여 양수인의 사업면허를 취소할 수 있는 것이다(대법원 2010.4.8. 2009두17018).

㉣ (o) 행정행위를 한 처분청은 비록 그 **처분 당시에 별다른 하자가 없었고**, 또 그 **처분 후에 이를 철회할 별도의 법적 근거가 없다 하더라도** 원래의 처분을 존속시킬 필요가 없게 된 사정변경이 생겼거나 또는 중대한 공익상의 필요가 발생한 경우에는 그 효력을 상실케 하는 별개의 행정행위로 이를 철회할 수 있다(대법원 2004.11.26. 2003두10251,10268). 행정행위를 한 처분청은 그 행위에 흠이 있는 경우 별도의 법적 근거가 없더라도 스스로 이를 취소할 수 있다(대법원 2010.11.11. 2009두14934).

행정행위의 직권취소나 철회는 별도의 법적 근거가 없더라도 이를 취소하거나 철회할 수 있다.

㉤ (o) 행정행위를 한 처분청은 그 행위에 흠이 있는 경우 별도의 법적 근거가 없더라도 스스로 이를 취소할 수 있고, **다만 수익적 행정처분을 취소할 때에는** 이를 취소하여야 할 공익상의 필요와 그 취소로 인하여 당사자가 입게 될 기득권과 신뢰보호 및 법률생활 안정의 침해 등 불이익을 비교·교량한 후 공익상의 필요가 당사자가 입을 불이익을 정당화할 만큼 강한 경우에 한하여 취소할 수 있다(대법원 2010.11.11. 2009두14934).

㉥ (x) 수익적 행정처분의 흠이 당사자의 사실은폐나 기타 사위의 방법에 의한 신청행위에 기인한 것이라면 **당사자는 처분에 의한 이익이 위법하게 취득되었음을 알아 취소 가능성도 예상하고 있었다고 할 것이므로**, 그 자신이 처분에 관한 신뢰이익을 원용할 수 없음은 물론 행정청이 이를 고려하지 아니하였다고 하여도 재량권의 남용이 되지 않는다(대법원 2006.5.25. 2003두4669).

소외 1(乙)에 대한 개인택시운송사업의 양도·양수인가 처분은 흠이 있는 처분이고 이는 소외 1(乙)이 위조한 운전경력증명서 등을 제출하는 등 **사위의 방법에 의한 신청행위에 기인한 것이므로**, 피고는 별도의 법적 근거가 없더라도 소외 1(乙)에 대하여 개인택시운송사업 면허를 취소할 수 있고, 나아가 **소외 1(乙)의 지위를 승계한 원고(甲)에 대하여도** 개인택시운송사업 면허를 취소할 수 있다(대법원 2010.11.11. 2009두14934). 이 판례는 양수인(甲)에게는 사위의 방법이 없었지만, 양도인 乙의 운송사업자로서의 지위를 승계하는 효과 때문에 개인택시운송사업면허가 취소된 사안이다.

관할관청이 개인택시 운송사업의 양도·양수에 대한 인가를 한 후 **그 이전에 있었던 양도인의 음주운전 사실로 운전면허가 취소**되자, 양도인의 운전면허 취소가 운송사업면허의 취소사유에 해당한다는 이유로 양수인의 운송사업면허를 취소하는 처분을 한 사안에서, 개인택시 운송사업자의 면허를 박탈함으로써 개인택시 운송사업의 질서를 확립하여야 할 공익상의 필요가 위

처분으로 양수인이 입게 될 불이익에 비해 가볍다고 볼 수 없어 관계 법령의 기준에 따른 위 처분에 재량을 일탈·남용한 위법이 없다고 판단한 사례(대법원 2010.4.8. 2009두17018).

원고는 개인택시운송사업면허양도양수인가신청 당시 그 면허의 자격요건을 갖추지 못하였음에도 불구하고 **허위의 경력증명서를 첨부하여 신청을 하고**, 피고는 위 경력증명서의 내용에 따라 면허처분을 한 이상, 원고가 내세우는 여러 가지 사정을 고려하여도 피고의 이 사건 면허취소처분이 재량권을 남용한 위법한 것으로 볼 수는 없다(대법원 1994.8.23. 94누4882). 이 판례는 **원고 자신의 사실은폐나 기타 사위의 방법에 의한 신청행위에 기인한 것이므로**, 원고는 처분에 의한 이익이 위법하게 취득되었음을 알아 취소 가능성도 예상하고 있었다고 볼 수 있는 사안이다.

[해 답] ①

3. 행정행위의 철회에 관한 설명 중 옳지 않은 것은? (다툼이 있는 경우 판례에 의함)

① 부담부 행정처분의 상대방이 그 부담을 이행하지 아니한 경우에 처분행정청은 당해 처분을 철회할 수 있다.

② 행정행위의 부관으로 취소권이 유보되어 있는 경우, 당해 행정행위를 한 행정청은 그 취소사유가 법령에 규정되어 있는 경우뿐만 아니라 의무위반이 있는 경우, 사정변경이 있는 경우, 좁은 의미의 취소권이 유보된 경우, 또는 중대한 공익상의 필요가 발생한 경우 등에도 그 행정처분을 취소할 수 있다.

③ 외형상 하나의 행정처분이라고 하더라도 가분성이 있거나 그 처분대상의 일부가 특정될 수 있을지라도 그 일부만의 철회는 가능하지 않다.

④ 행정행위를 한 처분청은 비록 그 처분 당시에 별다른 하자가 없었고, 또 그 처분 후에 이를 철회할 별도의 법적 근거가 없다 하더라도, 원래의 처분을 존속시킬 필요가 없게 된 사정변경이 생겼거나 또는 중대한 공익상의 필요가 발생한 경우에는 그 효력을 상실케 하는 별개의 행정행위로 이를 철회할 수 있다.

⑤ 지방병무청장이 재신체검사 등을 거쳐 현역병입영대상편입처분을 보충역편입처분이나 제2국민역편입처분으로 변경하거나 보충역편입처분을 제2국민역편입처분으로 변경하는 경우, 그 후 새로운 병역처분의 성립에 하자가 있었음을 이유로 하여 이를 취소한다고 하더라도 종전의 병역처분의 효력이 되살아난다고 할 수 없다.

해설

① (o) 대법원 1989.10.24. 89누2431.

② (o) 대법원 1984.11.13. 84누269.

③ (x) 외형상 하나의 행정처분이라 하더라도 가분성이 있거나 그 처분대상의 일부가 특정될 수 있다면 그 일부만의 취소도 가능하고 그 일부의 취소는 당해 취소부분에 관

하여 효력이 생긴다고 할 것인바, 이는 **한 사람이 여러 종류의 자동차 운전면허를 취득한 경우 그 각 운전면허를 취소하거나 그 운전면허의 효력을 정지함**에 있어서도 마찬가지이다(대법원 1995.11.16. 95누8850).

④ (o) 대법원 2004.7.22. 2003두7606.

⑤ (o) 대법원 2002.5.28. 2001두9653; 철회의 취소에 관하여 판례는 침익적 행정행위의 철회의 경우 당해 침익적 행정행위는 확정적으로 효력을 상실하므로 취소가 불가능하다고 본다.

[해 답] ③

29 행정행위의 실효

1. 행정행위의 실효에 관한 설명 중 옳지 않은 것은? (다툼이 있는 경우 판례에 의함)

① 신청에 의한 허가영업을 자진 폐업한 경우 그 허가는 실효된다.

② 행정행위의 실효는 흠 없이 성립·발효한 행정행위의 효력이 장래에 향하여 소멸되는 것을 말한다.

③ 유기장의 영업허가를 받은 자가 영업장소를 명도하고 유기시설을 모두 철거하여 매각함으로써 유기장업을 폐업하였을지라도, 향후 다시 영업을 재개할 필요성도 있으므로 그 영업허가취소처분의 취소를 청구할 소의 이익은 있다.

④ 행정행위의 부관으로 정한 해제 조건이 성취되거나, 기한부 행정행위에 있어서 기한이 도래하면 행정행위의 효력이 실효된다.

⑤ 당초의 대물적 영업허가 대상이 멸실된 경우에는 그 허가는 당연히 효력을 잃게 되므로 행정청은 이를 철회하는 의미에서 그 허가를 취소할 수 있다.

해설

① (o) 대상이 되는 사람의 사망, 목적물의 소멸(자동차가 소실된 경우의 자동차검사합격처분 등)로 인하여 당연히 실효된다. 판례는 신청에 의한 허가영업을 자진 폐업한 경우에도 허가는 실효된다고 보고 있다. 청량음료 제조업허가는 신청에 의한 처분이고, 이와 같이 신청에 의한 허가처분을 받은 원고가 그 영업을 폐업한 경우에는 그 영업허가는 당연 실효되고, 이런 경우 허가행정청의 허가취소처분은 허가의 실효됨을 확인하는 것에 불과하다(대법원 1981.7.14. 80누593).

② (o) 행정행위의 실효는 흠 없이 성립·발효한 행정행위의 효력이 행정청의 의사와 관계없

이 일정한 사실의 발생으로, 장래에 향하여 당연히 소멸되는 것을 말한다. 실효는 ㉠ 일단 발효된 행정행위의 효력이 소멸되는 것인 점에서, 처음부터 효력이 발생하지 아니한 무효와 구별되고, ㉡ 효력의 소멸이 흠이나 행정청의 의사와 관계가 없는 점에서 취소에 의한 소멸과 다르며, ㉢ 행정청의 의사에 의한 것이 아니라는 점에서 철회에 의한 소멸과 다르다.

③ (x) 유기장의 영업허가는 대물적 허가로서 영업장소의 소재지와 유기시설 등이 영업허가의 요소를 이루는 것이므로, 영업장소에 설치되어 있던 유기시설이 모두 철거되어 허가를 받은 영업상의 기능을 더 이상 수행할 수 없게 된 경우에는, 이미 당초의 영업허가는 허가의 대상이 멸실된 경우와 마찬가지로 그 효력이 당연히 소멸되는 것이고, 또 유기장의 영업허가는 신청에 의하여 행하여지는 처분으로서 **허가를 받은 자가 영업을 폐업할 경우에는 그 효력이 당연히 소멸되는 것이니,** 이와 같은 경우 **허가행정청의 허가취소처분은 허가가 실효되었음을 확인하는 것에 지나지 않는다고** 보아야 할 것이므로, 유기장의 영업허가를 받은 자가 영업장소를 명도하고 유기시설을 모두 철거하여 매각함으로써 유기장업을 폐업하였다면 영업허가취소처분의 취소를 청구할 소의 이익이 없는 것이라고 볼 수 있다(대법원 1990.7.13. 90누2284).

④ (o) 공유수면 매립의 면허를 받은 사람이 공사준공기간 연장의 허가를 받음이 없이 매립에 관한 **공사의 준공기간 안에 공사를 준공하지 못한 경우**에는, 다른 행정처분을 요치 않고 당연히 매립에 관한 면허의 효력이 상실한다(대법원 1969.7.22. 69누46).

⑤ (o) 당초 허가된 영업장소에 설치되었던 영업시설이 새로운 영업장소로 모두 이전되어 당초의 영업장소에서는 더 이상 허가된 영업상의 기능을 수행할 수 없게 된 경우에는 이미 당초의 영업허가는 그 목적을 달성할 수 없게 되어 허가대상이 멸실된 경우와 같이 그 허가는 당연히 효력을 잃고 따라서 허가청은 이를 철회하는 의미에서 그 허가를 취소할 수 있다(대법원 1986.11.25. 84누147). 이와 같은 경우 허가행정청의 허가취소처분은 허가가 실효되었음을 확인하는 것에 지나지 않는다(대법원 1990.7.13. 90누2284). [해 답] ③

30 행정절차

1. 행정행위의 절차에 관한 설명 중 옳지 않은 것은?

① 시장·군수·구청장은 영업허가 또는 등록의 취소나 영업소의 폐쇄명령에 해당하는 처분을 하려면 청문을 하여야 한다.

② 원래 행정절차는 통지, 청문, 결정이라는 3단계를 요소로 한다.

③ 행정청은 처분을 하는 때에 신청내용을 모두 그대로 인정하는 처분인 경우에도 처분이유를 제시하여야 한다.

④ 행정청이 처분을 함에 있어서 신속을 요하거나 사안이 경미한 경우에는 구술 기타의 방법으로 할 수 있다.

⑤ 허가의 취소처분에는 그 근거가 되는 법령과 처분을 받은 자가 어떠한 위반사실에 대하여 당해 처분이 있었는지를 알 수 있을 정도의 위 법령에 해당하는 사실의 적시를 요한다.

해설 ① (o) 식품의약품안전청장, 시·도지사 또는 시장·군수·구청장은 영업허가 또는 등록의 취소나 영업소의 폐쇄명령에 해당하는 처분을 하려면 청문을 하여야 한다(식품위생법 81). 행정절차에 관한 일반법으로는 행정절차법이 있으며, 특별행정절차의 대표적인 것은 행정규제기본법이 정하고 있는 행정규제심사절차(특별행정입법절차), 민원사무처리에 관한 법률이 정하고 있는 민원사무처리절차 그리고 공공기관의 정보공개에 관한 법률이 정하고 있는 정보공개절차 등이다. 그 외 개별 법률에서 불이익처분을 할 때 의견의 청취를 정하는 규정이 많다. ㉠ **소청심사위원회가 소청 사건을 심사할 때에는** 소청인 또는 대리인에게 진술 기회를 주어야 하고, 진술 기회를 주지 아니한 결정은 무효로 한다(국가공무원법 13). ㉡ **지방경찰청장은 운전면허의 취소처분 또는 정지처분을 하려고 하거나 연습운전면허 취소처분을 하려면,** 그 처분을 하기 전에 미리 처분의 당사자에게 처분 내용과 의견제출 기한 등을 통지하여야 한다(도로교통법 93④).

② (o) 원래 행정절차는 ㉠ 통지, ㉡ 청문, ㉢ 결정의 3단계를 요소로 하고, 그 중에서 청문이 중심적인 절차이다. 행정절차법은 행정처분절차에 관하여 사전통지를 규정하고(제21조), 넓은 의미의 청문절차인 의견제출, 청문(좁은 의미), 공청회에 관한 규정을 두었다(행정절차법 27~39).

③ (x) 행정청은 처분을 하는 때에는 ㉠ 신청내용을 모두 그대로 인정하는 처분인 경우, ㉡ 단순·반복적인 처분 또는 경미한 처분으로서 당사자가 그 이유를 명백히 알 수 있는 경우, ㉢ 긴급을 요하는 경우에 해당하는 경우를 **제외하고는** 당사자에게 그 근거와 이유를 제시하여야 한다(행정절차법 23①).

④ (o) 행정청이 처분을 하는 때에는 원칙적으로 문서(전자문서 포함)로 하여야 한다(행정절차법 24①). 행정청이 처분을 함에 있어서 신속을 요하거나 사안이 경미한 경우에는 구술 기타의 방법으로 할 수 있다. 그러나 이 경우에도 당사자의 요청이 있는 때에는 지체없이 처분에 관한 문서를 주어야 한다(행정절차법 24① 단서). 그리고 처분을 하는 문서에는 그 처분청 및 담당자의 소속·성명과 연락처 (전화번호·모사전송번호·전자우편주소 등)를 기재하여야 한다(행정절차법 24②). 행정실명제를 도입하였다.

「행정절차법」 제15조 제1항, 제24조 제1항에 따르면 다른 법령 등에 특별한 규정이 있는 경우를 제외하고는 행정청이 처분을 하는 때에는 문서로 하여야 하며 송달은 송달받을 자에게 도달됨으로써 그 효력이 발생한다고 되어 있으므로, **처분서가 처분의 상대방에게 적법하게 송달되어 도달되지 아니하면 그 처분은 효력을 발생할 수 없고** 상대방이 처분의 내용을 이미 알고 있다고 하여 송달이 불필요하다거나 부적법한 송달의 하자가 치유된다고는 할 수 없다고 할 것이다(대법원 1988.3.22. 87누986, 대법원 2004.4.9. 2003두13908).

시흥소방서장은 피고인에게 위 시정보완명령서를 송부하지 아니하고, 시흥소방서의 담당 소방공무원 공소 외 2, 3이 2010.4.10.경 피고인을 방문하여 구두로 위 시정보완명령의 내용을 고지한 사실을 알 수 있다. 따라서 시흥소방서의 담당 소방공무원이 피고인에게 행정처분인 위 **시정보완명령을 구두로 고지한 것은 행정절차법 제24조에 위반한 것으로 그 하자가 중대하고 명백하여 위 시정보완명령은 당연 무효**라고 할 것이다(대법원 2011.11.10. 2011도11109 소방시설설치유지 및 안전관리에 관한 법률위반).

⑤ (o) 허가의 취소처분에는 그 근거가 되는 법령과 처분을 받은 자가 어떠한 위반사실에 대하여 당해처분이 있었는지를 알 수 있을 정도의 위 법령에 해당하는 사실의 적시를 요한다고 할 것이고, 이러한 사실의 적시를 흠결한 하자는 그 처분 후 적시되어도 이에 의하여 치유될 수는 없다(대법원 1984.7.10. 82누551).

취소처분의 근거와 위반사실의 적시를 빠뜨린 하자는 피처분자가 처분 당시 그 취지를 알고 있었다거나 그 후 알게 되었다 하여도 치유될 수 없다고 할 것인바, 세무서장인 피고가 주류도매업자인 원고에 대하여 한 이 사건 일반주류도매업면허취소통지에 "상기 주류도매장은 무면허 주류판매업자에게 주류를 판매하여 주세법 제11조 및 국세법사무처리규정 제26조에 의거 **지정조건위반으로 주류판매면허를 취소합니다**"라고만 되어 있어서 **원고의 영업기간과 거래상대방 등에 비추어 원고가 어떠한 거래행위로 인하여 이 사건 처분을 받았는지 알 수 없게 되어 있다면** 이 사건 면허취소처분은 위법하다(대법원 1990.9.11. 90누1786). [해 답] ③

2. 행정절차에 관한 설명 중 옳지 않은 것을 모두 고른 것은? (다툼이 있는 경우 판례에 의함)

> ㉠ 헌법상 적법절차원리는 형사절차상의 영역에 한정되지 않고 입법, 행정 등 국가의 모든 공권력의 작용에는 절차상의 적법성에도 적용된다.
> ㉡ 국회 또는 지방의회의 의결을 거치거나 동의 또는 승인을 얻어서 행하는 사항 등은 행정절차법의 적용에서 제외된다.
> ㉢ 세액산출근거가 기재되지 아니한 납세고지서에 의한 부과처분을 받은 자가 부과된 세금을 자진납부하였다면, 세액산출근거를 기재하지 아니한 하자는 치유되는 것으로 볼 수 있다.
> ㉣ 행정절차법은 '공무원 인사관계 법령에 의한 징계 기타 처분'은 행정절차의 적용을 제외하고 있으므로, 군인사법령에 의하여 진급예정자명단에 포함된 자에 대하여 의견제출의 기회를 부여하지 아니하고 진급선발을 취소하는 처분을 하였더라도 위법한 것은 아니다.
> ㉤ 특별한 사정이 없는 한 신청에 대한 거부처분이라고 하더라도 직접 당사자의 권익을 제한하는 것은 아니어서 처분의 사전통지대상이 된다고 할 수 없다.
> ㉥ 행정처분의 상대방에 대한 청문통지서가 반송되었다거나, 행정처분의 상대방이 청문일시에 불출석하였다는 이유로 청문을 실시하지 아니한 침해적 행정처분은 적법하다.

① ㉠, ㉡, ㉢ ② ㉡, ㉣, ㉥ ③ ㉢, ㉣, ㉥
④ ㉠, ㉢, ㉣ ⑤ ㉢, ㉤, ㉥

해설 ㉠ (o) 헌법 제12조 제3항 본문은 동조 제1항과 함께 적법절차원리의 일반조항에 해당하는 것으로서, 형사절차상의 영역에 한정되지 않고 입법, 행정 등 국가의 모든 공권력의 작용에는 절차상의 적법성뿐만 아니라 법률의 구체적 내용도 합리성과 정당성을 갖춘 실체적인 적법성이 있어야 한다는 적법절차의 원칙을 헌법의 기본원리로 명시하고 있다(헌재 1992.12.24. 92헌가8).

㉡ (o) 행정절차법은 행정절차에 관한 일반법이다. 다른 법률에 특별한 규정이 있는 경우에는 특별법이 우선한다. 지방자치단체의 행정에 대하여도 적용된다. 그러나 국회 또는 지방의회의 의결을 거치거나 동의 또는 승인을 얻어서 행하는 사항 등은 행정절차법의 적용에서 제외된다(행정절차법 3②).

㉢ (x) 세액산출근거가 기재되지 아니한 납세고지서에 의한 부과처분은 **강행법규에 위반하여 취소대상이 된다 할 것이므로** 이와 같은 하자는 납세의무자가 전심절차에서 이를 주장하지 아니하였거나, 그 후 부과된 세금을 자진납부하였다거나, 또는 조세채권의 소멸시효기간이 만료되었다 하여 치유되는 것이라고는 할 수 없다(대법원 1985.4.9. 84누431).

㉣ (x) 행정절차법 제3조 제2항 제9호의 규정 내용 등에 비추어 보면, 공무원 인사관계 법령에 의한 처분에 관한 사항 전부에 대하여 행정절차법의 적용이 배제되는 것이 아니라 **성질상 행정절차를 거치기 곤란하거나 불필요하다고 인정되는 처분이나 행정절차에 준하는 절차를 거치도록 하고 있는 처분의 경우**에만 행정절차법의 적용이 배제된다. 군인사법령에 의하여 진급예정자명단에 포함된 자에 대하여 의견제출의 기회를 부여하지 아니한 채 진급선발을 취소하는 처분을 한 것이 절차상 하자가 있어 위법하다(대법원 2007.9.21. 2006두20631). 원심은 이 사건 처분이 공무원의 인사관계 법령인 군인사법령에 의한 처분으로서 행정절차법이 적용되지 아니하는 경우에 해당한다고 단정하여, 이 사건 처분에 절차상 하자가 있어 위법하다는 원고의 주장을 배척한 바 있다.

정규공무원으로 임용된 사람에게 시보임용처분 당시 지방공무원법 제31조 제4호에 정한 공무원임용 결격사유가 있어 시보임용처분을 취소하고 그에 따라 정규임용처분을 취소한 사안에서, 정규임용처분을 취소하는 처분은 **성질상 행정절차를 거치는 것이 불필요하여 행정절차법의 적용이 배제되는 경우에 해당하지 않으므로,** 그 처분을 하면서 사전통지를 하거나 의견제출의 기회를 부여하지 않은 것은 위법하다(대법원 2009.1.30. 2008두16155). 이 사건 역시 원심은 이 사건 처분이 그 성질상 행정절차를 거치는 것이 불필요하여 행정절차법의 적용이 배제되는 경우에 해당한다고 단정한 바 있다.

반면, 도로구역변경결정은 행정절차법상의 사전통지나 의견청취의 대상이 되는 처분이 아니라고 한다. 행정절차법 제2조 제4호가 행정절차법의 당사자를 행정청의 처분에 대하여 직접 그 상대가 되는 당사자로 규정하고, 도로법 제25조 제3항이 도로구역을 결정하거나 변경할 경우 이를 고시에 의하도록 하면서, 그 도면을 일반인이 열람할 수 있도록 한 점 등을 종합하여 보면, **도로구역을 변경한 이 사건 처분**은 행정절차법 제21조 제1항의 사전통지나 제22조 제3항의 의견청취의 대상이 되는 처분은 아니라고 할 것이다(대법원 2008.6.12. 2007두1767).

ⓜ (o) 신청에 따른 처분이 이루어지지 아니한 경우에는 아직 당사자에게 권익이 부과되지 아니하였으므로 특별한 사정이 없는 한 신청에 대한 거부처분이라고 하더라도 직접 당사자의 권익을 제한하는 것은 아니어서 **신청에 대한 거부처분을 여기에서 말하는 '당사자의 권익을 제한하는 처분'에 해당한다고 할 수 없는 것**이어서 처분의 사전통지대상이 된다고 할 수 없다(대법원 2003.11.28. 2003두674).

ⓑ (x) 행정절차법 제21조 제4항 제3호는 침해적 행정처분을 할 경우 청문을 실시하지 않을 수 있는 사유로서 "당해 처분의 성질상 의견청취가 현저히 곤란하거나 명백히 불필요하다고 인정될 만한 상당한 이유가 있는 경우"를 규정하고 있으나, 여기에서 말하는 '의견청취가 현저히 곤란하거나 명백히 불필요하다고 인정될 만한 상당한 이유가 있는지 여부'는 당해 행정처분의 성질에 비추어 판단하여야 하는 것이지, 청문통지서의 반송 여부, 청문통지의 방법 등에 의하여 판단할 것은 아니며, 또한 행정처분의 상대방이 통지된 청문일시에 불출석하였다는 이유만으로 행정청이 관계 법령상 그 실시가 요구되는 청문을 실시하지 아니한 채 침해적 행정처분을 할 수는 없을 것이므로, **행정처분의 상대방에 대한 청문통지서가 반송되었다거나, 행정처분의 상대방이 청문일시에 불출석하였다는 이유**로 청문을 실시하지 아니하고 한 침해적 행정처분은 위법하다(대법원 2001.4.13. 2000두3337). 원심은 원고에 대한 청문 통지서가 두 차례에 걸쳐 반송되어 온 것은 피고가 청문을 실시하지 않아도 되는 행정절차법 제21조 제4항 제3호의 사유에 해당하고, 따라서 피고가 청문을 거치지 않고 한 이 사건 처분이 위법하지 않다고 판단한 바 있다. 만약 원고가 청문통지서를 송달받고 청문기일에 스스로 출석하지 않은 경우에는 그 후에 행하여진 처분이 위법하다고 할 수는 없을 것이다. 위 판례에서 원고가 청문일시에 불출석한 것은 청문통지서가 반송되었기 때문이고, 그러한 사유로 불출석한 원고에게 청문의 기회를 주어야 한다는 취지이다. **[해 답] ③**

3. 행정청이 불이익처분을 할 때 거쳐야 될 행정절차에 관한 설명 중 옳지 않은 것은? (다툼이 있는 경우 판례에 의함)

① 행정청은 불이익처분을 함에 있어서는 청문이나 공청회를 개최하는 경우를 제외하고는 당사자 등에게 의견제출의 기회를 주어야 한다.

② 당해 처분의 성질상 의견청취가 현저히 곤란하거나 명백히 불필요하다고 인정될 만한 상당한 이유가 있는 경우에는 처분의 사전통지를 아니할 수 있다.

③ 행정청이 당사자와 법령상 요구되는 청문 등 의견청취절차를 배제하는 협약을 체결하였다면, 행정청은 의견청취절차를 배제하고 처분을 할 수 있다.

④ 행정청은 처분을 함에 있어서 청문조서 등을 충분히 검토하고 상당한 이유가 있다고 인정하는 경우에는 청문결과를 반영하여야 한다.

⑤ 행정청이 침해적 행정처분을 함에 있어서 당사자에게 위와 같은 사전통지를 하거나 의견제출의 기회를 주지 아니하였다면 그 처분은 위법하여 취소사유에 해당된다.

해설 ① (o) 행정청이 당사자에게 의무를 과하거나 권익을 제한하는 처분을 함에 있어서 제1항(청문) 또는 제2항(공청회)의 경우 외에는 당사자 등에게 의견제출의 기회를 주어야 한다(행정절차법 22③).

② (o) 다음 각 호의 1에 해당하는 경우에는 제1항의 규정에 의한 통지를 아니할 수 있다(행정절차법 21④).

㉠ 공공의 안전 또는 복리를 위하여 긴급히 처분을 할 필요가 있는 경우

㉡ 법령등에서 요구된 자격이 없거나 없어지게 되면 반드시 일정한 처분을 하여야 하는 경우에 그 자격이 없거나 없어지게 된 사실이 법원의 재판 등에 의하여 객관적으로 증명된 때

㉢ 당해 처분의 성질상 의견청취가 현저히 곤란하거나 명백히 불필요하다고 인정될 만한 상당한 이유가 있는 경우

③ (x) 행정청이 당사자와 사이에 도시계획사업의 시행과 관련한 협약을 체결하면서 관계 법령 및 행정절차법에 규정된 청문의 실시 등 의견청취절차를 배제하는 조항을 두었다고 하더라도, 국민의 행정참여를 도모함으로써 행정의 공정성·투명성 및 신뢰성을 확보하고 국민의 권익을 보호한다는 행정절차법의 목적 및 청문제도의 취지 등에 비추어 볼 때, 위와 같은 **협약의 체결로 청문의 실시에 관한 규정의 적용을 배제할 수 있다고 볼 만한 법령상의 규정이 없는 한**, 이러한 협약이 체결되었다고 하여 청문의 실시에 관한 규정의 적용이 배제된다거나 청문을 실시하지 않아도 되는 예외적인 경우에 해당한다고 할 수 없다(대법원 2004.7.8. 2002두8350).

④ (o) 행정청은 처분을 함에 있어서 제35조 제4항의 규정에 의하여 제출받은 청문조서, 청문주재자의 의견서, 그 밖의 관계서류 등을 충분히 검토하고 상당한 이유가 있다고 인정하는 경우에는 청문결과를 반영하여야 한다(행정절차법 35조의2).

광업법 제88조 제2항에서 처분청이 같은 법조 제1항의 규정에 의하여 광업용 토지수용을 위한 사업인정을 하고자 할 때에 토지소유자와 토지에 관한 권리를 가진 자의 의견을 들어야 한다고 한 것은 그 사업인정 여부를 결정함에 있어서 소유자나 기타 권리자가 의견을 반영할 기회를 주어 이를 참작하도록 하고자 하는 데 있을 뿐, **처분청이 그 의견에 기속되는 것은 아니다**(대법원 1995.12.22. 95누30).

⑤ (o) 행정청이 침해적 행정처분을 함에 있어서 당사자에게 위와 같은 사전통지를 하거나 의견제출의 기회를 주지 아니하였다면 사전통지를 하지 않거나 의견제출의 기회를 주지 아니하여도 되는 예외적인 경우에 해당하지 아니하는 한 그 처분은 위법하여 취소를 면할 수 없다. 건축법상의 공사중지명령에 대한 사전통지를 하고 의견제출의 기회를 준다면 많은 액수의 손실보상금을 기대하여 공사를 강행할 우려가 있다는 사정이 사전통지 및 의견제출절차의 예외사유에 해당하지 아니한다(대법원 2004.5.28. 2004두1254). [해 답] ③

4. 청문절차의 결여에 대한 설명 중 옳지 않은 것은? (다툼이 있는 경우 판례에 의함)

① 식품위생법상 영업허가 취소사유가 분명히 존재하는 경우라도 청문절차를 제대로 준수하지 아니하고 한 영업정지처분은 위법하다.

② 관계 법령에서 청문절차를 시행하도록 규정하지 않고 있는 경우라도 청문절차 없이 행하여진 행정처분은 위법하다.

③ 청문 실시사유가 있다고 하더라도 공공의 안전 또는 복리를 위하여 긴급히 처분을 할 필요가 있는 경우에는 청문을 실시하지 않을 수 있다.

④ 국민의권익보호를위한행정절차에관한훈령이 규정하는 청문절차를 거치지 않고 한 행정처분은 위법한 것이라고 할 수 없다.

⑤ 청문절차를 이행함에 있어 청문서 도달기간을 다소 어겼지만 영업자가 이의하지 아니한 채 청문일에 출석하여 의견을 진술하고 변명하는 등 방어의 기회를 충분히 가진 경우는 청문서 도달기간에 관한 하자는 치유된다.

해설 ① (o) 법령상 요구되는 청문절차를 결여하고 행하여진 처분은 위법하게 된다. 식품위생법 제64조, 같은법시행령 제37조 제1항의 규정에 의한 청문제도의 취지에 비추어 볼 때 행정청이 영업정지처분을 하려면 **반드시 사전에 청문절차를 거쳐야 함은 물론 청문서 도달기간 등을 엄격히 지켜 영업자로 하여금 의견진술과 변명의 기회를 보장하여야** 하는 것이고, 가령 같은 법 제58조의 사유가 분명히 존재하는 경우라도 위와 같은 청문절차를 제대로 준수하지 아니하고 한 영업정지처분은 위법하다(대법원 1992.2.11. 91누11575).

② (x) 청문절차 없이 어떤 행정처분을 한 경우에도 **관계 법령에서 청문절차를 시행하도록 규정하지 않고 있는 경우에는 그 행정처분이 위법하게 되는 것이 아니라고 할 것인바**, 구 주택건설촉진법(1992.12.8. 법률 제4530호로 개정되기 전의 것) 및 같은법 시행령에 의하면 주택조합설립인가처분의 취소처분을 하고자 하는 경우에 청문절차를 거치도록 규정하고 있지 아니하므로 청문절차를 거치지 아니한 것이 위법하지 아니하다(대법원 1994.3.22. 93누18969).

③ (o) 청문은 ㉠ 다른 법령에서 요구하고 있는 경우, ㉡ 행정청이 필요하다고 인정하는 경우에 실시한다(행정절차법 22①). 청문의 실시사유가 있다고 하더라도 **청문의 배제사유로는**, ㉠ 공공의 안전 또는 복리를 위하여 긴급히 처분을 할 필요가 있는 경우, ㉡ 법령 등에서 요구된 자격이 없거나 없어지게 되면 반드시 일정한 처분을 하여야 하는 경우에 그 자격이 없거나 없어지게 된 사실이 법원의 재판 등에 의하여 객관적으로 증명된 때, ㉢ 당해 처분의 성질상 의견청취가 현저히 곤란하거나 명백히 불필요하다고 인정될 만한 상당한 이유가 있는 경우(행정절차법 22④·21④)와, ㉣ 당사자가 의견진술의 기회를 포기한다는 뜻을 명백히 표시한 경우에는 의견청취를 아니할 수 있다(행정절차법 22④).

④ (o) 국민의권익보호를위한행정절차에관한훈령(1989.11.17. 국무총리훈령 제235호)은 상급행정기관이 하급행정기관에 대하여 발하는 일반적인 행정명령으로서 행정기관 내부에서만 구속력이 있을 뿐 대외적인 구속력을 가지는 것이 아니다.

문화재보호법과 대구직할시문화재보호조례에 의하면 시지정문화재는 시장이 문화재위원회의 자문을 받아 지정한다고만 규정되어 있을 뿐 그 지정에 있어서 문화재의 소유자나 기타 이해관계인의 신청이 필요하다는 규정이나 **소유자 기타 이해관계인의 의견을 들어야 한다는 행정절차의 규정은 없고**, 비록 국민의권익보호를위한행정절차에관한훈령에 따라 1990.3.1.부터 시행된 행정절차운영지침에 의하면 행정청이 공권력을 행사하여 국민의 구체적인 권리 또는 의무에 직접적인 변동을 초래하게 하는 행정처분을 하고자 할 때에는 미리 당사자에게 행정처분을 하고자 하는 원인이 되는 사실을 통지하여 **그에 대한 의견을 청취한 다음 이유를 명시하여 행정처분을 하여야 한다고 규정되어 있으나** 이는 대외적 구속력을 가지는 것이 아니므로, 시장이 건조물 소유자의 신청이 없는 상태에서 소유자의 의견을 듣지 아니하고 건조물을 문화재로 지정하였다고 하여 위법한 것이라고 할 수 없다(대법원 1994.8.9. 94누3414).

⑤ (o) 대법원 1992.10.23. 92누2844.

[해 답] ②

5. 다음 사례에 관한 설명 중 옳은 것을 모두 고른 것은? (다툼이 있는 경우 판례에 의함)

> 경찰공무원 甲이 관내 단란주점 내에서 술에 취해 소란을 피우는 등 유흥업소 등 출입을 자제하라는 지시명령을 위반하고 경찰공무원으로서 품위유지의무를 위반하였다는 이유로 A경찰서장은 징계위원회 징계 의결에 따라 甲에 대하여 징계처분을 하였다.
> A경찰서장은 징계위원회에 甲에 대한 징계를 요구할 무렵 징계의 감경사유인 경찰청장 표창을 받은 공적이 기재된 확인서가 작성되었음에도 징계위원회에 그 확인서를 제출하지 않았고 따로 그 공적 사실이 보고되지도 않았다.
> 공무원징계령 제7조 제6항 제3호에 의하면, 공무원에 대한 징계의결을 요구할 때는 징계사유의 증명에 필요한 관계 자료뿐 아니라 '감경대상 공적 유무' 등이 기재된 확인서를 징계위원회에 함께 제출하여야 하고, 경찰 공무원 징계양정 등에 관한 규칙 제9조 제1항 제2호 및 [별표 10]에 의하면 경찰청장의 표창을 받은 공적은 징계양정에서 감경할 수 있는 사유의 하나로 규정되어 있다.

ㄱ 甲이 견책처분에 불복하려는 경우 곧바로 행정소송을 제기할 수도 있다.
ㄴ A경찰서장이 甲에 대한 소청심사위원회 심리 중에 확인서를 제출하였다면, 징계의결을 요구할 때 징계위원회에 제출하지 않는 하자는 치유된다.
ㄷ 비록 甲에 대한 공적 사항이 제시되지 않은 상태에서 결정한 징계처분일지라도 징계양정이 적정하다면 법령이 정한 징계절차를 준수한 것으로 볼 수 있다.
ㄹ 소청심사위원회가 소청 사건을 심사할 때에 소청인 甲 또는 그 대리인에게 진술 기회를 주지 않고 내린 결정은 무효이다.
ㅁ 甲은 소청심사위원회에서 원래의 징계처분에 대하여 일부취소결정을 한 경우에는, A경찰서장을 피고로 하여 남은 원처분의 취소를 구하는 소를 제기할 수 있다.
ㅂ A경찰서장은 甲에 대한 징계처분이 소청심사위원회 또는 법원에서 징계처분 등의 무효 또는 취소의 결정이나 판결을 받은 경우에는 다시 징계 의결을 요구하여야 한다.

① ㄱ, ㄴ, ㄷ　② ㄴ, ㄹ, ㅁ　③ ㄷ, ㄹ, ㅂ
④ ㄹ, ㅁ, ㅂ　⑤ ㄱ, ㅁ, ㅂ

해설

㉠ (x) 국가공무원법 제75조(공무원에 대하여 징계처분 등을 할 때나 강임·휴직·직위해제 또는 면직처분을 할 때)에 따른 처분, 그 밖에 본인의 의사에 반한 불리한 처분이나 부작위(不作爲)에 관한 **행정소송은 소청심사위원회의 심사·결정을 거치지 아니하면 제기할 수 없다**(국가공무원법 16①).

㉡ (x) 비록 징계처분 이후 원고(甲)가 제기한 소청심사절차에서 이 사건 확인서가 제출되었다고 하더라도 위와 같은 하자가 치유되는 것은 아니다. 하자의 치유의 시간적 한계로는 처분에 대한 불복 여부의 결정 및 불복신청에 편의를 줄 수 있는 상당한 기간 내에 하여야 한다고 할 것(대법원 1984.4.10. 83누393)이므로 행정쟁송(소청과 같은 행정심판 또는 행정소송) 제기 이전까지만 가능하다는 것이 판례이다. 사안에서는 甲이 이미 소청을 제기하여 행정쟁송 단계에 이르렀기에 하자의 치유시기를 도과한 것에 해당된다.

공무원징계령 제7조 제6항 제3호에 의하면, 공무원에 대한 징계의결을 요구할 때는 징계사유의 증명에 필요한 관계 자료뿐 아니라 '감경대상 공적 유무' 등이 기재된 확인서를 징계위원회에 함께 제출하여야 하고, 경찰 공무원 징계양정 등에 관한 규칙 제9조 제1항 제2호 및 [별표 10]에 의하면 경찰청장의 표창을 받은 공적은 징계양정에서 감경할 수 있는 사유의 하나로 규정되어 있다. 위와 같은 관계 법령의 규정 및 기록에 비추어 보면, 징계위원회의 심의과정에 반드시 제출되어야 하는 공적 사항이 제시되지 않은 상태에서 결정한 징계처분은 **징계양정이 결과적으로 적정한지 그렇지 않은지와 상관없이** 법령이 정한 징계절차를 지키지 않은 것으로서 위법하다(대법원 2012.6.28. 2011두20505).

㉢ (x) 경찰공무원인 갑이 관내 단란주점 내에서 술에 취해 소란을 피우는 등 유흥업소 등 출입을 자제하라는 지시명령을 위반하고 경찰공무원으로서 품위유지의무를 위반하였다는 이유로 경찰서장이 징계위원회 징계 의결에 따라 갑에 대하여 견책처분을 한 사안에서, 위 징계처분은 징계위원회 심의과정에서 반드시 제출되어야 하는 공적 사항인 경찰청장 표창을 받은 공적이 기재된 확인서가 제시되지 않은 상태에서 결정한 것이므로, 징계양정이 결과적으로 적정한지와 상관없이 법령이 정한 절차를 지키지 않은 것으로서 위법하다(대법원 2012.6.28. 2011두20505).

㉣ (o) 소청심사위원회가 소청 사건을 심사할 때에는 국회규칙, 대법원규칙, 헌법재판소규칙, 중앙선거관리위원회규칙 또는 대통령령으로 정하는 바에 따라 소청인 또는 제76조 제1항 후단에 따른 대리인에게 진술 기회를 주어야 한다. **제1항에 따른 진술 기회를 주지 아니한 결정은 무효로 한다**(국가공무원법 13①,②).

㉤ (o) 징계혐의자에 대한 감봉 1월의 징계처분을 견책으로 변경한 소청결정 중 그를 견책에 처한 조치는 재량권의 남용 또는 일탈로서 위법하다는 사유는 소청결정 자체에 고유한 위법을 주장하는 것으로 볼 수 없어 소청결정의 취소사유가 될 수 없다(대법원 1993.8.24. 93누5673). 소청심사위원회에서 감봉 1월의 징계처분을 견책으로 변경하였다면, **원처분청을 피고로 하여 견책처분의 위법을 다투어야 한다**. 원처분청이 아닌 소청심사위원회를 피고로 하는 경우에는 재결 자체에 고유한 주체, 절차, 형식 또는 내용상의 위법이 있는 경우에 한하여 그 재결을 대상으로 할 수 있다.

㉥ (o) 처분권자(대통령이 처분권자인 경우에는 처분 제청권자)는 다음 각 호에 해당하는 사유로 소청심사위원회 또는 법원에서 징계처분등의 무효 또는 취소(취소명령 포함)의 결정이나 판결을 받은 경우에는 **다시 징계 의결 또는 징계부가금 부과 의결**(이하 "징계의결 등"이라 한다)**을 요구하여야 한다**. 다만, 제3호의 사유로 무효 또는 취소(취소명령 포함)의 결정이나 판

결을 받은 감봉·견책처분에 대하여는 징계의결을 요구하지 아니할 수 있다.
ⓐ 법령의 적용, 증거 및 사실 조사에 명백한 흠이 있는 경우
ⓑ 징계위원회의 구성 또는 징계의결 등, 그 밖에 절차상의 흠이 있는 경우
ⓒ 징계양정 및 징계부가금이 과다(過多)한 경우 [해 답] ④

6. 행정절차에 관한 설명 중 옳지 않은 것은? (다툼이 있는 경우 판례에 의함)

① 정규공무원으로 임용된 사람에게 시보임용처분 당시 지방공무원법이 정한 공무원임용 결격사유가 있어 시보임용처분을 취소하고 그에 따라 정규임용처분을 취소한 사안에서, 정규임용처분을 취소하는 처분을 하면서 사전통지를 하거나 의견제출의 기회를 부여하지 않은 것은 위법하다.

② 훈령에 따라 제정·시행된 행정절차운영지침에 의하면 행정청이 행정처분을 하고자 할 때에는 미리 당사자에게 행정처분을 하고자 하는 원인이 되는 사실을 통지하여 그에 대한 의견을 청취한 다음 이유를 명시하여 행정처분을 하여야 한다고 규정되어 있음에도, 시장이 건조물 소유자의 신청이 없는 상태에서 소유자의 의견을 듣지 아니하고 건조물을 문화재로 지정한 것은 위법하다.

③ 건축법상의 공사중지명령에 대한 사전통지를 하고 의견제출의 기회를 준다면 많은 액수의 손실보상금을 기대하여 공사를 강행할 우려가 있다는 사정이 사전통지 및 의견제출절차의 예외사유에 해당하지 아니한다.

④ 군인사법령에 의하여 진급예정자명단에 포함된 자에 대하여 의견제출의 기회를 부여하지 아니한 채 진급선발을 취소하는 처분을 한 것이 절차상 하자가 있어 위법하다.

⑤ 행정청이 온천지구임을 간과하여 지하수개발·이용신고를 수리하였다가 행정절차법상의 사전통지를 하거나 의견제출의 기회를 주지 아니한 채 그 신고수리처분을 취소하고 원상복구명령의 처분을 한 경우, 행정지도방식에 의한 사전고지나 그에 따른 당사자의 자진 폐공의 약속 등의 사유만으로는 사전통지 등을 하지 않아도 되는 행정절차법 소정의 예외의 경우에 해당한다고 볼 수 없어 그 처분은 위법하다.

해설

① (o) 대법원 2009.1.30. 2008두16155.

② (x) 청문을 포함한 당사자의 의견청취절차 없이 어떤 행정처분을 한 경우에도 관계 법령에서 당사자의 의견청취절차를 시행하도록 규정하지 않고 있는 경우에는 그 행정처분이 위법하게 되는 것은 아니라 할 것인바, 문화재보호법과 대구직할시문화재보호

조례에 의하면 시지정문화재는 시장이 문화재위원회의 자문을 받아 지정한다고만 규정되어 있을 뿐 그 지정에 있어서 문화재의 소유자나 기타 이해관계인의 신청이 필요하다는 규정이나 소유자 기타 이해관계인의 의견을 들어야 한다는 행정절차의 규정은 없고, 비록 국민의권익보호를 위한 행정절차에 관한 **훈령에 따라 1990.3.1.부터 시행된 행정절차운영지침에 의하면** 행정청이 공권력을 행사하여 국민의 구체적인 권리 또는 의무에 직접적인 변동을 초래하게 하는 행정처분을 하고자 할 때에는 미리 당사자에게 행정처분을 하고자 하는 원인이 되는 사실을 통지하여 그에 대한 의견을 청취한 다음 이유를 명시하여 행정처분을 하여야 한다고 규정되어 있으나 **이는 대외적 구속력을 가지는 것이 아니므로,** 시장이 건조물 소유자의 신청이 없는 상태에서 **소유자의 의견을 듣지 아니하고 건조물을 문화재로 지정하였다고 하여** 위법한 것이라고 할 수 없다(대법원 1994.8.9. 94누3414).

③ (o) 대법원 2004.5.28. 2004두1254.

④ (o) 대법원 2007.9.21. 2006두20631.

⑤ (o) 대법원 2000.11.14. 99두5870. [해 답] ②

31 행정정보공개제도

1. 정보공개청구권에 관한 설명 중 옳은 것을 모두 고른 것은? (다툼이 있는 경우 판례에 의함)

㉠ 정보공개제도의 헌법상 근거는 국민의 알 권리에서 나온다.

㉡ 정보공개청구권은 국민의 입장에서 일반적인 정보의 공개를 청구하는 것을 내용으로 하는 것이 아니라, 자기에 관한 정보 또는 자기의 권익보호와 직접 관련이 있는 정보의 공개를 청구하는 것을 그 내용으로 한다.

㉢ 정보공개를 청구할 수 있는 자로는 자연인은 물론 법인, 권리능력 없는 사단·재단도 포함되지만, 오로지 행정감시 목적으로 정보공개를 청구하는 시민단체는 해당되지 않는다.

㉣ 정보공개청구권은 청구인이 공공기관에 대하여 정보공개를 청구하였다가 거부처분을 받은 것 이외에 추가로 어떤 법률상 이익을 가질 것을 요구한다.

㉤ 공공기관이 공개를 거부할 수 있는 정보를 비공개대상정보라고 하는데, 비공개대상정보는 비밀정보를 의미하지 않는다.

㉥ 정보공개를 청구한 날부터 20일 이내에 공공기관이 공개 여부를 결정하지 아니한 때에는 비공개의 결정이 있는 것으로 본다.

① ㉠, ㉡, ㉢ ② ㉡, ㉢, ㉣ ③ ㉢, ㉣, ㉤
④ ㉣, ㉤, ㉥ ⑤ ㉠, ㉤, ㉥

해설 ㉠ (o) 국민의 '알 권리', 즉 정보에 대한 접근·수집·처리의 자유는 자유권적 성질과 청구권적 성질을 겸유하는 것으로서 헌법 제21조에 의하여 직접 보장되는 권리이고, 정보공개청구권은 그러한 알 권리의 당연한 내용이 되는 것이다(대법원 2010.2.25. 2007두9877). 청구인의 정당한 이해관계가 있는 정부보유의 정보의 개시에 대하여 행정청이 아무런 검토 없이 불응한 부작위는 헌법 제21조에 규정된 표현의 자유와 자유민주주의적 (기본질서를 천명하고 있는 헌법 전문, 제1조, 제4조의 해석상 국민의 정부에 대한 일반적 정보 공개를 구할 권리(청구권적 기본권)로서 인정되는 '알 권리'를 침해한 것이고 위 열람·복사 민원의 처리는 법률의 제정이 없더라도 불가능한 것이 아니다(헌재 1989.9.4. 88헌마22). 헌법재판소는 공공기관의 정보공개에 관한 법률이 제정되기 이전에 이미, 정부가 보유하고 있는 정보에 대하여 정당한 이해관계가 있는 자가 그 공개를 요구할 수 있는 권리를 알 권리로 인정하면서, 이러한 알 권리는 표현의 자유에 당연히 포함되는 기본권임을 선언하였다.

㉡ (x) 정보공개청구권은 ⓐ 자기에 관한 정보 또는 자기의 권익보호와 직접 관련이 있는 정보의 공개를 청구하는 **개별적 정보공개청구권**과, ⓑ 국민의 한 사람으로서 일반적인 정보의 공개를 청구하는 **일반정보공개청구권**으로 나누어진다. ⓐ의 사례로는 고소인이 종결된 수사기록의 열람·등사를 청구할 수 있는 권리를 말한다(대법원 1999.9.21. 98두3426). ⓑ의 사례로는 일반 국민이 외교통상부가 미국정부로부터 받아 보관중인 1979년 및 1980년의 우리나라 정치상황과 관련한 미국 정부 보유의 문서 사본의 공개를 청구하는 권리를 말한다(대법원 1999.9.21. 97누5114).

㉢ (x) 모든 국민은 정보의 공개를 청구할 권리를 가진다(공공기관의 정보공개에 관한 법률 5 ①). 여기에서 말하는 '국민'에는 자연인은 물론 법인, 권리능력 없는 사단·재단도 포함되고, 법인, 권리능력 없는 사단·재단 등의 경우에는 설립목적을 불문한다(대법원 2003.12.12. 2003두8050). 다만, 지방자치단체는 국민에 대응하는 정보공개의무자로 상정하고 있으므로, 지방자치단체는 공공기관의 정보공개에 관한 법률 제5조에서 정한 정보공개청구권자인 '국민'에 해당되지 아니한다(서울행법 2005.10.12. 2005구합10484)는 판결도 있다. 정보공개청구의 목적이 오로지 상대방을 괴롭힐 목적으로 정보공개를 구하고 있다는 등의 특별한 사정이 없는 한 정보공개의 청구가 신의칙에 반하거나 권리남용에 해당한다고 볼 수 없다(대법원 2006.8.24. 2004두2783).

㉣ (x) 정보공개청구권은 법률상 보호되는 구체적인 권리이므로 청구인이 공공기관에 대하여 **정보공개를 청구하였다가 거부처분을 받은 것 자체가 법률상 이익의 침해에 해당한다**고 할 것이고, 거부처분을 받은 것 이외에 추가로 어떤 법률상의 이익을 가질 것을 요구하는 것은 아니다(대법원 2004.9.23. 2003두1370). 공공기관에 대하여 정보의 공개를 청구하였다가 공개거부처분을 받은 청구인은 행정소송을 통하여 그 공개거부처분의 취소를 구할 법률상의 이익이 있다(대법원 2003.3.11. 2001두6425).

㉤ (o) 비공개대상정보는 공공기관이 공개를 거부할 수 있는 정보를 말한다. 비공개정보는 비

밀정보를 의미하지 않는다. 비밀정보는 공개가 금지되는 정보이지만, 비공개대상정보는 공개가 금지되는 정보는 아니며, 행정기관이 공개하지 않을 수 있는 정보이다. 공공기관이 보유·관리하는 정보는 공개대상이 되지만, 다음 사유에 해당하는 정보에 대하여는 이를 공개하지 아니할 수 있다(공공기관의 정보공개에 관한 법률 9①). 다른 법률 또는 법률이 위임한 명령(국회규칙·대법원규칙·헌재규칙·중앙선관위규칙·대통령령·조례에 한한다)에 의하여 비밀 또는 비공개사항으로 규정된 정보(1호)를 비롯하여 8개항의 정보는 비공개대상정보로 분류하고 있다.

ⓗ (o) 공공기관은 청구를 받은 날로부터 10일 이내에 공개여부를 결정하여야 한다. 다만 부득이한 사정이 있는 때에는 10일의 범위 안에서 연장할 수 있다. 이 경우에는 청구인에게 연장이유를 지체 없이 통지하여야 한다(공공기관의 정보공개에 관한 법률 11①②). 정보공개를 청구한 날부터 20일 이내에 공공기관이 공개 여부를 결정하지 아니한 때에는 비공개의 결정이 있는 것으로 본다(공공기관의 정보공개에 관한 법률 11⑤). [해 답] ⑤

2. 정보공개청구에 관련된 설명 중 옳지 않은 것은? (다툼이 있는 경우 판례에 의함)

① 정보공개 의무기관인 공공기관으로는 국가기관, 지방자치단체, 정부투자기관, 그 밖에 공동체 전체의 이익에 중요한 역할이나 기능을 수행하는 기관도 포함된다.

② 공개청구의 대상이 되는 정보가 인터넷 등을 통하여 공개되어 인터넷검색 등을 통하여 쉽게 알 수 있는 경우에는 비공개결정이 정당화될 수 있다.

③ 공개청구의 대상이 되는 정보는 공공기관이 직무상 작성 또는 취득하여 현재 보유·관리하고 있는 문서로서 반드시 원본일 필요는 없다.

④ 문제은행 출제방식을 채택하고 있는 치과의사 국가시험의 문제지와 정답지는 공공기관의 정보공개에 관한 법률상 비공개대상정보에 해당한다.

⑤ 공개를 구하는 정보를 공공기관이 보유·관리하고 있을 상당한 개연성이 있다는 점에 대한 입증책임은 원칙적으로 공개청구자에게 있다.

해설 ① (o) 한국방송공사(KBS)(대법원 2010.12.23. 2008두13101)와 사립대학교는 정보공개 의무를 지는 공공기관의 하나에 해당된다(대법원 2006.8.24. 2004두2783). '한국증권업협회'는 공공기관의 정보공개에 관한 법률 시행령 제2조 제4호의 '특별법에 의하여 설립된 특수법인'에 해당한다고 보기 어려워 공공기관으로 볼 수 없다(대법원 2010.4.29. 2008두5643).

② (x) 공개청구의 대상이 되는 정보가 이미 다른 사람에게 공개되어 널리 알려져 있다거나 인터넷 등을 통하여 공개되어 인터넷검색 등을 통하여 쉽게 알 수 있다는 사정만으로는 소의 이익이 없다거나 비공개결정이 정당화될 수 없다(대법원 2007.7.13. 2005두8733).

③ (o) 공개청구의 대상이 되는 정보란 공공기관이 직무상 작성 또는 취득하여 현재 보유·관리하고 있는 문서에 한정되는 것이기는 하나, 그 문서가 반드시 원본일 필요는 없다(대법원

2006.5.25. 2006두3049).

④ (o) 치과의사 국가시험에서 채택하고 있는 문제은행 출제방식이 출제의 시간·비용을 줄이면서도 양질의 문항을 확보할 수 있는 등 많은 장점을 가지고 있는 점, 그 시험문제를 공개할 경우 발생하게 될 결과와 시험업무에 초래될 부작용 등을 감안하면, 위 시험의 문제지와 그 정답지를 공개하는 것은 시험업무의 공정한 수행이나 연구·개발에 현저한 지장을 초래한다고 인정할 만한 상당한 이유가 있는 경우에 해당하므로, 공공기관의 정보공개에 관한 법률 제9조 제1항 제5호에 따라 이를 공개하지 않을 수 있다(대법원 2007.6.15. 2006두15936).

'공공기관의 정보공개에 관한 법률' 제9조 제1항 제5호 중 "시험"에 관한 부분이 청구인들의 정보공개청구권 등 기본권을 침해하는 것은 아니다(헌재 2009.9.24. 2007헌바107).

⑤ (o) 공개를 구하는 정보를 공공기관이 보유·관리하고 있을 상당한 개연성이 있다는 점에 대하여는 원칙적으로 공개청구자에게 입증책임이 있지만, **그 정보를 더 이상 보유·관리하고 있지 아니하다는 점에 대한 입증책임은 공공기관에게 있다**(대법원 2004.12.9. 2003두12707). [해 답] ②

32 개인정보보호제도

1. 개인정보보호법에 관한 설명 중 옳지 않은 것은?

① 공공부문과 민간부문을 모두 포함하여 개인정보처리원칙 등을 규정하고 있다.

② 개인정보보호법에서 보호되는 개인정보는 살아 있는 개인에 관한 정보이다.

③ 개인정보처리자는 그 목적에 필요한 범위에서 최소한의 개인정보만을 적법하고 정당하게 수집하여야 한다.

④ 정보주체는 자신의 개인정보의 처리 정지, 정정·삭제 및 파기를 요구할 권리를 가진다.

⑤ 개인정보와 관련된 분쟁이 발생한 경우 개인정보 집단분쟁조정 신청을 하거나 개인정보 단체소송을 선택하여 제기할 수 있다.

해설 ① (o) 공공기관의 개인정보의 보호를 위하여 1994년에 '공공기관의 개인정보보호에 관한 법률'이 제정·시행되었다. 그 후 2011.3.29. 공공부문과 민간부문을 모두 포함하여 개인정보처리원칙 등을 규정한 '개인정보보호법'이 제정·시행됨에 따라 공공기관의 개인정보보호에 관한 법률은 폐지되었다. 개인정보보호법은 모든 분야의 개인정보처리에 적용되는 개인정보에 관한 일반법이다. 행정법 분야에서는 주로 공공분야의 개인정보보호가 문제된다.

② (o) 개인정보보호법에서 보호되는 개인정보는 살아 있는 개인에 관한 정보이다. 따라서 사자나 법인 등의 단체는 개인정보의 주체가 아니다. **개인정보는 성명, 주민등록번호 및 영상 등을 통하여 개인을 알아볼 수 있는 정보**(해당 정보만으로는 특정 개인을 알아볼 수 없더라도 다른 정보와 쉽게 결합하여 알아볼 수 있는 것을 포함한다)를 말한다(개인정보보호법 2(1)).

③ (o) 개인정보처리자란 업무를 목적으로 개인정보파일을 운용하기 위하여 스스로 또는 다른 사람을 통하여 개인정보를 처리하는 공공기관, 법인, 단체 및 개인 등을 말한다(개인정보보호법 2(5)). 개인정보처리자는 개인정보의 처리 목적을 명확하게 하여야 하고(**처리목적 명확화**), 그 목적에 필요한 범위에서 최소한의 개인정보만을 적법하고 정당하게 수집하여야 한다(**최소수집**). 그리고 개인정보의 처리 목적에 필요한 범위에서 적합하게 개인정보를 처리하여야 하며, 그 목적 외의 용도로 활용하여서는 아니 된다(**목적 외 이용금지**). 개인정보처리자는 정보주체의 사생활 침해를 최소화하는 방법으로 개인정보를 처리하여야 하며(**사생활침해 최소화**), 개인정보의 익명처리가 가능한 경우에는 익명에 의하여 처리될 수 있도록 하여야 한다(**익명처리**)(개인정보보호법 3).

④ (o) 정보주체는 자신의 개인정보 처리와 관련하여, ㉠ 개인정보의 처리에 관한 정보를 제공받을 권리(**통지를 받을 권리**), ㉡ 개인정보의 처리에 관한 동의 여부, 동의 범위 등을 선택하고 결정할 권리(**동의권**), ㉢ 개인정보의 처리 여부를 확인하고 개인정보에 대하여 열람(사본의 발급을 포함한다)을 요구할 권리(**열람청구권**), ㉣ 개인정보의 처리 정지, 정정·삭제 및 파기를 요구할 권리(**정정·삭제·파기청구권**), ㉤ 개인정보의 처리로 인하여 발생한 피해를 신속하고 공정한 절차에 따라 구제받을 권리를 가진다(**손해배상청구권, 쟁송제기권**)(개인정보보호법 4).

⑤ (x) 단체소송을 제기하기 전에 반드시 개인정보 집단분쟁조정 절차를 거쳐야 한다(**분쟁조정 전치주의**). 정보주체의 불복절차로는, ㉠ **이의신청** 개인정보처리자는 정보주체가 열람등 요구에 대한 거절 등 조치에 대하여 불복이 있는 경우 이의를 제기할 수 있도록 필요한 절차를 마련하고 안내하여야 한다(개인정보보호법 38⑤). ㉡ **분쟁조정의 신청** 개인정보와 관련한 분쟁의 조정을 원하는 자는 분쟁조정위원회에 분쟁조정을 신청할 수 있다(개인정보보호법 43①). ㉢ **행정쟁송의 제기** 개인정보처리자가 국가나 지방자치단체 등의 행정주체에 해당되는 경우에 정보주체는 행정심판법 또는 행정소송법이 정하는 바에 따라 그 처분을 다투는 행정심판 또는 행정소송을 제기할 수 있다. ㉣ **개인정보 단체소송** 「소비자기본법」 제29조에 따라 공정거래위원회에 등록한 소비자단체, 「비영리민간단체 지원법」 제2조에 따른 비영리민간단체는 개인정보처리자가 제49조에 따른 **집단분쟁조정을 거부**하거나 **집단분쟁조정의 결과를 수락하지 아니한 경우**에는 법원에 권리침해 행위의 금지·중지를 구하는 소송(단체소송)을 제기할 수 있다(개인정보보호법 51①). 단체소송을 제기할 수 있는 자는 등록 소비자단체와 비영리민간단체로 제한되어 있다.

[해 답] ⑤

33 공법상계약

1. 공법상 계약에 관한 설명 중 옳은 것은? (다툼이 있는 경우 판례에 의함)

① 공법상 계약은 행정주체 상호간에는 성립될 수 없다.

② 공법상계약은 행정영역에서 법률의 근거가 없으면 체결할 수 없다.

③ 전문직공무원인 공중보건의사의 채용계약의 해지는 관할 도지사의 일방적인 의사표시에 의하여 그 신분을 박탈하는 불이익처분이므로, 그 취소를 구하는 항고소송을 제기할 수 있다.

④ 공익사업자와 토지소유자간의 토지수용을 위한 협의는 사인상호간에서 뿐만 아니라 국가와 공공단체 등 행정주체와 사인간에 체결될 수도 있다.

⑤ 계약직공무원 채용계약해지의 의사표시는 일반공무원에 대한 행정처분과 같이 행정절차법에 의하여 근거와 이유를 제시하여야 한다.

해설

① (x) **행정주체 상호간의 공법상계약으로는,** 공공단체 상호간의 사무위탁(지방자치단체간의 교육사무위탁), 지방자치단체 상호간의 도로 또는 하천의 경비부담에 관한 협의(도로법 67, 하천법 59)또는 도로관리에 관한 협의(도로법 21) 등이 있다.

② (x) 행정주체가 사인과 공법상계약을 체결할 때 법률의 근거(법률유보의 원칙)가 없어도 체결할 수 있는지에 관한 것이 공법상 계약의 자유성의 문제이다. 법치주의는 공법상계약에도 타당하다는 전제에서 법률의 근거를 요한다는 부정설도 있다. 그러나 공법상계약은 비권력관계에서의 행위이며, 법률유보의 원리에 의한 제한을 받지 않는다는 긍정설이 타당하다. 그러므로 공법상계약은 법령에 위반되지 않는 한 모든 행정영역에서 법률의 근거가 없어도 체결할 수 있다.

③ (x) 전문직공무원인 공중보건의사의 채용계약의 해지가 관할 도지사의 일방적인 의사표시에 의하여 그 신분을 박탈하는 불이익처분이라고 하여 곧바로 그 의사표시가 관할 도지사가 행정청으로서 공권력을 행사하여 행하는 행정처분이라고 단정할 수는 없고, 공중보건의사 채용계약 해지의 의사표시에 대하여는 **대등한 당사자간의 소송형식인 공법상의 당사자소송으로 그 의사표시의 무효확인을 청구할 수 있는 것이지,** 이를 항고소송의 대상이 되는 행정처분이라는 전제하에서 그 취소를 구하는 항고소송을 제기할 수는 없다(대법원 1996.5.31. 95누10617). 광주광역시문화예술회관장의 단원 위촉은 광주광역시문화예술회관장이 행정청으로서 공권력을 행사하여 행하는 행정처분이 아니라 공법상의 근무관계의 설정을 목적으로 하여 광주광역시와 단원이 되고자 하는 자 사이에 대등한 지위에서 의사가 합치되어 성립하는 **공법상 근로**

계약에 해당한다고 보아야 할 것이므로, 광주광역시립합창단원으로서 위촉기간이 만료되는 자들의 재위촉 신청에 대하여 광주광역시문화예술회관장이 실기와 근무성적에 대한 평정을 실시하여 재위촉을 하지 아니한 것을 항고소송의 대상이 되는 불합격처분이라고 할 수는 없다(대법원 2001.12.11. 2001두7794).

채용기간이 만료된 후에라도 보수정산과 개인의 불명예 등을 고려하여 지방전문직공무원 채용계약 해지의 의사표시의 무효확인을 구할 법률상 이익을 인정한 판례도 있다(대법원 1993. 9.14. 92누4611). **계약직공무원에 대한 채용계약의 해지는 권력적 성격이 강한 행위라서 행정처분으로 볼 수도 있다.** 채용계약상 특별한 약정이 없는 한, 서울특별시 지방계약직공무원에 대하여 지방공무원법, 지방공무원징계및소청규정에 정한 징계절차에 의하지 않고서는 보수를 삭감할 수 없다(대법원 2008.6.12. 2006두16328).

④ (o) **행정주체와 사인간의 공법상계약으로는,** ㉠ 지원에 의한 군 입대, ㉡ 도지사의 공중보건의사채용계약, ㉢ 서울시립무용단원위촉계약, ㉣ 재개발조합에 대하여 조합원자격확인, ㉤ 국립중앙극장전속단원채용계약, ㉥ 토지 등의 취득 및 보상법상의 사업인정 후의 협의(행정주체와 사인 간의), ㉦ 임의적 공용부담, ㉧ 사인에 대한 행정사무의 위임(사인의 신청에 의한 별정우체국의 지정) 등이 있다. 사인인 공익사업자와 토지소유자간의 토지수용을 위한 협의는 사인이 공무수탁사인의 지위에 있어 사인상호간의 공법상계약으로 볼 수 있다.

⑤ (x) 계약직공무원에 관한 현행 법령의 규정에 비추어 볼 때, 계약직공무원 채용계약해지의 의사표시는 일반공무원에 대한 징계처분과는 달라서 항고소송의 대상이 되는 처분 등의 성격을 가진 것으로 인정되지 아니하고, 일정한 사유가 있을 때에 국가 또는 지방자치단체가 채용계약 관계의 한쪽 당사자로서 대등한 지위에서 행하는 의사표시로 취급되는 것으로 이해되므로, 이를 징계해고 등에서와 같이 그 징계사유에 한하여 효력 유무를 판단하여야 하거나, 행정처분과 같이 행정절차법에 의하여 근거와 이유를 제시하여야 하는 것은 아니다(대법원 2002.11.26. 2002두5948).

[해 답] ④

34 행정지도

1. 행정지도에 관한 설명 중 옳은 것을 모두 고른 것은? (다툼이 있는 경우 판례에 의함)

㉠ 공공기관의 장 또는 사용자에 대한 여성부 남녀차별개선위원회의 시정조치권고는 권고의 형식을 취하고 있는 행정지도의 일종이므로 행정처분이 아니다.
㉡ 행정기관은 행정지도의 상대방의 의사에 반하여 부당하게 강요하여서는 아니 된다.
㉢ 행정기관은 행정지도의 상대방이 행정지도에 따르지 아니한 경우에 불이익한 조치를

할 수 있다.
㉣ 행정지도는 행정기관의 소관사무(조직규범)의 범위 안에서만 허용되며, 그 범위를 넘는 경우에는 위법의 문제가 생긴다.
㉤ 행정관청이 토지거래계약신고에 관하여 공시된 기준시가를 기준으로 매매가격을 신고하도록 행정지도를 하여 그에 따라 허위신고를 한 경우 위법성이 조각된다.
㉥ 행정지도가 행정지도의 한계를 일탈하지 아니하였다면, 그로 인하여 상대방에게 어떤 손해가 발생하였다 하더라도 행정기관은 그에 대한 손해배상책임이 없다.

① ㉠, ㉢, ㉤ ② ㉡, ㉢, ㉥ ③ ㉢, ㉣, ㉤
④ ㉠, ㉡, ㉤ ⑤ ㉡, ㉣, ㉥

해설 ㉠ (x) 공공기관의 장 또는 사용자에 대한 여성부 남녀차별개선위원회의 시정조치권고는 권고의 형식을 취하고 있어 그 상대방의 법률상 지위에 직접적인 법률적 변동을 일으키지 아니하는 행정지도의 일종으로 보여질 수 있으나, 그와 같은 형식에도 불구하고 이를 이행하여야 할 법적 의무와 그 처리결과의 내용을 위원회에게 통보하여야 할 법적 의무를 동시에 부여하고 있으므로, 위 위원회의 시정조치권고는 그 실질에 있어서 상대방에게 법적 의무를 부담시키는 행정처분으로서 행정소송의 대상이 된다(서울행법 2003.8.12. 2002구합36737). 행정지도는 행정기관이 일정한 행정목적의 실현을 위하여, 특정한 개인 또는 법인이나 기타의 단체에 대하여 협력적 행위를 요청하는 희망의 표시인 비강제적인 사실행위를 말한다. 행정절차법은 행정기관이 그 소관사무의 범위 안에서 일정한 지도·권고·조언 등을 행하는 것을 말한다(행정절차법 2⑶)고 규정한다.

㉡ (o) 상대방이 그 행정지도에 따를 것인지 여부는 자유의사에 달려 있다. 행정기관은 행정지도의 상대방의 의사에 반하여 부당하게 강요하여서는 아니 된다(행정절차법 48①).

㉢ (x) 행정지도는 그 목적달성에 필요한 최소한도에 그쳐야 하며, 행정지도의 상대방의 의사에 반하여 부당하게 강요하여서는 아니 된다(행정절차법 48①). 불이익조치금지의 원칙으로, 행정기관은 행정지도의 상대방이 행정지도에 따르지 아니하였다는 것을 이유로 불이익한 조치를 하여서는 아니 된다(행정절차법 48②).

㉣ (o) 행정지도의 법규상의 한계로서, 당해 행정기관의 소관사무(조직규범)의 범위 안에서만 허용되며, 그 범위를 넘는 경우에는 위법의 문제가 생긴다. 법률이 행정지도의 기준·절차·형식 등을 규제하고 있을 때에는 그에 따라야 한다. 행정지도를 규제하는 법령이 없더라도 헌법상의 기본권을 침해하거나 법령을 위반하여서는 아니 된다. 행정지도는 비권력적인 사실행위이지만, 비례원칙·평등원칙·신뢰보호원칙 등 행정법의 일반원칙에 위반하여서도 아니 된다. 행정지도가 헌법소원의 요건을 충족하면 위헌확인을 청구할 수 있다.
헌법재판소는 **교육인적자원부장관의 대학총장들에 대한 학칙시정요구라는 행정지도에 관하여,** 그에 따르지 않을 경우 일정한 불이익조치를 예정하고 있어 사실상 상대방에게 그에 따를 의무를 부과하는 것과 다를 바 없으므로, 단순한 행정지도로서의 한계를 넘어 규제적·구속적 성격을 상당히 강하게 갖는 것으로서 **공권력의 행사라고 결정**한 바 있다(헌법재판소 2003.6.

26. 2002헌마337).

ⓜ (x) 행정지도는 상대방의 임의적인 협력을 기대하는 행위이고, 위법한 행정지도를 따른 자는 자신의 이익을 위하여 자유의사로 행한 것이므로 위법성이 조각되지 않는다. 행정관청이 토지거래계약신고에 관하여 공시된 기준시가를 기준으로 매매가격을 신고하도록 행정지도를 하여 그에 따라 허위신고를 한 경우에, 그와 같은 행정지도는 법에 어긋나는 것으로서 **그 행정지도에 따라 허위신고행위에 이르렀다고 하여도 그 범법행위가 정당화될 수 없다**(대법원 1994.6.14. 93도3247).

ⓑ (o) 국가배상법이 정한 배상청구의 요건인 공무원의 직무에는 권력적 작용과 (행정지도와 같은)비권력적 작용(관리작용)도 포함된다(통설·판례). 따라서 행정지도에 대하여도 국가배상법이 적용된다. 판례는 **행정지도가 강제성을 띠지 않은 비권력적 작용으로서 행정지도의 한계를 일탈하지 아니하였다면,** 그로 인하여 상대방에게 어떤 손해가 발생하였다 하더라도 행정기관은 그에 대한 손해배상책임이 없다(대법원 2008.9.25. 2006다18228)고 한다. 행정지도의 한계를 일탈하였다면 그 책임이 인정될 수 있다. [해 답] ⑤

35 행정상 사실행위

1. 행정상 사실행위에 관한 설명 중 옳지 않은 것은?

① 권력적 사실행위는 행정청이 우월적인 지위에서 명령·강제하는 행위로, 대집행의 실행, 경찰관의 무기사용 등을 말한다.

② 국가배상법 제2조의 공무원의 위법한 직무행위에는 공무원의 위법한 사실행위도 포함된다.

③ 적법한 권력적 사실행위로 국민이 특별한 손해를 입은 경우에는 손실보상을 청구할 수 있다.

④ 권력적 사실행위는 처분 개념인 '공권력행사'에는 처분적 행위뿐 아니라 사람의 수용이나 물건의 영치와 같은 권력적 사실행위도 포함되는 것으로 보아 처분성을 긍정할 수 있다.

⑤ 행정청이 우월적 지위에서 일방적으로 강제하는 권력적 사실행위는 헌법소원의 대상이 되는 공권력의 행사에 해당한다고 볼 수 없다.

해설 ① (o) 권력적 사실행위는 행정청이 우월적인 지위에서 명령·강제하는 행위로, 대집행의 실행, 경찰관의 무기사용·감염병 환자의 강제입원과 같은 행정상 즉시강제 등이다. 비권력적 사실행위는 명령·강제하는 공권력행사와 관계가 없는 공법상의 금전출납·폐기물수거·행정지도 등을 들 수 있다.

② (o) 국가배상의 다른 요건이 충족되면 위법한 사실행위에 대한 국가배상도 가능하다. 다만, 사실행위로 인한 손해배상은 민사법원에 청구할 수 있다는 것이 판례이다.

③ (o) 시·도지사는 소방활동에 따른 처분으로 인하여 손실을 입은 자가 있는 경우에는 그 손실을 보상하여야 한다(소방기본법 25④).

④ (o) 권력적 사실행위에 대하여 처분성을 인정할지라도 사실행위는 비교적 단시간에 종료되므로, 실제로는 행정쟁송의 실익이 없는 경우가 많다. 이미 종료된 사실행위의 취소를 구하거나 무효확인을 구하는 것은 소의 이익이 부정되어 각하될 가능성이 크다. 다만, **계속적인 권력적 사실행위는 행정쟁송이 가능할 것이며**, 계속성이 없는 사실행위라도 가구제로서의 집행정지결정은 신청할 수 있다.

비권력적 사실행위 중에서 주의·권고·지도 등에 대하여 처분성을 부인하는 것이 통설이다. 사인의 권리의무에 직접적인 법적 효과를 발생시키는 것이 아니라는 이유 때문이다. 도로공사 등 공공토목공사의 시공이나 공항·철도·고무소각장 등 공공시설의 설치 또는 그 조업 등에 대하여도 통설은 처분성을 부정한다.

⑤ (x) 대법원은 사실행위를 명시적으로 처분에 해당된다고 판시한 사례는 없다. 상수도사업본부가 급수공사 신청자에 대하여 한 급수공사비 납부통지는, 신청자가 공사비를 납부하면 급수공사를 하여 주겠다는 취지의 강제성이 없는 의사 또는 사실상의 통지행위이므로 처분이 아니다(대법원 1993.10.26. 93누6331). 그러나 권력적 사실행위로 보여지는 ㉠ 단수처분, ㉡ 교도소장의 미결수용자 이송처분은 처분성을 인정하였다. 그리고 ㉢ 횡단보도설치행위도 처분이라고 한 바 있으나(대법원 2000.10.27. 98두8964), 횡단보도 존치결정은 행정기관의 내부행위라고 처분성을 부정한 판례도 있다(대법원 2000.10.24. 99두1144).

헌법재판소는 행정청이 우월적 지위에서 일방적으로 강제하는 **권력적 사실행위는 헌법소원의 대상이 되는 공권력의 행사에 해당한다고 본다**(헌법재판소 2003.12.18. 2001헌마754). 기본권을 침해하는 권력적 사실행위는 다른 법률에 의한 구제수단이 없다고 할 수 있기 때문에 헌법소원의 대상이 된다. **권력적 사실행위로 판단한 사례로는,** ㉠ 국제그룹을 해체시킨 공권력작용, ㉡ 미결수용자의 서신에 대한 교도소장의 검열·지연발송·지연교부행위, ㉢ 교도소 내 접견실의 칸막이 설치행위, ㉣ 구치소장이 미결수용자로 하여금 수사 및 재판을 받을 때 재소자용 의류를 입게 한 행위, ㉤ 유치장관리자가 현행범으로 체포된 피의자에게 차폐시설이 불충분한 화장실을 사용하도록 한 행위, ㉥ 경찰서장이 피의자들을 유치장에 수용하는 과정에서 실시한 정밀신체수색 행위, ㉦ 구치소장이 구치소에 수용되는 마약류사범에 대하여 하는 정밀신체검사, ㉧ 교도소장이 교도소 수형자에게 소변을 받아 제출하게 하는 행위, ㉨ 비자신청서에 일정사항의 기재를 요구하는 비자발급기관의 행위, ㉩ 미결수용자에 대한 수갑·포승사용 행위, ㉪ 국가정보원의 2005년도 7급 제한경쟁시험 채용공고 중 '남자는 병역을 필한 자'라는 부분, ㉫ 방송위원회가 주식회사 문화방송에 대하여 한 경고 및 관계자에 대한 경고처분, ㉬ 경찰서장이 법률상 근거없이 옥외집회신고서를 반려한 행위, ㉭ 수형인이 출정비용납부거부 또는 상계동의거부를 이유로 행정소송 변론기일 출정제한 행위, 미결수용자의 구치소 내 종교행사 참석금지 행위 등이 있다.

[해 답] ⑤

36 행정상 강제집행

1. 행정상 강제집행에 관한 설명 중 옳지 않은 것은?

① 행정상 대집행에 관한 일반법으로는 행정대집행법이 있다.

② 행정상 강제집행은 침해적 행정행위에 해당하므로 행정청의 재량을 억제하는 엄격한 기속행위로서의 성격을 갖는다.

③ 행정상 강제집행은 장래에 향하여 의무이행을 강제하는 수단이다.

④ 행정법상 의무불이행에 대하여 행정대집행의 절차가 인정되는 경우에는 민사소송의 방법으로 공작물의 철거, 수거 등을 구할 수는 없다.

⑤ 아무런 권원 없이 국유재산에 설치한 시설물에 대하여 행정청이 행정대집행을 실시하지 않는 경우, 그 국유재산에 대한 사용청구권을 가지고 있는 자는 국가를 대위하여 민사소송으로 그 시설물의 철거를 구할 수 있다.

해설

① (o) 행정상 강제집행은 국민의 권리의무를 제한하는 전형적인 침해적인 행위이므로 그 법적 근거가 있어야 한다. 행정상 대집행에 관한 일반법으로는 행정대집행법이 있으며, 행정상 강제징수에 관한 일반법으로는 국세징수법이 있다. 직접강제에 관하여는 출입국관리법(동법 68·62) 등의 개별법이 있으며, 집행벌에 관하여는 구 건축법(69조의 2)·농지법(동법 62) 등이 있다.

② (x) 행정상 강제집행에 있어서 행정청은 광범위한 재량권을 가진다. 행정대집행법과 직접강제를 규정한 해군기지법 등에서 강제집행의 수단을 사용할 것인지 여부가 행정청의 재량에 맡겨지고 있다. 또한 강제집행의 요건에서도 불확정개념을 사용하여 행정청의 판단여지를 인정하고 있다. 예컨대 행정대집행법 제2조는 "다른 수단으로써 그 이행을 확보하기 곤란하고, 또한 불이행을 방치함이 심히 공익을 해할 것으로 인정될 때"라고 표현하고 있다.

③ (o) 행정상 강제집행은 장래에 향하여 의무이행을 강제하는 수단이지만, 행정벌은 과거의 의무위반에 대한 제재를 목적으로 한다. 같은 의무의 불이행에 대하여 강제집행을 하면서도 동시에 행정벌을 과하기도 한다.

④ (o) 행정상 강제집행은 특정한 의무를 부과하고, 그 의무의 이행을 법원 판결로 확인받지 않고, 자기 스스로의 강제수단으로 집행한다는 점에서 민사상 강제집행과 차이가 있다. 그러므로 행정법상 의무불이행에 대하여 행정대집행의 절차가 인정되는 경우에는 민사소송의 방법으로 공작물의 철거, 수거 등을 구할 수는 없다(대법원 2000.5.12. 99다18909).

⑤ (o) 행정대집행의 절차가 인정되는 경우에는 따로 민사소송의 방법으로 피고들에 대하여

이 사건 시설물의 철거를 구하는 것은 허용되지 않는다고 할 것이다. 다만, 관리권자인 보령시장이 행정대집행을 실시하지 아니하는 경우 국가에 대하여 이 사건 토지 사용청구권을 가지는 원고로서는 위 청구권을 보전하기 위하여 국가를 대위하여 피고들을 상대로 민사소송의 방법으로 이 사건 시설물의 철거를 구하는 이외에는 이를 실현할 수 있는 다른 절차와 방법이 없어 그 보전의 필요성이 인정되므로, 원고는 국가를 대위하여 피고들을 상대로 민사소송의 방법으로 이 사건 시설물의 철거를 구할 수 있다고 보아야 할 것이다(대법원 2009.6.11. 2009다1122).

[해 답] ②

2. 행정대집행에 관한 설명 중 옳지 않은 것을 모두 고른 것은? (다툼이 있는 경우 판례에 의함)

㉠ 대집행의 대상이 되는 의무는 법령 또는 법령에 의거한 행정처분에 의하여 명하여진 의무이다.
㉡ 대집행의 대상이 되는 의무는 타인이 대신하여 행할 수 없는 작위의무에 관한 것이다.
㉢ 도시공원 내에 있는 매점 점유자를 퇴거시키고 매점의 외부판매시설물과 상품을 철거하는 것도 대집행의 대상이 된다.
㉣ 의무불이행이 있다고 하여 즉시 대집행의 수단을 취하는 것은 허용되지 않는다.
㉤ 대집행의 절차는 계고, 대집행영장에 의한 통지, 실행, 비용징수의 4단계이다. 4단계의 행위는 각각 독립된 것이라서 선행행위의 흠은 후행행위에 승계되지 않는다.
㉥ 위법건축물에 대한 철거명령 및 계고처분을 하였음에도 의무자가 불응하자 같은 내용으로 한 제2차, 제3차에 걸친 계고는 대집행기한의 연기통지에 불과하고 행정처분은 아니다.

① ㉠, ㉡, ㉢ ② ㉡, ㉢, ㉤ ③ ㉢, ㉤, ㉥
④ ㉠, ㉣, ㉤ ⑤ ㉡, ㉣, ㉥

해설 ㉠ (o) 대집행의 대상이 되는 의무는 법령(지방자치단체의 조례 포함)에 의하여 직접 명하여졌거나, 법령에 의거한 행정처분에 의하여 명하여진 의무이다. 비록 당해 처분이 위법하다 하더라도 공정력에 의하여 대집행을 할 수 있다.

㉡ (x) 대집행의 대상이 되는 의무는 타인이 대신하여 행할 수 있는 행위인 대체적 작위의무이다. 공작물 기타 물건의 제거·이전·개수, 가옥의 소독, 입목의 벌채, 방재시설의 설치, 공장시설의 개선, 토지형질의 원상회복 등을 들 수 있다. 작위의무라도 타인이 대신하여 할 수 없는 행위는 대상이 되지 아니한다.

㉢ (x) 도시공원시설인 매점의 관리청이 그 공동점유자 중의 1인에 대하여 소정의 기간 내에 위 매점으로부터 퇴거하고 이에 부수하여 그 판매 시설물 및 상품을 반출하지 아니할 때에는

이를 대집행하겠다는 내용의 계고처분은 그 주된 목적이 매점의 원형을 보존하기 위하여 점유자가 설치한 불법 시설물을 철거하고자 하는 것이 아니라, 매점에 대한 점유자의 점유를 배제하고 그 점유이전을 받는 데 있다고 할 것인데, 이러한 의무는 그것을 강제적으로 실현함에 있어 직접적인 실력행사가 필요한 것이지 대체적 작위의무에 해당하는 것은 아니어서 **직접강제의 방법에 의하는 것은 별론으로 하고 행정대집행법에 의한 대집행의 대상이 되는 것은 아니다**(대법원 1998.10.23. 97누157).

피수용자 등이 기업자에 대하여 부담하는 수용대상 토지의 인도의무에 관한 구 토지수용법에서의 '인도'에는 명도도 포함되는 것으로 보아야 하고, 이러한 명도의무는 그것을 강제적으로 실현하면서 직접적인 실력행사가 필요한 것이지 대체적 작위의무라고 볼 수 없으므로 특별한 사정이 없는 한 행정대집행법에 의한 대집행의 대상이 될 수 있는 것이 아니다(대법원 2005.8.19. 2004다2809).

ⓔ (o) 대집행의 실체적 요건은 다른 수단으로써 이행을 확보하기 곤란하고, 또한 그 불이행을 방치함이 심히 공익을 해할 것으로 인정될 때이다. 의무불이행이 있다고 하여 즉시 대집행의 수단을 취하는 것은 허용되지 않는다.

ⓜ (x) 대집행의 절차는 ⓐ 계고, ⓑ 대집행영장에 의한 통지, ⓒ 실행, ⓓ 비용징수의 4단계이다(행정대집행법 3~6). 4단계의 행위는 각각 독립된 것이 아니고 상호 결합하여 대집행이라는 효과를 완성시키기 때문에 **선행행위의 흠은 후행행위에 승계된다**. 계고와 대집행영장에 의한 통지는 그 법적 성질이 준법률행위적 행정행위에 해당되며, 그 자체가 독립하여 항고소송의 대상이 된다. 대집행의 실행은 물리력을 행사하여 의무를 실현시키는 권력적 사실행위이다. 대집행의 실행이 완료된 경우에는 행위가 위법한 것이라는 이유로 손해배상이나 원상회복 등을 청구하는 것은 별론으로 하고, 처분의 취소를 구할 법률상 이익은 없다(대법원 1993.6.8. 93누6164). 비용징수는 국세징수법에 의하여 강제징수할 수 있다.

ⓑ (o) 건물의 소유자에게 위법건축물을 일정기간까지 철거할 것을 명함과 아울러 불이행할 때에는 대집행한다는 내용의 철거대집행 계고처분을 고지한 후 이에 불응하자 다시 제2차, 제3차 계고서를 발송하여 일정기간까지의 자진철거를 촉구하고 불이행하면 대집행을 한다는 뜻을 고지하였다면 행정대집행법상의 **건물철거의무는 제1차 철거명령 및 계고처분으로서 발생하였고** 제2차, 제3차의 계고처분은 새로운 철거의무를 부과한 것이 아니고 다만 **대집행기한의 연기통지에 불과**하므로 행정처분이 아니다(대법원 1994.10.28. 94누5144). [해 답] ②

3. 이행강제금(집행벌)에 관한 설명 중 옳지 않은 것은? (다툼이 있는 경우 판례에 의함)

① 다른 사람이 대신해 줄 수 없는 의무 또는 부작위 의무를 불이행하는 경우에 일정한 기간 내에 그 의무의 이행이 없을 때 부과하는 금전을 말한다.

② 이미 사망한 사람에게 이행강제금을 부과하는 결정은 당연무효이다.

③ 이행강제금을 형벌과 함께 부과하는 것은 이중처벌금지의 원칙에 위반된다.

④ 이행강제금 납부의 최초 독촉은 징수처분으로서 항고소송의 대상이 되는 행정처분이 될 수 있다.

⑤ 이행강제금에 대한 불복이 있을 때 법원은 이행강제금에 처하지 아니하는 결정을 하지 않는 한, 법원으로서는 그보다 적은 이행강제금을 부과할 수 없다.

해설 ① (o) 이행강제금은 다른 사람이 대신해 줄 수 없는 의무인 비대체적 작위의무 또는 부작위 의무를 불이행하는 경우에 일정한 기간 내에 그 의무의 이행이 없을 때 그 의무를 강제적으로 이행시키기 위하여 부과하는 금전을 말한다. 집행벌이라고도 한다.

② (o) 이행강제금은 장래의 의무이행을 확보하기 위한 간접적 강제수단이다. 이행강제금은 일신전속적인 성질의 것이므로, 이미 사망한 사람에게 이행강제금을 부과하는 결정은 당연무효이다(대법원 2006.12.8. 2006마470).

③ (x) **이행강제금은 형벌이나 행정벌과 함께 부과할 수 있으며, 의무이행이 있을 때까지 반복하여 부과할 수 있다**. 건축법은 1년에 2회 이내의 범위에서 그 시정명령이 이행될 때까지 반복하여 이행강제금을 부과·징수할 수 있다(건축법 80④)고 한다. 행정벌은 과거의 위반에 대한 제재이므로 하나의 위반에 대하여 반복하여 부과할 수 없다.

이행강제금은 과거의 일정한 법률위반 행위에 대한 제재로서의 형벌이 아니라 장래의 의무이행의 확보를 위한 강제수단일 뿐이어서 범죄에 대하여 국가가 형벌권을 실행한다고 하는 과벌에 해당하지 아니하므로 헌법 제13조 제1항이 금지하는 **이중처벌금지의 원칙이 적용될 여지가 없을 뿐 아니라**, 건축법 제108조, 제110조에 의한 형사처벌의 대상이 되는 행위와 이 사건 법률조항에 따라 이행강제금이 부과되는 행위는 기초적 사실관계가 동일한 행위가 아니라 할 것이므로, 이런 점에서도 이 사건 법률조항이 헌법 제13조 제1항의 이중처벌금지의 원칙에 위반되지 아니한다(헌재 2011.10.25. 2009헌바140).

④ (o) 이행강제금 납부의 최초 독촉은 징수처분으로서 항고소송의 대상이 되는 행정처분이 될 수 있다(대법원 2009.12.24. 2009두14507). **최초의 독촉만이 징수처분으로서 항고소송의 대상이 되는 행정처분이 되고** 그 후에 한 동일한 내용의 독촉은 체납처분의 전제요건인 징수처분으로서 소멸시효 중단사유가 되는 독촉이 아니라 **민법상의 단순한 최고에 불과**하여 항고소송의 대상이 되는 행정처분이라 할 수 없다(대법원 1999.7.13. 97누119).

⑤ (o) 농지법 제65조 제1항이 처분명령을 정당한 사유 없이 이행하지 아니한 자에 대하여 당해 농지의 토지가액의 100분의 20에 상당하는 이행강제금을 부과한다고 정하고 있으므로, 처분명령이 효력이 없거나 그 불이행에 같은 항 소정의 정당한 사유가 있어 이행강제금에 처하지 아니하는 결정을 하지 않는 한, **법원으로서는 그보다 적은 이행강제금을 부과할 수도 없다**(대법원 2005.11.30. 2005마1031). 비록 구체적인 이행강제금 금액 산정의 재량권을 법원에 부여하지 않았다 하더라도, 그것이 입법형성권의 한계를 벗어나 청구인의 재판받을 권리를 침해하거나 법관독립의 원칙에 위배된다고 보기 어렵다(헌재 2010.2.25. 2008헌바98).

[해 답] ③

4. 행정상 강제징수에 관한 설명 중 옳은 것을 모두 고른 것은? (다툼이 있는 경우 판례에 의함)

> ㉠ 공법상 금전채권이라도 당연히 자력집행이 인정되는 것은 아니고 실정법의 근거가 있어야 한다.
> ㉡ 독촉장 발부도 없이 과세처분과 동시에 이에 대한 체납처분으로 부동산을 압류하였다면 그 압류처분은 당연무효이다.
> ㉢ 국세징수법상 강제징수의 절차는 독촉 및 체납처분으로 이루어진다.
> ㉣ 국세를 납기까지 불납할 때에는 체납된 국세의 100분의 3에 상당하는 가산금을 징수한다.
> ㉤ 압류재산의 매각은 원칙적으로 수의계약에 의한다.
> ㉥ 과세관청이 체납처분으로서 행하는 공매는 사인간의 사법상 매매와 같은 행위로 행정처분은 아니다.

① ㉠, ㉢, ㉣　② ㉡, ㉤, ㉥　③ ㉢, ㉣, ㉤
④ ㉡, ㉤, ㉥　⑤ ㉠, ㉣, ㉥

해설 ㉠ (o) 행정상 강제징수의 일반법으로 국세징수법이 있다. 국세징수법은 국세의 강제징수에 대하여 규정한 법률이지만, 지방세법·보조금의 예산 및 관리에 관한 법률, 기타 많은 법률에서 국세징수법의 체납처분을 준용하고 있어, 국세징수법이 행정상 강제징수에 관한 사실상 일반법의 지위를 갖게 되었다.

㉡ (x) 압류요건이 흠결된 경우의 압류처분은 위법한 것이기는 하나 당연무효는 아니다(대법원 1982.7.13. 81누360).

㉢ (o) 체납처분은 다시 재산압류·압류재산의 매각·청산(충당)의 3단계로 되어 있다(국세징수법 제3장 체납처분).

㉣ (o) 국세를 납기까지 불납할 때에는 체납된 국세의 100분의 3에 상당하는 가산금을 징수하며(국가징수법 21①), 납부기한이 경과한 날로부터 매 1월이 경과할 때마다 중가산금을 가산금에 가산하여 징수한다(국세징수법 21②).

㉤ (x) 압류재산의 매각은 원칙적으로 공매에 의하고(국세징수법 61①), 예외적으로 수의계약에 의한다(국세징수법 62). 수의계약은 사법상 매매계약이다. 공매는 세무서장이 행하나, 한국자산관리공사에게 대행시킬 수 있으며, 이 경우의 공매는 세무서장이 한 것으로 본다(국세징수법 61⑤).

㉥ (x) 과세관청이 체납처분으로서 행하는 **공매는 우월한 공권력의 행사로서 행정소송의 대상이 되는 공법상의 행정처분이며,** 공매에 의하여 재산을 매수한 자는 그 공매처분이 취소된 경우에 그 취소처분의 위법을 주장하여 행정소송을 제기할 법률상 이익이 있다(대법원 1984.9.25. 84누201).

[해 답] ①

37 행정상 즉시강제

1. 행정상 즉시강제에 관한 설명 중 옳지 않은 것은? (다툼이 있는 경우 판례에 의함)

① 행정상 즉시강제는 상대방의 임의이행을 기다릴 시간적 여유가 없을 때 하명 없이 바로 실력을 행사하는 것이라도 원칙적으로 영장주의는 적용된다.

② 행정상 즉시강제는 침해행정의 전형이기 때문에 엄격한 실정법상의 근거가 필요하다.

③ 행정상 즉시강제는 선행하는 의무 자체가 존재하지 아니하며, 의무불이행을 전제로 하지 않는다.

④ 행정상 즉시강제는 사회공공의 질서를 유지하기 위하여 필요한 범위 내에 그쳐야 한다.

⑤ 행정상 즉시강제로 국가, 지방자치단체 등이 운영하는 의료시설·보호시설에 위법하게 수용된 경우 인신보호법에 의한 구제를 받을 수 있다.

해설

① (x) 사전영장주의를 고수하다가는 도저히 행정목적을 달성할 수 없는 지극히 예외적인 경우에는 형사절차에서와 같은 예외가 인정된다(대법원 1997.6.13. 96다56115).
행정상 즉시강제는 상대방의 임의이행을 기다릴 시간적 여유가 없을 때 하명 없이 바로 실력을 행사하는 것으로서, 그 본질상 급박성을 요건으로 하고 있어 법관의 영장을 기다려서는 그 목적을 달성할 수 없다고 할 것이므로, **원칙적으로 영장주의가 적용되지 않는다고 보아야 할 것이다**(헌재 2002.10.31. 2000헌가12).

② (o) 행정상 즉시강제는 예측가능성과 법적안정성을 부정하는 침해행정의 전형이기 때문에 엄격한 실정법상의 근거가 필요하다. 모든 기본권 제한의 범위와 한계를 정하는 헌법 제37조 제2항이 근거규정이 된다. 경찰상 즉시강제에 관한 일반법으로는 경찰관직무집행법이 있다. 그 외 마약류관리에 관한 법률·감염병의 예방 및 관리에 관한 법률·검역법·식품위생법 등 주로 보건위생에 관한 법률에 규정되고 있다.

③ (o) 강제집행은 선행하는 의무의 불이행을 전제로 하는데, 행정상 즉시강제는 선행하는 의무 자체가 존재하지 아니하며, 따라서 의무불이행을 전제로 하지 않는다. 즉시강제는 불특정 다수인에 대한 일반적·추상적 의무의 강제라고 할 수 있다.

④ (o) **행정상 즉시강제의 실체법적 한계로는,** ㉠ 행정위반 상태로 인한 위해가 이미 발생하고 있거나, 사회통념에 비추어 위험발생이 확실하여야 한다(**급박성**). ㉡ 다른 위해방지조치를 행할 시간적 여유가 없거나 다른 조치로는 행정목적을 달성할 수 없는 경우이어야 한다(**보충**

성). ㉢ 위해방지수단은 행정목적달성을 위한 최소한의 범위에서 발동되어야 한다(**비례성**). ㉣ 사회공공의 질서를 유지하기 위하여 필요한 범위 내에 그쳐야 하며, 적극적인 행정목적달성을 위하여 발동되어서는 아니 된다(**소극성**).

경찰관직무집행법 제6조 제1항 중 경찰관의 제지에 관한 부분은 범죄의 예방을 위한 경찰 행정상 즉시강제에 관한 근거 조항이다. 행정상 즉시강제는 그 본질상 행정 목적 달성을 위하여 불가피한 한도 내에서 예외적으로 허용되는 것이므로, 위 조항에 의한 경찰관의 제지 조치 역시 그러한 조치가 불가피한 최소한도 내에서만 행사되도록 그 발동·행사 요건을 신중하고 엄격하게 해석하여야 한다. 그러한 해석·적용의 범위 내에서만 우리 헌법상 신체의 자유 등 기본권 보장 조항과 그 정신 및 해석 원칙에 합치될 수 있다(대법원 2008.11.13. 2007도9794).

⑤ (o) 위법한 행정처분 또는 사인에 의한 시설에의 수용으로 부당하게 인신의 자유를 제한당하고 있는 때에는 인신보호법에 의한 구제를 받을 수 있다(인신보호법 1). 즉시강제는 권력적 사실행위이지만 행정심판과 항고소송의 대상이 된다. 다만, 즉시강제는 단기간의 침해로 행위가 종료되는 것이 보통이다. 즉시강제가 이미 행하여진 뒤에는 그것이 비록 위법 또는 부당한 것이라 하더라도 즉시강제의 취소를 청구할 법률상 이익이 없게 된다. 그러나 즉시강제가 비교적 장기간에 걸치는 계속적인 성질의 것(강제격리·물건의 영치 등)일 때에는 행정쟁송으로 취소를 청구할 수 있다. 위법한 즉시강제로 인하여 재산상의 손해를 받은 자는 국가에 대하여 배상을 청구할 수 있다(국가배상법 2). [해 답] ①

38 행정조사

1. 행정조사에 관한 설명 중 옳지 않은 것은?

① 세무조사는 부과처분을 위한 과세관청의 질문조사권이 행해지는 행정조사의 일종이다.

② 행정기관은 원칙적으로 법령 등에서 행정조사를 규정하고 있는 경우에 한하여 행정조사를 실시할 수 있다.

③ 행정조사는 사실행위와 법적행위가 결합된 합성적인 행위로 볼 수 있다.

④ 행정기관은 조사목적에 적합하도록 조사대상자를 선정하여 행정조사를 실시하여야 한다.

⑤ 행정조사를 실시하고자 하는 행정기관의 장은 당사자의 자료은폐 등을 방지하기 위하여 사전에 행정조사 사실을 고지하지 않는다.

해설 ① (o) 과세관청의 세무조사결정이 있으면, 납세의무자는 세무공무원의 과세자료 수집을 위한 질문에 대답하여야 하고 검사를 수인하여야 할 법적 의무를 부담하게 된다. 세무조사는 과세처분을 위한 조사로서 행정조사의 일종이다. 이처럼 행정조사는 행정기관이 정책을 결정하거나 직무를 수행하는 데 필요한 정보나 자료를 수집하기 위하여 현장조사·문서열람·시료채취 등을 하거나 조사대상자에게 보고요구·자료제출요구 및 출석·진술요구를 행하는 활동을 말한다(행정조사기본법 2).

② (o) 행정기관은 법령 등에서 행정조사를 규정하고 있는 경우에 한하여 행정조사를 실시할 수 있다. 다만, 조사대상자의 자발적인 협조를 얻어 실시하는 행정조사의 경우에는 법령의 근거가 없어도 가능하다(행정조사기본법 5). 행정조사에 대한 개별법률로는 식품위생법 제26조(식품위생검사기관의 출입 등), 국세기본법 제81조의4(세무조사권 남용 금지), 경찰관직무집행법 제3조(불심검문), 약사법 제69조(보고명령, 출입·검사·질문) 등 많은 법률이 있다.

③ (o) 행정조사의 법적 성질은 사실행위로 본다. 그러나 행정조사는 다양한 방법에 의하여 행하여진다. ㉠ 자료제출요구서를 발송하여 자료제출명령을 하는 경우(행정조사기본법 10②)에는 법적행위에 해당되며, ㉡ 조사대상자의 출석·진술을 요구하거나(행정조사기본법 9①), 가택·사무실 또는 사업장 등에 출입하여 현장조사를 실시하는(행정조사기본법 11①) 등의 경우는 사실행위에 해당된다. 따라서 행정조사는 사실행위와 법적행위가 결합된 합성적인 행위로 볼 수 있다.

④ (o) 행정조사는 법령상의 한계를 준수하여야 한다. 행정조사는 조사목적을 달성하는 데 필요한 최소한의 범위 안에서 실시하여야 하며, 다른 목적 등을 위하여 조사권을 남용하여서는 아니 된다(행정조사기본법 4①). 행정기관은 조사목적에 적합하도록 조사대상자를 선정하여 행정조사를 실시하여야 한다(행정조사기본법 4②). 행정기관은 유사하거나 동일한 사안에 대하여는 공동조사 등을 실시함으로써 행정조사가 중복되지 아니하도록 하여야 한다(행정조사기본법 4③). **국세기본법은 세무공무원의 세무조사권에 대한 남용금지를 규정**하고 있다(국세기본법 81의4①).

⑤ (x) 행정조사를 실시하고자 하는 행정기관의 장은 출석요구서, 보고요구서·자료제출요구서 및 현장출입조사서를 **조사개시 7일 전까지 조사대상자에게 서면으로 통지하여야 한다**(행정조사기본법 17①). 다만, 조사대상자에게 구두로 통지하는 예외도 있다(행정조사기본법 17①단서). 조사대상자는 사전통지의 내용에 대하여 행정기관의 장에게 의견을 제출할 수 있다(행정조사기본법 21①). **국세기본법에서도 세무조사의 사전통지를 규정하고 있으며**(국세기본법 81의7①), 관할세무관서의 장에게 조사를 연기하여 줄 것을 신청할 수 있다(국세기본법 81의7②). [해 답] ⑤

39 행정벌

1. 행정법상 의무위반에 대하여 가하는 제재와 관련된 설명 중 옳지 않은 것은? (다툼이 있는 경우 판례에 의함)

① 행정법상의 의무위반에 대한 제재로 형법이 정하는 형벌을 부과하는 것을 행정형벌이라고 한다.

② 행정형벌은 원칙적으로 형법총칙이 적용된다.

③ 행정법규 위반에 대하여 가하는 제재조치는 위반자에게 고의나 과실이 없으면 부과할 수 없다.

④ 종업원의 범죄행위 사실이 인정되면 종업원의 범죄행위에 대한 영업주의 가담 여부나 종업원의 행위를 감독할 주의의무의 위반 여부 등을 전혀 묻지 않고 곧바로 영업주를 종업원과 같이 처벌하도록 하는 양벌규정은 형벌에 관한 책임주의에 위반된다.

⑤ 법인의 대표자가 그 법인의 업무에 대한 행정범을 범한 경우에는 행위자뿐만 아니라 법인도 아울러 처벌하기도 한다.

해설

① (o) 행정법상의 의무를 지는 자가 그 의무를 불이행 하거나, 의무를 위반하는 경우에는 ㉠ 행정청은 직접 **행정강제**(행정상 강제집행·행정상 즉시강제) 수단을 사용할 수 있으며, ㉡ 법원을 통하여 **행정형벌**을 받게 할 수 있으며, ㉢ 직접 과태료를 부과하는 **행정질서벌**이라는 제재를 가할 수 있다.

② (o) 행정법상의 의무위반에 대한 제재로 형법 제41조의 형벌(사형, 징역, 금고, 자격상실, 자격정지, 벌금, 구류, 과료, 몰수)이 부과되는 것을 행정형벌이라고 하는데, 원칙적으로 형법총칙이 적용되고(형법 8), 처벌절차는 형사소송법에 의하지만 예외가 있다.

③ (x) 형사범의 성립에는 원칙적으로 고의가 있어야 한다(형법 13). 행정형벌에서도 고의는 있어야 한다. 행정상의 단속을 주안으로 하는 법규라 하더라도 명문규정이 있거나 해석상 과실범도 벌할 뜻이 명확한 경우를 제외하고는, 형법의 원칙에 따라 고의가 있어야 벌할 수 있다(대법원 1986.7.22. 85도108). 그러나 행정법규 위반에 대하여 가하는 제재조치(건설업등록말소처분취소)는 위반자의 의무 해태를 탓할 수 없는 **정당한 사유가 있는 등의 특별한 사정이 없는 한 위반자에게 고의나 과실이 없다고 하더라도 부과될 수 있다**(대법원 2003.9.2. 2002두5177).

④ (o) 개인이 고용한 종업원 등의 일정한 범죄행위 사실이 인정되면 종업원 등의 범죄행위에

대한 영업주의 가담 여부나 종업원 등의 행위를 감독할 주의의무의 위반 여부 등을 전혀 묻지 않고 곧바로 영업주인 개인을 종업원 등과 같이 처벌하도록 규정하고 있는바, 이는 아무런 비난받을 만한 행위를 한 바 없는 자에 대해서까지 다른 사람의 범죄행위를 이유로 처벌하는 것으로서 형벌에 관한 책임주의에 위반된다(헌재 2010.7.29. 2009헌가14).

⑤ (o) 행정법규에는 법인의 대표자, 법인의 대리인·종업원이 그 법인의 업무에 대한 행정범을 범한 경우에는 행위자뿐만 아니라 법인도 아울러 처벌할 수 있는 규정을 두어 **법인의 범죄능력을 인정한 경우가 많다**(문화재보호법 102, 소방기본법 55). 처벌수단은 법인의 성질상 벌금·과료·몰수 등의 금전벌이다. [해 답] ③

2. 행정형벌과 관련된 설명 중 옳지 않은 것은? (다툼이 있는 경우 판례에 의함)

① 행정상의 단속을 주안으로 하는 법규라 하더라도 명문규정이 있거나 해석상 과실범도 벌할 뜻이 명확한 경우를 제외하고는, 형법의 원칙에 따라 고의가 있어야 벌할 수 있다.

② 구 대기환경보전법상의 배출가스허용기준을 초과하여 운행한 경우에는 입법목적이나 제반 관계규정의 취지 등을 고려하여 고의범은 물론 과실범도 함께 처벌할 수 있다.

③ 소방시설 설치유지 및 안전관리에 관한 법률 제9조에 의한 소방시설 등의 설치 또는 유지·관리에 대한 명령을 정당한 사유 없이 위반한 자는 같은 법 제48조의2 제1호에 의하여 행정형벌에 처해지는데, 위 명령이 행정처분으로서 하자가 있어 무효인 경우에는 명령에 따른 의무위반이 생기지 아니하므로 행정형벌을 부과할 수 없다.

④ 행정상의 단속을 주안으로 하는 법규의 경우 명시적 규정이 없으면 과실범으로 처벌할 수 없다.

⑤ 행정법규 위반에 대하여 가하는 제재조치는 반드시 현실적인 행위자가 아니라도 법령상 책임자로 규정된 자에게 부과되며, 특별한 사정이 없는 한 책임자에게 고의나 과실이 없으면 부과할 수 없다.

해설

① (o) 대법원 1986.7.22. 85도108.
② (o) 대법원 1993.9.10. 92도1136.
③ (o) 대법원 2011.11.10. 2011도11109.
④ (o) 대법원 2010.2.11. 2009도9807.

⑤ (x) 행정법규 위반에 대하여 가하는 제재조치는 행정목적의 달성을 위하여 행정법규 위반이라는 객관적 사실에 착안하여 가하는 제재이므로 반드시 현실적인 행위자가 아니라도 법령

상 책임자로 규정된 자에게 부과되고 **특별한 사정이 없는 한 위반자에게 고의나 과실이 없더라도 부과할 수 있다**(대법원 2000.5.26. 98두5972). 원심은 그 채택 증거에 의하여 원고의 종업원 등이 이 사건 호텔의 객실을 성매매 장소로 제공한 사실 등 판시사실을 인정한 다음, **공중위생영업자인 원고가 이 사건 호텔 내에서 성매매가 이루어지는 것을 방지하여야 할 의무를 위반하였고** 원고에게 그 의무위반을 탓할 수 없는 정당한 사유가 있다고 보기 어려우므로, 피고가 원고의 종업원 등의 구 성매매알선 등 행위의 처벌에 관한 법률(2011.5.23. 법률 제10697호로 개정되기 전의 것) 제19조 위반 행위를 이유로 원고에게 이 사건 처분을 한 것은 정당하다(대법원 2012.5.10. 2012두1297 영업정지처분취소). [해 답] ⑤

3. 통고처분에 관련된 설명 중 옳지 않은 것을 모두 고른 것은? (다툼이 있는 경우 판례에 의함)

> ㉠ 도로교통법상 금지되는 도로를 통행하고 있는 자동차에서 밖으로 물건을 던지는 행위를 범칙행위라고 한다.
> ㉡ 통고처분은 범칙자가 그 범칙금을 납부하면 처벌이 종료되는 과형절차를 말한다.
> ㉢ 범칙행위에 해당하면 행정청은 일반 형사절차에 따라 고발을 하여서는 아니되고, 통고처분을 하여야 한다.
> ㉣ 범칙금 납부통고서를 받은 사람이 그 범칙금을 납부한 경우 그 범칙행위에 대하여 다시 벌 받지 아니한다는 규정은 범칙금의 납부에 확정재판의 효력에 준하는 효력을 인정하는 취지로 해석하여야 한다.
> ㉤ 통고처분 제도는 적법절차원칙이나 사법권을 법원에 둔 권력분립원칙에 위배된다거나, 재판청구권을 침해하는 것이라 할 수 없다.
> ㉥ 통고처분에 대하여 이의가 있으면 그 처분의 취소를 구하는 소송을 제기하여야 한다.

① ㉠, ㉢ ② ㉡, ㉣ ③ ㉢, ㉥
④ ㉢, ㉣, ㉤ ⑤ ㉢, ㉤, ㉥

해설 ㉠ (o) 술에 취하여 도로에서 갈팡질팡하는 행위를 하거나, 도로를 통행하고 있는 자동차에서 밖으로 물건을 던지는 행위 등을 하여서는 아니 된다(도로교통법 68③). 이와 같은 위반행위를 범칙행위라고 한다. 이 같은 범칙행위자는 20만원 이하의 벌금이나 구류 또는 과료에 처한다(도로교통법 157(4)). **경찰서장은 범칙자로 인정하는 사람에 대하여는 이유를 분명하게 밝힌 범칙금 납부통고서로 범칙금을 낼 것을 통고할 수 있다**(도로교통법 163①).

㉡ (o) 통고처분은 범칙행위라는 행정범에 대하여 형사재판으로 벌금이나 구류 또는 과료를 부과하기 전단계로 **(벌금이나 과료에 상당하는)** 범칙금이라는 명칭의 금액을 납부하도록 하고,

범칙자가 그 범칙금을 납부하면 처벌이 종료되는 과형절차를 말한다. 범칙행위자 역시 벌금 등의 형벌을 받아야 할 것이나, 범칙금이라는 금액을 납부하면 처벌을 종료시키는 특색이 있다.

㉢ (x) 통고처분을 할 것인지, 일반 형사절차에 따라 고발을 하여 벌금 등의 형벌을 받게 할 것인지 여부는 행정청의 재량에 맡겨져 있다(대법원 2007.5.11. 2006도993).

㉣ (o) 범칙자가 경찰서장으로부터 범칙행위를 하였음을 이유로 범칙금의 통고를 받고 납부기간 내에 그 범칙금을 납부한 경우 범칙금의 납부에 확정판결에 준하는 효력이 인정됨에 따라 다시 벌 받지 아니하게 되는 행위사실은 **범칙금 통고의 이유에 기재된 당해 범칙행위 자체 및 그 범칙행위와 동일성이 인정되는 범칙행위에 한정된다**고 해석함이 상당하다(대법원 2002.11.22. 2001도849).

㉤ (o) 통고처분은 처분을 받은 당사자의 임의의 승복을 발효요건으로 하고 있다. 행정공무원에 의하여 발하여지는 것이지만, 통고처분에 따르지 않을 당사자에게는 정식재판절차가 보장되어 있다. 따라서 통고처분 제도는 적법절차원칙이나 사법권을 법원에 둔 권력분립원칙에 위배된다거나, 재판청구권을 침해하는 것이라 할 수 없다(헌재 2003.10.30. 2002헌마275).

㉥ (x) 통고처분에 대하여 이의가 있으면 통고내용을 이행하지 않음으로써 고발되어 형사재판절차에서 통고처분의 위법·부당함을 다툴 수 있다(헌재 1998.5.28. 96헌바4). **경찰서장은 납부기간 이내에 범칙금을 납부하지 아니한 사람에 대하여 지체 없이 즉결심판을 청구하여야 한다**(도로교통법 165①). 통고처분은 행정소송의 대상이 되는 행정처분이 아니므로 그 처분의 취소를 구하는 소송은 부적법하다. [해 답] ③

4. 행정질서벌에 관련된 설명 중 옳은 것을 모두 고른 것은? (다툼이 있는 경우 판례에 의함)

㉠ 질서위반행위가 중한 경우에는 과태료를 과하는 행정질서벌을 과할 수 없고, 행정형벌을 부과하여야 한다.
㉡ 법률에 따르지 아니하고는 어떤 행위도 질서위반행위로 과태료를 부과하지 아니한다.
㉢ 행정상의 질서위반행위에 대하여 제재로서 과태료(또는 과료)를 과하는 일종의 금전벌을 말한다.
㉣ 고의 또는 과실이 없는 질서위반행위라도 과태료를 부과하게 된다.
㉤ 과태료 부과에 불복하는 당사자는 과태료 부과 통지를 받은 날부터 60일 이내에 법원에 과태료 부과처분의 취소를 청구할 수 있다.
㉥ 고액의 과태료를 상습적으로 체납한 자에 대하여는 관허사업을 제한할 수 있다.

① ㉠, ㉡, ㉣　② ㉡, ㉢, ㉥　③ ㉢, ㉣, ㉤
④ ㉠, ㉤, ㉥　⑤ ㉡, ㉢, ㉤

해설 ㉠ (x) 행정법규 위반에 대하여 어떤 제재를 과할 것인가는 입법정책에 따라 결정된다. 위반의 정도가 크면 행정형벌을 과하고, 비교적 경미하면 과태료를 부과하게 될 것이다. **특정한 행위가 반드시 행정형벌 또는 행정질서벌의 대상이라고는 할 수 없다.** 위반행위가 중한 경우에는 행정형벌과 함께 행정질서벌도 부과할 수 있다고 보아야 한다. 판례도 같다. 행정법상의 질서벌인 과태료의 부과처분과 형사처벌은 그 성질이나 목적을 달리하는 별개의 것이므로, 행정법상의 질서벌인 과태료를 납부한 후에 형사처벌을 한다고 하여 이를 일사부재리의 원칙에 반하는 것이라고 할 수는 없다(대법원 1996.4.12. 96도158).

㉡ (o) 법률에 따르지 아니하고는 어떤 행위도 질서위반행위로 과태료를 부과하지 아니한다(질서위반행위규제법 6). **여기서 법률은 과태료를 규정하는 각종 법률과 조례를 말한다.** 다만, ⓐ 대통령령으로 정하는 사법(私法)상·소송법상 의무를 위반하여 과태료를 부과하는 행위, ⓑ 법률에 따른 징계사유에 해당하여 과태료를 부과하는 행위는 질서위반행위규제법의 적용을 받지 아니 한다(질서위반행위규제법 2). 이 경우는 처음부터 행정청이 과태료를 부과·징수하는 절차를 전치시키지 않고 **법원이 비송사건절차법에 따라 처음부터 부과한다는 점**에서 질서위반행위규제법에 따른 부과·징수절차와 다르다.

㉢ (o) 행정질서벌은 행정상의 질서위반행위에 대하여 제재로서 과태료(또는 과료)를 과하는 일종의 금전벌이다. 질서위반행위규제법은 질서위반행위란 법률(조례 포함)상의 의무를 위반하여 과태료를 부과하는 행위라고 정의한다(질서위반행위규제법 2(1)). 행정질서범은 행정법규에 위반되는 행위로서 간접적으로 행정목적의 달성에 장해를 미칠 위험성이 있는 행위이다.

㉣ (x) ⓐ **고의 또는 과실이 없는 질서위반행위는 과태료를 부과하지 아니한다**(질서위반행위규제법 7). ⓑ 자신의 행위가 위법하지 아니한 것으로 오인하고 행한 질서위반행위는 그 오인에 정당한 이유가 있는 때에 한하여 과태료를 부과하지 아니한다(질서위반행위규제법 8)고 하여 위법성의 착오를 명시하였다. ⓒ 14세가 되지 아니한 자의 질서위반행위는 과태료를 부과하지 아니한다. 다만, 다른 법률에 특별한 규정이 있는 경우에는 그러하지 아니하다(질서위반행위규제법 9). ⓓ 심신장애자에 대하여서는 과태료를 부과하지 않거나 감경하도록 하였다(질서위반행위규제법 10①). ⓔ 2인 이상이 질서위반행위에 가담한 때에는 각자가 질서위반행위를 한 것으로 본다(질서위반행위규제법 12① 단일정범). ⓕ 신분에 의하여 성립하는 질서위반행위에 신분이 없는 자가 가담한 때에는 신분이 없는 자에 대하여서도 질서위반행위가 성립한다(질서위반행위규제법 12②).

㉤ (x) 행정청의 과태료 부과에 불복하는 당사자는 과태료 부과 통지를 받은 날부터 60일 이내에 **해당 행정청에 서면으로 이의제기를 할 수 있다**(질서위반행위규제법 20①). 제1항에 따른 이의제기가 있는 경우에는 행정청의 과태료 부과처분은 그 효력을 상실한다(질서위반행위규제법 20②). 이의제기를 받은 행정청은 이의제기를 받은 날부터 14일 이내에 이에 대한 의견 및 증빙서류를 첨부하여 **관할법원에 통보하여야 한다**(질서위반행위규제법 21①).

㉥ (o) 고액·상습 체납방지를 위한 보완수단으로는, ⓐ 고액의 과태료를 상습적으로 체납한 자에 대한 제재수단으로는 **관허사업을 제한**할 수 있다. 관허사업이란 행정청의 허가·인가·면허·등록 및 갱신을 요하는 사업을 말한다(질서위반행위규제법 52①). ⓑ 신용정보기관에 고액·상습 체납자료를 제공하여 **금융기관의 신용정보에 반영**하도록 하고(질서위반행위규제법 53①), ⓒ 납부능력이 있음에도 체납한 자에 대하여 **30일 범위에서 감치**를 할 수 있도록 하는 강력한 수단을 도입하였다(질서위반행위규제법 54①). ⓓ 그 외 **성실납부자에 대한 과태료 감경제도**, ⓔ 납부기한까지 과태료를 납부하지 아니한 때에는 **가산금 징수 및 체납처분**을 하게 된다. [해 답] ②

40 새로운 행정의 실효성확보수단

1. 행정의 실효성확보수단에 관련된 설명 중 옳은 것을 모두 고른 것은? (다툼이 있는 경우 판례에 의함)

㉠ 세법상 가산세는 납세의무자가 그 의무를 게을리 한 점을 탓할 수 없는 정당한 사유가 있는 경우에는 이를 부과할 수 없다.
㉡ 가산금은 국세가 납부기한까지 납부되지 않는 경우, 미납분에 관한 지연이자의 의미로 부과되는 부대세의 일종으로 법적 근거 없이도 부과될 수 있다.
㉢ 과징금은 경제법상 의무를 위반한 자에 대하여 사업정지처분을 하면서 함께 부과되는 행정제재금이다.
㉣ 행정상의 위반사실의 공표가 되고 난 후에는 권리보호의 필요성이 없어지게 될 가능성이 있어 예방적 부작위청구소송의 도입이 요청되고 있다.
㉤ 위법 건축물에 대한 단전 및 전화통화 단절조치 요청행위는 행정처분이다.
㉥ 관허사업의 제한 요청에 따라 행해진 인·허가의 거부는 행정처분으로 보아 그 취소나 무효확인을 구하는 행정쟁송을 제기할 수 있다.

① ㉠, ㉡, ㉣　　② ㉡, ㉢, ㉤　　③ ㉢, ㉤, ㉥
④ ㉠, ㉣, ㉥　　⑤ ㉡, ㉣, ㉤

해설

㉠ (o) 세법상 가산세는 개별세법이 정하는 바에 따라 부과하는 행정상의 제재로서 납세자의 고의, 과실은 고려되지 않는 것이고, 다만 납세의무자가 그 의무를 게을리 한 점을 탓할 수 없는 정당한 사유가 있는 경우에는 이를 부과할 수 없다(대법원 2010. 5.13. 2009두23747).

㉡ (x) 가산금은 연체금에 해당하며, 조세채무의 이행에 대한 간접강제의 효과를 갖는다. 가산금은 침해적 행정행위이므로 법적 근거가 있어야 하는데, 국세징수법 등에 규정하고 있다. 국세를 납부기한까지 완납하지 아니하였을 때에는 그 납부기한이 지난 날부터 체납된 국세의 100분의 3에 상당하는 가산금을 징수한다(국세징수법 21①). 가산금은 국세가 납부기한까지 납부되지 않는 경우, 미납분에 관한 지연이자의 의미로 부과되는 부대세의 일종이다(대법원 1990.5.8. 90누1168). 행정재산의 사용·수익 허가에 따른 사용료에 대하여도 가산금과 중가산금이 부과된다.

ⓒ (x) 과징금이란 경제법상 의무(공정거래위원회의 가격인하명령에 응하여 가격을 인하시킬 의무 등)에 위반한 자가 당해 위반행위로 경제적 이익을 얻을 것이 예정되어 있는 경우에 그 의무위반행위로 인한 불법적인 이익을 박탈하기 위하여 과하여지는 행정제재금이다. 위반행위로 인한 불법적인 경제적 이익을 박탈하기 때문에 사업자는 아무런 경제적 이익을 얻을 수 없게 된다. 사업의 취소·정지처분에 갈음한 의무확보수단으로 고안된 것이 과징금제도로, 사업은 계속시키되 일정기간 당해 사업으로부터 생기는 수익을 박탈하자는 것이다. 많은 법령에서 사업정지에 갈음하는 과징금제도가 도입되고 있다(관광진흥법 37, 식품위생법 82, 약사법 81).
ⓓ (o) 행정상 위반사실의 공표는 행정주체가 상대방의 의무위반사실을 널리 알림으로써 상대방의 명예·신용의 침해를 위협하여 행정법상의 의무이행을 간접적으로 강제하는 제도이다. 공표는 권력적 사실행위로서 행정소송의 대상인 처분에 해당된다고 할 것이다. 그 때문에 행정쟁송의 대상이 된다 할 것이다. 이와 달리 공표는 순수한 사실행위이라서 행정쟁송의 대상이 될 수 없다는 견해도 있다. 공표가 되고 난 후에는 권리보호의 필요성이 없어지게 될 가능성이 크다. 이런 경우를 위하여 예방적 부작위청구소송의 도입이 요청된다.
ⓔ (x) 공급거부는 행정법상의 의무를 위반한 자에 대하여 행정상의 급부나 재화의 공급을 거부하는 행위를 말한다. 구 건축법(69②③)은 전기·전화·수도의 공급자, 도시가스사업자에게 당해 건축물에 대하여 전기 등의 설치 또는 공급의 중지를 요청하는 등의 공급거부를 규정한 바 있다. 공급거부는 침해적 행위이므로 당연히 법률에 근거가 있어야 한다. 과거에는 많은 법률에서 공급거부를 규정하고 있었지만, 규제완화 차원에서 삭제되었다. **위법 건축물에 대한 단전 및 전화통화 단절조치 요청행위는 행정처분이 아니다**(대법원 1996.3.22. 96누433). 반면, **건축법 규정에 위반한 건물임을 이유로 한 단수조치는 행정처분**으로 보았다(대법원 1979.12.28. 79누218).
ⓕ (o) 객관적으로 보아 납세자에게 납세가 곤란한 사정이 있음에도 불구하고, 세무서장이 이를 간과하거나 제외사유에 해당하지 않는 것으로 보아 제한요구를 한 경우, 그 제한요구는 법 소정의 요건을 갖추지 못한 것으로서 위법하다 할 것이고, 따라서 이를 전제로 한 주무관서의 허가취소 등의 처분 역시 위법함을 면할 수 없다(대법원 2006.9.22. 2006두7942). 원고가 국세를 체납하자 세무서장이 교통부장관에게 원고의 자동차정비사업허가를 취소하라고 요구하자, 원고가 체납세금을 전부 완납하였음에도 불구하고 교통부장관이 허가 취소처분을 하였다면 그 취소처분은 위법하다(대법원 1975.5.27. 73누91). [해 답] ④

41 공무원의 위법한 직무집행행위로 인한 국가배상책임

1. 국가배상책임에 관한 설명 중 옳지 않은 것은?

① 헌법은 공무원의 직무상 불법행위로 인한 손해배상책임만을 규정하고 있다.
② 국가배상책임에 관하여 국가배상법에 규정된 사항 외에는 민법에 따른다.
③ 헌법과 국가배상법은 국가배상의 원인과 주체를 동일하게 규정하고 있다.
④ 판례는 국가배상법을 민법의 특별법으로 파악한 바 있다.
⑤ 위법한 국가행위는 과실책임주의에 의한 손해배상이 인정되고 있다.

해설 ① (o) 공무원의 직무상 불법행위로 손해를 받은 국민은 법률이 정하는 바에 의하여 국가 또는 공공단체에 정당한 배상을 청구할 수 있다. 이 경우 공무원 자신의 책임은 면제되지 아니한다(헌법 29①).

② (o) 국가배상법 제8조는 국가나 지방자치단체의 손해배상책임에 관하여는 이 법에 규정된 사항 외에는 「민법」에 따른다. 다만, 「민법」 외의 법률에 다른 규정이 있을 때에는 그 규정에 따른다고 규정한다. 국가배상법은 공행정 작용으로 인한 배상책임에 관한 일반법이다.

③ (x) 국가배상법 제2조는, ㉠ 공무원의 위법한 직무행위로 인한 배상책임과, ㉡ 공공 영조물의 설치·관리의 흠으로 인한 배상책임으로 나누어 규정하고 있다. 헌법 제29조는 공무원의 직무상 과실책임만을 규정하고 있는데, 국가배상법은 제5조에서 영조물의 설치·관리하자로 인한 배상책임까지 규정하고 있다. 다만, **헌법은 배상주체를 국가 또는 공공단체**로 하고 있으나, **국가배상법은 국가 또는 지방자치단체로 한정**하고 있다. 지방자치단체 이외의 공공단체(공공조합·영조물법인)의 배상책임은 민법이 적용되게 되었다.

④ (o) 판례는 국가배상법 시행 이래로 계속하여 국가배상 청구사건을 사법상 사건으로 보아 민사소송사건으로 다루고 있다. 그리하여 국가배상법은 민법의 특별법이라고 한다. 민사상의 손해배상 책임을 특별법인 국가배상법이 정한데 불과하다(대법원 1972.10.10. 69다701).

⑤ (o) 법치주의의 확립에 따라 국가행위는 위법행위와 적법행위로 구별되었다. 위법행위는 과실책임주의에 의한 손해배상이 인정되었고, 적법행위는 재산권 보장과 평등원칙에 의하여 손실보상이 인정되었다. 그리하여 두 제도는 별개의 제도로 실정법상으로 구분되어 있다. [해 답] ③

2. 공무원의 위법한 직무집행행위로 인한 배상책임의 요건에 관련된 설명 중 옳은 것을 모두 고른 것은? (다툼이 있는 경우 판례에 의함)

> ㉠ 국가공무원법·지방공무원법 등에 의하여 공무원의 신분을 가진 자여야 한다.
> ㉡ 한국토지공사와 같은 행정기관도 국가배상법 제2조 소정의 공무원에 해당한다.
> ㉢ 공무를 위탁받은 사인은 판례에 의하여 국가배상법 제2조 공무원으로 인정되고 있다.
> ㉣ 국회의원의 입법행위는 그 입법내용이 헌법의 문언에 명백히 위반됨에도 불구하고 국회가 굳이 당해 입법을 한 것과 같은 특수한 경우에 배상책임이 인정된다.
> ㉤ 직무행위인지의 여부의 판단기준은 객관적으로 직무행위의 외형을 갖추고 있는지의 여부에 따른다.
> ㉥ 공무원에게 부과된 직무상 의무의 내용이 단순히 공공 일반의 이익을 위한 것이거나 행정기관 내부의 질서를 규율하기 위한 것일 때 국가배상책임이 인정된다.

① ㉠, ㉣, ㉤ ② ㉡, ㉢, ㉥ ③ ㉢, ㉤, ㉥
④ ㉠, ㉣, ㉥ ⑤ ㉡, ㉣, ㉤

해설 ㉠ (o) 국가배상법 제2조의 공무원은 국가공무원법·지방공무원법 등에 의하여 공무원의 신분을 가진 자여야 한다. 판례는 국회의원, 검사, 헌법재판소 재판관도 공무원에 해당된다고 한다.

㉡ (x) 행정기관이 국가배상법 제2조의 공무원에 해당하는지 여부에 관하여 견해가 대립된다. ⓐ 긍정설은 공무원은 자연인인 경우가 대부분이지만, 행정청의 지위에 있는 자(세무서장), 보조기관, 합의제기관(각급 선거관리위원회, 공정거래위원회), 의결기관을 구성하는 자, 국회와 같은 행정기관도 기관의 불법행위가 문제될 수 있으므로 공무원에 포함시킨다. ⓑ 소극설은 **실제로 공무를 수행하는 자만을 공무원으로 보고** 그 **기관은 행정주체의 지위**에 있다고 한다. 판례의 입장이다. 한국토지공사는 이러한 법령의 위탁에 의하여 대집행을 수권받은 자로서 공무인 대집행을 실시함에 따르는 권리·의무 및 책임이 귀속되는 **행정주체의 지위에 있다고 볼 것**이지 지방자치단체 등의 기관으로서 국가배상법 제2조 소정의 공무원에 해당한다고 볼 것은 아니다(대법원 2010.1.28. 2007다82950,82967). 따라서 판례의 견해에 따라 한국토지공사는 공무원이 아닌 행정주체라고 할 수 있다.

㉢ (x) 국가나 지방자치단체는 공무원 또는 **공무를 위탁받은 사인**이 직무를 집행하면서 고의 또는 과실로 법령을 위반하여 타인에게 손해를 입히거나, 「자동차손해배상 보장법」에 따라 손해배상의 책임이 있을 때에는 이 법에 따라 그 손해를 배상하여야 한다(**국가배상법** 2①). 판례는 ⓐ 전입신고서에 확인인을 찍는 행위를 하는 통장, ⓑ 지방자치단체에 근무하는 청원경찰, ⓒ 지방자치단체로부터 선정받아 교통정리를 하던 교통할아버지, ⓓ 선장, ⓔ 별정우체국장, ⓕ 주택재개발조합, ⓖ 한국광고자율심의기구(헌재 2008.6.26. 2005헌마506)를 공무수탁사인으로 인정하고 있다. 그러나 의용소방대원은 공무원으로 인정하지 않았다.

㉣ (o) 입법작용·사법작용·준법률행위적 행정행위·사실행위·부작위에 대하여서도 직무행위

에 포함된다. 국회의원의 입법행위는 그 입법내용이 헌법의 문언에 명백히 위반됨에도 불구하고 국회가 굳이 당해 입법을 한 것과 같은 특수한 경우에 한하여 배상책임이 인정된다고 한다(대법원 2008.5.29. 2004다33469). 법관이 위법 또는 부당한 목적을 가지고 재판을 하는 등 법관이 그에게 부여된 **권한의 취지에 명백히 어긋나게 이를 행사하였다고 인정할 만한 특별한 사정**이 있으면 배상책임이 인정된다(대법원 2003.7.11. 99다24218). 위조인장에 의하여 타인명의의 인감증명서가 발급되는 과정에서 담당 공무원의 직무집행상의 과실을 인정할 수 있다(대법원 2004.3.26. 2003다54490).

ⓜ (o) 공무원의 직무집행행위는 직무수행 자체(영업허가의 철회·대집행 등)는 물론 직무수행의 수단으로 행하여진 행위라고 인정되거나, 직무와 밀접하게 관련된 행위라고 인정되는 경우를 말한다. 직무행위인지의 여부의 판단기준은 객관적으로 직무행위의 외형을 갖추고 있는지의 여부에 따른다. **외형설 또는 외형표준설**이라고 한다(통설·판례). 그러므로 그 행위가 정당한 권한 내의 것인지, 공무원이 주관적으로 직무집행의 의사를 가지고 있는지의 여부와는 관계없다.

ⓑ (x) 공무원의 직무는 공공의 이익을 위한 직무 외에 사인(피해자)의 보호를 위한 것인지 문제된다(**사익보호성**). 판례는 공무원의 직무상 의무위반으로 인한 손해에 대하여 국가배상책임이 인정되기 위해서는, 공무원에게 부과된 직무상 의무의 내용이 단순히 공공 일반의 이익을 위한 것이거나 행정기관 내부의 질서를 규율하기 위한 것이 아니고, 전적으로 또는 부수적으로 **사회구성원 개인의 안전과 이익을 보호하기 위하여 설정된 것이어야 한다**(대법원 2011.9.8. 2011다34521). 사익보호성을 인정한 판례로는, 주민등록사무를 담당하는 공무원은 **개명과 같은 사유로 주민등록상의 성명을 정정하는 직무상 의무**는 단순히 공공 일반의 이익을 위한 것이거나 행정기관 내부의 질서를 규율하기 위한 것이 아니고 **전적으로 또는 부수적으로 사회구성원 개인의 안전과 이익을 보호하기 위하여 설정된 것**이다(대법원 2003.4.25. 2001다59842). 사익보호성을 부정한 판례는, 구 풍속영업의규제에관한법률 제5조의 **풍속영업(노래방)의 신고 및 이에 대한 수리행위는 오로지 공공 일반의 이익을 위한 것**으로 볼 것이고, 부수적으로라도 사회구성원의 개인의 안전과 이익 특히 사적인 거래의 안전을 보호하기 위한 것이라고 볼 수는 없다(대법원 2001.4.13. 2000다34891). [해 답] ①

3. 국가배상법상 직무행위의 위법과 항고소송의 위법과의 관련된 설명 중 옳지 않은 것은? (다툼이 있는 경우 판례에 의함)

① 국가배상법상의 위법을 항고소송의 위법과 달리 보는 결과위법설은 공무원의 직무행위의 결과로 손해가 발생하였으면 그 결과를 정당화할 만한 다른 사유가 없는 한 국가배상책임을 인정한다.

② 국가배상법상의 위법을 공무원의 직무행위가 법규범에 위반하는 것을 의미한다고 보는 행위위법설은 직무행위가 법규범에 합치되면 설령 권리침해가 있어 손해가 발생하더라도 위법하지 않다고 한다.

③ 공무원의 직무집행이 법령이 정한 요건과 절차에 따라 이루어진 것이라면 특별한

사정이 없는 한 이는 법령에 적합한 것이지만, 그 과정에서 개인의 권리가 침해되는 일이 생긴다는 것은 필요한 주의의무를 다하지 않은 것이기에 법령 적합성이 부정되어 배상책임이 발생한다.

④ 어떠한 행정처분이 후에 항고소송에서 취소되었다고 할지라도 그 기판력에 의하여 당해 행정처분이 곧바로 공무원의 고의 또는 과실로 인한 것으로서 불법행위를 구성한다고 단정할 수 없다.

⑤ 경찰관이 교통법규 등을 위반하고 도주하는 차량을 순찰차로 추적하는 직무를 집행하는 중에 그 도주차량의 주행에 의하여 제3자가 손해를 입었다고 하더라도 특별한 사정이 없는 한 그 추적행위를 위법하다고 할 수는 없다.

해설

① (o) 결과위법설은 **국가배상법상의 위법을 항고소송의 위법과는 달리 보면서**, 직무행위의 결과로 손해가 발생하였으면 위법성을 인정한다. 따라서 공무원의 행위로 권리가 침해된 경우에는 그 결과를 정당화할 만한 다른 사유가 없는 한 국가배상책임을 인정한다.

② (o) 행위위법설은 국가배상법상의 위법은 직무행위가 법규범에 위반하는 것을 의미한다고 한다. **국가배상법의 위법을 항고소송의 위법과 동일하게 본다**. 직무행위가 법규범에 합치되면 설령 권리침해가 있어 손해가 발생하더라도 위법하지 않다는 것이다(협의의 행위위법설). 국가배상법상의 위법을 행위 자체의 위반뿐만 아니라, 공권력 행사의 근거법규, 관계법규 및 조리에 의하여 인정되는 공무원의 직무상의 손해방지의무 위반을 위법으로 보는 견해도 있다(광의의 행위위법설).

③ (x) 국가배상책임은 공무원의 직무집행이 법령에 위반한 것임을 요건으로 하는 것으로서, 공무원의 직무집행이 법령이 정한 요건과 절차에 따라 이루어진 것이라면 특별한 사정이 없는 한 이는 법령에 적합한 것이고 그 **과정에서 개인의 권리가 침해되는 일이 생긴다고 하여 그 법령 적합성이 곧바로 부정되는 것은 아니라**고 할 것이다(대법원 1997.7.25. 94다2480).

④ (o) 어떠한 행정처분이 후에 항고소송에서 취소되었다고 할지라도 그 기판력에 의하여 당해 행정처분이 곧바로 공무원의 고의 또는 과실로 인한 것으로서 불법행위를 구성한다고 단정할 수 없는바, 그 이유는 행정청이 관계 법령의 해석이 확립되기 전에 어느 한 설을 취하여 업무를 처리한 것이 결과적으로 위법하게 되어 그 법령의 부당 집행이라는 결과를 빚었다고 하더라도 **처분 당시 그와 같은 처리 방법 이상의 것을 성실한 평균적 공무원에게 기대하기 어려웠던 경우라면** 특단의 사정이 없는 한 이를 두고 공무원의 과실로 인한 것이라고는 할 수 없기 때문이다(대법원 1999.9.17. 96다53413).

항고소송 판결에 의해 인정된 처분의 위법성에 대한 **기판력이 국가배상소송에서 가해행위의 위법성 판단에 영향을 미치는가에 관하여**, ㉠ 동일한 행위의 위법이 문제되는 경우 국가배상법상의 위법과 항고소송의 위법이 동일하다면 항고소송판결의 기판력은 국가배상소송에 미친다는 **전부기판력긍정설**은 항고소송에서 처분이 위법한 것으로 취소판결이 확정되었다면(기판력 발생), 그 위법한 처분은 국가배상법상의 위법으로 인정할 수 있다고 한다. ㉡ 국가배상법상의 위법과 항고소송의 위법이 동일하지 않다면 항고소송판결의 기판력이 국가배상소송에 미치지 않는다고 보아야 한다는 **전부기판력부정설**이 있다. ㉢ 실정법 위반이 없다고 하더라도 신체·생명·재산 등을 보호하기 위한 초법규적인 손해방지의무를 인정한 판례처럼 국가배상법상의 위법이 항고소송의 위법보다 넓다는 이유로 항고소송의 기판력은 제한적으로 국가배상소송에 영향을 준다는 **제한적 기판력긍정설**이 있다.

⑤ (o) 경찰관이 교통법규 등을 위반하고 도주하는 차량을 순찰차로 추적하는 직무를 집행하는 중에 그 도주차량의 주행에 의하여 제3자가 손해를 입었다고 하더라도 그 추적이 당해 직무 목적을 수행하는 데에 불필요하다거나 또는 도주차량의 도주의 태양 및 도로교통상황 등으로부터 예측되는 피해발생의 구체적 위험성의 유무 및 내용에 비추어 추적의 개시·계속 혹은 추적의 방법이 상당하지 않다는 등의 특별한 사정이 없는 한 그 추적행위를 위법하다고 할 수는 없다(대법원 2000.11.10. 2000다26807,26814). [해 답] ③

4. 공무원의 위법한 직무집행행위로 인한 배상책임의 요건에 관련된 설명 중 옳은 것을 모두 고른 것은? (다툼이 있는 경우 판례에 의함)

㉠ 공무원의 직무에는 국가나 지방자치단체의 권력적 작용뿐만 아니라 비권력적 작용도 포함된다.
㉡ 공무원의 직무집행상의 과실은 당해직무를 담당하는 평균인이 보통 갖추어야 할 주의의무를 게을리 한 것을 말한다.
㉢ 직무집행을 한 불법행위자인 공무원을 특정할 수 없는 경우에는 국가배상책임은 성립하지 않는다.
㉣ 공무원이 직무수행 중 준수하여야 할 법령은 엄격한 의미의 법령에 위반된 경우를 말한다.
㉤ 어느 행정처분을 할 것인가에 관하여 행정청 내부에 일응의 기준을 정해 둔 경우 그 기준에 따른 행정처분을 하였다면 이에 관여한 공무원에게 그 직무상의 과실이 있다고 할 수 없다.
㉥ 행정처분이 후에 항고소송에서 취소되었다면 당해 행정처분은 공무원의 고의 또는 과실로 인한 것으로서 불법행위를 구성한다.

① ㉠, ㉢, ㉤ ② ㉠, ㉡, ㉤ ③ ㉡, ㉣, ㉥
④ ㉡, ㉤, ㉥ ⑤ ㉠, ㉡, ㉣

해설

㉠ (o) 국가배상법이 정한 손해배상청구의 요건인 '공무원의 직무'에는 국가나 지방자치단체의 권력적 작용뿐만 아니라 비권력적 작용도 포함되지만, 단순한 사경제의 주체로서 하는 작용은 포함되지 않는다(대법원 2004.4.9. 2002다10691).

㉡ (o) 공무원의 직무집행상의 과실은 공무원이 그 직무를 수행함에 있어 당해직무를

담당하는 평균인이 보통(통상) 갖추어야 할 주의의무를 게을리 한 것을 말한다(대법원 1987.9. 22. 87다카1164).

㉢ (x) 사무가 다수 공무원을 거쳐 처리되었거나, 공무원의 집단에 의하여 폭행을 당한 경우와 같이 **불법행위자를 특정할 수 없는 경우에도 국가책임은 성립한다(조직과실)**. 판례는 전투경찰들의 과도한 방법으로 시위진압을 한 잘못으로 시위참가자가 사망한 사건에서 가해 공무원의 특정을 요구하지 않고 직무집행상의 과실을 인정하였다(대법원 1995.11.10. 선고 95다23897).

㉣ (x) 공무원이 직무수행 중 준수하여야 할 법령을 위반하여야 한다. 여기에서 법령의 범위는 성문법과 불문법을 포함한 모든 법규를 말한다(협의설). 그러므로 공무원의 직무행위가 법적근거를 결여하거나 법령에서 규정한 내용에 저촉되는 것뿐만 아니라 행정법의 일반원칙으로서의 평등의 원칙, 신뢰보호의 원칙, 비례의 원칙 등을 위반하는 경우를 말한다. 판례는 엄격한 의미의 법령 위반뿐 아니라 인권존중, 권력남용금지, 신의성실과 같이 공무원으로서 마땅히 지켜야 할 준칙이나 규범을 지키지 아니하고 위반한 경우를 포함하여 널리 그 행위가 객관적인 정당성을 결여하고 있음을 뜻하는 것이다(대법원 2008.6.12. 2007다64365).

㉤ (o) 의료법 위반에 관계되는 행위에 대한 행정처분의 종류의 선택여하는 관계행정청의 편의재량 행위에 속한다 할 것이므로, 피고가 이 사건에 관하여 무면허 의료행위를 한 위법이 있다 하여 그 **행정처분의 선택의 기준을 정한 훈령에 따라 한 4개월의 업무정지처분**이 그 취소소송에서 재량권 남용을 이유로 취소되었고 또한 그 정상을 고려할 때 재량권을 일탈한 경우라고 판단된다 하더라도, 그와 같은 사실만으로는 관계공무원에게 직무집행상 과실이 있는 경우라고 볼 수는 없다(대법원 1984.7.24. 84다카597).

영업허가취소처분이 나중에 행정심판에 의하여 재량권을 일탈한 위법한 처분임이 판명되어 취소되었다고 하더라도 그 처분이 당시 시행되던 **공중위생법시행규칙에 정하여진 행정처분의 기준**에 따른 것인 이상 그 영업허가취소처분을 한 행정청 공무원에게 그와 같은 위법한 처분을 한 데 있어 어떤 직무집행상의 과실이 있다고 할 수는 없다(대법원 1994.11.8. 94다26141).

㉥ (x) 판례는 어떠한 행정처분이 후에 항고소송에서 취소되었다고 할지라도 그 기판력에 의하여 당해 행정처분이 곧바로 공무원의 고의 또는 과실로 인한 것으로서 불법행위를 구성한다고 단정할 수는 없는 것이고, 그 행정처분의 담당공무원이 **보통 일반의 공무원을 표준으로 하여 볼 때 객관적 주의의무를 결하여 그 행정처분이 객관적 정당성을 상실하였다고 인정될 정도에 이른 경우**에 국가배상법 제2조 소정의 국가배상책임의 요건을 충족하였다고 봄이 상당할 것(대법원 2000.5.12. 99다70600)이라고 한다. [해 답] ②

5. 공무원의 직무상 의무위반으로서 권한의 불행사로 인한 배상책임과 관련된 설명 중 옳지 않은 것은? (다툼이 있는 경우 판례에 의함)

① 권한을 행사하여 필요한 조치를 취하지 아니하는 것이 현저하게 불합리하다고 인정되는 경우여야 한다.

② 유흥주점에 감금된 채 윤락을 강요받으며 생활하던 여종업원들이 유흥주점에 화재가 났을 때 미처 피신하지 못하고 유독가스에 질식해 사망한 경우, 공무원이

위 유흥주점의 무허가 영업 등에 대하여 시정명령 등 식품위생법상 취하여야 할 조치를 게을리 하였더라도 배상책임은 인정되지 않는다.

③ 부랑인선도시설 및 정신질환자요양시설에 대한 지도·감독 업무를 담당하는 공무원이 위 시설에서 수용자들에 대하여 폭행 등의 부당한 대우가 있음을 쉽게 알 수 있었음에도 필요한 조치를 취하지 아니한 경우, 그 직무상 권한의 불행사는 위법하다.

④ 경찰관이 농민들의 시위를 진압하고 도로 상에 방치된 트랙터 1대에 대하여 위험발생방지조치를 취하지 아니한 채 그대로 방치하고 철수하여 버린 결과, 야간에 그 도로를 진행하던 운전자가 트랙터에 부딪쳐 상해를 입었더라도 운전자의 과실이 경합된 것이라서 국가배상책임은 부정된다.

⑤ 경찰관이 윤락강요행위를 제지하거나 윤락업주들을 체포·수사하는 등 필요한 조치를 취하지 아니하고 오히려 업주들로부터 뇌물을 수수하며 그와 같은 행위를 방치한 것은 경찰관의 직무상 의무에 위반하여 위법하다.

해설

① (o) 토지형질변경허가를 받은 자가 토지의형질변경등행위허가기준등에관한규칙에 기하여 부가된 허가조건을 위배한 경우 시장 등이 공사중지를 명하거나 허가를 취소할 수 있는 등 형식상 허가권자에게 재량에 의한 직무수행권한을 부여한 것처럼 되어 있더라도, 시장 등에게 그러한 권한을 부여한 취지와 목적에 비추어 볼 때 구체적인 사정에 따라 시장 등이 그 **권한을 행사하여 필요한 조치를 취하지 아니하는 것이 현저하게 불합리하다고 인정되는 경우에는 그러한 권한의 불행사는 직무상의 의무를 위반하는 것**이 되어 위법하게 된다(대법원 2001.3.9. 99다64278).

② (o) 유흥주점에 감금된 채 윤락을 강요받으며 생활하던 여종업원들이 유흥주점에 화재가 났을 때 미처 피신하지 못하고 유독가스에 질식해 사망한 사안에서, 지방자치단체의 담당 공무원이 위 유흥주점의 용도변경, 무허가 영업 및 시설기준에 위배된 개축에 대하여 시정명령 등 **식품위생법상 취하여야 할 조치를 게을리 한 직무상 의무위반행위**와 위 종업원들의 사망 사이에 상당인과관계가 존재하지 않는다(대법원 2008.4.10. 2005다48994).

반면, 유흥주점에 감금된 채 윤락을 강요받으며 생활하던 여종업원들이 유흥주점에 화재가 났을 때 미처 피신하지 못하고 유독가스에 질식해 사망한 사안에서, 소방공무원이 위 유흥주점에 대하여 화재 발생 전 실시한 소방점검 등에서 구 **소방법상 방염 규정 위반에 대한 시정조치 및 화재 발생시 대피에 장애가 되는 잠금장치의 제거 등 시정조치를 명하지 않은 직무상 의무 위반**은 현저히 불합리한 경우에 해당하여 위법하고, 이러한 직무상 의무 위반과 위 사망의 결과 사이에 상당인과관계가 존재한다(대법원 2008.4.10. 2005다48994)고 판시하였다.

③ (o) 부랑인선도시설 및 정신질환자요양시설에 대한 지도·감독 업무를 담당하는 공무원이 위 시설에서 수용자들에 대하여 폭행 등의 부당한 대우가 있음을 알았거나 쉽게 알 수 있었음에도 불구하고 이와 관련하여 필요한 조치를 취하지 아니한 경우, 그 직무상 권한의 불행사가 현저히 합리성을 결한 것으로서 위법하다(대법원 2006.7.28. 2004다759).

④ (x) 농민들의 시위를 진압하고 시위 과정에 도로 상에 방치된 트랙터 1대를 도로 밖으로 옮기는 등 도로의 질서 및 교통을 회복하는 조치를 취하던 소외 1 등 경찰관들로서는 도로교통의 안전을 위하여 나머지 트랙터 1대도 도로 밖으로 옮기거나 그것이 어려우면 야간에 다른 차량에 의한 추돌사고를 방지하기 위하여 트랙터 후방에 안전표지판을 설치하는 등 경찰관직무집행법 제5조가 규정하는 **위험발생방지의 조치를 취하여야 할 의무가 있는데도** 위 트랙터가 무거워 옮기지 못한다는 등의 이유로 아무런 사고예방조치도 취하지 아니한 채 그대로 방치하고 철수하여 버린 것은 직무상의 의무를 위반한 것으로 위법하다(대법원 1998.8.25. 98다16890).

⑤ (o) 윤락녀들이 윤락업소에 감금된 채로 윤락을 강요받으면서 생활하고 있음을 쉽게 알 수 있는 상황이었음에도, 경찰관이 이러한 감금 및 윤락강요행위를 제지하거나 윤락업주들을 체포·수사하는 등 필요한 조치를 취하지 아니하고 오히려 업주들로부터 뇌물을 수수하며 그와 같은 행위를 방치한 것은 경찰관의 직무상 의무에 위반하여 위법하므로 국가는 이로 인한 정신적 고통에 대하여 위자료를 지급할 의무가 있다(대법원 2004.9.23. 2003다49009). [해 답] ④

6. 국가배상법 제2조 제1항 단서 군인 등의 보상특례에 관련된 설명 중 옳은 것을 모두 고른 것은? (다툼이 있는 경우 판례에 의함)

㉠ 군인, 군무원 등이 전투, 훈련 기타 직무집행과 관련하는 등으로 공상을 입은 데 대하여 재해보상금, 유족연금, 상이연금 등 별도의 보상제도가 마련되어 있는 경우에는 이중배상의 금지를 위하여 이들의 국가에 대한 국가배상법 또는 민법상의 손해배상청구권 자체를 절대적으로 배제하는 규정이다.

㉡ 경찰공무원이 낙석사고 현장 주변 교통정리를 위하여 사고현장 부근으로 이동하던 중 대형 낙석이 순찰차를 덮쳐 사망한 경우, 도로를 관리하는 지방자치단체는 국가배상법 제2조 제1항 단서의 면책을 주장한 것은 적법하다.

㉢ 헌법에 규정되지 않은 향토예비군대원을 군인 등의 보상특례 대상자로 국가배상법에 추가한 것은 위헌이다.

㉣ 대법원은 일반국민이 직무집행중인 군인과의 공동불법행위로 직무집행중인 다른 군인에게 공상을 입혀 그 피해자에게 손해를 배상한 다음 공동불법행위자인 군인의 부담부분에 관하여 국가에 대하여 구상권을 행사하는 것을 허용하고 있다.

㉤ 군인 등에 대한 보상특례에 관한 국가배상법 제2조 제1항 단서는 헌법상의 평등원칙에 위반된다.

㉥ 군인·군무원 등 국가배상법 제2조 제1항에 열거된 자가 전투, 훈련 기타 직무집행과 관련하는 등으로 공상을 입은 경우라고 하더라도 군인연금법 또는 국가유공자예우등에관한법률에 의하여 별도의 보상을 받을 수 없는 경우에는 국가배상을 청구할 수 있다.

① ㉠, ㉡, ㉥　　② ㉡, ㉢, ㉣　　③ ㉢, ㉤, ㉥
④ ㉠, ㉣, ㉥　　⑤ ㉡, ㉣, ㉤

해설 ㉠ (o) 군인, 군무원 등이 법률 규정에 열거된 자가 전투, 훈련 기타 직무집행과 관련하는 등으로 공상을 입은 데 대하여 재해보상금, 유족연금, 상이연금 등 별도의 보상제도가 마련되어 있는 경우에는 이중배상의 금지를 위하여 이들의 국가에 대한 국가배상법 또는 민법상의 손해배상청구권 자체를 절대적으로 배제하는 규정이다(대법원 2002.5.10. 2000다39735).

㉡ (o) 경찰공무원이 낙석사고 현장 주변 교통정리를 위하여 사고현장 부근으로 이동하던 중 대형 낙석이 순찰차를 덮쳐 사망하자, 도로를 관리하는 지방자치단체가 국가배상법 제2조 제1항 단서에 따른 면책을 주장한 사안에서, 경찰공무원 등이 '전투·훈련 등 직무집행과 관련하여' 순직 등을 한 경우 같은 법 및 민법에 의한 손해배상책임을 청구할 수 없다고 정한 국가배상법 제2조 제1항 단서의 면책조항은 구 국가배상법(2005.7.13. 법률 제7584호로 개정되기 전의 것) 제2조 제1항 단서의 면책조항과 마찬가지로 **전투·훈련 또는 이에 준하는 직무집행뿐만 아니라 '일반 직무집행'에 관하여도 국가나 지방자치단체의 배상책임을 제한**하는 것이라고 해석하여, 위 면책 주장을 받아들인 원심판단을 정당하다고 한 사례(대법원 2011.3.10. 2010다85942). 경찰공무원의 사망이 지방자치단체의 도로에 관한 설치·관리상 하자로 인하여 발생하였다고 본 사안이다. 군인 등의 보상특례 규정인 **국가배상법 제2조 제1항 단서는 영조물의 설치관리 하자로 인한 국가배상에서도 준용되고 있다**(국가배상법 5①단서).

㉢ (x) 군인 등의 보상특례 대상자는, 피해자가 군인·군무원·경찰공무원 또는 향토예비군대원이어야 한다(국가배상법 2①단서). 헌법에 규정되지 않은 향토예비군대원을 국가배상법에서 추가한 것은 합헌이다(헌재 1996.6.13. 94헌바20). 교도소 경비교도대원(대법원 1998.2.10. 97다45914)과 공익근무요원은 군인에 해당되지 않는다(대법원 1997.3.28. 97다4036). 전투경찰순경은 경찰공무원에 해당한다(헌재 1996.6.13. 94헌마118).

㉣ (x) 헌법재판소는 일반국민이 직무집행중인 군인과의 공동불법행위로 직무집행중인 다른 군인에게 공상을 입혀 그 피해자에게 손해를 배상한 다음 공동불법행위자인 **군인의 부담부분에 관하여 국가에 대하여 구상권을 행사하는 것을 허용하지 않는다고 해석한다면**, 합리적인 이유 없이 일반국민을 국가에 대하여 지나치게 차별하는 경우에 해당하므로 헌법 제11조(평등권), 제29조에 위반된다고 하였다(헌재 1994.12.29. 93헌바21).

이와 달리 대법원은 민간인이 공동불법행위자의 지위에서 부담하는 책임은 공동불법행위의 일반적인 법리(부진정연대채무)인 각각 독립하여 전부의 급부의무를 부담하는 것이 아니라, **각자의 귀책비율에 따른 배상액 부분으로 한정되고, 그 이상을 부담하였다고 할지라도 그 부분에 대하여는 구상권을 행사할 수 없다**는 판결을 내렸다(대법원 2001.2.15. 96다42420).

㉤ (x) 국가배상법 제2조 제1항 단서는 헌법 제29조 제1항에 의하여 보장되는 국가배상청구권을 헌법 내재적으로 제한하는 헌법 제29조 제2항에 직접 근거하고, 실질적으로 그 내용을 같이하는 것이므로 헌법에 위반되지 아니한다(헌재 2001.2.22. 2000헌바38).

㉥ (o) 군인·군무원 등 국가배상법 제2조 제1항에 열거된 자가 전투, 훈련 기타 직무집행과 관련하는 등으로 공상을 입은 경우라고 하더라도 군인연금법 또는 국가유공자예우등에관한

법률에 의하여 **재해보상금·유족연금·상이연금 등 별도의 보상을 받을 수 없는 경우에는 국가배상법 제2조 제1항 단서의 적용 대상에서 제외**하여야 한다(대법원 1997.2.14. 96다28066).

[해 답] ①

7. 국가배상책임과 관련된 설명 중 옳지 않은 것은? (다툼이 있는 경우 판례에 의함)

① 공무원이 다른 공무원의 불법행위로 손해를 받은 때에는 피해자의 입장에 설 수도 있다.

② 국가배상법상 배상책임자는 가해공무원이 소속하는 국가나 지방자치단체이다.

③ 위법행위를 행한 공무원의 선임·감독을 맡은 자와 봉급·급여 그 밖의 비용을 부담하는 자가 다른 경우에는, 피해자는 공무원의 선임·감독을 맡은 자를 상대로 국가배상을 청구하여야 한다.

④ 생명·신체의 침해에 대한 배상청구권은 압류하지 못한다.

⑤ 피해자나 그 법정대리인이 손해 및 그 가해자를 알지 못한 경우에는 5년간 이를 행사하지 아니하면 국가배상청구권은 시효로 소멸한다.

해설

① (o) 공무원의 위법한 직무집행으로 인하여 타인에게 손해를 가였을 경우에서의 타인이란 국가 또는 지방자치단체와 당해 가해공무원을 제외한 모든 자를 말한다. 가해공무원이 국가공무원인 경우에는 지방자치단체도 타인에 해당된다. 공무원은 가해자의 입장에 설 수도 있고, 다른 공무원의 불법행위로 손해를 받은 때에는 피해자의 입장에 설 수도 있다.

② (o) 국가배상책임자는 가해공무원이 소속하는 국가나 지방자치단체이다(국가배상법 2①). 헌법은 배상주체를 '국가 또는 공공단체'로 하고 있으나, 국가배상법은 국가나 지방자치단체로 한정하고 있다. 그러므로 공공단체는 민법에 따른다.

③ (x) 위법행위를 행한 공무원의 선임·감독을 맡은 자와 봉급·급여 그 밖의 비용을 부담하는 자가 다른 경우(국가사무를 지방공무원이 처리한 경우)에는 비용부담자도 배상책임이 있다(국가배상법 6①). 그러므로 **피해자는 양자 중에서 선택적으로 청구할 수 있다**. 손해를 배상한 자는 내부관계에서 그 손해를 배상할 책임이 있는 자에게 구상할 수 있다(국가배상법 6②). '공무원의 선임·감독을 맡은 자'는 국가배상법 제2조에서 말하는 국가 또는 지방자치단체를 말한다. 판례는 기관위임사무의 경우에는 그 사무는 국가사무이므로, 국가가 관리주체가 되어 배상책임을 진다고 한다.

공무원의 봉급·급여 기타의 비용이란 공무원의 인건비만을 가리키는 것이 아니라, 당해 사무에 필요한 일체의 경비를 의미한다고 할 것이고, 적어도 대외적으로 그러한 경비를 지출하는 자는 경비의 실질적·궁극적 부담자가 아니더라도 그러한 경비를 부담하는 자에 포함된다(대법원 1994.12.9. 94다38137). 그러므로 지방자치단체장이 설치한 교통신호기를 지방경찰청장에게 관리권한이 위임되었는데, 그 교통신호기의 고장으로 인하여 교통사고가 발생한 경우, 교통신호기를 관리하는 지방경찰청장 산하 **경찰관들에 대한 봉급을 부담하는 국가도 배상책임**을 부담한다(대법원 1999.6.25. 99다11120).

④ (o) 생명·신체의 침해에 대한 배상청구권은 이를 양도하거나 압류하지 못한다(국가배상법 4). 유족이나 신체의 침해를 받은 자를 보호하기 위한 규정이다. 반면, 영조물의 설치·관리하자로 인한 배상청구권의 양도·압류금지에 관한 명시적 규정은 없다.

⑤ (o) 국가배상청구권의 소멸시효에 관하여, ㉠ **손해와 가해자를 안 경우**는 국가배상법에는 이에 관한 규정이 없으므로, 민법에 따라 피해자나 그 법정대리인이 손해 및 그 가해자를 안 날로부터 3년이 지나면 시효로 소멸한다(국가배상법 8, 민법 766). ㉡ **피해자나 그 법정대리인이 손해 및 그 가해자를 알지 못한 경우**에는 5년간 이를 행사하지 아니하면 국가배상청구권은 시효로 소멸한다(국가재정법 96①).

국가배상법 제2조 제1항 본문 전단 규정에 따른 배상청구권은 금전의 급부를 목적으로 하는 국가에 대한 권리로서 구 예산회계법(1989.3.31. 법률 제4102호로 전문 개정되었다가 2006.10.4. 법률 제8050호 국가재정법 부칙 제2조에 의하여 폐지된 것으로서, 2006.12.31.까지 시행된 것) 제96조 제2항, 제1항이 적용되므로 **이를 5년간 행사하지 아니할 때에는 시효로 인하여 소멸한다**(대법원 2008.5.29. 2004다33469). [해 답] ③

8. 국가배상법상 가해 공무원의 피해자에 대한 책임과 관련된 설명 중 옳은 것을 모두 고른 것은? (다툼이 있는 경우 판례에 의함)

㉠ 국가배상책임을 국가의 자기책임으로 보면, 가해 공무원은 피해자에게 직접 책임을 인정하는 것이 자연스럽다.

㉡ 공무원이 한 직무상 불법행위로 인하여 국가 등이 배상책임을 지면, 공무원 자신의 민·형사책임이나 징계책임이 면제된다.

㉢ 공무원이 직무를 수행함에 있어 경과실로 타인에게 손해를 입힌 경우에 그 공무원의 행위는 국가 등의 기관의 행위로 보아 그로 인한 배상책임도 전적으로 국가 등에만 귀속시킨다.

㉣ 공무원의 직무행위가 고의·중과실로 인하여 피해자에게 불법행위에 의한 민사상 손해배상책임을 직접 부담하게 되는 경우에는 국가는 피해자에 대하여 배상책임이 면제된다.

㉤ 공무원이 피해자에게 직접 책임을 지는 요건으로서의 직무행위의 중과실이란 거의 고의에 가까운 현저한 주의를 결여한 상태를 의미한다.

㉥ 국가배상법 제2조 제1항 단서의 적용을 받는 군인이 가해 공무원의 중과실로 인한 직무행위로 손해를 입은 경우에는 가해 공무원을 상대로 직접 배상책임을 물을 수 없다.

① ㉠, ㉡, ㉤ ② ㉡, ㉢, ㉥ ③ ㉠, ㉢, ㉤
④ ㉢, ㉣, ㉤ ⑤ ㉡, ㉣, ㉥

해설 ㉠ (o) 자기책임설에서는 국가의 책임과 공무원의 책임은 독립하여 성립하게 되므로, 국가의 책임과 별도로 가해 공무원이 피해자에 대하여 책임을 인정하는 것이 논리적이다. 반면 대위책임설에서는 공무원의 책임을 국가가 갈음하여 지는 것이므로 공무원의 피해자에 대한 직접책임을 인정하지 않는 것이 된다.

㉡ (x) 헌법 제29조 제1항 단서는 공무원이 한 직무상 불법행위로 인하여 국가 등이 배상책임을 진다고 할지라도 그 때문에 **공무원 자신의 민·형사책임이나 징계책임이 면제되지 아니한다는 원칙을 규정**한 것이나, 그 조항 자체로 공무원 개인의 구체적인 손해배상책임의 범위까지 규정한 것으로 보기는 어렵다(대법원 1996.2.15. 95다38677).

㉢ (o) 공무원이 직무를 수행함에 있어 경과실로 타인에게 손해를 입힌 경우에는 그 직무수행상 **통상 예기할 수 있는 흠이 있는 것에 불과하므로,** 이러한 공무원의 행위는 여전히 국가 등의 기관의 행위로 보아 그로 인하여 발생한 손해에 대한 배상책임도 전적으로 국가 등에만 귀속시키고 공무원 개인에게는 그로 인한 책임을 부담시키지 아니하여 공무원의 공무집행의 안정성을 확보하게 된다(대법원 1996.2.15. 95다38677).

㉣ (x) 공무원의 위법행위가 고의·중과실에 기한 경우에는 비록 그 행위가 그의 직무와 관련된 것이라고 하더라도 그와 같은 행위는 그 본질에 있어서 **기관행위로서의 품격을 상실하여 국가 등에게 그 책임을 귀속시킬 수 없으므로** 공무원 개인에게 불법행위로 인한 손해배상책임을 부담시키되, 다만 이러한 경우에도 그 행위의 외관을 객관적으로 관찰하여 공무원의 직무집행으로 보여질 때에는 피해자인 국민을 두텁게 보호하기 위하여 **국가 등이 공무원 개인과 중첩적으로 배상책임을 부담하되 국가 등이 배상책임을 지는 경우에는 공무원 개인에게 구상할 수 있도록 함**으로써 궁극적으로 그 책임이 공무원 개인에게 귀속되도록 하려는 것이라고 봄이 합당하다(대법원 1996.2.15. 95다38677).

㉤ (o) 공무원의 중과실이란 공무원에게 통상 요구되는 정도의 상당한 주의를 하지 않더라도 약간의 주의를 한다면 손쉽게 위법·유해한 결과를 예견할 수 있는 경우임에도 만연히 이를 간과함과 같은 거의 고의에 가까운 현저한 주의를 결여한 상태를 의미한다(대법원 2011.9.8. 2011다34521).

㉥ (x) 공무원이 직무수행 중 불법행위로 타인에게 손해를 입힌 경우에 국가 등이 국가배상책임을 부담하는 외에 공무원 개인도 고의 또는 중과실이 있는 경우에는 불법행위로 인한 손해배상책임을 진다. 이 법리는 피해자가 헌법 제29조 제2항, 국가배상법 제2조 제1항 단서 소정의 공무원으로서 위 단서 조항에 의하여 법률에 정해진 보상 외에는 국가배상법에 의한 배상을 청구할 수 없는 경우라고 하여 달리 볼 것은 아니다(대법원 1996.2.15. 95다38677).

[해 답] ③

9. 국가 등의 자동차손해배상책임에 관한 설명 중 옳지 않은 것은?

① 공무원의 차량사고로 인한 국가배상은 국가 등이 자동차손해배상보장법상의 책임성립요건을 갖추어야 한다.

② 공무원이 그 직무를 집행하면서 관용차량을 운행하는 경우에는, 국가 등은 자기를 위하여 자동차를 운행하는 자에 해당되어 운행이익과 운행지배가 인정된다.

③ 자동차손해배상책임의 범위와 절차는 국가배상법이 정한 바에 따라 그 배상책임을 진다.

④ 공무원이 관용차를 사적인 용도로 사용한 경우에는 국가가 배상책임을 지는 경우는 없다.

⑤ 공무원이 그의 개인 소유의 차량으로 공무를 수행하기 위하여 차를 운행하던 중에 사고가 난 경우 공무원 개인이 자동차손해배상보장법 소정의 손해배상책임을 부담한다.

해설

① (o) 국가나 지방자치단체는 공무원이 자동차손해배상보장법에 따라 손해 배상의 책임이 있을 때에는 그 손해를 배상하여야 한다(국가배상법 2①). 자기를 위하여 자동차를 운행하는 자는 그 운행으로 인하여 다른 사람을 사망하게 하거나 부상하게 한때에는 그 손해를 배상할 책임을 진다(자동차손해배상보장법 3). 자동차손해배상보장법상의 책임은 '자기를 위하여 자동차를 운행하는 자(운행자성)'에게 성립된다.

② (o) 이때 공무원이 자동차손해배상보장법이 규정하는 '다른 사람을 사망하게 하거나 부상하게 한 때'는 국가 등은 그 손해를 배상하여야 한다(국가배상법 2①).

③ (o) 국가 등이 자동차손해배상보장법상의 자기를 위하여 자동차를 운행하는 자(운행자성)라는 책임성립 요건을 갖추면, 자동차손해배상책임의 범위와 절차는 국가배상법이 정한 바에 따라 그 배상책임을 진다.

④ (x) 관용차를 사적인 용무로 운전하였으나 국가 등에게 운행 지배나 운행이익을 인정할 사정이 없는 경우에는 국가 등은 배상책임이 없다. 그러나 국가 등에게 운행지배나 운행이익을 인정할 사정이 있는 경우에는 손해배상책임을 지게 된다.

국가소속 공무원이 관리권자의 허락을 받지 아니한 채 국가소유의 오토바이를 무단으로 사용하다가 교통사고가 발생한 경우에 있어, 국가가 위 공무원의 무단운전에도 불구하고 위 오토바이에 대한 **객관적, 외형적인 운행지배 및 운행이익을 계속 가지고 있었다고 봄이 상당하다**(대법원 1988.1.19. 87다카2202).

⑤ (o) 공무원이 **직무상 자동차를 운전하다가 사고**를 일으켜 다른 사람에게 손해를 입힌 경우에는 그 사고가 자동차를 운전한 공무원의 경과실에 의한 것인지 중과실 또는 고의에 의한 것인지를 가리지 않고, **그 공무원이 자동차손해배상보장법 제3조 소정의 '자기를 위하여 자동차를 운행하는 자'에 해당**하는 한 자동차손해배상보장법상의 손해배상책임을 부담한다(대법원 1996.3.8. 94다23876). 판례는 공무원이 직무수행을 위하여 자기 소유의 차량을 운행 중에 사고가 발생한 경우, 국가나 지방자치단체의 운행자성을 부인하고 있다. [해 답] ④

42 영조물의 설치·관리하자로 인한 국가배상책임

1. 영조물의 설치·관리하자로 인한 국가배상책임에 관한 설명 중 옳지 않은 것을 모두 고른 것은? (다툼이 있는 경우 판례에 의함)

㉠ 관공서 청사와 같은 행정주체 자신의 사용에 제공된 공용물과 하천·해면과 같은 자연공물도 영조물에 포함된다.
㉡ 설치·관리의 하자에 관한 학설 중 객관설은 통상 갖추어야 할 안전성의 결여, 무과실책임, 재정적 이유는 면책사유가 되지 않는다는 원칙에 따라 국가 등의 배상책임을 인정한다.
㉢ 영조물이 공공의 목적에 이용됨에 있어 그 이용 상태 및 정도가 일정한 한도를 초과하여 제3자에게 사회통념상 참을 수 없는 피해를 입히는 경우는 하자에 해당되지 않는다.
㉣ 국가의 예산부족과 같은 재정사정은 영조물의 안전성을 결정지을 절대적 요건에 해당되어 면책사유가 된다.
㉤ 경찰공무원이 낙석사고 현장 주변 교통정리를 위하여 사고현장 부근으로 순찰차를 운전하고 가다가 산에서 떨어진 대형 낙석이 순찰차를 덮쳐 사망한 경우, 그 유족들은 지방자치단체를 상대로 도로의 설치·관리상 하자로 인한 국가배상청구를 할 수 있다.
㉥ 지방자치단체장이 경찰서장에게 교통신호기의 설치·관리권한을 위임한 후 교통신호기의 고장으로 교통사고가 발생한 경우, 배상책임을 부담하는 것은 경찰서장이 소속된 국가가 아니라, 그 권한을 위임한 지방자치단체장이 소속된 지방자치단체이다.

① ㉠, ㉡, ㉢　② ㉡, ㉣, ㉥　③ ㉢, ㉣, ㉤
④ ㉢, ㉤, ㉥　⑤ ㉡, ㉢, ㉤

해설

㉠ (O) 영조물이란 일반적으로 공적목적을 달성하기 위한 인적·물적 종합시설을 말한다. 국가배상법 제5조의 영조물이란 학문적 의미에서의 공물로서, 행정주체가 직접 공적 목적을 달성하기 위하여 제공한 유체물을 말한다. 관용차와 같은 개개의 유체물뿐만 아니라 도로·하천·항만·상하수도·관공서청사·국공립학교 교사와 같이 물건

의 집합체인 유체적 설비도 포함된다. 도로·하천과 같은 일반공중의 공동사용에 제공된 공공용물은 물론, 관공서청사와 같은 행정주체 자신의 사용에 제공된 공용물도 포함된다. 하천·해면과 같은 자연공물도 포함된다.

㉡ (o) 객관설은 안전성을 결여하였는지 여부는 물적 상태에 초점을 두어 객관적으로 파악하고, 관리자의 의무위반으로 발생된 것인지는 문제가 되지 않는다고 한다. 이 견해는, ⓐ **통상 갖추어야 할 안전성의 결여**, 즉 영조물의 물적 안전성의 결여, ⓑ **무과실책임**, ⓒ **재정적 이유는 면책사유가 되지 않는다**는 이른바 3 원칙에 따라 관리자인 국가 등에게 배상책임을 인정한다. 다만, ⓐ 사고가 천재 등 불가항력에 의하여 생긴 경우, ⓑ 피해자가 통상의 용법에 의하지 아니하고 이상한 행위를 함으로써 손해가 생긴 경우에는 배상책임을 인정하지 아니 한다.
고등학교 3학년 학생이 교사의 단속을 피해 담배를 피우기 위하여 3층 건물 화장실 밖의 난간을 지나다가 실족하여 사망한 사안에서 학교 관리자에게 그와 같은 **이례적인 사고가 있을 것을 예상하여** 복도나 화장실 창문에 난간으로의 출입을 막기 위하여 출입금지장치나 추락위험을 알리는 경고표지판을 설치할 의무가 있다고 볼 수는 없다는 이유로 학교시설의 설치·관리상의 하자가 없다고 본 사례(대법원 1997.5.16. 96다54102).

㉢ (x) 물적 시설 자체는 정상적으로 설치·관리되고 있지만, 그 시설을 사용하는 과정에서 야기되는 교통공해로 손해가 발생한 경우를 **사회적·기능적 하자** 또는 **공용관련하자**라고 한다. **사회적·기능적 하자는,** ⓐ 영조물 자체에는 물적 결함이 존재하지 않는다는 점, ⓑ 영조물의 공용목적과 합치하는 점, ⓒ 계속적으로 발생하는 환경피해라는 점, ⓓ 공용에 수반하는 손해의 불가피한 성격을 가진다는 점을 들 수 있다. 판례는 영조물의 물리적·외형적 흠결이나 불비뿐만 아니라, 그 **영조물이 공공의 목적에 이용됨에 있어** 그 이용 상태 및 정도가 일정한 한도를 초과하여 제3자에게 사회통념상 참을 수 없는 피해를 입히는 경우(대법원 2004.3.12. 2002다14242)까지를 하자라 판단하여, 사회적·기능적 하자개념을 수용하고 있다.

㉣ (x) 도로나 하천을 안전한 상태로 유지·관리하는 데에는 막대한 예산이 소요된다. 영조물 설치의 **하자유무는 객관적 견지에서 본 안전성의 문제**이고, 재정사정이나 사용목적에 의한 사정은 안전성을 요구하는데 대한 정도 문제로서의 참작사유에는 해당할지언정, 안전성을 결정지을 절대적 요건에는 해당하지 아니한다(대법원 1967.2.21. 66다1723). 판례는 예산부족은 참작사유는 될지라도 절대적인 면책사유는 되지 않는다고 보고 있다.
계획홍수위를 훨씬 넘는 유수에 의한 범람은 예측가능성 및 회피가능성이 없는 불가항력적인 재해로 보아 그 영조물의 관리청에게 책임을 물을 수 없다 할 것이다(대법원 2003.10.23. 2001다48057).

㉤ (x) 경찰공무원이 낙석사고 현장 주변 교통정리를 위하여 사고현장 부근으로 이동하던 중 대형 낙석이 순찰차를 덮쳐 사망하자, 도로를 관리하는 지방자치단체가 국가배상법 제2조 제1항 단서에 따른 면책을 주장한 사안에서, 경찰공무원 등이 '전투·훈련 등 직무집행과 관련하여' 순직 등을 한 경우 **같은 법 및 민법에 의한 손해배상책임을 청구할 수 없다고 정한** 국가배상법 제2조 제1항 단서의 면책조항은 전투·훈련 또는 이에 준하는 직무집행뿐만 아니라 **'일반 직무집행'에 관하여도 국가나 지방자치단체의 배상책임을 제한**하는 것이라고 해석된다(대법원 2011.3.10. 2010다85942). 경찰관이 낙석사고 현장 주변 교통정리라는 일반 직무집행 중에 지방자치단체의 도로에 관한 설치·관리상 하자로 인하여 사망하였으므로, 군인 등의 보상특례를 규정한 국가배상법 제2조 제1항 단서의 적용을 받아 국가배상법 또는 민법에 의한 손해배상청구를 할 수 없다.

ⓑ (o) **행정 권한이 기관위임된 경우** 권한을 위임받은 기관은 권한을 위임한 기관이 속하는 지방자치단체의 산하 행정기관의 지위에서 그 사무를 처리하는 것으로서 사무귀속의 주체가 달라지지 아니하고, 따라서 권한을 위임받은 기관 소속의 공무원이 그 위임사무처리에 관하여 고의 또는 과실로 타인에게 손해를 가하거나, 위임사무로 설치·관리하는 영조물의 하자로 타인에게 손해를 발생하게 한 경우에는 **권한을 위임한 관청이 소속된 지방자치단체가 국가배상법 제2조 또는 제5조에 의한 배상책임을 부담하고**, 권한을 위임받은 관청이 속하는 지방자치단체 또는 국가가 국가배상법 제2조 또는 제5조에 의한 배상책임을 부담하는 것이 아니므로, 지방자치단체장의 교통신호기에 관한 관리권한이 도로교통법 시행령 제71조의 2 제1항의 규정에 의하여 관할 경찰서장에게 위임되어 경찰서 소속 공무원이 그 관리업무를 담당하던 중 교통신호기가 고장난 채 방치되어 교통사고가 발생한 경우, 국가배상법 제2조 또는 제5조에 의한 배상책임을 부담하는 것은 경찰서장이 소속된 국가가 아니라, **그 권한을 위임한 지방자치단체장이 소속된 지방자치단체이다**(대법원 1999.6.25. 99다11120).

[해 답] ③

43 행정상 손실보상

1. 행정상 손실보상제도에 관련된 설명 중 옳지 않은 것은? (다툼이 있는 경우 판례에 의함)

① 적법한 권한 행사로 발생한 재산권 침해에 대한 보상이다.

② 어떤 법률이 재산권침해를 규정하면서 보상에 관하여서는 명문의 규정을 두지 아니한 경우에, 판례는 유사한 재산권침해를 규정하면서 보상에 관하여 규정한 관계법률의 보상규정을 유추적용하여 보상청구를 인정하기도 한다.

③ 판례는 모든 손실보상청구권을 공권으로 보면서도 그에 관한 소송은 민사소송으로 처리하고 있다.

④ 공공필요에 의한 재산권의 수용·사용·제한이 사회적 제약을 넘는 특별한 희생인 때에는 손실보상의 원인이 된다.

⑤ 헌법 제23조 제3항에 따른 정당한 보상은 원칙적으로 피수용재산의 객관적인 재산가치를 완전하게 보상하여야 한다는 완전보상을 의미한다.

해설 ① (o) ㉠ **적법행위로 인한 손실의 보상이다.** 토지수용·징발 등과 같이 행정법규가 상대방에게 손실을 발생시킬 권한을 행정기관에 부여한 경우에, 그 권한이 적법하게 행사된 결과 생긴 손실의 보상이다. ㉡ **공권력행사로 인한 손실의 보상이다.** 공권력행사로 인한 손실의 보상은 공법적 성질을 가진다. 공권력행사로서의 법적행위에 의한 경우에만 대상이 된다. ㉢ **특별한 희생에 대한 조절적 보상이다.** 공공의 수요에 충당하기 위하여 특정개인이 입은 재산상의 특별한 희생을 국민전체의 부담으로 전가시켜 모든 국민 간에 고르게 조절하여 주는 보상이다. ㉣ **재산권 침해에 대한 보상이다.** 손실보상은 재산권의 수용·사용 또는 제한(공용침해)에 대한 보상이다. 여기서 재산권이란 경제적 가치가 있는 공·사법상의 모든 권리를 포함한다(헌재 1995.7.21. 93헌가14). 최근에는 생명 또는 신체에 대한 적법한 침해로 인한 손실도 손실보상의 대상으로 보아야 한다는 견해도 있다. 헌법재판소 역시 국가유공자예우 등에 관한 법률에 따라 국가가 국가유공자에게 지급할 보상수급권은 헌법 조항들에 의하여 보호받는 재산권의 하나로 보아야 할 것(헌재 1995.7.21. 93헌가14)이라고 하여, 생명·신체의 손상에 대한 특별한 희생을 손실보상의 법리로 해석하고 있다.

② (o) 공공필요에 의한 재산권의 수용·사용 또는 제한이 행하여졌는데, 당해 법률에서 그에 대한 손실보상에 관하여 정하지 아니한 경우가 있다. 이때 **공용침해를 당한 국민은 헌법 제23조 제3항을 근거로 하여 보상을 청구할 수 있는지에 관하여,** ㉠ 입법지침설(방침규정설), ㉡ 입법자에 대한 직접효력설(위헌무효설), ㉢ 국민에 대한 직접효력설, ㉣ 유추적용설(간접효력규정설)이 있다. **판례는, ㉠ 관련규정의 유추해석을 통하여 손실보상을 인정하기도 한다.** 공공사업의 시행 결과 공공사업의 기업지 밖에서 발생한 간접손실에 대하여 사업시행자와 협의가 이루어지지 아니하고, 그 보상에 관한 명문의 법령이 없는 경우, 피해자는 공공용지의 취득 및 손실보상에 관한 특례법 시행규칙상의 손실보상에 관한 규정을 유추적용하여 사업시행자에게 보상을 청구할 수 있다(대법원 1999.10.8. 99다27231). ㉡ **관련규정이 없는 경우에도 손실보상을 인정하기도 한다.** 토지구획정리사업으로 말미암아 본건 토지에 대한 환지를 교부하지 않고 그 소유권을 상실케 한데 대한 본건과 같은 경우에 손실보상을 하여야 한다는 규정이 본법에 없다 할지라도 이는 법리상 그 손실을 보상하여야 할 것이다(대법원 1972.11.28. 72다1597). ㉢ 재산권의 수용 또는 사용이 법률의 근거 없이 이루어진 경우에는 재산권자에 대한 불법행위가 된다(대법원 1966.10.18. 66다1715)는 판례도 있다. ㉣ 재산권을 수용하는 근거법률에 보상에 관한 규정이 없이 30년이 지나도록 입법자가 아무런 입법조치를 취하지 않고 있는 것은 입법재량의 한계를 넘는 입법의무불이행으로서 보상청구권이 확정된 자의 헌법상 보장된 재산권을 침해하는 것이므로 위헌이다(헌재 1994.12.29. 89헌마2).

③ (x) 손실보상은 그 원인행위인 권력작용(토지수용·징발 등)과 일체성의 관계에 있으므로 손실보상의무의 이행관계는 공법관계라는 공권설이 통설이다. 손실보상청구권을 공권으로 볼 때에는 그에 관한 소송은 당사자소송에 의하게 된다(행정소송법 3(2)).

판례는 손실보상청구권을 사권으로 보고 그에 관한 소송도 민사소송에 의한다고 하였다. 면허·허가 또는 신고한 어업에 대한 처분으로 인하여 손실을 입은 자는 지방자치단체 또는 국가를 상대로 민사소송으로 손실보상금지급청구를 할 수 있다(대법원 2000.5.26. 99다37382). 그러나 하천법상 손실보상청구권은 종전에는 민사소송의 대상으로 보았으나, 행정소송법상의 당사자소송이라고 판례를 변경하였다(대법원 2006.5.18. 2004다6207). 구 토지수용법에 따른 보상금증감소송은 행정소송으로 보고 있다(대법원 1993.5.25. 92누15772).

④ (o) 보상을 요하지 않는 사회적 제약과, 보상을 요하는 특별한 희생을 구별하는 것은 쉽지

않다. 그래서 보상을 요하는 공용침해인지 여부를 구분하기 위하여 독일의 경계이론과 분리이론이 검토된다. ㉠ **경계이론**은 재산권에 내재하는 사회적 제약과 사회적 제약을 넘어 보상을 요하는 공용수용의 차이는, 별개의 법제도가 아니라 재산권 제한의 정도 차이에 불과하다고 한다. 재산권에 대한 제약이 '재산권에 내재된 사회적 제약의 영역'이라는 **일정한 경계를 넘어서는 순간 공용수용이 되어** 입법자의 의사와 무관하게 손실보상이 주어지고, 그 경계를 넘지 않으면 보상이 필요 없는 재산권 제약이 된다는 이론이다. 그러므로 사회적 제약을 벗어나는 침해에 의한 희생은 특별한 희생에 해당하므로 보상이 주어져야 한다. ㉡ **분리이론**은 재산권에 내재하는 사회적 제약을 정하고 있는 재산권의 내용과 수용은 별개의 독립된 법제도라고 한다. 공용침해(공용수용)와 재산권의 내용·제한규정은 엄격히 분리되어야 한다는 것이다. 양자는 재산권 제약의 질적인 정도에 의하여 구분되는 것이 아니라, 입법의 형식과 그 목적에 따라 구분된다고 본다. 입법자가 장래에 있어서 재산권자의 권리와 의무를 일반적·추상적 형식으로 확정하는 것은 **재산권의 내용규정(헌법 23①②)**이며, 국가가 구체적인 공적과제의 이행을 위하여 이미 형성된 구체적인 재산권적 지위를 전면적 또는 부분적으로 박탈하는 것은 **공용침해(헌법 23③)**로 정의한다. 헌법재판소는 구 도시계획법 제21조의 위헌여부를 헌법 제23조 제3항의 관점에서 검토한 것이 아니라, 헌법 제23조 제1항 제2문(재산권의 내용규정)의 관점에서 검토하여 분리이론을 채택한 바 있다.

⑤ (o) 헌법은 재산권의 수용·사용 또는 제한에 대한 보상의 기준으로 정당한 보상을 제시하고 있다. 여기서 손실보상의 기준인 정당한 보상의 의미에 관하여, ㉠ 완전보상설, ㉡ 상당보상설, ㉢ 절충설이 있다. 대법원은 **헌법 제23조 제3항에 따른 정당한 보상이란** 원칙적으로 피수용재산의 객관적인 재산가치를 완전하게 보상하여야 한다는 완전보상을 뜻하는 것(대법원 2001.9.25. 2000두2426)이라고 한다. 헌법재판소 역시 헌법 제23조 제3항이 규정하는 '정당한 보상'이란 원칙적으로 피수용재산의 객관적인 재산가치를 완전하게 보상하는 것이어야 한다는 완전보상을 의미(헌재 1995.4.20. 93헌바20)한다고 판시하여 완전보상설을 취하고 있다. [해 답] ③

2. 손실보상의 구체적 내용에 관련된 설명 중 옳은 것을 모두 고른 것은? (다툼이 있는 경우 판례에 의함)

> ㉠ 공익사업이 시행되는 지역 내에 있는 토지와 지상물건 등은 보상의 대상이 되지만, 공익사업이 시행되는 지역 밖에 있는 토지 등은 보상을 하지 않는다.
> ㉡ 토지소유권의 취득에 있어 보상액의 산정은 협의에 의한 경우에는 협의성립 당시의 가격을 기준으로 한다.
> ㉢ 재산권을 침해하는 토지수용의 주체를 국가 등의 공적 기관에 한정하여야 하고 민간기업에까지 확장하여 인정할 수는 없다.
> ㉣ 수용대상 토지 위에 근저당권을 설정해 둔 담보권자는 그 토지가 하천대상 토지로 수용되어 토지소유권이 상실되면 간접적으로 손실을 입은 것에 불과하므로 손실보상 청구권은 없다.
> ㉤ 공용수용으로 인한 재산권의 침해는 실질적이고, 현실적인 피해가 발생하여야 보상청

구권이 발생한다.
ⓗ 사업시행자가 손실보상의무를 이행하지 아니한 채 공유수면매립공사를 시행함으로써 실질적이고 현실적인 침해를 가하였다면 이는 불법행위를 구성한다.

① ㉠, ㉢, ㉤ ② ㉡, ㉣, ㉥ ③ ㉢, ㉣, ㉥
④ ㉡, ㉤, ㉥ ⑤ ㉠, ㉤, ㉥

해설

㉠ (x) 공익사업을 위한 토지 등의 취득 및 보상에 관한 법률은 수용되는 토지보상 이외에 ⓐ 지상물건에 대한 보상으로, 건축물·입목·공작물 기타 토지정착물에 대한 보상, 농작물에 대한 보상, 토지에 속한 흙·돌·모래 또는 자갈에 대한 보상, 분묘에 대한 보상, 사업예정지 안에 있는 건물 등의 수용재결신청, 잔여 건축물의 손실에 대한 보상 등, ⓑ 권리(광업권·어업권·물 등의 사용권)의 보상, ⓒ 영업(농업포함)의 손실 등에 관한 보상, ⓓ 주거용 건물의 주거 이전에 필요한 비용과 가재도구 등 동산의 운반에 필요한 비용의 보상, ⓔ 수용토지나 잔여지 외의 토지에 대한 공사비보상, ⓕ **공익사업이 시행되는 지역 밖에 있는 토지 등의 보상의 기준**에 대하여도 정하고 있는데, 이들 보상은 재산권에 대한 보상, 실비보상적 보상, 일실손실보상을 그 내용으로 한다.

㉡ (o) 공익사업을 위한 토지 등의 취득 및 보상에 관한 법률은 토지재산권의 보상은 토지취득, 토지에 관한 소유권 이외의 권리, 토지사용권, 토지의 지하 및 지상의 공간사용권, 잔여지의 보상에 관하여 정하고 있다. **토지소유권의 취득에 있어 보상액의 산정은**, ⓐ 협의에 의한 경우에는 **협의성립 당시의 가격을**, ⓑ 재결에 의한 경우에는 수용 또는 사용의 **재결당시의 가격**이 보상액 산정기준이 된다(공익사업을 위한 토지 등의 취득 및 보상에 관한 법률 67①). 사업시행자가 토지 등의 소유자로부터 토지 등의 협의취득 또는 보상합의는 공공기관이 사경제주체로서 행하는 **사법상 매매 내지 사법상 계약**의 실질을 가진다(대법원 2004.9.24. 2002다68713).

㉢ (x) 헌법 제23조 제3항은 정당한 보상을 전제로 하여 재산권의 수용 등에 관한 가능성을 규정하고 있지만, **재산권 수용의 주체를 한정하지 않고 있다**. 위 헌법조항의 핵심은 당해 수용이 공공필요에 부합하는가, 정당한 보상이 지급되고 있는가 여부 등에 있는 것이지, 그 수용의 주체가 국가인지 민간기업인지 여부에 달려 있다고 볼 수 없다. 또한 국가 등의 공적 기관이 직접 수용의 주체가 되는 것이든 그러한 공적 기관의 최종적인 허부판단과 승인결정하에 민간기업이 수용의 주체가 되는 것이든, 양자 사이에 **공공필요에 대한 판단과 수용의 범위에 있어서 본질적인 차이를 가져올 것으로 보이지 않는다**. 따라서 위 수용 등의 주체를 국가 등의 공적 기관에 한정하여 해석할 이유가 없다(헌재 2009.9.24. 2007헌바114).

㉣ (x) 손실보상의 대상인 재산권은 물권인지 채권인지 구별하지 않는다. 토지의 담보권자가 하천법 제74조 소정의 처분이나 하천공사로 말미암아 그 토지가 하천 또는 제방이 되어 국가에 귀속됨으로써 **담보권을 상실하게 되어 채권의 만족을 얻을 수 없게 되었다면 손실을 입은 경우에 해당함이 명백**하므로 그 손실을 보상받기 위하여 스스로 재결을 신청할 수 있다(대법원 1989.6.13. 88누5495).

ⓜ (o) 손실보상은 공공필요에 의한 행정작용에 의하여 사인에게 발생한 특별한 희생에 대한 전보라는 점에서 그 사인에게 특별한 희생이 발생하여야 하는 것은 당연히 요구되는 것이고, **공유수면매립면허의 고시가 있다고 하여** 반드시 그 사업이 시행되고 그로 인하여 손실이 발생한다고 할 수 없으므로, 매립면허 고시 이후 매립공사가 실행되어 **관행어업권자에게 실질적이고 현실적인 피해가 발생한 경우에만** 공유수면매립법에서 정하는 손실보상청구권이 발생하였다고 할 것이다(대법원 2010.12.9. 2007두6571).

ⓑ (o) 적법하게 어업의 신고를 하고 공유수면매립사업지구 내에서 신고한 어업에 종사하고 있던 어민들에 대하여 손실보상을 할 의무가 있는 사업시행자가 손실보상의무를 이행하지 아니한 채 공유수면매립공사를 시행함으로써 실질적이고 현실적인 침해를 가하였다면 이는 불법행위를 구성하고, 이 경우 어업의 신고를 한 자가 입게 되는 손해는 그 손실보상금 상당액이다(대법원 2000.5.26. 99다37382). [해 답] ④

3. 손실보상제도에 관한 설명 중 옳지 않은 것은? (다툼이 있는 경우 판례에 의함)

① 보상액을 산정할 경우에 해당 공익사업으로 인하여 토지 등의 가격이 변동되었을 때에는 이를 고려하지 아니한다.

② 이주대책은 이주자들에 대하여 종전의 생활상태를 원상으로 회복시키면서 동시에 인간다운 생활을 보장하여 주기 위한 생활보상의 일환으로 마련된 제도이다.

③ 당해 공공사업과는 관계없는 다른 사업의 시행으로 인한 개발이익은 이를 배제하지 아니한 가격으로 평가하여야 한다.

④ 적법하게 시행된 공익사업으로 인하여 이주하게 된 주거용 건축물 세입자의 주거이전비 보상청구권은 공법상의 권리이다.

⑤ 이주대책은 생활보상 제도이기 때문에 이주대책의 대상자에서 세입자를 제외하는 것은 세입자의 재산권을 침해하는 것이다.

해설

① (o) 공익사업을 위한 토지 등의 취득 및 보상에 관한 법률 제67조 제2항, 국가는 개발부담금 부과 대상 사업이 시행되는 지역에서 발생하는 개발이익을 이 법으로 정하는 바에 따라 개발부담금으로 징수하여야 한다(개발이익환수에 관한 법률 3). 개발사업자가 사업을 시행하여 토지가격의 증가분이 있는 경우에는 그 증가분 중에서 개발부담금을 개발이익으로 환수하게 한 것이다. 헌법재판소는 **보상액을 산정함에 있어 개발이익을 배제하고,** 기준지가의 고시일 이후 시점보정을 인근 토지의 가격변동률과 도매물가상승률 등에 의하여 행하도록 규정한 것은 헌법 제23조 제3항에 규정한 **정당보상의 원리에 어긋나지 않는다**고 한다(헌법재판소 1990.6.25. 89헌마107).

② (o) 이주대책은 이주자들에 대하여 종전의 생활상태를 원상으로 회복시키면서 동시에 인간다운 생활을 보장하여 주기 위한 이른바 생활보상의 일환으로 국가의 적극적이고 정책적인

배려에 의하여 마련된 제도이다(대법원 1994.5.24. 92다35783).

③ (o) 당해 공공사업과는 관계없는 **다른 사업의 시행으로 인한 개발이익**은 이를 배제하지 아니한 가격으로 평가하여야 한다(대법원 1999.1.15. 98두8896).

④ (o) 적법하게 시행된 공익사업으로 인하여 이주하게 된 주거용 건축물 세입자의 주거이전비 보상청구권은 공법상의 권리이고, 따라서 그 보상을 둘러싼 쟁송은 민사소송이 아니라 공법상의 법률관계를 대상으로 하는 행정소송에 의하여야 한다(대법원 2008.5.29. 2007다8129).

⑤ (x) 이주대책은 헌법 제23조 제3항에 규정된 정당한 보상에 포함되는 것이라기보다는 이에 부가하여 이주자들에게 종전의 생활상태를 회복시키기 위한 생활보상의 일환으로서 국가의 정책적인 배려에 의하여 마련된 제도라고 볼 것이다. 따라서 **이주대책의 실시 여부는 입법자의 입법정책적 재량의 영역에 속하므로** 공익사업을 위한 토지 등의 취득 및 보상에 관한 법률 시행령 제40조 제3항 제3호가 이주대책의 대상자에서 세입자를 제외하고 있는 것이 세입자의 재산권을 침해하는 것이라 볼 수 없다(헌재 2006.2.23. 2004헌마19). [해 답] ⑤

4. 행정상 손실보상금 증감소송에 관련된 설명 중 옳지 않은 것은? (다툼이 있는 경우 판례에 의함)

① 이의재결에서 정한 보상금이 증액 변경될 것을 전제로 하여 기업자를 상대로 제기하는 손실보상금 증액청구의 소는 공법상의 당사자소송이라고 할 수 있다.

② 잔여지 수용청구를 받아들이지 않은 토지수용위원회의 재결에 대하여 토지소유자가 불복하여 제기하는 소송은 보상금의 증감에 관한 소송에 해당된다.

③ 기업자가 수용과정에서 아무런 보상 없이 수용대상이 아닌 목적물을 철거함으로써 그 소유자 등에게 손해를 입혔다면, 이는 민사상의 손해배상청구로 보아야 한다.

④ 손실보상금 증액청구의 소에 있어서 그 이의재결에서 정한 손실보상금액보다 정당한 손실보상금액이 더 많다는 점에 대한 입증책임은 원고에게 있다.

⑤ 손실보상금의 증감에 관한 소송의 경우 당해 소송을 제기하는 자가 토지소유자 또는 관계인인 때에는 사업시행자가 아닌 행정청이 피고가 된다.

해설 ① (o) 토지수용법 제75조의2 제2항의 규정은 그 제1항에 의하여 이의재결에 대하여 불복하는 행정소송을 제기하는 경우, 이것이 보상금의 증감에 관한 소송인 때에는 이의재결에서 정한 보상금이 증액 변경될 것을 전제로 하여 기업자를 상대로 보상금의 지급을 구하는 공법상의 당사자소송을 규정한 것으로 볼 것이다(대법원 1991.11.26. 91누285).

② (o) 구 '공익사업을 위한 토지 등의 취득 및 보상에 관한 법률'(2007.10.17. 법률 제8665호로 개정되기 전의 것) 제74조 제1항에 규정되어 있는 잔여지 수용청구권은 손실보상의 일환으로 토지소유자에게 부여되는 권리로서 그 요건을 구비한 때에는 잔여지를 수용하는 토지수용위원회의 재결이 없더라도 그 청구에 의하여 수용의 효과가 발생하는 형성권적 성질을 가

지므로, **잔여지 수용청구를 받아들이지 않은 토지수용위원회의 재결에 대하여 토지소유자가 불복하여 제기하는 소송**은 위 법 제85조 제2항에 규정되어 있는 **'보상금의 증감에 관한 소송'**에 해당하여 사업시행자를 피고로 하여야 한다(대법원 2010.8.19. 2008두822).

③ (o) **기업자가 수용과정에서 아무런 보상 없이 수용대상이 아닌 목적물을 철거**함으로써 그 소유자 등에게 손해를 입혔다면 **이는 불법행위를 구성하는 것**으로서 이와 같은 불법행위로 인한 손해금의 지급을 구하는 소는 손실보상이라는 용어를 사용하였다고 하여도 민사상의 손해배상청구로 보아야 한다(대법원 2001.9.4. 99두11080).

④ (o) 손실보상금 증액청구의 소에 있어서 그 이의재결에서 정한 손실보상금액보다 정당한 손실보상금액이 더 많다는 점에 대한 입증책임은 원고에게 있다(대법원 1997.11.28. 96누2255).

⑤ (x) 지방토지수용위원회나 중앙토지수용위원회의 재결 또는 중앙토지수용위원회의 이의신청재결 중 보상금에 대하여 불복이 있는 때에는 위에서 본 기간 이내에 보상금 증감청구소송을 제기할 수 있다(공익사업을 위한 토지 등의 취득 및 보상에 관한 법률 85①). 행정소송이 보상금의 증감에 관한 소송인 경우 당해 소송을 제기하는 자가 토지소유자 또는 관계인인 때에는 사업시행자를, **사업시행자인 때에는 토지소유자 또는 관계인을 각각 피고로 한다**(공익사업을 위한 토지 등의 취득 및 보상에 관한 법률 85②). 보상금 증감청구소송의 성격이 형식적 당사자소송임을 명백히 한 규정이다. [해 답] ⑤

5. 손실보상제도에 관련된 설명 중 옳은 것을 모두 고른 것은? (다툼이 있는 경우 판례에 의함)

㉠ 공용수용의 절차 중 당해 사업이 공익사업에 해당함을 인정하여 사업시행자에게 수용권을 설정하는 행위를 사업인정이라고 한다.
㉡ 공익사업시행자와 피수용자는 협의가 성립되지 아니하거나 협의를 할 수 없을 때는 관할 토지수용위원회에 재결을 신청할 수 있다.
㉢ 토지수용위원회의 재결에 불복이 있으면 이의신청을 제기한 다음에 행정소송을 제기하여야 한다.
㉣ 중앙토지수용위원회의 재결에 불복이 있는 자는 일정기간 내에 중앙토지수용위원회에 이의신청을 할 수 있다.
㉤ 공익사업으로 인하여 영업을 폐지하거나 휴업하는 자는 재결절차를 거치지 않은 채 곧바로 사업시행자를 상대로 손실보상을 청구할 수 있다.
㉥ 사업시행자가 생활대책대상자를 그 대상자에서 제외하거나 선정을 거부하면, 이러한 생활대책대상자 선정기준에 해당하는 자는 사업시행자를 상대로 항고소송을 제기할 수 있다.

① ㉠, ㉣, ㉥ ② ㉡, ㉢, ㉤ ③ ㉢, ㉤, ㉥
④ ㉠, ㉡, ㉥ ⑤ ㉡, ㉣, ㉤

해설

㉠ (o) 공용수용의 절차는, ⓐ 당해 사업이 공익사업을 위한 토지 등의 취득 및 보상에 관한 법률 제4조에 열거된 공익사업에 해당함을 인정하여 사업시행자에게 수용권을 설정하는 행위인 '**사업인정**', ⓑ 장차 수용의 대상이 될 **토지조서·물건조서의 작성**, ⓒ 수용할 토지의 범위·수용시기·손실보상 등에 관한 사업시행자와 피수용자간의 교섭행위인 '**협의**', ⓓ 협의가 불성립 또는 협의가 불능의 경우에 토지수용위원회가 행하는 '**재결**'이 있다. 이 중 협의는 사업인정 전부터 진행하는 협의와 사업인정 후의 협의로 나눌 수 있다.

㉡ (x) 피수용자는 재결을 신청할 수 없다. **사업시행자는 협의가 성립되지 아니하거나 협의를 할 수 없을 때**(제26조 제2항 단서에 따른 협의 요구가 없을 때를 포함한다)에는 사업인정고시가 된 날부터 1년 이내에 대통령령으로 정하는 바에 따라 관할 토지수용위원회에 재결을 신청할 수 있다(공익사업을 위한 토지 등의 취득 및 보상에 관한 법률 28①).

㉢ (x) **토지수용위원회의 재결에 불복이 있으면**, ⓐ 이의신청(행정심판)을 제기하고, 이의신청 재결에 불복이 있는 경우에는 행정소송을 제기하거나, ⓑ 이의신청을 제기하지 아니하고 바로 행정소송을 제기할 수 있다. 종래에는 이의신청 전치주의가 채택되었으나, 현재는 임의적 선택주의를 채택하였다. 수용재결에 불복하여 이의신청을 거친 후 취소소송을 제기하는 경우의 피고적격은 수용재결을 한 중앙토지수용위원회 또는 지방토지수용위원회를 피고로 하면 된다(대법원 2010.1.28. 2008두1504). 다만, **재결 자체의 고유한 위법이 있는 경우**에는 중앙토지수용위원회를 피고로 하여 이의재결의 취소를 구할 수 있다.

㉣ (o) 토지수용위원회의 재결(원재결)은 수용재결과 보상재결로 나눌 수 있다. **지방토지수용위원회의 재결에 대하여 불복이 있는 자**는 일정기간 내(재결서 정본송달일로부터 30일 이내)에 중앙토지수용위원회에, **중앙토지수용위원회의 재결에 불복이 있는 자**는 일정기간 내에 중앙토지수용위원회에 이의신청을 할 수 있다(공익사업을 위한 토지 등의 취득 및 보상에 관한 법률 83). 이의신청을 받은 중앙토지수용위원회는 원재결이 위법 또는 부당한 때에는 전부 또는 일부를 취소하거나 보상액을 변경할 수 있다(공익사업을 위한 토지 등의 취득 및 보상에 관한 법률 84). 중앙토지수용위원회는 원재결을 취소하는 재결만을 할 수 있는 것이 아니고, 적극적으로 보상액을 증액 또는 감액하는 재결을 할 수 있다.

㉤ (x) 공익사업으로 인하여 영업을 폐지하거나 휴업하는 자가 사업시행자에게서 영업손실에 대한 보상을 받기 위해서는 구 공익사업법 제34조, 제50조 등에 규정된 재결절차를 거친 다음 재결에 대하여 불복이 있는 때에 비로소 구 공익사업법 제83조 내지 제85조에 따라 권리구제를 받을 수 있을 뿐, 이러한 재결절차를 거치지 않은 채 곧바로 사업시행자를 상대로 손실보상을 청구하는 것은 허용되지 않는다고 보는 것이 타당하다(대법원 2011.9.29. 2009두10963).

㉥ (o) 생활대책대상자 선정기준에 해당하는 자는 사업시행자에게 **생활대책대상자 선정 여부의 확인·결정을 신청할 수 있는 권리를 가지는 것**이어서, 만일 사업시행자가 그러한 자를 생활대책대상자에서 제외하거나 선정을 거부하면, 이러한 생활대책대상자 선정기준에 해당하는 자는 사업시행자를 상대로 항고소송을 제기할 수 있다고 보는 것이 타당하다(대법원 2011.10.13. 2008두17905).

[해 답] ①

6. 행정상 손실보상제도의 흠결과 그 보완에 관한 설명 중 옳지 않은 것은?

① 수용유사침해로 인한 손실보상은 타인의 재산권에 대한 위법한 공용침해로 발생한 특별한 희생을 보상하자는 것이다.

② 1980.6.말경의 비상계엄 당시 국군보안사령부 정보처장이 언론통폐합조치의 일환으로 사인 소유의 방송사 주식을 강압적으로 국가에 증여하게 한 것은 수용유사적 침해 행위에 해당되지 않는다.

③ 적법한 행정작용의 결과 부수적으로 개인이 손실을 입게 된 경우에 그 손실에 대한 보상을 해주는 것을 수용적 침해에 대한 보상이라고 한다.

④ 공공복리를 위하여 개인의 재산적 법익에 대한 특별한 희생을 야기하는 공법상의 침해에 대하여 손실보상을 인정하는 것을 희생보상청구권이라 한다.

⑤ 결과제거청구권은 행정작용으로 인하여 야기된 위법한 결과적 상태를 제거하여 침해가 없는 원래의 상태로 회복시켜 줄 것을 청구하는 것이다.

해설

① (o) 수용유사침해로 인한 손실보상은 타인의 재산권에 대한 '위법'한 공용침해로 인한 특별한 희생이 발생하여야 한다. 그 성립요건으로는, ㉠ 재산권침해, ㉡ 공용침해, ㉢ 특별한 희생, ㉣ 침해의 위법성이다.

② (o) **수용유사적 침해의 이론**은 국가 기타 공권력의 주체가 **위법하게 공권력을 행사하여 국민의 재산권을 침해하였고 그 효과가 실제에 있어서 수용과 다름없을 때에는** 적법한 수용이 있는 것과 마찬가지로 국민이 그로 인한 손실의 보상을 청구할 수 있다는 내용으로 이해되는데, **과연 우리 법제하에서 그와 같은 이론을 채택할 수 있는 것인가는 별론**으로 하더라도 이 사건에서 피고 대한민국의 이 사건 주식취득이 그러한 공권력의 행사에 의한 수용유사적 침해에 해당한다고 볼 수는 없다. 따라서 원심이 피고 대한민국의 이 사건 주식취득이 수용유사적 침해에 해당한다 하여 그에 대한 보상을 지급할 것을 명한 것은 손실보상의 법리를 오해한 위법이 있다 할 것이다(대법원 1993.10.26. 93다6409).

③ (o) **수용적 침해로 인한 보상이 성립하기 위해서는,** ㉠ 공행정작용으로 인한 의도되지 않은 재산권침해가 있어야 한다. 여기서 적법판단의 대상은 의도되지 않은 효과가 손해로 나타난 처분이다. ㉡ 적법한 공권력행사에 의해 직접 가해진 재산권침해이어야 한다. 여기서 공권력행사가 적법하다는 것은 행위의 결과, 현실적으로 나타난 피해가 적법하다는 것은 아니다. 오히려 그 결과는 위법하다. ㉢ 수용적 침해로 발생한 손실이 수인한도를 넘은 특별한 희생이어야 한다.

④ (x) 예방접종 사고처럼 공공복리를 위하여 **생명·신체 등 개인의 비재산적 법익에 대한 특별한 희생을 야기하는 공법상의 침해**에 대하여 손실보상을 인정하는 것을 희생보상청구권이라 한다. **희생보상청구권이 성립하기 위해서는,** ㉠ 공공필요를 위한 행위여야 한다. ㉡ 침해의 대상이 생명·신체로서 비재산적 침해여야 한다. ㉢ 그 침해는 공권력의 행사로 인한 것이어야 한다. ㉣ 개인에게 특별한 희생이 발생하였어야 한다.

⑤ (o) 결과제거청구권은 **위법상태의 제거라는 사실행위를 요구**하는 것이고, 손해배상이나 손

실보상을 요구하는 것이 아니다. 이 경우 소송의 형태는 공법상의 당사자 소송(행정청의 처분 등을 원인으로 하는 법률관계에 관한 소송)이 될 것이다. [해 답] ④

44 행정심판법

1. 특별행정심판제도에 관한 설명 중 옳지 않은 것을 모두 고른 것은? (다툼이 있는 경우 판례에 의함)

> ㉠ 특별행정심판은 행정심판법에 따른 행정심판이 아니라 개별법에서 정한 절차에 따라 심리·재결을 하는 행정심판을 말한다.
> ㉡ 다른 법률에서 특별행정심판을 정하였더라도 그 법률에서 규정하고 있지 않은 사항에 관하여는 행정심판법이 정하는 바에 따른다.
> ㉢ 개별법률에서 인정하고 있는 특별행정심판으로는 조세심판(조세심판원), 특허심판(특허심판원), 토지수용 재결에 대한 이의신청(중앙토지수용위원회) 등을 들 수 있다.
> ㉣ 국민고충처리위원회가 행정기관의 처분의 시정을 구하는 내용의 고충민원신청서를 접수한 후 이를 당해 처분청에 송부한 경우에 한하여 그 신청서가 국민고충처리위원회에 접수된 때에 행정심판청구가 제기된 것으로 볼 수 있다.
> ㉤ 관계 행정기관의 장은 특별행정심판 또는 행정심판법에 따른 행정심판 절차에 대한 특례를 신설하고자 할 때는 법제처와 협의하여야 한다.
> ㉥ 이의신청을 제기해야 할 사람이 처분청에 표제를 '행정심판청구서'로 한 서류를 제출한 경우라면 서류의 이용에 이의신청 요건에 맞는 불복취지와 사유가 충분히 기재되어 있다할지라도 이를 처분에 대한 이의신청으로 볼 수는 없다.

① ㉠, ㉣　　② ㉡, ㉤　　③ ㉢, ㉥
④ ㉡, ㉢　　⑤ ㉤, ㉥

해설 ㉠ (o) 행정심판법은 다른 법률에 특별한 규정이 있는 경우를 제외하고는 행정심판법에 의하여 행정심판을 제기할 수 있다(제3조 제1항)고 하여, 특별행정심판제도의 존재를 인정하고 있다.
㉡ (o) 국세기본법은 세법에 따른 처분을 받고 불복을 청구하는 경우에는 행정심판법의

규정을 적용하지 아니한다(국세기본 56①, 55①)는 특례를 두고 있다. 구 국세기본법이 조세처분에 대하여는 행정심판법의 규정을 적용하지 아니한다고 규정하고 있으므로, 그 심판청구기간을 처분이 있은 날로부터 180일 내라고 볼 수는 없다(대법원 2001.11.13. 2000두536). 그러므로 국세청장이 처분을 함에 있어서 그 처분에 관하여 불복방법을 고지할 의무는 없다고 한 것이다.

㉢ (o) 개별법률에서 인정하고 있는 특별행정심판으로는 ⓐ 조세심판(조세심판원), ⓑ 특허심판(특허심판원), ⓒ 토지수용 재결에 대한 이의신청(중앙토지수용위원회), ⓓ 부당해고에 관한 구제명령에 대한 재심(중앙노동위원회), ⓔ 공무원 징계처분에 대한 불복(소청심사위원회), ⓕ 공정거래 관련 처분에 대한 이의신청(공정거래위원회), ⓖ 국민건강보험 급여결정에 대한 심판(국민건강분쟁조정위원회), ⓗ 산재보험 급여결정에 대한 재심사(산업재해보상보험재심사위원회), ⓘ 고용보험 급여결정에 대한 재심사(고용보험심사위원회) 등이 이에 해당된다.

㉣ (o) 국민고충처리위원회에 대한 고충민원의 신청이 행정소송의 전치절차로서 요구되는 행정심판청구에 해당하는 것으로 볼 수는 없다. 다만 국민고충처리위원회에 접수된 신청서가 행정기관의 처분에 대하여 시정을 구하는 취지임이 내용상 분명한 것으로서 국민고충처리위원회가 이를 당해 처분청 또는 그 재결청에 송부한 경우에 한하여 행정심판법 제17조 제2항, 제7항의 규정에 의하여 그 신청서가 국민고충처리위원회에 접수된 때에 행정심판청구가 제기된 것으로 볼 수 있다(대법원 1995.9.29. 95누5332).

㉤ (x) 관계 행정기관의 장이 특별행정심판 또는 행정심판법에 따른 행정심판 절차에 대한 특례를 신설하거나 변경하는 법령을 제정·개정할 때에는 미리 중앙행정심판위원회와 협의하여야 한다(행정심판법 4③). 특별행정심판의 남설을 방지하기 위하여 관계 행정기관의 장이 개별법에 특별행정심판을 신설하거나, 국민에게 불리한 내용으로 변경하고자 하는 경우에는 미리 중앙행정심판위원회와 협의하여야 한다.

㉥ (x) 지방자치법 제140조 제 3 항에서 정한 이의신청은 행정청의 위법·부당한 처분에 대하여 행정기관이 심판하는 행정심판과는 구별되는 별개의 제도이나, 이의신청과 행정심판은 모두 본질에 있어 행정처분으로 인하여 권리나 이익을 침해당한 상대방의 권리구제에 목적이 있고, 행정소송에 앞서 먼저 행정기관의 판단을 받는 데에 목적을 둔 **엄격한 형식을 요하지 않는 서면행위이므로,** 이의신청을 제기해야 할 사람이 처분청에 표제를 '행정심판청구서'로 한 서류를 제출한 경우라 할지라도 **서류의 내용에 이의신청 요건에 맞는 불복취지와 사유가 충분히 기재되어 있다면 표제에도 불구하고 이를 처분에 대한 이의신청으로 볼 수 있다**(대법원 2012.3.29. 2011두26886).

[해 답] ⑤

2. 행정심판의 종류와 관련된 설명 중 옳은 것을 모두 고른 것은?

> ㉠ 취소심판은 일정한 법률관계를 성립시킨 처분의 효력을 다투어 취소 또는 변경을 통하여 그 법률관계를 소멸·변경하는 형성적 성질(소극적 형성)로 보는 것이 통설이다.
> ㉡ 취소심판의 청구가 이유 있다고 인정할 때에는 행정심판위원회는 심판대상이 위법임을 확인하고 취소재결을 할 수 있지만, 처분의 변경을 명할 수는 없다.
> ㉢ 무효 등 확인심판은 심판제기기간의 제한을 받지 아니하지만, 사정재결은 허용되고 있다.

> ㉣ 무효 등 확인심판은 실질적으로 확인적 쟁송이나, 형식적으로는 처분의 효력유무 등을 직접 쟁송의 대상으로 한다는 점에서 준형성적 쟁송설이 통설이다.
> ㉤ 의무이행심판은 당사자의 신청에 대하여 피청구인이 일정한 처분을 하여야 할 현재의 이행쟁송과 장래의 이행쟁송이 허용된다.
> ㉥ 행정청이 이행재결의 취지에 따른 처분을 하지 아니할 때에는, 행정심판위원회는 서면으로 시정을 명하고 그 기간 내에 이행하지 아니하는 경우에는 당해 처분을 할 수 있다.

① ㉠, ㉣, ㉥　　② ㉡, ㉢, ㉤　　③ ㉢, ㉣, ㉥
④ ㉠, ㉡, ㉥　　⑤ ㉡, ㉣, ㉤

해설 ㉠ (o) 취소심판의 법적 성질에 관하여 취소심판은 일응 일정한 법률관계를 성립시킨 처분의 효력을 다투어 취소 또는 변경을 통하여 그 법률관계를 소멸·변경하는 성질의 심판, 즉 **형성적 성질(소극적 형성)의 것으로 보는 것이 통설**이다. 확인적 쟁송설은 취소심판이란 처분의 위법성·부당성을 확인하는 행정심판이기 때문에 확인적 쟁송이라 한다.

㉡ (x) 취소심판의 청구가 이유 있다고 인정할 때에는 행정심판위원회는 스스로 심판대상인 처분을 **취소·변경할 수도 있고**(형성적 재결)(행정심판법 43③), 처분청에게 **처분의 취소·변경을 명할 수도 있다**(이행적 재결)(행정심판법 43③).

㉢ (x) 무효 등 확인심판은 당연무효 등을 전제로 하기 때문에 ⓐ 심판제기기간의 제한을 받지 아니하며(행정심판법 27⑦), 또한 ⓑ 사정재결에 관한 규정이 적용되지 아니한다(행정심판법 44③). 행정심판위원회는 심판청구가 이유 있다고 인정할 때에는 처분의 효력유무 또는 존재여부를 확인하는 재결을 한다(행정심판법 43③).

㉣ (o) 무효 등 확인심판의 법적 성질로는, 무효 등 확인심판은 새로이 적극적으로 처분의 효력을 소멸시키는 것이 아니고, 원천적으로 처분이 무효부존재 또는 유효존재한 것을 공권적으로 확인·선언하는 데 그치는 것이므로 확인적 쟁송에 속한다는 확인적 쟁송설도 있지만, 무효 등 확인심판은 실질적으로 확인적 쟁송이나, 형식적으로는 처분의 효력유무 등을 직접 쟁송의 대상으로 한다는 점에서 형성적 쟁송으로서의 성격을 아울러 가지는 것으로 보는 준형성적 쟁송설이 통설이다.

㉤ (x) 의무이행심판은 행정청의 위법 또는 부당한 거부처분이나 부작위에 대하여 일정한 처분을 하도록 하는 행정심판이다(행정심판법 5(3)). **의무이행심판은 이행쟁송의 성질을 가진다**. 의무이행심판은 피청구인인 행정청에 대하여 일정한 처분을 할 것을 명하는 재결을 구하는 행정심판이기 때문이다. 의무이행심판은 당사자의 신청에 대하여 피청구인이 일정한 처분을 하여야 할 현재의 이행쟁송만 가능하고, **장래의 이행쟁송은 허용되지 아니한다**.

㉥ (o) 의무이행심판은 ⓐ 부작위를 심판대상으로 하는 경우에는 부작위가 존재하는 언제든지 심판을 제기할 수 있어야 하므로 심판제기기간의 제한을 받지 아니하며(행정심판법 27⑦), ⓑ 집행정지에 관한 규정이 적용되지 아니한다고 할 것이다. 집행정지는 수익적 처분이 행하여진 것과 같은 상태를 적극적으로 창출하는 것은 아니기 때문이다. ⓒ 위원회는 심판의 청구가

이유 있다고 인정할 때에는 지체 없이 신청에 따른 처분을 하거나(형성적 재결)(행정심판법 43⑤), 처분을 할 것을 처분청에게 명하는 재결을 한다(이행적 재결)(행정심판법 43⑤). 뒤의 경우에는 행정청은 지체 없이 그 재결의 취지에 따라 이전의 신청에 대한 처분을 하여야 한다(행정심판법 49②). ⓓ **행정청이 재결의 취지에 따른 처분을 하지 아니할 때에는**, 위원회는 당사자의 신청에 따라 기간을 정하여 서면으로 시정을 명하고, 그 기간 내에 이행하지 아니하는 경우에는 당해 처분을 할 수 있다(행정심판법 50①). ⓔ 거부처분·부작위에 대한 재결에 대하여 불복이 있으면, 제소기간 내에 부작위위법확인소송을 제기하여야 한다(다만, 거부처분에 대한 재결에 대하여는 거부처분취소소송을 제기하여야 한다). [해 답] ①

3. 행정심판의 대상에 관한 설명 중 옳지 않은 것은?

① 행정심판법은 개괄주의를 채택하여 행정청의 모든 위법 또는 부당한 처분이나 부작위를 심판대상으로 하고 있다.

② 처분행정청에는 법령에 의하여 행정권한의 위임 또는 위탁을 받은 행정기관, 공공단체 및 그 기관 또는 사인이 포함된다.

③ 공권력의 행사 또는 그 거부에 준하는 행정작용도 행정심판의 대상이다.

④ 신청권이 있는 당사자의 신청이 있어야 행정청은 처분의무가 발생하게 되는데, 여기서 신청은 행정청의 직권발동을 촉구하는 당사자의 신청도 해당된다.

⑤ 처분이 무효인 경우에는 처분은 일단 행하여졌고 행위의 외관도 존재한다고 할 것이기 때문에 부작위와 구별된다.

해설

① (o) 행정심판사항을 정하는 입법주의로는 개괄주의와 열기주의가 있다. 개괄주의는 법률상 특히 예외가 인정된 사항을 제외하고는 일반적으로 모든 사항에 대하여 행정심판을 인정하는 제도를 말한다. 열기주의는 법률상 특히 열기한 사항에 대하여만 행정심판을 인정하는 제도이다. 행정심판법은 개괄주의를 채택하여 행정청의 모든 위법 또는 부당한 처분이나 부작위를 심판대상으로 하는 점에서, '위법'한 처분이나 부작위만을 대상으로 하는 행정소송보다 대상이 넓다.

② (o) 행정심판의 대상은 '행정청'의 처분 또는 부작위이다. 행정청은 처분 또는 부작위를 할 수 있는 권한을 가지는 행정기관을 말한다. 국가 또는 지방자치단체의 의사나 판단을 결정하여 외부에 표시할 수 있는 권한을 가지는 행정기관을 행정청이라고 한다. 행정청에는 법령에 의하여 행정권한의 위임 또는 위탁을 받은 행정기관, 공공단체 및 그 기관 또는 사인이 포함된다(행정심판법 2(4)). 처분이나 부작위가 있은 뒤에 그 처분이나 부작위에 관계되는 권한이 다른 행정청에 승계된 때에는 그 권한을 승계한 행정청이 처분청 또는 부작위청이 된다(행정심판법 17① 단서).

③ (o) 행정심판의 대상인 처분은 행정청이 행하는 구체적 사실에 관한 법집행으로서의 공권력의 행사 또는 그 거부와 그 밖에 이에 준하는 행정작용을 말한다(행정심판법 2(1)).

④ (x) 부작위가 성립하기 위하여서는 당사자의 신청이 있어야 한다. 당사자의 신청은 행정청에 대하여 일정한 처분을 구할 법규(광업법 17), 조리상(일정한 건축물을 건축하고자 하는 경우에는 건축허가를 받아야 한다는 건축법 제11조의 규정은 해석상 또는 조리상 건축허가신청권의 근거가 된다)의 권리가 있는 자의 신청이라야 한다. 왜냐하면 **신청권이 있는 당사자의 신청이 있어야 행정청에 대하여 처분을 할 법률상 의무가 생긴다고 할 것이기 때문이다**. 판례도 같다. 따라서 신청권에 근거하지 아니하고 단순히 행정청의 직권발동을 촉구하는 당사자의 신청은 이에 해당되지 아니하며, 그에 대하여 응답하지 아니하여도 부작위가 되지 아니한다.

⑤ (o) 부작위에서 처분을 하지 아니한다 함은 신청에 따른 인용처분도 거부처분도 하지 아니하는 경우 또는 신청의 내용에 따른 사실행위를 하지 않는 경우를 말한다. 처분의 무효와 이른바 의제거부는 부작위와 구별된다. 정보공개를 청구한 날부터 20일 이내에 공공기관이 공개여부를 결정하지 아니한 때에는 비공개의 결정이 있는 것으로 본다(공공기관의 정보공개에 관한 법률 11⑤)고 하는 경우에도 법적으로는 거부처분이라는 소극적 처분이 있는 것으로 되므로, 부작위가 성립되지 아니한다. [해 답] ④

4. 행정심판위원회에 관한 설명 중 옳지 않은 것은?

① 국가의사를 행정심판위원회 스스로 결정하고 외부에 표시하는 권한을 갖는다는 점에서 행정청의 지위를 갖는다.

② 행정심판위원회는 심판청구가 있을 때마다 개최되는 비상설기관이다.

③ 행정청의 처분 또는 부작위에 대하여는 당해 행정청이 재결청이 된다.

④ 중앙행정심판위원회는 국민권익위원회에 소속되어 있다.

⑤ 당사자가 구술심리를 신청한 경우에는 서면심리만으로 결정할 수 있다고 인정되는 경우 외에는 구술심리를 하여야 한다.

해설

① (o) 행정심판기관은 행정심판의 청구를 받아 심리·재결할 수 있는 권한을 가진 행정기관으로 구체적으로는 행정심판위원회를 말한다. 행정심판위원회는 복수의 위원으로 구성되면서 위원의 합의로 의사를 결정한다는 점에서 합의제기관이다.

② (o) 행정심판위원회는 심판청구가 있을 때마다 행정심판위원 중 일부 위원이 심리·재결하는 비상설기관이다. 중앙행정심판위원회는 위원장 1명을 포함한 50명 이내의 위원으로 구성되고, 회의는 위원장, 상임위원 및 위원장이 회의마다 지정하는 비상임위원을 포함하여 총 9명으로 구성하며(도로교통법에 따른 자동차운전면허 행정처분에 관한 사건은 4명의 소위원회를 구성하여 심리·의결한다), 구성원 과반수의 출석과 출석위원 과반수의 찬성으로 의결한다(행정심판법 8). 반면 (일반)행정심판위원회는 30명 이내의 위원으로 구성되며(행정심판법 7①), 회의는 위원장과 위원장이 회의마다 지정하는 8명의 위원으로 구성한다(행정심판법 7⑤).

③ (x) 행정심판위원회는 심판청구사건에 대한 심리를 마치면 그 심판청구에 대하여 재결하는 권한을 가진다. 재결이란 행정심판의 청구에 대하여 제6조에 따른 행정심판위원회가 행하는 판단을 말한다(행정심판법 2(4)).

④ (o) 중앙행정심판위원회는 「부패방지 및 국민권익위원회의 설치와 운영에 관한 법률」에 따른 국민권익위원회에 소속되어 있다(부패방지 및 국민권익위원회의 설치와 운영에 관한 법률 12, 행정심판법 6②).

⑤ (o) 행정심판의 심리는 구술심리나 서면심리로 한다. 다만, 당사자가 구술심리를 신청한 경우에는 서면심리만으로 결정할 수 있다고 인정되는 경우 외에는 구술심리를 하여야 한다(행정심판법 40①).

[해 답] ③

5. 행정심판의 당사자와 관계인에 관한 설명 중 옳지 않은 것은?

① 행정심판은 처분 등의 직접 상대방이거나 제3자이거나를 불문하고 법률상 이익이 있는 자는 청구인적격이 있다.

② 행정심판법이 부당한 처분도 취소심판의 대상으로 하면서 청구인적격을 법률상 이익이 있는 자로 한정한 것은 입법상 과오라는 주장도 있다.

③ 처분의 효과가 처분의 집행 등으로 소멸된 뒤에도 그 처분의 취소로 회복되는 법률상 이익이 있는 경우에는 행정심판을 제기할 수 있다.

④ 심판청구인이 사망한 경우에는 그 행정심판은 종료된다.

⑤ 청구인이 피청구인을 잘못 지정한 경우에 위원회가 피청구인을 경정하는 결정에 대하여 당사자는 이의신청을 할 수 있다.

해설

① (o) 취소심판은 처분의 취소 또는 변경을 구할 법률상의 이익이 있는 자가 청구인적격을 가진다(행정심판법 13①). 법률상 이익이란 당해 처분의 근거 법률에 의하여 직접 보호되는 구체적인 이익을 말한다. 그러므로 제3자가 단지 간접적인 사실상 경제적인 이해관계를 가지는 경우에는 그 재결의 취소를 구할 원고적격이 없다(대법원 2000.9.8. 98두13072).

② (o) 취소심판은 위법 또는 '부당'한 처분을 대상으로 하고 있는데, 행정심판의 청구인 적격은 '법률상 이익'을 가진 자로 한정하고 있다. 법률상 이익의 침해는 위법한 처분에 의해서만 가능한데, 취소심판의 대상을 부당한 처분도 포함시킨 것은 입법의 과오라는 견해도 있다.

③ (o) 행정심판법은 취소심판의 경우에는 처분의 효과가 기간의 경과(영업정지기간의 경과 등). 처분의 집행(강제퇴거명령을 받고 이미 국외로 강제퇴거당한 경우), 그 밖의 사유로 인하여 소멸된 뒤에도 그 처분의 취소로 인하여 회복되는 법률상 이익이 있는 경우에는(전에 영업정지처분을 받았거나 강제퇴거명령을 받은 경우에는 추후에 다시 위반행위를 한 경우 가중사유가 되거나 재입국을 하는 경우 불이익사유로 작용한다.) 행정심판을 제기할 수 있게 하였다(행정심판법 13①후단).

④ (x) 청구인이 사망한 경우에는 상속인이나 그 밖에 법령에 따라 심판청구의 대상에 관계되는 권리나 이익을 승계한 자가 청구인의 지위를 승계한다(행정심판법 16①).

⑤ (o) 행정심판위원회의 결정에 대한 이의신청제도를 신설하였다. **이의신청을 할 수 있는 구체**

적인 사유로는 ㉠ 청구인의 지위승계(행정심판법 16⑧), ㉡ 피청구인의 경정(행정심판법 17⑥), ㉢ 제3자의 심판참가(행정심판법 20⑥), ㉣ 청구의 변경신청(행정심판법 29⑦)이다. [해 답] ④

6. 행정심판의 제기요건에 관한 설명 중 옳은 것을 모두 고른 것은? (다툼이 있는 경우 판례에 의함)

> ㉠ 심판청구기간은 무효확인 등 행정심판과 부작위에 대한 의무이행행정심판에는 적용되지 아니한다.
> ㉡ 행정심판 제기기간은 원칙적으로 처분이 있음을 안 날로부터 90일, 처분이 있은 날로부터 180일인데, 이 두 기간이 모두 도과하여야 행정심판을 제기할 수 없다.
> ㉢ 처분이 있음을 안 날로부터 90일은 당사자가 통지·공고 기타의 방법에 의하여 당해 처분이 있었다는 사실을 알 수 있는 상태에 있을 때부터 기산한다.
> ㉣ 처분이 있은 날로부터 180일은 처분이 행정기관 내부적으로 결정된 날로부터 기산한다.
> ㉤ 당사자가 행정처분시에 행정청으로부터 행정심판 제기기간에 관하여 법정 심판청구기간보다 긴 기간으로 잘못 통지받아 행정소송법상 법정 제소기간을 도과하였다면, 당사자가 책임질 수 없는 사유로 인한 것이라고 할 수 있다.
> ㉥ 행정심판의 청구가 진정서로 되어 있더라도 그 내용이 행정심판을 청구하는 것이면 행정심판청구로 보아야 한다.

① ㉠, ㉡ ② ㉡, ㉤ ③ ㉢, ㉥
④ ㉠, ㉤ ⑤ ㉠, ㉥

해설 ㉠ (o) 심판청구기간은 취소심판청구와 거부처분에 대한 의무이행심판청구에 적용되고, 무효확인 등 행정심판과 부작위에 대한 의무이행행정심판에는 적용되지 아니한다(행정심판법 27⑦).

㉡ (x) 행정심판 제기기간은 원칙적으로 처분이 있음을 안 날로부터 90일 이내(행정심판법 27①), 처분이 있은 날로부터 180일이다(행정심판법 27③). 이는 불변기간이다(행정심판법 27④). 이 두 기간 중의 어느 하나라도 도과하면 행정심판을 제기할 수 없게 된다.

㉢ (x) '처분이 있음을 안 날로부터 90일'이란 당사자가 통지·공고 기타의 방법에 의하여 당해 처분이 있었다는 사실을 현실적으로 안 날을 의미하고, 추상적으로 알 수 있었던 날을 의미하는 것은 아니라 할 것이다. 처분을 관보 등에 공고한 경우에는, ⓐ **특정인에 대한 행정처분**을 주소불명 등의 이유로 송달할 수 없어 관보 등에 공고한 경우에는 상대방이 그 처분이 있음을 **현실적으로 안 날**을 기준으로 제소기간(심판청구기간)을 산정한다(대법원 2006.4.28. 2005두14851). ⓑ **불특정 다수인**에 대하여 고시 또는 공고에 의하여 행정처분을 하는 경우에는 행정심판 청구기간도 그 행정처분에 이해관계를 갖는 자가 **고시 또는 공고가 있었다는 사실을 현실**

적으로 알았는지 여부에 관계없이 고시가 효력을 발생하는 날인 고시 또는 공고가 있은 후 5일이 경과한 날에 행정처분이 있음을 알았다고 보아야 한다(대법원 2000.9.8. 99두11257).

ⓡ (x) '처분이 있은 날로부터 180일'이란 처분이 고지에 의하여 외부에 표시되고 효력이 발생한 날을 말한다. **행정처분이 있은 날이라 함은 그 행정처분의 효력이 발생한 날을 말한다**(대법원 1977.11.22. 77누195). 그러므로 처분이 단순히 행정기관 내부적으로 결정된 것만으로는 부족하고 외부에 표시되어, 상대방 있는 처분의 경우에는 상대방에게 도달됨을 요한다. 처분이 있은 날로부터 180일 이내에 제기하여야하지만, 정당한 사유가 있는 경우에는 180일이 넘어서도 제기할 수 있다(행정심판법 27③).

ⓜ (x) 당사자가 행정처분시나 그 이후 행정청으로부터 **행정심판 제기기간에 관하여 법정 심판청구기간보다 긴 기간으로 잘못 통지받아 행정소송법상 법정 제소기간을 도과하였다고 하더라도**, 그것이 당사자가 책임질 수 없는 사유로 인한 것이라고 할 수는 없다(대법원 2001.5.8. 2000두6916). 심판청구기간을 고지하지 아니한 때에는 심판청구기간은 당해 처분이 있은 날로부터 180일이 된다(행정심판법 27⑥). 처분청이 **고지의무를 이행하지 아니하였다고 하더라도** 경우에 따라서는 행정심판의 제기기간이 연장될 수 있는 것에 그치고, 이로 인하여 심판의 대상이 되는 행정처분에 어떤 하자가 수반된다고 할 수 없다(대법원 1987.11.24. 87누529). 행정청이 소정의 심판청구기간보다 길게 고지한 때에는 그 고지된 청구기간 내에 심판청구가 있으면 설령 소정의 청구기간을 경과한 후에 제기된 것이라도 적법한 심판청구가 있은 것으로 의제된다(행정심판법 27⑤).

ⓑ (o) 행정심판의 청구는 피청구인인 행정청과 위원회 등의 사항을 기재한 행정심판 청구서를 제출함으로써 행하는 서면청구주의를 취하였다(행정심판법 28①). 행정심판청구는 엄격한 형식을 요하지 아니하는 서면행위라고 할 것이다. **위법·부당한 행정처분에 대한 처분의 취소·변경을 구하는 서면이 제출되었을 때에는** 그 표제와 제출기관의 여하를 불문하고 이를 행정심판으로 보아야 한다(대법원 2000.6.9. 98두2621). 심판청구인은 일반적으로 전문적 법률지식을 갖고 있지 못하므로, 행정청으로서는 그 서면을 가능한 한 제출자의 이익이 되도록 취급 해석하여야 한다.

[해 답] ⑤

7. 행정심판제기의 효과에 관한 설명 중 옳지 않은 것은? (다툼이 있는 경우 판례에 의함)

① 행정심판이 제기되어도 원칙적으로 처분의 효력이나 그 집행 또는 절차의 속행을 정지시키는 효력은 없다.

② 본안 청구가 이유 없는 것이 기록상 분명한 때에는 집행정지는 허용되지 아니한다.

③ 처분의 집행정지는 처분이나 그 집행 또는 절차의 속행으로 인하여 발생하는 중대한 손해를 예방하기 위하여 인정된다.

④ 거부처분이나 부작위에 대하여도 집행정지결정이 허용된다.

⑤ 행정심판위원회는 처분 또는 부작위 때문에 당사자가 받을 우려가 있는 중대한 불이익이나 당사자에게 생길 급박한 위험을 막기 위하여 임시지위를 정하여야 할 필요가 있는 경우에 임시처분을 결정할 수 있다.

해설 ① (o) 행정처분이 위법 부당하다 하여 행정심판이 제기되어도, 그것은 원칙적으로 처분의 효력이나 그 집행 또는 절차의 속행을 정지시키는 효력은 없다(행정심판법 30①). 행정심판법은 남소의 폐단을 방지하고 행정운영의 부당한 정체를 예방하기 위한 정책적인 필요에서 집행부정지의 원칙을 채택하였다. 다만, 중대한 손해가 생기는 것을 예방할 필요성이 긴급하다고 인정할 때에는 집행정지결정을 할 수 있게 하였다.

② (o) 행정처분의 효력정지나 집행정지제도는 신청인이 본안 소송에서 승소판결을 받을 때까지 그 지위를 보호함과 동시에 후에 받을 승소판결을 무의미하게 하는 것을 방지하려는 것이어서 **본안 소송에서 처분의 취소가능성이 없음에도 처분의 효력이나 집행의 정지를 인정한다는 것은 제도의 취지에 반하므로,** 효력정지나 집행정지사건 자체에 의하여도 신청인의 본안 청구가 이유 없음이 명백하지 않아야 한다는 것도 효력정지나 집행정지의 요건에 포함시켜야 한다(대법원 2007.7.13. 2005무85).

③ (o) 행정심판위원회는 처분, 처분의 집행 또는 절차의 속행 때문에 **중대한 손해가 생기는 것을 예방할 필요성이 긴급하다고 인정할 때**에는 직권으로 또는 당사자의 신청에 의하여 처분의 효력, 처분의 집행 또는 절차의 속행의 전부 또는 일부의 정지를 결정할 수 있다. 다만, 처분의 효력정지는 처분의 집행 또는 절차의 속행을 정지함으로써 그 목적을 달성할 수 있을 때에는 허용되지 아니한다(행정심판법 30②). 다만, 위원회의 심리·결정을 기다릴 경우 중대한 손해가 생길 우려가 있다고 인정되면 **위원장은 직권으로** 위원회의 심리·결정을 갈음하는 결정을 할 수 있다(행정심판법 30⑥).

④ (x) **집행정지의 대상은 처분의 효력, 처분의 집행 또는 절차의 속행이다**(행정심판법 30②). 따라서 거부처분이나 부작위에 대하여는 집행정지결정은 허용되지 아니한다.

⑤ (o) 행정심판위원회는 처분 또는 부작위가 위법·부당하다고 상당히 의심되는 경우로서 처분 또는 부작위 때문에 **당사자가 받을 우려가 있는 중대한 불이익**이나 당사자에게 생길 **급박한 위험을 막기 위하여** 임시지위를 정하여야 할 필요가 있는 경우에는 직권으로 또는 당사자의 신청에 의하여 임시처분을 결정할 수 있다(행정심판법 31①). [해 답] ④

8. 행정심판의 재결에 관한 설명 중 옳은 것을 모두 고른 것은?

㉠ 위원회는 심판청구의 대상이 되는 처분 또는 부작위 외의 사항에 대하여는 재결하지 못한다.
㉡ 중앙행정심판위원회의 재결은 지체 없이 심판청구 당사자에게만 재결서의 정본을 송달하여야 한다.
㉢ 행정심판의 청구인적격이 없는 자가 청구하였거나, 행정심판제기기간이 경과된 후에 제기한 경우에는 기각재결을 하여야 한다.
㉣ 심판청구가 이유 있다고 인정되는 경우에도 이를 인용하는 것이 공공복리에 크게 위반된다고 인정하면 그 심판청구를 기각하는 재결을 할 수 있다.
㉤ 심판청구가 이유가 있을 때에는 처분취소재결, 처분변경재결, 처분변경명령재결, 처분취소명령재결을 하게 된다.

① ㉠, ㉣ ② ㉡, ㉢ ③ ㉢, ㉤
④ ㉣, ㉤ ⑤ ㉠, ㉡

해설 ㉠ (o) 위원회는 심판청구의 대상이 되는 처분 또는 부작위 외의 사항에 대하여는 재결하지 못한다(행정심판법 47①)(**불고불리의 원칙**). 위원회는 심판청구의 대상이 되는 처분보다 청구인에게 불이익한 재결을 하지 못한다(행정심판법 47②)(**불이익변경금지의 원칙**).

㉡ (x) 위원회는 지체 없이 당사자에게 재결서의 정본을 송달하여야 한다. 이 경우 중앙행정심판위원회는 재결 결과를 소관 중앙행정기관의 장에게도 알려야 한다(행정심판법 48①). 재결은 청구인에게 제1항 전단에 따라 송달되었을 때에 그 효력이 생긴다(행정심판법 48②).

㉢ (x) 행정심판제기요건이 결여되어 부적법한 것인 경우에 본안심리를 거절하는 재결이다(행정심판법 43①). 본안심리에 들어간 후라도 **행정심판제기 요건이 결여된 것이 인정된 때에는 각하재결을** 할 수 있다. **심판제기요건이 결여된 경우로는,** ⓐ 행정심판의 청구인적격이 없는 자가 청구한 경우, ⓑ 행정심판제기기간이 경과된 후에 제기한 경우, ⓒ 행정심판청구의 대상이 아닌 행위에 대하여 제기된 경우, 예컨대 대통령의 처분 또는 부작위에 대하여는 다른 법률에 특별한 규정이 있는 경우를 제외하고는 행정심판의 대상이 되지 아니한다. ⓓ 행정심판청구가 부적법하여 행정심판법 제32조에 의하여 보정을 명하였음에도 보정기간 내에 보정하지 아니한 경우, ⓔ 이미 재결의 대상이 되었던 동일한 처분이나 부작위에 대하여 다시 행정심판을 제기한 경우, ⓕ 행정심판의 대상이 된 처분이나 부작위가 심판청구의 계속 중 기간의 경과, 처분의 집행 그 밖의 사유로 효력이 소멸한 경우, 다만, 처분이 소멸한 뒤에도 그 처분의 취소로 인하여 회복되는 이익이 있는 경우에는 행정심판의 이익이 있으므로 본안심리를 하여야 한다.

㉣ (o) 취소심판이나 의무이행심판의 절차에 있어서, 위원회는 다투어지고 있는 처분 또는 부작위가 위법 또는 부당하다고 인정되면 뒤에서 보는 인용재결을 하는 것이 원칙이지만, 예외적으로 심판청구가 '이유 있다고 인정되는 경우'에도 이를 인용하는 것이 '공공복리에 크게 위반된다고 인정하면' 그 심판청구를 기각하는 재결을 할 수 있다(행정심판법 44①). 이를 사정재결이라 한다. 무효 등 확인심판의 경우에는 유지시킬 수 있는 처분이나 효력이 처음부터 없으므로 성질상 사정재결을 할 수 없다(행정심판법 44③).

㉤ (x) 위원회는 취소심판의 청구가 이유가 있다고 인정하면 처분을 취소 또는 다른 처분으로 변경하거나, 처분을 다른 처분으로 변경할 것을 피청구인에게 명한다(행정심판법 43③). **심판청구가 이유가 있을 때 취소재결에는,** ⓐ 처분취소재결, ⓑ 처분변경재결, ⓒ 처분변경명령재결을 할 수 있다. 종전에는 처분취소명령재결도 있었지만 삭제되었다. [해 답] ①

9. 행정심판위원회의 직접처분에 관한 설명 중 옳지 않은 것은?

① 이행명령재결이 있는 경우에 행정심판위원회는 당해 행정청이 처분을 하지 아니하는 때에는 당사자의 신청에 따라 기간을 정하여 서면으로 시정을 명하고, 그 기간 내에 이행하지 아니하는 경우에는 직접 당해 처분을 하는 것을 말한다.

② 직접처분은 의무이행재결을 받은 행정청이 그 재결에 따른 처분을 하지 아니하는 경우에 원처분행정청이 행할 처분을 행정심판위원회가 직접 하는 것으로 위법한 처분에 대한 의무이행재결에만 허용되고 있다.

③ 당사자의 신청을 거부하거나 부작위로 방치한 처분의 이행을 명하는 재결이 있어야 직접처분을 할 수 있다.

④ 원처분의 관할 행정청은 행정심판위원회가 한 처분을 자기가 한 처분으로 보아 관계 법령에 따라 관리·감독 등 필요한 조치를 하여야 한다.

⑤ 위원회는 직접처분을 하였을 때에는 그 사실을 해당 행정청에 통보하여야 한다.

해설

① (o) 행정심판법 제50조 제1항; 직접처분은 의무이행재결의 실효성을 확보하기 위하여 인정된 제도이다. 이 경우 행정심판위원회는 처분명의자에 해당되므로 직접처분에 불복하는 자는 행정심판위원회를 상대로 제소하여야 한다.

② (x) 직접처분은 의무이행재결을 받은 행정청이 그 재결에 따른 처분을 하지 아니하는 경우에 원처분행정청이 행할 처분을 행정심판위원회가 직접 하는 것이므로 행정처분에 해당된다. **의무이행재결의 원인이 위법한 처분이든 부당한 처분이든 상관이 없다.**

③ (o) 행정심판법 제49조 제2항; 이행명령재결을 받은 행정청이 이전의 신청에 대하여 재결의 취지에 따라 처분을 하지 않아야 한다(행정심판법 50①). 행정심판위원회는 당사자의 처분신청을 받아 행정청에 일정한 기간을 정하여 서면으로 시정을 명령하여야 하고, 행정청이 그 기간 내에 이행하지 아니하여야 한다(행정심판법 50①). 다만, 그 처분의 성질이나 그 밖의 불가피한 사유로 행정심판위원회가 직접 처분을 할 수 없는 경우가 아니어야 한다(행정심판법 50① 단서).

④ (o) 행정심판법 제50조 제2항.

⑤ (o) 행정심판법 제50조 제2항. **[해 답] ②**

10. 행정심판의 재결의 효력에 관한 설명 중 옳은 것을 모두 고른 것은? (다툼이 있는 경우 판례에 의함)

> ㉠ 행정심판의 재결내용이 처분청의 처분을 스스로 취소하는 것일 때에는 당해 행정처분은 처분청의 별도처분을 거쳐 소멸되게 된다.
> ㉡ 심판청구를 인용하는 재결이 있을 때 피청구인과 그 밖의 관계행정청을 기속하는 재결의 기속력은 기각재결에는 인정되지 않는다.
> ㉢ 당사자의 신청을 거부하거나 부작위로 방치한 처분의 이행을 명하는 재결이 있는 경우에는 행정청은 그 처분이 재량행위인 경우에는 신청대로의 처분을 하여야 한다.
> ㉣ 거부처분의 취소를 구하는 행정심판청구를 인용하는 재결이 있을 때는 처분청은 재

> 처분의무를 진다는 것이 통설이다.
> ㉤ 이행명령재결이 있는 경우에 위원회는 당해 행정청이 처분을 하지 아니하는 때에는 곧바로 직접 당해 처분을 할 수 있다.
> ㉥ 인용재결이 있을 때 처분청은 그 재결의 취소를 구하는 행정소송을 제기할 수 없다.

① ㉠, ㉢　② ㉡, ㉥　③ ㉢, ㉤
④ ㉣, ㉥　⑤ ㉤, ㉥

해설 ㉠ (x) 재결에 의하여 취소심판의 청구가 인용되어 원처분의 전부 또는 일부가 취소된 때에는 원처분의 당해 부분은 즉시 효력을 잃으며(형성력), 당초부터 존재하지 않은 것으로 된다. 행정심판에 있어서 재결청의 재결 내용이 처분청의 취소를 명하는 것이 아니라 처분청의 처분을 스스로 취소하는 것일 때에는 그 **재결의 형성력이 발생하여 당해 행정처분은 별도의 행정처분을 기다릴 것 없이 당연히 취소되어 소멸**되는 것이다(대법원 1997.5.30. 96누14678).

㉡ (o) 심판청구가 인용되더라도 행정청이 재결의 취지에 반하는 태도를 취한다면 청구인의 권리구제를 달성할 수 없다. 그 때문에 **심판청구를 인용하는 재결**은 피청구인과 그 밖의 관계 행정청을 기속한다(행정심판법 49①)는 규정을 두고 있다. 재결의 기속력은 인용재결의 효력이며, 기각재결에는 인정되지 않는다.

㉢ (x) 당사자의 신청을 거부하거나 부작위로 방치한 처분의 이행을 명하는 재결이 있는 경우에는, 행정청은 지체없이 그 재결의 취지에 따라 다시 이전의 신청에 대한 처분을 하여야 한다(행정심판법 49②). 그 처분이 **기속행위**인 경우에는 신청인의 신청대로의 처분을 하여야 하며, **재량행위**인 경우에는 **신청대로의 처분 또는 거부처분 기타의 처분을 하여야 한다**.

㉣ (x) 행정심판법에는 거부처분의 취소를 구하는 행정심판청구를 인용하는 재결이 있을 때 처분청은 **재처분의무를 인정하는 명문의 규정은 없다**. 학설로는, ⓐ 행정심판법상 거부처분은 의무이행심판의 대상이므로 거부처분에 대해서는 취소심판을 인정할 수 없기에 재처분의무가 발생할 수 없다는 **부정설**과, ⓑ 행정심판법 제49조 제1항은 기속력의 일반적 규정이므로, 거부처분취소심판이 인용된 경우에는 처분청이 신청에 따른 재처분을 하는 것이 재결의 취지에 따른 것이라는 **긍정설**이 있다. 아무튼 이 점은 명시적인 입법을 통해서 해결하여야 할 것이다. 반면 판례는 당사자의 신청을 거부하는 처분을 취소하는 재결이 있는 경우에는 행정청은 **그 재결의 취지에 따라 이전의 신청에 대한 처분을 하여야 하는 것이므로**, 행정청이 그 재결의 취지에 따른 처분을 하지 아니하고 그 처분과는 양립할 수 없는 다른 처분을 하는 것은 위법한 것이라 할 것이다(대법원 1988.12.13. 88누7880). 판례는 긍정적인 입장이다.

㉤ (x) 이행명령재결이 있는 경우에 위원회는 당해 행정청이 처분을 하지 아니하는 때에는 당사자의 신청에 따라 **기간을 정하여 서면으로 시정을 명하고**, 그 **기간 내에 이행하지 아니하는 경우**에는 직접 당해 처분을 할 수 있다(행정심판법 50①).

㉥ (o) 인용재결이 있을 때 처분청은 그 재결의 취소를 구하는 행정소송을 제기할 수 있는지 문제된다. 학설로는, ⓐ 심판청구를 인용하는 재결은 피청구인과 그 밖의 관계 행정청을 기속한다는 행정심판법 제49조 제1항에 근거하여 처분청은 재결에 대하여 불복할 수 없다는 견해

(부정설)와, ⓑ 자치사무에 속하는 처분에 대한 인용재결은 자치권의 침해에 해당하므로 지방자치단체에 불복할 수 있도록 해야 한다는 견해가 있다**(제한적 긍정설)**. 판례는 부정설의 입장이다. 국가가 행정감독적인 수단으로 통일적이고 능률적인 행정을 위하여 중앙 및 지방행정기관 내부의 의사를 자율적으로 통제하고 국민의 권리구제를 신속하게 할 목적의 일환으로 행정심판제도를 도입하였는데, 심판청구의 대상이 된 **행정청에 대하여 재결에 관한 항쟁수단을 별도로 인정하는 것은 행정상의 통제를 스스로 파괴하고, 국민의 신속한 권리구제를 지연**시키는 작용을 하게 될 것이다(대법원 1998.5.8. 97누15432). [해 답] ②

45 행정소송법 일반론

1. 행정소송의 한계에 관한 설명 중 옳지 않은 것은? (다툼이 있는 경우 판례에 의함)

① 명령·규칙·처분이 헌법이나 법률에 위반되는 경우에는 재판의 전제가 되지 않더라도 대법원은 이를 최종적으로 심사할 권한을 가진다.

② 국가보훈처장 등이 발행한 책자 등에서 독립운동가 등의 활동상을 잘못 기술하였다는 등의 이유로 그 사실관계의 확인을 구하는 소는 부적법하다.

③ 일반적, 추상적인 법령이나 규칙 등은 그 자체로서 국민의 구체적인 권리의무에 직접적 변동을 초래케 하는 것이 아니므로 행정소송의 대상이 될 수 없다.

④ 반사적 이익에 관한 분쟁은 사법심사의 대상이 되지 않는다.

⑤ 행정소송법상 행정청이 일정한 처분을 하지 못하도록 그 부작위를 구하는 청구는 부인된다.

해설

① (x) 명령·규칙·처분이 헌법이나 법률에 위반되는 여부가 재판의 전제가 된 경우에는 대법원은 이를 최종적으로 심사할 권한을 가진다(헌법 107②). 처분 등이 위헌·위법 여부가 문제되면 법원이 바로 심사하는 것이 아니라, 재판의 전제가 된 경우에만 심사권한을 발동할 수 있다. 따라서 행정소송은 ㉠ 당사자(권리주체)간의, ㉡ 구체적인, ㉢ 법률상 이익에 관한 분쟁으로 구체적 사건성을 필요로 하며, ㉣ 법령의 해석·적용으로 해결할 수 있는 분쟁이어야 한다.

② (o) 국가보훈처장 등이 발행한 책자 등에서 독립운동가 등의 활동상을 잘못 기술하였다는 등의 이유로 그 사실관계의 확인을 구하거나, 국가보훈처장의 서훈추천서의 행사, 불행사가 당연무효 또는 위법임의 확인을 구하는 청구는 항고소송의 대상이 되는 못한다(대법원 1990.

11.23. 90누3553).

③ (o) 행정청의 위법한 처분 등의 취소 또는 변경을 구하는 취소소송의 대상이 될 수 있는 것은 구체적인 권리의무에 관한 분쟁이어야 하고 **일반적, 추상적인 법령이나 규칙 등은** 그 자체로서 국민의 구체적인 권리의무에 직접적 변동을 초래케 하는 것이 아니므로 그 대상이 될 수 없다(대법원 1992.3.10. 91누12639). 부작위위법확인소송의 대상이 될 수 있는 것은 구체적 권리의무에 관한 분쟁이어야 하고 **추상적인 법령에 관하여 제정의 여부 등은** 그 자체로서 국민의 구체적인 권리의무에 직접적 변동을 초래하는 것이 아니어서 그 소송의 대상이 될 수 없다(대법원 1992.5.8. 91누11261).

④ (o) 행정소송은 법률상 이익이 있는 경우에만 제기할 수 있다(행정소송법 12). 법률상 이익과 반사적 이익의 구별은 당해 실정법에 의하여 보호된 이익이 법적이익으로 보고, 당해 실정법은 공익보호를 목적으로 하고 있고 당사자는 오직 그 반사적 효과로서 사실상 이익을 받는 경우에는 반사적 이익으로 보는 것이 통설·판례이다(법률상 이익구제설).

⑤ (o) 행정소송법상 의무이행소송이나 의무확인소송은 인정되지 않으며, 형성판결을 구하는 소송과 작위의무확인소송도 허용되지 아니하고, 행정소송법상 행정청이 일정한 처분을 하지 못하도록 그 부작위를 구하는 청구 역시 부인한다. 현행 행정소송법상 의무이행소송이나 의무확인소송은 인정되지 않으며, 행정심판법이 의무이행심판청구를 할 수 있도록 규정하고 있다고 하여 행정소송에서 의무이행청구를 할 수 있는 근거가 되지 못한다(대법원 1992.2.11. 91누4126).

[해 답] ①

46 취소소송

1. 취소소송에 관한 설명 중 옳지 않은 것은? (다툼이 있는 경우 판례에 의함)

① 취소소송은 공정력을 가진 위법한 처분의 효력을 다투어 그 처분을 취소·변경시키는 소송이다.

② 취소소송의 소송물은 행정행위의 위법성 그 자체라고 할 것이다.

③ 위법한 처분을 취소한 결과 원상회복이 불가능한 경우라도 그 취소를 구할 이익이 있다.

④ 행정처분에 대한 무효확인과 취소청구는 서로 양립할 수 없는 청구로서 주위적·예비적 청구로서만 병합이 가능하다.

⑤ 행정처분의 무효확인을 구하는 소에는 원칙적으로 그 취소를 구하는 취지도 포함되어 있다.

해설 ① (o) 취소소송에서 취소·변경 판결이 있으면, 위법한 처분으로 형성되어 있는 법률관계가 소멸되거나 변경되는 힘을 가지기 때문에 취소소송은 형성소송이라고 한다(통설·판례). 처분 등을 취소하는 확정판결은 제3자에 대하여도 효력이 있다(행정소송법 29①). 이 같이 취소소송의 판결에 대하여 대세적 효력을 명시한 것은 형성소송설의 근거라고 할 수 있다.

② (o) 과세처분 **취소소송의 소송물은 그 취소원인이 되는 위법성 일반**이고, 그 심판의 대상은 과세처분에 의하여 확인된 조세채무인 과세표준 및 세액의 객관적 존부이다(대법원 2009.1.15. 2006두14926).

③ (x) 위법한 행정처분의 취소를 구하는 소는 위법한 처분에 의하여 발생한 위법상태를 배제하여 원상으로 회복시키고, 그 처분으로 침해되거나 방해받은 권리와 이익을 보호, 구제하고자 하는 소송이므로 비록 그 위법한 처분을 취소한다고 하더라도 **원상회복이 불가능한 경우에는 그 취소를 구할 이익이 없다**. 광업권 취소처분의 취소를 구하는 소송 계속중에 당해 광업권에 대한 존속기간의 연장허가신청을 하였으나 **반려된 상태에서 존속기간이 만료된 경우**에는 그 광업권 취소처분이 취소되더라도 원상회복이 불가능하기 때문에 광업권 취소처분의 취소를 구할 소의 이익이 없게 된다(대법원 1997.1.24. 95누17403).

④ (o) 하나의 처분이 무효와 취소사유에 동시에 해당될 수는 없다. 따라서 행정처분의 취소와 무효확인을 선택하여 제소하여야 한다. 이를 병렬관계라고 표현한다. **행정처분에 대한 무효확인과 취소청구는** 서로 양립할 수 없는 청구로서 주위적·예비적 청구로서만 병합이 가능하고, **선택적 청구로서의 병합이나 단순 병합은 허용되지 아니한다**(대법원 1999.8.20. 97누6889). 과세처분의 취소소송에서 청구가 기각된 확정판결의 기판력은 다시 그 과세처분의 무효확인을 구하는 소송에도 미친다(대법원 1993.4.27. 92누9777).

⑤ (o) 처분이 무효인데 취소소송이 제기된 경우에는 무효를 선언(확인)하는 의미의 취소판결을 하여야 한다. 행정처분의 당연무효를 선언하는 의미에서 그 취소를 구하는 행정소송을 제기하는 경우에는, 전치절차와 그 제소기간의 준수 등 취소소송의 제소요건을 갖추어야 한다(대법원 1987.6.9. 87누219).

[해 답] ③

2. 취소소송의 당사자에 관한 설명 중 옳지 않은 것을 모두 고른 것은? (다툼이 있는 경우 판례에 의함)

> ㉠ 민법 등에 의하여 권리능력을 갖는 자연인·법인은 물론, 법인격 없는 사단 또는 재단도 당사자 능력을 갖는다.
> ㉡ 법률상 이익은 당해 처분의 근거 법률에 의하여 보호되는 직접적이고 구체적인 이익이 있는 경우를 말한다.
> ㉢ 경업자소송(경쟁자소송)에서 기존업자가 허가기업인 경우 원칙적으로 원고적격을 인정한다.
> ㉣ 처분의 취소를 구할 법률상의 이익이 있는 자이면 제3자도 원고적격을 가진다.
> ㉤ 인근주민은 공설화장장 설치를 내용으로 하는 도시계획결정처분의 취소를 구할 법률

상 이익이 인정되지 않는다.
ⓑ 환경영향평가대상지역 밖의 주민은 수인한도를 넘는 환경피해를 받거나 받을 우려가 있다는 것을 입증한 경우에는 원고적격이 인정된다.

① ㉠, ㉡ ② ㉡, ㉢ ③ ㉢, ㉣
④ ㉤, ㉥ ⑤ ㉢, ㉤

해설 ㉠ (o) 당사자능력이란 소송상 당사자(원고·피고·참가인)가 될 수 있는 능력을 말한다. 민법 등에 의하여 권리능력을 갖는 자연인·법인은 물론, 법인격 없는 사단 또는 재단도 당사자 능력을 갖는다(민사소송법 52, 행정소송법 8②). 법인격 없는 사단 또는 재단은 대표자를 통하여 원고가 될 수 있다(아파트 자치회, 자연마을). 학교의 당사자능력이 문제된다. 서울대학교는 국가가 설립·경영하는 학교임은 공지의 사실이고, 학교는 법인도 아니고 대표자 있는 법인격 없는 사단 또는 재단도 아닌 **교육시설의 명칭에 불과하여** 민사소송에 있어 당사자능력을 인정할 수 없다(대법원 2001.6.29. 2001다21991). 국립대학의 대표기관인 총장 역시 별도의 법인격을 가진 존재가 아니어서 당사자능력이 인정되지 아니한다(대법원 1999.4.9. 97누19731).

㉡ (o) 항고소송에 있어서 소의 이익이 인정되기 위하여는 행정소송법 제12조 소정의 '법률상 이익'이 있어야 한다. 법률상 이익은 당해 처분의 근거 법률에 의하여 보호되는 직접적이고 구체적인 이익이 있는 경우를 말하고 간접적이거나 사실적, 경제적 이해관계를 가지는데 불과한 경우는 여기에 해당되지 아니한다(대법원 1999.10.12. 99두6026).

㉢ (x) 기존업자가 **허가기업인 경우 원칙적으로 원고적격을 부정**하고 있다. ⓐ 목욕탕영업허가에 대하여 기존목욕탕업자(대법원 1963.8.31. 63누101), ⓑ 양곡가공업 허가에 대하여 기존업자(대법원 1981.1.27. 79누433), ⓒ 약사들에 대한 한약조제권 인정에 대하여 한의사(대법원 1998.3.10. 97누4289), ⓓ 신규 담배구내소매인 지정처분에 대하여 담배 일반소매인으로 지정되어 영업을 하고 있는 기존업자(대법원 2008.4.10. 2008두402) 등이 해당된다.

기존업자가 **특허기업인 경우 원칙적으로 원고적격을 인정**한다. ⓐ 자동차운송사업면허에 대한 당해 노선에 대한 기존업자(대법원 1974.4.9. 73누173), ⓑ 기존 시외버스를 시내버스로 전환하는 사업계획변경인가처분에 대한 노선이 중복되는 기존시내버스업자(대법원 1987.9.22. 85누985), ⓒ 기존 시내버스의 노선 및 운행계통과 일부 중복되는 시외버스 운송사업계획변경인가처분에 대한 기존 시내버스업자(대법원 2002.10.25. 2001두4450), ⓓ 분뇨등관련영업허가를 받아 영업을 하고 있는 기존업자(대법원 2006.7.28. 2004두6716), ⓔ 수인의 신청을 받아 우선순위에 따라 일부에 대하여서만 인·허가 등의 수익적 행정처분을 하는 경우 심사의 잘못 등으로 우선순위 있는 자신에 대하여 허가 등이 되지 아니하고 타인에 대하여 허가 등이 되었다고 주장하는 자(대법원 1992.5.8. 91누13274) 등이다.

㉣ (o) 취소소송은 처분 등의 취소를 구할 법률상 이익이 있는 자에게 인정된다(행정소송법 12). 이 규정은 누가 행정소송의 원고가 될 수 있는지에 관한 원고적격에 관한 것이다. 행정소송에서 소송의 원고는 행정처분에 의하여 직접 권리를 침해당한 자임을 보통으로 하나 **직**

접 권리의 침해를 받은 자가 아닐지라도 소송을 제기할 법률상의 이익을 가진 자는 그 행정처분의 효력을 다툴 수 있다(대법원 1974.4.9. 73누173).

ⓜ (x) 인인소송에서 **원고적격이 인정된 사례**로는, ⓐ 주거지역 내에 도시계획법과 건축법 소정의 제한면적을 초과한 연탄공장건축허가 처분으로 불이익을 받고 있는 제 3 거주자는 당해 처분의 취소를 구할 법률상 자격이 있다(대법원 1975.5.13. 73누96,97). ⓑ 엘피지(L.P.G.)자동차충전소 설치허가 장소에 인접하여 거주하는 주민들은 그 처분의 취소 또는 변경을 구하는 행정소송을 제기하여 그 당부의 판단을 받을 법률상 자격이 있다(대법원 1983.7.12. 83누59). ⓒ 인근주민은 공설화장장 설치를 내용으로 하는 도시계획결정처분의 취소를 구할 법률상 이익이 있다(대법원 1995.9.26. 94누14544). ⓓ 원자로 시설부지 인근 주민들은 방사성물질 등에 의한 생명·신체의 안전침해를 이유로 부지사전승인처분의 취소를 구할 원고적격이 있다. 그러나 부지사전승인처분의 취소를 구하는 소송 계속 중에 건설허가처분을 받았다면 부지사전승인처분의 취소를 구할 소의 이익은 소멸된다(대법원 1998.9.4. 97누19588).

원고적격이 부정된 사례로는, ⓐ 인근주민들은 레스토랑(근린생활시설)에서 위락시설(유흥주점)로 건축물용도변경허가신청을 허용하는 취지의 재결을 다툴 원고적격을 인정할 수 없다(대구고법 1997.8.25. 97부558). ⓑ 건물건축 과정에서 피해를 입은 인접주택 소유자는 신축건물에 대한 사용검사처분의 취소를 구할 법률상 이익이 없다(대법원 2007.4.26. 2006두18409). ⓒ 건축법상 이격거리 확보를 위하여 위법한 건축허가처분의 취소를 구할 소익은 없다(대법원 1987.5.12. 87누98). ⓓ 신축한 건물이 건축법에 위반하여 시공됨으로써 인접주택 소유자의 사생활과 일조권을 침해하고 있다고 하더라도 인접건물 소유자들은 건물준공처분의 무효확인이나 취소를 구할 법률상 이익이 없다(대법원 1993.11.9. 93누13988). ⓔ 인근주민에게는 원칙적으로 도로용도폐지처분의 취소를 구할 법률상 이익이 없다(대법원 1992.9.22. 91누13212).

ⓗ (o) 국립공원 집단시설지구 개발사업으로 인하여 직접적이고 중대한 환경피해를 입으리라고 예상되는 **환경영향평가대상지역 안의 주민**은 환경영향평가대상사업에 관한 변경승인 및 허가처분의 취소를 구할 원고적격이 있다. **환경영향평가대상지역 밖의 주민**은 수인한도를 넘는 환경피해를 받거나 받을 우려가 있다는 것을 입증한 경우에는 원고적격이 인정된다.

환경영향평가대상지역 안의 주민의 원고적격이 인정된 사례로는, ⓐ 국립공원 집단시설지구 개발사업으로 인하여 직접적이고 중대한 환경피해를 입으리라고 예상되는 환경영향평가대상지역 안의 주민은 환경영향평가대상사업에 관한 변경승인 및 허가처분의 취소를 구할 원고적격이 있다(대법원 1998.4.24. 97누3286). ⓑ 환경영향평가대상지역 안의 주민들은 그 대상사업인 전원개발사업실시계획승인처분과 관련하여 갖는 환경상 이익을 가지며, 주민들은 그 침해를 이유로 위 처분의 취소를 구할 원고적격이 있다(대법원 1998.9.22. 97누19571). ⓒ 환경영향평가대상사업에 해당하는 국립공원 집단시설지구개발사업에 있어 그 시설물기본설계 변경승인처분 등과 관련하여 환경영향평가대상지역 안의 주민들이 갖고 있는 환경상의 이익이 침해된 경우 그 처분 등의 취소를 구할 원고적격이 있다(대법원 2001.7.27. 99두2970). ⓓ 환경영향평가대상지역 안의 주민은 공유수면매립면허처분과 농지개량사업 시행인가처분의 무효확인을 구할 원고적격이 인정된다(대법원 2006.3.16. 2006두330).

환경영향평가대상지역 밖의 주민의 원고적격 인정사례로는, ⓐ 환경영향평가대상지역 밖의 주민은 '수인한도를 넘는 환경피해를 받거나 받을 우려'가 있다는 것을 입증한 경우에는 원고적격이 인정된다(대법원 2006.3.16. 2006두330). ⓑ 처분에 의하여 환경상 침해를 받으리라고 예상되는 영향권 범위 내의 주민 및 그 영향권 밖의 주민에게도 처분의 취소를 구할 원고적격이 인정된다(대법원 2006.12.22. 2006두14001). [해 답] ⑤

3. 처분의 효과가 소멸된 후 법률상 이익이 인정되는 경우와 관련된 설명 중 옳지 않은 것은? (다툼이 있는 경우 판례에 의함)

① 처분의 효력이 소멸된 경우에는 통상 당해 처분의 취소를 통하여 회복할 법률상 이익이 없다.

② 불리한 처분사실이 장래의 제재적 처분의 가중요건인 경우에 그 가중요건이 법률 또는 법규명령의 효력을 갖는 행정입법에 의하여 규정되어 있는 경우에는 소멸한 처분의 취소를 구할 이익이 있다.

③ 처분의 효력소멸로 기본적인 권리회복은 불가능하다고 하더라도 원고의 법률상 이익에 해당하는 부수적인 이익이 구제될 수 있는 경우에는 소익이 인정된다.

④ 제재적 처분이 그 처분의 집행 등으로 효과가 소멸되었으나, 제재적 처분의 가중요건이 부령인 시행규칙 또는 지방자치단체의 규칙형식으로 정해진 경우에는 소의 이익을 인정할 수 없다.

⑤ 처분 후의 사정에 의하여 이익침해 상태가 해소된 경우에는 처분의 취소를 구할 소익이 없게 된다.

해설

① (o) 행정청이 공무원에 대하여 새로운 직위해제사유에 기한 직위해제처분을 한 경우, 그 이전에 한 직위해제처분은 이를 묵시적으로 철회하였다고 봄이 상당하므로, **그 이전의 직위해제처분의 취소를 구하는 부분은 존재하지 않는 행정처분을 대상**으로 한 것으로서 그 소의 이익이 없어 부적법하다(대법원 2003.10.10. 2003두5945).

② (o) 판례는 가중 제재처분규정이 있는 **의료법**에 의한 의사면허자격정지처분에서 정한 자격정지기간이 지난 후 의사면허자격정지처분의 취소를 구할 소의 이익도 인정하고 있다(대법원 2005.3.25. 2004두14106). 그러나 **건축법**에 의한 건축사 업무정지처분을 받은 후 새로운 업무정지처분을 받음이 없이 1년이 경과하여 **실제로 가중된 제재처분을 받을 우려가 없게 된 경우**에는 업무정지처분의 취소를 구할 법률상 이익이 없다(대법원 2000.4.21. 98두10080).

③ (o) 공무원이 파면처분을 다투고 있는 중에 다른 사정으로 공무원의 지위를 회복할 여지가 없게 된 경우에도, **그 동안의 급여청구와의 관계에서 아직 이익이 있는 이상** 소를 제기할 수 있다(대법원 1993.7.27. 92다40587).

④ (x) 제재적 처분이 그 처분의 집행 등으로 효과가 소멸되었으나, 부령인 시행규칙 또는 지방자치단체의 규칙형식으로 정한 처분기준에서 과거의 제재처분을 받은 사실이 장래의 가중사유나 처분의 전제요건으로 삼고 있는 경우에, **종전의 판례는 부령형식의 행정규칙은 법적 구속력이 없기 때문에 소의 이익을 인정할 수 없다고 하였다**. 그러나 현재 대법원 판례는 제

재적 행정처분의 가중사유나 전제요건에 관한 규정이 법령이 아니라 '규칙의 형식'으로 되어 있다고 하더라도, 그러한 **규칙이 법령에 근거를 두고 있는 이상 그 법적 성질이 대외적·일반적 구속력을 갖는 법규명령인지 여부와는 상관없이**, 관할 행정청이나 담당공무원은 이를 준수할 의무가 있으므로 선행처분의 취소소송을 통하여 그 불이익을 제거할 필요가 있다고 한다(대법원 2006.6.22. 2003두1684).

⑤ (o) 의사국가시험에 불합격한 후 새로 실시된 의사국가시험에 합격한 경우(대법원 1993.11.9. 98누686), 사법시험 1차 시험에 불합격한 후 새로 실시된 1차 시험에 합격한 경우(대법원 1996.2.23. 95누2865)에는 이들 불합격처분의 효과는 새로운 시험에 합격한 때에 소멸(실효)되고 더 이상 불합격처분의 취소를 구할 소익이 없다고 하였다. [해 답] ④

4. 행정처분에 관한 설명 중 옳은 것을 모두 고른 것은? (다툼이 있는 경우 판례에 의함)

> ㉠ 행정권 내부의 행위나 알선, 권유, 사실상의 통지처럼 상대방의 법률상 지위에 직접적으로 법률적 변동을 일으키지 않는 행위는 처분이 아니다.
> ㉡ 군의관이 징병검사시 한 신체등위 1급판정행위는 항고소송의 대상이 된다.
> ㉢ 수도권매립지관리공사가 한 입찰참가자격을 제한하는 내용의 부정당업자제재처분은 단지 자신이 시행하는 입찰에 참가시키지 않겠다는 뜻의 사법상의 효력을 가지는 통지에 불과하므로 행정처분이라고 할 수 없다.
> ㉣ 국가인권위원회의 성희롱결정 및 시정조치권고는 행정지도에 불과하여 행정처분에 해당하지 않는다.
> ㉤ 단수처분은 항고소송의 대상이 되는 행정처분에 해당한다.
> ㉥ 국민의 적극적 신청행위에 대한 거부행위가 처분에 해당하려면, 그 신청한 행위가 공권력의 행사 또는 이에 준하는 행정작용이어야 하고, 그 국민에게 그 행위발동을 요구할 법규상 또는 조리상의 신청권이 있어야 하는 것은 아니다.

① ㉠, ㉢, ㉤ ② ㉡, ㉣, ㉥ ③ ㉢, ㉣, ㉤
④ ㉠, ㉡, ㉥ ⑤ ㉡, ㉢, ㉣

해설 ㉠ (o) 처분은 구체적 사실에 대한 법집행 행위이다. 그러므로 특별한 사정이 없는 한, 행정권 내부에 있어서의 행위라든가 알선, 권유, 사실상의 통지 등과 같이 상대방 또는 기타 관계자들의 법률상 지위에 직접적으로 법률적 변동을 일으키지 않는 행위 등은 항고소송의 대상이 될 수 없다고 해석하여야 한다(대법원 1967.6.27. 67누44).

㉡ (x) 병역법상 신체등위판정은 행정청이라고 볼 수 없는 군의관이 하도록 되어 있으며, **그 자체만으로 바로 병역법상의 권리의무가 정하여지는 것이 아니라** 그에 따라 지방병무청장이 병역처분을 함으로써 비로소 병역의무의 종류가 정하여지는 것이므로 항고소송의 대상이 되

는 행정처분이라 보기 어렵다(대법원 1993.8.27. 93누3356).
ⓒ (o) 처분은 행정청의 행위이다. 행정소송법상 행정청은 법령에 의하여 행정권한의 위임 또는 위탁을 받은 행정기관, 공공단체 및 그 기관 또는 사인도 포함된다(행정소송법 2②). 수도권매립지관리공사는 행정소송법에서 정한 **행정청 또는 그 소속기관이거나 그로부터 제재처분의 권한을 위임받은 공공기관에 해당하지 않으므로,** 수도권매립지관리공사가 한 위 제재처분은 행정소송의 대상이 되는 행정처분이 아니다(대법원 2010.11.26. 2010무137).
ⓡ (x) 처분은 구체적 사실에 대한 법집행 행위이다. 법집행은 법규에 의한 권리의 설정 또는 의무의 부담을 명하여 법률상 효과를 발생케 하는 행위이다. 행정청의 위법건축물에 대한 단전 및 전화통화 단절조치 요청행위와 한국전력공사가 전기공급의 적법여부를 조회한 데 대한 **관할 구청장의 회신은 권고적 성격의 행위에 불과**한 것으로서 행정처분이라고 볼 수 없다(대법원 1995.11.21. 95누9099). 지방경찰청장이 횡단보도를 설치하여 보행자의 통행방법 등을 규제하는 것은 국민의 권리의무에 직접 관계가 있는 행위로서 행정처분에 해당한다(대법원 2000.10.27. 98두896). 구 남녀차별 금지 및 구제에 관한 법률상 국가인권위원회의 성희롱결정 및 시정조치권고는 행정처분에 해당한다(대법원 2005.7.8. 2005두487).
ⓜ (o) 공권력의 행사는 행정청이 우월한 공권력의 주체로서 일방적으로 명령·강제하는 행위이다. 판례는 국유잡종재산매각, 국유광업권처분, 국유림대부, 공법인직원의 급여청구, 행정관서의 물품구입행위 등을 사법행위로 보고 있다. 그러나 단수처분은 항고소송의 대상이 되는 행정처분에 해당한다(대법원 1979.12.28. 79누218). 교도소재소자의 이송조치에 대하여도 처분성을 인정하고 있다.
ⓑ (x) 공권력 행사의 거부란 행정청에 대하여 일정한 처분을 신청한 경우 그 신청에 따른 처분을 거부하는 것을 말한다. 국민의 적극적 신청행위에 대하여 행정청의 거부행위가 행정처분이라고 하려면, 그 신청한 행위가 공권력의 행사 또는 이에 준하는 행정작용이어야 하고, 그 거부행위가 신청인의 법률관계에 어떤 변동을 일으키는 것이어야 하며, 그 국민에게 그 행위발동을 요구할 법규상 또는 조리상의 신청권이 있어야 한다(대법원 2009.9.10. 2007두20638). 판례가 **법규상 또는 조리상 신청권이 있다고 인정**한 사례로는, ⓐ 이주대책대상자선정거부행위에 대한 거부처분취소청구권, 이주대책업무가 종결되고 그 공공사업을 완료하여 사업지구 내에 더 이상 분양할 이주대책용 단독택지가 없는 경우에도 이주대책대상자 선정신청을 거부한 행정처분의 취소를 구할 법률상 이익이 있다(대법원 1999.8.20. 98두17043). ⓑ 서울교육대학 교원의 임용거부시 교육공무원법에 의한 소청심사청구권, ⓒ 검사임용신청에 대한 응답요구권, ⓓ 건축물대장 소관청에 용도변경신청 등이 있다. 반면, **신청권을 부인**한 사례로는, ⓐ 도시계획변경·폐지청구권, ⓑ 공동어업권자의 공동어업면허면적을 확대하여 달라는 조정신청, ⓒ 철거민의 시영아파트특별분양신청, ⓓ 산림훼손 용도변경신청, ⓔ 당연퇴직공무원의 복직신청, ⓕ 산림복구준공통보취소신청, ⓖ 제3자에 대한 건축허가와 준공검사의 취소 및 제3자의 건축물 철거명령신청권은 없다고 판시한 바 있다. [해 답] ①

5. 거부처분의 처분성을 인정하기 위한 전제요건이 되는 신청권에 관련된 설명 중 옳지 않은 것은? (다툼이 있는 경우 판례에 의함)

① 국민이 어떤 신청을 한 경우에 그 신청의 근거가 된 조항의 해석상 행정발동에 대한 개인의 신청권을 인정하고 있다고 보이면 그 거부행위는 처분으로 보아야 한다.

② 신청인이 그 신청에 따른 단순한 응답을 받을 권리를 넘어서 신청의 인용이라는 만족적 결과를 얻을 권리가 있어야 처분으로 볼 수 있다.

③ 신청한 행위가 공권력의 행사 또는 이에 준하는 행정작용이어야 하고, 그 거부행위가 신청인의 법률관계에 어떤 변동을 일으키는 것이어야 한다.

④ 당사자가 한 신청에 대하여 거부처분이 있은 후 당사자가 다시 신청을 한 경우에 그 내용이 새로운 신청을 하는 취지라면 관할 행정청이 이를 다시 거절한 이상 새로운 거부처분이 있은 것으로 보아야 한다.

⑤ 신청권 있는 자의 신청에 대한 거부여야 행정처분이 된다는 의미에서 판례는 신청권을 처분의 대상적격으로 이해하고 있다.

해설

① (o) 대법원 2011.9.29. 2010두26339.

② (x) 신청인이 그 신청에 따른 단순한 응답을 받을 권리를 넘어서 신청의 인용이라는 만족적 결과를 얻을 권리를 의미하는 것은 아니므로, 국민이 어떤 신청을 한 경우에 그 신청의 근거가 된 조항의 해석상 행정발동에 대한 개인의 신청권을 인정하고 있다고 보이면 그 거부행위는 항고소송의 대상이 되는 처분으로 보아야 하고, 구체적으로 **그 신청이 인용될 수 있는가 하는 점은 본안에서 판단**하여야 할 사항이다(대법원 2009.9.10. 2007두20638).

③ (o) 대법원 2009.9.10. 2007두20638.

④ (o) 원고가 피고 **서울시장에게 도축작업장 사용수수료승인신청을 하였다가 거절처분**을 받은 후 다시 **농림수산부장관에게 같은 수수료승인신청**을 하여 이를 이첩받은 피고가 종전과 동일한 사항임을 확인한 다음 그 승인이 불가하다는 회신을 한 경우, 피고의 위 2차 회신은 위 1차 거절처분 이후의 **원고의 새로운 수수료승인신청에 대하여 또다시 이를 거부한 처분으로 봄이 상당하고** 이를 가리켜 동일한 사항에 대한 중복처분이라거나 단순히 종전의 거절처분이 있음을 알리는 사실의 통지에 불과한 것이라고는 할 수 없다(대법원 1991.6.11. 90누10292).

⑤ (o) 판례는 신청권있는 자의 신청에 대한 거부여야 행정처분이 된다는 견해(**대상적격설**)를 취하고 있다. 이에 대한 학설로는 신청권을 본안문제로 보는 견해(본안요건설), 원고적격의 문제로 보는 견해(원고적격설)가 있다.

[해 답] ②

6. 항고소송의 대상이 되는 행정처분에 관한 설명 중 옳지 않은 것을 모두 고른 것은? (다툼이 있는 경우 판례에 의함)

㉠ 행정청이 다른 행정청의 동의를 얻어 한 처분의 취소를 다툴 때 다른 행정청의 동의는 처분이 아니므로 그 동의사유를 다툴 수 없다.
㉡ 순수한 사실상의 행위는 공권력행사로서의 행정처분의 일부라고 할 수 없다.
㉢ 행정청의 내부적인 의사결정 등과 같이 상대방 또는 관계자들의 법률상 지위에 직접 법률적 변동을 일으키지 않는 행위는 처분에 해당되지 않는다.
㉣ 환지예정지 지정이나 환지처분 및 환지계획은 직접 토지소유자 등의 법률상의 지위를 변동시키므로 처분에 해당한다.
㉤ 상대방에게 권리의 설정 또는 의무의 부담을 명하거나 기타 법적인 효과를 발생하게 하기 위해서는 법률에 근거가 있어야 하고, 행정규칙을 처분의 근거로 하는 행위는 처분이 아니다.
㉥ 기존의 하수도정비기본계획을 변경하여 광역하수종말처리시설을 설치하는 등의 내용으로 수립한 하수도정비기본계획은 행정처분에 해당하지 아니한다.

① ㉠, ㉡, ㉢　② ㉡, ㉣, ㉥　③ ㉠, ㉣, ㉤
④ ㉢, ㉤, ㉥　⑤ ㉠, ㉢, ㉣

해설 ㉠ (x) 건축불허가처분을 받은 사람은 그 건축불허가처분에 관한 쟁송에서 건축법상의 건축불허가 사유뿐만 아니라 **소방서장의 부동의 사유에 관하여도 다툴 수 있다**(대법원 2004.10.15. 2003두6573).

㉡ (o) 건설부장관이 행한 국립공원지정처분은 그 결정 및 첨부된 도면의 공고로써 그 경계가 확정되는 것이고, 시장이 행한 경계측량 및 표지의 설치 등은 공원관리청이 공원구역의 효율적인 보호, 관리를 위하여 이미 확정된 경계를 인식, 파악하는 사실상의 행위로 봄이 상당하며, 위와 같은 사실상의 행위를 가리켜 공권력행사로서의 행정처분의 일부라고 볼 수 없고, 이로 인하여 건설부장관이 행한 공원지정처분이나 그 경계에 변동을 가져온다고 할 수 없다(대법원 1992.10.13. 92누2325).

㉢ (o) 국토해양부, 환경부, 문화체육관광부, 농림수산부, 식품부가 합동으로 2009.6.8. 발표한 '4대강 살리기 마스터플랜' 등은 4대강 정비사업과 주변 지역의 관련 사업을 체계적으로 추진하기 위하여 수립한 종합계획이자 '4대강 살리기 사업'의 기본방향을 제시하는 계획으로서, **행정기관 내부에서 사업의 기본방향을 제시하는 것일 뿐**, 국민의 권리·의무에 직접 영향을 미치는 것이 아니어서 행정처분에 해당하지 않는다(대법원 2011.4.21. 2010무111).

공정거래위원회의 고발조치는 사직 당국에 대하여 형벌권 행사를 요구하는 행정기관 상호간의 행위에 불과하여 항고소송의 대상이 되는 행정처분이라 할 수 없으며, 더욱이 **공정거래위원회의 고발 의결은 행정청 내부의 의사결정에 불과**할 뿐 최종적인 처분은 아닌 것이므로 이 역시 항고소송의 대상이 되는 행정처분이 되지 못한다(대법원 1995.5.12. 94누13794).

㉣ (×) 토지구획정리사업법 제57조, 제62조 등의 규정상 **환지예정지 지정**이나 **환지처분**은 그에 의하여 직접 토지소유자 등의 권리의무가 변동되므로 이를 항고소송의 대상이 되는 처분이라고 볼 수 있으나, **환지계획**은 위와 같은 환지예정지 지정이나 환지처분의 근거가 될 뿐 그 자체가 직접 토지소유자 등의 법률상의 지위를 변동시키거나 또는 환지예정지 지정이나 환지처분과는 다른 고유한 법률효과를 수반하는 것이 아니어서 이를 항고소송의 대상이 되는 처분에 해당한다고 할 수가 없다(대법원 1999.8.20. 97누6889).

㉤ (×) **어떠한 처분의 근거가 행정규칙에 규정되어 있다고 하더라도**, 그 처분이 상대방에게 권리의 설정 또는 의무의 부담을 명하거나 기타 법적인 효과를 발생하게 하는 등으로 그 상대방의 권리의무에 직접 영향을 미치는 행위라면, 이 경우에도 항고소송의 대상이 되는 행정처분에 해당한다. 정부 간 항공노선의 개설에 관한 잠정협정 및 비밀양해각서와 **건설교통부 내부지침**에 의한 항공노선에 대한 운수권배분처분은 항고소송의 대상이 되는 행정처분에 해당한다(대법원 2004.11.26. 2003두10251,10268).

㉥ (○) 대법원 2002.5.17. 2001두10578. [해 답] ③

7. 항고소송의 대상이 되는 것을 모두 고른 것은? (다툼이 있는 경우 판례에 의함)

㉠ 토지면적등록 정정신청에 대한 반려행위
㉡ 고시된 도시계획결정
㉢ 두밀분교를 폐지하는 내용의 조례
㉣ 도시기본계획
㉤ 어업권면허에 선행하는 우선순위결정
㉥ 지적공부 소관청의 지목변경신청 반려행위
㉦ 전통사찰의 등록말소신청을 거부한 행정청의 거부회신
㉧ 제3자에 대한 건축허가와 준공검사의 취소 및 제3자 소유의 건축물에 대한 철거명령 거부
㉨ 사립학교 교원에 대한 학교법인의 해임처분에 대하여 교육부 내에 설치된 교원징계재심위원회에 재심청구를 하여 내린 교원징계재심위원회의 결정

① ㉠, ㉡, ㉢ ② ㉠, ㉡, ㉢, ㉥, ㉨ ③ ㉡, ㉣, ㉥
④ ㉡, ㉢, ㉤, ㉦ ⑤ ㉠, ㉣, ㉤, ㉧

해설

㉠ (○) 대법원 2011.8.25. 2011두3371.

㉡ (○) 도시계획법 제12조 소정의 고시된 도시계획결정은 특정 개인의 권리 내지 법률상의 이익을 개별적이고 구체적으로 규제하는 효과를 가져오게 하는 행정청의 처분이

라 할 것이고, 이는 행정소송의 대상이 된다(대법원 1982.3.9. 80누105). 택지개발촉진법상의 택지개발예정지구지정 및 택지개발사업시행자에 대한택지개발계획승인도 행정처분이다(대법원 1992.8.14. 91누11582).

ⓒ (o) 조례가 집행행위의 개입 없이도 그 자체로서 직접 국민의 구체적인 권리의무나 법적 이익에 영향을 미치는 등의 법률상 효과를 발생하는 경우 그 조례는 항고소송의 대상이 되는 행정처분에 해당한다(대법원 1996.9.20. 95누8003).

ⓔ (x) 도시기본계획은 도시의 장기적 개발방향과 미래상을 제시하는 **도시계획 입안의 지침이 되는 장기적·종합적인 개발계획**으로서 행정청에 대한 직접적인 구속력은 없다(대법원 2007.4. 12. 2005두1893).

ⓜ (x) 어업권면허에 선행하는 우선순위결정은 행정청이 우선권자로 결정된 자의 신청이 있으면 어업권면허처분을 하겠다는 것을 약속하는 행위로서 **강학상 확약에 불과하고 행정처분은 아니다**(대법원 1995.1.20. 94누6529).

ⓑ (o) 지적공부 소관청의 지목변경신청 반려행위는 국민의 권리관계에 영향을 미치는 것으로서 항고소송의 대상이 되는 행정처분에 해당한다(대법원 2004.4.22. 2003두9015 전원합의체 판결).

ⓢ (x) 전통사찰의 등록말소신청을 거부한 행정청의 거부회신이 항고소송의 대상이 되는 거부처분에 해당하지 아니한다(대법원 1999.9.3. 97누13641).

ⓞ (x) 국민이 행정청에 대하여 제3자에 대한 건축허가와 준공검사의 취소 및 제3자 소유의 건축물에 대한 철거명령을 요구할 수 있는 법규상 또는 조리상 권리가 있는지 여부(**소극**)(대법원 1999.12.7. 97누17568).

ⓩ (o) **사립학교 교원에 대한 학교법인의 해임처분**을 행정소송의 대상이 되는 행정청의 처분으로 볼 수 있는지 여부(**소극**), 사립학교 교원이 학교법인의 해임처분에 대하여 교원지위향상을 위한특별법에 따라 교육부 내의 교원징계재심위원회에 **재심청구를 한 경우 재심위원회의 결정이 행정소송의 대상인 행정처분**인지 여부(**적극**)(대법원 1993.2.12. 92누13707).

학교법인에 의하여 징계처분 등을 받은 사립학교 교원은 교원지위법에 따른 **재심위원회의 재심절차와 행정소송절차**를 밟을 수 있을 뿐만 아니라 종래와 같이 **민사소송을 제기**하여 권리구제를 받을 수도 있는데, 이 **두 구제절차는 임의적·선택적**이다(헌재 2003.12.18. 2002헌바14).

[해 답] ②

8. 항고소송의 대상으로서의 행정처분에 관한 설명 중 옳지 않은 것은? (다툼이 있는 경우 판례에 의함)

① 국민의 적극적 신청행위를 거부한 행위가 행정처분에 해당하려면, 그 신청한 행위가 공권력의 행사 또는 이에 준하는 행정작용이어야 하고, 그 거부행위가 신청인의 법률관계에 어떤 변동을 일으키는 것이어야 하며, 그 국민에게 그 행위발동을 요구할 법규상 또는 조리상의 신청권이 있어야 한다.

② 거부처분의 효력정지는 그 거부처분으로 인하여 신청인에게 생길 손해를 방지하는 데에 아무런 소용이 없어 그 효력정지를 구할 이익이 없다.

③ 당사자가 한 신청에 대하여 거부처분이 있은 후 당사자가 다시 신청을 한 경우에 그 신청의 제목 여하에 불구하고 그 내용이 새로운 신청을 하는 취지라면 관할 행정청이 이를 다시 거절한 이상 새로운 거부처분이 있은 것으로 보아야 한다.

④ 거부처분의 처분성과 관련하여 신청권이 법령상 명문의 규정이 없는 경우에 비록 법률상 이익이 있는 자라도 조리상 신청권만을 인정하는 경우는 없다.

⑤ 상급행정기관의 하급행정기관에 대한 승인·동의·지시 등은 행정기관 상호간의 내부행위로서 국민의 권리 의무에 직접 영향을 미치는 것이 아니므로 항고소송의 대상이 되는 행정처분에 해당한다고 볼 수 없다.

해설

① (o) 대법원 2009.9.10. 2007두20638; 판례는 거부처분 취소소송에서나 부작위위법확인소송에서 신청권을 거부처분 취소소송의 **소송요건으로 보면서** 법규상 또는 조리상의 신청권이 없는 자의 신청에 대한 거부행위는 처분으로 인정하지 않고 있다.

② (o) 대법원 1992.2.13. 91두47; 신청에 대한 거부처분의 효력을 정지하더라도 거부처분이 없었던 것과 같은 상태, 즉 거부처분이 있기 전의 신청시의 상태로 되돌아가는 데에 불과하고 행정청에게 신청에 따른 처분을 하여야 할 의무가 생기는 것이 아니므로, 거부처분의 효력정지는 그 거부처분으로 인하여 신청인에게 생길 손해를 방지하는 데에 아무런 소용이 없어 그 효력정지를 구할 이익이 없다(대법원 1992.2.13. 91두47).

③ (o) 대법원 1991.6.11. 90누10292; 이와 달리 반복된 독촉행위는 처음의 처분을 다투어야 한다. 건물의 소유자에게 위법건축물을 일정기간까지 철거할 것을 명함과 아울러 불이행할 때에는 대집행한다는 내용의 철거대집행 계고처분을 고지한 후 이에 불응하자 다시 제2차, 제3차 계고서를 발송하여 일정기간까지의 자진철거를 촉구하고 불이행하면 대집행을 한다는 뜻을 고지하였다면 행정대집행법상의 **건물철거의무는 제1차 철거명령 및 계고처분으로서 발생**하였고 제2차, 제3차의 계고처분은 새로운 철거의무를 부과한 것이 아니고 다만 대집행 **기한의 연기통지에 불과**하므로 행정처분이 아니다(대법원 1994.10.28. 94누5144).

④ (x) 거부처분의 처분성과 관련하여 신청권이 법규(법령)상 명문의 규정이 없더라도 법률상 이익이 있는 자에게 불문법상의 조리상 신청권을 인정하는 특색을 볼 수 있다. 조리상 처분의 취소·철회신청권도 인정된다.

지방자치단체장이 건축회사에 대하여 당해 신축공사와 관련하여 인근 주택에 공사로 인한 피해를 주지 않는 공법을 선정하고 이에 대하여 안전하다는 전문가의 검토의견서를 제출할 때까지 신축공사를 중지하라는 당해 공사중지명령에 있어서는 그 명령의 내용 자체로 또는 그 성질상으로 **명령 이후에 그 원인사유가 해소되는 경우에는** 잠정적으로 내린 당해 공사중지명령의 해제를 요구할 수 있는 권리를 위 명령의 상대방에게 인정하고 있다고 할 것이므로, 위 회사에게는 **조리상으로 그 해제를 요구할 수 있는 권리가 인정된다**(대법원 1997.12.26. 96누17745).

⑤ (o) 대법원 1997.9.26. 97누8540. [해 답] ④

9. 항고소송의 대상인 행정처분에 관한 설명 중 옳지 않은 것은? (다툼이 있는 경우 판례에 의함)

① 한국자산공사가 당해 부동산을 인터넷을 통하여 재공매(입찰)하기로 한 결정 자체는 내부적인 의사결정에 불과하여 행정처분이라고 볼 수 없다.

② 다른 집행행위의 매개 없이 법령 그 자체로서 국민의 구체적인 권리의무나 법률관계에 직접적인 변동을 초래케 하는 법령은 처분 대상이 될 수 없다.

③ 지적공부 소관청의 지목변경신청 반려행위는 국민의 권리관계에 영향을 미치는 것으로서 항고소송의 대상이 되는 행정처분에 해당한다.

④ 특정인만을 대상으로 한 행정처분이 아니라 일반 불특정 다수인을 상대방으로 하여 일률적으로 표시의무, 포장의무, 청소년에 대한 판매·대여 등의 금지의무 등 각종 의무를 발생시키는 것도 행정처분이라 할 수 있다.

⑤ 시장, 군수 또는 구청장의 개별토지가격결정은 관계법령에 의한 토지초과이득세, 택지초과소유부담금 또는 개발부담금 산정의 기준이 되어 국민의 권리나 의무 또는 법률상 이익에 직접적으로 관계되는 것으로서 행정처분에 해당한다.

해설

① (o) 대법원 2007.7.27. 2006두8464.

② (x) 항고소송의 대상이 되는 행정처분은 행정청의 공법상의 행위로서 특정사항에 대하여 법률에 의하여 권리를 설정하고 의무를 명하며, 기타 법률상 효과를 발생케 하는 등 국민의 권리의무에 직접 관계가 있는 행위이어야 하고, **다른 집행행위의 매개 없이 그 자체로서 국민의 구체적인 권리의무나 법률관계에 직접적인 변동을 초래케 하는 것이 아닌** 일반적, 추상적인 법령 등은 그 대상이 될 수 없다(대법원 1994.9.10. 94두33).
의료기관의 명칭표시판에 진료과목을 함께 표시하는 경우 글자 크기를 제한하고 있는 구 의료법 시행규칙 제31조는 그 자체로서 국민의 구체적인 **권리의무나 법률관계에 직접적인 변동을 초래하지 아니하므로** 항고소송의 대상이 되는 행정처분이라고 할 수 없다(대법원 2007.4.12. 2005두15168 의료법시행규칙 제31조 무효확인등).

③ (o) 대법원 2004.4.22. 2003두9015; 피청구인의 반려행위는 지적관리업무를 담당하고 있는 행정청의 지위에서 청구인의 등록사항 정정신청을 확정적으로 거부하는 의사를 밝힌 것으로서 공권력의 행사인 거부처분이라 할 것이므로 헌법재판소법 제68조 제1항 소정의 "공권력의 행사"에 해당한다(헌재 1999.6.24. 97헌마315).

④ (o) 대법원 2007.6.14. 2004두619 청소년유해매체물결정및고시처분무효확인.

⑤ (o) 대법원 1993.6.11. 92누16706 개별토지가격결정처분취소; **다음 단계의 행위에서 적용할 기준설정**은 최종적으로 직접효과를 발생하는 행위가 아니므로 처분성이 인정되지 아니한다. 지가공시 및 토지 등의 평가에 관한 법률에 의한 **기준지가고시**는 행정처분이라고 할 수 없으므로 행정소송의 대상이 될 수 없다(대법원 1979.4.24. 78누242). 다만, 개별지가공시에 대하여는 처분성을 인정하고 있다.

[해 답] ②

10. 항고소송의 대상인 행정심판의 재결에 대한 설명 중 옳지 않은 것을 모두 고른 것은? (다툼이 있는 경우 판례에 의함)

> ㉠ 취소소송의 대상으로서의 재결은 행정심판법이 정하는 절차에 따른 재결만을 의미하는 것은 아니다.
> ㉡ 재결에 대한 소송은 원처분의 위법을 이유로 할 수 없고, 재결자체에 고유한 위법이 있음을 이유로 하는 경우에 한한다.
> ㉢ 재결 자체에 고유한 위법이란 원처분에는 없고 재결에만 있는 재결청의 권한 또는 구성의 위법, 재결의 절차나 형식의 위법, 내용의 위법 등을 뜻한다.
> ㉣ 행정심판위원회가 행정심판의 대상이 되지 아니하여 부적법 각하하여야 함에도 그 심판청구를 인용하는 재결을 한 경우에는, 원래의 행정처분 상대방은 그 인용재결의 취소를 구하는 행정소송을 제기할 수 없다.
> ㉤ 개별법률에서 원처분주의에 대한 예외로서 재결만을 취소소송의 대상으로 하는 경우에는 재결에 고유한 위법뿐만 아니라 원처분의 위법도 주장할 수 있다.
> ㉥ 행정심판에 있어서 재결청의 재결 내용이 처분청의 처분을 스스로 취소하는 것일 때에는 당해 행정처분은 처분청의 취소처분이 있을 때 소멸된다.

① ㉠, ㉢, ㉤ ② ㉡, ㉣, ㉥ ③ ㉢, ㉣, ㉤
④ ㉣, ㉥ ⑤ ㉤, ㉥

해설 ㉠ (o) 취소소송은 처분 등을 대상으로 한다. 다만, 재결취소소송의 경우에는 재결 자체에 고유한 위법이 있음을 이유로 하는 경우에 한한다(행정소송법 19). 여기서 행정심판의 재결이란 행정심판법에 의한 재결만을 의미하는 것은 아니다. 국세심판(국세기본법 55) 등을 포함하여 교원소청심사위원회의 재결, 토지수용위원회의 재결 등이 해당된다.
㉡ (o) 행정소송법은 원처분과 아울러 재결에 대하여도 취소소송이나 무효확인소송·부작위위법확인소송을 제기할 수 있도록 한다(행정소송법 19 단서, 38). 다만, 재결에 대한 소송에 있어서는 원처분의 위법을 이유로 할 수 없고, 재결자체에 고유한 위법이 있음을 이유로 하는 경우에 한하도록 하여 원칙적으로 원처분주의를 택하고 있다. 예외적으로 개별 법률이 재결주의를 택하고 있는 경우가 있다.
㉢ (o) 재결 자체에 고유한 위법이란 **원처분에는 없고 재결에만 있는** 재결청의 권한 또는 구성의 위법, 재결의 절차나 형식의 위법, 내용의 위법 등을 뜻하고, 그 중 내용의 위법에는 위법·부당하게 인용재결을 한 경우가 해당한다(대법원 1997.9.12. 96누14661). 행정심판법에 의한 재결만이 아니라 특별행정심판의 재결에 고유한 위법이 있는 경우에는 재결소송사유가 된다(행정심판법 4②). 이의신청에 대한 재결 자체에 고유한 위법이 있음을 이유로 하는 경우에는 그 이의재결을 한 중앙토지수용위원회를 피고로 하여 이의재결의 취소를 구할 수 있다고 보아야 한다(대법원 2010.1.28. 2008두1504).

ⓡ (x) 행정심판위원회가 행정심판의 대상이 되지 아니하여 부적법 각하하여야 함에도 그 심판청구를 인용하는 재결을 한 경우에는, 원래의 행정처분 상대방은 행정심판의 당사자는 아니라고 하더라도 그 인용재결의 취소를 구하는 행정소송을 제기할 수 있다. 행정심판위원회의 인용재결은 원처분과 내용을 달리하는 것이고, 그 인용재결의 취소를 구하는 것은 원처분에는 없는 재결에 고유한 하자를 주장하는 셈이어서 당연히 항고소송의 대상이 된다(대법원 1995. 6.13. 94누15592).

ⓜ (o) 개별법률에서 원처분주의에 대한 예외로서 재결주의를 채택한 경우가 있다. 이 경우에는 원처분은 취소소송의 대상이 되지 못하며, 재결만이 취소소송의 대상이 된다. 이때는 재결에 고유한 위법만을 주장할 수 있다는 제한 규정이 없으므로, **재결에 고유한 위법뿐만 아니라 원처분의 위법도 주장할 수 있다**. ⓐ 감사원의 재심의판결(감사원법 40②), ⓑ 중앙노동위원회의 재심판정(노동조합법 및 노동관계 조정법 85②), ⓒ 교원이 징계처분과 그 밖에 그 의사에 반하는 불리한 처분에 대하여 불복할 때에는 (교원소청)심사위원회에 소청심사를 청구할 수 있다(교원지위향상을 위한 특별법 9①). 심사위원회의 결정에 대하여 교원, 「사립학교법」 제2조에 따른 학교법인 또는 사립학교 경영자 등 당사자는 그 결정서를 송달받은 날부터 90일 이내에 「행정소송법」으로 정하는 바에 따라 소송을 제기할 수 있다(교원지위향상을 위한 특별법 10③). 사립학교 교원에 대한 사립학교장의 징계는 처분이 아니므로 **교원소청심사위원회의 결정은 행정심판의 재결이 아니라 원처분으로서의 행정처분이다**.

ⓑ (x) 형성적 재결이 있은 경우에는 그 대상이 된 행정처분은 재결 자체에 의하여 당연히 취소되어 소멸된다(대법원 1999.12.16. 98두18619). 재결청으로부터 '처분청의 공장설립변경신고 수리처분을 취소한다'는 내용의 형성적 재결을 송부받은 처분청이 당해 처분의 상대방에게 재결결과를 통보하면서 공장설립변경신고 수리시 발급한 확인서를 반납하도록 요구한 것은 사실의 통지에 불과하고 항고소송의 대상이 되는 새로운 행정처분이라고 볼 수 없다(대법원 1997.5.30. 96누14678).

[해 답] ④

11. 행정법원의 관할과 관련된 설명 중 옳지 않은 것은?

① 모든 행정사건의 재판이 3심제를 유지하는 것은 아니다.

② 토지관할은 전속관할이 아닌 임의관할이다.

③ 고의 또는 중과실 없이 행정소송으로 제기하여야 할 사건을 민사소송으로 잘못 제기하고 수소법원이 그 행정소송에 대한 관할도 동시에 가지고 있는 경우에는, 원고로 하여금 항고소송으로 소 변경을 하도록 하여 그 1심법원으로 심리·판단하여야 한다.

④ 당해 처분이나 재결과 관련되는 손해배상·부당이득반환·원상회복 등 청구소송은 행정소송에서 재판할 수 있다.

⑤ 피고 이외의 자를 상대로 한 관련청구소송을 취소소송이 계속된 법원에 병합하여 제출할 수는 없다.

해설 ① (o) 1998년 시행된 개정 행정소송법은 취소소송의 제1심 관할법원을 지방법원급인 행정법원으로 하였다. 그러나 특허청의 심결의 취소소송은 고등법원에 해당하는 특허법원·대법원으로 연결되는 2심급 구조로 되어 있다(법원조직법 28의2). 또한 독점규제 및 공정거래에 관한 법률 제55조, 약관의 규제에 관한 법률 제30조의2, 보안관찰법 제23조는 서울고등법원을 전속관할법원으로 하고 있다.

② (o) 취소소송의 제1심 관할법원은 피고의 소재지를 관할하는 행정법원으로 한다. 다만 중앙행정기관 또는 그 장이 피고인 경우의 관할법원은 대법원 소재지의 행정법원이다(행정소송법 9①). 관할의 결정에 대하여 민사소송법상의 합의관할, 응소관할, 관련재판적, 관할위반 또는 재량에 의한 이송 등의 규정이 준용될 수 있다.

③ (o) 행정소송으로서의 소송요건을 결하고 있음이 명백하여 행정소송으로 제기되었더라도 어차피 부적법하게 되는 경우가 아닌 이상, 원고로 하여금 항고소송으로 소 변경을 하도록 하여 그 1심법원으로 심리·판단하여야 한다(대법원 1999.11.26. 97다42250).

④ (o) 행정소송법은 민사소송법에 대한 특례를 두어서 민사소송 사건과 행정소송 사건과 같은 관련청구 사건을 병합하여 심판하도록 하였다. 관련청구소송은 ㉠ 당해 처분 등과 관련되는 손해배상·부당이득반환·원상회복 등 청구소송, ㉡ 당해 처분 등과 관련되는 취소소송을 말한다(행정소송법 10①).

⑤ (x) 취소소송에는 사실심의 변론종결시까지 관련청구소송을 병합하거나(객관적 병합), 피고 이외의 자를 상대로 한 관련청구소송을 취소소송이 계속된 법원에 병합하여 제기할 수 있다(주관적·예비적 병합, 주관적·추가적 병합)(행정소송법 10②). [해 답] ⑤

12. 취소소송의 제소기간에 관련된 설명 중 옳지 않은 것을 모두 고른 것은? (다툼이 있는 경우 판례에 의함)

> **행정소송법 제20조(제소기간)**
> ① 취소소송은 처분 등이 있음을 안 날부터 90일 이내에 제기하여야 한다. 다만, 제18조 제1항 단서에 규정한 경우와 그 밖에 행정심판청구를 할 수 있는 경우 또는 행정청이 행정심판청구를 할 수 있다고 잘못 알린 경우에 행정심판청구가 있은 때의 기간은 재결서의 정본을 송달받은 날부터 기산한다.
> ② 취소소송은 처분 등이 있은 날부터 1년(제1항 단서의 경우는 재결이 있은 날부터 1년)을 경과하면 이를 제기하지 못한다. 다만, 정당한 사유가 있는 때에는 그러하지 아니하다.

㉠ 제소기간이 지켜졌는지의 여부는 소송요건으로서 법원의 직권조사사항에 속한다.
㉡ 특정인에 대한 행정처분을 주소불명 등의 이유로 송달할 수 없어 관보 등에 공고한 경우에는 상대방이 그 처분이 있음을 현실적으로 안 날을 기준으로 제소기간을 산정한다.
㉢ "처분이 있은 날"이라 함은 상대방이 있는 행정처분의 경우는 그 행정처분이 내부적

> 으로 성립한 날을 말한다.
> ㉣ 행정청이 행정심판청구를 할 수 있다고 잘못 알려 행정심판의 청구를 한 경우 그 제소기간은 재결서의 정본을 송달받은 날부터 기산하여 90일 이내에 제기하여야 한다.
> ㉤ 제소기간의 계산은 행정소송법에 특별한 규정이 없으므로 초일은 산입하게 된다.
> ㉥ 처분 당시에는 취소소송의 제기가 법제상 허용되지 않아 소송을 제기할 수 없다가 위헌결정으로 인하여 비로소 취소소송을 제기할 수 있게 된 경우에는, 객관적으로는 '위헌결정이 있은 날', 주관적으로는 '위헌결정이 있음을 안 날' 비로소 취소소송을 제기할 수 있게 되어 이때를 제소기간의 기산점으로 삼아야 한다.

① ㉠, ㉡ ② ㉡, ㉢ ③ ㉢, ㉤
④ ㉣, ㉥ ⑤ ㉤, ㉥

해설

㉠ (o) 본안판결은 소송요건의 존부를 명백히 한 다음 하여야 할 것이므로, 본안의 심리에 들어갔다 하여 소송요건의 흠결을 발견할 때에는 그 소를 각하여야 한다.

㉡ (o) 대법원 2006.4.28. 2005두14851; **불특정 다수인을 상대로 처분을 하는 경우**에는 그 행정처분에 이해관계를 갖는 자는 고시 또는 공고가 있었다는 사실을 **현실적으로 알았는지 여부에 관계없이 고시가 효력을 발생하는 날**에 행정처분이 있음을 알았다고 보아야 한다(대법원 2007.6.14. 2004두619).

㉢ (x) "처분이 있은 날"이라 함은 상대방이 있는 행정처분의 경우는 특별한 규정이 없는 한 의사표시의 일반적 법리에 따라 그 **행정처분이 상대방에게 고지되어 효력이 발생한 날**을 말한다고 할 것이다(대법원 1990.7.13. 90누2284). 제소기간은 처분의 상대방이 제소하는 경우는 물론 법률상 이익이 침해되었음을 주장하며 제소하는 제3자에게도 적용된다.

㉣ (o) 예외적으로 다른 법률에서 행정심판의 필요적 전치주의를 채택한 경우와, 그 밖에 행정심판청구를 할 수 있는 경우 또는 행정청이 행정심판청구를 할 수 있다고 잘못 알린 경우에 행정심판 청구가 있은 때의 제소기간은, **재결서의 정본을 송달받은 날로부터 기산하여 90일 이내에 제기하여야 한다**(행정소송법 20① 단서). 부작위위법확인의 소는 부작위상태가 계속되는 한 그 위법의 확인을 구할 이익이 있다고 보아야 하므로 원칙적으로 제소기간의 제한을 받지 않는다. 그러나 행정소송법 제38조 제2항이 제소기간을 규정한 같은 법 제20조를 부작위위법확인소송에 준용하고 있는 점에 비추어 보면, **행정심판 등 전심절차를 거친 경우에는 행정소송법 제20조가 정한 제소기간 내에 부작위위법확인의 소를 제기하여야 한다**(대법원 2009.7.23. 2008두10560).

㉤ (x) 기간의 계산은 행정소송법에 특별한 규정이 없으므로 **초일은 산입하지 않는다**(행정소송법 8②, 민법 157). 제소기간 90일은 불변기간이다(행정소송법 20③). 법원은 직권으로 불변기간을 신축할 수 없다(민사소송법 172① 단서). 다만, 법원은 불변기간에 대하여 주소 또는 거소가 멀리 떨어진 곳에 있는 사람을 위하여 부가기간을 정할 수 있다(민사소송법 172②). 그리고 당사자가 책임질 수 없는 사유로 말미암아 불변기간을 지킬 수 없었던 경우에는 그 사유가 없어진 날부터 2주 이내에 게을리한 소송행위를 보완할 수 있다(민사소송법 173①). 국

외에서의 추완기간은 14일에서 30일로 한다(행정소송법 5). 불변기간의 경과여부는 법원의 직권조사사항이다.

ⓑ (o) 처분 당시에는 취소소송의 제기가 법제상 허용되지 않아 소송을 제기할 수 없다가 위헌결정으로 인하여 비로소 취소소송을 제기할 수 있게 된 경우, 객관적으로는 '위헌결정이 있은 날', 주관적으로는 '위헌결정이 있음을 안 날' 비로소 취소소송을 제기할 수 있게 되어 이때를 제소기간의 기산점으로 삼아야 한다(대법원 2008.2.1. 2007두20997). [해 답] ③

13. 처분의 집행정지 등 가구제에 관한 설명 중 옳지 않은 것을 모두 고른 것은? (다툼이 있는 경우 판례에 의함)

> ㉠ 집행정지결정은 본안소송이 처분의 취소 또는 변경을 구하는 취소소송인 경우에 허용되는데, 무효등확인소송인 경우에도 준용된다.
> ㉡ 민사소송법상의 가처분으로써 행정청의 어떠한 행정행위의 금지를 구하는 것은 허용될 수 없다.
> ㉢ 집행정지대상인 처분 등이 존재하여야 하고 본안소송이 계속중이라야 한다.
> ㉣ 집행정지는 원상을 회복하여 종전의 상태를 변경시키는 적극적인 조치로 활용 될 수 있다.
> ㉤ 회복하기 어려운 손해는 사회통념상 금전배상이나 원상회복이 어렵다고 인정되는 손해를 가리킨다.
> ㉥ '본안청구가 이유 없음이 명백하지 아니할 것'이 집행정지의 요건인지 여부에 관하여 판례는, 집행정지는 임시적 보전절차이므로 집행정지 단계에서 본안에 관한 이유의 유무를 따지는 것은 허용될 수 없다고 한다.

① ㉠, ㉡ ② ㉡, ㉢ ③ ㉢, ㉣
④ ㉣, ㉤ ⑤ ㉣, ㉥

해설 ㉠ (o) **취소소송이 제기된 경우**에 처분 등이나 그 집행 또는 절차의 속행으로 인하여 발생하는 회복하기 어려운 손해를 예방하기 위하여 긴급한 필요가 있다고 인정할 때에는 법원은 직권 또는 당사자의 신청에 의하여 처분의 집행정지결정을 할 수 있다(행정소송법 23②). 무효등확인소송인 경우에도 준용된다(행정소송법 38①).

㉡ (o) 광범위한 임시적 보호를 가능하게 하는 민사소송법상의 가처분을 행정소송에도 준용할 수 있는지가 논의된다. 학설은 대립되지만, **판례는 부정설**을 취하고 있다. 민사소송법상의 보전처분은 민사판결절차에 의하여 보호받을 수 있는 권리에 관한 것이므로, 민사소송법상의 가처분으로써 행정청의 어떠한 행정행위의 금지를 구하는 것은 허용될 수 없다(대법원 1992.7.6. 92마54).

행정소송법 개정안 제26조 제1항은 '처분 등이나 부작위가 위법하다는 현저한 의심이 있는 경우'로서 ⓐ 다툼의 대상에 관하여 현상이 바뀌면 당사자가 권리를 실행하지 못하거나 이를 실행하는 것이 매우 곤란할 염려가 있어 다툼의 대상에 관한 현상을 유지할 필요가 있는 경우(개정안 26①(1)), 또는 ⓑ 다툼이 있는 법률관계에 관하여 당사자의 중대한 불이익을 피하거나 급박한 위험을 막기 위하여 임시의 지위를 정하여야 할 긴급한 필요가 있는 경우(개정안 26①(2))에 가처분을 할 수 있는 것으로 하였다.

ⓒ (○) **집행정지의 적극적 요건은** 법원이 집행정지결정을 하기 위하여 적극적으로 존재할 것이 요구되는 요건으로, ⓐ 정지대상인 처분 등이 존재하여야 하고, ⓑ 본안소송이 계속중이라야 하며, ⓒ 회복하기 어려운 손해발생의 우려가 있어야 하고, ⓓ 긴급한 필요가 있어야 한다. 그리고 **소극적 요건으로는** 공공복리에 중대한 영향을 미칠 우려가 없어야 한다. 다만, 행정심판법은 집행정지의 적극적 요건인 '회복하기 어려운 손해발생의 우려'를 '중대한 손해가 생기는 것을 예방할 필요성'으로 그 요건을 완화하였으므로(행정심판법 30②), 행정소송법 개정안 역시 '중대한 손해를 예방하기 위하여'로 변경되어 있다.

ⓓ (×) 집행정지는 원상을 회복하여 유지시키는 소극적인 것이므로, 종전의 상태를 변경시키는 적극적인 조치로 활용될 수 없다. 비록 취소소송이라 하더라도 수익처분의 신청**거부처분** 취소소송(건축허가신청 거부처분)과 같이 회복시킬 원상이 없는 경우에는 집행정지는 인정되지 않는다. 대법원은 투전기업소갱신신청을 **거부한 불허가처분**의 효력을 정지하더라도 이로 인하여 신청인에게 허가의 효력이 회복되는 것은 아니므로, 허가갱신거부처분에 대한 집행정지를 인정하지 아니하였다(대법원 1992.2.13. 91두47). 반면, 서울행정법원은 응시자격이 없다는 이유로 한약사 국가시험응시원서를 반려한 처분(거부처분)의 취소소송에서 집행정지결정을 하였다(서울행법 2000.2.18. 2000아120).

ⓔ (○) 회복하기 어려운 손해를 예방하기 위하여 필요한 경우에만 인정된다. 회복하기 어려운 손해는 사회통념상 금전배상이나 원상회복이 어렵다고 인정되는 손해를 가리킨다고 할 것이다. **판례상 회복하기 어렵다고 판시한 사례(집행정지 인용)**로는, ⓐ 과징금납부명령의 처분은 사업자의 자금사정이나 경영 전반에 미치는 파급효과가 매우 중대한 경우(대법원 2001.10.10. 2001무29), ⓑ 토석채취허가취소처분의 효력이 정지되지 아니한 채 본안소송이 진행됨으로써 막대한 자본 등을 투자하고도 거래선으로부터의 납품계약해제, 신용실추 등으로 입게 될 손해(대법원 1994.10.11. 94두35), ⓒ 상고심에 계속중인 형사피고인을 안양교도소로부터 진주교도소로 이송함으로써 받은 손해(대법원 1992.8.7. 92두30), ⓓ 현역병입영처분으로 특례보충역으로 방위산업체에 종사하던 신청인이 입영하여 다시 현역병으로 복무하지 않을 수 없어 병역의무를 중복하여 이행하게 되는 경우(대법원 1992.4.29. 92두7)가 있다.

판례상 회복하기 어려운 손해에 해당하지 않는다고 판시한 사례(집행정지 기각)로는, ⓐ 건설업면허취소처분으로 회사가 이미 수주받아 시공 중인 공사들을 중단하고 그에 따른 손해배상책임까지 부담하게 되는 등 그 존립조차 위태로울 정도로 막대한 재산상 손실을 입게 됨은 물론 대외적인 신용 내지 명예도 실추된다는 사정(대법원 1995.3.30. 94두57), ⓑ 자동차운송사업면허 취소처분으로 운송사업자의 경영정상화 노력이 수포로 돌아가게 되고, 대외적인 신용의 하락 및 사업면허의 반납으로 보유하여 온 차량들을 헐값에 처분하거나 폐차할 수밖에 없어 근로자나 그 가족들의 생계까지 위협받게 되는 결과가 초래될 수 있는 경우(대법원 1994.9.24. 94두42), ⓒ 음식점영업을 위하여 거의 전재산인 금 1억 5천만 원을 투자하고 영업을 하여 온 까닭에 그 영업허가취소처분의 효력이 정지되지 않는다면 위 업소경영에 절대적인 타격을 입게 되고 그로 인하여 재항고인은 물론 그 가족 및 종업원들의 생계까지 위협받게 되는 결과가 초래될 수 있다는 등의 사정(대법원 1995.11.23. 95두53)은 다른 특별한 사정이 없는 한 처분의 존속으로 금전적으로 보상할 수 없는 손해가 생길 우려가 있다고 볼 수 없다고 한다.

ⓗ (×) **본안청구가 이유 없음이 명백하지 아니할 것이 집행정지의 요건이 될 것인지 문제**된다. ⓐ 본안청구가 이유 없음이 명백하지 아니할 것은 집행정지의 요건이 아니라는 견해가 있다(**다수설**). 집행정지는 임시적 보전절차이므로 집행정지 단계에서 본안에 관한 이유의 유무를 따지는 것은 허용될 수 없다는 것이다. ⓑ **본안청구가 이유 없음이 명백하지 아니할 것을 집행정지의 소극적 요건으로 보는 견해**도 있다. 본안에서 승소할 가망이 전혀 없는 데도 불구하고 집행정지신청을 인용하는 것은 집행정지제도의 취지에 어긋난다는 것이다. 판례의 태도이다. 집행정지사건 자체에 의하여도 신청인의 **본안청구가 적법한 것이어야 한다**는 것을 집행정지의 요건에 포함시키는 것이 옳다(대법원 2010.11.26. 2010무137). 행정소송법 개정안에서는 신청인의 본안청구가 이유 없음이 명백한 경우에는 허용되지 아니한다(행정소송법 24③)고 규정하고 있다. [해 답] ⑤

14. 행정심판전치주의에 관한 설명 중 옳지 않은 것은? (다툼이 있는 경우 판례에 의함)

① 공무원은 본인의 의사에 반한 불리한 처분이나 부작위에 관한 행정소송은 소청심사위원회의 심사·결정을 거치지 아니하면 제기할 수 없다.

② 행정심판의 제기가 부적법하여 요건심리의 결과 각하된 경우에는 행정심판전치의 요건을 충족하지 못한다.

③ 필요적으로 행정심판을 전치해야 하는 사건에서 동종사건에 관하여 이미 행정심판의 기각재결이 있은 때라도 당해 사건에 관하여는 행정심판을 제기하여야 한다.

④ 비록 무효선언을 구하는 의미라고 하더라도 그 소송의 형식이 취소소송이라면 행정소송법상 취소소송에 대하여 요구되는 제소요건이 적용되어야 할 것이므로, 행정심판전치주의도 적용된다.

⑤ 행정심판전치는 부작위위법확인소송에는 적용되지만, 무효등확인소송은 적용하지 아니한다.

해설 ① (o) **국가공무원법 제16조 제1항**; 취소소송은 법령의 규정에 의하여 당해 처분에 대한 행정심판을 제기할 수 있는 경우에도 이를 거치지 아니하고 제기할 수 있다(행정소송법 18①)는 임의적 행정심판전치주의를 취하고 있다. 그러나 **예외적으로 다른 법률에서 필요적 행정심판전치주의를 채택하고 있는 경우는**, 공무원 인사사건 관계사건, 조세관계사건, 전문기술성 관계사건 그리고 각 개별법에서 원처분주의에 대한 예외로서 재결주의를 채택하고 있는 경우 등이다. 구체적으로 보면, ㉠ 국가공무원법 제16조 소청심사청구, 지방공무원법 제20조의2, 군무원인사법 제35조의2, 교육공무원법 제53조 제1항(이상 공무원 인사관계법), ㉡ 국세기본법 제56조 제2항 임의절차인 이의신청과 필요적 행정심판전치절차인 심사청구 또는 심판청구, 관세법 제120조(행정소송 등과의 관계), 지방자치법 제140조(사용료 등의 부과·징수, 이의신청)(이상 조세관계), ㉢ 선박안전법 제72조(재검사 등), 특허법 제186조 제1항, 실용신안법 제31조, 상표법 제86조 제2항(이상 전문기술성 관계법), ㉣ 도로교통법 제142조 음주운전 등으로 인한 운전면허취소 사건 등이다.

② (o) 전치할 행정심판은 적법하게 제기되어야 하고, 본안에 대한 재결을 받아야 한다.

③ (x) 취소소송은 법령의 규정에 의하여 당해 처분에 대한 행정심판을 제기할 수 있는 경우에도 이를 거치지 아니하고 제기할 수 있다. 다만, 다른 법률에 당해 처분에 대한 행정심판의 재결을 거치지 아니하면 취소소송을 제기할 수 없다는 규정이 있는 때에는 그러하지 아니하다(행정소송법 18①). 제1항 단서의 경우에 **다음 각호의 1에 해당하는 사유가 있는 때에는 행정심판을 제기함이 없이 취소소송을 제기할 수 있다**(행정소송법 18③).

1. 동종사건에 관하여 이미 행정심판의 기각재결이 있은 때
2. 서로 내용상 관련되는 처분 또는 같은 목적을 위하여 단계적으로 진행되는 처분중 어느 하나가 이미 행정심판의 재결을 거친 때
3. 행정청이 사실심의 변론종결 후 소송의 대상인 처분을 변경하여 당해 변경된 처분에 관하여 소를 제기하는 때
4. 처분을 행한 행정청이 행정심판을 거칠 필요가 없다고 잘못 알린 때

④ (o) 과세처분의 무효선언을 구하는 의미에서 취소를 구하는 소송이라도 전심절차를 거쳐야 한다(대법원 1990.8.28. 90누1892).

⑤ (o) 행정소송법은 취소소송에 대하여 예외적으로 행정심판전치주의를 채택하고, 같은 항고소송의 하나인 부작위위법확인소송에도 이를 준용하고 있다(행정소송법 38②). 그러나 무효등확인소송에 대하여는 적용하지 아니한다(행정소송법 38①). 행정심판은 항고쟁송에 해당되므로 당사자소송에는 적용이 없다는 것이 다수설이다. 주위적 청구가 전심절차를 요하지 아니하는 당사자소송이더라도 **병합 제기된 예비적 청구가 항고소송이라면** 이에 대한 전심절차 등 제소의 적법요건을 갖추어야 한다(대법원 1989.10.27. 89누39). [해 답] ③

15. 취소소송의 심리에 관한 설명 중 옳지 않은 것은? (다툼이 있는 경우 판례에 의함)

① 법원은 소가 제기된 때에는 소송제기 요건을 갖추었는지 여부를 심리하여, 만약 흠결이 있을 때는 부적법한 소로 각하한다.

② 법원은 필요하다고 인정할 때에는 당사자가 주장하지 아니한 사실에 관하여도 심리·판단할 수 있다.

③ 재량권을 일탈·남용한 경우에는 위법한 처분이 되어 법원의 심리대상이 된다.

④ 행정처분의 취소를 구하는 자가 위법사유에 해당하는 구체적 사실을 먼저 주장하여야 한다.

⑤ 관련된 형사사건의 판결에서 인정된 사실은 행정소송에서 증거자료가 되는 것은 아니다.

해설 ① (o) 심리는 요건심리와 본안심리가 있다. 어떤 사항이 소송요건 사항인지, 본안에 해당하는 사항인지는 소의 내용에 따라 다르다. 예컨대 행정처분의 존재는 취소소송에서는 소송요건이지만, 부존재확인소송에서는 처분의 존재여부가 문제되기 때문에 본안에 해당된다.

② (o) 심리에 있어 불고불리의 원칙과 그 예외를 인정하고 있다. 법원은 소송제기가 없는 사건에 대하여 심리·재판할 수 없다. 소송제기가 있는 사건에 대해서도 원고의 청구범위를 넘어 심리·재판할 수 없다. 다만, 법원은 필요하다고 인정할 때에는 당사자가 주장하지 아니한 사실에 관하여도 심리·판단할 수 있다(행정소송법 26). 행정소송법 제26조에서 직권심리주의를 채용하고 있으나, 이는 행정소송에 있어서 원고의 청구범위를 초월하여 그 이상의 청구를 인용할 수 있다는 의미가 아니다. **원고의 청구범위를 유지하면서 그 범위 내에서 필요에 따라 주장외의 사실에 관하여도 판단할 수 있다는 뜻이다**(대법원 1987.11.10. 86누491).

③ (o) 행정청의 재량에 속하는 처분이라도 재량권의 한계를 넘거나 그 남용이 있는 때에는 법원은 이를 취소할 수 있다(행정소송법 27).

④ (o) 행정소송의 심리에서 주장 책임의 분배는 민사소송법상의 원칙에 의한다. **행정소송에 있어서 직권주의가 가미되어 있다고 하더라도 여전히 변론주의를 기본구조**로 하는 이상 행정처분의 위법을 들어 그 취소를 청구함에 있어서는 직권조사사항을 제외하고는 그 취소를 구하는 자가 위법사유에 해당하는 구체적 사실을 먼저 주장하여야 한다(대법원 2001.1.16. 99두8107).

⑤ (x) 원래 민사나 행정소송에서는 형사재판에서 인정된 사실에 구속받은 것은 아니라 할지라도, **관련된 형사사건의 판결에서 인정된 사실은 민사나 행정소송에서 유력한 증거자료**가 되는 것이어서 특별한 사정이 없는 한 관련된 형사사건에서 인정된 것과 반대되는 사실을 인정할 수 없다(대법원 1983.9.13. 81누324). [해 답] ⑤

16. 처분근거(이유)의 사후변경에 관한 설명 중 옳지 않은 것은? (다툼이 있는 경우 판례에 의함)

① 처분청은 당초 처분의 근거로 삼은 사유와 기본적 사실관계에 있어서 동일성이 인정되지 않더라도 새로운 처분 사유를 추가하거나 변경할 수 있다.

② 소송의 진행중에 처분 당시에 이미 객관적으로 존재하고 있었는데도 처분의 근거로 삼지 못한 사항을 처분의 근거로 변경하는 것이다.

③ 추가 또는 변경된 사유가 당초의 처분시 그 사유를 명기하지 않았을 뿐 처분시에 이미 존재하고 있었고 당사자도 그 사실을 알고 있었다 하여 당초의 처분사유와 동일성이 있는 것이라 할 수 없다.

④ 정보공개거부처분사유인 '구 공공기관의 정보공개에 관한 법률 제7조 제1항 제2호, 제4호, 제6호의 사유'에 '같은 항 제1호의 사유'를 추가한 경우는 허용되지 않는다.

⑤ 처분근거의 사후변경은 사실심 변론종결시까지만 허용된다.

해설 ① (x) 처분청은 당초 처분의 근거로 삼은 사유와 기본적 사실관계에 있어서 동일성이 인정되는 한도 내에서만 새로운 처분 사유를 추가하거나 변경할 수 있다. 기본적 사실관계와 동일성이 인정되지 않는 별개의 사실을 들어 처분사유로 주장 하는 것은 허용되지 않는다(대법원 2006.10.13. 2005두10446).

② (o) 행정소송절차에서 그 소송의 대상이 된 처분의 사실상의 근거 또는 법률상의 근거를 변경하는 것을 처분근거의 사후변경이라 한다.

③ (o) 대법원 2003.12.11. 2001두8827.

④ (o) **기본적 사실관계의 동일성을 부정한 사례로는,** ㉠ 정보공개거부처분사유인 '구 공공기관의 정보공개에 관한 법률 제7조 제1항 제2호, 제4호, 제6호의 사유'에 '같은 항 제1호의 사유'를 추가한 경우, ㉡ 입찰참가자격을 제한시킨 처분 사유인 '정당한 이유 없이 계약을 이행하지 않은 사실'과 '계약의 이행과 관련하여 관계 공무원에게 뇌물을 준 사실'을 추가한 경우 등이 있다. **기본적 사실관계의 동일성을 인정한 사례로는,** ㉠ 행정청이 폐기물처리사업계획 부적정 통보처분을 하면서 농지전용 불가능 사유를 '인근 농지의 농업경영과 농어촌 생활유지에 피해'를 내세웠다가 사후에 '농지법에 의한 농지전용이 불가능하다는 사유' 등을 주장한 경우, ㉡ 골프연습장에 대한 건축허가 신청에 대한 반려처분을 하면서 '향후 토지이용계획에 대한 검토가 이루어질 때까지 건축허가결정을 유보한다'에서 '주변지역의 토지이용실태나 주변환경 또는 경관과 조화를 이루지 못할 우려' 사유를 추가한 경우 등이 있다.

⑤ (o) 행정청은 기본적 사실관계의 **동일성이 있다고 인정되는 한도 내에서만** 다른 처분사유를 추가, 변경할 수 있다고 할 것이나 이는 **사실심 변론종결시까지만 허용된다**(대법원 1999. 8.20. 98두17043). 항고소송에서 그 처분의 위법 여부는 처분 당시를 기준으로 판단하므로, 처분시 이후의 사정은 사후변경 할 수 있는 사정에 해당되지 않는다. [해 답] ①

17. 항고소송의 판결에 관한 설명 중 옳지 않은 것을 모두 고른 것은? (다툼이 있는 경우 판례에 의함)

> ㉠ 항고소송에서 소송의 대상인 처분의 위법성은 행정처분이 있을 때의 법령과 사실상태를 기준으로 하여 판단한다.
> ㉡ 본안심리의 결과 원고의 주장을 배척하는 판결로는 기각판결과 사정판결이 있다.
> ㉢ 사정판결은 처분 등을 취소하는 것이 현저히 공공복리에 적합하지 아니한 때에 행한다.
> ㉣ 법원은 당사자의 명백한 주장이 없는 경우에 직권으로 사정판결을 할 수 없다.
> ㉤ 사정판결은 취소소송뿐만 아니라 무효등확인소송과 부작위위법확인소송에 대하여도 인정된다.
> ㉥ 취소소송에서 처분등을 취소 또는 변경에서 '변경'은 적극적 의미의 변경이 아니라 일부취소로서의 소극적 변경을 의미한다.

① ㉠, ㉡ ② ㉡, ㉢ ③ ㉢, ㉣
④ ㉣, ㉤ ⑤ ㉤, ㉥

해설 ㉠ (o) 처분시설이 통설·판례이다. **행정처분의 위법 여부는 행정처분이 있을 때의 법령과 사실상태를 기준**으로 하여 판단하여야 하고, 처분 후 법령의 개폐나 사실상태의 변동에 의하여 영향을 받지 않는다(대법원 2007.5.11. 2007두1811). 그러므로 부담이 처분 당시 법령을 기준으로 적법하다면 처분 후 부담의 전제가 된 주된 행정처분의 근거 법령이 개정됨으로써 행정청이 더 이상 부관을 붙일 수 없게 되었다 하더라도, 그 부관이 곧바로 위법하게 되거나 그 효력이 소멸하게 되는 것은 아니라고 할 것이다(대법원 2009.2.12. 2008다56262).

㉡ (o) 보통의 기각판결은 원고의 청구가 이유 없다고 그 주장을 배척하는 판결이다. 계쟁처분이 위법하지 아니하고 적법하거나 단순한 부당에 그친 경우에 내리는 판결이다. 처분이 위법함에도 불구하고 예외적으로 기각판결을 하는 경우가 있다. 원고의 청구가 이유 있다고 인정하는 경우에도 그 처분을 취소·변경하는 것이 현저히 공공복리에 적합하지 아니하다고 인정하는 때에 법원은 원고의 청구를 기각하는 판결을 할 수 있는데, 이것을 사정판결이라 한다(행정소송법 28① 전단).

㉢ (o) 현저히 공공복리에 적합하지 아니한지 여부는 위법한 행정처분을 취소·변경하여야 할 필요와 그 취소·변경으로 인하여 발생할 수 있는 공공복리에 반하는 사태 등을 비교·교량하여 판단하여야 한다(대법원 2006.12.21. 2005두16161). 공공복리가 사정판결을 위한 가장 중요한 기본적 관념이다.

㉣ (x) 법원은 당사자의 명백한 주장이 없는 경우에도 **기록에 나타난 여러 사정을 기초로 직권으로 사정판결을 할 수 있다**(대법원 2001.1.19. 99두9674).

㉤ (x) 사정판결은 취소소송에 관하여서만 인정된다(행정소송법 28). 무효등확인소송과 부작위위법확인소송에 대하여는 이를 준용하지 아니하였다(행정소송법 38). 당연무효의 행정처분을 소송목적물로 하는 행정소송에서는 존치시킬 효력이 있는 행정행위가 없기 때문에 사정판결을 할 수 없다(대법원 1996.3.22. 95누5509).

㉥ (o) 변경을 적극적 변경으로 보는 견해도 있지만, 변경판결에서의 변경은 소극적 변경으로 이해하는 것이 일반적이다. 그러므로 처분의 전부가 위법한 경우에는 전부취소를 하고, 처분의 일부가 위법한 경우에는 일부취소를 하여야 한다. 적극적 형성판결 내지 이행판결과 같은 적극적인 변경판결을 행하는 것은 현행 행정소송법상 사법심사의 범위를 벗어나는 것이다. 판례는 취소되는 처분이 조세부과처분, 국유재산 사용료·변상금부과처분, 개발부담금 부과처분 등과 같은 **기속행위**일 때에는 **일부취소를 인정**하며, 영업정지처분, 징계처분, 과징금부과처분과 같은 **재량처분**일 때에는 **일부취소판결(변경판결)을 부정**한다. [해 답] ④

18. 항고소송의 판결의 효력에 관련된 설명 중 옳지 않은 것은? (다툼이 있는 경우 판례에 의함)

① 처분에 대한 취소판결이 확정되면 처분청의 취소를 기다릴 것 없이 당해 처분은 당연히 효력을 상실하게 된다.

② 취소판결이 확정되면 그 행정처분을 기초로 하여 새로 형성된 제3자의 권리까지 당연히 그 행정처분 전의 상태로 환원되게 된다.

③ 기속력은 판결 자체의 효력은 아니고 취소판결의 효과를 실질적으로 보장하기 위

하여 행정소송법이 특별히 부여한 효력이라는 특수효력설이 통설이다.

④ 거부처분을 취소하는 판결이 확정된 경우에는 당해 거부처분을 한 행정청은 사실심 변론종결 이전의 사유를 내세워 다시 거부처분을 하는 것은 허용되지 아니한다.

⑤ 처분 행정청은 사실심변론종결 이후 발생한 새로운 사유를 내세워 다시 이전의 신청에 대한 거부처분을 할 수 있고, 그러한 처분도 위 조항에 규정된 재처분에 해당된다.

해설 ① (o) 계쟁처분의 취소판결이 확정된 때에는 처분청의 취소를 기다릴 것 없이 당해 처분은 당연히 효력을 상실하여, 처음부터 처분이 없었던 것과 같은 상태로 되는 효과를 형성력이라 한다. 취소판결의 형성력은 처분시에 소급하여 소멸한다. 그러나 벌칙과 관련된 부분은 소급하지 않는 것으로 볼 수 있다. 형성력에 관한 명문의 규정은 없으나 일반적으로 인정된다.

② (x) 처분 등을 취소하는 확정판결은 제3자에 대하여도 효력이 있다(행정소송법 29①). 이 경우 제3자에게 형성력이 미치는 결과로 생기는 불합리를 시정하도록 제3자의 소송참가(행정소송법 16) 및 제3자의 재심의 소(행정소송법 31)를 인정하였다. 제3자효에 관한 규정은 집행정지 결정이나 그 취소결정에 준용되며(행정소송법 29②), 무효확인소송에도 준용된다(행정소송법 38①).

취소판결 자체의 효력으로써 그 행정처분을 기초로 하여 **새로 형성된 제3자의 권리까지 당연히 그 행정처분 전의 상태로 환원되는 것이라고는 할 수 없고**, 단지 취소판결의 존재와 취소판결에 의하여 형성되는 법률관계를 소송당사자가 아니었던 제3자라 할지라도 이를 용인하지 않으면 아니된다는 것을 의미하는 것에 불과하다 할 것이다. 환지계획변경처분을 취소하는 판결이 확정됨으로써 원고들 명의의 소유권이전등기가 그 원인없는 것으로 환원되는 결과가 초래되었다 하더라도, **동 소유권이전등기는 위 취소판결 자체의 효력에 의하여 당연히 말소되는 것이 아니라**, 소외인이 위 취소판결의 존재를 법률요건으로 주장하여 원고들에게 **그 말소를 구하는 소송을 제기하여 승소의 확정판결을 얻어야 비로소 말소될 수 있는 것이다**(대법원 1986.8.19. 83다카2022).

③ (o) 처분 등을 취소하는 확정판결은 그 사건에 관하여 당사자인 행정청과 그 밖의 관계 행정청을 기속한다(행정소송법 30①). 기속력은 행정청에 대하여 처분이 위법이라는 판결의 내용을 존중하여, 그 사건에 대하여 판결의 취지에 따라 행동할 의무를 지우는 효력을 말한다. 구속력이라고도 한다. **기속력의 성질에 대하여**, ㉠ 기속력은 판결 자체의 효력인 기판력과 별개의 효력이 아니고 기판력의 효력 범위에 포함된다는 **기판력설**, ㉡ 기속력은 판결 자체의 효력은 아니고 취소판결의 효과를 실질적으로 보장하기 위하여 행정소송법이 특별히 부여한 효력이라는 **특수효력설이 있다(통설)**. ㉢ 판례는 명확하지 않지만 특수효력설을 취하는 것으로 보인다.

④ (o) **기속력의 소극적 효력인 반복 금지효**에 관한 것이다. 취소소송에서 소송의 대상이 된 거부처분을 실체법상의 위법사유에 기하여 취소하는 판결이 확정된 경우에는 당해 거부처분을 한 행정청은 원칙적으로 신청을 인용하는 처분을 하여야 하고, 사실심 변론종결 이전의

사유를 내세워 다시 거부처분을 하는 것은 확정판결의 기속력에 저촉되어 허용되지 아니한다(대법원 2001.3.23. 99두5238). 확정판결의 당사자인 처분행정청이 그 행정소송의 사실심 변론종결 이전의 사유를 내세워 다시 확정판결과 저촉되는 행정처분을 하는 것은 허용되지 않는 것으로서 이러한 행정처분은 그 하자가 중대하고도 명백한 것이어서 당연무효라 할 것이다(대법원 1990.12.11. 90누3560).

⑤ (o) **기속력의 적극적 효력인 재처분의무에** 관한 것이다. ㉠ 재처분의무는 당사자의 신청을 요하는 처분에 있어서, 신청에 대한 행정청의 거부처분이 판결에 의하여 취소된 경우에 행정청이 판결의 취지에 따라 다시 처분을 할 의무를 부담하는 것을 말한다(행정소송법 30②). 그러므로 행정청은 원칙적으로 신청을 인용하는 처분을 하여야 할 것이다. 재처분의무는 신청에 따른 처분(인용처분)이 절차상의 위법을 이유로 취소된 경우에도 준용하고 있다(행정소송법 30③). 재처분의무를 이행하지 않으면 간접강제를 당하게 된다(행정소송법 34). ㉡ 예외적으로는 신청한 처분이 재량행위인 경우에 판결의 취지가 인용하라는 것이 아닌 경우도 있다. 처분 행정청은 사실심변론종결 이후 발생한 새로운 사유를 내세워 다시 이전의 신청에 대한 거부처분을 할 수 있고, 그러한 처분도 위 조항에 규정된 재처분에 해당된다(대법원 1997.2.4. 96두70).

[해 답] ②

19. 취소판결의 기속력과 관련된 설명 중 옳지 않은 것은? (다툼이 있는 경우 판례에 의함)

① 징계처분의 취소를 구하는 소에서 '징계사유가 될 수 없다'고 판결한 사유와 동일한 사유를 내세워 행정청이 다시 징계처분을 한 것은 확정판결에 저촉되는 행정처분을 한 것으로서, 위 취소판결의 기속력이나 확정판결의 기판력에 저촉되어 허용될 수 없다.

② 행정청의 거부처분을 취소하는 판결이 확정된 경우에는 처분을 행한 행정청이 판결의 취지에 따라 이전 신청에 대하여 재처분을 할 의무가 있다.

③ 확정판결의 당사자인 처분 행정청은 종전 처분 후에 발생한 새로운 사유를 내세워 다시 거부처분을 할 수 있고, 그러한 처분도 위 조항에 규정된 재처분에 해당한다.

④ 취소소송에서 소송의 대상이 된 거부처분을 실체법상의 위법사유에 기하여 취소하는 판결이 확정된 경우에는 당해 거부처분을 한 행정청은 사실심 변론종결 이전의 사유를 내세워 다시 거부처분을 할 수 있다.

⑤ 행정청의 거부처분을 취소하는 판결이 확정된 때에는 그 처분을 행한 행정청이 판결의 취지에 따라 이전의 신청에 대하여 재처분할 의무가 있으나, 이때 확정판결의 당사자인 처분 행정청은 그 확정판결에서 적시된 위법사유를 보완하여 새로운 처분을 할 수 있다.

해설 ① (o) 대법원 1992.7.14. 92누2912; 다만, 취소판결의 사유가 행정행위의 절차나 형식상의 흠인 경우에는, 행정청은 적법한 절차나 형식을 갖추어 다시 동일 내용의 처분을 하는 것은 가능하다 할 것이다. 반복금지효는 청구인용판결인 취소판결에만 인정되며, 청구기각 판결에는 인정되지 아니한다.

② (o) 행정소송법 제30조 제2항; **주택건설사업 승인신청 거부처분의 취소를 명하는 판결이 확정되었음에도** 행정청이 그에 따른 재처분을 하지 않은 채 위 취소소송 계속중에 도시계획법령이 개정되었다는 이유를 들어 다시 거부처분을 한 사안에서, 개정된 도시계획법령에 그 시행 당시 이미 개발행위허가를 신청중인 경우에는 종전 규정에 따른다는 **경과규정을 두고 있으므로** 위 사업승인신청에 대하여는 **종전 규정에 따른 재처분을 하여야 함에도 불구하고 개정 법령을 적용하여 새로운 거부처분을 한 것은** 확정된 종전 거부처분 취소판결의 기속력에 저촉되어 당연무효라고 한 사례(대법원 2002.12.11. 2002무22).

③ (o) 행정처분의 적법 여부는 행정처분이 행하여진 때의 법령과 사실을 기준으로 판단하는 것이므로 확정판결의 당사자인 처분 행정청은 종전 처분 후에 발생한 새로운 사유를 내세워 다시 거부처분을 할 수 있고, 그러한 처분도 위 조항에 규정된 재처분에 해당한다. 여기에서 **'새로운 사유'인지는 종전 처분에 관하여 위법한 것으로 판결에서 판단된 사유와 기본적 사실관계의 동일성이 인정되는 사유인지에 따라 판단되어야 하고,** 기본적 사실관계의 동일성 유무는 처분사유를 법률적으로 평가하기 이전의 구체적인 사실에 착안하여 그 기초인 사회적 사실관계가 기본적인 점에서 동일한지에 따라 결정되며, 추가 또는 변경된 사유가 처분 당시에 그 사유를 명기하지 않았을 뿐 이미 존재하고 있었고 당사자도 그 사실을 알고 있었다고 하여 당초 처분사유와 동일성이 있는 것이라고 할 수는 없다(대법원 2011.10.27. 2011두14401).

④ (x) 취소소송에서 소송의 대상이 된 거부처분을 실체법상의 위법사유에 기하여 취소하는 판결이 확정된 경우에는 당해 거부처분을 한 행정청은 **원칙적으로 신청을 인용하는 처분을 하여야 하고,** 사실심 변론종결 이전의 사유를 내세워 다시 거부처분을 하는 것은 확정판결의 기속력에 저촉되어 허용되지 아니한다(대법원 2001.3.23. 99두5238).

⑤ (o) 대법원 1998.1.7. 97두22. [해 답] ④

20. 거부처분의 취소판결에 대한 간접강제에 관한 설명 중 옳지 않은 것은? (다툼이 있는 경우 판례에 의함)

① 행정청이 취소판결에 따른 재처분의무를 이행하지 아니하여야 한다.

② 간접강제결정에서 정한 의무이행기한이 경과한 후에라도 확정판결의 취지에 따른 재처분이 행하여지면 배상금을 추심하는 것이 허용되지 않는다.

③ 간접강제가 허용되는 것은 취소판결에 의하여 취소된 행정처분이 거부처분인 경우라야 할 것이다.

④ 재처분을 하였다 하더라도 그것이 종전 거부처분에 대한 취소의 확정판결의 기속력에 반하는 등으로 당연무효라면 간접강제를 할 수 있다.

⑤ 행정처분에 대하여 무효확인 판결이 내려진 경우에도 간접강제가 허용된다.

해설 ① (o) 행정청이 재처분을 하지 아니하는 때에는 제1심 수소법원은 당사자의 신청에 의하여 결정으로써 상당한 기간을 정하고 행정청이 그 기간 내에 이행하지 아니하는 때에는 그 지연기간에 따라 일정한 배상을 할 것을 명하거나 즉시 손해배상을 할 것을 명할 수 있다(행정소송법 34①). 행정청이 그 판결의 취지에 따른 처분을 하여야 할 의무는 비대체적인 의무이므로, 이를 강제하기 위하여 간접강제를 인정한 것이다.

② (o) 간접강제결정에서 정한 의무이행기한이 경과한 후에라도 확정판결의 취지에 따른 재처분이 행하여지면 배상금을 추심함으로써 심리적 강제를 꾀한다는 당초의 목적이 소멸하여 처분상대방이 더 이상 배상금을 추심하는 것이 허용되지 않는다(대법원 2010.12.23. 2009다37725).

③ (o) 대법원 1998.12.24. 98무37.

④ (o) 재처분을 하였다 하더라도 그것이 종전 거부처분에 대한 취소의 확정판결의 기속력에 반하는 등으로 당연무효라면 이는 아무런 재처분을 하지 아니한 때와 마찬가지라 할 것이므로, 이러한 경우에는 행정소송법 제30조 제2항, 제34조 제1항 등에 의한 간접강제 신청에 필요한 요건을 갖춘 것으로 보아야 한다(대법원 2002.12.11. 2002무22).

⑤ (x) 행정소송법 제38조 제1항이 무효확인 판결에 관하여 취소판결에 관한 규정을 준용함에 있어서 같은 법 제30조 제2항을 준용한다고 규정하면서도 같은 법 제34조는 이를 준용한다는 규정을 두지 않고 있으므로, 행정처분에 대하여 **무효확인 판결이 내려진 경우에는 그 행정처분이 거부처분인 경우에도 행정청에 판결의 취지에 따른 재처분의무가 인정될 뿐** 그에 대하여 간접강제까지 허용되는 것은 아니라고 할 것이다(대법원 1998.12.24. 98무37). [해 답] ⑤

47 무효등확인소송

1. 무효등확인소송에 관련된 설명 중 옳지 않은 것을 모두 고른 것은? (다툼이 있는 경우 판례에 의함)

㉠ 무효확인소송이 허용되는 이유는 외형상 행정처분이 존재하고 그 처분의 성질상 유효한 효력이 지속하는 것으로 오인될 가능성이 있기 때문에 그 효력의 부정을 선언할 필요가 있기 때문이다.
㉡ 무효확인소송에는 제소기간의 제한을 받지 않지만, 사정판결규정은 준용되고 있다.
㉢ 무효등확인소송에는 처분이나 재결의 무효확인소송·유효확인소송·존재확인소송·부존재확인소송 및 실효확인소송이 포함된다.
㉣ 국세청이 국세체납을 이유로 토지를 압류한 후 공매처분한 경우, 그 소유권자는 국가 또는 매수인을 상대로 부당이득반환청구의 소나 소유권이전등기말소청구의 소를 제

기하여 직접 위법상태를 제거할 수 있으면 무효확인을 구할 수 없다.
ⓜ 과세처분 취소청구를 기각하는 판결이 확정되었더라도 그 후 원고가 과세처분이 무효라 하여 무효확인을 소구할 수 있다.
ⓗ 두밀분교를 폐지하는 내용의 조례와 같은 교육에 관한 조례무효확인 소송은 시·도의 교육감을 피고로 제소하여야 한다.

① ㉠, ㉡, ㉥ ② ㉡, ㉣, ㉤ ③ ㉢, ㉤, ㉥
④ ㉣, ㉤, ㉥ ⑤ ㉡, ㉢, ㉤

해설 ㉠ (o) 행정처분의 무효확인소송이 허용되는 이유는 외형상 행정처분이 존재하고 그 처분의 성질상 유효한 효력이 지속하는 것으로 오인될 가능성이 있는 것에 대하여 재판에 의하여 그 효력의 부정을 선언할 필요가 있다고 함에 있는 것이다(대법원 1969.12.9. 66누71). 무효등확인소송은 존재하는 처분의 무효등을 확인하는 소송이다. 재결무효확인소송의 경우에는 재결 자체에 고유한 위법이 있음을 이유로 한다.

㉡ (x) 사정판결에 관한 규정은 무효등확인소송과 부작위위법확인소송에는 준용되지 않는다(행정소송법 38). 당연무효의 행정처분을 소송목적물로 하는 행정소송에서는 존치시킬 효력이 있는 행정행위가 없기 때문에 행정소송법 제28조 소정의 사정판결을 할 수 없다(대법원 1996.3.22. 95누5509).

㉢ (o) 무효등확인소송에는 처분이나 재결의 무효확인소송(압류처분 무효확인소송)·유효확인소송(징수유예처분 유효확인소송)·존재확인소송(압류취소처분 존재확인소송)·부존재확인소송(압류처분 부존재확인소송) 및 실효확인소송(영업정지처분 실효확인소송)이 포함된다.
현재의 구체적인 권리나 법률관계만이 확인의 소의 대상이 될 뿐인데, 원고 소유의 대지가 타인 소유의 건물의 부지가 아님의 확인을 구하는 소는 사실관계의 확인을 구하는 것이어서 부적법하다(대법원 1991.12.24. 91누1974).

㉣ (x) 종전 판례는 확인소송에 있어서 일반적 소송요건인 즉시확정의 이익이 요구된다고 하였다. 다른 구제수단에 의하여 분쟁이 해결되지 않는 경우에 한하여 무효확인소송이 보충적으로 인정된다고 하는 **'무효확인소송의 보충성'**을 요구하여 왔다. 그 결과 무효인 행정처분의 집행이 종료된 경우에 부당이득반환청구의 소 등을 청구하여 직접 이러한 위법상태를 제거하는 길이 열려 있는 이상 그 행정처분에 대하여 무효확인을 구하는 것은 종국적인 분쟁 해결을 위한 필요하고도 적절한 수단이라고 할 수 없어 소의 이익이 없다고 판시하여 왔다. 그 후 **대법원 전원합의체 판결은** '무효확인을 구할 법률상 이익'이 있는지를 판단할 때, 행정처분의 무효를 전제로 한 이행소송 등과 같은 직접적인 구제수단이 있는지 여부를 따져볼 필요가 없다고 하여 **보충성 요건을 필요로 하였던 종전의 판례를 변경하였다**. 행정처분의 근거 법률에 의하여 보호되는 직접적이고 구체적인 이익이 있는 경우에는 행정소송법 제35조에 규정된 '무효확인을 구할 법률상 이익'이 있다고 보아야 하고, 이와 별도로 무효확인소송의 보충성이 요구되는 것은 아니므로 행정처분의 무효를 전제로 한 **이행소송 등과 같은 직접적인 구제수단이 있는지 여부를 따질 필요가 없다**고 해석함이 상당하다(대법원 2008.3.20. 2007두6342).

ⓜ (x) 과세처분 취소청구를 기각하는 판결이 확정되면 **그 처분이 적법하다는 점에 관하여 기판력이 생기고** 그 후 원고가 이를 무효라 하여 무효확인을 소구할 수 없는 것이어서 과세처분의 취소소송에서 청구가 기각된 확정판결의 기판력은 그 과세처분의 무효확인을 구하는 소송에도 미친다(대법원 1998.7.24. 98다10854).

ⓑ (o) 조례가 **집행행위의 개입 없이도 그 자체로서** 직접 국민의 구체적인 권리의무나 법적 이익에 영향을 미치는 등의 법률상 효과를 발생하는 경우 그 조례는 항고소송의 대상이 되는 행정처분에 해당하고, 이러한 조례에 대한 무효확인소송을 제기함에 있어서 피고적격이 있는 처분 등을 행한 행정청은, 지방자치단체의 집행기관으로서 조례로서의 효력을 발생시키는 공포권이 있는 지방자치단체의 장이라고 할 것이다. 반면, 교육에 관한 조례의 무효확인소송을 제기함에 있어서는 그 집행기관인 시·도 교육감을 피고로 하여야 할 것이다(대법원 1996.9.20. 95누8003). 집행행위의 개입 없이 그 자체로서 국민의 권리를 침해하는 조례는 물론 법규명령도 처분에 해당되어 무효확인의 대상이 된다. [해 답] ②

48 부작위위법확인소송

1. 부작위위법확인소송에 관한 설명 중 옳지 않은 것을 모두 고른 것은? (다툼이 있는 경우 판례에 의함)

> ㉠ 행정청은 어떤 행위를 하여 줄 것을 요구하는 신청권이 없는 자의 신청에 대하여도 응답의무가 있기 때문에 상당한 기간 동안 처분을 하지 않으면 위법한 부작위에 해당된다.
> ㉡ 위법한 부작위를 한 행정청에게 적법한 처분을 하도록 명령하는 것은 아니다.
> ㉢ 부작위위법확인소송에 있어서는 당해 부작위의 직접상대방이 아닌 제3자에게는 원고적격이 인정되지 아니한다.
> ㉣ 부작위위법확인의 소는 부작위상태가 계속되는 한 그 위법의 확인을 구할 이익이 있다고 보아야 하므로, 비록 행정심판을 거쳤더라도 제소기간의 제한을 받지 않는다.
> ㉤ 행정청의 부작위에 대하여 일정한 행정처분을 하도록 명하는 이행판결을 구하는 소송은 허용되지 않는다.
> ㉥ 당사자의 신청이 있은 이후 당사자에게 생긴 사정의 변화로 인하여 부작위가 위법하다는 확인을 받는다고 하더라도 권리와 이익을 보호·구제받는 것이 불가능하게 된 경우에는 소의 이익을 상실하게 된다.

① ㉠, ㉢, ㉣ ② ㉡, ㉤, ㉥ ③ ㉢, ㉣, ㉤
④ ㉠, ㉤, ㉥ ⑤ ㉠, ㉢, ㉥

해설 ㉠ (x) 부작위위법확인소송의 대상으로서의 부작위는 행정청이 당사자의 신청에 대하여 상당한 기간 내에 일정한 처분을 하여야 할 법률상 의무가 있음에도 불구하고 이를 하지 아니하는 것을 말한다(행정소송법 2①(1)).

국민의 신청에 대한 행정청의 거부행위가 항고소송의 대상이 되는 행정처분에 해당하기 위하여는 국민이 행정청에 대하여 그 신청에 따른 행정행위를 하여 줄 것을 요구할 수 있는 법규상 또는 조리상의 권리가 있어야 한다. 부작위위법확인의 소에 있어 당사자가 행정청에 대하여 어떠한 행정행위를 하여 줄 것을 요구할 수 있는 **법규상 또는 조리상 권리를 갖고 있지 아니한 경우에는 원고적격이 없거나** 항고소송의 대상인 **위법한 부작위가 있다고 볼 수 없어** 그 부작위위법확인의 소는 부적법하다(대법원 1999.12.7. 97누17568). 부작위위법확인의 소는 행정청의 응답을 신속하게 하여 부작위 또는 무응답이라고 하는 소극적인 위법상태를 제거하는 것을 목적으로 하는 제도이다(대법원 1995.9.15. 95누7345).

㉡ (o) 부작위위법확인소송은 부작위가 위법하다는 확인하는 소송이다. 그러므로 작위의무확인소송은 항고소송의 대상이 되지 않는다. 국가보훈처장 발행 서적의 독립투쟁에 관한 내용을 시정하여 관보에 그 뜻을 표명하여야 할 의무 및 독립운동단체 소속의 독립운동자들에게 법률 소정의 보상급여의무의 확인을 구하는 청구는 작위의무확인소송으로서 항고소송의 대상이 되지 아니한다(대법원 1989.1.24. 88누3116).

㉢ (x) 행정소송법상 취소소송이나 부작위위법확인소송에 있어서는 당해 행정처분 또는 부작위의 직접상대방이 아닌 제3자라 하더라도 그 처분의 취소 또는 부작위위법확인을 받을 법률상의 이익이 있는 경우에는 원고적격이 인정된다(대법원 1989.5.23. 88누8135).

㉣ (x) 부작위위법확인의 소는 부작위상태가 계속되는 한 그 위법의 확인을 구할 이익이 있다고 보아야 하므로 원칙적으로 제소기간의 제한을 받지 않는다. 그러나 행정소송법 제38조 제2항이 제소기간을 규정한 같은 법 제20조를 부작위위법확인소송에 준용하고 있는 점에 비추어 보면, **행정심판 등 전심절차를 거친 경우에는 행정소송법 제20조가 정한 제소기간 내에 부작위위법확인의 소를 제기하여야 한다**(대법원 2009.7.23. 2008두10560).

㉤ (o) 행정소송법상 행정청으로 하여금 일정한 행정처분을 하도록 명하는 이행판결을 구하는 소송이나 법원으로 하여금 행정청이 일정한 행정처분을 행한 것과 같은 효과가 있는 행정처분을 직접 행하도록 하는 형성판결을 구하는 소송은 허용되지 아니한다(대법원 1997.9.30. 97누3200). 그러나 개정 행정소송법은 의무이행판결을 허용하고 있다(개정안 44).

㉥ (o) 당사자의 신청이 있은 이후 당사자에게 생긴 사정의 변화로 인하여 위 부작위가 위법하다는 확인을 받는다고 하더라도 종국적으로 침해되거나 방해받은 권리와 이익을 보호·구제받는 것이 불가능하게 되었다면 그 부작위가 위법하다는 확인을 구할 이익은 없다. 지방자치단체가 조례를 통하여 노동운동이 허용되는 사실상의 노무에 종사하는 공무원의 구체적 범위를 규정하지 않고 있는 것에 대하여 버스전용차로 통행위반 단속업무에 종사하는 자가 부작위위법확인의 소를 제기하였으나 **상고심 계속중에 정년퇴직한 경우**, 위 조례를 제정하지 아니한 부작위는 위법하다는 확인을 구할 소의 이익이 상실되었다(대법원 2002.6.28. 2000두4750).

취소소송에서 위법판단기준시는 처분시설이지만, **부작위위법확인소송에서의 위법판단의 기준시는 판결시**로 볼 수밖에 없다. [해 답] ①

49 당사자소송

1. 당사자소송에 관한 설명 중 옳지 않은 것을 모두 고른 것은? (다툼이 있는 경우 판례에 의함)

㉠ 당사자소송은 행정청의 공권력의 행사·불행사의 결과로서 생긴 법률관계에 관하여 다투는 소송을 포함한다.
㉡ 납세의무부존재확인의 소는 공법상의 법률관계 그 자체를 다투므로 당사자소송이다.
㉢ 국가와 채용계약에 의하여 일정기간 연구업무에 종사하는 계약직공무원이 국가의 일방적 계약해지통지를 받은 경우에 그 해지통지는 공권력 행사에 해당되므로, 그 처분에 대한 항고소송을 제기하여야 한다.
㉣ 형식적 당사자소송은 실질적으로는 행정청의 처분 등을 다투는 소송이므로, 항고소송에서와 같이 처분청을 피고로 하여 법률관계의 당사자가 제기하는 소송이다.
㉤ 당사자소송에 있어서 피고적격은 항고소송에서와 같이 행정청이 된다.
㉥ 공법상 당사자소송에서 재산권의 청구를 인용하는 판결을 하는 경우 가집행선고를 할 수 있다.

① ㉠, ㉡, ㉢　② ㉡, ㉣, ㉥　③ ㉢, ㉣, ㉤
④ ㉠, ㉢, ㉤　⑤ ㉣, ㉤, ㉥

해설 ㉠ (o) 당사자소송은 행정청의 처분 등을 원인으로 하는 법률관계에 관한 소송, 그 밖에 공법상의 법률관계에 관한 소송을 말한다(행정소송법 3(2)). 당사자소송은 행정청의 그러한 공권력의 행사·불행사의 결과로서 생긴 법률관계에 관하여 다투는 소송을 포함하여 그 밖에 서로 대등하게 대립된 당사자 사이의 공법상의 법률관계에 관한 소송이다. 항고소송에서와 같이 행정청의 권한행사를 소송물로 하는 것이 아니고 **공법상의 권리관계(법률관계) 그 자체를 소송물로 하는 소송**이며 그 점에서 민사소송에 아주 가깝다.

ⓛ (o) 실질적 당사자소송으로 **처분 등을 원인으로 하는 법률관계에 관한 소송**이 있다. 과세처분의 무효 또는 취소를 전제로 한 조세채무부존재확인소송과 같이 처분으로 형성된 법률관계 그 자체를 다투는 소송이 당사자소송에 속한다. 납세의무부존재확인의 소는 공법상의 법률관계 그 자체를 다투는 소송으로서 당사자소송이라 할 것이므로, 행정소송법 제3조 제2호, 제39조에 의하여 그 법률관계의 한쪽 당사자인 국가·공공단체 그 밖의 권리주체가 피고적격을 가진다 할 것이다.

ⓒ (x) 실질적 당사자소송으로 **공법상의 신분·지위 등의 확인소송과 공법상계약에 관한 소송**이 있다. 공무원이나 국·공립학교 학생 또는 국가유공자의 확인을 구하는 소를 당사자소송으로 보고 있다. 국가와 채용계약에 의하여 일정기간 연구업무에 종사하는 **계약직공무원이 국가의 일방적 계약해지통지를 다투는 소송**은, 그 해지통지를 공권력적 작용으로 볼 수 없어 항고소송에 의할 수 없고 지위확인을 구하는 당사자소송에 의한다. 또한 도시 및 주거환경 정비법에 의한 재개발조합은 조합원에 대한 관계에서 조합원의 강제가입 등 공법상의 권리의무관계에 선다고 할 것이므로, **조합원자격인정여부가 다투어지는 경우, 그 다툼**은 당사자소송의 대상이 된다. 판례는 지방전문직 공무원채용계약의 해지의사표시, 공중보건의사전문직공무원채용계약의 해지, 서울특별시립무용단원의 위촉과 해촉, 광주광역시시립합창단원의 재위촉거부 등을 당사자소송으로 본다.

ⓔ (x) 형식적 당사자소송은 행정청의 처분 등을 원인으로 하는 법률관계에 관한 소송 중에서 **그 법률관계의 한 쪽 당사자를 피고**로 하는 소송을 말한다. 예컨대 토지수용위원회의 재결 또는 이의신청재결(토지수용과 보상금을 결정하는 처분)에 불복하는 소송형태를 상정할 수 있다(공익사업을 위한 토지 등의 취득 및 보상에 관한 법률 85). ⓐ 토지소유자 또는 사업시행자는 처분청인 토지수용위원회를 피고로 하여 재결취소소송을 제기할 수 있다. ⓑ 재결의 취소를 구하는 것이 아니고 토지소유자 또는 사업시행자가 재결 중 보상재결에서 정한 **보상금만의 증액 또는 감액**을 직접 법률관계의 한쪽 당사자인 **사업시행자 또는 토지소유자**를 피고로 하여 보상금증액(감액)소송을 제기할 수 있다.

ⓜ (x) 당사자소송에 있어서는 항고소송과는 달리 행정청을 피고로 하는 것이 아니고, **법률관계의 한쪽 당사자인 국가·공공단체 그 밖의 권리주체를 피고로 한다**(행정소송법 39). 납세의무부존재확인의 소는 공법상의 법률관계 그 자체를 다투는 소송으로서 당사자소송이라 할 것이므로, 그 법률관계의 한쪽 당사자인 국가·공공단체 그 밖의 권리주체가 피고적격을 가진다(대법원 2000.9.8. 99두2765).

ⓑ (o) 국가를 상대로 하는 당사자소송의 경우에는 가집행선고를 할 수 없다(행정소송법 43). 그런데 헌법재판소는 소송촉진 등에 관한 특례법 제6조 단서 '국가를 상대로 하는 재산권의 청구에 관하여는 가집행의 선고를 할 수 없다'는 부분이 헌법 제11조 제1항에 위반된다고 결정하였다. 그 결과 위 단서는 삭제되었고, 국가가 민사상 당사자인 경우에는 가집행선고가 가능하게 되었다. 따라서 공법상 당사자소송에서 재산권의 청구를 인용하는 판결을 하는 경우 가집행선고를 할 수 있다. 행정소송법 개정안은 가집행선고의 제한 규정을 삭제하였다. [해 답] ③

50 객관적 소송

1. 객관적 소송에 관한 설명 중 옳지 않은 것은? (다툼이 있는 경우 판례에 의함)
① 객관적 소송은 개인의 주관적 권리의 보호를 목적으로 하는 것이 아니다.
② 하급지방자치단체의 장에 의하여 이미 기관소송이 제기되었다고 하더라도 행정처분의 직접 상대방이 아닌 제3자들은 위 기관소송과 별도로 항고소송의 형태로 행정처분의 취소를 구하는 소를 제기할 이익이 있다.
③ 기관소송으로는 지방의회나 교육위원회의 의결무효소송과 주무부장관이나 상급지방자치단체장의 감독처분에 대한 이의소송 등이 있다.
④ 민중소송은 법률상 이익이 있는 자는 누구나 제기할 수 있지만, 기관소송은 법률이 정한 자에 한하여 제기할 수 있다.
⑤ 행정청의 고시 일부조항이 상위법규인 법률, 시행규칙 및 헌법 등에 반하여 무효이므로 그 확인을 구한다는 소송은 민중소송에 해당된다.

해설 ① (o) 법률이 공익적 견지에서 개인의 권익보호와는 직접 관계없이 행정작용의 적법성을 보장하기 위한 소송을 인정하는 경우가 있다. 이러한 소송은 개인의 주관적 권리의 보호를 목적으로 하는 것이 아니고, 객관적인 행정작용의 적법성을 보장하기 위한 소송이기 때문에 객관적소송이라 한다. 객관적 소송에는 국가 또는 공공단체의 기관이 법률에 위반되는 행위를 한 때에 직접 자기의 법률상 이익과 관계없이 그 시정을 구하기 위하여 제기하는 **민중소송**(행정소송법 3(3))과 국가 또는 공공단체의 기관상호 간의 권한의 존부 또는 그 행사에 관한 다툼이 있을 때에 이를 해결하기 위하여 제기하는 **기관소송**(행정소송법 3(4))이 있다. 민중소송의 종류로는 선거무효소송, 당선무효소송(주관적 소송으로 보는 견해도 있다), 국민투표 또는 주민투표무효소송, 주민소송 등이 있다.

② (o) 하급지방자치단체의 장에 의하여 이미 기관소송이 제기되었다고 하더라도 행정처분의 직접 상대방이 아닌 제3자들은 위 기관소송과 별도로 항고소송의 형태로 행정처분의 취소를 구하는 소를 제기할 이익이 있다. 광역시장이 구청장의 구청 소속 공무원들에 대한 승진임용 처분을 취소한 경우, 당해 공무원들에게 위 처분의 취소를 구할 법률상 이익이 있다. 전국공무원노동조합의 총파업에 참가한 구청 소속 공무원들에 대한 구청장의 승진임용 처분을 광역시장이 취소한 것이 적법하다고 한 사례(부산고법 2006.11.10. 2006누3001).

③ (o) 지방자치단체의 장은 지방의회의 의결이 위법하다고 인정되는 때에는 먼저 지방의회에 재의를 요구하고, 재의결된 사항도 역시 위법하면 재의결된 날로부터 20일 이내에 대법원에

그 무효확인의 소를 제기할 수 있다(지방자치법 107③, 172③). 교육감은 시·도의회 또는 교육위원회의 의결이 법령에 위배된다고 인정할 때에는 재의를 요구할 수 있고, 재의결된 사항이 역시 위법하다고 인정되면, 재의결된 날로부터 20일 이내에 그 무효확인의 소를 제기할 수 있다. 교육감이 제소하지 아니할 때에는 교육과학기술부장관은 교육감에 제소를 지시하거나 직접 제소할 수 있다(지방교육자치에 관한 법률 28).

④ (x) 민중소송 및 기관소송은 법률이 정한 자에 한하여 제기할 수 있다(행정소송법 45).

⑤ (o) **행정청의 고시 일부조항이 상위법규인 법률, 시행규칙 및 헌법 등에 반하여 무효이므로 그 확인을 구한다는 소송은 행정소송법 제3조 제3호가 규정하고 있는 민중소송이고**, 이는 같은 법 제45조에 의하여 법률이 정한 경우에 법률에 정한 자에 한하여 제기할 수 있다. 행정소송의 대상이 될 수 있는 것은 구체적인 권리의무에 관한 분쟁이어야 하고 일반적, 추상적인 법령이나 고시 자체로서 국민의 구체적인 권리의무에 직접적인 변동을 초래하는 것이 아닌 것은 그 대상이 될 수 없는 것이므로 구체적인 권리의무에 관한 분쟁을 떠나서 고시 자체의 무효확인을 구하는 청구는 행정소송의 대상이 아닌 사항에 대한 것으로서 부적법하다(대법원 1991.8.27. 91누1738). 국유재산법시행규칙(1980.4.29. 재무부령 제1432호) 제58조 제1항이 국유재산법시행령(1977.6.13. 대통령령 제8598호) 제58조 제2항에 위반하여 무효이므로 **그 확인을 구한다는 소는 행정소송법 제3조 제3호에 규정한 민중소송이고** 이는 동법 제45조에 의하여 법률이 정하는 경우에 한하여 제기할 수 있다(대법원 1987.3.24. 86누656). [해 답] ④

51 행정조직법

1. 행정관청과 그 권한행사에 관한 설명 중 옳지 않은 것을 모두 고른 것은? (다툼이 있는 경우 판례에 의함)

㉠ 행정관청은 권리의무의 주체에 해당된다.
㉡ 대리권을 수여받은 행정청이 대리관계를 밝히지 않고 그 자신의 명의로 행정처분을 하였다면 당해 행정청이 항고소송의 피고가 되는 것이 원칙이다.
㉢ 행정권한의 위임은 권한의 법적인 귀속을 변경하는 것이므로, 법률이 위임을 허용하고 있는 경우에 한하여 인정된다.
㉣ 내부위임의 경우 수임관청이 그 위임된 바에 따라 위임관청의 이름으로 권한을 행사하여 처분을 하였다면, 그 처분의 취소를 구하는 소송의 피고는 실제로 처분을 한 수임관청이 된다.
㉤ 훈령에 위반한 행정행위는 행정조직 내부에서 직무상 의무위반으로 징계책임을 지며,

당해 행정행위가 위법하게 되는 것은 아니다.
ⓑ 상급행정기관의 하급행정기관에 대한 승인·동의·지시 등은 행정처분에 해당되지 않는다.

① ㉠, ㉣　② ㉡, ㉢　③ ㉢, ㉣
④ ㉣, ㉤　⑤ ㉤, ㉥

해설

㉠ (x) 행정관청은 국가의 의사 또는 판단을 결정하여 이를 외부에 표시하는 권한을 가지는 행정기관이다. **행정관청인 도지사는 권리의무의 주체가 아니다**(대법원 1989.4.25. 87후131). 행정관청은 행정주체를 위하여 권한을 갖는 행정기관이다.

㉡ (o) 권한의 대리는 행정관청의 권한의 전부 또는 일부를 대리자가 대리행사 하는 것으로 권한 그 자체가 이양되는 것은 아니다. 권한의 대행(대통령궐위시 권한대행(헌법 71))·직무대행(차관·차장의 직무대행(정부조직법 7②)), 국무총리의 국무회의의장 직무대행(정부조직법 12②)·직무대리(직무대리규정)라고도 한다.
대리권을 수여받은 데 불과하여 그 자신의 명의로는 행정처분을 할 권한이 없는 행정청의 경우 대리관계를 밝힘이 없이 그 자신의 명의로 행정처분을 하였다면 그에 대하여는 **처분명의자인 당해 행정청이 항고소송의 피고**가 되어야 하는 것이 원칙이다(대법원 2006.2.23. 2005부4).

㉢ (o) 권한의 위임은 행정관청이 그의 권한의 일부를 다른 행정기관에 위양하여 수임기관의 권한으로 행사하게 하는 것을 말한다. 권한의 위임에 있어서는 그 권한은 위임의 범위 안에서 수임기관의 권한이 되며, 수임기관은 권한을 그의 명의와 책임으로 행사하게 된다. 행정권한의 위임은 권한의 법적인 귀속을 변경하는 것이므로, **법률이 위임을 허용하고 있는 경우**에 한하여 인정된다(대법원 1995.11.28. 94누6475). 그러므로 권한의 위임은 법률의 근거를 요하지만, **내부위임은 법률의 근거가 없어도 가능하다**. 법률의 규정에 재위임을 허용하고 있으면 수임기관이 하급기관에 재위임할 수 있다.

㉣ (x) 행정관청이 특정한 권한을 법률에 따라 다른 행정관청에 이관한 경우와 달리 내부적인 사무처리의 편의를 도모하기 위하여 그의 보조기관 또는 하급행정관청으로 하여금 그의 권한을 사실상 행하도록 하는 **내부위임의 경우에는** 수임관청이 그 위임된 바에 따라 위임관청의 이름으로 권한을 행사하였다면 그 처분청은 위임관청이므로, 그 처분의 취소나 무효확인을 구하는 소송의 **피고는 위임관청으로 삼아야 한다**. 구청장이 **서울특별시장의 이름으로 한** 직위해제 및 파면의 처분청은 서울특별시장이므로, 구청장을 피고로 한 소를 각하한 원심의 판단은 정당하다(대법원 1991.10.8. 91누520). 행정기관이 하부기관에 대하여 소관권한을 내부위임 하였을 경우에는 수임기관은 위임기관의 명의로서 처분하여야 한다(대법원 1969.1.21. 68누193). 시장으로부터 압류처분권한을 내부위임받은 데 불과한 구청장으로서는 시장 명의로 압류처분을 대행처리할 수 있을 뿐이고 자신의 명의로 이를 할 수 없다 할 것이므로, **구청장이 자신의 명의로 한 압류처분은 권한 없는 자에 의하여 행하여진 위법무효**의 처분이다(대법원 1993.5.27. 93누6621).

㉤ (o) 상급관청이 하급관청을 감시하는 권한으로는 감독권·훈령권·인가(승인)권·취소 또는 정지권·권한쟁의결정권 등이 있다. 상급관청이 하급관청 또는 보조기관의 권한행사를 지휘하

는 권한을 '훈령권'이라 하며, 지휘를 위하여 발하는 명령을 '훈령'이라 한다. 국민의 권익보호를 위한 행정절차에 관한 훈령(1989.11.17. 국무총리훈령 제235호)은 상급행정기관이 하급행정기관에 대하여 발하는 일반적인 행정명령으로서 행정기관 내부에서만 구속력이 있을 뿐 대외적인 구속력을 가지는 것이 아니다(대법원 1994.8.9. 94누3414). 서울특별시가 정한 개인택시운송사업면허지침(훈령)은 재량권 행사의 기준으로 설정된 행정청의 내부의 사무처리준칙에 불과하므로, 대외적으로 국민을 기속하는 법규명령의 경우와는 달리 외부에 고지되어야만 효력이 발생하는 것은 아니다. 위 면허지침의 내용이 공고되지 않았으므로 이를 적용할 수 없다는 논지는 이유 없다(대법원 1997.1.21. 95누12941).

ⓑ (o) 상급행정기관의 하급행정기관에 대한 승인·동의·지시 등은 행정기관 상호 간의 내부행위로서 국민의 권리·의무에 직접 영향을 미치는 것이 아니므로 항고소송의 대상이 되는 행정처분에 해당한다고 볼 수 없다(대법원 1997.9.26. 97누8540). **도지사가 군수의 국토이용계획 변경결정 요청을 반려한 것은 행정기관 내부의 행위에 불과**할 뿐 국민의 구체적인 권리·의무에 직접적인 변동을 초래하는 것이 아니므로, 항고소송의 대상이 되는 행정처분에 해당하지 않는다(대법원 2008.5.15. 2008두2583).

[해 답] ①

2. 권한의 위임에 관한 설명 중 옳지 않은 것은? (다툼이 있는 경우 판례에 의함)

① 권한의 위임은 법률이 정한 권한분배를 대외적으로 변경하는 것이므로, 법률의 명시적 근거를 필요로 한다.

② 위임 또는 위탁을 받은 기관은 위임 또는 위탁을 받은 사무의 일부를 보조기관 또는 하급행정기관에 재위임할 수는 없다.

③ 권한의 위임은 행정관청 구성자의 일시 부재시에 보조기관이 그에 갈음하여 외부에 표시함이 없이 결재하는 경우인 대결과 구별된다.

④ 지방자치단체의 기관은 기관위임사무를 처리하는 범위 안에서는 국가기관의 지위에 서게 되어 상급국가기관의 지휘·감독을 받게 되며, 지방의회는 기관위임사무의 집행에 대하여는 관여할 수 없다.

⑤ 권한을 위임받은 수임기관은 자기의 권한으로 자기의 이름과 책임 아래서 그 권한을 행사하므로 항고소송에서 피고적격을 갖는다.

해설 ① (o) 위임의 근거는 원칙적으로 당해 권한을 특정한 행정관청의 권한으로 분배하는 각 개별법률에서 정하고 있다. 정부조직법 제6조 제1항은 '행정기관은 법령으로 정하는 바에 따라 그 소관사무의 일부를 보조기관 또는 하급행정기관에 위임하거나 다른 행정기관·지방자치단체 또는 그 기관에 위탁 또는 위임할 수 있다. 이 경우 위임 또는 위탁을 받은 기관은 특히 필요한 경우에는 법령으로 정하는 바에 따라 위임 또는 위탁을 받은 사무의 일부를 보조기관 또는 하급행정기관에 재위임할 수 있다'고 규정하여 포괄적인 위임의 근거를 정하고 있다.

② (x) 위임 또는 위탁을 받은 기관은 특히 필요한 경우에는 법령으로 정하는 바에 따라 위임 또는 위탁을 받은 사무의 일부를 보조기관 또는 하급행정기관에 재위임할 수 있다(정부조직법 6① 후문).

구 자동차운수사업법(1997.12.13. 법률 제5448호 여객자동차운수사업법으로 전문 개정되기 전의 것) 제69조 제1항은 "교통부장관은 이 법에서 규정하는 그 권한의 일부를 대통령령이 정하는 바에 의하여 도지사 또는 소속기관의 장에게 위임할 수 있다"고, 제2항은 "도지사는 제1항의 규정에 의하여 교통부장관으로부터 위임받은 권한의 일부를 교통부장관의 승인을 얻어 시장·군수 또는 구청장에게 재위임할 수 있다"고 각 규정하고 있으므로, **서울특별시장은 교통부장관의 승인을 얻은 후 규칙이 정하는 바에 따라 재위임하는 것이 가능하고,** 서울특별시 행정권한위임규칙(1994.12.20. 규칙 제2657호) [별표] 제17호 (나)목에 의하면 같은 법에 의한 과징금의 부과·징수 권한이 **서울특별시장으로부터 구청장에게 재위임**되어 있으므로 구청장은 과징금을 부과할 적법한 권한이 있는 자다(대법원 2000.2.8. 97누3767).

③ (o) 행정관청 구성자의 일시 부재시에 보조기관이 그에 갈음하여 외부에 표시함이 없이 결재하는 경우를 대결이라고 한다. 행정관청의 권한에 변경을 초래하지 않는 점에서 권한의 위임과 구별된다.

④ (o) 국가의 행정사무를 지방자치단체(예: 국가사무를 지방자치단체인 서울특별시·광역시·도에 위임하는 것) 또는 그 기관(예: 농림축산식품부장관이 서울특별시장·광역시장·도지사에게 위임하는 것)에 위임하는 경우이다. 지방자치법은 지방자치단체의 관할구역 내에 시행하는 국가행정사무는 법령에 다른 규정이 없으면 당해 지방자치단체의 장에게 위임하여 행하도록 하고 있다(지방자치법 102).

⑤ (o) 권한의 위임이 행하여진 때에는 위임관청은 그 사무를 처리할 권한을 잃으며, 수임기관이 자기의 권한으로 자기의 이름과 책임 아래서 그 권한을 행사한다. 따라서 항고소송에서 피고도 수임기관이 된다.

[해 답] ②

52 지방자치법

1. 지방자치단체의 법적지위에 관한 설명 중 옳지 않은 것은? (다툼이 있는 경우 판례에 의함)

① 지방자치단체는 법인으로서 권리·의무의 주체가 된다.

② 지방자치단체는 형사법상 책임능력을 갖지 않기 때문에 처벌을 받지 아니한다.

③ 지방자치단체는 독립된 법주체이므로 소송당사자가 될 수 있다.

④ 지방자치단체의 의회는 기본권주체성을 인정할 수 없으므로 헌법소원제기권도 없는 경우가 있다.

⑤ 서울특별시 서초구는 헌법 제23조가 보장하고 있는 재산권의 주체가 될 수 없다.

해설 ① (o) 지방자치단체는 공법상 법인으로 권리·의무의 주체로서 권리능력과 행위능력을 갖는다.

② (x) 지방자치단체는 국가기관의 일부가 아니라 국가기관과는 별도의 독립한 공법인이므로 지방자치단체 소속 공무원이 지방자치단체 고유의 자치사무를 수행하던 중 도로법 제81조 내지 제85조의 규정에 의한 위반행위를 한 경우에는 **지방자치단체는 도로법 제86조의 양벌규정에 따라 처벌대상이 되는 법인에 해당한다고** 할 것이다(대법원 2005.11.10. 2004도2657). 국가가 본래 그의 사무의 일부를 지방자치단체의 장에게 위임하여 처리하게 하는 **기관위임사무**의 경우 지방자치단체는 국가기관의 일부로 볼 수 있고, 지방자치단체가 그 고유의 자치사무를 처리하는 경우 지방자치단체는 국가기관의 일부가 아니라 국가기관과는 별도의 독립한 공법인으로서 양벌규정에 의한 처벌대상이 되는 법인에 해당한다(대법원 2009.6.11. 2008도6530).

③ (o) 그러나 읍·면은 지방자치단체의 하부 행정구역에 불과하여 민사소송에 있어 당사자능력을 인정할 수 없다(대법원 2002.3.29. 2001다83258).

④ (o) 기본권의 보장에 관한 각 헌법규정의 해석상 국민(또는 국민과 유사한 지위에 있는 외국인과 사법인)만이 기본권의 주체라 할 것이고, **국가나 국가기관 또는 국가조직의 일부나 공법인**은 기본권의 '수범자(受範者)'이지 기본권의 주체로서 그 '소지자'가 아니고 오히려 국민의 기본권을 보호 내지 실현해야 할 책임과 의무를 지니고 있는 지위에 있을 뿐이므로, 공법인인 **지방자치단체의 의결기관인 청구인 의회는 기본권의 주체가 될 수 없고**, 따라서 헌법소원을 제기할 수 있는 적격이 없다(헌재 1998.3.26. 96헌마345). 사안은 헌법재판소법 제68조 제1항의 헌법소원에 관한 것이고 제68조 제2항의 헌법소원은 행정청도 청구인적격을 갖는다.

⑤ (o) 기본권보장 규정인 헌법 제2장의 제목이 "국민의 권리와 의무"이고 그 제10조 내지 제39조에서 "모든 국민은 … 권리를 가진다"고 규정하고 있으므로 이러한 기본권의 보장에 관한 각 **헌법규정의 해석상 국민만이 기본권의 주체라 할 것이고**, 공권력의 행사자인 국가, 지방자치단체나 그 기관 또는 국가조직의 일부나 공법인은 기본권의 수범자이지 기본권의 주체가 아니고, 오히려 국민의 기본권을 보호 내지 실현해야 할 책임과 의무를 지니고 있을 뿐이다(헌재 1994.12.29. 93헌마120).

[해 답] ②

2. 지방자치에 있어서 주민의 권리에 관한 설명 중 옳지 않은 것을 모두 고른 것은? (다툼이 있는 경우 판례에 의함)

㉠ 지방자치단체의 구역 안에 주소가 있는 자는 그 지방자치단체의 주민이 된다.
㉡ 주민등록은 지방자치단체 주민으로서의 권리행사의 요건이다.
㉢ 지방자치법에 의한 주민투표권은 헌법이 보장하는 기본권 또는 헌법상 제도적으로 보장되는 주관적 공권으로 볼 수 있다.
㉣ 지방자치단체의 장은 주민에게 과도한 부담을 주거나 중대한 영향을 미치는 지방자

> 치단체의 주요 결정사항 등에 대하여 주민투표에 부칠 수 있다.
> ㉤ 국가정책에 관한 주민투표의 경우에 주민투표소송을 배제하는 것은 위헌이다.
> ㉥ 지방자치단체의 공금지출에 관한 사항, 재산의 취득·관리·처분에 관한 사항 등에 관하여 감사청구를 한 주민은 해당 지방자치단체의 장을 상대방으로 하여 소송을 제기할 수 있다.

① ㉠, ㉡　　② ㉡, ㉢　　③ ㉢, ㉤
④ ㉣, ㉤　　⑤ ㉤, ㉥

해설 ㉠ (o) 지방자치법 제12조; 주소를 가진 자이면 인종·국적·성별·연령·행위능력 여하를 묻지 않고 주민이 된다. 법인도 주민이 된다.
㉡ (o) 시장·군수 또는 구청장은 30일 이상 거주할 목적으로 그 관할 구역에 주소나 거소(를 가진 자(이하 "주민"이라 한다))를 이 법의 규정에 따라 등록하여야 한다. 다만, 외국인은 예외로 한다(주민등록법 6①). 주민등록부는 권리의무의 득실변경 등의 증명을 목적으로 하는 공부는 아니다(대법원 1968.11.19. 68도1231). 그러나 지방자치법은 주민의 요건으로 '지방자치단체의 구역 안에 주소가 있는 자'라고 규정하고 있으므로, **주민등록은 지방자치단체의 주민으로서의 권리행사의 요건**이라 할 수 있다.
㉢ (x) 주민투표는 지방자치단체의 장이 권한을 가지고 결정할 수 있는 사항에 대하여 주민투표에 부쳐 주민의 의사를 물어 행정에 반영하려는 데에 있다(대법원 2002.4.26. 2002추23). 지방자치법이 주민에게 주민투표권(제13조의2), 조례의 제정 및 개폐청구권(제13조의 3), 감사청구권(제13조의4) 등을 부여함으로써 주민이 지방자치사무에 직접 참여할 수 있는 길을 일부 열어 놓고 있지만, 이러한 제도는 어디까지나 입법에 의하여 채택된 것일 뿐 **헌법에 의하여 보장되고 있는 것은 아니므로** 주민투표권은 법률이 보장하는 권리일 뿐 헌법이 보장하는 기본권 또는 헌법상 제도적으로 보장되는 **주관적 공권으로 볼 수 없다**(헌재 2005.12.22. 2004헌마530). 주민투표권은 어디까지나 입법에 의하여 채택된 것일 뿐 헌법에 의하여 이러한 제도의 도입이 보장되고 있는 것은 아니므로, 헌법이 보장하는 기본권이 아니라 법률이 보장하는 권리에 불과하다(헌재 2007.6.28. 2004헌마643).
㉣ (o) 지방자치법 제14조 제1항; 주민에게 과도한 부담을 주거나 중대한 영향을 미치는 지방자치단체의 주요결정사항으로서 그 지방자치단체의 조례로 정하는 사항은 주민투표에 부칠 수 있다(주민투표법 7①). 제1항의 규정에 불구하고 다음 각호의 사항은 이를 주민투표에 부칠 수 없다(주민투표법 7②).

1. 법령에 위반되거나 재판중인 사항
2. 국가 또는 다른 지방자치단체의 권한 또는 사무에 속하는 사항
3. 지방자치단체의 예산·회계·계약 및 재산관리에 관한 사항과 지방세·사용료·수수료·분담금 등 각종 공과금의 부과 또는 감면에 관한 사항
4. 행정기구의 설치·변경에 관한 사항과 공무원의 인사·정원 등 신분과 보수에 관한 사항
5. 다른 법률에 의하여 주민대표가 직접 의사결정주체로서 참여할 수 있는 공공시설의 설치

에 관한 사항. 다만, 제9조 제5항의 규정에 의하여 지방의회가 주민투표의 실시를 청구하는 경우에는 그러하지 아니하다.

6. 동일한 사항(그 사항과 취지가 동일한 경우를 포함한다)에 대하여 주민투표가 실시된 후 2년이 경과되지 아니한 사항

ⓜ (x) 국가정책에 관한 주민투표의 경우에 주민투표소송을 배제함으로써 지방자치단체의 주요결정사항에 관한 주민투표의 경우와 달리 취급하였다 하더라도, 이는 양자 사이의 본질적인 차이를 감안한 것으로서 입법자의 합리적인 입법형성의 영역 내의 것이라 할 것이고, 따라서 자의적인 차별이라고는 보기 어려우므로, 이 사건 법률조항이 청구인들의 평등권을 침해한다고 볼 수 없다(헌재 2009.3.26. 2006헌마99).

ⓑ (o) 지방자치단체와 그 장의 권한에 속하는 사무의 처리가 법령에 위반되거나 공익을 현저히 해친다고 인정되면 감사를 청구할 수 있다(지방자치법 16①). 제16조 제1항에 따라 공금의 지출에 관한 사항, 재산의 취득·관리·처분에 관한 사항, 해당 지방자치단체를 당사자로 하는 매매·임차·도급 계약이나 그 밖의 계약의 체결·이행에 관한 사항 또는 지방세·사용료·수수료·과태료 등 공금의 부과·징수를 게을리 한 사항을 감사청구한 주민은 다음 각 호의 어느 하나에 해당하는 경우에 그 **감사청구한 사항과 관련이 있는 위법한 행위나 업무를 게을리 한 사실에 대하여** 해당 지방자치단체의 장(해당 사항의 사무처리에 관한 권한을 소속 기관의 장에게 위임한 경우에는 그 소속 기관의 장을 말한다. 이하 이 조에서 같다)을 상대방으로 하여 소송을 제기할 수 있다(지방자치법 17①). 소송의 계속중에 소송을 제기한 주민이 사망하거나 제12조에 따른 주민의 자격을 잃으면 소송절차는 중단된다. 소송대리인이 있는 경우에도 또한 같다(지방자치법 17⑥).

[해 답] ③

3. 주민투표권에 관한 설명 중 옳지 않은 것은? (다툼이 있는 경우 판례에 의함)

① 19세 이상의 주민 중 투표인명부 작성기준일 현재 그 지방자치단체의 관할 구역에 주민등록이 되어 있는 사람 등에 해당하는 사람에게는 주민투표권이 있다.

② 주민투표에 부쳐진 사항은 주민투표권자 총수의 3분의 1 이상의 투표와 유효투표수 과반수의 득표로 확정되지만, 전체투표수가 주민투표권자 총수의 3분의 1에 미달되거나, 주민투표에 부쳐진 사항에 관한 유효득표수가 동수인 경우에는 찬성과 반대 양자를 모두 수용하지 아니하기로 확정된 것으로 본다.

③ 미군부대이전은 지방자치단체의 장의 권한에 의하여 결정할 수 있는 사항이 아님이 명백하므로, 지방자치법 소정의 주민투표의 대상이 될 수 없다.

④ 지방의회가 조례로 정한 특정한 사항에 관하여 지방자치단체의 장이 일정한 기간 내에 반드시 주민투표를 실시하도록 규정한 조례안은 지방자치단체의 장의 고유권한을 침해하는 것은 아니다.

⑤ 주민투표의 효력에 관하여 이의가 있는 주민투표권자는 주민투표권자 총수의 100분의 1 이상의 서명으로 주민투표결과가 공표된 날부터 14일 이내에 관할선

거관리위원회 위원장을 피소청인으로 하여 소청할 수 있으며, 소청에 대한 결정에 관하여 불복이 있는 소청인은 특별시·광역시 및 도에 있어서는 대법원에 소를 제기할 수 있다.

해설 ① (o) 주민투표법 제5조 제1항. 다만, 「공직선거법」 제18조에 따라 선거권이 없는 사람에게는 주민투표권이 없다.

② (o) 주민투표에 부쳐진 사항은 주민투표권자 총수의 3분의 1 이상의 투표와 유효투표수 과반수의 득표로 확정된다. 다만, 다음 각호(1. 전체투표수가 주민투표권자 총수의 3분의 1에 미달되는 경우, 2. 주민투표에 부쳐진 사항에 관한 유효득표수가 동수인 경우)의 1에 해당하는 경우에는 **찬성과 반대 양자를 모두 수용하지 아니하거나,** 양자택일의 대상이 되는 사항 **모두를 선택하지 아니하기로 확정된 것으로 본다**(주민투표법 24①). 전체투표수가 주민투표권자 총수의 3분의 1에 미달되는 때에는 개표를 하지 아니한다(주민투표법 24②).

③ (o) 대법원 2002.4.26. 2002추23.

④ (x) 지방의회가 조례로 정한 특정한 사항에 관하여 지방자치단체의 장이 일정한 기간 내에 반드시 주민투표를 실시하도록 규정한 조례안은 지방자치단체의 장의 고유권한을 침해하는 것으로서 법령에 위반된다(대법원 2002.4.26. 2002추23).

지방자치단체의 장은 **주민 또는 지방의회의 청구에 의하거나 직권에 의하여** 주민투표를 실시할 수 있다(주민투표법 9①). 19세 이상 주민도 일정한 경우 그 지방자치단체의 장에게 주민투표의 실시를 청구할 수 있다(주민투표법 9②).

⑤ (o) 주민투표의 효력에 관하여 이의가 있는 주민투표권자는 주민투표권자 총수의 100분의 1 이상의 서명으로 주민투표결과가 공표된 날부터 14일 이내에 관할선거관리위원회 위원장을 피소청인으로 하여 시·군 및 자치구에 있어서는 특별시·광역시·도 선거관리위원회에, 특별시·광역시 및 도에 있어서는 중앙선거관리위원회에 소청할 수 있다(주민투표법 25①). 제1항의 소청에 대한 결정에 관하여 불복이 있는 소청인은 특별시·광역시 및 도에 있어서는 대법원에, 시·군 및 자치구에 있어서는 관할고등법원에 소를 제기할 수 있다(주민투표법 25②). [해 답] ④

4. 주민감사청구권과 주민소송권에 관한 설명 중 옳지 않은 것은? (다툼이 있는 경우 판례에 의함)

① 주민감사청구의 대상은 지방자치단체와 그 장의 권한에 속하는 사무의 처리가 법령에 위반되거나 공익을 현저히 해친다고 인정되는 사항이다.

② 주민감사청구는 어떠한 사무의 처리가 반드시 위법할 것을 요구하지 않으나, 주민소송에 있어서는 반드시 어떠한 재무회계 행위가 위법할 것을 요하므로 양자간에 결정적인 차이가 있다.

③ 주민소송에서 당사자는 법원의 허가를 받지 아니하고는 소의 취하, 소송의 화해 또는 청구의 포기를 할 수 없다.

④ 주민소송의 대상으로서 '공금의 지출에 관한 사항'이란 지출원인행위, 즉 지방자치단체의 지출원인이 되는 계약 그 밖의 행위로서 당해 행위에 의하여 지방자치단체가 지출의무를 부담하는 예산집행의 최초 행위와 그에 따른 지급명령 및 지출 등에 한정되고, 특별한 사정이 없는 한 이러한 지출원인행위 등에 선행하여 그러한 지출원인행위를 수반하게 하는 당해 지방자치단체의 장 및 직원, 지방의회 의원의 결정 등과 같은 행위는 포함되지 않는다고 보아야 한다.

⑤ 지방자치단체의 주민은 지방자치단체와 그 장의 권한에 속하는 사무의 처리가 법령에 위반되거나 공익을 현저히 해친다고 인정되는 경우에는 주민감사청구를 거치지 아니하고 주민소송을 제기할 수도 있다.

해설 ① (o) 지방자치단체의 19세 이상의 주민은 그 지방자치단체와 그 장의 권한에 속하는 사무의 처리가 **법령에 위반되거나 공익을 현저히 해친다고 인정되면** 감사를 청구할 수 있다. 다만, 수사나 재판에 관여하게 되는 사항 등에 해당하는 사항은 감사청구의 대상에서 제외한다(지방자치법 16①).

주민이 제기할 수 있는 소송의 종류는 다음과 같다(지방자치법 17②).

㉠ **중지청구소송:** 해당 행위를 계속하면 회복하기 곤란한 손해를 발생시킬 우려가 있는 경우에는 그 행위의 전부나 일부를 중지할 것을 요구하는 소송.

㉡ **처분취소·무효등확인소송:** 행정처분인 해당 행위의 취소 또는 변경을 요구하거나 그 행위의 효력유무 또는 존재 여부의 확인을 요구하는 소송.

㉢ **해태사실위법확인소송:** 게을리한 사실의 위법확인을 요구하는 소송.

㉣ **손해배상 등 청구소송:** 해당 지방자치단체의 장 및 직원, 지방의회의원, 해당 행위와 관련이 있는 상대방에게 손해배상청구 또는 부당이득반환청구를 할 것을 요구하는 소송.

② (o) 대전지법 2008.5.14. 2007구합2038.

③ (o) 지방자치법 제17조 제14항; 이 경우 법원은 허가하기 전에 감사청구에 연서한 다른 주민에게 이를 알려야 하며, 알린 때부터 1개월 이내에 허가 여부를 결정하여야 한다(지방자치법 17⑭).

④ (o) 대법원 2011.12.22. 2009두14309; 시장 갑이 도로확장공사계획을 수립하고 건설회사와 공사도급계약을 체결하여 공정을 마무리하였으나 해당 도로가 군용항공기지법에 반하여 개설되었다는 이유로 개통이 취소되자, 주민 을 등이 예산 낭비 등을 이유로 구 지방자치법 제13조의5 제2항 제4호에 따라 시장을 상대로 갑에게 손해배상청구를 할 것을 요구하는 소송을 제기한 사안에서, 을 등의 청구를 배척한 원심의 결론을 정당하다고 한 사례(대법원 2011.12. 22. 2009두14309).

⑤ (x) 지방자치법 제16조 제1항(주민의 감사청구)에 따라 공금의 지출에 관한 사항, 재산의 취득·관리·처분에 관한 사항, 해당 지방자치단체를 당사자로 하는 매매·임차·도급 계약이나 그 밖의 계약의 체결·이행에 관한 사항 또는 지방세·사용료·수수료·과태료 등 공금의 부과·징수를 게을리 한 사항을 **감사청구한 주민**은 다음 각 호의 어느 하나에 해당하는 경우에 그 감사청

구한 사항과 관련이 있는 위법한 행위나 업무를 게을리 한 사실에 대하여 해당 지방자치단체의 장(해당 사항의 사무처리에 관한 권한을 소속 기관의 장에게 위임한 경우에는 그 소속 기관의 장을 말한다)을 상대방으로 하여 소송을 제기할 수 있다(지방자치법 17①). [해 답] ⑤

5. 주민소환제도에 관한 설명 중 옳지 않은 것은? (다툼이 있는 경우 판례에 의함)

① 주민소환에 관한 법률에서 시장에 대한 주민소환의 청구사유에 관하여 아무런 규정을 두지 아니한 것은 주민소환이 남용되어 공직자가 소환될 위험성이 크기 때문에 과잉금지의 원칙에 위반된다.

② 주민소환은 주민의 의사에 의하여 공직자를 공직에서 해임시키는 것으로서 직접민주제 원리에 충실한 제도이다.

③ 주민소환은 주민에 의한 지방행정 통제의 가장 강력한 수단으로서 주민의 참정기회를 확대하고 주민대표의 정책이나 행정처리가 주민의사에 반하지 않도록 주민대표자기관이나 행정기관을 통제하여 주민에 대한 책임성을 확보하는 데 그 목적이 있다.

④ 주민소환제 자체는 지방자치의 본질적인 내용이라고 할 수 없으므로 이를 보장하지 않는 것이 위헌이라거나 어떤 특정한 내용의 주민소환제를 반드시 보장해야 한다는 헌법적인 요구가 있다고 볼 수는 없다.

⑤ 주민소환투표대상자는 관할선거관리위원회가 주민소환투표안을 공고한 때부터 주민소환투표결과를 공표할 때까지 그 권한행사가 정지된다.

해설

① (x) 주민소환에 관한 법률 제7조 제1항 제2호 중 시장에 대한 부분이 주민소환의 청구사유에 제한을 두지 않은 것은 주민소환제를 기본적으로 정치적인 절차로 설계함으로써 위법행위를 한 공직자뿐만 아니라 정책적으로 실패하거나 무능하고 부패한 공직자까지도 그 대상으로 삼아 공직에서의 해임이 가능하도록 하여 책임정치 혹은 책임행정의 실현을 기하려는 데 그 입법목적이 있다. 위와 같이 청구사유를 제한하지 않음으로써 주민소환이 남용되어 공직자가 소환될 위험성과 이로 인하여 주민들이 공직자를 통제하고 직접참여를 고양시킬 수 있는 공익을 비교하여 볼 때, 법익의 형량에 있어서도 균형을 이루었으므로, 위 조항이 과잉금지의 원칙을 위반하여 청구인의 공무담임권을 침해하는 것으로 볼 수 없다.
주민소환의 청구사유를 두지 않은 것은 입법자가 주민소환을 기본적으로 정치적인 절차로 설정한 것으로 볼 수 있고, 외국의 입법례도 청구사유에 제한을 두지 않는 경우가 많다는 점을 고려할 때 우리의 주민소환제는 기본적으로 정치적인 절차로서의 성격이 강한 것으로 평가될 수 있다 할 것이다. 주민소환제는 역사적으로도 위법·탈법행위를 한 공직자를 규제한다기보다 지역주민의 의사에 반하여 비민주적·독선적으로 정책을 추진하고 예산을 낭비하는 것을 광범위하게 통제하여야 한다는 이유에서 그 필요성이 강조되어 왔으므로, 이를 반영하기 위하

여는 주민소환의 청구사유에 제한을 둘 필요가 없고, 또 업무의 광범위성이나 입법기술적인 측면에서 보아도 지방자치단체장의 소환사유를 구체적으로 적시하는 것 또한 쉽지 않다(헌재 2009.3.26. 2007헌마843).

② (o) 헌재 2009.3.26. 2007헌마843.

③ (o) 주민소환은 주민이 지방의원·지방자치단체장 기타 지방자치단체의 공무원을 **임기 중에 주민의 청원과 투표로써 해임하는 제도**이고, 이는 주민에 의한 지방행정 통제의 가장 강력한 수단으로서 주민의 참정기회를 확대하고 주민대표의 정책이나 행정처리가 주민의사에 반하지 않도록 주민대표자기관이나 행정기관을 통제하여 주민에 대한 책임성을 확보하는 데 그 목적이 있다(헌재 2009.3.26. 2007헌마843).

④ (o) 헌재 2009.3.26. 2007헌마843.

⑤ (o) 주민소환에 관한 법률 제21조(**권한행사의 정지 및 권한대행**) 제1항; 법 제21조 제1항의 입법목적은 행정의 정상적인 운영과 공정한 선거관리라는 정당한 공익을 달성하려는 데 있고, 주민소환투표가 공고된 날로부터 그 결과가 공표될 때까지 주민소환투표 대상자의 권한행사를 정지하는 것은 위 입법목적을 달성하기 위한 상당한 수단이 되는 점, 위 기간 동안 권한행사를 일시 정지한다 하더라도 이로써 공무담임권의 본질적인 내용이 침해된다고 보기 어려운 점, **권한행사의 정지기간은 통상 20일 내지 30일의 비교적 단기간에** 지나지 아니하므로, 이 조항이 달성하려는 공익과 이로 인하여 제한되는 주민소환투표 대상자의 공무담임권이 현저한 불균형 관계에 있지 않은 점 등을 고려하면, 위 조항이 과잉금지의 원칙에 반하여 과도하게 공무담임권을 제한하는 것으로 볼 수 없다(헌재 2009.3.26. 2007헌마843). [해 답] ①

6. 지방자치사무와 조례제정에 관한 설명 중 옳지 않은 것을 모두 고른 것은? (다툼이 있는 경우 판례에 의함)

㉠ 자치사무는 법령에 명시적으로 규정되지만, 그 같은 규정이 없더라도 이해관계가 있는 지방자치단체의 고유한 사무는 자치사무에 해당된다.
㉡ 위임사무는 국가 또는 지방자치단체 등으로부터 지방자치단체 또는 지방자치단체의 장에게 위임된 사무를 말한다.
㉢ 지방자치단체는 원칙적으로 그 고유사무인 자치사무와 법령에 의하여 위임된 단체위임사무에 관하여 자치조례를 제정할 수 있다.
㉣ 기관위임사무에 관하여 제정되는 위임조례는 개별법령에서 일정한 사항을 조례로 정하도록 위임하고 있는 경우에 한하여 제정할 수 있다.
㉤ 자치사무와 단체위임사무에 관하여 제정되는 자치조례로 주민의 권리제한 또는 의무부과에 관한 사항이나 벌칙을 규정하는 경우 법률의 위임이 있어야 하는 것은 아니다.
㉥ 지방자치법 제22조에서 조례제정권을 보장하면서, 그 단서에서 국민의 권리제한·의무부과에 관한 사항을 규정하는 조례는 법률의 위임을 요구한다고 규정하는 것은 위헌이라고 할 수 있다.

① ㉠, ㉡, ㉤ ② ㉡, ㉢, ㉥ ③ ㉢, ㉣
④ ㉣, ㉤, ㉥ ⑤ ㉤, ㉥

해설 ㉠ (o) 지방자치단체는 주민의 복리에 관한 사무를 처리하고 재산을 관리하며(헌법 117① 전단), 지방자치법은 '관할 구역의 자치사무'(제9조 제1항)를 처리한다고 하여 자치사무를 규정하고 있다. 그러므로 국가나 다른 공공단체의 전권에 속하는 것을 제외하고는 그 주민의 복리를 위하여 각종의 행정을 수행함을 임무로 한다. 자치사무는 법령에 명시적으로 규정되지만, 그 같은 규정이 없더라도 이해관계가 있는 지방자치단체에 고유한 사무는 자치사무로서 지방자치단체의 권한에 속하는 것을 전권한성(全權限性)의 원칙이라고 한다.

㉡ (o) 위임사무 중 지방자치단체에 위임된 사무가 단체위임사무이고, 지방자치단체의 장에게 위임된 사무가 기관위임사무이다.

㉢ (o) 지방자치단체는 그 고유사무인 자치사무와 개별법령에 의하여 지방자치단체에 위임된 단체위임사무에 관하여 자치조례를 제정할 수 있다(대법원 2007.12.13. 2006추52). 지방자치단체에서 제정하는 조례도 불특정다수인에 대해 구속력을 가지는 법규이므로 조례제정행위도 입법작용의 일종으로서 헌법소원의 대상이 된다(헌재 1994.12.29. 92헌마216).

㉣ (o) 대법원 2007.12.13. 2006추52.

㉤ (x) 지방자치단체는 그 고유사무인 자치사무와 개별법령에 의하여 지방자치단체에 위임된 단체위임사무에 관하여 자치조례를 제정할 수 있지만, 그 경우라도 주민의 권리제한 또는 의무부과에 관한 사항이나 벌칙은 **법률의 위임이 있어야 하며,** 기관위임사무에 관하여 제정되는 이른바 위임조례는 개별법령에서 일정한 사항을 조례로 정하도록 위임하고 있는 경우에 한하여 제정할 수 있으므로, 주민의 권리제한 또는 의무부과에 관한 사항이나 벌칙에 해당하는 조례를 제정할 경우에는 그 조례의 성질을 묻지 아니하고 법률의 위임이 있어야 하고 그러한 **위임 없이 제정된 조례는 효력이 없다**(대법원 2007.12.13. 2006추52). 지방자치단체는 그 내용이 **주민의 권리의 제한 또는 의무의 부과에 관한 사항이거나 벌칙에 관한 사항이 아닌 한** 법률의 위임이 없더라도 조례를 제정할 수 있다(대법원 1992.6.23. 92추17).
주민의 권리를 제한하거나 의무를 부과하는 조례라고는 단정할 수 없어 **법률의 위임을 요하지 아니한 사례로는,** ⓐ 청주시의회에서 의결한 청주시행정정보공개조례안(대법원 1992.6.23. 92추17), ⓑ 지방자치단체의 세 자녀 이상 세대 양육비 등 지원에 관한 조례안(대법원 2006.10.12. 2006추38), **법률의 위임이 필요하다는 사례로는,** ⓐ 제주특별자치도에서 자동차대여사업을 하고자 하는 사람의 영업활동을 제한하는 내용의 '제주특별자치도 여객자동차 운수사업에 관한 조례안' (대법원 2007.12.13. 2006추52), ⓑ 영유아보육법이 보육시설 종사자의 정년에 관한 규정을 두거나 이를 지방자치단체의 조례에 위임한다는 규정을 두고 있지 않음에도 보육시설 종사자의 정년을 규정한 '서울특별시 중구 영유아 보육조례 일부개정조례안' (대법원 2009.5.28. 2007추134), ⓒ 담배소매업을 영위하는 주민들에게 자판기 설치를 제한하는 것을 내용으로 하는 조례를 제정함에 있어서는 법률의 위임을 필요로 한다(헌재 1995.4.20. 92헌마264).

㉥ (x) 지방자치법 제22조는 원칙적으로 헌법 제117조 제1항의 규정과 같이 지방자치단체의

자치입법권을 보장하면서, 그 단서에서 국민의 권리제한·의무부과에 관한 사항을 규정하는 조례의 중대성에 비추어 입법정책적 고려에서 **법률의 위임을 요구한다고 규정**하고 있는바, 이는 기본권 제한에 대하여 법률유보원칙을 선언한 헌법 제37조 제2항의 취지에 부합하므로 조례제정에 있어서 위와 같은 경우에 법률의 위임근거를 요구하는 것이 위헌성이 있다고 할 수 없다(대법원 1995.5.12. 94추28). 지방자치법 제22조 본문에서 지방자치단체는 '법령의 범위 안에서' 그 사무에 관하여 조례를 제정할 수 있다고 할 때, '법령의 범위 안에서'라는 의미는 **'법령에 위반되지 아니하는 범위 안에서'**라고 새긴다(대법원 2004.7.22. 2003추51). 따라서 법령에 저촉되지만 아니하면, 법령의 위임이 없더라도 그 권한에 속하는 사항에 대하여서는 조례를 제정할 수 있다. **조례에 대한 법률의 위임**은 법규명령에 대한 법률의 위임과 같이 반드시 **구체적으로 범위를 정하여 할 필요가 없으며 포괄적인 것으로 족하다**고 할 것이다(헌재 1995.4.20. 92헌마264).

[해 답] ⑤

7. 조례제정의 범위와 한계와 관련된 설명 중 옳지 않은 것은? (다툼이 있는 경우 판례에 의함)

① 지방자치법 제22조 본문은 지방자치단체는 법령의 범위 안에서 그 사무에 관하여 조례를 제정할 수 있다고 규정하고 있는데, 여기에서 '법령의 범위 안에서'라는 의미는 '법령에 위반되지 아니하는 범위 안에서'라는 의미이다.

② 국가의 법령이 정한 사항이라도 지역의 특수성을 고려하여 조례로 달리 정할 수 있다.

③ 자동차관리법령이 정한 자동차 등록기준보다 더 높은 수준의 기준을 부가하고 있는 차고지확보제도에 관한 조례안은 비록 그 법률적 위임근거는 있지만 그 내용이 차고지 확보기준 및 자동차등록기준에 관한 상위법령의 제한범위를 초과하여 무효이다.

④ 지방자치단체의 사무에 관한 자치조례에서 주민의 권리를 제한 또는 의무를 부과하는 경우에 법률의 위임은 위임입법의 한계에 관한 포괄적 위임입법금지의 원칙이 엄격하게 적용되고 있다.

⑤ 조례안의 일부가 위법한 경우에는 조례안에 대한 재의결은 전부 효력이 부인되어야 한다.

해설

① (o) 대법원 2004.7.22. 2003추51.

② (o) 국가의 법령이 반드시 그 규정에 의하여 전국에 걸쳐 일률적으로 동일한 내용을 규율하려는 취지가 아니고 각 지방자치단체가 그 지방의 실정에 맞게 별도로 규율하는 것을 용인하는 취지라고 해석되는 때에는 그 조례가 국가의 법령에 위반되는 것은 아니다(대법원 1997.4.25. 96추244).

③ (o) 대법원 1997.4.25. 96추251; **조례내용이 상위법령보다 더 높은 기준을 정하여 권익을 제한하는 침익초과조례**는 헌법 제117조 제1항과 지방자치법 제22조 본문에 비추어 법률우위의 원칙에 위반되어 위법하므로 무효에 해당된다.

④ (x) 조례가 규정하고 있는 사항이 그 근거 법령 등에 비추어 볼 때 **자치사무나 단체위임사무에 관한 것이라면** 이는 자치조례로서 지방자치법 제15조가 규정하고 있는 **'법령의 범위 안'이라는 사항적 한계가 적용될 뿐**, 위임조례와 같이 국가법에 적용되는 일반적인 위임입법의 한계가 적용될 여지는 없다(대법원 2000.11.24. 2000추29).

⑤ (o) 대법원 1994.4.26. 93추175. [해 답] ④

8. 국가의 지방자치단체에 대한 통제와 관련된 설명 중 옳지 않은 것을 모두 고른 것은? (다툼이 있는 경우 판례에 의함)

> ㉠ 자치단체의 자치사무에 관한 그 장의 명령이나 처분이 법령에 위반되거나 현저히 부당하여 공익을 해친다고 인정되면 시·도에 대하여는 주무부장관이, 시·군 및 자치구에 대하여는 시·도지사가 기간을 정하여 서면으로 시정할 것을 명할 수 있다.
> ㉡ 자치사무에 관한 감독청의 시정명령 자체는 처분에 해당하므로, 이에 대하여 불복이 있으면 그 시정명령의 취소를 구할 수 있다.
> ㉢ 지방자치단체의 사무에 관한 그 장의 명령이나 처분이 법령에 위반되는 경우라 함은 시·군·구의 장의 사무의 집행이 명시적인 법령의 규정을 구체적으로 위반한 경우뿐만 아니라 그러한 사무의 집행이 재량권을 일탈·남용하여 위법하게 되는 경우를 포함한다고 할 것이다.
> ㉣ 광역시장이 구청장의 구청 소속 공무원들에 대한 승진임용 처분을 취소한 경우, 당해 공무원들은 위 처분의 취소를 구할 법률상 이익이 있다.
> ㉤ 지방의회의 의결이 법령에 위반된다고 판단되어 주무부장관이나 시·도지사로부터 재의요구지시를 받은 지방자치단체의 장이 재의를 요구하지 아니하는 경우에는 주무부장관이나 시·도지사는 대법원에 직접 제소할 수 있다.
> ㉥ 직무이행명령의 대상은 국가위임사무 또는 시·도 위임사무로서 기관위임사무를 말한다.

① ㉠, ㉡　　② ㉡, ㉢　　③ ㉢, ㉣
④ ㉠, ㉤　　⑤ ㉡, ㉥

해설 ㉠ (x) 자치단체의 사무에 관한 그 장의 명령이나 처분이 법령에 위반되거나 현저히 부당하여 공익을 해친다고 인정되면 시·도에 대하여는 주무부장관이, 시·군 및 자치구에 대하여는 시·도지사가 기간을 정하여 서면으로 시정할 것을 명할 수 있다. 이 경우 **자치사무에 관한 명령이나 처분**에 대하여는 **법령을 위반**하는 것에 한한다(지방자치법 169①). 이처럼 지방자치단체의 사무에 관한 그 장의 위법·부당한 명령이나 처분에 대하여 감독청이 그 시정을 요구하는 것을 시정명령권이라고 한다.

㉡ (x) 자치사무에 관한 감독청의 시정명령을 이행하지 아니하면 지방자치단체장의 명령이나 처분을 취소하거나 정지하게 되는데, 바로 이 취소·정지행위가 처분에 해당된다. 지방자치법 제169조 제2항 역시 "지방자치단체의 장은 제1항에 따른 자치사무에 관한 명령이나 처분의 취소 또는 정지에 대하여 이의가 있으면 그 **취소처분 또는 정지처분**을 통보받은 날부터 15일 이내에 대법원에 소를 제기할 수 있다"고 규정하여, 자치사무에 관한 처분의 취소 또는 정지처분에 대하여서만 제소를 허용하고 있다. 그러므로 감독청의 시정명령 자체는 처분이 아니다. 전북교육감이 교육과학기술부가 **자율형사립고 지정취소에 대해 한 시정명령을 취소해 달라는 시정명령 취소소송**에서, 주무부장관이 **지방자치법 제169조 제1항에 따라 시·도에 대해 한 시정명령에 관해서도 대법원에 소를 제기할 수 있다는 규정이 없으므로** 이러한 소송은 허용되지 않는다는 이유로 각하판결을 하였다(대법원 2011.1.27. 2010추42).

㉢ (o) 대법원 2007.3.22. 2005추62; 시·군·구의 장의 자치사무의 일종인 당해 지방자치단체 소속 공무원에 대한 승진처분이 재량권을 일탈·남용하여 위법하게 된 경우 시·도지사는 지방자치법 제157조 제1항 후문에 따라 그에 대한 시정명령이나 취소 또는 정지를 할 수 있다(대법원 2007.3.22. 2005추62 전원합의체판결 승진임용직권취소처분취소청구).

㉣ (o) 하급지방자치단체의 장에 의하여 이미 기관소송이 제기되었다고 하더라도 행정처분의 직접 상대방이 아닌 제3자들은 위 기관소송과 별도로 항고소송의 형태로 행정처분의 취소를 구하는 소를 제기할 이익이 있다(부산고법 2006.11.10. 2006누3001).

㉤ (o) 지방의회의 의결이 법령에 위반된다고 판단되어 주무부장관이나 시·도지사로부터 재의요구지시를 받은 지방자치단체의 장이 재의를 요구하지 아니하는 경우(법령에 위반되는 지방의회의 의결사항이 조례안인 경우로서 재의요구지시를 받기 전에 그 조례안을 공포한 경우를 포함한다)에는 주무부장관이나 시·도지사는 20일이 지난날부터 7일 이내에 대법원에 직접 제소 및 집행정지결정을 신청할 수 있다(지방자치법 172⑦).

㉥ (o) 지방자치단체의 장이 법령의 규정에 따라 그 의무에 속하는 **국가위임사무나 시·도위임사무**의 관리와 집행을 명백히 게을리 하고 있다고 인정되면 시·도에 대하여는 주무부장관이, 시·군 및 자치구에 대하여는 시·도지사가 기간을 정하여 서면으로 이행할 사항을 명령할 수 있다(지방자치법 170①). 지방자치단체의 장은 제1항의 이행명령에 이의가 있으면 이행명령서를 접수한 날부터 15일 이내에 대법원에 소를 제기할 수 있다. 이 경우 지방자치단체의 장은 이행명령의 집행을 정지하게 하는 집행정지결정을 신청할 수 있다(지방자치법 170③).

[해 답] ①

53 공무원법

1. 공무원관계의 발생·변경·소멸에 관한 설명 중 옳지 않은 것은? (다툼이 있는 경우 판례에 의함)

① 공무원관계는 신규채용으로 발생하며, 승진임용·전직·전보·강임·휴직·직위해제 및 복직 등으로 변경되고, 면직 등으로 소멸한다.

② 임용당시 공무원임용결격사유가 있었는데 국가의 과실에 의하여 임용결격자임을 밝혀내지 못하고 임용되었다면 그 임용행위는 유효로 보아야 한다.

③ 공무원에 대한 임명 또는 해임 행위는 행정처분이므로 임명 또는 해임의 의사표시가 상대방에게 도달되지 아니하면 그 효력을 발생할 수 없다.

④ 당초 임용 당시 공무원 결격사유가 있었던 자를 그 후의 공무원 경력을 바탕으로 특별임용하였으나 특별임용 당시에는 공무원 결격사유가 없는 경우에 특별임용의 하자는 취소사유에 불과하다.

⑤ 임용결격자가 공무원으로 임용되어 사실상 근무하였다고 하여도 공무원연금법이나 근로기준법에 의한 퇴직금을 받을 수 없다.

해설 ① (o) 공무원관계를 발생·변경·소멸시키는 모든 행위를 총괄하여 '임용'이라 한다. '임용'이라 함은 신규채용·승진임용·전직·전보·겸임·파견·강임·휴직·직위해제·정직·강등·복직·면직·해임 및 파면을 말한다(공무원임용령 2(1)).

② (x) 경찰공무원법에 규정되어 있는 경찰관임용 결격사유는 경찰관으로 임용되기 위한 절대적인 소극적 요건으로서 임용 당시 경찰관임용 결격사유가 있었다면 비록 임용권자의 과실에 의하여 임용결격자임을 밝혀내지 못하였다 하더라도 그 임용행위는 당연무효로 보아야 한다(대법원 2005.7.28. 2003두469).

③ (o) 공무원에 대한 임명 또는 해임 행위는 임명권자의 의사표시를 내용으로 하는 하나의 행정처분으로 보아야 할 것이므로, 이 임명 또는 해임의 의사표시가 상대방에게 도달되지 아니하면 그 효력을 발생할 수 없다 할 것이요, 임명권자가 일반적으로 어떠한 공무원을 해임하고 그 후임 공무원을 임명하는 의사를 결정하였다 하여도 아직 그 의사표시가 그 공무원에게 도달되기까지는 그 공무원은 그 권한에 속하는 직무를 수행할 권한이 있다(대법원 1962. 11.15. 62누165). 국·공립대학교의 교원에 대한 '신규임용의 거부' 및 재임용을 거부하는 취지의 '임용기간만료통지'는 행정처분에 해당된다.

④ (o) 대법원 1998.10.23. 98두12932.

⑤ (o) 당연무효인 임용결격자에 대한 임용행위에 의하여 공무원의 신분을 취득할 수는 없으므로, 임용결격자가 공무원으로 임용되어 사실상 근무하여 왔다고 하더라도 적법한 공무원으로서의 신분을 취득하지 못한 자로서는 공무원연금법 소정의 퇴직급여 등을 청구할 수 없으며, 나아가 임용결격사유가 소멸된 후에 계속 근무하여 왔다고 하더라도 **그때부터 무효인 임용행위가 유효로 되어 적법한 공무원의 신분을 회복하고 퇴직급여 등을 청구할 수 있다고 볼 수는 없다**(대법원 1996.2.27. 95누9617). [해 답] ②

2. 공무원관계의 변경·소멸에 관한 설명 중 옳지 않은 것을 모두 고른 것은? (다툼이 있는 것은 판례에 의함)

㉠ 모든 공무원은 형의 선고, 징계처분 또는 국가공무원법에 정하는 사유에 의하지 아니하고는 그 의사에 반하여 휴직·강임 또는 면직을 당하지 아니한다.
㉡ 공무원이 당해 지방자치단체 인사위원회의 심의를 거쳐 승진대상자로 결정되고 임용권자가 그 사실을 대내외에 공표한 경우, 그 공무원은 조리상 승진임용 신청권이 있다.
㉢ 지방자치단체의 장은 다른 지방자치단체의 장의 동의를 받아 그 소속 공무원을 전입하도록 할 수 있는데, 이때 그 소속 공무원의 동의를 요하는 것은 아니다.
㉣ 직위해제는 과거의 공무원의 비위행위에 대하여 질서유지를 목적으로 행하여지는 징벌적 제재로서의 징계처분과 그 성질이 같다.
㉤ 동일한 사유에 대한 직위해제처분이 있은 후 다시 해임처분이 있었다 하여 일사부재리의 법리에 어긋난다고 할 수 없다.
㉥ 직위해제가 된 때에는 직무에 종사하지 못하며 출근도 할 수 없다.

① ㉠, ㉢, ㉣ ② ㉡, ㉣, ㉥ ③ ㉢, ㉣, ㉤
④ ㉠, ㉡, ㉢ ⑤ ㉢, ㉤, ㉥

해설 ㉠ (x) 공무원은 형의 선고, 징계처분 또는 이 법에서 정하는 사유에 따르지 아니하고는 본인의 의사에 반하여 휴직·강임 또는 면직을 당하지 아니한다. 다만, **1급 공무원**과 제23조에 따라 배정된 직무등급이 가장 높은 등급의 직위에 임용된 **고위공무원단**에 속하는 공무원은 그러하지 아니하다(국가공무원법 68).

㉡ (o) 4급 공무원이 당해 지방자치단체 인사위원회의 심의를 거쳐 3급 승진대상자로 결정되고 임용권자가 그 사실을 대내외에 공표까지 하였다면, 그 공무원은 승진임용에 관한 법률상 이익을 가진 자로서 임용권자에 대하여 3급 승진임용 신청을 할 조리상의 권리가 있다(대법원 2008.4.10. 2007두18611).

㉢ (x) 지방자치단체의 장은 다른 지방자치단체의 장의 동의를 받아 그 소속 공무원을 전입하

도록 할 수 있다(지방공무원법 29의3). 지방공무원법 제29조의3 규정에 의하여 동의를 한 지방자치단체의 장이 소속 공무원을 전출하는 것은 임명권자를 달리하는 지방자치단체로의 이동인 점에 비추어 **반드시 당해 공무원 본인의 동의를 전제로 하는 것이고**, 당해 공무원의 동의 없는 지방공무원법 제29조의3의 규정에 의한 전출명령은 위법하여 취소되어야 한다(대법원 2001.12.11. 99두1823).

ⓡ (x) 임용권자는 다음 각 호의 어느 하나에 해당하는 자에게는 **직위를 부여하지 아니할 수 있다**(국가공무원법 73의3①). ⓐ 직무수행 능력이 부족하거나 근무성적이 극히 나쁜 자, ⓑ 파면·해임·강등 또는 정직에 해당하는 징계 의결이 요구 중인 자, ⓒ 형사 사건으로 기소된 자(약식명령이 청구된 자는 제외한다), ⓓ 고위공무원단에 속하는 일반직공무원으로서 제70조의2 제1항 제2호 및 제3호의 사유로 적격심사를 요구받은 자. 직위를 부여하지 아니한 경우에 그 사유가 소멸되면 임용권자는 지체 없이 직위를 부여하여야 한다(국가공무원법 73의3②).

직위해제는 일반적으로 공무원이 직무수행능력이 부족하거나 근무성적이 극히 불량한 경우, 공무원에 대한 징계절차가 진행중인 경우, 공무원이 형사사건으로 기소된 경우 등에 있어서 당해 공무원이 장래에 있어서 계속 직무를 담당하게 될 경우 예상되는 업무상의 장애 등을 예방하기 위하여 일시적으로 당해 공무원에게 직위를 부여하지 아니함으로써 직무에 종사하지 못하도록 하는 **잠정적인 조치로서의 보직의 해제를 의미**하므로 과거의 공무원의 비위행위에 대하여 기업질서 유지를 목적으로 행하여지는 **징벌적 제재로서의 징계와는 그 성질이 다르다**(대법원 2003.10.10. 2003두5945).

ⓜ (o) 직위해제처분은 공무원에 대하여 불이익한 처분이긴 하나 징계처분과 같은 성질의 처분이라고는 볼 수 없으므로 동일한 사유에 대한 직위해제처분이 있은 후 다시 해임처분이 있었다 하여 일사부재리의 법리에 어긋난다고 할 수 없다(대법원 1984.2.28. 83누489).

ⓑ (o) 직위해제처분은 공무원의 신분관계는 그대로 존속시키면서 그 직위만을 부여하지 아니하는 처분으로서 직위해제 기간중에는 직무를 수행할 권한도 의무도 없다(대법원 1983.5.24. 82누410).

[해 답] ①

3. 공무원관계의 소멸사유에 관한 설명 중 옳지 않은 것은? (다툼이 있는 경우 판례에 의함)

① 공무원관계의 소멸사유로는 당연퇴직과 면직이 있다.

② 당연퇴직은 관계법령에 규정된 임용결격사유가 발생하는 것 자체에 의하여 법률상 당연히 퇴직하는 것이다.

③ 지방공무원법 소정의 결격사유에 따라 당연퇴직하였다는 인사발령은 행정소송의 대상이 되는 행정처분에 해당된다.

④ 공무원이 사직의 의사표시가 외부에 표시된 이상 그 의사는 표시된 대로 효력을 발한다.

⑤ 공무원이 한 사직 의사표시의 철회나 취소는 그에 터잡은 의원면직처분이 있을 때까지 할 수 있는 것이고, 일단 면직처분이 있고 난 이후에는 철회나 취소할 여지가 없다.

해설 ① (o) 공무원관계의 소멸시기는 당연퇴직의 경우에는 법정사유가 발생한 날이고, 면직의 경우에는 면직임용장에 기재된 날짜이다(공무원임용령 6). 그 임용장에 기재된 날짜보다 늦게 도달된 때에는 도달된 날이다. 면직에는 공무원 자신의 사의표시에 의하여 공무원관계를 소멸시키는 의원면직과 국가의 일방적 의사에 의하여 공무원관계를 소멸시키는 단독행위인 일방적 면직이 있다. 의원면직은 쌍방적 행정행위이므로 사의표시만으로 공무원관계가 소멸되는 것이 아니고, 임용권자에 의한 면직행위가 있을 때까지는 공무원관계는 존속한다. 따라서 면직행위가 있기까지는 출근하여 직무를 집행할 의무가 있다. 일방적 면직에는 징계면직(파면·해임)과 직권면직으로 나눌 수 있다.

② (o) 당연퇴직제도는 지방공무원법뿐 아니라, 국가공무원법, 경찰공무원법 등 다수의 공무원관계법령에서 다양하게 규정하고 있는바, 그 효과는 지방공무원법 등 관계법령에 규정된 임용결격사유가 발생하는 것 자체에 의하여 법률상 당연히 퇴직하는 것이지, 공무원관계를 소멸시키기 위한 별도의 행정처분을 요하는 것이 아니다(대법원 1995.11.14. 95누2036).

③ (x) 지방공무원법 제61조의 규정에 의하면 공무원에게 동법 제31조 소정의 결격사유가 있을 때에는 당연히 퇴직한다고 되어 있으므로 이러한 당연퇴직의 경우에는 결격사유가 있어 법률상 당연퇴직되는 것이지 공무원관계를 소멸시키기 위한 별도의 행정처분을 요하지 아니한다 할 것이고, 설사 위와 같은 사유의 발생으로 **당연퇴직의 인사발령이 있었다 하여도 이는 퇴직사실을 알리는 이른바 관념의 통지에 불과하여 행정소송의 대상이 되지 아니한다**(대법원 1992.1.21. 91누2687).

④ (o) 공무원이 사직의 의사표시를 하여 의원면직처분을 하는 경우 그 사직의 의사표시는 그 법률관계의 특수성에 비추어 외부적·객관적으로 표시된 바를 존중하여야 할 것이므로, 비록 사직원제출자의 내심의 의사가 사직할 뜻이 아니었다고 하더라도 진의 아닌 의사표시에 관한 **민법 제107조는 그 성질상 사직의 의사표시와 같은 사인의 공법행위에는 준용되지 아니하므로** 그 의사가 외부에 표시된 이상 그 의사는 표시된 대로 효력을 발한다(대법원 1997.12.12. 97누13962). 상대방의 의사에 기한 의원면직처분과 같은 경우에는 처분사유설명서가 요구되는 것은 아니다. 의원면직처분은 징계처분이 아님이 명백하고 따라서 **의원면직처분을 함에는 징계처분을 함에서와 같은 소정의 징계절차를 거칠 필요가 없다**(대법원 1986.7.22. 86누43).

⑤ (o) 대법원 2001.8.24. 99두9971.

[해 답] ③

4. 다음 사례에 관련된 설명 중 옳지 않은 것은? (다툼이 있는 경우 판례에 의함)

> 甲은 국가공무원으로서 ㅇㅇ세무서에 근무 중이던 1일간 무단결근을 하였다. A지방국세청장은 청구인이 1일간 직장을 이탈하여 국가공무원법에 규정된 성실의무를 위반하였다는 이유로 甲을 직위해제하였고, 그 후 甲을 파면하였지만, 나중에 위 파면처분은 감봉 1월로 변경되었다. A지방국세청장은 그 뒤 甲에 대하여 아무런 직위를 부여하지 않았다. 그로 인하여 甲은 당연퇴직되었다.

① 직위해제처분은 공무원이 공무원의 신분관계를 그대로 존속시키면서 다만 그 직위를 부여하지 아니하는 처분이므로, 징벌적 제재로서의 징계와는 그 성질이 다르다.

② 직위해제를 한 후 동일한 사유를 이유로 공무원의 신분관계를 박탈하는 파면처분을 하였다면, 파면처분의 취소와 함께 직위해제처분의 취소를 구할 법률상 이익이 있다.

③ 甲에 대한 직위해제처분은 그 뒤에 직위해제와 동일한 사유를 이유로 행해진 파면처분에 의하여 효력이 상실되었으므로, 직위해제 상태의 일정기간 존속이라는 사실의 효과로 당연히 발생하는 당연퇴직의 효과도 발생하지 않게 된다.

④ 甲에 대한 파면처분이 소청심사위원회의 재결에 의하여 감봉 1월로 변경된 경우에 그 처분에 불복하려는 경우에는 A지방국세청장을 피고로 하여 감봉 1월의 처분의 취소를 구할 수 있다.

⑤ 甲이 국가공무원법상의 '직위해제된 자가 6월이 경과하여도 직위를 부여받지 못할 경우에는 6월이 경과한 날에 당연퇴직된다'는 규정이 위헌이라는 이유로 제기한 헌법소원심판청구는 부적법하다.

해설

① (o) 대법원 2003.10.10. 2003두5945.

② (x) 직위해제를 한 후 동일한 사유를 이유로 공무원의 신분관계를 박탈하는 파면처분을 하였을 경우에는 뒤에 이루어진 파면처분에 의하여 그전에 있었던 직위해제처분의 효력은 상실하게 된다. 파면처분이 있었다 하더라도 직위해제처분의 효력에 아무런 소장이 있을 수 없다 하여 원고의 주장을 배척한 원심의 판단조처에는 직위해제처분과 파면처분과의 관계에 관한 법리를 오해한 위법의 흠이 있다(대법원 1978.12.26. 77누148).

③ (o) 헌재 2005.12.22. 2003헌바76.

④ (o) 원처분주의를 취하는 행정소송법에 따라 소청심사위원회의 재결에 고유한 위법이 있는 경우가 아니라면 원처분청인 A지방국세청장을 상대로 재결에서 감경된 감봉 1월의 처분의 취소를 구할 수 있다.

⑤ (o) 사안에서 직위해제처분은 그 뒤에 직위해제와 동일한 사유를 이유로 행하여진 파면처분에 의하여 효력이 상실되었다. 또한 직위해제 상태의 일정기간 존속이라는 사실의 효과로 당연히 발생하는 당연퇴직의 효과도 발생하지 않게 되었다. 그렇다면 **이 사건 법률조항은 당해 사건에 적용되지 아니한다고 보아야 하고** 따라서 재판의 전제성이 인정되지 않는다(헌재 2005.12.22. 2003헌바76).

[해 답] ②

5. 공무원 임용에서 능력·성적요건의 결여와 관련된 사항 중 옳지 않은 것은? (다툼이 있는 경우 판례에 의함)

① 공무원에 임명되기 위한 요건에는 능력요건과 성적요건이 있는데, 공무원의 임용결격사유에 해당하는 자는 능력요건을 결여한 자로서 공무원으로 임용될 수 없으므로, 결격사유가 있는 자에 대한 공무원 임용은 당연무효에 해당된다.

② 당초의 임용처분을 취소함에 있어서는 신의칙 내지 신뢰의 원칙을 적용하여야 하며, 또 그러한 의미의 취소권은 시효로 소멸하게 된다.

③ 공무원 임용 당시에 결격사유가 있었던 자가 공무원으로 임용되어 근무한 경력을 기초로 법률에 따라 특별임용된 경우는 결격사유 있는 자의 공무원 근무경력을 토대로 특별임용을 한 것은 임용의 하자에 해당되어 취소사유에 해당된다.

④ 공무원 임용 결격사유가 있는지의 여부는 채용후보자 명부에 등록한 때가 아닌 임용 당시에 시행되던 법률을 기준으로 하여 판단하여야 한다.

⑤ 임용 결격사유가 소멸된 후에 계속 근무하여 왔다고 하더라도 그 때부터 무효인 임용행위가 유효로 되어 적법한 공무원의 신분을 회복하고 퇴직급여 등을 청구할 수 있다고 볼 수 없다.

해설

① (o) 헌재 2001.9.27. 2000헌마342.

② (x) 당초의 임용처분을 취소함에 있어서는 신의칙 내지 신뢰의 원칙을 적용할 수 없고 또 그러한 의미의 취소권은 시효로 소멸하는 것도 아니다(대법원 1987.4.14. 86누459).

③ (o) 결격사유 있는 자의 공무원 근무경력을 토대로 특별임용을 한 것은 임용의 하자에 해당된다. 결국 소정의 경력을 갖추지 못한 자에 대하여 특별임용시험의 방식으로 신규임용을 한 하자에 해당되어 특별임용은 취소사유가 될 뿐이며, 그 하자가 중대·명백하여 그 임용이 당연무효로 된다고 할 수는 없다(대법원 1983.11.22. 82누390).

④ (o) 대법원 1987.4.14. 86누459.

⑤ (o) 대법원 1998.1.23. 97누16985; 공무원연금법에 의한 퇴직급여 등은 적법한 공무원으로서의 신분을 취득하여 근무하다가 퇴직하는 경우에 지급되는 것이고, 임용 당시 공무원 임용결격사유가 있었다면 비록 **국가의 과실에 의하여 임용 결격자임을 밝혀내지 못하였다고 하더라도 그 임용행위는 당연무효로** 보아야 하고, 당연무효인 임용행위에 의하여 공무원의 신분을 취득할 수는 없으므로, 임용 결격자가 공무원으로 임용되어 **사실상 근무하여 왔다고 하더라도** 적법한 공무원으로서의 신분을 취득하지 못한 자로서는 공무원연금법 소정의 퇴직급여 등을 청구할 수 없으며, 임용 결격사유가 소멸된 후에 계속 근무하여 왔다고 하더라도 그 때부터 무효인 임용행위가 유효로 되어 적법한 공무원의 신분을 회복하고 퇴직급여 등을 청구할 수 있다고 볼 수 없다(대법원 1998.1.23. 97누16985).

[해 답] ②

6. 공무원에 대한 불이익처분에 대한 구제와 관련된 설명 중 옳지 않은 것을 모두 고른 것은? (다툼이 있는 경우 판례에 의함)

㉠ 국립대학 교원의 임용권자가 임용기간이 만료된 조교수에 대하여 재임용을 거부하는 취지로 한 임용기간 만료의 통지는 행정소송의 대상이 되는 처분에 해당되지 않는다.
㉡ 행정기관 소속 공무원의 징계처분, 그 밖에 그 의사에 반하는 불리한 처분이나 부작위에 대한 소청을 심사·결정하게 하기 위하여 안전행정부에 소청심사위원회를 둔다.
㉢ 소청심사위원회가 소청 사건을 심사할 때에는 소청인 또는 대리인에게 진술 기회를 주어야 하며, 진술 기회를 주지 아니한 결정은 무효로 한다.
㉣ 소청심사위원회가 징계처분 또는 징계부가금 부과처분을 받은 자의 청구에 따라 소청을 심사할 경우에는 원징계처분보다 무거운 징계 또는 원징계부가금 부과처분보다 무거운 징계부가금을 부과하는 결정을 하지 못한다.
㉤ 공무원에 대한 징계처분이 징계양정의 과다 등을 이유로 법원에서 무효 또는 취소판결을 받은 경우에는 다시 징계할 수 없다.
㉥ 소청을 제기한 자가 소청심사위원회의 결정에 불복이 있는 때는 원처분청을 피고로 하여 행정소송을 제기할 수 있다.

① ㉠, ㉤ ② ㉡, ㉢ ③ ㉢, ㉣
④ ㉠, ㉥ ⑤ ㉣, ㉤

해설 ㉠ (x) 기간제로 임용되어 임용기간이 만료된 **국·공립대학의 조교수**는 교원으로서의 능력과 자질에 관하여 합리적인 기준에 의한 공정한 심사를 받아 위 기준에 부합되면 특별한 사정이 없는 한 재임용되리라는 기대를 가지고 재임용 여부에 관하여 합리적인 기준에 의한 공정한 심사를 요구할 법규상 또는 조리상 신청권을 가진다고 할 것이니, 임용권자가 임용기간이 만료된 조교수에 대하여 재임용을 거부하는 취지로 한 임용기간만료의 통지는 위와 같은 대학교원의 법률관계에 영향을 주는 것으로서 행정소송의 대상이 되는 처분에 해당한다(대법원 2004.4.22. 2000두7735).

임면권자가 임용기간이 만료된 **사립대학 교원**에 대하여 한 재임용을 거부하는 결정 및 통지는 그 대학교원의 권리관계에 영향을 주는 것으로서 임면권자와 사이에 재임용거부결정 및 통지의 효력 여부에 관하여 다툼이 있는 이상 그 대학교원은 민사소송으로 그 거부결정 및 통지의 무효 확인을 구할 소의 이익이 있다(대법원 2006.3.9. 2003다52647).

㉡ (o) 국가공무원법 제9조 제1항; 교육공무원의 징계처분과 그 밖에 그 의사에 반하는 불리한 처분(교육공무원법 제11조의3 제4항 및 사립학교법 제53조의2 제6항에 따른 교원에 대한 재임용거부처분을 포함한다)에 대한 소청은 교육부에 설치된 교원소청심사위원회에 한다(교원지위향상을 위한 특별법 7①).

㉢ (o) 국가공무원법 제13조.

㉣ (o) 소청인의 소청권을 보장하는 불이익변경금지의 원칙을 명시한 국가공무원법 제14조 제7항 내용이다. 공무원의 징계 의결을 요구하는 경우 그 징계 사유가 금품 및 향응 수수(授受), 공금의 횡령·유용(流用)인 경우에는 해당 징계 외에 금품 및 향응 수수액, 공금의 횡령액·유용액의 5배 내의 징계부가금 부과 의결을 징계위원회에 요구하여야 한다(국가공무원법 78의2①).

㉤ (x) 공무원에 대한 징계처분이 징계양정의 과다 등을 이유로 소청심사위원회 또는 법원에서 무효 또는 취소(취소명령포함)의 결정이나 판결을 받은 경우 3개월 이내에 다시 징계의결을 요구하도록 하되, 징계양정의 과다를 이유로 무효 또는 취소(취소명령포함)된 감봉·견책처분에 대해서는 징계의결을 요구하지 아니할 수 있도록 하여 비위에 상응하는 징계처분을 통해 징계의 실효성을 확보하였다(국가공무원법 78의3).

㉥ (o) 소청을 제기한 자가 소청심사위원회의 결정에 불복이 있는 때에는 위법하다고 생각되는 경우에 한하여 행정소송을 제기할 수 있다. 물론 이 경우에도 소청심사위원회의 결정을 다투는 것이 아니고, 원칙적으로 공무원에게 불리한 원처분(부작위포함)을 다투는 것이므로, 행정소송의 피고는 원처분청이 된다. 다만, 소청심사위원회의 결정 자체에 고유한 위법이 있는 경우에는 위원회를 피고로 결정을 다툴 수 있다(행정소송법 19 단서). 대통령이 원처분청인 경우에는 대통령의 국가원수로서의 지위 등을 감안하여 특례가 인정되어 있는데, 대통령이 행한 처분(예: 5급 이상 공무원의 파면처분)에 대한 행정소송은 소속장관을 피고로 하여 제기하여야 하고, 중앙선거관리위원회 위원장의 처분 또는 부작위의 경우에는 중앙선거관리위원회 사무총장을 각각 피고로 한다(국가공무원법 16②). **공무원이 그에 대한 불이익처분에 대하여 소송을 제기함에 있어서는 행정심판전치주의가 적용**되므로 원칙적으로 소청을 거치지 아니하고는 소송을 제기할 수 없다(행정소송법 18, 국가공무원법 16①). [해 답] ①

7. 공무원의 징계책임과 관련된 설명 중 옳지 않은 것을 모두 고른 것은? (다툼이 있는 경우 판례에 의함)

㉠ 징계사유가 있을 때에는 징계벌의 성질상 당해 공무원에게 고의 또는 과실이 없더라도 징계를 행할 수 있다.

㉡ 수개의 징계사유 중 일부사유에 대한 시효기간의 경과만으로 징계처분 자체가 당연무효로 되지 않으며, 임용 전의 행위가 징계사유가 된 경우에는 그 사유 발생시가 아니라 공무원으로 임용된 때로부터 시효가 기산된다.

㉢ 징계권자가 재량권의 행사로서 한 징계처분이 사회통념상 현저하게 타당성을 잃어 징계권자에게 맡겨진 재량권을 남용한 것이라고 인정되는 경우에 한하여 그 처분을 위법하다고 할 수 있다.

㉣ 공무원의 징계는 공무원의 재직 중에 발생한 징계사유에 의하는 것이기 때문에 공립학교에 재직 중인 교사가 공립학교 교사로 임용되기 전에 뇌물 공여행위를 하였을지라도 이를 징계사유로 삼은 것은 위법하다.

㉤ 징계위원회 심의과정에서 반드시 제출되어야 하는 공적 사항인 경찰청장 표창을 받

은 공적이 기재된 확인서가 제시되지 않은 상태에서 결정된 징계처분은 징계양정이 결과적으로 적정한지와 상관없이 법령이 정한 절차를 지키지 않은 것으로서 위법하다.

ⓑ 소청심사위원회 또는 법원이 원래의 징계처분에 하자가 있다는 이유로 그 징계처분 등의 무효 또는 취소(취소명령 포함) 결정이나 판결을 하게 되면, 처분권자는 소청심사위원회의 결정 또는 법원의 판결이 확정된 날부터 3개월 이내에 관할 징계위원회에 징계의결 등을 요구하여야 한다. 이 경우에도 원징계처분보다 무거운 징계를 하거나 원징계부가금보다 무거운 징계부가금을 부과할 수 없는 불이익변경금지의 원칙이 적용된다.

① ㉠, ㉢　　② ㉡, ㉣　　③ ㉤, ㉥
④ ㉣, ㉥　　⑤ ㉢, ㉣

해설

㉠ (o) 세관원이 입국자의 휴대품 검사시 감시소홀로 인하여 불과 1주일 사이에 2회에 걸쳐 밀수품이 다른 곳으로 빼돌려진 경우, **그 세관원의 부주의는** 국가공무원법 제78조 제2호의 징계사유에 해당할 것이나 파면처분한 것은 재량권의 남용이다(대법원 1972.2.22. 71누200). 동일한 징계사유를 원인으로 거듭 징계할 수 없다는 의미에서 일사부재리의 원칙은 징계벌에도 적용된다. 동일한 사유로 직위해제처분을 하고 다시 감봉처분을 하였다 하여 일사부재리원칙에 위배된다 할 수 없다(대법원 1983.10.25. 83누184).

㉡ (o) 대법원 1979.7.24. 79누117; 대법원 1990.5.22. 89누7368.

㉢ (o) 공무원인 피징계자에게 징계사유가 있어서 징계처분을 하는 경우 어떠한 처분을 할 것인가는 징계권자의 재량에 맡겨진 것이고, 다만 징계권자가 재량권의 행사로서 한 징계처분이 사회통념상 현저하게 타당성을 잃어 징계권자에게 맡겨진 재량권을 남용한 것이라고 인정되는 경우에 한하여 그 처분을 위법하다고 할 수 있다(대법원 2007.5.11. 2006두19211).

㉣ (x) 뇌물을 공여한 행위는 공립학교 교사로 임용되기 전이었더라도 그 때문에 임용 후의 공립학교 교사로서의 체면과 위신이 크게 손상되었다고 하지 않을 수 없으므로 이를 징계사유로 삼은 것은 정당하다(대법원 1990.5.22. 89누7368).

공무원의 징계사유의 발생시점은 원칙적으로 공무원으로 재직중에 징계사유가 발생하여야 한다. 국가공무원법의 징계에 관한 규정을 적용받는 공무원으로 임용된 경우에 **임용 이전의 다른 법률에 따른 징계 사유는 그 사유가 발생한 날부터** 이 법에 따른 징계 사유가 발생한 것으로 본다(국가공무원법 78②).

㉤ (o) 공무원징계령 제7조 제6항 제3호에 의하면, 공무원에 대한 징계의결을 요구할 때는 징계사유의 증명에 필요한 관계 자료뿐 아니라 **'감경대상 공적 유무' 등이 기재된 확인서를 징계위원회에 함께 제출하여야 하고,** 경찰 공무원 징계양정 등에 관한 규칙 제9조 제1항 제2호 및 [별표 10]에 의하면 경찰청장의 표창을 받은 공적은 징계양정에서 감경할 수 있는 사유의 하나로 규정되어 있다. 위와 같은 관계 법령의 규정 및 기록에 비추어 보면, 징계위원회의 심의과정에 **반드시 제출되어야 하는 공적 사항이 제시되지 않은 상태에서 결정한 징계처분은 징**

계양정이 결과적으로 적정한지 그렇지 않은지와 상관없이 법령이 정한 징계절차를 지키지 않은 것으로서 위법하다(대법원 2012.6.28. 2011두20505)

ⓑ (x) 소청심사위원회가 징계처분 또는 징계부가금 부과처분을 받은 자의 청구에 따라 소청을 심사할 경우에는 **원징계처분보다 무거운 징계 또는 원징계부가금 부과처분보다 무거운 징계부가금**을 부과하는 결정을 하지 못한다(국가공무원법 14⑦). 이처럼 소청심사위원회가 심판청구의 대상이 되는 처분이나 징계부가금보다 청구인에게 불이익한 재결을 할 수 없는 것을 불이익변경금지의 원칙이라 한다. 그런데 소청심사위원회 또는 법원이 원래의 징계처분에 하자가 있다는 이유로 그 징계처분 등의 무효 또는 취소(취소명령 포함) 결정이나 판결을 하게 되면, 다시 징계절차를 거쳐 징계처분을 하는 경우(국가공무원법 78의3②)에도 불이익변경금지의 원칙이 적용되는지 문제된다.

국가공무원법 제14조 제6항(현행 제7항)은 소청심사결정에서 당초의 원처분청의 징계처분보다 청구인에게 불리한 결정을 할 수 없다는 의미인데, **의원면직처분에 대하여 소청심사청구를 한 결과 소청심사위원회가 의원면직처분의 전제가 된 사의표시에 절차상 하자가 있다는 이유로 의원면직처분을 취소하는 결정을 하였다고 하더라도,** 그 효력은 의원면직처분을 취소하여 당해 공무원으로 하여금 공무원으로서의 신분을 유지하게 하는 것에 그치고, 이때 당해 공무원이 국가공무원법 제78조 제1항 각 호에 정한 징계사유에 해당하는 이상 같은 항에 따라 징계권자로서는 반드시 징계절차를 열어 징계처분을 하여야 하므로, **이러한 징계절차는 소청심사위원회의 의원면직처분취소 결정과는 별개의 절차로서 여기에 국가공무원법 제14조 제6항에 정한 불이익변경금지의 원칙이 적용될 여지는 없다**(대법원 2008.10.9. 2008두11853,11860 해임처분취소·파면처분취소). 소청심사위원회가 원고들에 대하여 **의원면직처분**을 취소하는 결정을 한 후 피고가 다시 징계절차를 열어 원고들에 대하여 각 **파면처분**을 한 것은 불이익변경금지의 원칙에 위배되지 않다고 한 사안이다. [해 답] ④

8. 甲은 B시 소속 지방행정 6급 공무원인데, A군수는 지방공무원법 제29조의3 규정에 따라 甲을 A군 지방공무원으로 전보하기 위하여 B시장의 동의를 얻어 甲에 대하여 A군 지방공무원으로의 전출을 명하였다. 이에 따라 A군수는 甲에 대하여 A군 지방공무원으로의 A군 ㅇㅇ면 근무를 명하였다. 그러나 甲은 이 사건 전출이 甲의 동의 없이 이루어진 것으로서 위법하다고 주장하면서, A군수의 임용장 수여나 ㅇㅇ면에서의 근무를 거부하면서 위 ㅇㅇ면에 출근하지 않았다. 이에 대하여 A군수는 甲이 지방공무원법상의 복무선서, 복종의 의무, 직장이탈금지를 위반하였다 하여 경기도인사위원회에 징계를 요구하였고, 경기도인사위원회는 甲에 대하여 정직3월의 징계를 의결하였다. 이에 대하여 甲이 소청한 결과 경기도지방공무원소청심사위원회는 정직3월을 감봉3월로 변경하기로 의결하고 이를 甲에게 통지하였다. 아래 보기 중 옳은 것(O)과 옳지 않은 것(X)을 올바르게 조합한 것은? (다툼이 있는 경우 판례에 의함)

> **[참고]**
> **지방공무원법 제29조의3(전입)**
> 지방자치단체의 장은 다른 지방자치단체의 장의 동의를 받아 그 소속 공무원을 전입하도록 할 수 있다.

> ㉠ 지방공무원법 제29조의3은 전입대상자인 공무원 본인의 동의를 배제하는 규정이라고 해석하여도 합헌이다.
> ㉡ 甲의 동의 없는 지방공무원법 제29조의3의 규정에 의한 전출명령은 위법하여 취소되어야 한다.
> ㉢ 甲이 위법한 전출명령에 불복하여 출근을 하지 않고 근무를 거부한 행위는 적법한 행위이다.
> ㉣ 전출명령이 적법함을 전제로 내린 정직 3월의 징계처분은 그 전출명령이 취소되기 전까지는 일응 유효하다.
> ㉤ 甲이 정직 3월의 징계처분의 취소를 구하기 위하여 곧바로 행정소송을 제기할 수 있다.
> ㉥ 甲은 감봉 3월로 변경된 징계처분의 취소를 구하는 행정소송을 처분권자인 A군수를 피고로 하여 제기할 수 있다.

① ㉠(X), ㉡(O), ㉢(O), ㉣(X), ㉤(O), ㉥(X)
② ㉠(O), ㉡(X), ㉢(X), ㉣(O), ㉤(X), ㉥(O)
③ ㉠(X), ㉡(O), ㉢(X), ㉣(O), ㉤(X), ㉥(O)
④ ㉠(O), ㉡(O), ㉢(O), ㉣(O), ㉤(X), ㉥(O)
⑤ ㉠(X), ㉡(O), ㉢(X), ㉣(X), ㉤(O), ㉥(X)

해설 ㉠ (x) 지방공무원법 제29조의3은 "지방자치단체의 장은 다른 지방자치단체의 장의 동의를 얻어 그 소속 공무원을 전입할 수 있다"라고만 규정하고 있어, 이러한 전입에 있어 지방공무원 본인의 동의가 필요한지에 관하여 다툼의 여지없이 명백한 것은 아니나, 위 법률조항을, **해당 지방공무원의 동의없이도 지방자치단체의 장 사이의 동의만으로 지방공무원에 대한 전출 및 전입명령이 가능하다고 풀이하는 것**은 헌법적으로 용인되지 아니하며, 헌법 제7조에 규정된 공무원의 신분보장 및 헌법 제15조에서 보장하는 직업선택의 자유의 의미와 효력에 비추어 볼 때, 위 **법률조항은 해당 지방공무원의 동의가 있을 것을 당연한 전제로 하여 그 공무원이 소속된 지방자치단체의 장의 동의를 얻어서만 그 공무원을 전입할 수 있음을 규정하고 있는 것으로 해석**하는 것이 타당하고, 이렇게 본다면 인사교류를 통한 행정의 능률성이라는 입법목적도 적절히 달성할 수 있을 뿐만 아니라 지방공무원의 신분보장이라는 헌법적 요청도 충족할 수 있게 된다. 따라서 위 법률조항은 헌법에 위반되지 아니한다(헌재 2002.11.28. 98헌바101).

㉡ (o) 당해 공무원(甲)의 동의 없는 지방공무원법 제29조의3의 규정에 의한 전출명령은 위법하여 취소되어야 한다(대법원 2001.12.11. 99두1823).

㉢ (x) 당해 공무원에 대한 전출명령이 위법할지라도 당연무효가 아닌 한 처분청이나 법원에서 취소되기까지지는 그 효력을 갖고 있으므로, 전출명령에 불응하여 출근을 하지 않고 근무를 거부한 행위는 지방공무원법상 적법한 행위가 아니다.

㉣ (o) 전출명령이 위법한 것으로서 취소되어야 할 것인 이상 이를 이유로 들어 출근을 거부하는 甲에게 이 사건 전출명령이 적법함을 전제로 하여 내려진 이 사건 징계처분은 비록 이 사건 전출명령이 공정력에 의하여 취소되기 전까지는 유효한 것으로 취급되어야 한다고 하더라도 **징계양정에 있어서는 결과적으로 재량권을 일탈한 위법이 있다**고 할 것이다(대법원 2001.12.11. 99두1823).

㉤ (x) 공무원이 징계처분에 불복하기 위해서는 반드시 소청심사위원회의 심사·결정을 거쳐야 한다. 지방공무원법 제67조에 따른 처분(징계처분 등을 할 때와 강임·휴직·직위해제 또는 면직처분), 그 밖에 본인의 의사에 반한 불리한 처분이나 부작위에 관한 행정소송은 심사위원회의 심사·결정을 거치지 아니하면 제기할 수 없다(지방공무원법 20조의2, 국가공무원법 75).

㉥ (o) 행정소송법은 원처분주의를 취하여 행정심판(소청)의 재결에 대하여 불복이 있는 경우에도 원칙적으로 행정심판의 대상이 된 원처분을 다투어야 한다. 행정소송법 제19조는 취소소송은 처분 등을 대상으로 한다. 다만, 재결취소소송의 경우에는 재결 자체에 고유한 위법이 있음을 이유로 하는 경우에 한한다고 규정하고 있으므로, 항고소송은 원칙적으로 당해 처분을 대상으로 하나, 당해 처분에 대한 재결 자체에 고유한 주체, 절차, 형식 또는 내용상의 위법이 있는 경우에 한하여 그 재결을 대상으로 할 수 있다고 해석되므로, 원고에 대한 **감봉 1월의 징계처분을 견책으로 변경한 피고의 이 사건 소청결정** 중 원고를 견책에 처한 조치는 재량권의 남용 또는 그 범위를 일탈한 것으로서 위법하다는 사유는 **이 사건 소청결정 자체에 고유한 위법을 주장하는 것으로 볼 수 없어**, 이는 이 사건 소청결정의 취소사유가 될 수 없는 것이라 할 것이다(대법원 1993.8.24. 93누5673).

원처분청의 처분이 있고, 그 처분이 정당하다고 하여 그에 대한 재심청구를 기각한 재결이 있는 경우에는 **행정소송의 대상이 되는 처분은 원칙적으로 원처분청의 처분**이고, 위 재심청구를 기각하는 재결에 대한 행정소송은 그 재결 자체에 고유한 주체, 절차, 형식 또는 내용상의 위법이 있는 경우에 한한다(대법원 1994.6.29. 93두48). [해 답] ③

9. 공무원의 권리에 관한 설명 중 옳지 않은 것을 모두 고른 것은? (다툼이 있는 경우 판례에 의함)

㉠ 행정청이 공무원에게 연가보상비를 지급하지 아니한 행위는 행정처분이라고 볼 수 없다.

㉡ 급여에 관한 결정, 기여금의 징수, 그 밖에 이 공무원연금법에 따른 급여(순직유족급여는 제외한다)에 관하여는 행정심판법에 따른 행정심판을 청구할 수 없다.

㉢ 법령의 개정에 따른 퇴직연금액 감액조치에 대하여 이의가 있는 퇴직연금수급권자는

항고소송을 제기하는 방법으로 감액조치의 효력을 다투어야 한다.
㉣ 임용 결격자가 공무원으로 임용되어 임용 결격사유가 소멸된 후에 계속 근무하여 왔다면, 그 때부터 무효인 임용행위가 유효로 되어 적법한 공무원의 신분을 회복하여 퇴직급여 등을 청구할 수 있다.
㉤ 공무원연금법상 급여를 받을 권리는 이를 양도, 압류하거나 담보에 제공할 수 없다.
㉥ 공무원의 보수청구권은 5년 동안 행사하지 아니하면 시효로 인하여 소멸한다.

① ㉠, ㉡ ② ㉡, ㉢ ③ ㉢, ㉣
④ ㉣, ㉤ ⑤ ㉤, ㉥

해설 ㉠ (o) 공무원의 연가보상비청구권은 공무원이 연가를 실시하지 아니하는 등 법령상 정해진 요건이 충족되면 그 자체만으로 지급기준일 또는 보수지급기관의 장이 정한 지급일에 구체적으로 발생하고 **행정청의 지급결정에 의하여 비로소 발생하는 것은 아니라고 할 것이므로**, 행정청의 연가보상비 부지급 행위는 항고소송의 대상이 되는 처분이라고 볼 수 없다(대법원 1999.7.23. 97누10857).

㉡ (o) 공무원연금법 제80조 제4항; 공무원연금급여 재심위원회가 행정심판 기능을 하기 때문이다. 급여에 관한 결정, 기여금의 징수, 그 밖에 이 법에 따른 급여(순직유족급여는 제외한다)에 관하여 이의가 있는 자는 대통령령으로 정하는 바에 따라 **공무원연금급여 재심위원회에 그 심사를 청구할 수 있다**(공무원연금법 80①).

㉢ (x) 법령의 개정에 따른 퇴직연금액 감액조치에 대하여 이의가 있는 퇴직연금수급권자는 항고소송을 제기하는 방법으로 감액조치의 효력을 다툴 것이 아니라, 직접 국가를 상대로 정당한 퇴직연금액과 결정, 통지된 퇴직연금액과의 차액의 지급을 구하는 **공법상 당사자소송을 제기하는 방법으로 다투어야 한다**는 것이 판례의 입장이다(대법원 2004.12.24. 2003두15195).

㉣ (x) 공무원연금법에 의한 퇴직급여 등은 적법한 공무원으로서의 신분을 취득하여 근무하다가 퇴직하는 경우에 지급되는 것이고, 임용 결격자가 공무원으로 임용되어 사실상 근무하여 왔다고 하더라도 적법한 공무원으로서의 신분을 취득하지 못한 자로서는 공무원연금법 소정의 퇴직급여 등을 청구할 수 없으며, 임용 결격사유가 소멸된 후에 계속 근무하여 왔다고 하더라도 그 때부터 무효인 임용행위가 유효로 되어 적법한 공무원의 신분을 회복하고 퇴직급여 등을 청구할 수 있다고 볼 수 없다(대법원 1998.1.23. 97누16985).

㉤ (o) 급여를 받을 권리는 이를 양도, 압류하거나 담보에 제공할 수 없다. 다만, **연금인 급여를 받을 권리는 이를 대통령령이 정하는 금융기관에 담보로 제공할 수 있고**, 국세징수법·지방세법 기타 법률에 의한 **체납처분의 대상으로 할 수 있다**(공무원연금법 32). 이 법률조항에서 공무원연금법상의 각종 급여수급권 전액에 대하여 압류를 금지한 것이 기본권 제한의 입법적 한계를 넘어서 재산권의 본질적 내용을 침해한 것이거나 헌법상의 경제질서에 위반된다고 볼 수는 없다(헌재 2000.3.30. 98헌마401).

㉥ (o) 금전의 급부를 목적으로 하는 국가의 권리로서 시효에 관하여 다른 법률에 규정이 없는 것은 5년 동안 행사하지 아니하면 시효로 인하여 소멸한다(국가재정법 96①). [해 답] ③

10. 공무원의 의무에 관한 설명 중 옳지 않은 것은? (다툼이 있는 경우 판례에 의함)

① 국가공무원법상 공무원의 성실의무는 경우에 따라 근무시간 외에 근무지 밖에까지 미칠 수도 있다.

② 공무원은 소속 상관이 종교중립의무에 위배되는 직무상 명령을 한 경우에는 이에 따르지 아니할 수 있다.

③ 상급자가 하급자에게 발하는 직무상의 명령이 유효하게 성립하기 위하여는 상급자가 하급자의 직무범위 내에 속하는 사항에 대하여 발하는 명령이어야 한다.

④ 공무원은 상급자의 직무명령에 대한 심사권이 없기 때문에 명백하게 위법한 명령이라도 그에 대한 복종을 거부할 수 없다.

⑤ 수사를 피하기 위하여 사직원을 제출하였으나 수리도 되지 아니한 상태에서 소속 상관의 허가없이 3개월여 동안 직장에 출근하지 아니한 경우는 직장이탈금지 의무위반이다.

해설

① (o) 대법원 1997.2.11. 96누2125; 성실의무는 상관의 명령이 없는 경우일지라도 자기의 양심적인 판단에 의하여 국가의 이익을 도모하고 그 불이익을 제거하는 데 노력하여야 할 자발적 직무태도이다.

② (o) 공무원은 종교에 따른 차별 없이 직무를 수행하여야 한다. 공무원은 소속 상관이 제1항에 위배되는 직무상 명령을 한 경우에는 이에 따르지 아니할 수 있다(국가공무원법 59의2).

③ (o) 대법원 2001.8.24. 2000두7704; **직무명령이 유효하기 위하여서는 첫째 형식적 요건으로서,** ㉠ 직무상의 소속상관이 발한 것일 것, ㉡ 하급자의 직무범위 내에 속한 사항일 것, ㉢ 하급자의 직무상 독립이 보장되어 있는 사항에 관한 것이 아닐 것, ㉣ 법정의 형식·절차가 필요하면 이를 갖출 것이 요구되며, **둘째 실질적 요건으로서는** 그 내용이 법령과 공익에 적합할 것이 요구된다.

④ (x) 공무원의 복종의무의 한계로서 직무명령에 대한 심사문제가 있다. 직무명령의 형식적 요건은 그 구비 여부가 외관상 명백한 것이 보통이므로 하급자는 이를 심사할 수 있고, 그 요건이 결여된 경우에는 복종을 거부할 수 있다는 데 대하여는 이론이 없다. 그러나 실질적 요건의 구비 여부를 심사할 수 있으며, 그것이 결여된 경우에 그에 대한 복종을 거부할 수 있는지에 대하여는 견해가 대립되어 있다.

공무원이 그 직무를 수행함에 있어 상관은 하관에 대하여 범죄행위 등 위법한 행위를 하도록 명령할 직권이 없는 것이고, **하관은 소속상관의 적법한 명령에 복종할 의무**는 있으나 그 명령이 참고인으로 소환된 사람에게 가혹행위를 가하라는 등과 같이 **명백한 위법 내지 불법한 명령인 때에는 이는 벌써 직무상의 지시명령이라 할 수 없으므로 이에 따라야 할 의무는 없다**(대법원 1988.2.23. 87도2358).

⑤ (o) 원고가 수사를 피하기 위하여 사직원을 제출하였으나 수리도 되지 아니한 상태에서 소속상관의 허가없이 3개월여 동안 직장을 이탈하고 출근하지 아니하여 뇌물수수 등의 죄로 지

명수배된 경우, 원고의 위와 같은 행위는 **국가공무원법상의 직장이탈**이어서 원고에 대하여 한 파면처분은 재량권을 남용 또는 일탈한 위법이 없다(대법원 1991.11.12. 91누3666).
공무출장 중에 근무장소가 아닌 유원지에 들어가 함께 출장근무중이던 동료 여직원에게 성관계를 요구한 것은 **직장이탈금지**에 해당한다(대법원 1998.2.27. 97누18172). 소속공무원들이 전국공무원노동조합이 주도한 파업에 참가한 행위는 **집단행위금지의무·직장이탈금지의무** 등의 직무상 의무에 위반된다(대법원 2007.7.12. 2006도1390). [해 답] ④

11. 공무원의 의무에 관련된 설명 중 옳지 않은 것을 모두 고른 것은? (다툼이 있는 경우 판례에 의함)

㉠ 공무원이 직무상의 의무를 위반하거나 직무를 태만히 한 때는 징계사유가 된다.
㉡ 공무원에게 징계사유가 인정되더라도 형사사건이 아직 유죄로 확정되지 아니하였다면, 무죄추정의 원칙상 징계처분을 할 수 없다.
㉢ 국가공무원법상 징계는 파면·해임·강등·정직·감봉·견책으로 구분한다.
㉣ 공무원인 피징계자에게 징계사유가 있어서 징계처분을 하는 경우 어떠한 처분을 할 것인가는 징계권자의 재량에 맡겨져 있다.
㉤ 공무원 임용 전의 행위는 임용 후의 공무원의 체면 또는 위신을 손상하게 된 경우라도 징계사유로 삼을 수는 없다.
㉥ 공무원이 소속 장관으로부터 받은 "직상급자와 다투고 폭언하는 행위 등에 대하여 엄중 경고하니 차후 이러한 사례가 없도록 각별히 유념하기 바람"이라는 내용의 서면에 의한 경고는 행정소송의 대상이 되는 행정처분이라고 할 수 있다.

① ㉠, ㉡, ㉢ ② ㉡, ㉤, ㉥ ③ ㉢, ㉣, ㉥
④ ㉣, ㉤, ㉥ ⑤ ㉠, ㉡, ㉤

해설 ㉠ (o) 공무원이 다음 각 호의 어느 하나에 해당하면 징계 의결을 요구하여야 하고 그 징계 의결의 결과에 따라 징계처분을 하여야 한다(국가공무원법 78①). ⓐ 이 법 및 이 법에 따른 명령을 위반한 경우, ⓑ 직무상의 의무(다른 법령에서 공무원의 신분으로 인하여 부과된 의무를 포함한다)를 위반하거나 직무를 태만히 한 때, ⓒ 직무의 내외를 불문하고 그 체면 또는 위신을 손상하는 행위를 한 때.
㉡ (x) 검찰·경찰, 그 밖의 수사기관에서 수사 중인 사건에 대하여는 수사개시 통보를 받은 날부터 징계 의결의 요구나 그 밖의 징계 절차를 진행하지 아니할 수 있다(국가공무원법 83②). 그러므로 공무원에게 징계사유가 인정되는 이상 관련된 **형사사건이 아직 유죄로 확정되지 아니하였다고 하더라도 징계처분을 할 수 있다**(대법원 2001.11.9. 2001두4184). 공무원에게 징계사유가 인정되는 이상 관련된 형사사건이 수사기관에서 이를 수사중에 있다 하여도 징계

처분은 할 수 있다(대법원 1984.9.11. 84누110).

ⓒ (o) 국가공무원법 제79조.

ⓓ (o) 다만, 징계권자가 재량권의 행사로서 한 징계처분이 사회통념상 현저하게 타당성을 잃어 징계권자에게 맡겨진 재량권을 남용한 것이라고 인정되는 경우에 한하여 그 처분을 위법하다고 할 수 있다(대법원 2007.5.11. 2006두19211).

ⓔ (x) 비록 임용 전의 행위라 하더라도 이로 인하여 임용 후의 공무원의 체면 또는 위신을 손상하게 된 경우에는 징계사유로 삼을 수 있다(대법원 1990.5.22. 89누7368).

ⓕ (x) 공무원이 소속 장관으로부터 받은 "직상급자와 다투고 폭언하는 행위 등에 대하여 엄중 경고하니 차후 이러한 사례가 없도록 각별히 유념하기 바람"이라는 내용의 서면에 의한 경고가 공무원의 신분에 영향을 미치는 국가공무원법상의 징계의 종류에 해당하지 아니하고, 근무충실에 관한 권고행위 내지 지도행위로서 그 때문에 공무원으로서의 신분에 불이익을 초래하는 법률상의 효과가 발생하는 것도 아니므로, **경고**가 국가공무원법상의 징계처분이나 행정소송의 대상이 되는 행정처분이라고 할 수 없어 그 취소를 구할 법률상의 이익이 없다(대법원 1991.11.12. 91누2700).

행정규칙에 의한 '불문경고조치'가 비록 법률상의 징계처분은 아니지만, 위 처분을 받지 아니하였다면 차후 다른 징계처분이나 경고를 받게 될 경우 징계감경사유로 사용될 수 있었던 표창공적의 사용가능성을 소멸시키는 효과와 1년 동안 인사기록카드에 등재됨으로써 그 동안은 장관표창이나 도지사표창 대상자에서 제외시키는 효과 등이 있다는 이유로 항고소송의 대상이 되는 행정처분에 해당한다(대법원 2002.7.26. 2001두3532). [해 답] ②

54 경 찰 법

1. 경찰권의 한계에 관한 설명 중 옳지 않은 것은? (다툼이 있는 경우 판례에 의함)

① 경찰권은 사회공공의 질서에 대하여 장해가 발생하거나 발생할 우려를 야기한 책임이 있는 자에 대하여서만 발동되어야 한다.

② 경찰권은 직접의 질서위반 책임자에게만 발동되는 것이 원칙이며, 질서위반책임이 없는 자에게 경찰권이 발동되는 경우는 없다.

③ 타인의 행위를 관리하는 자는 그 권한의 범위 안에서 피관리자의 행위로부터 생기는 질서위반의 상태에 대하여 책임을 진다.

④ 경찰권발동의 조건과 그 수단 및 정도는 질서유지의 필요의 정도와 비교하여 그 사이에 사회통념상 적당하다고 인정되는 비례가 유지되어야 한다.

⑤ 경찰관이 신호위반을 이유로 한 정지명령에 불응하고 도주하던 차량에 탑승한 동승자를 추격하던 중 실탄을 발사하여 사망케 한 경우는 위법행위라고 볼 수 있다.

해설 ① (o) 경찰책임에는 행위책임·상태책임·다수자책임 등이 있다. ㉠ **행위책임**은 자기 또는 자기의 지배에 속하는 사람의 행위로 질서위반의 상태가 발생한 경우에 지는 책임을 말한다. ㉡ **상태책임**은 물건의 소유자·점유자 기타 물건을 사실상 지배하고 있는 자는 그 지배의 범위 안에서 그 물건으로부터 경찰위반의 상태가 발생한 경우에 지는 책임을 말한다. ㉢ **다수자책임(복합적 책임)**은 경찰상의 조치는 원칙적으로 행위와 물건의 상태에 대하여 경찰상의 책임을 지고 있는 사람에 대하여 발하여지는 것을 말한다. 붕괴위험이 있는 건물에 대하여 소유자뿐만 아니라 임차인도 책임을 지는 다수의 상태책임자도 있을 수 있다. 또한 유조차가 전복 되어 기름이 유출되어 도로 인근토지에 스며드는 경우에 운전자의 행위책임과 토지소유자의 상태책임이 경합되는 경우도 있다.

② (x) 경찰권은 직접의 질서위반 책임자에게만 발동되는 것이 원칙이다. 그러나 이 원칙에 대한 예외로서 긴급한 필요가 있는 경우에는 질서위반책임이 없는 자에게도 경찰권의 발동이 인정되는 경우가 있다. 종래 '**경찰긴급권**'이라고 불리어진 것이다. 이와 같은 제3자에 대한 경찰권발동의 내용은 두 가지로 구분할 수 있는데, ㉠ 자신의 이익침해에 대하여 수인하도록 의무지우는 것(**불이 번지는 것을 막기 위한 타인건물의 철거**, 소방기본법 25②), ㉡ 특정의 작위(**화재현장에 있는 사람에 대한 소화종사명령**, 소방기본법 24①) 또는 부작위(불량우유 제조업자에 대한 원유(原乳)공급중단)를 부과하는 것 등이다. 제3자에 대한 경찰권의 발동은 직접 원인을 제공한 자에 대한 경찰권발동 보다 그 요건에 있어서 더 엄격하게 해석하여야 하고, 그 발동의 범위도 비례의 원칙에 비추어 대상이나 시간적인 관점에서 목전에 급박한 위해를 제거하기 위하여 필요한 최소한의 범위에 한정되어야 하며, 특별한 재산상의 희생을 입은 때에는 보상을 하여야 할 것이다.

③ (o) 자녀의 행위에 대하여 보호자가 책임을 지고, 사용인의 행위에 대하여 사업주가 책임을 지는 것과 같다. 이와 같이 타인의 행위에 대하여 책임을 지는 것은 타인에 갈음하여 지는 것이 아니고, 자기의 생활범위 안에서 질서위반의 상태를 발생시킨 그 자체에 대하여 자기의 책임을 지우는 것이다. 오늘날의 업법에 있어서 '**양벌규정**'을 두어 대리인·사용인 기타 종업원이 영업에 관하여 위반행위를 한 때에는 그 행위자와 사업주의 양자를 벌하는 경우가 적지 않다.

④ (o) 경찰비례의 원칙이다. 경찰비례의 원칙에는 적합성의 원칙, 필요성의 원칙, 상당성의 원칙이 포함된다.

헌법 제37조 제2항의 '국민의 모든 자유와 권리는 … 필요한 경우에 한하여 법률로써 제한할 수 있으며'라는 규정으로부터 비례의 원칙을 도출할 수 있다. 경찰관직무집행법 제1조 제2항이 '이 법에 규정된 경찰관의 직권은 그 직무수행에 필요한 최소한도 내에서 행사되어야 하며, 남용하여서는 아니 된다'는 규정은 비례의 원칙의 직접적인 근거규정으로 볼 수 있다.

⑤ (o) 경찰비례의 원칙에 관한 사건이다. 경찰관은 범인의 체포, 도주의 방지, 자기 또는 타인의 생명, 신체에 대한 방호, 공무집행에 대한 항거의 억제를 위하여 상당한 이유가 있을 때에는 필요한 한도 내에서 무기를 사용할 수 있으나, 형법이 정하는 정당방위와 긴급피난에

해당할 때 또는 체포, 도주의 방지나 항거의 억제를 위하여 **다른 수단이 없다고 인정되는 상당한 이유가 있는 때에 한하여 필요한 한도 내에서만 무기를 사용하여 사람에게 위해를 가할 수 있음이 명백하다.** 경찰관이 신호위반을 이유로 한 정지명령에 불응하고 도주하던 차량에 탑승한 동승자를 추격하던 중 수차례에 걸쳐 경고하고 공포탄을 발사했음에도 불구하고 계속 도주하자 실탄을 발사하여 사망케 한 경우, 위 총기 사용 행위는 허용 범위를 벗어난 위법행위라고 본 사례(대법원 1999.6.22. 98다61470). [해 답] ②

2. 경찰권의 근거와 한계에 관한 설명 중 옳지 않은 것을 모두 고른 것은?

> ㉠ 경찰권은 원칙적으로 법규의 근거가 있을 때에만 발동되어야 한다.
> ㉡ 경찰기관에 법규가 재량을 허용하고 있는 경우에도 일정한 합리적 한계가 인정되고 있다.
> ㉢ 경찰권은 사회 공공의 복리를 증진하고 사회경제질서를 일정한 방향으로 유도하려는 작용이다.
> ㉣ 헌법상 평등의 원칙이 경찰권 행사에서도 적용되어야 한다.
> ㉤ 경찰은 개인의 활동이 사회 공공의 안녕과 질서에 영향을 미치는 경우에 그 범위 안에서만 발동될 수 있다.
> ㉥ 자동차를 도로에서 운전하는 중에 좌석안전띠를 착용할 것인가 여부의 생활관계는 사생활영역임에도 이를 규제하는 것은 사생활불간섭의 원칙에 위반된다.

① ㉠, ㉡ ② ㉡, ㉢ ③ ㉢, ㉣, ㉤
④ ㉣, ㉤, ㉥ ⑤ ㉢, ㉥

해설 ㉠ (o) 경찰권의 법규상의 한계로, 경찰작용은 주로 권력적인 명령·강제 작용으로서 국민의 권리와 자유를 침해하는 가장 전형적인 작용인 까닭에 법치행정의 원칙에 따라 반드시 법규의 근거가 있을 때에만 발동될 수 있다. 그리고 법규에 의하여 허용된 한도 안에서만 발동되어야 한다. 따라서 경찰법규는 경찰권의 근거인 동시에 다른 한편으로는 그 한계이기도 하다. 형식적 의미의 법령에 근거가 없더라도 국민의 생명·신체·재산을 보호하는 위험방지행위를 할 수 있다.

㉡ (o) 경찰법규가 정하는 일반원칙상의 한계로 일반적으로 소극목적의 원칙·공공의 원칙·비례의 원칙·책임의 원칙과 평등원칙이 있다.

㉢ (x) 경찰은 직접 사회공공의 안녕과 질서를 유지하기 위하여 이에 대한 위해가 되는 행위나 상태를 예방하고 제거함을 목적으로 하는 작용이다. 따라서 경찰권은 법령에 특히 명시적 규정이 없는 한 이러한 소극적 목적을 넘어 사회 공공의 복리를 증진하고, 사회경제질서를 일정한 방향으로 유도하려는 작용은 경찰작용이 아니다. 이러한 목적을 위한 경찰권의 발동은

그 한계를 일탈한 위법한 작용이다. 이를 '소극목적의 원칙'이라고 한다.

ⓡ (o) 경찰권은, 모든 국민에 대하여 성별·종교·사회적 신분·인종 등을 이유로 하는 불합리한 조건에 의한 차별대우를 하여서는 아니 된다는 원칙이다(헌법 11).

ⓜ (o) 경찰은 사회공공의 안녕의 확보와 질서의 유지를 목적으로 하는 작용이다. 그러므로 이를 위한 명령·강제의 권능은 개인의 활동에 대하여서는 사회 공공의 안녕과 질서에 영향을 미치는 경우에 그 범위 안에서만 발동될 수 있다. 이를 경찰공공의 원칙이라 한다. 사회공공의 질서에 관계가 없는 사항으로는 일반적으로 사생활·사주소·민사상의 법률관계를 들 수 있다.

ⓑ (x) 자동차를 도로에서 운전하는 중에 좌석안전띠를 착용할 것인가 여부의 생활관계가 개인의 전체적 인격과 생존에 관계되는 '사생활의 기본조건'이라거나 자기결정의 핵심적 영역 또는 인격적 핵심과 관련된다고 보기 어려워 더 이상 사생활영역의 문제가 아니므로, 운전할 때 운전자가 좌석안전띠를 착용할 의무는 청구인의 사생활의 비밀과 자유를 침해하는 것이라 할 수 없다(헌재 2003.10.30. 2002헌마518). [해 답] ⑤

3. A 경찰서 소속 경찰관들은 농민들의 시위를 진압하고 시위과정에서 도로 상에 방치된 트랙터 1대에 대하여 이를 도로 밖으로 옮기거나 후방에 안전표지판을 설치하는 것과 같은 위험발생방지조치를 취하지 아니한 채 그대로 방치하고 철수하여 버렸다. 그 결과 야간에 그 도로를 진행하던 운전자 甲이 방치된 트랙터를 피하려다가 다른 트랙터에 부딪쳐 상해를 입게 되었다. 이 사례에 관한 설명 중 옳지 않은 것은? (다툼이 있는 경우 판례에 의함)

① A 경찰서 소속 경찰관은 인명 또는 신체에 위해를 미치거나 재산에 중대한 손해를 끼칠 우려가 있는 트랙터를 옮기거나 안전표지판을 설치하는 등의 위해방지상 필요하다고 인정되는 조치를 하여야 할 의무가 있다.

② 농민들이 시위과정에 트랙터를 방치한 과실과 야간에 그 도로를 운전하던 운전자의 과실이 경합된 경우이므로, 경찰관의 위험발생방지조치를 이행하지 않은 단순한 권한의 불행사는 직무상의 의무를 위반한 것이라고는 할 수 없다.

③ 경찰관의 부작위로 인한 국가배상책임을 인정하기 위하여는 '공무원이 그 직무를 집행함에 당하여 고의 또는 과실로 법령에 위반하여 타인에게 손해를 가한 때'라고 하는 국가배상법 제2조 제1항의 요건이 충족되어야 한다.

④ 경찰관이 위험발생방지조치를 취하도록 규정한 경찰관직무집행법과 같은 형식적 의미의 법령에 근거가 없더라도, A 경찰서 소속 경찰관에 대하여 위험을 배제할 작위의무를 인정할 수 있다.

⑤ 운전자 甲은 대한민국을 상대로 국가배상청구를 할 수도 있지만, A 경찰서 소속 경찰관들이 차량통행이 많은 도로에 트랙터를 방치하는 것이 위험하다는 점을 알면서도 위험방지의무를 현저히 태만한 경우, 경찰관들을 상대로 민사상 손해배상청구를 할 수도 있다.

해설 ① (o) 경찰관은 인명 또는 신체에 위해를 미치거나 재산에 중대한 손해를 끼칠 우려가 있는 천재, 사변, 공작물의 손괴, 교통사고, 위험물의 폭발, 광견·분마류 등의 출현, 극단한 혼잡 기타 위험한 사태가 있을 때에는 다음의 **조치를 할 수 있다**(경찰관직무집행법 5①). ⓐ 그 장소에 집합한 자, 사물의 관리자 기타 관계인에게 필요한 경고를 발하는 것, ⓑ 특히 긴급을 요할 때에는 위해를 받을 우려가 있는 자를 필요한 한도 내에서 억류하거나 피난시키는 것, ⓒ 그 장소에 있는 자, 사물의 관리자 기타 관계인에게 위해방지상 필요하다고 인정되는 조치를 하게 하거나 스스로 그 조치를 하는 것.

위해방지를 위한 조치를 취할 수 있는 재량성을 부여하는 것으로 규정되어 있지만, 생명·신체의 위험을 방지하여야 할 경우에는 재량권이 영으로 수축될 수 있는데, 사안은 이 경우에 해당된다고 할 수 있다.

② (x) 경찰관직무집행법 제5조는 경찰관은 인명 또는 신체에 위해를 미치거나 재산에 중대한 손해를 끼칠 우려가 있는 위험한 사태가 있을 때에는 그 각 호의 조치를 취할 수 있다고 규정하여 형식상 경찰관에게 재량에 의한 직무수행권한을 부여한 것처럼 되어 있으나, 경찰관에게 그러한 권한을 부여한 취지와 목적에 비추어 볼 때 구체적인 사정에 따라 경찰관이 그 권한을 행사하여 필요한 조치를 취하지 아니하는 것이 **현저하게 불합리하다고 인정되는 경우에는 그러한 권한의 불행사는 직무상의 의무를 위반**한 것이 되어 위법하게 된다(대법원 1998.8.25. 98다16890).

③ (o) 공무원의 부작위로 인한 국가배상책임을 인정하기 위하여는 공무원의 작위로 인한 국가배상책임을 인정하는 경우와 마찬가지로 '공무원이 그 직무를 집행함에 당하여 고의 또는 과실로 법령에 위반하여 타인에게 손해를 가한 때'라고 하는 국가배상법 제2조 제1항의 요건이 충족되어야 한다(대법원 1998.10.13. 98다18520).

④ (o) (국가배상법 제2조 제1항의) '법령에 위반하여'라고 하는 것이 엄격하게 형식적 의미의 법령에 명시적으로 공무원의 작위의무가 규정되어 있는데도 이를 위반하는 경우만을 의미하는 것은 아니고, 국민의 생명, 신체, 재산 등에 대하여 절박하고 중대한 위험상태가 발생하였거나 발생할 우려가 있어서 국민의 생명, 신체, 재산 등을 보호하는 것을 본래적 사명으로 하는 **국가가 초법규적, 일차적으로 그 위험 배제에 나서지 아니하면 국민의 생명, 신체, 재산 등을 보호할 수 없는 경우**에는 형식적 의미의 법령에 근거가 없더라도 국가나 관련 공무원에 대하여 그러한 위험을 배제할 작위의무를 인정할 수 있을 것이다(대법원 1998.10.13. 98다18520).

⑤ (o) 공무원에게 고의 또는 중과실이 있을 때는 피해자는 직접 공무원을 상대로 손해배상청구를 할 수 있다.

[해 답] ②

55 공 물 법

1. 공물에 관한 설명 중 옳지 않은 것은?

① 공물은 행정주체에 의하여 직접 행정목적에 공용되는 개개의 유체물과 무체물 및 집합물을 말한다.

② 공물에는 공공용물·공용물·공적 보존물이 있다.

③ 타인소유의 물건은 공물이 될 수 없다.

④ 도로를 구성하는 부지나 옹벽은 사권을 행사할 수 없지만, 소유권을 이전하거나 저당권을 설정하는 것은 가능하다.

⑤ 공공용물이 성립하려면 일반공중의 사용에 제공될 수 있는 형체를 갖추어야 하고, 일반 공중의 사용에 제공하려는 행정주체의 의사표시가 있어야 한다.

해설 ① (o) 공물은 행정주체에 의하여 직접 행정목적(공공목적)에 공용되는 개개의 유체물로 보는 것이 전통적인 견해이다. 그러나 최근에는 법령이나 행정주체에 의하여 직접 공적 목적에 제공된 유체물과 무체물 및 물건의 집합체로 정의한다. 공물의 개념을 분설하면, ㉠ 공물은 개개의 유체물과 무체물 및 집합물이다. ㉡ 직접 행정목적에 공용된 물건이다. ㉢ 행정목적(공공목적)에 사용되는 물건이다. ㉣ 행정주체에 의하여 행정목적에 공용되는 물건이다.

② (o) **공공용물**은 직접 일반 공중의 공동사용에 공용된 물건이다. 예컨대 도로·하천·공원·영해·해빈·항만·운하·제방·교량·광장과 이들의 부속물건 등이다. **공용물**은 직접적으로는 행정주체 자신의 사용에 제공된 물건이다. 예컨대 관공서의 청사·교도소·소년원·등대 등 일반 행정용의 공용물, 관사 등 공무원용의 공용물, 병기·요새·연병장 등 군용의 공용물 등이다. **공적 보존물**은 현실적으로 공공용 또는 공용에 제공되고 있는 것이 아니고 공공목적(예: 문화목적·보안목적)을 위하여 그 물건 자체의 보존을 주목적으로 하는 것이다.

③ (x) 공물의 소유권이 국가에 있는 공물을 국유공물, 지방자치단체에 있는 공물을 공유공물, 사인에게 있는 공물을 사유공물이라고 한다. **사유지상의 도로나 사유의 중요문화재**와 같이 그 물건의 소유권은 사인에게 있으나 당해 물건이 행정주체에 의하여 공공목적에 공용되고 있는 물건이다.

④ (o) 도로를 구성하는 부지, 옹벽, 그 밖의 물건에 대하여는 사권(私權)을 행사할 수 없다. 다만, 소유권을 이전하거나 저당권을 설정하는 것은 그러하지 아니하다(도로법 3). 사권의 목적이 되는 공물은 행정주체가 인공을 가하여 공공용에 제공함으로써 비로소 공물이 되는 것

이 보통인 물건(예: 도로·공원 등)인 인공공물의 범위와 일치한다.

⑤ (o) 공물의 성립은 특정한 물건이 공물로서의 성질을 취득하는 것을 말한다. 공물의 성립 요건은 공공용물·공용물·공적 보존물에 따라 차이가 있다. 공공용물이 성립하려면 직접 일반 공중의 사용에 제공될 수 있는 실체, 즉 형체적 요소와 그것을 일반공중의 사용에 제공하려는 행정주체의 의사표시, 즉 의사적 요소를 필요로 한다.

도시계획시설결정 및 지적승인고시가 있어 대지가 도로부지에 편입되었다 하더라도 시가 아직 그 도로개설에 관한 도시계획사업을 진행하여 대지소유자로부터 대지를 협의매수하거나 수용하는 등 대지의 소유권 기타 사용권을 적법하게 취득하였음을 주장입증하지 아니하고 있다면 시가 그 대지를 사용할 적법한 권원이 있다고 할 수 없다(대법원 1987.7.7. 85다카1383). 이 사건 토지에 관하여 **도로구역의 결정, 고시 등의 공물지정행위**는 있었지만 아직 도로의 형태를 갖추지 못하여 완전한 공공용물이 성립되었다고는 할 수 없으므로 **일종의 예정공물**이라고 볼 수 있다(대법원 1994.5.10. 93다23442). [해 답] ③

2. 공물의 성립과 소멸에 관한 설명 중 옳지 않은 것을 모두 고른 것은? (다툼이 있는 경우 판례에 의함)

> ㉠ 토지의 지목이 도로이고 국유재산대장에 등재되어 있다는 사정만으로 바로 그 토지가 도로로서 행정재산에 해당한다고 할 수는 없다.
> ㉡ 국유 하천부지는 자연의 상태 그대로 공공용에 제공될 수 있는 실체를 갖추고 있는 자연공물로서 별도의 공용개시행위가 없더라도 행정재산이 된다.
> ㉢ 자연공물은 원칙적으로 관리청의 공용개시행위에 의하여 공물로 성립된다.
> ㉣ 권원 없이 사인의 토지를 도로부지로 한 경우에 그로 인한 손해배상청구 또는 부당이득반환청구를 할 수 있다.
> ㉤ 행정재산이 사실상 본래의 용도에 사용되고 있지 않다면 공용폐지의 의사표시가 있었다고 볼 수 있다.
> ㉥ 공공용물은 그 형체적 요소가 멸실되지 않아도 공용폐지행위가 있으면 소멸된다.

① ㉠, ㉡ ② ㉡, ㉢, ㉣ ③ ㉢, ㉤
④ ㉣, ㉥ ⑤ ㉠, ㉤, ㉥

해설 ㉠ (o) 도로는 **도로로서의 형태**를 갖추고, 도로법에 따른 **노선의 지정 또는 인정의 공고 및 도로구역 결정·고시**를 한 때 또는 도시계획법 또는 도시재개발법 소정의 절차를 거쳐 **도로를 설치하였을 때**에 공공용물로서 공용개시행위가 있다고 할 것이므로, 토지의 지목이 도로이고 국유재산대장에 등재되어 있다는 사정만으로 바로 그 토지가 도로로서 행정재산에 해당한다고 할 수는 없다(대법원 2000.2.25. 99다54332).

㉡ (o) 국유 하천부지는 자연의 상태 그대로 공공용에 제공될 수 있는 실체를 갖추고 있는 이른바 **자연공물로서 별도의 공용개시행위가 없더라도 행정재산이 되고** 그 후 본래의 용도에 공여되지 않는 상태에 놓여 있더라도 국유재산법령에 의한 용도폐지를 하지 않은 이상 당연히 잡종재산으로 된다고는 할 수 없다(대법원 2007.6.1. 2005도7523).

㉢ (x) 자연공물에 있어서는 예외적으로만 관리청의 공용개시행위에 의하여 공물로 성립되며, 원칙적으로는 자연적 상태에 의하여 법률이 정하거나 관습법에 의한 **형체적 요소가 갖추어지면 공물로 성립된다**. 따라서 공물로서 성립되기 위한 전제요건으로 인위적인 권원의 취득은 원칙적으로 필요없다 할 것이다.

㉣ (o) 도로를 구성하는 부지에 대하여는 사권을 행사할 수 없으므로 그 **부지의 소유자는 불법행위를 원인으로 하여 손해배상을 청구함은 별론**으로 하고 그 부지에 관하여 그 소유권을 행사하여 인도를 청구할 수 없다(대법원 1968.10.22. 68다1317). 국가 또는 지방자치단체가 도로부지에 대하여 소유권을 취득하는 등 적법한 권원 없이 도로로 사용하고 있다고 하더라도, 이로 인하여 불법 점유로 인한 임료 상당의 손해배상의무가 성립하는 것은 별론으로 하고, 도로법 제5조의 적용을 배제할 것은 아니다(대법원 1999.11.26. 99다40807). 다만, 이와 다른 취지의 판례도 있다. 대지소유자가 그 소유권에 기하여 그 대지의 불법점유자인 시에 대하여 권원없이 그 대지의 지하에 매설한 상수도관의 철거를 구하는 경우에 공익사업으로서 공중의 편의를 위하여 매설한 상수도관을 철거할 수 없다거나 이를 이설할 만한 마땅한 다른 장소가 없다는 이유만으로는 대지소유자의 위 철거청구가 오로지 타인을 해하기 위한 것으로서 권리남용에 해당한다고 할 수는 없다(대법원 1987.7.7. 85다카1383). 계쟁토지가 기간산업도로의 4차선 아스팔트포장도로에 편입되어 있다는 사유만으로 소유권에 기한 인도청구가 권리남용이라고 할 수 없다(대법원 1991.3.27. 90다13055).

㉤ (x) 국유하천부지는 공공용 재산이므로 그 일부가 사실상 대지화되어 그 본래의 용도에 공여되지 않는 상태에 놓여 있더라도 국유재산법령에 의한 용도폐지를 하지 않은 이상 당연히 잡종재산으로 된다고는 할 수 없다. **공용폐지의 의사표시는 명시적이든 묵시적이든 상관없으나 적법한 의사표시가 있어야 하며**, 행정재산이 사실상 본래의 용도에 사용되고 있지 않다는 사실만으로 공용폐지의 의사표시가 있었다고 볼 수 없다(대법원 1997.8.22. 96다10737).

㉥ (o) 공용폐지의 효과는 그 물건이 공물로서의 성격을 상실하고, 이에 대한 공법상 제한이 해제되어 사법상의 소유권 기타 사권이 완전히 회복되고, 일반 사물로서 사법의 적용대상이 된다. 공용폐지의 의사표시는 명시적 의사표시뿐 아니라 묵시적 의사표시이어도 무방하나 적법한 의사표시이어야 하고, 행정재산이 본래의 용도에 제공되지 않는 상태에 놓여 있다는 사실만으로 관리청의 이에 대한 공용폐지의 의사표시가 있었다고 볼 수 없다(대법원 1996.5.28. 95다52383).

[해 답] ③

3. 공물의 시효취득에 관한 설명 중 옳지 않은 것은? (다툼이 있는 경우 판례에 의함)

① 행정재산은 민법 제245조에도 불구하고 시효취득의 대상이 되지 아니한다.

② 국유잡종재산에 대한 시효취득을 부인하는 것은 평등의 원칙과 사유재산권보장의 이념 및 과잉금지의 원칙에 반한다.

③ 행정재산은 공용이 폐지되지 않는 한 사법상의 거래의 대상이 될 수 없으므로 취득시효의 대상이 되지 않는다.

④ 국유 하천부지는 공공용 재산이므로 그 일부가 사실상 대지화되어 그 본래의 용도에 공여되지 않는 상태에 놓여 있더라도 용도폐지를 하지 않은 이상 잡종재산으로 된다고는 할 수 없다.

⑤ 국가가 착오에 의하여 공유수면 매립지를 귀속재산으로 매각하여 그 대금까지 완납받았으며, 그 불하계약 체결 후 약 40년이 경과한 후 그 토지가 공용폐지에 의하여 잡종재산으로 되었다면 시효취득이 인정된다.

해설 ① (o) 국유재산법 제7조 제2항은 "행정재산은 민법 제245조에도 불구하고 시효취득의 대상이 되지 아니한다"라고 규정하고 있으므로, 국유재산에 대한 취득시효가 완성되기 위해서는 그 국유재산이 **취득시효기간 동안 계속하여 행정재산이 아닌 시효취득의 대상이 될 수 있는 일반재산이어야** 한다(대법원 2010.11.25. 2010다58957).

국유재산은 그 용도에 따라 **행정재산과 일반재산**으로 구분한다(국유재산법 6①). **행정재산의 종류로는,** ㉠ **공용재산**: 국가가 직접 사무용·사업용 또는 공무원의 주거용으로 사용하거나 대통령령으로 정하는 기한까지 사용하기로 결정한 재산, ㉡ **공공용재산**: 국가가 직접 공공용으로 사용하거나 대통령령으로 정하는 기한까지 사용하기로 결정한 재산, ㉢ **기업용재산**: 정부기업이 직접 사무용·사업용 또는 그 기업에 종사하는 직원의 주거용으로 사용하거나 대통령령으로 정하는 기한까지 사용하기로 결정한 재산, ㉣ **보존용재산**: 법령이나 그 밖의 필요에 따라 국가가 보존하는 재산. 그리고 **행정재산 외의 모든 국유재산을 "일반재산"**이라고 한다(국유재산법 6②). 일반재산을 과거에는 잡종재산이라고 하였다.

② (o) 국유**잡종재산**은 사경제적 거래의 대상으로서 사적 자치의 원칙이 지배되고 있으므로 시효제도의 적용에 있어서도 동일하게 보아야 하고, 국유잡종재산에 대한 시효취득을 부인하는 동규정은 합리적 근거 없이 국가만을 우대하는 불평등한 규정으로서 헌법상의 평등의 원칙과 사유 재산권보장의 이념 및 과잉금지의 원칙에 반한다(헌재 1991.5.13. 89헌가97). 지방자치단체 소유의 **공유재산**은 시효취득의 대상이 되지 아니한다고 규정한 지방재정법 제74조 제2항을 공유재산 중 잡종재산에 적용하는 것은 법률에 의한 기본권제한에 있어서 비례의 원칙 또는 과잉금지의 원칙에 위배된다(헌재 1992.10.1. 92헌가6,7).

③ (o) 대법원 1994.9.13. 94다12579.

④ (o) 대법원 1997.8.22. 96다10737.

⑤ (x) 행정재산은 공용폐지가 되지 아니하는 한 사법상 거래의 대상이 될 수 없으므로 시효취득의 대상이 되지 아니하고, **관재당국이 이를 모르고 행정재산을 매각하였다 하더라도 그 매매는 당연무효이다.** 행정재산에 관하여 체결된 것이기 때문에 무효인 매매계약을 가지고 적법한 공용폐지의 의사표시가 있었다고 볼 수도 없다. 국가가 착오에 의하여 공유수면 매립지를 귀속재산으로 매각하여 그 대금까지 완납받았으며 그 불하계약 체결 후 약 40년이 경과한 후 **그 토지가 공용폐지에 의하여 잡종재산으로 되었다 하더라도,** 국가가 그 토지가 취득시효의 대상이 되지 아니하는 국유 행정재산이라고 주장하는 것이 신의칙에 반한다고 볼 수 없다는 이

유로, 취득시효를 인정한 원심판결을 파기한 사례(대법원 1996.5.28. 95다52383). 행정재산을 매수한 자의 시효취득도 부정한 사안이다. [해 답] ⑤

4. 공물의 사용관계에 관한 설명 중 옳은 것을 모두 고른 것은? (다툼이 있는 경우 판례에 의함)

> ㉠ 도로·공원·하천 등의 공공용물은 본래 타인의 공동사용에 지장을 주지 아니하는 범위 안에서 일반공중이 자유롭게 사용할 수 있다.
> ㉡ 공공용물에 관하여 적법한 개발행위 등이 이루어짐으로 말미암아 이에 대한 일정범위의 사람들의 일반사용이 종전에 비하여 제한받게 되었다면, 특별한 사정이 없는 한 그로 인한 불이익은 손실보상의 대상이 되는 특별한 손실에 해당한다.
> ㉢ 하천구역 안에서 토지의 점용, 하천시설의 점용, 토석·모래·자갈의 채취행위를 하려는 자는 하천관리청의 허가를 받아야 한다.
> ㉣ 허가사용의 용도에 관하여 별도의 제한이 없는 항만부지를 야적장의 용도로 사용허가를 하고 야적장 전용 사용료 징수에 잘못이 있다면, 그 사용허가처분 자체도 위법하게 된다.
> ㉤ 도로점용의 허가는 특정인에게 일정한 내용의 공물 사용권을 설정하는 설권행위로서 공물관리자가 허가를 할 것인지의 여부를 결정하는 재량행위이다.
> ㉥ 하천의 점용허가권은 특허에 의한 공물사용권의 일종으로서 하천의 관리주체에 대하여 일정한 특별사용을 청구할 수 있는 권리로서 대세적 효력이 있는 물권이라 할 수 있다.

① ㉠, ㉢, ㉤　② ㉡, ㉣, ㉥　③ ㉢, ㉣, ㉤
④ ㉣, ㉤, ㉥　⑤ ㉡, ㉢, ㉣

해설 ㉠ (o) 일반공중이 허가나 특허 등을 따로 받지 아니하고 일정한 범위 안에서 자유로이 공물을 사용하는 경우에 이를 일반사용이라 한다.
공공용재산이라고 하여도 당해 공공용재산의 성질상 **특정개인의 생활에 개별성이 강한 직접적이고 구체적인 이익을 부여하고 있어서** 그에게 그로 인한 이익을 가지게 하는 것이 법률적인 관점으로도 이유가 있다고 인정되는 특별한 사정이 있는 경우에는 그와 같은 이익은 법률상 보호되어야 할 것이고, 따라서 도로의 용도폐지처분에 관하여 이러한 직접적인 이해관계를 가지는 사람이 그와 같은 이익을 현실적으로 침해당한 경우에는 그 취소를 구할 법률상의 이익이 있다(대법원 1992.9.22. 91누13212). 판례는 특정인에게 어느 범위에서 도로(공물)를 이용할 수 있는 권리를 고양된 일반사용권으로 표현하고 있는데, 이는 개인적 공권에 해당된다고 볼 수 있다. **(공물의 인접주민에게 인정된) 고양된 일반사용권**이 침해된 경우 다른 개인과의 관계에서 민법상으로도 보호될 수 있으나, 그 권리도 공물의 일반사용의 범위 안에서 인정되는 것이다. 따라서 구체적으로 공물을 사용하지 않고 있는 이상 그 공물의 인접주민이라는 사정만으로는 공물에 대한 고양된 일반사용권이 인정될 수 없다. 재래시장 내 점포의 소유자가 점포 앞의 도로에 대하여 일반사용을 넘어 특별한 이해관계를 인정할 만한 사용을 하고 있었다는 사정을 인정할 수 없다는 이유로 위 소유자는 도로에 좌판을 설치·이용할 수 있는 권리가 없다고 본 사례(대법원 2006.12.22. 2004다68311,68328).

ⓛ (x) 일반 공중의 이용에 제공되는 공공용물에 대하여 특허 또는 허가를 받지 않고 하는 일반사용은 다른 개인의 자유이용과 국가 또는 지방자치단체 등의 공공목적을 위한 개발 또는 관리·보존행위를 방해하지 않는 범위 내에서만 허용된다 할 것이므로, 공공용물에 관하여 적법한 개발행위 등이 이루어짐으로 말미암아 이에 대한 일정범위의 사람들의 일반사용이 종전에 비하여 제한받게 되었다 하더라도 특별한 사정이 없는 한 그로 인한 불이익은 손실보상의 대상이 되는 특별한 손실에 해당한다고 할 수 없다(대법원 2002.2.26. 99다35300).

ⓒ (o) 하천법 제33조 제1항; 공물사용의 허가는 공물관리권과 공물경찰권의 작용으로서 행하여지는 경우로 구분할 수 있다. 공물의 허가사용은 공물사용의 일반적 금지를 해제 받는 것에 지나지 않으며, 또한 공물의 본래의 목적인 공공의 사용을 방해하지 아니하는 정도의 일시적 사용에 한한다. 그 점에서 공물의 특허사용이 공물사용권을 설정받아 공물을 계속적으로 사용하는 것과 다르다. 다만, 실정법에서는 허가사용과 특허사용에 해당하는 것을 구별하지 않고 함께 규정하고 있다. 따라서 실정법으로 보면 허가사용과 특허사용을 구별할 실익은 크지 않다.

ⓡ (x) 화물보관·처리시설이 아닌 항만부지를 야적장의 용도로 사용허가를 하고 야적장 전용사용료를 징수하였다고 하더라도 그 **사용료 징수에 잘못이 있는지 여부는 별론으로 하고,** 그 허가처분 자체에는 어떠한 위법이 있다고 할 수 없다(대법원 1996.7.26. 95누8171).

ⓜ (o) 대법원 2007.5.31. 2005두1329; 공물관리권에 의하여 특정인에 대하여 일반인에게는 허용되지 아니하는 특별한 사용권을 설정하여 두는 것을 **공물사용권의 특허**라고 하며, 그에 의거한 공물의 사용을 가리켜 공물의 특허사용이라 한다. 도로법에 의한 도로점용의 허가(도로법 38①), 하천법에 의한 하천부지 또는 유수의 점용허가(하천법 33) 등은 도로점용권 또는 하천점용권의 특허이다. 이 특허에 의하여 도로에 전주를 세우고 수도관·하수관 등을 매설하거나 또는 하천에 수력발전용 댐을 건설하고 유수를 하천의 특허사용에 속한다.

도로법 제40조, 제43조, 제80조의2에 규정된 도로의 점용이라 함은, 일반공중의 교통에 공용되는 도로에 대하여 이러한 일반사용과는 별도로 도로의 특정부분을 유형적, 고정적으로 사용하는 이른바 특별사용을 뜻하는 것이고, **그와 같은 도로의 특별사용은 반드시 독점적, 배타적인 것이 아니라 그 사용목적에 따라서는 도로의 일반사용과 병존이 가능한 경우도 있고,** 이러한 경우에는 도로점용부분이 동시에 일반공중의 교통에 공용되고 있다고 하여 도로점용이 아니라고 말할 수 없는 것이며, 한편 당해 도로의 점용을 위와 같은 특별사용으로 볼 것인지 아니면 일반사용으로 볼 것인지는 그 **도로점용의 주된 용도와 기능이 무엇인지**에 따라 가려져야 한다(대법원 1995.2.14. 94누5830).

ⓑ (x) 도로법 제40조 및 제80조의2에서 말하는 도로의 점용이라 함은 일반공중의 교통에 공용되는 도로에 대하여 이러한 일반사용과는 별도로 도로의 특정부분을 유형적, 고정적으로 사용하는 이른바 특별사용을 뜻하는 것이다(대법원 2004.10.15. 2002다68485). 도로점용허가는

특허행위로서 상대방의 신청 또는 동의를 요하는 쌍방적 행정행위이며, 권리를 설정하여 주는 행위로서 자유재량행위이고, 그에 의하여 부여되는 **특별사용권(강학상 특허사용권)은** 행정주체에 대하여 공공용물의 배타적, 독점적인 사용을 청구할 수 있는 권리로서 **공법상의 채권에 지나지 않으며, 대세적 효력이 있는 물권이라 할 수 없다**(대법원 1990.2.13. 89다카23022). 이러한 특별사용에 있어서의 점용료 부과처분은 공법상의 의무를 부과하는 공권적인 처분으로서 항고소송의 대상이 되는 행정처분에 해당되며(대법원 1982.5.25. 81다카998), 국가 또는 지방자치단체의 재정수입을 목적으로 공권력에 의하여 일방적으로 부과되는 조세와는 달리 점용료는 도로의 특허사용에 대한 요금으로서의 반대급부적 성격을 갖는다(헌재 2007.12.27. 2004헌바98).

[해 답] ①

56 특허기업

1. 특허기업의 법률관계에 관한 설명 중 옳지 않은 것은? (다툼이 있는 경우 판례에 의함)

① 특허기업에서 특허기업자는 행정청이 제3자에 대한 신규허가로 인하여 불이익을 받은 때에는 쟁송에 의하여 구제를 받을 수 있다.

② 자동차운송사업면허를 위한 기준은 법령에 특별히 규정된 바가 없으면 행정청의 자유재량에 속한다.

③ 특허기업자는 기업을 일반공중의 이용에 계속적으로 제공할 의무를 진다.

④ 수도법에 의하여 지방자치단체인 수도사업자가 수돗물의 공급을 받는 자에 대하여 하는 수도료의 부과징수에 관한 소송은 행정소송절차에 의하여야 한다.

⑤ 면허받은 장의자동차운송사업구역에 위반하였음을 이유로 한 행정청의 과징금부과처분을 취소한 재결에 대하여 처분의 상대방 아닌 제3자는 그 취소를 구할 법률상 이익이 있다.

해설 ① (o) 영업허가에 있어서 영업자가 받는 이익은 원칙적으로 반사적 이익으로서, 제3자에 대한 행정청의 신규허가로 인하여 불이익을 받더라도 원칙적으로 쟁송에 의하여 구제를 받을 수 없다. 특허기업자는 행정청의 제3자에 대한 신규허가로 인하여 불이익을 받은 때에는 쟁송에 의하여 구제를 받을 수 있다.

허가를 받은 중계유선방송사업자의 사업상 이익은 단순한 반사적 이익에 그치는 것이 아니라 방송법에 의하여 보호되는 법률상 이익이라고 보아야 한다(대법원 2007.5.11. 2004다11162). **선박운항사업면허처분에 대하여 기존 업자는 행정처분취소를 구할 법률상 이익이 있다**(대법원 1969.12.30. 69누106).

② (o) 자동차운송사업면허는 특정인에게 권리를 설정하는 행위로서 법령에 특별히 규정된 바가 없으면 행정청의 재량에 속하는 것이고, 그 면허를 위한 기준 역시 법령에 특별히 규정된 바가 없으면 행정청의 자유재량에 속하는 것이다(대법원 1992.4.28. 91누10220).

③ (o) 특허기업자는 기업을 일반공중의 이용에 계속적으로 제공할 의무를 지며, 정당한 이유 없이 그 이용을 거절하지 못한다(수도법 39, 전기사업법 14). 일반수도사업자는 수돗물의 공급을 원하는 자에게 정당한 이유 없이 그 공급을 거절하여서는 아니 된다(수도법 39①)는 급수의무가 있다. 인가관청은 수도사업자 또는 전용수도의 설치자가 정당한 이유없이 수돗물의 공급을 중단한 때에는 인가를 취소하여야 한다(수도법 63①).

④ (o) 수도법에 의하여 지방자치단체인 수도사업자가 수돗물의 공급을 받는 자에 대하여 하는 수도료의 부과징수와 이에 따른 수도료의 납부관계는 공법상의 권리의무관계라 할 것이므로 이에 관한 소송은 행정소송절차에 의하여야 한다(대법원 1977.2.22. 76다2517).

⑤ (x) 면허받은 장의자동차운송사업구역에 위반하였음을 이유로 한 행정청의 과징금부과처분에 의하여 **동종업자의 영업이 보호되는 결과는 사업구역제도의 반사적 이익에 불과하기 때문**에 그 과징금부과처분을 취소한 재결에 대하여 처분의 상대방 아닌 제3자는 그 취소를 구할 법률상 이익이 없다. 따라서 재결을 취소한다고 하여 원고들에게 직접적으로 어떤 이익이 생기는 것도 아니므로, 원고들에게 이 사건 재결의 취소를 구할 법률상의 이익은 없다(대법원 1992.12.8. 91누13700).

[해 답] ⑤

57 공용부담법

1. 공용제한에 관련된 설명 중 옳지 않은 것은? (다툼이 있는 경우 판례에 의함)

① 공익사업의 수요를 충족시키기 위하여 재산권에 가하여지는 공법상의 제한을 말한다.

② 공용제한은 그 제한을 필요로 하는 공익상의 수요의 종류에 따라 계획제한·사업제한·보전제한·공물제한·사용제한으로 나눌 수 있다.

③ 대법원은 개발제한구역 안에 있는 토지의 소유자는 재산상의 권리 행사에 많은 제한을 받게 되는데, 그에 대하여 손실보상의 규정을 두지 아니한 것은 위헌이라고 하였다.

④ 개발제한구역의 지정에 따라 개발제한구역의 토지를 종래의 용도로 사용할 수 없어 그 효용이 현저히 감소된 토지나 그 토지의 사용 및 수익이 사실상 불가능하게 된 토지의 소유자는 국토교통부장관에게 그 토지의 매수를 청구할 수 있다.

⑤ 개발제한구역 내에서의 행위제한은 토지재산권의 사회적 제약의 범주 내에 있는 것으로서 비례의 원칙에 위반하여 당해 토지소유자의 재산권을 과도하게 침해한 것으로 보기 어렵다.

해설

① (o) **전통적인 의미에서 공용제한은** 특정한 공익사업의 수요를 충족시키기 위하여 특정한 재산권에 가하여지는 공법상의 제한으로 이해하였다. 특정한 도로사업을 위하여 그 접도구역에서의 일정한 행위가 제한되는 것과 같이 공용제한의 원인인 사업 및 사업주체가 특정되어 있다. **오늘날은 전통적인 의미에서의 공용제한 이외에** 국토의 계획 및 이용에 관한 법률상의 개발제한구역에서의 모든 토지의 이용 등이 제한되고, 또는 위 법률상의 용도지역에서의 모든 토지의 이용 등이 제한되는 것과 같이 특정한 공익사업을 위한 것이라기보다는 국토의 합리적인 이용을 직접적이고 본래적인 목적으로 하는 제도가 차차 발전하고 있다.

② (o) ㉠ **계획제한**은 수도권정비계획·도시계획 기타의 계획에 따라 국토의 계획적인 개발·정비 및 그것을 위한 토지이용질서의 확립을 위한 제한이다. ㉡ **사업제한**은 공익사업을 원활하게 수행하기 위하여 사업지(산업단지; 산업입지 및 개발에 관한 법률6②, 도시개발구역; 도시개발법 9, 사방지; 사방사업법 14), 사업인접지역(도로접도구역 또는 도로보전 입체구역; 도로법 49·52, 하천예정지; 하천법 38) 또는 사업예정지(도로예정지; 도로법 7, 하천예정지; 하천법 38)에 가하여지는 제한이다. 제한(의무)의 내용은 ⓐ 사업시행에 장해가 되는 건축, 토지의 형질변경 기타의 행위를 제한·금지하거나 (부작위의무), ⓑ 공작물의 개축, 시설의 설치 기타의 작위의무를 과하고, 또는 ⓒ 사업자의 토지형질의 변경 공작물제거 기타 재산권침해행위(수용·사용을 제외)를 수인할 의무를 과하는 것 등(수인의무)이다. ㉢ **보전제한**은 도시화·공업화를 위한 개발은 필연적으로 국토의 수려한 자연의 풍치·경관이나 조상으로부터 물려받은 문화재의 파손을 가져오고, 또한 농지·산지의 다른 목적에의 전용을 초래한다. 그리하여 무질서한 개발로부터 자연이나 문화재 또는 농지 등을 보호·보전하기 위하여 토지소유자 등의 건축행위나 토지의 형질변경행위를 제한할 필요가 있는데, 이를 보전제한이라 한다. ㉣ **공물제한**은 개인의 소유에 속하는 물건의 효용을 보존하는 것이 공익상 필요한 경우에 필요한 한도 안에서 소유권에 가하여지는 공법상의 제한을 말한다. 사유의 토지가 도로의 부지로 사용되고 있기 때문에 사권행사가 제한되는 것 등이다(도로법 3). ㉤ **사용제한(공용사용)**은 특정한 공익사업을 위하여 그 사업자가 타인의 소유에 속하는 토지 기타의 재산권에 대하여 공법상의 사용권을 취득하고, 상대방인 소유자 기타의 권리자가 공익사업을 위한 사용을 수인할 공법상의 의무를 부담하는 경우를 말한다. 사용제한은 일시적인 사용도 있지만, 계속적 사용은 권리에 대한 중대한 제한이기 때문에 원칙적으로 토지수용의 경우와 같이 권리자보호를 위하여 일정한 절차를 거쳐 사용권이 설정된다(공익사업을 토지 등의 취득 및 보상에 관한 법률은 **토지사용도 토지수용과 동일한 절차**를 거쳐 행하도록 정하고 있다). 다만, 계속적 사용

이라도 그것에 의하여 권리자에게 주는 손실이 비교적 경미한 경우 또는 그 필요성이 명백하고 긴급성이 요구되는 경우에는 예외적으로 간단한 절차에 의할 수 있게 한 예도 있다.

③ (x) 개발제한구역 안에 있는 토지의 소유자는 재산상의 권리 행사에 많은 제한을 받게 되고 그 한도 내에서 일반 토지소유자에 비하여 불이익을 받게 됨은 명백하지만, '도시의 무질서한 확산을 방지하고 도시주변의 자연환경을 보전하여 도시민의 건전한 생활환경을 확보하기 위하여 또는 국방부장관의 요청이 있어 보안상 도시의 개발을 제한할 필요가 있다고 인정되는 때'(도시계획법 제21조 제1항)에 한하여 가하여지는 **그와 같은 제한으로 인한 토지소유자의 불이익은 공공의 복리를 위하여 감수하지 아니하면 안 될 정도의 것이라고 인정되므로,** 그에 대하여 손실보상의 규정을 두지 아니하였다 하여 도시계획법 제21조의 규정을 헌법 제23조 제3항, 제11조 제1항 및 제37조 제2항에 **위배되는 것으로 볼 수 없다**(대법원 1996.6.28. 94다54511). 대법원의 이러한 입장은 재산권 내용규정의 경계를 벗어날 때 보상의무가 있는 공용침해로 전환된다는 경계이론의 관점에서 헌법 제23조 제1항·제2항에 해당하는 것으로 보아 보상을 부정하는 것으로 지적되고 있다.

헌법재판소는 분리이론에 따라 개발제한구역제도의 손실보상 규정을 두지 않는 것은 **위헌**이라고 한 바 있다. 도시계획법 제21조에 의한 재산권의 제한은 개발제한구역으로 지정된 토지를 원칙적으로 지정 당시의 지목과 토지현황에 의한 이용방법에 따라 사용할 수 있는 한, 재산권에 내재하는 사회적 제약을 비례의 원칙에 합치하게 합헌적으로 구체화한 것이라고 할 것이나, 종래의 지목과 토지현황에 의한 이용방법에 따른 토지의 사용도 할 수 없거나 실질적으로 사용·수익을 전혀 할 수 없는 예외적인 경우에도 아무런 보상없이 이를 감수하도록 하고 있는 한, 비례의 원칙에 위반되어 당해 토지소유자의 재산권을 과도하게 침해하는 것으로서 **헌법에 위반된다**. 재산권의 침해와 공익 간의 비례성을 다시 회복하기 위한 방법은 헌법상 반드시 금전보상만을 해야 하는 것은 아니다. 입법자는 지정의 해제 또는 토지매수청구권 제도와 같이 금전보상에 갈음하거나 기타 손실을 완화할 수 있는 제도를 보완하는 등 여러 가지 다른 방법을 사용할 수 있다(헌재 1998.12.24. 89헌마214).

④ (o) **개발제한구역으로 지정된 토지에 대하여 정부에 매수를 청구**할 수 있도록 함으로써 국민의 재산권을 보장하는 등 위헌의 소지를 없애기 위하여 2000.1.28. 법률 제6241호로 「개발제한구역의지정및관리에관한특별조치법」이 제정되었다.

개발제한구역의 지정에 따라 개발제한구역의 토지를 종래의 용도로 사용할 수 없어 그 효용이 현저히 감소된 토지나 그 토지의 사용 및 수익이 사실상 불가능하게 된 토지(이하 "매수대상토지"라 한다)의 소유자로서 다음 각 호의 어느 하나에 해당하는 자는 국토교통부장관에게 그 토지의 매수를 청구할 수 있다(개발제한구역의 지정 및 관리에 관한 특별조치법 17①).

⑤ (o) 개발제한구역 내에서 건축물의 건축 및 용도변경 등의 행위를 제한하는 개발제한구역의 지정 및 관리에 관한 **특별조치법 시행 후에 나온 헌법재판소의 판결은 합헌으로 판시**하고 있다.

개발제한구역의 지정으로 인하여 토지의 효용이 현저히 감소하거나 그 사용·수익이 사실상 불가능한 토지소유자에게 **토지매수청구권을 인정하는 등 보상규정을 두고 있는 점에 비추어,** 이 사건 특조법 조항이 토지재산권의 제한을 통하여 실현하고자 하는 공익의 비중과 이 사건 특조법 조항에 의하여 발생하는 토지재산권의 침해의 정도를 비교형량할 때 양자 사이에 적정한 비례관계가 성립한다고 보이므로 법익균형성도 충족된다. 따라서 개발제한구역 내에서 건축물의 건축 및 용도변경 등의 행위를 제한하는 이 사건 특조법(개발제한구역의지정및관리에관한특별조치법) 조항이 비례의 원칙을 위반하여 청구인들의 재산권을 과도하게 침해한 것으로 보기 어렵다(헌재 2004.2.26. 2001헌바80). [해 답] ③

2. 공용수용에 관한 설명 중 옳지 않은 것을 모두 고른 것은? (다툼이 있는 경우 판례에 의함)

㉠ 공용수용에 의한 수용권자의 권리취득은 승계취득이 아니라 원시취득에 속한다.
㉡ 수용자가 국가가 아닌 공공단체 또는 사인인 경우에 수용자가 누구인가에 대하여서는 국가수용권설이 통설이다.
㉢ 민간기업이 도시계획시설사업의 시행자로서 도시계획시설사업에 필요한 토지 등을 수용할 수 있도록 규정한 국토의 계획 및 이용에 관한 법률의 규정은 헌법 제23조 제3항의 공공필요성 요건을 결여하거나 과잉금지원칙을 위반하여 위헌이다.
㉣ 지방문화재로 지정된 토지는 수용의 대상이 될 수 없다.
㉤ 사업인정은 일정한 내용의 수용권을 설정해 주는 행정처분의 성격을 띠는 행위로서 독립하여 행정소송의 대상이 된다.
㉥ 당해 사업이 비록 토지를 수용할 수 있는 사업에 해당된다 하더라도 행정청의 사업인정의 여부는 재량에 속한다.

① ㉠, ㉡, ㉢ ② ㉡, ㉢, ㉣ ③ ㉢, ㉣, ㉤
④ ㉣, ㉤, ㉥ ⑤ ㉡, ㉣, ㉥

해설 ㉠ (o) 공용수용이란 공익사업을 위하여 타인의 특정한 재산권을 법률의 힘에 의하여 강제적으로 취득함을 말한다. 공용징수라고도 한다(민법 187). ⓐ **공용수용의 목적**은 특정한 재산권을 공익사업을 위하여 취득하는 것이다. ⓑ **공용수용의 수단**은 법률의 힘에 의한 강제적 취득이다. ⓒ **공용수용의 주체**는 당해 공익사업의 주체이다. 공익사업의 주체는 국가일 경우도 있고, 공공단체 또는 사인인 경우도 있다. ⓓ **공용수용의 목적물**은 특정한 재산권이다. ⓔ **공용수용의 효과**로는 공용수용을 당한 자에게는 완전한 손실보상이 행하여진다.

㉡ (x) 공익사업을 위한 토지 등의 취득 및 보상에 관한 법률이 공용수용의 효과를 야기시킬 수 있는 자, 즉 수용재결을 할 수 있는 자는 국가로 하고, 그 효과를 향수하는 자는 사업시행자로 하고 있기 때문에 그 중 누구를 수용자로 볼 것인가에 대하여 견해가 대립된다. 수용자가 국가인 경우에는 의문이 없으나, **수용자가 국가가 아닌 공공단체 또는 사인인 경우에 수용자가 누구인가에 대하여,** ⓐ **국가수용권설**은 수용권이 국가적 공권이라는 것을 이유로 사업시행자는 국가에 대하여 자기사업을 위하여 필요한 토지 등을 수용하여 줄 것을 청구할 수 있는 권리를 가짐에 불과하다고 한다. ⓑ **사업시행자수용권설**은 공공단체 또는 사인인 사업시행자도 자기의 이익을 위하여 토지 등을 수용하고, 그 효과도 자기에게 귀속하는 것이므로 사

업시행자 자신이 수용자라고 하는 견해이다. 공용수용의 효과를 향수하는 자를 수용자로 보는 사업시행자수용권설이 타당하다(통설).

ⓒ (x) 민간기업도 일정한 조건하에서는 헌법상 공용수용권을 행사할 수 있고, 위 수용조항을 통하여 **사업시행자는 사업을 원활하게 진행할 수 있으므로**, 위 조항은 위 입법목적을 위한 효과적인 수단이 된다. 만약 사업시행자에게 수용권한이 부여되지 않는다면 협의에 응하지 않는 사람들의 일방적인 의사에 의해 도시계획시설사업을 통한 공익의 실현이 저지되거나 연기될 수 있고, 수용에 이르기까지의 과정이 국토계획법상 적법한 절차에 의해 진행되며, 사업시행자는 피수용권자에게 정당한 보상을 지급해야 하고, 우리 법제는 구체적인 수용처분에 하자가 있을 경우 행정소송 등을 통한 실효적인 권리구제의 방안들을 마련하고 있는 점 등에 비추어 이 사건 수용조항이 피해의 최소성 원칙에 반한다고 볼 수 없고, **우리 국가공동체에서 도시계획시설이 수행하는 역할 등을 감안한다면** 위 수용조항이 공익과 사익 간의 균형성을 도외시한 것이라고 보기도 어렵다. 따라서 이 사건 수용조항은 헌법 제23조 제3항 소정의 공공필요성 요건을 결여하거나 과잉금지원칙을 위반하여 재산권을 침해한다고 볼 수 없다(헌재 2011.6. 30. 2008헌바166).

ⓔ (x) 토지수용법은 같은 법 제5조의 규정에 의한 제한 이외에는 수용의 대상이 되는 토지에 관하여 아무런 제한을 하지 아니하고 있을 뿐만 아니라, 토지수용법 제5조, 문화재보호법 제20조 제4호, 제58조 제1항, 부칙 제3조 제2항 등의 규정을 종합하면 구 문화재보호법 제54조의2 제1항에 의하여 **지방문화재로 지정된 토지가 수용의 대상이 될 수 없다고 볼 수는 없다** (대법원 1996.4.26. 95누13241). 이 판례와 달리 공물이 공익사업에 필요하다면 공용폐지를 한 후에 수용의 대상으로 할 수 있다면서 공물이 수용의 목적물이 될 수 없다는 견해도 있다.

ⓜ (o) 사업인정은 그 후 일정한 절차를 거칠 것을 조건으로 하여 일정한 내용의 **수용권을 설정하여 주는 행정처분의 성격을 띠는 것으로서 독립하여 행정소송의 대상**이 되고, 그 사업인정을 받음으로써 수용할 목적물의 범위가 확정되고 수용권으로 하여금 목적물에 관한 현재 및 장래의 권리자에게 대항할 수 있는 일종의 공법상의 권리로서의 효력을 발생시킨다(대법원 1994. 5.24. 93누24230).

ⓑ (o) 당해 사업이 비록 토지를 수용할 수 있는 사업에 해당된다 하더라도 행정청으로서는 그 사업이 공용수용을 할 만한 공익성이 있는지의 여부를 모든 사정을 참작하여 구체적으로 판단하여야 하는 것이므로 사업인정의 여부는 행정청의 재량에 속한다(대법원 1992.11.13. 92누596 토지수용을위한사업인정거부처분취소등).

[해 답] ②

3. 공용수용의 절차 중 사업인정의 효과에 관한 설명 중 옳지 않은 것은? (다툼이 있는 경우 판례에 의함)

① 사업인정은 고시한 날부터 그 효력이 발생한다.

② 사업인정고시가 된 후에는 누구든지 고시된 토지에 대하여 사업에 지장을 줄 우려가 있는 형질의 변경이나 물건을 손괴하거나 수거하는 행위를 하지 못한다.

③ 사업인정은 일정한 수용절차를 거칠 것을 조건으로 수용권을 설정한다.

④ 사업인정의 고시가 있으면 그 이해관계인은 그 위법을 다툴 법률상 이익이 있어

그 취소를 구할 소송요건을 구비하고 있다고 해석함이 상당하다.

⑤ 택지개발은 택지개발예정지구의 지정, 택지개발계획의 승인, 이에 기한 수용재결 등의 순서로 이루어지는데, 선행처분에 불가쟁력이 생겨 그 효력을 다툴 수 없게 된 경우라도 선행처분의 취소사유에 해당하는 하자가 후행처분에 승계되게 된다.

해설 ① (o) 공익사업을 토지 등의 취득 및 보상에 관한 법률 제22조 제3항; 수용에 대한 보상액은 사업인정 당시의 표준지의 공시지가를 기준으로 하여, 거기에 그 때부터 재결시까지의 통상적인 지가상승분을 더하여 산정하게 되므로, 사업인정고시일은 보상액을 고정시키는 효과를 갖는다.

② (o) 공익사업을 토지 등의 취득 및 보상에 관한 법률 제25조 제1항; 사업인정고시가 된 후에 고시된 토지에 건축물의 건축·대수선, 공작물(工作物)의 설치 또는 물건의 부가(附加)·증치(增置)를 하려는 자는 특별자치도지사, 시장·군수 또는 구청장의 허가를 받아야 한다. 이 경우 특별자치도지사, 시장·군수 또는 구청장은 미리 사업시행자의 의견을 들어야 한다(동법 25②). 제2항을 위반하여 건축물의 건축·대수선, 공작물의 설치 또는 물건의 부가·증치를 한 토지소유자 또는 관계인은 해당 건축물·공작물 또는 물건을 원상으로 회복하여야 하며 이에 관한 손실의 보상을 청구할 수 없다(동법 25③).

③ (o) 수용의 목적달성을 쉽게 하기 위하여 수용권으로 하여금 그 목적물에 관한 현재 및 장래의 권리자에게 대항할 수 있는 일종의 **공법상의 물권으로서의 효력을 발생시킨다**(대법원 1998.12.27. 87누1141).

④ (o) 대법원 1973.7.30. 72누137.

⑤ (x) 구 택지개발촉진법(1999.1.25. 법률 제5688호로 개정되기 전의 것)에 의하면, 택지개발은 택지개발예정지구의 지정(제3조), 택지개발계획의 승인(제8조), 이에 기한 수용재결 등의 순서로 이루어지는바, **위 각 행위는 각각 단계적으로 별개의 법률효과가 발생되는 독립한 행정처분**이어서 선행처분에 불가쟁력이 생겨 그 효력을 다툴 수 없게 된 경우에는 선행처분에 위법사유가 있다고 할지라도 그것이 **당연무효의 사유가 아닌 한** 선행처분의 **하자가 후행처분에 승계되는 것은 아니라고 할 것**이다(대법원 2000.10.13. 99두653). [해 답] ⑤

4. 공용수용의 절차 중 토지조서·물건조서의 작성과 관련된 설명 중 옳지 않은 것은? (다툼이 있는 경우 판례에 의함)

① 사업인정의 다음 단계로 사업시행자가 조치하여야 할 일이 토지조서·물건조서를 작성하는 것이다.

② 토지조서의 작성에 하자가 있다 하여 그것이 곧 수용재결이나 그에 대한 이의재결의 효력에 영향을 미치는 것은 아니다.

③ 사업인정을 받은 사업시행자는 토지조서 및 물건조서를 작성하여 서명 또는 날인을 하고, 토지소유자 및 관계인의 서명 또는 날인을 받아야 한다.

④ 기업자가 토지조서 및 물건조서를 작성함에 있어서 토지소유자를 입회시켜서 이에 서명날인을 하게 하지 아니한 사유는 수용재결의 위법사유에 해당되어 취소사유로 삼을 수 있다.

⑤ 토지조서 및 물건조서의 내용에 대하여 위의 열람기간 내에 이의를 제기하는 경우를 제외하고는 토지조서 및 물건조서의 내용에 대하여 이의를 제기할 수 없다. 다만, 그 내용이 진실에 반하는 것을 입증한 때에는 그러하지 아니하다.

해설 ① (o) 공익사업을 토지 등의 취득 및 보상에 관한 법률이 정한 **토지수용절차는, ㉠ 사업인정, ㉡ 토지조서·물건조서의 작성, ㉢ 협의, ㉣ 재결·화해의 4단계로 나누어진다.** 그 중 토지조서·물건조서의 작성 절차의 존재이유는 토지수용위원회에 있어서의 심리의 신속과 원활을 가하려는 데 있다. 사업시행자로 하여금 미리 재결하여야 할 토지 등에 대하여 필요한 사항을 확인시키고, 또한 이를 토지소유자 및 관계인에게도 확인시켜 토지 및 물건에 대한 상황을 명백히 파악하게 하고, 그 내용에 대하여 일응 진실성의 확정력을 부여하고 있는 것은 바로 그 때문이다. 또한 이 단계에 있어서의 실지상황에 대하여 정확을 기하기 위하여 토지 및 공작물에의 출입조사권이 인정되어 있다(공익사업을 위한 토지 등의 취득 및 보상에 관한 법률 27①).

② (o) 토지조서의 작성에 하자가 있다 하여 그것이 곧 수용재결이나 그에 대한 이의재결의 효력에 영향을 미치는 것은 아니라 할 것이므로 토지조서에 실제 현황에 관한 기재가 되어 있지 아니하다거나 실측평면도가 첨부되어 있지 아니하다거나 토지소유자의 입회나 서명날인이 없었다든지 하는 사유만으로는 이의재결이 위법하다 하여 그 취소를 구할 사유로 삼을 수 없다(대법원 1993.9.10. 93누5543).

③ (o) 사업시행자는 공익사업의 수행을 위하여 제20조에 따른 사업인정 전에 협의에 의한 토지 등의 취득 또는 사용이 필요할 때에는 토지조서와 물건조서를 작성하여 서명 또는 날인을 하고 토지소유자와 관계인의 서명 또는 날인을 받아야 한다. 다만, 다음 각 호의 어느 하나에 해당하는 경우에는 그러하지 아니하다. 이 경우 사업시행자는 해당 토지조서와 물건조서에 그 사유를 적어야 한다(공익사업을 위한 토지 등의 취득 및 보상에 관한 법률 14①).

㉠ 토지소유자 및 관계인이 정당한 사유 없이 서명 또는 날인을 거부하는 경우

㉡ 토지소유자 및 관계인을 알 수 없거나 그 주소·거소를 알 수 없는 등의 사유로 서명 또는 날인을 받을 수 없는 경우

④ (x) 기업자가 토지수용법 제23조(현행 공익사업을 위한 토지 등의 취득 및 보상에 관한 법률 14①) 소정의 토지조서 및 물건조서를 작성함에 있어서 토지소유자를 입회시켜서 이에 서명날인을 하게 하지 아니하였다 하더라도 그러한 사유만으로는 피고의 이의재결이 위법하다 하여 그 **취소의 사유로 삼을 수는 없고,** 또 원지적도가 없는 상태에서 토지조서 및 물건조서를 작성하였다거나, 건설부장관이 토지수용법 제16조의 규정에 따라 토지수용사업승인을 한 후 그 뜻을 토지소유자 등에게 통지하지 아니하였다거나, 기업자가 토지소유자와 협의를 거치지 아니한 채 피고에게 토지의 수용을 위한 재결을 신청하였다는 등의 하자들 역시 절차상의 위법으로서 피고가 한 **이의재결의 취소를 구할 수 있는 사유가 될지언정** 당연무효의 사유라고

할 수는 없다(대법원 1993.8.13. 93누2148).

⑤ (o) 공익사업을 위한 토지 등의 취득 및 보상에 관한 법률 제27조 제2항. [해 답] ④

5. 공용수용의 절차 중 협의에 의한 취득과 관련된 설명 중 옳지 않은 것은? (다툼이 있는 경우 판례에 의함)

① 사업인정을 받은 사업시행자는 토지조서 및 물건조서의 작성, 보상계획의 공고·통지 및 열람, 보상액의 산정과 토지소유자 및 관계인과의 협의 절차를 거쳐야 한다.

② 사업시행자와 토지소유자 및 관계인 간에 협의에 따른 절차를 거쳐 협의가 성립되었을 때에는 사업시행자는 해당 토지소유자 및 관계인의 동의를 받아 관할 토지수용위원회에 협의 성립의 확인을 신청할 수 있다.

③ 협의가 성립되었을 때 관할 토지수용위원회가 하는 협의 성립의 확인은 재결로 보며, 사업시행자, 토지소유자 및 관계인은 그 확인된 협의의 성립이나 내용을 다툴 수 없다.

④ 사업인정고시가 된 후 협의가 성립되지 아니하였을 때에는 토지소유자와 관계인은 재결을 청구할 수 있다.

⑤ 토지수용에 있어서 기업자와 토지소유자의 협의성립에 대한 관할 토지수용위원회의 확인을 받지 아니한 것이면, 그 토지를 원시적으로 취득한 것으로는 볼 수 없고 원래의 소유자로부터 승계취득을 한 것이라고 해석할 수밖에 없다.

해설

① (o) 공익사업을 위한 토지 등의 취득 및 보상에 관한 법률 제26조 제1항; 사업인정 이전에 제14조부터 제16조까지 및 제68조에 따른 절차를 거쳤으나 협의가 성립되지 아니하고 제20조에 따른 사업인정을 받은 사업으로서 토지조서 및 물건조서의 내용에 변동이 없을 때에는 제1항에도 불구하고 제14조부터 제16조까지의 절차를 거치지 아니할 수 있다. 다만, 사업시행자나 토지소유자 및 관계인이 제16조에 따른 협의를 요구할 때에는 협의하여야 한다(동법 26②).

② (o) 공익사업을 위한 토지 등의 취득 및 보상에 관한 법률 제29조 제1항; 사업시행자가 협의가 성립된 토지의 소재지·지번·지목 및 면적 등 대통령령으로 정하는 사항에 대하여 「공증인법」에 따른 공증을 받아 제1항에 따른 협의 성립의 확인을 신청하였을 때에는 **관할 토지수용위원회가 이를 수리함으로써 협의 성립이 확인된 것으로 본다**(동법 29②).

③ (o) 공익사업을 위한 토지 등의 취득 및 보상에 관한 법률 제29조 제3항.

④ (x) 사업인정고시가 된 후 협의가 성립되지 아니하였을 때에는 **토지소유자와 관계인은** 대통령령으로 정하는 바에 따라 서면으로 **사업시행자에게 재결을 신청할 것을 청구할 수 있다**(공익사업을 위한 토지 등의 취득 및 보상에 관한 법률 30①). 재결신청은 사업시행자만이 할

수 있다. 협의가 성립되지 아니하거나 협의를 할 수 없을 때에는 **사업시행자는** 사업인정고시가 된 날부터 1년 이내에 대통령령으로 정하는 바에 따라 관할 토지수용위원회에 재결을 신청할 수 있다(공익사업을 위한 토지 등의 취득 및 보상에 관한 법률 28①).

⑤ (o) 대법원 1978.11.14. 78다1528; 사업시행자가 진정한 소유자가 아닌 자로부터 토지를 협의로 취득한 후 소유권이전등기를 경료하였을지라도 진정한 소유자가 나타나 소유권이전등기를 청구하면 패소하게 된다. 이와 같은 위험 때문에 사업시행자와 토지소유자 및 관계인 간에 협의에 따른 절차를 거쳐 협의가 성립되었을 때에는 **사업시행자는 관할 토지수용위원회에 협의 성립의 확인을 받아야 할 필요가 있으며**, 관할 토지수용위원회의 **협의 성립의 확인으로 협의가 성립되었을 때 재결이 있은 것으로 보게 된다**. 이로써 사업시행자는 그 토지를 원시취득한 것이 되어 제3자에게 대항할 수 있다. [해 답] ④

6. 토지수용위원회의 재결에 관한 설명 중 옳은 것을 모두 고른 것은? (다툼이 있는 경우 판례에 의함)

㉠ 재결은 사업시행자에게 부여된 수용권의 구체적인 내용을 결정하고 그 실행을 완성시키는 형성적 행정처분이다.
㉡ 사업시행자가 사업인정의 고시가 된 날부터 1년 이내에 재결신청을 하지 아니한 경우에는 사업인정고시가 된 날부터 1년이 되는 날의 다음 날에 사업인정은 그 효력을 상실한다.
㉢ 토지소유자 등은 협의가 성립되지 아니한 때에 사업시행자에게 재결을 신청하도록 청구할 수 있는데, 사업시행자가 이를 거부하는 경우에는 민사소송의 방법으로 그 절차 이행을 청구할 수 있다.
㉣ 토지수용위원회는 재결이라는 형식의 행정처분을 행하는 합의제행정관청이다.
㉤ 중앙토지수용위원회는 지방토지수용위원회의 재결에 대한 이의신청에 관한 사항만을 관장한다.
㉥ 토지수용위원회는 사업시행자, 토지소유자 또는 관계인이 신청한 범위에서 재결하여야 하므로, 손실보상의 경우에 증액재결은 할 수 없다.

① ㉠, ㉡, ㉢　② ㉡, ㉣, ㉥　③ ㉢, ㉤, ㉥
④ ㉠, ㉡, ㉣　⑤ ㉢, ㉣, ㉤

해설 ㉠ (o) 재결은 협의의 불성립 또는 협의불능의 경우에 행하는 공용수용의 종국적인 절차이다. 재결은 수용권 자체의 행사가 아니라 사업시행자에게 부여된 수용권의 구체적인 내용을 결정하고 그 실행을 완성시키는 형성적 행정처분이다. 재결은 준사법적 절차에 의하여 행해지는 준사법적 행정행위로 불가변력이 인정된다.

공용수용의 재결은 공익사업을 위하여 사업시행자에게 보상금을 지급하는 조건으로 타인의 토지소유권 등을 취득하게 하고, 반면 토지소유자 및 관계인에게는 목적물에 대한 권리를 상실시키게 하는 형성적 행정행위이다(헌재 2007.11.29. 2006헌바79).

ⓛ (o) 협의가 성립되지 아니하거나 협의를 할 수 없을 때(제26조 제2항 단서에 따른 협의 요구가 없을 때를 포함한다)에는 사업시행자는 사업인정고시가 된 날부터 1년 이내에 대통령령으로 정하는 바에 따라 관할 토지수용위원회에 재결을 신청할 수 있다(공익사업을 위한 토지 등의 취득 및 보상에 관한 법률 28①). 사업시행자가 사업인정의 고시(이하 "사업인정고시"라 한다)가 된 날부터 1년 이내에 제28조 제1항에 따른 재결신청을 하지 아니한 경우에는 사업인정고시가 된 날부터 1년이 되는 날의 다음 날에 사업인정은 그 효력을 상실한다(공익사업을 위한 토지 등의 취득 및 보상에 관한 법률 23①).

ⓒ (x) 기업자가 토지소유자 등의 재결신청의 청구를 거부한다고 하여 이를 이유로 민사소송의 방법으로 그 절차 이행을 구할 수는 없다(대법원 1997.11.14. 97다13016).

사업인정고시가 된 후 협의가 성립되지 아니하였을 때에는 토지소유자와 관계인은 대통령령으로 정하는 바에 따라 서면으로 사업시행자에게 재결을 신청할 것을 청구할 수 있다(공익사업을 위한 토지 등의 취득 및 보상에 관한 법률 30①). 사업시행자는 제1항에 따른 청구를 받았을 때에는 그 청구를 받은 날부터 60일 이내에 대통령령으로 정하는 바에 따라 관할 토지수용위원회에 재결을 신청하여야 한다(공익사업을 위한 토지 등의 취득 및 보상에 관한 법률 30②). 사업시행자가 제2항에 따른 기간을 넘겨서 재결을 신청하였을 때에는 그 지연된 기간에 대하여 「소송촉진 등에 관한 특례법」 제3조에 따른 법정이율을 적용하여 산정한 금액을 관할 토지수용위원회에서 재결한 보상금에 가산(加算)하여 지급하여야 한다(공익사업을 위한 토지 등의 취득 및 보상에 관한 법률 30③).

ⓔ (o) 중앙토지수용위원회와 지방토지수용위원회는 독립된 합의제행정청이다. 토지 등의 수용과 사용에 관한 재결을 하기 위하여 국토교통부에 중앙토지수용위원회를 두고, 특별시·광역시·도·특별자치도에 지방토지수용위원회를 둔다(공익사업을 위한 토지 등의 취득 및 보상에 관한 법률 49).

ⓜ (x) 중앙토지수용위원회는 ⓐ 국가 또는 시·도가 사업시행자인 사업, ⓑ 수용하거나 사용할 토지가 둘 이상의 시·도에 걸쳐 있는 사업의 **재결에 관한 사항**을 관장한다(공익사업을 위한 토지 등의 취득 및 보상에 관한 법률 51①). 지방토지수용위원회는 제1항 각 호 외의 사업의 재결에 관한 사항을 관장한다(공익사업을 위한 토지 등의 취득 및 보상에 관한 법률 51②). 그러므로 **중앙토지수용위원회도 원재결청이 되기도 하며**, 지방토지수용위원회의 재결에 대하여 이의가 있는 자는 해당 지방토지수용위원회를 거쳐 중앙토지수용위원회에 이의를 신청할 수 있다(공익사업을 위한 토지 등의 취득 및 보상에 관한 법률 83②)는 규정에 따라 **이의신청도 관할한다**.

ⓑ (x) 토지수용위원회는 사업시행자, 토지소유자 또는 관계인이 신청한 범위에서 재결하여야 한다. 다만, **손실보상의 경우에는 증액재결(增額裁決)을 할 수 있다**(공익사업을 위한 토지 등의 취득 및 보상에 관한 법률 50②). [해 답] ④

7. 토지수용위원회의 재결에 관한 설명 중 옳지 않은 것은? (다툼이 있는 경우 판례에 의함)

① 토지수용위원회는 행정쟁송에 의하여 사업인정이 취소되지 않는 한 그 기능상 사업의 시행이 불가능하게 되는 것과 같은 재결을 행할 수는 없다.

② 법관이 아닌 위원들로 구성된 토지수용위원회가 수용재결을 행하고, 필요하다고 인정하는 경우에만 토지소유자 등이 심리에 출석하여 진술할 수 있다는 것만으로는 재판청구권이 침해되었다고 보기 어렵다.

③ 사업시행자, 토지소유자 또는 관계인이 재결에 불복하지 않거나, 이의신청을 거친 후 행정소송을 제기하지 아니하거나 그 밖의 사유로 이의신청에 대한 재결이 확정된 때에는 민사소송법상의 확정판결이 있은 것으로 본다.

④ 사업시행자는 수용재결의 불복기간이 지나 재결의 확정시까지 관할 토지수용위원회가 재결한 보상금을 지급하거나 공탁하지 아니하였을 때에는 해당 토지수용위원회의 재결은 효력을 상실한다.

⑤ 토지소유자가 부담하는 토지의 인도의무에는 수용목적물에 숨은 하자가 있는 경우에도 하자담보책임이 포함되지 아니하여 토지소유자는 수용시기까지 수용대상 토지를 현존상태 그대로 기업자에게 인도할 의무가 있을 뿐이다.

해설

① (o) 토지수용위원회는 행정쟁송에 의하여 사업인정이 취소되지 않는 한 그 기능상 사업인정 자체를 무의미하게 하는, 즉 사업의 시행이 불가능하게 되는 것과 같은 재결을 행할 수는 없다 할 것이다(대법원 1994.11.11. 93누19375).

② (o) 헌재 2007.11.29. 2006헌바79.

③ (o) 사업시행자, 토지소유자 또는 관계인은 제34조에 따른 재결에 불복할 때에는 재결서를 받은 날부터 60일 이내에, 이의신청을 거쳤을 때에는 이의신청에 대한 재결서를 받은 날부터 30일 이내에 각각 행정소송을 제기할 수 있다(공익사업을 위한 토지 등의 취득 및 보상에 관한 법률 85①). 제85조 제1항에 따른 기간 이내에 소송이 제기되지 아니하거나 그 밖의 사유로 이의신청에 대한 **재결이 확정된 때에는 「민사소송법」상의 확정판결이 있은 것으로 보며**, 재결서 정본은 집행력 있는 판결의 정본과 동일한 효력을 가진다(공익사업을 위한 토지 등의 취득 및 보상에 관한 법률 86①). 수용재결의 확정에 확정판결과 같은 효력을 인정한 이유는 토지수용과 관련한 공공사업을 신속히 수행하고 간편한 절차로 분쟁을 신속히 해결하여 이해관계자의 권리관계를 조속히 안정시킬 필요에 의한 것일 뿐이지, 수용재결이 재판에 해당하는 것은 아니다(헌재 2007.11.29. 2006헌바79).

④ (x) **사업시행자가 수용 또는 사용의 개시일까지** 관할 토지수용위원회가 **재결한 보상금을 지급하거나 공탁하지 아니하였을 때**에는 해당 토지수용위원회의 재결은 효력을 상실한다(공익사업을 위한 토지 등의 취득 및 보상에 관한 법률 42①).

⑤ (o) 대법원 2001.1.16. 98다58511.

[해 답] ④

8. 토지수용위원회의 재결에 대한 불복절차에 관한 설명 중 옳지 않은 것을 모두 고른 것은? (다툼이 있는 경우 판례에 의함)

㉠ 수용재결에 대한 이의신청이나 행정소송의 제기는 사업의 진행 및 토지의 수용을 정지시키게 된다.
㉡ 중앙토지수용위원회는 수용재결에 따른 이의신청을 받은 경우 그 재결이 위법하거나 부당하다고 인정할 때에는 그 재결의 전부 또는 일부를 취소하거나 보상액을 변경할 수 있다.
㉢ 수용재결에 불복하여 제기하려는 행정소송이 보상금의 증감(增減)에 관한 소송인 경우 그 소송을 제기하는 자가 토지소유자 또는 관계인일 때에는 재결을 한 토지수용위원회를 피고로 한다.
㉣ 토지수용위원회의 재결에 대하여 이의신청을 거쳐 행정소송을 제기할 수도 있고, 이의신청을 거치지 않고 바로 행정소송을 제기할 수도 있다.
㉤ 재결에 대한 이의신청 기간이 재결서를 받은 날부터 60일 이내에, 이의신청을 거쳤을 때에는 이의신청에 대한 재결서를 받은 날부터 30일 이내에 각각 행정소송을 제기할 수 있다는 규정이 행정심판법과 행정소송법상의 제기기간보다 단기로 규정되었을지라도 헌법의 재판을 받을 권리를 침해한 것은 아니다.
㉥ 하천법 제74조에 의한 손실보상은 하천관리청뿐만 아니라 손실을 받은 자에게도 위 법조에 의한 협의요청과 그 협의가 성립되지 아니하거나 협의를 할 수 없을 때의 재결신청의 권한이 있다고 볼 것이다.

① ㉠, ㉢　② ㉡, ㉣　③ ㉢, ㉤
④ ㉣, ㉥　⑤ ㉠, ㉣

해설

㉠ (x) (토지수용위원회의 재결에 따른) 이의의 신청이나 행정소송의 제기는 사업의 진행 및 토지의 수용 또는 사용을 정지시키지 아니한다(공익사업을 위한 토지 등의 취득 및 보상에 관한 법률 88).
㉡ (o) 공익사업을 위한 토지 등의 취득 및 보상에 관한 법률 제84조 제1항.
㉢ (x) (수용재결에 불복하여) 제기하려는 행정소송이 보상금의 증감(增減)에 관한 소송인 경우 그 소송을 제기하는 자가 토지소유자 또는 관계인일 때에는 사업시행자를, 사업시행자일 때에는 토지소유자 또는 관계인을 각각 피고로 한다(공익사업을 위한 토지 등의 취득 및 보상에 관한 법률 85②). 보상금증감청구소송은 실질적으로는 행정처분인 토지수용위원회의 재결이나 이의신청에 관한 재결을 다투는 항고소송이지만, 형식적으로는 법률관계의 직접당사자인 토지소유자 또는 관계인과 사업시행자가 원고·피고가 되는 당사자소송이다. 보상금증감청구소송의 법적 성격은 **형식적 당사자소송**이다.
㉣ (o) 재결에 대한 불복절차로는 이의신청과 행정소송이 있는데, 종래에는 이의신청 전치주

의가 채택되어 이의신청을 거쳐야만 행정소송을 제기할 수 있었다. 그러나 2003.1.1.부터 **임의전치주의를 채택**하여 이의신청을 거쳐 행정소송을 제기할 수도 있고, 이의신청을 거치지 않고 바로 행정소송을 제기할 수도 있게 되었다. 사업시행자, 토지소유자 또는 관계인은 재결에 불복할 때에는 **재결서를 받은 날부터 60일 이내에**, 이의신청을 거쳤을 때에는 **이의신청에 대한 재결서를 받은 날부터 30일 이내에** 각각 행정소송을 제기할 수 있다(공익사업을 위한 토지 등의 취득 및 보상에 관한 법률 85①).

㉤ (o) 헌법재판소 2002.11.28. 2002헌바38.

㉥ (o) 하천법 제74조에 의한 손실보상은 **토지수용에 대한 손실보상의 경우와는 달리** 하천관리청이 행한 공사로 인하여 이미 손실을 입은 자에 대한 보상이므로 하천관리청뿐만 아니라 손실을 받은 자에게도 위 법조에 의한 협의요청과 그 협의가 성립되지 아니하거나 협의를 할 수 없을 때의 재결신청의 권한이 있다고 볼 것이다(대법원 1989.11.28. 89누4680). [해 답] ①

9. 다음 사례에 관한 설명 중 옳지 않은 것은? (다툼이 있는 경우 판례에 의함)

> **1. 사업인정 및 고시**
> 평택-이동간 도로 확장 및 포장공사 {1997.2.27. 서울지방국토관리청 고시 제1997-39호로 도로구역결정(변경)}
> **2. 사업시행자:** 피고 대한민국 산하 서울지방국토관리청장
> **3. 중앙토지수용위원회의 2004.12.21.자 수용재결**
> 가. 수용대상 : 평택시 ○○동 산 임야 38,480㎡의 甲의 공유지분 11,640분의 11,340 중 447,907,200분의 180,748,260 및 위 토지 지상 지장물
> 나. 손실보상금 : 2,935,865,000원
> 다. 수용개시일 : 2005.2.1.
> **4. 중앙토지수용위원회의 2005.4.19.자 이의재결**
> 손실보상금을 3,116,411,600원으로 증액

① 수용재결 자체의 취소를 구하는 항고소송은 이의재결을 한 중앙토지수용위원회만을 피고로 하여 제기하여야 한다.

② 서울지방국토관리청장만이 재결신청권이 있고, 甲은 사업시행자에게 재결을 신청할 것을 청구할 수 있다.

③ 서울지방국토관리청장이 중앙토지수용위원회의 이의재결에서 증액한 손실보상금의 감액을 청구하는 행정소송을 제기하려는 경우에는 甲을 피고로 하여야 한다.

④ 서울지방국토관리청장은 2005.2.1.까지 손실보상금 2,935,865,000원을 甲에게 지급하거나 공탁하지 아니하지 아니하였을 때에는 중앙토지수용위원회의 2004.12.21.자 재결은 효력을 상실한다.

⑤ 서울지방국토관리청장이 평택-이동간 도로 확장 및 포장공사 고시 후 그 사업이 공용수용을 할 만한 공익성을 상실하거나 甲의 이익이 현저히 비례의 원칙에 어긋나게 된 경우에는 수용권을 행사하는 것은 허용되지 않는다.

해설 ① (x) **수용재결에 불복하여 취소소송을 제기하는 때에는** 이의신청을 거친 경우에도 **수용재결을 한 중앙토지수용위원회** 또는 지방토지수용위원회를 피고로 하여 **수용재결의 취소**를 구하여야 하고, 다만 이의신청에 대한 **재결 자체에 고유한 위법이 있음**을 이유로 하는 경우에는 그 이의재결을 한 중앙토지수용위원회를 피고로 하여 **이의재결의 취소**를 구할 수 있다고 보아야 한다(대법원 2010.1.28. 2008두1504). 그런데 원심은, 수용재결에 불복하여 중앙토지수용위원회의 이의재결을 거친 경우 **수용재결 자체의 취소를 구하는 항고소송은 이의재결을 한 중앙토지수용위원회만이 피고적격**이 있다는 이유로 **수용재결을 한** 피고 중앙토지수용위원회를 상대로 수용재결의 취소를 구하는 부분의 소를 각하하였다(서울고법 2007.12.18. 2007누12769). 이러한 원심의 판단에는 수용재결에 불복하여 취소소송을 제기하는 경우의 소송대상 및 피고적격에 관한 법리를 오해하여 판결 결과에 영향을 미친 위법이 있다. 수용재결에 불복하여 취소소송을 제기하는 때에 이의신청을 거친 경우에도 수용재결의 취소를 청구하여야 한다는 위 판례는 **원처분을 소송의 대상으로 삼는다는 점을 확인**하고 있다.

② (o) 협의가 성립되지 아니하거나 협의를 할 수 없을 때(협의 요구가 없을 때를 포함한다)에는 **사업시행자는** 사업인정고시가 된 날부터 1년 이내에 대통령령으로 정하는 바에 따라 관할 **토지수용위원회에 재결을 신청할 수 있다**(공익사업을 위한 토지 등의 취득 및 보상에 관한 법률 28①). 사업인정고시가 된 후 협의가 성립되지 아니하였을 때에는 **토지소유자와 관계인은** 대통령령으로 정하는 바에 따라 서면으로 **사업시행자에게 재결을 신청할 것을 청구할 수 있다**(공익사업을 위한 토지 등의 취득 및 보상에 관한 법률 30①).

③ (o) 행정소송이 보상금의 증감(增減)에 관한 소송인 경우 그 소송을 제기하는 자가 토지소유자 또는 관계인일 때에는 사업시행자를, 사업시행자일 때에는 토지소유자 또는 관계인을 각각 피고로 한다(공익사업을 위한 토지 등의 취득 및 보상에 관한 법률 85②).

④ (o) 사업시행자가 **수용** 또는 사용의 **개시일까지** 관할 토지수용위원회가 재결한 보상금을 지급하거나 공탁하지 아니하였을 때에는 **해당 토지수용위원회의 재결은 효력을 상실한다**(공익사업을 위한 토지 등의 취득 및 보상에 관한 법률 42①).

기업자가 일단 수용재결에 따른 보상금을 공탁하였다고 하더라도 **그 공탁이 무효라면** 토지수용법 제65조 소정의 '기업자가 수용의 시기까지 보상금을 지불 또는 공탁하지 아니하였을 때'에 해당하므로 **그 수용재결은 효력을 상실하고**, 따라서 기업자는 해당 토지의 소유권을 취득할 수 없다(대법원 1996.9.20. 95다17373).

⑤ (o) 사업시행자가 사업인정을 받은 후 그 사업이 공용수용을 할 만한 공익성을 상실하거나 사업인정에 관련된 자들의 이익이 현저히 비례의 원칙에 어긋나게 된 경우 또는 사업시행자가 해당 공익사업을 수행할 의사나 능력을 상실하였음에도 여전히 그 사업인정에 기하여 수용권을 행사하는 것은 수용권의 공익 목적에 반하는 **수용권의 남용에 해당**하여 허용되지 않는다(대법원 2011.1.27. 2009두1051).

[해 답] ①

10. 환매권에 관한 설명 중 옳은 것을 모두 고른 것은? (다툼이 있는 경우 판례에 의함)

㉠ 환매권은 수용목적물이 공익사업에 있어서 불용으로 되거나 이용되지 않고 있다는 객관적 사실만을 근거로 한다.

㉡ 환매는 환매기간 내에 환매의 요건이 발생하면 환매권자가 지급받은 보상금에 상당한 금액을 사업시행자에게 미리 지급하고 일방적으로 의사표시를 함으로써 사업시행자의 의사와 관계없이 환매가 성립한다.

㉢ 토지의 가격이 취득일 당시에 비하여 현저히 변동된 경우 사업시행자는 환매권 행사로 인한 소유권이전등기 청구소송에서 환매대금 증액청구권을 내세워 증액된 환매대금과 보상금 상당액의 차액을 지급할 것을 선이행 또는 동시이행의 항변으로 주장할 수 있다.

㉣ 환매의 목적물이 토지에 대해서만 인정되고 건물에 대하여는 환매권이 부인되는 것은 재산권을 침해하는 것으로 위헌이다.

㉤ 환매권은 일종의 형성권으로서 그 기간 내에 환매권을 행사하면 매매의 효력이 생겨 소유권이 변동된다.

㉥ 사업인정을 받은 당해 공익사업의 폐지·변경으로 인하여 수용한 토지가 필요 없게 된 때에는, 다른 공익사업으로 변경되는 경우가 아닌 이상, 환매권자는 그 토지를 환매할 수 있다.

① ㉠, ㉡, ㉥　　② ㉡, ㉢, ㉤　　③ ㉢, ㉣, ㉥
④ ㉠, ㉣, ㉤　　⑤ ㉡, ㉢, ㉥

해설 ㉠ (o) 환매권이란 수용의 목적물인 토지가 공공사업의 폐지·변경 기타의 사유로 인하여 필요없게 되거나 수용 후 오랫동안 그 공익사업에 현실적으로 이용되지 아니한 경우에 수용 당시의 토지소유자 또는 그 포괄승계인이 원칙적으로 보상금에 상당하는 금액을 지급하고, 수용의 목적물을 다시 취득할 수 있는 권리를 말한다. 환매권의 행사는 환매권자의 일방적 의사표시만으로 성립하는 것이지, 상대방인 사업시행자 또는 기업자의 동의를 얻어야 하거나 그 의사 여하에 따라 그 효과가 좌우되는 것은 아니다(헌재 1994.2.24. 92헌마283). 환매권의 이론적 근거로 대법원은 피수용자의 감정의 존중 또는 원소유자의 의사에 따라 그 토지 등의 소유권을 회복시키는 것이 공평의 원칙에 두고 있으며, 헌법재판소는 재산권 보장에 두고 있다.

㉡ (o) **토지**의 협의취득일 또는 수용의 개시일(이하 이 조에서 "취득일"이라 한다)부터 10년 이내에 해당 사업의 폐지·변경 또는 그 밖의 사유로 취득한 **토지의 전부 또는 일부**가 필요 없게 된 경우 취득일 당시의 토지소유자 또는 그 포괄승계인(이하 "환매권자"라 한다)은 그 토지의 전부 또는 일부가 필요 없게 된 때부터 1년 또는 그 취득일부터 10년 이내에 그 토지에 대하여 받은 **보상금에 상당하는 금액**을 사업시행자에게 지급하고 그 토지를 환매할 수 있다(공익사업을

위한 토지 등의 취득 및 보상에 관한 법률 91①). 취득일부터 5년 이내에 취득한 토지의 전부를 해당 사업에 이용하지 아니하였을 때에는 제1항을 준용한다. 이 경우 환매권은 취득일부터 6년 이내에 행사하여야 한다(공익사업을 위한 토지 등의 취득 및 보상에 관한 법률 91②).
ⓒ (x) 토지의 가격이 취득일 당시에 비하여 현저히 변동된 경우 **사업시행자와 환매권자는 환매금액에 대하여 서로 협의하되,** 협의가 성립되지 아니하면 그 **금액의 증감을 법원에 청구할** 수 있다(공익사업을 위한 토지 등의 취득 및 보상에 관한 법률 91④).
사업시행자 또는 환매권자가 그 금액의 증감을 법원에 청구하여 법원에서 그 금액이 확정되지 않는 한, 그 가격이 현저히 등귀한 경우이거나 하락한 경우이거나를 묻지 않고 환매권을 행사하기 위하여는 **지급받은 보상금 상당액을 미리 지급하여야 하고** 또한 이로써 족한 것이며, **사업시행자는 소로써 법원에 환매대금의 증액을 청구할 수 있을 뿐** 환매권 행사로 인한 소유권이전등기 청구소송에서 환매대금 증액청구권을 내세워 증액된 환매대금과 보상금 상당액의 차액을 지급할 것을 선이행 또는 동시이행의 항변으로 주장할 수 없다(대법원 2006.12.21. 2006다49277).
사업시행자가 환매권자를 상대로 하는 소송은 **공법상의 당사자소송**으로 사업시행자로서는 환매가격이 환매대상토지의 취득 당시 지급한 보상금 상당액보다 증액 변경될 것을 전제로 하여 환매권자에게 그 환매가격과 위 보상금 상당액의 차액의 지급을 구할 수 있다(대법원 2000.11.28. 99두3416).
ⓔ (x) (환매권의 대상인) 토지에 대해서는 그 존속가치를 보장해 주기 위해 공익사업의 폐지·변경 등으로 토지가 불필요하게 된 경우 환매권이 인정되어야 할 것이나, 건물에 대해서는 그 존속가치를 보장하기 위하여 환매권을 인정하여야 할 필요성이 없거나 매우 적다. 따라서 건물에 대한 환매권을 인정하지 않는 입법이 자의적인 것이라거나 정당한 입법목적을 벗어난 것이라 할 수 없고, 이미 정당한 보상을 받은 건물소유자의 입장에서는 해당 건물을 반드시 환매 받아야 할 만한 중요한 사익이 있다고 보기 어려우며, 건물에 대한 환매권이 부인된다고 해서 종전 건물소유자의 자유실현에 여하한 지장을 초래한다고 볼 수 없다(헌재 2005.5.26. 2004헌가10).
ⓜ (x) 환매권은 일종의 형성권으로서 그 존속기간은 제척기간으로 보아야 할 것이며, 위 환매권은 재판상이든 재판외이든 그 기간 내에 행사하면 이로써 매매의 효력이 생기고, 위 매매는 같은 조 제1항에 적힌 **환매권자와 국가 간의 사법상의 매매라 할 것이다**(대법원 1992.4.24. 92다4673). 환매권의 행사에 의하여 소유권의 변동이 바로 일어나는 것은 아니며, **소유권 이전등기청구권이 발생**하게 된다.
ⓑ (o) 국가, 지방자치단체 또는 「공공기관의 운영에 관한 법률」 제4조에 따른 공공기관 중 대통령령으로 정하는 공공기관이 사업인정을 받아 공익사업에 필요한 토지를 협의취득하거나 수용한 후 해당 공익사업이 제4조 제1호부터 제5호까지에 규정된 **다른 공익사업으로 변경된 경우** 제1항 및 제2항에 따른 **환매권 행사기간**은 관보에 해당 공익사업의 변경을 고시한 날부터 기산(起算)한다(공익사업을 위한 토지 등의 취득 및 보상에 관한 법률 91⑥). 공익사업의 변환이 국가·지방자치단체 또는 정부투자기관 등 기업자(또는 사업시행자)가 동일한 경우에만 허용되는 것은 아니다(대법원 1994.1.25. 93다11760). 공익사업에 변환된 토지의 환매권 행사기간은 공익사업의 변경고시일로부터 새로운 환매기간이 기산되므로 **환매권 행사기간이 연장되는 결과가 된다.** 공익사업의 변환제도는 환매권제도를 실효시킨다는 의미에서 위헌가능성이 있다는 견해도 있지만, 헌법재판소는 합헌으로 본다(헌재 1997.6.26. 96헌바94). [해 답] ①

11. 공익사업의 변환에 관한 설명 중 옳지 않은 것은? (다툼이 있는 경우 판례에 의함)

① 공익사업의 변환은 사업인정을 받은 공익사업이 일정한 범위 내의 공익성이 높은 다른 공익사업으로 변경된 경우에 한하여 환매권의 행사를 제한하는 것이다.

② 공익사업의 변환이 허용되는 다른 공익사업으로 변경되는 경우에는 당해 토지의 원소유자 또는 그 포괄승계인에게 환매권이 발생하지 않는다.

③ 공익사업의 변환은 변경된 사업의 사업시행자가 당해 토지를 소유하고 있어야 할 필요는 없고, 사업시행자가 협의취득하거나 수용한 당해 토지를 제3자에게 처분해 버린 경우에도 인정된다.

④ 공익사업 변환은 재수용이 아니며 공익사업 변환으로 말미암은 환매권의 제한은 환매권의 행사를 연기하는 것일 뿐이므로, 공익사업의 변환을 인정하는 것은 헌법 제23조 제3항의 정당한 보상 문제가 발생한다고 볼 수 없다.

⑤ 공익사업의 변환은 적어도 새로운 공익사업에 관해서도 사업인정을 받거나 또는 사업인정을 받은 것으로 의제하는 다른 법률의 규정에 의해 사업인정을 받은 것으로 볼 수 있는 경우에만 공익사업의 변환에 의한 환매권 행사의 제한을 인정할 수 있게 된다.

해설

① (o) '공익사업을 위한 토지 등의 취득 및 보상에 관한 법률' 제91조 제6항에 정한 공익사업의 변환은 같은 법 제20조 제1항의 규정에 의한 사업인정을 받은 공익사업이 일정한 범위 내의 공익성이 높은 다른 공익사업으로 변경된 경우에 한하여 환매권의 행사를 제한하는 것이므로, 적어도 새로운 공익사업에 관해서도 같은 법 제20조 제1항의 규정에 의해 사업인정을 받거나 또는 위 규정에 따른 사업인정을 받은 것으로 의제하는 다른 법률의 규정에 의해 사업인정을 받은 것으로 볼 수 있는 경우에만 공익사업의 변환에 의한 환매권 행사의 제한을 인정할 수 있다(대법원 2010.9.30. 2010다30782).

② (o) '공익사업을 위한 토지 등의 취득 및 보상에 관한 법률' 제91조 제6항은 사업인정을 받은 당해 공익사업의 폐지·변경으로 인하여 협의취득하거나 수용한 토지가 필요 없게 된 때라도 위 규정에 의하여 공익사업의 변환이 허용되는 다른 공익사업으로 변경되는 경우에는 **당해 토지의 원소유자 또는 그 포괄승계인에게 환매권이 발생하지 않는다는 취지를 규정**한 것이라고 보아야 한다(대법원 2010.9.30. 2010다30782).

③ (x) 공익사업의 원활한 시행을 위한 무익한 절차의 반복 방지라는 '공익사업의 변환'을 인정한 입법 취지에 비추어 볼 때, 만약 사업시행자가 협의취득하거나 수용한 **당해 토지를 제3자에게 처분해 버린 경우에는** 어차피 **변경된 사업시행자는 그 사업의 시행을 위하여 제3자로부터 토지를 재취득해야 하는 절차**를 새로 거쳐야 하는 관계로 위와 같은 공익사업의 변환을 인정할 필요성도 없게 되므로, **공익사업의 변환을 인정하기 위해서는 적어도 변경된 사업의 사업시행자가 당해 토지를 소유하고 있어야 한다.** 나아가 공익사업을 위해 협의취득하거나 수용한 토지가 제3자에게 처분된 경우에는 특별한 사정이 없는 한 그 토지는 당해 공익사업에는

필요 없게 된 것이라고 보아야 하고, 변경된 공익사업에 관해서도 마찬가지이므로, 그 토지가 변경된 사업의 사업시행자 아닌 제3자에게 처분된 경우에는 공익사업의 변환을 인정할 여지도 없다(대법원 2010.9.30. 2010다30782).

④ (o) 헌재 2012.11.29. 2011헌바49; 환매권은 피수용자가 수용 당시 정당한 손실보상을 받아야 한다는 것과는 관계가 없으므로 공익사업 변환에 따른 환매권 제한 조항인 이 사건 법률조항에 대해서는 헌법 제23조 제3항의 정당한 보상 문제가 발생한다고 볼 수 없다(헌재 2012.11.29. 2011헌바49).

㉠ 토지의 협의취득 또는 수용 후 당해 공익사업이 다른 공익사업으로 변경되는 경우에 **당해 토지의 원소유자 또는 그 포괄승계인의 환매권을 제한하고, 환매권 행사기간을 변환 고시일부터 기산**하도록 한 구 '공익사업을 위한 토지 등의 취득 및 보상에 관한 법률'(이 사건 법률조항)은 수용된 토지가 애초의 사업목적이 폐지·변경되었다는 사유만으로 다른 공익사업을 위한 필요가 있음에도 예외 없이 원소유자에게 당해 토지를 반환하고 나서 다시 수용절차를 거칠 경우 발생할 수 있는 행정력 낭비를 막고 소유권 취득 지연에 따른 공익사업 시행에 차질이 없도록 하려는 것이므로, 입법목적이 정당하며, 이 사건 법률조항은 이를 위하여 적절한 수단이다.

㉡ 이 사건 법률조항은 변환이 가능한 공익사업의 시행자와 사업의 종류를 한정하고 있고, 공익사업 변환을 하기 위해서는 적어도 새로운 공익사업이 공익사업법 제20조 제1항의 규정에 의해 사업인정을 받거나 다른 법률의 규정에 의해 사업인정을 받은 것으로 볼 수 있는 경우이어야 하며, 이 사건 법률조항에 의한 공익사업 변환을 토지수용과 마찬가지로 취급하여 반드시 환매권자를 위한 엄격하고 구체적인 규정을 둘 필요는 없으므로, 침해의 최소성원칙에 반하지 아니한다.

㉢ 이 사건 법률조항으로 인하여 제한되는 사익인 환매권은 이미 정당한 보상을 받은 소유자에게 수용된 토지가 목적 사업에 이용되지 않을 경우에 인정되는 것이고, 변환된 공익사업을 기준으로 다시 취득할 수 있어, 이 사건 법률조항으로 인하여 제한되는 사익이 이로써 달성할 수 있는 공익에 비하여 중하다고 할 수 없으므로, 이 사건 법률조항은 과잉금지원칙에 위배되어 청구인의 재산권을 침해한다고 할 수 없다(헌재 2012.11.29. 2011헌바49).

⑤ (o) 대법원 2010.9.30. 2010다30782. [해 답] ③

저자약력

정 형 근(鄭 亨 根)

경희대(법학박사, 행정법)
제34회 사법시험 합격(사법연수원 24기)
변호사
서울특별시 양천구청·광주광역시 서구청 법률고문
전남지방경찰청 법률상담관
제52회 사법시험 2차 출제위원(행정법)
지방직 공무원시험 출제위원(행정법)
변호사시험 위원(행정법)
중앙행정심판위원회 위원
제 2 회 법조윤리시험 출제위원
법무부 변호사제도개선위원회 위원
서울북부지방검찰청 정보공개심의회 위원
제54회 사법시험 3차 위원
경희대학교 법학전문대학원 교수

주요 저서

공법선택형강의, 박영사(초판, 2013)
행정법, 피앤씨미디어(초판, 2013)
실전답안 행정법연습, 동방문화사(초판, 2012)
공법기록형 공법소송실무, 박영사(제 3 판, 2013)
법조윤리강의, 박영사(제 4 판, 2013)
최신행정법강의(상), 공저, 박영사(개정 30판, 2009)
최신행정법강의(하), 공저, 박영사(개정 28판, 2009)

공법선택형강의

초판인쇄 2013년 7월 5일
초판발행 2013년 7월 15일

지은이 정형근
펴낸이 안종만

편 집 김선민 · 배우리
기획/마케팅 김중용
표지디자인 최은정
제 작 우인도 · 고철민

펴낸곳 (주) 박영사
서울특별시 종로구 평동 13-31번지
등록 1959. 3. 11. 제300-1959-1호(倫)

전 화 02)733-6771
f a x 02)736-4818
e-mail pys@pybook.co.kr
homepage www.pybook.co.kr
ISBN 978-89-6454-951-3 93360

정 가 35,000원